高句麗史抄·略

고구리사초·략

제 2 판

고구려의 숨겨진 역사를 찾아서

고 남당 박 창화 찬술

청송 김 성겸 초벌번역

지샘

본 책자는 청송 김성겸 선생의 열정을
있는 그대로 살리자는 의미에서
선생이 번역하고 편집한 형태 그대로를
영인본 형식으로 발간하였음을 밝힙니다.

- 편집인 -

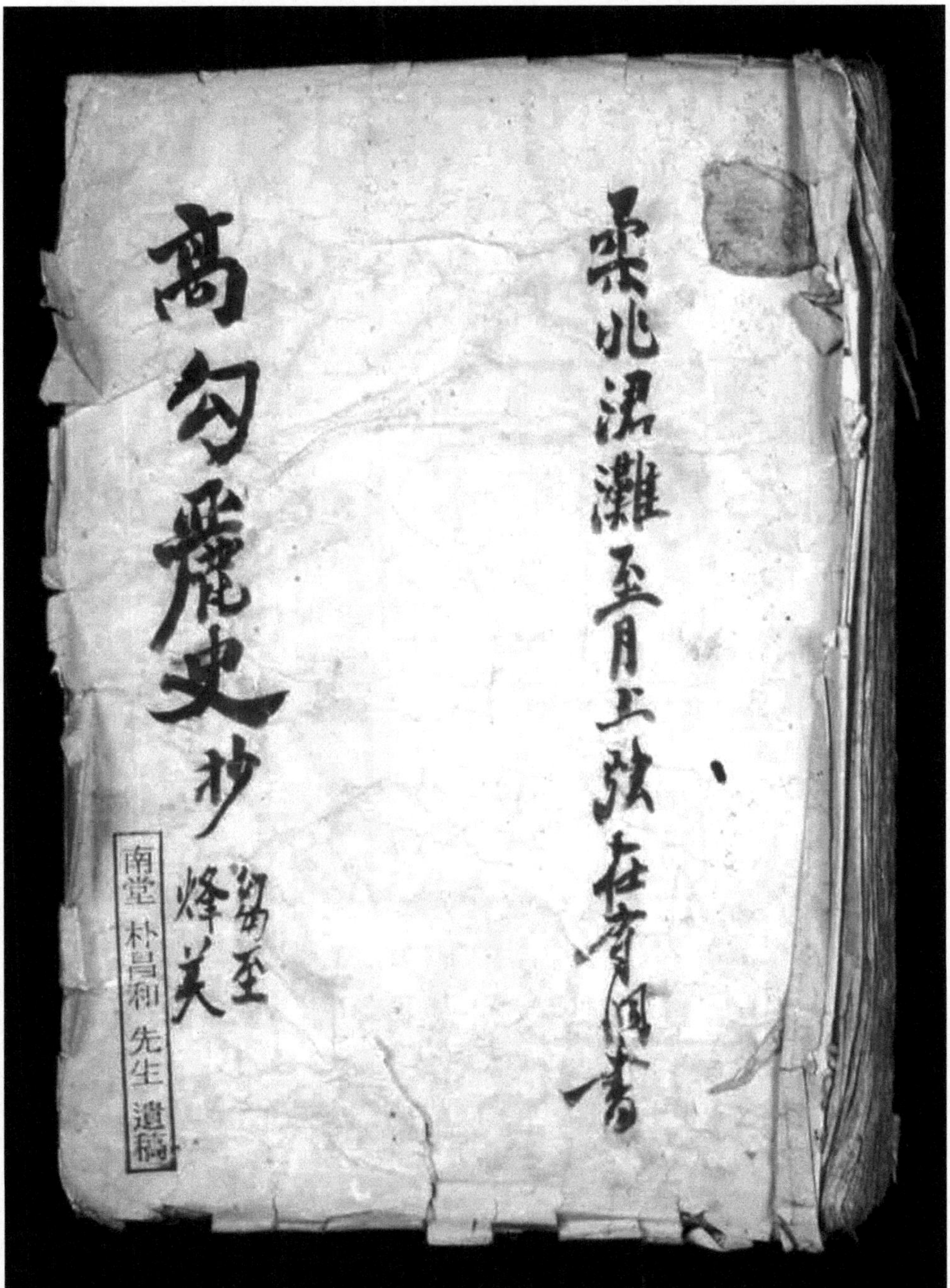

至月上弦
高句麗史抄
南堂 朴昌和 先生 遺稿

『역사광복 없이 우리 얼을 되살릴 수 없다 !』

작금의 한반도와 만주 땅 등지에 왜곡 비정한 지리명과
명패 없는 유적·유물의 억지 허위 고증을 극복하지 않고는
우리 겨레들의 옛 역사를 찾을 수 없다.

우리 한·배달·조선의 구리족 후예들은 알고 계시는가?
<고구리> 하나만 원래의 역사강역으로 돌려보내도,
유전적 혈통조차 구분 없는 화하·한족의 중국 고대역사는
하잘 것 없었음을 알게 될 것이다!
바로 이것이 동북공정과 탐원공정이 필요한 이유이었다.

얼빠진 부용·부역사학인 소중화·반도·식민 강단사학과
이들에 의해서 육성된 그 아류사학의 권력이
조작·편집된 일본역사의 뿌리를 튼튼히 하여 주었고,
직전 세기에 생긴 자칭 중국이라는 중화인민공화국의
국가사학과 그들을 위한 동북공정 및 탐원공정이라는
총체적인 역사공정을 스스로 불러왔던 것이다.

우리겨레의 유구하고 광영·무비한 역사를 잘라 낸
근세조선 이씨왕조의 죄업이
그들의 왕조실록에 버젓이 기록되어 있고,
조선총독부 조선사편수회 회의록에
우리를 일천·비천한 족속으로 개종하려 했던
일제와 그 부용· 부역자들의 음모가
생생하게 남아있음을 아시는가?.

역사왜곡 부용·부역자와 그 후예들을 척결·극복해야만
우리 겨레의 얼이 담겨있는
우리의 옛 역사는 광복할 수 있을 것이다.

- - 목　차 - -

☯ <남당>유고 <고구리>사초·략 초벌 번역에 즈음하여 ☯

저는, 우리문중의 시조설화에 대한 의아함에 시조님의 선조를 찾아보겠다고 본연의 전공과는 거리가 먼 우리겨레와 지나인의 역사서라는 것들을 읽어보던 중, 우연히 「남당」 선생의 유고를 접하게 되었고 서너 권을 읽어보면서 본문의 내용들을 머릿속에 펼쳐보다가, 우리가 접할 수 있고 가르쳐져 알고 있는 역사와는 그 진실이 엄청 달랐음을 보았습니다. 근세 <조선>의 왕조실록 <세조>·<예종>·<성종>조의 기록으로 보아 우리의 상고역사가 잘리고 변조되었으며, 일제의 조선총독부 조선사편수회의 회의록에 적시된 대로 비참하게 잘리고 변조되어 남겨진 <삼국사기>·<삼국유사>의 내용도 우리역사의 실상과는 크게 달랐음을 보게 되었고, 그런 이유로 「일제{일본}」와 「지나{중공}」가 「조선사편수」와 「동북공정」 등의 총체적 「역사공정」이 왜 필요하였는지를 느끼게 되었고, 이에 감히 미흡한 지식으로나마 지난 해 봄부터 서툰 번역작업을 시작하게 되었습니다.

「남당」「박창화」 선생께서는, 세간에는 이미 악성 풍문도 돌고 있으나, 일제강점기에 독립운동을 하시려다가 일제에게 잡혔고, 이후 해박한 한학을 탐낸 일제의 아량{?}으로 일궁으로 옮아가서, 고서고에 널브러진 수탈된 사서들을 정리하는 처지가 되시어 그곳에서 접한 수많은 우리 사서들을 보셨고, 짬짬이 「고구리」사초·사략 등 귀중한 옥고를 초록·필사하셨고, 해방 직전 부상으로 귀국하신 이후 가내에서 정리하시며 세상에 알리려 애쓰시다가 상천하셨습니다. 이에 그 유고들은 아직 깔끔하게 최종 정리되지 않은 채로 가내에 남아있었고, 그 옥고들 중 일부가 그 자손에 의해 일찍이 「국사편찬위원회」에 기증되었으나, 우선적으로 번역·연구되었어야 할 것인데도 pdf 필름으로 되어있기만 하다가{실은 그것만도 감사할 일} 강호사학들에 의해 인터넷 공간으로 널리 소개되기에 이른 것으로 보입니다.

「남당」유고들은 「화랑세기」를 필두로 세간에 흘러나왔으나, 일제로부터 해방된 지 오래된 작금에도, 통치자와 위정자들 및 정부와 강단의 주류 및 그 아류 역사학들의 무지 또는 사사로움 때문에 올바른 관심을 받아오지 못하였으며, 「절삭·왜곡·변조」된 「소중화·일제식민·반도사학」에 의해 길러진 강단사학들과 세뇌·오염된 그 아류사학들의 처절한 반발에 봉착한 것으로 알고 있습니다. 「조선왕조실록」「세조·예종·성종」 등의 사서수거 기록 및 일제 「조선총독부조선사편수회」회의록 등의 내용을 간접적으로나마 들여다보지 않은 자들은 이 책에 담긴 내용을 시비할 자격도 없음일 것으로 봅니다.

「남당」선생께서 찬술하신 「高句麗史抄」 또는 「高句麗史略」 등으로 되어 있는 http://mf.history.go.kr/Pdf/MF0020000/00322307.pdf와
http://mf.history.go.kr/Pdf/MF0020000/00322342.pdf,
http://mf.history.go.kr/Pdf/MF0020000/00322322.pdf,
http://mf.history.go.kr/Pdf/MF0020000/00322323.pdf의 내용을
http://mf.history.go.kr/Pdf/MF0020000/00322332.pdf,
http://mf.history.go.kr/Pdf/MF0020000/00322343.pdf,
http://mf.history.go.kr/Pdf/MF0020000/00322340.pdf 등과 세간의 「삼국사기」와 「자치통감」 등을 참조하여 pdf 원문 글자의 오독을 피하려 노력하였고, 가능한 한 많은 글귀를 한 권으로 번역하였습니다. 능력부족에 따른 오독·오역은 반드시 바로잡아져야 할 것이나, 약간의 문제로 인하여 더 이상 미루기보다는, 하루빨리 널리 알려서 우리역사의 숨겨진 진실을 알게 하고 연구하게 하는 것이 중차대하다는 생각에 서둘렀습니다. 필요하시다면 출처를 밝혀놓았으니 원문과 대조하시며 숙독하며 연구하시고, 크게 나무람이 없으시길 부탁드립니다. 아울러서, 본문 중 대화내용에는 존대어법을 살리려 하였으나, 나머지 모두는 평대어법으로 하였습니다. 한 음절 기본인 한문{漢文/韓文}을 2음절 기본인 한글로 번역함에 어감재현과 미흡한 사실{史實}지식으로 다소 고생하였고, 기나긴 세월 동안의 어의변천을 몇몇 문자에 한하여서는 반영하였으니, 근세의 변질된 어감에 따른 역사 왜곡을 막는데 다소나마 도움이 될 것으로 봅니다.

「남당」께서 애쓰신 것으로 보이는 우리역사 강역비정은 발전된 현금의 제반 학문과 기술이 어울어진 방법으로 그 역사 강역을 찾는 것에는 미치지 못하셨고 피치 못할 사정도 있으셨을 것으로도 봅니다. 지난 20세기 전반과 후반에 발간된 「중화민국」과 「중화인민공화국」 등이 발간한 지도에도 작금의 「북경」 동북변{順義}에 「유리묘{琉璃廟}」가 있었고, 그 「북경」 서남방 근처에 「유리하{琉璃河}」와 「유리하진{琉璃河鎭}」이 있었음 등등이 전혀 반영되어 있지 않았었습니다. 이에 외람되지만 작금의 「북경」 또는 그 주변인 옛 「압수{鴨水}」변 「서도{西都}」에서 「고구리」의 「추모」가 죽고 「유리」가 즉위하여 주 도성으로 삼았었음을 염두에 두고, 「남당」께서 해 놓으신 지명 비정은 극히 일부만 참고적으로 남겼으며, 아직은 연구 중이이서

미세하게까지 확정할 수는 없지만, 역사 강역에 대한 중요한 지리명은, 역사서를 주물렀던 사람들의 손을 덜 탄 것으로 보이는 옛 문헌에 남아 있거나 자전 등에 남아 있는 정보와 인터넷상에서 얻거나 교환되어진 정보 등을 조심스럽게 이용하면서, 역자의 느낌만을 반영하였습니다. 역사서 읽기가 힘겨운 점을 감안하여 약자 및 이체자의 일부는 익숙한 번자체로 바꾸었고, 약간의 해설적인 부기 및 지리 설명과 옛 흔적이 남아있는 20세기 초중반에 간행된 군사용 고지도 삽입 등으로 가미하였습니다. 역자의 지명 위치추정 가부에 몰입하지 마시고 나름의 연구를 부탁합니다. {삽화로는 http://blog.daum.net/sabul358/13708581 및 http://www.coo2.net 등에 수집되어져 있는 지도를 주로 이용하였습니다.}

최소한 근세「조선」왕조 이후로 잘 못 써지고 가르쳐졌음에 따라 세뇌되어진 역사적 사실과 역사 강역 등이 산산이 깨져 나가는 괴로움과 이제야 밝혀지는 것을 수용하는 쾌감이 뒤따를 것입니다. 최소한 애초에 편찬된 대로인 「三國史」와 「三國遺事」가 아닌 것으로 드러나는 세칭 「三國史記」와 「三國遺事」를 이씨왕조 및 일제와 그 부역자들이 더 자르고 깎아서 비참해져서 읽히고 있는 「三國詐記」나 「三國遺邪」 이외의 변변한 사서를 접하기 어려운 점을 다소나마 덜 수 있기를 희망합니다.
「남당」선생께서 남기신 사초 및 사략의 본문들은 우리 조상님들의 기상과 얼이 고스란히 담긴 옛 역사를 정립하여서 역사를 광복하는 일에 없어서는 아니 될 귀중한 선물이 될 것으로 봅니다.**{본 번역서를 읽기 전에 부록에 담긴 내용을 먼저 읽으시길 권해드립니다.}**

아울러서 차제에 각종 박물관이나 대학들의 도서관 및 고서 창고에 숨겨진? 채로 있거나 방치된 우리 겨레들의 역사서와 자료들이, 또한 아직도 믿지 못할 세상이라 하여 민간과 사찰 등에 비전 중인 자료들이 세상 밖으로 나올 수 있는 여건이 하루빨리 성숙되기를 희망하여 봅니다.
기실 고려대학교 및 숭실대학교 도서관 또는 박물관 등에서 세상 밖으로 나온 경천동지할 귀중한 사서 및 판각 지도 등이 있었으니, 아직 의도적 또는 부지불식간에 먼지를 쓰고 있거나 은폐되어 있는 것이 상당히 많을 것으로 보이기도 합니다.

이 초벌 번역 작업에 시종일관 격려하여 주시고 도움을 주신 좌계 김 영래 선생님, 번역 내용을 원본과 확인 교역·교정하는 힘겨운 일을 자임하여 주신 김 영채 선생님과 강 영구 선생님, 삽화로 사용된 귀중한 지도들을 발굴해 내신 필명 향고도 선생님 등, 막힐 때 풀어 주신 신 완순 선생님, 서토인들의 자전까지 구입하여 제공하여주신 전 창남 사장님, 그리고 관심을 가져 주신 모든 분들, 이 책자가 세상에 나아가서 밀알이 될 수 있도록 지극히 어려운 경영상황에서도 선뜻 물심양면으로 도움을 주시어서 한데 어울리며 꿈을 키웠던 멋진 학교시절 교우의 우정을 나누어 주신 「도서출판 지샘」의 김 종호 대표이사님, 끝으로 생업을 소홀히 하여서 한참이나 힘들어했던 제 가족들과 함께 고마움과 기쁨을 나누고자 합니다.

아울러서, 이 책 한 권이 세상에서 우리의 참된 옛 역사광복을 위한 역사광복군의 일원이 되어주길 아픈 눈을 감고 곱은 손을 모아 아린 마음으로 바래봅니다..

서기 2008년 8월 초순 청송 김 성겸 근서

<u>부탁 말씀</u> : 쫓기는 마음으로 이 번역 작업을 서둘렀습니다. 충분하지 않은 역자의 능력뿐만 아니라 저본의 상태도 분명 해독이 쉽지 않았음에 본문을 이식하는 일이 엄청 어려웠었습니다. 원문 옮기기 오류와 잘못 번역되어진 부분은 반드시 계속하여 바로잡아져야 할 것입니다. 동학 및 후학 분들의 불편함을 덜어드리고 완성도 높은 역사 해득을 위해, 펴내는 판을 거듭함에 따른 바로잡기를 계속할 것이오니, 따끔한 질책보다는 따듯한 교필 의견과 도움을 앙청하옵니다.

연락주소는 ksk0304@chollian.net
또는 feedtech@hananet.net 입니다.

---

* 초판 1쇄 대비하여 ; 부록의 글자 크기를 키우고, 파일 틀어짐을 바로잡았으며, 본문의 문단 나누기를 변경하였으며, 일부 오자수정과 교역 및 문장 바로잡기가 이루어졌습니다. * 서기2009년 9월 초순

부 록

<부록-1>

일제시대, 관련 책자를 분류작업한 박 창화 씨가 해방 후에 최 기철 서울대 명예교수에게 증언했다

펌 글의 출처 : http://tong.nate.com/123tong/33917542

1910년 8월 29일 한국을 강탈한 일제는 1905년에 설치했던 '통감부'를 '조선총독부'로 바꾸고, 1910년 10월 1일 관보(官報)를 발행하기 시작했다. '관보'를 근거로 하면, 일본 군부의 최고 권력자였고, 한국민의 독립운동을 압살했던 초대총독 데라우치마사타케(寺內正毅)는 취임하자, 1910년 11월부터 전국의 각 도·군 경찰서를 동원하여 1911년 12월말까지 1년 2개월 동안 제1차 전국 서적 색출에서 '단군조선' 관계 고사서 등 51종 20여만 권의 사서를 수거 불태웠다. 또한 단군조선 등 우리의 역사를 왜곡 말살하기 위해 설립된 조선사편수회에서는, 1923년부터 1937년까지 15년 동안 차입한 사료가 무려 4천 9백 50종이라고 1938년 발행된 조선사편수회사업개요에서 밝히고 있다.

일본의 사학자인 하라타사카에루는 저서 '역사와 현대'(1981년 4월 25일)에 보면, "1923년 7월 조선총독부 조선사편찬위원회 구로이타 고문이 대마도에 사료 탐방하여, 한국과 관계가 있는 고문서류 6만 6천 469매, 고기록류 3천 576책, 고지도 34매 등을 은폐 또는 분서(焚書)했다"고 밝히고 있다.

조선총독부 취조국은 단군조선 등 한국사를 왜곡 편찬하는데 필요한 일부 서적만 남기고 모두 불태웠다고 한다. 일제는 단군조선 등 한국사 관련 사료 등을 수집 시 한반도는 물론 일본, 중국 및 만주에 있는 것도 수집하였다고 한다.

이와 같이 일제의 우리 고사서 인멸은 단군조선 등 한국사를 왜곡하고 말살하기 위한 핵심작업이었던 것이다.

광복이 된 지 57년이 지나도록 우리 민족의 근원인 단군조선 등의 상고사를 바로잡지 못한 것은 중국, 일본 등의 교묘한 역사 왜곡에도 이유가 있지만, 일제의 '한국사' 왜곡에 함께 부화뇌동하여 식민사관, 실증사관,

반도사관으로 날조 왜곡된 우리 역사를 답습하여, 아직까지도 민족주체성에 의한 역사로 복본하지 못한 우리 자신에게도 책임이 있다.
즉 일제가 의도적으로 남겨둔 단군조선에 대해 역사성이 희박한 '삼국사기'(유교중심의 모화사관)나 '삼국유사'(불교중심의 종교사관) 같은 사대주의적 사서 등을 중심으로 우리 역사를 인식하며, 과거 일본 및 서구열강이 가져간 수많은 사료 등 세계 곳곳에 흩어져 있는 상고시대의 사료들을 모으려는 노력이 미흡했고, 진정 민족주체성의 관점에서 역사를 바라보고 기술하고자 하는 노력이 부족하였다고 볼 수 있다.

최근 우리역사회복을 위한 충격적인 실화가 소개되었다.

다름 아니라 1933년부터 12년 동안 일본 궁내성 즉, 왕실도서관 사서 분류 작업을 하였던 박 창화님(朴昌和;1889~1962)의 증언이 최 기철 박사님(崔基哲;1910~현재 서울대명예교수, 담수생물학연구소장)에 의해 공개되었다.

일본 왕실도서관에는 일제강점기 때 약탈해 간 '단군조선'관련 사서 등 고문서가 많을 것이라고 본다. 그런데 과연 일본은 한국에서 약탈해 간 '단군조선'관련 사서 등에 대한 목록을 작성해 놓았을까?
이제 일제강점기에 우리의 수많은 단군시대 이전의 고사서 수십만 권을 압수 소각하면서 일부 중요한 상고사의 고문헌을 문화적, 학술적인 가치를 인정하고 아마 은밀히 보관하고 있음이 밝혀진 것입니다.
일본 궁내청 서료부(書陵部:일명 왕실도서관)에서 1933년부터 12년 동안 조선전고(朝鮮典故) 조사사무 촉탁으로 근무했던 박 창화님은 이곳에서 일제가 한국에서 약탈해 간 '단군'관련 사서 등을 보았다고 그 당시 청주사범학교 교장이었던 최 기철 박사에게 증언하였다.

(사)한배달 최 봉열 원로회 회장, 한 애삼 부회장 등이 1998년 10월, 최 기철 서울대 명예교수를 탐방하고 일제강점기 때 일본왕실도서관에서 도서분류 및 내용분석 업무를 담당했던 박 창화씨와 관련하여 증언한 녹취록이 (사)한배달에서 발행한 계간지 한배달40호(1998년 겨울호)에 실려 있다.
충북 청원군 강외면 연제리가 고향인 박 창화는 1889년 이곳 박씨 집성촌의 한 유학자 집안에서 태어났다. 어려서부터 한학을 익힌 그는 유달리 똑똑했다고 한다. 이곳 사람들은 아직도 그를 기억하고 있었다. 그는 역사에 관심이 많았다. 특히 강역고, 영토연구에 애정을 쏟았다. 고려 때까지 '만주'가 우리나라 영토라는 것이 그의 주장이었다.

1902년부터 16년까지 자신이 겪은 일들을 이력서 형식으로 남겨 놓았다. '1900년 초 한성사범학교를 졸업하고, 그 학교에서 교관을 지냈으며, 충북 영동(永同)소학교, 배재고보 등에서 조선어, 일본어, 체육 등을 가르치던 교사였으며, 나라가 어려워지자 학교에서 아이들만 가르칠 수 없다는 생각에 만주로 떠나 독립항쟁을 하다 중국 안동에서 일본관헌에게 잡히게 되었다는 것이다. 거기서 독립항쟁에 대한 자신의 솔직한 신념을 밝히자, 그 관헌이 박 창화의 뜻을 좋게 여겨 일본 왕실문고에서 일하도록 해 주었다.'고 한다.

본건의 제보자인 최 기철 박사는 1945년 청주사범학교 교장으로 재직 시 처음으로 박 창화를 만난다. 박 창화는 왕실문고에서 우리 상고사 관련 사서를 분류하고 내용을 파악하는 일을 직접 담당하였다.
1945년 광복 직전 미국의 B-29의 폭격이 한창이자 일본정부는 '이것만은 지켜야 한다.'는 생각에 오하리(尾張)공작 저택 지하실로 사서들을 옮겼는데, 이때 박 창화가 직접 왕실문고를 옮기는 일에 참여하였다. 그 직후에 박 창화는 일본 왕실문고에서 일하던 중 자전거를 타다가 둑에서 넘어져 크게 다쳤고, 요양 차 잠시 고향에 돌아왔다가 광복을 맞아 계속 고향에 머물게 되었으며, 옮긴 사서의 정확한 행방에 대해서는 알 수 없으나 오하리의 집 지하실에 그대로 보존되어 있거나 아니면 왕실도서관으로 다시 복귀하였을 것이라고 당시 청주사범학교 교장이던 최 기철 박사를 찾아와 자주 이야기를 나누었다.

일왕실문고 재직 당시 왕실문고 내 소장된 사료 대부분이 조선총독부가 조선에서 수탈해간 우리 사서임을 직접 확인했고, 우리 민족의 중요한 고대사 관련 사서들은 모두 거기에 있다고 할 만큼 엄청난 분량이었다고 증언했다. 수탈된 사료들을 분류하고 내용을 검토하다 보니 중요한 사료들을 모두 읽을 수밖에 없었다. 사료의 대부분이 '단군(檀君)' 관련 사료였다. 당시 일본천왕 소화(昭和)라는 이름을 내각총리의 의뢰로 박 창화가 지어주기도 했다고 한다. 당시 그곳에서 같이 근무하던 한 일본인은 "조선의 고서는 다 가져왔기 때문에 여기 있는 것들은 조선에는 없는 것들이다"라고 자랑삼아 말하기도 했다.

광복 직후 청주사범학교로 자주 찾아와 최 기철 교장과 말동무를 하던 박 창화는 "이 학교에서 국사를 가르치고 싶다."고 요청하였고, 최 기철 박사는 그의 해박한 역사지식을 인정, 청주사범학교의 국사교사로 채용하게 되었다. 박 창화는 마땅한 말동무가 없어 자주 최 기철 박사를 방문하였고, 자신이 왕실문고에서 보았던 책들과 사료 정리 작업 등의 내용을 여러 번 증언하였으나, 역사에 전문지식이 없던 최 기철 박사로서는 이해하기 어려운 내용이었다. 교사로 재직하던 박 창화는 한 학기 동안 '단군'에 대해서만 강의할 정도로 단군에 관련된 많은 사실들을 알고 있었는데, 이는 왕실문고에서 일하면서 습득한 지식 때문이었다고 한다. 당시 박 창화로부터 국사를 배운 제자로는 김 준호 교수(현 서울대명예교수, 생물학)와 임양재 교수(전 중앙대교수)가 있다.

박 창화와 일본 왕실도서관과의 확실한 관계가 있는 것일까?

구체적인 사실을 확인하기 위해 충북교육청 퇴임자 명부에 보면, 최종적으로 충북 괴산 국립여중고에서 단기4283년(서기1950년)에 의원면직으로 기재되어 있다. 여기에 '박 창화가 왕실도서관의 사서로 1933년부터 12년 동안 일본 궁내성 즉, 왕실도서관에 근무하였다.'고 분명히 기록되어 있었다.

명확한 증거를 위해 일본 왕실도서관에서 박 창화의 이력을 찾아보기로 했다. 그러나 왕실도서관 측에서는 박 창화에 대한 기록은 보여줄 수 없다고 했다. 왕실도서관에서 박 창화의 근무사실을 확인할 수 없었던 취재팀은 일본 국립 국회도서관에서 1930년대에서 40년대 사이에 일본 궁내성에서 근무한 직원의 명단을 발견했다. 그 중 1935년 직원명부에 분명히 박 창화의 이름이 보인다. 왕실도서관에서 조선의 '고서적'을 다루는 일을 했던 박 창화는 당시 촉탁 즉, 특별계약직으로 월수입은 85엔이라고 상세히 기록되어 있었다. 이러한 정황으로 보아 분명 박 창화는 일제시대에 일왕실도서관에서 일하였으며, 우리민족의 고서를 친견하고 읽었던 것이다.

그 뒤, 최 기철 박사가 서울대에 재직할 당시 이 병도 박사(당시 서울대 사학과 교수)에게 일본 왕실문고에 소장된, 우리나라에서 수탈해 간 고대사 관련 사료의 존재와 이를 되찾아 와야 한다는 당위성에 대해 알렸으나 아무런 반응을 얻지 못했다. 또, 1957년경 문교부 편수국장을 방문하여 박 창화의 왕실문고에 관한 내용을 말해주었으나 역시 아무 반응이 없었다고 한다..

<부록-2>

<이성계><조선>의 역사서 수거·찬탈

송준희 (2006-08-15 18:45:08, Hit : 176, Vote : 0)
우리역사의 비밀(http://www.coo2.net)

아래 자료를 참고 바랍니다. http://sillok.history.go.kr

世祖 007 03/05/26(戊子) 003{서기1457년/명나라천순(天順)원년} 팔도관찰사에게 고조선비사 등의 문서를 사처에서 간직하지 말 것을 명하다.

○諭八道觀察使曰: "<古朝鮮秘詞>, <大辯說>, <朝代記>, <周南逸士記>, <誌公記>, <表訓三聖密記>, <安含老>·<元董仲><三聖記>, <道證記>, <智異聖母河沙良訓>, <文泰山>·<王居仁>·<薛業>等三人記錄, <修撰企所>一百餘卷, <動天錄>, <磨蝨錄>, <通天錄>, <壺中錄>, <地華錄>, <道詵漢都讖記>等文書, 不宜藏於私處, 如有藏者, 許令進上, 以自願書冊回賜, 其廣諭公私及寺社."
【원전】 7집 200면

팔도관찰사(八道觀察使)에게 유시(諭示)하기를,
"고조선비사(古朝鮮秘詞), 대변설(大辯說), 조대기(朝代記), 주남일사기(周南逸士記), 지공기(誌公記), 표훈삼성밀기(表訓三聖密記), 안함노(安含老)·원동중(元董仲)의 삼성기(三聖記), 도증기(道證記), 지이성모하사량훈(智異聖母河沙良訓), 문태산(文泰山)·왕거인(王居人)·설업(薛業)등 3인의 기록(三人記錄), 수찬기소(修撰企所) 1백여권(卷), 동천록(動天錄), 마슬록(磨蝨錄), 통천록(通天錄), 호중록(壺中錄), 지화록(地華錄), 도선한도참기(道詵漢都讖記)
등의 문서(文書)는 마땅히 사처(私處)에 간직해서는 안 되니,
만약 간직한 사람이 있으면 진상(進上)하도록 허가하고, 자원(自願)하는 서책(書冊)으로 회사(回賜)할 것이니, 그것을 관청·민간·사사(寺社)에 널리 효유(曉諭)하라." 하였다.

▦ 보완자료 조선왕조실록 "수거령" 관련 사서목록 ▦

< 세조 3년 5월 26일 > ; 위와 중복되어 생략

< 예종 1년 9월 18일(무술) >

예조에 명하여 모든 천문·지리·음양에 관계되는 서적들을 수집하게 하다.

"예조(禮曹)에 전교하기를,

- 《주남일사기(周南逸士記)》
- 《지공기(志公記)》
- 《표훈천사(表訓天詞)》
- 《삼성밀기(三聖密記)》
- 《도증기(道證記)》
- 《지이성모하사량훈(智異聖母河沙良訓)》,
- 문태산(文泰山)·옥거인(玉居仁)·설업(薛業) 세 사람의 기(記) 1백여 권과
- 《호중록(壺中錄)》
- 《지화록(地華錄)》
- 《명경수(明鏡數)》 및
- 모든 천문(天文)·지리(地理)·음양(陰陽)에 관계되는 서적들을

집에 간수하고 있는 자는,
경중(京中)에서는 10월 그믐날까지 한정하여 승정원(承政院)에 바치고,
외방(外方)에서는 가까운 도(道)는 11월 그믐날까지,
먼 도(道)는 12월 그믐날까지 거주하는 고을에 바치라.
바친 자는 2품계를 높여주되, 상 받기를 원하는 자 및 공사천구(公私賤口)에게는 면포(綿布) 50필(匹)을 상으로 주며,
숨기고 바치지 않는 자는 다른 사람의 진고(陳告)를 받아들여서
진고한 자에게는 위의 항목에 따라 논상(論賞)하고,
숨긴 자는 참형(斬刑)에 처한다.
그것을 중외(中外)에 속히 유시하라." 하였다.

< 성종 원년 12월 9일(무오) >

여러 도의 관찰사에게 천문·음양·지리에 관한 책을 수납하는 것에 대한 글을 보내다.

여러 도(道)의 관찰사(觀察使)에게 교서(敎書)를 내리기를,

" 전일에

- 《주남일사기(周南逸士記)》
- 《지공기(志公記)》
- 《표훈천사(表訓天詞)》
- 《삼성밀기(三聖密記)》
- 《도증기(道證記)》
- 《지이성모하사량훈(智異聖母河沙良訓)》,
- 문태산(文泰山)·왕거인(王居仁)·설업(薛業) 삼인기(三人記) 1백여 권과,
- 《호중록(壺中錄)》
- 《지화록(地華錄)》
- 《명경수(明鏡數)》와 무릇 천문(天文)·지리(地理)·음양(陰陽) 등

여러 서책(書冊)을 빠짐없이 찾아내어 서울로 올려 보낼 일을 이미 하유(下諭)했으니,

상항(上項) 명경수(明鏡數) 이상의 9책과

- 《태일금경식(太一金鏡式)》
- 《도선참기(道詵讖記)》는

전일의 하유(下諭)에 의거하여 서울로 올려 보내고,

나머지 책들은 다시 수납(收納)하지 말도록 하고 이미 수납(收納)한 것은 돌려주도록 하라." 하였다.(완)

☞ 사처에 역사서를 사사로이 가지고 있으면 아니 된다고 분별하여 빼앗고, 자진하여 내어놓지 않으면 고변을 받아 참수하겠다고? 이것이 <방원>이 가르친 문치였던 것이고, 자기 집안 스스로 정통성에 결함이 있음을 인정한 것인가? 이런 세상에서 어느 누구인들 온전한 옛 역사서를 쉬이 간직할 수 있었겠는가?

<왕건><고리>조의 보위를 찬탈하고 구차스런 방법으로 나라이름을 바꾼 근세 <조선>조의 태조 <이성계>의 보위를 강탈한 그 아들 태종 <방원>의 가르침 즉 무치가 아닌 문치를 하라는 가르침을 그의 아들 세종 <도>가 받들어 <고리>의 역사를 손 보고, 세종의 아들 세조 <유>와 세조의 아들과 손자인 예종 <황>과 성종 <혈>이 대를 이어가며 <고리> 이전의 역사 특히 옛 <조선>과 그 이전의 역사를 손보았음을 기록으로 남긴 것으로 보이지 않는가?

<부록-3>

<일제><조선총독부><조선사편수회>에 의해 변조·말살된 우리역사

사이토 총독의 신교육칙어에 따라,
조선사편수회는 사무소를 총독부 중추원에 두고서,
1925년 10월 8일 제1차 위원회를 개최하였고,
사이또 총독은 이 회의에 직접 참석하여
조선사 편찬사업의 중대성을 강조하는 등 많은 관심을 보였음.
사이또 총독은 부임 즉시 전국에 시달한 교육시책을 하달하기를 ;
1. 먼저 조선 사람들이 자신의 역사와 전통을 알지 못하게 하여서
 겨레의 혼과 문화를 상실하게 하고
2. 그들의 조상선인들의 무위·무능과 악행을 들추어내고 그것을 과장하여
 조선인의 후손들에게 가르쳐서
 그 조상들을 경시·멸시하는 감정을 일으켜 하나의 기풍으로 만들고
3. 그 결과 조선 청소년들이 자국의 모든 인물과 사적(史蹟)에 관하여
 부정적인 지식을 얻게 되면 반드시 실망감에 빠지게 될 것이니,
4. 그때에 일본사적·일본인물·일본문화를 소개하면 그 동화(同化}가 지대할
 것이다. 이것이 제국 일본이 조선인을 반(半) 일본인으로 만드는 방법이다.
라고 하였다.

☞ 이 일에 촉탁으로 참여한 이병도·신석호 등과 그들의 학생들이 가르친 역사가 과연 옳았을까?

우리의 역사는 이렇게 말살되었다

이름 안 원전 Homepage{http://www.cheramia.net}
글쓴이: 마두
우리역사바로알기시민 (2003-12-04 09:35:57, Hit : 310, Vote : 0)

단군조선은 이렇게 말살됐다!

-<주간조선> 1985년 10월 20일~1986년 10월26일 연재 -

목 차

1. 총독부 우리 史書 20만권 불태워

일제는 한국 상고사의 말살을 한국의 강제 병탄 이전부터 강력히 추진했음이 분명하다. 그들은 1910년 8월 29일 조선을 강탈한 후 이해 10월 1일 관보를 발행하는 놀라운 기동력을 보인다.

이 관보는 조선을 영원히 탈취할 것으로 착각한 그들이 만든 것이므로 이제는 오히려 일제의 조선 침탈사를 밝히는 귀중한 자료이나 아쉽게도 번역이나 집중적인 연구가 되지 않은 실정이다.

1910년, 이른바 그들이 주장하는 '일•한 합방'이 되자 초대 총독은 취임하자마자 조선의 관습과 제반 제도 조사를 명령했다.

조선총독부 취조국은 식민지를 제압하기 위해 설치한 가장 악질적인 기관의 하나로 초기에는 법령의 제정과 형벌을 관장했다. 일제의 무단정치를 악질적으로 수행한 관서였다.

조선의 관습과 제도조사라는 미명을 내세운 취조국은 1910년 11월 전국의 각 도·군 경찰서를 동원하여 그들이 지목한 불온서적의 일제 압수에 나섰다. 서울에서는 종로 일대의 서점을 샅샅이 뒤졌고 지방에서는 서사(서점), 향교, 서원, 구가, 양반가, 세도가를 뒤졌다.
다음 해 12월말까지 1년 2개월 동안 계속된 제1차 전국 서적 색출에서 얼마나 압수하였는지는 정확히 알 수 없다.
다만 조선총독부 관보를 근거로 판매 금지한 서적과 수거된 서적은 총 51종 20여만 권이라고 광복 후 출간된 <제헌국회사>와 <군국일본조선강점 36년사(문정창)>가 밝히고 있다.

압수대상 서적은
단군관계 조선고사서, 조선지리, 애국충정을 고취하는 위인전기·열전류 및 심지어 '미국의 독립사'까지 포함되었다.
장지연의 '대한신지지(大韓新地誌), 이채병의 '애국정신', 신채호의 '을지문덕' 등이 집중적인 수난을 받았다. 이는 일제가 조선사를 말살하려고 한 공개된 첫 만행이었다.
총독부 취조국은 필요한 일부 서적, 즉 조선사를 왜곡 편찬하는데 좋은 자료가 될 만한 서적만 남기고 모두 분서하였다.

무단정치로 악명이 높던 寺內正毅는 총독부 취조국이 관장하던 관습·제도 조사업무를 1915년 허울뿐이던 중추원으로 이관하고 편찬과를 설치하여 '조선반도사' 편찬을 담당시켰다.
일본인들이 이 나라 사서를 인멸했을 뿐 아니라 직접 손을 대어 왜곡 편찬을 노골화한 것이다.
이완용, 권중현 등 부일(附日) 역적들을 고문으로 앉힌 중추원은 1916년 1월 유정수 등 중추원 참의와 경도제국대학의 三浦周行 교수와 경도제대 今西龍(금서룡, 이마니시)강사 등 3인에게 지도감독을 의뢰했다.
새로운 조선반도사를 만들려는 일제는 전국에서 압수·분서한 이외, 그들이 조선사 왜곡을 위해 근거 자료로 일부 사서를 남겨두고 총독부 취조국에서 중추원 편찬과로 편사 업무를 이전하기에 앞서서 이들 자료의 철저한 분석과 왜곡 편사 계획을 수립했음이 분명하다.

조선반도사 편찬을 맡은 어용학자들에게 내린 편사지침이 이를 증명한다.

① 조선반도사는 편년제(編年制)로 한다.
② 전편을 상고 삼한, 삼국, 통일후의 신라, 고려, 조선, 조선 근세사의 6 편으로 한다.
③ 민족국가를 이룩하기까지의 민족의 기원과 그 발달에 관한 조선 고

유의 사화, 사설 등은 일체 무시하고, 오로지 기록에 있는 사료에만 의존한다. (조선사편수회사업개요 7쪽, 47쪽)

조선총독부는 이 같은 '편사원칙'을 세우고 '공명 정확'한 조선사를 편찬하려면 사료가 필요하다는 명목을 붙여서 이번에는 중추원을 앞세워 전국적인 사료수색을 다시 감행한다.

겉으로는 중추원이 사료 수집을 맡아 대여 방식 등의 다소 완화된 태도를 보였으나, 실지에 있어서는 각 도청, 군청, 경찰서 등이 위압적인 방법으로 수색했다.

이 나라 역사와 전통, 문화, 예술, 인물 등 제2차 수색에서는 압수범위도 오히려 늘어났다. 즉, 전기, 열전, 충의록, 무용전까지도 압수되었던 것이다.

1919년 3·1운동이 일어나자 일제는 어쩔 수 없이 무단정치를 철회하고 문화정치를 표방했다. 문화정치를 표방하고 부임한 조선총독(제3대 총독) ' 사이토 마코토(齋藤實,1919년 8월 12일 부임)는 조선사람들을 半일본사람으로 만드는 이른바 교육시책의 하나로서 1922년 12월 훈령 제64조 '조선사편찬위원회규정'을 제정·공포하여 새롭게 「조선사편찬위원회」를 설치하고 조선총독부 정무총감을 위원장으로 15명의 위원회를 조직하였다.

2. 역사 왜곡편찬 진용확대 개편

일제는「편찬위원회」의 조직 근거법령이 조선총독부의 훈령으로 되어있어 유능한 조선인 사학자들이 모이지 않는다.」고 지적, 명칭을「조선사편수회」로 바꾸고 일황의 칙령으로 설치근거의 격을 높였다.
일제는 1925년 6월 일황 칙령 제218호로「조선사편수회」관제를 제정공포하고 조선총독이 직할하는 독립 관청으로 승격시켰다.

이 편수회의 위원장급 회장들로는 현직 정무총감들이 맡아 권력을 휘두를 수 있는 일본인들을 참여시키고 실무자들의 관직도 높여 상당한 대우를 함으로써 실력 있는 학자들을 유혹했다.

새롭게 정비된「조선사편수회」는 사무소를 총독부 중추원에 두고 1925년 10월 8일 제1회 위원회를 개최했다. 이 회의에서 결정한 주요 사항은 관계 자료의 수집 방안이었다.

강제수색·압수가 초기에는 성과를 거두었으나 수장자들이 비장하는 바람에 수집이 어려워지자 일제는 대여하는 형식으로 그 방법을 완화했다.
총독은 관계자들에게 편찬사료탐방이란 이름으로 광범위한 사료수집을 독려하는 한편 전국의 도·군·경찰서 등 관청에 협력토록 강력히 지시했다.

'조선사편수회사업개요'는 大正11년(1922년), 즉 '조선사편수회'가 확대 개편되기 이전부터 사료를 수집했음을 밝히고 있다.(조선사편수회사업개요 92쪽).
1922년 8명의 관계자가 연 122일을 출장했으며, 23년에는 17명이 연204일, 24년에는 12명이 연176일, 25년에는 15명이 연200일 동안 전국을 누벼 조선 사료를 찾아내었다.

「조선사편수회」의 제1회 회의에서는 다시 조선사의 시대구분을 재편, 조선상고사를 말살하려는 저의를 보인다.

1923년 1월 8일 '조선사편찬회'가 결의한 제1편「삼국이전」을 다시 끌어내려「신라통일이전」으로 하고 제2편「신라통일시대」, 제3편「고려시대」, 제4편「조선시대전기」, 제5편「조선시대중기」, 제6편「조선시대후기」로 편수마저 7편에서 6편으로 1편을 줄였다.
단군조선 등 상고사를 집어넣기로 '조선반도사편찬위원회'때 결의한 사항을 폐기하고 '조선사편찬위원회'의 결의마저도 축소하여 '조선사편수회'에서는 6편으로 편수까지 줄인 것이다.
편수까지 줄인 것은「삼국이전」과「삼국시대」를 줄여「신라통일이전」으로 통합했기 때문이다. 조선사의 시대구분 문제는 조선사가 완간될 때까지 조선 위원들에 의해 거론되고 끈질긴 공방전을 낳았다.

3. 사료 선별수집·복본 행방불명

"조선사편수회의" 회의록 가운데 중요한 부분들을 보기로 하자.

1928년 7월 18일 중추원에서 열린 고문·위원 간담회에서 나온 주요 발언은 다음과 같다.

● 山梨 총독 : 앞서 본회가 조선 사료의 수집·정리와 조선사 편찬의

사명을 가지고 창립되자 고문과 위원 각 위들은 열심히 그 취지를 원조하고 각 직원들은 근면히 사무에 종사하여 상당한 성적을 올리게 된 것을 다행하게 생각한다.
해가 거듭할수록 인멸되어 가는 사료를 수집하여 공정한 조선사를 만들려는 것은 본회 창립 당시에 비하여 더욱 절실한 소망일 뿐 아니라 조선 통치 상으로 보아 긴요한 일로 믿는다.
여러분은 더욱 노력하여 이 사업이 유종의 미를 거두도록 노력해 달라.

● 池上정무총감 : 본회 사업의 경과를 보면 사료의 수집이 예정의 절반을 완료하였다. 이것은 여러분들과 일반인들이 귀중한 사료의 수집과 편찬에 대해 호의를 가지고 편의를 제공한 때문이며, 참으로 만족한다. 앞으로 1~2년이면 일반 수집을 마칠 예정이니 여러분은 물론, 일반인들도 더 한층 편의를 제공하여 줄 것을 간절히 바란다.

● 黑板勝美 : 나는 다행히 여기에 참석하여 이 자리에 함께 한 것을 영광으로 생각한다. 이 조선사의 편수에 관하여 나는 처음부터 상담에 응해 왔다. 최초에는 10개년에 역사 편찬을 완성하게 되었었으나, 진재(震災, 1923년) 때문에 연장하여 12년간에 전부 완성하기로 했다. 사료는 각 도, 각 지방에 있는 것은 물론 일본, 지나(중국) 및 만주에 있는 것도 수집하여 가장 공정한 조선사를 편수하는 것이 목적이다.
위원과 고문 각 위의 협력으로 벌써 사료수집도 과반을 마쳤으므로 편수의 체제와 강령을 정하고 그에 따라 편찬을 진전시켜 오늘에 이르렀다. 이 사무가 어느 정도 진척되었을 단계에는 여러분의 기탄없는 의견을 듣고자 하나 실은 자료가 너무 호한하고 그 수집 정리 및 편찬에 대해 수사관도 상당히 곤란을 받고 있는 실정이므로 충분히 연구하여 우선 완성한 다음에 심사를 앙청하기로 했다.

<u>1930년 8월 22일 오전 9시 중추원 제5회 위원회. {회의록!}</u>

● 최남선 : 편수에 관하여 질문이 있다. 첫째로는 제1편의 편수 범위에 관한 것이다. 요람에 의하면「신라통일 이전」이라고 되어 있으나 심히 막연하다.
무릇 반도 안에 살았던 민족으로서 역사상 밝혀진 것은 어느 정도까지 채택하는 것인가? 견해에 따라서는 종래 반도사에서 제외된 것이라도 반도에 심히 복잡한 관계를 가진 민족이 있었던 것으로 생각한다.

둘째는 제6편은 갑오개혁까지 편수한다는 것인데 그 이후의 것이라도 중요한 것은 어떻게 다룰 작정인가?

● 今西龍(이마니시) : 제1편에 관해서는 담당자인 내가 말하겠다. 무릇 고대의 역사를 수찬함에 있어서는「민족」을 위주로 하느냐,「토지」를 위주로 하느냐는 두 가지 방법이 있다. 따라서 주된 민족의 흐름의 관계가 있는 한, 또한 그 설명 상 필요하다고 생각되는 것은 주변 여러 곳의 기사도 당연히 채택한다. 예를 들면 고구려 같은 것은 그 지역이 반도 밖에 걸쳐 있었으니 물론 채입하지 아니하면 안 되는 것과 같다.

● 최남선 : 구체적으로 말하면 숙신(肅愼)같은 것은 아직 불명한 채로 남아 있는 민족이나 나는 조선사의 기원과 밀접한 관계가 있다고 생각한다. 또 그 이후에 내려와서 발해(渤海)도 조선사에 중요한 구실을 하였다. 이런 사실들은 어떻게 선택할 방침인가?

● 今西龍 :「숙신」은 연대 상 역사로 취급하기보다는 인류학 민족학의 연구범위에 들어가야 할 것으로 생각한다. 또한 발해도 조선사에 관계가 없는 한 생략하겠다.

● 최남선 : 참고로 말하겠다. 무릇 고대사는「민족」본위로 하는 경우도 있고「지리」본위 또는「문화」본위로 하는 경우도 있다.
어느 경우라 하더라도 매우 복잡하고 모호한 상태이겠으나 민족의 기원을 밝히기 위해서는 가능한 모든 전력을 다 할 필요가 있다.
조선 고대 민족에 관한 사료는 조선에 있는 것뿐만 아니라 지나(중국)의 여러 사적에서도 산견되고 있으므로 조선사를 밝히기 위하여서는 사소한 것까지도 면밀하게 조사하여 유루가 없도록 할 필요가 있다.
조선 민족은 인류학 상으로도 아직 명백히 밝혀지지 않은 상태이므로 조선의 민족문화를 밝히기 위해서는 차라리 동방 제 민족의 관계 사료를 전부 하나로 종합·정리하여 주기를 바란다.

● 今西龍 : 최 위원의 말에 대해 담당자로 깊이 감사한다. 다만 여기서 주의하지 않으면 안 될 일은「사료」와「사설」을 구별하는 것이다.「사료」는 될 수 있는 대로 수집하겠으나 「사설」을 수집하면 끝이 없기 때문에 채용하지 않는 것이다.

"조선사편수회사업개요"에 따르면 중추원에 편찬과를 설치(1918년 1월)한 후 "조선사편수회"로 개편(1922년 12월)하기 직전까지「상고삼한」,「삼국」,「통일 후 신라」, 「조선」등 4편의 원고를 탈고했었다는 사실을 밝히고 있다.

이들 원고의 일부는 조선사편수에 참고했겠으나「통일신라 이전」의 2편은 어떻게 처리되었는지 아무런 언급이 없다.

또 하나 조선사편수회 제4회 모임 때 거론된 대학이나 학교 도서관에 비치하겠다던 수많은 사료들의 복본들 역시 행방이 나타나지 않는다.

조선사편수에 참여했던 일본인 학자들이 스스로 조선의 사료가 너무 많아 본편에 처리하기 어렵다고 토로했던 이들 사료들과 그들이 작성한 조선상고사의 일부는 어디에 있다는 말인가? 그들이 패망할 때 완전히 소각하지 못했다거나 모두 가져갈 수 없었다면......? 광복 40년 만에 뒤늦게 공개되는 이「조선사편수회사업개요」처럼 우리나라의 어느 곳에 사장되어 있는 것은 아닐까?

4 '삼국유사', 단군신화설도 조작

'조선총독부'는「조선사」의 간행을 서둘렀다. '조선사편수회'가 만든 35권의「조선사」가운데 처음 인쇄된 것은 제1편(통일신라이전) 1, 2권과 제2편 (신라통일시대) 1권 등 모두 3권으로 1932년 3월 31일 출간됐다.
'조선사편수회'는 '조선사'의 편찬이 중요한 사항이므로 최소 2개월에 한 번이라도 '편찬위원회'나 '실무수습회'를 계획해 열겠다고 항의했으나 이러한 약속은 지켜지지 않았다.
원고의 심의 없이 '조선사'의 일부가 간행되자, '육당''최남선'이 강력히 시정을 요구하고 나섰다. 그러나 '조선사편수회의 제6회 위원회'가 개최된 것은 '조선사'의 첫 3권이 나온 약 4개월 후인 1932년 7월 21일이었다.
사전 협의 없이 '조선사'의 일부가 간행된 것에 분노한 '육당'은 일제의 '조선사' 왜곡 의도를 간접적으로 지적하여 그들의 시인을 받아낸다.

● 최남선 : 원전(原典)의 인용이나 고감(故勘)에 있어서 일하신 분들의 노고가 마음에 걸리는 바 없지 않으나 가일층의 배려를 바란다.
예를 들면, '고구려' '동명왕'의 곳에 인용된 "삼국유사"의 단군고기(檀君古記) 가운데 '석유환국(昔有桓國)'이라고 되어 있어야 할 곳을 후에 천인

(賤人)의 망필로 말미암아 '석유환인(昔有桓因)'이라고 고쳐진 것이 그 하나다.
다 알다시피 단군고기는 본시 상당한 여러 고 기록을 종합한 것을 극히 간명하게 축약한 것이므로 짤막한 몇 마디나 글씨 한자에도 어떤 경우에는 매우 중대한 의미가 내포되어 있는 것이다. 더욱이 '환국(桓國)' 즉 '환나라'와 '환인(桓因)'사이에는 전문의 해석상 예부터 수상하지 않게 논쟁이 뒤따르고 있는 것이다.
이 글은 경도대학의 영인본(影印本)에 의한 것이라고 하고 있으나 그 원서의 환인(桓因)의 '인(因)'자가 '국(國)'자 위에 칠을 하여 '因'자로 고쳐 놓은 것을 일견하여 바로 알 수 있다. 고전을 인용하는 경우에 가령 극히 명백한 오류하고 하더라도 이것을 함부로 경망스럽게 개찬한다는 것은 심히 부당하다는 것은 새삼 재론할 필요조차 없다.
현재 이 사서에서도 이 점에 대한 경건하고 예민한 배려가 있어야 될 줄 안다. 이상 지적한 몇 가지는 잠깐 동안 발견한 것이다.

육당 최남선은「조선사편수회」제6회 위원회에서 <삼국유사>의 개찬을 지적, '천인의 망필'이라고 울분을 터뜨린다.
육당의 지적은 <삼국유사> 정덕본의 정본(正本)이 발굴되어 今西龍(이마니시) 등 일본인 학자들이 개찬한 것임을 확연하게 입증하게 되었다.

일본 경도제국대학 강사로 있다가 三浦周行교수를 따라와 조선사 편찬 초기부터 16년 2개월 20일 동안 관여하다가 사망한 今西龍(이마니시)은 1921년「단군고(檀君考)」라는 단군신화설을 만들어 그 모교인 경도제대에「조선고사의 연구(朝鮮古史硏究)」라는 논문을 제출, 박사학위를 받았다.

그는 조선 중종 7년(1512년) 경주부윤 이계복이 중간(重刊)한「삼국유사」정덕본(正德本)의 고조선기(古朝鮮記)중「國」자를「因」자로 변조, 출간하여 경도제대의 영인본(影印本)이라 하여 각계에 배포했다. 今西龍의 이 같은 개찬작업은 그의 박사 학위논문인 단군 신화설을 뒷받침하는 자료로 악용되었을 뿐 아니라 각계에 널리 유포시킴으로써 지금까지도 일부「삼국유사」해설 서적들이 조작된 기사를 그대로 사용하고 있는 실정이다.

'옛날에 환국(桓國)이 있었다.'는 기사를 '환인'으로 바꿔, 고조선의 입국(立國)사실을 깍아 버리고 '환인'과 '환웅'을 신화적인 존재로 조작한 원문은 '昔有桓國, 謂帝釋也. 庶子桓雄......'으로 되어있다.「삼국유사」에서 단군(檀君)도 '壇君'으로 표기되어 있다.

5. 단군, 기자도 '신화'로 조작

육당 최남선이 단군 관계를 집요하게 추궁한 것은 소화9년(1934년) 7월 30일 조선총독부 중추원에서 열린 제8회 조선사편수위원회의 때였다.

◆ 최남선 : 단군, 기자는 '조선사'에 있어서 가장 중요한 부분임에도 불구하고 본회의 '조선사'는 이를 수록하여야 할 제 1편에 수록하지 않고 있다. '잔무(殘務)'를 정리할 경우에 '정편(正編)'이나 혹은 '보편(普遍)'으로 하여 단군, 기자에 관한 사실을 편찬하여 주기 바란다.

◆ 稻葉(도엽) : 단군이나 기자는 제1회 위원회 때에도 논의가 있었는데 우리들도 결코 등한시하고 있지 않다. 언제나 관심을 가지고 있지만 본회의 편찬방침으로 채용한 '편년체'의 형식에는 이것을 채용할 장소가 없다. 즉, 어느 왕, 어느 해, 어느 달, 어느 날에 기사를 넣을 것인가. 그 판연한 年次가 없으므로 우리들도 고심을 거듭한 끝에 마침내 수록할 수 없었던 것이다. 이미 본편에 채입하지 못하였으니 어떠한 방법으로 이것을 채입하여야 좋을지, 별편이냐, 보편이냐 교시하여 달라.

◆ 최남선 : 나는 제1회 위원회의 일은 모른다. 단군, 기자 문제를 등한시하지 아니한다고 하니 매우 반가운 일이다.
이것을 채입할 장소에 관하여는 필경 기술적인 문제이나 단군, 기자는 그 사실 만에 집착하지 말고 그 사상적, 신앙적으로 발전된 것을 종합정리하여 '별편'으로 편찬하는 것이 좋다고 생각한다.

◆ 黑板(흑판) : 단군, 기자는 역사적 인물이 아니고 신화적인 것으로서 사상적, 신앙적으로 발전한 것이니 사상적 방면으로 별도로 연구하여야 할 것이다. '편년사'에서는 취급하기 곤란하다. 물론 이러한 사상적 신앙적인 것이 정치적으로 어떠한 영향을 가져왔는가 하는 것은 심히 중요한 문제이나 만약 이것을 '별편'으로 하여 편찬한다고 하면 똑같이 사상·신앙적 방면에 중요한 전개를 하여 온 유교, 불교도 역시 별도로 편찬하지 아니하면 안 될 것이다. 그렇지 않아도 본회의 사업이 자꾸 지연되어 있으므로 이 점은 최 위원이 양해하기 바란다.

◆ 稻葉(도엽) : 단군, 기자에 대한 우리 편찬자 측으로서 편찬경과에 대하여 잠시 말씀드리겠다. 제1편의 조선 사료에 단군 기사를 수록하

지 않았던 것은 해당 사실이 기본 사료로서 결정 채용된 《삼국사기》에 보이지 않았기 때문이다. 또한 기자는 이미 지나(중국) 사료 중에 충분히 수록하였다고 생각한다. 더욱이 단군의 기사에 관하여는 고려 공민왕 전후의 인물인 백문보(白文寶)가 단군의 연대에 대해 상소한 것이 있고, 또 이조 세종 때에 이(檀君)를 사당에 모시어 제사지내는 일을 여러 가지로 논의한 일이 있다. 그러므로 내 생각으로서는 '백문보'의 기사 대목이나 '세종'의 기사에 이를 채입하는 것이 어떠할까 생각한다. 요컨대 우리는 단군에 관하여 될 수 있는 대로 이를 채입하려고 하였으나 '편년사'에는 이것이 불가능한 것이다. 그러므로 '별편'으로 하는 일은 다시 상담하기 바란다.

◆ 小田(소전) : 단군문제는 편찬간사로부터 이것을 채입하려고 하는 고심담도 있었으나 옛날의 '편년사'에 있어서는 이를 '외사(外史)'로 따로 취급한 예가 있으므로 '별편'으로 하여 편찬하는 것도 무방할 것이다.

◆ 이능화 : 단군·기자는 심히 중요한 문제임에도 불구하고 그 연대가 불명하기 때문에 본편에 수록하지 못하고 '별편' 문제가 논의되고 있는데 내 생각으로는 그에 관한 사료가 아주 적기 때문에 '별편'으로 하는 것이 어떨까 생각한다. 그러므로《삼국유사》,《동국통감》및 기타 중국 사람들의 설(設)을 모아서 도엽간사가 말한 바와 같이 고려 '백문보'의 곳이나 '이조세종'의 곳에 수록하는 것이 좋다고 본다.

◆ 今井田(금정전) : 단군·기자 문제에 관하여는 여러분의 주장을 고려하여 다시 타당한 방법을 강구하여 될 수 있는 대로 완전한 것으로 할까한다. 본회의 사업은 대체적으로 예정기한을 어기지 않고 소화10년도(1935년)에 완성하고자 하나 기한 때문에 불완전한 것을 완성하여서는 안 될 것이다. 불완전한 부분은 '잔무'로서 정리할 방침을 취하도록 노력하겠다. 또한 이외로 사상, 신앙 및 기타 문화면에 관하여는 후일 다시 고려하겠다. 금후 제위께서 가일층 진력하여 줄 것을 기대한다.

'육당'이 강력히 조선상고사의 추가수록을 요구하자 '今井田' 정무총감은 논쟁을 중지시키려는 듯 단군에 관하여는 여러분들의 주장을 고려하여 다시 타당한 방법을 강구하겠다고 얼버무리고 이 회의를 끝냈다.

여기서 주목할 사실은 '도엽' 간사와 '흑판' 고문의 발언이다. 그는 '단군과 기자는 「조선사편수회」의 편찬방침이〈편년체〉로 되어있어 포함 할 수 없다.'고 강변했다. '흑판'은 이 보다 한발 더 나가 '단군'과 '기자'는 〈역사적 인물〉이 아니고 〈신화〉라고 못 박았다. '조선사'의 편찬 방침을 '편년체'로 결정한 것은 바로 '단군조선'을 없애려는 의도임이 여기서 드러난다.
수천 년 전의 고대사를 편찬하면서 "'몇년 몇월 몇일'에 그런 사실이 있었느냐"면서 자료를 제시하라는 것은 말도 되지 않는 억지인 것이다.

이렇게 '조선사'의 상고사를 없애면서도 일제는 30권으로 예정했던 편찬계획을 바꿔 35권으로 확대했다. 이는 일본인 고문과 간사가 스스로 밝혔듯이 그들은 수집된 자료가 너무 많기 때문이라고 했다.
그들은 이들 사료 중에는 세상에 유포되지 않은 희귀 유일 사료도 있다고 했다.

'조선사편수사업개요'를 보면 제7회 때 '흑판' 고문이 '사료총간목록'을 각 위원에게 배부한 것으로 되어 있다. '흑판' 고문은 당시 이런 말을 했으며 회의록에 그대로 수록되어 있다.

> "수집사료와 규장각 등에 소장된 것 중에는 한 번도 세상에 알려지지 않은 것들도 있다. 특히《해동제국기(海東諸國記)》,《당장서화첩(唐將書畵帖)》,《군문등록(軍門謄錄)》만이라도 먼저 출간해야 한다."

'조선사편수회'가 위원들에게 나눠 준 목록에 몇 종의 희귀 사료가 수록되어 있는지는 알 길이 없다. 목록을 찾을 수 없기 때문이다. 그러나 '黑板勝美'가 출판의 필요성을 역설한 것 이외에도 상당한 희귀 사료가 포함되어 있었음은 분명하다. '黑板勝美'가 위원들에게 출판이 시급한 것을 말하라고 요구했을 뿐 아니라, 또 다른 일본 위원인 '小田省吾'는 "조선사편수회"가 작성한 목록에 이의를 제기, 선정을 다시 해야 한다고 주장한 것 등이 이를 뒷받침한다. '小田'은 목록을 열람해보니, '文祿의 役(임진왜란)'과 '병자호란'에 관한 것이 많다고 그 자신의 의견을 피력한 다음, 선정 방향을 새로 정해 취사하자고 요청한 것이다.

'조선사'를 편찬하기 전부터 사료를 탈취한 일제가 모두 얼마만큼 수집했는지 그 정확한 숫자는 알 수 없다. '조선사편수회사업개요'는 단지「조선사편찬위원회」를 구성했던 대정12년(1923년)부터 소화12년까지 15년 동안 차입한 사료가 4,950종이라고 밝히고 있을 뿐이다. 따라서 일제가 얼마나 많은 사료를 탈취하여 인멸했는지 그 죄상을 밝히는 것 또한 과제인 것이다. 사료의 인멸은 조선상고사를 없애기 위한 전초작업이었기 때문이다.

6. '영원한 속국(屬國)' 기도, 역사 날조

1922년 설치된 '조선사편찬위원회'는 '조선사편수회'(1925년)로 명칭을 바꾸고 여러 차례 모임을 가졌으나 조선인 학자들의 주장은 거의 반영하지 않았다.

'조선사편수회'의 마지막 회의인 제9회 위원회는 소화10년(1935년) 7월 5일 '조선총독부 중추원'에서 열렸다. 다른 때와 마찬가지로 '今井田' 정무총감의 개회인사에 이어 '稻葉岩吉' 간사의 보고가 뒤따랐다.

> "'단군' 기사를 어떻게 취급할 것이냐 하는 문제는 이 회의 처음부터 논의가 있어 각별히 신경을 썼다. 그래서 고려 공민왕 24년 폐왕 원년조의 기사를 검출하여 단군에 관한 고래의 문헌을 채록했다. 이 부분은 이미 책으로 출간되어 배본을 마쳤으므로 여러분도 보았을 것으로 생각한다......"

일제가 그들이 편찬한 '조선사'에 단군을 수록했다고 생색내고 있는 부분은 '백문보'의 상소문에 나온다.

"문보(文寶) 상소하여 말하되 국가 사직을 세수(世守)하여 문물과 예악이 일어났으나 어찌 뜻하였으리요, 왜구의 난이 크게 일어나고 홍건적이 왕도(王都)를 함락하여 왕가가 남천(南遷)하였으니......
대저 천수(天數)에는 순환의 이(理)가 있으매, 7백년으로써 일소원(一小元)하고 3천6백년을 대주원(大周元)으로 한다. 우리나라는 '단군'이래 이미 3천6백년이 되니 이는 곳 대주원의 운이 다시 돌아오는 때이다."

故 문정창은 '조선사' 3편 7권 말미 백문보의 상소문에 있는 '단군'2자가 '조선사' 35권, 총 2만 4천 여 쪽에 나오는 단군 기술의 전부라고 지적, 통탄을 금치 못했다.

'조선총독부 조선사편수회'가 편찬한 '조선사'는 총목록, 총색인 각 1권, 본문 35권 총 2만4천1백11쪽, 도판 395매로 1938년 완간됐다. 이밖에 <조선사 사료총간> 20종, <조선사료 집진(集眞)> 3질이 나왔다.

일제의 조선사편찬업무는 예정보다 늦은 소화13년(1938년) 3월에 완료되었다. 사료 수집기간을 제외하고도 만 16년이 걸린 것이다. 이 '사업'을 위해 일제가 쓴 예산은 엄청났다.
초년도(1922년)에는 연간 예산이 1만7천6백40원에 불과했으나 다음해부터 계속 증액되어 약 1백만 원이란 거액을 투입하였다.
그러면서도 <고려사절요> 24권은 '조선총독부'의 별도 예산을 받아 출간했다고 하니, 일제의 '조선사' 편찬에 대한 집념을 엿볼 수 있다.

◇ 조선사편수회 편찬 '조선사' 내역

구 분	권차	내 용	분량(쪽)	간행연도
총목록	1	범례 및 목록	191	1938
1편	1	조선사료	732	1932
신라	2	일본사료	352	1932
통일이전	3	중국사료	808	1933
2편 통일신라 시대	1	신라 문무왕9년(669년)~고려 태조 18년(935년)	457	1932
3편	1	고려 태조 19년(936년)~선종 1년(1083년)	530	1932
고려시대	2	선종 2년(1084년)~의종 1년(1146년)	600	1932
	3	의종 2년(1147년)~고종 10년(1222년)	581	1933
	4	고종 11년(1223년)~충렬왕 5년(1278년)	550	1933
	5	충렬왕 6년(1279년)~충혜왕 1년(1330년)	543	1934
	6	충혜왕 2년(1331년)~우왕 1년(1374년)	479	1935
	7	우왕 2년(1375년)~공양왕 4년(1392년)		1935
4편	1	조선 태조 1년(1392년)~태종 10년(1410년)	556	1932
조선	2	태종 11년(1411년)~세종 5년(1423년)	516	1933
시대	3	세종 6년(1424년)~세종 24년(1442년)	683	1935
전기	4	세종 25년(1443년)~세조 12년(1466년)	756	1936
	5	세조 13년(1467년)~연산군 3년(1497년)	1038	1937
	6	연산군 4년(1498년)~중종 10년(1515년)	563	1935
	7	중종 11년(1516년)~중종35년(1540년)	642	1936
	8	중종 36년(1541년)~선조 4년(1571년)	772	1937
	9	선조 5년(1572년)~선조 25년(1592년)	677	1937

	10 선조 26년(1593년)~선조 41년(1608년)	1282	1937
5편	1 광해군 1년(1608년)~인조 3년(1625년)	537	1933
조선	2 인조 4년(1626년)~인조 15년(1637년)	482	1933
시대	3 인조 16년(1638년)~효종 8년(1657년)	584	1934
중기	4 효종 9년(1658년)~현종 14년(1673년)	546	1934
	5 현종 15년(1674년)~숙종 15년(1689년)	634	1935
	6 숙종 16년(1690년)~숙종 36년(1710년)	810	1936
	7 숙종 37년(1711년)~영조 2년(1726년)	852	1936
	8 영조 3년(1727년)~영조 25년(1749년)	1034	1936
	9 영조 26년(1750년)~영조 51년(1775년)	784	1937
	10 영조 52년(1776년)~정조 24년(1800년)	1016	1937
6편	1 순조 1년(1800년)~순조 20년(1820년)	720	1934
조선	2 순조 21년(1821년)~헌종 6년(1840년)	710	1935
시대	3 헌종 7년(1841년)~철종 14년(1863년)	697	1936
후기	4 고종 1년(1863년)~고종 31년(1894년)	1103	1938
총색인	1 부록 - 색인	894	1938

35편의 '조선사'는 이렇게 하여 출간되었다. 일제가 그들의 통치 목적에 맞춰 '조선사'라는 새 역사책을 쓴 것이다.

일제가 편찬한 '조선사'는 실제의 조선사를 와곡하여 조선을 일본의 영원한 속국으로 만들려고 역사마저 조작한 증거인 것이다.

그런데 어찌된 일인가? 광복 후 출판된 권위 있는 역사 사전마저 "'조선사'가 비록 일본의 식민통치 아래 유화정책으로 된 것이기는 하나, 색인이 없는 사료의 인용을 위해서는 많은 편리를 준다."고 망발을 늘어놓고 있으니 가슴 아픈 일이다.
일제가 만들어 놓은 '조선사'가 실제의 역사를 어떻게 분석해 놓았는지는 연구하지 않고 '이용할 가치가 놓다'고 쓰고 있는 사학자들은 누구란 말인가?

7. 비전돼 온 마곡사 古書도 방화

충남 공주군 사곡면 마곡사(麻谷寺) 상원암(上院庵)에는 전래되는 비전(秘傳)

의 고서 수백 권이 있었다. 일제 치하인 1928년(소화13년), 20세의 망국 청년이 산천을 주요하다가 이 암자에 들렀다. 그는 이 암자에 비전되어 오던 수백 권의 고서들을 열람하다가 깜짝 놀랐다.
'신라'의 대문호였던 '고운(孤雲) 최치원(崔致遠)'의 저서가 있었기 때문이다.
이 청년은 그 내용을 보고 크게 깨달아 귀중한 서적을 어떻게 보관할까 걱정했다. '최치원'이 쓴 고서의 사실이 누설되면 일제가 압수할 우려가 컸기 때문이다.

그는 이 고서 속에 있는 주요 사실을 필사(筆寫)하고 원본은 '상원암'에 그대로 두었다. 언젠가는 국보가 될 것이 확실하다고 생각한 그는 깊은 산사에 비장해 두는 것이 그 책의 보존에 오히려 좋을 것으로 생각했다.
그러나 이 암자는 알 수 없는 화재로 불타, 비장했던 고서들도 회진(灰塵)되고 말았다.

뒤늦게 '상원암'의 화재 소식을 들은 그 청년은 또 다른 '최치원'의 저서가 남아 있을까 하여 전국을 누비면서 수소문했으나 수포였다.
그 청년이 바로 '홍종국'씨로 그가 젊었을 때 '마곡사'에서 본 책은 '최치원'의 '<제왕연대력(帝王年代歷)>'이었다.

이 같은 사실은 '홍'씨가 환갑을 막 지난 15년 전 자신이 필사했던 '<제왕연대력>'을 복간하며 그 서문에 고백함으로써 밝혀졌다.
일제는 패망 직전 수집해 두었던 조선의 사서들을 모두 태우려 했으나 실패했고 그 일부가 한국인들에 의해 구출되었다.

이들을 종합하여 우선 우리나라에 어떤 사서들이 있었으며 일제가 '조선사'를 편찬할 때 어떻게 선별했는지를 찾아내는 것이 잃어버린 역사를 이해하는 첩경이 될 것이다.

==

[편저 년대 상으로 본 단군관계 사서의 계보]

◆ 근거사서 : 47世 단군 또는 그 일부 史實을 인정하고 있는 사서
(소위 도가사서 또는 민족고유사서)

1) 상고·삼국시대
신지비사(神誌秘史) : 단군조, 신지(神誌)찬
해동비록(海東秘錄) : 저자미상

신지비사역술(神誌秘史譯述) : 고구려 대영홍(大英弘)저
→ AD1412년경(조선태종12년경) 소각

2) 발해　　단기고사(檀奇古史) : AD707~719 대야발(大野勃)찬
1959년 복간본 현존 → 삼국유사보다 약 560년 전

3) 통일신라　제왕년대력(帝王年代歷) : AD890년경 진성여왕20년경 최치원저
1929 필사본 현존, 홍종국씨 소장 → 삼국유사보다 약 390년 전

4) 고려시대　조대기(朝代記) : AD926, 발해 멸망 시 君子 대광현(大光顯) 등 유민들이 고려에 망명 귀화할 때 가지고 온 고조선역대실기.
→ 삼국유사보다 약 350년 전 → 일제 때 압수소각
표훈천사(表訓天詞), 도증기(道證記), 대변경(大辯經), 동천록(動天錄), 지화록(地華錄), 고조선비기(古朝鮮秘記), 삼성밀기(三聖密記), 지공기(誌公記), 삼한습유기(三韓拾遺記), 신선전(神仙傳), 삼성기(三聖記 상편, 안함로저), 삼성기(三聖記 하편, 원동중저)
→ 일제 때 압수소각
진역유기(震域遺記) 3권 : 고려말엽 청평도사 이명(李茗) 저술
→ 삼국유사와 거의 같은 시기
단군세기(檀君世紀) AD1283년경 이암(李巖)저
→ 일제 때 압수소각

5) 조선시대　규원사화(揆園史話;단군실사(檀君實史)) : AD1675,북애자(北崖子)저, 故양주동(梁柱東)소장 필사본 현존, 도가사서 중 最高의 것

6) 일제시대　환단고기(桓檀古記) : 1911, 계연수 편찬
신단실기(神壇實記) : 1914, 김교헌 저
동사년표(東史年表) : 1915, 어윤적 찬
조선사략(朝鮮史略) : 1924, 김종한 저
대동사강(大東史綱) : 1928, 김 광 저
조선역사(朝鮮歷史) : 1934, 이창환 저
조선세가보(朝鮮世家譜) : 1938, 윤재구·서계수 공편

7) 광복후　해동춘추(海東春秋) : 1957, 박장현 찬
민족정사(民族正史) : 1968, 윤치도 저

◆ 비근거사서 : 근거사서 이외 사서, 소위 불가사서, 어용사서, 유가사서 등

1) 고려시대　삼국유사(三國遺事) : 1280년경, 일연 저, 1512, 正德本 현존
제왕운기(帝王韻紀) : 1287, 이승휴 찬

2) 조선시대 동국사략(東國史略) : 1403, 권 근 등
세종실록지리지(世宗實錄地理志) : 1454, 정인지
응제시주(應制詩註) : 1462,
동국통감(東國通鑑) : 1485, 서거정 등
동국여지승람(東國與地勝覽) : 1486, 노사신 등
동국역대총목(東國歷代總目) : 1705, 홍만종 등
동사강목(東史綱目) : 1758경,
동국문헌비고(東國文獻備考) : 1770, 홍봉한
해동역사(海東繹史) : 1814년경 한치윤
동사보감(東史寶鑑) : 저자미상
동국역대사략(東國歷代史略) : 1899, 대한제국학부

---

8. 개국 기록한 正史는 모두 인멸

우리 민족의 기원을 밝힌 개국사(開國史)는 어찌하여 한 권도 남아 있지 않다는 것인가? 고려시대의 사서가 몇 종류 있다.

하지만 왜 이들 사서는 삼국 이전의 상고사를 사실대로 기록하지 않고 있을까? 개국설화를 담은 고문헌마저 5천년 역사를 가졌다는 이 민족은 어찌하여 갖고 있지 못한 것일까? 우리나라의 역사서적을 뒤질 때마다 누구나 느끼는 의문일 것이다.

개국설화의 흔적조차 찾을 수 없게 되었다는 사실은 바로 인위적으로 없앴다는 사실을 반증하는 자료가 될 것이다.
민족기원과 관련되는 사서들을 모조리 탈취·소각·인멸했던 일제는 다음과 같은 문헌만을 남겨둠으로써 오히려 그 의도를 분명히 드러내고 있다.

고려시대의 사서《삼국사기》와《삼국유사》, 그리고 7언 한시로 된《제왕운기》가 그것이다. 정사(正史)로 분류되는《삼국사기》와 야사(野史)라고 한 때 가치를 제대로 인정받지 못한《삼국유사》는 우리나라 상고사에 관해 판이한 태도를 보이고 있다.
《삼국사기》는 삼국 이전의 상고사에 대해 한마디도 언급하지 않고 있으며《삼국유사》는 '단군'을 불교신화로 각색한 것이다.
결국 이들 두 사서는 '단군'을 부정하는데 활용할 수 있는 근거를 제시해주는 결과를 초래한 셈이다.

현재 우리가 거론하는 '단군'은《삼국유사》를 전거로 하고 있다. 하지만 《삼국유사》는 昔有桓國<謂帝釋也> 庶子桓雄......이라고 기록하여, 단군을 제석(帝釋)의 아들로 만들어 놓았다. 《삼국유사》는 단군을 불교신화처럼 각색한 것이다.

일제가 조선의 사료를 불태워 모두 없애려고 했지만, 한편에서는 우리의 선대들이 새로운 자료를 찾고 다시 저술하여, 광복 후 조선의 정사를 쓰도록 심혈을 기울였다.

하지만 광복 후에도 이들의 노력은 빛을 보지 못하고 있는 것이다. 일제가 편찬한 《조선사》는 사료로 활용하면서도 목숨을 내걸고 이 나라의 역사를 지키기 위해 선대들이 만들어 놓은 사서들은 기피하고 있다.
" '단군'은 1천 8백 살이나 살았다는 신령이라더라... "
고등교육을 받은 대부분의 지식인들까지도 '단군'을 설화적인 존재로 격하시키는 태도를 알게 모르게 내보이고 있다.

한국의 상고사는 이야기처럼 흘려보내야만 실증적인 근대사학을 배운 지식인처럼 오해하는 이들도 적지 않다.

그러나 많은 사서의 저본이 된《규원사화》를 비롯《조선세가보》,《동사연표》등은 단군조선의 왕대(王代)까지 밝히고 있으니, 이는 어인 일일까?

9.《규원사화》도 탈취·소각

우리나라의 고사서를 분류하면 유가(儒家)사서, 불가(佛家)사서, 도가(道家)사서로 나눌 수 있다.
이들 사서 가운데 '도가(道家)사서'는 민족정기를 키우는데 크게 이바지하였으나,
고려 때 김부식이《삼국사기》를 편찬한 이후 유학자들로부터 배척당하기 시작했다. 황당무계한 비사(秘史), 비기(秘記), 참서(讖書)라고 하여 이단시한 것이다.

그러나 이들 '도가(道家)사서'들은 고가(古家)나 암혈(岩穴) 등에 묻혀서 그 잔질(殘帙)이 연면히 계승되어 왔다. 적어도 '단군조선사'에 관하여는 '도가사서'만큼 풍부한 기록을 남기는 사서들도 없다. 역사의식에 있어서도 '도

가'만큼 고유의 전통문화를 자부하고 존중하며 존화·사대주의 사상을 통렬하게 비판한 사가들도 없다.

이들 '도가사서' 중 현존하는 사서 가운데 단군조선사에 관하여 가장 오래된 것으로 여겨지며 가장 방대한 고사기류와 문헌을 바탕으로 하여 비교적 상세하고 합리적으로 저술한 단군실사(檀君實史)가 바로《규원사화》라고 할 수 있다.

《규원사화》는 지금으로부터 310년 전인 근세조선 제19세 숙종 2년 을묘(단기4008, AD1675) 3월 상순에 저술된 사서이다.

'단군실사'라고도 하는 이 책의 저자는 불행하게도 이름(실명)을 밝히지 않고 오직 '북애'(北崖老人 또는 北崖仙人, 혹은 北崖子)라는 아호만 서문에 쓰고 있다.

이《규원사화》는 일제가 소위 '조선사편찬사업'을 수행하는 과정에서 조선총독부가 이 나라 사서를 탈취·소각할 때에 거의 전부 소실된 것으로 알려졌었다.
그러나 천우신조로 '양주동'이 감추어 두었던 소장본을 일제치하인 1940년(단기4273년) 9월 '손진태'가 극비리에 필사하여 두었다가 광복 후 고려대학교 도서관과 서울대학교 도서관 및 국립중앙도서관에 각각 1부씩 기증했다고 한다. 하지만 현존하는 것은 국립중앙도서관에 소장된 필사본뿐이다. **{☞고려대학교와 서울대학교가 어찌 하였다는 이야기일 것!}**

《규원사화》는 그 내용이 ①서문 ②조판기 ③태시기 ④단군기 ⑤만설 등 5개 부분으로 구성되어 있다. 이 '사화(史話)'는 '유가사서'에서 보는 바와 같이 까다로운 범례나 주석 따위는 없으며

문장의 체제도 편년체나 강목체가 아니고 설화체로 되어 있다. 오히려 현대사서에 가까운 자유로운 서술방식을 취하고 있다. 북애노인이《규원사화》에 쓴 서문(신학균 역 참조)은 다음과 같다.

북애자는 이미 과거를 보았으나 급제하지 못했다. 한숨을 쉬며 붓을 던지고 강호에 떠돌아다니기 여러 해가 되었다. 내 발길은 이 나라 구석구석 닿지 않은 곳이 없다. 이 생각 저 생각 끝에 물에 빠져 죽을까 하는 슬픈 생각도 했다. 때는 양난(병자호란, 임진왜란)을 겪은 뒤라 삼천리 방방곡곡은

슬픔에 잠겼고 국론은 물끓듯하며 관리들과 백성들은 울분에 가득 차 있었다......<중략>......동해에 솟아오르는 해를 바라보니 눈물이 흘렀다. 티끌 같은 세상을 떠나고 싶은 생각이 나서 다시 서쪽으로 떠났다. '구월산'에 이르러 '당장평'에 머물며 삼성사(三聖祠)에서는 감회의 눈물을 흘렸다. 그리고 평양을 거쳐 압록강 하구의 용만에 이르렀다. 통군정에 올라 북쪽 요동반도를 바라보니 나무와 구름이 손짓하듯 부르면 대답할 것 같이 가까이서 머뭇거리고 있다. 한 줄기의 압록강을 넘어서면 벌써 우리 땅이 아니다. 슬프다! 우리 조상이 살던 옛 강토가 남의 손에 들어간 지 얼마요, 이제 그 해독이 날로 심하니 옛날이 그립고 오늘이 슬퍼 안타까움을 금할 길이 없다......<중략>......내가 보건대 조선은 국사(國史)가 없다는 것이 무엇보다 큰 걱정이다. 우리나라의 옛 경사(經史)는 여러 번의 병화를 입어 없어지고 흩어졌다. 그런 중 후세에 고루한 이들이 중국의 책에 빠져 주(周)나라를 높이는 사대주의만이 옳다고 했지 먼저 그 근본을 세워서 내 나라를 빛낼 줄은 몰랐다. 이는 등이나 칡덩굴이 곧게 뻗어갈 줄은 모르고 얽히고 맺히기만 하는 것과 같다. 어찌 천하지 아니한가?......<중략>......내가 일찍이 국사를 써보고자 하는 뜻은 있었지만 본디 그 재주가 없고 또 명산(名山) 석실(石室)에도 진장(珍藏)이 없고, 나 또한 씻은 듯 가난하고 보잘 것 없는 인간이니 어쩌랴. 그러나 다행히도 산골짜기에서 '청평(淸平)'이 저술한《진역유기》중 삼국 이전의 고사(故史)를 얻었다. 비록 그것이 간략하고 자세하지는 못하나, 항간의 선비들이 구구하게 떠드는데 비하면, 오히려 씩씩한 기운이 더 높다. 이에 한사제전(漢史諸傳)에서 글을 빼내 사화를 만들며 자주 밥맛을 잊을 지경이었다. 그러나 오늘날 어떤 사람이 있어 이 뜻에 동감하랴. 슬프다. 후세에 만일 이 책을 잡고 우는 사람이 있다면 내가 넋이라도 한없이 기뻐하리라. 숙종 원년 을묘 삼월 상순, 북애노인이 규원초당에서 서문을 쓴다.

북애노인의《규원사화》서문은 읽는 이의 가슴을 저미게 한다. 오늘의 우리는 국사(國史)를 가지고 있는가? '북애노인'의 시대와 무엇이 다른가?
아! 역시 슬프다.

10. 북애자가 눈물로 쓴 한민족사

'북애(北崖)'가 눈물로 쓴 한민족의 역사 <규원사화>는 개벽(開闢)신화로 시작된다. <규원사화>의 개벽신화인「조판기」는 지금까지 알려진 다른 설화들과 달리, 천지의 개창과정을 언급한 것이 특이하다. 천지가 개창되어 환웅이 하강할 때까지의 기간은 수십만 년으로 되어 있다.

「태시기」는 환웅이 동방을 다스리던 궐년(闕年 : 수만년)의 역사를 기록하고 있다. 이른 바 신시시대다. 이 시대에 치우씨(蚩尤氏), 고시씨(高矢氏). 신지씨(神誌氏), 주인씨(朱因氏) 등의 씨명(氏名)이 등장한다.
물론 이 시대에는 한자가 없었으므로 일부에서 주장하는 약속의 기호인 고유 문자나 구전되어 온 것을 후대에 한자를 빌어 기록했을 것이다.
신시시대의 영토는 백두산을 중심으로 하여 서남방, 즉 중국 동북방에는 '치우씨'의 족이 거주하고 북동지방에는 '신지씨', 그리고 동남지방(한반도 북부)에는 '고시씨'가 거주한 것으로 되어 있다.
'고시씨'의 후예는 후에 계속 한반도의 남쪽으로 뻗어 내려왔다. '치우씨'는 계속 서남쪽으로 진출하여 중국 제족을 정복하면서 영토를 확장했다.
신시의 천왕 환웅은 말년에 태백산정에 천부인(天符印) 3개를 놓고 신선이 되어 승천하였다고 하며, 다음은 단군의 시대로 이어진다.

《규원사화》의「단군기」는 환웅의 아들 환검(桓儉)이 백산(白山) 단목(檀木) 아래에서 즉위한 후로부터 마지막 왕인 제47세 고열가(古列加) 단군이 아사달의 당장경(唐莊京)에 들어간 1195년 동안의 기록이다. 때문에「단군조선실사(實史)」라고 한다. 이 부분이 바로《규원사화》의 본론에 해당한다.

◇ 단군조선역대세계(世系) (재위년수)

===

1세 시조단군 (壬儉 또는 桓儉, 93)
2세 부루(夫婁, 34)
3세 가륵(嘉勒 , 51)
4세 오사구(烏斯丘, 49)
5세 구을(丘乙, 35)
6세 달문(達門, 32)
7세 한율(翰栗, 25)
8세 서한(西翰, 일명 烏斯含, 57)
9세 아술(阿述, 28)
10세 노을(魯乙, 23)
11세 도해(道奚, 36)
12세 아한(阿漢, 27)
13세 흘달(屹達, 43)
14세 고불(古弗, 29)
15세 벌음(伐音, 33)
16세 위나(尉那, 18)
17세 여을(餘乙, 63)
18세 동엄(冬奄, 20)

19세 구모소(구牟蘇, 25)
20세 고홀(固忽, 11)
21세 소태(蘇台, 33)
22세 색불루(索弗婁, 17)
23세 아물(阿勿, 19)
24세 연나(延那, 13)
25세 솔나(率那, 16)
26세 추노(鄒魯, 9)
27세 두밀(豆密, 45)
28세 해모(奚牟, 22)
29세 마휴(摩休, 9)
30세 내휴(奈休, 53)
31세 등올(登올, 6)
32세 추밀(鄒密, 8)
33세 감물(甘勿, 9)
34세 오루문(奧婁門, 20)
35세 사벌(沙伐, 11)
36세 매륵(買勒, 18)
37세 마물(麻勿, 8)
38세 다물(多勿, 19)
39세 두홀(豆忽, 28)
40세 달음(達音, 14)
41세 음차(音次, 19)
42세 을우지(乙于支, 9)
43세 물리(勿理, 15)
44세 구홀(丘忽, 7)
45세 여루(餘婁, 5)
46세 보을(普乙, 11)
47세 고열가(古列加, 20)

여기에 한 가지 특기할 사실은「단군기」에 나오는 47세 단군 1,195년 동안에 조선이 중국의 하(夏)·상(商;殷) 왕조와 전쟁을 한 회수가 대략 8, 9 회가 된다는 것이다.

이 가운데 제24세 연라(延那) 2년 경인년(庚寅 ; 단기803, BC1531)에 은(殷)이 조선의 남계를 먼저 침범하다가 격퇴당한 사실이 한 번 있었던 것 이외에는 언제나 조선 측에서 하·상 왕조를 먼저 공격했고, 대개의 경우 국경을 넘어서 중국 본토에 진격하여 승첩을 거두고 돌아왔다 한다.

단군 조선의 소위 극성(極盛)시대라고 볼 수 있는 제13세 흘달(屹達) 단군

때부터 제15세 벌음(伐音) 단군 때까지 약 100여 년간(단기491~595년, BC1843~1739년)은 조선의 군대가 하 나라의 산서(山西) 지방까지 깊숙이 진격하여 공략하여 마침내 하 왕조가 화해를 청해 이를 수락했다는 것이다.

《진역유기》를 바탕으로 당시 조선에 있던 제사서(諸史書)와 중국 고서에서 사실(史實)을 확인하여 단군 조선의 왕대와 중국과의 접전 화해 상황까지 밝힌 북애자는 '한(漢)나라는 한(漢)나라요. 우리나라는 우리나라이니 어찌 당당한 진역(震域)을 견주어야만 만족하겠느냐'고 반문하고 있다. 북애는 이 같은 역사가 선가(仙家)에 살아있다면서 또 다른 증거들을 제시하고 있다.

여기서 주목할 사실은 북애가 중국 사서에서 찾아 고조선과 중국의 전쟁 기록을 삽입하여 고조선의 실체를 규명하고 있는 것이다.

300여 년 전의 사화이기 때문에 현대인들이 읽기는 어색한 경우도 없지 않으나 사실(史實)을 대비한 것은 괄목할 사료(史料)의 발굴인 것이다.

<부록-4>

허구사관 탄생 - 아카데미즘의 범죄

글쓴이: 도불원인 (06.09.24 06:52)
http://cafe.daum.net/dobulwonin/GBua/79

허구사관 탄생 - 아카데미즘의 범죄
虛構史観誕生 ー アカデミズムの犯罪

山形明郷(1936년생)

이 글은 일본 원로 재야학자의 한 사람인 山形明郷씨가 2003년에 쓴 글입니다. 대충 다 아는 내용들이면서도 한사군의 위치에 대해서 참고할 견해가 있습니다. 무엇보다 여기서 제가 중요한 정보로 생각하는 것은, 구 동경제국대학 교수 소등문차랑(小藤紋次郎)이 만주 방면의 지명을 한반도내에 끌어들여 엉터리 지명비정을 자행했다는 것을 알려주는 대목입니다. 개마고원을 그 대표적인 사례로 들고 있는데, 아래 중후반부에 관련 내용이 나옵니다. 그런데 다 좋긴 한데 역시 일본인의 한계가 있습니다. 무엇이냐 하면 이 글에는 나오지 않지만, 대당 전쟁에서 싸워 이긴 고구려인들의 정체성을 만주족으로 보고, 오늘날의 우리와는 아무 관계가 없다고 보는 것입니다. 우리의 역사에서 고구려를 떼어놓는 것이지요.

http://www.netlaputa.ne.jp/~andreus/wwwbbs/bbs/150.html

이것은 지금으로부터 93년 전인, 1910년의 「한일합방」을 전후로 하여 시작되었다.「황국 사관」에 입각해 「일선 동조론」등을 근간으로 하여, 사학자들이 일본의 식민지 지배에 부합하는 역사 해석을 시작하였으며, 이윽고 그 소산으로 허구 사관의 극한인 「조선민족사(朝鮮民族史)」를 일본인 사학자들이 탄생시키기에 이르렀다... 라고 하는 것이다.

それは今を去ること九十三年前、１９１０年の「日韓併合」と相前後して始まった.「皇国史観」に立脚し「日鮮同祖論」などを根幹とし、史学者達が日本の植民地支配に都合の良い歴史解釈を始めだし、やがてその所産として、虛構史観の極みである「朝鮮民族史」を、日本人史学者達が誕生させるに至った…ということである.

당시, 이조시대의 일대 석학 이익(성호사설 저자)이 내건 「조선민족의 주체적 발전의 족적 및 그 역사 해석으로의 자리 매김」은, 이때 일본국가

권력의 비호를 받는 사학자들에 의해서 철저하게 비방·부정·매도되어 버렸다. 게다가 사서의 개찬과 위조, 유적의 파괴, 이동, (일본으로의) 반출이 이루어져, 오늘 현재(2003년 시점, 역자주) 우리가 당연한 상식이라고 보고 있지만 그 실체는 완전한 허구에 지나지 않는, 잘못된 「조선민족사」가 당시의 일본 역사학자들에 의해 형성되기에 이르렀던 것이다.

当時、李朝下における一大碩学・李星湖(り・せいこ)氏の掲げた「朝鮮民族の主体的発展の足跡、及びその歴史解釈と位置付け」は、時の日本国家権力に庇護された史学者達によって、徹底的に誹謗・否定・罵倒され尽くした。さらに、史書の改竄と偽造、遺跡の破壊移動と持ち出しがなされ、今日現在、我々が当たり前の常識と見なしているがその実体は全くの虚構でしかない誤った「朝鮮民族史」が、当時の日本の歴史学者達によって形成されるに至ったのである。

그러나 2차 대전 종전 후에 역사가 자유롭게 연구되면서, 이미 한 때의 「황국사관」이나 「일선동조론」 등은, 이론적으로도 실천적으로도, 진면목으로 받아들이기 어려워진 것은 말할 필요도 없다. '하지만, 하지만, 그러나' 이다. 일본의 권위들(세력을 지닌 학자들)이 창작하다가 남겨진 「조선민족사」는, 오늘 현재에 이르기까지 방치되어 그것이 현지에 뿌리 내린 그대로 있는 것이다.

しかし、戦後、歴史が自由に研究されるようになると、もはやかつての「皇国史観」や「日鮮同祖論」など、理論的にも実践的にも、真面に受けとめ難くなったことは言うまでもない。が、だが、しかし、である。日本の権威達が創作し残してきた「朝鮮民族史」は、今日現在に至るまで放置され、それが現地に根付いてしまったままなのである。

이 사실은, 현재의 일본인도 조선(북한 지칭)·한국의 사학자들도, 극히 일부의 사람들을 제외하면 다른 사람들은 알지 못한다. 일찍이 조선사 연구를 독점하여, 지배체제에 부합하는 해석을 일로 하는 일본의 학자들은, 항상 두 개의 측면과 하나의 핵심에 입각해 조선 사관을 조립해 나갔다.

この事実は、現在の日本人も朝鮮・韓国の史学者達も、ごく一部の人々を除く他は知り得ていない。かつて朝鮮史研究を独占し、支配体制に都合の良い解釈を事とする日本の学者達は、常に二つの側面と一つの核心において朝鮮史観を組み立てていった。

이 두 개의 측면이란, 즉 하나는 「북부조선중국지배설·전한무제시(중국)군현진출」이며 또 다른 하나는 「남부조선일본지배설」로, 이 두 개의 공통의 핵심은 「침략사관」 혹은 「침략론」이었다.

この二つの側面とは、即ち、一つは「北部朝鮮中国支配説・漢帝時の郡県進出」であり、また他の一つは「南部朝鮮日本支配説」で、二つの共通の核心とは「侵略史観」或いは「侵略論」であった.

한반도는 일본이 식민지로서 먼저 (지배를) 시작한 것은 아니고, 어느 시기, 중국의 전한제국의 무제 시대부터, 낙랑군을 시작으로 하는 한사군의 진출에 의해서 지배되었다고 하는 전제 아래, 이러한 군현의 분할에 대하여 밤낮으로 그 조사에 몰두하여, 이후 일본의 학자들에 의해 반도의 역사는 이와 같이 해서 시작되었다... 라고 말하여져 왔다.

朝鮮半島は何も日本が植民地として先鞭をつけたのではなく、或る時期、中国の漢帝国の武帝の時代から、楽浪郡を始めとする四郡の進出によって支配されたという前提のもと、これらの郡県の割り出しに明け暮れ、その調査に躍起となり、以後、日本の学者達により、半島の歴史はこのようにして始まった…と語られ出した.

한의 군현 중 가장 유명한 것이 낙랑군의 자리 매김이다. 그러나 이 낙랑에 관한 문헌 자료는 지극히 단편적으로 혼란한 것 밖에 남아있지 않기 때문에, 중국 측에서는 6~7세기경의 역사가들에 의해 논의되긴 하였지만, 이 군을 오늘의 평양을 중심으로 하는 지방으로 결정지은 것은 일본의 (한반도) 식민지 지배체제가 갖추어지고 나서의 이야기였다고 지적되고 있다.

漢の郡県中、最も有名なのが楽浪郡の位置付けである. しかし、この楽浪に関する文献資料は、極めて断片的に混乱したものしか残存していないため、中国側では６~７世紀ごろの史家達によって論じられていたが、この郡を今日の平壌を中心とする地方と決定づけたのは、日本の植民地支配体制が整ってからの話であったと指摘されている.

이러한 대담한, 한편으로는 경이적이라고 말하지만, 오히려 「범죄행위」라고도 말할 수 있는 개찬 위조가 이루어진 것은, 1916년, 조선총독부 고적조사단이 평양 부근의 목곽고분군을 발굴 조사하는 것에 의해서 시작되었다. 계속하여 1924년과 1925년에, 구 동경제국대학의 제2회 학술조사라는 것이 있었는데, 이때의 조사는 오히려 파괴와 동일한 행위로, 그 행위는 세상의 빈축을 샀다고 말해지고 있다. 이에 더하여 또한 대정12년 (1923년)부터 13년에 걸친 발굴조사는 학술조사라는 이름을 빌리고는 있지만 도굴 이외의 아무것도 아니었다고 하며, 오늘날까지 지적되고 있다.

このような大胆な、かつ驚異的と言うか、むしろ「犯罪行為」とも言えるような改竄偽造がなされたのは、１９１６年、朝鮮総督府古跡調査団が、平壌付近の木槨古墳群を発掘調査することによって始まった. 続いて１９２４年と１９２５年における、旧東京帝大の第二回学術調査と称されるものがあり、この時の調査は、むしろ破壊に等しい行為で、その行為は世上の顰蹙をかったと言われている．さらに又、大正１２年から１３年にわたる発掘調査は、学術調査に名を仮りる盗掘以外の何ものでもなかったと言われ、今日において指摘されてもいる．

지금 여기에, 이러한 행위를 하여, 「오늘날까지 누구로부터도 지적되지 않고, 누구로부터도 재판을 받지 않고 있는」 권위의 원점으로 보여지는 학자들의 이름을 열거해 보자.

今、ここに、これらの行為をなし、「今日まで誰からも指摘されず、誰からも裁かれず」、権威の原点の如く見なされている学者達の名を列記してみよう．

먼저 문헌 사학에서 철저한 개찬 위조를 하여 나름의 독자적인 사관 형성을 이룬 인물은, 구 동경제국대학의 금서룡(今西龍)·백조고길(白鳥庫吉)·조거용조(鳥居龍造, 보통 鳥居龍藏으로 쓴다. 도리이 류조)·진전좌우길(津田左右吉) 등 여러 명 및 지내굉(池内宏)·빈전경작(浜田耕作)·괘천구오랑(掛川亀五郎) 등 여러 명이며, 또한 지리학 방면에서는 소등문차랑(小藤紋次郎)을 들 수 있다.

先ず、文献史学への徹底的改竄偽造をなし自らの独自の史観形成をなした人物は、旧帝大の今西龍・白鳥庫吉・鳥居龍造・津田左右吉の各氏、及び池内宏・浜田耕作・掛川亀五郎の各氏等であり、又、地理学の面では小藤紋次郎氏が挙げられる．

구 동경제국대학의 권위 소등문차랑(小藤紋次郎)은, 오늘의 한반도 내에서 불명·미상으로 있었던 산악·하천 등의 명칭을, 옛 만주방면에 존재한 명칭을 들여와 새롭게 이름을 붙여나갔다고 한다. 이것은 소등 박사와 고향이 같은 생존해 있는 분으로부터 전해 들었다.

旧帝大の権威・小藤紋次郎氏は、今日の朝鮮半島内で不明・不詳であった山岳・河川などの名称を、旧満州方面に存在した名称を持ち込んで新たに附名して回ったと言う．このことは、小藤博士と郷里を同じくする存命の方からの聞き伝えである．

덧붙여서 북한의 자강도·양강도에 존재하는 산악으로 「개마돈대(개마고원을 지칭하는 것으로 보임. 역자주)」가 있지만, 이것을 고구려의 개모(개마)대산에 비정해 말하는 것은 용서되지 않는다. 이 명칭이야말로 소등 씨가 이름을 갖다붙인 대표적인 것이다. 또한 한국 충청남도방면에도 이름을 갖다 붙인 것이 많이 보여진다. 이 사실은 북한·한국의 사학자도 의외로 모르는 것 같다.

ちなみに、北朝鮮慈江道・両江道に存在する山岳で「蓋馬高台」があるが、これを高句麗の蓋牟(馬)大山に比定して語ることは許されない．この名称こそ、小藤氏が附名した代表的なものであり、又、韓国忠清南道方面にも附名が多々見られる．この事実は、朝鮮・韓国の史学者も意外と知らないようである．

극론(極論)한다면, 구만주 방면의 지형·지명을 무리하게 한반도에 밀어 넣은 감이 없지 않다. 거기에는 커다란 왜곡이 생긴다. 이것은 중국사서나 삼국사기의 기록을 상세히 검토를 해보면, 사실이 판명될 것이다.

極論するならば、旧満州方面の地形・地名を無理矢理、朝鮮半島に押し込んだ感がしなくもない．そこに大きな歪みが生じてくる．このことは、中国史書や三国史記の記述の詳細な検討をすれば、事実が判明してくる筈である．

오늘날 일본에서 고대사 연구에 임하고 있는 많은 사람들 사이에서는, 과거에 그러한 행위가 존재한 것을 알지 못하고, 혹은 알려고도 하지 않고, 개찬 위조되어 구축된 사관을 그대로 받아들여, 그것을 전제로 해서 고대 동아시아사를 바라보는 까닭에, 버튼을 눌렀을 때 생기는 차이와 같이, 어딘가에서 무리한 부회를 하는 처지가 된다.

今日、日本で古代史研究に取り組んでいる多くの人々の間では、過去にそのような行為が存在したことを知らず、或いは知ろうとせず、改竄偽造されて構築された史観を鵜呑みにし、それを前提として古代東アジア史を眺める故、ボタンの掛け違いと同じく、何処かで無理な附会を事とする羽目となる．

올바른 역사상은 어떤 것이었는지, 또한 올바른 조선·한국 문제에의 인식과 재확인이 이루어지지 못한 채「조선민족사」를 말하는 까닭에, 그것은 과거의 악몽으로 밖에 있을 수 없는 「타율론(他律論)·외인론(外因論)·정체론(停滯論)」에 매몰되어, (거기에) 여러 가지 형태나 해석이 투영되어 지극히 치유하기 어려운 존재로 되어 버리고 있다.

正しい歴史像は如何なるものであったのか、又、正しい朝鮮・韓国問題への認識と再確認がなされぬまま、「朝鮮民族史」を語る故、それは過去の悪夢でしかあり得ない「他律論・外因論・停滞論」に埋没し、様々な形や解釈が投影され、極めて癒し難い存在となってしまっている．

그러나 이처럼 말하면, 사료비판·조선멸시에 연결되어, 우리나라(일본)에서는 즉석에서 반발·매도가 되어 되돌아오는 것으로 전락해버린다.

しかし、斯く言うと、「史料批判」・「朝鮮蔑視」に繋がり、我が国では即座に反発・罵倒となって返ってくるのが落ちであろう.

개찬 위조의 불명예스러운 제일인자가 금서룡 씨로, 그의 언동은 당시 조선의 실학자들에게 던질 수 없는 깊은 그늘을 드리워, 그 원한의 감정은 지금 더 질질 끌리고 있다고 말해지고 있다.

改竄偽造の不名誉な第一人者が今西龍氏であり、彼の言動は当時の朝鮮の実学者達に、やり場のない深い陰りを宿さしめ、その怨念の感情は今なお引きずるに至っていると言われている.

「북부조선중국지배설」로 한의 군현을 죄다 오늘의 한반도 내에 자리 매김을 한 인물이 금서룡 씨이며, 그 병폐스러운 사관을 그대로 받아들여 고대 동아시아사를 말하며 연구하고 있는 것이 일본의 학자들이다.

「北部朝鮮中国支配説」で漢の郡県をことごとく今日の朝鮮半島内に位置付けた人物が今西龍氏であり、その病根的史観をそのまま鵜呑みにして古代東アジア史を語り研究しているのが日本の学者達である.

그러면 이 「북부조선중국지배설」에 관해서, 해방 후의 북한·한국 사학자의 진지한 의견은 어떠한 것일까.

では、この「北部朝鮮中国支配説」に関して、解放後の朝・韓史学者の真摯な意見はどのようなものであろうか.

먼저 「낙랑군」에 대해서는, 요녕성 대릉하동쪽·혼강 유역까지이며, 오늘의 평양성 부근에는 있지도 않았었다. 또한 「진번군」은 졸본동쪽, 두만강까지이며, 이것은 후년(기원전 82년), 낙랑에 병합되어 이 때문에 낙랑군은 동쪽으로 군의 영역이 확대되었다. 거기서 「동부도위」와「남부도위」, 두 도위에 의해 분할통치 된다.

先ず「楽浪郡」については、遼寧省大凌河印・渾江流域までであり、今日の平壌城付近には置かれていなかった.又、「真番郡」は卒本(ソボフル)印、豆満江まで、これは後年(前８２年)楽浪に併合され、為に楽浪郡は東に郡域が拡大された. そこで「東部都尉」と「南部都尉」の二つに分治される.

게다가 또한 「현토군」문제인데, 이 군은 이동이 심해서, 「요동군」과 함께 그 연혁이 일정하지 않았다. 처음은 요녕성 신빈현(新浜県)의 서쪽(제1현토)에 설치되었지만, 부여·고구려의 공략을 당해, 군의 치소를 오늘의 심양시 동쪽 교외로 옮긴다(제2현토). 그 다음에 요양시 서쪽으로 이동(제3현토)하였으니, 「현토」는 세 번 이동하고 있다.

さらに又、「玄菟郡」だが、この郡は移動はなはだしく、「遼東郡」と共に沿革は一定しなかった．最初は遼寧省新浜県の西(第一玄菟)に置かれたが、扶余・高句麗の攻略に遭い、郡治を今日の瀋陽市東郊に移す(第二玄菟)、次いで遼陽市以西に移動(第三玄菟)．玄菟は三度移動している．

「임둔군」, 이것은 「요산=길림합달령」남쪽 산기슭 일대. 나중에 「현토」에 병합되었다. 「현토군 화려성」은 오늘의 요녕성 평정보(平頂堡).

「臨屯郡」、これは「遼山＝吉林哈達嶺」南麓一帯．後、玄菟に併合され、「玄菟郡華麗城」は今日の遼寧省平頂堡．

이러한 일련의 한군현 설치란, 구 만주 경략을 말하는 것이며, 오늘의 한반도 진출을 가리키는 것은 아니다. 이 군현 설치를 재검토해서 하나로 합쳐도, 「조선사관」재고의 실증이 될 것이다.

これら一連の漢の郡県設置とは、旧満州経略を言うものであり、今日の朝鮮半島進出を指すものではない．この郡県設置の見直し一つにしても、「朝鮮史観」再考の実証になる筈である．

암운이 낮게 드리워 가득차고, 돼지(정치가)는 살찌고, 풀(국민)은 마르는 아키츠주(秋津州. 大和国의 이칭. 또한 넓은 의미의 일본을 가리킨다). 세태의 앞도 간파하지 못하니, 조국의 운명은 어떻게 될지. 외사(外史, 이 글을 쓴 작자의 외호), 병이 깊어가네.
이제 (허락하신다면) 글을 마칩니다.[통상적인 종결구]

暗雲低くたれ込めて、豚(政治家)肥え、草(国民)枯る秋津州(しま)．世相の先も見通せず、祖国の命運はた如何に、外史、病あつかりき．
御免蒙ります．

평성15년(2003년) 정월29일. 외사(外史) 명향(明鄕) 씀.
平成十五年正月二十九日　外史・明鄕 識

참고 : 山形 明鄕著『邪馬台国論争・終結宣言』

☞ <한4군>의, 정확하게는 <조선5군>의, 위치에 대하여는 양심적인 일본인이라 하여도 한계가 있음을 엿볼 수 있었음이다.

<부록-5>

사서에 나오는 "한4군"의 바른 위치

출처 ; http://www.coo2.net

- 찾아낸 단체 : 한국우리민족사연구회 (회장 여운건)
- 소개한 책 : "과학으로 밝혀진 우리고대사"
- 바로잡은 내용 : 아래 참조

☞ 현금 <북경>의 서남 <유리하>를 <고구리>의 「서도」 근처라고 전제하면, <남당>선생이 남기신 <고구리>사초·사략에서도 소위 <락랑>군과 <현도>군이 각각 <하북성>·<산동성> 지역 및 <산서성> 북쪽 지역으로 느껴지는 이유는 <사마천>이 편찬한 <사기>를 해독한 결과 즉 BC109~108년에 <전한><무제>의 군대는 <위만><조선>에게 싸움에서는 완패하였고, <조선>은 내부의 반역자들에 의해 무너졌으며, <무제>는 그 다섯 반역자들에게 하북·산서·산동의 땅을 봉하였다는 것으로 해명되는 것이다. 이 <락랑>군의 남쪽에 인접하는 것이 소위 <삼한>들인 것이다. 우리의 옛 역사는 여기에서부터 왜곡이 시작된 것이다. 따라서 그 밥에 그 나물인 작금의 <고구려연구재단>과 <동북아역사연구재단> 및 <국사편찬위원회> 등과 그 부류들에게 우리역사를 맡기는 것은 고양이에게 생선을 맡김인 것이다.

<부록-6>

中國人都不是漢人了,{중국인 어느 누구도 한인이 아닌데,}
台灣人那裏是漢人?{대만인이 어찌 한인이겠는가?}

<內幕新聞第30號> ; http://www.taiwannation.com.tw/topic016.htm
번역글은; http://blog.naver.com/278c5?Redirect=Log&logNo=140017129139 등 참조!

「中國」一辭在西周初年出現，當時是指首都，是地區名辭而非地理名辭. 毛傳：「中國，京師也」，是最好的註脚. **1912**年孫文創立中華民國之後，「中國」才有近代國家正式名稱的意義，是政治名辭也是地理名辭. 清末很多國家在非正式場合稱滿淸爲中國，但在正式文書上仍稱「淸國」，例如馬關條約日文版第二條，淸國將左記土地主權(遼東半島，台灣澎湖)及其上的城壘兵器製造所官有物永遠割給日本」.

所以，古時的「中國」是指其古都河南的洛陽地區，「中國人」是指洛陽地區的住民，也就是漢人，黃帝的子孫. 因爲傳說中的黃帝就是在洛陽盆地建國. 洛陽盆地就是中國固有領土的全部，它的面積比台灣小很多，所以，台灣國的固有領土比中國的固有領土還大.

「中國」除了是地區名辭之外也指人種，那就是漢族，所以「中國人」就是漢族，其祖先爲黃帝，只要祖先不是黃帝者，都不是漢族·中國人. 漢族原名華夏或簡稱夏族(這和夏禹的「夏」無關)，例如：「華夏不行中國禮樂者，卽可視爲夷狄；夷狄行中國禮樂者，得視爲中國」.

漢族向爲少數民族，早已被■蕃包圍消滅.

古時華夏人種稱呼洛陽盆地四周的外國人爲，東夷，西戎，北狄，南蠻. 這些外國人，土地大，人口■多，後來輪流統治「中國」四千多年，人口居於少數的漢族，血統上早已溶入居於多數的異族當中，亡國也亡種，那裏還有漢族？ 所以，今日的中國歷史以漢族爲中心，是假歷史. 以下就分析中國自稱的五千年歷史當中，每一時期統治者的血統眞相.

四千六百年歷史當中漢族被蕃族統治四千兩百年

一，黃帝：是傳說中的人物，不是正式歷史. 傳說他. 原姓公孫，因長於姬水(一說山東曲阜)，故以姬爲姓，是有熊君之次子，居於軒轅，故又名有熊氏，號軒轅. 他打敗南方君長蚩尤而被推■領袖. 據傳，有**25**子，其中**14**人得**12**姓，計爲：姬，酉，祁，己，滕，■，任，荀，僖，姞，

■, 依. 此**12**姓爲華夏, 夏, 漢族血緣的根源，外姓可判爲異族，亦卽蠻族.後因賜姓或封地等關係，外姓也有漢族.

二, 堯舜：

1. 堯：祁姓，陶唐氏，華夏漢人. 自黃帝至堯亡計**455**年，其後漢族皆爲異族統治. 因堯死舜繼，舜就是東夷不是漢人.

2. 舜：姚姓，有虞氏，東夷蠻族.

三, 禹：一說偃姓，一說姒姓，■陶氏，西戎或東夷.

四, 商：東夷.

五, 周：姬姓，來自西岐，今日陝西，與羌人混血.

六, 春秋：

1.齊：姜姓，三苗後裔(南蠻).

2.晉：漢人.

3.秦：西戎.

4.吳·楚·越：都是南蠻.

七, 秦：西戎，今之藏族系，可能是氐人，故後來氐人符堅建國也叫秦. 史家爲了區別，稱之爲前秦.

八, 漢：自稱是漢人，其實很可疑. 劉邦出身卑微，而當時位居公, 侯, 伯以上者才有族譜. 沒有族譜，而中原已被外 族統治兩千年，如何確定是漢人？

九, 三國：魏不詳，蜀漢自稱是漢人，吳爲南蠻.

十, 南北朝：

1. 南朝：晉室南遷壓迫苗越，晉之血統不詳.

2. 北朝：

前涼：自稱漢人.

後涼：氐族.

南涼：鮮卑.

北涼：匈奴.

西涼：漢族.

前趙：匈奴.

後趙：匈奴.

前秦：氐族.

後秦：羌族.

西秦：鮮卑.

前燕：鮮卑.
後燕：鮮卑.
南燕：鮮卑.
北燕：漢族.
大夏：匈奴.
成漢：氐族.
北魏：鮮卑.
北齊：漢族.
北周：鮮卑.

十一, 隋：楊堅爲北周外戚，與鮮卑混血.
十二, 唐：李淵爲「漢」與鮮卑混血.
十三, 五代十國：

1. 五代：

後梁：漢族.
後唐：突厥.
後晉：突厥.
後漢：突厥.
後周：漢族.

2. 十國：除北漢在山西之外，餘皆在江南
與漢族根據地中原無關.

十四, 北宋：自稱爲漢族. 比劉邦更可疑，
因中原至此已被外族統治三千年，那來漢族？
十五, 金：西元**1127**年滿清始祖女眞人佔領中原.
十六, 元：蒙古人，屬匈奴.
十七, 明：自稱漢族. 但是，比劉邦, 趙匡胤的「漢」血統更可疑.
十八, 清：滿族，亦卽女眞人.
十九, 中華民國·中華人民共和國：血統上自稱漢人，而國籍上自稱中國人. 中華人民共和國的人口統計，公開通報的總人口**12**億多之中，自稱漢族人口佔**10**億多，其餘約**2**億，爲滿, 蒙, 藏, 回, 苗等**53**個少數民族. 事實上，這**12, 3**億人口，都不是漢族.

現在，中國人的血統，在中華民國稱爲中華民族，而在中華人民共和國爲中國民族. 不管如何稱呼，兩種名稱都只有政治意義而無血統意義. 根據以上的分析，漢族名存實亡，中國人的血統不是屬滿, 蒙, 藏, 回,

苗等五個主要族群，就是屬其他**48**個少數民族．實際上，中國大陸**30**幾省的土地，自古就是這**53**族的固有領土，中國統治下的各民族不但應該仔細尋根，更應知道土地的歷史，向統治者討回本族的固有領土和民族尊嚴，因爲漢族的固有領土只有洛陽盆地．　中國民族·中華民族都是虛構的族名，都經不起歷史·血統的檢驗，閩客是越族，不是漢族．　本網站爲了遷就卽有的錯誤，才把閩客也稱爲漢人．

作者：沈建德，留美企管博士，前中興大學企管系副教授．
現在自費專職研究台灣主權，及相關的史地·政治·文化·血統等問題．
Fax：08-753-6335...

☞ 中國民族·中華民族都是虛構的族名，
都經不起歷史·血統的檢驗
중국민족 또는 중화민족이란 것은 모조리 허구 족명이며,
역사와 혈통으로 전혀 검증되지 않는다.

우리 겨레 조상님들의 상고사를 잘라내고 도둑맞았으니,
이 말이 무슨 얘기인지 감감하고,
대명천지에서 백주대낮에 헛소리들을 계속하는 것이다!

<부록-7>

제목 : 8.14(목) '대한민국 60년, 역사, 미래와 만나다' 강연4 - 국사편찬위원회 정옥자 위원장

KBS 1Radio [박인규의 집중인터뷰] - 2008년 8월 14일
<인터뷰 전문> [다시듣기] 20080814.wma
방송파일절대경로; mms://211.233.92.72/aod_new/1radio/interview_20080814.wma
위 URL에서 직접 다운로드 받을 수는 없습니다. 반드시 다시듣기를 이용해서 들어주시기 바랍니다.

안녕하십니까, 박인큡니다!
올해는 대한민국 60년을 맞는 뜻 깊은 해입니다. 무엇보다 우리 역사에서 식민지배와 전쟁의 상흔을 딛고, 산업화와 민주화를 이뤄내기까지 우리 국민들의 피땀 어린 노력이 가장 큰 원동력이었을 텐데요..

박인규의 집중인터뷰,
오늘은 건국 60년 기념사업 추진단의 '건국 60년 60일 연속 강연'
'역사, 미래와 만나다' 그 마지막 시간으로..
국사편찬위원회 정옥자 위원장의 강연 함께 합니다..
정옥자 위원장은 대한민국 60년, 우리 역사를 보는 눈에 대해 얘기하는데요.. 지금부터 정옥자 위원장의 강연, 함께 들어보시겠습니다.

정옥자 위원장 : {왈}

제가 우리 역사를 보는 눈, 말하자면 사관 문제를 말씀드리고자 합니다.
우리가 지금 역사문제가 첨예하게 대립양상을 보이는 것도 결국 역사를 보는 눈의 문젭니다.
역사적인 사실, 자료, 팩트는 그대로 있습니다. 그것을 해석하고 평가하는 데서 시각차이가 있어서 이런 갈등이 오는 거기 때문에 사실은 역사관, 우리 역사를 보는 눈이 굉장히 중요하다고 생각됩니다.
그래서 제가 말씀드리고자 하는 건 우리 전통시대의 역사학에 대해서 약간 개관을 하고, 그리고 소위 근대사학 이후 사관 문제를 말씀드리는 순서로 하겠습니다.

역사연구는 대개 몇 가지 서술방법을 선택했는데

첫 번째가 기전첸니다. 기전체는 아시다시피 본기와 열전이 중심이 된 사마천의 사기에 근원을 두고 있습니다. 그래서 이후 동양에서의 기전체가 굉장히 많이 활용됩니다. 기전체의 특징은 본기와 열전이라는 것. 본기는

제왕의 정치사죠 말하자면 제왕의 통치행위, 그리고 열전은 당 시대에 살던 중요한 인물들을 유형별로 서술해서 라이프스토리를 써놓으니까 지금 봐도 그때나 지금이나 사람 사는 건 별로 다름없구나, 아주 구조적으로 입체적으로 이해할 수 있게 돼 있습니다. 시간에 따라 사건을 서술하는 연표가 있고.

그리고 기사본말체는 사건의 원인, 경과, 결과를 죽 서술하는 건데 이건 각론을 쓸 때 유효합니다. 임진왜란 하면 그것의 원인, 경과, 결과, 이런 식으로 서술하기 때문에 사건 서술에 유효한데 사실 서양에서 들어온 근대사학이 이것과 유사합니다. 그래서 기사본말체는 사건 서술의 각론을 쓸 때 유효했습니다.

그리고 세 번째가 편년체인데 편년체는 역사를 시간에 따라 죽 서술하는 겁니다. 그래서 조선시대 같으면 편년체 역사서라고 할 수 있는 데 굉장히 많죠. 조선왕조실록, 비변사등록, 승정원일기, 그렇게 조선시대에는 그런 것들이 남아 있습니다. 이것은 아주 객관적으로 시간에 따라 죽 서술해놓고 있어서 오늘날은 조선시대를 연구하는 자료로 이것을 굉장히 많이 활용하고 있습니다.

그리고 네 번째가 강목체인데 이건 성리학적 역사서술이라고 생각하면 됩니다. 강이라는 건 역사의 큰 줄기, 목은 각론입니다. 세밀하게 설명하는 것. 그래서 전체 숲이 강이라면 거기에 하나하나 나무가 목이죠. 그래서 강과 목을 다 보는 겁니다. 전체를 그냥 한 번 죽 볼 때는 강만 읽고 세밀하게 내용을 탐색할 때는 목을 읽습니다. 그래서 강과 목이 다 갖춰 읽는 걸 굉장히 중요시했고, 그런데 이런 전통시대에 중요했던 역사가, 소위 식민사학이라는 게 시작되면서 상당히 많이 왜곡되기 시작합니다.

식민사학은 아시다시피 제국주의적 역사학이죠. 그래서 이 제국주의적 역사학은 쉽게 말씀드리면 무력의 논리로 역사를 보는 겁니다. 그런데 제국주의에 의한 일본의 식민사학은 우리의 역사를 철저히 왜곡시키는 하나의 기틀이 되기 때문에 조금 자세히 말씀드리겠습니다.
첫 번째가 반도적성격론입니다. 이건 쉽게 말해서 지리적 결정론입니다. 우리나라가 반도에 있기 때문에 독립적 존재가 되지 못하고 그동안엔 중국의 지배를 받다가 이젠 일본의 온정주의적인 지배를 받을 시기가 왔다. 이런 식으로 얘기하는데 문제는 반도적 성격론이 단점만 얘기했다는 데 문제가 있습니다. 장점을 얘기 안 합니다. 그래서 반도적 성격론은 오늘날 와서는 별로 문제가 되지 않아요. 그런데 문제는 그 시점에서 일제시대에 이런 것들이 지식인에게 굉장히 먹혔다는 얘기죠. 이광수 같은 분까지 여기 동조했으니까 보통사람에 대한 폐해는 이루 말할 수 없죠. 그런데 단적으로 반도에 있어서 대제국을 건설한 나라가 역사상 있습니다. 로 마제국이죠. 바로 반도에 있기 때문에 해양문화와 대륙문화를 다 아우르면서 세계 제국을 건설했죠. 그렇다면 우리가 앞으로 살아가는 데 있어서는, 우리가 분명히 반도에 있기 때문에 그 장점을 아마 충분히 살려서 우리가 동북아시아, 특히 동아시아 쪽에서는 문화중심국으로 분명히 기능할 수 있지 않을까 생각합니다.

두 번째 사대주의론인데, 사대와 교린이란 말은 있었죠. 전통시대에. 사대는 중국과의 외교관계, 교린은 기타 다른 나라와의 외교관계죠. 사대와 교린은 전통시대의 외교용어입니다. 그런데 바로 사대라는 말에 주의를 붙인 거죠. 그래서 사대주의. 강자에게 무조건 복종하고 강자에게 아부하는 것으로 용어를 새로 만든 겁니다. 사대주의라는 말은 없고 사대라는 말은 있었죠. 그럼 전통시대 사대라는 말이 과연 그렇게 강자에게 일방적으로 굴종했느냐, 그거 아닙니다. 전통시대의 사대라는 건 중국과의 외교관계인데 그 핵심에 조공과 책봉이 있습니다. 구체적 방법으로. 조공은 특산물 바쳤다는 건데 일방적으로 바친 거 아닙니다. 조공품이 있고 대가로 사여품이 있습니다. 우리가 조공품은 뭘 가졌을까요? 인삼이죠. 대표적인 게 양각삼, 양처럼 뿔이 났다고 해서. 그 다음 종이에요. 명경지라고 해서 거울처럼 맑게 비치면서도 찢어지지 않는 당시의 아주 최고품이죠. 그 다음 황모필이에요. 황모 꼬리에서 나는 털이 아주 귀하고 질이 좋아서 그걸로 만든 붓, 이게 또 당시 최고품입니다 동북아시아의. 그리고 화문석입니다. 강화도에서 나오는. 그냥 쉽게 말씀드리면 토산품이라고 보시면 됩니다. 그럼 중국이 사여품이라고 해서 대가로 주는 물건은 뭘까요? 비단이라고 얘기하시는데, 비단도 있습니다. 그런데 우리가 원하고 중국이 적극적으로 준 게 서적입니다. 우리가 제일 원한 게 책입니다. 선진문화를 중국에서 받아들이기 때문에 책에 최신 정보가 다 있고 그래서 책을 제일 선호했고 중국도 책을 줬습니다. 그리고 비단인데 비단은 사실 전통시대엔 용도가 많습니다. 우린 옷 해 입는 것만 자꾸 생각하는데 책 표지로 굉장히 많이 썼어요. 그래서 비단... 그 다음에 가져온 게 약재입니다. 우리나라에서 나지 않는, 서역에서 들여왔거나 중국 본토는 말할 것도 없고 또 내몽고 이런 쪽에서 가져온 약재가 굉장히 우리한테 중요하기 때문에, 약재. 그래서 실제로 가져간 물건과 우리가 받아온 물건이 거의 동량 동가입니다. 그래서 우리가 일방적으로 물건 갖다 바치면서 그런 적 없고 이건 공무역이라고 보시면 됩니다. 쉽게 말씀드리면 우리가 그때 가져가는 것도 예물이란 이름으로 가져가고 그쪽에서 주는 것도 예물입니다. 그리고 책봉이라는 것이 정권 교체할 때 중국의 비준을 받는 거나 비슷한데 역사에서 보면 도대체 어느 시기 동서고금에 주도하는 국가는 있게 마련입니다. 주도하는 국가와 관계 설정을 잘 하면서 어떻게 자주적으로 생존방식을 잘 개발해서 살아가느냐, 그런 문제가 굉장히 중요한데, 우리는 오늘날 이런 것을 너무 지배와 피지배라는 양분법으로만 자꾸 해석하면서 전통시대 중국에 종속돼 있었던 걸로 자꾸 오해합니다. 그런데 사실 중국이 주도하는 세계였지만 조선만큼 자주적이고 자기 정체성 지키면서 자부심 갖고 산 나라가 없습니다. 그건 고려도 마찬가집니다. 몽고라는 대 제국을 건설하고 몽고가 그렇게 복속시키려고 했지만 결국 끝까지 항거하고 부마국으로서, 사돈 맺는 거 아닙니까? 지금도 딸 아무 데나 시집 안 보내죠. 상당히 자기와 대등한 위상을 가져야 맺는 거나 마찬가진데 고려도 사실은 부마국이었습니다. 우리가 전통시대를 이해하는 방식은 아주 지금 현대의 방식으로는 이해하기 어려운 사대외교질서인데 이걸 너무 힘의 논리로만 해석하기 때문에 오늘날 전통시대의 상당 부분이 잘못 이해되는 면이 있습니다.

그래서 세 번째가 당쟁론인데 조선이 당쟁하다가 망했다. 그런 얘기를 일본 학자들이 계속 퍼뜨려서 우리도 잘 모르면서 당쟁하다 망했나보다 하는데 그렇지 않습니다. 사색당파가 동시에 공존한 적이 없습니다. 그러니까 임진왜란 즈음해서 영남학파와 기호학파로 학파가 크게 두 개로 됐는데요 그건 사림이 등장하면서 기존 정치세력... 훈구파라고 하죠. 그런데 우리는 이상하게 훈구파는 나쁜 것, 사림파는 좋은 건, 자꾸 이분법적 흑백논리로 얘기하는데 그렇지 않습니다. 훈구파는 조선왕조를 개창하고 문물제도를 정비한 국가에 공훈을 세운 정치적 구파입니다. 공훈을 세운 훈자와 구파, 그래서 훈구파입니다. 이 사람들 아니면 조선왕조가 반석 위에 올라설 수 없었어요. 성종때 되면 그들이 기득권을 향유하면서 거기 안주하는 성향을 보이니까 성종 때에 안 되겠다, 그리고 이 사람들의 권력이 너무 비대해지는 거예요. 그래서 비판세력으로 지방에서 학문하던 사림파를 왕이 끌어올리는 거예요. 그러면서 사림파가 혁신정치를 외치면서 그 후 중종 때 가면 여러분이 다 아시는 정암 조광조 선생 같은 분은 굉장히 격렬하게 개혁을 부르짖죠. 그런데 왜 그때 그럼 실패했는가, 너무 성급하게, 아직 일반인들에게는 철인정치가 뭔지 그런 데 대한 개념이 없어요. 그런데 왕에게는 철인이 되라고 하고. 그러니 결국 왕도 마지막에는 지쳐서 중종이 아무리 반정에 의해서 왕에 올랐지만 왕이 동조 안 하고 지식인의 상당 부분이 아직은 훈구파고 그러니 결국 실패했죠. 그래서 그 후 선조때 가서야 16세기 가서 율곡 이이 선생 같은 분은 조광조의 실패를 아주 뼈저리게 생각하고, 이것은 그렇게 과격하게 급진적으로 밀어붙일 일이 아니다. 그러면서 이때 되면 학파가 형성되면서 바로 영남학파가 동인, 기호학파가 서인. 다만 그 제자들이 나중에 방법론의 차이로 뒤에 정파를 구성하면서 갈등이 심해져서 소급해서 우리가 이해하고 있는 거죠. 그래서 임진왜란 직전엔 동인과 서인이 있었는데 동인에서 남인과 북인이 갈라졌기 때문에 3당 체제였습니다. 그런데 3당체제에서 임진왜란을 겪고 나니 북인이 상당히 의병활동에 공을 세우면서, 북인정권이 광해군 정권입니다. 그런데 광해군 정권의 실정이라든가 그런 방향성 문제 때문에, 구체적으로 말씀드리면 폐모살제 같은 문제. 그게 당시엔 도저히 이해 안 되는 부분이기 때문에 반정에 의해서 인조가 왕에 오르고, 그 이후에는 양당 체젭니다. 서인이 여당이고 남인이 야당입니다. 북인은 광해군정권과 함께 몰락했습니다. 그리고 1세기 후 17세기 말에 구체적으로는 1683년경에 서인이 노론과 소론으로 갈라지는 겁니다. 그래서 우리가 사색당파로 갈려서 계속 싸움질했다, 이건 맞지 않는 겁니다. 이미 그 이전에 양당체제 형태를 구축했습니다. 그래서 오늘날 양당체제와 똑같진 않더라도, 국회는 없지만, 결국은 일진일퇴합니다.

네 번째가 문화적 비독창성론인데, 너희들 아주 독창적인 걸 말해봐라. 전부 중국 것 갖다가 재탕삼탕하지 않느냐 그런 소릴 해요. 그런데 도대체 문화라는 것은 간단히 말씀드리면 삶의 방식입니다. 우리는 요즘 문화하면 자꾸 예술로만 생각하는데 그렇지 않습니다. 예술은 문화의 한 부분이죠. 삶의 방식입니다. 그래서 고급문화는 굉장히 인간적이고 품격 높은 삶의 방식을 구축한 게 고급문화고, 또 저급문화는 그렇지 못한 게 저급문화죠. 그래서 우리가 물론 전통시대에는 중국에서 끊임없이 고급문화를 받아들였습니다. 그런데 고급문화를 받아들여서 그때는 문화유입통로가 중국이니까요. 그리고 일본은 그때는 동아시아에서는 아주 한 옆에 있는 고립된 섬으로 있기 때문에 당연히 우리나라를 통해서 일본에 문화가 많이 전파된 거죠. 그게 거의 19세기 전반, 초까지는 통신사가 다닐 때까진 그랬습니다. 그런데 일본이 그 후에 서양과 직접 통교하면서 달라졌지만요. 그래서 우리가 중국문화를 적극적으로 받아들였는데 그 적극적으로 받아들인 능력이 바로 문화능력입니다. 그런데 그걸 받아들여서 아류로 전락한 게 아니라 우리 나름대로 승화시켜서 오히려 한 단계 끌어올렸다는 것. 그래서 우리 고유문화를 창출한 게 우리 능력입니다. 그건 고대부터 얘기하면 원효의 불교사상도 결국 중국을 통해서 중국불교 받아들인 거죠. 원효가 그걸 더 일원화시켜서 중국에 역수출했다는 거. 또 석굴암도 우리나라에 오면 결국 재질이 우리는 화강암이 많으니까, 화강암으로. 작지만 굉장히 정교하고 섬세하게, 아무리 중국 돈황에서 받아들였더라도 그 불상은 신라인의 얼굴이 되는 거죠. 그리고 전체적으로 우리나라에 오면 규모는 작아지면서 섬세하고 정교하게 바뀌는 거죠. 그리고 고려시대에는 금속활자나 고려청자라든가 대표적이고. 조선시대에는 국학으로 삼은 성리학 자체를 조선 성리학으로 한 단계 고양시켜서 그것이 조선의 국학이 되고. 그래서 조선 후기에 가면 조선 고유문화 창달한 것이 겸제의 진경산수, 추사의 추사체, 이런 것들이 전부 조선에서 나오는 서화죠. 그래서 내 문화가 최고라는 자부심이 있기 때문에 씨름하는 것도 벌거벗고 씨름하는 걸 전부 그려내는 거죠. 그래서 자기 문화에 대한 자부심 없이는 그런 창조가 나올 수 없습니다.

근대사학으로 가겠습니다.

근대사학은 식민사학이 풍미하니까 이제 전통사학 갖고는 안 되겠다. 우리도 서양사학을 적극적으로 받아들여야겠다 하고 생각하는 거죠. 그래서 식민사학에 대한 대응으로 근대사학이 우리나라에서도 싹트고 발전하기 시작합니다. 그래서 계몽주의사학이 처음에, 이건 1880년대부터 개화운동이 본격적으로 되니까 차츰 우리나라 학자 중에서도 서구적인 방법으로 우리도 우리 역사를 연구해야겠다, 그러면서 우선 배워야 되니까 서구 역사서들을 많이 들여서 스터디하죠.

그래서 이 분들 중에서 상당수가 민족주의사학이라고 써놨는데요. 이건 일제가 강점하고 나서 단재 신채호 선생이나 백암 박은식 선생, 이런 분들도 처음엔 계몽주의사학으로 시작했는데 나라가 망하니까 이 분들이 민족주의사학으로 된 겁니다. 그래서 당시에는 일본 제국주의에 대항하는 방법은 민족주의 밖에 없다고 생각한 거죠. 그런데 민족주의는 전통시대에는 있지도 않은 용어에요. 근대국가가 성립되면서 생긴 용어인데 이건 어떻게 보면 제국주의와 동전의 안팎이죠. 제국주의에 대응해서 민족주의 사학을 하는 거죠. 그래서 상당히 제국주의적인 색채가 있습니다. 역사가 아와 비아의 투쟁이다. 그게 단재 신채호의 조선상고사 제일 앞에 나오는 대목이에요. 역사는 나와 나 아닌 존재의 투쟁이다. 그러면서 독립운동의 정신적 지주가 됐죠. 이 분들이 굉장한 애국자고 당시에는 이 분들이 있어서 독립운동의 귀의처가 됐지만 시간이 지나면서 오늘날 와서는 이 분들도 역사적 인물로 재평가하는 단계에 와 있습니다.

그 다음에 사회경제사학이 있는데, 사회경제사학이 일본에 유학했던 분들 중에서 막시즘의 세례를 받은 분들. 백남훈이라든가 김석형 이런 분들이 와서 우리 전 역사를 물적 기초로 한 번 정리해 보는 거죠. 그런데 사실 굉장히 논리정연하고 한 번 물적 기초로 우리 역사를 정리해보는 의미는 있었는데, 역사라는 게 물적 기초로만 전개되는 게 아니죠. 그런데 이 분들은 도그마에 빠진 거죠. 모든 걸 물적 기초로만 해석하고 정리한. 그런데 어떻게 보면 일목요연하게 정리한 장점은 있지만 물적 기초라는 도그마에 빠졌고. 이 분들이 대개는 월북했습니다. 그래서 남쪽에는 이 분들이 남아있지 않았는데 그 다음에 오히려 자생적으로 나타나는 게 민중사학이라고 있습니다. 그래서 70년대 경제성장을 거치고 나서는 분배에 관심을 가지면서 어떻게 보면 자생적으로 사회 경제적인 사회경제사와 거의 유사한 민중사학이 나타나면서 그게 바로 80년대 신군부에 대한 맹렬한 민주화운동의 구심점이 된 거죠. 그래서 민중사학으로 자생적으로 나타났다고 말씀드릴 수 있고요.

그 다음 실증사학이 있습니다. 이것도 일본 유학했던 분들이에요. 그래서 1934년에 이 분들이 진단학회를 조직합니다. 그래서 진단학회라는 건 역사뿐만 아니라 민속학, 문학, 이런 거 하는 분들이 전부 모여서 조직했죠. 그래서 이 분들이 내세우는 건 중화한 실증주의, 독일 랑케사학을 일본에서 이식한다는 사명감을 갖고 있었습니다. 그래서 이 분들의 장점은 모든 역사는 실증에 의해야 한다. 역사를 철저하게 실증하는 기초를 세웠지만 이 분들도 의식, 역사관 면에서는 식민사관을 넘어서지 못했어요.
그런데 이 분들 학력이 굉장히 좋죠.
그러니까 자격이 있죠.
그래서 광복 후 이 분들이 다 대학에 자리를 잡은 겁니다.
아무튼 이 분들이 아주 실증을 중요시한 건 역사의 기초공사를 분명히 한 공이 있는데 식민사관을 넘어서지 못했기 때문에 오늘날 후생들에게 비판의 대상이 되는 거죠.

그리고 신민족주의사학. 아까 민족주의사학 할 때 제가 빠뜨렸는데, 바로 민족주의사학 하던 분들이 재야사학으로 계승되는 겁니다. 그래서 이 분들이 지금도 재야사학 하는 분들이 꽤 있습니다. 그리고 전두환 대통령 시절에 재야사학이 붐을 이룬 적이 있습니다.
그런데 이 재야사학의 특징은 굉장히 애국적이에요.
그런데 너무 극우로 해서 일본의 극우가 일본에 미치는 영향이 빛과 그림자가 있습니다. 일본에서도 굉장히 애국적인데 대신 일본을 세계 여러 나라로부터 비판받게 하는데,
우리도 바로 이런 재야사학 하는 분들이 아주 애국적이면서도 한편으로는 좀 위험한 것. 구체적으로 말씀드리면 만주를 다 답사하고 여기도 우리 땅, 그러고 태극기 꽂고 거기서 의식 같은 걸 치르는데 정말 애국적이고 감격스럽고 가슴 뛰는 일이지만, 중국은 그걸 보고 동북공정을 시작한 거죠. 안 되겠구나. 더군다나 연변 쪽에 조선족도 많고.

그래서 우리가 재야사학의 빛과 그림자에 대해서 생각해볼 때가 되지 않았나 생각합니다.
그리고 신민족주의사학은 일제가 패망할 즈음 1940년대쯤 되니까 이제는 일제가 패망하겠구나. 역사를 하는 건 과거를 돌이켜서 거기에 거울로서 비춰보고 현재를 점검하고 미래까지도 전망하는 거거든요. 그래서 이 분들이 벌써 일제 패망을 예견했습니다. 일본은 패망할 거다. 그럼 우린 앞으로 어떻게 할 것인가. 그래서 민족주의는 앞으로는 이렇게 배타적 이기적인 민족주의 갖고는 안 된다. 그러나 제국주의가 있는 이상 민족주의 버리고 우리가 뭘로 구심점을 삼을 것이냐. 그래서 세계 모든 민족의 공존공영, 세계 모든 국가의 평화공존, 이런 쪽으로 우리가 민족주의를 해야겠다. 각 민족의 언어문화 이런 거 서로 다 인정하면서 민족 단위로 우리가 평화 공존을 추구해야겠다, 이런 분들이 생겨났어요. 이 분들이 신민족주의 사학입니다.

마지막으로 근현대사 문젭니다. 근현대사를 우리가 어떻게 봐야 할 것인가에 대해서 굉장히 우리 사회에서 첨예한 대립이 있는데, 그동안 좌편향

적 역사인식이란 얘기를 우리가 많이 했습니다. 좌편향적 역사인식이라는 건 더 쉽게 말씀드리면 비판론적인 역사인식입니다. 그래서 우리 사회를 좀 비판적으로 보고 이 비판이라는 건 반성을 위해서 하는 거죠. 그래서 저는 좌편향적인 역사인식도 한 단계로서 필요했다고 생각합니다. 그런데 이게 너무 지나쳐서 우리 국가의 그동안의 발전에는 좀 소홀히 하고 너무 자기 자학적인 측면까지 갔다는 것, 이게 굉장히 위험하지 않나 싶고. 그래서 이게 지나치니까 이젠 우편향적 역사인식. 소위 뉴라이트 계열의 대안교과서. 한국근현대사 이런 것도 나왔습니다. 이건 굉장히 현실론적인 역사인식이에요. 우리의 현실을 다 인정하고 긍정적으로 보자. 그런데 우편향적 역사인식도 좌편향적 역사인식에 대한 하나의 반성 아닌가 싶습니다. 그런데 이 반성이 너무 현실을 긍정하다 보니 일제시대까지 긍정하는 폐단을 낳았습니다.

그래서 저는 좌우라는 게 어떻게 보면 방법론이지 목적은 아닙니다. 그래서 앞으로는 그런 한쪽으로 편향된 역사인식을 극복하고 우리가 역사인식이 국민통합에 기여해야 되지 않을까. 그래서 통합적이고 균형 감각이 있는 역사인식으로 우리 전 역사를 한 번 다시 재검토하고 그런 쪽으로 앞으로 역사인식을 가다듬을 필요가 있지 않을까 그렇게 생각했습니다. 감사합니다.

박인규의 집중인터뷰,
오늘은..
지난 월요일부터 4일 동안 방송된 건국 60년 기념사업 추진단의
'건국 60년 60일 연속 강연'
그 마지막 시간으로 국사편찬위원회 정옥자 위원장의 강연을 들었습니다..

☞ 동양사학을 전공했다는 대한민국 국사편찬위원장 정 옥자의 강연내용을 통하여 그네들의 역사의식과 강호사학에 대한 생각을 엿볼 수 있겠다.
식민사학을 만든 이들이 해방 이후에도 대한민국 국민들에게 식민사학을 가르친 것 역시, 그네들이 학식이 많았었기에, 하등의 결함이 없었다고 식민사학을 공부한 이답게 당당하게 말하고 있고, 지나인들의 동북공정을 조심성 없는 관광객들과 강호사학(재야사학)들이 야기했다고 그 책임을 전가하고 있다. 아직도 자신들 역사학의 근본이 잘 못 되었음을 깨닫지 못하고 있고, 대한민국의 국사편찬위원회는 우리 조상들의 얼이 서린 우리의 옛 역사인 상고사와 고대사 등에는 제대로 된 한 마디의 언급도 하지 않아왔으며, 최소한 은연중에 세뇌되어 <조선사편수회>의 의도를 고스란히 계승하고 있으면서, 우리의 옛 역사를 광복할 하등의 관심도 가지고 있지 아니한 것으로 보인다.
실로 이들에 의한 우리 역사광복은 기대함은 허망함인 것이다.

부 록

<高句麗>史略 卷頭言(1)

高句麗者, 高大之穴也. 穴者國也, 穴居爲都故也. 句麗之音, 麗語穴也, 溝婁亦同. [取]句麗字者, 句其麗而麗之之義, 捲大隧之箔而照明之也. 地闢於丑, 人生於寅, 故艮爲方而山爲居. 日之將出, 丑寅去蒙. 此, 顓頊之高陽也. 句麗而麗之則朱蒙而東明也.

출처;(http://mf.history.go.kr/Pdf/MF0020000/00322332.pdf)

<고구리>사략 권두언(1)

<고구리(高句麗)>는 높고 큰 혈(穴)이다. 혈(穴)은 나라이며, 혈거(穴居)를 도읍(都)을 삼았기 때문이다. 구리(句麗)라는 소리는 <고구리> 말로 혈(穴)이다. 구루(溝婁) 또한 마찬가지이다. 구리(句麗)라는 글자를 썼음은 그 큰 굴의 주렴을 걷어 올려서 밝힌다는 뜻이니, 즉 그 큰 굴의 주렴을 말아 올려서 그 큰 굴을 비춰 밝힌다는 것이다. 땅은 축(丑)에서 열리며 사람은 인(寅)에서 나온다. 그런 까닭에 간(艮)을 나라의 땅(方)으로 삼고 산(山)에서 살았던 것이다. 해가 장차 돋아나면 축인(丑寅)에서 어두움이 물러나게 되는데, 이는 <전욱(顓頊; 몽매함, 어슴푸레함)>이 <고양(高陽; 밝아짐)>으로 됨이다. 주렴을 걷어서 밝아지게 하면 곧 <주몽(朱蒙; 어슴푸레함)>함이 동명(東明; 밝음)함으로 되는 것이다.

<高句麗>史略 卷頭言(2)

勾麗者, 穴之義也, 國也. 麗者, 箔也. 勾麗之義, 捲簾[取]明之義也. 契丹之契, 靺鞨之鞨, 亦與勾麗同音, 故其義則實相通也. 高者, 高大遠照之義也.

출처;(http://mf.history.go.kr/Pdf/MF0020000/00322332.pdf)

<고구리>사략 권두언(2)

구리(勾麗)라는 것은 혈(穴)을 뜻하는 것으로 나라이며, 리(麗)라는 것은 박(箔,=簾)이고, 구리의 뜻은 발(簾)을 말아 올려서 밝게 한다는 뜻이다. 거란(契丹)의 글(契)과 말갈(靺鞨)의 갈(鞨) 또한 구리(勾麗)와 더불어 같은 소리인 까닭에 그 뜻은 실제로 서로 통하는 것이다. 고(高)라는 것은 높고 크게 멀리 빛을 비춘다는 뜻이다.

始祖<東明聖王>紀

출처;(http://mf.history.go.kr/Pdf/MF0020000/00322332.pdf)

<檀君>之後有<徐偃王>, 與<周><穆王>戰不利, 棄<靑>·<徐>之地而北[歸]. <扶餘>·<鮮卑>等皆其裔也.
<北扶餘>王<解慕漱>有子<朱蒙>, 長於<東扶餘>, 爲<帶素>所困. 與<烏伊>·<摩離>·<陜父>等南行, 至<奄利水(一作盖斯)>乘大鼈而渡. 追者以爲天佑而不敢近{=迫}至<普述水><毛屯谷>. 麻衣<再思>·衲衣<武骨>·藻衣<默居>等來言; <卒本>, 山河嶮固, 土壤肥美, 可以王矣. 於是, 俱至<紇升骨城>. 娶<延陁勃>之女爲妻曰<召西奴>也. 告<卒本>之衆曰; "我是天帝之子, 河伯之外孫也. 承景命而啓元基于此. 宜爾百姓各安其業." 乃結盧水上土階三等, 民歸如雲.

<단군>의 후손으로 <서언왕>이 <주><목왕>과 싸움에 불리하여 <청주>와 <서주>의 땅을{그림1} 버리고 북쪽으로 돌아왔다. <부여>와 <선비> 등은 모두 그의 후예들이다.
<북부여>왕 <해모수>에게 아들 <주몽>이 있었다. <동부여>에서 자랐으며, <대소>에게 곤궁함을 당하다가, <오이>·<마리>·<협보> 등과 함께 남쪽으로 내려와 <엄리수(일명개사수)>에 다다라서는 큰 자라{거북이}를 타고 건넜다. 천우신조가 있어서, 쫓아오는 이들은 감히 <보술수><모둔곡>까지 가까이 다가오지 못하였다.
마의<재사>·납의<무골>·조의<묵거> 등이 찾아와 말하길; "<졸본>은 산하가 험하여 안전하며, 토지는 비옥하여 농사에 좋으니, 가서 왕을 할 만합니다."라 하여, 모두 함께 <흘승골성>으로 옮겨갔다. <연타발>의 딸과 혼인하였더니, 이름은 <소서노>이었다.
<졸본>사람들에게 이르길; "나는 본시 천제의 아들이며 하백의 외손이오. 크나큰 명을 받들어서 여기에다 근본이 되는 터를 열 것이오. 의당 여러 백성들은 모두 그 일을 안전하게 이룰 수 있도록 해야 할 것이오."라 하였다.
이윽고 냇가의 위쪽에, 흙을 3단으로 다지고, 갈대를 엮어 거소를 차렸더니, 백성 될 사람들이 구름처럼 몰려들었다.

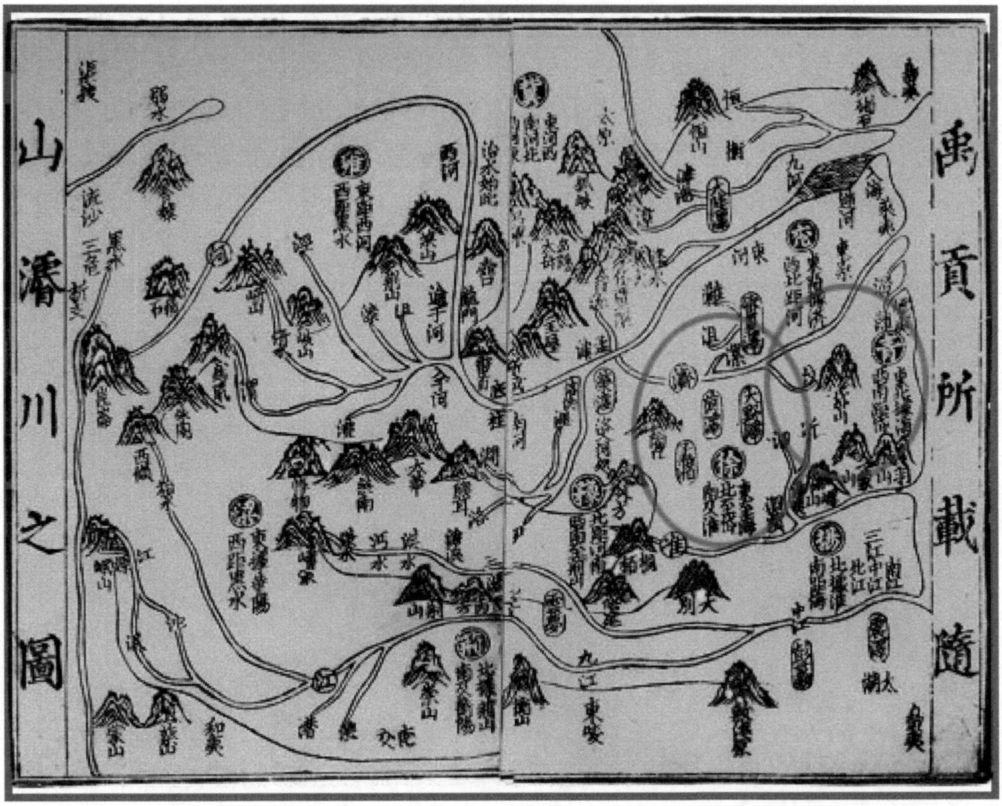

그림1. <靑>·<徐>之地? 그곳이 <기자>의 주 강역의 일부이고{=마한 또는 번한} 그 주변이 소위 <삼한{三韓}> 강역의 일부?

甲申元年(二二九七), 春二月, **<**烏伊**>**·**<**再思**>**等尊**<**朱蒙(音<芻牟>,神之義也)**>**爲王, 以**<**召西奴**>**爲后, 改**<**卒本國**>**爲**<**高句麗國**>**, 都於**<**沸流谷**><**忽本**><**西城山**>.**

*愚按, **<**東扶餘**><**加葉原**>**之地, 今**<**沿海州**><**尼港**>**近處, 則**<**卒本**>**當以**<**綏芬**>**爲正. **<**沸流谷**>**, **<**勃利**>**·**<**穆稜**>**兩縣之界. **<**西城山**>**, 以今**<**古城鎭**>**. **<**三韓會土記**>**, 以**<**※蒙羅骨嵤**>**爲祖者, 盖有以也.*

갑신원년(단기2297년), 춘2월, <오이>와 <재사> 등이 <주몽(음추모, 신지의야)>을 받들어 왕으로 삼고, <소서노>를 후로 삼았으며, <졸본국>을 <고구리국>으로 개명하고 <비류곡><홀본>땅 <서성산>을 도읍으로 하였다.

내가{<남당>이} 살펴보니, <동부여><가섭원>땅은 오늘날 <연해주>의 <니항> 근처인즉, <졸본>은 응당 <수분>이 옳고, <비류곡>은 <발리>·<목릉> 두 현의 경계지역이며, <서성산>은 오늘날의 <고성진>이다. <삼한회토기>에서 <※몽라골령>을 발상지라고 한 것은 모두 까닭이 있었음이다{그림2}.

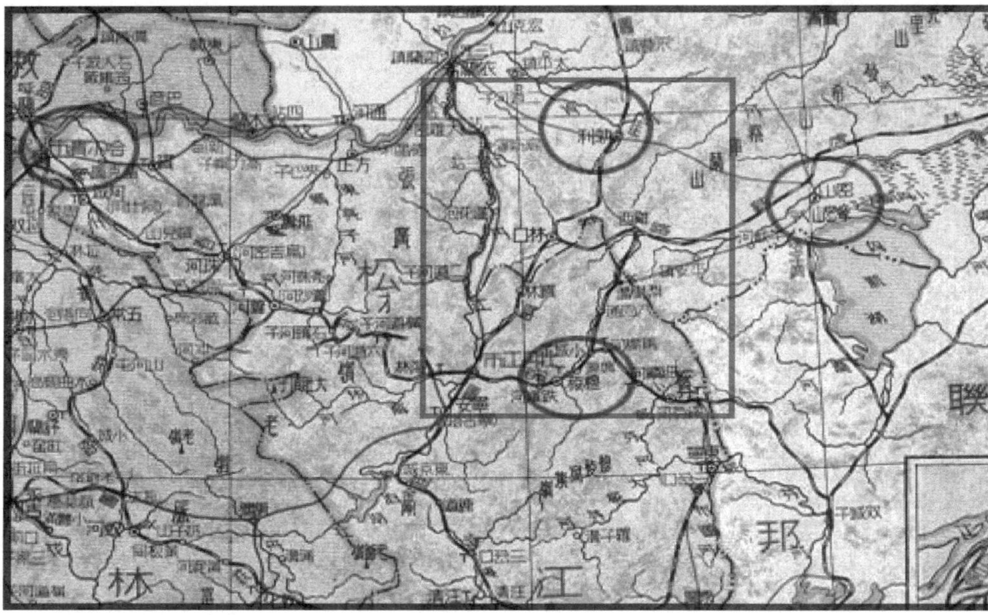

그림2. <남당>선생의 <고구리> 시국처 비정지역인, <하얼빈>동방이며 <흥개호> 서방이고 <혼춘> 북방지역인, <발리> 및 <목릉> 지역.
특이한 것은, <흥개호>의 북변에 현금 <북경> 동북의 <밀운{密雲}>과 유사한 <밀산{密山}>이 여기에도 나타나 있음이고, <북경> 동북방에 있는 <湯河> 또는 <湯道河>와 유사한 이름의 <湯旺河>가 나타나는 북위46도 X 동경130도 지경을 <졸본>으로 오인하게끔 지명들을 이식하였음이다. 이 모두가 "東南走"관련하여 만들어진 **僞作**임인데, <남당>이 이런 덫에 걸려들었음 일 것이다.

※그러나, <蒙羅骨岺>을 <蒙羅><骨岺> 또는 <蒙>羅<骨岺>으로 절구하고, 이를 <몽라>의 <골령> 또는 <몽>땅의 <골령>으로 하여 번역·해설하면, <骨岺=鶻岺?>이 있는 곳이 <고구리>의 발상지가 될 것이고, 이 <骨岺>은 현금 <河北省> 北方 近地**일 것이고, 지난 세기 초기에 발간된 군사지도 등에 나타나는 <琉璃明王> 즉 <光明大帝>의 유적이 분포하는 곳의** 北邊 **정도로 보이는 것이다.**

<高句麗고구리> 始國處시국처에 대한 譯者역자의 見解견해

『<南堂><朴昌和> 선생의 <高句麗>始國處에 대한 의견』은 앞에서 보았듯이 <東海谷{동북평원}>의 동쪽 끝 정도로 보이는 곳을 시국처로 보셨으며{앞의 始祖<東明聖王>紀 참조}, 이는 근자에 밝혀지는 내용들과는 거리가 있으나, 사초 및 사략을 필사하시는 과정에 무슨 사정이 있었다고도 보여 집니다. 얼마 전에 밝혀진 <유리묘{琉璃廟}>와 <유리하진{琉璃河鎭은 琉璃河변의 무덤을 지키던 곳?}>이 각각 현금 <북경{北京}>의 동북부와 남서 지근에 있었음이 근세 지도{군사지도 등}에서도 나타나고 있음을 볼 때, <고구리>의 초기 시국 도성{=東都}은 현금 <북경>의 동방지역으로, 지진이 잦고 부여 땅 비둘기들이 날아드는 곳이며, 멀지 않은 곳이었을 것으로 봅니다.

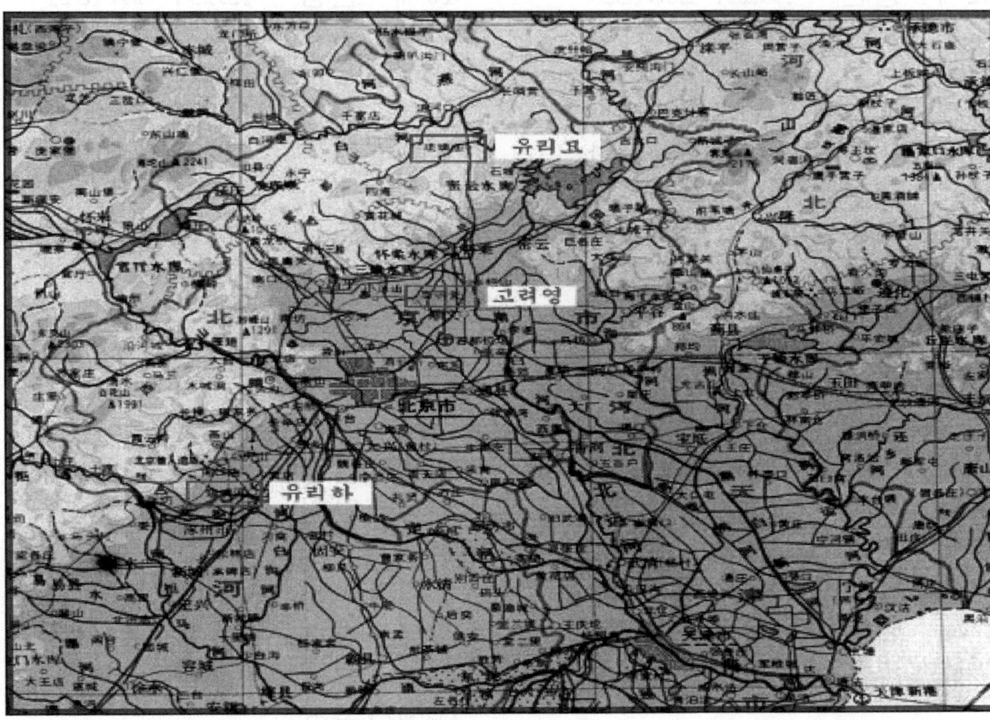

그림3. AD20세기에 근세 지나에서 발간된 지도에도 나타난 <유리묘{琉璃의 사당}> 및 <유리하{琉璃의 무덤과 琉璃河鎭이 있던 곳}>. 역자는 최소한 이 지도 동부에 「동도{東都}」가 중앙 서쪽 부근에 「서도{西都}」가 있었다고 믿는다.
그림14 참조!

<삼국사기>와 <고구리사초>의 <고구리>역대 편년 비교표

<일제>교감 <삼국사기>

세	왕	연대
시조	동명	BC37-BC19{19}
2세	유리	BC19-AD18{37}
3세	대무신	AD18-44 {27}
4세	민중	AD44-48 {5}
5세	모본	AD48-53 {6}
6세	대조	AD53-146 {94}
7세	차대	AD146-165{20}
8세	신대	AD165-179{15}
9세	고국천	AD179-197{19}
10세	산상	AD197-227{31}
11세	동천	AD227-248{22}
12세	중천	AD248-270{23}
13세	서천	AD270-292{23}
14세	봉상	AD292-300{9}
15세	미천	AD300-331{32}
16세	고국원	AD331-371{41}
17세	소수림	AD371-384{14}
18세	고국양	AD384-392{9}
19세	광개토	AD392-413{22}
20세	장수	AD413-491{19}
21세	문자명	AD492-519{28}
22세	안장	AD519-531{13}
23세	안원	AD531-545{15}
24세	양원	AD545-559{15}
25세	평원	AD559-590{32}
26세	영양	AD590-617{28}
27세	영류	AD617-641{25}
28세	보장	AD641-668{28}

<남당><고구리>사초/사략

세	왕	연대
시조	추모	BC37-BC19{19}
2세	광명	BC19-AD28{47}
3세	대무신	AD28-64 {37}
4세	민중	AD64-68 {5}
5세	모본	AD68-73 {6}
6세	신명선	AD73-112 {40}
7세	태조	AD112-146{35}
폐주	차대	AD146-165{20}
8세	신대	AD165-179{15}
9세	고국천	AD179-197{19}
10세	산상	AD197-227{31}
11세	동천	AD227-248{22}
12세	중천	AD248-270{23}
13세	서천	AD270-292{23}
14세	봉상	AD292-300{9}
15세	미천	AD300-331{32}
16세	고국원	AD331-371{41}
17세	소수림	AD371-384{14}
18세	고국양	AD384-391{8}
19세	영락	AD391-414{24}
20세	장수	AD414-491{78}
21세	(명치)	AD491-519{29}
22세	안장	AD519-531{13}
23세	안원	AD531-545{15}
24세	(양원)	
25세	(평원)	
26세	(영양)	
27세	(영류)	
28세	(보장)	

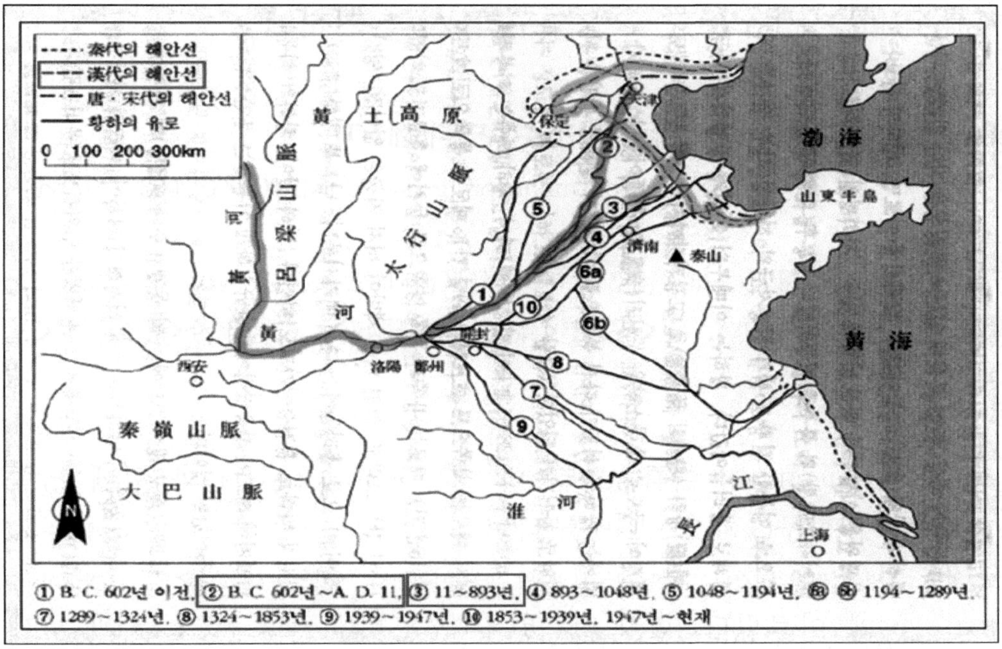

그림-河. <고구리>사초/략의 역사연대에 해당하는 河{더러는 漢水}라 불린 물줄기는 ②{초기 50년}와 ③에 해당하며, 또 다른 漢水는 섬서 파총산{嶓冢山}에서 발원하여 대략 동남으로 흘러서 장강{長江}과 합류하여 한강{漢江}이 되고 양자강{陽子江}으로 이름이 바뀌어서 황해{黃海}로 들어간다.
{무수한 사람의 손을 거친 서지·문자정보가 지구표면에 남겨진 흔적에 우선할 수 없음을 염두에 두셔야 할 것입니다.}

==

- 범 례 -

( )와 *기운 글꼴은* 남당 선생께서 원고에 삽입하신 견해 또는 참고 사항.
[ ]는 기타 자료 등을 참고한 번역자의 견해 또는 삽입한 글자.
■는 번역자가 전혀 비슷하게라도 해독할 수 없었던 글자.
< >는 고유명사로 보았거나 또는 그에 가름할 수 있는 사항.
{ }는 해독이 어려워 추정한 글자 또는 번역자의 설명 및 추정.
작은 { }는 역자의 설명 또는 풀이 또는 한글과 한자의 병기 등.
「 」는 관련된 옛 얘기가 있거나, 편의상 읽기 좋게 한 것임.
● 는 <삼국사기><고구리>본기 해당년도에 보이지 않는 기록임.
- 상호간에 편년이 일치하거나 확인 가능한 부분만 표시하였음 -
그러나 ● 표시가 없다하여 <삼국사기>와 일치하지는 않습니다.

<高句麗>史略卷之一 <고구리>사략 권지일

01. 始祖<芻牟大帝>紀 시조<추모대제>기

원문출처 ; http://mf.history.go.kr/Pdf/MF0020000/00322307.pdf

辛巳, 夏, 與四豪(烏伊·摩離·陜父·芬奴)南來, 乘玄武(方丈大龜), 而至<普述>. 與三賢(再思·武骨·黙居), 逐<虎>攘<鞨>以開<順奴>. 是年, <禮>后生<光明>.

신사{단기2294년/BC40}, 여름, 호걸 네 명(오이·마리·협보·분노)과 함께 남쪽으로 와서 현무(玄武; 방장대구)를 타고 {☞渡盖斯水, 一作淹水, 一作奄利水; 개사수, 일명 엄수, 일명 엄리수를 건너고; ☞<삼국사기>엔 엄표수淹淲水} <보술{普述}>수{☞<삼국사기> 왈<모둔곡>}에 이르렀다. 현자 세 명(재사·무골·묵거){☞麻衣·衲衣·水藻衣}과 함께 {졸본천 즉 흘승골성에 이르러서} <호{虎}>족들을 축출하고{또는, 호랑이를 몰아내고} <갈{鞨}>족들을 쫓아내어 <순노{順奴; 順義縣 以東·以南?; 그림7 참조}>를 열었다. 이해에 <예{禮}>후가 <광명{光明}>을 낳았다.

壬午, 春, 與<樂浪>·<卒本>定界. 秋, 納<召西奴>爲妃.

임오{단기2295년/BC39}, 봄엔 <락랑{樂浪}>[국] 및 <졸본{卒本}>[국]과 경계를 정하고, 가을엔 <소서노{召西奴}>를 거두어서 비로 삼았다.

☯ <東明>元年甲申(二二九七), 二月, <卒本>王<延陀勃>薨. <召西奴>以國獻<順奴>. <卒本>之民推上爲皇帝, 卽位於<沸流谷><西城山>. 國號<高句麗>, 建元曰<東明>. 命<漢素>造船, <鄭共>製兵, <馬黎>畜馬(皆漢人也). <末曷>大擧入寇, 上親征斬首千級. 五月, 訪<松讓>于<沸流>以德義曉之, 妄稱仙族而不屈, 遂奪其珍宝妻子而來. 七月, <松讓>入寇, 破之, 虜獲二千口, 約貢而示縱. 八月, 錬于<汗>濱, 歸者二千余人. 十月, 祀隧祭豊, <扶餘>鳩含麥而來. 十一月, 與<黃龍>定界, 割

<箕丘>以東. <羊吉>以女妻<烏伊>, 徵其民以築<眞珠城>.

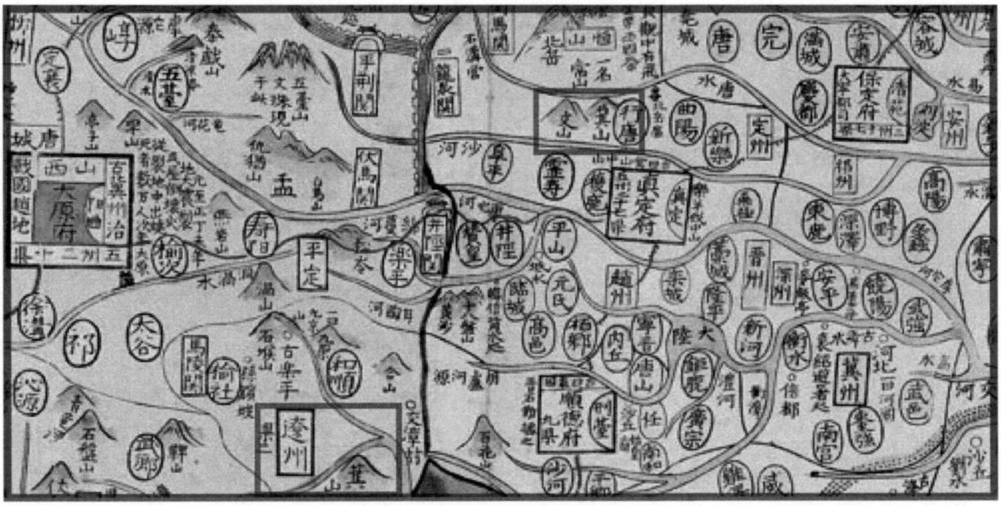

그림4. <箕丘>=<箕山>일 것임. 조상국 <신라>역사를 위한 지명비정에 힘썼던 대청광여도{1785년간}에 두 개의 <기산{箕山}>이 나옴. <箕丘>=北<箕山>!

○ <동명>원년{단기2297년/BC37}갑신, 2월, <졸본>왕 <연타발{延陀勃}>이 죽자, <소서노>가 나라를 <순노>에 바쳤고, <졸본>사람들이 상을 황제로 받들어 모시니, <비류곡{沸流谷}><서성산{西城山}>에서 즉위하였다. 나라이름은 <고구리{高句麗}>, 년호는 <동명{東明}>이라 하였다. <한소{漢素}>는 배{戰船}를 만들고{☞가까이에 澤池·湖 등의 貯水場所가 있었음!}, <정공{鄭共}>은 병장기를 만들고, <마려{馬黎}>는 말을 모아서 기르게 하였다(개한인야){☞西漢과 근접하여 있었다?}. <말갈{末曷}>이 대거 들어와서 노략질하기에, 상이 친히 정벌하여 1천 급의 목을 베었다. 5월, <비류>로 <송양{松讓}>을 찾아서가 덕{德}과 의{義}로써 타일러도, 망령되게 선족{仙族}을 칭하며 굽히지 않기에, 처자와 진보{珍宝}를 빼앗아 돌아왔다. 7월, <송양>이 쳐들어와 노략질하기에, 이를 격파하고 2천구를 사로잡았다. 조공을 약속하기에, 훈시하여서 놓아주었다. 8월, <한{汗; 桑干河=桑乾河=永定河?}>수변에서 군사를 훈련하였다. 훈련에 참여한 이가 2천여 사람이었다. 10월, 수제{隧祭; 天祭? 地祭?}를 지내서 풍년을 빌었다. <부여{扶餘}>비둘기가 보리를 물어왔다.

11월, <황룡{黃龍}>국과 경계를 정하고 <기구{箕丘; 산서성 태원 동동북 箕山? 태원 동남 箕山?}>이동의 땅을 차지하였다{그림4}. <양길{羊吉}>이 딸을 <오이{烏伊}>에게 처로 주고, 자신의 백성을 징발하여서 <진주성{眞珠城}>을 쌓았다.

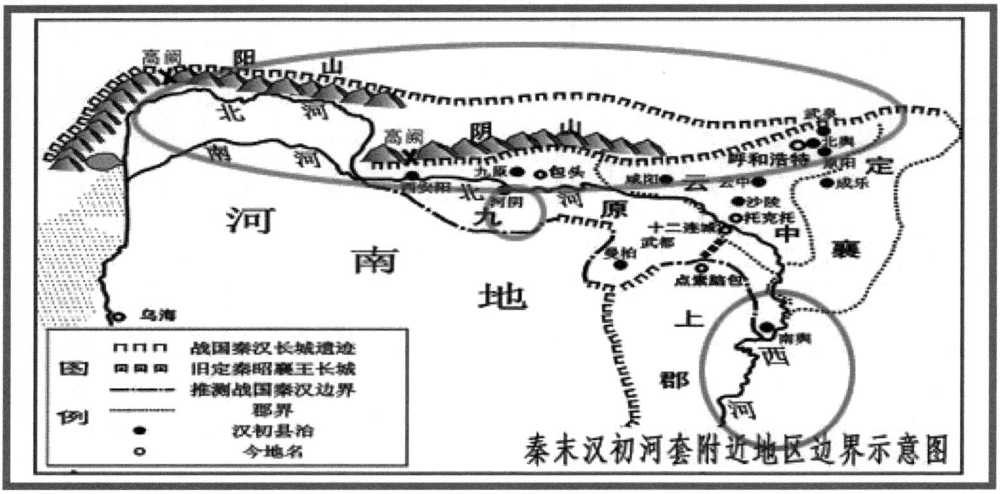

그림5. BC 1세기경의 <河北>은 <河套> 북쪽 <陰山山脈>과 <黃河> 사이임.
-- 직전세기말 <북경대학>교재 중 --

☯ 二年乙酉, 正月, 徵<黃龍>馬三千匹, 錬于<中川>, <羊吉>憂惧死. 二月, <桓那國>女主<桂婁>來降, 納爲夫人. 四月, <召>后生子<沸流>, 爲人多情而懦弱. 六月, <松讓>,「懸鹿漂都」, 以國來獻, 封爲<多勿候(多勿故鄕之意解慕漱之地也)>. 七月, <黃龍>男三千爲軍, 女五千爲婢. 治工三十所兵船二百成. 八月, <烏伊>等伐<河北><鞨>平之, 以其地爲<湯西>·<質山>二郡. 樹木塹天, 獐鹿無盡, 乃錬兵而畋之. 畜神馬五十匹於<石河>. <漢><京房>以易進, <石顯>殺之.

○ 2년{단기2298년/BC36}을유, 정월, <황룡{黃龍; ☞箕丘卽北箕山以西!}>의 말 3천 필을 징발해서 <중천{中川; ☞箕丘以東·黃龍國近地!}>에서 훈련하였더니, <양길{羊吉}>이 근심하고 두려워하다 죽었다. 2월, <환나국{桓那國}> 여왕 <계루{桂婁}>가 찾아와 항복하여, 부인으로 거두었다. 4월, <소

{召}>후가 아들 <비류{沸流}>를 낳았다. 사람됨은 다정하나 나약하였다. 6월, <송양{松讓}>이 현록표도{懸鹿漂都; 사슴들{비·빈}을 줄줄이 이끌고 도읍을 이리저리 옮김?}하다가 나라를 바치기에, <다물후{多勿侯}>로 삼았다(다물, 고향지의,해모수지지야). 7월, <황룡{黃龍}>[국] 사내 3천을 군사로 만들고, 계집 5천을 녀종으로 삼았다. 야공{冶工;≒대장간} 30곳에서 병선 200척을 만들었다. 8월, <오이{烏伊}> 등을 시켜 <하북{河北; 河套지역古河北?{그림5, 그림8}; 永定河北部? 錫喇木倫河北部?}>의 <갈{鞨}>을 평정하고, 그 땅을 <탕서{湯西; 湯河서쪽?; 湯山서쪽? {그림6}, 北京西北 小湯山?}>와 <질산{質山; 그림31의 吉山?}> 두 개의 군으로 삼았다. 수목이 하늘높이 울창하고 노루와 사슴이 무진하여 군병훈련을 겸하여 사냥하였다. <석하{石河; 그림7}>에서 신마 50필을 길렀다. <한{漢}>의 <경방{京房; 西漢末 사상가}>이 역전{京氏易傳}을 바쳐왔는데, <석현{石顯; 西漢의 간신}>이 그를 죽였다.

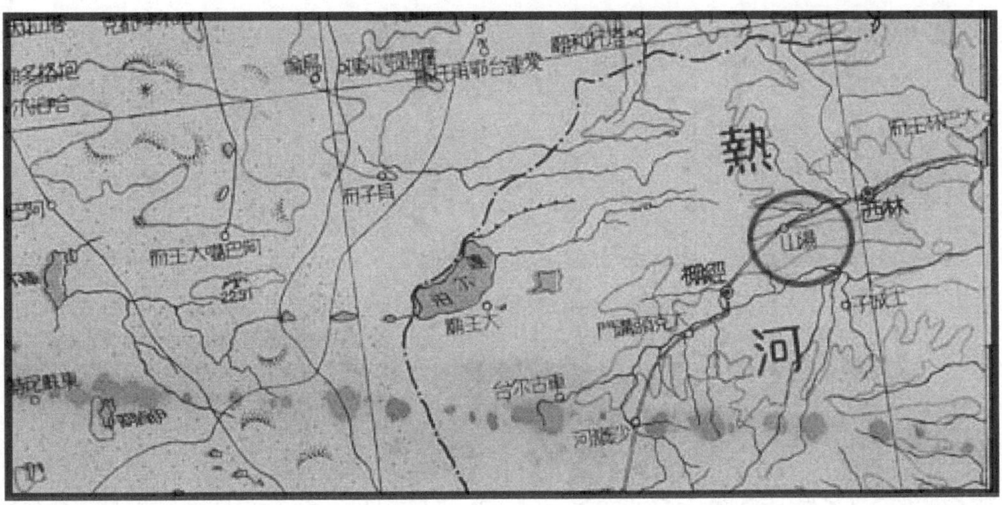

그림6. <하북>이 옛<하북>이라면{그림5} <탕산>은 현금 <북경>북방<석라목륜하=현금{서요하}> 서부의 <림서>와 <경붕> 중간지역 <탕산>이고, <하북>이 <영정하> 북쪽이면 <탕산>은 <북경>서북인근 <소탕산>일 것임{그림9}.

☯ 三年丙戌, 三月, 二龍見于<鶻嶺>, 相都, 未營. 十月, 祀隧, 群鳩播麥于神田. <桂婁>生子<高婁>, 爲人尙義忠孝. 陛爲小后. 十二月, <宝得(黃龍主)>女<禾>爲妃. 召<祖天>于<河>濱, 不來.

○ 3년{단기2299년/BC35}병술, 3월, 룡 두 마리{누구?}가 <골령{鶻嶺}>에 나타나 도읍할 자리를 살폈으나 자리를 잡지는 않았다. 10월, 수제{隧祭}를 지냈더니, 비둘기 떼가 신전{神田; 제물로 바칠 곡식을 가꾸는 들판}에 보리를 파종하였다. <계루{桂婁}>부인이 아들 <고루{高婁}>를 낳았는데, 사람됨이 의{義}·충{忠}·효{孝}를 귀하게 여겼다. 소후로 올려 주었다. 12월, <보득{宝得}(황룡주)>의 딸 <화{禾}>를 비로 삼았다. <조천{祖天}>을 <하{河}>수변{또는, 河·濱땅?}으로 불렀더니, 오지 않았다.

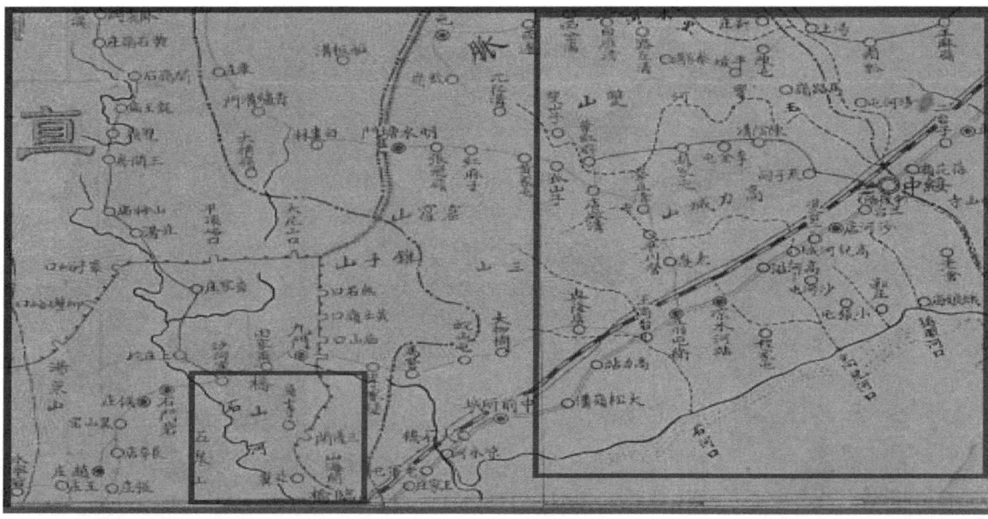

그림7. <石河>가 현금 <河北省><山海關> 동·서로 두 개...., <高麗河>로 보이는 <高兒河>가 <高力城山> 남쪽에 있다. 이 주변이 <高句麗> 시국처{東都}? 다른 <石河>로는 북경 서남방 <琉璃河>가 흘러드는 <大石河> 등이 있음

☯ 四年丁亥, 正月, 伐<湯東><鞨>十部落, 逐于水外. 與<樂浪>主<柴吉>獵于<河南>. 七月, 宮室成, 茅茨土階. 九月, <禾>妃生子<乙豆智>. 以<柴吉>女<柴花>妻<陜父>.

○ 4년{단기2300년/BC34}정해, 정월, <탕동{湯東; 湯山東? 湯河東?}>에 있는 <갈{鞨}>족 10부락을 정벌하여 물줄기 밖으로 몰아냈다. <락랑{樂浪; ☞소위 漢四郡 중의 樂浪郡이 아님}>[국]의 임금 <시길{柴吉}>과 함께 <하남{河南; 大凌河南?; 西喇木倫河南?}>에서 사냥하였다. 7월, 흙 계단 위에 띠 풀

로 지붕을 이어서 궁실을 지었다. 9월, <화{禾}>비가 아들 <을두지{乙豆智}>를 낳았다. <시길>의 딸 <시화{柴花}>를 <협보{陜父}>의 처로 삼았다.

● 五年戊子, 正月, **<召>**后生子**<溫祚>**, 爲人英偉有智. 上曰; **"**此眞吾子也. **<沸流>**猶汝而溫順, 此子猶我而豪爽.**"** 后笑曰; **"**皆, 汝出也, 何有眞乎.**"** 設「漢館」以敎民. 幸**<羅淵>**, 拿**<荇>**騎, 探其虛實.

○ 5년{단기2301년/BC33}무자, 정월, <소{召}>후가 아들 <온조{溫祚}>를 낳았다. 사람됨이 뛰어나게 듬직하고 지혜로웠다. 상이 "이 아이가 진정 내 아들이오. <비류{沸流}>는 당신을 닮아 온순하고, 이 아이는 나를 닮아 호탕하고 쾌활하여 보이오."라 하였더니, <소>후가 웃으며 "둘 다 당신 자식인데, 어찌 진짜와 가짜가 있습니까?"라 답하였다. 「한관{漢館=학당}」을 두어 백성을 가르쳤다. <라연{羅淵}>으로 행차하여 <행인{荇人}>[국]의 말 탄 이를 붙잡아 그 나라의 허와 실을 탐문하였다.

☯ 六年己丑, 正月, **<桂>**后生女**<曼>**. 五月, 幸**<質陽>**, 沿**<※滸>**作站而攻**<祖天>**, 遁于**<北棘>**. 七月, **<芬奴>**定**<荇南>**進駐**<滸原>**, **<天>**都也. **<黃龍>**修文而沱{沈}酒, **<荇人>**好仙而荒淫. 十月, 拔**<北棘>**, **<天>**走**<海山>**. 以**<荇人國>**爲**<荇東>**·**<荇西>**·**<荇南>**三郡.

○ 6년{단기2302년/BC32}기축, 정월, <계{桂}>후가 딸 <만{曼}>을 낳았다. 5월, <질{質}>산 남쪽{또는, <質>水 北쪽}으로 거둥하여서, <호{滸※; 淮水 支流, 또는 山西 繁峙縣 發源하여 白河로 드는 滹水=滹沱河}>수를 따라 참{站; 거점, 역}을 세우고 <조천{祖天}>을 쳤더니 <북극{北棘}>으로 달아났다.
7월, <분노{芬奴}>가 <행남{荇南}>을 평정하고 <호원{滸原}>으로 나아가 주둔하였다. <조천>의 도읍이었다. <황룡{黃龍}>국은 문{文}을 하면서 술에 빠져 살고{또는, 흐린 술을 마시고}, <행인{荇人}>국은 선{仙}을 즐기며 황음하였다. 10월, <북극{北棘}>을 빼앗았더니, <조천>은

<해산{海山}>으로 내뺐다. <행인국{荇人國; 三國史記曰在太白山東南}>을 <행동{荇東}>·<행서{荇西}>·<행남{荇南}> 세 개의 군으로 만들었다.

※<水經柱>卷三十<淮水>
《爾雅》曰：<淮>別爲<滸>. <游水>亦枝稱者也.
《爾雅》曰：<淮>爲<滸>, 然<淮水>與<醴水>同源倶導, 西流爲<醴>, 東流爲<淮>.
潛流地下三十許里, 東出<桐柏>之<大復山>南, 謂之<陽口>, 水南卽復<陽縣>也.

● 七年庚寅, 三月, 定官秩; 一品, 公(三輔), 紫袖·金花·銀魚; 二品, 大卿(主·兵·刑·民·宮·穀), 紫衫·金花·銀魚; 二品, 次卿(主神·賓·藥·農·畜), 紫衫·銀花·銀魚; 三品, 小卿(大注簿·大將軍·大使者·大對盧), 紫衫·銀花·銅魚; 四品, 上大夫(于台·沛者·將軍·大仙人·大評者), 緋衫·銀花·銅魚; 五品, 中大夫(都尉·仙人·使者·評者), 同而雉花等. 四月, 勸農. 八月, 虜<句茶(海龍王)>·<閃尼(女主)>. 十月, 親行隧祭(祭天). 置郊豕神鹿. 十{十一?}月, <桂>皇后, 以創毒崩, 上慟哀之, 作<吾妻曲>. 后能騎射, <荇人>·<句茶>之戰, 扈駕立功, 中流矢於<黃山>. 春秋三十二. 葬于<眞珠山>. 子<高婁>·<曼>公主, 皆賢. 是年, <召>后始養蠶, 得絹綴織之, 以爲帝依.

○ 7년{단기2303년/BC31}경인, 3월, 관등체계를 정했다; 1품인 공(3보)은 자주소매옷·금화머리장식·은어패식을 하고; 2품 대경(주·병·형·민·궁·곡)은 자주적삼·금화·은어패식; 2품 차경(주신·빈·약·농·축)은 자주적삼·은화·은어패식; 3품 소경(대주부·대장군·대사자·대대로) 자주적삼·은화·동어패식; 4품 상대부(우태·패자·장군·대선인·대평자)는 비색적삼·은화·동어패식; 5품 중대부(도위·선인·사자·평자)는 4품과 같으나 {은화 대신} 꿩깃 등을 머리에 꽂았다. 4월, 농사를 장려하였다. 8월, <구다{句茶}(해룡왕)>와 <섬니{閃尼}(여주)>를 사로잡았다. 10월, 친히 수제{隧祭}를 올렸다. 교시{郊豕; 제사 희생용 돼지}와 신록{神鹿; 제사 희생용 사슴}을 제물로 했다. 10월{11월?}, <계{桂}>황후가 상처가 썩어서 죽자, 상은 이를 애통히 여겨, <오처곡{吾妻曲}>을 지었다. 황후는 기사{騎射; 말 탄 채 활쏘기}를 잘하여, <행인{荇人}> 및 <구다{句茶}>와 전쟁할 때 어가를 뒤에서 호위하며 공을 세우다가, <황산{黃山}>땅에서 흐르는 화살에 맞았다. 춘추 서른둘이었고, <진주산{眞珠山}>에 장사하였다. 아들 <고

루{高婁}>와 <만{曼}>공주 둘 다 현명했다. 이해에 <소{召}>후가 누에치길 시작하여 명주실을 뽑고 천을 짜서 황제의 옷을 만들었다.

● 八年辛卯, 正月, 沿<黑水>立亭. <黃龍>主<宝得>殂, <于仁(從弟)>立. 八月, <卑離(西扶餘)>·<紫蒙>來貢. 十月, 不豫, 簡政.

○ 8년{단기2304년/BC30}신묘, 정월, <흑수{黑水; 白河東黑河?; 山西平陽黑水?; 山海關東北黑水?}>를 따라 역참을 세웠다. <황룡{黃龍}>주 <보득{宝得}>이 죽고, <우인{于仁}(종제)>이 섰다. 8월, <비리{卑離}(서부여)>와 <자몽{紫蒙}>이 조공하여 왔다. 10월, 제가 위독하여 정사를 간략히 하였다.

● 九年壬辰, 五月, <柵城>巫來. <類利>彈雀. 十月, <烏伊>等伐<北沃沮>, 破十二部落. <召>后, 生<馬>公主, 問<禮>后事.

○ 9년{단기2305년/BC29}임진, 5월, <책성{柵城; 동부여도읍?}> 무당이 왔다. <유리{類利}>가 참새를 쏘았다. 10월, <오이{烏伊}> 등이 <북옥저{北沃沮; 또는, 北方의 沃沮}>를 쳐서 12부락을 깼다. <소{召}>후가 <마{馬}>공주를 낳고서 <예{禮}>후의 일을 물었다.

☯ 十年癸巳, 二月, 營「西都」于<鴨水>, 以質朴爲主. 九月, 白鸞來集「西都」「王臺」, 故名之曰<鸞臺>. 上, 與<召>皇后, 居之. 十一月, <尉厭(芬奴弟)>·<馬黎>·<菸狗>等伐<北沃沮>, 拓地千餘里. 以其生口八萬, 置於<杜訥原>之西, 名曰<梁狛谷>.

○ 10년{단기2306년/BC28}계사, 2월, <압수{鴨水}>에 「서도{西都}」를 세웠으며, 질박하게{치장 없이 수수하게} 지었다. 9월, 흰 란새 들이 「서도」의 「왕대{王臺}」에 날아와 모여들기에, <란대{鸞臺}>라 이름 지었다. 상과 <소{召}>황후가 이곳에 기거하였다{☞<삼국사기>엔 <王臺>의 소재를 숨겼고? 현금 河北省의 옛 鴨水변에 西都를 건립하였음 등등도 숨겼음?}.
11월, <위염{尉厭}(부분노의 동생)>·<마려{馬黎}>·<어구{菸狗}> 등이 <북

옥저{北玉沮}>를 쳐서 천 여리 땅을 넓혔다. <북옥저{北玉沮; 大興安嶺東邊?}>의 생구 8만을 <두눌원{杜訥原; 大興安嶺西邊?; 중천대제 4년기 참조}> 서쪽 땅에 살게 하고, <양맥곡{梁貊谷}>이라 하였다.

● 十一年甲午, 五月, 幸<梁貊谷>, 遇<卑離>主<素奴>相見, 以其不敬, 拿來「東都」. <松讓>妄稱<北扶余>之仙宗, <素奴>妄稱嫡孫拒壑其谷, 故伐之. 八月, <烏伊>拔<不而城>, 徙其大姓於<湯東>. 以<烏伊>爲其假王. 十二月, <烏干(烏伊弟)>·<馬黎>等伐<長岺>·<高顯>. 以毒氣軍多傷.

○ 11년{단기2307년/BC27}갑오, 5월, <양맥곡{梁貊谷}>으로 거둥하다 <비리{卑離}>임금 <소노{素奴}>와 마주쳤다. 그가 불경스러워 「동도{東都=初都, <삼국사기>엔 <비류곡>}」로 잡아왔다. <송양{松讓}>이 <북부여{北扶余}> 선종{仙宗}을 망령되이 칭하였고, <소노>가 <북부여> 적손{嫡孫}임을 망령되이 칭하며 우리를 적대하고 계곡{양맥곡} 안쪽 끝에 숨어 있기에, 이들을 정벌한 것이었다. 8월, <오이{烏伊}>가 <불이성{不而城}>을 빼앗고 그 곳의 큰 성씨들을 <탕동{湯山 또는 湯河 동쪽}>으로 옮겼다. <오이>를 <탕동{湯東}>의 가왕{假王=임시왕}으로 삼았다. 12월, <오간{烏干}(오이의 동생)>과 <마려{馬黎}> 등이 <장령{長岺}>과 <고현{高顯; ☞소위 玄菟郡屬縣?}>을 쳤다. 독 기운{=硫黃煙氣等?} 때문에 군사 중에 상한 이가 많았다.

● 十二年乙未, 正月, 親至<長岺>, 觸氣而還. 七月, 親征<西河>拔之. 本<黃龍>地, 與<長岺>共反者也, 使<尉厭>守之, 并伐<長岺>. 九月, <禾>妃, 生<羊>太子, 爲小后. 十月, <摩離>, 拔<海山>虜<祖天>. 上, 謂<天>, 曰; "<黃龍>文而淫, 汝國仙而淫. 文·仙, 皆好道, 過卽敗食色. 皆好道過卽傷. 汝知之乎." <天>, 叩頭請命. 命居<湖>上養氣.

○ 12년{단기2308년/BC26}을미, 정월, 친히 <장령{長岺}>에 거둥하였다가 아직 독 기운이 있어 돌아왔다. 7월, <서하{西河; ☞黃河의 본디 河南인 河套 동부 黃河의 별칭}>를 친정하여 빼앗았다{그림5·그림8}. 본디 <황룡{黃龍}>의

땅으로, <장령>과 함께 반란하였었다. <위염{尉厭}>에게 <서하>를 지키게 하고, <장령{長岺}>땅도 함께 쳤다. 9월, <화{禾}>비가 <양{羊}>태자를 낳고, 소후가 되었다. 10월, <마리{摩離}>가 <해산{海山}>을 쳐서 <조천{祖天}>을 사로잡았다. 상이 <조천>에게 이르길; “<황룡{黃龍}>은 글{文}을 하나 음란하고, 그대의 나라{荇人}는 선{仙}을 하나 음란하오. 문{文}과 선{仙}은 모두 좋은 도리{道}이지만, 지나치면 먹거나 색을 탐할 수도 없게 되는 것이오. 왜 좋은 도리{道}라도 지나치면 상하게 되는 지를 그대는 알기나 하시오?”라 하였더니, <조천>은 머리를 조아리고 처분만을 바랐다. 상은 <조천>에게 “<호{滸}> 위쪽에 살면서 기운을 북돋우라.”고 하였다.

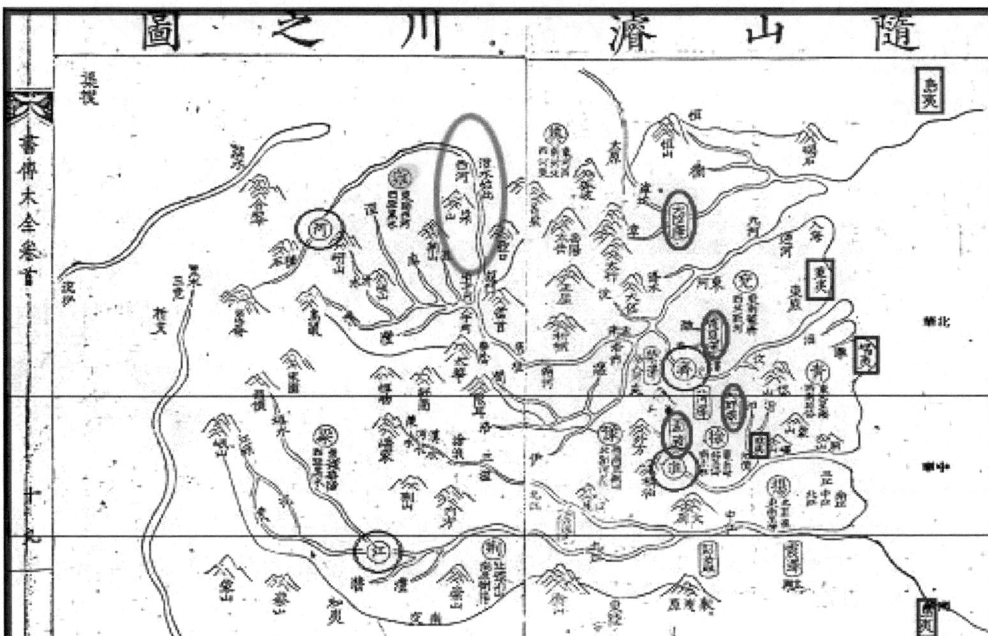

그림8. 古代의 <西河>는 <黃河>의 옛 <河南> 즉 <河套>지역 東部의 이름

● 十三年丙申, 二月, <烏伊>拔<高顯>. 五月, <尉厭>拔<南口>. 以<乙音>爲<玄菟>太守, 以營<南口>. <音>, <召>皇后外兄也. 納造船大加<漢素>女<平>氏, 爲夫人. 九月, 播麥于<西河>, 與<平>氏, 如溫湯.

十月，畋于<杜訥原>，置鯉宅十所(養鯉之沼,兼造陶器,故以窯爲鯉宅). <召>后，賓諸妃公主，習羹.

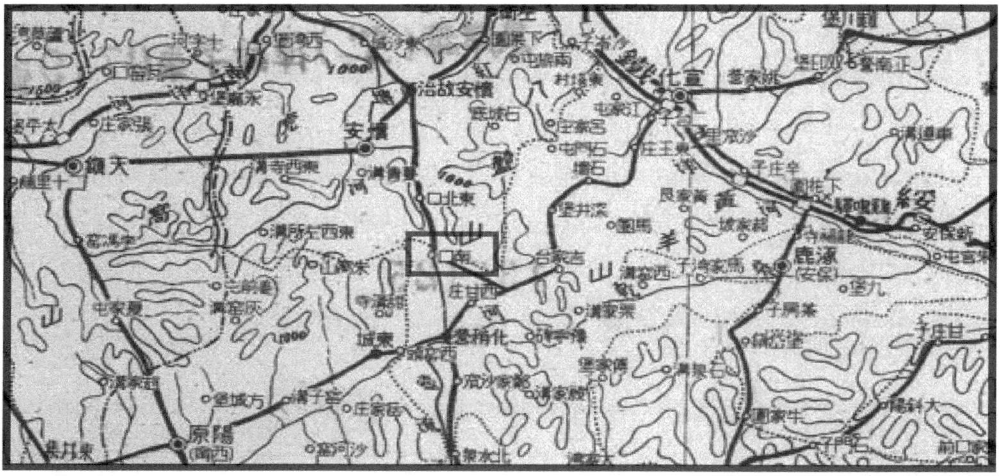

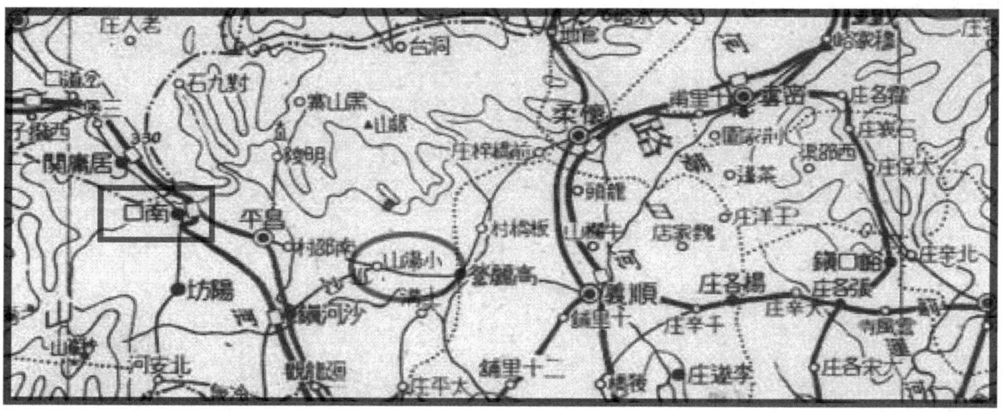

그림9. <탁록{涿鹿}>서방으로 <상건하{桑乾河}>변 <동성{東城}>과 회안{懷安}> 간의 <남구{南口};上>와 <탁록{涿鹿}>동방 <창평{昌平}>과 <거용관{居庸關}> 간의 또 다른 <남구{南口};下>.

○ 13년{단기2309년/BC25}병신, 2월, <오이{烏伊}>가 <고현{高顯}>을 빼앗았다. 5월, <위염{尉厭}>이 <남구{南口; 涿鹿 西方 東城과 懷安 남방 東北口의 중간?, 昌平과 居庸關 사이의 南口鎭?; 그림9}>를 빼앗았다. <을음{乙音}>을 <현도{玄菟}>태수로 삼아 <남구>에 머물게 하였다. <을음>은 <소{召}>황후의 외가 오빠이다. 조선대가{병선 만들기 총책임자} <한소{漢素}>의 딸

<평{平}>씨를 거두어서 부인을 삼았다. 9월, <서하{西河}>에 보리를 파종하고, <평>씨와 함께 온탕엘 갔다. 10월, <두눌원{杜訥原; 達里湖주변 평원?}>에서 사냥하고, 「리택{鯉宅}(잉어를 기르는 늪에서 질그릇과 기와 만들기 등을 겸하였었기에, 도요{가마}를 리택이라 하였다)」 열 곳을 두었다. <소{召}>후가 모든 비와 공주를 거느리고 국{갱=탕} 끓이기를 익혔다.

☯ 十四年丁酉, 二月, <祖天>, <荇南>沛者. 八月, <柳花>太后崩于<柵城>, 擧哀于「東都」. 遣<仇都>·<松義>, 吊賻. 作像立聖母神廟于<南岺>.

○ 14년{단기2310년/BC24}정유, 2월, <조천{祖天}>을 <행남{荇南}>패자로 삼았다. 8월, <유화{柳花}>태후가 <책성{柵城=동부여도성}>에서 죽어, 「동도{東都=初都}」에서 애도하고, <구도{仇都}>와 <송의{松義; 松讓의 아들}>를 보내서 조문하고 재물을 내었다. 상을 만들고 성모{☞柳花}의 신묘{☞사당}를 <남령{南岺; ☞赤峰市 東北 近地?, 朝陽市 東東北 方向 30Km境?}>에 세웠다.{☞「東都」는 이 <남령{南岺}>의 서쪽에 있을 것임}.

● 十五年戊戌, 五月, 東巡至<樂浪>, 浮海. <柴吉>納女<鵲>. 八月, 閱神馬二千匹于<汗>濱. 以<馬黎>教<溫祚>. 上, 與<召>后, 時往聽之.

○ 15년{단기2311년/BC23}무술, 5월, 동쪽으로 순행하여 <락랑{樂浪; ☞최리의 락랑국; 하북성 동북부와 요녕성 서부지역; 이 시절 동북평원 일부는 바다?}>에 다다랐다. 배를 탔다. <시길{柴吉}>이 딸 <작{鵲}>을 바쳤다. 8월, <한수{汗水; 둑으로 치수한 물줄기?, 永定河中下流? 濟水?}>변에서 신마 2천 필을 둘러보았다. <마려{馬黎}>가 <온조{溫祚}>를 교육하고 있어서, 이때 상이 <소{召}>후와 함께 찾아가서 {교육상황이 어떠한 지를} 들었다.

● 十六年己亥, 正月, <多勿候><松讓>薨. <平>氏生女<漢>.

○ 16년{단기2312년/BC22}기해, 정월, <다물후{多勿候}><송양{松讓}>이 죽

었다. <평{平}>씨가 딸 <한{漢}>을 낳았다.

● 十七年庚子, 八月, 行聖母祭. <解素(柳花所生金蛙子)>送<禮>后及<類利>.

○ 17년{단기2313년/BC21}경자, 8월, 성모제를 지냈다. <해소{解素}(유화소생금와자)>가 <예{禮}>후와 <유리{類利}>를 보내 주었다.

● 十八年辛丑, 五月, 御馬<巨婁>死. 六月, <禾>后崩, 春秋三十三. 葬于<桂>后塚西. 十月, 上, 與<禮>后·<類利>, 謁「神隧」. <召>皇后退居<牛壤>.

○ 18년{단기2314년/BC20}신축, 5월, 어마{임금의 말} <거루{巨婁}>가 죽었다. 6월, <화{禾}>후가 춘추 서른셋에 죽어, <계{桂}>후 무덤 서쪽에 장사했다. 10월, 상은 <예{禮}>후와 <유리{類利}>를 데리고 「신수{神隧; ☞隧祭를 올리는 수혈}」를 찾아뵈었다. <소{召}>황후가 물러 나와 <우양{牛壤; ☞牛山주변 평지? 옥토!}>에서 거처하였다.

☯ 十九年壬寅, 正月, 以<類利>爲東宮. 二月, <鵲>氏生<鵲>太子. 四月, 上, 崩於「西都」, 東宮卽位. 「仙記」曰; "上, 不樂居位, 傳釼璽于東宮. 九月, 乘龍上天, 遺棄玉鞭処爲<龍山陵>." <禮>后生女<再思>.

○ 19년{단기2315년/BC19}임인, 정월, <유리{類利}>를 동궁으로 삼았다. 2월, <작{鵲}>씨가 <작{鵲}>태자를 낳았다. 4월, 상이 「서도{☞현금 북경주변!}」에서 죽고, 동궁이 즉위하였다. 「선기{仙記}」엔 "상은 보위에 있는 것이 즐겁지 않아서 동궁에게 보검과 옥새를 넘겨주었고, 9월에 룡을 타고 상천하였으며, 옥 채찍을 버려 둔 곳이 <룡산릉{龍山陵; 그림10}>이 되었다."라고 쓰여 있다. <예{禮}>후가 딸 <재사{再思}>를 낳았다.

※ 論曰; **<**東明**>**以不世出之英主, 年未四十, 席卷東土, 開七百年之基, 可謂聖矣. 後之**<**阿骨打**>**·**<**忽必烈**>**亦有所不及処矣. 但其尙屬未開之. 初, 后妃之制未爽, 胎弊於後. 急於創業, 未克其壽, 惜矣.

※ 찬자는 "<동명{東明}>은 세상에 다시없을 뛰어난 군주였다. 나이 사십 이전에 동쪽 땅을 석권하여 700년이나 이어가는 나라의 기초를 만들었다. 성인{聖人}이라 할 만하다. 후세에 나타난 <아골타{阿骨打=金시조}>나 <홀필렬{忽必烈=元쿠빌라이}>도 역시 부끄럽게도 미치지 못할 곳에 있었다. 다만, 미처 이루지 못한 일이 남아 있었다. 초기에 후·비{后·妃} 관련한 제도를 완비하지 못하여, 이것이 후에 폐단{흠}이 되었고, 나라를 창업하는 것이 급하였기에 자신의 수명을 다하지 못한 것{폐단}이 애석하였다."고 하였다.

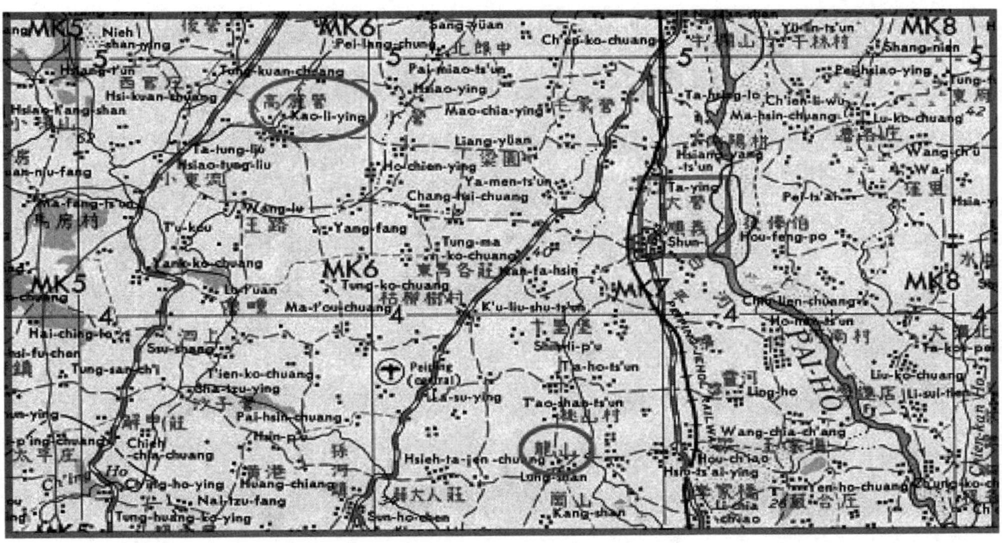

그림10. 자금성 북변 <고려영>동남방·<순의현>서남방에 <룡천{龍泉}>과 룡산장{龍山庄}>이 있는 <룡산{龍山}>이 <룡산릉{龍山陵}>자리로 유력한 곳!

역자의 변 : <고구리>대제국은 시조<추모대제=동명성왕>시절에 이미 서진하여서 <전한>의 도성이라는 <서안> 즉 <장안>에서 멀지 않은 「하북성」지경에 「서도」를 세워{BC28년} 중원 등 서쪽으로 뻗어나갈 토대를 세웠음. 아울러, 이 「서도」에서 제2세<광명대제=유리명왕>이 등극하였음. ☞그림14. **<仙記>는 무엇? 역사서?**

02. 第二世<光明大帝>紀 제2세<광명대제>기

원문출처 ; http://mf.history.go.kr/Pdf/MF0020000/00322307.pdf

☯ 元年壬寅, 九月, 葬先帝于<龍山>, 以遺命禁殉. <阿爾>妃生子<都[切]>. 以<禮>后爲太后. 十二月, <烏伊><黃龍王>, <摩離><卑離王>.

○ 원년{단기2315년/BC19}임인, 9월, 선제를 <룡산{龍山}>에 장사하고, 선제의 유명으로 순사{殉死}를 금했다. <아이{阿爾}>비가 아들 <도절{都切}>을 낳았다. <예{禮}>후를 태후로 올렸다. 12월, <오이{烏伊}>를 <황룡왕{黃龍王}>, <마리{摩離}>를 <비리왕{卑離王}>으로 삼았다.

☯ 二年癸卯, 正月, 改元<琉璃光明>. <再思>太輔, <陜父>左輔·主民大加, <芬奴>右輔·主兵大加, <高婁>主宮大加. <屋智>主穀, <勾鄒>主刑, <都祖>主藥, <松義>主賓, <仇都>主神. 三月, 閱水陸軍於<河>濱. 九月, 與<召>后, 觀稼<西河>, 而如溫湯, 獲白獐. 十月, 鸞集新庭.

○ 2년{단기2316년/BC18}계묘, 정월, 년호를 <유리광명{琉璃光明}>으로 바꿨다. <재사{再思}>를 태보로, <협보{陜父}>를 좌보 겸 주민대가로, <분노{芬奴}>를 우보 겸 주군대가로, <고루{高婁}>를 주궁대가로 삼았다. <옥지{屋智}>는 곡물담당, <구추{勾鄒}>는 형벌담당, <도조{都祖}>는 의약담당, <송의{松義}>는 보빙담당, <구도{仇都}>는 제신담당 대가의 일을 맡았다. 3월, <하{河}>변에서 수군과 육군을 사열하였다. 9월, <소{召}>후와 함께 <서하{西河; 그림5, 그림8}>땅의 농사를 살피고, 온탕엘 가서 흰 노루{=<召>后?}를 손에 넣었다{그림9, 小湯山 溫湯?}. 10월, 란새가 궁궐의 새 뜰에 모였다{☞<유리>가 의모 <소>황후와 혼인의례?}.

☯ 三年甲辰, 正月, 以<順奴>·<絶奴>爲<沸流>治, 都<彌鄒忽>. 以<灌奴>·<桂婁>爲<溫祚>治, 都<牛壤>. <涓奴>·<黃龍>·<荇>·<荼>·<卑離>, 上與<召>皇后治之, 以慰<召>后之心. 三月, 納<禾姬>. 五月, 與太后·皇后, 如<海山>, 鹽礫而還. <東明神宮>成. 七月, 以<松>氏爲妃.

作<鶻川>離宮, 上與<召>皇后·<溫>公主居之. <汗南王><溫祚>, 入朝, 請移都于<尉那城>, 許之. 十月, <溫>公主崩, 春秋二十. 上減食二日, <召>皇后慰止之.

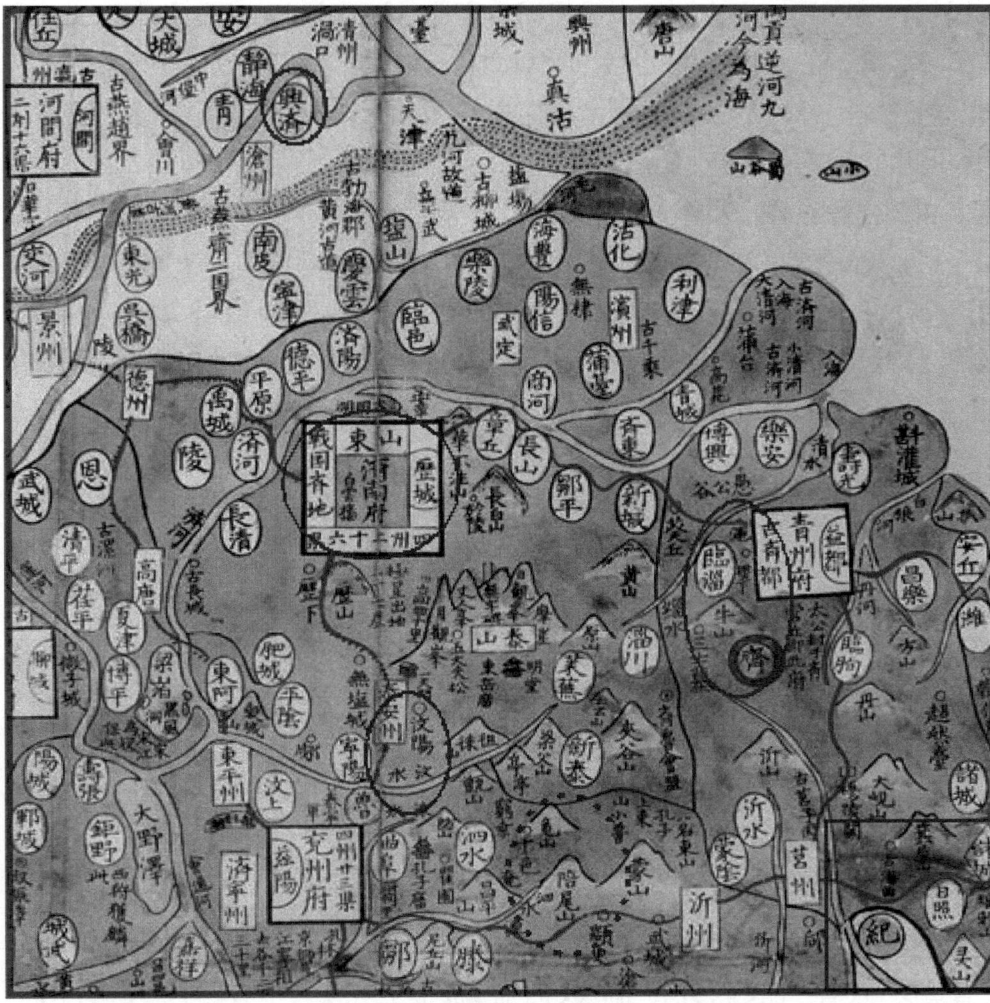

그림11. "<비류> 초기치도 <미추홀{彌鄒忽}>은 <흥제{興濟}>?, <온조> 초기치도 <우양{牛壤}>은 <우산{牛山}>주변 평지인 <임치{臨淄}>? 또는 <제{齊}>?; <온조>의 <위나성{尉那城}>은 <제하{濟河}>남변 <제남{濟南}>지역?, <해산{海山}>은 <낭야산{琅邪山}>?정도, <한수{汗水}>는 <상간하{桑干河}>?; <온조>가 <한남{汗南}>땅을 헌납하고 남하하여, <신라>무리는 <배미산{陪尾山=舟尾山}> 주변에서 다시 남하하였다."고 추정해 볼 수 있음.☞<동국여지승람><공주/웅주>부분 대조해보시길 권합니다.{지리명이 유사한 음가나 뜻의 글자로 바뀌었다고 추정할 수도 있음!}.

○ 3년{단기2317년/BC17}갑진, 정월, <순노{順奴}>·<절노{絶奴}>는 <비류>가 <미추홀{彌鄒忽;☞興濟?}>에서 다스리게 하고, <관노{灌奴}>·<계루{桂婁}>는 <온조{溫祖}>가 <우양{牛壤; ☞牛山주변평원}>에서 다스리게 하였으며{그림11}, <연노{涓奴}>·<황룡{黃龍}>·<행인{荇人}>·<구다{句茶}>·<비리{卑離}>는 상이 <소>황후와 함께 다스리기로 하여서 <소>후의 마음을 위안하였다. 3월, <화희{禾姬}>를 거둬들였다. 5월, 태후 및 황후와 함께 <해산{海山}>엘 갔다가 소금과 돌화살촉을 가지고 돌아왔다. <동명신궁{東明神宮=東明陵}>이 완성되었다. 7월, <송{松}>씨를 비로 올렸다. <골천{鶻川}>에 이궁을 짓고, 상이 <소>황후 및 <온{溫}>공주와 함께 기거하였다. <한남왕{汗南王}><온조>가 입조하여 <위나성{尉那城; ☞尉禮城≒圍籬城?}>으로 도읍을 옮기겠다고 청하여서, 허락하였다. 10월, <온{溫}>공주가 나이 스물에 죽어, 상이 이틀을 감식했더니, <소>황후가 위로하며 그만하시라 하였다.

● 四年乙巳, 二月, 勸耕巡戍. 八月, <劉河>蚕師. 九月, <馬>公主及<雉姬>入宮. <平>氏生女. 十二月, <芬奴>伐<北沃沮>·<敦河>平之.

○ 4년{단기2318년/BC16}을사, 2월, 농경을 권장하며 수자리를 순시했다. 8월, <유하{劉河}>를 누에치기 스승으로 삼았다. 9월, <마{馬}>공주와 <치희{雉姬}>가 입궁했다. <평{平}>씨가 딸을 낳았다. 12월, <분노{芬奴}>가 <북옥저{北沃沮}>와 <돈하{敦河}>를 쳐서 평정하였다.

● 五年丙午, 正月, 以<香>公主妻<高婁>. 三月, <紫蒙>王<涉臣>女<皐豆{=皐頭}>妻<乙豆智>, <曼>公主妻<沸流>. 置車騎府. 五月, 互市<溝婁>. 八月, 與<召>后, 勸稼<西河>獎十羊五家. 十月, 大閱<滸口>.

○ 5년{단기2319년/BC15}병오, 정월, <향{香}>공주를 <고루{高婁}>의 처로 삼았다. 3월, <자몽{紫蒙}>왕 <섭신{涉臣}>의 딸 <고두{皐豆}>를 <을두지{乙豆智}>의 처로 삼고, <만{曼}>공주를 <비류{沸流}>의 처로 삼았다. 거기부{☞車騎軍隊, 또는 수레·말 관리부서}를 두었다. 5월, <구루{溝

婁}>에 호시{互市; 市場}를 열었다. 8월, <소{召}>후와 함께 <서하{西河}>에서 농사를 권장하고, 양 열 마리와 돼지 다섯 마리씩 키우기를 장려하였다. 10월, <호{滸; ☞淮水 지류, 혹은 滹水=滹沲河}>수의 하구에서 크게 군사를 사열하였다.

● 六年丁未, 四月, 增「漢館」, 而招一技者, 厚祿給妻. 爲<松>妃築<豆谷>行宮. 七月, 拔<蓋馬城>, 虜其王<小噲>, 約貢牛馬.

○ 6년{단기2320년/BC14}정미, 4월, 「한관{漢館}」의 수를 늘리고, 한 가지 기술에라도 능통한 자는 불러들여서 후하게 녹봉을 주고 짝도 지어주었다. <송{松}>비를 위해서 <두곡{豆谷}>에 행궁{行宮}을 지었다.
7월, <개마성{蓋馬城; ☞蓋馬國 在 最彘 인근!}>을 빼앗고, 그 곳의 왕 <소쾌{小噲}>를 붙잡았더니, 소와 말을 바치겠다고 약속했다.

● 七年戊申, 正月, <艴>太子薨, 四歲. 皇后如<汗南>. 五月, <解明>生. 上, 如<汗南>, 迎后而歸. 有<魚遊詞>.

○ 7년{단기2321년/BC13}무신, 정월, <불{艴}>태자가 네 살에 죽었다.
<송>황후가 <한남{汗南; ☞汗水=永定河下流? 濟水下流?}>으로 갔다. 5월, <해명{解明}>이 태어났다. 상이 <한남>으로 가서 황후를 맞이하여 돌아왔다. <어유사{魚遊詞}>라는 노래가 생겼다.

● 八年己酉, 五月, <柴吉>子<昌特>立. <翊>公主入宮.

○ 8년{단기2322년/BC12}기유, 5월, <시길{柴吉}>의 아들 <창특{昌特}>이 섰다. <익{翊}>공주가 입궁하였다.

● 九年庚戌, 四月, 田于<箕山>七日, 得眞珠於<桂>后陵, 返于<凉谷(鶻川行宮)>. <雉姬>, 與<禾姬>相罵, 而去. <雉>, <鄭共>女也. 家在<汗>濱上, 追之樹下, 有<黃鳥詞>. 八月, <素奴>女<可治>妻<羊>太子. 太輔

<房良>請退，不許.

○ 9년{단기2323년/BC11}경술, 4월, <기산{箕山; ☞南箕山?; 그림4}>에서 7일간 사냥을 하다가, <계{桂}>후의 무덤가에서 진주를 주워서 <량곡{凉谷}(골천행궁)>으로 돌아왔다{그림4}. <치희{雉姬}>가 <화희{禾姬}>와 서로를 욕하다가 친정으로 돌아갔다. <치희>는 <정공{鄭共}>의 딸이었고, 친정집은 <한{汗}>수변 위쪽에 있었다. 그녀를 뒤쫓아 가다가 나무 밑에 이르러서 <황조사{黃鳥詞}>를 지었다. 8월, <소노{素奴=비리왕}>가 딸 <가치{可治}>를 <양{羊}>태자에게 처로 주었다. 태보 <대방량{房良}>이 물러나겠다고 청하였으나, 허락하지 않았다.

● 十年辛亥，正月，<沸流>太輔. 四月，錬于<南口>. <解術>生.

○ 10년{단기2324년/BC10}신해, 정월, <비류{沸流}>를 태보로 삼았다. 4월, <남구{南口}>에서 군사를 훈련하였다. <해술{解術}>이 태어났다.

☯ 十一年壬子，四月，<涉臣>反，<芬奴>拔其都城(昆都)，<臣>南葬. <雉姬>·<鵲姬>皆生女.

○ 11년{단기2325년/BC9}임자, 4월, <섭신{涉臣=자몽왕}>이 반란하여, <분노{芬奴}>가 그의 도성(昆都){☞河套 包頭 근처?}을 쳤더니, <섭신>은 남쪽으로 도망하였다. <치희{雉姬}>와 <작희{鵲姬}>가 모두 딸을 낳았다.

● 十二年癸丑，<漢>，<鰲>，無子，以其侄<欣>爲太子.

○ 12년{단기2326년/BC8}계축, <한{漢=西漢}>의 <유오{鰲=成帝}>가, 아들이 없어, 조카 <유흔{欣=哀帝}>을 태자로 삼았다.

☯ 十三年甲寅，正月，<阿爾>后崩，春秋三十三. 后，皇后前夫<仇台>女也. 性溫慈貞敏，生<都切>太子及三公主. <金蛙>王殂，<帶素>立.

○ 13년{단기2327년/BC7}갑인, 정월, <아이{阿爾}>후가 춘추 서른에 죽었다. <아이>후는 소황후 전 남편 <구태{仇台}>의 딸이다. 성품은 따뜻하며 자애롭고 정숙하며 영리하였고, <도절{都切}>태자와 공주 셋을 낳았다. <금와{金蛙; =東扶餘}>왕이 죽어 <대소{帶素}>가 즉위하였다.

☯ 十四年乙卯, 正月, <都切>如<柵城>娶<帶素>女. 七月, <溫祚>立柵于<漢山>, 以<再思>公主妻之. 十月, <帶素>, 引五萬軍入寇<松江(通江){松花江?}>, 大雪七日, 凍死者十九, 悔不聽<解素>之諫.

○ 14년{단기2328년/BC6}을묘, 정월, <도절{都切}>이 <책성{柵城; ☞東扶餘 都城}>으로 가서 <대소{帶素}>의 딸과 혼인하였다. 7월, <온조{溫祚}>가 <한산{漢山}>땅에 목책을 세웠다. <재사{再思}>공주를 <온조>에게 처로 주었다. 10월, <대소>가 5만군을 끌고 들어와 <송강(통강){☞송화강?}>에서 노략하다가 큰 눈이 7일간을 내려서 얼어 죽은 이가 열에 아홉이 되자, <해소{解素}>의 간언을 뿌리친 것을 후회하였다.

☯ 十九年庚申, 八月, <託利>·<斯卑>傷逸豕于<長屋澤>, 命坑之. 而不豫, 皇后與巫跌禱謝之. <武骨>左輔, <高婁>右輔.
<漢>, <欣>死. 從弟<衎>立, <董賢>夫妻自殺, <王莽>女專政.

○ 19년{단기2333년/BC1}경신, 8월, <탁리{託利}>와 <사비{斯卑}>가 달아난 제사희생용 돼지를 <장옥택{長屋澤}>에서 상하게 하였기에, 그들을 땅에 묻으라고 명하였다. 이후 상의 목숨이 위중하여 졌더니, 황후와 무당이 <탁리>와 <사비>를 땅에 묻어 죽인 제{=유리}의 잘못을 빌고 사죄하였다. <무골{武骨}>을 좌보로, <고루{高婁}>를 우보로 삼았다. <한{漢}>에서는 <애제><흔>이 죽고, 종제{4촌동생}인 <평제><연>이 섰다. <동현>부처가 자살하고, <왕망>의 딸이 정사를 도맡았다.

☯ 二十年辛酉, 正月, <都切>太子, 自<柵城>歸未幾, 薨. <帶素>, 自愧其失, 而還<都切>而留其女, 故<都切>悲傷不起. 五月, <沸流>薨, 年三十七. 上, 減食以慰皇后, 以<阿爾>女<眞>公主妻<沸流>子<昜人>. <曼>公主改嫁于<都助>. <陜父>太輔. 太輔<大房良>薨, 年八十二. 賜其妻<掩>公主年穀.

○ 20년{단기2334년/AD1}신유, 정월, <도절{都切}>태자가 <책성{柵城}>에서 돌아오지 못하고 죽으니, <대소{帶素}>는 이 일을 자괴하여, <도절>의 시신은 돌려보내고, 자신의 딸은 데리고 있으려 하였더니, 죽은 <도절>이 슬퍼하며 일어나지 않았다. 5월, <비류{沸流}>가 37살에 죽었다. 상은 감식하며 <소>황후를 위로하였고, <아이{阿爾}>의 딸 <진{眞}>공주를 <비류>의 아들 <양인{昜人}>에게 처로 삼아 주었다. <만{曼}>공주가 <도조{都助}>에게 개가하였다. <협보{陜父}>를 태보로 삼았다. 태보 <대방량{大房良}>이 82살에 죽었다. 그의 처 <엄{掩}>공주에겐 매년 양식을 주도록 하였다.

☯ 二十一年壬戌, <絶奴>掌牲<薛支>逐逸豕, 至<國內><尉那岩>, 見麋鹿魚富裕, 宜五穀, 多茂林大樹, 藥泉, 神山, 以爲可都地. 三月, 謁上, 請建都. 四月, 畋于<尉中林(在尉那岩近地)>, 與皇后, 相都于<國內(解慕漱與柳花相逢故曰國內)>. 九月, 與皇后, 又如<國內><熊心>·<合歡>·<尉那岩>等地, 而仍遊<沙勿澤>, 訪隱者<位沙勿>于澤畔石. 上載而歸, 皇后曰; "山間賤夫, 何用乎." 上曰; "不然, <伊尹>·<呂尙>, 皆此類也." 以<玄>公主爲<鵲>太子妃. <再思>公主生<溫祚>子<多婁>.

<漢>, <衎>以<王莽>女爲妻. <莽>召又■■女■, ■居次.

○ 21년{단기2335년/AD2}임술, 제사 희생물을 관장하는 <절노{絶奴}>부의 <설지{薛支}>가 도망간 돼지를 좇아 <국내{國內}>의 <위나암{尉那岩}>에 다다랐더니, 큰사슴 작은 사슴 물고기가 풍성하고 넉넉하며, 오곡을 가꾸기 적당하고, 무성한 숲과 큰 나무가 많고, 약수가 샘솟고, 신성한 산이 있어, 도읍으로 하기에 합당한 곳임을 발견하였다. 3월에 상께 도읍을 세우기를 주청하였다. 4월, <위중림{尉中林}(재위나암근지)>으로 사냥을 나가서, 황후와 함께 <국내(해모수여유화상봉,고왈국

내){☞北扶餘古都?}>가 도읍으로 삼기에 어떠한 지를 살폈다. 9월, 황후와 함께 <국내>의 <웅심{熊心}>·<합환{合歡}>·<위나암{尉那岩}> 등의 땅을 살피러 갔다가, <사물택{沙勿澤}>을 유람하고{그림12}, 은거하고 있던 사람 <위사물{位沙勿}>을 늪의 반석으로 찾아가서 만났다. 상이 이 사람을 태우고 돌아왔더니, 황후가 “산 속에 사는 미천한 사내를 어디에 쓰시려 하십니까?” 하고 물었다. 상은 “그렇지 않소. <이윤{伊尹; 湯을 도와서 夏를 멸하고 殷을 세우게 한 賤出의 어진 宰相}>이나 <여상{呂尙; 周를 도와서 殷을 멸하고 齊를 세운 姜太公 子牙}>도 이와 같은 사람이었소.”라 답하였다. <현{玄}>공주를 <작{鵲}>태자의 비로 삼았다. <재사{再思}>공주가 <온조{溫祚}>의 아들 <다루{多婁}>를 낳았다.

<한{漢}>의 <연>이 <왕망>의 딸을 처로 삼았다. <왕망>은 또 ■■의 딸■을 불러들였다. ■는 둘 째 처가 되었다.

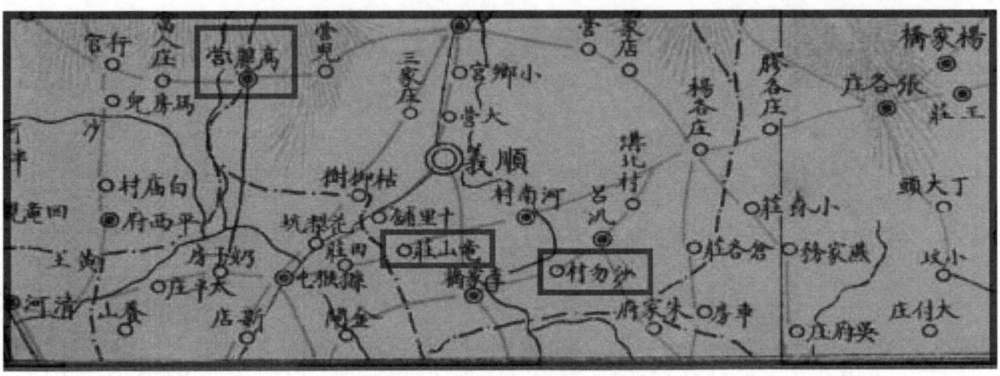

그림12. 현금 <북경> 동북에 <사물택{沙勿澤}>과 유사한 유일한? 지리명인 <사물촌{沙勿村}이 있다.

☯ 二十二年癸亥, 十月, 移居**<**尉那岩**>**, 是爲「北都」. 作新宮於**<**銀川岺**>**下. 十二月, 田于**<**質山**>**陰, 五日不返. **<**陜父**>**諫曰; “天子之畋在於鍊兵. 今, 風雪如此, 暴露獵騎而行樂, 可乎” . 上, 以**<**陜父**>**初附於**<**沸流**>**, 有蘊意, 至是, 罷之. **<**陜父**>**以瓢浮海入**<**新羅**>**.

○ 22년{단기2336년/AD3}계해, 10월, <위나암{尉那岩; ≠溫祖 尉那城}>으로 이거하니, 이곳이 「북도{北都}」이다. <은천령{銀川岺; 赤峯西方?, 北京北隣?}>

아래에 새 궁전을 지었다. 12월{=한겨울}에 <질산{質山; ☞吉山?}>북쪽에서 사냥하며 닷새가 되어도 돌아가지 않았다. <협보{陜父}>가 "천자가 사냥을 함은 병사를 훈련하기 위함입니다. 이러한 풍설에 사냥마를 심하게 내돌려서 행락하심이 가당하신지요?"라 아뢰었다. 상은, <비류{沸流; ☞松讓據都地}>에서 <협보{陜父}>를 처음 만나고서부터 마음속에 쌓여 온 것이 있었는데, 이렇게 되자, 그를 파면하였다. <협보{陜父}>는 작은 배로 물{하천·호수·바다}을 건너 <신라{新羅}>로 들어갔다.

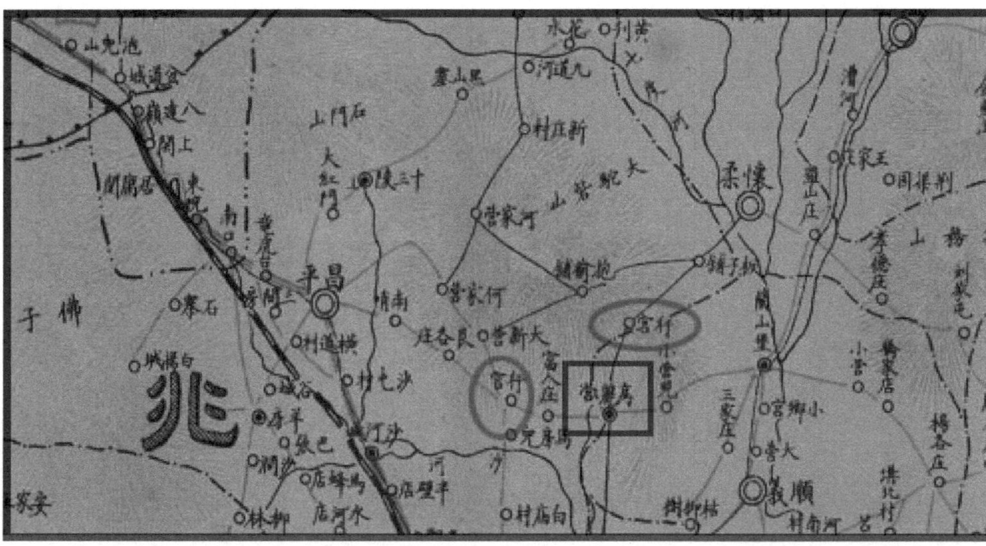

그림13. <은천령{銀川嶺}>이 <은산{銀山}>이고, 옛 <은산{銀山}>이 현금의 <은산>이라면, 그 <은산>남쪽엔 행궁 두 개가 있는데, 모두 <고려영>지근이다. 같은 군사지도상 <적봉>서방에도 <銀川>과 유사한 <銀河川>도 있고, 또 다른 군사지도엔 <고려영>서편 11Km쯤엔 <소탕산>도 있다.

☯ 二十三年甲子, 二月, 以<解明>爲東宮. 宝算十七. 母, <松>后, 夢鸞乘日, 而出. 性英明好勇, 形皃亦多肖上, 故以皇后女<珍>公主妻之, 大赦國中. <松>后生<無恤>于<銀川>新宮, 朱光炤室, 故名宮曰<朱留>, 白鶴盤回嶺上, 故名嶺曰<鶴盤>. <鵲>太子浮海入<新羅>.

○ 23년{단기2337년/AD4}갑자, 2월, <해명{解明}>이 동궁이 되었다. 보령 열일곱이었고, 모친 <송{松}>후가 란새가 해가 있는 곳으로 날아오

르는 꿈을 꾸고서 낳았다. 성품은 영명하며 씩씩하고, 얼굴도 상을 많이 닮았다. 이에 황후의 딸 <진{珍}>공주로 처를 삼아 주고, 나라 안의 죄수들을 널리 풀어 주었다. <송{松}>후가 <은천{銀川; ☞銀山주변 하천? 이 銀山은 그림13의 高麗營에 北接한 산?; 赤峰西方의 銀河川?}>의 새 궁전에서 <무휼{無恤}>을 낳았다. '붉은 빛이 실내를 비췄다.'하여 궁의 이름을 <주유{朱留}>궁이라 하였고, '흰 학이 고개 위를 선회하였다.'하여 고개 이름을 <학반{鶴盤}>령이라 하였다{☞<주유궁>과 <학반령>은 지근간이다}.
<작{鵲}>태자가 물{하천·호수·바다}을 건너서 <신라{新羅}>로 들어갔다.

☯ 二十四年乙丑，九月，田于<箕山>，得<羽澤>，妻以<鱒>公主．有畜獸才．

○ 24년{단기2338년/AD5}을축, 9월, <기산{箕山; 南箕山?}>에서 사냥하다가{그림4}, <우택{羽澤}>이라는 사람을 얻었고, <준{鱒}>공주를 처로 삼아 주었다. 짐승을 길들이고 가두어 기르는 재주가 있었다.

☯ 二十六年丁卯，四月，<解邑朱>生． <溫祚>移居<漢山>． <帶素>兄弟八人爭立相殺． 遣兵及粮于<溫祚>，以助伐<韓>．三年繼之．

○ 26년{단기2340년/AD7}정묘, 4월, <해읍주{解邑朱}>가 태어났다. <온조{溫祚}>가 <한산{漢山; 泰山주변?}>땅으로 이거하였다. <대소{帶素}>의 형제 여덟이 보위를 다투며 서로를 죽였다. 병사와 식량을 보내서 <온조>의 <한{韓; ☞馬韓?, 新羅?}> 정벌을 도왔다. 3년을 계속하였다.

☯ 二十七年戊辰，三月，賜<鮮明>死．是年二十一．<黃龍王><烏伊>以宝弓授<鮮明>．<解明>，折之，曰；"非我有力也．弓自不勁．" <烏伊>大慚． 皇后奏，曰；"<解明>，不愛其妻，而侮辱國老．陛下，何不責之．" 上，乃召<鮮明>責之，曰；"不愛<珍>女，違父母也．侮辱國老，輕社稷也．交通後宮，淫亂之兆也．寧其生，不若死．" <鮮明>，悲憤，立槍於<礪津>而死．國人愛其好勇而死． <新羅>，以女妻<鵲>太子． <溫

祚>遷都<漢山>. 七月, <都助>太子薨, 年二十四, <解明>之胞兄也. 性肖其外祖<松讓>, 妄自誇張累被叱責. 見<解明>之死, 慾爲東宮, 使其妻<曼>公主請于上. <曼>, 曰; "在自修, 而不在請." 煩悶自焦, 觸暑而吐歐, 不起. 時, 人曰; "勇亦死, 懦亦死."

○ 27년{단기2341년/AD8}무진, 3월, <해명{解明}>을 자진하게 했다. 이때 21살이었다. <황룡왕{黃龍王}><오이{烏伊}>가 보궁{宝弓}을 <해명>에게 주었더니, <해명>이 이를 부러뜨리고서 "내가 힘이 센 것이 아니고 활이 튼튼하질 못했소."라고 하였더니, <오이>는 엄청 참담하였다. 황후가 "<해명>은 자기 처를 아끼지 않고, 나라의 노신을 모욕하였는데도, 폐하는 어찌 <해명>을 꾸짖지 않으십니까?"라 주청하니, 상은 <해명>을 불러서 "<진{珍}>녀를 아끼지 않음은 부모를 거역함이며, 나라의 노신을 모욕함은 사직을 가벼이 함이고, 후궁들과 교통함은 음란할 징조이다. 정녕 사는 것이 죽는 것만 못하겠다."라고 책망하였더니, <해명>은 비참하고 억울했으나 <려진{礪津}>에서 창을 꽂아놓고 창 위로 몸을 던져 자진하였다. 나라사람들은 용감하게 자진하였음을 좋게 여겼다. <신라{新羅}>가 왕녀를 <작{鵲}>태자에게 처로 주었다. <온조{溫祚}>가 <한산{漢山; ☞東泰山주변?}>땅으로 천도하였다. 7월, <도조{都助}>태자가 죽었다. 24살이었다. <해명>의 동복형으로, 성품은 외조부 <송양{松讓}>을 닮아서, 자신을 과시하다 여러 번 질책을 받았다. <해명>이 죽은 것을 보더니 동궁이 되고자, 자기 처 <만{曼}>공주에게 상께 청하라 하였더니, <만>공주가 "동궁 자리는 스스로를 닦아서 차지하는 것이지 달라고 해서 되는 게 아닙니다."라 하자, 번민하다 스스로 달아오르더니 온몸이 불덩이가 되어 토악질하더니 자리에서 일어나지 못했던 것이었다. 그 시절, 사람들은 "용감해도 역시 죽고, 나약해도 역시 죽는구나."라고 하였다.

☯ 二十九年庚午, 六月, 赤蛙攻黑蛙于<茅川>, <鑒>之人以爲<帶素>敗亡之兆. <再思>公主來朝而去. <鵲>太子爲<新羅>太輔.

○ 29년{단기2343년/AD10}경오, 6월, <모천{茅川;☞茅山주변하천; 河北省 興隆·平谷間 泃河 最上流 茅山 곁 물줄기?}>에서 붉은 개구리가 검은 개구리를 공격하였더니, <오{鏖=鏕=鉅鹿=秦置戰國時趙邑. 項羽曾大破秦兵於此. 地, 當今河北省平鄉縣?}>땅의 사람이 <대소{帶素}>가 패망할 징조라 하였다.{☞동부여 남쪽과 북쪽에 사는 금와 아들 간의 싸움?; ☞<삼국사기>엔 <북부여>로 나옴!} <재사{再思}>공주가 래조하였다 돌아갔다. <작{鵲}>태자가 <신라{新羅}>의 태보가 되었다.

☯ 三十一年壬申, 七月, ※<漢>人<田譚>, 與<索頭>相爭, 請救於<勾鄒>. <勾鄒>, 使<延丕(召后侄子)>擊<譚>殺之, <嚴尤>來寇, 虜其將卒二千餘·馬仗無數·印顆十二, 拓地七百餘里. 十月, 以<昜>公主妻<乙豆智>.

○ 31년{단기2345년/AD12}임신, 7월, ※<한{漢}>인 <전담{田譚; ☞王莽 新 遼西大尹}>이 <색두{索頭}>와 싸우다가 <구추{勾鄒}>에게 도움을 청하였다. 이에 <구추>가 <연비{延丕}(소후의 조카)>를 보내서 <전담>을 공격하여 죽였더니, <엄우{嚴尤}>가 쳐들어왔기에, <엄우>의 장졸 2천을 사로잡고 무수한 병마와 병장기 및 인과 12개를 노획하였으며 땅도 7백여리를 빼앗았다. {또는, <엄우>가 쳐들어와서 <구추>의 장졸 2천을 사로잡고, 무수한 병마와 병장기 및 인과 12개를 노획하고, 땅도 700여리를 빼앗아 갔다?}
※☞ 이 기록에 대한 얘기가 <왕망>이 <高句麗>를 <下句麗>로 하였다는 기사에 상당하며, 혹자가 <고구려>=<후한>이라는 주장을 한 것과 <후한서>등 기록의 진위에 유관한 구절임!}
10월, <양{昜}>공주를 <을두지{乙豆智}>에게 처로 주었다.

☯ 三十三年甲戌, 正月, 以<無恤>爲東宮, 教以弓馬用兵之術. 七月, 以<豆>公主妻<高婁>. 八月, <烏伊>, 領兵二萬, 伐<涉臣>, 拔<勾麗城>, 虜<涉臣>而歸. <紫蒙>十二國悉平. 十月, <摩離>, 亦引兵二萬, 拔<狛窟>·<貝沙>, 而還. <帶弗>殺<帶素>而自立(弗, 帶伯之子, 一作金蛙子).

○ 33년{단기2347년/AD14}갑술, 정월, <무휼{無恤}>을 동궁으로 삼고, 활쏘기 및 말 타기와 용병술을 가르쳤다. 7월, <두{豆}>공주를 <고루{高婁}>에게 처로 주었다. 8월, <오이{烏伊}>가 군사 2만을 이끌고 <섭신{涉臣=자몽왕}>을 쳐서 <구리성{勾麗城; ☞或 <鄒牟>以前<句麗>의 要衝地?}>

을 빼앗고, <섭신>을 사로잡아 돌아왔다. <자몽{紫蒙}> 12국을 모두 평정한 것이었다. 10월, <마리{摩離}>가 군사 2만을 이끌고 <맥굴{貊窟}>과 <패사{貝沙}>를 쳐서 그 땅을 빼앗고 돌아왔다. <대불{帶弗}>이 <대소{帶素}>를 죽이고 보위에 올랐다(불,대백지자,일작금와자).

☯ 三十七年戊寅, 四月, <鮮術>溺死<礪津>, <祭須>尋其尸, 葬<王骨嶺>. 七月, <烏伊>薨. <宝得>子<毛獜>立. <伊>之婿也.

○ 37년{단기2351년/AD18}무인, 4월, <해술{鮮術}>이 <려진{礪津}>에서 익사하였다. <제수>가 그 시신을 찾았으며, <왕골령{王骨嶺}>에 장사하였다. 7월, <오이{烏伊}>가 죽고 <보득{宝得}>의 아들 <모린{毛獜}>이 섰다. <모린>은 <오이>의 사위이다.{☞이하 <삼국사기>와 편년 차이 있음}

☯ 三十八年乙卯, 正月, 「北都」大震, 移于「東都」. <黙居>太輔.

○ 38년{단기2352년/AD19}을묘, 정월, 「북도{北都=위나암}」에 큰 지진이 있었기에 「동도{東都=初都}」로 이거했다. <묵거{黙居}>를 태보로 삼았다.

☯ 三十九年庚辰, 三月, 立<東明神廟>于<龍山>中嶺. <再思>公主與<多婁>來朝, 以<蘚>·<苩>兩公主妻<多婁>, 而賜正胤冠釼, 以爲<汗南>傳國之璽. 九月, 田于<骨句川>, 東宮得神馬, 狀如<巨婁>. 上曰; "<東明>復興之兆. 十月, <扶余>獻赤烏一頭二身.

○ 39년{단기2353년/AD20}경진, 3월, <룡산{龍山}>의 가운데 고개에 <동명신묘{東明神廟=사당}>를 세웠다. <재사{再思}>공주와 <다루{多婁}>가 궁에 들어왔기에, <선{蘚}>·<백{苩}> 공주 둘을 <다루>의 처로 삼아 주고, 정윤관인{正胤冠釼; 보위계승자 표식인 관모와 보검}을 주어서, <한남{汗南}>[국]의 전국옥새{傳國玉璽}로 삼게 했다. 9월, <골구천{骨句川}>에서 사냥하다 동궁이 <거루{巨婁}>를 닮은 신마를 얻었더니, 상이 "<동명{東明}>이 부흥할 징조로구나."라 하였다. 10월, <부여{=東扶余}>가

머리 하나에 몸이 둘 달린 붉은 까마귀를 보내왔다.

☯ 四十年辛巳, 二月, <摩離>薨, 子<義鹿>立. 其母<素奴>女也.

○ 40년{단기2354년/AD21}신사, 2월, <비리왕>인 <마리{摩離}>가 죽어, 아들 <의록{義鹿}>이 섰다. <의록>의 어미는 <소노{素奴}>의 딸이었다.

* 四十一年壬午, 七月, <劉秀>起兵{伐}<王莽><新>■■■從之. 九月, 戊申朔, 斬<王莽>於<浙臺>.

* 41년{단기2355년/AD22}임오, 7월, <유수>가 군대를 일으켜 <왕망>의 <신>을 토벌하였다. ■■■가 그를 따랐다. 9월, 무신일 초하루, <왕망>이 <절{대}>에서 참수 되었다.

☯ 四十二年癸未, 十一月, <帶弗>來侵. 大破其軍於<鶴盤岺>下.

○ 42년{단기2356년/AD23}계미, 11월, <대불{帶弗}>이 쳐들어왔기에, <학반령{鶴盤岺}> 아래에서 그 군대를 크게 쳐부쉈다.

☯ 四十四年乙酉, 二月, <高婁>太輔, <松義>左輔, <乙豆智>右輔·主兵.

○ 44년{단기2358년/AD25}을유, 2월, <고루{高婁}>를 태보로, <송의{松義}>를 좌보로, <을두지{乙豆智}>는 우보 겸 주병대가로 삼았다.

☯ 四十七年戊子, 八月, 太后崩, 春秋八十五. 葬於<豆谷>東原. 十月, 上, 與皇后, 崩于<豆谷>離宮. 上春秋六十八, 皇后八十三. 皆葬于太后陵內. 東宮卽位於<豆谷>離宮.

○ 47년{단기2361년/AD28}무자, 8월, <예태후>가 춘추 여든다섯에 죽어, <두곡{豆谷}> 동쪽 언덕에 장사했다. 10월, 상과 황후가 <두곡> 별궁에서 죽었다. 상은 춘추 예순 여덟이었고, 황후는 춘추 여든 셋이

었다. 둘 다 태후릉 경내에 장사했다. 동궁이 <두곡> 이궁에서 즉위하였다. {☞<예>태후와 <광명대제=유리명제> 및 <소>황후의 무덤이 <두곡> 한 곳에 몰려 있음! <두곡>은 <유리하진>인근임! 그림14 및 표지참조. 왜, 한 해에 모두 죽었나? 殉死?!}

※ 論曰; **<**光明**>**嚴毅少許, 謹於守成, 勸於擢才, 治天下四十年, 兵精粮足, 可謂賢矣. **<**陜父**>·<**解明**>·<**召**>**后之事, 皆有欠焉.

※ 찬자는 "<광명{光明}>은 엄하고 굳세어 너그럽진 않았으나 지켜 이룸에 충실하였고, 인재 발탁을 권장하여 천하를 40년간 다스렸다. 군사는 날래고 양식은 풍족했으니 현명하였다 할 만하다. <협보{陜父}>·<해명{解明}>·<소{召}>후 관련 처결은 모두 흠결이 있었다."고 하였다.

그림14. <유리명제{琉璃明帝=類利}>의 역사 흔적들! <북경> 서남 근지 <유리하> 지경에 아바마마제단, 어마마마제단, <유리>제단 및 무덤이 있었다함.
; <장수왕>후손의 증언과 국회교육위 <권철현> 의원의 현지답사 보고도 있었음!
「동도」·「서도」·「북도」·「평양」은 이 그림에 보인 지리명 범위에 있었을 것임!
「동도」는, 이후 기록들에서도 지진이 빈발했으니, 지진 다발지역이었을 것임!
초기 <고구리>의 중심지는 어디였을까? 不問可知!!

03. 第三世<大武神帝>紀 제3세<대무신제>기

원문출처 ; http://mf.history.go.kr/Pdf/MF0020000/00322307.pdf

☯ 元年戊子, 十一月, 改元<大武>. 以<多勿候><松義>爲太輔·主民, 以母<松>后爲太后, 以妃<珍>公主爲皇后. 如<龍山>告卽位. 時年二十五.

○ 원년{단기2361년/AD28}무자, 11월, 년호를 <대무{大武}>로 고쳤다. <다물후{多勿候}><송의{松義}>를 태보 겸 주민대가로 삼고, 모친 <송{松}>후를 태후로, 비{妃}였던 <진{珍}>공주를 황후로 삼았다. <룡산{龍山=동명릉}>에 가서 즉위하였음을 고하였다. 이때 25살이었다.

☯ 二年己丑, 正月, 皇后生子<大解>, 大赦天下. <汗南>旱蝗民飢, 來投者千余戶. 賑恤而置之<西河>. 十二月, 大鍊兵馬于<汗>濱. <烏婁>右輔·主兵, <松屋勾><沸流>沛者·主刑. <溫祚>, 改國號曰<伯濟>, 以<解婁>爲太輔. <婁>, <解素>之次子也. <帶弗>, 以<帶素>女<高耶>爲后.

○ 2년{단기2362년/AD29}기축, 정월, 황후가 아들 <대해{大解}>를 낳았기에, 천하의 죄수들을 크게 사면하였다. <한남{汗南}>[국]이 가물고 황충이 일어 백성들이 굶게 되자, 찾아와 의지하려는 이들이 1,000여 호가 되었다. 이들에게 먹을 것을 주고 <서하{西河; 그림8}>에서 살도록 하였다. 12월, <한{汗}>수변에서 크게 병마 훈련을 하였다. <오루{烏婁}>를 우보로 삼아 군사도 주관케 하고, <송옥구{松屋勾}>를 <비류{沸流}>패자로 삼고 형벌도 주관케 하였다. <온조{溫祚}>가 나라 이름을 <한남{汗南}에서> <백제{伯濟}>로 바꾸고, <해루{解婁}>를 태보로 삼았다. <해루>는 <해소{解素}>의 둘째 아들이다. <대불{帶弗}>이 <대소{帶素}>의 딸 <고야{高耶}>를 후로 삼았다.

☯ 三年庚寅, 三月, 納<烏婁>女爲第三皇后. 其母, <藍>公主也. 十一月, 鍊兵于<沸流水>上. 得自熱大鼎, 一軍飽食, 又得負鼎者.

○ 3년{단기2363년/AD30}경인, 3월, <오루{烏婁}>의 딸을 맞아들여 셋째 황후로 삼았다. 그녀의 어미는 <람{藍}>공주이다. 11월, <비류수{沸流水}> 위{쪽}에서 군사를 훈련하였다. 저절로 끓는 큰 솥을 얻게 되어 모든 군사를 배불리 먹였고, 그 솥을 지고 다닐 사람도 얻었다.

☯ 四年辛卯, 十二月, 以右輔<乙豆智>爲行軍大注簿, 親征<東扶餘>. 至<利勿林({春}得利界)>宿夜, 聞金聲, 使人尋之, 得金璽宝鈒等兵物. <高婁>曰; "天賜也." 上拜受之. 翌日, 得<北溟>人<怪由>爲先鋒, <赤谷>人<麻盧>爲遊擊, 進援括<街(撫遠)>·<松江>. 是年, 上納<芻穀素>妻爲<大室>夫人.

○ 4년(단기2364년/AD31)신묘, 12월, 우보 <을두지{乙豆智}>를 행군대주부로 삼아, 친히 <동부여{東扶餘}>를 정벌하였다. <이물림{利勿林}(용득리계)>에 이르러 밤을 지내는데, 쇠붙이 소리가 들려서 사람을 시켜 찾아보게 하였더니, 금인장과 보검 등 병물을 얻었다. <고루{高婁}>가 "하늘이 내린 것입니다."라 하였고, 상은 엎드려서 받았다. 다음날, <북명{北溟}>사람 <괴유{怪由}>를 얻어 선봉을 삼고, <적곡{赤谷; 赤峯인근?}>사람 <마로{麻盧}>를 얻어 유격을 삼았더니, 진격하여 <가{街(무원)}>와 <송강{松江}>땅을 취하여 단속하였다. 이해에 상은 <추각소{芻穀素}>의 처를 거두어서 <대실{大室}>부인을 삼았다.

☯ 五年壬辰, 二月, 進軍於<柵城>之南營于高丘, 四面泥濘, 人馬俱沒于泥中. <高婁>太子軍, 與<帶弗>, 戰于泥中. 太子, 立於軍前督軍, 中流矢而落馬, 兵不能, 故不能救之. 上, 召<怪由>命救之, <怪由>拔劒號吼越泥擊之. 一軍, 賴以得力, 直衝本陣, 執<帶弗>斬頭而出, 餘衆驚潰. <帶万>軍亦披靡而退已, 而知其兄死, 號哭誓死而進諸軍圍高丘數匝. 上, 憂惧, 曰; "恨, 不用<溫祚>之諫." <乙豆智>曰; "聖母之神必有陰助. 陛下, 勿憂." 果然, 大霧七日不辨呎尺, <帶万>恐有變而少退, 乃立萬偶疑兵于營而潛出. 天且凍泥得脫其圍, 暗夜倉皇, 失神馬·大鼎, 及至<利勿>. 兵飢不興, 得野獸而犒軍. 旣歸「北都」, 宴赴戰將卒數日.

吊死問疾, 慰其父母, 曰; "朕以不德, 輕伐<扶余>, 難殺<帶弗>, 未滅其國, 多失我軍. 朕之過也." 國人, 感帝德義, 皆許殺身於國事, 稱曰<朱留>民志, 以爲國士之本義.

葬<高婁>太子于<桂>后陵. 上, 謂<珍>皇后, 曰; "<桂>后母子爲國而死. 生子, 當如<桂>后." <珍>后曰; "爲人妻·子, 皆欲爲夫而死. 陛下棄妾而遠征, 妾焉得死乎." 上, 笑, 曰; "汝乃再生之人, 不亦可愛乎." <珍>, 以<召>后之出, 容皃絶美, 性媚嫵要寵而已. 初爲<解明>妻, 而不死不勤守寡. 上, 十歲, 以嚴命娶之. 生子女, 雖有外華, 皆近不肖, 故上言如是.

三月, 失馬<巨婁>, 將<扶余>馬百匹, 俱至<鶴盤岺><車回谷>. 上, 出郊迎之, 撫鬣而慰之, 曰; "馬至, 而鼎不歸耶."

夏四月, <曷思>王<山解>, <解素>之子也, 知國之將亡, 與從者百余人, 至<鴨渌谷>見<海頭王(末曷酋長)>出獵. 而請同獵, <海頭>傲而無禮, 遂殺之而取其百姓, 請都于<曷>濱以治<河>北<布倫(水名)>之地(海頭之故地), 許之. <解素>, 聖母所生<蛙>王之子也, 常諫<帶素>之無道而庇我及其沒, 次子<解婁>歸我而輔<溫祚>. <山海>, 亦至是而歸, 以女納後宮. 以其艶而有德, 封爲皇后. 皇后, 身香而皎潔如魚, 得傳上寵.

七月, <曷思>王從弟<絡文(解素弟解万,亦聖母所生也.絡文,解万子)>, 亦將万余人來降, 曰; "願, 爲聖人之民." 上, 出郊迎之, 待以賓禮, 尋封爲<安西大王>, 置之<掾那部(勾茶國地西)>. 時, <東扶余>大亂, 自相殘滅.

十月, 「征余將軍」<怪由>卒. <由>, 以巨力之人, <柵>南之戰, 身被重創, 至是, 卒. 以一品大加禮, 葬于<北溟山>陽.

○ 5년{단기2365년/AD32}임진, 2월, <책성{柵城=東夫餘都城?}> 남쪽까지 진군하여 높은 언덕에 진영을 차렸는데, 사방이 진창이어 군인과 병마가 모두 진창에 갇히게 되었다. <고루{高婁}>태자의 군대가 진창 속에서 <대불{帶弗=東夫餘主}>과 맞붙어 싸웠다. 태자가 군진의 앞에서 싸움을 독려하다 흐르는 화살에 맞아 말에서 떨어졌으나, 병사들은 어쩔 도리가 없어 구하지 못하고 있었다. 상이 <괴유{怪由}>를 불러 태자를 구하라 명하였다. <괴유>가 칼을 빼들고 크게 고함지르며

진탕을 넘어 들어가서 <대불>의 군사를 무찌르자, 한 무리의 군사들이 이에 힘입어 적의 본진을 곧바로 들이쳐서 <대불>을 잡아 목을 치고 나왔더니, 살아남은 <대불>의 본진 군사들은 놀라서 무너졌다. <대만{帶万}>의 군대 역시 아수라장에 휩쓸려 물러날 뿐이었는데, 자기 형이 죽은 것을 알자, 울부짖으며 죽기를 맹세하고 모든 군사를 진격시켜서 그 높은 언덕을 여러 겹으로 포위하였다. 이에 상이 걱정하고 두려워하면서, "<온조{溫祚}>의 말을 듣지 않았던 것이 한스럽다."라 하였더니, <을두지{乙豆智}>가 "성모의 신령께서 반드시 하늘에서 도우실 것입니다. 폐하께서는 걱정하지 마십시오."라 아뢰었다. 과연, 7일간이나 큰 안개가 끼어 지척도 분간할 수 되었더니, <대만{帶万}>도 변을 당할까를 걱정하여 좀 물러나기에, 병사의 모습을 닮은 수많은 허수아비를 진영에 세워놓고 몰래 빠져나왔다. 하늘{=날씨}이 잠시 진창을 얼어붙게 하여 그 포위망을 벗어나긴 하였으나, 캄캄한 밤중 창황 중에 신마와 큰솥을 잃어버린 채로 <이물림{利勿}>에 다다랐다. 병사들도 굶주림에 힘을 낼 수 없게 되어, 들짐승을 잡아서 군사를 먹였다. 이윽고 「북도{北都=<국내><위나암>}」로 돌아오자, 전장에 임했던 장졸들에게 여러 날을 먹고 마시게 하였다. 죽은 이를 조문하고 상한 이를 살폈으며, 그 부모들을 위무하길 "짐이 부덕하여, <부여{扶余}>를 가벼이 보고 치려하였다가, <대불{帶弗=동부여왕}>은 가까스로 죽였지만 그 나라는 멸하지도 못한 채 우리 군사를 많이 잃었소. 짐의 과오이오."라 하였다. 이에 나라사람들은, 황제의 덕과 의에 감복하여, 모두가 "나랏일에는 몸을 바치는 것이 <주유{朱留}>백성들의 뜻"이라 하였으니, 이것이 나라를 위하는 사람들의 본분이 되었다.

<고루{高婁}>태자를 <계{桂}>후릉에 장사했다. 상이 <진{珍}>황후에게 "<계>후 모·자는 나라를 위해 죽었소. 아들을 낳으려거든 마땅히 <계>후와 같아야 할 것이오."라 일렀더니, <진>후 왈; "당신의 처·자들 모두는 지아비를 위해 죽으려 하였건만, 폐하께서 저를 내버려두고 멀리 정벌에 나서셨으니, 제가 어찌 죽을 수 있었겠습니까?"라 하였다. 이에 상은 웃으면서 "그대는 다시 사는 사람이니,

그 또한 사랑스럽지 않겠소?”라 하였다. <진>후는 <소{召}>후 소생으로, 용모가 지극히 아름답고 성품도 애교가 있으면서 총애를 탐했다. 애초엔 <해명{解明}>의 처였었는데, 따라 죽거나 과부로 수절하지도 아니하였다. 상이 10살 때에 엄명으로 그녀를 취한 것이었다. 그녀가 낳은 자녀들은 겉은 번듯하였으나 모두가 불초에 가까웠던 까닭에 상이 이런 말을 일렀던 것이었다.

3월, 잃었던 말 <거루{巨婁}>가 <부여{扶余}> 말 백 마리를 이끌고 함께 <학반령{鶴盤岺}><거회곡{車回谷}>에 도착하였다. 상이 교외로 나가서 이를 마중하고 갈기를 어루만져 위로하며, 말하길; “말이 돌아왔으니, 솥도 돌아오지 않겠는가?”라 하였다.

하4월, <해소{解素}>의 아들인 <갈사{曷思}>국왕 <산해{山解}>가, 자신의 나라가 곧 망할 것임을 알아, 따르는 이들 100여 사람과 함께 <압록곡{鴨渌谷; 현금 東遼河·渾河? 灤河? 白河? 嬀水河?}>에 다다르자 <해두{海頭}>왕(말갈추장)이 사냥 나온 것을 보게 되었다. 함께 사냥하자 청하였다가, <해두>가 오만하고 무례하기에, 그를 죽이고 그의 백성들도 빼앗았다. <갈{曷}>수변에 도읍하여 <하{河}>북의 <포륜{布倫}(수명)>땅(해두지고지)을 다스리며 살고 싶다고 청하기에, 허락하였다. <해소{解婁}>는 성모{=柳花}가 낳은 <금와{金蛙}>왕의 아들이었는데, 늘 <대소{帶素}>의 무도함을 간하면서 우리를 두둔하여 오다가 죽게 되자, 둘째 아들 <해루{解婁}>가 우리에게 귀의하여 <온조{溫祖}>를 돕게 되었고, <산해{山解}> 또한 이때 귀의하여 딸을 후궁으로 바쳤다. 그 딸은 요염하기도 하였지만 덕망이 있어서 황후로 되었고, 몸에서는 향내가 나고 살결도 물고기처럼 희고 깨끗하여서 상의 사랑을 독차지하였다.

7월, <갈사{曷思}>왕의 종제인 <락문{絡文}(해소제해만,역성모소생야.낙문,해만자)>이 또한 1만여 인을 이끌고 찾아와 항복하며, “성인의 나라 백성으로 살게 하여 달라.”고 청하였다. 상이 교외로 나가 맞이하여 손님으로 대접하고, <안서대왕{安西大王}>을 삼아서 <연나부{掾那部}(구다국지서)>에서 살게 하였다. 이때 <동부여{東扶余}>는 큰 난리가 일어 서로를 잔인하게 죽였다.

10월, 「정여장군」 <괴유{怪由}>가 죽었다. <괴유>는 엄청 근력이 센 사람이어서, <책성{柵城}> 남쪽에서 싸울 때 <고루>태자를 구하다가 창을 여러 개나 맞고서도, 이제 와서야 죽은 것이었다. 1품 대가의 예로 <북명산{北溟山}> 남쪽에 장사하였다.

☯ 六年癸巳, 正月, <[曷思]>后生子<好童>. 十一月, 遣使如<漢>, 求兵書·農書·孝經·史記等書, ■■通<漢>之■.

○ 6년(단기2366년/AD33)계사, 정월, <갈사{曷思}>후가 아들 <호동{好童}>을 낳았다. 11월 <한>에 사신을 보내 <병서>·<농서>·<효경>·<사기> 등 서적을 구하고······ ☞ 이 시절 <후한>과는 삭막한 사이는 아니었다.

☯ 七年甲午, 五月, <松>太后崩, 春秋六十七. 后, <松讓>之女. <光明帝>, 自<扶余>, 時依於后家, <義>薦之. 及卽位, 納之而生<都助>·<解明>·帝及<解邑朱>·諸公主. 端麗有德, 好神仙, 善画能樂. 以淡素養之. 十月, <松義>病欲請免. 子<純>隣於<秀>, 尋敗死.

○ 7년{단기2367년/AD34}갑오, 5월, <송{松}>태후가 춘추 예순일곱에 죽었다. 후는 <송양{松讓}>의 딸로, <광명제{光明帝=琉璃=類利}>가 <동부여>에서 나와서 <송{松}>후의 집에 의탁할 적에 <송의{松義}>가 그녀를 천거하였었고, 상이 즉위하자 맞아들여서 <도조{都助}>·<해명{解明}>·제{=大武神=無恤}·<해읍주{解邑朱}> 및 여러 공주를 낳았다. 용모와 품행이 단려하고 덕성스러웠으며, 신선{神仙}에 탐닉하고 그림 솜씨도 좋고 풍류에도 능하였으며, 담담소박하게 자식들을 길러냈다. 10월, <송의>가 병들어 물러나고자 하였고, 아들 <순>은 인접한 <유수{=동한광무제}>에게 끝내 패하여 죽었다.{☞<후한>과는 삭막한 사이로 변했다?}

☯ 九年丙申, 十月, <盖馬>主<小嗆>妻<半乙>, 殺<嗆>, 而立子<叔乙>. <嗆>子<厚滿>·<狗文>等相爭, <厚滿>先入城, 殺<叔乙>. <半乙>與<狗文>潛通而納之. <厚滿>來奔, 上親征誅<狗文>, 以其國爲<蓋馬郡>.

十二月, <勾茶>王<厚燐>聞<蓋馬>滅, 擧國來降. <厚潾>, <閃尼>子也. 以其<掾那部>讓於<絡文>, 而陰有反意. 及<噲>死, 援<狗文>而約伐<西河>·<南口>, 事發而國除, 以其都爲<南蘇>. 西路皆拓.

太輔<松義>薨, <松>太后胞兄也. 其母<貫貝>氏, 勸<松讓>獻國, 戒<義>以忠, <義>守其母訓, 爲國盡忠, 持身儉約, 歷事三世, 德望蘇然, 勝於父矣. 以其弟<屋句>爲左輔, <乙豆智>太輔. <麻勁>右輔. <勁>, <摩離>子也.

<盖馬>反衆與<漢>人來侵<句麗城>, <玄菟>太守<勾鄒>往救, 疾作而薨, <松屋勾>代之而平之. <劉秀>, 使<吳漢>滅<蜀>, 殺<公孫述>夷其族.

○ 9년{단기2369년/AD36}병신, 10월, <개마{盖馬}>주 <소쾌{小噲}>의 처 <반을{半乙}>이 <소쾌>를 죽이고 아들 <숙을{叔乙}>을 세웠다. <소쾌>의 아들들인 <후만{厚滿}>과 <구문{狗文}>이 서로 다투더니, <후만>이 먼저 입성해 <숙을>을 죽였고, <반을>은 <구문>을 밀통하여 맞아들였다. 이에 <후만>이 도망해 오자, 상이 친히 <구문>을 정벌하고 <개마국>을 <개마군>으로 만들었다.

12월, <구다{勾茶}>왕 <후린{厚燐}>이 <개다>가 멸망했음을 듣고 나라를 들어서 항복해 왔다. <후린>은 <섬니{閃尼}>의 아들로, <연나부{掾那部}>를 <락문{絡文}>에게 넘겨주었었지만, 속으로는 뒤집을 생각이 있었다. <소쾌>가 죽자 <구문>을 도와주고서 <서하{西河; 그림8}>와 <남구{南口; 그림9}>를 정벌하기로 약속했다가, 이 일이 발각되어 나라가 사라졌고{즉, 나라를 통째로 <고구리>가 거두어들였고} 그 도읍은 <남소{南蘇}>의 차지가 된 것이었다. 이리하여 <고구리>의 서쪽 길 모두가 열리게 되었다.{☞<구다>는 <서하> 및 <남구>의 주변이다!}

태보 <송의{松義}>가 죽었다. <송{松}>태후의 동복 오빠이다. 그 어미 <관패{貫貝}>씨는 <송양{松讓}>에게 나라를 바치라고 권하였었고, <송의{義}>에겐 충성하라고 가르쳤었다. <송의>는 모친의 훈계를 잘 따라서 나라에 충성을 다하였고, 자신도 검약하여 3대가 벼슬을 하였더니, 덕망이 소연하여 아비를 능가하였다. 그의 동생 <옥구{屋句}>를 좌보로, <을두지{乙豆智}>를 태보로, <마경{麻勁}>을 우보로 삼왔다. <마경{勁}>은 <마리{摩離}>의 아들이다.
<개마{盖馬}>의 반중과 <한{漢}>인들이 함께 <구리성{句麗城}>에 쳐들어오자, <현도{玄菟}>태수 <구추{勾鄒}>가 달려가 구하다가 병으로 죽고, <송옥구{松屋勾}>가 대신하여 싸워서 이를 평정하였다.
<유수>가 <오한>을 시켜서 <촉>을 멸하게 하고, <공손술>을 죽이고 그의 족당들을 평정하였다.

☯ 十年丁酉, 七月, **<**漢**>**兵又猝至**<**丘利城**>**, 上親至**<**南口**>**督戰. **<**屋句**>**曰; "被今盜賊蜂起, 何暇無名之戰哉. 此皆邊將之窺利擅侵也. 待其師老, 而出奇破之必矣." 乃入**<**蔚岩**>**, 而斷其來路. 賊拔**<**盖馬**>**, 而馳至圍**<**蔚岩**>**數里, 日加而兵益多. 盖以爲城中無水而攻之愈急也. 乃用**<**豆智**>**計, 以魚酒饋之, 賊知有水而退. 時, 上, 自**<**南口**>**來援, 夾擊大破之. 是謂**<**蔚岩大戰**>**. 賊慮其中斷而不直至**<**南口**>**, 與小城虛勞而致敗. **<**盖馬**>**諸城悉平. 冬, **<**溫祚**>**傳位**<**多婁**>**.

○ 10년{단기2370년/AD37}정유, 7월, <한{漢}>병들이 또 <구리성{丘利城}>으로 빠르게 밀려들자, 상이 친히 <남구{南口; 涿鹿 西方 東城과 懷安 간의 南口?; 昌平과 居庸關 간의 南口鎭?; 그림9}>로 나아가 독전하였다. <옥구{屋句}>가 아뢰길; "저쪽 나라{=東漢}는 지금 도적들이 벌떼처럼 일어나고 있는데, 어찌 한가히 명분 없는 싸움을 걸어오겠습니까? 이런 싸움은 대개 변방의 장수가 사리를 엿보고 멋대로{=조정의 뜻과 무관하게} 침입한 것이니, 저들의 사기가 무디어지길 기다렸다가 나가서 느닷없이 쳐부수어야 합니다."라 하고는, <울암{蔚岩}>으로 들어가 그들이 들어올 길을 끊었다. 적은 <개마{盖馬}>를 빼앗고 치달아 와서 <울암; 三國史記曰尉那岩>밖 수{數} 리를 겹겹이 에워싸더니, 날이 갈수록 병사들의 숫자가 많아졌다. 대략 <울암>성 안에는 물이 없었음에 공격을 점점 서둘렀음이었다. 이에 <을두지{乙豆智}>의 계략을 쓰기로 하고, 적에게 물고기와 술을 가져다 먹였더니, 적은 성 안에 물이 많은 줄로 알고 물러났다. 이때 상이 <남구>로부터 구원하러 왔기에, 협격하여 그들을 크게 쳐부쉈다. 이것이 <울암대전{蔚岩大戰}>이다. 적

들은 침로의 중간이 끊김이 걱정되어 더 이상 <남구>로 곧장 들어오지 못하고 작은 성{=울암성}과 헛고생만하다가 패한 것이었고, <개마{蓋馬}>의 여러 성들 모두는 평안하게 되었다{그림9, 그림15}. 겨울에 <온조{溫祚}>가 <다루{多婁}>에게 보위를 넘겨주었다.

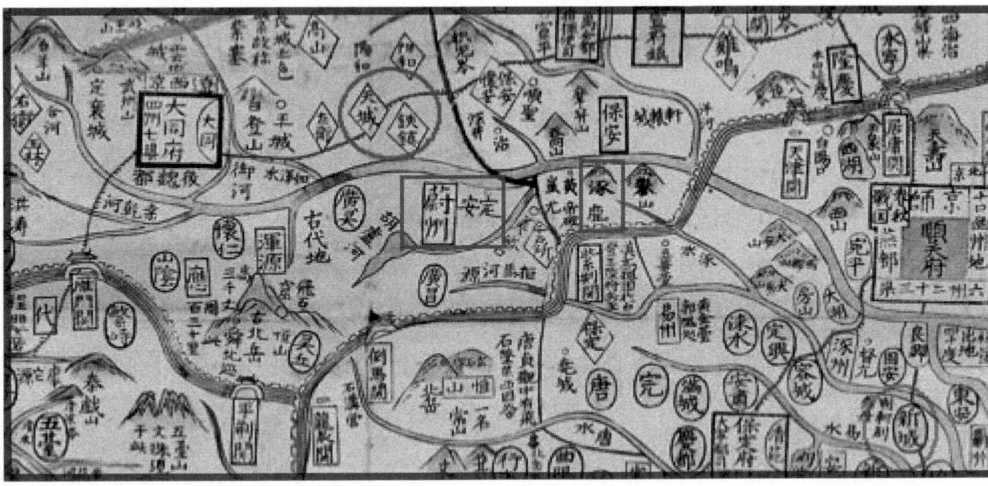

그림15. <울암성{蔚岩城}> 위치를 짐작케 하는 <탁록{涿鹿}>서방의 <울주{蔚州}>를 <그림9>와 함께 참작하면, <울암성>은 <상건하{桑乾河}>의 북변에 있는 <철진{鉄鎭}> 또는 <천성{天城}>의 위치 정도였을 것으로 추정됨.

☯ 十三年更子, 四月, <乙豆智>薨. <松屋句>太輔, <麻勁>左輔, <烏婁>右輔. 七月, <買溝谷>人<尙須>, 與其弟<尉須>·堂弟<于刀>等, 率衆千余·牛馬萬余頭, 而來謁. 以<尙須>爲大畜大加. *<買溝谷>卽<水谷城>也.*

○ 13년{단기2373년/AD40}경자, 4월, <을두지{乙豆智}>가 죽었다. <송옥구{松屋句}>를 태보로, <마경{麻勁}>을 좌보로, <오루{烏婁}>를 우보로 삼았다. 7월, <매구곡{買溝谷}>사람 <상수{尙須}>가 친동생 <위수{尉須}> 및 종제 <우도{于刀}> 등과 함께 무리 천여 사람과 소와 말 만여 마리를 끌고 와서 알현하였다. <상수{尙須}>를 '큰짐승대가'로 삼았다. *<매구곡{買溝谷}>은 곧 <수곡성{水谷城}>이다.*

☯ 十四年辛丑, 冬十一月, 有雷無雪. 是歲, <淹淲>大漲, <彌鄒忽>盡被水害, 移其民於<西河>. 以<淹淲王><虎力>爲<龍山公>. 初, <芻牟帝>, 以<沸流>爲<淹淲>沛者, 食其邑. <光明>初, 進封王, 娶<曼>公主, 生<易人>. <易人>, 娶<眞>公主, 生<虎力>. 三世六十七年而國除. 以<涉得>爲<紫蒙王>. <得>, <臣>之子也. 其母<乙蒸>, 賢, 敎<得>以禮義. 爲人忠厚. 上, 以<紫蒙>反復無常, 遣<得>治之. <烏>皇后生子<解憂>.

○ 14년{단기2374년/AD41}신축, 동11월, 천둥은 치고 눈은 내리지 않았다. 이해에 <엄표{淹淲; =호타滹沱? =엄체滯? =엄사淹澌?}>수가 크게 넘쳤더니 <순노順奴>·<절노絶奴>의 치도{治都}였던 <미추홀{彌鄒忽}>이 수해로 초토되어, 백성들은 <서하{西河; 그림8}>로 옮겼으며 <엄표왕><호력{虎力}>은 <룡산공{龍山公}>을 삼았다. <비류{沸流}>는 애초 <추모제{芻牟帝}>시절엔 <엄표>패자{벼슬}가 되어서 그곳을 식읍으로 받았었고, <광명{光明}>초엔 봉왕{자치속국}되었었다. <만{曼}>공주와 혼인하여 <양인{易人}>을 낳았고, <양인>은 <진{眞}>공주와 혼인하여 <호력>을 낳았다. 3대 67년 만에 나라가 사라졌다{=통째로 <고구리>에게 거두어들여진 것이었다}. <섭득{涉得}>을 <자몽왕{紫蒙王}>으로 삼았다. <섭득{得}>은 <섭신{臣}>의 아들로, 그 모친 <을증{乙蒸}>이 현명하여 <섭득>에게 예의를 가르쳤더니, 사람됨에 충성심이 두터웠다. 상은 <자몽{紫蒙}>이 배반하기가 무상하여 <섭득>을 보내서 다스린 것이었다. <오{烏}>황후가 아들 <해우{解憂}>를 낳았다.

☯ 十五年壬寅, 三月, 黜大加<仇都>·<逸苟>·<焚永>等爲庶人. 三人, 皆以<召>皇后舊臣, 奪人妻妾財貨, 恣其所慾. 人皆忿死, 以致洪水, 使<沸流國>除. 法當斬誅, 以其爲<東明>舊臣不忍極法, 放爲庶人. 以「南部」使者<鄒敎素>爲<沸流部>長(<順奴>沛者也), 以化之. 九月, 行<東明大祭>于<龍山>. <多婁>, 獻<汗南>故地, 而南下. 遣兵伐<新羅>, 以助<多婁>.

○ 15년{단기2375년/AD42}임인, 3월, 대가 <구도{仇都}>·<일구{逸苟}>·

<분영{焚永}> 등을 서인으로 만들어서 내쳤다. 세 사람은 모두가, <소{召}>황후의 옛 신하로, 다른 사람들의 처·첩·재물·돈 등을 강탈하며 멋대로 방자하였더니, 당한 사람들 모두가 울화통이 터져서 죽는 일이 홍수 같았기에, <비류국{沸流國}>을 시켜서 이들을 다스리게 한 것이었고, 법을 따르면 응당 참주할 일이나, <동명{東明}>의 옛 신하는 극형을 면케 되어 있어, 내쫓아서 서인이 되게 한 것이었다. 「남부」사자 <추각소{鄒穀素}>를 <비류부>의 우두머리(순노패자야)로 삼아 이들을 교화하였다. 9월, <룡산{龍山}>에서 <동명{東明}>큰제사를 지냈다. <다루{多婁; =伯濟}>가 <한남{汗南}> 옛 땅을 바치고 남쪽으로 내려갔다. 군사를 보내주어 <신라{新羅}>를 쳐서, <다루>를 도왔다 {그림11}.

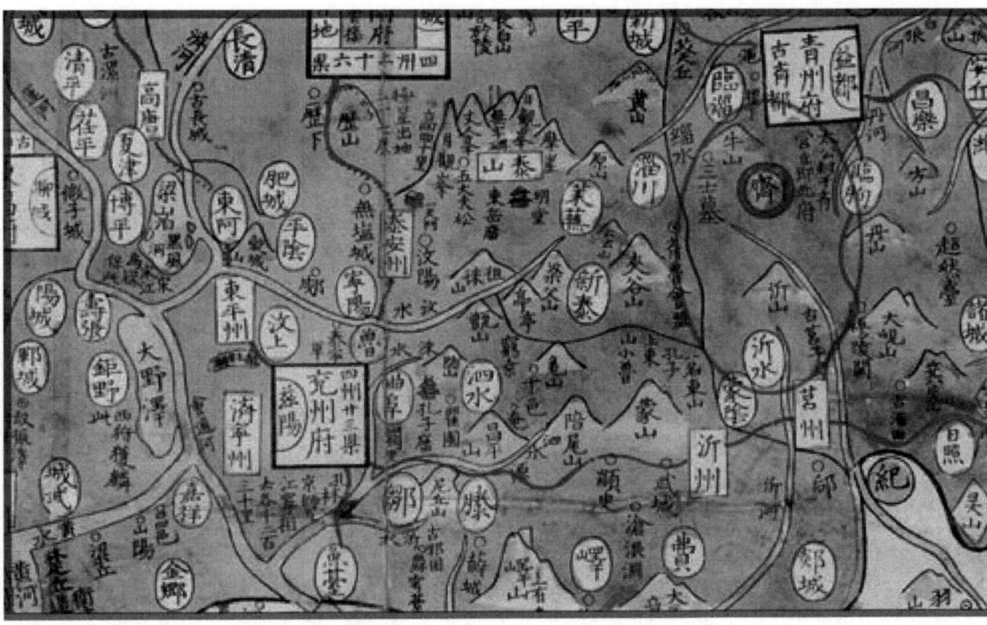

그림16. <기수{沂水}> 주변에 <고구리>와 <백제>의 초기 지명인 <우산{牛山}> 등 다수가 보인다.
<水經注集釋訂訛>卷十에...又東汗(宋本作沂)水....水出武安縣山東南流逕于城北. 昔項羽與蒲將軍英布濟自三户破章邯於是水. 汗水東注于漳水. ☞<沂水>가 <汗水>의 일부일 수도 있고, <汗水>는 <虖它河>와 合流하는 <漳水>의 상류일 수도 있고,{그림23}. 또한, <汗水>는 일명 <漢水>인 <黃河>의 하류와 가까운 <桑干河>의 하류일 수도 있다!

☯ 十七年甲辰, 七月, 小<松>太后崩. <松>太后之妹, 而上之乳母也. 上, 長於后, 以后五女皆爲妃. 春秋六十八.

○ 17년{단기2377년/AD44}갑진, 7월, 작은 <송{松}>태후가 죽었다. <송{松}>태후 여동생으로 상의 유모였다. 상은, 작은 <송>태후 품에서 자랐고, 이 후의 딸 다섯 모두를 비로 맞았다. 춘추 예순 여덟이었다.

☯ 二十年丁未, 三月, <樂浪>反, 上親征其都<沃沮>拔之, <崔理>北走<南沃沮>. <蚕支落>部<戴升>反, 屬于<漢>. 本<盖馬>臣也. 奸譎無比, 徃來<赤城>·<蠶支落>·<河>間, 而蠶食<盖馬>者也.

○ 20년{단기2380년/AD47}정미, 3월, <락랑{樂浪}>국이 배반하여, 상이 친히 그 도읍 <옥저{沃沮}>를 빼앗았더니, <최리{崔理}>는 <남옥저{南沃沮; 또는 남쪽의 <옥저>로; 작금의 요동반도 주변?}>로 패주하였다. <잠지락{蚕支落}>부 <대승{戴升}>이 배반하고 <한{漢}>에 붙었다{☞蚕支落은 後漢=東漢과 가까이 있었다}. 본래 <개마{盖馬}>국의 신하로, 간교하고 속임수가 비할 데 없었고, <적성{赤城; =張家口東懷來北?}>·<잠지락{蠶支落}>·<하{河}>간을 오가더니만 <개마{盖馬}>국을 잠식하였었다.

☯ 二十一年戊申, 四月, <曷思>后生<再思>太子. <松屋句>薨, <麻勁>太輔, <烏婁>左輔, <松宝>右輔.

○ 21년(단기2381년/AD48)무신, 4월, <갈사{曷思}>후가 <재사{再思}>태자를 낳았다. <송옥구{松屋句}>가 죽어, <마경{麻勁}>을 태보로, <오루{烏婁}>를 좌보로, <송보{松宝}>를 우보로 삼았다.

☯ 二十二年乙酉, 正月, 遣將軍<于刀>·<烏義>等伐<戴升>于<潛支落河>柵, 斬于柵南, 進拔<赤城>·<蠶支>, 遂率<紫蒙王><滿離斯古>·<涉得>等, 分四道進攻<右北平>·<漁陽>·<上谷>·<太原>等地, 奪其宝·玩·美色·絹織·珍味等多數. 歳, 以爲常, <蔡肜>, 大懼, 約修年貢, 乞和.

是年, <芦花>太后生於<柵城>. <王文>女也. 母<高耶>, <王文>女也.

○ 22년{단기2382년/AD49}을묘, 정월, 장군 <우도{于刀}>·<오의{烏義}> 등을 보내서 <잠지락하{潛支落河}> 목책에 있던 <대승{戴升}>을 토벌하여 목책 남쪽에서 목을 베고, 다시 진격하여서 <적성{赤城}>·<잠지{蠶支}>를 빼앗았으며, <자몽왕{紫蒙王}>들인 <만리사고{滿離斯古}>와 <섭득{涉得}> 등을 이끌고서 네 길로 나누어 진격하여 <우북평{右北平}>·<어양{漁陽}>·<상곡{上谷}>·<태원{太原}> 등을 공략하고 그곳의 보물·노리개·미색·비단·진미 등 다수를 빼앗았다. 년 중 내내 이런 일이 잦았더니, <채동{蔡肜}>은 크게 두려워하며 매년 조공하기로 약속하고 화친을 구걸했다.{☞이미 <고구리>가 <황하><하투>북방 땅을 넘보았다!} 이해에 <호화{芦花}>태후가 <책성{柵城}>에서 태어났다. <왕문{王文}>의 딸로, 어미는 <대소{帶素}>의 딸 <고야{高耶}>이었다.

☯ 二十四年辛亥, 三月, 「東部」雹. <扶余>太師<王文>卒, <加順>·<富覃>等作亂, 上遣<松宝>·<絡寄>定其亂, 而擒其女主<高耶>爲后. <東扶余>四十七國, 皆爲國土. 自<觧夫婁>歷<金蛙>·<帶素>·<高耶>, 四世百十年, 而國除. 中間<帶弗>竊位十九年.

○ 24년{단기2384년/AD51}신해, 삼월, 「동부」에 우박이 내렸다. <부여{扶余}>에서 태사 <왕문{王文}>이 죽자, <가순{加順}>·<부담{富覃}> 등이 반란하였다. 이에 상이 <송보{松宝}>·<락기{絡寄}>를 보내 이를 평정하고, 여자임금 <고야{高耶}>를 잡아다가 후로 삼았더니, <동부여{東扶余}> 47국 모두{=대략 <눈강>이동+<송화강>이북+<흑룡강>이남?}가 나라{=고구리} 땅이 되었다. <해부루{觧夫婁}>·<금와{金蛙}>·<대소{帶素}>·<고야{高耶}>를 거치면서 4대 110년을 이어오다가, 나라가 사라진 것이었다{=통째로 <고구리>에게 거두어들여진 것이었다}. 중간에 <대불{帶弗}>이 19년간 보위를 훔친 적이 있다.

☯ 二十七年甲寅, 四月, <好童>太子, 將兵東巡獵, 微行至<崔理>新都

(鴨口), 與<理>女交好. {其}女, 爲之, 破鼓角, 而迎王師大軍. 自<沃沮>浮海而入拔其都, 虜<崔理>夫妻而歸, 以其地爲<竹岺郡>. <樂浪>, 自<柴吉>, 四世八十餘年, 而國除. 七月, <大解>太子薨.

그림17. 군사지도상의 랑랑궁{娘娘宮}·최가둔{崔家屯}·랑랑묘{娘娘廟}를 AD20세기 후반에 중공이 발행한 지도에 옮긴 것임.
근래 중공에서는 娘娘宮과 娘娘廟를 바닷사람들의 안전을 빌고 제사하는 海神과 관련된 것이라고 말하지만 포괄적인 역사왜곡 방편으로 이용하고 있는 것으로 보임.
역자는 娘娘宮과 娘娘廟는 水神과는 거리가 멀며, AD6세기 이전의 북한지역은 <大漢國> 남한지역은 <扶桑國{于山國}>으로 추정함.

○ 27년{단기2387년/AD54}갑인, 4월, <호동{好童}>태자가 군사를 이끌고 동쪽을 순수하며 사냥하다가, 미행하여 <최리{崔理}>의 신도읍(압구){=남옥저}에 이르러 <최리>의 딸과 좋아지냈다. 그녀는 <호동>을 위해 북과 나발을 망가뜨려서 왕이 거느린 대군을 맞아들였다. <옥저{沃沮; AD47년 3월까지는 최리 락랑국의 직전 도읍}>에서 대군을 이끌고 배로 물을 건너 들어가 그 도읍을 빼앗고, <최리>내외를 사로잡아 돌아왔다. 그 땅은 <죽령군{竹岺郡}>으로 삼았다. <락랑{멸망 시를 기준하면 작금 요동반도 지경; 화북·화남·동해곡 평원에 해수가 부분적으로 남아있던 시절!}>은 <시길{柴吉}>로부터 4대 80여 년 만에 나라가 사라진 것이었다{=통째로 <고구리>에게 거두어들여진 것이었다. 그림17}. 7월, <대해{大解}>태자가 죽었다.

☯ 二十八年乙卯, 二月, 築<盖馬>·<河城>·<丘利>·<高顯>·<南口>·<紫蒙(昆都)>·<句麗>·<車蘭>·<河陽>·<西安平>等十城, 以備<漢>及<鮮卑>. <麻勁>病免. <烏婁▢>太輔, <松宝>左輔, <乙祥>右輔.

○ 28년{단기2388년/AD55}을묘, 2월, <개마{盖馬}>·<하성{河城}>·<구리{丘利}>·<고현{高顯}>·<남구{南口}>·<자몽{紫蒙}(곤도)>·<구리{句麗}>·<거란{車蘭}>·<하양{河陽; 그림4}>·<서안평{西安平}> 등 10성{=요서10성}을 쌓아서 <한{=東漢}>과 <선비{鮮卑}>에 대비하였다.{☞모두 太行山脈 中部 以西·以北 및 河套 北部 九原·五原주변 河北지역?} <마경{麻勁}>이 병면하여, <오루{烏婁▢}>가 태보로, <송보{松宝}>가 좌보로, <을상{乙祥}>이 우보로 되었다.

☯ 二十九年丙辰, 七月, <樂浪>餘衆與東<沃沮>反. 遣將軍<菸卑神>伐東<沃沮>, 拔之, 爲<海西郡>. 置<樂浪>余衆于<桓阿(桓因界)>.

○ 29년(단기2389년/AD56)병진, 7월, <락랑{樂浪}>의 남은 무리가 동쪽의 <옥저{沃沮; =南沃沮?}>와 함께 반란하였다. 장군 <어비신{菸卑神}>을 보내서 동쪽의 <옥저>를 빼앗아 <해서군{海西郡; 대략 현금 嫩河 및 遼河 以西?}>으로 만들고, <락랑>의 남은 무리는 <환아{桓阿}(환인계)>에서 살게 하였다.

☯ 三十二年己未, 四月, 如<孤岸淵>觀魚, 釣赤翅白魚薦于廟. 七月, 「西都」大水, 漂沒民屋.

○ 32년{단기2392년/AD59}기미, 4월, <고안연{孤岸淵}>으로 가서 물고기를 잡았다. 지느러미가 붉은 흰 물고기를 낚아서 묘당에 올렸다.
7월, 「서도{西都=匑牟末都=光明初都}」에 큰물이 져 민가가 뜨거나 잠겼다.
{☞「서도」는 하수변 저지대 평지에 있었다}

☯ 三十三年庚申, 十一月, <好童>伏劒而死. <好童>顔色美好. <烏>皇后, 愛而欲狎之不得, 反讒于上, 曰; "<好童>無禮." 上不肯罪之, 后乃聲言于外. <好童>, 不自釋, 曰; "我若釋之, 顯母之惡而貽父之憂" 遂自殺.

○ 33년{단기2393년/AD60}경신, 11월, <호동{好童}>이 칼에 엎어져 죽었다. <호동>은 안색이 고와서 호감을 샀으며, <오{烏}>황후도 <호동>을 탐내어 희롱하고 싶었으나 그리 되지 아니하자, 상께 도리어 "<호동>이 무례하였다."고 참소하였다. 상이 그 말을 곧이들어 <호동>을 벌주려 하지 않았더니, 황후가 언성을 높여서 소리가 밖으로 새나갔고, 이에 <호동>은 자신을 석명하지 않으며 "내가 밝히면 어머니{=烏后; 好童생모는 曷思后임}의 잘못이 드러나서 아버님께서 걱정하시게 됩니다."라 말하고는 자살한 것이었다.

☯ 三十四年辛酉, 四月, <松宝>妻<乙蒲>生子<豆智>. <蒲>以爲上子, 不受. 自先帝時, 公卿之妻被幸者, 多獻子. 至是, 弊益甚, 故廢其風.

○ 34년{단기2394년/AD61}신유, 4월, <송보{松宝}>의 처 <을포{乙蒲}>가 아들 <두지{豆智}>를 낳았다. <을포{蒲}>가 상의 아들로 하려 하였으나, 받지 않았다. 선제 때부터 공경들의 처가 승은을 입으면, 많은 이가 이런 일이 있은 후에 낳은 아들을 상에게 바쳐 왔었는데, 이때에 이르자 그 폐단이 아주 심하였었기에, 그 풍속을 폐한 것이었다.

☯ 三十七年甲子, 八月, <多婁>與<新羅>爭<蛙山>. <涉得>遣子<射旭>來朝. 冬十月, 上, 崩於「西都」. 遺命傳位於皇太弟<解邑朱>. 春秋六十一, 葬于<大獸林原>.

○ 37년{단기2397년/AD64}갑자, 8월, <다루{多婁}>가 <신라{新羅}>와 <와산{蛙山}>을 놓고 싸웠다. <섭득{涉得; =자몽왕}>이 아들 <사욱{射旭}>을 보내 입조하였다. 동10월, 상이 「서도」에서 죽었다. 황태제인 <해읍주{解邑朱}>에게 보위를 넘긴다는 명을 남겼다. 춘추 예순 하나였으며, <대수림원{大獸林原; =大楡樹林原?}>에 묻혔다{그림18}.

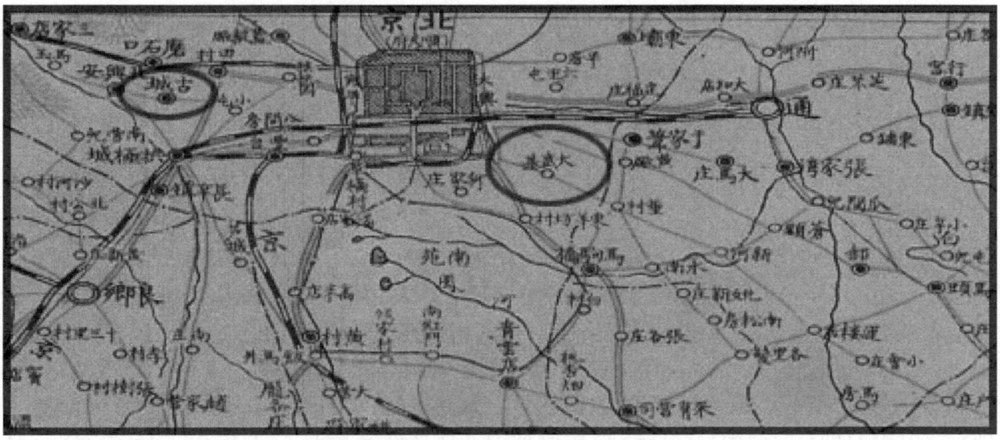

그림18. <北京><자금성> 東南方 <大武墓>가 <大武神帝>의 무덤은 아닌지?
이 <자금성>의 서방엔 어느 나라 것인지 밝히지 않는 古城이 있고,
<북경>서북변 <懷來縣> 강변에서도 거대한 옛 궁성터가 발견되었다.

※ 論曰; <大武>, 勇毅沈鷙, 能成大業, 繼<光明>守成之後, 征<扶余>, 討<盖馬>, 遠及<上谷>·<太原>, 使<漢>人膽寒. 又能孝友, 見其子之不肖而傳于弟, 可謂知大體. 然, 溺於<烏>后而殺<好童>. 縮<濟>·<羅>而遺禍于後. 盖英雄有惟薄之患, 聖人養兄弟之禍者, 此歎. <東明>·<光明>·<大武>三代之治, 謂之<三代鏡>. <麗>人以之爲<政經>, 能傳七百年. <光明>·<大武>不愧爲<東明>之子孫.

※ 찬자는 "<대무{大武}>는 용감하며 굳세고 심히 사나웠으며, 능히 대업을 이루었다. <광명{光明}>을 이어서 지키기를 이룬 후에 <동부여{扶余}>를 정벌하고 <개마{盖馬}>를 토벌하였으며, 멀리는 <상곡{上谷}>과 <태원{太原}>까지 정벌하여 <한{漢}>인들의 간담을 서늘하게 하였었다. 또한 효심과 우애가 있었으며, 자신의 아들이 불초하였음에 동생에게 제위를 넘겼다. 대업에 대한 큰 틀을 알고 있었다 할 만하였다. 그러나 <오{烏}>후에게 빠져서 <호동{好童}>을 죽게 했으며, <백제{濟}>와 <신라{羅}>를 다스림에서는 후세에 화를 남겼다. 대개 영웅들은 가벼이 생각한 것들로 하여 우환이 따르게도 하는데, 성인{=대무}도 형제들에게 닥쳐올 화를 키웠으니, 이것은 한탄스러웠

다. <동명{東明}>·<광명{光明}>·<대무{大武}> 3대의 치적을 일컬어 <3대경{三代鏡}>이라 한다. <고구리{麗}>사람들은 이를 <정경{政經}>으로 삼아서 능히 7백년을 이어 나아갔었다. <광명{光明}>과 <대무{大武}>는 <동명{東明}>의 자손으로서 부끄럽지 않았었다."고 하였다.

역자의 변 : <남당> 선생이 <상곡>과 <태원>이 먼 곳이었다고 본 것은 <남당> 선생이 <고구리> 입국처를 연해주의 <흥개호> 서변정도로 보았기 때문이다.
<상곡>·<태원>은 <고구리>「서도」의 서방 땅 산곡들에 있었던 땅들로 보인다.
이미, <대무신제>는 「북도」를 근거로 하여 <동부여>를 모두 취하고, 「동도」를 근거로 하여 <락랑국>을 취하고, 「서도」를 근거로 하여 <후한=서한>과 <태행산맥>·<여량산맥>·<황하><하투>동북방에서 접전하여 현금 서토의 <하북성>·<산서성>지역의 패권을 차지하고 속칭 <요서10성>을 쌓아서 서북의 <한>과 함께 <선비>를 다잡았고,
<한남국{汗南國}>에서 <백제{伯濟}>로 국명을 바꾼 <온조>계열 세력은 <고구리>의 전폭적인 도움을 받아서 <마한> 혹은 <신라> 세력을 남방으로 밀어냈다.
일찍이 <광명대제=유리명제>시절에 <신라>로 들어간 <협보>와 <작>태자는 <고구리>와 <백제>의 연합세력에 밀려서 <신라>의 무리와 함께 남쪽으로 내려갔을 것으로 보임.

<삼국사기>에 남아있는 기록엔 <대무신제>치세에 『遣使入<漢>朝貢. <光虎帝{光武帝}>復其王號, 是<立武{建武}>八年也.』 즉, 『<한>에 사신을 보내 조공하였더니, <광무제>가 왕호를 돌려주었다. 때는 <건무>8년(AD32)이었다.』라고 써놓아서 <고구리>가 <후한>에게 조공한 것으로 써놓고 있으니, <동부여>황실에 옥갑{玉匣=玉壽衣}을 만들어 바치던 <후한>에게 <동부여>를 정벌하기 위해서 서남방{=후한}을 사전에 진무하는 선물을 보냈을 정도이었을 것을, 그 어떤 손으로 이렇게 왜곡·조작하였단 말인가? 5년 후이면 <울암대전{AD37}> 등으로 혼쭐이 날 <후한>에게 조공하였다니! 이래도 일제의 조선총독부 검정필 <삼국사기>만이 우리나라의 정사서{正史書}라고 주장 할 것인가? {☞ 점차 <三國史記>가 <三國詐記>임을 스스로 인정하게 될 것이다!}

<高句麗>史略卷之二 <고구리>사략권지이

04. 第四世<閔中帝>紀 제4세<민중제>기

원문출처 ; http://mf.history.go.kr/Pdf/MF0020000/00322307.pdf

帝, 諱<解邑朱>, <光明帝>之季子也. 母, <松>太后. 性寬厚好賢. <大武>之伐<扶余>時, 守都得宜故信其能, 而臨崩寄以大事. 群臣以<慕本>爲不肖而立之. 卽位於<鸞臺>, 以<解憂>爲太子, 戒之以善.

제는, 휘가 <해읍주{解邑朱}>이며, <광명제{光明帝}>의 막내아들이고, 모친은 <송{松}>태후이다. 성품은 너그럽고 후하였으며 현명한 이를 좋아했다. <대무{大武}>신제의 <동부여{扶余}>정벌 시에 도성{「西都」}을 잘 지켜 내었기에 마땅히 능력을 인정받았고, 선제는 임종할 때 큰 일{=나라 다스리는 일}을 맡긴 것이었다. 군신들도 <모본{慕本}>이 불초한 까닭에 그{=解邑朱}를 보위에 세웠다. <란대{鸞臺; =在「西都」}>에서 즉위하였고, <해우{解憂=慕本}>를 태자로 세워서 선{善}한 방도로 타일렀다.

☯ 元年甲子, 十一月, 大赦. 群臣請改元, 辭以無德. 以<烏>后爲皇后, <解憂>爲嗣. 是年, <濟>攻<羅><蛙山>·<狗壤>. <漢>, <陰麗華>死, 與<匈奴>合市.

○ 원년{단기2397년/AD64}갑자, 11월, 크게 사면하였다. 군신들이 년호를 바꾸자 하였으나, 그럴 만한 덕이 없다 하며 고사하였다. <오{烏}>후를 황후로 삼고, <해우{解憂}>를 후사로 정하였다. 이해에 <백제{濟}>가 <신라{羅}>의 <와산{蛙山}>과 <구양{狗壤}>을 공격했다. <한{漢=東漢=後漢}>의 <음려화{=광무제 <유수>의 두 번째 처}>가 죽었으며, <흉노>와 저자{=시장}를 함께 열었다.

☯ 二年乙丑, 三月, 宴群臣於「西都」. 五月, 「東部」大水. 上, 與皇后, 問民賑飢. 九月, <烏>皇后生<鶴>公主. 以后兄<烏芾>爲右輔. <漢>

<度遼營>斷南北<虜>.

○ 2년{단기2398년/AD65}을축, 3월, 「서도」에서 군신들에게 잔치를 베풀었다. 5월, 「동부」에 큰물이 졌다. 상이 황후와 함께 백성들을 돌아보고 굶는 이들에겐 먹을 것을 주었다. 9월, <오{烏}>황후가 <학{鶴}>공주를 낳았다. <오>후의 오빠 <오불{烏芾}>을 우보로 삼았다. <한{漢=後漢}>이 <도요영{度遼營}>을 두어서 남·북<로{虜=非漢人=化外人}>들의 교통을 끊었다.

☯ 三年丙寅, 七月, 與<烏>皇后, 東狩, 獲白獐飼之. <濟>, 取<蛙山>, 置戍二百人, 尋失. 「東都」無雪. <漢><昜>殺其弟<荊>. <荊>, 以皃類於<秀>, 言三十得天下, 欲起兵而伏罪. 弟莫好佛■■助<■>.
以后弟<烏希>爲中畏大夫, <麻勁>太輔, <松宝>左輔.

○ 3년(단기2399년/AD66)병인, 7월, <오{烏}>황후와 함께 동쪽으로 몰이사냥{군사조련 사냥}을 나갔다가, 흰 노루를 잡았기에 먹이를 주어 길렀다. <백제{濟}>가 <와산{蛙山}>을 <신라>로부터 빼앗고 수자리 200인을 두었으나, 다시 빼앗겼다. 「동도{=初都}」엔 눈이 오지 않았다. <한>의 <양>이 동생 <형>을 죽였다. <형>은 <수{=광무제}>와 모습이 비슷하였으며 나이 삼십이면 천하를 얻어야 한다 말하고서 기병하려 했다가 죄를 받은 것이었다. 동생......이하 해독·번역 불능......
<오{烏}>후의 남동생 <오희{烏希}>를 중외대부로, <마경{麻勁}>을 태보로, <송보{松宝}>를 좌보로 삼았다.

☯ 四年丁卯, 四月, 與<烏>后, 田于<閔中原>, 祀<烏伊>祠. 七月, 又田, 見石窟而謂<烏>后, 曰; "吾死, 宜葬于此." 后曰; "粗殘, 奈何." 上, 曰; "<東明>茅茨不剪, <松讓>朽木爲宮. 吾安敢奢其死骨哉. 汝亦從我于斯, 可也." 后笑, 曰; "女必從夫. 陛下雖無言, 妾當自從." <解憂>太子遊三賢古基, 尋<熊心山>聖母古宅, 名其地曰<慕本原>. 九月, <東海>使人<高朱利>獻鯨目于<烏>后. 夜有光當燭. 時, <烏>后又產<悅>公主. 上, 謂后, 曰; "<解憂>改過, 而孝我夫妻. 可以傳位. 與汝

爲仙, 何如." 后曰; "<解憂>, 雖吾出, 其心未可測. 待我産一男子傳之未晩." 上, 笑, 曰; "汝亦老矣. 安能久産哉." 后不悅. <扶余>內亂, 命<扶余>·<麻[樂]>等, 率<達賈>·<穆卓>·<杜魯>往鎭之. <羅>, 以<順貞>爲伊飡, 委政. <漢>置「五經師」, 羽林通<■經>, <匈奴>入學.

○ 4년{단기2400년/AD67}정묘, 4월, <오{烏}>후와 함께 <민중원{閔中原}>으로 가서 사냥하고, <오이{烏伊}>사당에 제사하였다. 7월, 다시금 사냥을 나갔다 석굴을 발견하자, <오>후에게 이르길; "내가 죽거든 꼭 이곳에 나를 장사하여 주시오."라고 하였더니, <오>후가 답하길; "거칠고 허물었는데, 괜찮겠습니까?"라 하였고, 이에 상이 "<동명{東明}>께서는 갈대로 지붕을 잇고 처마 끝도 다듬지 않으셨으며, <송양{松讓}>은 썩은 나무로 궁을 지었었소. 내 어찌 감히 내 죽은 몸을 호사하게 할 수 있겠소! 당신도 나를 따라 이곳으로 왔으면 하오."라 하였더니, 후가 웃으며 답하길; "여필종부입니다. 폐하의 말씀이 없으셔도, 첩은 응당 알아서 따를 것입니다."라고 하였다. <해우{解憂}>태자가 세 현신{三賢臣=재사·무골·묵거}의 옛터에서 노닐다가, <웅심산{熊心山; 熊神山? 熊裏山=熊耳山?}>의 성모고택을 찾아보고서 그곳을 <모본원{慕本原}>이라 이름을 붙였다. 9월, <동해{東海; =遼河平原?}>사인 <고주리{高朱利}>가 <오>후에게 고래눈알을 바쳤다. 밤에는 빛이 나서 촛불을 켠 것 같았다. 이때 <오{烏}>후가 또 <열{悅}>공주를 낳자, 상이 후에게 이르길; "<해우{解憂}>가 개과천선하여 우리 내외에게 효도를 하고 있으니, 임금 자리를 물려줘도 될 것 같소. 그대와 선{仙}이나 했으면 하는데, 어떻겠소?"라 하였다. 이에 후가 "<해우>는 제가 낳긴 하였어도, 그 속내는 전혀 예측할 수 없습니다. 제가 사내자식 하나를 {더} 낳을 때까지 기다렸다가 그 아이에게 물려주어도 늦지 않을 것입니다."라 답하자, 상이 웃으면서; "당신 역시 이미 나이가 많은데, 어찌 능히 오래도록 낳을 수나 있겠소?"라 말하였고, 후는 달가워하지 않았다. <부여{扶余}>에서 내란이 일어나, <재사{再思}>와 <마락{麻樂}> 등에게 <달가{達賈}>와 <목탁{穆卓}> 및 <두로{杜魯}>를 데리고 가서 진압하게 하였다. <신라{羅}>는 <순정{順貞}>을

이찬으로 삼아서 국정을 맡겼다. <한{漢}>이 「오경사{五經師}」를 두었더니, 우림들이 <■경>에 통달하고, <흉노{匈奴}>도 입학하였다.

☯ 五年戊辰, 正月, <ins><扶余>亂平</ins>. **<再思>**請娶**<王文>**女, 許之. 五月, <ins>上, 崩[于]「東都」, 春秋六十二. 遺命立**<解憂>**太子. 太子, 卽位於「東都神宮」, 改元**<慕本>**</ins>, 葬帝于石窟. 群臣欲作陵, **<烏>**后曰; "吾止禪位之事以違夫志, 且作新陵, 是重違夫志也. 吾亦死, 當歸此. 使後人知帝之儉德, 而爲皇后者勿違夫志, 可也." 群臣拜伏.

○ 5년{단기2401년/AD68}무진, 정월, <부여{扶余}>의 내란이 수습되었다. <재사{再思}>가 <왕문{王文}>의 딸과 혼인하고자 청하였더니, 허락하였다. 5월, 상이 「동도{=初都}」에서 춘추 예순 둘에 죽었다. <해우{解憂}>태자를 보위에 세우라고 명을 남겼다. 태자는 「동도{東都}」의 신궁{神宮}에서 즉위하고, 년호를 <모본{慕本}>으로 바꿨으며, 제를 석굴에 장사했다. 여러 신하들이 새로이 릉을 만들려 하자, <오{烏}>후가 이르길; "나는 <민중>이 양위하시겠다는 것을 말려서 지아비의 뜻을 어긴 바 있었소. 새로이 릉을 만들면 지아비의 뜻을 또다시 어기는 것이 됩니다. 나 역시 죽으면 응당 이곳으로 올 것이오. 후세 사람들에게 선제의 검소하신 덕을 알게 하고, 황후가 되는 이들도 지아비의 뜻을 어기지 않게 하시오."라 하였더니, 신하들이 절하고 따랐던 것이었다.

※ 論曰; "**<閔中>**, 受顧命行「伊周之事」, 以傳位於**<慕本>**則賢矣, 不識其詐則惛矣. 戒之以善則好矣, 不擇師以敎之設官以制之, 則欠矣."

※ 찬자는 "<민중{閔中}>이, 고명을 받아서 「이주지사{伊周之事}」를 행하고, <모본{慕本}>에게 보위를 물려 준 것은 현명한 것이었으나, 거짓임을 알지 못하였음은 밝지 못하였음이었다. 선한 방도로 타이른 것은 잘 한 것이었으나, 적절한 스승을 두어 가르치거나 관리를 두어 다듬어주지 않은 것은 흠이었다."라고 하였다..

05. 第五世<慕本帝>紀 제5세<모본제>기

원문출처 ; http://mf.history.go.kr/Pdf/MF0020000/00322307.pdf

帝，諱<解憂>，<大武神帝>之子也．母，曰<烏>太后，<烏伊>子<婁>之女也．　容皃美麗，而能騎射，善諂諛阿諛，故<武帝>愛之以爲正胤．旣得志，多亂後宮而性頗殘忍．<武帝>，臨崩，命<閔中>令行「太甲故事」；待其改過而傳位，又令<烏>后事<閔中>而完其事．未幾，<閔中>見其改過之跡而欲讓位，<烏>后力止之而未得．常謂左右，曰；"吾，以后故，未副兄志．" 夜不能寢，疾作，而崩．以遺命，立帝．<烏>后謂帝，曰；"汝父欲立汝，吾力止之者，猶有未信故也．今，以遺命，立汝．汝，其體汝二父之心而無失天子之德．" 帝，素有孝行，故唯唯，而卽位．

제는, 휘가 <해우{解憂}>이며, <대무신제{大武神帝}>의 아들이다. 모친은 <오{烏}>태후로 <오이{烏伊}>의 아들 <오루{婁}>의 딸이었다. 용모가 미려하고 기사{騎射}에 능하고, 허튼소리와 남의 비위맞추기도 잘하여서, <무제{武帝}>가 그{=모본}를 귀여워하고 정윤{正胤≒동궁}으로 삼았더니, 이윽고 뜻하던 바를{정윤이 되는 것을} 얻었던지라, 후궁들과 어지러이 놀아났으며, 성품은 깨나 잔인하였다. <무제>는, 죽음을 앞두자, 「<태갑{太甲}>의 옛 일{=「이주지사」}을 <민중{閔中}>에게 시키면서 <해우>가 개관천선하거든 전위하여 주라고 하였으며, <오>후에게도 명하길 <민중>을 섬기면서 이 일을 이루라 하였었다. 아직 개과의 기운을 보이지 않는데도, <민중>은 <해우>가 개과한 것으로 알고 양위하려고 하였다가, <오>후가 힘껏 말려서 그리 하지 못하더니, 오히려 좌우들에게 "나는 <오>후 때문에 형님의 뜻을 따를 수 없오."라 하면서, 밤잠을 이루지 못하다가 이에 병이 들어서 죽었다. 유명을 따라서 {해우가} 제위에 올랐더니, <오>후가 제{모본=해우}에게 이르길; "네 아버지{=민중제}께서는 너를 보위에 세우려고 하셨었지만, 나가 너를 믿을 수 없었기에 그것을 말렸었다. 이제 유명을 좇아 너를 보위에 세운다. 너는 네 두 아버님{=대무신제와 민중제}의 마음을 깨닫고, 천자가 갖추어야 할 덕을 잃지 말아야 할 것이야."라 하였더니, 제{모본}는 평소에 효행하는 체는 하였었기에, “예! 예!”하면서 건성으로 대답하고 보위에 올랐다.

☯ 元年戊辰, 六月, 葬先帝于石窟, 謂左右, [曰]; “叔父, 以我長而賢, 欲傳位. 二三奸臣, 托以母后之命, 而拒之. 母后豈惡我哉, 是乃太輔之過也.” 乃罷<麻勁>爲庶人, <松宝>·<乙祥>皆免, <烏希>左輔, <羽眞>右輔委軍國大事. 尊母<烏>氏爲太后, 納<羽眞>女爲皇后. 廢元妃<麻>氏, 曰; “<勁>, 以女妻朕, 窘我久矣. 今廢之, 爽然.” <烏>太后曰; “汝云改過, 而復如此. 汝父有靈, 必復<閔中>矣.” 盖先帝常以帝亢<閔中>, 故如是言也. 七月, 復納<烏希>女爲副后. 八月, 山崩二十餘所, 上有惧色, 命停采女. 十月, 以元子<翊>爲正胤. <翊>, 時十一, 自其母<麻>氏出宮, 號泣不食. 太后叱帝, 曰; “汝欲殺子耶.” 上, 乃召<麻>氏同寢, 曰; “使汝出宮者, 欲使汝父改過也.” 乃慰<翊>而爲嗣者也. 先是, 上行天祭于神隧, <羽眞>請立<翊>. 上, 曰; “朕欲以卿女之子爲嗣.” <羽眞>{曰}; “臣女幼, 何可待之. 且<翊>有孝行如陛下, 故國人敬之. 陛下, 若以<翊>爲臣女之子, 不亦好乎.” 上, 感其言, 而立<翊>. <羽>皇后, 亦累言<麻>氏之賢, 而復后, 故以<翊>爲<羽>后之子. <扶余>再亂, <再思>·<芦花>與<穆卓>往鎭之. 如<曷思宮>. 左輔<烏芾>諫, 不聽.

○ 원년{단기2401년/AD68}무진, 6월, 선제를 석굴에 장사하고 나서, 신하들에게 이르길; “숙부는{=<민중>은} 내가 커서 알 만큼 알게 되어 전위하려고 하셨는데도, 두 세 명의 간악한 신하들이 모후의 명을 핑계로 그 일을 막았었소. 모후께서야 어찌 나를 헐뜯었겠소? 이는 태보의 잘못이었던 것이오.”라 하고는, <마경{麻勁}>을 파직하여 서인을 만들고, <송보{松宝}>와 <을상{乙祥}>을 면직시켰으며, <오희{烏希}>를 좌보로 삼고, <우진{羽眞}>은 우보로 삼아서 군국대사를 맡겼다. 자신의 모친은 태후로 올리고, <우진>의 딸을 거두어서 황후로 삼았다. 원비{=첫째 비}였던 <마{麻}>씨를 폐하며, 이르길; “<마경{勁}>은 자기 딸을 짐에게 처로 주어놓고서, 나를 오래도록 괴롭혔었소.

지금 그를 폐하니 속이 후련하오.”라 하였다. 이에 <오{烏}>태후가 이르길; “너는 개과천선했다고 하지만, 지금 하는 짓을 보니 옛날과 똑같구나. 네 아버님{=대무신제}의 혼령이 있으시다면 반드시 <민중{閔中}>을 다시 세울 것이다.”라 하였다. 개략 선제{=대무신제}가 항상 제{=모본}를 <민중>에 견주어 보았었고, 그랬던 까닭에 이런 말을 일렀음이었다. 7월, <오희>의 딸 하나를 더 거두어 부후로 삼았다. 8월, 20여 군데의 산이 무너지자, 상은 두려운 안색이 되더니, 여인들 뽑아 들이기를 중지시켰다. 10월, 원자 <익{翊}>을 정윤으로 삼았다. <익>은 이때 11살이었으며, 어미가 출궁된 이후 울부짖으며 먹기를 마다하였더니, 태후가 제를 꾸짖어 이르길; “너는 자식을 죽일 셈이냐?”라고 하였다. 이에 상은 <마{麻}>씨를 불러들여 동침하면서 “내가 당신을 출궁시켰던 것은 당신의 아비가 잘못을 뉘우치게 한 것이었었소.”라 말하고서, <익>을 위안하고 후사로 삼은 것이었다. 이에 앞서 상이 신성한 수혈을 찾아서 천제를 지낼 때, <우진{羽眞}>이 <익>을 후사로 세우길 청하였더니, 상이 말하길; “짐은 경의 딸이 낳은 아들을 후사로 삼으려 하오.”라고 하였고, 이에 <우진>이 “신의 딸은 나이가 어린데 어찌 기다리실 수 있으시겠습니까? 게다가, <익>은 효행함이 폐하와 같아서, 나라사람들이 공경하고 있습니다. 폐하께서 <익>을 신의 딸이 낳은 아들로 하여주시면, 그 또한 좋지 않겠습니까?”라 아뢰었더니, 상이 그 말에 마음이 동하여 <익>을 세운 것이었다. <우{羽}>황후 또한 <마>씨의 현명함을 누차 간하였었더니, <마>씨를 후로 복위시켜주었고, <익>은 <우{羽}>후의 아들로 삼아주었다.

<부여{扶余}>가 다시 어지러워졌더니, <재사{再思}>와 <호화{芦花}>가 <목탁{穆卓}>과 함께 가서 진압하였다. <갈사궁{曷思宮=大武神后=異腹弟再思之母}>에 발걸음을 하였다. 좌보 <오불{烏芾}>이 말렸으나, 듣지 않은 것이었다.

☯ 二年己巳，正月，擇宗室公卿女七人納後宮，又采民間女七十人分屬七宮，淫荒爲事． 三月，暴風拔樹． 四月，霜雹．上，怒，[曰]; “天旣惡

我, 我亦惡天." 命左右射天. 八月, 發倉賑民. 納<好童>女<葦花>. <再思>[之]室也. <曷思宮>, 生女, 怩之, 曰; "生此, 何爲." 乃名<怩>.

○ 2년{단기2402년/AD69}기사, 정월, 종실과 공경들의 딸 일곱을 뽑아서 후궁으로 들이고, 또한 백성의 딸 70명을 가려 뽑아서 일곱 궁에 나누어 두고, 황음하기를 일로 삼았다. 3월엔 폭풍에 나무가 뽑혔고, 4월엔 서리와 우박이 내렸더니, 상은 화를 내면서 "하늘이 이미 나에게 모질게 하였으니, 나 역시 하늘에 모질게 대할 것이오."라고 말하고는, 좌우에 명하여 하늘에다 활을 쏘게 하였다. 8월, 창고를 열어 백성에게 먹을 것을 풀었다. <호동{好童}>의 딸 <위화{葦花}>를 거두었다. 그녀는 <재사{再思}>의 여인이었다. <갈사궁{曷思宮}>이 딸을 낳더니, 딸{또는, <모본>의 자식을} 낳은 것을 민망해 하면서, "이걸 낳았으니, 어쩌나?" 하더니만, <니{怩}>라고 이름을 지었다.

☯ 三年庚午, 三月, 作<淌水>新宮, 極其奢侈. 日會宗戚·命婦, 飮荒度日. <濟>, 侵<羅><蛙山>, 不克. 六月, <藍>公主薨, 年七十八.
<漢>殺其弟<英>. 作金龜玉鶴罪.

○ 3년{단기2403년/AD70}경오, 3월, <창수{淌水; =湯水?, ≒湯河?, ≒湯道河?}>에 새 궁전을 지었는데, 사치스럽기가 극에 달했으며, 날마다 종척들과 명부{=大夫의 夫人}들을 불러 모아놓고, 술 마시고 음란하기로 세월을 보냈다. <백제{濟}>가 <신라{羅}>의 <와산{蛙山}>을 침공했으나 이기지 못하였다. 6월, <람{藍}>공주가 78살에 죽었다.
<한{漢}>{의 임금}이 자기 동생 <영>을 죽였다. 금 거북과 옥 학을 만든 죄였다.

☯ 四年辛未, 二月, 殺內使者<勝人>. <勝人>, 以美容得幸. 上, 坐臥席之. <勝人>, 不能堪其苦, 而動之放屁. 上, 怒格而殺之. 其母<尺>, 亦以<勝>之故得寵, 怨其殺子而見黜. 自是, 宮人內使之爲席人者, 多被殺傷. 上, 殺副后<烏>氏. <烏>氏生女, 未幾, 使席人<杜魯>通之, 疾作而怨上. 上, 拳之, 吐血而死. 太后痛哭. 上, 怒, 曰; "此老狐促我死

耶." 命左右引出之. <羽>后諫之亦見廢. <烏希>·<羽眞>皆稱病不出. 人心洶洶. <杜魯>等跋扈擅權. <涉得>死, <射旭>立.

○ 4년{단기2404년/AD71}신미, 2월, 내사자 <승인{勝人}>을 죽였다. <승인>은 얼굴이 예뻐서 고임을 받았다. 상이 눕혀놓고 깔고 앉았고, <승인>은 고통을 못 이기며 옴지락거려서 궁둥이에서 벗어났더니, 상이 노하여 때려죽인 것이었다. <승인>의 어미 <척{尺}>도 <승인>으로 인해 승은을 입었는데, 자기 아들 죽는 것을 보고서 원망하다가 쫓겨났다. 이때부터 궁인·내사로 인간깔개가 되었다가 많은 이가 죽거나 상하였으며, 상은 부후 <오{烏}>씨도 죽였다. <오>씨는 딸을 낳고 몸을 추스르기도 전인데, 인간깔개 <두로{杜魯}>를 시켜서 통음케 하였고, 이에 병들어 상을 원망하였더니, 상이 <오>후를 주먹질하여 토혈하고 죽은 것이었다. 이 꼴을 본 태후가 통곡하니, 상이 노하여 "이 노파가 내가 빨리 죽기를 바란다."라고 하면서 좌우에게 끌어내라고 명하였다. <우{羽}>후가 이를 말렸다가 역시 폐함을 당하였고, <오희{烏希}>와 <우진{羽眞}>은 칭병하고 나오지 않았다. 인심은 흉흉해졌고, <두로> 등은 발호하여 권력을 마음대로 휘둘렀다. <섭득{涉得}>이 죽고, 아들 <사욱{射旭}>이 섰다.

☯ 五年壬申, 四月, 田<質山>. 五月, <東扶余>屬國<藻那(尼港)>反. 命<穆卓>·<達賈>等, 往平之. <卓>, 以<藻那>王女<琩>爲妻. 七月, 田<閔中原>. 九月, 採國中美少年, 入宮中爲枕臣·席人. 不如意則輒射之, 或死或傷. <勝人>之弟<崔裀>被殺. <烏俊>諫, 曰; "人命至重, 何可如是." 上, 怒亦射之. 人不敢言.

○ 5년{단기2405년/AD72}임신, 4월, <질산{質山; =吉山?}>에서 사냥하였다. 5월, <동부여{東扶余; =현금 만주의 부여시 주변, 눈강 이등 및 흑룡강과 송화강 지역}> 속국 <조나{藻那}(니항)>가 반란하여, <목탁{穆卓}>과 <달가{達賈}> 등에게 명하여 가서 평정하게 하였다. <목탁>이 <조나> 왕녀 <창{琩}>을 처로 삼았다. 7월, <민중원{閔中原}>에서 사냥했다. 9월, 나라

안의 미소년을 가려 뽑아 입궁시켜서 침신이나 깔개로 썼다. 뜻에 따르지 않으면 번번이 쏴버려서 죽거나 상하였고, <승인{勝人}>의 동생 <최인{崔裀}>도 죽임을 당하였다. <오준{烏俊}>이 "사람 목숨은 지극히 귀한 것인데, 어찌 이러십니까?"라고 말렸더니, 상은 화를 내며 역시 활을 쏘았다. 이에 누구도 감히 말리지 못하였다.

☯ 六年癸酉, 二月, <慕本>新宮成, 以爲「東都」遊幸之所. 以<杜魯>爲枕臣. <魯>, <慕本>民也. 美容而能婼, 上自太子時爱之, 及卽位, 封爲將軍, 有<扶餘>功, 爵大兄, 拜中畏大夫. 皇后<羽>氏·<烏>氏·<麻>氏皆被其汚. <麻>氏生<杜魯>女. <烏>太后亦與<杜魯>通. 宮中呼<魯>以小帝. 五月, 戊午晦, 日食. <杜魯>, 與<崔裀>母<尼滿>交好, 而歎, 曰; "吾命亦不久矣." <尼滿>曰; "小帝, 有何不洽而言如此乎." <魯>曰; "上, 怒我動搖, 欲殺之. 奈何." <尼滿>曰; "撫我則后, 虐我則讐. 彼爲無道, 殺人如草芥. 何不殺彼而自立耶." <魯>, 然之, 遂有弑逆之心. 上, 累怒其動罪, 而戒之. 至十一月, 又動之, 上, 欲射之. <魯>, 以所藏宝刀刺帝, 出血如湧. <魯>, 見其狀而悔之, 欲自刎而不得, 乃如<麻>后寢而告之. <麻>后, 與<魯>有私, 故秘其喪, 欲立<魯>爲帝, 召<麻樂>議之, 曰; "主上不道而被弑. 當立宗室. <魯>, 何敢立乎." <魯>, 知事敗, 而自刎. 乃召<麻勁>·<松宝>·<烏希>·<羽眞>等議之, 皆曰; "<大武>諸子中, 唯<再思>大王最賢." 乃遣<麻樂>于<曷思宮>迎之. <再思>曰; "寡人年少沒識, 不如立<翊>." 固辭不出. <麻>后亦欲立<翊>而請於<勁>, <勁>曰; "立皇以賢. 汝, 何敢言." 遂與<松宝>亦至<曷思宮>, 叩頭請出. <再思>, 不得已, 卽位「東都神宮」. <麻勁>以病固辭太輔, 于<松宝>, <宝>亦固辭. 上, 曰; "國之二老如是棄我. 我, 何敢立." <宝>, 乃受位, 曰; "臣, 有一言敢請." 上, 曰; "何言." <宝>曰; "<勁>, 以柱石, 爲國盡忠. 廢<麻>后而出<茅[山]>, 父女之情割矣. 願, 陛下, 抱容爲后. 何如." 上, 可之, 乃召庶人<烏>氏·<麻>氏于<茅山>, 尋以<麻>氏·<羽>氏爲宮人. 葬大行于<慕本原>, 埋<杜魯>·<尼滿>于其側. <尼滿>, 宝刀之主. <崔理>女也.

○ 6년{단기2406년/AD73}계유, 2월, <모본{慕本}>의 새 궁궐이 완성되자, 「동도{東都=初都}」의 유희 장소가 되었다. <두로{杜魯}>를 침신으로 삼았다. <두로{魯}>는 <모본>땅 백성으로 예쁜 얼굴에 여자 노릇을 잘하여, 상이 태자시절부터 그를 아끼더니만 즉위한 이후엔 장군을 봉하였다. <부여{扶餘}>와의 전쟁에 공이 있어서 대형의 작위를 받았고 중외대부에 제수되었다. 황후인 <우{羽}>씨·<오{烏}>씨·<마{麻}>씨 모두가 이 인간의 오물을 뒤집어썼다. <마>씨가 <두로>의 딸을 낳고, <오{烏}>태후까지도 <두로>와 통정하였으니, 궁중에서는 <두로>를 작은 황제라고 불렀다. 5월, 무오일 그믐에 일식이 있었다. <두로{杜魯}>가 <최인{崔裀}>의 어미 <니만{尼滿}>과 함께 놀아나면서 한탄하기를; "내 목숨도 오래가지는 못하겠소."라 하였더니, <니만{尼滿}>은 "작은 황제는 무엇이 모자라서 그런 말씀이시오?"라 하였고, <두로{魯}>는 "상이, 내가 꼼지락거려서 흔들리면, 화를 내고 죽이려 하는데, 어쩌겠소!?"라고 실토하였다. 이에 <니만>이 "내게 잘하여 주면이야 {나도 그의} 후로 살겠지만{=나도 그를 황제로 여기겠지만}, 나를 박해하면 원수가 될 것입니다. 그 인간은 무도하여 사람 죽이기를 초개와 같이 하는데, 왜 그를 죽여 버리고 스스로 보위에 오르려 하지는 않습니까?"라 말하였더니, <두로>는 그래야겠다고 생각하고 시역할 마음을 먹었다. 상이 누차 <두로>가 움직이는 {밑에 깔렸을 때 움직이는 것} 죄를 지음에 화를 내며 훈계를 해 왔는데, 11월이 되어서도 또 움직였더니, 상은 <두로>를 쏴 죽이려 하였고, 이에 <두로>는 숨겨둔 보도로 제를 칼질하였다. 피가 솟구치자, <두로>는 그 모습을 보더니 후회하면서 자기 목을 칼로 베려 하였다가 그러지도 못하였고, <마{麻}>후의 침소로 가서 사실을 알렸다. <마>후는, <두로>와는 개인적 사연이 있었기에, 상이 죽었음을 숨긴 채 <두로>를 제위에 세우려고, <마락{麻樂}>을 불러서 상의하였더니, <마락>은 "상이 부도하여 시해되긴 하였지만, 응당 종실 사람을 세워야지, 어찌 감히 <두로>를 세울 수 있습니까?"라 하였다. 이에 <두로{魯}>는 일이 틀렸음을 알고 스스로 목을 베어 죽었다. <마경{麻勁}>·<송보{松宝}>·<오희{烏希}>·<우진{羽眞}> 등을 불러들여

상의하니, 모두들 "<대무{大武}>신제의 아들 중에 <재사{再思}>대왕이 가장 현명하다."라 하였고, <마락{麻樂}>을 <갈사궁{曷思宮}>으로 보내 <재사>대왕을 맞아들여 세우려 하였더니, <재사>는 "과인은 나이도 적고 아는 것이 없으니 <익{翊}>태자를 세우는 것만 같지 못하오."라 말하면서 고사하고 나서지 않았다. <마{麻}>후 또한 <익>태자를 보위에 세우고 싶은지라 <마경>에게 부탁하였더니, <마경>은 "현명한 이를 황위에 세워야 할 것인데, 어찌 감히 그런 말씀을 하십니까?"라 말하고는, <송보>와 함께 <갈사궁>으로 가서 머리를 조아리고 보위에 오르길 청하였다. 이에 <재사>도 어쩔 수 없이 「동도신궁{東都神宮}」에서 즉위하였다. <마경>이 칭병하며 태보 자리를 고사하는지라, <송보>에게 돌렸더니 <송보> 또한 고사하였다. 이에 상이 "나라의 두 노신이 나를 이리도 피하는데, 내가 어찌 감히 보위에 설 수 있겠소?"라 말하였더니, <송보>가 태보 자리를 받아들이면서 "신에게 감히 청할 말씀이 하나 있습니다."라 아뢰었고, 상이 무엇이냐 물었더니, <송보>가 "<마경>은 나라의 주춧돌이 되어서 충성을 다하였었습니다만, <마>후를 폐하여 <모산{茅山; =興隆·平谷間 泃河 最上流 茅山?}>으로 내쫓아서, 부녀의 정이 갈려 있습니다. 원컨대 폐하께서는 <마>후를 맞아들여 후로 삼아주시겠는지요?"라고 아뢰었다. 상은 이를 허락하여서, 폐서인 된 <오{烏}>씨와 <마{麻}>씨를 <모산>에서 들어오라고 불러들였고, 이어서 <마>씨와 <우>씨를 궁인으로 삼았다. 대행을 <모본원{慕本原=三賢古基·熊心山聖母古宅주변}>에 장사하였으며, <두로{杜魯}>와 <니만{尼滿}>을 곁에 묻어 주었다. <니만>은 보도의 주인으로 <최리{崔理; =樂浪國末王}>의 딸이었다.

역자의 변 : <락랑국>왕 <최리> 딸의 재앙막이 칼이 <고구리>에게 복수했다? <고구리>의 패악 군주를 제거했다? <모본제>는 자신이 이름을 붙인 <모본원>에 묻히게 되었고, 그 <모본원>은 <추모대제>가 현자 3인을 만난 곳이고 또한 <웅심산>성모고택 주변이었다. 여하튼, 「동도」 즉 시국처는 <모산>에서 그리 멀지 않았다는 얘기이다! 현금의 서토국 지도에서도 <모산>은 현금 <북경> 동쪽 가까운 곳에 하나가 있고, 다른 <모산>인 <삼모산>은 <양자강>변 <단양>땅에 있다!

06. 第六世<神明仙帝>紀 제6세<신명선제>기

원문출처 ; http://mf.history.go.kr/Pdf/MF0020000/00322307.pdf

帝, 諱<再思>, 又曰<鹿臣>. <大武神帝>別子也. 母, 曰<曷思>太后, 其父<解素>, <柳花>夫人所生<金蛙>子也. 性, 聰悟好仁, 讀仙書, 通醫藥, 又能用兵. 善辯而常黙然如不知. 哀其胞兄<好童>死於非命故也. <閔中帝>崩, 國人欲立之, 固辭, 曰; "嫡子在, 非庶子之所勘當也." 遂奉母而走. <慕本>, 亦義其志, 封爲<仙王>. 平<扶余>亂有功. <慕本>被弑, <痲樂>等迎之, 即位於「東都」神宮. 大赦. 改元曰<神明>.

제는, 휘가 <재사{再思}> 또는 <록신{鹿臣}>이며, <대무신제{大武神帝}>의 별자{別子=庶子}이다. 친모는 <갈사{曷思}>태후이고, 태후의 부친은 <해소{解素}>로 <유화{柳花}>부인 소생 <금와{金蛙}> 아들이다. 성품은 총민하고 어진 이를 좋아하였으며, 선서{仙書}를 읽고 의약에 통달하였고, 용병에도 능하였다. 말솜씨도 좋았으나 항상 아는 것이 없는 듯 말이 적고 태연하였다. 동복형인 <호동{好童}>이 비명에 죽은 것을 슬퍼하였다. <민중제{閔中帝}>가 죽으매, 나라사람{나라를 다스리는 지위에 있는 사람}들이 그를 보위에 세우려 하자, 고사하며 말하길; "적자가 있으니, 서자가 감당할 만한 자리가 아니오."라 하고는, 생모를 모시고 피하여 달아났었다. 이에 <모본{慕本}>은 그 뜻을 가상히 여기어 <선왕{仙王}>으로 봉하였었다. <부여{扶余}>를 평정함에 공이 있었다. <모본{慕本}>이 시해되자 <마락{痲樂}> 등이 그를 맞아들여, 「동도」신궁{神宮}에서 즉위하였다. 죄수들을 크게 풀어 주고, 년호를 <신명{神明}>으로 고쳤다.

☯ 元年癸酉, 冬十二月, 以<痲勁>爲「大谿加」·<淹淲公>. <松宝>太輔. <烏希>左輔. <羽眞>右輔. <痲樂>主兵大加·大注簿. <松豆智>中畏大夫. <穆卓>·<達賈>左·右將軍. 以<葦花>·<芦花>爲皇后. <痲>氏·<羽>氏副后. <葦花>, <好童>女也. <芦花>, <王文>女也. <曷思>太后之弟也. <痲勁>女·<羽眞>女, 皆<慕本>后也. 因太輔之請, 皆納後宮. 以

<慕本>子<翊>爲太子. <■林>使<八阪比邪>來朝.

○ 원년{단기2406년/AD73}계유, 겨울 12월, <마경{痲勁}>을 「대추가{大芻加}」·<엄표공{淹淲公}>으로, <송보{松宝}>를 태보로, <오희{烏希}>를 좌보로, <우진{羽眞}>을 우보로, <마락{痲樂}>을 주병대가·대주부로, <송두지{松豆智}>를 중외대부로, <목탁{穆卓}>과 <달가{達賈}>를 좌·우장군으로 삼았다. <위화{葦花}>와 <호화{芦花}>를 황후로 삼고, <마{痲}>씨와 <우{羽}>씨를 부후로 삼았다. <위화>는 <호동{好童}>의 딸이고, <호화>는 <갈사{曷思}>태후의 남동생 <왕문{王文}>의 딸이다. <마경>의 딸과 <우진>의 딸은 모두 <모본{慕本}>의 후였었는데, 태보의 요청에 따라 후궁이 되었다. <모본>의 아들 <익{翊}>을 태자로 삼았다. <■림>이 <팔판비사>를 시켜 래조하였다.

☯ 二年甲戌, 正月, 立<宮>太子爲東宮. 與<芦>皇后習政事. 是年, 七歲, 能知大體, 事多得中. 八月, <濟>侵<羅>邊. 十月, <朱那>反. <漢>, 攻西域<車師>, 破之.

○ 2년{단기2407년/AD74}갑술, 정월, <궁{宮}>태자를 동궁으로 세웠더니, <호{芦}>황후와 함께 정사를 익혔다. 그 해 일곱 살이었는데도, 능히 정사의 큰 줄거리를 깨달았고, 운영함에 적중함이 많았다. 8월, <백제{濟}>가 <신라{羅}> 변방을 침입했다. 10월, <주나{朱那}>가 반란하였다. <한{漢=後漢=東漢}>이 서역{西域}의 <거수{車師}>국을 쳐서 파하였다.

☯ 三年乙亥, 三月, 開「仙院」, 以<尙仁>爲師. <仁>能通<漢>音及字, 以畵敎人, 人皆仰之如神. <羅>飢賑. 十月, <濟>奪<蛙山>. 平<朱那>. 八月, <漢>主<昜>死, 年四十八. 子<明帝><子炟>立, 年二八. ■■■■.

○ 3년{단기2408년/AD75}을해, 3월, 「선원{仙院}」을 열고, <상인{尙仁}>을 스승으로 삼았다. <상인{仁}>은 <한{漢字}>의 읽기와 쓰기에 능통하였고, 그림으로 그려가면서 사람들을 가르쳤더니, 사람들은 <상인

{仁}>을 신{神}처럼 추앙하였다. <신라{羅}>는 기근이 들어 먹을 것을 나누어 주었다. 10월엔 <백제{濟}>가 <와산{蛙山}>을 빼앗았다. <주나{朱那}>를 평정하였다. 8월, <한>의 임금 <양>이 48살에 죽어, 아들 <명제><자달>이 16살에 섰다. ■■■■.

☯ 四年丙子, 十月, 東<沃沮>反, 討平之. 九月, <羅>復<蛙山>.

○ 4년{단기2409년/AD76}병자, 10월, 동쪽의 <옥저{沃沮}>가 배반하여, 토벌·평정하였다. 9월, <신라{羅}>가 <와산{蛙山}>을 되찾았다.

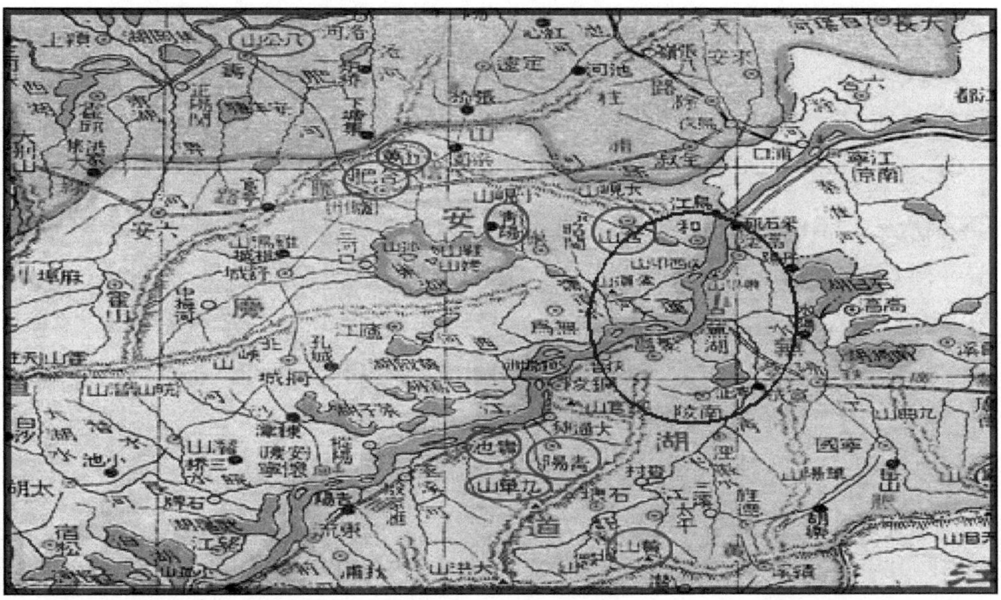

그림19. <漢水>와 <長江>이 만나 흐르는 곳이 <漢江>이고{그림27}, <含山>서쪽 <昭關> 또는 <巢陽>남쪽 <巢湖>에서 나온 물줄기가 <昭{巢}陽江>이고, <黃山津口>는 <黃山>에서 나온 물줄기가 <漢江>으로 들어와서 <昭{巢}陽江>과 만나는 곳이거나, 橫山江 河口와 陽子江이 만나는 곳일 수 있을 것임.

☯ 五年丁丑, 二月, <松宝>薨. <烏希>太輔, <羽眞>左輔, <高敬>右輔. 八月, <羅><吉門>, 與<加耶>戰于<黃山津口(漢江昭陽江合水地)>, 獲千餘級, 爲海湌. 十月, <扶余>獻三角鹿·長尾兎, 以爲太后瑞, 大赦. 至月雪三尺.

○ 5년{단기2410년/AD77}정축, 2월, <송보{松宝}>가 죽어, <오희{烏希}>를 태보로, <우진{羽眞}>을 좌보로, <고경{高敬}>을 우보로 삼았다. 8월, <신라{羅}>의 <길문{吉門}>이, <가야{加耶}>와 <황산진구{黃山津口}(한강소양강합수지)>에서 싸워, 천여 급을 베고 해찬이 되었다{그림19, 그림27}. 10월, <부여{扶余}>가 뿔이 셋인 사슴과 꼬리가 긴 토끼를 바쳤다. 태후{=曷思태후; 王文의 누이, 동부여태생}의 경사{=환갑?}를 위함이었다. 죄수들을 크게 풀어줬다. 눈이 달포가 되게 내리더니 3척이나 쌓였다.

☯ 十年壬午, 正月, 設「五部」「仙院」. 雖執戟之士亦授仙道. 以仙師<尙仁>爲<海山高士>以摠仙政. 以寡慾(愼食色權)·靜默(不動不言)·合天(窮理自知)爲其仙要. <羅>勸農桑整兵仗. <麻>后生女<芸>. 復<烏>氏爲太后.

○ 10년{단기2415년/AD82}임오, 정월, 「5부」에 「선원」을 두었다. 미륵창{끝이 갈라진 창}을 잡은 무사 또한 선도를 가르쳤다. 선사 <상인{尙仁}>이 <해산고사{海山高士}>가 되어 선정을 총괄하였다. 과욕{寡慾}(신식색권)·정묵{靜默}(부동불언)·합천{合天}(궁리자지)이 선의 요체였다. <신라{羅}>가 뽕 키우기를 권장하고 병장기를 정비하였다. <마{麻}>후가 딸 <운{芸}>을 낳았다. <오{烏}>씨가 태후로 복위되었다.

☯ 十四年乙酉, 五月, 築<南蘇城>. <麻>后[生]子<邯>. <羅>·<濟>相爭.

○ 14년{단기2419년/AD86}을유, 5월, <남소성{南蘇城}>을 쌓았다. <마{麻}>후가 아들 <감{邯}>을 낳았다. <신라{羅}>와 <백제{濟}>가 서로 싸웠다.

☯ 十六年丁亥, 正月, 命<尙仁>修<三代鏡>. <烏希>薨, <羽眞>太輔, <高敬>左輔, <乙祥>右輔, <乙景>主兵大加.

<羅>築<加召>·<馬頭>二城.

○ 16년{단기2421년/AD88}정해, 정월, <상인{尙仁}>에게 <3대경{三代鏡}>을 다듬으라고 명하였다. <오희{烏希}>가 죽어, <우진{羽眞}>을 태보로, <고경{高敬}>을 좌보로, <을상{乙祥}>을 우보로, <을경{乙景}>을 주병대가로 삼았다.
<신라{羅}>가 <가소{加召}>와 <마두{馬頭}> 두 성을 쌓았다{그림20}.

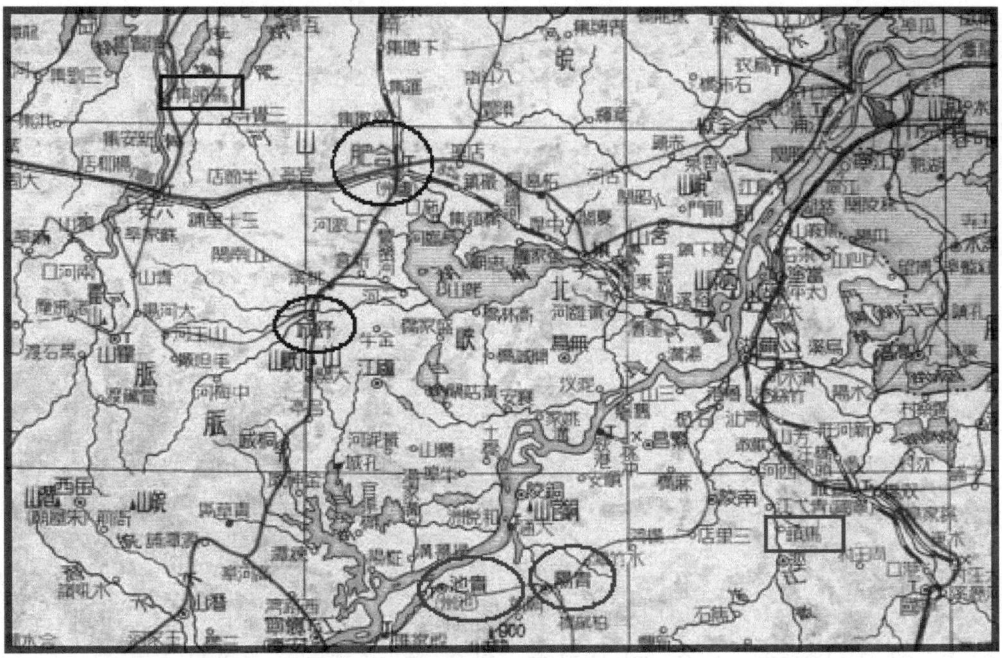

그림20. <신라>가 서북쪽의 <마두>에 성을 쌓아 <백제>에 대응하고 !,
남쪽의 <마두>에 성을 쌓아 <가야>에 대응하고...?

☯ 二十一年癸巳, 四月, 巡觀「五部」. 選民俊才, 敎以道德·六藝. 禁民崇尙淫亂·賣子·賣妻. <羽眞>薨. <高敬>·<乙祥>陞, 拜<扶謙>右輔, <高英>主宮. <羅>, <允良>伊飡, <啓其>海飡. <濟>, <橫岳>大石一時墜落.

○ 21년{단기2426년/AD93}계사, 4월, 「5부」를 순시하여 돌아보고, 재능

이 뛰어난 백성들을 뽑아서 도덕과 6례를 가르쳤다. 민간에서 음란함을 숭상하거나 자식과 처첩 파는 것을 금하였다. <우진{羽眞}>이 죽어, <고경{高敬}>과 <을상{乙祥}>을 승차시켰고, <부겸{扶謙}>을 우보로, <고영{高英}>을 주궁대가로 삼았다. <신라{羅}>는 <윤량{允良}>을 이찬으로 <계기{啓其}>를 해찬으로 삼았다. <백제{濟}>의 <횡악{橫岳=橫山}>에서는 큰 돌들이 일시에 추락하였다{=지진?}.

☯ 二十二年甲午, 二月, **<**乙祥**>**薨. **<**扶謙**>**左輔, **<**乙景**>**右輔. **<**羅**>**, **<**吉元**>**, 與**<**加**>**戰于**<**馬頭城**>**, 大捷. **<**烏**>**太后崩, 葬于**<**閔中原**>**. 年八十.

○ 22년{단기2427년/AD94}갑오, 2월, <을상{乙祥}>이 죽어 <부겸{扶謙}>을 좌보, <을경{乙景}>을 우보로 삼았다. <신라{羅}><길원{吉元}>이 <가야{加}>와 <마두성{馬頭城}>에서 싸워서 크게 이겼다{그림20}. <오{烏}>태후가 죽어 <민중원{閔中原}>에 장사하였다. 나이 여든이었다.

☯ 二十四年丙申, 七月, **<**曷思**>**太后崩, 春秋七十七. 上, 減食遠色, 葬于**<**大武獸林陵**>**. 七日, 仙人會者万數. **<**羅**>**, **<**加召城**>**主**<**長世**>**, 與**<**加耶**>**戰死. **<**紫蒙**>**主**<**射旭**>**殂. 弟**<**射滿**>**立.

○ 24년{단기2429년/AD96}병오, 7월, <갈사{曷思}>태후가 죽었다. 춘추 일흔 일곱이었다. 상은 감식하고 색을 멀리했다. <대무수림릉{大武獸林陵=大武神帝陵}>에 장사했다. 7일{=칠월칠석날}, 선인{仙人}들이 모였는데 그 숫자가 만을 넘었다. <신라{新羅}>의 <가소성{加召城}>주 <장세{長世}>가 <가야{加耶}>와 싸우다가 죽었다. <자몽{紫蒙}>의 임금 <사욱{射旭}>이 죽고, 동생 <사만{射滿}>이 섰다.

☯ 二十五年丁酉, 正月, 詔曰; "御園長尾兎·三角鹿, 似是年久之物, 能知人意. 況民年久者, 豈無可師者. 其令中外年老有識者, 敎其所長於隣里, 以爲文·字, 以記之." **<**加耶**>**, 與**<**羅**>**修和. **<**濟**>**, 有二龍見於

<漢水>, 云. <旭>子<鷄山>殺<滿>而自立. <應黙>奔漠北.

○ 25년{단기2430년/AD97}정유, 정월, 조서를 내려서 "어원의 장미토{長尾兎}와 삼각록{三角鹿}도 이제 나이가 들어 사람의 마음을 잘도 알아채고 있소. 하물며 민간의 나이 많은 사람들이 가르치지 못할 리 없소. 도성 안팎의 나이 많고 아는 것 많은 좋은 사람으로, 주변의 마을 사람들에게 글과 문자를 가르치는 영향력이 있는 자들을 기록하여 올리라." 일렀다. <가야{加耶}>가 <신라{羅}>와 화친하기로 하였다. <백제{濟}>에서는 룡 둘{누구?}이 <한수{漢水; 長江지류? 黃河하류?}>에 나타났다 한다. <사욱{射旭}>의 아들 <계산{鷄山}>이 <사만{滿}>을 죽이고 보위에 섰고, <응묵{應黙}>은 막북{=사막 북쪽}으로 도망했다.

☯ 二十六年戊戌, 三月, 上, 東巡至<柵城>西<罽山>, 獲白鹿, 入城, 宴父老·守吏·有道之士, 賜物暇有差, 紀功于大岩. 十月, 還. 是行, 上, 遠至<東海谷>, 望日嵜壯觀湖, 受<藻那>·<朱那>·<貫那>之貢. 諸島酋之獻白熊·膃肭者亦多. 以<穆卓>爲<沸流>沛者. <卓>, <東明>功臣<黙居>之女孫也, 鎭<扶余>之亂而有功. 鸞集于「西都」王庭. 命有司祭之.

○ 26년{단기2431년/AD98}무술, 3월, 상이 동쪽을 순행하여 <책성{柵城}> 서쪽 <계산{罽山}>에 이르러 흰 사슴을 잡았다. 성에 들어가서 부로와 수자리 관리 및 도리 있는 선비들에게 잔치를 베풀었고, 차등 있게 재물과 말미{휴가}를 주었으며, 그 공적을 큰 바위에 새겨 주었다. 10월, 순행을 마치고 돌아왔다. 금번 순행에서 상은 멀리 <동해곡{東海谷; =<遼河平原> 저지대? <흥개호> 주변?}>까지 행차하여 해 뜨는 고개와 장관인 호수를 구경하고, <조나{藻那}>·<주나{朱那}>·<관나{貫那}>의 공물도 받았다. 여러 섬의 추장들이 바친 흰곰과 물개 또한 많았다. <목탁{穆卓}>을 <비류{沸流}>패자로 삼았다. <목탁{卓}>은 <동명{東明}>공신 <묵거{黙居}>의 외손자로, <부여{扶余}>반란을 진압함에 공이 있었다. 란새가 「서도{西都}」의 왕궁 뜰에 모여들었더니, 담당관리에게 명하여 란새들을 제사하게 하였다.

☯ 二十九年 辛丑, 二月, <高敬>薨, <扶謙>太輔, <乙景>左輔, <禾玄>右輔. <羅>移<月城>, 周千二十三步, 云.

○ 29년{단기2434년/AD101}신축, 2월, <고경{高敬}>이 죽어, <부겸{扶謙}>을 태보로, <을경{乙景}>을 좌보로, <화현{禾玄}>을 우보로 삼았다. <신라{羅}>가 <월성{月城}>으로 이사했다. <월성>의 둘레는 1,023보가 된다고 한다{그림21}.

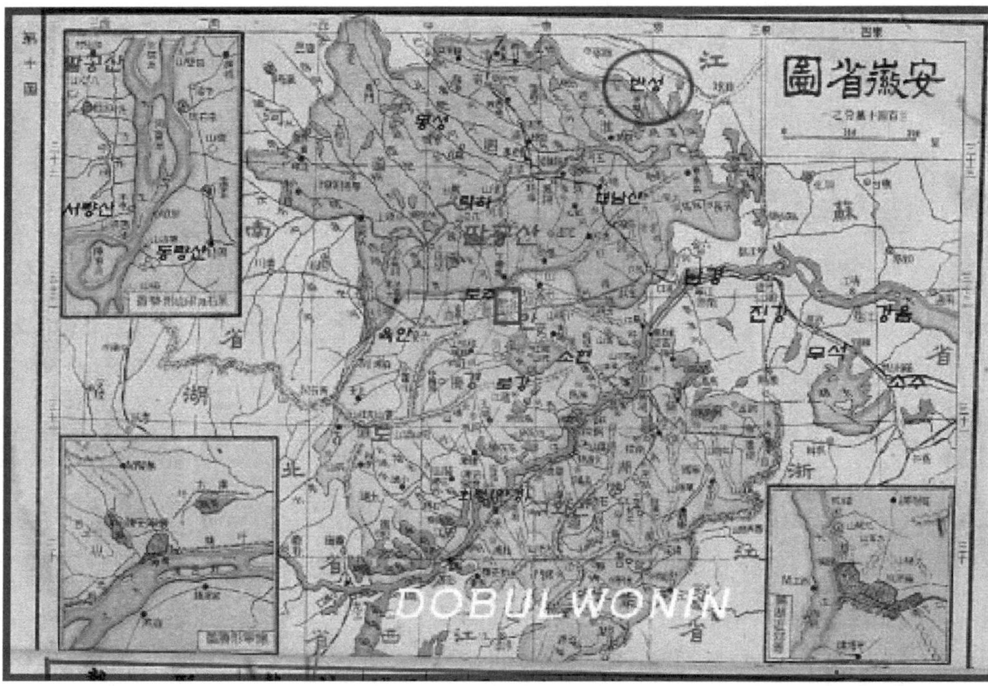

그림21. <안휘성> 동북의 <반성{半城}>이 <반월성{半月城}>이라면, 옛날 <산동>의 <배미산{陪尾山=舟尾山}>땅으로 회귀하려는 뜻으로 읽을 수도 있을 것임. <대무신대제> 15년{AD42년} 기사와 그림11 참조. 한때 <신라>의 도읍이었던 <월성{月城}>은 현금 <강도{江都}>인 <양주{楊州}>라는 설도 있음.

☯ 三十年壬寅, 正月, 以<高朱利>爲<東海谷>太守, 使鎭<北海>及島酋. <朱利>, <高婁>之孫也, 質重似愚而內明. 上, 以<東海谷>爲可守而設官, 遠無欲去, <朱利>自請往之. 人皆危之. 八月, 遣使<朴>者于[<柵城>]賑民失農者, 給牛羊而勸蓄. 十月, 行<東明大祭>. <扶余>姬子八人呈舞. 神馬五十匹犍于<巨婁原>.
是年八月, <音汁伐國>興, 與<悉直谷國>, 爭彊. <羅>, 召<首露>決之而還, 使六部餞之. <韓祇>獨以位卑者待之, 他皆伊湌待之. <首露>奴<耽下里>, 殺<韓祇>守<保齊>, 而逃依于<音汁伐>主<他鄒干>家. 索之, 不送. 故<羅>遂伐<音汁伐國>滅之.　是年, <羅>又使<居道>滅<悉直>·<押督>. 先是, <羅>, 使<居道>牧馬於<張吐>之野, 使兵士騎馳戱樂以爲常事. 二國, 在傍, 見之而不怪, 曰; '馬叔之, 年例.' 至是, 其兵士遂襲二國, 云.

○ 30년{단기2435년/AD102}임인, 정월, <고주리{高朱利}>를 <동해곡{東海谷; =<遼河平原>저지대?}>태수로 삼아서 <북해{北海; <흑룡강> 혹 <바이칼호>지역?}>와 섬들의 추장들을 진무하게 하였다. <고주리{朱利}>는 <고루{高婁}>의 손자로, 바탕이 묵직하여 바보스러워 보여도 속은 명철하였다. 상이 <동해곡>을 지킬 필요가 있어서 관리를 두려고 했지만 멀다고 가려는 이가 없던 중 <주리>가 자청해 간 것이었다. 사람들 모두가 <동해곡>에 부임하는 것을 위험하다고 여겼었다. 8월, <박{朴}>이라는 사람을 [<책성>으로] 보내서, 농지를 잃은 백성들에게는 먹을 것을 나누어주고 소와 양도 나누어주어서 짐승을 키우게 하였다. 10월, <동명{東明}>큰제사를 지냈다. <부여{扶余}>여인들{의/과 사내아이} 여덟이 춤을 바쳤다. 신마 50필을 <거루원{巨婁原}>에서 거세했다.
이해 8월 <음즙벌국{音汁伐國}>이 흥성하여, <실직곡국{悉直谷國}>과 땅을 놓고 다투었다. <신라{羅}>가 <수로{首露}>를 불렀고 <수로>가 이 일을 처결한 후 돌아가게 되자, 6부에게 송별연을 베풀게 하였는데, <한기{韓祇}>부 홀로 지위 낮은 이를 내보냈고, 다른 부들은 모두 이찬을 내보냈다. 이때 <수로>의 종자 <탐하리{耽下里}>가 <한기{韓祇}>부의 수자리 관리 <보제{保齊}>를 죽이고 도망하여 <음즙벌국{音汁伐國}>임금 <타추간{他鄒干}>집에 의탁하였다. 샅샅이 뒤져도 내어놓지를 않아서, <신라>가 <음즙벌국>을 쳐서 없애버렸다. 이해에 <신라{羅}>는 또 <거도{居道}>를 시켜서 <실직{悉直}>과 <압독{押督}>을 쳐서 없앴다. 이에 앞서 <신라>는 <거도>를 시켜 <장토{張吐}>벌에서 말을 키웠는데, <거도>가 병사들이 말달리는 놀이를 즐기게 하였었고, 이런 일은 늘 있었던 까닭에, 이웃한 두 나라는 이를 괴이하게 여기지도 않았으며 '말을 모으는 일은 매년 있던 일이었다.'라 하였었다. 허나 이번에는 <신라>의 병사들이 끝내 두 나라{마을}를 습격하였다고 한다.

☯ 三十二年甲辰, 正月, <扶謙>薨, <乙景>太輔, <禾玄>左輔, <尙仁>右輔. 三月, <麻>皇后崩, 春秋六十二. 后以<勁>之女, 忠直好善. 初爲<慕本>后, 生子<翊>及<典>公主·<宋>公主·<馬>公主, 而以直諫見廢. 上, 卽位之初, 納之爲副后. 以年高, 以有德, 諸后皆敬之以兄. 豊富而善産生, 上七子二女, 皆賢. 上, 以是益賢之, 封爲第三皇后. <羅>, 與<悉直>, 相戰. <射滿>子<應黙>, 立國於漠北, 遣子<[梪]功>獻駝五匹.

○ 32년{단기2437년/AD104}갑진, 정월, <부겸{扶謙}>이 죽어, <을경{乙景}>을 태보로, <화현{禾玄}>을 좌보로, <상인{尙仁}>을 우보로 삼았다. 3월, <마{麻}>황후가 죽었다. 춘추 예순 둘이었으며, <마경{勁}>의 딸로 충직하고 선한 것을 좋아했다. 애초엔 <모본{慕本}>의 후가 되어 <익{翊}>태자와 <전{典}>공주·<송{宋}>공주·<마{馬}>공주를 낳았고, 직간하다가 폐위 당했었다. 금상이 즉위 초에 거두어 부후로 삼았다. 나이가 많고 덕망이 있어 여러 후들이 형으로 존경했으며, 몸이 풍만하고 여유가 있어 아이를 잘 낳아 7남 2녀를 더 낳아 바쳤는데 모두가 현명하였다. 상은, <마>황후가 점점 현숙하여 짐을 보더니, 셋째 황후로 봉하였었다. <신라{羅}>와 <실직{悉直}>이 서로 싸웠다. <사만{射滿}>의 아들 <응묵{應黙}>이 막북{사막 북쪽} 땅에 나라를 세우고, 아들 <두공{梪功}>을 보내 낙타 다섯 필을 바쳤다.

☯ 三十三年乙巳, 正月, <扶余>獻丈二黃虎·丈一白熊毛色明無尾. 使御苑, 大壯虎, 字之以取種. 三月, 鎭北將軍<麻樂>重修<盖馬>諸城, 率<貊>騎, 伐<遼東>, 取<白岩>·<長岺>·<菟城>·<汶城>·<章武>·<屯有>

等六城. <漢>人大驚慌忙, 以<耿夔>爲守而來戰. <宮>太子, 與使者<穆度婁>, 率輕騎深入敵陣, 左右衝突而大破之. <羅>·<濟>復和.

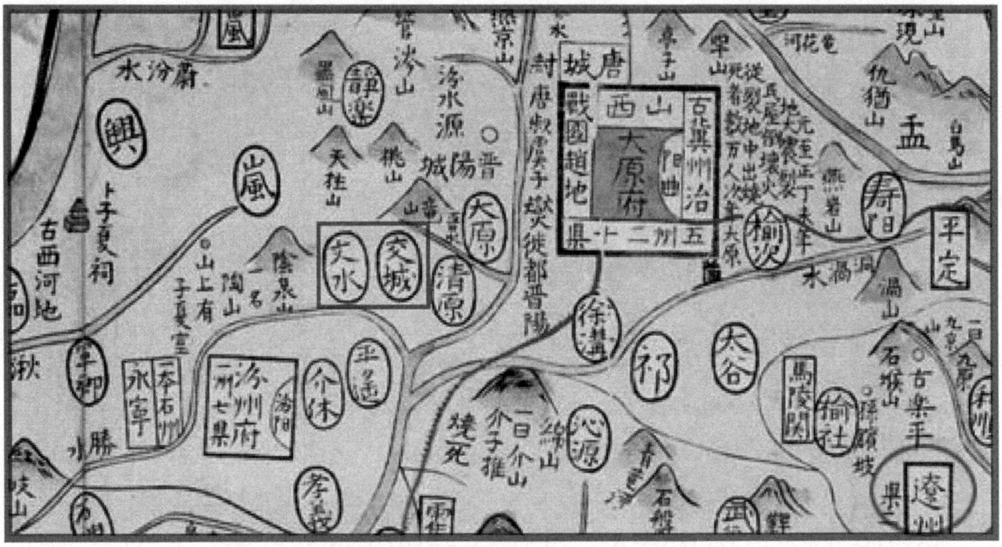

그림22. <문성{汶城}>은 산서 <분수{汾水}>의 지류인 <文水{汶水는 옛 이름?}> 지근에 있었던 성? <太原>부근 <交城>의 오기? 아니면 더 북방?

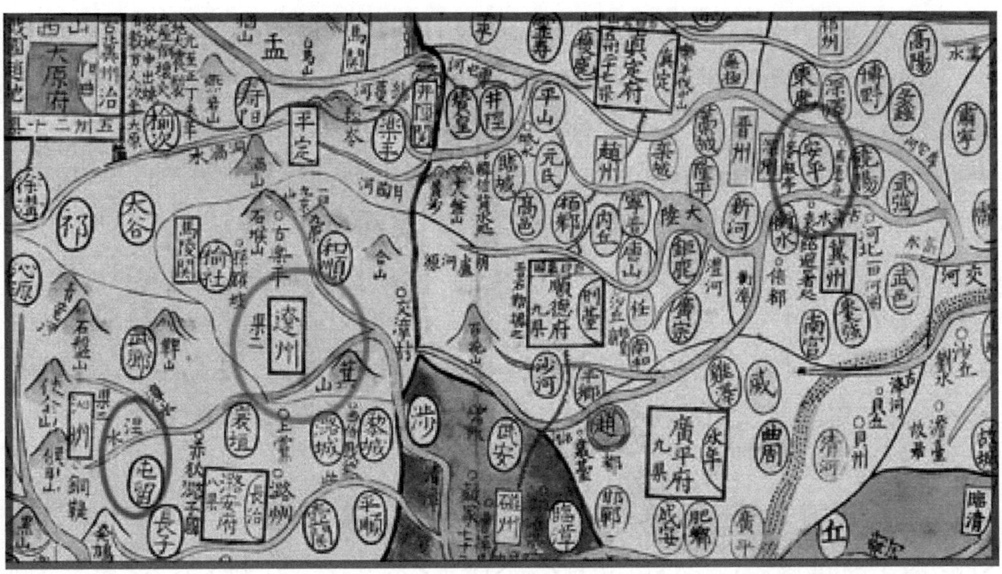

그림23. <둔유{屯有}>는 산서성에 <屯留>로 <안평{安平}> 하북성에 <안평{安平}> 그대로 오래도록 남아 있음.

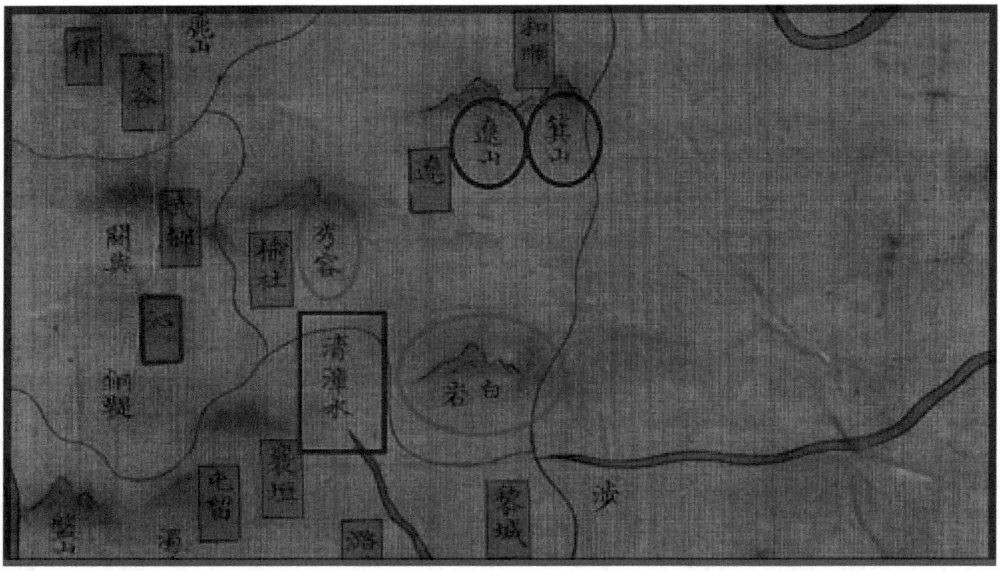

그림24. <요동>을 쳐서 <백암{白岩}> 등을 취했다? <明>대의 <遼>주 <遼山>!

○ 33년{단기2438년/AD105}을사, 정월, <부여{扶余}>가 두 길 되는 누런 호랑이와 털색이 밝고 꼬리 없는 한 길 되는 흰곰을 바쳤다. 어원을 시켜 크고 우람한 호랑이를 길러서 새끼를 내게 하였다. 3월, 진북장군{鎭北將軍} <마락{麻樂}>이 <개마{盖馬}>의 여러 성을 고쳐쌓았고, <맥{貊}>기병을 이끌고 <요동{遼東; 古遼河·古遼水·遼州 또는 汾水 동방}>을 쳐서 <백암{白岩; 그림24; 清代南箕山/百花山?; 白石山?}>·<장령{長岺}>·<도성{菟城}>·<문성{汶城; 산서성文水인근?{그림22}, 혹 交城의 오기? 혹 산동성 옛汶陽?}>·<장무{章武}>·<둔유{屯有}{그림23}> 등 여섯 성을 빼앗았다. <한{漢=東漢=後漢}>인들은 크게 놀라서 어쩔 줄 몰라 하더니, <경기{耿夔}>가 수장{守將}이 되어 나와서 싸웠다. <궁{宮}>태자가 사자 <목도루{穆度婁}>와 함께 날랜 기병으로 적진 깊숙이 들어가서 좌충우돌 들이쳐 크게 깨뜨렸다. <신라{羅}>와 <백제{濟}>가 다시 화친했다.

☯ 三十四年丙午, 正月, <白岩>太守<鄭元>, 與<耿夔>戰于<章武>失利, <宮>太子親征復之. 以<松豆智>爲<遼東>太守. 左輔<禾玄>薨, <尚仁>代之. <麻樂>右輔. <羅>, 賑<押督>, 而命<馬頭城>主伐<加耶>.

○ 34년{단기2439년/AD106}병오, 정월, <백암{白岩; 그림24}>태수<정원{鄭元}>이 <경기{耿夔}>에 맞서서 <장무{章武}>에서 싸우다가 밀려나니, <궁{宮}>태자가 친히 정벌하여 복구하였다. <송두지{松豆智}>를 <요동{遼東}>태수로 삼았다. 좌보<화현{禾玄}>이 죽어 <상인{尙仁}>이 대신하고, <마락{麻樂}>이 우보가 되었다. <신라{羅}>가 <압독{押督}>[국]을 진휼하고, <마두성{馬頭城}>주에게 <가야{加耶}>를 치게 했다.

☯ 三十五年丁未，七月，<乙景>薨，<尙仁>代之，<高德>左輔．　九月，獵<質陽>，獲紫獐雌雄，育之．

○ 35년{단기2440년/AD107}정미, 7월, <을경{乙景}>이 죽어, <상인{尙仁}>이 대신하게 하고, <고덕{高德}>을 좌보로 삼았다. 9월, <질양{質陽; 質山 南쪽?}>에서 사냥하여 자색 노루 한 쌍을 잡아, 이를 길렀다.

☯ 三十七年乙酉，三月，<麻樂>伐<右北平>，虜生口二千·經{籍}之士七人，而歸．　<羅>，幷<比只>·<多伐>·<草八>三國．　秋，飢賑民．　<末曷>掠<濟><牛谷>．
七月，<漢>使<張吉>來，獻檀香及道德，言請和．

○ 37년{단기2442년/AD109}을유, 3월, <마락{麻樂}>이 <우북평{右北平}{그림23, 그림25}>을 쳐서 생구 2천과 경적지사{經籍之士} 일곱을 사로잡아 돌아왔다. <신라{羅}>가 <비지{比只}>·<다벌{多伐}>·<초팔{草八}> 세 나라를 병합하였다. 가을에 기근이 들어 백성들을 진휼하였다.
<말갈{末曷}>이 <백제{濟}>의 <우곡{牛谷}>을 노략하였다. 7월, <한{漢=後漢=東漢}>의 사신 <장길{張吉}>이 찾아와서 단향{檀香}과 도덕경{道德經}을 바치며, 화친을 청하였다.☞<후한>이 아쉬운 일이 있었다!

☯ 三十九年辛亥，二月，<松豆智>①與<漢>約和定疆，有失．上怒，配<豆智>于<沸流>．　三月，置<大藥>·<肖門>·<孝經>等院，教民<本草>·造象·孝道．　命<麻樂>伐<漢>②．　四月，<尙仁>病退，<高德>代之．<麻

樂>左輔, <羽靖>右輔. <好万>中畏大夫, <葦>皇后弟也.

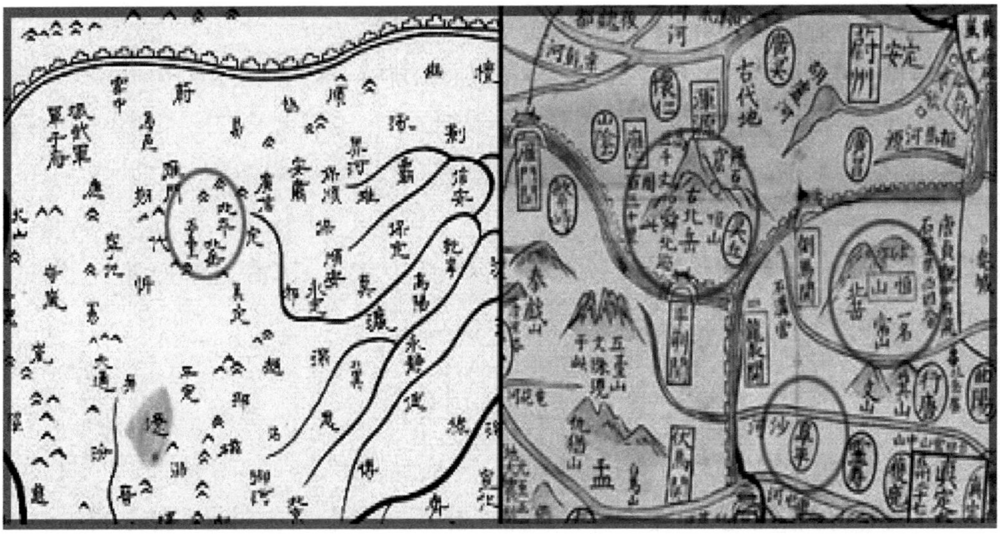

그림25. <南宋><華夷圖><北平>은 <五臺山>東<北岳=恒山> 北隣으로 나옴.
<大淸廣與圖,AD1785>상엔 두 개의 <北岳>이 나오나, 東<北岳>인 一名<常山>은 근세의 <北岳>일 것이며, <代>國 시절의 <北岳>은 西<北岳>인 古<北岳>일 것. 따라서 AD10세기 이전의 <北平>은 최소한 古<北岳>의 <北平>정도일 것. 혹시, <古北岳><北平>이 <右北平>이고 東<北岳>의 北方이 <北平> 아닌가? 또 다른 <북평{北坪}>은 <낭자관{娘子關}> 북방 <호타하{滹沱河}> 북변에 있음. <섬서>땅 <富平{=扶風}>도 <산서><阜平>과 현세의 우리말 音價는 서로 類似함. 或有說 <부평{阜平}>이 옛 <북평{北平}>이면 <우북평{右北平}>은 더 서방? <天津>을 <右北平>이라 함은 참인가?

○ 39년{단기2444년/AD111}신해, 2월, ①<송두지{松豆智}>가 <한{漢}>과 화친을 약속하고 국경을 정했는데 잃은 것이 있어서, 상이 노하여 <송두지{豆智}>를 <비류{沸流}>로 귀양 보냈다. 3월, <대약원{大藥院}>·<초문원{肖門院}>·<효경원{孝經院}> 등의 학원을 두었고, 민간에게 <본초{本草}>와 상{象} 만들기 및 효도{孝道}를 가르쳤다. <마락{麻樂}>에게 명하여 ②<한{漢=東漢=後漢}>을 치게 하였다. 4월, <상인{尙仁}>이 병들어 물러나니, <고덕{高德}>이 대신하고, <마락>이 좌보를, <우정{羽靖}>이 우보를 맡았다. <호만{好万}>이 중외대부가 되었다. <위{葦}>황후의 남동생이다.{☞<삼국사기>태조59년{AD111}기록 ①본문에는 '토산물을 바치고 <현도군>에 속하길 요청했다.'고 기록하면서, ②는 <통감>의 기록이나 맞는지 모르겠다고 하였다.}

☯ 四十年壬子, 二月, <羽婧>薨, <好萬>右輔. 五月, 上, 幸<海山>. 禪位于<宮>太子, 自爲<海山仙皇>, 總執內外仙政. 以<尙仁>·<高德>, 左·右太師. <好万>爲仙相. <葦>皇后·<羽>皇后爲左·右仙后. 以<芦>后爲攝政太后. 於是, 軍國之政總歸於太子, 卽位於「西都」「鸞臺」.

○ 40년{단기2445년/AD112}임자, 2월, <우정羽婧>이 죽어 <호만{好万}>이 우보가 되었다. 5월, 상이 <해산{海山; 渤海沿岸의 섬? 山東半島南部? 韓半島? }>으로 거둥했다. <궁{宮}>태자에게 선위하고, 자신은 <해산선황{海山仙皇}>이 되어 내외선정{內外仙政}을 총괄한 것이었다. <상인{尙仁}>과 <고덕{高德}>을 좌·우 태사로 삼았고, <호만>을 선상{仙相}으로 삼았으며, <위{葦}>황후와 <우{羽}>황후는 좌·우 선후{仙后}로 삼고, <호{芦}>후를 섭정태후로 삼았다. 이때에 모든 군국 정사가 <宮>태자에게로 돌아가게 되어, 태자가 「서도」「란대」에서 즉위하였다.

역자의 변 : <신명선제>는 <삼국사기>와 <삼국유사>에서는 기록되지 않은? 지워진? <고구리>의 제왕이나 여전히 「서도」를 근거로 하여서 제국을 지켜낸 제왕이며, <佛道>가 들어오기 이전의 시절인지라 도교의 전신인? 우리 조상들의 고대신앙? 또는 수련법?인 <仙道>에 탐닉하였으며, <후한>이 아쉬운 사정이 있었을 만큼 <대무신제>가 이루어 놓은 광대한 <고구리>제국을 안정시킨 연후에 생전에 <태조>에게 선위하였다.
현금의 <산동성><태산> 주변으로 내려간 <백제>와 <고구리>·<백제>의 연합세력에 의해 <산동성><태산> 남방에서 좀 더 남쪽으로 밀려 내려간 <신라>사이에 전략적 요충인 <와산>을 놓고 쟁탈전이 있었다.
<신라>는 우리들이 어릴 적에 들었던 <반월성>인 듯한 <월성>으로 도읍을 옮겼으며, 아마도 <伯濟>의 <漢水>에 나타났었다는 용들은 <신라>세력들이 천도할 도읍 후보지를 물색 한 것이거나, <가야{가락 포함}> 또는 <왜>나 잔존 <마한> 세력들이 천도 또는 입국할 자리를 살핀 것일 수도 있었겠다.

07. 第七世<太祖皇帝>紀 제7세<태조황제>기

원문출처 ; http://mf.history.go.kr/Pdf/MF0020000/00322307.pdf

帝, 諱<宮>, 亦曰<於漱>, <神明仙帝>之長子也. 母, 曰<芦花>太后<扶餘>氏, <東扶餘>太師<王文>之女也. 帝生而開目能視, 有神力善將兵, 征<遼東>累建大功. 至是受禪, 時年四十五. 性, 寬仁孝友, 捨己從人. 以父皇厭政咨問於母, 太后以決事, 不置太輔.

제는, 휘가 <궁{宮}> 또는 <어수{於漱}>이고, <신명선제{神明仙帝}>의 장자이다. 모친은 <호화{芦花}>태후 <부여{扶餘}>씨로 <동부여{東扶餘}>의 태사 <왕문{王文}>의 딸이다. 제는 태어날 때부터 눈을 뜨고 있어 사물을 볼 수 있었고, 신통한 힘이 있어 병사를 잘 이끌고 <요동{遼東}>을 쳐서 누차 큰 공을 세웠다. 이때가 되어 선위 받았으니 나이 마흔 다섯이었다. 성품은 도량이 넓고 어질었으며, 효성과 우애가 있었고, 자기보다는 타인을 존중했다. 부황이 정사에 별 뜻이 없어, 모친에게 물었었더니, 태후가 정사를 처결하였기에 태보를 따로 두지 않았었다.

☯ 元年壬子, 六月, 尊先帝爲太上皇, 母后爲<芦花宮>皇太后. <麻樂>左輔, <松豆智>右輔. 元, 用<神明>者, 以先帝在世故也.
<三代鏡>五十七卷成. <東明>·<光明>·<大武>三代之聖繪也. 仙皇, 詔, 曰; "允爲人君者, 必有代鏡. 鏡, 所以照善也, 不可以照惡, 惡者廢之. 以戒吾子孫." 十月, <羅>, <婆娑>殂, 葬于<蛇陵>. 子<祇味>立. 母, 曰<史省>, <許婁>女. 妻, 曰<愛禮>, <摩帝>女也. 初, <婆娑>, 與<祇味>, 過<輯岐>. <許婁>欲以其女妻<祇味>而出舞. <摩帝>, 亦以其女出舞, 以盛饌美醞待之, <祇味>多取<摩帝>酒. 故遂以<爱禮>配之. 稱<摩帝>以<酒多干(舒弗邯牛角干)>以其地名<大庖>, 云.
<索頭>, <應黙>殂. <[桓]功>立, 以<母鷄>爲妻.

○ 원년{단기2445년/AD112}임자, 6월, 선제{=신명선제}를 태상황으로, 모후

를 <호화궁{芦花宮}>황태후로 높였다. <마락{痲樂}>을 좌보, <송두지{松豆智}>를 우보로 하였다. 년호는 <신명{神明}>을 그대로 썼다. 선제가 살아 계신 까닭이었다.

<3대경{三代鏡}> 57권이 이루어졌다. <동명{東明}>·<광명{光明}>·<대무{大武}> 3대의 성스러운 그림{聖繪}이다. 선황{=신명선제}이 조서로써 이르길; "진실로 인군 된 자는 대경{代鏡}이 있어야 한다. 경{鏡}은 선행을 밝게 비추지 악행을 비추지는 않는다. 악행을 하거든 폐위시켜라. 이를 내 자손들에게 알린다."라고 하였다. 10월, <신라{羅}>에서는 <파사{婆娑}>가 죽어, <사릉{蛇陵}>에 장사하였다. 아들 <기미{祇味=지미=지마이사금}>가 섰다. 어미는 <사성{史省}>이라 하고 <허루{許婁}>의 딸이었으며, 처는 <애례{愛禮}>라 하고 <마제{摩帝}>의 딸이었다. 애초에 <파사>가 <기미>를 데리고 <집기{輯岐}>를 지났었다. <허루>가 자기 딸을 <기미>의 처가 되게 하고 싶어서 나와서 춤추게 하였더니, <마제> 또한 자기 딸을 나와서 춤추게 하였으며 크게 음식을 내고 맛있는 술로 그를 대접하였다. <기미>는 <마제>의 술을 많이 마셨고, 그런 까닭에 마침내 <애례>와 짝짓게 되었다. <마제>를 <주다간{酒多干}(서불감우각간)>이라 부르고, 그곳 땅을 <대포{大庖}>라고 불렀다고 한다. <색두{索頭}>에서는 <응묵{應默}>이 죽고, <두공{桓功}>이 섰으며 <모계{母鷄}>를 처로 삼았다.

☯ 二年癸丑, 正月, 太后親太輔之政. 命擧內外賢良才藝勇猛之士, 不問骨品. 授之以職, 曰; "民爲國本, 食爲民本. 宜爾大小官士, 亦務農牧釀織, 勿墜貧窮. 朕當示本." 遂, 與上, 親行耕蠶. 命, 刻<幽>·<幷>·<冀>·<遼>之版, 頒于聰俊之士, 以營征<遼>之役. 二月, <祇味>祀其祖廟, 以<昌水>伊湌·叅政, <玉權>海湌, <申權>一吉湌, <順宣>級湌. 三月, <濟>使至<羅>. <濟>, 以<末曷>爲苦, 而欲南下也.

○2년{단기2446년/AD113}계축, 정월, 태후가 친히 태보의 정사를 보았다. 명을 내리길, 내외의 "현량·재예·용명지사를 천거하되, 골품{骨品}은 따지지 말라."고 하였다. 천거된 이들에게 직책을 나누어 주고

나서 이르길; “백성은 나라의 근본이고, 식량은 백성의 근본이오. 그대들 높고 낮은 모든 관리들 또한 ‘농{農}·목{牧}·양{釀}·직{織}’에 힘을 기울여서 빈궁함으로 떨어지지 마시오. 짐도 당연히 시범을 보일 것이오.”라고 이르고 나서, 상과 함께 친히 밭 갈고 누에치기를 행하였다. 명을 내려 <유{幽}>·<병{幷}>·<기{冀}>·<요{遼}>의 땅{지도}을 새겨서 총준지사{聰俊之士}들에게 나누어 주고, <요{遼}>땅 정벌을 꾀하였다{☞「서도」에서 즉위하여 있었던 일이고, 현금 사학들의 말에 따른 <유주>에 「서도」가 있었으니, 고대 幽·幷·冀·遼州 比定을 다시 살펴야 할 것임!}. 2월, <기미{祇味}>가 자기의 조상사당에 제사하고, <창수{昌水}>를 이찬·참정으로, <옥권{玉權}>을 해찬으로, <신권{申權}>을 일길찬으로, <순선{順宣}>을 급찬으로 삼았다. 3월, <백제{濟}>사신이 <신라{羅}>를 찾아갔다. <백제{濟}>는 <말갈{末曷}>로 인한 고충으로 남하하고자 함이었다.

☯ 三年甲寅, 二月, 仙師<尙仁>上化, 謚曰<普尊仙師>. <仁>, 善天畵, 有上帝品百二十卷, 壽九十八. 以<高德>女<高>氏爲皇后. 時, 皇后生子<萬勒>故也. <德>, <高婁>太子之第八子也. 仙術高明, 與<普尊>比肩. 以王孫讓師于<尊>, 杜門修道以絶烟火, 八十三妻子不敢近. 唯上往拜獻果, 則敎以愛民·孝親·崇仙·無驕. 上請火食而長壽, 則曰; “上帝召我使治遠西.” 而未幾, 亦上化. 是年, <羅>, 春雹夏水, 而慮囚.

○ 3년{단기2447년/AD114}갑인, 2월, 선사 <상인{尙仁}>이 죽어서, 시호를 <보존선사{普尊仙師}>로 하였다. <상인>은 귀한 그림을 잘 그려서, 제에게 올린 품목이 120권이나 되었다. 98살을 살았다. <고덕{高德}>의 딸 <고{高}>씨를 황후로 삼았다. 이때 황후가 아들 <만륵{萬勒}>을 낳았기 때문이었다. <고덕{德}>은 <고루{高婁}>태자의 여덟째 아들로, 선술{仙術}에 고명하여서 <보존선사{普尊}>에 비견되었는데, 왕손이어서 선사 자리를 <보존>에게 양보하고 두문불출하여 도를 닦았다. {날 음식을 먹고} 불과 연기를 피우지 않았더니, 83명의 처자들이 감히 가까이 하지 못하였다. 오직 상께서만이 찾아가서 절하고 과일을 드렸던 즉, 백성을 아끼고 부모에게 효도하며 선을 숭상하고

교만하지 마시라고 가르쳤다. 상이 익힌 음식을 먹고 오래도록 사시라고 청하였더니, 답하길; "상제{上帝; =신명선제}께서 저를 부르셔서 먼 서토를 다스리라고 하셨습니다."라 하더니만, 얼마 있지 않아 또한 죽었다. 이해에 <신라{新羅}>에서는 봄에는 우박이 내리고 여름에는 수해가 있어서, 죄수들의 억울함은 없었는지를 다시금 살폈다.

☯ 四年乙卯, 二月, 重修<西河>·<南口>·<河城>·<安平>·<長岺>·<菟城>·<屯有>·<平郭>·<河陽>·<高顯>·<南蘇>等城, 以備西·南. 八月, 國南蝗, 巡視而至南海, 十月, 還. 二月, <加耶>伐<羅>南. 七月, <祇味>, 親征<加耶>, 師步騎渡<黃山河>, 遇伏兵于<林薄>被圍數匝. <祇味>奮鬪决圍而出, 勇將<長春郎>戰死.

그림26. ㉮<河阴{=河陰}>이 <九原>과 <包头{=包頭}> 주변 <황하>의 남쪽이면, 옛<河陽{=河阳}>은 옛<하음> 건너 서편의 <西安阳>=<河陽>인가? 아니면, 대청광여도의 ㉯<王屋山>南·<孟津>北의 <河陽> 또는 <冀州> 東北의 <河北>=<河陽>인가?

○ 4년{단기2448년/AD115}을묘, 2월, <서하{西河}>·<남구{南口}>·<하성{河城}>·<안평{安平}>·<장령{長岺}>·<도성{菟城}>·<둔유{屯有}>·<평곽{平

郭}>·<하양{河陽}{그림26 각주}>·<고현{高顯}>·<남소{南蘇}> 등등의 성을 중수하여 서쪽과 남쪽을 대비하였다. 8월, 나라의 남쪽 땅에 황충 피해가 있어서, 순시하며 <남해{南海; =黃河下流?}>에 이르렀다가, 10월에 돌아왔다. 2월에 <가야{加耶}>가 <신라{羅}>의 남부{南部}를 쳤다{그림27}. 7월엔 <기미{祇味}>가 친히 <가야>를 쳤는데, 보병과 기병을 이끌고서 <황산하{黃山河; 或 橫山河?}>를 건넜다가, <임박{林薄}>에서 <가야>의 복병을 만나 여러 겹으로 포위를 당했다. <기미>는 분투하여 포위를 뚫고 나왔지만, 용장 <장춘랑{長春郞}>은 전사했다.

그림27. <대청광여도{1785년}엔 <한강>·<한양>·<계명산>·<배미산>·<경주부>·<팔공산>·<함산>·<횡강>·<귀지>·<청양>·<황산>·<서성>·<잠산>·<덕안>·<망부산>·<대야> 등등... 익숙한 많은 역사지명들이 모여 있다!

☯ 五年丙辰, 二月, 納<羽弈>女爲副后. 三月, 日食. 十二月, 雪五尺. 八月, <祇味>, 自將精兵一萬伐<加耶>, <加耶>固守而天且久雨, 故無功而歸. <[桓]功>, 遣弟<健>來, 獻駱駝三十四. 以<荻>公主妻之.

○ 5년{단기2449년/AD116}병진, 2월, <우혁{羽弈}>의 딸을 거두어서 부후를 삼았다. 3월엔 일식이 있었고, 12월엔 눈이 다섯 자나 쌓였다. 8월에 <기미{祇味}>가 직접 정병 1만을 이끌고서 <가야{加耶}>를 쳤으나, <가야>가 굳게 지키고 날씨도 오래도록 비가 내려서, 공을 세우지 못하고 돌아갔다. <두공{梪功}>이 동생 <두건{梪健}>을 보내서 낙타 30필을 바쳐왔다. <적{荻}>공주를 처로 삼아주었다.

☯ 六年丁巳, 三月, 上皇, 巡狩至<淌村>, 納<尙溫>女<天花>于後宮, 命修<尙須>祠. <須>, 以<買溝谷>長者, 歸化而主畜. 其子<仁>爲<海山高仙>. <溫>, [<須>]之孫也. 世世修德淨心而至此. <天花>, 性溫柔且靭, 皃又絶色, 亘萬[若]之一人也. <高>皇后生<元>公主.

○ 6년{단기2450년/AD117}정사, 3월, 상황{=신명선제}이 순수하여 사냥하며 <창촌{淌村; =거센 물길이 흐르는 마을, 탕촌? 상촌?}>에 이르러서, <상온{尙溫}>의 딸 <천화{天花}>를 후궁으로 거두고는, <상수{尙須}>사당을 보수하라고 명하였다. <상수{須}>는 <매구곡{買溝谷}>의 우두머리로, 귀화하여서 주축대가{가축 기르기 주관}가 되었었고, 그의 아들 <상인{仁}>은 <해산고선{海山高仙}>이 되었었으며, <상온{溫}>은 [<상수{須}>]의 손자이다. 대대로 덕을 닦고 마음을 맑게 하여 오늘에 이르렀다. <천화{天花}>는 성품이 온화할 뿐만 아니라 끈기가 있고 용모 또한 만에 하나 있을 만한 절색이었다. <고{高}>황후가 <원{元}>공주를 낳았다.

☯ 七年戊午, 三月, 置三軍. <羽奕>中軍將軍, <高良>左軍將軍, <禾直>右軍將軍. 地震. 六月, ①<漢>人侵<菟城>敗歸, 又攻<華麗>. <漢>人<師大>上「歷代治亂繪」七卷, 賜年穀牛羊, 養之. 七月, 雹. 八月, 命五部仙院, 擧賢良孝順之士, 授之以官. 問四窮·不能存者, 給衣食. <麻樂>太輔, <松豆智>左輔, <乙布>右輔.

○ 7년{단기2451년/AD118}무오, 3월, 3군{三軍}을 두었다. <우혁{羽奕}>을 중군장군, <고량{高良}>을 좌군장군, <화직{禾直}>을 우군장군으로 삼

왔다. 지진이 있었다. 6월, <한{漢=後漢=東漢}>인들이 <도성{菟城}>에 쳐들어왔다가 패하여 물러가더니, 또 다시 <화려{華麗}>를 공격하였다{☞①<삼국사기>엔 攻守가 반대로 적혀있다}. <한{漢}>사람 <사대{師大}>가 「역대치란회{歷代治亂繪; 역대 환란을 극복한 얘기를 그린 그림}」 일곱 권을 바쳤기에, 매년 곡물을 주고 소와 양도 주어서 그를 살 수 있게 해주었다. 7월, 우박이 내렸다. 8월, 「5부」의 선원에 명을 내려 현량{어질고 착한}하고 효순{효도하며 도리를 따르는}한 선비들을 천거하게 하여서 이들에게 관직을 주었다. 4궁{鰥寡孤獨}·불능존자{혼자의 힘으로 살기 어려운 사람들}를 찾아서 먹을 것과 입을 것을 주었다. <마락{痲樂}>을 태보로, <송두지{松豆智}>를 좌보로, <을포{乙布}>를 우보로 삼았다.

☯ 八年己未, 正月, 副后生<羽>公主. 六月, <羽弈>·<高良>·<禾直>等伐<宿車>·<候城>·<遼隧>等地, 掠生口千余人而還. 九月, 擧八藝之士. 一曰禮, 二曰樂, 三曰射, 四曰騎, 五曰画, 六曰算, 七曰藥, 八曰陶. 槍劍之士附於射科, 書刻之士附画科, 陰[昜]之士附於禮科, 鶴舞之士附於樂科, 針灸之士附於藥科, 匠木之士附於陶科. 置採金使主諸金及貨貝. 上納<天花>爲宮人, 上皇命也.

○ 8년{단기2452년/AD119}기미, 정월, 부후{=우혁의 딸}가 <우{羽}>공주를 낳았다. 6월, <우혁{羽奕}>·<고량{高良}>·<화직{禾直}> 등이 <숙거{宿車}>·<후성{候城}>·<요수{遼隧}> 등지를 치고, 생구 천여 인을 잡아서 돌아왔다. 9월, 「8례지사{八藝之士}」를 천거 받았다; 1 예{禮}, 2 악{樂}, 3 사{射}, 4 기{騎}, 5 화{畵}, 6 산{算}, 7 약{藥}, 8 도{陶}로, 창인{槍釼}지사는 사{射}과, 서각{書刻}지사는 화{畵}과, 음양{陰陽}지사는 예{禮}과, 학무{鶴舞}지사는 악{樂}과, 침구{針灸}지사는 약{藥}과, 장목{匠木}지사는 도{陶}과에 속하게 하였다. 채금사{採金使}를 두어서 모든 금속과 화패{貨貝; 돈으로 쓰던 조가비}를 관장하게 하였다. 상이 <천화{天花}>를 거두어 궁인으로 삼았다. 상황의 명령에 따른 것이었다.

☯ 九年庚申, 二月, <漢>人<姚光>, 自稱<菟城>太守據<汶城>, 數侵

<菟城>·<平郭>·<屯有>以違其約. 遣王弟<遂成>, 率<禾直>·<乙魚>等, 攻<遼東>拔之. <姚光>遁去, <汶城>亦歸于我, <漢>人來降者千人. 命<漢>人<師大>画<三代(東明·光明·大武三代)鏡>繪百八十卷, 以爲新鏡, 其画精鮮燎然. 舊鏡五十七卷, 古色蒼然簡素. 可法, 故名爲<政經>. <師大>, 初翻舊鏡, 而今又着新, 故妻以<乙布>女爵小兄.
<羅>, 二月, 有大星墜<月城>西, 其聲如雷. 三月, <羅>都大疫. 上, 送藥十種救之.

○ 9년{단기2453년/AD120}경신, 2월, <한{漢}>인 <요광{姚光}>이 <도성{菟城}>태수를 자칭하고 <문성{汶城; 현금 山西 文水 일대?}>에 머물면서 <도성{菟城}>·<평곽{平郭}>·<둔유{屯有}>를 누차 침략하며 약조를 어겼다. 이에 왕제{작위가 왕인 동생} <수성{遂成}>을 보냈더니, <화직{禾直}>과 <을어{乙魚}> 등을 이끌고 가서 <요동{遼東}>을 쳐서 빼앗았다. <요광{姚光}>은 도망가고, <문성> 또한 우리에게 귀부하였으며, 찾아와 항복한 <한{漢}>인이 천 사람이나 되었다. <한{漢}>인 <사대{師大}>에게 명하여 <3대(동명·광명·대무3대)경>그림 180권을 그리게 하여 신경{新鏡}을 만들었더니, 그 그림이 정선·요연하였고, 구경{舊鏡} 57권은 고색창연하고 간소하였다. 법으로 삼을 만하여 <정경{政經; 다스림 경전}>이라 이름을 붙였다. <사대>가 처음으로 구경을 번역하여 새롭게 하였었는데, 요즈음 다시 {漢字가 아닌 것을 漢字로?} 번역하였기에 신{新}자를 붙인 것이었다. 이에 <을포{乙布}>의 딸을 처로 삼아주고, 소형{小兄} 작위도 주었다.
<신라{羅}>에서는 2월에 큰 별{流星}이 <월성{月城; =半月城?}>의 서쪽에 떨어졌는데 그 소리가 천둥과 같았고, 3월에는 <신라>의 도성에 돌림병이 크게 돌아서 상이 열 가지의 약을 보내서 도와주었다.

☯ 十年辛酉, 正月, 宮人<天花>生子<伯固>. 先是, 上皇, 夢見<天花>與上合而生龍. 至是應焉, 故曰名以<伯固>, 乃覇必固之義也. 長而仁賢, 不失上皇命名之意. 聖哉, 仙皇之鑑. <[桓]功>殂, <健>立.
二月, <姚光>, 自<幽州>來侵, 殺<丘利>渠帥<后突>. <禾直>赴救大破

之. <乙魚>, 誘其大軍于<甬道>, 而設伏嶮阸以殄滅之, 獲其兵仗·馬匹無數, 又追擊於<赤山>·<棘城>, 焚其城郭·糧草, 虜獲生口二千余. 擇其技能者授職, 聲色者賜將士爲妾. 上皇, 洗<伯固>而疾作月餘, 二月晦, 崩. 葬于<茅山>.
四月, 親征<蔡諷>於<遼隧>, 戰于<新城>, 斬其將<耿毛>·<龍端>·<公孫酺>·<孫壽>等百四十余人. <棘城>以東, 皆入我地. <諷>逃入<幽州>不敢復侵.

○ 10년{단기2454년/AD121}신유, 정월, 궁인 <천화{天花}>가 아들 <백고{伯固}>를 낳았다. 이에 앞서 상황{=신명선제}이 꿈속에서 <천화>가 상{=태조?}과 화합하여 룡을 낳는 것을 보았었고, 지금 그 응답이 온 것이라 여기어 이름을 <백고>라 하였다. 으뜸이 되어서 한결 같다는 뜻이었다. 성장하여서는 어질고 현명하였으며, 상황이 그리 이름을 지은 뜻을 어긴 바가 없었으니, 훌륭하셨다! 선황{仙皇}의 선견지명하심이어... <두공{桓功}>이 죽고, <두건{健}>이 섰다.
2월, <요광{姚光}>이 <유주{幽州}>에서 쳐들어와 <구리{丘利}>거수 <후돌{后突}>을 죽였다. <화직{禾直}>이 구하려 달려가 <요광{姚光}>을 크게 쳐부쉈고, <을어{乙魚}>는 <요광>의 대군을 <용도{甬道; 작금北京북방 高麗營부근?}>로 끌어들여서 험지에 매복한 군사로 모조리 짓이겼으며, 병장기와 마필을 무수하게 노획하였다. 계속 추격하여 <적산{赤山; =九原北 東受降城北方 赤山? =赤城市東北赤城山?}>과 <극성{棘城}>의 성곽 및 군량과 마초를 불사르고, 생구 2천여를 노획하였다. 이들 중 기능 있는 자는 가려내서 직책을 주고, 예쁜 여인들은 장사들에게 첩으로 나누어주었다. 상황이 <백고{伯固}>를 씻어 주고 나서 병이 들더니, 달포를 앓다가 2월 그믐에 죽어, <모산{茅山; 興隆·平谷間 泃河 最上流茅山!; 그림28}>에 장사했다.
4월, 친히 <요수{遼隧; =遼隊!}>에 있는 <채풍{蔡諷}>을 정벌하려 <신성{新城; 石家莊 동북방 25Km경의 新城鋪?}>에서 싸워서, 그의 장수들 <경모{耿毛}>·<룡단{龍端}>·<공손포{公孫酺}>·<공손수{孫壽}> 등 140여 명을 참하였다. <극성{棘城}>이동의 땅이 우리 것이 되었다. <채풍{蔡諷}>은

<유주{幽州; AD2C 이전엔 작금의 山西省 大同市 주변과 그 서·북방!}>로 도망하여, 감히 다시는 침입하지 않았다.

그림28. <神明仙帝>와 <太祖皇帝>의 <高>皇后가 <모산{茅山}>에 묻혔다고 함.

그림29. 현금 <북경>인 <순천{順天}>부 즉 <高句麗>西都 추정지역의 서북방인 적산{赤山}>후보지 <적성보{赤城堡}>와 서방 멀리에 있었던 <청조{淸朝}> <대동{大同}>동부 <백등산{白登山}>중의 <유방{劉邦}>치욕처 <평성{平城}>

☯ 八月, <漢>使來朝, 吊上皇獻簿, 請和. 群臣, 以其奸凶不可信, 請斬之. 上, 曰; "彼以禮來我何暴爲." 命賓部厚待. <遂成>問<鄧>后之年, 使曰; "崩矣." <遂成>曰; "昔, <呂>后解帶於<平城>以悅<冒頓>. 汝等, 何不以<鄧曼>解帶于我而魚肉邪. 若不以<[祜]>母妾我, <洛陽>灰矣." 使撫然良久, 當從王命. 上, 聞之責<遂成>. <遂成>[曰]; "吾視<漢>如草介, 吾何畏之, 甚乎." 上, 曰; "<經>不云乎. 一虫可畏, 況人而君哉. 驕者敗, 戒之."

十月, 上, 與太后, 如<扶余>, 祀<柳花>聖母及太后祖廟, 問民窮者賜物. <肅愼>來獻紫狐表·白鷹·白馬. <肅愼>, 在<梁貊>之北(滿洲里之北)<膝河>, 以漁獵爲生. 其俗淳古, 父子人畜同室混处. 以<貊弓>, 從嵜外水路, 往來于<漢>而泄我國情, 故朝廷束之.

十一月, 上, 自<扶余>還, 以<遂成>爲「大芻加」委以兵權. 太后命也.

十二月, <姚光>, 誘<勾麗>渠帥<屠利>爲<玄菟>都尉, 與<卑離>反賊<尉仇台>, 謀復<紫蒙>故地, 新置<玄菟>府于<川西>而居之. 上, 親率<馬韓>·<盖馬>軍一萬騎, 而攻<川西>, 不克而還.

<羅>, <翊宗>伊湌, <昕連>海湌, <林權>阿湌. 二月, 築<大甑山城>. 四月, <倭>寇東邊.

○ 8월, <한{漢=後漢}>의 사절이 래조하여 상황의 빈소에 조상하고 부의를 바치며 화친을 청하였다. 여러 신하들이 그들은 간교하고 흉악하여 믿을 수 없으니 죽이자고 청을 하자, 상이 이르길; "저들이 우리를 예로써 찾아왔는데, 내가 어찌 사납게 할 수 있겠는가?" 라 하고는 빈부에 명하여 후하게 대접하였다. <수성{遂成}>이 <등{鄧}>후의 나이를 물었더니, 사신은 "돌아가셨습니다."라고 대답하였다. <수성{遂成}>이 이르길; "지난날, <려{呂}>후{前漢=西漢 高祖劉邦의 처, 본명은 呂雉, 자는 娥后}는 <평성{平城}{그림29}>에서 허리띠를 풀고 <모돈{冒頓; =匈奴單于로 頭蔓單于의 아들; BC209~174}>을 즐겁게 하였는데, 너희들은 왜 <등만{鄧曼; 後漢=東漢의 殤帝劉隆의 처}>이 내게 허리띠를 풀고 어육{짓밟혀 결딴남의 비유}이 되게 하지 않는가? <호{祜; 後漢=東漢安帝}(공종)>의 에미가 내게 첩 노릇을 하지 않으면, <락양{洛陽}>은 잿더미가 될 것이야!" 라 하였더니, 사신들은 말없이 잠자코 있으면서 왕명을 기다릴 뿐이었고, 상이 이 말을 듣고 <수성{遂成}>을 꾸짖자, <수성>이 아뢰길; "저는 <한{漢}>을 초개와 같이 여기는데, 제가 어찌 그들이 두

려울 일이 있겠습니까? 심하십니다!”라 하였다. 이에 상이 이르길; “<경{經; =정경=3대경}>이 말하지 않더냐? 벌레 한 마리도 조심하여야 하거늘, 사람들의 임금이 된 자는 어떠하겠느냐? 교만하면 진다는 것을 명심해야 할 것이야!”라 하였다.

10월, 상이 태후와 함께 <부여{扶余}>로 가서 <유화{柳花}>성모와 태후의 조상사당에 제사하고, 백성들 중에 궁한 이들을 찾아서 재물을 나누어주었다. <숙신{肅愼}>이 찾아와서 자색 여우가죽과 흰 외뿔 양 및 흰말을 바쳤다. <숙신{肅愼}>은 <양맥{梁貊}> 북쪽(만주리지북) <슬하{膝河; =嫩江西北額尒古納河西邊}>땅에 있으면서 물고기를 잡고 사냥하길 생업으로 하며, 그 풍속은 옛사람들처럼 순박하여 부·자·인·축{父·子·人·畜}이 한 곳{室}에서 섞여서 기거하고 있는데, <맥궁{貊弓}>을 가지고서 고개{산} 밖의 물길로 <한{漢=後漢=東漢}>에 오가면서 우리나라의 사정을 누설하기에 조정이 이들을 가두었다.

11월, 상이 <부여{扶余}>에서 돌아와서, <수성{遂成}>을 「대추가{大芻加}」로 삼고 병권을 위임하였다. 이는 태후의 명에 따른 것이었다.

12월, <요광{姚光}>이 <구리{勾麗}성>의 거수 <도리{屠利}>를 꼬드겨서 <현도{玄菟}>도위로 삼고, <비리{卑離}>땅의 반적 <위구태{尉仇台}>와 함께 모의하여서 <자몽{紫蒙}>의 옛 땅을 회복하고자 <천서{川西}>에다가 새로이 <현도{玄菟}>부를 두고 거기에서 머물렀다. 이에 상이 <마한{馬韓}>과 <개마{盖馬}>의 1만 기병을 이끌고 <천서{川西}>를 공격하였으나, 이기지 못하고 돌아왔다.

<신라{羅}>에서는 <익종{翊宗}>을 이찬으로, <흔련{昕連}>을 해찬으로, <림권{林權}>을 아찬으로 삼았다. 2월에는 <대증산성{大甑山城}>을 쌓았다. 4월에는 <왜{倭}>가 <신라>의 동쪽 변방을 노략하였다.

☯ 十一年壬戌，二月，上，復引<馬韓>·<勾茶>·<盖馬>三國兵，伐<川西>·<勾麗>拔之. <姚光>，逃走，爲其部下所殺. <仇台>，逃入<西紫蒙>自稱<西扶余>，後爲<宇文>所逐. 四月，太輔<麻樂>薨，年六十九. 父，<卑離王><義鹿>，<摩離>子也，娶<大武神>女<都>公主而生<樂>. 腹有紅紋三星，驍勇而善戰，累建大功及入輔位執大臣，體能決大事，可

稱賢相. 然, [閨簿]不嚴, 殯未冷而妻女奔, 人情哉. <松豆智>太輔, <乙布>左輔, <遂成>右輔, <羽弈>大注簿, <尙溫>大評者, <尙岑>馬將軍, <尙蕃>殿中皀衣(使人). 是, <羅>, 大風東來, 折木飛{屋}終日. 訛言<倭>至, 民爭遁谷, <翊宗>諭止之, 而七月, 蝗飢多盜.

○ 11년{단기2455년/AD122}임술, 2월, 상이 다시금 <마한{馬韓}>·<구다{勾茶}>·<개마{盖馬}> 3국의 군병을 이끌고 <천서{川西}>와 <구리{勾麗}>를 쳐서 빼앗았더니, <요광{姚光}>은 달아나다가 자기 부하 손에 죽었고, <위구태{仇台}>는 <서자몽{西紫蒙}>땅으로 피하여 들어가 <서부여{西扶余}>를 자칭하였으나 후일 <우문{宇文}>씨들에게 쫓겨났다. 4월, 태보 <마락{痲樂}>이 죽었다. 예순 아홉 살이었다. 아비는 <비리왕{卑離王}><의록{義鹿}>으로 <마리{摩離}>의 아들이고, <대무신{大武神}>의 딸 <도{都}>공주와 혼인하여 <마락>을 낳았다. 배에는 붉은 '3성' 문양이 있었으며, 용감하고 전쟁에 뛰어나서 큰 공을 누차 세우더니, 들어와서는 3보의 지위에 올라 대신이 되었고, 몸소 큰 정사를 잘 처결하였으니 현명한 재상이었다 할 만하였다. 그러나 규방{閨房; 집안의 여인들}이 등한하여도{=閨房의 道理를 지키지 않아도} 엄하지 않았었더니, 주검이 식기도 전에 처와 딸 들이 달아났다. 인정이란 것이 그러한 것이었던가! <송두지{松豆智}>를 태보로, <을포{乙布}>를 좌보로, <수성{遂成}>을 우보로, <우혁{羽弈}>을 대주부로, <상온{尙溫}>을 대평자로, <상잠{尙岑}>을 마장군으로, <상번{尙蕃}>을 전중조의(사인)로 삼았다. 이해에 <신라{羅}>에서는, 큰 바람이 동쪽에서 불어와 종일토록 나무가 부러지고 집들이 날아갔으며, <왜{倭}>가 왔다는 잘 못된 말이 퍼져서 백성들은 산곡으로 다투어 숨어들었더니 <익종{翊宗}>이 이를 깨우쳐 말렸고, 7월에는 황충 피해가 있어 굶주리게 되었고 도둑들이 많았다.

☯ 十二年癸亥, 二月, 大閱<西河>. 十月, <穆度婁><沸流>沛者, <高福章><桓那>沛者, <尙溫><淹淲>沛者. 三人, 有莫逆之交而治世之賢, 故人稱<三台[星]>. <羅>, 三月, 與<倭>和. 四月, 霜. 五月, <金城>東民屋陷爲池.

○ 12년{단기2456년/AD123}계해, 2월, <서하{西河; 그림8}>에서 크게 군사를 사열하였다. 10월, <목도루{穆度婁}>를 <비류{沸流}>패자로, <고복장{高福章}>을 <환나{桓那}>패자로, <상온{尙溫}>을 <엄표{淹淲}>패자로 삼았다. 이 셋은 막역하게 사귀면서 세상을 현명하게 다스렸더니, 사람들이 이들을 <3태성{三台星}>이라 불렀다. <신라{羅}>는 3월에 <왜{倭}>와 화친하였고, 4월에는 서리가 내리고, 5월에는 <금성{金城; 巢湖南邊 金城市{그림48}? 또는 合肥? 또는 舒城?}> 동쪽 백성들의 집들이 땅 속으로 가라앉아서 물에 잠겼다{그림30}.

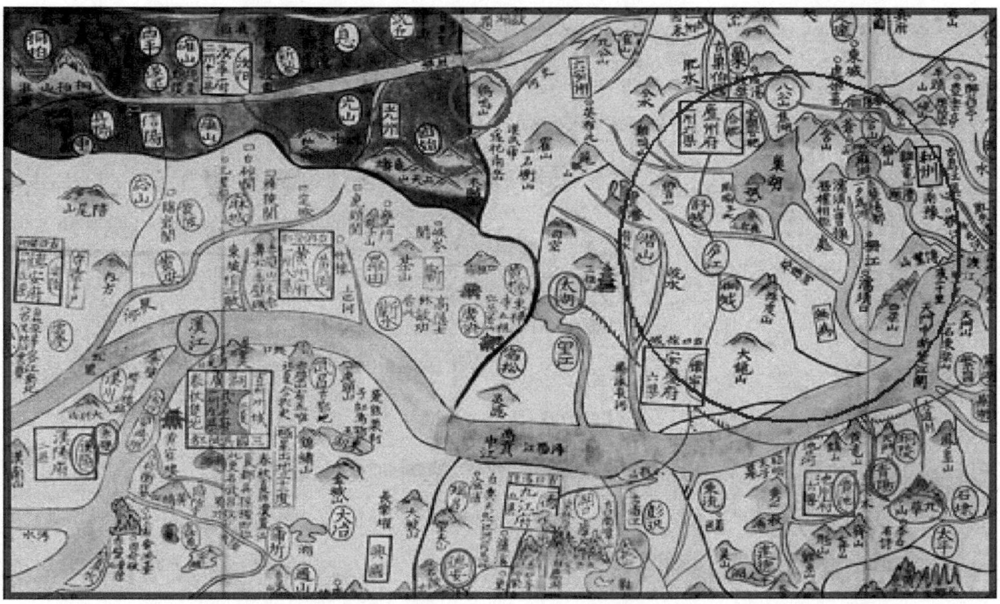

그림30. <대청광여도>상의 <로주부{=경주부}>, <계명산>, <팔공산>, <함산> ; 「<金城>東民屋陷爲池.」 작금의 <경북><경주><금성>동쪽 땅이 꺼져서 백성들의 집들이 땅 밑으로 꺼져들어 물속으로 들어간 일이 있었나?」

☯ 十三年甲子, 五月, 右將軍<穆吉>卒, <尙岑>代之. <禾直>, 率<紫蒙>軍伐<尉仇台>, 破<月海(達里湖)>至<月都(多倫)>, 而還. <遂成>左輔, <羽弈>右輔. 八月, 田于<太伯山>南, 獲白鹿大如馬而紫角. 巫言, <仇

台>王時此馬現而今又現之. 以綠錦爲鞍而乘之. 上, 身長八尺, 重百斤余, 而鹿白如故, 以爲乘馬而每朝騎馳. 人號以<白鹿大王>. 一日, 至<毛屯谷><三賢坮>得聖母釧, 仍祭<優勃水>. 國南蝗, 送仙人<陽父>{被}之. 九月, 庚申晦, 日食. <漢>使來請和. 十一月, 「東都」地震. <尙>后生<衲>公主. <好万>太輔. <松豆智>薨, 年七十一, 賜其妻<典>公主年穀.

○ 13년{단기2457년/AD124}갑자, 5월, 우장군 <목길{穆吉}>이 죽어 <상잠{尙岑}>이 대신하였다. <화직{禾直}>이 <자몽{紫蒙}>의 군대를 이끌고 <위구태{尉仇台}>를 정벌하여 <월해{月海}(달리호)>를 깨고 <월도{月都}(다륜)>에 이르렀다가 돌아왔다. <수성{遂成}>을 좌보로, <우혁{羽弈}>을 우보로 삼았다. 8월, <태백산{太伯山; 산서성?, 더 북방?}> 남쪽에서 사냥하여 말만큼 크고 자색 뿔 달린 흰 사슴을 붙잡았다. 무당이 말하길 <구태{仇台}>가 왕을 하던 시절에 이 말이 나타났다가 지금 또 나타난 것이라고 하였다. 녹색 비단안장을 얹어서 타고 다녔다. 상은 신장이 8척이나 되고 체중은 100근 여가 되었는데, 사슴은 옛날과 같이 흰색이었고 매일 아침 이를 타고 달리니, 사람들은 <백록대왕{白鹿大王}>이라 불렀다. 하루는 <모둔곡{毛屯谷}><삼현대{三賢坮; 慕本原近地, 三賢=再思·武骨·默居, 東都至近!}>에 이르러 성모{=柳花}의 팔찌를 줍더니 <우발수{優勃水}>에 제사하였다. 나라 남쪽에 황충이 일어서 선인{仙人} <양부{陽父}>를 보내 황충을 흩어지게 하였다. 9월, 경신일 그믐에 일식이 있었다. <한{漢=後漢}>의 사신이 와서 화친을 청했다. 11월, 「동도{東都=初都}」에 지진이 있었다. <상{尙}>후가 <납{衲}>공주를 낳았다. <호만{好万}>을 태보로 삼았다. <송두지{松豆智}>가 71살에 죽어, 그의 처 <전{典}>공주에게 매년 양식을 주도록 하였다.

☯ 十四年乙丑, 正月, <尙溫>右輔, <朱文>中畏大夫, <富文><松江>沛者. <朱文>·<富文>, <芦花>太后弟也. 十一月, <太伯山>巫<倨山>獻雌白鹿有黃斑. 上, 喜, 曰; "天以牝吾馬乎." 命, 字于<淌水宮>, 曰; "鹿之有斯牝, 如朕之有賢后." 仍名牡曰<明角>, 牝曰<玄池>. 上, 與后分乘, 每朝出<淌宮>從河岸至<楡原>, 而返朝饌. 新造鹿舍于內庭, 置鹿師二人. 是年, 正月, <末曷>, 入<羅>北殺掠, 七月, 又襲<大岺柵>過於<泥河>. <濟>, 遣五將軍, 助<羅>破<曷>.

○ 14년{단기2458년/AD125}을축, 정월, <상온{尙溫}>을 우보로, <주문{朱文}>을 중외대부로, <부문{富文}>을 <송강{松江}>패자로 삼았다. <주문>과 <부문>은 <호화{芦花}>태후의 동생들이다. 11월, <태백산{太伯山; 산서성?, 더 북방?}> 무당 <거산{倨山}>이 누런 반점이 있는 흰 암사슴을 바쳐 왔더니, 상이 기뻐하면서 "하늘이 내 말에게 아내를 줌이라!"라 하였다. <창수궁{淌水宮; =탕수궁? =상수궁?}>에서 기르라고 명하고, 이르길; "짐에게 현명한 후가 있듯이, 사슴에게도 짝이 있어야 한다."라 하고, 수컷은 <명각{明角}> 암컷은 <현지{玄池}>라 이름을 지어주었다. 상은 후와 함께 나누어 타고서 매일 아침에 <창궁{淌宮=淌水宮}>을 나서서 하안{河岸}을 따라서 <유원{楡原=느릅나무언덕}>까지 갔다가 돌아와 아침을 들었으며, 안마당에 새로이 사슴우리를 짓고 사슴 관리인 두 명을 두었다. 이해 정월에 <말갈{末曷}>이 <신라{羅}>의 북쪽을 침입하여 살육·약탈하였고, 7월에 또 <대령책{大岺柵}>을 습격하고 <니하{泥河}>를 넘어섰더니, <백제{濟}>가 다섯 장군을 보내서 <신라{羅}>를 도와 <말갈{曷}>을 깼다.

☯ 十五年丙寅, 二月七日, <麻樂>妻<烏>氏, 生<穆崇>子<靖>, 請爲<樂>. 許之. 以<尙溫>女<銀花>爲副后. <天花>之妹也.

○ 15년{단기2459년/AD126}병인, 2월 7일, <마락{麻樂}>의 처 <오{烏}>씨가 <목숭{穆崇}>의 아들 <정{靖}>을 낳았다. <마락>의 아들로 하여달라고 청을 하여서, 허락하였다. <상온{尙溫}>의 딸 <은화{銀花}>를 부후로 삼았다. <천화{天花}>의 여동생이다.

☯ 十六年丁卯, 七月, 甲戌朔, 日食. <尙>后生子<將固>.

○ 16년{단기2460년/AD127}정묘, 7월 갑술일 초하루에 일식이 있었다.

<상{尙}>후가 아들 <장고{將固}>를 낳았다.

☯ 十七年戊辰, 八月, <曷思>王<都頭>, 以國來獻, 封爲于台. <尙溫>「東部」大使者, <羽弈>右輔. 是月, <羅>, 長星竟天. 十月, 地震. 翌月, 雷.

○ 17년{단기2461년/AD128}무진, 8월, <갈사{曷思}>왕 <도두{都頭}>가 나라를 들어서 찾아왔기에 우태작위를 봉하였다. <상온{尙溫}>을 「동부」대사자로, <우혁{羽弈}>을 우보로 삼았다. 이 달에 <신라{羅}>에서는 기다란 별{혜성}이 천좌{天座}에 닿았으며, 10월엔 지진이 일고, 다음 달엔 우레가 일었다.

☯ 十八年己巳, 三月, <松奇>生女<黃龍>享王. 其妻, <度婁>妹也. <尙溫>第三女<暖花>又入後宮. <高>皇后生<莫德>太子. 秋, <羅>, <昌永>死. 以海湌<玉權>爲伊湌·叅政. <尙>后生<裶>公主.

○ 18년{단기2462년/AD129}기사, 3월, <송기{松奇}>가 딸 <황룡{黃龍}>을 낳아서 왕에게 바쳤다. 그의 처는 <목도루{度婁}>의 여동생이었다. <상온{尙溫}>의 셋째 딸 <난화{暖花}>가 또 후궁으로 들어갔다. <고{高}>황후가 <막덕{莫德}>태자를 낳았다. 가을에 <신라{羅}>에서는 <창영{昌永}>이 죽고, 해찬 <옥권{玉權}>이 이찬·참정이 되었다.
<상{尙}>후가 <비{裶}>공주를 낳았다.

☯ 二十年辛未, 二月, 以<暖花>妻<萬勒>太子, 因<高>皇后請也. <松奇>大評者. 五月, <羅>大雨漂民戶. 七月, 太輔<好万>薨, 年七十三.

○ 20년{단기2464년/AD131}신미, 2월, <난화{暖花}>를 <만륵{萬勒}>태자의 처로 삼았다. <고{高}>황후의 청을 따른 것이었다. <송기{松奇}>를 대평자로 삼았다. 5월, <신라{羅}>에서는 큰비로 민가들이 물에 떴다. 7월, 태보 <호만{好万}>이 73살에 죽었다.

☯ 二十一年壬申, 正月, <芦花>太后崩, 春秋八十四, 身長八尺, 重百三十斤, 有膂力善槍釼. <慕本>初, 隨夫皇<再思大王>平<扶余>內亂有功. <仙帝>時, 國之大事皆決於后. 上之卽位初, 亦居太輔之位, 有英斷能決難事, 知大體務精要. 臨崩, 勤與<遂成>相傳以篤友愛, 又言<天花>; "國之<源花>可與<遂成>共之." 以是, 亂倫而失政. <尙>后生子<春固>. <遂成>太輔, <羽弈>左輔, <禾直>右輔. 三月, <藻那王><心>反, 遣<貫那>沛者<達賈>·「東部」大使者<穆度婁>, 討平之. 移<心>于<貫那>(貫那·藻那皆東扶余地也.藻那在黑水之口,最遠而濱海.故封蛙王之後孫心爲王者也). 以<穆度婁>爲<柵城>太守. 四月, 上, 命<尙>后與<遂成>出遊<太伯山>諸仙院. 凡七閱, 月而還. 是年, 二月, <羅>宮南門焚. 以<元>公主妻<遂成>.

○ 21년{단기2465년/AD132}임신, 정월, <호화{芦花}>태후가 춘추 여든넷에 죽었다. 신장은 8척에 체중도 130근이었고, 상대를 겁주는 힘도 있었으며, 창과 칼도 잘 썼다. <모본{慕本}> 초에는 부황{夫皇}인 <재사대왕{再思大王}>을 따라가서 <부여{扶余}>내란 평정에 공을 세웠다. <선제{仙帝=神明仙帝}>시절엔 나라의 큰일들이 태후에게서 처결되었었다. 상의 즉위 초엔 태보 자리에 있었으며, 뛰어난 결단력이 있어 어려운 일을 능숙하게 처결하였고, 정사의 큰 틀을 알고 일의 핵심을 꿰었다. 죽음에 가까워서는 <수성{遂成}>에게 부지런히 태보의 일을 넘겨주었더니 우애가 깊었었다. 또한 <천화{天花}>에게 이르길; "나라의 원화{源花; =元花?}는 <수성>과 함께 하는 것이 좋겠다."라고 하여서, 이 일로 후에 윤리가 어지러워지고 실정이 초래되었다. <상{尙}>후가 아들 <춘고{春固}>를 낳았다. <수성>이 태보로, <우혁{羽弈}>이 좌보로, <화직{禾直}>이 우보가 되었다. 3월, <조나왕{藻那王}> <심{心}>이 반란하여, <관나{貫那}>패자 <달가{達賈}>와 「동부」 대사자 <목도루{穆度婁}>를 보내 토벌·평정하고, <심{心}>을 <관나{貫那}>로 옮겼다(관나·조나는 모두 동부여 땅이다. 조나는 흑수 하구이며 가장 멀고 물가에 있기에, 금와왕의 후손 심을 왕으로 봉한 것이었다). <목도루{穆度婁}>를 <책성{柵城}>태수로 삼았다. 4월, 상이 <상{尙}>후에게 <수성{遂成}>과

함께 <태백산{太伯山; 산서성?, 더 북방?}>에 있는 여러 선원{仙院}을 유람하라고 명하였더니, 모두 일곱 군데의 선원을 돌아보고 한 달이 되어서야 돌아왔다. 이해 2월 <신라{羅}> 궁성의 남문이 불탔다.
<원{元}>공주를 <수성>의 처로 삼았다.

☯ 二十二年癸酉, 正月, 以<遂成>爲皇太弟, 置東宮僚七十八人. 以<尙>后爲<遂成>妃, <羽弈>太輔, <乙布>左輔, <尙溫>右輔. 六月, <遂成>妃生<遂成>子<駿>. 以<穆度婁>爲東宮大夫, 其妻<松花>生女<守禮>於<柵城>而來爲<駿>乳媼. 始築<牛山城>以爲避暑之地.

○ 22년{단기2466년/AD133}계유, 정월, <수성{遂成}>을 황태제로 삼고 동궁관료 78인을 딸려주었다. <상{尙}>후를 <수성>비로, <우혁{羽弈}>을 태보로, <을포{乙布}>를 좌보로, <상온{尙溫}>을 우보로 삼았다. 6월, <수성>의 비{=상후}가 <수성>의 아들 <준{駿}>을 낳았다.
<목도루{穆度婁}>를 동궁대가로 삼았으며, 그의 처 <송화{松花}>가 <책성{柵城}>에서 딸 <수례{守禮}>를 낳았더니 들어와서 <준>의 유모가 되었다. 처음으로 <우산성{牛山城}>을 쌓아 피서지로 삼았다.

☯ 二十三年甲戌, 三月, <紇于>孫<龍山>, 以<桓阿>·<越都>二郡, 來降. 命<桶口>太子爲<桓阿>太守至<越都>納<龍山>女<紇>氏. 十月, <朱那>反, 命<桓那>沛者<薛儒>伐之. 其國多湖, 故亦曰<湖國>, 在<藻那>之南, 與<藻那>相婚, 故欲復<藻那>而反. 男多女少, 有犬{獹}如鹿, 能解人語. 是年, <濟>·<羅>, 皆旱疫, 死者殆半. <祇味>亦以疫殂.

○ 23년{단기2467년/AD134}갑술, 3월, <흘우{紇于}>의 손자 <룡산{龍山}>이 <환아{桓阿}>와 <월도{越都}> 2군을 들고 찾아와 항복하였다. <통구{桶口}>태자에게 명하여 <환아{桓阿}>태수가 되어 <월도{越都}>로 가서 <룡산{龍山}>의 딸 <흘{紇}>씨를 거두게 하였다. 10월, <주나{朱那; =在東扶余屬國藻那南方}>가 반란하여, <환나{桓那}>패자 <설유{薛儒}>에게 명하여 정벌하게 하였다. <주나{朱那}>국은 호수{湖水}가 많아서

<호국{湖國}>이라고도 하는데, <조나{藻那}>의 남쪽에 있으며, <조나>와는 서로 혼인하였던 사이어서, <조나>를 되찾으려고 반란하였던 것이었다. <조나>땅에는 남자는 많으나 여자가 적었고, 사슴 크기의 큰 {개}가 있는데 사람들의 말을 잘 알아들었다. 이해에 <백제{濟}>와 <신라{羅}>가 모두 가뭄이 들고 돌림병이 돌더니 태반이 죽었으며, <기미{祇味=지미=지마이사금}> 또한 이 돌림병으로 죽었다.

☯ 二十四年乙亥, 正月, <朱那>王子<乙音>來降, 封爲古芻加, 以<眞>公主妻之. 移<朱那>余党于<桓河><樂浪>人部落, 與之相婚而居. 三月, 重修<鸞臺>爲宮. 使<白>画<三代鏡>于壁, <玄武>·<渡河>相名焉.

○ 24년{단기2468년/AD135}을해, 정월에 <주나{朱那=湖國}>왕의 아들 <을음{乙音}>이 항복해 와서 고추가를 삼고 <진{眞}>공주를 처로 주었으며, <주나>의 남은 무리는 <환하{桓河}>의 <락랑{樂浪}>사람들 부락으로 옮겨서 서로 혼인하고 머물러 살게 하였다. 3월, <란대{鸞臺; 在「西都」}>를 고쳐서 궁으로 삼았다. <사백{白}>으로 하여금 <3대경{三代鏡}>을 넓적한 옥판에 새기게 하였다. <현무{玄武}> 또는 <도하{渡河}>라고 이름 하는 그림이었다.

☯ 二十五年丙子, 三月, 太輔<羽弈>薨, 年七十一. 其父<方>, 以<光明帝>外孫, 久居中畏, 恭儉, 稱之. <弈>亦以武術累立大功. <乙布>太輔, <尙溫>左輔, <穆度婁>右輔兼<牛山>太守·中畏大夫. <羅>, <雄宣>伊飡·知兵馬, <近宗>一吉飡.

○ 25년{단기2469년/AD136}병자, 3월, 태보 <우혁{羽弈}>이 71살로 죽었다. 그의 부친 <우방{方}>은 <광명제{光明帝}>의 외손으로 오랫동안 중외대부 자리에 있었으며, 공손하고 검소하여, 사람들이 그를 칭송하였다. <우혁{奕}> 또한 무술{武術}로 인하여 여러 번 큰 공을 세웠다. <을포{乙布}>를 태보, <상온{尙溫}>을 좌보, <목도루{穆度婁}>를 우보 겸 <우산{牛山}>태수·중외대부로 삼았다. <신라{羅}>에서는 <웅

선{雄宣}>이 이찬·지병마가 되고, <근종{近宗}>이 일길찬이 되었다.

☯ 二十六年丁丑, 五月, <朱那>余党, 與<樂浪>人, 襲<浿口>. <桶口>太子被創入山谷而薨. 從臣<于恢>葬而歸其鄕. <恢>, <黃龍王><仁>之裔也. <禾直>平<樂浪>·<朱那>之餘黨, 而入爲左輔. <達賈>右輔, <尙溫><淌水公>. 十月, <扶余>獻鹿. 十二月, 「東都」雪五尺. <末曷>, 二月, 燒<羅><長岑>五柵. 八月, 庚子, <濟>, <熒惑>犯<南斗>.

○ 26년{단기2470년/AD137}정축, 5월, <주나{朱那}>의 남은 무리{참조24년기}가 <락랑{樂浪}>사람들과 함께 <패하{浿河=浿水; =白河?}> 하구를 공격하였다. <통구{桶口}>태자가 창을 맞고 산곡으로 들어가 죽으니, 호종하던 신하 <우회{于恢}>가 이를 묻어 주고 제 고향으로 돌아갔다. <우회{恢}>는 <황룡왕{黃龍王}><우인{仁}>의 후예이었다. <화직{禾直}>이 <락랑>과 <주나{朱那}>의 남은 무리를 평정하고 들어와 좌보가 되었고, 이에 <달가{達賈}>가 우보로, <상온{尙溫}>은 <창수공{淌水公; =탕수공? =상수공?}>이 되었다. 10월, <부여{扶余}>가 사슴을 바쳐왔다. 12월, 「동도{東都}」에 눈이 다섯 자나 내렸다. 2월엔 <말갈{末曷}>이 <신라{羅}><장령{長岑}>의 목책{또는, 작은 성} 다섯을 태웠고, 8월 경자일에 <백제{濟}>에선 <형혹성{熒惑星}>이 <남두성{南斗星}>을 범했다.

☯ 二十七年戊寅, 二月, <高>皇后崩, 春秋四十七. 后有聖德高行. 上, 敬爱之. 生六子; 長曰<桶口>, 次曰<萬勒>, 三曰<大德>, 四曰<莫德>, 五曰<最德>, 六曰<孝德>, 皆有賢行. 五公主; 曰<眞>, 曰<元>, 曰<慕元>, 曰<陽德>, 曰<慕玄>. 后, 生<孝德>而疾劇, 不起. 上, 哀慟之, 葬于<茅山>. 三月, <紇>氏生<恢>子<素>, <孌耳>生<桶口>女<龍宝>. 上使<伯固>往見之, <伯固>密與<紇>氏相通. 御苑丈二大虎病死, 有八子二女. <羅>, 二月, 置「政堂」于<金城>. 七月, 閱于<閼川>西. 十月, 北巡, 祀<太伯山>. 十一月, <濟>, <己婁>殂, <盖婁>立.

○ 27년{단기2471년/AD138}무인, 2월, <고{高}>황후가 춘추 마흔일곱에

죽었다. 황후는 덕이 높고 고매하게 처신하였기 상이 그를 존경하고 아꼈으며, 여섯 아들을 두었다; 맏이는 <통구{桶口}>, 둘째는 <만륵{萬勒}>, 셋째는 <대덕{大德}>, 넷째는 <막덕{莫德}>, 다섯째는 <최덕{最德}>, 여섯째는 <효덕{孝德}>이다. 또한 다섯 공주를 낳았는데; <진{眞}>, <원{元}>, <모원{慕元}>, <양덕{陽德}>과 <모현{慕玄}>이다. 후가 <효덕{孝德}>을 낳고나서 병이 극심하여 일어나지 못하였으니, 상이 그를 슬퍼하여 서럽게 울었으며 <모산{茅山; 洵河 最上流 茅山?; 그림 28}>에 묻어주었다. 3월, <흘{紇}>씨가 <우회{恢}>의 아들 <우소{素}>를 낳고, <폐이{嬖耳}>가 <통구{桶口}>의 딸 <룡보{龍宝}>를 낳았다. 이에 상이 <백고{伯固}>에게 가서 살펴보게 하였더니, <백고>가 몰래 <흘{紇}>씨와 상통하였다. 어원{御苑}의 한 길 크기 큰 호랑이들 두 마리가 병들어서 죽었다. 숫호랑이 여덟 마리와 암호랑이 두 마리를 낳았다. <신라{羅}>는 2월에 <금성{金城}>에 「정당{政堂}」을 두었고, 7월에는 <알천{閼川}>의 서쪽에서 군사를 사열하였으며, 10월에는 북쪽을 순시하고 <태백산{太伯山; 산서 태백산?}>에 제사하였다. 11월에 <백제{濟}>에서는 <기루{己婁=기루왕}>가 죽고, <개루{盖婁=개루왕}>가 섰다.

☯ 二十八年己卯, 六月, <西河>太守<尙岑>, 與其弟<蕃>, 率<狛>騎, 掠<岑東>都尉府珍寶而來. 九月, <岑東>太守<公孫玄>來寇<盖馬>, 敗去. <穆度婁>守<西河>, <尙岑>守<安平>. 四月, <盖馬>獵<漢山>而相<北漢山>城地, 命有司始役. 七月, <羅>霜菽. 八月, <末曷>掠<長岑>民去. 十月, 又來, 天大雪, <曷>畏惧遁走.

○ 28년{단기2472년/AD139}기묘, 6월, <서하{西河; 그림26}>태수 <상잠{尙岑}>이 아우 <상번{蕃}>과 함께 <맥{狛}>기병을 이끌고 <령동{岑東}>도위부의 진보를 빼앗아 돌아왔다. 9월, <령동>태수 <공손현{公孫玄}>이 <개마{盖馬}>에 침입하여 노략하다가 패하여 돌아갔다. <목도루{穆度婁}>가 <서하{西河}>를 지켜냈고, <상잠{尙岑}>이 <안평{安平}>을 지켜냈다. 4월, <개마>가 <한산{漢山; 山西太白山?}>땅에서 사냥

하면서 <북한산{北漢山}>에 성 쌓을 터를 살펴보더니, 해당 관리에게 명하여 성 쌓는 부역을 시작하게 하였다. 7월, <신라{羅}>에서는 콩이 서리를 맞았고{☞ 고위도 혹은 고산 지역인 듯!}, 8월엔 <말갈{末曷}>이 <장령{長岺; 산동성 長山?}>땅 백성들을 잡아가더니, 10월에 또 다시 쳐들어 갔다가 큰 눈이 내리자 겁나고 두려움에 도망쳐 돌아갔다.

☯ 二十九年庚辰, 三月, <尙>后生女<白雲>. <乙布>妻<羽>氏爲乳媼. 四月, 以<羽>公主妻<遂成>. <穆度婁>「南部」大使者. <羅>立柵<長岺>.

○ 29년{단기2473년/AD140}경진, 3월, <상{尙}>후가 딸 <백운{白雲}>을 낳아, <을포{乙布}> 처 <우{羽}>씨를 유모로 붙였다. 4월, <우{羽}> 공주를 <수성{遂成}>의 처로 삼았다. <목도루{穆度婁}>를 「남부」대사자로 삼았다. <신라{羅}>가 <장령{長岺}>에 목책을 세웠다.

☯ 三十年辛巳, 四月, <帶方><張彦>侵<屯有>, <菟城>太守<乙魚>擊殺之. <樂浪>太守<龍俊>侵<西安平>, <安平>太守<尙岑>擊破之, 追擊<新安>·<居鄉>, 奪其妻子兵仗而歸. 賊遁入<幽州>. 左輔<禾直>薨, <尙溫>左輔, <穆度婁>右輔. 九月, 辛亥晦, 日食. <尙>后生女<靑雲>. 獲紫獐于<質>陽, 飼之. 十月, <東海谷>太守<尙蕃>獻朱豹, 尾長九尺身一丈, 命飼御苑.

○ 30년{단기2474년/AD141}신사, 4월, <대방{帶方}>의 <장언{張彦}>이 <둔유{屯有; =屯留}>에 침입하자, <도성{菟城}>태수 <을어{乙魚}>가 그를 쳐서 죽였더니, <락랑{樂浪}>태수 <룡준{龍俊}>이 <서안평{西安平}>에 쳐들어왔다. 이에 <안평{安平}>태수 <상잠{尙岑}>이 이를 쳐서 깨뜨리고 <신안{新安; 北邙山西? 安平東北·新城西南?}>과 <거향{居鄉}>까지 추격하여 <룡준>의 처자와 병장기를 빼앗아 돌아왔다. 적은 <유주{幽州}>로 도망해 들어갔다. 좌보 <화직{禾直}>이 죽어, <상온{尙溫}>이 좌보가, <목도루{穆度婁}>는 우보가 되었다. 9월 신해일 그믐 일식

이 있었다. <상{尙}>후가 딸 <청운{靑雲}>을 낳았다. <질산{質山; =吉山? 그림31}> 남쪽에서 자색 노루를 잡았기에 먹이를 주어 길렀다. 10월, <동해곡{東海谷; =<遼河平原>저지대?}>태수 <상번{尙蕃}>이 꼬리 길이 아홉 자에 신장이 한 길이 되는 붉은 표범을 바쳤다. 어원에 두고 기르게 하였다.

☯ 三十一年壬午, 正月, <達賈>左輔. 三月, <遂成>畋于<質陽>七日不歸戲樂無度. 七月, 又獵<箕丘>五日而又獵于<倭山>傷民黍菽. 與其黨類<貫那>于台<彌儒>·<桓那>于台<菸疾>·<沸流>皀衣<陽神>等相議, 曰; "兄皇老而不死, 奈何. 吾齒將暮, 不可待矣." 皆曰; "當行廢立." <伯固>曰; "嫡子在, 何必兄弟相傳乎. 公, 以皇帝之親, 爲百寮之長, 宜以忠孝存心. 何乃荒淫如是. 禍福無門, 唯人召之." <遂成>曰; "居樂之勢而不遊, 何爲. 汝其勿言." 九月, ※「西都」地震. 上, 夜夢, 一豹嚙斷虎尾. 巫曰; "必有皇親謀絶大統." 上, 不兌. <高福章>曰; "作善則災反爲福, 不善則吉変爲匈. 今, 陛下憂國如家, 愛民如子, 何憂之有. 凡君之福, 在德, 不在夢." <福章>, <婁>之曾孫也. <羅>, 議遠征<末曷>, <雄[宣]>曰; "<末曷>本無定居. 故以<高句麗>之大猶置度外. 况我小國, 安可空國, 遠征哉. <濟>·<倭>之伺欠, 一不可也. 所謂<末曷>云者, 多<扶余>·<樂浪>, 則與<麗>失和, 二不可也."

그림31. <質山>이 <吉山>이라면, <質山>은 「서도」 근교에 있었을 수 있을 것임.

○ 31년{단기2475년/AD142}임오, 정월, <달가{達賈}>가 좌보가 되었다. 3월, <수성{遂成}>이, <질산{質山; =吉山? 그림31}> 남쪽에서 사냥하며 이레가 되도록 돌아오지 않고 즐기며 노는 것이 도를 넘더니, 7월엔 또 <기구{箕丘=北箕山}>에서 닷새를 사냥하고 나서, 또다시 <왜산{倭山; 南箕山西北渦山?}>에서 사냥하며 백성들의 곡식을 상하게 하였다. 그 무리들인 <관나{貫那}>우태<미유{彌儒}>·<환나{桓那}>우태<어질{菸疾}>·비류{沸流}>조의<양신{陽神}> 등과 서로 상의하다가, "형황은 늙어도 죽지 않으니, 어찌해야 하겠소? 나도 나이가 기울어서 더는 기다리지 못 하겠소."라 하였더니, 무리들 모두가 "당장 폐하고 세웁시다."라 하였다. 이에 <백고{伯固; =太祖子}>가 나서서 "적자가 있거늘, 하필 형제간에 전위하신단 말입니까?! 공은 황제의 지친이시며 백관의 수장이시니 의당 마음속엔 충효가 있으셔야 할 터인데, 어찌 당신께서는 이리도 황음하십니까? 화와 복은 들어오는 문이 따로 있는 것이 아니고, 오로지 사람들이 불러들이는 것입니다."라고 말하니, <수성>이 받아서 말하길; "즐기며 노는 자리에서, 놀지는 않고 왜 그러느냐? 입 다물어라!"라고 하였다. 9월, ※「서도」에 지진이 있었다{☞<삼국사기>엔 「환도」 즉 「북도」로 적혀있음}. 상이 밤에 꿈을 꾸었는데, 표범 한 마리가 호랑이의 꼬리를 물어 끊는 것을 보았다. 무당이 "필시 황친이 대통을 끊으려 일을 꾸미고 있음입니다."라 아뢰었다. 상이 언짢아하자, <고복장{高福章}>이 아뢰길; "선한 일을 하면 재앙도 바꾸어 복이 되고, 선하지 않은 짓을 하면 길한 것도 흉한 것으로 바뀔 수 있습니다. 지금, 폐하께서는 나랏일 걱정하시길 집안일처럼 하시고, 백성 아끼시길 자식같이 하시는데, 무슨 걱정하실 일이 또 있으시겠습니까? 모든 인군들의 복은 덕행에서 오는 것이지 꿈에서 나오지는 않는 것입니다."라 하였다. <고복장{福章}>은 <고루{婁}>의 증손이다. <신라{羅}>가 <말갈{末曷}> 원정을 상의하였는데, <웅선{雄宣}>이 말하길; "<말갈>은 본래 한 곳에 머물러 살지 않아서, <고구리{高句麗}>같이 큰 나라도 오히려 도외시하고 있습니다. 하물며 우리같이 작은 나라가 나라를 텅 비우고 멀리 나가서 <말갈>을 정벌할 수 있겠습니까? <백제{濟}>와 <왜{倭}>가 항시 틈을 노리고

있음이 불가한 이유의 하나이고, 소위 <말갈>이라 불리는 자들 중에는 <부여{扶余}>와 <락랑{樂浪羅}>사람들이 많이 섞여있어서, <고구리{麗}>와의 화평이 깨질 수 있음이 불가한 둘째 이유입니다."라 하였다.

☯ 三十二年癸未, 三月, 太輔<乙布>薨, <尙溫>太輔, <達賈>左輔.

○ 32년{단기2476년/AD143}계미, 3월, 태보 <을포{乙布}>가 죽어, <상온{尙溫}>을 태보로, <달가{達賈}>를 좌보로 삼았다.

☯ 三十三年甲申, 三月, <高福章>守<西河>. [五]月, 以<松奇>女妻<遂成>. <羅>, 修堤防墾田野, 禁民用金·銀·珠·玉.

○ 33년{단기2477년/AD144}갑신, 3월, <고복장{高福章}>이 <서하{西河; 그림26}>를 지켰다. [5]월, <송기{松奇}>의 딸을 <수성{遂成}>에게 처로 주었다. <신라{羅}>가 제방을 고치고 개간하여 농지를 넓혔으며, 백성들이 금·은과 주·옥을 사용하지 못하게 하였다.

☯ 三十四年乙酉, 二月, <尙蕃><柵城>褥薩. <白面>上「仙皇修道繪」三卷. <羅>, 春夏, 旱, 南地最甚, 移粟賑之.

○ 34년{단기2478년/AD145}을유, 2월, <상번{尙蕃}>이 <책성{柵城}>욕살이 되었다. <백면{白面}>이 「선황수도회{仙皇修道繪}」 세 권을 바쳤다. <신라{羅}>는 봄과 여름이 가물었고, 남쪽이 제일 심하여서 조{좁쌀, 기장}를 실어다가 진휼하였다.

☯ 三十五年丙戌, 二月, <達賈>薨. <穆度婁>左輔, <高福章>右輔, <乙魚>守<西河>. 七月, <遂成>與其黨<彌儒>等議廢立于<倭山>, 義臣諫, 曰; "殿下, 孝順, 事上久矣. 今, 以年老改心, 非忠也. 請安分而待之." 左右欲殺之. <遂成>曰; "直諫藥也. 亦不可無此一人." 十月, <高福

章>勸上誅<遂成>. 上, 曰; "兄弟不可相殘. 吾將禪位矣." <福章>[曰]; "<遂成>不仁, 不可以委國, 而胎禍." <帶方>反, <乙魚>攻其守<劉虎>斬之, 餘衆慴伏. 十二月, 上, 禪位于<遂成>, 退去<鶻川>別宮, 春秋七十九. <遂成>, 卽位於「鸞宮」, 以<尙>后爲中宮皇后, <羽>公主爲左宮皇后, <松奇>女<黃龍>爲右宮皇后, 以<松奇>爲右輔.

○ 35년{단기2479년/AD146}병술, 2월, <달가{達賈}>가 죽어서, <목도루{穆度婁}>를 좌보로 <고복장{高福章}>을 우보로 삼았다. <을어{乙魚}>가 <서하{西河; 그림26}>를 지켰다. 7월, <수성{遂成}>이 그의 일당 <미유{彌儒}> 등과 <왜산{倭山; =渦山?}>에서 폐립을 논의했더니, 의로운 신하가 간하여 말하길; "전하께선 효순하시며 상을 섬기신 지 오래되었습니다. 지금 나이 드셨다고 변심하시면 불충일 것입니다. 직분을 지키며 기다리시길 청합니다."라 하였다. 좌우들이 그를 죽이려 들자, <수성>이 말하길; "직간해 줌은 약이오. 아니 된다고 말하는 이가 한 사람도 없는 것 역시 안 될 것이오."라고 하였다. 10월, <복장{福章}>이 상께 <수성>을 주살하시라 권했더니, 상은 "형제간에 서로 죽이는 일은 있을 수 없소. 내가 곧 선위할 것이오."라 하였고, <복장>은 "<수성>은 어질지 못하니 나라를 맡기는 것은 불가하며 나라를 맡기면 재앙을 잉태하게 됩니다."라고 아뢰었다. <대방{帶方}>이 반란하여, <을어{乙魚}>가 <대방{帶方}>태수 <유호{劉虎}>를 참살하였더니, 남은 무리들은 두려운 나머지 항복하였다. 12월, 상이 <수성{遂成}>에게 선위하고 <골천{鶻川}>별궁으로 물러났다. 춘추 일흔 아홉이었다. <수성>은 「란궁{鸞宮; 在西都}」에서 즉위하고, <상{尙}>후를 중궁황후로, <우{羽}>공주를 좌궁황후로, <송기{松奇}>의 딸 <황룡{黃龍}>을 우궁황후로 삼고, <송기>는 우보를 삼았다.

역자의 변 : <삼국사기>엔 <태조>를 <대조>로 한 급을 내린 듯?하며, 재위기간도 <광명대제> 즉 <유리명제>의 아들인 <재사> 즉 <신명선제>의 재위기간 없이 <모본>을 이어서 즉위하고 폐주<차대>에게 양위한 것으로 나오나, 사초·사략에서는 친동생인 <차대제><수성>에게 보위를 선위했다고 하나 찬탈당한 것으로

보인다.
<삼국사기>엔 이 사초·사략의 <대무신제>28년 기록부터의 치적이 <태조>의 재위 시 치적으로 적혀있어, 편집되었거나 하는 등의 큰 곡절이 있었던 것으로 보인다.
<삼국사기>는 <대무신제>의 치적 중 거대한 영토를 가지는 대제국을 세운 것을 <태조>의 치적으로 보내서? 누가 무엇을 도모하였는지는 모르겠으나, <기자>조 말기 이전을 우리의 고대역사에서 잘라낸 근세<조선>과 <일제><조선총독부> 검정필 <三國詐記>로 기준을 삼을 수는 없다고 본다.
<태조황제>의 치적으로는 <태행산맥>중의 <遼>西를 중심으로 한 11성을 중수하여 서북의 <선비>와 서남의 <후한>에 대비하고, 추가적으로 정벌·척지한 것으로 나오며, 각종 제도를 정비하여서 부황이었던 <신명선제>와 더불어 안정된 <고구리>제국을 건사한 것으로 보인다. 유별난 것이 있다면, <태조>의 모후에 의한 수렴청정 비슷한 것이 있었음이다.
허나, 이 시절에도, <서안>과 <낙양>주변에 있었던, <후한>은 <고구리>대제국에 큰 위협이 되질 못하였음을 감지할 수 있겠다.
<삼국사기>에 나타난 <태조>의 웅장한 치적들 상당수가 <대무신제>의 업적이었던 것으로 보인다. 조금이라도 뒤로 밀어놓아야 할 사유가 있었을 것이다. 즉, 우리 겨레의 고대국가 세움을 억지로 늦추고자 함이 아니었겠나?

08. 廢主<次大帝>紀 폐주<차대제>기

원문출처 ; http://mf.history.go.kr/Pdf/MF0020000/00322307.pdf

帝, 名<遂成>, <太祖>之胞弟也. 勇而有威, 秉軍立功雖多, 性嗜淫虐好酒. 脅<太祖>讓位得立.

제는, 휘가 <수성{遂成}>으로, <태조{太祖}>의 동복아우이다. 용감하고 위엄이 있어 군권을 장악하고 세운 공도 많았지만, 성품은 음란하고 포악하였으며 술을 좋아하였다. <태조>를 위협하여 양위를 받아내고 제위에 올랐다.

☯ 丙戌年, 十二月, 以<太祖>命, 攝行政事. 是年<羅>·<押督>相爭.

○ 병술{단기2479년/AD146}, 12월, <태조{太祖}>의 명에 따라 정사를 도맡았다. 이해에 <신라{羅}>와 <압독{押督}>이 서로 싸웠다.

☯ 丁亥, 正月, 以<松>氏·<婍穆(度婁女)>·<紇>氏(于女桶口王妃)·<于>氏(恢女)·<陽>氏(神女)爲五方仙后, 飾其宮園以珍禽異花玉綵{緞}, 以爲遊黨恣情之所, 四時移住. <度婁>左輔. <尙>后生子<騄>. <羅>, 選將材.

○ 정해{단기2480년/AD147}, 정월, <송{松}>씨·<기목{婍穆}(도루녀)>·<흘{紇}>씨(우녀통구왕비)·<우{于}>씨(회녀)·<양{陽}>씨(신녀)를 5방 선후로 삼고, 그들이 있는 궁은 진기한 새와 기이한 꽃 그리고 옥과 채단으로 치장하여, 함께 즐기는 무리들의 '자정지소{恣情之所=내키는 대로 놀아나는 장소}'로 삼았고, 철따라 옮겨 다니며 머물렀다. <목도루{度婁}>를 좌보로 삼았다. <상{尙}>후가 아들 <록{騄}>을 낳았다. <신라{羅}>는 장수 될 인재를 뽑았다.

☯ 戊子, 七月, 獵<倭山>. <彌儒>·<筎疾>·<陽神>勸受神璽. <羅>, 以<朴阿道>爲「葛文王」. <伯固>娶<度婁>女<守禮>. 田于<平儒原>, 射白狐, 不中, 隨鳴不已. 問于巫師曰; “妖怪也. 匈. 然, 修德則轉爲福.” 主, 大怒, 曰; “匈則匈, 福則福. 汝, 何亂言.” 乃殺其巫. 主, 自知罪重, 不可修德. 故惡其勸悔也. <[桓]健>子<山>來, 獻白駝. [以]<緋>公主妻之.

○ 무자{단기2481년/AD148}, 7월, <왜산{倭山}>에서 사냥하였다. <미유{彌儒}>·<어질{菸疾}>·<양신{陽神}>이 신새{神璽=玉璽}를 받아내라고 권유했다. <신라{羅}>에서는 <박아도{朴阿道}>가 「갈문왕{葛文王; 혈통을 달리하여 보위를 이은 임금의 생부나 장인에게 존봉하던 봉작}」이 되었다. <백고{伯固}>가 <목도루{度婁}>의 딸 <수례{守禮}>와 혼인하였다. <평유원{平儒原}>에서 사냥하다가 흰 여우를 쏘았는데 맞추질 못하였고, 소리를 따라갔더니만 찾을 수 없었다. 점치는 관리에게 물었더니 “요망하고 괴이한 일로, 흉조{凶兆}입니다. 그러나 덕을 쌓으면 복으로 변합니다.”라고 답하였다. 이에 주가 화를 버럭 내며; “흉사는 흉사고, 복은 복이다. 너는 어찌 어지러운 말을 해대는가!”라 말하고는, 그 점치는 관리를 죽여 버렸다. 주는 스스로 지은 죄가 무거워 덕을 쌓을 수 없음을 알았기에, 뉘우치라 한 말에 해코지 한 것이었다. <두건{桓健}>의 아들 <두산{山}>이 찾아와 흰 낙타를 바쳤기에, <비{緋}>공주를 처로 주었다.

☯ 己丑, 正月, <[儒]>左輔, <菸疾>右輔. 四月, 丁卯晦, 日食. 五月, 五星聚東方. 太史誣以爲吉. 主, 喜. 十二月, 無氷. <羅>, 正月, <得訓>沙飡, <宣忠>柰麻. 八月, 星孛<天市{市}>. 十一月, 雷, 京都大疫.

○ 기축{단기2482년/AD149}, 정월, <미유{儒}>를 좌보로, <어질{菸疾}>을 우보로 삼았다. 4월 정묘일 그믐에 일식이 있었다. 5월, 5성{水·金·火·木·土星}이 동방하늘에서 한데 모였다. 태사{점치는 관리의 우두머리}가 거짓으로 길조{吉兆}라 아뢰었더니, 주가 기뻐하였다. 12월, 물이 얼지 않았다. <신라{羅}>에서는 정월엔 <득훈{得訓}>을 사찬으로 <선충{宣忠}>을 내마로 삼았고, 8월엔 혜성이 <천시{=천불?}>좌를 범했으며,

11월엔 우레가 일고 경도{京都}에서는 돌림병이 크게 돌았다.

☯ 庚寅, <羅>, 自四月旱, 至七月而始雨. <松奇>左輔, <彌儒>右輔.

○ 경인{단기2483년/AD150}, <신라{羅}>에서는 4월부터 가뭄이 들어 7월이 되어서야 비로소 비가 내렸다. <송기{松奇}>를 좌보로, <미유{彌儒}>를 우보로 삼았다.

☯ 辛卯, 九月, 地震. <羅>, 二月, <雄宣>死, <大宣>伊湌·知兵馬. 三月, 雹. 先是, 上皇, 在「鶻川宮」, 夢見豹嚙虎尾. 問於<高福章>曰; "人君之禍福在德, 不在夢." 巫則以爲同類相殘之兆, 故心頗不悅. 主, 使<尙>后謁上皇而請璽. 上皇, 言夢及<高>·巫之釋. 后曰; "<福章>旣已善解, 何信離間之巫乎." 十二月, 受宝于「鶻川宮」.

○ 신묘{단기2484년/AD151}, 9월, 지진이 있었다. <신라{羅}>에서는 2월에 <웅선{雄宣}>이 죽고, <대선{大宣}>이 이찬·지병마가 되었다. 3월엔 우박이 내렸다. 이전에, 상황은 「골천궁{鶻川宮}」에 기거할 때 꿈에서 표범이 호랑이 꼬리를 물어뜯는 것을 보았었고, <고복장{高福章}>에게 물었더니, 아뢰길; "인군의 복과 화는 덕을 행하느냐에 있지 꿈에서 오지 않습니다."라고 하였었는데, 무당이 동류상잔{같은 부류 서로간의 죽임}의 징조라 하여, 마음이 불안하고 즐겁지 않았었다. 주가 <상{尙}>후더러 상황을 찾아가서 옥새를 달란다고 말하라고 시켰더니, 상황이 꿈 이야기와 <고복장{高}>과 점치는 이의 해몽을 이야기하였다. 이에 <상>후가 아뢰길; "<복장>이 이미 깔끔하게 해몽하였습니다. 어찌 이간질하는 무당의 말을 믿을 수 있겠습니까."라 하였다. 12월, 「골천궁」에서 어보를 받았다.

☯ 七年壬辰, 四月, 田<倭山>, 戲雪多選民女. 助戲<麻正>諫, 曰; "<東明>之田, 有三. 一曰天, 二曰軍, 三曰賢. 今, 以農時, 奪民妻女以戲謔如是, 非<代鏡>也." 主, 怒, 以爲吠主之狗, 射殺之.

<白面>左輔, <尙曲>右輔. 先是, <白面>上<三代鏡>繪五卷于上皇而右輔至, 又上「釼璽玉鞭之圖」及「<大武神><利勿繪>」卷而陞左輔. <白面>画璽于<鶻川宮>時, 勸上皇曰; "權歸而璽不歸, 徒失和而已, 不如授之以安其心." 上皇, 可, 云. <守禮>生女, 于<錦林院>. 七月, 后父<尙溫>薨, 年七十二, 翌日<曲>又暴死, 年才四十六. 皆以后故驟貴登相, 故人望之絶, 反有快其霍者. 主, 欲收拾人望, 以<穆度婁>爲太輔, <度婁>稱病不出. 以<高福章>爲右輔. 十二月, 晦, <穆度婁>薨, 年七十九. 主, 聞之, 安心.

○ 7년{단기2485년/AD152}임진, 4월, <왜산{倭山; 하북성 지경에 있을 것임, 渦山?}>에서 사냥하며, 민간에서 차출된 많은 여인들을 희롱하여 욕보이니, 놀이를 돕는 일을 맡았던 <마정{痲正}>이 아뢰길; "<동명{東明}>께서는 세 가지의 사냥을 하셨는데, 그 하나는 천제를 지내기 위함이었고, 둘째는 군사훈련을 위함이었고, 셋째는 수신{또는, 구휼}을 위함이었습니다. 농사철에 민간의 처와 딸들을 빼앗아 이같이 망령되게 희롱하심은 <대경{代鏡}>에 어긋나는 것입니다."라고 하였더니, 주가 노하여 주인에게 짖는 개라면서 쏘아서 죽였다. <백면{白面}>이 좌보가, <상곡{尙曲}>은 우보가 되었다. 이에 앞서 <백면>은 상황께 <3대경> 그림 다섯 권을 바치고서 우보에 이르렀고, 「인새옥편도{釼璽玉鞭之圖}」와 「<대무신{大武神}><이물회{利勿繪}>」를 바치고 좌보로 승차하였었다. <백면>이 「골천궁{鶻川宮}」에서 옥새를 새기던 때, 상황께 권고하여 아뢰길; "권력은 주고 옥새는 주지 않으면, 단지 화평하지 못하게 될 뿐이니, 옥새를 주어서 그들이 안심하게 함 만 같지 않을 것입니다."라 하였더니, 상황은 그러겠다고 하였다 한다. <수례{守禮}>가 <금림원{錦林院}>에서 딸을 낳았다. 7월, <상{尙}>후의 아비 <상온{尙溫}>이 72살에 죽고, 다음날엔 <상곡{曲}>이 갑자기 겨우 46살에 죽었다. 두 사람 모두가 <상>후로 인하여 높은 자리를 빨리 얻고 재상에 오르게 된 까닭에, 다른 사람들의 우러름은 끊기고, 반대로 그들 집안이 부서짐을 반기었다. 주는 인심을 수습하고자, <목도루{穆度婁}>를 태보로 삼았으나, <목도루{度婁}>가 병을 이유

로 출사하지 않았더니, <고복장{高福章}>을 우보로 삼았다. 12월 그믐날에 <목도루{穆度婁}>가 79살에 죽었고, 주는 <목도루{度婁}>가 죽었다는 소리에 안심하였다.

☯ 八年癸巳, 正月, <彌儒>太輔, <菸疾>左輔, <尙岑>右輔, <尙蕃>中畏大夫. 六月, 霜. <菸疾>, 欲奪<高福章>之妻, 讒<福章>勸上皇勿授璽之事, 誅之而有財及妻女其子流散. 國人哀之.

○ 8년{단기2486년/AD153}계사, 정월, <미유{彌儒}>를 태보로, <어질{菸疾}>을 좌보로, <상잠{尙岑}>을 우보로, <상번{尙蕃}>을 중외대부로 삼았다. 6월, 서리가 내렸다. <어질>이 <고복장{高福章}>의 처를 빼앗으려고, <복장{福章}>이 상황{=태조}께 옥새를 <수성{遂成}>에게 주지 말라고 청하였던 것을 참소하여 주살하였더니, 재산과 처첩 및 자식들이 흩어져 버렸다. 나라사람들이 이를 슬퍼하였다.

☯ 九年甲午, 二月, <福章>奴義人刺<菸疾>于途, 不中而死之. <羅>, <逸聖>殂. 子<達那>立, 身長七尺, 豊準奇相. 伊飡<継元>秉軍國政, 一吉飡<興宣>佑之. <索頭>, <[桓]健>殂. 子<山>立.

○ 9년{단기2487년/AD154}갑오, 2월, <복장{福章}>의 가노였던 의로운 사람이 <어질{菸疾}>을 길에서 칼질했으나 성공하지 못해 죽음을 당하였다. <신라{羅}>에서는 <일성{逸聖=일성이사금}>이 죽어, 아들 <달나{達那=아달라이사금}>가 섰는데, 키가 7척인데다 풍준하고 별난 얼굴이었다. 이찬 <계원{継元}>이 군권과 정사를 잡았고, 일길찬 <홍선{興宣}>이 도왔다. <색두{索頭}>에서는 <두건{桓健}>이 죽고, 아들 <두산{山}>이 섰다.

☯ 十年乙未, 正月, <尙岑>薨. 弟<蕃>, 代右輔, 娶<岑>妻<米>氏. <達那>赦. 四月, 主, 以<太祖>長子<萬勒>爲反而殺之. <勒>弟<莫德>, 恐禍而避之, 困而自縊于野. 國人痛哭, 上皇莫知. 五月 <守禮>

生子<男武>. 夢見黃龍纏身, 乃<萬勒>, 云.

○ 10년{단기2488년/AD155}을미, 정월, <상잠{尙岑}>이 죽어, 동생 <상번{蕃}>이 우보자리를 대신하고, <상잠{岑}>의 처 <미{米}>씨를 처로 들였다. <신라>에서는 <달나{達那}>가 갇힌 자들을 풀어 주었다. 4월, 주가 <태조{太祖}>의 맏아들 <만륵{萬勒}>을 반란한 것으로 하여서 죽였더니, <만륵{勒}>의 동생 <막덕{莫德}>은 화가 미칠까를 두려워하며 피해 다니다가 힘에 겨워 들판에서 목매 죽었다. 나라사람들은 통곡했으나, 상황{=태조}은 이를 몰랐다. 5월, <수례{守禮}>가 <남무{男武}>를 낳았다. 꿈에 황룡과 몸을 섞었다 하였는데, 이는 <만륵>이었다고 한다{☞<남무>는 <수례>소생 <만륵>의 아들이다!}.

☯ 十一年丙申, 四月, <羅>, 霜. 開<鷄立岺>.

○ 11년{단기2489년/AD156}병신, 4월, <신라{羅}>에서는 서리가 내렸고, <신라>가 <계립령{鷄立岺}>길을 확보했다.

☯ 十二年丁酉, 二月, <羅>, 置<甘勿>·<馬山>二縣. 三月, 勞<長岺鎭>戍卒, 賜征袍.

○ 12년{단기2490년/AD157}정유, 2월, <신라{羅}>가 <감물{甘勿}>과 <마산{馬山}> 2현을 설치하였고, 3월에는 <장령진{長岺鎭; =長山鎭?}> 수졸들을 위로하고 군복을 내려주었다.

☯ 十三年戊戌, 三月, <羅>, 開<竹岺(非高句麗之竹岺也)>. <倭>使至<羅>.

○ 13년{단기2491년/AD158}무술, 3월, <신라{羅}>가 <죽령{竹岺}(비고구리지죽령야)>길을 확보했다. <왜{倭}>의 사신이 <신라>에 왔다.

☯ 十五年庚子, 四月, <羅>, <閼川>水溢, 人家漂流, <金城>北門自毁.

○ 15년{단기2493년/AD160}경자, 4월, <신라{羅}>에서는 <알천{閼川}>의 물이 넘쳐 집들이 떠내려가고 <금성{金城}>의 북문이 저절로 무너졌다{☞<금성>은 물가의 저지대이며, 북문이 물길 옆이나 저지대에 있었음이다!!}.

☯ 十六年辛丑, 七月, <尙>后生子<{馬+白}>. <羅>, 蝗, 而海魚多死.

○ 16년{단기2494년/AD161}신축, 칠월, <상{尙}>후가 아들 <맥{馬+白}>을 낳았다. <신라{羅}>가 황충 피해를 당하였고{=가뭄으로} 많은 물고기가 죽었다.

☯ 十七年壬寅, 四月, 「北部」大使者<尙蕃>入爲左輔, <伯固>「北部」大使者. 時, <菸疾>, 與<彌儒>爭權, 迎<蕃>而入. <蕃>, 己亥五月, 讓右輔於<陽神>而出「北部」, 務拾人心三年, 頌聲大振. <菸疾>勸主爲太輔以副人心. 然, <儒>無辭意, <疾>自免. 人以爲<疾>欲陷<儒>自陷. 初, 主, 以<伯固>爲己子. 至是, 以爲上皇子而欲害之, 密遣人圖之. <羅>勞<沙道城>戍卒. 主强報<守禮>爲宮人.

○ 17년{단기2495년/AD162}임인, 4월, 「북부」대사자 <상번{尙蕃}>이 들어와 좌보가 되고, <백고{伯固}>가 「북부」대사자가 되었다. 그 시절 <어질{菸疾}>이 <미유{彌儒}>와 권력을 다투다가 <상번{蕃}>을 맞아들였다. <번{蕃}>은 기해년{14년/단기2492/AD159} 5월에 우보 자리를 <양신{陽神}>에게 내어 주고 「북부」로 나가서 힘써서 인심 수습하길 3년에, 칭송하는 소리가 자자했었다. <어질>이 <상번>을 태보로 삼아서 인심에 부응하라고 권유했었는데, <미유{儒}>가 자리를 내놓지 않았으니, <어질{疾}>이 자리를 내놓게 되었었다. 사람들은 <어질>이 <미유>를 궁지에 빠뜨리려 했다가 자신이 궁지에 빠지게 되었다고 여겼었다. 당초에 주는 <백고{伯固}>를 자신의 아들로 삼았었는데, 이제 와서는 그를 상황의 아들이라고 하면서, 그를 해치고자 남몰래 사람을 보내 도모하게 하였다. <신라{羅}>가 <사도성{沙道城}>의 수졸들을 위무하였다. 주가 손아래인 <수례{守禮; 伯固妃, 南武母}>를 억지

로 치붙고 궁인으로 만들었다.

☯ 十八年癸卯, 二月, 以<麻靖>爲「貊部」使者. <尙>后, 密命護<伯固>, 又以<明臨答夫>爲<椽那宮>皂衣. 三月, <尙蕃>薨, 年六十一. <蕃>, 沈重下人, 爲<尙>氏之柱亦中途而折. 主, 惡<箊疾>, 以<陽神>爲左輔, <尙庚>爲右輔.

○ 18년{단기2496년/AD163}계묘, 2월, <마정{麻靖}>을 「맥부{貊部}」사자로 삼았다. <상{尙}>후가 <마정>에게 밀명으로 <백고{伯固}>를 보호하게 하였으며, 또한 <명림답부{明臨答夫}>를 <연나궁{椽那宮}>의 조의로 삼았다. 3월, <상번{尙蕃}>이 61살로 죽었다. <상번{蕃}>은 하인들을 매우 중히 여겼으며, <상{尙}>씨 집안에서는 기둥이 되었었으나, 역시 중도에 {뜻을 이루지 못하고} 죽은 것이다. 주는 <어질{箊疾}>이 싫어서 <양신{陽神}>을 좌보로, <상경{尙庚}>을 우보로 삼았다.

☯ 十九年甲辰, 二月, <守禮>生女. 主, 大喜, 封爲<尊易>公主. 加<守禮>庄·園·奴婢, 寵幸漸加. 時, <尙>后寵衰唯白雲. ㉮<守禮>, 專房, 遂成大事.{또는, ㉯<守禮>專房<遂成>大事. 또는, ㉰<守禮>專房, <遂成>大事.} <羅>都, 龍見.

○ 19년{단기2497년/AD164}갑진, 2월, <수례{守禮}>가 딸을 낳자, 주는 매우 기뻐하면서 <존양{尊易}>공주로 봉하였다. <수례>에게는 장{庄}과 원{園} 및 노비를 더하여 주더니, 찾아가는 일이 점차 빈번하여졌다. 이때 <상{尙}>후는 찾아주는 횟수가 줄어들어서, 흰 구름만 바라볼 뿐이었다. ㉮<수례>는 총애를 독차지하게 되었고, 마침내 큰일{<수성>을 제거할 준비}을 이루었음이었다.{또는 ㉯<수례>는 <수성>을 독차지 하고 대단히도 섬겼다. 또는; 또는 ㉰<수례>가 총애를 독차지하고, <수성>도 크게 잘 해주었다.} <신라{羅}>에서는 도성에 룡이 나타났다.

☯ 二十年乙巳, 正月晦, 日食. 上皇, 病. <尙>后往慰之. 上皇, 曰;

“我, 以母后遺詔, 兄弟相傳, 以汝讓之. 汝, 惑於<遂成>而殺我子, 又逐<伯固>耶.” 后泣, 曰; “此, 非妾志也.” 上, 曰; “吾雖死, 可以見汝.” 后曰; “吾, 當殺<遂成>, 以報汝恩.” 上皇, 大喜, 遂復幸后而崩. 乃三月朔頭也, 春秋九十八. 殯于<鶻川宮>. 十月, 以遺詔以宮爲陵. <尙>后, 自以爲弑上皇之功臣, 復得主寵, 進「莨實膘卵」. 主, 毒不足而不死, 欲執戟害后而倒. <明臨答夫>, 遂入帳刺脅而殺之, 秘不發喪召<於疾>于內, 盡誅<彌儒>·<陽神>之黨及主心腹壯士數十人. 凡十日而盡, 然後, 迎<伯固>太子卽位. <尙>后, 與<於疾>, 列擧主惡. 以上皇遺詔, 廢之, 曰; “<神明仙皇>戒以不可照惡, 故廢之.”

○ 20년{단기2498년/AD165}을사, 정월, 그믐날 일식이 있었다. 상황이 병이 들어 <상{尙}>후가 찾아가 위로하였더니, 상황이 이르길; “나는 모후의 유명을 좇아서 형제간에 보위를 넘겨주고, 당신도 그에게 양보하였소. 그런데 당신은 <수성{遂成}>에게 빠져서 내 아들을 죽이고, <백고{伯固}>도 내쫓았소.”라 하였다. 이에 후는 울면서 “그건 제 뜻이 아니었습니다.”라 아뢰었고, 상황은 “나는 죽어서도 당신을 지켜 볼 것이오.”라 하였더니, 후는 “제가 곧 <수성>을 죽여서 당신의 은혜에 보답하겠습니다.”라 아뢰었다. 이에 상황은 크게 기뻐하면서 다시금 후와 정을 나누고 생을 마쳤다. 때는 3월 초두였고 춘추 아흔 여덟이었다. <골천궁{鶻川宮}>에 빈소를 차렸다. 10월, 유언에 따라 <골천궁>을 릉으로 만들었다. <상>후는 상황을 죽인 공신으로 된 이후, 주의 총애를 회복하고는 「간실표란{莨實膘卵; 쇠갈비 살에 독초인 미나리아재비 씨앗을 넣어 만든 경단}」을 주에게 내었다. 주는 독이 부족하여 죽지 않았으며, 갈래창을 집어 들고 후를 해치려 다가왔다. 이에 <명림답부{明臨答夫}>가 이윽고 장막으로 들어와서 <수성>을 칼질하고 졸라서 죽였으며, 이를 숨기고 발상{發喪}하지 않은 채 <어질{於疾}>을 불러들여서 <미유{彌儒}> 및 <양신{陽神}>과 그 무리 및 주의 심복 장사 수십 명을 모조리 주살하였다. 열흘이 걸려 끝을 냈으며, 그런 연후에 <백고{伯固}>태자를 맞아들여서 즉위하게 하였다. <상{尙}>후는, <어질{於疾}>과 함께, 주의 죄악을 열거하고, 상황{=태조}이

남긴 조서에 따라 <수성{遂成}>을 폐위하면서 "<신명선황{神明仙皇}>께서는 악행을 뒷바라지하지 말라고 하셨소. 그런 까닭에 <수성>을 폐위하오."라 하였다.

역자의 변 : 친형인 <태조황제>의 신하시절엔 무공이 커서 <서한>조정이 범접하기 싫어했던 <수성>이었으나, 보위를 강탈한 이후로는 패악을 일삼았다. 재치 있는 한 여인에 의해 이후에 걸출한 <고구리>의 명재상이자 위인이 되는 <명림답부>가 발굴되었고, 그녀와 <명림답부>의 손으로 폐제<차대><수성>은 보위를 잃게 되었다. <모본>에 이어서 수명을 다하지 못한 두 번째 <고구리>제국의 폐제인 셈이었다.
이 시절에 맥없는 작은 나라였다던 <신라>가 약진하고 있었음이 눈에 들어온다.

09. 第八世<新大帝>紀 제8세<신대제>기

원문출처 ; http://mf.history.go.kr/Pdf/MF0020000/00322307.pdf

帝, 諱<伯固>, <太祖>之別子也. 母, <尙>太后, <溫>之女也. 儀表英特, 性仁恕有大志. <次大>無道, 民臣不親, 恐禍及己, 使「貊部」而不返, 遯于山谷. <次大>, 疑之, 問於<尙>后, 曰; "<伯固>, 誰子." 后, 欺以爲<仙帝>出. <次大>, 怒, 曰; "<伯固>生時, 汝爲上皇之寵后, 胡云<仙帝>出乎." 遂, 與后相隔索, <伯固>甚急. 后, 乃通<明臨答夫>爲援, 進毒于<次大>, 毒而未薨. <答夫>, 乃入帳中, 刺脅殺之, 秘不發喪, 捕<次大>心腹壯士, 凡十日而盡殺之. 然後, 迎帝于<淌水宮>卽位.

제는, 휘가 <백고{伯固}>이고, <태조{太祖}>의 별자{=서자}이며, 모친은 <상{尙}>태후로 <상온{溫}>의 딸{=<天花>}이다. 의표는 영특하고 성품은 어질고 너그러웠으며 큰 뜻을 가지고 있었다. <차대{次大}>가 무도하자, 백성과 신하들이 가까이 지내길 꺼려하였더니, 화가 자신에게 미칠까 두려워서 <맥{貊}>부에 사자로 나갔다가 돌아오지 않고 산곡에 피해 있었다. 이에 <차대>는 <백고>를 의심하며, <상{尙}>후에게 "<백고>가 누구 자식이오?"라 물었었고, 후는 거짓으로 <선제{仙帝}>의 자식이라 하였더니, <차대>가 화를 내며 "<백고>가 태어났을 때, 당신은 상황{=太祖}의 총애를 받던 후였었는데, 어찌 <백고>가 <선제>의 자식이란 말을 하오?"라고 하였다. 일이 이렇게 되자, <상>후와 멀리 떨어져 있는 <백고>는 상황이 위급하였다. <상>후가, <명림답부{明臨答夫}>에게 연통하여 도움을 청해놓고, <차대>에게는 독이 든 음식을 먹였으나 독을 먹고도 죽지 않았다. 이에 <명림답부{答夫}>가 장막 안으로 들어와 그를 칼질하고 졸라서 죽이고는, 얘기가 밖으로 새어나가지 않게 하였으며, <차대>의 심복 장사들을 체포하기를 열흘이나 계속하여 마침내 모두를 척살하였다. 이런 연후에, 제를 <창수궁{淌水宮; =랑수궁? 상수궁? 在「北都」}>으로 맞아들여서, 즉위하게 되었다.

☯ 元年乙巳, 十一月, 右輔<菸疾>獻璽于帝, 曰; "先君, 不幸棄世, 有子不肖, 天人之心歸于陛下. 願, 爲億兆, 登祚." 上, 俯伏三讓以後受寶, 登壇而受百官万民之山呼. 天日復明. 以<穆度婁>女爲皇后, <松奇>太輔, <菸疾>左輔, <尙庚>右輔. <答夫>, <淹淲>沛者, 妻以帝女. <索頭>, <[桓]山>殂. 子<眞>立, 以<裶>公主妻之. 太史<米肯>請改元<光國>. 上曰; "德不稱位, 猶恐背天違民. 何敢改元, 效嚬哉."
<[桓]眞>, 分其國爲三部, 自<扶餘>至<烏孫>, 云.

○ 원년{단기2498년/AD165}을사, 11월, 우보 <어질{菸疾}>이 제에게 옥새를 바치며 아뢰길; "선군{=차대제}께서는 불행하게 세상을 등지셨으며, 아들이 있으나 불초하여, 하늘과 사람들의 뜻이 폐하께 돌아왔습니다. 억조창생을 위하여 황제 위에 오르시길 바라옵니다."라 하였다. 이에 상은 부복하여 세 번을 사양한 후에 새보를 받고, 등단하여서 백관과 만민의 만세를 받았다. 하늘의 해가 밝음을 되찾았다. <목도루{穆度婁}>의 딸을 황후로, <송기{松奇}>를 태보로, <어질{菸疾}>을 좌보로, <상경{尙庚}>을 우보로 삼았으며, <답부{答夫}>는 <엄표{淹淲}>패자를 삼고 제의 딸을 처로 삼아주었다. <색두{索頭}>의 <두산{桓山}>이 죽어, 아들 <두진{眞}>이 섰기에, <비{裶}>공주를 처로 삼아주었다. 태사 <미긍{米肯}>이 년호를 <광국{光國}>으로 바꾸자고 청을 하였더니, 상이 이르길; "덕이 제위를 칭할 만큼 되지 못하니, 오히려 하늘의 뜻을 등지고 백성의 뜻을 거스를까 걱정스럽소. 어찌 년호를 바꾸어 비웃음 사겠소!"라 하였다. <두진{桓眞}>이 자기의 나라를 세 부로 나누었으며, <부여{扶餘}>에서 <오손{烏孫}>까지라고 하였다{☞그림47참조; <烏孫>은 <鮮卑>로 대략 <蒲昌海>西方 <天山>·<北山> 지역이 애초의 본거지}.

☯ 二年丙午, 正月, 辛亥朔, 日食. 大赦<次大>之囚, 而兼赦<次大>之族. <次大>子<芻安>來謁請罪, 勞之, 曰; "叔父不仁妄殺無咎, 天人怒矣. 汝則無罪, 不須逃匿." 乃賜<狗山瀨>·<豆婁谷>二所爲食邑, 號以<讓國君>. 命<答夫>總執兵馬之權兼統<梁貊>諸國事. 位與三輔齊, 三輔之權盡歸於<答夫>. 是, 乃國相之始. <答夫>時, 稱以「輔外太大加」. <乙巴素>時, 號以「國相」.

○ 2년{단기2499년/AD166}병오, 정월, 신해 초하루에 일식이 있었다. <차대{次大}>가 가둔 사람들을 대대적으로 풀어 주고, 겸하여 <차대>의 가족들도 풀어 주었다. <차대>의 아들 <추안{芻安}>이 찾아와 죄 주기를 청하니, 위로하며 이르길; “숙부는 어질지 못하여 죄 없는 이들을 함부로 죽였더니, 하늘과 사람들이 노하였다. 넌 죄가 없으니 쓸데없이 도망하여 숨지 말거라.”라 하고는 <구산뢰{狗山瀨}>와 <두루곡{豆婁谷}> 두 곳을 식읍으로 주고 <양국군{讓國君}>이라 불렀다. <답부{答夫}>에게 명을 내려서 군권을 총괄하게 하였고, 겸하여 <양맥{梁貊}>국의 모든 정사도 맡아보게 하였다. 지위는 3보와 나란하였으나, 3보의 권한은 모조리 <답부>에게로 돌아갔다. 이로써 「국상{國相}」자리가 시작되었음이었고, <답부>시절엔 「보외태대가{輔外太大加}」라 불렸고, <을파소{乙巴素}>시절엔 「국상」이라 불렸다.

☯ 三年丁未, 二月, <松奇>薨. <菸疾>太輔, <尙庚>左輔, <白面>右輔, <淵合>大注簿. <幽州><公孫域>, 自稱<玄菟>太守, 來侵<丘利>. <禾晉>擊破之.
七月, <濟>, 伐<羅>國西二城, 虜千余人[而]去. 八月, <羅>一吉飡<興宣>二万兵圍<濟>東六城, 其主自將八千勁騎掩至<漢水>. <濟>人, 大惧還其所俘, 而和.
九月, 如<卒本>祀祖廟. 十月, 還.

○ 3년{단기2500년/AD167}정미, 2월, <송기{松奇}>가 죽어, <어질{菸疾}>을 태보로, <상경{尙庚}>을 좌보로, <백면{白面}>을 우보로, <연합{淵合}>을 대주부로 삼았다. <유주{幽州}>의 <공손역{公孫域}>이 <현도{玄菟}>태수를 자칭하면서 <구리{丘利}>로 쳐들어왔다. <화진{禾晉}>이 이를 격파하였다.
7월에 <백제{濟}>가 <신라{羅}>의 서쪽 두 성을 치고 1,000여 사람을 잡아가자, 8월에 <신라> 일길찬 <홍선{興宣}>이 2만병으로 <백제>의 동쪽 여섯 성을 포위하였고, 그의 임금이 굳센 기병 8,000을 이끌고 <한수{漢水}>로 엄습하여 다다랐다. 이에 <백제{濟}>인들은 크게 두려운 나머지 잡아갔던 사람들을 돌려보내고 화해하였다.
9월, <졸본{卒本}>으로 가서 조상사당에 제사하고, 10월에 돌아왔다.

☯ 四年戊申, 五月, <濟>人<都彌>來降, 置之<蒜山>. <羅>, <繼元>死, <興宣>伊飡. <穆>后生女<玉陽>. 十二月, <禾白>·<禾晉>·<高德>·<穆巴>等, 分四道伐<幽>·<幷>二州, 驅其大姓十二家而來. 命與公卿相婚. 櫛·梭·箔·織·金·銀諸工, 使居<西河>. 經籍醫藥之士, 皆授以官. 命<白面>畵<東明>像, 頒于仙院, 曰; "<芻牟>, 神而非人也. 夙興孜孜二十余年如一日. 況吾輩乎, 仙院政院一律, 夙興孜孜克己, 然後可答聖像及修鏡五十七繪卷."

○ 4년{단기2501년/AD168}무신, 5월, <백제{濟}>사람 <도미{都彌}>가 항복하여 왔기에 <산산{蒜山}>에 살게 하였다. <신라{羅}>에서는 <계원{繼元}>이 죽어서 <홍선{興宣}>이 이찬이 되었다. <목{穆}>후가 딸 <옥양{玉陽}>을 낳았다. 12월, <화백{禾白}>·<화진{禾晉}>·<고덕{高德}>·<목파{穆巴}> 등이 네 길로 나누어서 <유{幽}>·<병{幷}> 두 주{州}를 정벌하여, 큰 성씨 열 두 집안을 몰아왔기에 공경들과 서로 통혼하여 살게 하였으며, 즐사{櫛梭; 두터꺼운 천을 짜는 일}·박직{箔織; 얇은 비단 천을 짜는 일}·금은{金銀; 금과 은을 야금하는 일}에 종사하는 장인{匠人}들은 <서하{西河; 그림26}>에 살게 하였고, 모든 경적{經籍}·의약{醫藥} 관련 관리였던 이들에게는 관직을 주었다. <백면{白面}>에게 <동명{東明}>의 초상을 그리게 하여서 선원{仙院}들에게 나누어주고, 이르길; "<추모{芻牟}>께서는 신이셨지 인간이 아니시었소. 일찍 일어나 부지런하시길 20여년을 하루같이 하시었소. 나를 따르는 무리들이여! 선원{仙院}과 정원{政院} 모두 하나같이 일찍 일어나 부지런히 하여서 자신을 극복한 연후에 성상{聖像}에 답하고{늑은혜에 보답하고} 대경 그림 57권도 닦아 나갑시다."라 하였다.

☯ 五年己酉, 二月, <幽州>賊<喬玄>來寇<句麗城(林西)>, <禾晉>擊其軍於<河山(經棚)>破之. 四月, 閱兵於<西河>, 詔曰; "兵者, 國之元氣也. 朕, 與士卒同甘苦, 以禦賊. 大小官民, 悉體此旨."
①<漢>人<耿臨>自稱<玄菟>太守, 與<喬玄>, 來寇<丘利>地. <禾白>擊退之, 獲其妻子圖釼.

○ 5년{단기2502년/AD169}기유, 2월, <유주{幽州}>적 <교현{喬玄}>이 <구리성{句麗城}(림서)>에 쳐들어와 노략하기에, <화진{禾晉}>이 <하산{河山}(경붕)>에서 그 군대를 쳐부쉈다. 4월에 <서하{西河; 그림26}>에서 열병하고, 조서로써 이르길; "군병은 나라의 근본 되는 힘이오. 짐도 병사·병졸들과 함께 고락을 같이하며 도적을 막을 것이오. 대·소 관리들 및 백성들 모두는 이 뜻을 새기어야 할 것이오."라 하였다.
①<한{漢}>인 <경림{耿臨}>이 <현도{玄菟}>태수를 자칭하고, <교현>과 함께, <구리{丘利}>땅에 쳐들어와 노략질하기에, <화백{禾白}>이 이를 쳐서 물리치고 그들의 처자와 인장{또는, 그림} 및 보검을 노획하였다.

{☞①<삼국사기>엔 <신대왕>4년{AD168}조에 "<漢><玄菟郡>大守{太守}<耿臨>來侵, 殺我軍數百人, 王自降乞屬<玄菟>"라고 즉, "<한><현도>태수<경림>이 침입하여 우리 군사 수백 인을 죽여서, 왕이 스스로 항복하고 <현도>군에 속하겠다고 애걸했다."라 적혀 있으니, 놀이터에서 노는 왕을 친 것인지, 그저 의아하기만 하다! <삼국사기>에 적혀 남아있는 기사가......}

☯ 六年庚戌, 正月, 以<紇>氏爲宮人, <于恢>爲使者. <紇>氏, <桶口王>妃也. 年五十. 三月, 丙寅晦, 日食. 十月, <濟>侵<羅>邊.

○ 6년{단기2503년/AD170}경신, 정월, <흘{紇}>씨를 궁인으로 삼고, <우회{于恢}>를 사자로 삼았다. <흘>씨는 <통구왕{桶口王}>비이었으며, 나이는 50이었다. 3월, 병인일 그믐에 일식이 있었다. 10월, <백제{濟}>가 <신라{羅}>의 변경을 침략하였다.

☯ 七年辛亥, 五月, <筱疾>夢見<高福章>疾作將移水閣, <福章>子擊殺之. 朝廷難其事. 命移于<柵城>. <尙庚>太輔, <白面>左輔, <穆崇>右輔, <陽弼>·<高衡>左·右大評者, <穆天>中宮大使者. <羅>, 穀貴民飢.

○ 7년{단기2504년/AD171}신해, 5월, <어질{菸疾}>이 꿈에 <고복장{高福章}>을 보고나서 병이 들어 곧 물가의 정자를{로} 옮기려 하자, <복장>의 아들이 그를 죽였다. 조정은 이 일에 난감하여, <책성{柵城}>으로 떠나라고 명하였다. <상경{尙庚}>을 태보로, <백면{白面}>을 좌보로, <목숭{穆崇}>을 우보로, <양필{陽弼}>과 <고형{高衡}>을 좌·우대평자로, <목천{穆天}>을 중궁대사자로 삼았다. <신라{羅}>에서는 곡식이 귀하여져서 백성들이 굶주렸다.

☯ 八年壬子, 正月, <穆>后生<晉岐>太子. 九月, <公孫域>·<耿臨>·<喬玄>等, 與<索頭>, 合兵來寇<句麗>·<盖馬>等城, 皆潰. <禾晉>自<丘利>退保<河城>, <答夫>往<南口>淸野以待之, 不過旬月果飢而退. 此, 所謂 "千里運糧勢, 不能久者." 也. 乃以勁騎七千, 擊之. <禾晉>亦至, 合擊于<坐原>, 大破之, 匹馬不得返. 是謂<坐原大捷>. 賜<答夫><坐原>地, 後改以<質山>. 是年, <羅>, <仇道>海飡, <仇須兮>一吉飡. 二月, <羅>, 大疫, 禱其祖廟.

○ 8년{단기2505년/AD172}임자, 정월, <목{穆}>후가 <진기{晉岐}>태자를 낳았다. 9월, <공손역{公孫域}>·<경림{耿臨}>·<교현{喬玄}> 등이 <색두{索頭}>와 병력을 합하여 쳐들어와 <구리{句麗}>·<개마{盖馬}>성 등을 궤멸시켰다. <화진{禾晉}>은 <구리{丘利}>에서 물러나 <하성{河城}>을 지키고, <답부{答夫}>가 <남구{南口; 그림9}>로 가서 들판을 불태워서 비워놓고 기다리니, 불과 한 달도 아니 되어 먹을 것이 떨어지자 물러갔다. 이를 두고, "군량을 1,000리나 날라야 할 형세라면 아무도 오래 버티지 못한다."고 말하는 것이었다. 이에 <답부>가 굳센 기병 7천으로 몰아치고, <화진> 또한 답지하여 함께 쳐서, <좌원{坐原}>에서 이들을 대파하였더니, 말 한 필도 살아서 돌아가지 못하였다. 이를 <좌원대첩{坐原大捷}>이라 한다. <답부{答夫}>에게 <좌

원{坐原}>땅을 주었고, 후에 <질산{質山; =吉山?}>땅으로 바꿔주었다. 이해에 <신라{羅}>에서는 <구도{仇道}>가 해찬이 되고, <구수혜{仇須兮}>가 일길찬이 되었다. 2월, <신라>에서는 돌림병이 크게 돌자, 조상사당에 빌었다.

☯ 九年癸丑, 正月五日, 宮人**<**朱**>**氏生**<**延優**>**太子, 香滿室. 上, 大喜, 封爲**<**馬山宮**>**妃, 以其父**<**輅**>**爲採供使. **<**輅**>**, **<**文**>**之別子也. 五月, **<**倭**>**女主, 與**<**羅**>**, 修好.

○ 9년{단기2506년/AD173}계축, 정월 5일에 궁인 <주{朱}>씨가 <연우{延優}>태자를 낳았더니, 방 안이 향기로 가득하였었다. 이에 상이 크게 기뻐하며 <마산궁{馬山宮}>비로 봉하여 주고, 그녀의 아비 <주로{輅}>를 채공사로 삼았다. <주로>는 <주문{文}>의 별자{서자}였다. 5월, <왜{倭}>의 여주{=卑彌呼?}가 <신라{羅}>와 잘 지내기로 하였다.

☯ 十年甲寅, 正月, **<**尙庚**>**病免. **<**白面**>**太輔, **<**穆崇**>**左輔, **<**陽弼**>**右輔, **<**米肯**>**大評者. **<**肯**>**, **<**漢**>**人也. 通天文, 明**<**史記**>**, 精律令. 上, 以寡公主妻之, 遂大用能. 謙讓勤儉, 敎誨不倦. 是月, **<**羅**>**雨土, 而二月, 旱, 井水渴. 置評府·劾府·供府·採府·賓府·奴府·王子私兵府. 皆, 以大加, 領之. 次以大評·[大]劾·大供·大採·大賓·大奴·將軍等主其事. 乃**<**米肯**>**之奏也.

○ 10년{단기2507년/AD174}갑인, 정월, <상경{尙庚}>이 병들어 물러나니, <백면{白面}>을 태보로, <목숭{穆崇}>을 좌보로, <양필{陽弼}>을 우보로, <미긍{米肯}>을 대평자로 삼았다. <미긍{肯}>은 <한{漢}>인으로 천문{天文}을 달통하고 <사기{史記}>에 밝았으며 율령에 정통하였다. 상이 홀로 된 공주를 처로 삼아 주고 그의 능력을 크게 썼더니 겸양·근검하고 가르치길 게을리 하지 않았다. 이 달에 <신라{羅}>에서는 흙이 비처럼{화산재? 심한 황사?} 내렸고 2월에는 가뭄에 우물물이 말랐다. 평{評}·핵{劾}·공{供}·채{採}·빈{賓}·노{奴}·왕자사병{王子私兵}부를 두

었다. 모두 대가들이 수령을 하고, 대평{大評}·[대]핵{大劾}·대공{大供}·대채{大採}·대빈{大賓}·대노{大奴}·장군{將軍} 등이 차석이 되어, 그 부의 일을 맡아보았다. 이 일 또한 <미궁{米肯}>이 아뢴 것이었다.

☯ 十一年乙卯, 三月, 上, 以<玄>太子徒善而好仙, 欲立<男武>太子爲東宮. <男武>曰; "不可以越兄." 按行州邑, 至<提那>而淹留. <玄>太子往諭, 而還. <發岐>娶<虎川>. <朱>氏生女<敻>.

○ 11년{단기2508년/AD175}을묘, 3월, 상이, <현{玄}>태자는 선{善}하기는 하였으나 선{仙}하기를 좋아하기에, <남무{男武}>태자를 동궁으로 삼으려 하였더니, <남무>는 "형을 뛰어넘을 수는 없습니다."라고 아뢰고는 주{州}와 읍{邑}을 두루두루 살피면서 <제나{提那}>로 가더니 오래도록 머물러 있었다. <현>태자가 찾아가서 알아듣도록 하였더니, 돌아왔다. <발기{發岐}>가 <호천{虎川}>에게 장가를 들었다. <주{朱}>씨가 딸 <형{敻}>을 낳았다.

☯ 十二年丙辰, 三月, 以<男武>爲正胤, 后兄<穆天>爲東宮大夫, <于素>東宮皂衣. <白面>薨, 年八十, 美容儀善画繪. 以<尙>太后外族, 居中用事六十年未有一失, 人稱其難. 然, 德不普身, 器不容國, 非宰相才, 云. <穆崇>太輔, <陽弼>左輔, <高衡>右輔. <盖婁>殂, <肖古>立.

○ 12년{단기2509년/AD176}병진, 삼월, <남무{男武}>를 정윤으로 삼고, 후의 오빠 <목천{穆天}>을 동궁대부로, <우소{于素}>를 동궁조의로 삼았다. <백면{白面}>이 나이 80에 죽었다. 용모와 품행이 가지런하였으며, 비단 폭에 그리기를 잘 하였다. <상{尙}>태후의 외가 식구로, 벼슬살이를 60년이나 하면서도, 허튼 일을 한 번도 저지르지 않았다. 사람들은 정말 힘든 일이라고 하면서도, "덕이 몸에 널리 배어있지 않고, 그릇이 나라를 담아내지 못하여 재상감은 아니었다."라고 하였다. <목숭{穆崇}>이 태보로, <양필{陽弼}>이 좌보로, <고형{高衡}>이 우보로 되었다. <개루{盖婁}>가 죽고, <초고{肖古}>가 섰다.

☯ 十四年戊午，三月，以東宮皀衣<于素>女爲東宮妃．加<素>爵爲<提那>沛者．　十月，丙子晦，日食．上，泫然流涕，曰；"朕，以不德，忝居寶位．上不能孝母，下不能慈民．昔，我<東明仙皇>，日行百善而猶以爲不足．朕，欲日行一善而不及，豈不悲哉．"　左右悚然．是日，太輔<穆崇>薨，年六十九，<弼>代之．<高衡>左輔，<穆天>右輔．

○ 14년{단기2511년/AD178}무오, 3월, 동궁 조의 <우소{于素}>의 딸을 동궁비로 삼았다. <우소{素}>에게는 작위를 더하여주어서 <제나{提那}>패자로 삼았다. 10월, 병자일 그믐에 일식이 있었다. 상이 눈물을 주르르 흘리며 이르길; "짐이 부덕하여 보위를 더럽히고 있소. 위로는 모친께 효를 다하지 못하고, 아래로는 백성들에게 자애롭지 못하였소. 일찍이 우리 <동명선황{東明仙皇}>께서는 하루에 백 가지의 좋은 일을 하시고도 오히려 부족하다고 하셨소. 허나 짐은 하루에 한 가지의 선행을 하고자 하여도 이루지 못하고 있으니, 어찌 서글프지 않겠소!"라 하였더니, 좌우가 송연해 하였다{=송구해서 몸을 움크렸다}. 이 날에 태보 <목숭{穆崇}>이 죽어서, <양필{陽弼}>이 대신하게 하고, <고형{高衡}>을 좌보로, <목천{穆天}>을 우보로 삼았다.

☯ 十五年己未，九月，<梁貊公>·攝政<明臨答夫>暴薨，年五十二．葬以<梁貊大王>·駙馬都尉之禮于<質山園>．有膽力權智，謀事必成．人以爲天．得<尙>太后寵，專國政十五年，內外洽然．
十二月，上，崩於「西都」<鸞宮>，春秋五十九，葬于<故國谷>．上，寬厚好仁，喜聞<漢>人經籍，擇師而講．欲行聖人之治，而權委於<尙>太后·<明臨答夫>，故不得如意而終．惜哉．

○ 15년{단기2512년/AD179}기미, 9월, <양맥공{梁貊公}>·섭정 <명림답부{明臨答夫}>가 나이 쉰둘에 갑자기 죽어, <양맥대왕{梁貊大王}>·부마도위의 예로 <질산원{質山園}>에 장사하였다. 담력 있고 권도의{위급 시에 변통하는} 지략이 있어서, 도모하는 일은 반드시 이루었더니, 다른 이들이 하늘같이 여겼다. <상{尙}>태후의 총애로 국정을 15년이나 도

맡아 보았는데, 도성 안팎 모두가 흡족해 하였다.
12월, 상이 「서도」의 <란궁{鸞宮}>에서 춘추 쉰아홉에 죽어, <고국곡{故國谷}>에 장사했다. 상은, 너그럽고 어질었으며, <한{漢}>인들의 경적 내용을 즐겨 들어서 스승을 두어 강설하게 하였으며, 성인의 다스림을 펼치고 싶어는 하였으나, 정사를 <상{尙}>태후와 <명림답부{明臨答夫}>에게 위임하였던 까닭에, 뜻과 같이 이루지 못하고 죽었으니, 서글픈 일이었다.

역자의 변 : <폐주><차대제>시절에 출사한 명장이자 명재상이었던 <명립답부>와 함께, 「서도」에서 선정·치국하며, <후한>에게 <좌원대첩{坐原大捷}>을 통하여 치욕적인 패배를 안겨주고 한 뼘의 땅도 빼앗기지 않으면서 건재하였다.
같은 해에 큰 신하가 죽고 임금 또한 뒤를 이어서 죽었으니, 둘 간의 인연 또한 좋았던 것으로 보인다.
<삼국사기>는 <후한>이 임명한 "<현도>태수에게 왕이 항복하고 <현도>태수의 수하가 되겠다고 하였다."고 적어 놓았으니, 조선총독부 교감필 <三國詐記>의 진면모를 보여줌일 것이다.
이 사초·사략에서는 춘추 마흔다섯에 보위에 올랐다가 춘추 쉰아홉에 생을 마쳐서 재위 년수가 15년이었으며, <삼국사기>에선 춘추 일흔일곱에 즉위하여 15년을 보위에 있다가 생을 마친 것으로 적혀있어, 서로 어긋나고 있다. 생을 마친 해는 서력기원 AD179년으로 동일하나, 생전에 지난 봄가을 숫자에 차이가 있는 이유는 무엇이겠는가? <명림답부>의 몰년 역시 한 해에 죽었으나, 몰년나이가 쉰둘과 백열셋으로 두 배 이상으로 차이가 나니 이 또한 무슨 조화속이던가?

10. 第九世<故國川帝>紀 제9세<고국천제>기

원문출처 ; http://mf.history.go.kr/Pdf/MF0020000/00322307.pdf

帝, 諱<男武>, 亦曰<伊夷模>, <新大帝>之第二子也. 母, <穆>太后, <度婁>女也. 乙未, 四月, 夢黃龍纏身而生. 身長九尺, 姿表雄偉, 力能扛鼎, 莅事聽斷, 寬猛得中. 帝兄<玄>太子徒善而無勇, 故<新大>欲以帝爲嗣. 帝以越兄爲不可而淹留<提那>. <玄>, 曰 '從古, 賢者可嗣.' 遂徃<海山>爲樂仙. 不得已, 至是, 卽位於「西都」之皇檀(在鸞坮之樹王).

제는, 휘가 <남무{男武}> 또는 <이이모{伊夷模}>로, <신대제{新大帝}>의 둘째 아들이고, 모친은 <목{穆}>태후로 <목도루{度婁}>의 딸{=守禮}이다. 을미년{차대10년,AD155년} 4월에 꿈에 황룡과 몸을 얽힌 후에 낳았다. 키가 9척에 외모는 웅위하고 힘은 능히 큰 가마솥을 들어 올렸다. 정사에 임하여서는 들어주거나 끊어냄에 있어서 아량과 엄격함이 적절하였었다. 제의 형 <현{玄}>태자는 선하기는 하여도 용감하지는 못하였기에, <신대제>가 제를 후사로 삼고자 하였었다. 이에 제는 형을 뛰어넘을 수 없다 하고 <제나{提那}>에 오래도록 머물렀었다. <현>태자가, '예로부터 현명한 이가 뒤를 잇는 것을 옳게 여겼다.'라고 말하고는 <해산{海山}>으로 선을 즐기러 가버렸기에, 부득이, 때가 되어서, 「서도」의 황단(재란대지수왕)에서 즉위하였다.

☯ 二年庚申, 二月, 以<于>氏爲后, 以其父<于素>爲中畏大夫. <素>, <恢>子, 仙人也. <索頭>, <[桓]眞>殂, 弟<般>立. 六月, <尙>太后崩, 春秋七十七. 九月, 如<卒本>行告廟祭. 十月, <穆>太后 生子<英君>請大赦, 不許曰; "旣罪而又赦, 無信於民而敎射倖也, 非可法也."

○ 2년{단기2513년/AD180}경신, 2월, <우{于}>씨를 후로 삼고, <우>씨의 아비 <우소{于素}>를 중외대부로 삼았다. <우소{素}>는 <우회{恢}>의 아들로 선을 수행하는 사람이었다. <색두{索頭}>에서는 <두진{桓眞}>이 죽고, 동생 <두반{般}>이 섰다. 6월, <상{尙}>태후가 춘추 일

흔일곱에 죽었다. 9월, <졸본{卒本}>으로 가서 <동명>사당에 즉위하였음을 고하는 제사를 올렸다. 10월, <목{穆}>태후가 아들 <영군{英君}>을 낳고 대사면을 청하였더니, 허락하지 않으며 이르길; "이미 죄를 받은 이를 풀어주면, 백성들이 법을 믿지 않고 요행이나 바라게 가르치는 것이 되니, 법이 취할 바 아닙니다."라 하였다.

● 三年辛酉, 二月, 行<新大帝>大祭六日.

○ 3년{단기2514년/AD181}신해, 2월, <신대제{新大帝}>큰제사를 엿새 동안 치렀다.

☯ 四年壬戌, 三月, 甲寅夜, 赤氣貫<太微>如蛇. 七月, 星孛于<太微>. 九月, <[桓]般>殂, <適>立

○ 4년{단기2515년/AD182}임술, 3월, 갑인일 밤에 붉은 기운이 <태미{太微}>좌를 뚫고 지나가 뱀같이 보였다. 7월, 혜성이 <태미>좌를 범하였다. 9월, <두반{桓般}>이 죽고, <두적{適}>이 섰다.

☯ 六年甲子, 四月, <幽州>賊大擧入寇. 命<罽須>拒之, 不利. 上, 親征, 戰于<坐原>, 大破, 斬首山積. 是謂<坐東親戰>. 是年, <伐休>爲<羅>主. 其父<仇鄒>, <陜父>子也. 母曰<只珍內禮>, <仇道>之妹也. 占風雲, 知邪正, 云.

○ 6년{단기2517년/AD184}갑자, 4월, <유주{幽州}>의 도적{<三國史記>曰<漢><遼東>太守}이 대거 쳐들어왔다. <계수{罽須}>에게 명하여 이를 막으라 하였더니 싸움에서 밀리기에, 상이 친히 나아가서 <좌원{坐原}>에서 크게 쳐부수었다. 목 벤 시체가 산같이 쌓였다. 이를 <좌동친전{坐東親戰}>이라 한다. 이해에 <벌휴{伐休}>가 <신라{羅}>의 임금이 되었다. 그의 아비는 <구추{仇鄒}>로 <협보{陜父}>의 아들{자손?}이고, 어미는 <지진내례{只珍內禮}>로 <구도{仇道}>의 여동생이다. 풍운 점을 보

고서 그른지 옳은지를 판별하였다고 한다.{☞ 이 기록은 초기 <신라>관련 역사 기록을 심각하게 살펴야 할 필요를 예시하거나, <남당>이 필사함에 저본으로 삼았던 기록들이 그리 오래지 않았던 것이었음을 알게 하는 것이라 할 수도 있겠다.>

● 七年乙丑, 正月, <于素>右輔, <于目>中畏大夫·皂衣. <伐休>祀其始祖而赦. 以海飡<仇道>·一吉飡<仇須兮>爲左·右軍主, 以伐<召文國>.

○ 7년{단기2518년/AD185}을축, 정월, <우소{于素}>를 우좌보로, <우목{于目}>을 중외대부·조의로 삼았다. <벌휴{伐休}>가 자신의 시조에게 제사를 올리고 사면하였으며, 해찬 <구도{仇道}>와 일길찬 <구수혜{仇須兮}>를 좌·우 군주로 삼아서 <소문국{召文國}>을 토벌하였다.

☯ 八年丙寅, 夏四月, 乙卯, <熒惑>守<心>. 上, 曰; "天高, 聽卑之言. 豈限於<宋>哉. <心>之分野亦何<宋>哉. 凡有星變, 勿論分野. 當以<宋>, <景>爲<心>可也." 五月, 壬辰晦, 日食. <朱>宮人生<慈古>. 太輔<高衡>薨, <尙庚>代之. <麻靖>左輔, <穆天>右輔. 是年正月, <伐休>, 巡各部, 觀其風俗. 七月, 有嘉禾生于<南新>, 云. 十月, <濟>, 無雪而雷, 星又孛西北, 二十日而滅.

○ 8년{단기2519년/AD186}병인, 여름 4월, 을묘일, <형혹성{熒惑星}>이 <심성{心星}>좌를 차지하였다{전쟁조짐?}. 상이 이르길; "하늘은 높아서 비천한 이들의 말을 널리 듣고 있는데, 어찌 <송{=춘추전국의 宋}>땅에만 국한하겠으며, <심수{心宿}>가 조응{調應}하는 땅 역시 어찌 <송{宋}>땅 뿐이겠는가! 모든 별자리의 변화는 특정 땅에만 조응하는 것이 아니어서, <송{宋}>땅이 당연하다면 <경{景}> 땅도 <심수>에 조응할 수 있는 것이다!"라 하였다. 5월, 임진일 그믐, 일식이 있었다. 궁인 <주{朱}>씨가 <자고{慈古}>를 낳았다. 태보 <고형{高衡}>이 죽어, <상경{尙庚}>이 대신하였다. <마정{麻靖}>이 좌보를, <목천{穆天}>이 우보를 맡았다. 이해 정월에 <벌휴{伐休}>가 각 부를 돌며 풍속을 살폈고, 7월엔 상서로운 벼가 <남신{南新}>에서 생겼다 한다.

10월, <백제{濟}>에서는 눈은 내리지 않고 우레가 일었으며, 별{큰 별, 혜성?, 유성?}이 또 서북하늘에 나타났다가, 스무날이 지나서 사라졌다.

● 九年丁卯, 三月, <伐休>禁土木以勸農. 十月, <羅>北, 雪深一丈. 五月, <濟>都井及<漢水>竭.

○ 9년{단기2520년/AD187}정묘, 3월, <벌휴{伐休}>가 토목부역을 금하여서 농사에 힘쓰게 하였다. 10월엔 <신라{羅}>의 북쪽 땅에 눈이 한 길이나 되게 내렸다. 5월에 <백제{濟}>에서는 도성의 우물은 물론 <한수{漢水}>까지 말랐다.

● 十年戊辰, 四月, <穆>太后食豚卵而崩, 春秋五十六. <濟>, 二月, 功<羅><毋山城{母山城?}>, <仇道>拒之. <濟>, 以是月, 重修宮室.

○ 10년{단기2521년/AD188}무진, 4월, <목{穆}>태후가 돈란{豚卵; =豚魚卵=복어알}을 먹었다가 죽었다. 춘추 쉰여섯이었다. <백제{濟}>가 2월에 <신라{羅}>의 <관산성{毌山城, 母山城?, 毋山城?}>을 쳤더니, <구도{仇道}>가 이를 막았다. <백제>는 이 달에 궁실을 중수하였다.

● 十一年己巳, 十月, 太輔<尙庚>薨, 年七十二. 四月, 丙午朔, 日食. 七月, <仇道>與<濟>戰于<狗壤>, 殺獲五百余級. <朱>宮人生女<雷>.

○ 11년{단기2522년/AD189}기사, 10월, 태보 <상경{尙庚}>이 나이 일흔둘에 죽었다. 4월, 병오일 초하루에 일식이 있었다. 7월, <구도{仇道}>가 <백제{濟}>와 <구양{狗壤}>에서 싸워, 500여 명을 베거나 사로잡았다. <주{朱}>궁인이 딸 <뢰{雷}>를 낳았다.

☯ 十二年庚午, 九月, 「東都」雪深六尺. 是年, 八月, <濟>襲<羅><圓山城>不克又圍<岳谷城>, <仇道>擊退之, 追至<蛙山>, 過其伏兵而敗. 故<薛支>爲左軍主, <仇道>爲<岳谷城>主.

中畏大夫<貫那>沛者<菸[畀]留>·評者<左可慮>等, 以王后親戚, 執國權柄. 子弟恃勢驕侈掠人, 子女奪人田宅, 國人怨憤. 上怒欲誅之, <左可慮>等遂矯詔發兵, 將有不測, 招之, 不來. 是年, <公孫度>, 爲<遼東>太守, 而至其鄉殺舊嫌大姓十余家, 而欲得入保遣使來朝, 却之.

○ 12년{단기2523년/AD190}경오, 9월, 「동도{=初都}」에 눈이 여섯 자 깊이나 내렸다. 이해 8월에 <백제{濟}>가 <신라{羅}>의 <원산성{圓山城}>을 치다가 실패하더니, 또<악곡성{岳谷城}>을 포위하였다. <구도{仇道}>가 이를 물리치고 <와산{蛙山}>까지 추격하다가 복병이 있는 곳을 지나쳐서 패하였다. 이에 <설지{薛支}>가 좌군주로 되고, <구도>는 <악곡성>주가 되었다.
중외대부인 <관나{貫那}>패자 <어비류{菸畀留}>와 평자 <좌가려{左可慮}> 등이, 왕후의 친척이라 하여서, 나라를 틀어쥐고 권력을 마음대로 휘둘렀고, 이들의 자제들은 세력을 믿어 교만·사치하며 사람들을 약탈하고 자녀들은 사람들의 집과 땅을 빼앗으니, 나라사람들이 이를 원망하며 분하게 여겼다. 상이 노하여 이들을 주살하려 하였더니, <좌가려> 등은 거짓조서로 군사를 일으켰고, 장래를 예측하기가 어려워서 이들을 불러들여 보았으나, 들어오지 않았다. 이해에 <공손탁{公孫度}>이 <요동{遼東}>태수가 되어서 고향에 돌아가더니 예전에 밉게 보였던 떵떵거리던 집안 10 성씨들을 죽였으며, 들어와서 눌러앉고 싶어서 사신을 보내와 입조하였으나, 물리쳤다.

☯ 十三年辛未, 二月, 上, 徵諸都畿兵于「西都」親征<左可慮>·<菸[畀]留>, 誅之. 命「四部」擧賢. 四月, 以<乙巴素>爲輔外之長, 名曰「國相」, 賜「竹呂之鈒」而誅不道. 時, 三輔, 皆以宗戚「尸位素餐」, 故有此新擧以匡政. 於是, 宗戚寵倖之震惧. 九月, <蚩尤旗>見於<角亢>.

○ 13년{단기2524년/AD191}신미, 2월, 상이 도성{들}과 도성{들} 인근의 모든 군사를 「서도」로 불러들여서 <좌가려{左可慮}>와 <어비류{菸畀留}>를 친히 정벌하고 주살하였다. 「4부」에 현자들을 천거하라고 명하

였다. 4월, <을파소{乙巴素}>를 「국상」이라 불리는 3보의 우두머리로 삼고 「죽려지인{竹呂之釼}」을 주어서 부도한 이들을 주살하게 하였다. 이 시절에 3보 자리는 모두 종척들이 하는 일 없이 놀고먹는 자리였었다. 그러한 까닭에, 이렇게 새로운 인재를 발탁하여서 국정을 바로잡게 된 것이었고, 이리되자 종척·총신·행신들은 두려워 떨게 되었다. 9월, <치우기{蚩尤旗}>가 <각항{角亢}>좌에 나타났다.

● 十四年壬申, 正月, 練兵于**<**汗**>**濱. **<**朱**>**宮人生子**<**紘**>**. **<**羅**>**, 國良**<**阿述明**>**一吉飡, 雪三尺. 五月, **<**羅**>**, 大水, 山崩十余所.

○ 14년{단기2525년/AD192}임신, 정월, <한{汗}>수변에서 군사훈련을 하였다. <주{朱}>궁인이 아들 <현{紘}>을 낳았다. <신라{羅}>에서는 나라의 양재 <아술명{阿述明}>을 일길찬으로 삼았으며, 눈이 석 자나 내렸다. 5월엔 <신라>에 큰물이 져서 산이 열 군데가 무너졌다.

● 十五年癸酉, 正月, 甲寅朔, 日食. **<**敻**>**公主生女**<**金鈴**>**. 二月, ※**<**富山**><**則忽白**>**等侵**<**最彘**>**·**<**盖馬**>**. 四月, **<**盖馬**>**大加**<**優居**>**·主簿**<**然人**>**等伐**<**富山**>**. **<**公孫度**>**請助戰, 不許. **<**則忽白**>**等走漠北.

○ 15년{단기2526년/AD193}계유, 정월, 갑인일 초하루에 일식이 있었다. <형{敻}>공주가 딸 <금령{金鈴}>을 낳았다. 2월, ※<부산{富山}>의 <즉홀백{則忽白}> 등이 <최체{最彘}>와 <개마{盖馬}>를 침략하였다. 4월, <개마>대가 <우거{優居}>와 주부<연인{然人}> 등이 <부산>을 토벌하였다. <공손탁{公孫度}>이 싸움을 돕겠다고 청하였으나, 허락하지 않았다. <즉홀백> 등은 막북{漠北; 사막 북쪽}으로 도망갔다.

※{☞<삼국사기><신대왕>5년{AD169}조에 "王遣大加<優居>·主簿<然人>等, 將兵助<玄菟>大守<公孫度>, 討<富山>賊." 즉, "왕이 대가 <우거>와 주부 <연인> 등으로 하여금 군사를 거느리고 <현도>태수 <공손도>를 도와서 <부산>적을 토벌하게 하였다."라고 적혀 있어, 비슷하나 감이 다름!}; 이 기사는 <富山**>의 위치가 산서성 북부에 있던 <개마국> 주변일 것이라는 얘기라고 본다!**

☯ 十六年甲戌, 六月, 己巳晦, 日食. 七月, 霜穀, 賑飢. 十月, 田<質陽>, 路見貧民坐哭. 命置貸穀; 三月·七月貸而十月還, 爲恒式.

○ 16년{단기2527년/AD194}갑술, 6월, 기사일 그믐에 일식이 있었다. 7월, 곡물이 서리를 맞았다. 굶는 이들에게 곡식을 나누어주었다. 10월, <질양{質陽; 질산 남쪽}>에서 사냥하다가, 길에서 빈한한 이들이 앉아서 울고 있는 것을 보았다. 곡식을 빌려주게 하였다; 3월과 7월에 빌려주고 10월에 갚게 하여, 매년 똑같은 방식으로 하게 하였다.

● 十七年乙亥, 二月, <朱>宮人生女<{舶}>.

○ 17년{단기2528년/AD195}을해, 2월, <주{朱}>궁인이 딸 <박{舶}>을 낳았다.

● 十八年丙子, 二月, 宮人<于術>, 爲后所逼, 匿于<玉陽>家. <夐>公主生子<竹彦>. <伐休>重修宮室. 三月, 旱. 四月, <羅>宮南大樹及其東門被震擊. 五月, <麻靖>太輔.

○ 18년{단기2529년/AD196}병자, 2월, 궁인 <우술{于術}>이 후에게 핍박을 당하여 <옥양{玉陽}>의 집에 숨어살았다. <형{夐}>공주가 아들 <죽언{竹彦}>을 낳았다. <벌휴{伐休}>가 궁실을 고쳐지었다. 3월, 가물었다. 4월, <신라{羅}>에서는 궁궐 남쪽의 큰 나무와 궁궐의 동쪽 문이 벼락을 맞았다. 5월, <마정{麻靖}>이 태보가 되었다.

☯ 十九年丁丑, 三月, <漢>人來投者日增. 命置官, 勞之授職. 五月, 上, 崩於<金川宮>. 春秋四十三. 葬于<故國川>. 帝, 以英勇之姿, 不樂爲政, 沈酒聲色, 不能令終, 惜哉.

○ 19년{단기2530년/AD197}정축, 3월, 투항하여 오는 <한{漢}>인의 수가 점점 늘어나기에, 관리를 두어서 그들을 위로하고 직책도 주었다.

5월, 상이 <금천궁{金川宮; =在「西都」}>에서 춘추 마흔셋에 죽었다. <고국천{故國川; 나라의 옛터 또는 옛 나라의 터전에 있는 냇가의 언덕}>에 장사했다. 제는 외모가 뛰어나고 용감하였으나, 국정을 돌보는 것이 즐겁지 않았으며, 주색에 빠져 끝을 좋게 맺질 못하였으니, 슬픈 일이었다.

역자의 변 : <고국천제>는 「서도」에서 즉위하고 재위 19년에 「서도」에서 죽었다. 척족 <좌가려>의 대대적인 반란을 거국적으로 극복한 연후에, 명재상인 국상 <을파소>를 만나고, 그에게 <죽려지인>을 주어서 즉참할 수 있는 권한을 부여한 특이한 제도를 도입했고, 빈민을 구휼하는 제도도 마련하였으니, 역시 훌륭한 제왕이었다고 할 수 있겠다. 재위 말년엔 혼란에 빠진 <후한>에서 안정된 <고구리>로 자진 이민해오는 <漢>인들이 많았음도 <고국천제>의 치세를 살핌에 빠뜨려서는 아니 될 것으로 본다. 현전하는 <삼국사기>엔 서토 사람들의 것보다 좋았던 것으로 보이는 어느 것도 기록으로 남아있지 않음을 <삼국사기>의 <고국천왕>기에서도 볼 수 있다.

재위 6년에 있었던 「서도」 서북방을 침입한 <후한>의 <유주>적을 친히 쳐부숴서 <좌동친전>이란 대첩을 거두었고, 재위 15년엔 <부산>적 <즉홀백> 역시 격퇴하였다. 침입한 외적의 격퇴를 돕겠다는 <공손탁>의 청도 거절하였다고 되어있다. 허나, 이 <부산>적 격퇴 건에 대해 <삼국사기>엔 <공손탁>을 의존하여 외적을 물리친 것으로 되어 있으니, 책 앞 부록의 일제의 조선총독이 조선사편수회 회의장소에 나타나서 훈시한 내용과 겹쳐지면서, 현전하는 <삼국사기>에 대한 입맛이 씁쓸하다.

<신명선제>6년{단기2517년/AD184}갑자년 기록에 『是年, <伐休>爲<羅>主. 其父<仇鄒><陜父>子也, 母曰<只珍內禮><仇道>之妹也, 占風雲知邪正, 云.』 ;『이해에 <벌휴{伐休=昔氏}>가 <신라{羅}> 임금이 되었는데, 그의 아비 <구추{仇鄒}>는 <협보{陜父}>의 아들{자손?}이고, 어미는 <지진내례{只珍內禮}>로 <구도{仇道☞金씨}>의 여동생이다. '풍운 점을 보고서 옳고 그름을 판별하였다.'고 한다.』라는 황당한 기록이 튀어나온다. <협보>는 <유리광명>22년계해{단기2336년/AD3}12월에 파직당하고 <신라>로 들어갔고, <구도>는 <대무>15년임인{단기2375년/AD42}3월에 출서인{黜庶人}되었음을 감안하면, 누대로 노년에 새로이 幼女{나이 어린 소녀}와 혼인하여 낳은 자손들이기 전에는 극히 어려운 일이라 보인다. 이런 혼인이 있었음이 사실이 아니었다면, 초기<신라>의 역사기록 편년 자체에 의구심을 가져야 하거나 또는 <남당>이 저본으로 하였던 사서들이 최소한 김부식의 <삼국사>이전의 것이었을 가능성은 희박하다 할 수도 있겠다. 즉, 최근세기까지도 <이>씨 왕조 또는 <일제>의 손으로 재단되지 않은 기록이 있었다는 추정이 가능해짐일 것이다..

11. 第十世<山上大帝>紀 제10세<산상대제>기

원문출처 ; http://mf.history.go.kr/Pdf/MF0020000/00322307.pdf

帝，諱<延優>，亦曰<位居>，<新大>之別子也．母，<朱>太后，夢黃龍纏其身而交之．<新大>奇其夢，而當夕生之．生而視人，聰慧美容儀．<于>后，愛之密相通，及<故國川>崩，秘其喪而密迎帝于宮中，矯詔而立之，然後發喪．<故國川>之胞弟<發岐>，以嫡兄當立而不得立，乃發兵圍宮城而爭立．國相<乙巴素>曰; "國本已定．爭之者賊也．" 國人乃戴帝而討<岐>．<岐>走<杜訥>而自立，求救于<公孫度>，曰; "小國不幸，兄死，嫂姦矯詔立弟．願大王助我，得國則必報．" <度>曰; "烝母妻嫂，<句麗>之常習．今，<發岐>不得妻其嫂，而見奪于其弟，格以禮者爭立也．乘此機會，聲言助<岐>而襲之，可得其國也．" 其小厥曰; "<麗>有名臣<乙巴素>，不可深入而衝其備．宜與<岐>衆掠西邊而有之，上策也．" <度>乃以兵三万，聲言助<岐>，而奄有<盖馬>·<丘利>·<河陽>·<菟城>·<屯有>·<長岺>·<西安平>·<平郭>等郡，而不助<岐>．<岐>憤而發疽．帝憂<度>將侵，遂築<淌南山城>，常與<于>后，居之，以爲密都．

제는, 휘가 <연우{延優}> 또는 <위거{位居}>이며, <신대{新大}>제의 별자{=서자}이다. 모친 <주{朱}>태후가 꿈에 황룡과 몸을 섞어 교합하였다기에, <신대>제가 그 꿈을 이상히 여기고 바로 그날 밤을 같이한 연후에 태어났다. 태어나자 바로 사람을 쳐다보았으며, 커서는 총명하고 지혜로웠으며 외모가 멋졌다. <우{于}>후가, 제를 좋아하여 남몰래 상통하였었고, <고국천{故國川}>제가 죽으매 상이 났음을 숨긴 채로 몰래 제를 궁중으로 맞아들이고 가짜 조서로써 제위에 세우고 나서, <고국천>제가 죽었음을 밖에 알렸다. <고국천>제의 동복아우 <발기{發岐}>는 <연우>의 적형이어서 마땅히 제위에 섰어야 함에도 그러하지 못한 까닭에, 군사를 일으켜 궁성을 포위하고 제위를 다퉜다. 국상 <을파소{乙巴素}>는 "나라의 임금은 이미 정해졌소. 제위를 다투는 자는 적이오."라 말하였고, 나라사람{=나라를 다스리는 지위에 있는 사람들}들은 제를 받들고 <발기>를 쳤다. <발기>는 <두눌{杜訥}>

로 도망하여 스스로 제위를 칭하고는, <공손탁{公孫度}>에게 도움을 요청하며 말하길; "소국은 불행합니다. 형이 죽자, 형수가 가짜 조서로 동생을 제위에 세웠습니다. 대왕께서는 저를 도와주시길 바랍니다. 나라를 되찾으면 반드시 보답하겠습니다."라 하였다. <공손탁{度}>이 "<고구리{句麗}>에서는 증모처수{烝母妻嫂; 아버지나 형제가 죽으면, 친모 이외의 어미나 형수 및 제수를 처로 거두는 것}하는 것은 평범한 일이며, 지금 <발기{發岐}>는 형수를 처로 삼지 못하여 동생에게 빼앗겼다. 예법을 따지며 제위를 다투고 있으니, 이때를 틈타서 말로는 <발기>를 돕는다 하고 기습한다면 그 나라를 빼앗을 수 있겠다."고 말하자, <공손탁>의 아들은 "<고구리{麗}>에는 <을파소{乙巴素}>라는 훌륭한 신하가 있어서 깊숙이 들어가 방비가 튼튼한 것을 치는 것은 가당치 않습니다. <발기>무리와 함께 <고구리>의 서쪽 변방을 빼앗아 차지하는 것이 상책일 것입니다."라고 말하였다. <공손탁{度}>이 3만의 군사로, 말로는 <발기>를 돕는다면서, <개마{蓋馬}>·<구리{丘利}>·<하양{河陽; 그림26각주}>·<도성{菟城}>·<둔유{屯有}>·<장령{長岺}>·<서안평{西安平}>·<평곽{平郭; 河北廣平府廣平縣?}>군 등을 엄습하여 차지하고, <발기>를 돕지는 않았더니, <발기>는 울분으로 인해 등창이 났다. 제는 <공손탁>이 곧 쳐들어올까 걱정되어 <창남산성{淌南山城; =湯南山城? 北都 또는 北都 隣近?}>을 쌓고, <우{于}>후와 함께 상시로 그곳에 머물렀으며, 그곳을 밀도{密都; 숨어 지내는 도성, 난리를 피하는 도성}로 삼았다.

☯ 元年丁丑，夏五月七日，<于>皇后，迎上入<金川宮>，以大行遺詔，婚于殯宮．太輔<麻靖>·左輔<穆天>·中畏大夫<尙薙>等，侍立行禮．上，具皇帝冕袞，而受皇后親上璽(大武神金璽)宝(光明帝鈒■)．皇后四拜，曰；"妾以大行寵妾，未有子女．宜當赴殉，而大行常言；'汝當與吾弟婚而生子紹我.' 中畏大夫<尙薙>在傍聞之，臨崩，以璽宝授妾以獻于陛下．願，陛下，燐此未亡，早占聖子，以慰大行之靈." 上，答拜受之，曰；"當以嫂爲妻．早生太子以獻于皇兄矣." 太輔等皆俯伏賀呼．上，遂携<于>皇[后]，共登宝祚．天將曙矣．羽林·百寮擧燎山呼．上，乃以母<朱>氏爲太后，以外祖<朱輅>爲右輔，后父<于素>爲仙王，<朱回>中畏大夫，<朱

同>羽林右將軍, <朱舌>左將軍, <尙薤>護城大加, <朱曲>護宮大加徵內外兵入衛. 皇弟<發岐>, 聞之大怒, 以其私兵三百人犯闕. 其妻<虎川>, 與子<驕位居>, 諫止之, 不聽. <虎川>乃走入告變. 時, 上, 與<于>皇后, 同寢未起. 太后, 乃與<于素>, 命<尙薤>嚴兵備之. <發岐>, 見宮門堅閉, 四面衛卒森立. <滿弓>, 以待之, 曰; “上, 以友仁之心, 恕汝. 一命, 可悔過而來.” <發岐>暴憤呼. 上, 大罵<朱舌>, 欲斬之. <薤>, 止之, 曰; “帝·后調子之時, 不可殺生.” 乃縛以流之, 其軍皆入羽林山呼新帝. 上, 以<發岐>戇以無謀, 赦其罪, 以封爲<裵川兄王>. <岐>, 不能悔過, 而與其徒謀反, 居<杜訥>而稱帝, 與<公孫度>相通.

六月, 葬大行于<故國川原>. 以<虎川>妻<乙巴素>, 而賜其財. 以后父<于素>爲<朱>太后私臣. <朱>太后, 詔, 曰; “外戚弱則不能尊皇. 宜爾宗戚公卿納女于<朱>家, 可也.” 左輔<穆天>奏, 曰; “聖太后神詔美且眞矣. 臣, 以左輔之位讓於<朱輅>, 以女<蜻>妻<朱回>. 太后, 大喜, 曰; “吾知<穆天>之忠久矣.” 乃<輅>爲左輔, <尙薤>右輔. <天>爲<沸流公>, 以<牛壤>爲沐邑. 命<回>娶<天>女<蜻>. 是年三十, <回>五十六矣. <蜻>, 以宗室<{馬+白}>太子室, 徃來<馬山>, 與<回>交好久矣. <尙薤>, 以女<答>妻<朱舌>. <同>娶<尙庚>女<實>. <朱>太后, 乃宴<尙>·<穆>兩氏, 曰; “卿等喬木世臣也. 宜接新芽而滌舊.” 皆俯伏稱慶. 主民大加<穆登>說太后, 曰; “<朱>·<于>, 雖新, 非舊沃, 則難{配}聖太后之{霄}. 何以<于素>爲夫耶. 願, 與我續舊好, 何如.” 太后, 黙然良久, 曰; “汝, 以<穆>太后勢, 蔑我而强烝. 今, 恃何人而敢凌帝母耶.” 遂命<朱同>拿下欲殺, <登>剛直不屈. <輅>, 聞之, 赴救, 曰; “太后, 雖尊本是吾女. 吾, 今雖貴本是馬巫. 陛下, 以萬乘之尊, 軫念私親與<尙>·<穆>結婚比於接芽. 而猝行此擧是非, 徒接不成, 反折其枝者也. <登>, 以國家名相, 雖有戱言. 陛下宜寬容而利國. 况其所言乃恃舊情者也. 人以情來我, 以怨投, 是「瓊琚之木瓜」. 願, 陛下愼之. <尙>氏·<穆>氏今日受禍, <于>氏·<朱>氏明日受禍矣. 戚與戚受萬年相保. 伏願, 深納老臣之言.” 執<登>而叩頭於地. 太后, 大驚跣下止之, 曰; “父主言至可. 女當奉之.” 乃携<輅>與<登>而上殿, 行酒, 曰; “若非吾父幾乎, 殺一賢相.” 遂謝於<登>, 曰; “恕我, 一時之怒. 豈無緣樹之期.” <登>感其再生之恩, 以<輅>爲父. 或云太后欲殺<登>, <夐>公主·<最熟>等諫止之, 云. 以<于術>爲<息夫>妻.
七月, <朱曲><東海谷>太守. 納<明臨於姑>于仙宮.
九月, <罽須>伐<杜訥>拔之. <發岐>, 敗走<裵川>, 謂其子<駮固(駮位居)>, 曰; "吾, 以嫡長, 爲<于>女所欺, 爲庶蘖所逐. 國之西界亦爲<公孫>之有. 何面目立于世乎." 遂自刎, <駮固>救之, 不死. <岐>曰; "疽將發矣. 不死, 何爲." 匍入海中(套海). 追騎至, 已死矣. 上, 以王禮, 葬于<裵岺>立石曰 "<裵川大王>之陵." <駮固>, 守陵, 以漁爲生, 自稱<渭>夫. 上, 累徵不至, 妻以<夐>公主. <索頭>, <[柦]適>殂, <涉仁>立.

○ 원년{단기2530년/AD197}정축, 하5월 7일, <우{于}>황후가 상을 <금천궁{金川宮; 在「西都」}>으로 맞아들여, 대행{=신대제}의 유명에 따라 빈궁에서 혼인하였다. 태보<마정{麻靖}>과 좌보<목천{穆天}> 및 중외대부 <상해{尙薤}> 등이 시립하여 예식을 거행하였다. 상은 황제의 면포를 착용하고서 황후가 친히 바치는 옥새(대무신금새)보(광명제인■)를 받았다. 황후가 네 번 절하고 말하길; "첩은 대행의 총애를 받고서도 자식이 없으니 따라 죽는 것이 마땅합니다만, 대행께서 늘 이르시길 '당신은 마땅히 내 동생과 혼인하고 아들을 낳아서 내 뒤를 이어주시오.'라고 하셨습니다. 중외대부 <상해>가 곁에 있다가 이 말씀을 듣고 임종하여 새보를 첩에게 건네주고는, 폐하{=연우}께 바치라 하였습니다. 원하옵건대, 폐하께서는 따라 죽지 못한 가련한 저에게 조속히 훌륭한 아들을 점지하여 주시면, 그로써 대행의 영혼을 위로하여 드리겠습니다."라고 하였다. 상은, 답하여 절하고 새보를 받고나서, 이르길; "형수를 처로 삼는 것은 마땅한 일이오. 조속히 태자를 낳아 형황께 바치시오."라고 하였다. 태보 등 모두가 엎드려 축하하였다. 이윽고 상이 황후를 데리고 천자의 자리에 올랐다. 하늘이 곧 밝아 올 것이었다. 우림과 백료들은 섶을 불 놓아 하늘에 제사하며 만세를 불렀다. 상은 모친 <주{朱}>씨를 태후로 올리고, 외조부 <주로{朱輅}>를 우보로 삼고, 후의 부친 <우소{于素}>를 선왕

{仙王}으로, <주회{朱回}>를 중외대부로, <주동{朱同}>을 우림우장군으로, <주설{朱舌}>을 우림좌장군으로, <상해{尙薤}>를 호성{=도성을 지키는}대가로 삼았으며, <주곡{朱曲}>은 호궁{궁을 지키는}대가로 삼아서 내외의 병사를 불러들여 지키게 하였다. 선황의 동생{=신대제의 동생}인 <발기{發岐}>는 이 소식을 듣고는 대노하여, 자기의 사병 300인을 데리고 궁궐을 범하였다. <발기>의 처 <호천{虎川}>이 아들 <교위거{驕位居}>와 함께 그러지 말라고 말렸었으나, 듣지 않은 것이었다. 이에 <호천>은 궁으로 달려가서 고변하였다. 이때 상과 <우{于}>황후는 동침하며 잠자리에서 일어나기 이전이어, 태후와 <우소>가 <상해>에게 명하여 엄중히 무장한 병사로 하여 지키게 하였다. <발기>가 와서 보니, 궁궐은 문이 든든히 닫혀 있고, 사면에는 위병이 빽빽이 지키며 서 있었다. <만궁{滿弓}>이 기다리고 있다가 말하길; "상께서는 우애 있고 어지신 마음으로 그대를 용서하셨습니다. 명령 한마디에, 더 이상 다가오시면 후회하시게 됩니다."라 하였고, <발기>는 울분을 터뜨리며 소리를 질렀다. 상이 <주설>을 호되게 꾸짖으며 주살하려 하자, <상해>가 말리면서 아뢰길; "황제와 황후께서는 자식을 빗는 중이시니, 살생하셔서는 아니 됩니다."라 하였다. 하여 그를 오라를 지어서 귀양을 보냈고, 그의 군대 모두는 우림군으로 들어와서 '새 임금 만세!'를 불렀다. 상은 <발기{發岐}>는 어리석어서 무모하였던 것이라며, 죄를 면하여 주고 <배천형왕{裵川兄王}>으로 봉하였으나, <발기>는 과오를 뉘우치지 못하고 자기의 무리를 이끌고 모반하여 <두눌{杜訥}> 땅으로 들어가 칭제하였으며 <공손탁{公孫度}>과 상통하였다.

6월에 대행을 <고국천원{故國川原; 나라의 옛터 또는 옛 나라의 터전에 있는 냇가의 언덕}>에 장사하였다. <호천{虎川}>을 <을파소{乙巴素}>에게 처로 삼아 주었으며 <발기>의 재물도 내려주었다. 후의 아비 <우소{于素}>는 <주{朱}>태후의 사신{私臣≒情夫}으로 삼았다. <주{朱}>태후가 이르길; "외척이 약하면 황실이 존경받지 못합니다. 마땅히 당신들 종척과 공경들은 딸들을 <주{朱}>씨 집안으로 보내 줘야 할 것이오"라 하니, 좌보 <목천{穆天}>이 아뢰길; "높으신 태후께서 하교하신 귀한 말씀은 아름답고 또한 진솔하십니다. 신은, 좌보 자리를 <주로{朱略}>에게 넘겨주고, 저의 딸 <목청{蜻}>을 <주회{朱回}>에게 처로 주겠습니다."라고 하였고, 태후는 크게 기뻐하면서 "나는 <목천{穆天}>의 충성됨을 안 지 오래였었소."라 하고는, <주로{略}>를 좌보로, <상해{尙薤}>는 우보로 삼았다. <목천{天}>에게는 <비류공{沸流公}>을 봉하고 <우양{牛壤}>을 목읍으로 주었다. <주회{回}>에게는 <목천>의 딸 <목청{蜻}>과 혼인하라고 명하였다. 이때 <목청>의 나이 서른이고, <주회{回}>의 나이 쉰여섯이었다. <목청>은 종실인 <맥{馬+白}>태자의 여자였는데, <마산{馬山}>을 오가면서 <주회>와 함께 좋아지낸 지 오래였었다. <상해>는 딸 <답{答}>을 <주설{朱舌}>에게 처로 주었고, <주동{同}>은 <상경{尙庚}>의 딸 <상실{實}>과 혼인하였다.

<주{實}>태후가 <상{尙}>씨·<목{穆}>씨들에게 주연을 베풀고는, "경들은 교목세신{喬木世臣; 누대에 걸쳐 중요 직책을 맡아 나라와 운명을 같이 해온 집안 출신 신하}이시오. 마땅히 새싹을 맞이하여 옛 것을 씻어 내시오."라고 일렀더니, 모두가 엎드려 하례하였다. 주민대가 <목등{穆登}>이 태후에게 설득하며 아뢰길; "<주{朱}>씨 집안과 <우{于}>씨 집안은 비록 새로우나 오래되지 않아서 윤택하지 않으니, 성스러우신 태후의 운기를 널리 펼치시기에 어려움이 있습니다. 어찌 <우소{于素}>를 사내로 삼으려 하십니까? 저와 함께 옛날의 호의를 지속하심이 어떠하십니까?"라 하였더니, 태후는 한동안 말없이 있다가 이르길; "당신은 <목{穆}>태후의 힘을 믿고 나를 업신여기며 억지로 욕보였었소. 이제 누구의 세도에 기대고 임금의 어미인 나를 감히 능멸할 것이오?"라 하고서, <주동{朱同}>에게 명하여 붙잡아 끌어내려 죽이려 하였으나, <목등{登}>은 강직하여 굽히지 않았다. <주로{略}>가 이 소식을 듣고 달려와 구하려 하며 아뢰길; "태후는 몹시 귀한 몸이시나 본시 제 딸이시고, 저도 지금은 몹시 귀한 사람이나 본시 하찮은 사람{또는, 馬加의 무당?}이었습니다. 태후 폐하께서는, 만승지존으로 친정 집안을 끔찍이도 생각하시어, <상{尙}>씨·<목{穆}>씨 집안과 혼인하는 것을 접붙이기로 비견하셨는데, 갑자기 이렇게 시비를 따지시면, 오히려 접붙이기는 이루지도 못하게 되고, 도리어 그 접

가지를 못 쓰게 만드는 일로 됩니다. <목등{登}>은 나라의 명망 있는 재상이니, 비록 희언 했더라도, 폐하께서 응당 너그러이 받아들이시고 나라를 이롭게 하셔야 할 것입니다. 게다가 그의 말은 옛정을 믿었던 것입니다. 다른 사람은 정으로 내게 다가오는데 내가 화를 내어 물리침은 옥돌을 모과로 여기는 것이 되옵니다. 원하옵건대, 폐하께서는 신중하시길 바랍니다. 오늘 <상{尙}>씨와 <목{穆}>씨가 화를 당하면, 명일엔 <우{于}>씨와 <주{朱}>씨가 화를 당할 것입니다. 척족은 척족과 서로를 도우면서 오래도록 누려야 할 것입니다. 엎드려 바라옵건대, 늙은 신하의 말씀을 깊이 새기소서."라 하고는, <목등>을 지키면서 머리를 땅에 짓찧었다. 태후는 대경실색하여 맨발로 뛰어 내려가 말리면서 "아버님께서 주장하신 말씀이 지당하십니다. 이 딸은 마땅히 그 말씀을 따르겠습니다."라고 하고는, <주로{輅}>를 <목등{登}>과 함께 전각 위로 이끌어 올려서, 술을 따르면서 "아버님의 말씀이 없었더라면, 현명하신 재상 한 분을 죽게 할 번 하였습니다."라 하였으며, <목등>에게도 사과하면서 "저를 용서하세요. 잠시 노여워했었습니다. 그동안 어찌 그립지 않았겠습니까."라 하였다. <목등>은 다시금 살아남게 된 은혜에 감사하며 <주로>를 아버지처럼 여겼다. 혹자는 태후가 <목등>을 죽이려 하자, <형{夐}>공주와 <최숙{最熟}> 등이 간하여 말렸다라고 하기도 한다.

<우술{于術}>을 <명림식부{息夫}>의 처로 삼았다.

7월, <주곡{朱曲}>을 <동해곡{東海谷; =遼河平原 저지대?}>태수로 삼고, <명림어고{明臨於姑}>를 선궁{仙宮}으로 들였다.

9월, <계수{罽須}>가 <두눌{杜訥}>을 쳐서 빼앗으니, <발기{發岐}>는 <배천{裴川}>으로 패주하여 자기 아들 <박고{駮固}(박위거)>에게 이르길 "나는 적장자인데도 <우{于}>녀의 거짓 놀음에 서얼에게 쫓겨났고, 나라의 서쪽 땅도 <공손{公孫}>에게 빼앗겼으니, 무슨 면목으로 세상을 살 수 있겠느냐?"라 하고는, 몸소 칼로 목을 그었으나, <박고>가 구해내서 죽지 못하였다. 이에 <발기>는 "곧 종창이 도질 것이다. 죽지 않으면 무엇 하겠느냐?"라 말하고는 큰 물(투해) 속으로 기어 들어갔다. 잡으러 뒤쫓아 온 기마 군사들이 다다랐더니 이미 죽어있었다. 상은 왕례로 <배령{裵岺}>에 묻어주고, “배천대왕{裵川大王}릉”이라는 비석을 세워주었다. <박고>는 무덤을 지키며 물고기를 잡아 연명하면서, 자신을 <위수{渭水; =河套남쪽을 東西로 가르는 黃河의 지류?, 또는 작금의 평북 鴨綠江의 지류?; 다른 곳?}>의 어부라 하였다. 상이 여러 번 불러들였으나 돌아오지 않기에, <형{夐}>공주를 처로 삼아서 보내주었다. <색두{索頭}>에서는 <두적{桓適}>이 죽고, <섭인{涉仁}>이 섰다.

☯ 二年戊寅, 二月, 築城於<牛山>. 四月, 赦二罪其下. 太輔<麻靖>薨, 年七十二. <穆崇>之子也. 從其外姓爲<麻樂>之孫. 剛貞不屈, <次大>忌之. 從<新大>于<貊>部, 治績大著. <次大>欲害<新大>時, 有隱匿之功, 平<左可慮>以鎭外戚之奸. <朱輅>太輔, <穆天>左輔, <穆登><東海>大使者, <朱回>主兵大加, <朱同>中畏大夫·九宮供使, <尙齊>「南部」沛者. 以<于忝>妻<朱曲>, 太后命也. <忝>, <素>子<目>之女也. 年才十四, 遠赴<東海>. <朱曲>, 時, 已五十, 長於<目>九年. <目>不悅, 曰; “豈有年少之父哉.” <忝>曰; “太后欲結<于>·<朱>之親而固邦本. 何敢以年少年老謝之哉. 其母<苔>氏與<穆登>護去人. 以<烏孫>公主{爲}<目>之{妻}.

<新羅>, 祖廟前臥柳自起, 五月其國西大水免調租. 七月派使問民, 云.

○ 2년{단기2531년/AD198}무인, 2월, <우산{牛山; =淯南, 北都지역의 우산!}>에 성을 쌓았다. 4월, 두 가지 죽을 죄 미만인 모두를 면해주었다. 태보 <마정{麻靖}>이 72살에 죽었다. <목숭{穆崇}>의 아들로 외성{外姓; 他家姓氏}을 따라서 <마락{麻樂}>의 손자가 되었었다. 성품이 굳고 곧아서 <차대{次大}>제가 그를 싫어했다. <신대{新大}>제를 따라가서 <맥{貊}>부에서 쌓은 치적이 컸다. <차대>가 <신대>를 해하려던 시절에 <신대>를 숨겨준 공이 있고, <좌가려{左可慮}>를 평정하여 외척들의 간악함을 막았다. <주로{朱輅}>를 태보로, <목천{穆天}>을 좌보로, <목등{穆登}>을 <동해{東海; =遼河平原?}>대사자로, <주회{朱回}>를 주병대가로, <주동{朱同}>을 중외대부·9궁공사로 삼았다. <상제{尙齊}>를 「남부」패자로 삼았다. <우첨{于忝}>이 <주곡{朱曲}>의 처가 되었다.

이는 태후의 명이었다. <우첨{忝}>은 <우소{素}>의 아들 <우목{目}>의 딸로, 나이 열 넷에 멀리 <동해{東海}>로 떠나게 되었고, <주곡>은 이때 나이 50으로 <우목>보다 아홉 살이나 많았다. <우목>은 속이 상하여 말하길; "남편보다 나이가 적은 아비를 두게 되었구나."라 하였더니, <우첨>이 말하길; "태후께서 <우{于}>씨와 <주{朱}>씨를 엮어주어 큰 나라{邦}의 바탕을 튼튼히 하려 함이신데, 어찌 나이가 많고 적음을 따져서 거절하겠습니까?"라 하였다. 어미 <태{苔}>씨는, <목등{穆登}>과 함께, 떠나는 사람을 호종하였다. <오손{烏孫}>공주를 <우목>의 처로 삼아 주었다. <신라{新羅}>에서는 조상묘당 앞의 누웠던 버드나무가 저절로 일어났고, 5월엔 그 나라의 서쪽 땅에 큰 물이 져서 소득세와 토지세를 면하여 주었으며, 7월엔 관리를 보내 백성의 살림을 살폈다고 한다.

☯ 三年己卯, 四月, 太后, 召<朱曲>爲中畏大夫·九宮供使, 以<朱同>爲<東海谷>太守. 是年, 三月, <駕洛>主<首露>殂, <居登>立.
九月, 田于<質陽>. 七月, <肖古>侵<羅>邊地, 地震而止.

○ 3년{단기2532년/AD199}기묘, 4월, 태후가 <주곡{朱曲}>을 불러들여 중외대부·9궁공사{아홉 궁전내의 일을 총괄하는 관리}를 시키고, <주동{朱同}>을 <동해곡{東海谷; =遼河平原저지대?}>태수로 삼았다. 이해 삼월에 <가락{駕洛=금관가야}>의 임금 <수로{首露}>가 죽고, <거등{居登}>이 섰다.
9월에 <질{質}>산 남쪽에서 사냥하였다. 7월엔 <초고{肖古}>가 <신라{羅}>의 변방을 침략하였으나, 지진이 일어 그만두었다.

● 四年庚辰, 正月, <盖馬>·<河陽>還附. 七月, 太輔<朱輅>薨, 年七十六. 以王禮葬于<馬山>. <穆天>太輔, <尙薤>左輔, <朱回>右輔, <穆登>「西部」大使者, <于目><東海>大使者. <新羅>, <太白>晝見, 霜. 九月, 庚午朔, 日食. 大閱<閼川>.

○ 4년{단기2533년/AD200}경진, 정월, <개마{盖馬}>와 <하양{河陽; 그림26 각

주}>이 환부했다. 7월, 태보 <주로{朱略}>가 76살에 죽어, 왕의 예로 <마산{馬山}>에 장사했다. <목천{穆天}>을 태보로, <상해{尙薤}>를 좌보로, <주회{朱回}>를 우보로, <목등{穆登}>을 「서부」대사자로, <우목{于目}>을 <동해{東海; =遼河平原?}>대사자로 삼았다. <신라{新羅}>에서는 <태백{太白}>성이 낮에 나타나고 서리가 내렸으며, 9월 경오일 초하루엔 일식이 있었다. <알천{閼川}>에서 대규모 사열을 하였다.

● 五年辛巳, 二月, 賜**<**麻靖**>**妻**<**于**>**氏年穀. **<**羅**>**, 與**<**加耶**>**和. 三月, 丁卯朔, 日食. **<**羅**>**, 大旱, 原輕罪.

○ 5년{단기2534년/AD201}신사, 2월, <마정{麻靖}>의 처 <우{于}>씨에게 매년 곡식을 주도록 하였다. <신라{羅}>가 <가야{加耶}>와 화친하였고, 3월 정묘일 초하루엔 일식이 있었다. <신라>는 큰 가뭄이 들자 가벼운 죄인들을 풀어 주었다.

● 六年壬午, 十月, 太輔**<**于素**>**薨, 年六十五. **<**素**>**, 美容儀, 善仙術能治無何之疾, 公卿婦女仰之爲神. 居家, 淡如與鹿鶴爲友, 無一言及家事. 雖登三輔, 未嘗預政. **<**朱**>**太后, 慕之, 以爲私夫同居**<**五雲殿**>**, 生子女. 敎太后以無多慾. 每朝, 必早起沐浴, 焚香塑坐, 誦經一萬遍, 不食肉類, 故太后畏之, 不敢[斟]情. 及其沒, 以素高足, 是最熟爲私夫, 易與之.

○ 6년{단기2535년/AD202}임오, 10월, 태보 <우소{于素}>가 65살에 죽었다. <우소{素}>는 용모와 거동이 아름답고, 선술{仙術}에 능하여 어떤 질병이든 능히 다스릴 수 있었더니, 공경들의 부인들과 딸들이 그를 신으로 여겼다. 집안에 머물 땐 사슴이나 학과 더불어 벗 삼길 하는 등 담담하며, 집안일에 대하여는 한마디의 말도 없었고, 3보의 지위에 올랐어도 정사에 간여하지 않았다. <주{朱}>태후가 그를 연모한 나머지 정부로 삼아서 <오운전{五雲殿}>에서 동거하며 아들과 딸을 낳았다. 태후에게는 많은 욕심을 부리지 말라고 가르쳤으며,

매일아침 반드시 일찍 일어나 목욕하고 향불 피우고 지긋이 바라보며 앉아서 일만 편의 경을 암송하였고 남의 살이라 생긴 것은 먹지 않았더니, 태후는 그를 두려워하면서도 감히 애틋한 정을 감추지 아니하였더니, 그가 죽으매, 소복입고 죽은 이의 발을 들어 올려 샛서방으로 각별히 지냈음을 드러내며 아무렇지도 않게 함께 있었다.

☯ 七年癸未, 三月, 禱子于山川. 上, 與相國<乙巴素>從容論國事, 喟然歎, 曰; "先兄以嫂賜我而命占子, 于今七年而無産, 不得報兄之恩, 一不孝也. 與<發岐>相爭, 失國之西界, 二不孝也. 太后恣情, 使內外喧傳, 不能止之, 三不孝也." <乙巴素>曰; "天人之數皆有定焉. 已往之事無非運也. 陛下, 春秋方殷, 必有小后乃已." 上笑, 曰; "相國果知吾心矣. 十五夜, 夢見天帝亦曰小后生子. 而無之奈何." <乙巴素>沈吟良久, 曰; "臣, 夜觀天文, 有龍光冲天. 使人逐之, 起于<酒桶村>. 是村長者<椽栢>, 本<灌奴>名族也. 忠孝爱人, 崇神報國. 聞有淑女才德俱備. 殆天之賜歟." 上, 大喜, 使人驗之. <栢>, 果祀槐王, 而生女. 巫以爲必爲王后, 故名曰<后女>, 年今十五. 上, 遂微行, 而納之.
八月, 國相<乙巴素>薨, 年六十五. <巴素>, 名相<豆智>之後也. 父, <魚>, 以<西河>太守不婼於外戚, 而見罷. <巴素>, 亦剛毅不屈, 與<采素>隱居山中而不出. <故國川帝>召爲相國. 行「七政」; 尊君, 正民, 用賢, 訓育, 良才, 農獵, 邊塞, 是也. 於是, 國中大治. <發岐>之亂, 撫以鎭之. 西界失地, 徐用良策以復之. 憂國將絶, 勸上納小后而生<東川帝>, 其功大矣. <東[川]帝>·<桶>后, 常以<乙>公爲恩, 立相而祀之. 時, 人以<于素>·<巴素>·<椽栢>爲三王. <于>爲「神仙之王」, <乙>爲「政敎之王」, <椽>爲「隱逸德行之王」. 三人皆素相善, 云.(古記作十七年癸巳.卒本傳作甲申八月薨.三國史記本紀及傳皆以七年卒.今姑依史記). <高優婁>爲國相, <尙齊>大注簿. <優婁>, <高婁>之後<福章>之侄也. 與<巴素>隱居. <巴素>出, 亦出爲沛者·大注簿. 至是, 継<巴素>. 其母, <巴素>之妹也. <齊>, <庚>之子<優婁>之妻兄也. 其妻<於姑>以<答夫>之女, 美而有智. 上, 潛邸時累幸焉, 登極而納于<仙宮>而生女. <于>后妬之, 黜居「南部」. 至是, <于>后氣炎小摧, 乃復入京.

제10세<산상대제>기

○ 7년{단기2536년/AD203}계미, 3월, 아들 낳게 해달라고 산천에 빌었다. 상이 국상 <을파소{乙巴素}>과 함께 조용히 국사를 의론하다가, 한숨짓고 이르길; "앞서 간 형이 내게 형수를 맡기며 아들을 낳아 달라 하셨건만, 7년이 지나도록 낳지를 못하여 형님의 은혜에 보답하지 못하고 있으니 불효의 하나요, <발기{發岐}>와 다투다가 나라의 서쪽 땅을 잃었으니 불효의 둘이요, 태후께서 자정하시어 내외 사람들이 시끄럽게 하는데도 이를 말리지 못하니 불효의 셋이오."라 하였더니, <을파소>가 "하늘과 사람의 운수는 이미 정해져 있는 것이어서, 이왕의 일들은 운 아니었던 것이 없음입니다. 폐하께서는 춘추 아직 젊으시니, 꼭 소후가 있으셔야 하오며, 그리될 것입니다."라고 답하여 아뢰었다. 이에 상은 웃으면서 이르길; "상국께서는 과연 내 마음을 알고 계시는구려. 지난 보름날 밤 꿈에 천제를 뵈었더니, 역시 소후가 아들을 낳아 줄 것이라고 하셨소. 허나 소후가 없으니 어쩐 단 말이오."라고 하였더니, <을파소>는 한동안 말없이 있다가는 "신이 밤에 천문을 보았더니, 빈 하늘에 룡광이 서렸었습니다. 사람을 시켜서 따라가 보게 하였더니만, <주통촌{酒桶村}>에서 뿜어 나오고 있었습니다. 그 마을 우두머리는 <연백{椽栢}>이라 하는데, 본래 <관노{灌奴}>의 명족으로, 충성심과 효성이 지극하며, 사람을 아끼고 신을 섬기며, 나라에 보은할 줄도 압니다. 들어보니, 정숙한 딸이 있으며 재주와 덕을 두루 갖추었다고 합니다. 하늘이 내리신 뜻 아니겠습니까?"라고 아뢰었고, 상은 매우 기뻐하며 사람을 보내서 알아보게 하였더니, <연백>이란 자가 과연 괴왕{槐王=거대한 괴목}에게 제사하고 딸을 낳았는데, 무당이 말하길 필시 왕후가 될 것이라고 하였기에 이름을 <후녀{后女}>라 지었다고 하며, 지금 나이는 열다섯이었다. 상이 이윽고 미행하여 그녀를 거두었다.

8월, 국상 <을파소{乙巴素}>가 65살에 죽었다. <을파소>는 이름난 재상 <을두지{豆智}>의 후손이고, 부친 <을어{魚}>는 <서하{西河; 그림26}> 태수일 때 외척들에게 고분고분하지 않았다고 하여 파직되었었다. <파소> 또한 강직하고 굳세어 뜻을 굽히지 않고 <을채소{采素}>와 함께 산중에 숨어살고 세상 밖으로 나오지 않았었다. <고국천제{故

國川帝}>가 불러내어 국상을 시키니 「7정{七政}」을 행하였다; 임금을 옳게 섬기고, 백성을 옳게 보살피며, 현자를 기용하고, 사람을 옳게 가르쳐 키우며, 좋은 기술과 재주를 함양하고, 농사와 수렵에 힘쓰며, 변방을 굳게 지켰으니, 바로 이것이었다. 이런 전차로 나라 안의 큰일이었던 <발기{發岐}>의 반란을 달래어 가라앉혔으며, 잃었던 서쪽 땅은 천천히 좋은 계책으로써 되찾았고, 나라의 후사가 끊길 것을 걱정하며 상이 소후를 맞이하게 하여서 <동천제{東川帝}>를 낳게 하였으니, 그의 공적이 크다 할 것이다. <동[천]제>와 <통{楠}>후는 상시 <을{乙}>공을 은인으로 여겨서 초상을 세우고 제사하였다.
이 시절, 세상 사람들은 <우소{于素}>와 <파소{巴素}> 및 <연백{椽栢}>을 「3왕」으로 여겼다. <우소>를 「신선지왕{神仙之王}」, <을파소>를 「정교지왕{政敎之王}」, <연백>을 「은일덕행지왕{隱逸德行之王}」이라 칭송하였다. 이 세 사람은 평소 서로 간에도 잘 지냈다고 한다(<고기>엔 17년인 계사년으로 되어있고, <졸본전>엔 갑신년 8월 죽었다고 되어 있으며, <삼국사기> 본기와 전에는 모두 7년에 죽은 것으로 나온다. 여기에선 <삼국사기>의 기록을 따른다). 이에 <고우루{高優婁}>가 국상이 되고, <상제{尙齊}>는 대주부가 되었다. <고우루>는 <고루{高婁}>의 후손 <고복장{福章}>의 조카이며, <을파소{巴素}>와 함께 숨어살다가, <을파소>가 세상으로 나오매, 따라 나와서 패자와 대주부를 지냈고, 이제 그의 뒤를 이은 것이었다. 그의 어미는 <을파소>의 여동생이었다. <상제{齊}>는 <상경{庚}>의 아들로 <고우루> 처의 오빠이다. 처 <어고{於姑}>는 <답부{答夫}>의 딸로, 예쁘고 지혜가 있었다. 상이, 잠저시절에 여러 번 찾아갔었고, 등극하여서는 선궁{仙宮}으로 맞아들여 딸을 낳았다. <우{于}>후의 투기로 쫓겨나 「남부」에서 살고 있다가, 이제 <우{于}>후의 기세가 꺾이자, 도성으로 돌아왔다.

● 八年甲申, 春正月, 上, 與<于>后, 徃<溫水院>. 太輔<穆天>薨, 年七十七. <天>, <度婁>子. 其母, <𢈴樂>妻<烏>氏也. 以巨族之胄, 美鬚髯好風采善迎合, 而能画人物, 調小琴以娛上. 而其雖至太輔, 無所匡國. 其妻<松>氏, 年八十九而健如五六十. 賜米肉以慰之. 招其子<登>

爲主刑大加. <尙薤>太輔, <朱回>左輔, <于目>右輔. 是年, <公孫度>死, 子<康>代之.

○ 8년{단기2537년/AD204}갑신, 봄 정월, 상이 <우{于}>후를 데리고 <온수원{溫水院}>에 갔다. 태보 <목천{穆天}>이 77살에 죽었다. <목천{天}>은 <목도루{度婁}>의 아들이고, 그의 어미는 <마락{麻樂}>의 처 <오{烏}>씨이다. 거족의 자손으로 멋진 수염과 호감 가는 풍채가 썩 잘 어울렸으며, 인물 그림도 잘 그리고 소금{小琴}을 잘 연주하여서 상을 즐겁게 하였었다. 비록 태보의 자리까지 올랐었으나, 나라의 정사를 바로잡은 것은 없었다. 그의 처 <송{松}>씨는 나이가 여든아홉인데도 오륙십인 것처럼 건장하였다. 쌀과 고기를 주어 위로하고, 그의 아들 <목등{登}>을 불러들여 주형대가로 삼았다. <상해{尙薤}>를 태보로, <주회{朱回}>를 좌보로, <우목{于目}>을 우보로 삼았다. 이해에 <공손탁{公孫度}>이 죽고, 그의 아들 <공손강{康}>이 대신하였다.

● 九年乙酉, 四月, 命鎭西將軍<朱舌>伐<西安平>, 戰于<平湖>, 十將軍死之. 上, 撫其孤, 而祿其妻. 以<舌>子<希>爲羽林校尉, 妻以公主. <希>自願爲邊將而報仇. 上, 與<于>后, 幸<息夫>第, 賜其妻<于術>衣冠. 時, <術>生女<鱣>, 行百日宴. <術>, 后之妹, 而<鱣>于皇林時, 上有夢兆, 故累召<術>·<鱣>于宮中而寵愛之.
二月, <羅>, 以<眞忠>爲一伐湌·叅國政. 七月, 霜雹殺穀, 太白犯月. 八月, 狐鳴于<金城>及其始祖廟庭, 云.
七月, 以<朱曲>爲鎭西大將軍, 伐<西安平>, 拔之. <尙齊>中畏大夫, <穆登>大注簿.

○ 9년{단기2538년/AD205}을유, 4월, 진서장군 <주설{朱舌}>에게 명하여 <서안평{西安平}>을 정벌하게 하였더니, <평호{平湖}>에서 싸우다가 장군 10명이 죽었다. 상이 남겨진 자식들을 위무하고 처들에게는 녹봉을 주었다. <주설{舌}>의 아들 <주희{希}>를 우림교위로 삼고 공

주를 처로 삼아 주었더니, <주희>는 자원하여 변방의 장수가 되었고 원수도 갚았다. 상이 <우{于}>후를 데리고 <명림식부{息夫}>의 집에 거둥하여 그의 처 <우술{于術}>에게 의관을 하사하였다. 그때, <우술{術}>은 딸 <전{鱣}>을 낳고서 백일잔치를 벌이고 있었다. <우술>은 <우>후의 동생으로, <명림전{鱣}>이 황림에 있었을 때, 상이 꿈에 본 징조가 있어서, 여러 번 <우술{術}>과 <전{鱣}>을 궁중으로 불러 아껴주었다.
<신라{羅}>에서는, 2월에 <진충{眞忠}>이 일벌찬·참국정이 되었고, 7월엔 서리와 우박으로 곡식이 죽고 <태백{太白}>성이 달을 범하였으며, 8월엔 <금성{金城}>과 시조사당 마당에서 여우가 울었다 한다.
7월, <주곡{朱曲}>을 진서대장군{鎭西大將軍}을 삼아서 <서안평{西安平}>을 정벌하여 빼앗았다. <상제{尙齊}>가 중외대부가 되고, <목등{穆登}>이 대주부가 되었다.

● 十年丙戌, 正月, 太輔<尙薤>薨年七十一, 賜其妻<白>氏年穀. <薤>善於醫·藥, <白>氏善於繪·{繡}. 女<鼻>爲<穆登>妻, 亦以畵·藥名焉. 人稱三璧. 以<于目>爲鎭西大將軍, <朱曲>右輔. <尙縉>太輔, 未幾, 薨. <禾白>代之.

○ 10년{단기2539년/AD206}병술, 정월, 태보 <상해{尙薤}>가 71살에 죽어, 그의 처 <백{白}>씨에겐 매년 양곡을 주게 했다. <상해>는 의·약에 밝았고, <백>씨는 그림과 수놓기에 능하였으며, 딸 <비{鼻}>는 <목등{穆登}>의 처로 역시 그림과 약에 이름을 날렸다. 사람들은 이들{상해·상비·백씨}을 삼벽{三璧; 옥구슬 셋}이라 불렀다. <우목{于目}>을 진서대장군으로, <주곡{朱曲}>을 우보로 삼았다. <상진{尙縉}>을 태보로 삼았더니 오래지 않아 죽어서, <화백{禾白}>이 대신하였다.

● 十一年丁亥, 四月, <于目>, 與<公孫友>, 戰于<平西><男山>克之. 時, <曹操>伐<袁尙>至<烏桓>界. <康>, 畏其襲己, 而不敢抗我, 乃誘<袁尙>斬之以獻于<操>. 人以<康>必無後. 是年, 正月, <羅>, 以王子

<奈音>爲伊伐飡·知兵馬事.

○ 11년{단기2540년/AD207}정해, 4월, <우목{于目; =鎭西大將軍}>이 <공손우{公孫友}>와 <평서{平西; =안평/평정/평산/평순/평곽/고평의 서쪽?}><남산{男山}>에서 싸워 이겼다. 이때 <조조{曹操}>가 <원상{袁尙}>을 정벌하고서 <오환{烏桓}>의 경계에까지 다다랐고, <공손강{康}>은 그{<曹操>}가 자신을 습격할까 걱정하면서도, 감히 우리에게 항복할 수도 없었더니{☞발기의 난 중에 빼앗은 땅 문제 등!}, <원상{袁尙}>을 유혹하고 그의 목을 베어서 <조조{操}>에게 바쳤다. 사람들은 <공손강>은 필히 뒷날이 없을 것으로 여겼다. 이해 정월, <신라{羅}>에서는 왕자 <내음{奈音}>이 이벌찬·지병마사가 되었다.

☯ 十二年戊子, 二月, 上, 微行至<椽栢>家, 夜深而還. <新羅>, <伐休>西巡郡邑浹旬而返. 四月, <倭>犯<羅>, <柰音(或作利音)>拒之. <百濟>, 旱, 登不登, 盜賊多起. 十一月, 郊豕逸, 掌者追至<酒桶村>, 一女子遮以獲之, 乃<后女>也. 上以爲神而幸<酒桶村>賞<后女>, 槐花時<后女>已娠上子. 故上爲之作此云, <桓那>小守<尙寬>, 以上密命, 保護<椽栢>. 至是, 與<后女>之妹<槐萊>爲妻.

○ 12년{단기2541년/AD208}무자, 2월, 상이 <연백{椽栢}>의 집에 미행하였다가 밤늦게 돌아왔다. <신라{羅}>는 <벌휴{伐休}>가 서쪽의 군과 읍을 두루 순시하다 10여일이 되어 돌아갔고, 4월엔 <왜{倭}>가 <신라>를 침범하자, <내음{奈音}(혹작리음)>이 이를 막아냈다. <백제{百濟}>땅에선 가뭄이 들어, 곡식은 익는 둥 마는 둥하였고, 도적들이 많이 일었다. 11월, 교제{郊帝}를 지낼 돼지가 도망하여 담당 관리가 이를 좇아 <주통촌{酒桶村}>까지 따라갔었더니, 한 여인이 그 돼지를 가로막아서 붙잡았다. 바로 <후녀{后女}>이었었다. 상이 신기하게 여겨서 <주통촌{酒桶村}>으로 거둥하여 <후녀{后女}>에게 상을 내렸더니{거두었더니}, 괴목이 꽃 필 무렵, <후녀>는 이미 상의 아들을 가졌었다. 상이 그리하였기에 이런 일이 있었다 하는데, <환나{桓那}>소

수{小守; =太守보다 하위벼슬} <상관{尙寬}>이 상의 밀명을 좇아 <연백{椽栢}>을 보호하였다. 이때{11월}에 이르러, <후녀>를 <후녀>의 동생 <괴래{奈音}>와 함께 처로 삼았다.

☯ 十三年己丑, 五月, <于>后使人欲殺<后女>, 與<尙寬>等相戰, 互有殺傷. 上, 乃納<后女>于後宮. 七月, <浦上八國>伐<加耶>, <加耶>請救於<羅>. <羅>, 以<奈音>救之, 殺<八國>將軍, 奪所虜<加耶>人六千, 還之. <公孫康>, 割<屯有>以南地, 爲<帶方國>. 九月, <后女>生子<郊彘>, 封爲小后. 十月, 移居于<淌南><牛山>, 改爲<丸都>, 本<桂婁>之都也. <濟>有大風拔木.

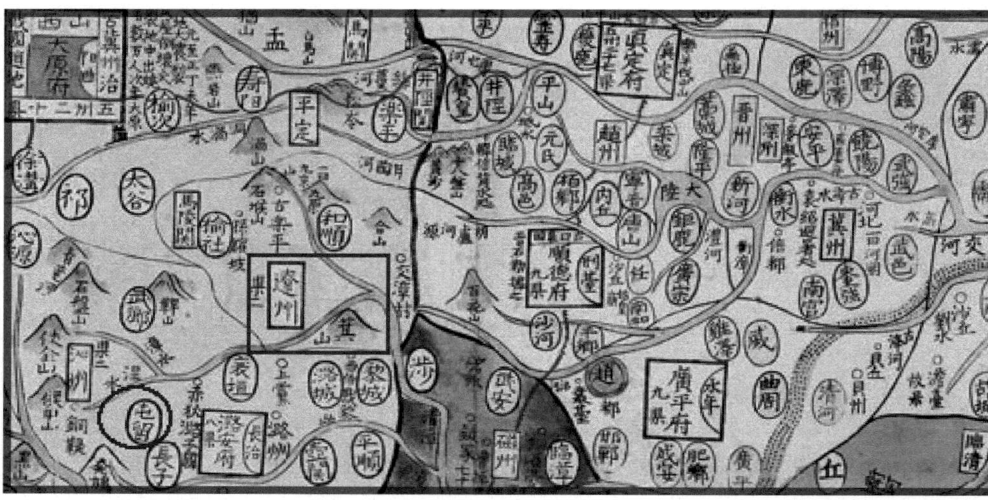

그림32. <公孫康>이 <屯有>이남{<락랑>남부}을 차지하여 <帶方國>을 열었다는 그 <屯有>와 유사한 소리로 한 글자만 바뀐 <遼州>서남방의 <屯留>

○ 13년{단기2542년/AD209}기축, 5월, <우{于}>후가 사람을 시켜서 <후녀{后女}>를 죽이려고 <상관{尙寬}> 등과 싸웠는데, 상호간에 살상자가 있었다. 상이 <후녀>를 맞아 후궁으로 들였다. 7월, <포상8국{浦上八國; 강물이 바닷물과 만나는 곳에 있던 여덟 나라}>이 <가야{加耶}>를 침범하였더니, <가야>는 <신라{羅}>에 구원을 청하였고, <신라>는 <내음{奈音}>을 시켜서 구원하여 <포상8국; 保羅·古自·史勿·草八·骨浦·漆浦·加利·星山>

의 장수들을 죽이고 잡혀갔던 <가야>인 6천을 되찾아주었다. <공손강{公孫康}>이 <둔유{屯有=屯留}>이남 땅을 차지하고 <대방국{帶方國; 대략 山西省 南部}>을 삼았다{그림32}. 9월, <후녀>가 아들 <교체{郊彘}>를 낳아 소후{小后}로 삼았다. 10월, <창남{淌南; 창수? 탕수? 상수?의 남쪽}>의 <우산{牛山}>으로 거처를 옮기고, 그곳의 이름을 <환도{丸都; =창남산성? 탕남산성? 상남산성?}>로 바꿨다{그림33, 그림34}. 이곳은 본래 <계루{桂婁}>의 도읍이었다. <백제{濟}>는 큰 바람으로 나무들이 뽑혔다.

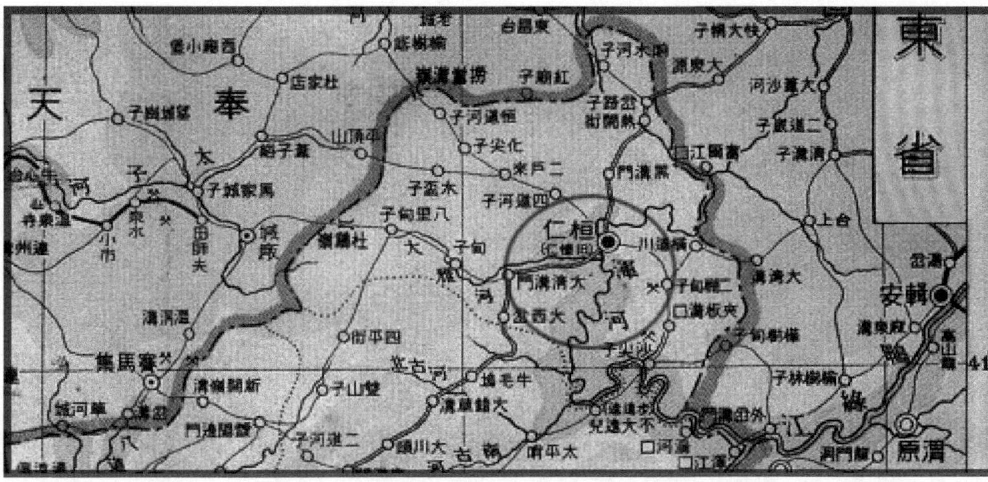

그림33. 이 지도상의 <혼하{渾河}>변 <환인{桓仁; 舊 懷仁}>이 <환도{丸都}>라면, <淸>朝가 그린 다음 지도{그림34}의 <회인{懷仁}>이 옮겨진 것인가? <淌南><牛山>이란 조건도 부합하는가?! 현지 채증까지 마친 <유리왕> 즉 <광명대제>의 무덤 주변이었을 「서도」와의 지리적 관계는? < <환도{丸都}>는 이 지도상의 <구회인{旧懷仁}>이 아닐 것임!

● 十四年庚寅, **<公孫康>**來侵**<西安平>**, 不克而去. **<河陽>**在水邊不利, 故命築新城於**<南蘇>**之西·**<安平>**之北, 以[掎]角之. **<羅>**, 春夏旱, 赦二罪以下. **<濟>**, 築**<赤峴**(一作<沙峴>)**>**·**<沙道>**二城, 移「東部」民戶. 十月, **<靺鞨>**焚**<沙道城>**而掠去.

○ 14년{단기2543년/AD210}경인, 3월, <공손강{公孫康}>이 <서안평{西安平}>에 쳐들어왔다가 이기지 못하고 돌아갔다. <하양{河陽; 王屋山 南 河

陽?; 河陽=河北이고 安平東南 冀州 河北?}>은 물가에 있고 지키기가 어려워서, <남소{南蘇}>의 서쪽 <안평{安平}>의 북쪽에 새로운 성들을 쌓아서, <공손강>을 꼼짝 못하게 하였다.{☞<하양>이외의 북쪽과 동쪽에 성들을 쌓아서 세 방면에서 압박하였다!} <신라{新羅}>에서는 봄과 여름이 가물자, 두 가지 죄를 빼고는 모두를 풀어주었다. <백제{濟}>는 <적현{赤峴}(일작사현)>과 <사도{沙道}> 두 곳에 성을 쌓고, <백제>의 「동부」사람들을 옮겨서 살게 하였고, 10월엔 <말갈{靺鞨}>이 <사도성{沙道城}>을 불태우고 약탈하여 돌아갔다.

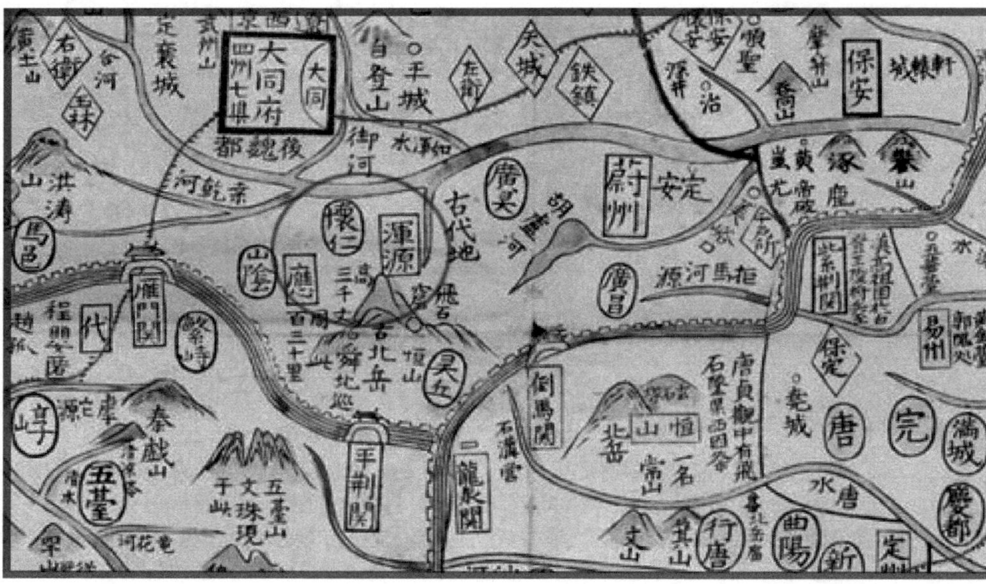

그림34. <淸>朝가 그린 이 지도{AD1785년} <회인{懷仁}>은 직전 지도{그림33}상의 <회인{懷仁}>으로 옮아갔나? <환도{丸都}>는 <서도{西都}>의 북방으로 <국내{國內; <해모수>의 도읍?}><위나암{尉那岩}>이거나 인접지역이어야 함!
☞그림33 상의 <桓仁>관련 지명들은 근세에 한 무리로 하여서 이식된 것으로 보여짐.

● 十五年辛卯, 正月, **<羅>**使來朝, 言; "伊湌**<萱堅>**使一吉湌**<允宗>**來審境界. **<羅>**人, 爲**<濟>**所困, 欲以其失地獻于我也." 上, 命賓部, 厚待而送之. 八月, **<濟>**, 國南蝗飢, 而十一月, 無氷, 云.

○ 15년{단기2544년/AD211}신묘, 정월, <신라{羅}>의 사신이 래조하여 말

하길 “이찬 <훤견{萱堅}>이 일길찬 <윤종{允宗}>을 시켜서 <고구리>로 찾아가 나라의 경계를 판정을 받게 하였으며, <신라>사람들은 <백제{濟}> 때문에 곤혹스러워서, <백제>에게 빼앗긴 그 땅을 우리에게 바치고 싶다.”고 하였다. 상이 빈부에 명하여 후하게 대접하여서 돌려보내게 하였다. 8월에 <백제>는 나라의 남쪽에 황충이 일어서 굶주렸으며, 11월엔 물도 얼지 않았다 한다.

● 十六年壬辰, 正月, 宮人**<於姑>**生女. 上, 望之以子而生女, 故名曰**<越主>**. **<於姑>**, **<尙濟>**妻也, 雖入後宮而與夫續好, 不可以其女封[公]主. 上, 不聽, 曰; “汝等以我爲不知其出乎.” 乃倍置官僚以供**<於姑>**等小后禮. **<朱曲>**, 以其妻**<于忝>**賜**<乙大非>**. 四月, 上, 與**<酒桶宮>**小后及**<郊彘>**太子, 西巡, 問民閱兵, 遊溫泉五日而還. 是年, 三月, **<加耶>**質子于**<羅>**, 而請伐其仇. **<羅>**以**<奈音>**伐**<保羅>**·**<古自>**·**<史勿>**·**<草八>**·**<骨浦>**·**<漆浦>**·**<加利>**·**<星山>**等國, 降之. **<勿稽子>**功最高而無報, 人勸較之, 則曰; “爲人臣而忠乃[分]內事也. 豈望報哉.” 却之而不顧. 國人, 賢之, 揭其寃于壁而無問, 天以大雨漂屋, 咸以爲其蘖. 六月, 庚寅晦, 日食.

○ 16년{단기2545년/AD212}임진, 정월, 궁인 <명림어고{於姑}>가 딸을 낳았다. 상은 아들을 바랐지만 딸이었기에 이름을 <월주{越主}>라 하였다. <어고>는 <상제{尙濟}>의 처였으며, 비록 후궁으로 들어갔어도 남편과는 계속 좋아 지냈었으니, 그 딸을 [공]주로 봉하여 줄 수 없었다. {공주로 봉하여 달라는 청을} 상이 들어주지 않으면서 “그대들은 내가 그 계집아이의 아비가 누구인지 모를 것이라 여기는 것이오?”라고는 하였으나, 관료를 배로 늘려주고 <어고>를 소후와 동등한 예절로 모시게 하였다. <주곡{朱曲}>이 처 <우첨{于忝}>을 <을대비{乙大非}>에게 주었다. 4월, <주통궁{酒桶宮}>소후와 <교체{郊彘}>태자를 데리고, 서쪽을 순시하며 백성의 안위도 묻고 열병도 하였으며, 온천에서 닷새를 자적하다가 돌아왔다. 이해 3월에 <가야{加耶; <삼국사기><물계자>전엔 <아라국> 즉 <아라가야>로 나옴}>가 <신라{羅}>에게 아들을 인질

로 잡히면서 원수갚아주길 청하였더니, <신라>가 <내음{奈音}>을 시켜서 <보라{保羅}>·<고자{古自}>·<사물{史勿}>·<초팔{草八}>·<골포{骨浦}>·<칠포{漆浦}>·<가리{加利}>·<성산{星山}> 등의 나라를 쳐서 항복시켰다. <물계자{萱堅}>의 공이 최고였으나 아무런 보상도 해주지 않았다. 이에 사람들이 찾아가서 따져보라고 하였더니, "신하 된 사람은 충성하여서 나라 안의 일을 분담하는 것이오. 어찌 보답을 바란단 말이오?" 라 말하며 물리치고는 마음에 두지 않았었다. 나라사람들도 그를 현명하다 여기고 원통함을 벼랑에다 내어걸고 따져 묻지 않았다. 하늘이 큰 비를 내려 집들이 물에 떠내려갔더니, 모두들 그 일로 인한 재앙이라 여겼다. 6월, 경인일 그믐에 일식이 있었다.

☯ 十七年癸巳, 春正月, 立**<**郊彘**>**爲正胤, 置東宮官三十人, 小后官二十人, 皆用**<**椽**>**氏. 七月, **<**濟**>**「西部」人**<**苩會**>**, 獲白鹿, 以獻**<**肖古**>**. **<**肖古**>**, 以爲瑞, 而賞穀百石.

○ 17년{단기2546년/AD213}계사, 봄 정월, <교체{郊彘}>를 정윤{正胤}으로 삼고, 동궁에 관료 30인을 딸려 주고, 소후에게도 관료 20인을 딸려 주었는데, 모두 <연{椽}>씨들로 하였다. 7월, <백제{百濟}>의 「서부」 사람 <백회{苩會}>가 흰 사슴을 붙잡아서 <초고{肖古}>에게 바쳤다. <초고>는 상서로운 일로 여기고 곡식 100석을 상으로 내렸다.

● 十八年甲午, 三月, **<**羅**>**, 大風折木. 七月, **<**濟**>**攻**<**羅**><**腰車城**>**. 城主**<**薛夫**>**, 背水而戰, 兵寡而死之. **<**羅**>**, 爲其仇, 而使**<**奈音**>**率六部精兵伐**<**沙峴城**>**破之, 虜獲甚多. 是謂**<**沙峴大戰**>**. 十二月, **<**羅**>**, 雷.
九月, **<**濟**>**「北部」**<**眞果**>**, 領兵一千, 欲襲**<**沙峴**>**, 聞**<**靺曷**>**來侵**<**沙道**>**, 追擊至**<**石門城**>**殄滅之. 十月, **<**靺曷**>**, 欲報其仇, 以勁騎來侵, 相戰于**<**述川**>**之上破之. 十一月, **<**肖古**>**殂. 子**<**仇首**>**立, 身長七尺威儀秀異.

○ 18년{단기2547년/AD214}갑오, 3월, <신라{羅}>에서는 큰 바람이 나무

를 부러뜨렸다. 7월, <백제{濟}>가 <신라>의 <요거성{腰車城}>을 공격하니, 성주 <설부{薛夫}>가 배수진을 치고{또는 물을 등지고, 즉 죽기를 각오하고} 싸우다가 병력이 모자라 전사하였다. 이에 <신라>는 <백제>를 원수로 여기고, <내음{奈音}>을 시켜서 「6부」 정예병을 몰고 가서 <사현성{沙峴城}>을 쳐서 깨뜨렸고 사로잡고 노획한 것도 많았다. 이를 <사현대전{沙峴大戰}>이라 한다. 12월, <신라>땅에 우레가 일었다.
9월, <백제>「북부」사람 <진과{眞果}>가 일천 병을 이끌고 <사현성>을 습격하려다가, <말갈{靺鞨}>이 <사도{沙道}>로 쳐들어온다는 소식을 듣자 추격하여 <석문성{石門城}>까지 쫓아가서 <말갈>을 짓뭉갰더니, 10월에 <말갈>이 원수를 갚으려고 굳센 기병으로 침입하여 <술천{述川}> 위쪽에서 어울려 싸워 <백제>의 군대를 깼다. 11월에 <초고{肖古}>가 죽어, 그 아들 <구수{仇首}>가 섰다. <구수>는 키가 일곱 척에 위엄이 있었고 아주 뛰어나 보였다.

● 十九年乙未, 二月, 太輔<禾白>薨, 年八十五. <白>, <直>之子也. <乙布>之外孫也. 恭儉敬人, 廉謹孝友. 善用兵, 能<漢>語, 破<幽州>建大功. 懷<漢>人, 興農工孜孜, 一生卑己尊人如一日, 國人稱以賢宰相. 賜其[妻]<白>氏年穀. <朱回>太輔, <于目>左輔, <穆登>右輔. <朱曲><馬山公>·鎭西大將軍, 賜<黃山>·<馬山>二郡爲沐邑. 是年, <骨浦>·<漆浦>·<古史浦>等侵<加耶><竭火>. <勿稽子>, 擊破之, 又無報, 乃携琴入<師彘山>, 彈古調悲. 竹[桓]之性病. 擬溪澗之咽響, 粗衣菜食晏如也. 上, 聞其賢, 欲迎之. <勿稽子>曰; "忠臣不事二君. 雖無寵幸, 豈敢改嫁哉."

○ 19년{단기2548년/AD215}을미, 2월, 태보 <화백{禾白}>이 85살에 죽었다. <화백{白}>은 <화직{直}>의 아들로 <을포{乙布}>의 외손자이었다. 공손·검소하여 사람을 공경하고 청렴·근면하였으며, 효성이 있었고 우애가 좋았다. 용병을 잘하고 <한{漢}>어에 능통하여 <유주{幽州}>를 깨뜨리는 큰 공을 세웠다. <한{漢}>인들을 마음으로 아꼈으며, 농공{農工}을 홍하게 함에 부지런하였고, 일생동안 자기를 낮추고 타

인 존중하길 하루같이 하였었더니, 나라사람{나라를 다스리는 지위에 있는 사람}들이 그를 현명한 재상이라 칭송하였다. 그의 [처] <백{白}>씨에게 매년 양곡을 내려주게 하였다. <주회{朱回}>를 태보로, <목등{穆登}>을 우보로 삼았다. <주곡{朱曲}>은 <마산공{馬山公}>·진서대장군을 삼고 <황산{黃山}>·<마산{馬山}> 두 군을 목읍으로 내려주었다.

이해에 <골포{骨浦}>·<칠포{漆浦}>·<고사포{古史浦}>등이 <가야{加耶}>의 <갈화{竭火}>를 침범하였다. <물계자{勿稽子}>가 그들을 쳐부수었으나, 또한 보답이 없었다. 그리하여 <물계자>는 거문고를 들고 <사체산{師彘山}>으로 들어가 옛 곡을 탔더니, 곡조가 서글펐다. 「죽두지성{竹梪之性}」이 병이었다. 산골짝의 시냇물이 토해내는 소리를 흉내 내며, 거친 옷 입고 푸성귀를 먹는 것으로 만족하며 지냈다. 상이 그가 현명하다는 소리를 듣고 맞아들이려 하였더니, <물계자>가 아뢰길; "충신은 두 주인을 섬기지 않습니다. 주인이 아껴주지 않는다 하여 어찌 감히 개가할 수 있겠습니까?"라 하였다.

● 二十年丙申, 正月, 太輔**<朱回>**薨, 年七十五, **<麻弈>**代之. **<朱曲>**左輔, **<于目>**鎭西大將軍. 以**<朱回>**妻**<穆婧>**爲宮人, 命保護東宮. 先是, 上, 微行**<回>**家, 累幸**<穆婧>**生女二人, 故有是命. 以**<穆婧>**女**<朱鴿>**爲上女封公主, 妻**<朱舌>**子**<菖>**爲**<馬川>**都尉. **<菖>**母**<答>**, **<尙薤>**女也. 亦經上寵而生女. 至是, 封爲公主. 乃**<菖>**妹, **<朱萬>**也.

八月, **<末曷>**, 侵**<濟><沙峴城>**, 圍之數匝. 城主以死抗之. **<仇首>**, 自將勁騎八百衝其圍, 賊亂走, 追至**<沙道城>**下殄滅之, 獲其兵仗馬匹無數. **<末曷>**, 居不毛之地, 以槍掠爲業. 自爲國家領民, 雖不作亂於國中, 浮海遙侵**<羅>**·**<濟>**邊邑. 以制其抗北之志, 國家亦不禁之, 故來居**<順奴>**者亦多.

○ 20년{단기2549년/AD216}병신, 정월, 태보 <주회{朱回}>가 75살에 죽어, <마혁{麻弈}>이 대신하게 하고, <주곡{朱曲}>을 좌보로 <우목{于目}>을 진서대장군으로 삼았다. <주회>의 처 <목청{穆婧}>을 궁인으로 삼아서 동궁을 보호하게 하였다. 애초에 상이 <주회>의 집으

로 미행하여 여러 번 승은을 베풀어서 <목청>이 딸 둘을 낳았더니, 이러한 명을 내린 것이었다. <목청>의 딸 <주령{朱鴒}>을 상의 딸로 삼고 공주로 봉하여 <주설{朱舌}>의 아들 <주창{菖}>에게 처로 내주고 <마천{馬川}>도위를 삼았다. <주창>의 어미 <답{荅}>은 <상해{尙薤}>의 딸이며, 역시 상의 승은을 입고 딸을 낳았었는데, 이때를 즈음하여 그 딸도 공주로 봉하였다. 바로 <주창>의 여동생 <주만{朱萬}>이다.

8월, <말갈{末曷}>이 <백제{濟}>의 <사현성{沙峴城}>에 쳐들어와 여러 겹으로 둘러싸니, 성주가 죽기로 맞섰다. <구수{仇首}>가 손수 굳센 기병 800을 이끌고 가서 그 포위를 깨뜨렸더니, 적들은 어지러이 도망하였다. <사도성{沙道城}> 아래까지 쫓아가 모조리 뭉개버렸고, 거두어들인 병장기와 마필은 셀 수 없이 많았다. <말갈>은 불모지{초목이 없는 땅, 또는 쓸모없는 땅}에 살고 있어서, 창 들고 노략질하기를 업으로 삼았다. <말갈>은 나라를 이루어 백성을 거느린 이후엔 나라{=고구리} 안에서는 소란을 피우지 않았으나, 배를 타고 멀리 나가서 <신라{羅}>와 <백제{濟}> 변경 마을들을 노략하였다. 그들{=백제와 신라}이 북쪽{=고구리}에 항거하려는 싹을 다스릴 요량으로 나라{=고구리}가 이를 금하지 아니 하였더니, <순노{順奴}>땅에 들어와서 사는 이들 또한 많았다.{☞<말갈>과 <고구리>를 혼동하여 기록하는 빌미가 되었을 것임!}

☯ 二十一年丁酉, 正月, <痲弈>薨. <朱曲>太輔. <曲>, 以<于忝>之故, 常任<目>下. 至是, 爲太輔而居<目>之上. <目>, 不快之, 謝[左]輔而不出, 曰; "吾女未嘗棄<曲>. 而<曲>, 自棄吾女, 敢爲其父之上. 是逆天也." 勸<于>皇后亦出宮中. 上, 不得已, 免<朱曲>而以<于目>爲太輔. <曲>, 怒, 發疽而薨, 年六十九. <曲>, 豪放有武藝, 因其妹<朱>太后而得志, 秉政以來, 多改民瘼戚弊, 邊備軍習有補于時. 然, 性貪財好色, 公卿之妻女亦多被汚. 功過半半. <于目>, 剛正, 常責<曲>, 曰; "吾女, 皃不足歟, 才不[足]歟, 德不足歟, 年已老歟. 汝, 何淫人之妻耶." <曲>, 以是, 與<目>, 相左而倒. 以此<朱>·<于>, 雖相婚, 常有內爭. 人以爲<朱>氏之敗. 不徒太后之亂政, 亦<曲>之荒淫. <穆登>左輔,

<尙齊>右輔. 八月, <平州>人<夏瑤>等千余家來投, 置之<柵城>.(此時有平州之名乃公孫度之私稱也.右北平界).
十月, 雷, 地震, 星孛東北. <朱同>右輔. 是年二月, <濟>, 設二柵于<沙道城>側, 東西相去十里, 分<沙峴>卒守之. <索頭>, <涉仁>殂. <涉眞>立, 獻駱駝五十匹.

○ 21년{단기2550년/AD217}정유, 정월, <마혁{麻弈}>이 죽어, <주곡{朱曲}>이 태보가 되었다. <주곡{曲}>은, <우첨{于忝}>의 전 남편으로, 항상 <우목{目}>의 아랫자리에 있었는데, 이때에 이르러 태보가 되니 <우목>의 윗자리에 앉게 되었다. <우목>은 이것이 불쾌하여 좌보자리를 내어놓고 출사하지 않으면서, “내 딸은 아직 <주곡>을 저버린 적이 없었는데, <주곡>은 스스로 내 딸을 저버렸고, 감히 그 딸의 아비 위에 올라앉았다. 이는 천리를 거스르는 것이다.”라고 말하고는, <우{于}>황후에게도 궁을 나가라고 부추겼다. 이에 상도 어쩌지 못하여 <주곡{朱曲}>의 태보 직을 물리고 <우목{于目}>을 태보로 삼았더니, <주곡{曲}>은 이를 노여워하다가 종창이 생겨서, 69살에 죽었다. <주곡{曲}>은 호방하고 무예가 뛰어났으며, 그의 여동생이 <주{朱}>태후인고로 뜻을 이루어 정권을 잡은 이래, 백성들이 고생하는 까닭과 척족들의 폐단을 바로잡은 바도 많았고, 변방의 군사를 조련하여 필요시에 대비케도 하였다. 하지만 성품이 재물욕심이 많고 호색하여, 많은 공경들의 처와 딸들이 몸을 더럽혔더니, 공과 허물이 반반이었다. <우목{于目}>은 강직하고 올곧아서 늘 <주곡{曲}>을 나무라길; “내 딸이 외모가 부족하냐? 재주가 부족하냐?! 덕이 부족하냐? 나이가 이미 늙었냐?! 자네는 어찌하여 딴 사람의 처와 놀아나느냐?!”라 하였었다. <주곡>은 이 일로 <우목>과 어그러져 서로를 자빠뜨리려 하고 있었으니, <주{朱}>씨와 <우{于}>씨는, 서로 통혼하였어도, 속으론 항상 서로 싸우고 있었던 것이었고, 사람들은 <주>씨가 싸움에서 진 것으로 여겼다. 단지 태후만 정사를 어지럽혔던 것이 아니었고, <주곡> 또한 황음하였었다. <목등{穆登}>이 좌보가 되고, <상제{尙齊}>가 우보가 되었다. 8월, <평주{平

州}>사람 <하요{夏瑤}> 등 천여 집안이 투항하여 왔기에, <책성{柵城}>에서 살게 하였다(이 시절 공손탁이 사칭한 평주가 우북평 경계에 있었다).
10월, 뇌성이 울리고, 땅이 흔들리고, 혜성이 동북방에서 흘렀다.
이해 2월에 <백제{濟}>는 <사도성{沙道城}> 옆에 동서{東西}로 10리가 되게 두 개의 책{柵}을 세우고, <사현{沙峴}성>의 수졸을 덜어다가 지키게 하였다. <색두{索頭}>에서는 <섭인{涉仁}>이 죽고 <섭진{涉眞}>이 서더니, 낙타 50필을 바쳐왔다.

● 二十二年戊戌, 二月, 小后生<龍>公主. 上, 以小后所生<尊>公主·<桶>公主皆無療官, 命有司置官供. 上, 以宮人<尙答>所生<朱萬>公主爲<朱回>子<元>妻. 皆太后命也. 三月, 大閱<西河>, 下勸農詔.
七月, <新羅>武庫兵物自出, <濟>人圍其<獐山城>不克.

○ 22년{단기2551년/AD218}무술, 2월, 소후가 <룡{龍}>공주를 낳았다. 상은 소후가 낳은 <존{尊}>공주와 <통{桶}>공주에게, 모두 딸려서 시중드는 관료가 없었기에, 유사에게 명하여 관리를 딸려서 시중들게 하였다. 상이 궁인 <상답{尙答}> 소생인 <주만{朱萬}>공주를 <주회{朱回}>의 아들 <주원{元}>에게 처로 주었다. 모두 태후의 명에 따른 것이었다. 3월, <서하{西河}>에서 크게 군사를 사열하고, 농사에 힘쓰라는 조서를 내렸다. 7월, <신라{新羅}>에서는 무고의 병물{兵物=兵仗旗}들이 스스로 걸어 나왔는데도, <백제{濟}>사람들은 <신라>의 <장산성{獐山城}>을 에워싸고도 이기지 못하였다.

☯ 二十三年己亥, 二月, 壬子晦, 日食. 上, 以太后命, 修<馬山>山宮, 飾以金碧·丹靑·香檀·宝玉者, 十有余年矣. 至是, 始完成. 與太后, 宴諸仙人·宗戚·百僚十日, 賜邊戍衣酒以差. 送<太祖>神象于<椺>公主.

○ 23년{단기2552년/AD219}계해, 2월, 임자일, 그믐에 일식이 있었다. 상이 태후의 명을 따라서 <마산{馬山}>의 산궁을 보수하면서, 금벽·단청·향단·보옥 등으로 장식하길 10여년이 되어왔었고, 이때에 비로

소 완성되었다. 태후를 모시고 모든 선인과 종척 및 백료들에게 열흘간 잔치를 베풀었으며, 변방 수자리들에겐 차등 있게 옷과 술을 나누어주었다. <태조{太祖}>의 신상을 <비{裶}>공주{=색두}에게 보내주었다.

☯ 二十四年庚子，四月，異鳥集王廷，以爲瑞，選東宮人<明臨鱣>，賜奴婢田庄，仍謂東宮，曰；"<鱣>之生也．吾夢異鳥如彼．今日又至，殆天之賜歟．汝，其愛之，生子生女，上答祖宗，下繁我孫，至嘉至嘉．" 太子拜伏受命．<鱣>，<于>后妹<于術>之出也．<于>后，欲固其寵，而常使<于術>受幸， 而又以<鱣>爲東宮妃， <于術>爲東宮大夫以主東宮之事．<于>·<明>相結之策也， 以破<朱>太后·<于>·<朱>相結之策． 太后已老不能禁之． 三月，<羅>，<奈音>死，<忠萱>伊伐湌·知兵馬事． 七月，上，與<于>后·<于術>等，率東宮及<鱣>妃，入山宮謁太后．太后，欲以<朱希>女<南>爲東宮妃，命定約．上，以夢事告之．太后曰；"以<南>爲正妃，<鱣>爲妾，可也．" 時，<息夫>亦至密奏於帝，曰；"太后不容臣女，不可使置於山宮．臣欲率歸．" 上，然之．乃經八日大祭而率歸．東宮與<鱣>同車， 而不顧<南>． 太后怒， 曰；"當斬<酒桶>女， 而辨<郊彘>．" <希>止之，曰；"不可以私動國本．人稱其賢．" <羅>大閱于<楊山>西． 十月，<濟>城西門火．<末曷>自海入寇北邊而去．

○ 24년{단기2553년/AD220}경자, 4월, 처음 보는 새들이 궁의 뜰에 모여들었기에 길조로 여기고, 동궁의 궁인 <명림전{明臨鱣}>을 간택하여 노비와 전장을 하사하고는, 동궁에게 이르길; "<전{鱣}>이 태어날 때, 저와 같은 이상한 새 꿈을 꾸었었다. 오늘 또 새들이 왔으니, 자못 하늘이 내려주심인가 보구나! 너는 그녀를 아껴서 아들 낳고 딸을 낳아, 위로는 조종님들께 보답하고, 아래로는 내 자손들이 번성케 하여서 기쁘고 기쁘게 하라."고 하였더니, 태자는 엎드려서 명을 받았다. <전{鱣}>은 <우{于}>후의 여동생인 <우술{于術}>소생이다. <우>후는, 상의 총애를 확고하게 하려고, 늘 <우술>이 상을 모시게 하였으며, 또한 <명림전>을 동궁비로 만들고 <우술>을 동궁대부

로 삼아서 동궁내의 일을 주관하게 하였다. 이는 <우{于}>씨와 <명림{明}>씨 집안을 결속시킬 책략이었으며, <주{朱}>태후와 <우{于}>씨·<주{朱}>씨 집안들 사이의 결속을 깰 속셈이 있었으나, <주>태후는 이미 늙어서 이를 말릴 수 없었다.

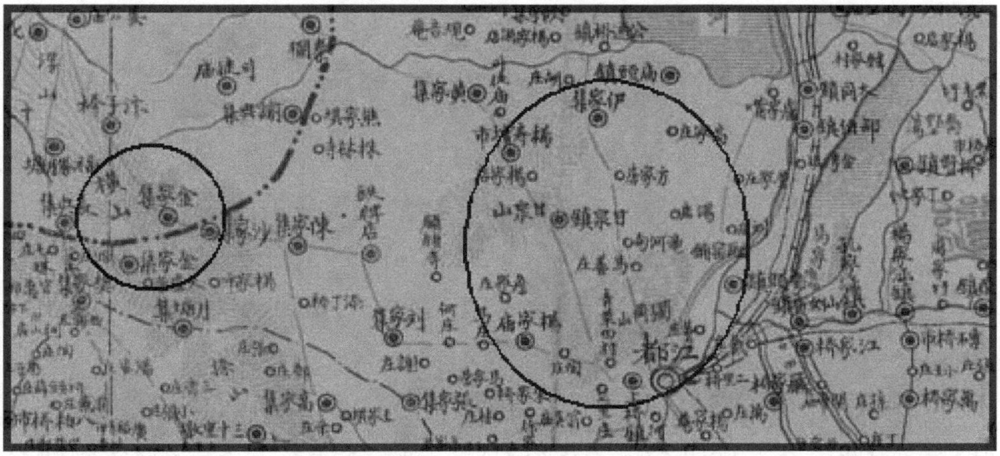

그림35. 옛 <양주{楊州}>였던 작금 서토의 강소성 <강도{江都}>의 북변에 있는 <독강산{獨岡山}> 또는 <감천산{甘泉山}>이 옛 <양산{楊山}>? 혹자들은 이곳에 <신라>의 <월성>이 있었다고 함; <半城>=<月城>=<半月城>?

3월에 <신라{羅}>에서는 <내음{奈音}>이 죽어, <충훤{忠萱}>이 이벌찬·지병마사가 되었다. 7월, 상이 <우{于}>후 및 <우술{于術}> 등과 함께 동궁과 <전{鱣}>비를 데리고 산궁으로 들어가 태후를 찾아뵈었다. 태후가 <주희{朱希}>의 딸 <주남{南}>을 동궁비로 삼고 싶어 정혼하라고 명하기에, 상이 꿈을 꾼 이야기를 태후에게 아뢰었더니, 태후가 이르길; "<남>을 정비로 하고, <전>은 첩으로 삼는 것이 좋겠다."고 하였다. 바로 이때 <식부{息夫}>가 도착하여, 제에게 슬며시 아뢰길; "태후께서 제 딸을 용납하지 않으시니, 제 딸을 산궁에 놔둘 수는 없겠습니다. 제가 딸을 데리고 돌아가겠습니다."라 하였고, 상은 그리 하라고 하였다. 8일간의 큰 제사를 치르고 나서, 동궁과 <전>은 같은 수레에 태우고, <남>은 내버려 두었더니, 이에 태후가 화를 내며 "<주통{酒桶}>년의 목을 베고, <교체{郊彘}>[태자]의 잘잘못을 가려라!”라고 하니, <주희>가 이를 말리면서 아뢰길; “사적인 일로 국본{國本; 임금 될 사람, 즉 동궁}을 흔들어서는 아니 됩니다. 사람들은 그의 현명함을 칭송하고 있습니다.”라 하였다.
<신라>가 <양산{楊山; 그림35}>의 서쪽에서 대대적으로 군사를 사열했다. 10월, <백제{濟}>에서는 도성의 서쪽 문이 불탔고, <말갈{末曷}>이 해{海; 바다? 강?}로부터 침입하여서 북쪽 변방을 약탈하고 돌아갔다.

● 二十五年辛丑，正月，**<朱>**太后崩，春秋六十七. 后，猿臂狼目，老益鐵面. 以**<鱣>**事，怨**<于>**后而疾作，山宮陰冷遂至大故. 上，哀慟，依遺命，置梓宮於山宮三年不甦，然後乃移于**<新大帝陵>**中，合其骨焉. 三月，十八日，行東宮婚禮，以**<明臨鱣>**·**<朱南>**爲左·右妃. 上，重太后旨，幷納**<希>**女. 東宮不悅，皆受巹禮，爵以四品奉禮，賜翟衣·金花紫羅冠.
五月，**<濟>**，國東大水，山崩四十余所. 六月，戊辰晦，日食. 八月，大閱**<漢水>**西. **<公孫康>**死，弟**<恭>**代之. 時，**<漢>**亡，**<曹丕>**·**<劉備>**·**<孫權>**等稱帝.

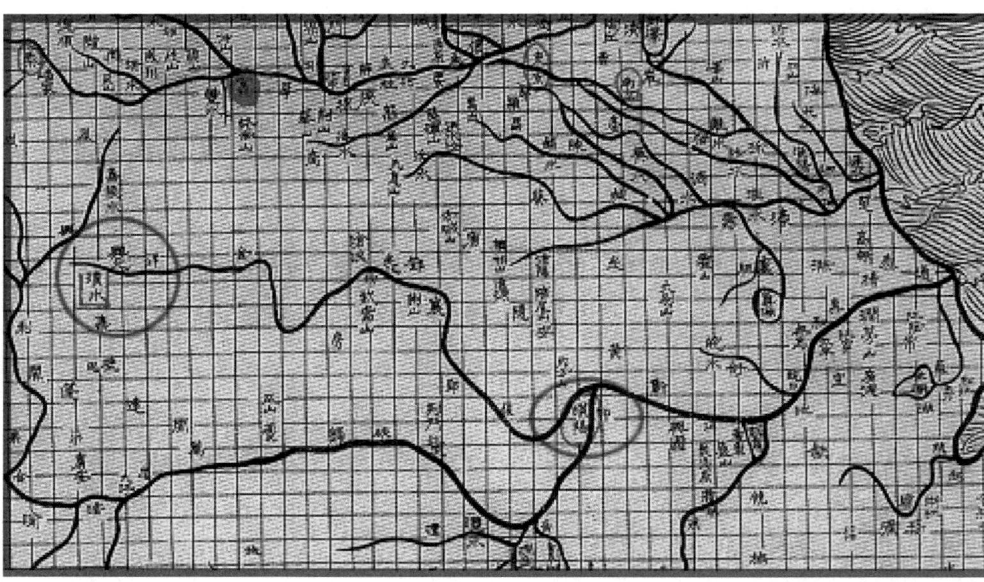

그림36. <당{唐}>·<송{宋}>대 <장강{長江}>지류 <한수{漢水}>와 <한양{漢陽}>

○ 25년{단기2554년/AD221}신축, 정월, <주{朱}>태후가 춘추 예순일곱에 죽었다. <주>태후는 길고 힘센 팔에 욕심 많은 눈매를 가졌고, 늙을수록 철면피가 되었었다. <명림전{鱣}>의 일로 <우{于}>후를 원망하다가 병이 들었고, 어둡고 추운 산궁에 있다가 끝내 큰일을 당한 것이었다. 상이 이를 애통해 하며, 유명을 따라서 재궁{=시신}을 산궁에 두어서 삼년을 가득 채운 연후에 <신대제릉{新大帝陵}>중으로 옮겨 합골하였다. 3월 18일에 동궁의 혼례를 치러서, <명림전{明臨鱣}>과 <주남{朱南}>을 좌비와 우비로 삼아 주었다. 상은 태후의 뜻을 중히 여긴지라 <주희{希}>의 딸도 함께 맞아들이게 한 것이었다. 동궁이 불쾌해 하였으나, 모두가 근례를 받았다. 4품 봉례의 작위를 주고, 적의{황후복}·금화자라관{금화로 장식한 자색 비단 모자}을 내려주었다.
5월, <백제{濟}>에선 동쪽 땅{또는 도성의 동쪽}에 큰물이 가서 산이 40여 곳에서 무너졌고, 6월 무진일 그믐엔 일식이 있었다. 8월엔 <한수{漢水; 그림36}>의 서쪽에서 대대적으로 군사를 사열하였다{☞後漢 멸망직후의 혼란을 틈타서 長江支流인 漢水 서쪽 지방을 도모하고 위세를 자랑하였다?!}. <공손강{公孫康}>이 죽고, 동생 <공손공{恭}>이 섰다. 이즈음 <한{漢=後漢=東漢}>이 망하였고, <조비{曹丕=魏}>·<유비{劉備=蜀漢}>·<손권{孫權=吳}> 등이 칭제하였다.

● 二十六年壬寅, 三月, <于目>病免. <穆登>太輔, <朱同>左輔, <尙齊>右輔. <于目><西川公>封<杜訥>·<珠原>爲食邑. <濟>, 修堤防以勸農. 四月, <羅>, 霜雹殺菽麥, <南新>人死歷月而活. 六月, <濟>都雨魚. 十月, <濟>伐<羅><牛頭鎭>, 抄掠民戶. <忠萱>, 戰于<熊谷>而失利, 單騎敗走, 貶爲鎭主. <連珍>, 伊伐湌·知兵馬事. 十一月, 庚申晦, 日食.

○ 26년{단기2555년/AD222}임인, 3월, <우목{于目}>이 병들어 물러났다. <목등{穆登}>을 태보로, <주동{朱同}>을 좌보로, <상제{尙齊}>를 우보로 삼았다. <우목>은 <서천공{西川公}>을 삼아서 <두눌{杜訥}>과 <주원{珠原}> 땅을 식읍으로 봉하였다. <백제{濟}>는 제방을 고쳐쌓

왔으며 농사에 힘쓰게 하였다. 4월, <신라{羅}>에서는 우박과 서리가 내려 콩과 보리가 죽었고, <남신{南新}>사람이 죽은 지 한 달 만에 살아났다. 6월, <백제>의 도성에 물고기{?}가 하늘에서 쏟아졌다{침입? 자연현상?}. 10월, <백제>가 <신라>의 <우두진{牛頭鎭}>을 공격하고 민호를 초략하였다. <신라>의 <충훤{忠萱}>은 <웅곡{熊谷}>에서 맞싸우다 패하여 단기로 도망쳤고, 때문에 <우두진>주로 지위가 떨어졌으며, <연진{連珍}>이 이벌찬·지병마사가 되었고, 11월 경신일 그믐엔 일식이 있었다.

☯ 二十八年甲辰, 二月, 東宮妃<明臨鱣>生皇孫<然弗>. 七月, <連珍>侵<濟>戰于<烽山>下殺獲千余級, 而八月, 改築<烽山城>. 十月, <濟>, 太白晝見.

○ 28년{단기2557년/AD224}갑진, 2월, 동궁비 <명림전{明臨鱣}>이 황손 <연불{然弗}>을 낳았다. 7월, <연진{連珍; =신라 이벌찬·지병마사}>이 <백제{濟}>에 쳐들어가 <봉산{烽山; 烽上帝 烽山과 同一?, 河以南 百濟의 봉산?}> 밑에서 싸워서 천여 급을 죽이거나 사로잡았고, 8월에는 <봉산성>을 고쳐 쌓았다. 10월, 백제에서 태백성{=금성}이 낮에 보였다.

● 二十九年乙巳, 正月, 東宮大夫<于術>生東宮子<又弗>. 東宮, 納<鱣>以來, 連幸<于術>及生<然弗>. 專房受寵, 至是, 生子. 上, 嘉之, 賜<于術>田庄奴婢, 爵三品尙禮. 二月, 以<鱣>氏爲東宮大妃, 賜<皇林>·<陽原>二邑爲沐邑, 築<鴨宮>於二邑之間. 五月, 東宮右妃<朱南>生子<朱根>. 東宮, 重太后遺詔, 以亦懷<朱>妃而生, 故亦稱皇孫.

○ 29년{단기2558년/AD225}을사, 정월, 동궁대부 <우술{于術}>이 동궁의 아들 <우불{又弗}>을 낳았다. 동궁이, <명림전{鱣}>을 맞아들인 이래로, 연거푸 <우술>을 가까이 하여 주어서 <연불{然弗}>을 낳았다. 총애를 독차지하더니만, 이때에 아들을 낳은 것이었다. 상은 이를 기쁘게 여겨서 <우술>에게 전장과 노비를 내렸으며, 작위도 3품인

상례로 하여주었다. 2월, <전>씨를 동궁대비로 삼고, <황림{皇林}>과 <양원{陽原}> 두 읍을 목읍을 삼아주었으며, 이 두 읍 사이에 <압궁{鴨宮}>을 지었다. 5월, 동궁우비 <주남{朱南}>이 아들 <주근{朱根}>을 낳았다. 동궁이, 태후의 말을 중히 여겨, <주{朱}>비 또한 보살피다가 낳았더니, 역시 황손으로 불러 주었다.

● 三十年丙午, 十月, **<**鱣**>**氏生皇子**<**預物**>**. **<**羅**>**, 自春不雨, 至七月乃雨. 民飢, 發倉賑給. 十月, 錄內外囚, 原輕罪. **<**于目**>**左輔.

○ 30년{단기2559년/AD226}병오, 10월, <전{鱣}>씨가 황자 <예물{預物}>을 낳았다. <신라{羅}>에서는 봄부터 비가 오지 않다가 7월이 되어서야 비가 내렸으나, 백성이 굶게 되어 창고를 열어 양곡을 나누어 주었으며, 10월에는 내외의 죄수를 심사하여서 가벼운 죄는 모두 풀어 주었다. <우목{朱}>이 좌보가 되었다.

☯ 三十一年丁未, 夏五月, 上, 崩於「西都」**<**金川宮**>**, 春秋五十五, 葬于**<**山上陵**>**.

○ 31년{단기2560년/AD227}정미, 여름 5월, 상이 「서도」<금천궁{金川宮}>에서 죽었다. 춘추 55세로, <산상릉{山上陵}>에 장사하였다.

역자의 변 : 보위계승문제로 초년에 <발기>가 난을 일으킨 후 북쪽으로 도망하여 칭제하고 <서북>방면 고<유주>지역이었을 <공손>씨와 결탁하여서 <고구리>「요서10성」 지역의 상당한 강역을 <공손>씨에게 넘겨주는 일이 생겼다. 이에, 유약했던 <산상제>는 2년에 「북도」지역에 새로 <우산성>을 쌓고 「밀도」로 삼아서 지내기도 하였으며, <을파소>가 죽은 이후 <공손>씨가 <둔유>이남의 땅에 <대방국>을 세우고 <백제>와 혼인동맹을 맺게 하는 일이 생기게 되자, 이 <공손>씨의 침략을 우려하여 「북도」<창남산성>인근의 새로 지은 <우산성>으로 도피·천도를 하고 <환도>라 칭하였다.
보위계승문제는 제왕가의 입장에서는 수신·제가의 일인데, 이에 문제가 있어서 치국에 큰 상처를 낸 조정이었다고 보인다.

서남방에서는 AD220년에 <후한>이 망하여 <관중>과 <한중>이 아수라장이고, <위>·<오>·<촉>의 <조조>·<손권>·<유비>의 세력들은 각자 황제를 칭하며 제2의 중원전국시대를 열었고,
이 와중인 AD221년에 <백제>는 <漢水=長江지류?>의 서쪽으로 미끄러져 들어가서? 무력시위를 하니, <고구리>의 남방인 <백제>·<신라> 및 여러 <가야>국들도 전란에 휩싸일 조짐을 잉태하게 된다. <백제>가 AD221년에 <漢水=長江지류>의 서쪽으로 미끄러져 들어가 무력시위를 한 일은 현금 <광서><백제향>과 <대백제>를 있게 한 원인으로 보인다. 즉, <사천성>주변 중 <유비>와 <손권>이 차지한 일부를 제외한 넓은 지역에 <백제>·<신라>·제<가야>·<왜>등이 할거하였던 것으로 추정할 수 있겠다.
<삼국사기>에도 AD221년 <백제>의 일이 적혀있으나, 기준이 되는 말뚝을 엉뚱한 곳에 박은 이들이, 근세에 이르기까지도 <남천{南川}>으로 불린 <남한강>정도로 적시·해설하고 있으니, <나관중>의 <삼국지>라는 소설을 역사서로 알고 그에 속고 눈이 멀어서 광대한 우리 겨레의 옛 역사가 보이지 않는 것이다..

12. 第十一世<東襄大帝>紀 제11세<동양대제>기

원문출처 ; http://mf.history.go.kr/Pdf/MF0020000/00322307.pdf

帝, 初號<東川大王>, 諱<位宮>, 亦作<夏位居>, 小字曰<郊彘>, <山上大帝>之長子也. 母, <香部>小后, <酒桶村>主<椽翁>之女也. 狀皃雅秀, 愛人下士, 且有勇力, 善騎射好武術, 新練兵士. 有<東明>大志, 喜怒不形. 侍女誤覆肉羹于御衣, 則但問'其無傷爾手'而已. <于>后, 欲試其量, 乘其出外, 剪其愛馬之鬣, 則歸而見之以手撫鬣, 曰; "馬無鬣甚可憐." 上下莫不稱其寬仁大度. 然, 好畋獵, 築宮室, 淫女色事. 征伐內外多事, 以是少之.

제는, 초호가 <동천대왕{東川大王}>, 휘는 <위궁{位宮; <삼국사기>엔 <山上王>의 이름으로 나옴}> 또는 <하위거{夏位居}>, 아명은 <교체{郊彘}>이며, <산상대제{山上大帝}>의 맏아들로, 모친은 <향부{香部}>소후인 <주통촌{酒桶村}>주 <연옹{椽翁}>의 딸이다. 외모와 얼굴이 우아하고 출중했으며, 백성과 하급관리를 아꼈다. 또한, 용력도 있고 기사{騎射}에 뛰어났으며, 무술을 좋아하여 병사들도 새로이 조련하였고, <동명{東明}>의 큰 뜻도 있었으며, 즐겁거나 노여워도 표시내지 않았다. 시녀가 잘 못하여 고깃국을 어의에 엎질렀을 때에도 다만 '네 손은 다치지 않았느냐.'를 물을 뿐이었다. <우{于}>후가 그 도량을 가늠해보려고, 제가 밖으로 나간 틈에 애마의 갈기를 잘라버렸었던 즉, 돌아와서 그 모습을 보더니 손으로 말의 목덜미를 어루만지면서 "말이 갈기가 없으니 심히 가련하구나."라고 하였었다. 아랫사람이나 윗사람이나 제의 인자함과 관대함의 크기를 칭송하지 않을 수 없었다. 그러나 몰이사냥을 즐기고 궁실을 지어 여색에 빠졌다. 국내외 정벌도 많이 하였었으나, 이러하더니만 뜸하여졌던 것이었다.

☯ 元年丁未, 夏五月七日夜, <山上大帝>, 以癰潰之證, 崩于<金川宮>. <于>皇后, 急召太子, 行祥于殯, 召太輔<穆登>·左輔<于目>·右輔<尙齊>·國相<高優婁>·中畏大夫<明臨息夫>入內殿, 行太子卽位禮. 宝令十九. 羽林·百僚擧燎山呼, 東將明矣. 夏六月, 以<明臨息夫>女<鱣>氏爲皇后, 號<皇林宮>. <于>后爲<金川>太后. <香部>小后爲<酒桶>[太]后, 賜姓<椽>氏. 秋七月, 葬大行[于]<山上陵>, 立廟于<艮嶺>. <于目>太[輔], <尙齊>左輔, <息夫>右輔兼攝政大王, <高優婁>國相. 九月, 前太輔<青山公><穆登>薨, 年七十五. <度婁>孫也.

<新羅>, <奈解[三二]>, 二月, 巡其西南郡邑, 考績. 三月, 還. 以海飡<康善>爲伊飡. 作詩<惱(思內樂)>.

<百濟>, <仇首(一四)>, 三月雹. 四月大旱. <仇首>親禱<東明>廟乃雨. 群臣請復役<大角宮>, 許之. 先是, <山上>, 爲<鱣>后, 採斑玉作此宮, 因不豫而停之. 至是, 復營, 上與皇后親督之. 飾以宝玉香木, 圍以花, 鳥走泳, 極其奢侈.

○ 원년{단기2560년/AD227}정미, 하5월 7일 밤, <산상대제{山上大帝}>가 종창으로 몸이 문드러져 <금천궁{金川宮; 在「西都」}>에서 죽자, <우{于}> 황후가 급히 태자를 불러서 빈궁에서 상제{喪祭=服祭}를 올리고, 태보 <목등{穆登}>·좌보<우목{于目}>·우보<상제{尙齊}>·국상<고우루{高優婁}>·중외대부<명림식부{明臨息夫}>를 불러 내전으로 들여서 태자의 즉위예식을 치렀다. 보령 열아홉이었다. 우림·백료들이 섶을 불 놓아 하늘에 제사하며 만세를 부르니, 동쪽하늘이 밝아왔다. 하6월, <명림식부{明臨息夫}>의 딸 <전{鱣}>씨를 황후로 올려 <황림궁{皇林宮}>이라 하고, <우{于}>후를 <금천{金川}>태후로 하였다. <향부{香部}>소후는 <주통{酒桶}>태후로 하고 <연{椽}>씨라는 성{姓}을 내렸다. 추7월, 대행을 <산상릉{山上陵}>에 장사하고 <간령{艮嶺}>에 사당을 세웠다. <우목>을 태보로, <상제>를 좌보로, <식부>를 우보 겸 섭정대왕으로, <고우루>를 국상으로 삼았다. 9월, 이전의 태보 <청산공{青山公}><목등>이 75세에 죽었다. <도루{度婁}>의 손자이다.

<신라{新羅}>는 <내해{奈解}[32년])>가 2월에 그 나라 서남쪽의 군과 읍을 순시하여 길쌈하는 것을 살피고, 3월에 돌아갔다. 해찬 <강선{康善}>을 이찬으로 올렸다. <뇌{惱}(사내락)>라는 시를 남겼다.

<백제{百濟}(구수14년)>에선 3월엔 우박이 내리고, 4월엔 큰 가뭄이 들

자, <구수{仇首}>가 손수 <동명{東明}>묘에 빌더니 비가 내렸다. 군신들이 <대각궁{大角宮; 在西都? 在北都?}> 짓는 일을 계속하자고 청하여, 허락하였다. 애초에 <산상{山上}>이 <명림전{鱣}>후를 위하여 무늬 옥을 캐내어서 이 궁궐을 짓다가 환후를 얻어 위독하여지자 멎었었는데, 이제 와서 계속하는 것이었다. 상이 황후와 함께 친히 독려하였고, 보옥과 향목으로 치장하고 꽃으로 에워쌌으며 새들이 달리고 헤엄쳤으니, 그 사치함이 극에 달하였다.

☯ 二年戊申, 春二月, 上[與]皇后·<酒桶>后·<于術>妃(皇后母)如<卒本>, 謁<東明>廟告卽位. 三月, 還御<大角宮>, 受百官朝賀, 大赦天下. 三月, 以<金川>后爲皇太后·攝政王, 以<息夫>爲國公. <于術>爲國太妃, 加其奴婢庄園. 秋八月, 雷雨. 上, 如<酒桶宮>, 洗皇子<奢勾>. 十七朔而生故奢, 月如<勾>而生故曰<勾>. 上, 極愛之, 珍宝多與之.

<遼東>, <公孫恭>爲其兄子<淵>所擒. <淵>, 自稱太守, 而代領其衆.

○ 2년{단기2561년/AD228}무신, 봄 2월, 상이 황후·<주통{酒桶}>후·<우술{于術}>비(황후모)와 함께 <졸본{卒本}>으로 가서 <동명{東明}>사당을 찾아 즉위했음을 고하였다. 3월에 <대각궁{大角宮; 西都? 北都?}>으로 환어하여, 조당에서 백관의 하례를 받고, 온 나라에 대사령을 내렸다. 3월, <금천{金川}>후를 황태후·섭정왕으로 삼고, <식부{息夫}>를 국공으로 하였다. <우술>은 국태비로 삼고 노비와 장원을 늘려주었다. 추8월에 뇌우가 있었다. 상이 <주통궁{酒桶宮}>으로 가서 황자 <사구{奢勾}>를 물로 씻어주었다. 17삭{=17달}만에 낳았기에 <사{奢; 넘쳤다}>라 하고{☞非親子?}, 그날 달 모양이 갈고리를 닮아 <구{勾}>라고 하였다. 상은 그를 지극히 아꼈으며, 많은 진보를 그에게 주었다.

<요동{遼東}>의 <공손공{公孫恭}>이 형의 아들 <공손연{淵}>에 의해 갇히고, <연{淵}>이 태수를 자칭하고 대신 그 무리를 다스렸다.

● 三年乙酉, 春正月, 皇太后姊<虎川宮>妃薨, 年七十. <虎>, 初爲<發岐>妻, 後爲<乙巴素>妻. 有膂力能騎射. <發岐>之亂, 大義絶夫以「扶

杜」功, 封妃. 國有大政, 依三輔例收議. <朱>妃生子<朱元>.
二月, <鱣>皇后生<勝>公主于<大角宮>. 三月, 親練士卒於內城之原. 與皇太后, 謁<山上陵>. <于目>薨, <尙齊>太輔, <米何>左輔.

<羅>, <奈解[三四]>, 四月, 虵鳴南庫三日. 九月, 地震. 十月, 大雪五尺. <濟>, <仇首(一六)>, 十月, 畋于<寒泉>. 十一月, 大疫. <末曷>入寇<牛谷>界. <仇首>, 率三百精兵赴救過其伏兵, 而敗. <末曷>大掠人物牛羊而去. <仇首>, 以爲縱<曷>, 而怨我. <吳>主<孫權>稱帝遷都<建業>.

○ 3년{단기2562년/AD229}을유, 춘정월, 황태후의 언니 <호천궁{虎川宮}>비가 나이 70에 죽었다. <호{虎}>는 처음엔 <발기{發岐}>의 처였다가 후에는 <을파소{乙巴素}>의 처가 되었다. 남을 압도하는 힘이 있었고 기사{騎射}도 잘하였다. <발기>가 난을 일으키자 큰 뜻으로 지아비와 갈라서서 「부두{扶杜; 사직을 떠받치고 정변을 막는}」의 공을 세웠기에 비로 봉함을 받았으며, 나라에 큰 일이 생기면 3보들을 시켜서 의견을 견주어 모으게 하였다. <주{朱}>비가 아들 <주원{朱元}>을 낳았다. 2월, <전{鱣}>황후가 <대각궁{大角宮}>에서 <승{勝}>공주를 낳았다. 3월, 친히 궁성 안의 언덕에서 군사를 조련하였다. 황태후와 함께 <산상릉{山上陵}>을 참배하였다. <우목{于目}>이 죽어, <상제{尙齊}>를 태보로, <미하{米何}>를 좌보로 삼았다.

<신라{新羅}(내해34년)>는 4월에 남쪽 창고에서 뱀이 사흘을 울었고, 9월엔 지진이 있었고, 10월엔 눈이 많이 내려 다섯 자나 쌓였다. <백제{濟}>에서는 <구수{仇首}(16년)>가 10월에 <한천{寒泉=冷泉}>에서 사냥하였고, 11월엔 돌림병이 크게 돌았다. <말갈{末曷}>이 <우곡{牛谷}>의 경계에 침입하자, <구수>가 정병 300을 이끌고 구하러 달려갔는데, 복병이 있는 곳을 지나쳤다가 패하였다. <말갈>은 사람과 재물 및 소와 양을 대거 노략하여 돌아갔다. 이에 <구수>는 <말갈>을 풀어놓아 생긴 일이라고 우리를 원망하였다. <오{吳}>의 <손권{孫權}>이 칭제하고 <건업{建業}>으로 천도하였다.

☯ 四年庚戌, 春正月, 親習兵馬于<中川之原>. 二月, 改後宮八部爲六儀; 香部·藥部曰內儀. 丹部·浴部曰丹儀. 饍部曰廚儀. 茗部·醞部曰茶儀. 道部曰淑儀. 又加珍·玩·宝藏之后, 卽古藏部也, 謂宝儀. 以后母<于術>爲內儀小后, 亦曰<香>后. 秋七月, 國相<高優婁>以疾薨. 以「左部」于台<於漱>代之, 乃皇后之兄也, <香>后之子也. 俊厚容物有大臣風, 然貪財好色, 頗缺人望. 太輔<于目>難之而退. <尙齊>太輔, <息夫>左輔, <湏古>太子右輔, <乙大非>中畏大夫. 時, <于>太后, 與<酒桶>后, 出居<狐川>行宮. <大非>子<素介>爲行宮仙人.

<羅>, <奈觧(三五)>, 三月, <奈解>殂. <伐休>孫<助賁>立. 父, <骨正>. 母, <玉帽>, <金仇道>之女也. 其妻<阿爾兮>, <奈觧>女也. <奈觧>, 臨終遺言, 以婿爲子. 國人乃立<助賁>. 身長美儀, 采臨事明斷, 咸稱之. 伊飡<連忠>掌軍國事. 七月, 謁始祖廟.

○ 4년{단기2563년/AD230}경술, 춘정월, <중천원{中川之原; 箕丘·黃龍國近地!}>에서 친히 병마{=용병과 기사}를 익혔다. 2월, 후궁들과 8부를 6의로 바꿨다; 향부·약부를 내의로, 단부·욕부를 단의로, 선부를 주의로, 명부·온부를 다의로 하였다. 도부는 숙의로 하였다. 또한 옥구슬·노리개·보물을 갈무리하는 후를 두었는데, 곧 옛 장부{藏部}이어서 보의{宝儀}라 하였다. 후의 모친 <우술{于術}>은 내의소후라 하였고 <향{香}>후라고도 하였다. 추7월, 국상 <고우루{高優婁}>가 앓다가 죽었다. 「좌부; =동부?」우태 <어수{於漱}>가 대신토록 하였다. <어수>는 황후 <명림전>의 오빠이며 <향>후{=명림식부의 처였던 우술}의 아들로, 재주 있고 후덕하며 용물{容物; =儒學四物=修身·齊家·治國·平天下}은 대신의 기풍이 있어 보였다. 하지만 재산을 탐하고 색을 밝혀서 꽤나 인망은 없었다. 태보 <우목{于目}>이 그를 감당하기가 어려워서 물러났다. 이에 <상제{尙齊}>가 태보로, <식부{息夫}>가 좌보로, <회고{湏古}>태자가 우보로, <을대비{乙大非}>가 중외대부로 되었다. 이때 <우{于}>태후는 <주통{酒桶}>후와 함께 <호천{狐川}>행궁으로 나가 살게 되었고, <을대비{大非}>의 아들 <을소개{素介}>를 행궁선인을 삼아주었다.

<신라{羅}(내해35년)>에서는 3월에 <내해{奈解}>가 죽고, <벌휴{伐休}>

의 손자 <조분{助賁}>이 섰다. 아비는 <골정{骨正}>이고, 어미는 <옥모{玉帽}>로 <김구도{金仇道}>의 딸이며, 처는 <내해{奈解}>의 딸이다. <내해>가 죽음에 임박하여 유언으로 사위를 아들로 삼았더니, 나라사람{나라를 다스리는 위치에 있는 사람들}들이 <조분>을 세웠다. <조분>은 키가 크고 외모는 훤칠하였으며, 사람을 가려서 정사를 맡김에 명확하고 단호하여, 모두가 칭송하였다. 이찬 <연충{連忠}>이 나라의 군국지사를 관장하였다. 7월에는 시조사당을 배알하였다.

● 五年辛亥, 春正月, **<錦林>**公主薨. **<新大>**之女, **<息夫>**之母, 年八十. 有賢德, 上下稱之. 葬于**<質山>**. 夏四月, **<鱣>**皇后生**<鵂>**公主.

<羅>, **<助賁(二)>**, 七月, 以伊飡**<于老>**爲大將軍, 討**<甘文>**拔之, 以其地爲郡. **<濟>**, **<仇首(一八)>**, 四月, 雹如栗, 鳥雀中者死. **<魏>**, 以**<公孫淵>**爲**<遼東>**太守·車騎將軍, 襲我**<玄菟城>**. 命右衛將軍**<朱希>**擊破之.

○ 5년{단기2564년/AD231}신해, 춘정월, <금림{錦林}>공주가 죽었다. <신대{新大}>의 딸이고 <식부{息夫}>의 어미이며, 나이는 80이었다. 현명하고 덕이 있어, 상·하의 사람들이 그녀를 칭송하였다. <질산{質山; = 吉山?}>에 장사했다. 하4월, <전{鱣}>황후가 <휴{鵂}>공주를 낳았다.

<신라{羅}>의 <조분{助賁}(2년)>이 7월에 이찬 <우로{于老}>를 대장군을 삼아 <감문{甘文}>을 쳐서 빼앗고, 그 땅을 군으로 삼았다. <백제{濟}(구수18년)>는 4월에 밤 톨 만한 우박이 내렸고, 그에 맞은 큰 새들{鳥}과 참새{雀}들이 죽었다. <위{魏}>가 <공손연{公孫淵}>을 <요동{遼東}>태수·거기장군을 삼아서 우리의 <현도성{玄菟城}>을 기습하였다. 우위장군 <주희{朱希}>에게 명하여 이를 격파하였다.

● 六年壬子, 春正月, 大閱「五部」衛士于內城之原. 二月, **<于>**太后薦**<蘇太>**爲內儀, **<太>**讒**<預物>**非上子. 上, 乃疎**<鱣>**皇后, 命出居淨宮. 八十日, 以復后. 后作八十曲而悲之.

三月, **<孫權>**, 遣**<周賀>**渡海, 潛通**<公孫淵>**. **<淵>**, 以**<宿舒>**·**<孫**

宗>等入<吳>, 稱獻貂皮·達·馬.

太輔<尙齊>, 以女事, 免. <乙大昆>代之.

<羅>, <助賁(三)>, 四月, <倭>猝至圍<金城>. <助賁>, 躬戰破之, 追斬千余級.

十月, 畋于<虎川>, 以慰<酒桶>后.

○ 6년{단기2565년/AD232}임자, 춘정월, 「5부」의 위사{衛士; 대궐·릉묘·관아·군영 등을 지키는 장교}들을 도성{北都? 西都?}의 내성 벌판에서 대대적으로 사열하였다. 2월, <우{于}>태후가 <소태{蘇太}>를 천거하여 내의로 삼았더니, <소태{太}>가 참소하기를; "<예물{預物}>은 상의 아들이 아닙니다."라고 하였다. 이에 상은 <전{鱣}>황후와 소원하여지더니만 정궁{淨宮}으로 나가살라고 명하였다. 80일이 지나, 후위를 복원하여 주었더니, 후는 80곡을 만들어서 이를 서글퍼하였다.

3월, <손권{孫權}>이 <주하{周賀}>를 보내 물{海}을 건너 <공손연{公孫淵}>과 밀통하였고, <공손연{淵}>은 <숙서{宿舒}>·<손종{孫宗}>을 <오{吳}>로 들여보내서 칭송하고 초피와 새끼 양과 말을 바쳤다.

태보 <상제{尙齊}>가 딸의 일로 인하여 면직되고, <을대곤{乙大昆}>이 대신하였다.

<신라{羅}(조분3년)>에서는, 4월에 <왜{倭}>가 갑자기 들어와서 <금성{金城}>을 에워쌌다. 이에 <조분{助賁}>이 몸소 싸워서 물리치고 추격하여 천여 급을 베었다.

10월, <호천{虎川}>에서 사냥하여 <주통{酒桶}>후를 위안하였다.

● 七年癸丑, 春三月, <鱣>皇后生<獜>公主于<大角宮>, 上命罷皇后宮仙人惡后生女, 后爲之不食. 時, 人, 爲后, 歌生女難.

秋九月, <孫權>, 遣<秦旦>·<黃彊>來朝, 言; "所獻金宝珍帶爲<淵>所奪, 不勝死罪." 上, 嘉其遠來賜以酒食, 使皀衣<尙越>等護送其國, 賜<權>貂皮·鶡鷄皮等, 曰; "<淵>之爲人反覆, 不可信." 追後聞之, 則<淵>果殺<權>使<張彌>·<許晏>等, 傳首于<魏>. <魏>, 封<淵>大司馬<樂浪公>, 以力士爲使授詔欲擊. <淵>, 知其謀, 盛設兵威, 以帶衛受冊. <魏>以是含之.

<羅>, <助賁(四)>, 四月, 大風飛屋瓦. 五月, <倭>寇東邊. 七月, <于老>, 與<倭>戰于<沙道>, 乘風縱火焚舟. 賊赴水死盡. 是謂<嫂河大戰>.

左輔<米何>薨, <息夫>代之, <穆能>右輔.

○ 7년{단기2566년/AD233}계축, 춘3월, <전{鱣}>황후가 <대각궁{大角宮}>에서 <린{獜}>공주를 낳았더니, 상이 명을 내려 황후궁의 선인을 파면하여 딸 낳은 황후를 박대하였고, 황후는 파직 당한 선인을 위해 먹기를 그만두었다. 그 시절, 사람들은 황후를 위해 노래하기를 “딸을 낳더니 어려워졌다.”라고 하였다.

추9월, <손권{孫權}>이, <진단{秦旦}>과 <황강{黃彊}>을 보내서, 입조하여 “바치려 했던 금보진대를 <공손연{淵}>에게 빼앗겼으니, 죽을죄를 면할 길 없다.”고 하였다. 이에 상은 멀리에서 왔음을 보아 흡족해 하며 술과 음식을 내려주었고, 조의 <상월{尙越}> 등을 시켜서 <오{吳}>나라로 호송하여 주게 하였으며, <손권{權}>에게는 초피와 갈계피 등을 내려주면서 “<공손연{淵}>은 사람됨이 뒤집기를 잘 하여 믿을 바 못 된다.”고 일렀다. 추후에 들은 바에 의하면, <공손연>은 <손권>의 사신 <장미{張彌}>와 <허안{許晏}> 등을 죽여서 그 목을 <위{魏}>로 보냈다. <위{魏}>는 <공손연{淵}>을 대사마·<락랑공{樂浪公}>으로 봉하고, 력사는 사신을 삼아서 보내면서 <공손연>을 격살하라고 일렀고, <공손연{淵}>은 그 음모를 알아차리고 병사를 성대히 늘어세워서 위엄을 보이면서 책명 받는 곳을 둘러싸게 하였다. <위{魏}>는 이렇게 되자 아무런 음모가 없었던 듯이 하였다.

<신라{羅}(조분4년)>는 4월에 큰바람으로 집과 기왓장이 날렸으며, 5월에는 <왜{倭}>가 동쪽 변경을 도적질 했다. 7월에는 <석우로{于老}>가 <왜>와 <사도{沙道}>성에서 싸웠는데, 바람을 타고 불을 놓아서 {왜적들의} 거룻배{舟}들을 불살랐더니, <왜적>들은 물에 다다랐다가 모조리 죽었다. 이를 <수하대전{嫂河大戰}>이라 한다.

좌보 <미하{米何}>가 죽어, <식부{息夫}>가 이를 대신하고, <목능{穆

能}>이 우보가 되었다.

☯ 八年甲寅, 春正月, 宴<吳>使于<大角宮>. 謁<酒桶>后于<狐[川]>. 時, 后生女<方乙>. 夏四月, <曹叡>, 遣使來, 獻兵書·宝劍·玉床等, 請共滅<公孫淵>而討<吳>. 太輔<乙大昆>薨, 年七十. <大昆>, 以<巴素>之長子, 立朝五十年. 有大臣之風, 不以公混私. 決大事治大獄, 多有力焉. 然, <巴素>沒, 継娶<虎川>生子, 未免「聚鹿之恥」, 可勝歎哉. <尙齊>復相.
秋九月, <于>太后崩, 葬于<山上陵>側, 植松七重以遮其面.
<濟>主<仇首>殂, 在位二十一年, 其子<沙伴>立幼. <肖古>弟<古爾>廢<沙伴>而自立.
冬十月, 上, 迎<酒桶>太后于<虎川>入居, <于>太后崩, 所總執政事. 於是, <椽>氏兄弟, 驟登樞, 以代<于>氏·<朱>氏. 國人歎外戚「沙麓之患」, 而莫可奈何. 時, <酒>后, 春秋四十六, 而胖强如少女, 連生私子. 上, 不能禁, 皆封爲列王·公主. <朱>妃生子<朱國>.

○ 8년{단기2567년/AD234}경인, 춘정월, <오{吳}>의 사신에게 <대각궁{大角宮}>에서 연회를 베풀었다. <주통{酒桶}>후를 <호천{狐川}>으로 찾아뵈었다. 이때, 후는 딸 <방을{方乙}>을 낳았었다. 하4월, <조예{曹叡; 魏 曹操의 손자}>가 사신을 보내서 병서·보검·옥상 등을 바치며, 함께 <공손연{公孫淵}>을 멸하고 <오{吳}>를 토벌하길 청하였다. 태보 <을대곤{乙大昆}>이 나이 70에 죽었다. <을대곤>은 <을파소{巴素}>의 장자로, 입조한지 50년이었는데, 대신의 기풍이 있었고 공과 사를 혼동하지 않았다. 큰 정사를 처결하고 큰 옥사를 다스림에 힘쓴 것이 많았으나, <을파소>가 죽자 <호천{虎川}>을 이어서 취하여 아들을 낳았었으니 「취록지치{聚鹿之恥; 왕비 등을 통음하는 부끄러운 일}」를 면하지 못하였다. 한탄할 일이었다. <상제{尙齊}>가 재상의 자리에 복귀하였다.
추9월에 <우{于}>태후가 죽자, <산상릉{山上陵}> 곁에 묻어주고 소나무를 일곱 겹으로 심어 그 앞을 가려주었다.

<백제{濟}>주 <구수{仇首}>가 재위 21년에 죽고, 그의 아들 <사반{沙伴}>이 어린 나이에 보위에 올랐더니, <초고>의 동생 <고이{古爾}>가 <사반>을 끌어내리고 자신이 보위에 섰다.

동10월, 상이 <호천{虎川}>에 있던 <주통{酒桶}>태후를 궁내로 맞아들여서 기거하게 하였더니, <우{于}>태후가 죽자, <주통>이 모든 정사를 틀어쥐게 되었고, 이리하여 <연{椽}>씨 형제들이 갑자기 대신의 자리에 올라서 <우{于}>씨와 <주{朱}>씨를 대신하게 되었더니, 나라사람{나라를 다스리는 위치에 있는 사람}들은 외척들의 「사록지환{沙麓之患; 외척의 발호에 의한 우환}」을 어쩌지 못함을 한탄하였다. 이때, <주통>후는 나이가 마흔 여섯이었는데도, 태반이 젊은 여인처럼 튼튼하여, 계속 사생아를 낳아댔다. 상은 이를 금하지 못하였으며 모두를 왕과 공주로 봉했다. <주{朱}>비가 아들 <주국{朱國}>을 낳았다.

● 九年乙卯, 春正月, 詔曰; "孝者, 人之大本也. 朕, 爲民父母, 不自垂範, 何以治民, 噫. 我母后, 自誕朕, 躬累遭艱難辛苦, 到此. 思念其情, 可不矜憐. 朕, 以天下養此一人, 俾無遺感. 凡我臣民, 體此大旨. 如有長生不老神仙之藥, 補氣甦元之術, 可延母壽者, 進于太后. 宜加爵賞功." 命有司選民孝母者三十七人, 賜宴于太后宮. 夏四月, **<鱣>**皇后生**<桷>**公主于**<[大]**角宮**>**. 上, 怒, 削后邑**<**龍岩**>**·**<**桓那**>**之地而出居淨宮, 以內儀小后**<**桶**>**公主爲皇后.

<羅**>**, **<**助賁(六)**>**, 正月, 東巡郡國, 撫恤其民.

○ 9년{단기2568년/AD235}을유, 춘정월, 조서를 내려서 이르길; "효는 사람이 갖추어야 큰 근본인데, 짐은 백성들의 부모 된 자인데도 스스로 모범을 보이지 못하였으니, 어찌 백성들을 다스릴 수 있으리오. 개탄할 일이오. 내 모후께서는 짐을 낳으신 이래로 몸소 여러 간난신고{艱難辛苦}를 겪으시면서 오늘에 이르셨소. 그 정을 생각하면 어찌 가련하셨다고 아니 할 수 있겠소. 짐은 세상의 모든 것을 바쳐서라도 이 분을 돌보아서, 유감스러움을 남기고 싶지 않소. 나의 모든 신하들과 백성들은 이 큰 뜻을 헤아려 주시오. 장생불로{長生不老}

하는 신선들의 약{仙藥}이거나, 기운을 보하여 젊음을 되찾아 주는 재주이거나, 모친의 생명을 늘여 주는 그 무엇을 태후{=酒桶}께 바치는 자에겐, 작위를 더하여 주고 그 공에 상을 내릴 것이오."라 하였다. 관리에게 명하여 모친에게 효도하는 백성 37인을 가려내어 태후 궁에서 잔치를 벌여 주었다.

하4월, <전{鱣}>황후가 <대각궁{大角宮}>에서 <각{桷}>공주를{=또 딸을} 낳았더니, 상이 노하여 후위{后位}와 식읍으로 주었던 <룡암{龍岩}>과 <환나{桓那}>땅을 삭탈하고 정궁으로 나가살게 하였으며, 내의소후 <통{桶}>공주를 황후로 삼았다.

<신라{羅}>는 <조분{助賁}(6년)>이 정월에 동쪽의 군국{郡國; 邑國보다 크거나 지위가 높은 부락}들을 순시하며 백성들을 위무하고 구휼하였다.

☯ 十年丙辰, 春二月, <孫權>使<胡衛>來謁請和. 辭意甚慢, 禮物且薄. 上怒謂<胡衛>, 曰; "爾王事<淵>甚厚, 而何事朕甚薄乎." <衛>曰; "禮數因風波入海, 辭意與<淵>相同." 上曰; "年前, <旦>·<彊>紿朕. 汝復爾邪." 命下獄治之. 太輔<息夫>與疾入諫, 乃置<玄菟>監之. <衛>逃走爲<淵>所殺. 其徒<周仙>, 年少能通吾語, 爲<朱通>家臣. 太輔<穆臣>亦諫而免. 夏五月, 上觀稼于西郊, 親採種麥. <桶>皇后[恃]寵自恣. 上復召<鱣>后入宮, <鱣>上書哀乞, 曰; "臣妾, 身多水氣, 恐又生女, 不敢再配聖躬." 上曰; "朕夢見先帝責我曰'女勝於子無爭位之危.'" 朕今覺之, 其[勿]憂而入."

<索頭>, <涉眞>殂, <應鹿>立.

<朱>妃生<洙>公主.

<羅>, <助賁(七)>, 二月, 取<骨火國>爲郡. 以其主<阿音夫>爲老客, 賜宅庄安之. 時, 朝廷, 以萬一之備, 割<竹嶺>以南之地, 築城池. 故<助賁>, 知勢, 不得已而停北拒而南下者也.

<濟>, <古爾(三)>, 十月, 獵西海大島, 手射鹿四十.

○ 10년{단기2569년/AD236}병진, 춘2월, <손권{孫權}>사신 <호위{胡衛}>가 찾아와 배알하며 화친을 청하였다. 그 언사가 심히 방자하고 예물

또한 야박하였더니, 상이 화가 나서 <호위>에게 이르길; "너희 왕은 <공손연{淵}>은 심히 후하게도 섬기면서, 짐을 섬기는 데는 어찌 심히 야박한가?"라 하자, <호위>는 "예물은 여러 번의 풍파로 물에 빠뜨렸기 때문이고, 문맥의 뜻은 <공손연>에게 함과 하나같았습니다."라고 아뢰었다. 이에 상이 "지난해에 <진단{旦}>과 <황강{彊}>이 나를 속이더니, 너도 다시 그러려는 것이냐?"라 이르고는, 옥에 가두어 다스리라 명하였다. 태보 <식부{息夫}>가 병든 몸으로 들어와서 말렸더니, <호위{衛}>를 <현도{玄菟}>에 안치하고 지키라 하였다. <호위>는 도주하다가 <공손연{淵}>에게 잡혀서 죽었다.{☞<삼국사기>는 추7월에 <호위>의 목을 베어 <위>에 전했다라고 적어서 <고구리>가 마치 <위>에게 사대라도 하듯이 적었다}. 함께 왔던 <주선{周仙}>은 나이도 어린데 우리말에 능통하여 <주통{朱通}>이 가신으로 삼았더니, 태보 <목신{穆臣}>이 역시 말리기에 풀어주었다. 하5월, 상이 서쪽 교외로 나가서 농사를 살피고, 친히 보리종자도 거두었다. <통{桶}>황후가 총애를 믿고 스스로 방자하니, 상이 다시금 <전{鱣}>후를 입궁하라고 불렀다. 이에 <전>후는 글을 올려 애걸하길 "소첩은 몸에 수기{水氣=陰氣}가 많아서 또 딸을 낳을까 두렵습니다. 감히 성상을 다시 모실 수는 없습니다."라 하자, 상이 이르길; "짐이 꿈에 선제를 뵈었더니, 짐을 책망하며 이르시길; '딸이 아들보다 낫다. 제위를 다툴 위험이 없느니라.'라고 하셨소. 이제 짐도 그것을 깨달았으니, 걱정 말고 들어오시오."라 하였다.

<색두{索頭}>의 <섭진{涉眞}>이 죽어 <응록{應鹿}>이 섰다.

<주{朱}>비가 <수{洙}>공주를 낳았다.

<신라{羅}>는 <조분{助賁}(7년)>이 2월에 <골화국{骨火國}>을 취하여 군으로 만들고, 그곳의 임금이었던 <아음부{阿音夫}>는 노객으로 삼아서 집과 땅을 주어 편안히 살게 하였다. 이때 <고구리> 조정이 만일의 대비책을 논의하고 <죽령{竹嶺; ≠遼東半島竹嶺이고 山東 泰山주변의 어디쯤 아닐까?}>이남 땅을 빼앗아 성을 쌓고 물구덩이를 만들었더니, <조분{助賁}>은 자신의 세력이 미흡함을 알고 할 수 없이 북쪽에 항거하기를 그만두고 남쪽으로 내려갔다{☞山東 등의 북부지역 포기!}.

<백제{濟}>에서는 <고이{古爾}(3년)>가 10월에 서해{西海는 <대야택> 및 <동정호> 같은 호수나 큰 강?}의 큰 섬에서 사냥하여, 손수 사슴 40마리를 쏘았다.{☞<백제>가 <산동>에서 <한수>서방으로 간 후의 <서해>는 어디?}

☯ 十一年丁巳, 春三月, <鱣>皇后生<獐>公主泣而不食, 上亦泣. <劉昕>·<鮮于嗣>·<吳林>等, 侵<帶方>·<樂浪>等小國, 與<淵>表裡, <淵>自稱<燕>王而驕傲. 上乃遣使如<魏>, 議討<淵>之計. <魏>使<毌丘儉>爲<幽州>刺使與<鮮卑>·<烏桓>等, 屯<遼隊[隧]>徵<淵>, <淵>出擊破之. <毌>欲再戰, 以大雨十日, <遼水>大漲, 故恐有失, 而引還<右北平>. 我軍, 乘虛, 襲取<玄菟>西地百余里. 太輔<穆臣>薨. <羅>有蝗災. 七月, 太輔<尙齊>薨, 年七十七. <息夫>代之, <能>左輔.

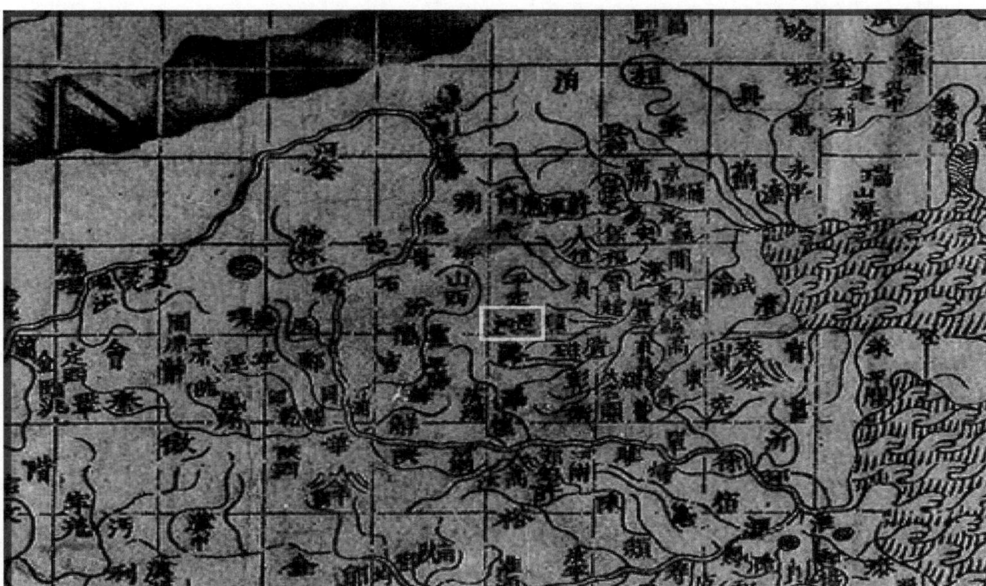

그림37. 명{明}대의 고지도에도 <요수{遼河}> 위치가 현금 <산서성> <태행산맥> 중에 나타나는 것을 보면, 옛 <요수{遼水}> 또는 <요하{遼河}>는 최소한 이곳 <요{遼}>의 주변에 있었을 것임{그림24참조}.

○ 11년{단기2570년/AD237}정사, 춘3월, <전{鱣}>황후가 <장{獐}>공주를 낳고 눈물 흘리며 먹기를 피하니, 상 또한 눈물을 흘렸다.

<류흔{劉昕}>·<선우사{鮮于嗣}>·<오림{吳林}> 등이 <대방{帶方}>·<락랑{樂浪}> 등 작은 나라를 침략하여 <공손연{淵}>과는 표리와 같이 되었더니, <공손연>은 스스로 <연{燕}>왕을 칭하고 교만하며 거드름을 피웠다. 이에 상은 <위{魏}>에 사신을 보내 <공손연>을 토벌하는 계획을 상의하였다. <위{魏}>가 <관구검{毌丘儉}>을 <유주{幽州}>자사로 삼아서 <선비{鮮卑}>·<오환{烏桓}>과 함께 <요대[수]{遼隊[隧?}>에 진을 치고 <공손연>을 응징하게 하였더니, <공손연>이 먼저 나와서 이를 격파하였다. <관구검{毌}>은 다시 싸우고 싶었으나, 큰비가 열흘이나 내려서 <요수{遼水}{그림24, 그림37}>가 넘실대니, 군사를 잃을까 겁내며 <우북평{右北平; 그림25}>으로 물러났다. 우리 군대가 그 허를 틈타서 <현도{玄菟}> 서쪽 100여리를 취하였다. 태보 <목신{穆臣}>이 죽었다. <신라{羅}>는 황충 피해가 심했다. 7월, 태보 <상제{尙齊}>가 77살에 죽어, <식부{息夫}>가 대신하고, <목능{能}>이 좌보가 되었다.
{☞<삼국사기>엔 『遣使如<魏>, 賀改年號. 是<景初>元年也: <위>에 사신을 보내서 <위>가 연호를 바꾼 것을 축하하였다. 이때가 <경초>원년이었다.』라고만 적고 있다!}

☯ 十二年戊午, 春正月, 大雪五日. 太輔**<息夫>**妻**<玉陽>**公主薨. 後二日, **<息夫>**亦薨, 年七十. **<息夫>**, 有渠父之風, 勤儉自守, 戒子女, 能直諫. 常言太后于政, 人以爲賢相. 上, 與**<鱣>**皇后, 臨吊, 葬以大王之禮. 以**<穆萇>**女**<蚕>**爲內儀小后. **<萇>**, **<能>**之子也.
<司馬懿>, 遣使來, 請共滅**<淵>**賊. 乃命**<朱希>**, 爲注簿大加, 引五千兵出**<南蘇>**觀望聲援. 八月, 滅**<淵>**, **<懿>**背約驕傲. 上, 怒, 絶之.

<濟>, **<古爾(五)>**, 正月, 設壇祀天地, 用鼓吹. 二月, 畋于**<釜山>**五旬乃返. 四月, 震王宮門柱, 黃龍自其門飛出.

○ 12년{단기2571년/AD238}무오, 춘정월, 닷새 동안 많은 눈이 내렸다. 태보 <식부{息夫}>의 처 <옥양{玉陽}>공주가 죽었더니, 이틀 후에 <식부>도 나이 70에 죽었다. <식부>는 도량이 큰 아비의 기풍이 있었고, 근검하여서 자신을 지키고 자녀를 가르쳤으며, 직간을 잘하였다. 늘 태후에게 정사에 대한 얘기를 나누었더니, 사람들이 현

명한 재상으로 여겼었다. 상이 <전{鱣}>황후를 데리고 친히 임석하여 조문하였으며, 대왕의 예로 장사하였다. <목장{穆萇}>의 딸 <잠{蚕}>을 내의소후로 삼았다. <목장{萇}>은 <목능{能}>의 아들이다.

<사마의{司馬懿; 曹操 魏의 名將으로 晉武帝 司馬炎의 할아비임}>가 사신을 보내와서 함께 <공손연{淵}>을 멸하자고 청하였다. 이에 <주희{朱希}>에게 명하여 주부대가가 되어 5천병을 이끌고 <남소{南蘇}>로 출병하여서 관망하여 성원하게 하였다.{☞<삼국사기>엔 "<魏>太傅<司馬宣王>率衆, 討<公孫淵>. 王遣主簿大加, 將兵千人助之."라고만 적혀있다}. 8월에 <공손연>을 멸하고 나서 <사마의{懿}>가 약속을 저버리고 교만·방자하여졌더니, 상이 노하여 <사마의>와의 교통을 끊었다.{☞선비족인 <위>와 관계가 꼬이기 시작!}

<백제{濟}>에서는 <고이{古爾}(5년)가 정월에 제단을 쌓고 천지에 제사하면서 북과 나발을 사용하였고{☞천자행세}, 2월엔 <부산{釜山; 현금 南京부근?}>에서 50일 동안 봄 사냥을 하고 돌아갔더니, 4월엔 왕궁의 문기둥에 벼락이 떨어지고 거기에서 황룡이 날아 나왔다.

● 十三年己未, 春正月, 宴宗室公卿之老母于太后宮. 親率伶人, 奏·歌·舞·滑稽, 以慰太后. 親練軍士于<西川>.

<羅>使至獻玉石求<竹嶺>之地, 不許. <濟>, 自正月不雨, 至五月而雨. <魏>, <曹叡>死, <司馬懿>執政.

○ 13년{단기2572년/AD239}기미, 춘정월, 태후 궁에서 종실과 공경들의 노모들에게 잔치를 베풀었다. 상은 친히 재인들을 거느리고 악기도 타고 노래하고 춤도 추며 익살도 부려서 태후를 위무하였다. 친히 <서천{西川; =箕丘以西지역!}>에서 군사를 조련하였다.

<신라{羅}> 사신이 와서 옥돌을 바치며 <죽령{竹嶺; ≠遼東半島竹嶺}>땅을 달라고 하였으나, 허락하지 않았다. <백제{濟}>는 정월부터 비가 내리지 않더니, 5월이 되어서야 비가 내렸다. <위{魏}>에서는 <조예{曹叡}>가 죽고, <사마의{司馬懿}>가 정사를 거머쥐었다.

● 十四年庚申, 春正月, 多雪, 猪獐之獲甚多. 行先農祭于內城北郊.

二月, <鱣>皇后生<龜>公主, 上泣. 三月, 太后生<屈>太子, 上喜. 太后笑, 曰; "人言; '陛下喜怒不形.' 近頗異前, 泣女而喜弟. 何也." 上曰; "<于>太后生時, 未嘗弛念, 今頗放心. 是, 臣之短也. 當改之."

<帶方>人<弓遵>, 自稱<魏>太守, 略邊, 通<羅>·<倭>, 生梗甚多. 命<於灌>, 率<韓>「臣智」等, 擊殺之. <濟><古爾(七)>侵<羅>西邊, 四月, 以<眞忠>爲左將委其內外兵馬. 七月, 大閱于<石川>, 有雙鴈起於川上, <古爾>射之皆中, 自以爲神, 而人以爲不吉.

冬十二月, <然弗宮>奉禮<椽葉>生子<若友>. 上夢見白龍入<然弗>太子之懷, 心常異之. 至是, 白龍果現于「溫湯」而<若友>生. <葉>, <況>之女. 其母<尊>公主, 上之胞妹也. 時, 年十四. 上大喜之, 親幸「溫湯」賜衣, 以駙馬<椽況>爲中畏大夫, 以慰太后之心. <況>, 太后之姪, <尙>太后之女. <于>太后時, 全家避于<壅口>. 至是, 始大赫.

○ 14년{단기2573년/AD240}경신, 춘정월, 눈이 많이 내려서 사냥에 잡힌 돼지와 노루가 엄청 많았다. 내성{內城}의 북쪽 교외에서 선농제{매년 농사 시작에 앞서서 신농씨에게 올리는 제사}를 지냈다. 2월에 <전{鱣}>황후가 <귀{龜}>공주를 낳았더니 상이 눈물을 흘렸고, 3월엔 <주통>태후가 <굴{屈}>태자를 낳았더니 상이 기뻐하였다. 이에 태후가 웃으면서 "사람들이 '폐하는 기쁘거나 노여워도 표내지 않으신다.'고 말하던데, 근래엔 이전과 상당히 다르십니다. 딸 낳으니 눈물 흘리고, 남동생 낳으니 웃으셨는데, 무슨 까닭이오?"라 일렀더니, 상은 "<우{于}>태후가 살아 있을 땐 생각이 느슨하지 않았으나, 지금은 좀 방심하였습니다. 신이 짧았음입니다. 응당 고치겠습니다."라 답하였다.

<대방{帶方}>사람 <궁준{弓遵}>이 <위{魏}>의 태수를 자칭하며 변방을 침략하고 <신라{羅}> 및 <왜{倭}>와 소통하여, 근심거리가 많게 하였다. <어관{於灌}>에게 명을 내렸더니, <한{韓}>의 「신지{臣智}」 {또는, <한신지{韓臣智}>} 등을 이끌고 나가서 이를 쳐 죽였다.

<백제{濟}>는 <고이{古爾}(7년)>가 <신라>의 서쪽 변방을 쳤고, 4월엔 <진충{眞忠}>을 좌장으로 삼아 내외병마의 일을 맡겼다. 7월엔 <석천{石川}>에서 군대를 크게 사열하였다. <석천> 위쪽에서 기러기 한

쌍이 날아오르자, <고이{古爾}>가 이를 쏘아서 모두를 맞추더니 자신을 신이라 여겼고, 사람들은 이를 불길하다 여겼다.
동12월, <연불궁{然弗宮}>봉례 <연엽{椽葉}>이 아들 <약우{若友}>를 낳았다. 상은 꿈에 백룡이 <연불{然弗}>태자의 품으로 들어가는 것을 보고는 늘 이상하게 여겨 왔었는데, 지금에 이르러 과연 백룡이 온탕{溫湯}에 나타났고, <약우>가 태어났다. <연엽{葉}>은 <연황{況}>의 딸이고, 어미는 상의 동복 여동생 <존{尊}>공주이었으며, 이때 나이는 열 넷이었다. 상이 이를 크게 기뻐하며, 친히 온탕으로 행차하여서 옷을 하사하고, 부마 <연황{椽況}>을 중외대부로 삼아서 태후의 마음을 위로하였다. <연황>은 <상{尙}>태후의 딸인 <주통>태후의 조카이다. <우{于}>태후가 힘쓰던 시절엔 모든 가족이 <옹구{壅口}>로 피하여 살다가, 이때가 되어서야 비로소 처지가 크게 바뀌었다.

● 十五年辛酉，春正月，太后不豫，廢朝錄囚，親行祈禱，命祀天壇·地神·名山大川. 三月，快差，大宴<椽>氏·<明臨>氏之族.
夏五月，上，與太后·皇后·<然弗>太子，如<卒本>，謁廟陵告王孫，觀麥田行鳩祭. 秋八月，封<葉>氏爲<然弗>太子妃，賜金銀輀·綵段無數. 以<尊>公主爲內儀小后，加其田宅·奴婢. <朱>妃生<洛>公主

○ 15년{단기2574년/AD241}신유, 춘정월, 태후가 위독하여 조정을 폐하고, 죄수들을 다시 살폈으며, 친히 신명에게 빌고, 천단과 지신 및 명산대천에 제사를 지내라 명하였다. 3월에 태후가 쾌차하여졌다. <연{椽}>씨와 <명림{明臨}>씨 족당들에게 큰 잔치를 베풀었다.
하5월, 상은 태후·황후·<연불{然弗}>태자와 더불어 <졸본{卒本}>으로 가서 사당과 무덤을 배알하고 왕손이 생겼음을 고하였으며, 보리밭을 둘러보고 {보리종자를 물어다 준 부여} 비둘기에게 제사하였다. 추8월, <연엽{葉}>씨를 <연불>태자비로 봉하고, 금과 은으로 꾸민 바퀴달린 가마와 채단을 셀 수 없을 만큼 하사하였다. <존{尊}>공주를 내의소후로 높여주고, 전택과 노비를 더하여 주었다. <주{朱}>비가 <락{洛}>공주를 낳았다.

☯ 十六年壬戌, 春正月, 左輔<穆能>以病免. 夏五月, 上, 親率五道將軍<方丑>·<湏古>·<朱希>·<紘>·<穆萇>等, 引兵十万攻<西安平>, 拔之. 是爲<安平大戰>. 初, <懿>, 拔<遼東>而移其主力于此, 欲東. 至是, 其設破壞, 生口·珍寶皆歸于我. 時, 左輔<穆能>, 養[疾]城南, 與大評<得來>, 力疾入諫, 曰; "窮兵則引禍, 不如養力而待時." 上, 苦其不退, 曰; "國老, 只可養疾撫孫, 可也. 何預征伐如是耶." 命進肉羹而飮之, <能>, 不飮, 曰; "小臣, 亦皇家之裔, 安可使陛下陷危而不諫. 如欲出兵, 請殺臣." 上, 怒謂<蚕>后, 曰; "汝祖苦我." <蚕>, 恐失寵, 强<能>而出. <能>疾劇而薨, 家人不敢葬. 上, 自<安平>歸, 大宴君臣, 曰; "如此快事, 恨不得與<穆>老同." 上, 與<蚕>后, 親葬<能>以國公·太輔之禮, 曰; "汝祖, 雖不知事, 忠則忠矣." 時, <蚕>后最有寵生皇子, 故<明臨>氏·<椽>氏等頗有妬色.

<羅>, <助賁(一三)>, 年登, 其<古陀郡>生嘉禾. <濟>, <古爾(九)>, 二月, 開稻田于南澤. 四月, <古爾>以其叔父<質>爲右輔. <質>, 忠敎謀事無失. 七月, <古爾>, 出西門, 觀射.

秋七月, <柵新>長者<烏淩>進麥米八千石, 賜<安平>美女二人, 加爵小皂衣村評者. <鮮卑>·<紫蒙>·<索頭>等, 遣使獻美女·良馬, 稱臣·請婚. 上, 皆撫慰以禮, 乃開報聘之路.

○ 16년{단기2575년/AD242}임술, 춘정월, 좌보 <목능{穆能}>이 병으로 면직되었다. 하5월, 상이 친히 5도{五道} 장군 <방축{方丑}>·<회고{湏古}>·<주희{朱希}>·<현{紘}>·<목장{穆萇}> 등을 거느리고 십만 병을 이끌어 <서안평{西安平}>을 쳐서 빼앗았다. 이것이 <안평대전{安平大戰}>이다{그림23}{☞<위>와 <하북>등지에서 본격적 쟁패 시작!}. 애초에 <사마의{懿}>가 <요동{遼東}>을 빼앗고 이곳으로 자신의 주력을 옮겨 동쪽을 도모하고자 하였다. 이제 그 설비가 파괴되었으니, 백성들과 진보가 모두 우리 것이 되었다. 때에 좌보 <목능>이 도성 남쪽에서 병을 요양하고 있다가, 대평 <득래{得來}>와 함께 병을 무릅쓰고 들어와서 "병력이 궁해지면 화를 불러들이게 되니, 힘을 키우면서 때를 기다림만 못합니다!"라 간언하였다. 상은 그가 물러나지 않음에 고심

하더니 "국로께서는 요양하시면서 손자나 쓰다듬으실 일이지, 어찌 이처럼 정벌에 간예하십니까!"라 말하고는, 고깃국을 올리게 하여서 마시라 하였다. 허나 <목능>은 고깃국은 입에 대지도 않고, "소신 또한 황가의 후손으로, 어찌 가만히 앉아서 폐하가 위험에 빠지시는 것을 말리지 않을 수 있겠습니까? 출병하실 것 같으면, 청컨대 신을 먼저 죽여주시오!"라 하였다. 이에 상은 화가 치밀어서 <잠{蚕}>후에게 "당신 할아버지가 나를 괴롭히고 있소!"라 하였고, <잠>후는 총애를 잃을까 두려워 <목능>을 억지로 나가게 하였다. 이에 <목능>은 병이 극심하여져서 죽었고, 집안사람들은 감히 장사를 지내지도 못하였다. 상이 <안평{安平}>에서 돌아와 군신들에게 큰 잔치를 벌여주고 이르기를; "이와 같이 좋은 일에, <목{穆}>씨 노인께서 자리를 함께 하지 못하는 것이 안타깝소."라 하였다. 상은 <잠{蚕}>후와 함께 친히 <목능{穆能}>을 국공·태보의 예로 장사하더니, "당신의 할아비는 비록 섬길 줄은 몰랐어도, 충성은 충성이었소."라 하였다. 그리하여 <잠>후가 총애를 최고로 많이 받고 황자를 낳았더니, <명림{明臨}>씨와 <연{椽}>씨의 얼굴엔 꽤나 시기하는 빛이 있었다.

<신라{羅}(조분13년)>는 곡식이 잘 여물고, <고타군{古陀郡}>에서는 좋은 벼도 생겼다. <백제{濟}(고이9년)>는 2월에 남녘의 습지에서 처음으로 벼농사를 시작하였고, 4월엔 <고이{古爾}>가 숙부 <질{質}>을 우보로 삼았더니, <질>은 계획을 세워서 잃는 것이 없게 하는 것을 충심으로 가르쳤다. 7월에는 <고이>가 서문 바깥으로 나가서 활쏘기를 참관하였다.

추7월, <책신{柵新}>의 우두머리라는 <오릉{烏凌}>이 맥미{보리쌀} 8천석을 가져왔기에, <안평>미녀 둘을 하사하고 작은 조의촌의 평자{評者} 작위를 주었다. <선비{鮮卑}>·<자몽{紫蒙}>·<색두{索頭}> 등이 사신을 보내서, 미녀와 좋은 말을 바치며 칭신하고 청혼하였다. 상은 이들 모두를 예의를 차려서 위무하고 보빙{報聘; 신하 나라를 답방하고 사신 등을 불러들이는} 길을 열어 주었다.

● 十七年癸亥, 春正月, 立<然弗>太子爲正胤. 以<葉>氏爲正胤妃.

<尊>公主爲正胤淑儀. <明臨鱣>皇后爲天宮大皇后, 還<龍岩>·<桓那>·<狐川>之地爲湯沐. 時, <鱣>后生<楝>太子. 故上, 爱后殊甚, 寵復如舊. 以<勝>公主爲<奢句>妻. <桶>公主生<于漱>女<五斗>于<西川>離宮. 是爲<西川帝>爱后<五斗星>后也. 初, <西川><鯉宅>女, 夢[得大黑蟒, 以爲不吉, 欲祓于巫. <桶>, 聞之, 以橡米五斗, 買其夢,] 得娠, 故曰<五斗>.

<古爾>, 正月, 設壇, 祀天地山川. 上曰; "<古爾>欺人孤兒, 天其歆歟." <鱣>后曰; "至誠則感天. 何愧於前而棄於後." 上曰; "善." <倭>獻美女錦緞, 而請假路攻<新羅>, 不許.

○ 17년{단기2576년/AD243}계해, 춘정월, <연불{然弗}>태자를 정윤으로 세웠다. <엽{葉}>씨를 정윤비로 하고, <존{尊}>공주는 정윤숙의로 하였다. <명림전{明臨鱣}>황후는 천궁대황후로 삼고, <룡암{龍岩}>·<환나{桓那}>·<호천{狐川}>의 땅을 돌려주어서 탕목을 삼게 했다. 이때, <전{鱣}>후가 <동{楝}>태자를 낳았더니, 상은 후를 유별나게도 지극하게 아껴 주었고, 총애가 옛날과 같아졌다. <승{勝}>공주를 <사구{奢句}>의 처로 삼았다. <통{桶}>공주가 <우수{于漱}>의 딸 <오두{五斗}>를 <서천{西川}>별궁에서 낳았다. 이 <오두>가 훗날에 <서천제{西川帝}>의 애후 <오두성{五斗星}>후가 된다. 애초에 <서천{西川}><리택{鯉宅}>의 딸이, 꿈에 [크고 검은 이무기를 붙잡았기에, 불길하다는 생각이 들어, 무당을 찾아가서 푸닥거리를 하고 싶어 하였다. <통>이 이를 듣고 도토리 알갱이 닷 되를 주고 그 꿈을 샀더니,] 태기가 있었다 하여 <오두>라 하였다.

<고이{古爾}>가 정월에 제단을 쌓고 천지산천에 제사하였음에, 상이 "<고이>가 사람들을 속이고 아이{=사반}를 저버렸는데, 하늘이 잘도 받아 마시겠구먼."이라 말하였더니, <전>후가 아뢰길; "정성이 지극하면 하늘도 감동하는 법입니다. 어찌 앞서서 한 일이 부끄럽다 하여 뒷일까지 모르는 체 하겠습니까?"라 하였더니, 상은 "그렇긴 하오."라 하였다. <왜{倭}>가 미녀와 비단을 바치고 <신라{新羅}>를 공격할 길을 빌려달라고 청하였으나, 들어주지 않았다. {☞<고구리> 및 <신라>와 이 <왜>의 강역 위치에 대한 연구·검토가 필요함!}

● 十八年甲子, 春三月, 微行至<酒桶村>, 見採薪女<淵>氏之美, 納于後宮爲宝儀奉禮. 群臣諫之, 不聽. 上, 欲知臣民之隱密, 往往微行于公卿胥吏之家, 眷其妻女. 又訪民戶, 亦然. 故衆望蔚然. 七月, <毌丘儉>入寇<玄菟>. 上, 將步騎二万, 逆擊于<沸流水>上, 大破之, 斬首三千余級. 是謂<沸水大戰>.

<羅>, <助賁(一五)>, 正月, 以伊湌<于老>爲舒弗邯兼知兵馬事, 以我割其<竹嶺>以南之地爲短. 此, 本<樂浪>·<卒本>之地, 皆是我土也. <羅>·<濟>之浸蝕此壤, 盖因邦家西進, 誠極可憎之事也.

○ 18년{단기2577년/AD244}갑자, 춘3월, 미행하여 <주통촌{酒桶村}>에 이르러서 땔나무를 하는 <연{淵}>씨의 미모를 보고는 후궁으로 맞아들여 보의 봉례로 삼았다. 신하들이 말렸었으나, 듣지 않았다. 상은, 신하와 백성들의 은밀한 것들을 알고 싶어서, 왕왕 공경이나 서리들의 집을 방문하여 그들의 처와 딸들을 둘러보았으며, 백성들의 집 또한 찾아보는 것 역시 그리하였더니, 많은 이들이 자산들도 피어날 수 있기를 바랐다. 7월에 <관구검{毌丘儉}>이 <현도{玄菟}>에 침입하여 노략하기에, 상이 보기 2만을 이끌고 나아가 <비류수{沸流水; 熱河? 湯河? 湯道河? 瀑河?}> 위쪽에서 이를 받아쳐서 크게 이기고 3천여 급을 베었다. 이를 <비수대전{沸水大戰; =沸流水大戰?}>이라 한다.

<신라{羅}(조분15년)>에선 정월에 이찬 <우로{㪍}>가 서불감 겸 지병마사가 되더니, 우리가 <죽령{竹嶺; 현금 산서·하북 남부주변?}>이남을 빼앗은 것은 잘못{또는, 오래가지는 못할 것}이었다라고 하였다. 이 땅은 본래 <락랑{樂浪}>[한4군의 락랑군?! 고구리 이전의 락랑국?!]과 <졸본{卒本}>[국]의 땅이었던지라 모두가 우리 땅이었는데도, <신라{羅}>와 <백제{濟}>가 이 땅을 갉아먹어 차지하였었다. 개략 우리나라{邦家=고구리}가 서진{西進}함에 따른 일이었으니, 진실로 지극히 가증스러운 일이었다.

☯ 十九年乙丑, 春, 巡<東海>觀魚于<達明淵>, 微行至<九極村>納其長者女<麥>氏. 顔色絶美容儀端雅窈窕, 上大可之, 以爲茶儀尙禮, 賜田宅

奴婢，爵其兄弟． <朱>妃生<朱玉>太子．
冬十月，命<穆萇>·<朱全>，伐<羅><長岺>·<蛙峴>，取之．<于老>敗走<馬頭柵>躬燒柴火慰其傷卒．<朱全>欲追之，<萇>曰；“知止則無殆．窮狗莫逐.” <于老>之燒卒正欲見窮而欲反，無墮其計．可也．

○ 19년{단기2578년/AD245}을축, 봄, <동해{東海; =遼河平原?}>를 순시하며 <달명연{達明淵}>에서 고기잡이를 돌아보다가, <구극촌{九極村}>으로 미행하여 촌장의 딸 <맥{麥}>씨를 거두었다. 얼굴이 기막히게 예쁘고, 모습이 단아하고 고요하며 아름다웠다. 상은 그녀를 매우 좋게 여겨 다의상례{=상시로 술과 차를 따르는 궁인}로 삼았으며, 땅과 집과 노비를 내려주고, 그 형제들에겐 벼슬을 주었다. <주{朱}>비가 <주옥{朱玉}>태자를 낳았다.
동10월, <목장{穆萇}>과 <주전{朱全}>에게 명하여 <신라{羅}>의 <장령{長岺, =長山?}>과 <와현{蛙峴}>을 공격하여 빼앗았더니{☞<삼국사기>왈; “出師侵<新羅>北邊”}, <우로{于老}>는 <마두책{馬頭柵}>으로 쫓겨나서 싸리를 불 놓아서 부상한 병졸들을 위로하였다. <주전>이 이들을 추격하고자 하였더니, <목장>이 “멈출 줄 알면 위태롭지 않게 되며, 궁한 개는 쫓는 게 아닙니다.”라 하였다. <우로>는 불 피우던 졸정{=병졸의 우두머리}이 끝장을 보고 싶어서 반격하자고 하였으나, 그 계책을 따르지 않았다. 옳았다고 할 것이다.

☯ 十九[二十]年丙寅，春正月，詔曰；“兵者國之元氣也．國家，有事於南西，涵養元氣．凡有勇義之士通其一技一藝者，皆詣注簿試．才，無欠，一人.” 二月，<螬>皇后生<德>公主． 秋八月，上，與<酒>后·<葉>妃·<麥>妃等，閱兵于<西川>而畋[于]<杜訥之原>，忽聞<毌>賊迂回而來．急<于根>等迎戰，我寡彼衆且接其鋭鋒，頗有難色．上乃抄鐵騎五千，衝其陣於<梁口>之西，大破之，獲其兵仗馬匹無數．上與<酒>后，受俘．<毌>之大軍又至，<于根>戰死．<毌>方陣而前勢如破竹，又聞南路失守且挾后妃，不得如意，乃引勁騎千余而退于<鴨淥之原>．<朱全>軍亦敗，死者萬人．上東遷<壅口>．十月，<毌>入都城掠民收宝．上，聞之痛哭，曰；

"恨不聽<穆能>之言." <麥>妃請奔其鄕, 乃至<竹嶺>, 軍士殆盡. 「東部」于台<密友>募士力戰. 上間行入山谷中, 聚散卒自衛. 百姓, 素慕聖德, 皆願死戰. <王頎>追兵, 與田民山尺, 相持. 敵衆我寡, 且無寸鐵, 勢其危急. 廚使<紐由>, 詐降饋<頎>, 隱刀刺殺之, 斬其幕將數人, 賊大亂. 上, 遂督民·兵, 大破<頎>衆. 時, <毌>賊已退. <穆萇>來迎, 上曰; "朕, 不聽汝父之諫, 而至此." 追贈<能>太輔·<安國公>, <得來>大注簿, <萇>中畏大夫. <萇>, 初, 娶<山上>女<玉川>公主. 至是, 又以上女<術>公主妻之, <于術>出也. 追贈<紐由>爲「東部」大使者, 使其子<多優>繼之. 賜<密友><巨谷>·<青木谷>. 賜<屋句><鴨淥>·<杜訥河原>. <朱>妃, 多産謹守, 故進封爲皇后.

<濟>, <古爾(一三)>, 夏大旱無麥. <毌>賊之亂, <樂浪><劉茂>·<帶方><王遵>亦自南入助<毌>. <古爾>, 乘其虛, 襲二國多掠邊民.

<羅>, <助賁(一七)>, 十月, 東南有白氣如匹練. 十一月, 地震其都.

○ 19[20]년{단기2579년/AD246}병인, 춘정월, 조서를 내려서 알리길; "병력{兵力}은 나라의 으뜸가는 기운{元氣}이오. 나라 서남쪽에 일이 있어, 으뜸가는 기운을 함양코자 하니, 용감하고 의로운 사나이들 중 기{技}와 예{藝}에 하나라도 능통한 이들이라면, 모두들 주부{注簿}를 뽑는 시험에 응하시오. 재능이 있고 흠결은 없는 한 사람을 찾고 있소."라 하였다. 2월, <전{鱣}>황후가 <덕{德}>공주를 낳았다. 추8월, 상이 <주{酒}>후·<연엽{葉}>비·<맥{麥}>비 등을 데리고 <서천{西川}>으로 가서 병사를 사열하고, <두눌원{杜訥之原; 達里湖주변 平原}>에서 사냥하다가, 돌연 <관{毌}>적이 우회하여 쳐들어온다는 소식을 들었다. <우근{于根}> 등을 채근하여 맞아 싸웠으나, 우리는 수가 적고 저쪽은 수가 많은데다가, 그들의 예봉을 마주하더니만, 자못 어려워하였다. 이에 상이 철기{鐵騎} 5천을 추려서 그들의 진영을 <양구{梁口}>서쪽에서 들이쳐서 크게 깨뜨렸고, 노획한 병장과 마필은 셀 수 없이 많았다. 상이 <주{酒}>후와 함께 포로를 접수하였다. <관구검{毌}>의 대군이 또 밀려왔더니, <우근>이 싸우다가 죽었다. <관구검>이 방진{方陣; 큰 평원에서나 사용하는 전쟁진법!}을 펼쳐서 그 전봉의 위세가

파죽이었고, 남쪽의 통로도 빼앗겼다는 소식을 듣자, 후비들까지 데리고 있는지라 상황이 녹녹하지 않았음에, 굳센 기병 천여 기와 함께 <압록원{鴨淥之原; =鴨水之原?}>으로 물러났고, <주전{朱全}>의 군대 역시 패하여 죽은 이가 만 명이나 되었다. 이에 상은 <옹구{壅口; 어디? =大興安嶺山脈中? =昨今桓仁五女山城?}>로 동천하였다. 10월, <관구검{毌}>이 도성{都城; =北都=渦南山城=牛山城=丸都}으로 들어가서 백성들을 약탈하고 보물들을 챙겼다. 이 소식을 들은 상은 통곡하면서 <목능{穆能}>의 말을 듣지 않은 것을 한스러워 하였다. <맥{麥}>비가 자신의 고향으로 피하기를 청하여서, <죽령{竹嶺; 竹嶺이 둘이라면 어느 竹嶺?; ☞三國史記曰南沃沮}>에 다다랐더니, 거의 모든 군사들을 잃었다.

「동부」우태 <밀우{密友}>가 무사들을 모아서 힘써 싸우고, 상은 산곡으로 숨어들어 흩어진 군졸을 모아 스스로를 지켰더니, 백성들은 평소에 상의 성덕을 흠모하였던지라 모두들 죽기로 싸우길 원하였다. <왕기{王頎}>의 추격군이 들판에서 농사를 짓거나 산속에서 사는 사람들과 서로 대치하고 있었다. 적은 수가 많고 우리 쪽은 수가 적을뿐더러 짧은 쇠토막{寸鐵=약간의 병력이나 경장기}도 없어서 그 형세가 위태롭기 그지없었다. 창간 관리 <뉴유{紐由}>가 거짓으로 항복하고는 음식으로 <왕기{頎}>를 대접하면서 숨겼던 칼로 그를 찔러 죽이고 여러 막장들의 목을 베었더니, 적들은 어지러워졌다. 이에 상이 백성과 병사를 독려하여 <왕기>의 군대를 크게 무찔렀다. 이때, <관{毌}>적은 이미 물러나 있었고, <목장{穆萇}>이 와서 상을 맞아들였더니, 상은 “짐이 자네 부친의 말을 듣지 않아 이렇게 되었소.”라 하였다. <목능{能}>을 태보·<안국공{安國公}>으로 추증하였으며, <득래{得來}>를 대주부로, <목장{萇}>을 중외대부로 삼았다. <목장{萇}>은 애초 <산상{山上}>의 딸 <옥천{玉川}>공주에게 장가를 들었는데, 지금 또 <우술{于術}>이 낳은 상의 딸 <술{術}>공주를 처로 삼게 되었다. <뉴유{紐由}>에게는 「동부」대사자를 추증하고, 그의 아들 <다우{多優}>가 그 자리를 잇게 하였다. <밀우{密友}>에게는 <거곡{巨谷}>·<청목곡{青木谷}>을 하사하고, <옥구{屋句}>에게는 <압록원{鴨淥原}>·<두눌하원{杜訥河原}>을 하사하였다.{☞<삼국사기>엔 『魏>遣<幽州>刺史

<毌丘儉>, 將萬人, 出<玄菟>來侵. 王將步騎二萬人, 逆戰於<沸流水>上, 敗之, 斬首三千餘級. 又引兵再戰於<梁貊>之谷, 又敗之, 斬獲三千餘人. 王謂諸將曰: "<魏>之大兵, 反不如我之小兵. <毌丘儉>者<魏>之名將, 今日命在我掌握之中乎." 乃領鐵騎五千, 進而擊之. <儉>爲方陣, 決死而戰, 我軍大潰, 死者一萬八千餘人. 王以一千餘騎, 奔<鴨淥原>. 冬十月, <儉>攻陷<丸都城>, 屠之. 乃遣將軍<王頎>, 追王. 王奔<南沃沮>, 至于<竹嶺>, 軍士分散殆盡, 唯<東部><密友>獨在側......是役也, <魏>將到<肅愼>南界, 刻石紀功, 又到<丸都山>, 銘<不耐城>而歸. 初, 其臣<得來>, 見王侵叛中國, 數諫, 王不從. <得來>嘆曰: "立見此地, 將生蓬蒿." 遂不食而死. <毌丘儉>令諸軍, 不壞其墓, 不伐其樹, 得其妻子, 皆放遣之.[<括地志>云: "<不耐城>卽<國內城>也, 城累石爲之." 此卽<丸都山>與<國內城>相接. <梁書>: "以<司馬懿>討<公孫淵>, 王遣將, 襲<西安平>, <毌丘儉>來侵. 『通鑑』: "以<得來>諫王, 爲王<位宮>時事." 誤也.]; 즉, <위>가 <유주>자사 <관구검>을 보내서 1만병을 데리고 <현토>로 침공하여 왔다. 이에 왕이 보·기병 2만인을 이끌고 <비류수> 위쪽에서 맞받아 싸워서 그들을 쳐부수고 3천여 수급을 베었으며, 다시 군사를 이끌어 <양맥곡>에서 싸워서 또한 적을 쳐부수고 3천여 명을 베거나 생포하였다. 왕이 제장들에게 이르길; "<위>의 대병이 오히려 우리의 적은 군사만도 못하다. <관구검>이란 놈은 <위>의 명장이라 하지만, 오늘 그의 명줄이 내 손안에 있구나."라 하고는 철기 5천을 거느리고 나아가 그들을 쳤더니, <관구검>이 방진을 치고 죽기로 싸워서, 아군이 크게 무너졌으며 죽은 이가 1만 8천여 명이었다. 이에 왕은 1천여 기를 데리고 <압록원>으로 도주하였다. 동10월, <관구검>이 <환도성>을 공략하여 함락시키고 백성들을 도륙하고, 장군 <왕기>를 보내서 왕을 추격하자, 왕은 <남옥저>로 도주하여 <죽령>에 다다랐다. 군사들은 흩어져 거의 다 없어지고, 다만 <동부>의 <밀우>가 혼로 왕의 옆에 ......이 싸움에서 <위>의 장수가 <숙신> 남쪽 경계에 이르러, 돌에 전공을 새겨 기념하고, 또한 <환도산>에 이르러 <불내성>에 기념비를 새기고 돌아갔다. 예전에, 왕의 신하 <득래>는, 왕이 중국을 침략하고 배반하는 것을 보고 여러 번 말렸으나 왕은 듣지 않았었다. <득래>는 탄식하며 "머지않아 이 땅이 쑥대밭이 되는 것을 보게 될 것이다."라고 하면서, 먹기를 마다하고 굶어죽었다. <위>의 장수 <관구검>이 모든 군사들에게 명하여 그의 무덤을 헐지 말고 무덤의 나무도 베지 말라 하였으며, 그의 처자 모두를 찾아내서 풀어주게 하였다.[「괄지지」에는 "<불내성>이 곧 <국내성>이며, 그 성은 돌을 쌓아 만들어졌었다."라 써 있다. <환도산>과 <국내성>이 서로 접해 있기 때문이다. 「양서」에는 "<사마의>가 <공손연>을 치자, 왕이 장수를 보내 <서안평>을 습격하였기에, <관구검>이 쳐들어 온 것이다."라고 써 있다. 「통감」에는 "<득래>가 왕에게 간한 것은 왕 <위궁> 때이다."라고 하였으나, 이는 틀린 기록이다].』라고 적어서 비슷하나 차이가 있다. 김부식이 中國이란 용어를 사용했는 지도 궁금한 사항이다.}

<주{朱}>비를, 자식을 많이 낳고 근신하여 자신을 지켰다 하여, 황후로 봉하였다.

<백제{濟}(고이13년)>에서는 여름이 가물어서 보리를 거두지 못하였다. <관{毌}>적의 난리 중에 <락랑{樂浪}>의 <유무{劉茂}>와 <대방{帶方}>의 <왕준{王遵; 또는 弓遵}>이 남쪽으로부터 들어와서 <관구검>을 돕자, <고이{古爾}>는 그 허를 틈타서 이 두 나라를 기습하

여 많은 수의 변방 백성을 노략하였다.

<신라{羅}(조분17년)>에서는 10월에 동남쪽에 명주를 펼쳐 놓은 것 같은 허연 기운이 있었고{海溢?}, 11월에는 도읍에 지진이 있었다.

☯ 二十一年丁卯，春二月，移都「平壤」. 七月，太子妃**<葉>**氏生子**<逸友>**. 宝儀奉禮**<淵>**氏生**<淵>**太子.

<羅>，**<助賁(一八)>**，五月，殂. 或乘雙魚而上天. 母弟**<沾解>**立. 七月，**<沾解>**，謁其始祖廟，封父**<骨正>**爲**<世神葛文王>**.

<濟>，**<古爾(一四)>**，正月，祭天地於南壇. 三月，**<眞忠>**右輔，**<直勿>**左將·知兵馬事.

○ 21년{단기2580년/AD247}정묘, 춘2월, {「북도」인 「환도」에서} 「평양{平壤}」으로 도읍을 옮겼다{☞「평양」은 어디? 瀋陽近方? 朝陽近方? 盧龍=永平? 北京朝陽近方? 北京서남 長安城?, 天津 서남방 100여Km지경 大城?}. 7월, 태자비 <엽{葉}>씨가 아들 <일우{逸友}>를 낳았다. 보의 봉례 <연{淵}>씨가 <연{淵}>태자를 낳았다.

<신라{羅}(조분18년)>에선 <조분{助賁}>이 5월에 죽었다. 혹자는 쌍어{雙魚}를 타고 상천하였다고 한다. 그 어미{=玉帽}의 남동생 <첨해{沾解}>가 섰다. 7월에는 <첨해>가, 그{들}의 시조사당을 배알하고, 자기 아비 <골정{骨正}>을 <세신갈문왕{世神葛文王}>으로 봉하였다.

<백제{濟}(고이14년)>에서는 <고이{古爾}>가 정월에 남쪽 제단에서 하늘과 땅에 제사하였고{☞천자국의 제례의식!}, 3월엔 <진충{眞忠}>을 우보로 삼고, <직물{直勿}>을 좌장·지병마사로 삼았다.

☯ 二十二年戊辰，春二月，與**<新羅>**，定界和親. 以**<葉>**氏爲內儀小后，**<麥>**氏[爲丹儀小后，**<淵>**氏爲茶儀小后，**<貫那>**氏爲宝儀小后，**<蚕>**氏]爲**<地宮>**大皇后. 上，遭變以來倦於政事，唯以遊獵浸色爲事，命太子攝行政事. 命**<要>**公主爲太子妃，**<酒>**后出也，年才十二.

秋七月，**<酒桶>**太后以暑痢崩，春秋六十. 后，**<酒桶村>**長**<椽栢>**之女也. 其母**<於>**氏，夢見槐王持金尺入懷，而生后. 豐美有德，**<山上>**微行通之，生聖躬，及爲太后，多亂政事，淫穢頗失前望. 葬于**<酒桶村>**，後合于<東川陵>. 皆其遺志也. <朱>后生子<朱城>太子. 九月, 上, 畋于<狐川>謁<酒桶陵>, 有感而疾作, 不能言而崩. 葬于<東川><烏壤>之岡. 先是, 上, 與<酒>后, 占此地. 至是, 同壙異室. <淵>后赴燒而殉. <鱣>皇后·<蚕>皇后·<麥>氏·<葉>氏等, 皆欲赴火, 號泣. <擗踊>太子, 與<桶>公主·<要>公主, 扶諸后救之. 然, 朝士·後宮·民女之殉于陵前者不絶, 掩柴相連. 人以爲<柴原>. 百姓歌之, 曰; "多情天子化爲龍, 陵前掩柴總天花."

○ 22년{단기2581년/AD248}무진, 춘2월, <신라{新羅}>와 경계를 정하고 화친하였다. <연엽{葉}>씨를 내의소후로, <맥{麥}>씨는 [단의소후로, <연{淵}>씨는 다의소후로, <관나{貫那}>씨는 보의 소후로, <잠{蚕}>씨는] 지궁대황후로 삼았다. 상은 변{=<관구검>의 침입}을 당한 이후로 정사가 권태로워서 오로지 유람하며 사냥과 여색에 빠져 세월을 보냈다. 태자에게 명하여 정사를 맡아보게 하였고, <요{要}>공주에게는 태자비가 되라고 명하였다. <요>공주는 <주통{酒}>후 소생으로 열 두 살이었다.
추7월에 <주통{酒桶}>후가 더위 먹고 심한 설사로, 춘추 예순일곱에 죽었다. 후는 <주통촌{酒桶村}>장 <연백{椽栢}>의 딸로, 어미 <어{於}>씨가 꿈속에서 괴왕{槐王}이 금척을 가지고 품으로 들어오는 것을 보고나서 후를 낳았다. 미색이 넘치고 덕스러워 <산상{山上}>이 미행·상통하여 성상을 낳았다. 나중에 태후가 되었는데, 정사를 많이 어지럽혔으며 음란하여 몸을 함부로 놀렸기에, 이전에 받았던 인망을 자못 상실하였다. <주통촌>에 장사하였다가, 뒷날 <동천릉{東川陵}>에 합장하였다. 이는 <주통>후가 남긴 뜻에 따른 것이었다. <주{朱}>후가 아들 <주성{朱城}>태자를 낳았다. 9월에 상이, <호천{狐川}>에서 사냥하고 <주통릉{酒桶陵}>을 찾아보았다가, 감응하여 병이 들더니, 말도 못하게 되어서 죽었다. <동천{東川}>의 <오양{烏壤}>쪽 산줄기에 장사하였다.{☞ <狐川>, <東川>, 「平壤」 및 <酒桶村>은 서로 간에 아주 멀리 떨어진 곳은 아닐 것임!} 애초에 상이 <주{酒}>후와 함께 이곳을 점지하였었고, 지금 한 구덩이에서 서로 다른 방을 가지게 되었다. <연{淵}>후가 쫓아와서 몸을 불살라 죽었고, <전{鱣}>황후·<잠{蚕}>후·<맥{麥}>

씨·<연엽{葉}>씨 등도 모두 불 속으로 들어가려 울부짖었으나, <벽용{擗踊}>태자가 <통{桶}>공주·<요{要}>공주와 함께 여러 후들을 붙잡아서 목숨을 건지게 하였다. 이러하였더니, 조정 사람들과 후궁들 그리고 민간의 여자들이 무덤 앞에서 순사함이 끊이지 않았고, 이에 싸리 섶으로 덮은 것이 끝이 없었더니, 사람들은 그곳을 <시원{柴原}>이라 불렀고, 백성들은 노래하기를; "다정했던 천자가 룡이 되니, 무덤 앞 싸리 섶 모두가 하늘 꽃으로 피어났네."라 하였다.

역자의 변 : <동양대제> 즉 <동천제>는, <산상제>시절에 위축되어진 군세{軍勢}를 온전히 회복하지 못한 상황에서, 신흥하는 <위{魏}>에게 빼앗겼던 <서안평>을 성급히 되찾으려는 <안평대전>으로 결정적 충돌사유를 제공하였고, 그 결과로 당시의 도읍 <환도>를 유린당하고 옹색한 <옹구{甕口: <대흥안령산맥> 주변? 현금 <환인><5녀산성>?}>로 도피하였다가 겨우 옛 나라{<조선>}의 <평양성>으로 천도하여 선대의 위업을 퇴색시켰다. 후세의 통치자들은 거울로 삼아야 할 것이다. 이때 천도해 들어간 옛날부터 이미 있었던 <평양>이 후세에 <장수대제>가 큰 돌기둥을 세우고 금칠하여서 대대적으로 보수하고 이거한 <평양대궁{平壤大宮}>이 있는 <평양성>일 것으로 보이며, 애초에 서진을 위한 「북도」였던 <환도>보다는 동방 또는 남방지경에 있었을 것으로 보이고, <환도>는 「서도」의 북방이고, 또한 「서도」의 주궁성은 <규수하>와 <영정하>가 만나는 <북경>서북 근지 <회래현>에 있는, <자금성>보다도 거대한, 옛 궁성 터이었던 것으로 확정 비정될 가능성이 크다고 본다. 허나, <평양성>위치를 아직은 시원하게 콕 집어내지 못하니 참담하다!

지난 AD20세기 초·중반에 발행된 군사지도들과 "대청광여도(1785년간)" 등에서 보이는 <북경>남방 <영정하>변 <대흥{大興}>과 좀 더 남쪽인 <고안{固安}>서북 <장안성{長安城}> 및 <천진{天津}>서남방 100여Km지경 <대성{大城}> 등은 어느 왕조의 유적일까...?

우리 겨레의 나라인 <고구리>의 역사상 두 번째 치욕이었던 <동천제>와 <위>의 전쟁은 현금 <태행산맥> 북방에서 시작하여 <태행산맥> 내부의 평원과 산지를 전전하며 있었을 가능성은 전혀 없을까? 전쟁기간이 8월~10월{60±30일}이었고 보병과 기병을 함께 운영하였고 <위>군이 방진을 사용했음 등을 보아서 살펴볼 일이랄 수 있겠다. 東川과 東遷은 그 의미에 있어 혼동을 할 수도 있기 때문이다..

13. 第十二世<中川大帝>紀 제12세<중천대제>기

원문출처 ; http://mf.history.go.kr/Pdf/MF0020000/00322307.pdf

帝, 諱<然弗>, <東川>之長子也. 母, <明臨饘>后, 太輔<息夫>之女也. 甲辰, 二月, 夢見火然山宮之洞壑, 而生帝. 及長, 儀表俊爽沈毅, 有智略, 能御衆. 而<毌>亂後, <東川>頗悔急進, 戒上; "以勿與<魏>爭, 修內政, 服<羅>·<濟>." 故愼於用兵, 只以畋獵荒色而終其身. 然, 事<東川>至孝, 未嘗遺其旨, 故人多稱之. <預物>·<奢勾>之亂出於不倫, 可勝歎哉. 當時, <儒道>未興, <黃老>管樂之學只以長生不死·富國强兵爲第一故也.

제는, 휘가 <연불{柴原}>이고, <동천{東川}>의 장자이다. 모친은 <명림전{明臨饘}>후로 태보 <명림식부{息夫}>의 딸이며, 갑진년{AD224} 2월에, 꿈속에서 산궁이 있던 마을 골짜기에 불이 퍼지는 것을 보고나서 제를 낳았다. 성장하니, 의표는 뛰어나게 시원스러웠고, 차분하면서도 의지가 강하고 지략이 있어 무리를 잘 이끌었다. <관구검>의 난리가 있은 후, <동천>이 {<서안평>으로} 서둘러 진공하였던 것을 후회하면서 상에게는 "<위{魏}>와는 싸우지 말고 내정을 잘 살필 것이며, <신라{羅}>와 <백제{濟}>는 복속하라."고 타일렀던 까닭에, 용병에는 신중하였으며, 다만 전렵과 황색하기로 그 삶을 마쳤다. 그러나 <동천>을 섬김에는 지극히 효성스러워서 그의 유지를 저버리지 않았었더니, 사람들이 그{=中川帝}를 칭송하였었다. <예물{預物}>과 <사구{奢勾}>가 난을 일으킨 것은 불륜에 따른 것이어서 한탄할 일이었다 하겠으나, 당시의 세상은 유도{儒道}는 아직 홍하기 이전이었고, 황노{=道教, 仙道}는 즐기며 사는 것만을 주관하며 오로지 장생불사{長生不死}와 부국강병{富國强兵}을 제일로 여겼을 뿐이었었다.

☯ 元年戊辰, 九月, 大行帝自<狐川>輿疾而歸, 召太子授神鏚而不能言, 須臾而崩, 太子卽位. 時, 年二十五. 冬十月, 葬<東川>. <饘>皇后欲殉下, 上扶止之, 尊爲天宮皇太后. 其他後宮一如大行時.

以<要>公主爲上皇后, <蚕>氏爲中皇后, <葉>氏爲下皇后.　十一月, 王弟<預物>·<奢勾>等, 揚言鴆帝之說, 而發兵犯闕, 官軍擊破之. 上, 命勿害<預物>·<奢勾>竟死於亂矢之下, 赦其妻子, 而厚葬之.　上, 昌雪, 如<朱>后宮. 后曰; "妾, 已四十五. 願守墓."　不許.

<羅>, <沾解(二)>, 正月, 伊飡<長萱>爲舒弗邯·叅政, 力主和北, 乃有定界之論.

<濟>, <古爾[一五]>, 春夏旱而冬饑. 發倉賑恤, 復其年租調

○ 원년{단기2581년/AD248}무진, 9월, 대행제가 <호천{狐川}>땅에서부터 병을 얻었더니, <평양>으로 돌아와서 태자를 불러 신검을 넘겨주었으며, 말을 하지 못하게 된 채 오래지 않아서 죽었다. 태자가 즉위하였고, 이때 나이는 스물다섯이었다.　동10월, <동천{東川}>을 장사하였다. <명림전{鱣}>황후가 따라 죽으려 하자, 상이 붙잡아서 따라 죽지 못하게 말렸으며 천궁황태후로 높였다. 기타 후궁들은 대행의 시절과 같게 하였다.

<요{要}>공주를 상{上}황후로, <잠{蚕}>씨를 중{中}황후로, <연엽{葉}>씨를 하{下}황후로 삼았다.　11월, 왕의 동생 <예물{預物}>과 <사구{奢勾}> 등이 '선제가 짐독을 당했다.'는 주장을 퍼뜨리면서 병사를 일으켜 범궐하였고, 관군이 이를 격파하였다. 상은 <예물>과 <사구>를 해치지 말라고 명하였지만, 끝내 어지러이 쏟아지는 화살 속에서 죽어서 구하지 못하였다. 이들의 처자들에게는 죄를 면해주었으며, 이들은 후하게 묻어주었다.　눈이 많이 내리자, 상이 <주{朱}>후의 궁으로 찾아갔다. <주>후가 "신첩은 이미 마흔다섯 살이니, 무덤을 지키고자 합니다."라 하였으나, 들어주지 않았다.

<신라{羅}>는 <첨해{沾解}(2년)>가 이찬 <장훤{長萱}>을 서불감·참정으로 삼아서 북쪽과의 화친에 주력하더니, 경계를 정하자는 말이 나왔다.

<백제{濟}(고이[15]년)>는 봄여름이 가물어서, 겨울에 백성들이 굶주리자, 창고를 열어 진휼하고, 그 해의 세금{곡물과 특산물}을 돌려주었다.

● 二年己巳, 春正月, 上, 與<饘>后, 如<卒本>謁廟告卽位而還. 太輔<明臨小塔>薨, 年八十六. <達夫>代之, <方丑>左輔, <須古>右輔, <貢夫>大注簿. 以宝儀小后<貫那>氏爲<饘>后宮小后. 冬十月, <饘>后生子<素勃>.

<濟>, <古爾(一六)>, 正月, 甲午, <太白>襲月. 四月, <倭>人殺<于老>. 七月, <羅>作<南堂>於宮南, 以<良夫>爲伊湌.

○ 2년{단기2582년/AD249}기사, 춘정월, 상이 <전{饘}>태후와 함께 <졸본{卒本}>으로 가서 사당을 배알하여 즉위하였음을 고하고 돌아왔다. 태보 <명림소탑{明臨小塔}>이 86살에 죽었다. <달부{達夫}>가 이를 대신하고, <방축{方丑}>이 좌보를, <수고{須古}>가 우보를, <공부{貢夫}>가 대주부를 맡았다. 보의 소후 <관나{貫那}>씨를 <전>태후궁의 소후로 삼았다. 동10월에 <전>태후가 아들 <소발{素勃}>을 낳았다.

<백제{濟}(고이16년)>는 정월 갑오일에 <태백성>이 달을 범하였다. 4월, <왜{倭}>인이 <우로{于老}>를 죽였다. 7월, <신라{羅}>는 궁의 남쪽에 <남당{南堂}>을 짓고, <량부{良夫}>를 이찬으로 삼았다.

☯ 三年庚午, 春正月, <蚕>皇后生子<若信>, <葉>皇后生子<若民>. 上, 宴<明臨>氏·<穆>氏·<椽>氏, 曰; "先皇惡生女, 今我後宮皆生子, 乃皇靈之所祐也." 命中畏大夫<穆莨>往告<東川陵>. 二月, 國相<於漱>兼知內外兵馬事. 詔曰; "先皇自主兵久勞, 聖躬四十而夭, 朕甚哀痛. 自今以往, 朕以兵事委於叔父, 俾無後慮." 以<麥>氏兄<牟太>爲「東海」沛者, <葉>氏父<椽況>爲「中部」大使者, <淵>氏父<淵岳>爲「中部」沛者. 上, 憐<淵>氏, 欲以<淵>氏妹代納後宮, 有此擧群臣諫之, 不聽. <朱>后生<朱邦>太子. 三月, 以<穆平>爲「北部」大使者. 冬, 多雪.

○ 3년{단기2583년/AD250}경오, 춘정월, <잠{蚕}>황후가 아들 <약신{若信}>을 낳았고, <연엽{葉}>황후가 아들 <약민{若民}>을 낳았더니, 상이 <명림{明臨}>씨·<목{穆}>씨·<연{椽}>씨들에게 잔치를 베풀어주고, 이르길; "상황께서는 딸 낳는 것을 싫어하셨는데, 지금 내 후궁들은

모두 아들을 낳았소. 이는 황령들께서 보살펴주심인 것이오."라 하였다. 중외대부 <목장{穆萇}>에게 명하여, <동천릉{東川陵}>에 가서 고하게 하였다. 2월, 국상 <명림어수{於漱}>가 내외병마사를 겸임하게 하고, 조서로써 이르길; "선황께서는 병마의 일을 손수 주관하며 오랫동안 애쓰시다가 춘추 마흔에 요절하시었으니, 짐은 매우 애통합니다. 지금부터는 짐이 숙부께 병사를 맡길 것입니다. 훗날 허물이 되지 않도록 해 주시오."라 하였다. <맥{麥}>씨의 오빠 <모태{牟太}>를 「동해{東海; =遼河平原?}」 패자로, <연엽{葉}>씨의 아비 <연황{椽況}>을 「중부」 대사자로, <연{淵}>씨의 아비 <연악{淵岳}>을 「중부」 패자로 삼았다. 상은 <연>씨를 측은히 여겨서 <연>씨의 여동생을 후궁으로 대신 거두고자 하였다. 이 일로 여러 신하들이 들고일어나 말렸으나, 듣지 않았다. <주{朱}>후가 <주방{朱邦}>태자를 낳았다. 3월, <목평{穆平}>을 「북부」 대사자로 삼았다. 겨울에 많은 눈이 내렸다.

☯ 四年辛未, 春正月, 以<淵甘>爲宝儀小后. <甘>, 以<淵>氏妹, 得寵超爲尙禮, 而娠躍登后位. 宮中皆驚. 時, <貫那>, 專房, 與<椽>皇后, 作巫蠱, 互相攻擊. 故, 上, 忽移于<甘>. 夏四月, 上, 與<甘>后, 畋于<箕丘>而還, 投<貫那>于水. 初, <貫那>, 以<杜訥原><達泊湖><鯉宅>之女, 顔色佳麗髮長九尺. <貫[=毌]>賊之亂, 隋帝入<壅口>, 得寵爲<葉>妃奉禮, 緣因<葉>妃而得謁故也. <葉>妃亦因<貫那>而得寵, 互作同穴之誓. <葉>妃生<逸友>, <貫那>生<貢>, 皆登小后. 今上卽位, <葉>, 以<若友>太子之故躍爲皇后, 下視<貫那>. <貫那>, 以此含之, 每當夕細陣<壅口>納媚受幸之事. 上, 鄙<葉>而疎之. <葉>, 亦怒, 每當夕奏<貫那>之髮不利於夫. 先帝之畋于<狐川>時, <貫那>從之得幸, 時, 其髮化爲蟒繞上數重乃得疾矣." 上, 知其讒言, 故不信, 又言; "西<魏>求長髮. 可獻此女." <葉>, 肥豊. 故, 上笑, 曰; "吾聞, <魏>求肥豊. 故當擇日送汝. 汝, 得<魏>主寵, 勿忘朕恩." <葉>, 大驚, 抱帝而哭, 曰; "妾罪當死. 奈<若友>何." 上, 惻然良久, 曰; "<壅口>之事, 非汝之罪也. 只可勿妬." 自是, <葉>后不敢言<貫那>. <貫那>, 以是專寵, 欲奪<葉>后之位, 假裝有娠而媎上, 曰; "皇后, 罵妾以田舍女, 伺陛下之出獵而殺妾. 願, 隨陛下于<箕丘>." 上, 性不好讒, 故遂與<甘>后去及還. <貫那>, 將革囊而迎哭, 曰; "皇后, 以此欲咸妾而投海(以胡,稱爲海). 妾欲歸家." 上, 怒, 曰; "汝欲入海, 海卽汝家也." 命<虎句>投之<西河>. 時, 年二十一, 色冠當世而夭折. 故, 國人哀之作<長髮曲>.

秋八月, 觀稼<西川>, 詔曰; "近年, 豆麥稍減, 黍粱不實, 人口漸繁, 牛羊如舊. 衣帛者衆, 而蚕業未達. 宜令「五部」畯官, 加力督民. 黃金白銀, 我國之寶, 無使私相賣買流出國外, 民間女子無令金花首飾."

<羅><沾解(四)>獻其女于後宮, 命爲茶儀. 四月朔日, <沾解>始政於<南堂>. <漢祇部>人<夫道>者, 家貧無諂工書算著名於時, 徵爲阿飡委以物藏庫事務.

○ 4년{단기2584년/AD251}신미, 춘정월, <연감{淵甘}>을 보의 소후로 삼았다. <연감{甘}>은 <연{淵}>씨의 여동생으로, 승은을 입더니 뛰어넘어 상례가 되었고, 애가 생기자 뛰어올라 후가 된 것이었더니, 궁중이 모두 놀랐다. 이즈음에 <관나{貫那}>가, 승은을 독차지 하고 있으면서도, <연{椽}>황후와는, 무당을 불러 굿을 하면서, 서로를 해하려고 하였었기에, 상이 홀연 <연감{甘}>에게로 발길을 돌린 것이었다. 하4월, 상이 <감>후를 데리고 <기구{箕丘=北箕山}>로 사냥을 다녀와서 <관나>를 물에 던져버렸다. 애초에 <관나>는 <두눌원{杜訥原}>땅 <달박호{達泊湖=達尒泊=達里湖}>에 있는 <리택{鯉宅}>사람의 딸로, 얼굴이 곱고 맑았으며 머릿결은 아홉 자나 되었고, <관구검>의 난리 중에 <옹구{壅丘; =五女山城?}>로 제를 따라 들어가서 승은을 입더니 <연엽{葉}>비 봉례가 되었었다. <연엽{葉}>비와의 인연으로 제를 곁에서 모시게 된 것이었고, <연엽>비 또한 <관나>로 인하여 총애를 받게 되자, 서로 간에 동혈지서{同穴之誓=같은 토굴에서 잘 지내자는 맹세? 또는, 같은 무덤에 묻히자는 맹세?}를 하였었다. <엽{葉}>비가 <일우{逸友}>를 낳고, <관나{貫那}>는 <공{貢}>을 낳더니, 두 사람 모두는 소후가 되었다. 금상이 즉위하자 <엽{葉}>은 <약우{若友}>태자의 어미인 까닭으로 뛰어올라서 황후가 되더니 <관나{貫那}>를 깔보았다. 이에 <관나>는 억울함을 삼키면서 상과 밤을 같이 할 때마다 <옹구>에서 예쁜 여인들이

불려 들어가 승은을 입던 일을 시시콜콜 되뇌었더니, 상이 <엽>을 천하다 여겨서 발길이 뜸하게 되었고, 이에 <엽> 또한 약이 올라서 상과 함께 밤을 맞을 때마다 "<관나{貫那}>의 머리카락은 지아비들에게 좋지 않습니다. 선제께서 <호천{狐川}>에서 사냥하시던 시절, <관나>가 따라 들어가서 승은을 입던 때, 그 긴 머리채가 구렁이로 변하더니 상{=동천제}을 여러 겹으로 휘감았었고, 그 때문에 병이 드셨었습니다."라 상주하였다. 허나, 상이, 그리 말하는 것이 참소하는 것임을 알고 있어서, 믿어주지 않았더니, 또한 참소하길; "서쪽의 <위{魏}>가 머리 긴 여자를 구한다고 하니, 그 여자{=관나}를 바치면 좋겠습니다."라고 하였다. 이에, <엽{葉}>비는 몸집이 좋고 푸짐하였기에, 상이 웃으면서 "내가 듣기엔 <위>가 살지고 푸짐한 여자를 찾는다 하니, 당장에라도 날을 잡아서 당신을 보내 주어야겠소. 당신은 <위>주의 승은을 입게 되거든 짐의 은혜를 잊지 마시오."라고 일렀더니, <엽>은 화들짝 놀라 제의 품에 달려들어서 꼭 껴안고 소리 내어 울면서 아뢰길 "신첩이 죽을죄를 지었습니다. 하지만 <약우{若友}>는 어쩌시렵니까?"라 하였다. 상은 측은함에 한동안 가만히 있다가 이르길; "<옹구{壅丘}>에서의 일은 당신 잘못은 아니었소. 다만 좀 투기하지 않았으면 좋겠소."라 하였다. 이때부터 <엽>후는 감히 <관나>를 입에 올리지 않았다. <관나>는 이에 힘입어 총애를 독차지 하더니만, <엽>후의 지위까지 빼앗고 싶어 하였고 거짓으로 아이를 가진 척하면서 교태를 부리며 상주하길; "황후가 신첩을 험담하기를 '촌뜨기 계집'이라 하면서, 폐하가 사냥나가시는 틈을 타서 신첩을 죽이려고 엿보고 있습니다. <기구{箕丘=北箕山}>까지 폐하를 따라가고 싶습니다."라 하였다. 허나 상은 참소하는 것을 좋아하지 않는 성품이어, 끝내 <감{甘}>후를 데리고 {사냥을} 나갔다가 환궁하였더니, <관나>가 가죽자루를 가지고 나와 울면서 상을 맞이하며 말하길; "황후가 이것에다 신첩을 집어넣어서 큰물(이호,칭위해)에 던져버리려 하였습니다. 신첩은 집으로 돌아가고 싶습니다."라 하였다. 이에 상이 화가 나서 말하기를; "그대는 너른 물에 빠지고 싶어 하니, 너른 물이 그대의 집일 것이오."라 하더니, <호구{虎句}>에게 명하여 <서하{西河}>에 던져 버리게 하였던 것이었다. 이때 나이 스물하나로 한참 물오른 나이인데 일찍 죽은 것이었다. 이에 나라 사람{나라를 다스리는 위치에 있는 사람들}들은 이를 가엽게 여기고 <장발곡{長髮曲}>을 지었다.

추8월, <서천{西川; =西河?}>땅의 농사를 살피고서, 조서로써 이르길; "근년 들어, 콩과 보리 소출이 줄고 기장과 조도 잘 여물지 않는데, 먹여야 할 입은 점점 늘고, 소와 양의 숫자도 옛날과 다름이 없으며, 비단 옷 입는 사람은 많은데 누에치는 일도 이에 미치지 못하고 있소. 마땅히 명을 내리니, 「5부」의 권농 관리들은 백성들을 힘써 독려하시오. 황금과 백은은 우리나라의 보배이니, 사사로이 서로 사고팔아서 나라 밖으로 흘러나가게 하는 일이 없어야 할 것이며, 민간 여인들이 좋은 금화로 머리를 장식하는 일도 없어야 할 것이오."라 하였다.

<신라{羅}>의 <첨해{沾解}(4년)>가 딸을 후궁으로 바쳐왔기에, 다의{=차와 술을 시중드는 궁인}로 삼게 하였다. 4월엔 <첨해{沾解}>가 비로소 <남당{南堂}>에서 정사를 살피더니, <한기부{漢祇部}>사람 <부도{夫道}>가 가세는 빈한하나 어긋남이 없었고 물건을 만들거나 글자를 쓰거나 셈을 잘 하기로 유명하였더니, 그를 불러들여 아찬으로 삼아서 장부와 곳간 살피는 일을 맡겼다.

● 五年壬申, 春正月, 始設「典農部」, 以<穆濬>爲典農大卿, 掌農·桑·牧·畜·人蔘·甘草之事. <濬>, 以<輝陽(穆后出新大女)>之子, 能精于此道, 不樂, 賢達. 二月, <鱣>后, 生子<豪勃>, 多用蔘鯉. 上爲之親煎. 后曰; "妾, 以向衰之質, 得陛下之優潰, 無以結草也." 上曰; "諺言, 「母子三生」. 后, 何言耶. 遂以爲常." 夏六月, 故太輔<尙齊>妻<明臨於姑>沒于注簿<陰友>家, 年七十六, <答夫>女也. 精敏善蚕織, 率後宮·宮人助<鱣>后親蚕, 封國大夫人. 其女<尙解>奔<陰友>以來, 遂居於<友>而營護如子. 故, 國人以爲<陰友>母. 秋八月, 始行<月歌會>, 以<沾解>女<精>爲<月仙>. 是, 本古俗, 今爲<羅>俗. 上, 欲慰<月精>, 而行之. 改六儀復置八部; 曰香部·丹部·道部·藏部·藥部·茶部·醞部·饍

部. 小后爲少儀, 以<回同>妻<方乙>爲香部少儀. <方乙>, 年十四入內儀, 端麗貞淑爲宮人之懿範, 與<要>公主, 爲雙璧. 上卽位, <要>公主年才十二而與<方乙>專寵. <要>登后位, <方乙>下嫁<回同>至是生子<方回>. <要>皇后常無子女, 上見<方回>豊壯, 頗悔前事, 復召幸之, 有是命. <朱>后生<朱瑗>太子, 加食邑奴婢. 宴孝子·順孫于<鱣>后宮.

十月, <沾解>, 與其<玉帽>, 來朝于境上. 上, 與<鱣>后·<月精>, 迎于<河>上, 大宴三日, 賜<玉帽>貂裘·金釧·硨磲·香盒·眞珠項飾·珂勒·白馬等四十餘事, 盖爲<月精>母故. 上, 以太后尊敬之, 欲納後宮, <鱣>后妬之, 不得. <沾解>將歸, 上, 握手泣別, 親扶<玉帽>上車. 遂賜<竹嶺>之地而歸<羅>, 人歸化者八千余戶. 世爲兄弟之國, 書于鐵劵.

○ 5년{단기2585년/AD252}임신, 춘정월, 비로소 「전농부{典農部}」를 두고, <목준{穆濬}>을 전농대경으로 삼아서, 농{農}·상{桑}·목{牧}·축{畜}·인삼{人蔘}·감초{甘草}의 일을 관장하게 하였다. <목준{濬}>은 <휘양{輝陽}(목후출신대녀)>의 아들이며, 이 방면의 일에 능숙하고 면밀하였는데, 즐기지는 않았으나 현명하여 달통하였다. 2월, <전{鱣}>태후가 아들 <호발{豪勃}>을 낳고서 인삼과 잉어를 여러 번 먹었다. 상이 친히 고아서 드렸더니, 태후가 말하길; “첩은 이미 체질이 쇠하여 가고 있어서, 폐하께서 보살펴 주심이 넉넉하고 깊고 넓은 연못 같으시나, 결초보은할 길이 없을 것 같습니다”라 하였고, 이에 상은 “속된 말에도 「모자3생{母子三生}」이라 하거늘, 태후께서는 지금 무슨 말씀을 하십니까. 이전같이 쾌차하시기나 하세요.”라고 하였다. 하6월, 작고한 태보 <상제{尙齊}>의 처 <명림어고{明臨於姑}>가 주부 <음우{陰右}>의 집에서 76살에 죽었다. <답부{荅夫}>의 딸로, 세세하고 민첩하였으며 누에 키워 천짜기를 잘하여서, 후궁들과 궁인들을 이끌고 <전{鱣}>태후의 친잠을 도왔으며, 국대부인{國大夫人}으로 봉함을 받았다. <어고{於姑}> 딸 <상해{尙解}>가 <음우{陰右}>의 집으로 내뺀 이래로, 따라가서 <음우>의 집에 기거하며, <음우>를 아들처럼 돌보았더니, 나라사람{나라를 다스리는 위치에 있는 사람들}들은 <어고>를 <음우>

의 모친으로 여겼었다. 추8월, 비로소 <월가회{月歌會; =추석달놀이}>를 행하였고, <첨해{沾解}>의 딸 <정{精}>을 <월선{月仙}>으로 삼았다. 이는 우리의 옛 풍속이었었으나, 오늘날에는 <신라{羅}>의 풍속으로 되어 있었으며, 상이 <월정{月精}>을 위로하려고 그 자리에 납시었다. 6의{六儀}를 고쳐 8부{八部}로 되살렸더니; 향부{香部}·단부{丹部}·도부{道部}·장부{藏部}·약부{藥部}·다부{茶部}·온부{醞富}·선부{饍部}가 그것이다. 소후{小后}는 소의{少義}로 하였으며, <회동{回同}>의 처 <방을{方乙}>을 향부{香部} 소의로 삼았다. <방을>은 나이 열넷에 내의로 들어왔는데, 모습이 단아하고 맑았으며 행실이 정숙하여서, 궁인들의 좋은 모범이 되었고, <요{要}>공주와 쌍벽을 이루었다. 상이 즉위하니, <요>공주는 겨우 나이 열둘에 <방을>과 더불어 총애를 독차지하였었다. <요>공주는 후위에 올랐고, <방을>은 <회동>에게 하가하여서 지금 아들 <방회{方回}>를 낳았다. 허나, <요>황후는 아직껏 자식을 낳지 못하고 있었더니, 상은 <방회>의 모습이 넉넉하고 장대함을 보더니만 지난 일을 후회하고, 다시금 불러들여서 정을 나누었으니, 이것도 운명이었다.

<주{朱}>후가 <주원{朱瑗}>태자를 낳자, 식읍과 노비를 얹어주었고, 효자·순손{孝子·順孫}들에게 <전{鱣}>태후의 궁에서 잔치를 베풀었다.

10월, <첨해{沾解}>가, <옥모{玉帽}>와 함께, 나라의 경계까지 찾아와서 래조하였다. 상이 <전{鱣}>태후와 <월정{月精}>을 데리고 <하{河}>상에서 이들을 맞이하였으며, 사흘간 크게 연회를 벌여주었고, <옥모{玉帽}>에게는 치렁치렁한 담비가죽 옷과 금팔찌·옥귀고리·향합·진주머리장식·백옥목걸이·백마 등 40십여 가지의 선물을 주었다. 대략 <월정{月精}>의 어미를 위함이었다. 상은 <옥모>를 태후의 예로 받들면서도, 후궁으로 거두고 싶었으나, <전{鱣}>태후가 이를 시샘하여 그리하지는 못하였다. <첨해{沾解}>가 돌아가게 되자, 상은 <옥모>의 손을 부여잡고 눈물을 보이며 이별하면서, 친히 부축하여 수레에 오르게 하더니만, 이윽고 <죽령{竹嶺}>땅을 하사하여 <신라{羅}>땅이 되게 하였다. 이에 돌려보낸 이들{<고구리>백성으로 되었다가 <신라>백성으로 된 사람들?}이 8,000여 호나 되었

다. 세세토록 형제의 나라로 지내자고 쇠판에다 새겼다.

● 六年癸酉, 春正月, 送人參·甘草·膃臍·駱駝于<玉帽>太后, 親書慇懃, 曰; "更逢于<白玉樓>中." <羅>人, 不解其意, 欲作<白玉樓>以迎上, 借玉于我, 送鈒四冶工十二人. 命置五部以示範. 去年<河>上之會, 上, 見<羅>人劍戟精銳, 命<沾解>送之. 至是至. 二月, 命弓匠行磔祭. 四月, 遣使于<玉帽>太后問起居, 送黃金五百兩·錦絹各百匹·羊五千頭. 是月, 有龍見于<玉帽>宮東池, <金城>臥柳自起. <玉帽>, 親書于上, 曰; "昔, 我「月白仙皇」, 駕雙魚而登仙, 植杖開花至今不絶. 去年夢敎妾事陛下, 得寵隆厚賜以<竹嶺>之地爲妾湯邑. 父臨<沾>, 夫臨臣妾. <周>室備王母瑤池之儀, <漢>家有<呂雉>·<冒頓>之典. 臣妾, 竊有慕焉, 納女後宮. 願, 得皇子皇女, 世世作親, 永爲舅甥." 上, 大喜, 南向跪拜, 曰; "吾太后眞聖人也. 國有如此大聖, 龍見柳起, 不亦宜乎."
是年, 五·六·七月, 不雨, <沾解>禱其祖廟而雨, 穀不登而民饑盜熾. 上, 命發船百隻, 送麥·粟·粱·豆等三千石于<玉帽>太后, 曰; "自離母側, 去益思慕. 聞値荒年民多不炊. 慈母之情當何如哉. 爰命有司送此, 不腆如助, 賑給幸何如之." <玉帽>, 答, 云; "<堯>九雨·<湯>七旱, 乃妾之謂也. 「仙皇」以來百姓謳歌. 又有陛下之寵, 乃發龍柳之祥. 豈意妖孼猜作. 妾崇爰我夫皇逮漕天糧, 拯我黎庶, 俾妾佩銘." 命「五部」, 冬貯肉塩, 夏貯麥粮, 選民才藝, 敎以經史·弓馬·孝義之節, 無失其宜.

○ 6년{단기2586년/AD253}계유, 춘정월, 인삼·감초·물개배꼽·낙타를 <옥모{玉帽}>태후에게 보내 주면서, "<백옥루{白玉樓; 옥황상제 궁전?, 백옥으로 만든 루대?}>에서 다시 만나고 싶습니다."라고 은근한 글을 손수 써넣었다. <신라{羅}>사람들은, 그 말뜻을 몰라서 <백옥루>를 만들어서 상을 맞이하고자 우리에게서 옥을 꿔 갔으며, 인필{鈒匹; 칼과 칼집}을 만드는 야공 12명을 보내왔다. 명을 내려서 이 야공들을 「5부」들에게 나누어 보내서 시범을 보이게 했다. 지난해 <하{河}>상에서 만났을 때, 상이 <신라>사람들의 칼과 미륵창이 정교하고 날카로운 것을 보더니만 <첨해{沾解}>에게 보내 달라 명하였더니, 지금 도착하였던

것이었다. 2월, 활 만드는 장인들에게 명하여 촉제{磔祭=돌화살촉제사}를 지냈다. 4월, <옥모{玉帽}>태후에게 사신을 보내서, 일상의 안부를 물었으며, 황금 5백 냥, 비단·명주 각 100필, 양 5,000마리를 보내주었다. 이 달에 <옥모{玉帽}>궁 동쪽 연못{또는, 늪이나 해자}에 룡이 나타났고, <금성{金城}>의 누운 버드나무가 저절로 일어섰더니, <옥모>가 친히 상에게 글로 쓰기를; "예전에 저의 「월백선황{=助賁}」이 쌍어를 타고 선계로 올라가며 꽂아놓은 지팡이가 꽃을 피워 지금까지 끊이지 않고 있으며, 지난해 꿈속에서 가르침을 받아서 폐하를 섬겼다가 크고 두터운 은혜를 입어 <죽령{竹嶺}>땅이 첩에게 내려져서 탕읍이 되었습니다. 아버님{=仇道=갈문왕<김구도>}께서 <첨해{沾解}>를 어루만지셨더니{=<첨해>가 <조분>의 양자가 되어서 보위를 차지한 것} 지아비께서 신첩을 어루만지셨으며, <주{周; 夏·殷·周之周}>실에 왕모의 아름다운 연못을 준비한 예법{=周穆王과 西王母가 그윽한 연못에서 연애한 일}이 있었더니 <한{漢}>실에선 <여치{呂雉; =한고조유방처}>와 <모돈{冒頓; =흉노선우}> 사이의 법도{=서한=전한 고조가 흉노와의 싸움에서 지고서 흉노선우 모돈에게 자신의 처와 딸을 바친 일}가 있었습니다. 신첩도 마음속으로 원하는 바 있어서 제 딸을 후궁으로 보내드렸던 것이오니, 원하옵건대 황자와 황녀를 보시고, 세세토록 장인과 사위로 지낼 수 있기를 바랍니다."라 하였다. 이에 상은, 크게 기뻐하였고, 남쪽을 향해 무릎 꿇어서 절하며, 말하기를; "나의 태후께서는 진정한 성인이십니다. 나라에 이 같은 큰 성인이 있으셨으니, 룡이 현신하고 버드나무가 일어섬 역시 마땅하지 않겠습니까!"라 하였다.

이해 {신라에서는} 5·6·7월 내내 비가 아니 와서, <첨해{沾解}>가 자기 조상사당에 빌었더니, 비는 내렸지만 곡식이 여물지 않았고, 백성들은 굶고 도적들은 불길같이 일었다. 이에 상이 명하여 배 100척을 띄워서 맥{麥}·속{粟}·량{粱}·두{豆} 등 3천석을 <옥모{玉帽}>태후에게 보내며 말하길; "모친의 곁을 떠난 이래 더욱더 사모하게 되었습니다. 흉년이 들어 많은 백성이 불을 지피지 못한다는 말을 들었사온데, 어지신 어미의 정이야 지금 어련하시겠습니까. 이에 관리에게 명하여서 이것들을 보내드리니, 도움치고는 넉넉지 않은 것이오나,

백성들에게 나누어 주심이 어떠하시겠는지요."라 하였다. <옥모>가 답하기를; "<요{堯}>임금 9년 큰비와 <탕{湯}>임금 7년 가뭄이 이제 첩의 일이 되었습니다. 「선황{仙皇=助賁}」이래로 백성들은 풍요롭게 살아왔었고, 또한 폐하의 총애가 있었더니 룡과 버드나무의 상서로움이 나타났었는데, 어찌 요사스런 재앙이 시샘할 줄을 생각이나 했겠습니까? 첩이 존경하고 사랑하는 제 부황{夫皇}께서 멀리에서 하늘같은 양식을 보내주시어 제 백성들을 구제해 주셨으니, 첩은 각골난망입니다."라 하였다. 「5부」에 명하여, 겨울엔 고기와 소금을 갈무리하고 여름엔 보리와 조를 갈무리하게 하였고, 재주 있고 법도를 아는 백성을 가려 뽑아서, 그들에게 경사{經史} 및 궁마{弓馬}와 효의{孝義}의 법도를 가르쳐 마땅한 것들을 잃지 않게 하라 하였다.

☯ 七年甲戌，四月，國相<明臨於漱>薨，年五十七. <漱>，以<鱣>后之兄，久執國政. 大使·沛者皆出門下，太守·將軍亦多其人，「五部」之貢倍於御庫. 上，以<鱣>后至親，委以不問. 臨終，擧<沸流>沛者<陰友>代之. <友>，以貢吏之子，爲<漱姑>·<於姑>之婿. 父事<於漱>. <漱>，至是，擧之. 其才能堪其後故也. <於漱>專政以來，三輔，無力，或補或缺，有名而無實.

<鱣>后生子<宝弗>. 七月，地震. 以<鱣>后爲天后，<要>后爲地后，<葉>后爲人后，<蚕>后爲日后. <月精>爲后. 時，<月精>生太子<鳳>而憂，曰; "不如生女而嫁人." 上知其見{斥}，乃尊其位爲皇后，列于五后. 群臣不敢諫. 大閱于<中川之原>.

○ 7년{단기2587년/AD254}갑술, 4월, 국상 <명림어수{明臨於漱}>가 나이 쉰일곱에 죽었다. <어수{漱}>는, <전{鱣}>태후의 오빠로, 오래도록 국정을 잡고 있었다. 대사자{大使者}들과 패자{沛者}들 모두가 그의 문하이며, 태수{太守}들과 장군{將軍}들 중에 그의 사람들이 많았더니, 「5부」가 나라에 바치는 공물이 배증하였다. 상이 <전>태후의 지친에게 맡기고는 들여다보지도 않았더니, 죽음에 임박하여서는 <비류{沸流}>패자 <음우{陰右}>를 천거하여 자리를 대신하게 하였다. <음우

{右}>는, 공물을 거두는 관리의 아들로, <수고{漱姑}>와 <어고{於姑}>의 사위가 되었고, <음우>의 아비는 <어수{漱}>를 섬겼었다. <어수>가 이때에 그를 천거함은, 그의 재능이 자신의 후임으로 자리를 감당할 수 있었기 때문이었다. <어수>가 정사를 도맡은 이래 삼보들은, 무력하여, 임명하기도 하고 말기도 하였으며, 유명무실하였었다.
<전{鱣}>태후가 아들 <보불{宝弗}>을 낳았다. 7월에 지진이 있었다. <전{鱣}>태후를 천{天}후로, <요{要}>후를 지{地}후로, <엽{葉}>후를 인{仁}후로, <잠{蚕}>후를 일{日}후로 삼았다. <월정{月精}>도 후로 삼았다. 이때 <월정>은 태자 <봉{鳳}>을 낳아놓고 걱정하면서 "딸을 낳아 평범한 이에게 출가시키는 것만 못하구나."라 하였다. 상은 그녀가 배척당하고 있음을 알아채고, 그녀의 지위를 다섯 후의 반열인 황후로 올려 주었더니, 군신들도 감히 군소리를 하지 못했다. <중천원{中川原}>에서 크게 군사를 사열하였다.

☯ 八年乙亥, 春正月, 以太子<若友>爲正胤, 置東宮官寮. 年十六, 俊秀仁厚, 衆望蔚然. <桶>公主所生<門夫>太子, 長于<若友>而知上之意, 自晦以讓位. <若友>生時所見白龍, 至是又現, 大赦國中, 徵賢取才. <朱>后生<茜>公主, 難産. 上, 親自勸藥而慰之.

<古爾>, 侵<沾解>, 戰于<槐谷>西. 九月, <羅>一伐湌<翊宗>戰死. 十月, <濟>移攻<烽山城>. <玉帽>, 親至境上, 請救. 上, 與<月>后·<鳳>太子, 會于<河>上, 命<穆萇>伐<古爾>. <古爾>乃鮮<烽山>而請和, 兩軍持久.

<鱣>后生<莫>公主.

○ 8년{단기2588년/AD255}을해, 정월, 태자 <약우{若友}>를 정윤으로 삼고, 동궁에 관료를 배치하였다. 나이 열여섯에, 준수하고 인후하여, 많은 이들의 기대함이 좋아보였다. <통{桶}>공주 소생 <문부{門夫}>태자는, <약우>보다 나이가 많았어도 상의 속내를 알아채고, 스스로 물러나서 양위하였다. <약우>가 태어날 때 나타났던 그 백룡이 이때에 이르러 또 나타났기에, 나라 안의 죄수들을 크게 풀어 주었

으며, 현명한 이들을 불러들이고 재주 있는 사람들을 뽑아 들였다. <주{朱}>후가 <천{茜}>공주를 낳았다. 난산이어서, 상이 친히 약을 권하여 위로하였다.

<고이{古爾}>가 <첨해{沾解}>를 침략하여 <괴곡{槐谷}>의 서쪽에서 싸웠다. 9월에 <신라{羅}>의 일벌찬 <익종{翊宗}>이 전사하였고, 10월엔 <백제{濟}>가 <봉산성{烽山城; 河以南?, 河以北?}>으로 옮겨서 공격하니, <옥모{玉帽}>가 손수 국경으로 찾아와서 구원을 청하였다. 이에 상이 <월{月}>후와 <봉{鳳}>태자를 대동하고, <하{河}>상으로 나가서 만났다. <목장{穆萇}>에게 명하여 <고이>를 치게 하였더니, <고이{古爾}>는 <봉산{烽山}>의 포위를 풀고 화친을 청하였으나, 양군은 오랫동안 대치하였었다.

<전{鱣}>태후가 <막{莫}>공주를 낳았다.

☯ 九年丙子，春三月，上親送<玉帽>于境上，<沾解>來迎. <沙道海>上有三大魚出，長三丈高丈二尺. 人，以三聖之瑞，歌曰; "天有三星，地有三聖，海有三魚." 秋八月，以<于漱>女<五斗>爲皇太子妃. 其母，<山上>女<桶>公主也. 曾，以東宮尙禮，生<門夫>，有德而讓位. 故上以其女爲正{娟}，以慰其心也. <玉帽>生皇子<達賈>. 上，遣使，冊<玉帽>爲皇后，<沾解>爲皇子. 十月，祭天，送肉于<玉帽>. <玉帽>，擇宗室女三人，獻之. 命置于天宮·月宮·東宮. 聞，是月之晦，<羅>日食. 十一月，以<椽邦>爲<獐>公主駙馬，稱<狐川>都尉. <邦>，<酒>后姪<白>之子也. 各置宮僚·奴婢·庄園. 十二月，無雪大疫.

○ 9년{단기2589년/AD256}병자, 춘3월, 상이 친히 <옥모{玉帽}>를 국경까지 나가서 전송하였고, <첨해{沾解}>가 와서 맞이하였다. <사도해{沙道海}> 위쪽에 큰 물고기 세 마리가 있었는데, 길이는 3장에 높이는 1장 2척이었다. 사람들은 성인 셋이 나타날 징조라 하며, 노래하기를; "하늘엔 별 셋이 있고, 땅에는 성인 셋이 있으며, 물에는 물고기 셋이 있다."라 하였다. 추8월, <우수{于漱}>의 딸 <오두{五斗}>를 황태자비로 삼았다. 그녀의 어미는 <산상{山上}>의 딸 <통{桶}>공주

이다. 일찍이 동궁 상례였던 시절에 <문부{門夫}>를 낳았더니, 덕이 있어 양위를 하였기에, 상이 그 딸을 정연{=정윤의 배필}으로 삼아서 그녀{=통공주}의 마음을 위로한 것이었다. <옥모{玉帽}>가 황자 <달가{達賈}>를 낳았다. 상은 사신을 보내서 <옥모>를 황후로 삼고, <첨해{沾解}>를 황자로 삼았다. 10월, 하늘에 제사하였고, 고기를 <옥모>에게 보냈다. <옥모>가 종실의 딸 셋을 가려 뽑아 바쳤기에, 천궁{天宮}·월궁{月宮}·동궁{東宮}에 각각 배치하였다. ※이달 그믐에 <신라{羅}>에서는 일식이 있었다고 들었다. 11월, <연방{椽邦}>을 <장{獐}>공주의 부마로 삼고, <호천{狐川}>도위로 삼았다. <연방{邦}>은 <주{酒}>후의 조카 인 <연백{白}>의 아들이다. 각각{邦과 白}에게 궁료·노비·장원을 딸려주었다. 12월, 눈은 오지 않고, 돌림병이 크게 돌았다.

※{☞<경북><경주>에서 있었던 일식을 <평안도><평양>과 <압록강변>에서 볼 수 없기는 어렵다! 현금의 한반도 <평양>·<서울>·<공주>·<부여>·<경주> 등에서 같은 날 같은 일식을 보지 못할 경우는 부분일식이라도 쉽지 않은 일일 것이다. 결국, 고대의 <고구리>·<백제>·<신라>는 각각의 도성이 동일한 일식 등의 천문현상을 볼 수 없을 만큼 멀리 떨어져 있었음을 반증하는 것으로 봄이 타당할 것이다.}

● 十年丁丑，春正月，<鱣>后生<駱>公主于<笏覩>第<淹滮宮>. 上，幸其第，洗之賜衣. <索頭>，<應鹿>殂，<鹿豚>立. 夏四月，與<玉帽>會，獵于<大嶺>. 上，射一鹿，命<玉帽>射之. <玉帽>曰; “陛下射之，鹿已伏. 妾當受之獻于天.” 名其地爲<獻天溝>. 國人立<二聖祠>于其上. 後人有詩，曰; “廟岺春風，鹿自肥獻天，<玉>后佩皇歸.” 時，<百濟>，大旱，樹木皆枯. 人以爲二聖合，西泽乾. “黑龍與蒼龍交，白龍焦.” 之謠行. 殺<高顯>部小加<鄭熙>，<熙>臣<王簡>負入<幽州>. 命，新「五部」兵仗.

「東海」大豊. <桶>公主生皇太子女<少斗>於東宫. <鱣>后洗之賜衣.

○ 10년{단기2590년/AD257}정축, 춘정월, <전{鱣}>후가 <홀도{笏覩}>의 집 <엄표궁{淹滮宮; 滹沱河변 궁전?}>에서 <락{駱}>공주를 낳았다. 상이

그 집으로 가서 씻어주고 옷을 하사하였다. <색두{索頭}>에선 <응록{應鹿}>이 죽어, <록돈{鹿豚}>이 섰다. 하4월, <옥모{玉帽}>와 만나서 <대령{大嶺}>에서 사냥하였다. 상이 사슴 한 마리를 쏘고 나서, <옥모>에게도 그 사슴을 쏘라고 명하였더니, <옥모>가 아뢰기를; "상께서 쏘셔서 사슴은 이미 쓰러졌습니다. 웅당 소첩은 그것을 거두어 하늘에 바쳐야 할 것입니다."라 하였다. 그 땅의 이름은 <헌천구{獻天溝}>가 되었고, 나라사람들이 <헌천구> 위쪽에 <2성사{二聖祠}>를 지었다. 후세사람들이 "사당 고개에 춘풍이 부니, 사슴은 자신을 살찌워서 하늘에 바쳤고, <옥{玉}>후는 황상을 모시고 돌아갔다네."라는 시를 남겼다. 이때 <백제{百濟}>는 크게 가뭄이 들어 나무들이 모두 말라죽었다. 사람들은 두 성인이 교합하여 서쪽 택지의 물이 말랐다고 하였으며, "흑룡{黑龍=고구리}과 창룡{蒼龍=신라}이 교합하니, 백룡{白龍=백제}이 애태운다."는 노래가 번졌다. <고현{高顯; ☞현도지역}>부 소가{小加} <정희{鄭熙}>를 죽였더니, <정희>의 신하 <왕간{王簡}>이 그 시신을 들러 메고 <유주{幽州; =산서 서북 내몽고지역?}>로 들어갔다. 「5부」들에게 병장기를 새롭게 하라고 명하였다.{☞곧 전쟁이 일을 수 있으니 대비하라는 명령!} 「동해」에 땅에 대풍이 들었다. <통{桶}>공주가 황태자의 딸 <소두{少斗}>를 낳았더니, <전{鱣}>태후가 씻어주고 옷도 내려주었다.

● 十一年戊寅, 春二月, <末曷><長羅湯>等, 與<古爾>相通, 欲共伐<沾解>. 命伐<長羅湯>, 斬之, 捕<古爾>使及其土物送于<沾解>. <古爾>, 以其所受海馬十四, 換使. 五月, 上送<玉帽>于<海>上. 自<大嶺>獵後, 二聖同居<沸流>行宮, 至是, 從海路歸國. 有歌, 曰; "山有花兮, 水有魚. 奈何, 朕躬無花魚." 上泣, 玉帽亦泣.

○ 11년{단기2591년/AD258}무인, 춘2월, <말갈{末曷}>의 <장라탕{長羅湯}> 등이 <고이{古爾}>와 상통하고 함께 <첨해{沾解}>를 치려하기에, 명을 내려서 <장라탕>을 치라 하였더니, 그의 목을 베고 <고이>의 사신을 붙잡았다. <고이>의 토산물은 <첨해>에게 보냈다. <고이>

는 이전에 받았던 해마{海馬=海象} 10필로 사신을 바꾸어 갔다. 5월, 상이 <옥모{玉帽}>를 <해{海}>상에서 돌려보냈다. <대령{大嶺}>에서 함께 사냥한 이후로 두 성인은 <비류{沸流}>행궁에서 함께 지냈었고 {☞<大嶺>은 <沸流>行宮과 그리 멀지 않았다}, 이때가 되어 해로를 따라 고국으로 돌아가게 된 것이었다. 상은 "산에는 꽃이 피고, 물에는 물고기들 헤엄쳐 노는데, 어이하여 내게는 꽃도 물고기도 없단 말인가."라 노래하였다. 상이 눈물 흘렸더니, <옥모{玉帽}> 또한 눈물 흘렸다.

☯ 十二年乙卯, 春正月, 遣<椽邦>于<玉帽>, 賜衣·肉·匹段·玉佩·藥物等百事, 封<沾解>爲<新[羅]國>皇帝·<東海大王>·右衛大將軍賜金·銀印二顆. <玉帽>生皇女<雲>公主. 二月, 上親耕耤田, <鱣>后親蚕. 命典農大卿<穆濬>, 祭于<卒本><麥鳩祠>. <朱>后生<朱起>太子. <尙齊>子<克>爲尾署大加, 製五色瑠·磚及紋尾·熊脚等送于<新羅>, 命修<玉帽>新宮. 上送黃金千兩·白金萬兩·工人二百名于<玉帽>. 聞<羅>有旱·蝗·多盜, 命<穆濬>送穀二萬石·牛羊八千頭·酪酒·皮幣·雜物無算. <沾解>送<吳>人鈒師·蠶師各二人. 時, <駕洛><居登>殂. <麻品>立, 與其母<慕貞>來獻土物. 從<羅>使徃返. 九月, 東宮妃<于>氏生子<相夫>. 冬十二月, 畋于<杜訥之谷>, 祀<貫那>后于<湖祠>. 忽聞<魏>兵入寇, 上命衛尉將軍<穆遠>, 簡精騎五千, 逆擊于<梁貊之谷>大破之, 斬其將<尉遲楷>, 斬八千餘級, 兵仗馬匹無數. 是謂<梁谷大戰>. 反賊<王簡>逃. 上, 乃以<穆遠>爲<玄菟>太守<冨山公>, 後改<馬山公>.

○ 12년{단기2592년/AD259}을묘, 춘정월, <연방{椽邦}>을 보내서 <옥모{玉帽}>에게 의·육·포목·옥패·약물 등 100가지를 하사하고, <첨해{沾解}>를 <신[라]국>황제·<동해대왕>·우위대장군으로 봉하고, 금·은 도장 두 개를 하사하였다. <옥모>가 황녀 <운{雲}>공주를 낳았다. 2월, 상이 친히 밭을 갈고, <전{鱣}>태후가 손수 누에를 쳤다. 전농대경 <목준{穆濬}>에게 명하여 <졸본{卒本}><맥구사{麥鳩祠}>에 제사하였다. <주{朱}>후가 <주기{朱起}>태자를 낳았다. <상제{尙齊}>의 아들 <상극{克}>을 미서대가{尾署大加; =끝마을을 보살피는 대가?}로 삼아서, 5

색 당·전과 문미·웅각 등을 만들어 <신라{新羅}>로 보내서 <옥모>의 새 궁전을 고쳐주라고 명하였다. 상은 <옥모>에게 황금 천 냥과 백금 만 냥 및 공인 200명을 보내 주었다. <신라{羅}>가 가물고 황충이 일어{☞가뭄이 들고 흉년이 되어} 도둑이 많다는 얘기를 듣고, <목준{穆濬}>에게 명하여 곡식 2만석, 소와 양 8천두, 타락과 술, 피륙과 비단 등 및 잡다한 물건 등을 헤아리지 않고 보내게 하였다.
<첨해{沾解}>가 <오{吳}>땅 사람으로 칼 만들고 양잠을 가르치는 벼슬아치를 각각 두 사람씩 보내왔다.{☞<신라>가 최소한 <오>땅의 주변에라도 있었다는 반증!!} 이때 <가락{駕洛}>은 <거등{居登}>이 죽어, <마품{大嶺}>이 섰으며, 어미 <모정{慕貞}>과 함께 찾아와 토산물을 바쳤다. <신라> 사신을 따라서 왔다가 돌아간 것이었다. 9월, 동궁비 <우{于}>씨가 아들 <상부{相夫}>를 낳았다. 동12월, <두눌곡{杜訥之谷; 達里湖주변}>에서 사냥하고, <호사{湖祠}>에서 <관나{貫那}>후를 제사하였다. 갑자기 <위{魏}>의 군대가 침입하여 노략한다기에, 위위장군 <목원{穆遠}>에게 명을 내려, 날랜 기병 5천을 추려서 <양맥곡{梁貊之谷; =達里湖주변}>에서 되받아쳐서 크게 깨뜨렸다. <위>군의 장수 <위지개{尉遲楷}>를 참하고, 8천여 급을 베었으며, 획득한 병장기와 마필도 셀 수 없이 많았다. 이를 <양곡대전{梁谷大戰}>이라 한다.{☞ 이 당시 <위>의 본거지는 <고구리>의 서북방 먼 곳이었을 것!!} 반적 <왕간{王簡}>은 도주하였다. 상은 <목원{穆遠}>을 <현도{玄菟}>태수·<부산공{富山公}>으로 봉하였으며, 후에 <마산공{馬山公}>으로 바꾸어 봉하였다.{☞<富山>이 <현도>태수의 통치지역에 있었다는 얘기일 것임!; <영락대제> 즉 <광개토왕> 5년 기록의 정벌지역 참조!}

● 十三年庚辰, 春正月, 詔曰; "國家設官久矣, 制度未備. 宜令, 三輔·國相·大主簿·中畏大夫斟酌<漢>典, 以定新號." <陰友>奏, 曰; "國情不同, 不可一依<漢>制. 以三輔爲三公, 國相爲丞相之說, 已自<山上>時議定, 而因於慣而尙未改矣. 今, 「五部」之學未達, 國家尙武而左文, 不待百年, 文物難與中原比肩." 上, 然之, 乃止. <纏>后, 生<越>公主, 入山宮. 二月, 「北部」大使者<穆平>卒, 年七十二. 命「五部」採金「東海」捕膃狗, 送于<玉帽>. <纏>后諫, 曰; "妾聞 '<衛>王嗜<夏姬>,

爲其子所弑.' 今, 陛下, 妾<玉帽>, 而子<沾解>. 是, 抱老狐而柔勁猫也. 妾不敢忘其危也." 上曰; "臣有此疾, 每貽母憂. 然, 臣有母后, 豈敢溺於彼哉. 併合之計耳." 七月, <玉帽>, 遣使獻土物, 曰; "賴我夫皇造此新宮. 欲迎天子. 叙此鴦情." 上欲往之, <鱣>后諫, 曰; "陛下若去, 妾當墮樓." 上, 不得已, 答曰; "吾妻之國, 夏, 雨, 山崩四十余所. 秋, 星孛東, 以示餘蘖. 非無「<尾生>之信」, 謹戒「<衛><靈>之轍」. 卿若涉<溱>, 應有「孝橋」. 願, 入<巫山>, 再結雲雨." 九月, 如<卒本>, 祀<東明廟>, 行<巨婁祭>.

<古爾>置六佐平, 一品; 曰內臣宣納號令, 曰內頭掌庫財, 曰內法掌禮儀, 曰衛士掌宿衛, 曰朝廷掌刑獄, 曰兵官掌兵. 其下; 曰達率二品, 恩率三品, 德率四品, 扞率五品, 柰率六品, 將德七品, 施德八品, 固德九品, 季德十品, 對德十一品, 文督十二品, 武督十三品, 佐軍十四品, 振武十五品, 克虞十六品. 六品以上服紫銀花飾冠, 十一品以上復緋, 十六品以上服靑. 上, 聞之笑, 曰; "誠奴風也." <古爾>以其弟<優壽>爲內臣佐平.

○ 13년{단기2593년/AD260}경진, 춘정월, 조서를 내려서 이르길; "나라가 관직을 둔 지는 오래되었으나, 제도를 갖추기는 미흡하였었소. 마땅히 명하노니, 3보·국상·대주부·중외대부는 <한{漢}>의 예를 살펴서 새로운 관호들을 정하시오."라 하였더니, <음우{陰右}>가 상주하길; "나라의 사정이 <한{漢}>과 똑같지 않으니, <한{漢}>의 제도 하나에만 의존하는 것은 불가합니다. 3보{三輔}를 3공{三公}으로 하고, 국상{國相}을 승상{丞相}으로 하자는 얘기는 일찍이 <산상{山上}>시절에 논의하여 정하였던 바 있었으나, 관습에 부합하지 않은 이유로 아직 바꾸지 못하였습니다. 지금, 「5부」들의 학문은 아직 달통하지 못하였고, 나라는 무{武}를 숭상하고 문{文}을 어그러뜨리고 있으니, 백년이 되기도 이전에 문물을 중원과 견주기가 어려워질 것입니다."라 하였다. 이에 상은 그렇겠다고 여기어서 그만두었다. <전{鱣}>태후가 <월{越}>공주를 낳더니, 산궁으로 들어갔다. 2월, 「북부」대사자 <목평{穆平}>이 72살에 죽었다. 「5부」는 금을 캐고 「동해」는 물개

를 잡아서 <옥모{漢}>에게 보내주라고 명을 내렸더니, <전>태후가 말리며 이르길; "첩이 듣기엔 '<위{衛}>왕이 <하희{夏姬; 春秋戰國시절 夏御叔의 총첩으로 왕 및 대신들을 닥치는 대로 농락한 요부}>를 좋아하다가, 아들에게 죽었다.'고 하였소. 지금 폐하는 <옥모{玉帽}>를 첩으로 <첨해{沾解}>를 아들로 삼고 있으니, 이는 늙은 여우를 품에 안아주면서 사나운 고양이를 달래려는 격이오. 첩은 이 일의 위험함을 감히 잊을 수 없소."라고 하였더니, 이에 상은 "신에게 이런 병이 있어서 매번 어머니께 걱정을 끼쳐 드렸습니다. 하지만 신에게는 모후께서 계신데, 제가 어찌 감히 그들에게 푹 빠져 버리기만 하겠습니까. <신라{新羅}>를 병합할 계획을 가지고 있었음입니다."라 하였다. 7월, <옥모{玉帽}>가 사신을 보내서 토산물을 바치며, 말하기를; "친애하는 지아비 황상(중천제)의 도움으로 이렇듯 새 궁전을 지었습니다. 천자를 여기에 모시고 싶습니다. 이렇게 앙{=원앙이 암컷}의 정을 써서 보냅니다."라 하였다. 이에 상이 그곳으로 가보려 하자, <전{鱣}>태후가 말리며 이르길; "폐하가 거기에 가시면, 첩은 응당 루대에서 투신하겠소."라 하였더니, 상은 하는 수 없어 답하여 아뢰길; "제 처의 나라가 여름엔 비로 산이 40여 군데나 무너졌고, 또한 가을엔 혜성이 동쪽으로 뻗쳐서 재앙이 남아 있음을 알렸습니다. 「<미생{尾生}>의 믿음{=어리석은 믿음}」이 없지는 않으나, 「<위><령>지철{衛靈之轍; 어머니의 병 때문에 靈公의 男色美少年인 彌子瑕가 衛 靈公의 마차를 훔쳐 타고 급히 달려가다 행적을 남긴 실수와 관련된 고사}」은 삼가 명심하겠습니다. 경께서 <진수{溱水; 春秋戰國 시절에 鄭나라를 흐르던 하천}>를 건너시겠다면, 응당 <효교{孝橋; 彌子瑕가 어머니를 위해 衛 靈公의 마차를 훔쳐 타고 건넌 그 강의 다리}>를 놓아드릴 것이니, 원하건대 <무산{巫山; 원래 四川省 巫山縣 남동쪽 巴山山脈 속의 아름다운 산봉우리}>에 들어가셔서 다시금 운우{雲雨; 대업을 이룰 기회? 남녀 간의 정사?}를 매듭지어 주십시오."라 하였다. 9월, <졸본{卒本}>으로 가서 <동명{東明}>사당에 제사를 올리고, <거루제{巨婁祭}>도 지냈다.

<고이{古爾}>가 여섯 좌평을 두었다. 1품으로; 내신은 조칙을 받아 호령함을 맡고, 내두는 창고와 재물관리를 맡고, 내법은 예법과 의장을 맡고, 위사는 숙위를 맡고, 조정은 형옥의 일을 맡고,

병관은 군사를 맡게 하였다. 그 밑으로는; 2품 달솔, 3품 은솔, 4품 덕솔, 5품 한솔, 6품 내솔, 7품 장덕, 8품 시덕, 9품 고덕, 10품 계덕, 11품 대덕, 12품 문독, 13품 무독, 14품 좌군, 15품 진무, 16품 극우를 두었다. 6품 이상은 자색 옷에 은화 관모를, 11품 이상은 비색 옷을, 16품 이상은 청색 옷을 입도록 하였다. 상이 이 소식을 듣고 웃으며 이르길, "성실한 놈의 풍모로구나."라고 하였다. <고이{古爾}>가 자신의 동생 <우수{優壽}>를 내신좌평으로 삼았다.

● 十四年辛巳, 春二月晦, 上, 與<玉帽>, 會于<卒本海>上, 觀漁. 聞<羅><達伐城>以柰麻<克宗>爲城主. 命「南部」採蔘以慰<玉帽>.

三月, <古爾>, 請和于<沾解>, 送女及馬, 却之. 時, <古爾>, 以<眞可>爲內頭, <優豆>爲內法, <高壽>爲衛士, <昆奴>爲朝廷, <惟己>爲兵官. 皆云, <羅>·<麗>相婚, 非國家之福. 離間而請和者也.

十二月 二十八日, <沾解>暴殂. <助賁>婿<味鄒>立, <玉帽>之弟也, 上書請立, 曰; "姪皇棄國. 群臣以臣監國. 臣才庸劣不足以立. 姊后·兄皇, 宜擇可人." 上, 與<玉帽>同寢于<檀宮>, 聞此急報, 問於<玉帽>, 曰; "爾弟<味鄒>謹厚長者也. 不亦可乎." <玉帽>, 泣, 曰; "妾已負國從夫, 夫皇之心乃妾之心也." 上, 乃使<明臨於潤>, 封勅往<羅>封<味鄒>爲<新羅國>皇帝·<東海>大王·右衛大將軍, 賜金銀印·袞冕. 此乃壬午正月二十五日也.

<索頭>, <伊鹿肥>遣子<沙漠>于<魏>, <魏>留之.

○ 14년{단기2594년/AD261}신사, 춘2월, 그믐날, 상이 <옥모{玉帽}>와 함께 <졸본해{卒本海}>상{북}에서 만나 고기잡이 하는 것을 돌아보다가, <신라{羅}>의 <달벌성{達伐城}>이 내마 <극종{克宗}>을 성주로 삼았다는 얘기를 들었다. 「남부」에 명하여 삼을 캐서 <옥모>를 위안케 해주었다{☞옥모의 임신?}.

3월에 <고이{古爾}>가 <첨해{沾海}>에게 화친을 청하며 딸과 말을 보냈으나, 물리쳤다. 이즈음에 <고이>가 <진가{眞可}>를 내두좌평으로, <우두{優豆}>를 내법좌평으로, <고수{高壽}>를 위사좌평으로, <곤노{昆奴}>를 조정좌평으로, <유기{惟己}>를 병관좌평으로 삼았더니, 모두들 <신라{羅}>와 <고구리{麗}>가 서로 혼인하는 것이 나라{=百濟}에 이롭지 않다 하였었기에, 이간하고자 청혼한 것이었다.

12월 28일 <첨해{沾海}>가 갑자기 죽었다. <조분{助賁}>의 사위인 <미추{味鄒}>가 섰다. <미추>는 <옥모{玉帽}>의 동생으로, 글을 올려서 <신라국{新羅國}>의 황제를 세움에 대하여 청하길; "조카인 황제가 나라를 등졌기에, 여러 신하들이 신에게 감국 하라고 하나, 신은 재주가 용렬하여 보위에 오르기에는 미치지 못합니다. 누님이신 후와 형황께서 될 만한 사람을 택하여 주심이 마땅할 것입니다."라고 하였다. 상은, <옥모>와 <단궁{檀宮}>에서 동침하다가, 이 급보를 듣고는, <옥모>에게 "당신 동생 <미추>가 조신하고 후덕하여 가장 나으니, 또한 시켜 볼 만하지 않겠소?"라 물었더니, <옥모>가 눈물 흘리며 답하길; "첩은 이미 나라를 짊어지고 와서 지아비를 따르고 있습니다. 지아비이신 황상의 뜻이 소첩의 뜻이옵니다."라 하였다. 상은, 이윽고 <명림어윤{明臨於潤}>으로 하여금 칙명을 받들고 <신라>로 가서, <미추{味鄒}>를 <신라국>황제·<동해>대왕·우위대장군을 봉하고, 금·은으로 만든 인장과 면{면류관}·포{황제나 왕의 관복}를 내렸다. 그날이 바로 임오년{단기2595년/AD262} 정월 25일이었다.{☞<삼국사기>엔 이런 기록은 나올 수 없다. <고구리>는 황제작위를 봉하여 주는 나라란 얘기임!}

<색두{索頭}>의 <이록비{伊鹿肥}>가 아들 <사막{沙漠}>을 <위{魏}>에 보냈더니, <위>가 그를 가두었다.

☯ 十五年壬午, 正月, 會<明臨>氏·<椽>氏·宗戚女子, 宴<玉帽>皇后于<大角宮>. 聞<沾解>喪, 上, 與<玉帽>, 擧哀于<檀宮>. 二月, 上, 與<玉母>皇后, 如「溫湯」. 命画<玉帽>像十幅, 立<鷄林聖母祠>, 揭之. 幷祀<閼智>·<勢漢>·<阿道>·<首留>·<旭甫>·<仇道>六祖. 上, 與<玉帽>, 獻酌于<仇道>, 曰; "久聞<仇道>大王之英雄矣. 今爲吾父. 可不敬愛歟." <玉帽>曰; "妾亦願<東明>神祖之廟." 上, 許之, 乃如<卒本>,

生<檀>太子. 秋七月, 上, 與<玉帽>, 畋于<箕丘>, 得白獐. 冬十一月, 雷, 地震. <羅>使來獻土物, 言; "是年, 三月, 龍見宮東池. 七月, <金城>西門災, 延燒民家百余區."

○ 15년{단기2595년/AD262}임오, 정월, 그믐날에 <명림{明臨}>씨와 <연{椽}>씨 및 종척의 여인들을 <대각궁{大角宮}>에 모아놓고 <옥모{玉帽}>황후에게 연회를 베풀었다. <첨해{沾海}>를 장사한다는 소식을 듣고, 상은 <옥모>와 함께 <단궁{檀宮}>에서 거애하였다. 2월, 상은 <옥모>황후를 데리고 <온탕{溫湯}>으로 가서, <옥모>의 초상 열폭을 그리게 하고는, <계림성모사{鷄林聖母祠}>를 세워서 거기에 걸어놓았다. 여섯 조상인 <알지{閼智}>·<세한{勢漢}>·<아도{阿道}>·<수류{首留}>·<욱보{旭甫}>·<구도{仇道}>를 한데 모아서 제사하도록 하였다. 상이 <옥모>와 함께 <구도>에게 술을 따라 올리면서, 말하길; "<구도>대왕이 뛰어나게 용맹하셨음을 들은 지는 오래되었소. 지금은 나의 장인이 되셨는데, 존경하고 사랑하지 않으면 되겠소?"라 하였다. 이에 <옥모>가 말하길; "첩 또한 훌륭하신 조상님이신 <동명{東明}>의 사당에 가서 술을 따르겠습니다."라 하였다. 상이 이를 허락하여, <졸본{卒本}>으로 갔다가, <단{檀}>태자를 낳았다. 추7월, 상은 <옥모>를 데리고 <기구{箕丘=北箕山}>에서 사냥하여 흰 노루를 잡았다. 동11월, 뇌성이 울리고 지진이 있었다. <신라{羅}>의 사신이 토산물을 바치며 말하기를; "금년 3월에 궁궐의 동쪽 연못에 룡이 나타났으며, 7월에는 <금성{金城}>의 서쪽 문에 불이 났으며, 민가 100여 구역을 연이어 태웠다."고 하였다.

● 十六年癸未, 春正月, <味鄒>, 遣使獻土物, 曰; "以伊飡<良夫>爲舒弗邯兼知內外兵馬事." 乃<玉帽>之命也. 二月, <味鄒>, 祀其祖廟, 祔<仇道>葛文王. 上, 遣<門夫>太子, 傳香. 四月, 上, 與<玉帽>, 入山宮, 謁<鱣>太后. 命「五部」採金.

○ 16년{단기2596년/AD263}계미, 춘정월, <미추{味鄒}>가 사신을 보내 토

산물을 바치며 말하길; “이찬 <량부{良夫}>를 서불감으로 삼고 지내외병마사를 겸하게 하였다.”고 하였다. 이는 <옥모{玉帽}>의 명이었었다. 2월에 <미추>가 그의 시조사당에 제사하고, <구도{仇道}>「갈문왕」을 사당에 함께 모셨다. 상은 <문부{門夫}>태자를 보내서 제사지낼 향을 전하였었다. 4월, 상과 <옥모{玉帽}>가 산궁으로 들어가 <전{鱣}>태후를 찾아뵈었다. 「5부」에 명하여 금을 캐게 하였다.

● 十七年甲申, 春二月, 如<卒本>祀<龍山陵>, 立<召>太后廟. <味鄒>東巡望海, 三月至<黃山>, 問貧老賑其窮. <鱣>后生<趙>公主.

○ 17년{단기2597년/AD264}갑신, 춘2월, <졸본{卒本}>에 가서 <룡산릉{龍山陵=鄒牟陵}>에 제사하고, <소{召}>태후{=소서노} 사당을 세웠다. <미추{味鄒}>가 동쪽을 순시하여 바다를 바라다보았고, 3월에는 <황산{黃山; =산동성 서북변 황산이면 <고구리>가 <신라>에 준 <죽령> 남쪽 땅에 해당할 것이고, 후세에 <계백>이 죽는 황산벌 황산이 될 수도!}>에 이르러서 빈한한 노인들을 찾아보고 궁한 이를 진휼하였다. <전{鱣}>태후가 <조{趙}>공주를 낳았다.

● 十八年乙酉, 二月, 命磁器·玉器, 以鹿·麟爲坮<玄武>, 爲繪鷄冠爲盖. <朱>后生<花>公主. 后, 年六十一. 上, 賜衣酒, 以慰之. 始火·米·雉·龍爲袞, 金冠玉花爲冕.

○ 18년{단기2598년/AD265}을유, 2월, 자기와 옥기를 만드는 이들에게 명하여 사슴과 기린을 만들어서 <현무{玄武}>의 받침으로 하고, 닭벼슬을 비단에 그려서{=수를 놓아서} 덮개로 하라고 명하였다. <주{朱}>후가 <화{花}>공주를 낳았다. 후의 나이는 예순 하나였다. 옷과 술을 내려서 위로하였다. 비로소 화{火}·미{米}·치{雉}·룡{龍} 문양의 룡포를 입고, 옥화로 꾸며진 금관을 면류관으로 쓰게 되었다.

● 十九年丙戌, 二月, <金人城><周>, 以黃金七斤製雙柱金冠, 以紫玉爲花, 名曰<歡喜天冠>.

八月, <濟>攻<羅><烽山城>. 城主<眞萱>, 率壯士二百人擊破之, 進一吉飡.
東宮如<朱>后宮, 以后宜男而善子.

○ 19년{단기2599년/AD266}병술, 2월, <금인성{金人城}>의 <주{周}>가 황금 일곱 근을 들여서 쌍기둥을 세운 금관을 만들고, 자색 옥화로 장식하였더니, 이름 하길 <환희천관{歡喜天冠}>이라 하였다{☞<신라>의 금관으로 알려진 금관이 얼핏 떠오르는 까닭은 무엇안가?}.
8월에 <백제{濟}>가 <신라{羅}>의 <봉산성{烽山城; 河以南?}>을 공격하였더니, 성주 <진훤{眞萱}>이 장사 200인을 이끌고 이를 격파하였으며, 일길찬으로 승진하였다.
동궁이 <주{朱}>후의 궁을 찾아 갔으며, <주>후는 남자라면 가리지 않았기에 유감없이 즐겼다.

● 二十年丁亥, 四月, 流<杜訥原>主<虎句>於<新城>. <虎句>潛通<貫那>. 事發, 欲誅評者, 以功臣之子, 竄之. 而欲復召<貫那>, <要>皇后諫, 曰; "天子, 不可無信於民." 乃止. <朱>后生東宮女<敦>公主.

○ 20년{단기2600년/AD267}정해, 4월, <두눌원{杜訥原}>주 <호구{虎句}>를 <신성{新城}>으로 유배를 보냈더니, <호구>가 <관나{貫那}>와 몰래 연통하였다. 일이 드러나서, <관나>의 평자를 주살하려 하였더니, 공신의 자식이라 하여 내치기만 하였다. <관나>를 다시 불러들이려 하였더니, <요{要}>황후가 말리며 말하기를; "천자는 백성들의 믿음이 없으면 아니 됩니다."라고 하기에 그만두었다. <주{朱}>후가 동궁의 딸 <돈{敦}>공주를 낳았다.

● 二十一年戊子, 三月, 送<勸善文>于「五部」, 坊坊習之. 一曰忠, 二曰孝, 三曰貞, 四曰友, 五曰悌.
<新羅>, 春夏旱, 問政得失, 察民疾苦.

○ 21년{단기2601년/AD268}무자, 3월, <권선문{勸善文}>을 「5부」에 보냈더니, 동네마다 그것을 익혔다; 하나는 '충성', 둘은 '효', 셋은 '정절', 넷은 '우애', 다섯은 '화평'이라고 되어 있었다.

<신라{新羅}>에서는 봄과 여름이 가물자, 정사의 잘잘못을 묻고, 백성들의 어려움을 살폈다.

● 二十二年己丑, 九月, <百濟>, 星孛于<紫微宮>. 十月, <明臨>太后崩, 春秋六十五. 上, 以<濟>孛應於后, 異之. 皆云, 子國之星應於母國, 何異之有.

○ 22년{단기2602년/AD269}기축, 9월, <백제{百濟}>에서는 혜성이 <자미궁{紫微宮}>으로 흘렀다. 10월에 <명림전{明臨}>태후가 춘추 예순다섯에 죽었다. 상이, <백제{濟}>에서 혜성이 흘렀는데 <명림>태후에게서 조응하는 것을 보고서, 괴이하다고 여겼더니, 모두들 자식나라의 성수가 모국에서 조응함을 어찌 이상하게 여기느냐고 하였다.

☯ 二十三年庚寅, 冬十月, 幸<杜訥原>, 與<貫那>遊連十日, 疾作而崩. 又云, 灌太后於<青木宮>而崩. 春秋四十六. 葬於<中川之原>. 是年四月, 畋于<平山>, 載<鮮熟>女<門>而歸, 年十五, 至是娠.

○ 23년{단기2603년/AD270}경인, 동10월, <두눌원{杜訥原; 達泊湖 인근}>으로 거둥하여 <관나{貫那}>와 함께 연달아서 즐기기 열흘에 병들어 죽었다. <청목궁{青木宮}>에서 태후에게 정성을 쏟다가{또는, =태후의 시신을 씻어 주다가?} 죽었다는 얘기도 있다. 춘추 마흔 여섯이었고, <중천원{中川之原; =箕丘주변!}>에 장사하였다. 이해 4월에 <평산{平山}>에서 사냥하고 나서 <해숙{鮮熟}>의 딸 <문{門}>을 태우고 돌아왔었는데, 나이 열다섯이었고, 이즈음에 이르러서 아이가 생겼다.

역자의 변 : <삼국사기>엔 <중천대제>가 <신라>와 혼인하고 <신라>를 황제국으로 봉하였으며 <죽령>이남을 주어서 복속했다는 얘기와 관련된 기사는 전혀 보

이지 않는다. <위>가 북서부를 괴롭히고, <백제>가 서남부를 괴롭힘에, <신라>와 혼인·화친하여 국력을 모으려는 시기인 듯하며, <백제>는 고립지경?이 된 듯하다.

<고구리>가 임금의 의관{특히 화·미·치·룡을 수놓은 룡포와 쌍주금관인 환희천관}을 정하였으며, 이미 천자국을 자칭한 <백제>도 관료직제{6좌평 등}를 새로이 정한 것으로 나온다.

<고구리>의 <환희천관>이 금 기둥 둘을 세운 「쌍주금관」이라 하였는데, 언뜻 <금관총> 등에서 나왔다는 <신라>금관이라는 것 등이 연상되는 것은 나만의 잘못된 느낌이려가?..

14. 第十三世<西川大帝>紀 제13세<서천대제>기

원문출처 ; http://mf.history.go.kr/Pdf/MF0020000/00322307.pdf

帝, 初號<藥盧大王>, 諱<若友>, <中川帝>第二子. 母, 曰<椽>太后. [性]寬聰悟, 愛民好士, 國人愛敬之.

제는, 초호가 <약노대왕{藥盧大王}>, 휘는 <약우{若友}>이며, <중천제{中川帝}> 둘째 아들로, 모친은 <연{椽=椽葉}>태후이다. [성품은] 너그럽고 후덕하였으며 총기 있고 영민하였다. 백성을 아끼고 뜻있는 인사들{또는, 선비나 武士들}을 좋아하였기에, 나라사람{나라를 다스리는 지위에 있는 사람들}들이 그를 사랑하고 존경하였다.

☯ 元年庚寅, 冬十月, 與<椽>太后, 如<卒本>謁始祖廟而還.

○ 원년{단기2603년/AD270}경인, 동10월, <연{椽}>태후와 함께 <졸본{卒本}>으로 가서 시조사당을 배알하고 돌아왔다.

☯ 二年辛卯, 春正月, 立<于>氏爲皇后. 后,「西部」大使者<于漱>之女也. 明美善歌且有孝友之行. 十四入太子宮, 善事<椽>太后. 至是, 登坤, 干預國定. 秋七月, 國相<陰友>薨. 上問; "誰可代卿." <友>曰; "國有三輔, 可決大政. 所謂國相, 調節其間者. 臣子<尙婁>代臣爲政者久矣. 可以任事." 上乃命<尙婁>代之, <尙婁>固辭不出. 群臣亦皆以爲無如<尙婁>, 待其服闋. 九月, <尙婁>辭之不得, 登相府視事. 冬十二月, 地震. 京, 人畜多害. 禁酒. <朱>后生<芬>太子.

○ 2년{단기2604년/AD271}신묘, 춘정월, <우{于}>씨를 황후로 세웠다. 후는「서부」대사자 <우수{于漱}>의 딸로, 명랑하고 노래를 잘하였으며, 또한 효성과 우애가 돈독하였다. 열네 살에 태자궁에 들어와서 <연{椽=椽葉}>태후를 잘 모셨으며, 이때가 되어 곤위에 올랐고, 국정을 간예하였다. 추7월, 국상 <음우{陰友}>가 죽었다. 상이 "누가 경의

자리를 대신할 수 있겠소?"라 물었을 때, <음우{陰友}>는 "나라엔 3보{三輔}가 있으니 중대한 정사를 처결할 수 있을 것입니다. 소위 국상{國相}자리는 그들의 의견을 사이에서 조절하는 자리이옵니다. 신의 자식 <상루{尙婁}>가 신을 대신하여 정사를 보아준 지 오래되었으니, 그 일을 맡아볼 수 있을 것입니다."라고 답하였었다. 이에, 상이 <상루>에게 대신하라 하였더니, <상루>는 고사하고 출사하지 않았다. 군신들 또한 모두가 <상루>만한 이가 없다고 여겨, 그가 관복 입고 문서들을 열람하기를 기다렸다. 9월, <상루>는 고사하여도 어쩔 수 없는지라, 상부{相府}에 등청하여 일을 살폈다. 동12월, 지진이 있었다. 경도{京都}의 사람과 가축들이 많이 상하였다. 술 마시길 금하였다. <주{朱}>후가 <분{芬}>태자를 낳았다.

☯ 三年壬辰, 春正月, 詔曰; "農·桑, 國之大本也. 昔, 我<芻牟神皇>, 親播鳩麥, 垂範万世, 從今以往. 朕當親耤, 皇后親蚕." 命有司考典序儀. 夏四月, 霜害穀. 六月, 大旱. ㉮<于>皇后曰; "吾夫妻耤蚕而祀先農. 而反不如他年, 奈何." 帝曰; "但恨誠不足, 不敢有怨尤."
{㉯<于>皇后曰; "吾夫妻, 耤蚕而祀, 先農而反, 不如他年, 奈何. 帝曰; "但恨誠不足, 不敢有怨尤." }

十一月, <百濟>伐<新羅>. <伊鹿肥>入朝, 以<雲>公主妻之.

○ 3년{단기2605년/AD272}임진, 춘정월, 조서를 내려 이르길; "농사와 뽕 기르기는 나라의 큰 바탕이오. 옛적에 우리 <추모신황{芻牟神皇}>께서는 비둘기가 물어 온 보리를 친히 파종하시어 만세에 모범이 되시었고, 지금에 이르렀소. 짐도 직접 밭을 갈고 황후도 손수 양잠을 할 것이오."라 이르고, 관리에게 명하여 제반 기록을 근거하여 방법과 순서를 살피게 하였다. 하4월에 서리가 내려 곡물이 해를 입었고, 6월엔 가뭄이 심하였다. ㉮<우{于}>황후가 아뢰길; "우리 부처가 밭 갈기와 뽕 가꾸기를 하고 선농{=農神인 炎帝神農에게}제사도 올렸습니다. 그런데, 도리어 다른 해보다 못하니{=서리가 내리고 가물어서 흉년이 듦}, 어찌하란 말인가요?"라 하니, 제가 이르길 "다만 우리들의 정성이 부족함

을 탓할 것이지, 감히 하늘을 원망하거나{=怨天} 다른 이를 탓할 수 있겠소{=尤人}?"라 하였다.

{㉯<우>황후가 아뢰길; "吾夫妻耤蚕而祀. 先農而反, 不如他年. 奈何.; 우리 부처가 밭갈고 누에치기를 하고나서 제사하였습니다. 농사일을 먼저 하여 거꾸로 하였고, 다른 해와는 달랐습니다. 어쩌지요?"라 하니, 제가 이르길; "단지 정성이 부족하였음을 한 할 뿐이지, 감히 그 탓은 아닐 것이오."라 하였다.}

11월, <백제{百濟}>가 <신라{新羅}>를 쳤다. <이록비{伊鹿肥}>가 입조하였기에, <운{雲}>공주를 처로 삼아 주었다.

☯ 四年癸巳, 秋七月, 丁酉朔, 日食. 發倉賑民.

○ 4년{단기2606년/AD273}계사, 추7월, 정유일 초하루에 일식이 있었다. 창고를 열어 백성을 진휼하였다.

● 五年甲午, 秋八月, 祀<柳花>聖母神廟. <晉>分<幽州>五郡爲<平州>. 一云, <范陽>·<上谷>·<北平>及<遼西>. 而一云, <昌黎>·<遼東>·<帶方>·<樂浪>·<玄菟>. 然, 此等地皆已非<晉>之有也. 虛設校尉·太守·叅軍, 不亦可笑乎.

○ 5년{단기2607년/AD274}갑오, 추8월, <유화{柳花}>성모의 신묘에 제사하였다. <서진{晉}>이 <유주{幽州}>의 다섯 군{郡}을 떼어내서 <평주{平州}>로 삼았다. 일설엔 <범양{范陽}>·<상곡{上谷}>·<북평{北平}>과 <요서{遼西}>을 말하고, 또 일설엔 <창려{昌黎}>·<요동{遼東}>·<대방{帶方}>·<락랑{樂浪}>·<현도{玄菟}> 등을 말하고 있으나, 이들 모두는 이미 <서진{晉}>의 땅이 아니었었다. 교위{校尉}·태수{太守}·참군{叅軍}을 허설(虛設)하였으니, 역시 웃을 일 아니겠는가?

● 六年乙未, 春二月, 上親耤園中, <于>皇后·<椽>太后親蚕宮中. 分遣田官于「五部」, 教以農·畜之事. 秋九月, 王弟<逸友>矯詔殺沛者<苟仁>, 上以至親免其死. <應鹿>次子<伊鹿肥>爲<索頭>主.

○ 6년{단기2608년/AD275}을미, 춘2월, 상이 친히 밭에서 땅을 갈고, <우{于}>황후와 <연{椽}>태후가 궁중에서 친잠하였다. 「5부{동·서·남·북·중부}」에 전관{田官}을 나누어 보내서 농·축하는 방법을 가르쳤다. 추9월, 왕제 <일우{逸友}>가 거짓조서로써 패자 <구인{苟仁}>을 죽였다. 상은 지친이라 하여 죽음을 면케 해주었다. <응록{應鹿}>의 차자 <이록비{伊鹿肥}>가 <색두{索頭}>의 임금이 되었다.

☯ 七年丙申, 夏四月, 如**<柵城>**, 巡視**<新城>**, 與太后·皇后, 獲白鹿. 帝以爲太后之力, 太后以爲皇后之力. 八月, 還都. 九月, 神雀集宮殿. 上, 聞**<末{曷}>**不修宮室, 曰; "政在愛民, 不在宮·宮室." 命書其言示**<雉葛>**太子, 爲民父母者當如此.

○ 7년{단기2609년/AD276}병신, 하4월, <책성{柵城}>으로 가서 <신성{新城}>을 순시하고, 태후 및 황후와 함께, 흰 사슴을 잡았다. 제는 태후가 애썼기 때문이라 하였고, 태후는 황후가 애썼기 때문이라 하였다. 8월에 도성{=平壤城?, 西都?}으로 돌아왔다. 9월엔 신작{神雀; =신기한 작은 새들}이 궁전에 몰려들었다. 상이 <말갈{末曷}>은 궁실을 꾸미지 않는다는 말을 듣고는, "정사는 백성을 돌보는 것이지 궁{=후}이나 궁실{=비빈}을 돌보는 것이 아니다."라 일렀고, 그 말을 글로 써서 <치갈{雉葛}>태자에게 보여서, 백성들의 부모 된 자는 응당 이래야 함을 알리라고 명하였다.

● 八年丁酉, 春正月, 以民饑, 禁宮中酒事. 五月, 畋于**<倭山>**, 宴父老. 秋[八]月, **<檀林>**新宮成, 搆以香木·玉石.

○ 8년{단기2610년/AD277}정유, 춘정월, 백성들이 굶주리기에, 궁중에서도 술판 벌이는 일을 금하였다. 5월, <왜산{倭山}>에서 사냥하여 부로{어버이와 노인 또는 마을 유지}들에게 연회를 베풀었다. 추8월, <단림{檀林; 在<滿城>·<唐>間北近<檀山>?}>의 새 궁이 완성되었고, 향목과 옥석으로 치장되었다.

● 九年戊戌，春正月，上與后·妃夜宴，有霹靂之聲，火光如狗飛入<咄固>太子寢殿. 太史<于先>奏，曰; “<天狼星>落于宮中，必生貴子. 是年十月，<乙>氏生<乙弗>，五雲繞室而香. <乙弗>，豊雋奇傑，人多稱之. 四月，<羅>有暴風拔木.　十月，<濟>攻<羅><槐谷城>圍之. 甚急<羅>，以海湌<正源>領兵救之.　以<術>公主妻<穆秫>，<于術>出也.

○ 9년{단기2611년/AD278}무술，춘정월，상이 후·비 들과 야밤 연회 중에 벽력소리가 나면서 작은 개 모양 불빛이 <돌고{咄固}>태자 침전으로 날아들었다. 태사 <우선{于先}>이 아뢰길; “<천랑성{天狼星}>이 궁중으로 떨어졌으니, 필시 귀한 아들이 태어날 것입니다.”라 하였다. 이해 10월에 <을{乙}>씨 가 <을불{乙弗}>을 낳았는데, 오색구름이 궁실을 감싸고 향기가 있었다. <을불>은 풍준기걸{豊雋奇傑}하여, 많은 사람들이 칭송하였다. 4월에 <신라{羅}>에서는 폭풍이 나무를 뽑았고, 10월엔 <백제{濟}>가 <신라>의 <괴곡성{槐谷城}>을 공격하여 에워싸니, 형세가 심히 위급한 <신라>는 해찬 <정원{正源}>을 시켜 병사를 이끌고 가서 이를 구하였다. <술{術}>공주{=穆眞妻}를 <목출{穆秫}>에게 처로 주었다. <우술{于術}> 소생이다.

☯ 十一年庚子，冬十月，<肅愼>來侵屠害邊民. 上，謂群臣，曰; “朕，以不德謬襲邦基. 德不能綏，威不能震，致此隣敵. 思得將才，誰其可乎.” 群臣曰; “王弟<達賈>之智勇，足以當此.” 上，乃使<達賈>徃伐之. <達賈>，出寄掩擊，拔其<檀盧城>. 女將<祖環>戰死，年三十一. 乃殺其酋長，遷其六百余家于<扶餘>南<烏川>，以降部落七所爲附庸. <達賈>，本<玉帽>之子，故宗室不遇. 至是，上，用之，立大功，故封爲<安國君>·使知內外兵馬事兼統<梁貊>·<肅愼>之諸部落.(梁貊·肅愼,名雖不同,皆是末曷之族.居嫩河者謂之梁貊,居西伯利者肅愼也).　初，<達賈>將之<梁貊>引<咄固>而偕徃. 上，抱<乙弗>于膝，而送之. <乙弗>，三歲，能言必大捷，故上以初勝地<憂河>爲<乙弗邑>，令<咄固>理之.

<羅>，旱，錄囚.

○ 11년{단기2613년/AD280}경자, 동10월, <숙신{肅愼}>이 쳐들어와 변방 백성을 도륙하여 해쳤다. 이에 상이 군신들에게 말하길; "짐이 부덕하여{나라를 온전히 할 수 있는 능력과 쌓은 공적이 없어서} 나라의 기틀을 잘못 계승하고 있음이오. 덕은 나라를 편하게 하지 못하고 위엄도 나라 밖으로 떨치지 못하여서, 이웃한 적을 불러들인 것이오. 장수 될 사람을 찾고 있는데, 누가 적절하겠소?"라 물었다. 군신들이 아뢰길; "왕제 <달가{達賈}>의 지략과 용맹이면 이 일에 족히 합당할 것입니다."라 답하였다. 그리하여 상이 <달가>로 하여금 가서 무찌르게 하였다. <달가>는 조용히 출병하고 엄격하여서 그들의 <단노성{檀盧城}>을 빼앗았다. {이 싸움에서} 여자 장수 <조환{祖環}>이 전사하였다. 서른 한 살이었다. 그곳의 추장을 죽이고, 그곳에 살던 600여 가를 <부여{扶餘}> 남쪽 <오천{烏川}>으로 옮겨놓았으며, 항복한 부락 일곱 곳은 부용하게{=고구리에 의지하며 살도록} 하였다. <달가{達賈}>는 근본이 <옥모{玉帽}>의 소생이어서, <고구리> 종실들이 대우하여 주지 않았으나, 이때가 되어서 상이 등용하여주었더니, 큰 공을 세웠고, 그 공로로 <안국군{安國君}>·사지내외병마사가 되었으며, <양맥{梁貊}>과 <숙신{肅愼}>의 모든 부락도 겸하여 다스리게 되었다. 애초, <달가>는 <양맥>으로 떠날 때 <돌고{咄固}>를 함께 데리고 갔고, 상은 <을불{乙弗}>을 품에 안아서 무릎 위에 올려놓고 전송하였는데, <을불>은 3살이었는데도 능히 반드시 크게 이길 것이라 하였었다. 그런 까닭에, 첫 싸움에서 얻은 땅 <알하{戞河}>를 <을불읍{乙弗邑}>으로 삼아서 <돌고>가 직접 다스리게 하였다(<양맥>과 <숙신>은 이름은 달라도, 모두 <말갈>족이다. <눈하>에 살고 있는 이들은 <양맥>이고, <서백리=시베리아>에 살고 있는 이들은 <숙신>이다).

<신라{羅}>는 가뭄이 들자 죄수들을 다시 심사하였다.

● 十二年辛丑, 正月, 以<乙>氏爲<檀林宮>主, <乙弗>爲太子.
<羅>, <弘權>伊伐飡, <良質>一吉飡, <光謙>沙飡. 二月, 謁廟. 九月, 大閱<楊山>西.

○ 12년{단기2614년/AD281}신축, 정월, <을{乙}>씨를 <단림궁{檀林宮}>주로, <을불{乙弗}>을 태자로 삼았다.

<신라{羅}>는 <홍권{弘權}>을 이찬, <량질{良質}>을 일길찬, <광겸{光謙}>을 사찬으로 삼았고, 2월엔 조묘를 참배하고, 9월엔 <양산{楊山; 現今 南京市 東南附近?}> 서쪽에서 크게 군사를 사열하였다.

● 十三年壬寅, 秋九月, 行<東明祭>于<卒本>. <張華>遣使來朝, <馬韓>及附於<華>. <芻牟鏡>七十卷新成.

○ 13년{단기2615년/AD282}임인, 추9월, <졸본{卒本}>에서 <동명제{東明祭}>를 지냈다. <장화{張華}>가 사신을 보내 입조하자, <마한{馬韓}>은 <장화{華}>에게 붙기에 이르렀다. <추모경{芻牟鏡}> 70권을 새로이 꾸몄다.

● 十四年癸卯, 夏五月, 命<雉葛>巡視<梁貊>.

九月, <濟>, 侵<羅>邊, 十月圍其<槐谷城>. 命一吉飡<良質>禦之.

○ 14년{단기2616년/AD283}계묘, 하5월, <치갈{雉葛}>에게 명하여 <양맥{梁貊}>을 순시하게 하였다.

9월, <백제{濟}>가, <신라{羅}>의 변방을 침입하더니, 10월엔 <괴곡성{槐谷城}>을 포위하였다. <신라>는 일길찬 <량질{良質}>에게 명하여 이를 맞서서 막았다.

● 十五年甲辰, 二月, <方回>·<大發>爲<乙弗>師. 營<西川宮>. 十月, <羅>, <味鄒>殂. <助賁>子<儒禮>嗣之. 其母, <朴>氏(葛文王奈音女)嘗夜行, 星光入口而娠, 云.

○ 15년{단기2617년/AD284}갑진, 2월, <방회{方回}>·<대발{大發}>이 <을불{乙弗}>의 스승이 되었다. <서천궁{西川宮}>을 지었다. 10월, <신라{羅}>의 <미추{味鄒}>가 죽었다. <조분{助賁}>의 아들 <유례{儒禮}>가

그 뒤를 이었는데, 그의 어미는 <박{朴}>씨(갈문왕내음녀)로, 일찍이 야행 중에 별빛이 입{구멍}으로 들어와 생겼다 한다.

● 十六年乙巳, 春正月, <灌奴>于台<椽吉>進大虎雌雄, 命圉人育字之.
<朱>后崩, 春秋八十二. 事帝有儀, 執志甚堅. 后, 鑑中人也.
<卑離王><依慮>爲<慕容廆>所敗而自殺, 其屬來奔于<咄固>. 命賜羊安之. 時, <慕容剛>被殺, 故<廆>以<涉歸>之子<繼>統其衆.(涉歸,廆母之後夫.繼,廆母之出也). <廆>以其母爲妻. 二月, <儒禮>, 以<弘權>爲舒弗邯, 委以機務. 三月, 伐<帶方>, <濟>人來救, 移攻<濟>城拔其二.
駙馬<穆秫>, 論皇子私兵之弊, 請罷之, 不聽.

○ 16년{단기2618년/AD285}을사, 춘정월, <관노{灌奴}>우태 <연길{椽吉}>이 큰 호랑이 암수 한 쌍을 바쳐 와서, 마구간 관리에게 명하여 먹이를 주어 기르게 하였다. <주{朱}>후가 춘추 여든둘에 죽었다. 제를 섬김에 법도가 있었고, 뜻을 지킴에 매우 강하였다. 후는 정말 귀감이 되는 사람이었다.
<비리왕{卑離王}><의려{依慮; =摩離의 後裔; 高句麗의 封國으로 자치국임}>가 <모용외{慕容廆}>에게 패하고 자살하자, 그 권속들이 <돌고{咄固}>에게 도망하여 왔다. 양들을 나누어주고 안주하게 하였다. 그 시절, <모용강{慕容剛}>이 피살되자, <모용외{廆; =선비}>가 <섭귀{涉歸}>의 아들 <계{繼}>가 그 무리를 이끌게 하였고(섭귀,외모지후부.계,외모지출야), <외>는 그{=자신의} 어미를 처로 삼았다.{☞우리역사 서류 선비족 본격등장} 2월, <유례{儒禮}>가 <홍권{弘權}>으로 서불감을 삼고 기무를 맡겼다. 3월에 <대방{帶方; =公孫씨}>을 쳤더니, <백제{濟}>인들이 달려와서 구원하기에, 공격하기를 <백제>로 돌려서 그들의 성 두 개를 빼앗았다.
부마 <목출{穆秫}>이 황자 사병들의 폐단을 들어서 그들의 사병들을 없애길 청하였으나, 들어주지 않았다.

☯ 十七年丙午, 正月, 以<于先>爲<乙弗>師, 敎以<孝經>. <乙弗>, 年九歲能騎射, 一日請于上, 曰; "徒尙武而不知禮, 必如<逸友>. 請, 習禮而知孝." 乃有是命.

<濟>, 欲抗我, 而婼<羅>, 質女以修和.

二月, 賜弟<逸友>·<素勃>死. 二人, 皆以不倫之出, 驕傲成習. 上累責之, 不悛. 自去來以年, 與其黨謀反, 稱病而往溫泉, 戱樂無節, 出言悖逆. 故僞許拜相而召之, 執而誅其黨(逸友同母,素勃同父). 三月, <羅>旱.

十一月, <濟>, <古爾>殂. 子<責稽>立, 身長大而志氣雄傑. 葺<尉禮城>·<阿旦城>·<蛇川城>, 以備我. <責稽>妻<宝果>, <帶方>女, 故救<帶方>而抗我者也.

○ 17년{단기2619년/AD286}병오, 정월, <우선{于先}>을 <을불{乙弗}>의 스승으로 삼아서 <효경{孝經}>을 가르쳤다. <을불>이 나이 아홉 살에 능히 기사{騎射}를 하였는데, 하루는 상께 아뢰길 "무{武}만을 숭상하고 예{禮}를 모르면 꼭 <일우{逸友}>와 같아집니다. 예{禮}를 익히고 효{孝}를 배우고 싶습니다."라 하자, 그리 하라는 명이 있었다.

<백제{濟}>는 우리에게 대항하려고 <신라{羅}>를 서방질하면서 딸을 인질로 보내고 화친하였다.

2월, 아우 <일우{逸友}>와 <소발{素勃}>을 죽음을 내렸다. 둘은 모두 불륜의 자식으로, 교만·방자하고 버릇없기가 습성이 되어있어서, 상이 여러 번 질책하였어도 뉘우치지 않았다. 년 중 오가던 이래로, 자기의 무리들과 반역을 모의하였으며, 칭병하고 온천으로 가더니 희락함에 절제가 없었고, 내뱉는 말은 패역하였다. 이에, 거짓으로 그에게 재상자리를 준다고 하여 불러들여서 붙잡았으며, 그 무리들을 주살하였다.(일우동모,소발동부). 3월, <신라{羅}>에 가뭄이 들었다.

11월, <백제{濟}>의 <고이{古爾}>가 죽자, 아들 <책계{責稽}>가 섰다. 키 크고 몸집도 좋았고 의지와 기개가 아주 뛰어났다. <위례성{尉禮城}>·<아단성{阿旦城}>·<사천성{蛇川城; 或 旧黃河下流阜城西沙丘?}>을 고쳐서 우리를 대비하였다. <책계>는 처가 <대방{帶方; =公孫康의 屯有以南 帶方國}>왕의 딸이어서 <대방>을 편들고 우리에게 덤볐던 것이었다.{☞<삼국사기>엔 <백제>본기 <책계왕>원년 기록에서 <아단성>과 <사천성>이 누락되었다! <위례성>·<아단성>·<사천성>은 정황상 서로가 가까운 거리로 연이어 있어야 할 것임}.

● 十八年丁未, 正月, <咄固>爲<梁貊>校尉. <卑離><依羅>, 與<晋><賈沈>, 伐<廆>斬<孫丁>而復其舊地. 請援於<咄固>, 故遣<貊>助之. 四月, <倭>, 襲<羅><一禮>燒之, 虜千余人而去.

○ 18년{단기2620년/AD287}정미, 정월, <돌고{咄固}>를 <양맥{梁貊}>교위로 삼았다. <비리{卑離}>의 <의라{依羅}>가, <진{晋}>의 <가침{賈沈}>과 함께, <모용외{廆; 선비}>를 쳐서 <손정{孫丁}>을 참하고 옛 땅을 회복하였다. <돌고>에게 도움을 청하기에 <맥{貊}>군을 보내 도와주었다. 4월, <왜{倭}>가 <신라{羅}>의 <일례{一禮}>성을 습격하여 불태우고 1,000여 사람을 붙잡아갔다.

☯ 十九年戊申, 四月, 幸<柵城>營<新城>, 古柵頽落故也. <海谷>太守<尙介宝>獻鯨目, 夜有光. 八月, 東狩獲白鹿. 九月, 地震. 十一月, 自<新城>還.

○ 19년{단기2621년/AD288}무신, 4월, <책성{柵城}>에 거둥하여 <신성{新城}>을 새롭게 되도록 고쳤다. 옛 성책이 퇴락하였기 때문이었다. <[동]해곡{海谷; <숙신>을 이미 토벌·복속하였으니, <東海谷>은 <海谷>이 된 것인 듯!}>의 태수 <상개보{尙介宝}>가 고래 눈알을 바쳤는데, 밤에 빛이 났다. 8월, 동쪽으로 수렵을 나가서 흰 사슴을 사로잡았다. 9월에 지진이 있었다. 11월에 <책성>의 <신성>에서 환도하였다{평양? 서도?}.

● 二十年己酉, 正月, <卑離><依羅>入朝. 五月, <倭>寇<羅>. 九月, 幸<西川>觀稼, 賜父老酒.

○ 20년{단기2622년/AD289}기유, 정월, <비리{卑離}>국의 <의라{依羅}>가 입조하였다. 5월, <왜{倭}>가 <신라{羅}>를 노략하였다. 9월, <서천{西川}>에 거둥하여 농사를 살피고, 부로{父老}들에게 술을 내렸다.

● 二十一年庚戌, 正月, 與<于>后, 入<西川宮>「溫湯」. 五月, <羅>大水<月城>頹毁. <馬韓>七國來附.

○ 21년{단기2623년/AD290}경술, 정월, <우{于}>후와 함께 <서천궁{西川宮}>「온탕」으로 들어갔다. 5월, <신라{羅}>는 홍수로 <월성{月城}>이 무너져 내렸다. <마한{馬韓}> 일곱 나라가 찾아와 귀부하였다{☞아직도 <마한> 소국들이 살아서 남아있었다!}.

● 二十二年辛亥, 正月, <加耶>·<馬韓>等十二國, 來朝. 五月, 上幸<安國君>第. 君, 與妃, 作農立於泥中, 故賜宴慰之. 君, 累請<雉葛>暗昏, 不可繼位. 上, 知之而惑於<于>后, 不能廢. <羅>, <末仇>二伐飡, 忠貞有智略. <加洛>, <麻品>殂. 子<今勿>立(是爲<德王>).

○ 22년{단기2624년/AD291}신해, 정월, <가야{加耶}>와 <마한{馬韓}> 등 열 두 나라가 들어와 입조하였다. 5월, 상이 <안국군{安國君; =達賈}>의 집에 거둥하였더니, <안국군>은 비와 함께 농사일을 하면서 진창 속에 서 있었다. 이에, 연회를 베풀어서 위로하였다. <안국군>은 <치갈{雉葛}>은 어리석고 아둔하니 보위를 잇게 하여서는 아니 된다고 누차 청하였다. 상은 이를 알면서도, <우{于}>후에게 미혹되어서, 폐하지 못하였다. <신라{羅}>에서는 <말구{末仇}>가 이벌찬이 되었는데, 위인이 충정이 있고 지략도 있었다. <가락{加洛; =駕洛}>에서는 <마품{麻品}>이 죽어, 아들 <금물{今勿}>이 섰다(시위덕왕).

☯ 二十三年壬子, 二月, 上暴崩于<西川宮>, 春秋五十三, 葬于<西川陵>.

○ 23년{단기2625년/AD292}임자, 2월, 상이 <서천궁{西川宮; ≒「西都」}>에서 갑자기 죽었다. 춘추 쉰셋이었고, <서천릉{西川陵}>에 장사하였다.

역자의 변 : <서천대제>는 <중천대제>가 남방의 <신라>와 혼인하고 <신라>에게

<죽령>땅 이남을 할양하면서 <신라>를 황제국으로 봉하여서 우호를 돈독히 한 이래로, <옥모>소생 <달가>를 중용하여 동부여 바깥이었던 동북방을 완전히 복속하였고, <신라> 이외에도 여러 <가야>들과 <마한> 등 12국을 우방으로 포섭한 것으로 보이며{이리 큰 역사적 사실을 현세에 우리가 접할 수 있는 三國詐記에서는 그 냄새까지 완전히 지워져 있음}, <백제>는 <산동>서부와 <하남>동부 및 <사천> 주변들을 가지고 천자국임을 하늘과 땅에 제사하였고, <초고> 및 <구수> 이후에 다시금 강력하여진 여세로 연이어 있던 <위례성>·<아단성>·<사천성>을 수리하여서 <고구리>에 맞대응을 시작한 것으로 보인다.

이쯤해서 역자의 견해 하나를 추가하면 ;
현재 우리가 살고 있는 한반도에는 우리의 역사서에서 깔끔하게 지워낸 고대국가들인 <大漢國>과 <扶桑國>이 북부와 남부를 차지하고 있었을 것으로 본다. 우리가 <于山>국으로 들어서 알고 있는, <山海經>에서부터 <明史>에 이르기까지 <부상국> 관련기록 일부가 생생하게 남아있음에도 강단과 강호의 사학들이 아직은 외면하고 있는 것이 아쉽다. AD5세기 이전 불교{불도} 전파의 동방한계가 이 한반도였을 것으로 봄에 하자가 없을 것인데도, 그 불교관련 유적들을 강단사학 등은 옛 <남천>인 현 <한강>유역 <백제>의 유적으로 분장시키고 있음 자체를 모르고 있는 것이다. 하나 정도는 발굴되었어야 할 전쟁무덤이나 전쟁흔적이 아직도 나오지 않는 것은 아직까지 남아있는 신비롭기까지 한 고대의 문명국인 <부상국>의 기록 내용을 반증하는 것으로 확신할 수 있다고 본다. <부상국>의 사람들이 짐승들처럼 <함초{鹹草}>를 먹었다는 기록이 서토의 사서들에는 남아있고, 현금 <함초>의 최고 밀생지역이 <한반도>의 개펄임을 고려하면 그리 쉽게 무시할 수 없겠다 싶다. 상고대 및 고대 기상학·지질학·지리학·천문학 등이 풀어줄 수 있을 것으로 본다.
혹자들은 이 주장이 <임라일본부>를 <한반도> 남단으로 끌어들이는 위험한 주장이라고 하지만, 최소한 AD13-14세기 이전의 <일본>과 AD7세기 이전의 <왜>는 속칭 <삼한>의 후국들과 남북으로 인접하여 있었음이 밝혀지고 있는 이때, 지나친 우려라고 보인다. 손으로 해를 가리듯이 현재 살고 있는 국가의 강역으로 역사를 가리게 되면, 우리 겨레의 얼이 담긴 옛 역사를 광복하기는 불가능한 것임을 유념해야 할 것이다.

15. 第十四世<烽上帝>紀 제14세<봉상제>기

원문출처 ; http://mf.history.go.kr/Pdf/MF0020000/00322307.pdf

帝, 諱<相夫>, 亦曰<[歃]矢婁>, 初號<雉葛>太子, <西川帝>長子. 母, <于>太后<漱>女. 性驕{逸}·好色·多猜忌·敢殘忍, 故<西川帝>久無傳國之志, 及其暴崩. <于>后, 矯詔立之, 奪<安國君>兵權而委其兄弟. 國人嗟歎.

제는, 휘가 <상부{相夫}> 또는 <[삽]시루{歃矢婁}>이고, 초호는 <치갈{雉葛}>태자로, <서천제{西川帝}>의 맏아들이고, 모친은 <우{于}>태후로 <우수{漱}>의 딸이다. 성품은 교만하기가 빼어났고, 색을 밝혔으며, 시기하는 것도 많았고, 매우 잔인하였다. 그리하여 <서천제>는 오래도록 나라를 물려줄 생각이 없었는데, <서천제>가 갑자기 죽자, <우>후가 거짓 조서로 제를 세웠고 <안국군{安國君}>에게서는 병권을 빼앗아서 자신의 형제들에게 넘겨주었다. 나라사람{나라를 다스리는 지위에 있는 사람들}들이 이를 탄식하며 한숨지었다.

☯ 元年壬子, 三月, 詔曰; "<安國君><達賈>, 素以他族, 庸品, 敢窃兵權, 累危. 朕躬其賜死, [籍]其家." 初, <達賈>之臣<仙潔>勸除<雉葛>, 而不聽. 至是, 其臣以竟又勸出奔<新羅>, 而不聽, 曰; "吾欲殉先帝." 遂從容而盡. <門夫>太輔, <尚婁>左輔, <椽方>右輔, <椽眼>氏爲皇后. 以<安國君>妻<陰>氏賜奸臣<猿項>. 六月, <倭>寇<羅>陷<沙道城>, 一吉飡<大谷>擊退之. 七月, <羅>旱蝗.

○ 원년{단기2625년/AD292}임자, 3월, 조서를 내려 이르길; "<안국군{安國君}><달가{達賈}>는 본바탕이 다른 족속이며 용렬한 성품인데도 감히 병권을 훔쳤으니, 위험스러웠던 것이 한두 번이 아니었다. 짐이 몸소 그에게 죽음을 내리고 그 집안을 몰수한다."라고 하였다. 애초에, <달가>의 신하였던 <선결{仙潔}>이 <치갈{雉葛}>을 없애자고 권하였으나 받아들이지 않았기에 지금에 이르렀더니, 그 신하가 막바

지에 다시금 <신라{新羅}>로 피하여 나갈 것을 권하였지만 이번에도 아니 듣고, "나는 선제를 따라 죽을 것이오."라고 말하고는, 아무런 말도 없이 조용히 자진하였다. <문부{門夫}>를 태보로, <상루{尙婁}>를 좌보로, <연방{椽方}>을 우보로, <연안{椽眼}>씨를 황후로 삼았으며, <안국군安國君>의 처 <음{陰}>씨는 간신 <원항{猿項}>에게 주었다. 6월, <왜{倭}>가 <신라{羅}>의 <사도성{沙道城}>을 쳐서 함락시키자, 일길찬 <대곡{大谷}>이 이를 쳐서 물리쳤다. 7월에 <신라>는 가뭄이 들고 황충이 일었다.

☯ 二年癸丑, 正月, 如<卒本>. 二月, <羅>築<沙道城>, 移<沙伐州>豪民八十余家. 四月, 與太后, 移居<西川宮>. 八月, <慕容廆>自<桓城>入寇, 上欲徃<新城>避賊行至<鵠林>, <廆>知之至. 將及<新城>宰<高奴子>, 與賊大戰, 破之(鵠林大戰). <奴子>, 本<高>氏家臣也. 以功, 加爵大兄, 賜<鵠林>地. 九月, 殺皇太弟<咄固>大王. <咄固>王太子<乙弗>出奔. <鵠林>之戰, <咄固>亦引兵來戰有功, 故群臣請加爵封邑, <猿項>曰;"<咄固>, <達賈>之黨也. 不可成其翼. 宜以此時罪. 不待詔而自來, 以爲有簒逆之志, 故假稱討<廆>而實自有密圖者也." 上曰;"善." 乃賜死. <猿項>强納<咄固>母<高>氏爲妾.

○ 2년{단기2626년/AD293}계축, 정월, <졸본{卒本}>에 갔다. 2월, <신라{羅}>가 <사도성{沙道城}>을 쌓고 <사벌주{沙伐州}>의 호민{豪民; 세력 있는 유지급 백성} 80여 가를 옮겨서 살게 하였다. 4월, <우>태후를 모시고 <서천궁{西川宮}>으로 이거하였다. 8월, <모용외{慕容廆; 선비}>가 <환성{桓城}>에서 쳐들어와 노략하여, 상은 <신성{新城}>으로 가서 적을 피하고자 <곡림{鵠林}>에 다다랐더니, <모용외{羅}>가 이를 알아채고 쫓아왔다. 장수들과 <신성>의 우두머리 <고노자{高奴子}>가 적을 맞아 크게 싸워서 쳐부수었다(곡림대전). <노자{奴子}>는 본시 <고{高}>씨 집안의 가신이었으며, 공을 세웠기에 작위를 더하여 <대형{大兄}>으로 하고 <곡림{鵠林}>땅을 내려주었다. 9월, 황태제 <돌고{咄固}>대왕을 죽였다. <돌고>왕의 태자 <을불{乙弗}>은 탈출하여 도망하였

다. <곡림지전{鵠林之戰}>이 일어났을 때, <돌고{咄固}> 역시 군사를 이끌고 와 싸워서 공을 세웠다. 이에 군신들이 <돌고>의 작위를 올려주고 봉읍도 하여 줄 것을 청하였더니, <원항{猿項}>이 나서서 "<돌고>는 <달가{達賈}>의 무리이니, 그에게 날개를 달아줌은 아니 됩니다. 이 기회에 죄를 묻는 것이 마땅할 것입니다. 조서를 기다리지 않고 스스로 왔던 것은 제위를 찬탈하려는 뜻이 있었던 것입니다. 말로는 <모용외>를 토벌하겠다고 하면서 실제로는 은밀히 반역을 기도하려 하였던 것입니다."라 말하였다. 이에 상은 "맞소!"라고 이르고, 죽으라 한 것이었다. <원항>이 <돌고>의 모친 <고{高}>씨를 강제로 거두어 첩으로 삼았다.

☯ 三年甲寅, 正月, 與太后, 大宴<于>氏·<椽>氏于<西川宮>. 三月, 左輔<尙婁>薦其妻弟「南部」大使者<倉助利>, 爲大注簿入相府代理國相之事, 賜以「竹呂之鈒」斬不道. 以聞, 先是, <尙婁>之孫女<草>氏, 與<乙弗>有私, 而入後宮爲小后, 故上信<婁>言. 以其老病倦政, 擧<助利>以代之, 專以淫逸爲事. <草>氏母<葉>氏, <婁>子<尙宝>之妻也. 自<草>氏入宮以來, 亦受寵. 至是, 生上子<津>, 上, 欲封爲小后使居<草>氏之次. <助利>諫止之.

夏, <倭>攻<羅><長峯城>, 不克. 七月, <羅>, <多沙郡>有嘉禾. 以爲瑞, <儒禮>, 欲進之, 聞<達賈>之死, 止之.

八月, <倉助利>斬<猿項>. <項>, 以<高>氏不從, 欲刑之. <陰>氏庇之以力, <項>矯王命以召羽林, 故<助利>斬之. 九月, <尙婁>薨, 年六十三. 初, <尙齊>女<[鮮]>, 以<高陵候>妻, 密通貢吏<陰友>生子<婁><齊>取之爲嗣. <婁>, 溫謹無圭角, 善逢迎上意, 勤於奉公, 多惠小困, 能得人望以保<尙>氏之餘脉. <椽方>左輔, <倉助利>國相. <慕容廆>, 自<桓城>移都<大棘(赤峰)>. <廆>, 以<涉臣>之裔, 起於<紫蒙><句麗城(林西)>, 與<宇文>相爭, 南下<桓城>, 以猶有禍根, 故更下<大棘>也. 其母<乙>氏, <豆智>之裔. 故<廆>, 自稱<西蒙大王>, 以爲<東明>嫡孫, 陰養不測之心.

○ 3년{단기2627년/AD294}갑인, 정월, <우>태후를 모시고 <우{于}>씨와 <연{椽}>씨에게 <서천궁{西川宮}>에서 크게 연회를 베풀었다. 3월, 좌보 <상루{尙婁}>가 처의 남동생인 「남부」대사자 <창조리{倉助利}>를 대주부 자리에 천거하여서, 상부로 들어와 국상의 업무를 대리하도록 하였으며, 「죽려지인」을 내려주어서 부도한 자들을 즉참하도록 하였다. 이에 앞서, <상루>의 손녀 <초{草}>씨가 <을불{乙弗}>과 친하게 지냈었음을 듣고 나서도, 후궁으로 불러들여서 소후로 삼은 것은, 상이 <상루{婁}>의 말을 믿었기 때문이었다. 그는 노병으로 정무가 고달프다 하며, <창조리{助利}>를 천거해서 자신의 일을 대신하게 하더니, 음란한 짓으로 일을 삼았다{☞<삼국사기>의 기록과 다소 다르다!}. <초{草}>씨의 어미 <섭{葉}>씨는, <상루{婁}>의 아들 <상보{尙宝}> 처로, <초>씨가 입궁한 이래 역시 승은을 입었고 이때에 이르러 아들 <진{津}>을 낳았더니, 상이 소후로 삼아서 <초>씨 다음 서열로 하려고 하였다. <창조리{助利}>가 말려서 그만두었다.

여름에 <왜{倭}>가 <신라{羅}>의 <장봉성{長峯城}>을 쳤으나, 이기지 못하였다. 7월, <신라>의 <다사군{多沙郡}>에서 좋은 벼가 나타났다. 상서로운 일로 여기어 <유례{儒禮}>가 진상하려 하였다가, <달가{達賈}>가 죽었다는 소식을 듣고 그만두었다.

8월, <창조리{倉助利}>가 <원항{猿項}>을 참하였다. <원항{項}>이 <돌고>의 모친 <고{高}>씨가 고분고분하지 않는다고 형을 가하려 하자, <음{陰; 安國君의 妻였던 猿項의 妾}>씨가 <고>씨를 극력 두둔하였고, 이에 <원항>은 거짓왕명으로 우림군을 불렀다. 이런 이유로 <창조리>가 그를 참한 것이었다. 9월, <상루{尙婁}>가 63살에 죽었다. 애초, <상제{尙齊}>의 딸 <상[해]{解}>는 <고릉후{高陵候}>의 처였었는데, 공리{공물을 거두는 관리}인 <음우{陰友}>와 밀통하여 아들 <상루{婁}>를 낳았고, <상제{齊}>는 <루>를 거두어서 자신의 후사로 삼았다. <루>는 품성이 온화하고 처신도 원만하였으며, 상의 뜻을 잘 헤아려 받들었고, 공경들을 모심에 있어서도 부지런하여, 많은 것을 베풀고 어렵게 함이 적었더니, 능히 나라사람들의 신망을 얻어서 <상{尙}>씨 가문의 남은 맥을 지켜냈다. <연방{椽方}>이 좌보가 되고, <창

조리{倉助利}>가 국상이 되었다. <모용외{慕容廆}>가 도읍을 <환성{桓城}>에서 <대극{大棘}(적봉)>으로 옮겼다. <모용외{廆}>는 <섭신{涉臣; =자몽왕}>의 후예로 <자몽{紫蒙}>땅의 <구리성{句麗城}(림서)>에서 흥기하였고, <우문{宇文}>씨와 서로 다투다가 <환성>으로 남하하였더니, 오히려 그것이 화근이 되어서, 다시금 <대극{大棘}>으로 내려간 것이었다. 그의 어미 <을{乙}>씨가 <두지{豆智}>의 후손인 까닭에, <외>는 자신을 <서몽대왕{西蒙大王}>이라 칭하고 <동명{東明}>의 적손이라 하면서 속으로는 불측한 마음을 키우고 있었다.

☯ 四年乙卯, 二月, 大索**<**乙弗**>**于天下. 上聞**<**乙弗**>**起兵將入都, 有此命, 終不得. **<**儒禮**>**欲與**<**濟**>**共伐**<**倭國**>**, 舒弗邯**<**弘權**>**曰; "吾人不習水戰, 而**<**濟**>**且多詐, 不可空國遠征." 乃止.

○ 4년{단기2628년/AD295}을묘, 2월, 천하를 샅샅이 뒤지며 <을불{乙弗}>을 찾았다. 상은 <을불>이 군대를 일으켜 곧 도성으로 들어온다는 소문을 듣고 이런 명령을 내렸었으나 소득이 없었다. <유례{儒禮}>가 <백제{濟}>와 함께 힘을 모아서 <왜국{倭國}>을 정벌하고자 하였으나, 서불감 <홍권{弘權}>이 "우리들은 수전{水戰}을 익힌 바 없고, <백제>도 간교하기 짝이 없으니, 나라를 비워놓고 원정할 수는 없음입니다."라 아뢰어서, 그만두었다.

☯ 五年丙辰, 八月, **<**廆**>**賊, 入寇**<**西川**>**, 欲發先皇之陵. 發者暴死, 而有樂聲自陵中出. **<**廆**>**, 以爲神而不敢發, 遂退去. **<**廆**>**, 以烝母醜賊, 敢侵聖壙, 故有此神兆. **<**倉助利**>**, 擧**<**高奴子**>**爲**<**新城**>**太守, 以備之.

○ 5년{단기2629년/AD296}병진, 8월, <모용외{廆}>가 <서천{西川}>땅에 쳐들어와서 노략하였고, 선황{=서천제}의 무덤을 들추려 하였다{☞<삼국사기>엔 <서천원>을 <고국원>으로 적고 있음}. 능묘를 들추던 자가 갑자기 죽고 무덤 속에선 풍악 소리가 흘러나왔더니, <모용외{廆}>는 영묘하다 여기고 감히 들추지 못하고 물러갔다. 어미를 범한 추악한 적도 <모용

외>가 성스러운 릉혈을 범하려 하였으니, 이러한 신이한 조짐이 있었던 것이었다. <창조리{倉助利}>가 <고노자{高奴子}>를 천거하고 <신성{新城}>태수를 삼아서 그{=慕容廆; 선비}를 대비케 하였다.

● 六年丁巳, 正月, 詔曰; "賊子<乙弗>, 爲<廆>賊倀鬼, 欲危父母之國. 如有捕來者, 宜封大加而賞万金." 又曰; "宮殿, 國之威儀也. 去年秋, 醜<廆>來焚<西川神宮>. 此乃先皇與太后所娛之宮也. 可不重修而副先皇之靈哉." 命有司急其節次.

<羅>, <智良>伊湌, <長萱>一吉湌, <順宣>沙湌. <伊西國>伐<羅><金城>, 有異兵珥竹葉而來, 助<羅>軍伐<伊西>軍大破之, 而不知去處, 有竹葉數万積在<味鄒>之<竹長陵>, 故人以爲<味鄒>之陰助(<伊西>以爲<淸道>似是<河西州>).

五月, 右輔<芙布>薨. <布>, <芙>氏之[父]也. 因其女而驟貴, 歷「南部」大使者, 去年入右輔至是, 食毒菌而死. 上, 寵愛<芙>氏母女, 以太公禮葬之. <助利>諫之, 不聽

○ 6년{단기2630년/AD297}정사, 정월, 조서로써 "적도의 자식{또는, 불효·불충한} <을불{乙弗}>이 <모용외{廆}>적도의 창귀{倀鬼; =범의 앞장을 서서 먹을 것을 찾아 준다는 못된 귀신}가 되어서, 부모의 나라를 위태롭게 하고 있소. 이를 사로잡아 오거나 하는 이가 있으면, 의당 대가{大加}를 봉하고 또 만금의 상을 내리겠소."라 하였으며, 또한 이르길; "궁전은 나라의 위용을 나타내는 것인데, 지난해 가을에 추악한 <외{廆}>가 들어와 <서천신궁{西川神宮; =西川宮?}>을 불태웠소. 이 궁전은 선황{先皇=西川帝}께서 태후를 모시고 즐기시던 궁이었소. 중수하여 선황의 영령께 돌려드리지 않을 수 있겠소!"라 하고는, 유사에게 명하여 그 절차를 서두르게 하였다.

<신라{羅}>가 <지량{智良}>을 이찬으로, <장훤{長萱}>을 일길찬으로, <순선{順宣}>을 사찬으로 삼았다. <이서국{伊西國}>이 <신라{羅}>의 <금성{金城}>을 치자, 귀에 대나무 잎을 단 이상한 병사들이 와서 <신라>군대를 도와 <이서>의 군대를 쳐서 대파하였다. 그들이

돌아간 곳은 알 수 없었고, <미추{味鄒}>의 <죽장릉{竹長陵}>에 수만의 죽엽{대나무 잎; =屍身?}이 쌓여 있었더니, 사람들은 죽은 <미추>가 남몰래 도운 것으로 여겼다(이서이위청도,사시하서주;={湖北江陵?}).

5월, 우보 <부포{芙布}>가 죽었다. <부포{布}>는 <부{芙}>씨의 [아비]로, 딸로 인하여 갑자기 귀하게 되어 「남부」대사자를 지내다가, 지난해에 들어와서 지금껏 우보로 있었는데, 독버섯을 먹고 죽은 것이었다. 상이 <부{布}>씨 모녀를 끔찍이도 아꼈기에, 태공의 예로 장사하여 주었다. <창조리{助利}>가 말렸었으나, 듣지 않았다.

☯ 七年戊午, 正月, <于枰>太輔, <倉助利>左輔, <于刺>右輔, <尙宝>左衛將軍. 二月, <羅>都大霧五日, 不辨人. 九月, <乙弗>, 自<最彘(盖馬之部落)>至<秥蟬(盤山界)>, 欲與<帶方>五部會盟, 十月, 爲其校尉所獲, 檻送京都. 時, 國中霜雹殺穀, 民飢且困, 怨聲滿路. 宮室之役甚急. <班玉岑>靑玉輸于<西川>, 一人負二玉板連絡長亘, 顚死于道者亦多. 破玉抵罪者日以百數, 相與爲盜而刼官, 軍·官不能禁之. <乙弗>檻至<酒醬>成街群盜破檻而放<乙弗>. 上, 大怒, 命<方夫>·<于豊>等捕其盜而索<乙弗>. <方夫>·<于豊>皆觀望不力.

㉮【<羅>有<印觀>·<署調>. <印>以綿易<署>穀矣. 鳶以綿反于<印>. <印>歸于<署>, 則不受, 曰; "天也. 非吾." 有不受, 還其穀, 則曰; "穀已易綿者, 無可受之義." 二人以穀綿相讓而棄之. 聞者賢之.】

㉯【<羅>有「印觀署」. 調「印」, 以綿易署穀矣. 「鳶」, 以綿反于「印」. 「印」歸于署則不受, 曰; "天也, 非吾. 有不受." 還其穀則曰穀已易綿者, 無可受之義. 二人, 以穀綿相讓而棄之, 聞者賢之.】

<責稽>攻<帶方><漢狛>五部遇伏兵而死, 子<汾西>立. 聰慧英{挺}云.

十二月, <儒禮>殂, <助賁>孫<基臨>立. 性寬厚, 有人望. 或云, 其父, 伊湌<乞淑>, 非<助賁>之子而孫也. 未詳孰是. 十一月, 索<乙弗>.

○ 7년{단기2631년/AD298}무오, 정월, <우평{于枰}>이 태보로, <창조리{倉助利}>가 좌보로, <우자{于刺}>가 우보로, <상보{尙宝}>는 좌위장군이 되었다. 2월, <신라{羅}> 도성이 닷새 동안이나 짙은 안개로 뒤덮여

서 사람을 분간할 수도 없었다. 9월, <을불{乙弗}>이 <최체{最彘}(개마지부락){河曲西部의 河套·河北 부근?}>에서 <점선{粘蟬}(칸산계); 張家口南八盤山?>으로 와서 <대방{帶方}>땅의 다섯 부락들과 회맹하려다가, 10월에 그곳 교위에게 잡혀서 함거에 실려 경도로 보내졌다. 그때, 나라 안은 서리와 우박으로 곡물이 죽어서 백성들은 굶주릴 뿐만 아니라 고단하여서 원성이 길에 가득하였고, 궁실 공역은 매우 서두르고 있었다. <반옥령{班玉岺; 板玉岺?}> 청옥{青玉}을 <서천{西川; 箕丘周邊 中川의 西方!}>으로 날랐는데, 사람마다 옥판 두 개씩을 짊어진 것이 줄줄이 길게 뻗쳤었고, 길바닥에 엎어져 죽은 사람 역시 많았다. 옥판을 깨뜨려서 죄를 받은 사람도 하루에 백여 명이나 되었더니, 서로가 뭉쳐서 도둑이 되어 관을 겁탈하였더니, 군과 관도 이를 막을 수 없었다. <을불{乙弗}>을 실은 함거가 <주장{酒醬}>땅에 이르자, 거리를 메운 도둑들이 함거를 깨고 <을불>을 풀어 주었다. 이에 상은 대노하여서 <방부{方夫}>와 <우풍{于豊}> 등에게 도둑들을 잡아들이고 <을불>을 찾아내라고 명하였으나, <방부>와 <우풍>도 모두 관망할 뿐 힘들여서 애쓰지 않았다.

㉮【<신라{羅}>에 <인관{印觀}>과 <서조{署調}>라는 사람들이 있었다. <인관{印}>이 솜을 주고 <서조{署}>의 곡식을 샀더니, 솔개{鳶}가 솜을 <인관>에게 돌려주었다. 이에 <인관>이 솜을 <서조>에게 돌려주었더니, 하늘의 뜻이니 내 것이 아니라며 받지 않았다. 그래서 <인>이 곡식을 <서>에게 돌려주었더니, 그 곡식은 이미 솜과 바꾼 것이니 받을 까닭이 없다고 하였다. 두 사람은 곡식과 솜을 서로 양보하다가 내버렸고, 이 얘기를 들은 이들은 그들을 어질다고 하였다.】

㉯【<신라{羅}>에는 「인관서{印觀署}」가 있었다. 「인{印=인장쪽지}」이 있으면 면{솜}으로 관서{觀署}가 가지고 있는 곡식과 바꿀 수 있었고, 「연{鳶=연장쪽지}」이 있으면 면{솜}을 주고 「인장쪽지」를 돌려받을 수 있었다. 「인장쪽지」가 이미 관서로 들어가 버려서 돌려받을 수 없게 되면, 하늘이 내편이 아니어서 돌려받지 못하는 것으로 여겼다. 곡식을 돌려주며, 이미 면과 바꾸었던 것이었다고 하여도, 그것을 돌려받을 수는 없었다. 어떤 두 사람이 곡식과 면{솜}을 서로 넘겨주고는 「인·연장쪽지」들은 내버렸다. 이 말을 들은 이들은 그 두 사람을 현명하였다고 여겼다.】 ※

㉯는 '통제 받던 물물교환을 거부하고 자유로운 물물교환을 했다.' 는 얘긴가?

<책계{責稽}>가 <대방{帶方}>땅의 <한맥{漢貊; =漢化된 貊族?}> 다섯 부락을 공격하다가 복병을 만나 죽어서, 아들 <분서{汾西}>가 섰다. 총명하며 슬기롭고 특출하게 빼어났다고 하였다.
12월, <유례{儒禮}>가 죽고, <조분{助賁}>의 손자 <기림{基臨}>이 섰다. 성품이 관후하여 사람들이 우러렀다. <기림>의 친아비는 이찬 <흘숙{乞淑}>이지 <조분>의 손자가 아니라는 말도 있다. 어느 것이 상세한 것인지 모르겠다. 11월, <을불{乙弗}>을 수색하였다.

☯ 八年己未, 正月, **<**于夾**>**太輔, **<**于刺**>**左輔, **<**于卓**>**右輔. **<**羅**>**, **<**長昕**>**伊湌兼知兵馬事. **<**汾西**>**謁**<**東明**>**廟. 二月, **<**基臨**>**祀其始祖.
三月, **<**于夾**>**薨, **<**于刺**>**太輔, **<**倉助利**>**左輔. 九月, 鬼哭於**<**烽山**>**, 客星犯月. 時, 上, 與**<**草**>**氏, 在**<**烽山**>**行宮. 太史**<**椽逢**>**奏, 曰; "客星犯月者, 外敵內通后妃之證也." **<**草**>**氏怒, 曰; "**<**椽逢**>**欲離間吾夫妻, 而做此妄言也." 乃流於**<**海源**>**. 時, 「西部」大使者**<**于璘**>**, 亦欲奏; "**<**方夫**>**爲**<**乙弗**>**而反" 路見**<**椽逢**>**之謫去, 問其故, 則**<**逢**>**曰; "主上沈色昏亂, 忠臣見疑. 不如觀望應變." **<**璘**>**, 乃回去, 不告. 十二月, 雷而地震. **<**于**>**太后大惧, **<**尙道**>**曰; "天之放雷如人之放屁, 不足惧.

○ 8년{단기2632년/AD299}기미, 정월, <우협{于夾}>이 태보, <우자{于刺}>가 좌보, <우탁{于卓}>이 우보가 되었다. <신라{羅}>에서는 <장흔{長昕}>이 이찬이 되고 지병마사를 겸임하게 되었다. <분서{汾西}>가 <동명{東明}>사당{=百濟의 東明祠堂?; 현금 하북성 최남단 東明?}을 배알하였다. 2월, <기림{基臨}>이 자기들의 시조를 제사하였다. 3월, <우협>이 죽어서, <우자>가 태보를 맡고, <창조리{倉助利}>가 좌보를 맡았다. 9월, 귀신이 <봉산{烽山; 今 居庸關 南 峰山?}>에서 곡을 하고, 객성{떠돌이별}이 달을 범하였다. 이때, 상은 <초{草}>씨와 더불어 <봉산>행궁에 머무르고 있었는데, 태사 <연봉{椽逢}>이 "객성이 달을 범하면 외적이 후{后}나 비{妃}와 내통하고 있다는 증좌입니다."라고 아뢰었더니, <초{草}>씨가 화를 내며 말하길; "<연봉{椽逢}>이 우리 부처를 이간하려고 방자하게도 이런 망언을 하는 것입니다."라 하였다. 이에

<연봉>은 <해원{海源}>으로 유배되었다. 그때, 「서부」대사자 <우린{于璘}> 또한 "<방부{方夫}>가 <을불{乙弗}>을 편들어 반역하였다."고 주청하려고 길을 나섰다가, <연봉>이 귀양 가는 것을 보고나서 그 까닭을 물었더니, <연봉>은 "주상이 여색에 빠져서 정국이 혼란스럽게 되었고, 충신들도 의구심을 내비치고 있소. 관망하다가 정변에 내응함만 같지 못할 것이오."라 하였더니, <우린>도 발걸음을 돌리고 고발하지 않았다. 12월, 뇌성이 울리고 지진이 일었다. 이에 <우{于}>태후가 크게 두려워 하니, <상도{尙道}>가 "하늘이 뇌성을 내는 것은 사람들이 방귀를 내는 것과 같은 것이오니, 두려워할 필요 없습니다."라 하였다.

☯ 九年庚申, 正月, 地震. **<倭>**與**<羅>**交聘. 自二月至七月, 不雨, 年饑. **<基臨>**, 二月, 至**<比列忽>**, 至**<牛首州>**望**<太白山>**祭之. **<樂浪>**·**<帶方>**來會而議, 曰; "**<勾麗>**亡.
秋八月, 國內男女十五以上, 赴宮役, 乏食流亡. **<助利>**諫之, 上曰; "卿欲爲百姓死乎." **<助利>**, 不得已, 與群臣, 迎**<乙弗>**爲帝, 廢上幽之. 知不免而自經, 二子亦從焉. 葬于**<烽山之原>**.

○ 9년{단기2633년/AD300}경신, 정월, 지진이 일었다. <왜{倭}>가 <신라{羅}>와 사신을 주고받았다. 2월부터 7월이 되도록 비가 오지 않아 흉년이 들었다. <기림{基臨}>이 2월에 <비열홀{比列忽}>에 이르러서 {=<고구리>의 땅을 넘어서 올라왔고?} <우수주{牛首州; =牛頭州?}>로 오더니만, <태백산{太白山; 山西省?}>을 바라보며 제사를 지냈다. 이에 <락랑{樂浪}>과 <대방{帶方}>이 <기림>을 찾아가 모여서 의논하더니만, "<고구리{勾麗=烽上帝}>가 망하겠다."라고 하였다.
추8월, 나라 안의 남녀 15살 이상이 궁을 짓는 부역에 끌려갔다가 먹을 것이 없어서 정처 없이 떠돌았다. <창조리{助利}>가 이런 사정을 간하였더니, 상이 말하길; "경은 백성을 위하여 죽고 싶다 이거요?"라 하였다. <창조리{助利}>는 어찌할 도리가 없어서, 군신들과 더불어 <을불{乙弗}>을 맞아들여서 제로 세우고, 상을 폐하여 가두었다.

상은 죽음을 면할 수 없음을 알았던지라 스스로 목매어 죽었고, 두 아들 또한 뒤따라 죽었다. <봉산원{烽山之原}>에 묻어 주었다.

역자의 변 : <서천대제>와 <안국군><달가> 및 국인들은 자질이 모자라는 <치갈> 즉 <봉상제>가 보위에 오르는 것을 마땅히 여기지 않았었으나, <서천제>가 갑자기 죽는 바람에 <치갈>의 모친이 모사하여 <치갈>을 등극시켰고, <서천제>는 이어서 국인과 백성들의 마음을 잡고 있는 세력들인 <달가>와 <을불=미천대제>의 부친 <돌고>대왕을 제거하였으며, 이미 죽은 부친{=서천제}에 대한 효도를 하겠다는 명분으로 백성의 고혈을 강요하다가 정변을 당하여, 일찍이 비슷한 일로 죽어서 물러난 <모본>과 <차대>의 전철을 밟은 조정이었다 할 것이다. 다행히 <치갈>에게 죽임을 당하지 않은 <돌고>대왕의 아들 <을불>이 있어서, 명재상 <창조리>의 도움으로, <서천대제>가 닦아놓은 중흥의 발판을 딛고 <고구리>를 구하게 되었음을 보게 된다.

외적 <모용외>의 침입을 당하여서도 군주가 목숨으로라도 사수할 생각은 고사하고 애초부터 도피하려 하였으니, 일찍이 선뜻 칭송하며 따르지 않았던 국인들과 백성들을 도륙한 후에 스스로 제후왕조를 열고 옛<조선>이전의 역사마저 도륙한 근세<조선>왕조의 <선조><이조{李鈞}>가 <명>나라 도성의 코앞인 <의주>로 도망하는 모범이 되었던가?

<연{燕}>의 <모용>씨 집안 역시 옛<조선>의피가 흐르는 옛<조선>의 후예 <고구리>와 비슷한 방계혈통 <선비>족이며, 이미 <고구리>를 괴롭히기 시작했던 <탁발>씨의 <위{魏}> 역시 <선비>족임을 알면, 동아시아의 모든 왕조는, DNA분석을 통한 혈통적 특성을 인정할 수 없어 스스로 덮어버린 자칭 <한{漢}>족 왕조라는 <한{漢=西漢·東漢}>과 <명{明}>을 빼면, <배달>겨레 집안들 간의 적통 여부를 가리는 국력 경쟁이었음이 밝혀지고 있음이나, 근세 들어서 부쩍 국가사관에 몰입하는 이들이 나를 뺀 모두를 적으로 만들고 있고, 그러한 쟁탈을 가속하고 있음이 원통하다 할 것이며, 물리적으로 힘이 센 나라의 국가사관들에 주눅이 들어서 옛 조상들의 얼이 담겨있는 겨레의 역사를 절취 당함을 눈뜨고 방관함은 더욱 자괴감을 느끼게 한다..

16. 第十五世<美川大帝>紀 제15세<미천대제>기

원문출처 ; http://mf.history.go.kr/Pdf/MF0020000/00322307.pdf

帝, 初號<乙弗大王>, <西川帝>之孫, <咄固大王>之子. 母, <乙>太后, 太公<乙宝>之女也. 性寬厚下人, 有智略能制衆. <烽上>之殺<咄固>也, <乙弗>在<尙婁>家, <婁>以家人<再生>·<談河>護<乙弗>. 而走匿于<水室村><陰牟>家, 爲傭<牟>, 役之甚苦. 使禁蛙鳴, 達夜投[石]而禁之. 晝夜樵採, 不許暫息. 乃逃, 與<東村>人<冉牟>販鹽, 奇於<鴨渌>之<思收村>人家. 其家老嫗請鹽, 許之斗許, 請益不得與. 嫗恨恚潛以屨置之鹽中. 不知, 上道, 嫗追索之, 誣以偸屨. <鴨渌>宰, 命以鹽償屨, 而決笞放之. 於是, 形容枯槁, 衣裳繿縷, 人見之不知其爲王孫也. 時, <倉助利>, 將行廢立, 以王孫儉約仁慈可以嗣祖, 遣臣等迎之. <乙弗>曰; "予, 野人. 非王孫也." <蕭友>等, 引至<仙潔>家行君臣之禮, 迎入于<烏陌南>家. 九月, 畋于<候山>之陰, <助利>謂衆曰; "與我同志者, 効我." 乃以芦葉挿冠. 衆皆挿之. 乃謂衆, 曰; "今主上無道, <乙弗大王>有德, 願其戴之." 衆大喜抃躍, 乃迎<乙弗>上璽綬, 幽<烽上帝>于行宮守之.

제는, 초호가 <을불대왕{乙弗大王}>이며, <서천제{西川帝}>의 손자이고 <돌고대왕{咄固大王}>의 아들이다. 모친은 태공 <을보{乙宝}> 딸 <을{乙}>태후이다. 성품이 너그럽고 아랫사람들에게 후하였으며, 지략이 있어 무리를 능히 이끌었다. <봉상{烽上}>이 <돌고{咄固}>를 죽일 때, <을불{乙弗}>은 <상루{尙婁}>의 집에 있었고, <상루{婁}>가 집안사람 <재생{再生}>과 <담하{談河}>를 시켜 <을불>을 보호하게 하였다. 이후 <수실촌{水室村}>으로 달아나 <음모{陰牟}>의 집에 숨었는데, <음모>를 위해 일하며 겪은 고초가 심하였다. 개구리가 울지 못하게 하라고 시켜서 한밤이 되도록 돌멩이를 던져서 울지 않게 하였고, 밤낮으로 땔나무를 하라고 시켜서 잠시도 쉬지 못하였다. 그리하여 <동촌{東村}>사람 <염모{冉牟}>와 도망하여 소금을 팔며, <압록{鴨渌; =永定河? 媯水河? 朝河? 灤河?}>의 <사수촌{思收村}>사람의 집에 의탁하였다.

그 집 노파가 소금을 달라 하기에 한 말 정도를 주었더니, 더 달라고 하기에 부득이하여 주지 않았더니, 노파가 원망하며 성이 나서 신발을 소금 속에 감추어놓았다. 이를 모른 채 소금을 팔러 길을 나서자, 노파가 쫓아와서 뒤지더니 신발을 찾아내더니만 신발을 훔쳤다고 고변하였다. 이에 <압록{鴨渌}>의 우두머리는 소금으로 신발을 훔친 것을 보상하게 하였으며, 볼기를 쳐서 풀어 주었다. 이 시절, 얼굴 꼬락서니는 삐쩍 마르고 의복은 남루하였더니, 사람들은 마주보고서도 그가 왕손임을 몰라보았다. 이때, <창조리{倉助利}>는 곧 임금을 폐하고 새로운 임금을 세우려던 참이었다. 왕손이면서도 검약하고 인자하여서 조부의 뒤를 잇게 하면 좋겠다고 여기고, 신하 등을 보내서 맞아들이게 하였더니, <을불{乙弗}>은 "저는 야인이지 왕손이 아닙니다."라 하였다. <소우{蕭友}> 등이 <선결{仙潔}>의 집으로 모시고 가서 군신의 예를 행하고, <오맥남{烏陌南}>의 집으로 맞아들였다. 9월, <후산{候山; =張北候兒山?}>의 북녘에서 사냥하면서, <창조리>가 무리들에게 말하길: "나와 뜻이 같은 이들은 나를 따라 하시오."라 하고는 부들 잎을 모자에 꽂았더니, 모두가 부들 잎을 모자에 꽂았다. 이윽고 <창조리>가 말하길; "지금 주상은 무도합니다. <을불대왕{乙弗大王}>께서 덕이 있으시니, 그분을 추대하려 합니다."라 말하였고, 무리들은 크게 기뻐하면서 손뼉 치고 발을 굴렀다. 그리하여, <을불>을 맞아들이고 새수{옥새와 인끈}를 바쳤으며, <봉상제{烽上帝}>는 행궁에 가두어서 지켰다.

☯ 元年庚申, 秋九月, 封公臣十二人. <倉助利>·<祖弗>·<蕭友>·<烏陌南>·<柘>·<仙方>·<方夫>·<再生>·<談河>·<松巨>·<長莫思>·<休都>等于其鄕, 賜奴婢有差. 尊考<咄固大王>爲<平猶大帝>, 母<乙>后爲<檀林太后>, 祖母<高>氏爲太皇太后, <乙>太后父<乙宝>爲國太公. 冬十月, 黃霧四塞五日, 求言. 太史<于先>曰; "兆在后妃." <再生>脅取<烽上帝><椽>后爲妻. 人皆以爲<再生>霧. 以<倉助利>太輔, <于卓>左輔, <乙盧>右輔. <盧>, <乙>太后兄也. 十一月, 西北風大至飛沙走石六日. 上, 減食問過. <倉助利>曰; "宜先立正后, 而禁<再生>·<談河>之恃功

[擅]權.” 上, 唯唯. <晋>立<羊>氏爲后. 十二月, 星孛于東方. <于先>曰; “君臣相爭之兆.” 乃赦<尙宝>父子及<芙莢>兄弟. <宝>, <草>氏之父. <莢>, <芙>氏之兄也. 晦日, 以<尙宝>爲左輔, <于卓>爲「西部」大使者. 上欲以<草>氏爲皇后, <倉助利>諫, 曰; “<草>氏不能立節, 媠事廢帝. 失節之人, 不可爲后.

○ 원년{단기2633년/AD300}경신, 추9월, <창조리{倉助利}>·<조불{祖弗}>·<소우{蕭友}>·<오맥남{烏陌南}>·<자{柘}>·<선방{仙方}>·<방부{方夫}>·<재생{再生}>·<담하{談河}>·<송거{松巨}>·<장막사{長莫思}>·<휴도{休都}> 등 공신 12 사람에게 각자의 고향 땅을 봉하고, 노비를 차등하여 하사하였다. 부친인 <돌고대왕{咄固大王}>을 <평맥대제{平猶大帝}>로 올리고, 모친 <을{乙}>후는 <단림태후{檀林太后}>로, 조모 <고{高}>씨는 태황태후로, <을{乙}>태후 부친 <을보{乙宝}>는 국태공{國太公}으로 올렸다. 동10월, 누런 안개가 네 변방을 닷새나 덮었었다. 조언을 구하였더니, 태사 <우선{于先}>이 “조짐이 후{后}와 비{妃}에 있습니다.”라고 하였다. <재생>이 <봉상제{烽上帝}>의 <연{椽}>후를 겁박하고 취하여 처로 삼았기에, 모든 사람들이 <재생>의 안개라고 여겼다. <창조리>를 태보로, <우탁{于卓}>을 좌보로, <을로{乙盧}>를 우보로 삼았다. <을로{盧}>는 <을{乙}>태후 오빠이다. 11월, 서북풍이 크게 불어와서 모래가 날리고 돌이 구르길 엿새나 계속되었다. 상이 감식하며 잘 못된 일이 있었는지를 물었더니, <창조리>가 “우선하여 반듯한 후를 세우시고, <재생>과 <담하>가 공을 믿고 권력을 휘두르지 못하게 하십시오.”라고 아뢰었다. 이에, 상은 그리하겠다고 답하였다. <진{晉; =西晉惠帝 司馬衷}>이 <양{羊}>씨를 후로 세웠다. 12월, 살별이 동방에 나타났다. <우선>이 “군신상쟁의 조짐입니다.”라 하여서, <상보{尙宝}>부자와 <부협{芙莢}>형제를 풀어 주었다. <상보{宝}>는 <초{草}>씨의 부친이고, <부협{莢}>은 <부{芙}>씨의 오빠이다. 그믐날엔, <상보>를 좌보로, <우탁{于卓}>을 「서부」대사자로 삼았다. 상이 <초>씨를 황후로 삼으려 하자, <창조리>가 “<초>씨는 절개를 지키지 못하였고, 교태부리며 폐제를 섬겼었습니다. 절개

를 져버린 이를 후로 세워서는 아니 될 것입니다."라고 간하였다.

● 二年辛酉, 春正月, 受朝於<乙>太后宮. 大政多出於太后, 人多失望. 二月, 太公<乙宝>薨, 年七十一. 先是, <乙巴素>有庶子<素介>, 爲<酒桶>太后謁者, 烝于<酒桶>而生者也. 身長體偉, 喜怒不形於色, 不與人利. <烽上>時, 勤愼而自守. 今上卽位, <乙>太后專政. <宝>, 戒之而一不干政. 以王禮葬于<酒桶>太后陵. 子<盧>·<源>·<向>·<良>·<閔>·<七>·<沛>等爲<乙>氏七祖. 三月, 親祭<安國君>陵, 命王子<柘>開倉賑民. 夏四月, <草>氏·<倉>氏等爭寵造言播外, 乃流其婢于海濱. 五月, 廢帝崩于<候山>別宮. <再生>逼, 令自經. 上, [與]太后, 如<卒本>謁始祖廟及<咄固帝>陵. 六月, 以<祖文>·<倉覓>·<紐碧>爲船將軍練水師, <明臨涉>爲行軍注簿. <仙方>請以大府宰<大發>爲上船將軍而督三軍, 許之. 秋九月, 畋于<杜訥原>訓練軍事, 宴于<仙方>妻<免>氏鄕.

○ 2년{단기2634년/AD301}신유, 춘정월, <을{乙}>태후궁에서 조례를 받았다. 굵직한 정사들 여럿이 태후에게서 결정되어 나오자, 사람들은 실망함이 많았다. 2월, 태공 <을보{于宝}>가 71살에 죽었다. 애초에, <을파소{乙巴素}>의 서자 <소개{素介}>가 <주통{酒桶}>태후의 알자{謁者; 빈객을 주인에게 인도하는 직책}를 하다가 <주통>과 치붙어서 낳은 자식이었다. 키는 크고 체격은 우람하였으며, 기쁨과 노여움을 얼굴에 나타내지 않아서, 다른 사람들은 이로울 것이 없었다. <봉상{烽上}> 시절에는 근신하며 자신을 지켰고, 금상이 즉위한 후로는 <을>태후가 국정을 주무르자, <을보>는 이를 경계하더니만, 일절 정사에 간여하지 않았다. 왕례로 <주통>태후릉에 장사하였다. 아들들인 <로{盧}>·<원{源}>·<향{向}>·<량{良}>·<민{閔}>·<칠{七}> 및 <패{沛}> 등은 <을>씨 집안의 일곱 시조가 되었다. 3월, 친히 <안국군{安國君}>무덤에 제사하고, 왕{=돌고대왕·안국군}의 아들 <자{柘}>에게 명하여서 창고를 열어 백성을 진휼케 하였다. 하4월, <초{草}>씨와 <창{倉}>씨 등이 총애를 다투면서 없는 말을 만들어 밖으로 퍼뜨리기에, 이들의 하녀들을 바닷가로{또는, 물가로 ; 또는, <해>땅과 <빈>땅}으로 유배

하였다. 5월, 폐제가 <후산{候山; 張北 候兒山?, 懷柔 北 後山鋪?}>의 별궁에서 죽었다. <재생{再生}>이 핍박하여서, 스스로 목을 맨 것이다. 상이 태후를 모시고 <졸본{卒本}>에 가서 시조사당과 <돌고제{咄固帝}>릉을 배알하였다. 6월, <조문{祖文}>·<창멱{倉覓}>·<뉴벽{紐碧}>을 선장군{船將軍}으로 삼아서 수군을 조련하고, <명림섭{明臨涉}>을 행군주부로 삼았다. <선방{仙方}>이 대부{大府}의 우두머리{宰} <대발{大發}>을 상선장군{上船將軍}으로 삼아서 3군{조문·창멱·뉴벽의 수군}을 감독하시라고 청하였더니, 허락하였다. 추9월 <두눌원{杜訥原; =達里湖주변}>에서 사냥하며 군사를 훈련하였고, <선방>의 처 <면{免}>씨의 고향에서 잔치를 열었다.

☯ 三年壬戌, 春正月, 移御新[宮]. 自廢帝時營是宮, 三年而成. 春夏<新羅>大旱. 四月, <百濟>有慧星晝見. 秋九月, 三日, 上, 自將三万精銳, 進攻<玄菟>. 十五日, 伐<南蘇>拔之. <南蘇>, 本我神地, 爲<貫{=毌}>賊所奪, 或我, 或彼, 朝得暮失者久矣. 上, 出遊時, 曾經此地, 詳得地理·人情·城池虛實. 故以<仙方>爲大注簿而密與土酋相通, 水陸幷進, 斬其太守<耿蒼>等五人, 虜獲男女八千人移于「平壤」.(玄菟城,廢帝時慕容廆發新城以爲玄菟城).

○ 3년{단기2635년/AD302}임술, 춘정월, 새로 지은 궁{=西川新宮}으로 이어하였다. 폐제 때부터 이 궁을 짓기 시작하여 3년 만에 완성된 것이다. <신라{新羅}>는 봄·여름이 크게 가물었다. 4월, <백제{百濟}>에서는 대낮에 혜성이 나타났다. 추9월 3일에 상이 친히 정예군 3만을 이끌고 나아가 <현도{玄菟}>를 공격하고, 15일엔 <남소{南蘇}>를 쳐서 빼앗았다. <남소>는 본시 우리의 신성한 땅이었는데, <관{毌}>적{=관구검}에게 빼앗겼었다. 이후로는 우리가 차지했다가 저쪽이 차지하기를, 아침에 빼앗았다가 저녁에 잃듯 한 지 오래였다. 상은 유랑하던 시절에 일찍이 이곳을 지나면서 지리 및 인심과 성곽 및 해자 등의 허실을 상세히 살폈었다. 그리하여, <선방{仙方}>을 대주부로 삼아 몰래 그 지역 토착민 우두머리들과 상통케 하고나서, 수

군과 육군을 동시에 진공케 한 것이었으며, 태수 <경창{耿蒼}> 등 다섯의 목을 베고 8천인을 사로잡아서 「평양{平壤; 平壤은 河北省지경!}」으로 옮겼다(현도성,폐제시모용외발신성이위현도성).

● 四年癸亥, 春正月, 宴群臣於太后宮. 酒酣, 上, 謂公卿, 曰; "國之興替在於養賢擧才. 卿等各薦子弟." <龍山公><[柘]>曰; "人在或有天成者, 多出於素養. 非一朝可得. 請開院而敎." 於是, 以<白龍院>·<大神院>·<肖門院>爲學. 命<于先>·<乙向>·<大發>立之. 二月, <倉>氏生太子<忠>. <助利>女也. 初爲<烏陌南>妻, 自上寓於<陌南>時被幸入後宮者也. 上, 乃贈<倉>氏母<烏>氏爵上夫人賜墓奴十口·山庄·海浦, 加<助利>食戶百家. <助利>諫, 曰; "臣聞, 寬於色者下好淫, 寬於武者下好殺, 君臣同麀而生子則王統亂矣. 請收, 臣女夫人之爵, 臣孫<忠>太子之號. 昔者<陳>·<靈公>, 與其臣<寧儀>, 共通<夏姬>而生子<徵舒>. <寧儀>以<徵舒>爲公子, 而公以爲<寧儀>子. <徵舒>怒殺<靈公>. 至今, 爲笑話, 以此觀臣女罪重, 臣亦難免責矣. 請歸食戶·庄·浦. 上曰; "以<忠>爲吾子, 而不以爲<陌南>子. 豈可比於<靈公>, 其勿過慮."

● 夏四月, 幸<新城>慰撫士卒, 選武藝特出者二十人, 授之以職, 訓練壯丁. 依<慕容廆>用人之例, 凡有才幹者, 雖<漢>·<越>之人, 亦可來之. 歷<再生>鄕宴其族. 五月, <于>太后崩於<菱院>, 春秋六十一. <中川帝>九年爲太子妃. 明美善歌孝事父皇, 宮中稱之. 及登坤位以救護<雉葛>爲主, 擁蔽<西川>之聰明, 助長<烽上>之癡慾, 至有<西川>暴崩之變, <安國>賜死之禍. <西川>之喪, 甚秘不發焉, 先移<安國君>之兵權[于]其兄弟, 然後, 矯詔立<雉葛>. 盖亦后謀也. 及專國政, 荒淫好奢侈, 宮室之宏搆奸輩之汎濫, 皆后之所爲害國蠹民之罪. 有所不可宥<候山>之擧, 軍士欲殺之. 上, 以<西川>之爱后, 護庇善待, 使居<菱院>, 捧供之節一如舊儀. <再生>, 累往烝之, 謀其子<相亥>, 事發. 上使<耽>氏問之. 后憂懼得疾而崩. 上, 憐之, 以太后禮葬于<烽上>之側. 上, 初欲葬于<西川>, 有大叱聲而不得, 云.

秋七月, 太公<倉助利>薨於<龍山>溫湯. 上, 迎其喪于郊外, 欲以太公禮葬之. 其妻<陰>氏以爲非其遺志, 乃以大兄禮葬於<板岺>. <助利>,

爲社稷而行廢立, 而常自処以<烽上>之罪人, 且見<再生>之擅權不能制, 累夢<猿項>, 曰; "噫, 吾休矣. 萬事浮雲. 恨不作再思<巢父>之身."

○ 4년{단기2636년/AD303}계해, 춘정월, {西川新宮의} 태후궁에서 군신들에게 연회를 베풀었다. 술이 얼큰하여지자, 상이 공경들에게 "나라의 흥체{興替; 흥하거나 주인이 바뀜}는 현자를 기르고 인재를 뽑아 씀에 달렸소. 경들은 각기 자제를 천거해 보시오."라 일렀더니, <룡산공{龍山公}><자{柘}>가 "인재는 간혹 하늘이 완성하여 내리기도 하나, 다수는 평소에 길러지는 것이어서, 하루아침에 얻을 수 있는 것이 아닙니다. 청컨대 학원을 여시어 가르치게 하시옵소서."라고 아뢰었었다. 이에 <백룡원{白龍院}>·<대신원{大神院}>·<초문원{肖門院}>을 학원으로 만들고, <우선{于先}>·<을향{乙向}>·<대발{大發}>에게 명하여 주관하게 하였다. 2월, <창{倉}>씨가 태자 <충{忠}>을 낳았다. <창>씨는 <창조리{助利}>의 딸로, 당초엔 <오맥남{烏陌南}>의 처였었는데, 상이 <맥남>의 집에서 만났을 때부터 승은을 입고 후궁으로 들어왔다. 상이 <창>씨의 모친 <오{烏}>씨에게 상부인 작위를 추증하고 묘지기 열 명과 산장 및 포구를 하사하고, <조리>에게는 식호 100가를 더해 주었더니, <조리>가 간하여 아뢰길; "신이 들은 바, 여색에 관대한 자는 아랫사람들이 음란하게 되고, 무력에 관대한 자는 아랫사람들이 죽이기를 즐기며, 임금과 신하가 같은 여인을 끼고 놀면 왕통이 어지러워진다고 합니다. 신의 딸에게 내리신 부인 작위와 신의 손자 <충>에게 내리신 태자 호를 거두어 주시길 청하옵니다. 옛 사람 <진{陳}><영공{靈公}>이, 자신의 신하 <녕의{寧儀}>와 함께, <하희{夏姬}>를 통음하여 사내아이 <징서{徵舒}>가 생겼었는데, <녕의>는 <영공>의 아들이라 하고, <영공>은 <녕의>의 아들이라 하였습니다. 이에 <징서>가 화가 나서 <영공>을 죽였습니다. 지금은 비록 우스개 소리가 되었으나, 이에 비추어 보면, 신의 딸은 죄가 무겁고, 신 역시 죄를 면하기 어렵습니다. 신에게 내리신 식호와 산장 및 포구도 거두어 주시길 청하옵니다."라 하였다. 상은 "<충>을 내 아들로 하고 <맥남>의 아들로 하지 않겠소. 어찌 <영공>의 일

에 비견하시오. 경은 지나치게 심려하지 마시오."라 답하였다.

하4월, <신성{新城; =南蘇부근 新城!}>으로 거둥하여 사졸들을 위무하고, 무예가 특출한 20인을 선발하여 직책을 주고 장정들을 훈련시키게 하였다. <모용외{慕容廆}>가 사람을 썼던 예를 따랐더니, 재간이 있는 이라면 비록 <한{漢}>인이거나 <월{越}>인이어도 역시 올 수 있었다. <재생{再生}>의 고향을 들러서 그의 족당들에게 연회를 베풀었다. 5월, <우{于}>태후가 <릉원{菱院}>에서 춘추 예순하나에 죽었다. <중천제{中川帝}> 9년에 태자비가 되었으며, 명랑하고 예뻤으며 노래를 잘하고, 효성으로 부황을 모시어서 궁중에서 칭송이 자자하였었으나, 곤위에 오르자 <치갈{雉葛}>을 돕고 비호하여 임금으로 만들었다. <서천{西川}>의 총명함을 가리고 <봉상{烽上}>의 어리석은 욕망을 부추기더니, <서천>이 갑자기 죽는 변고가 있게 되자 <안국군{安國君}>을 죽게 하는 화가 있게 하였다. <서천>이 죽자, 꼭꼭 숨겨 발상하지 않은 채로, 우선하여 <안국군>의 병권을 자기 형제들에게 옮겨놓았고, 거짓 조서로써 <치갈>을 세웠으니, 모두가 역시 태후의 음모였었고, 급기야는 국정을 전횡하고 황음하며 사치하기를 좋아하였더니 궁실은 간사한 무리들로 흘러넘치게 되었었다. 이 모든 것이 태후가 나라를 상하게 하고 백성의 생활을 좀먹은 죄상이었다. <후산{候山}>의 의거{=후산에 모여서 <을불>을 옹립한 일}를 용납하려 들지 않기에 군사들이 태후를 죽이려 하였으나, 상이 <서천>의 애후라고 하여 보호하여 막아주고 좋게 대접하여서 <릉원{菱院}>에서 거처케 하였고, 받들어 모시는 범절이 옛날과 다름이 없었다. <재생>이 여러 번 발걸음을 하여서 태후를 치붙고, 그녀의 아들 <상해{相亥}>와 음모하였다가, 일이 발각되었다. 이에 상이 <탐{耽}>씨를 시켜서 알아보게 하였더니, 태후는 걱정하고 두려워하다가 병들어 죽게 된 것이었다. 상이 그녀를 가련히 여겨서 태후의 예로 <봉상>의 곁에 묻어주었다. 상이 애초엔 <서천>에 묻으려 하였으나, 질책하는 소리가 커서, 그리하지 못하였다 한다.

추7월, 태공 <창조리{倉助利}>가 <룡산{龍山}> 온탕에서 죽자, 상이 그의 시신을 교외에서 맞이하여 태공의 예로 장사하려 하였더니,

처 <음{陰}>씨가 그가 남긴 뜻이 아니라 하여, <판령{板岺; =盤嶺?, 房山西石板台?, 承德東南上·下板城?}>에 대형의 예로 장사하였다. <조리{助利}>는 사직을 위해서 임금을 폐하고 새로이 세웠으나, 늘 자신을 <봉상{烽上}>에게는 죄인이라 하였다. 또한 <재생{再生}>이 권력을 휘두르는 것을 보면서도 막을 수 없었기에, 여러 번 꿈속에서 <원항{猿項}>을 보더니만; "아! 나도 쉬어야 하겠구나! 만사가 뜬구름인 것을, <소보{巢父; <堯>임금시절에 세상 명리에 뜻이 없어 은거하였다는 자}>의 처신을 거듭 떠올리지 않은 것이 한스럽구나."라 하였었다.

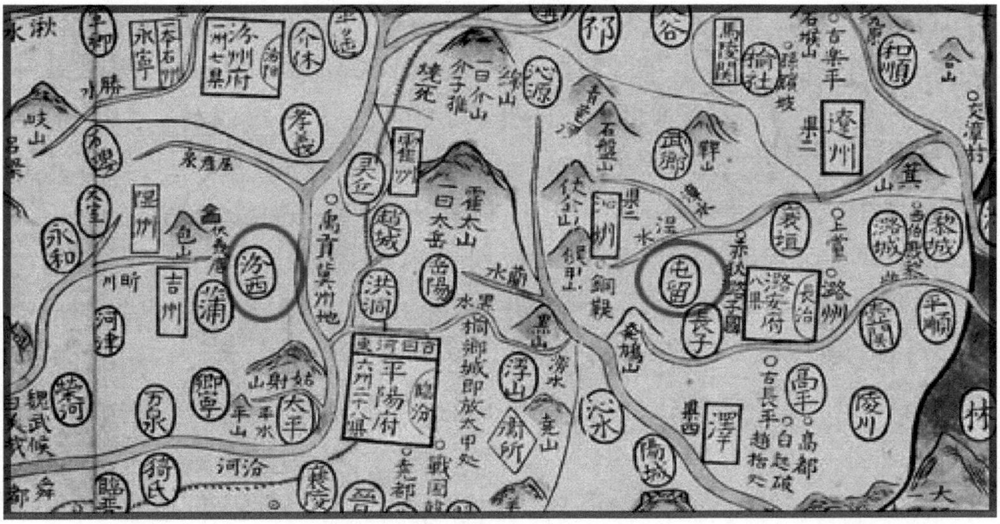

그림38. <락랑>땅 <둔유>이남에 들어선 <대방>왕의 딸이며 <百濟><責稽王>의 애처인 <宝果>가 낳은 <汾西>와 획 하나 틀리지 않는 지명 <汾西>. 이 시절 이전 <樂浪>의 <西都>인 <汾西>!....<분서왕>의 출생지?

● 五年甲子, 春正月, 受朝于<乙>太后宮, 賜功臣衣馬. 二月, <汾西>, 襲<樂浪>「西都」破之, 以其地爲郡. 其地, 本<汾西>母<宝果>之國都也. <汾西>爲其母奪之. <樂浪>王<子述>, 遣使于<長莫思>, 請和. 上, 命<長莫思>, 與<汾西>相通謀, 分<樂浪>. <述>, 怒而斥和, 憤<汾西>之襲取「西都」而欲報仇. 是年十月, <述>臣<黃倡郎>者, <鷄林>人也, 美而有膽勇, 飾以美女而往見<汾西>. <汾西>愛其美納于車中, <黃>刺<汾西>殺之. <宝果>立其所嬖<比流>爲王. <仇首>之庶子也. <古爾>之時,避于民間，熟知民情，且有力能射．<新羅>，八月，地震泉湧．九月，京都又地震，壞民屋，有死者．上，命<長莫思>懷柔<比流>反<逑>，而命五部·九鎭·三十七國督練步騎，考其功績．使<乙兪>·<免箕>·<高喜>等，採壯丁之有才者，屬於左·右衛，而習師用兵之術熟練之．

○ 5년{단기2637년/AD304}갑자, 춘정월, <을{乙}>태후의 궁에서 조례를 받고, 공신들에게 옷과 말을 하사하였다. 2월, <분서{汾西}>가 <락랑{樂浪}>의 「서도」를 습격하고 파하여서, 그곳을 군으로 만들었다. 그곳은 본래 <분서>의 모친 <보과{宝果}>나라{=대방국}의 도읍이었고, <분서>가 모친을 위하여 탈취한 것이었다{그림38}. <락랑>왕 <자술{子逑}>이 <장막사{長莫思}>에게 사신을 보내서 화친을 청하였다. 이에 상은 <장막사>에게, <분서>와 상통·모의하여서, <락랑>을 쪼개라고 명하였다. <자술{逑}>은 이에 화가 치밀어서 척화하였고, <분서>가 「서도」를 습취한 것에 분함을 참을 수 없어 원수를 갚고자 하였다. 이해 10월, <자술>의 신하 <황창랑{黃倡郞}>이, <계림{鷄林}>사람으로 예쁘게 생기고 담력과 용기가 있었더니, 예쁜 여인같이 꾸미고서 <분서>를 찾아가 알현하였다. <분서>가 그 미모에 빠져 수레 안으로 불러들이자, <황창랑{黃}>이 <분서>를 칼질하여 죽였다. 이에 <보과>는 자신의 정부{情夫}인 <비류{比流}>를 왕으로 세웠다. <비류>는 <고이{古爾}>의 서자로, <고이>시절에 민간으로 피하여 숨어들어가서 민심을 숙지하였을 뿐만 아니라, 힘도 있고 잘 쏘기도 능숙하였다. <신라{新羅}>에서는 8월에는 지진이 있었고 샘들이 용솟았으며, 9월에는 경도에 지진이 또 일어서 민가가 무너지고 사람들이 죽었다. 상은 <장막사>에게 명하여 <비류>를 회유하여 <자술>과 반목하게 하였고, <5부>·<9진>·<37국{마을}>에 명하여서 보병과 기병의 훈련을 감독케 하고 그 공적을 살폈으며, <을유{乙兪}>·<면기{免箕}>·<고희{高喜}> 등으로 하여금 재주 있는 장정들을 가려 뽑아 좌·우위{군}에 배속시켜서 군병을 지휘하고 용병하는 기술을 습득시키고 숙련시키게 하였다.

● 六年乙丑, 春正月, 左輔<乙盧>薨, <柘>代之, <方回>右輔. <盧>, 以<乙>太后兄, 不露圭角, 無所建立, 唯以篤於敬神, 能愼酒色, 爲人所許. 廢帝時, 專以媎苟客. 今上卽位之初, 代其父<乙宝>, 爲右輔在相府, 終日撫鬚而已, 人以爲撫鬚宰相. <[柘]>, <安國君><達賈>之子也. 其母<鮮>氏, <平山祠><熟>之女也. 有才局密, 與其母, 協贊大謀而功成. 上卽位之初, 擧爲大注簿四年, 進右輔, 制「新令十二條」, 適於時務, 遂廢國相之職. 三月, 以<仙方>女<居知>爲小后, 賜姓<周>氏. 六月, <猗㐌>救<晉>伐<{漢}>而卒. 子<普根>立, <羊>氏廢而復. 秋九月, 畋于<高山原>, 得神鹿馴之, 大赦國中.

○ 6년{단기2638년/AD305}을축, 춘정월, 좌보 <을로{乙盧}>가 죽어 <자{柘}>가 대신하고, <방회{方回}>가 우보를 맡았다. <을로{盧}>는 <을{乙}>태후의 오빠로, 모나게 처신하지 않았으며, 자신이 오를 벼슬자리가 없으면 오로지 신{=조상신}을 섬김에 착실하였고, 주색에도 신중할 수 있어서, 사람들이 그를 꺼려하지 않았다. 폐제{=烽上帝}시절에는 오로지 구객{=구차한 사람}들의 비위를 맞추며 지냈고, 금상 즉위 초에는 부친 <을보{乙宝}>가 맡았던 우보의 일을 대신하며 상부에 있으면서 종일토록 수염을 쓰다듬을 뿐이었더니, 사람들은 그를 「무수재상{수염이나 쓰다듬는 재상}」이라 하였다. <자{柘}>는 <안국군{安國君}><달가{達賈}>의 아들이고, 어미는 <해{鮮}>씨로 <평산사{平山祠}>에 모셔진 <숙{熟}>의 딸이다. 바탕이 재주가 있어서, 모친과 더불어 큰 모의에 힘을 합쳐 공을 세웠다. 금상 즉위 초에 천거되어 대주부로 4년을 지내다가 우보에 오르자, 「신령12조{新令十二條}」를 만들어서 시무에 적용하였으며, 나아가서는 국상의 자리를 폐하였다. 3월, <선방{仙方}>의 딸 <거지{居知}>를 소후로 삼고, <주{周}>씨의 성씨를 내렸다. 6월, <탁발의이{猗㐌}>가 <진{晉=司馬衷}>을 도우려 <한{漢; 漢趙=前趙}>을 치다가 죽자, 아들 <탁발보근{普根}>이 섰으며, <양{羊}>씨는 폐위되었다가 복위되었다. 추9월, <고산원{高山原}>에서 사냥하여 신록{神鹿}을 얻었다. 길들이게 하고, 나라 안에는 대사령을 내렸다.

● 七年丙寅, 春二月, <白龍院><高>太后崩, 春秋六十五. 葬于<西川陵>, 以<乙向>爲陵大夫. 后, <咄固大王>之生母也. 其父, 賢相<{福}章>之玄孫也. <中川>時, 后, 以東宮皀衣之妻, 薦枕于<西川帝>而生<咄固大王>, 後登爲小后. <西川>崩, 受辱于<猿項>累經危害. 及帝卽位, 尊爲太后居<白龍院>. 濃麗鄭重, 少言語知大體. 以爲帝忍辱, 建中興之功, 竟配于<西川帝>. <柘>太輔, <方回>左輔. <仙方>右輔兼大注簿·太司馬, 乃國相之責也. 秋九月, <草>氏生皇子<仁>. 十一月, <晋>主(惠帝)<衷>鴆毒死, 四十八. 弟<熾>立(懷帝).

○ 7년{단기2639년/AD306}병인, 춘2월, <백룡원{白龍院}>의 <고{高}>태후가 춘추 예순다섯에 죽어 <서천릉{西川陵}>에 장사하고, <을향{乙向}>을 릉대부{=릉과 릉원을 관리하는 대부}로 삼았다. 태후는 <돌고대왕{咄固大王}>의 생모이며, 부친은 현상{賢相}이었던 <복장{福章}>의 현손{=고손}이다. <중천{中川}>시절에 후는, 동궁조의의 처였었는데, <서천{西川}>의 침녀로 천거되어서 <돌고대왕>을 낳았고, 후에 소후로 올려졌었다. <서천>이 죽자, <원항{猿項}>에게 능욕을 당하고 여러 차례 위해도 겪었으며, 제가 즉위하매 태후로 올려져서 <백룡원>에 기거하였었다. 매우 아름다웠으며 처신은 무겁고 말 수는 적었지만 큰일들을 겪어서 깨우치고 있었다. 제를 위하여, 욕보임을 참아 내고 중흥의 공을 세웠더니, 이윽고 <서천제>에게 배장 된 것이었다. <자{柘}>를 태보로, <방회{方回}>를 좌보로 삼았다. <선방{仙方}>은 우보로 삼았으며 대주부와 태사마를 겸하게 하였으니, 결국 국상의 책무였다. 추9월에 <초{草}>씨가 황자 <인{仁}>을 낳았다. 11월, <서진{晋}>주 <사마충{衷}(혜제)>이 짐새{鴆: 남방의 올빼미 비슷한 毒鳥}독으로 48살에 죽고, 그의 동생 <사마치{熾}(회제)>가 섰다.

● 八年丁卯, 秋九月, 大閱水陸軍三十万于<鴨渌之原>, 考其債而賞其優. 上, 與<草>后·<周>后·<耽>后, 巡視三日而還. 冬十月, 「南部」大使[者]<大發>卒. <發>, 能通古今, 善用兵. 上, 皃時, 受騎射·槍釼·陣之術於<大發>, 而將大用未及顯達而卒. 上, 哀痛之, 命, 以右輔禮, 葬之.

<慕容廆>自稱<鮮卑>大單于. <棘城><鮮卑><祿官>卒, 弟<猗盧>總摂三部與<廆>通好.

○ 8년{단기2640년/AD307}정묘, 추9월, 수군·육군 30만을 <압록원{鴨淥之原}>에서 대거 사열하고, 그들에게 신세진 것{30만군을 육성함에 들인 재물과 수고하였음}을 참작하여서 넉넉하게 보상하여 주었다. 상이 <초{草}>후·<주{周}>후·<탐{耽}>후를 데리고 3일간 순시하고 돌아왔다. 동10월, 「남부」대사[자] <대발{大發}>이 죽었다. <대발>은 고금{古今}의 일에 통달하고 용병을 잘하였다. 상은 어릴 적에 그에게서 기사·창검·진법 기술을 배웠고, 장차 그를 크게 쓰려 하였는데, 입신출세하지 못하고 죽은 것이었다. 상이 이를 애통히 여겼으며, 우보의 예로 장사하여 주었다. <모용외{慕容廆}>가 <선비{鮮卑}>대선우를 자칭하였다. <극성{棘城}><선비>에서는 <록관{祿官=代昭王}>이 죽자, 동생 <탁발의로{猗盧=代穆王}>가 3부 모두를 다스리면서 <모용외{廆}>와 우호 상통하였다.

● 九年戊辰, 春正月, <平山>大公<仙潔>薨, 年七十二. 其妻<仙牛>氏殉之. <潔>父<周仙>, 以<公瑾>之庶孫, 十八從<胡衛>而來朝, 及其誅流之時典法令. <朱通>爱其皃而匿之于家, <通>之妻<于>氏潛與<周仙>相通而生<潔>. 明敏好學, <安國君><達賈>招之爲家臣. 君敗, 歸<馬山>畜牛羊採金銀而致貨數萬. 密贊大謀, <班玉岺>脫檻之後匿帝于家而竟成中興大業. 其功爲第一而一向隱居, 唯以敎誨子弟爲樂, 常戒其子. <仙方>之位高, 孫<周>小后之專寵, 無使驕傲, 人稱當世之怪傑. 其裔大昌. 丙子朔, <百濟>日食. 五月, 命<朝文>·<紐碧>·<芙萊>·<高植>等, 伐<樂浪>拔其郡, 虜男女三百人. <樂浪>王<子述>, 遣其子<龍>, 稱臣[貢]馬及其土物十二, 而請和. <仙方>, 使其弟<淡>娶<子述>女以爲二郡之主. 秋八月, 重修山宮. <山上帝>敬神之所也. 在<黃山>大川之上, 有瀑與湯花鳥之勝. 上, 爲<乙>太后, 修之以爲其貴玩遊憩之所.

○ 9년{단기2641년/AD308}무진, 춘정월, <평산{平山}>대공 <선결{仙潔}>이

72살에 죽자, 그의 처 <선우{仙牛}>씨가 따라 죽었다. <선결>의 아비 <주선{周仙}>은 <공근{公瑾=周瑜; 盧江郡舒縣출생, 吳의 前部大都督}>의 서손으로, 18살에 <호위{胡衛}>를 따라와서 입조하였었으며, 죽이거나 유배보내던 시절엔 법령을 맡았었다. <주통{朱通}>이 그{=周仙}의 용모를 아껴서 그를 가신을 삼아서 집안에 감춰 놓았더니, <주통{通}>의 처 <우{于}>씨가 <주선>과 은밀히 상통하여서 <결{潔}>을 낳았다. <선결>이 명민하고 학문하기를 좋아하였더니, <안국군{安國君}><달가{達賈}>가 그를 불러서 가신으로 삼았었다. <안국군>이 해를 당하자 <마산{馬山}>으로 돌아가서, 소와 양을 치며 금과 은을 캐서 재화를 수만금이나 쌓았다. 큰 모의에 남모르게 참여하더니, <반옥령{班玉岺}>에서 함거가 깨진 이후 제를 집에 숨겨 주어서 이윽고 중흥대업이 성사되었다. 그의 공은 제일이었으나, 한 결 같이 은거하며, 오로지 자제를 가르치는 것을 즐거움으로 삼았으며, 자신의 아들을 항상 경계하여서 <선방{仙方}>의 지위가 높고 손녀인 <주{周}>소후{=仙方女居知}가 제의 총애를 독차지하였어도, 교활하고 오만하지 않도록 하였다. 이에 세상 사람들은 그를 당세의 괴이한 인걸이라고 칭송하였고, 그의 후예들은 번창하였다. 병자일 초하루에 <백제{百濟}>에서는 일식이 있었다. 5월, <조문{朝文}>·<뉴벽{紐碧}>·<부협{芙莢}>·<고식{高植}> 등에게 명하여 <락랑{樂浪}>을 쳐서, 그 군{郡}들을 빼앗고, 남녀 300사람을 사로잡았더니, <락랑{樂浪}>왕 <자술{子述}>이, 아들 <룡{龍}>을 보내와서, 칭신하고 말과 토산물 12가지를 바치며 화친을 청하였다. <선방{仙方}>이 동생 <선담{淡}>을 <자술>의 딸과 혼인을 시켜서 두 군{郡}의 주인이 되게 하였다. 추8월, 산궁을 고쳐 짓게 하였다. 산궁은 <산상제{山上帝}>의 신위를 모신 곳으로, <황산{黃山}>의 큰 물줄기 위쪽{높은 곳, 상류? 북쪽?}에 있었다. 폭포와 온탕이 있고, 꽃과 새들이 가득한 곳이었다. 상이 <을{乙}>태후를 위하여 고쳐지어, 그 귀한 분이 놀이하거나 쉬시게 한 것이었다.

● 十二月, 左輔<方回>薨, 年五十七. <回>, 以善射, 上太子時, 招爲左師, 與右師<大發>保護聖躬. 上, 自幼敬之, 及出遊, 與<仙方>等密贊大謀, 驟登輔位. 素以武夫不曉政體, 只是含糊唯唯, 未免尸位之評. 無所建白, 汲汲於嫵媚而已, 及其臨終. 上, 親臨, 問其所欲言, 對曰; "臣子<方夫>不能守分. 願, 上勿用. 臣欲所言者, 不在於私而在於上. 願, 上戒色減房, 無使女謁頻繁." 上, 改容謝, 曰; "金石之言也. 敢不佩乎. 人以爲卿「嫵媚相」, 乃今方知其爲. 甘草大臣矣." <回>祖<丑>, 以<摩離>之裔, 爲<山上帝>牙臣, 伐<拔奇{=發岐}>定社, 尙<山上>女生<箕>(一作回同). <箕>尙<東川>女<方乙>生<回>. 幼時, 不辨菽麥駑鈍不能學, <箕>憂之. 唯好弓術而得其妙, 久在殿中侍衛不遷, 而默默無怨言. 竟大貴而昌其門, 爲<方>氏祖. <仙方>左輔, <祖弗>右輔, <方夫>大注簿兼行左衛將軍·大司馬. <休都><新城>太守, <仙方>弟<仙述>左騎將軍, <再生>「北部」于台, <高喜>府庫令.

○ 12월, 좌보 <방회{方回}>가 57살에 죽었다. <방회{回}>는 활을 잘 쏘아서, 상의 태자시절에 불려 들어가서 좌사{左師}가 되더니, 우사{右師}였던 <대발{大發}>과 함께 성궁{聖躬=上}의 곁을 지켰었다. 상이 어릴 적부터 그에게 예의를 차렸더니, 상이 도성을 빠져나가 유랑하게 되자, 그는 <선방{仙方}> 등과 함께 큰 모의에 은밀히 참여하였었으며, 빠르게 재상의 지위에도 올랐었다. 평소엔, 무인인지라 정치에 관해서는 알지 못하여, 단지 입 다문 채 "예! 예!"라고만 하여서, 시위{尸位≒尸童=제삿상에 영정이나 지방 대신 앉힌 어린아이}라는 평을 면치 못했고, 건백{建白; 신하가 임금에게 의견을 내는 것}하는 것 하나 없이 비위나 맞추고 아부만 하다가, 임종을 앞두게 되었다. 상이 친히 임종하여 바라는 바를 말하라 하였더니, 입을 열어 답하길; "신의 아들 <방부{方夫}>는 제 분수를 지키기 어려우니, 원컨대 상께서는 등용하지 마십시오. 신이 말씀드리는 것은, 신을 위함이 아니고, 상을 위함이옵니다. 원컨대, 색사를 주의하시고 즐기기를 줄이시어 여인들이 빈번히 찾아오게 하지 않으시길 바랍니다." 이에 상이 얼굴빛을 고치고 감사하면서; "금석에 새겨 둘 말씀이십니다. 어찌 명심하지 않겠습니까? 사람들이 경을 「무미상{嫵媚相; 아부만 하는 재상}」이라고들 하였지만, 이제야 비로소 그리하였던 것이 「감초대신{甘草大臣; 약재들을 잘 조화시켜 약효의

발휘를 돕는 감초 같은 중신}」의 일을 하신 것임을 알겠습니다."라 하였다. <방회{回}>의 조부 <방축{丑}>은, <마리{摩離}>의 후예로, <산상제{山上帝}>의 어금니 같은 신하{=버릴 수없는 신하}로 <발기{拔奇=發岐}>를 쳐서 사직을 굳건히 하였으며, <산상>의 딸과 혼인하여 <기{箕}>를 낳았다(일작회동). <기{箕}>는 <동천{東川}>의 딸 <방을{方乙}>과 혼인하여 <회{回}>를 낳았더니, 어렸을 때엔 숙{콩}과 맥{보리}를 분별할 줄 모를 정도로 어리석고 둔하여 학문할 정도가 못되어서 <기>는 그것이 걱정이었었다. <회>는 오로지 궁술만을 좋아하고 그 묘미를 터득하더니만, 오래도록 궁전에서 시위로 있으면서, 자리를 옮겨 주지 않아도 아무 말 없이 지냈었다. 종당에는 크고 귀하게 되었고, 그 문중도 번창하게 되었고, <방{方}>씨의 시조가 되었다. <선방{仙方}>을 좌보로, <조불{祖弗}>을 우보로 삼았으며, <방부{方夫}>는 대주부로 삼고 행직 좌위장군과 대사마를 겸하게 하였다. <휴도{休都}>를 <신성{新城}>태수로, <선방>의 동생 <선술{仙述}>을 좌기장군으로, <재생{再生}>을 「북부」우태로, <고희{高喜}>를 부고령{=나라의 재산을 관리하는 관리들의 우두머리}으로 삼았다.

● 十年己巳, 春正月, {太}公<尚宝>薨, 年五十二. <宝>, 以<妻>子, 生<草>氏. 上, 太子時, 寵之. <宝>, 使<再生>等, 護帝出遊, 再造社稷, 而爲功臣等所忌. 卽位之初, 目以廢帝奸臣, 黜之. 未幾, 帝, 以<草>后之故, 復用爲左輔·國舅·太公. 其妻<芙>氏亦得上寵, 封太后, 賜金印, 居中用事, 頗預大政, 故物論不爽. 冬十月, 畋于<杜訥原>, <周>后·<免>后從之, 宿于<貫那宮>. 太輔<[柘]>爲<免>后所殺. <免>后, 本<仙方>輔妻, <周>后母也. <仙方>太輔, <乙源>左輔, <仙玉>左衛將軍, <仙述>右衛將軍, <免城>左騎將軍, <仙方>子<槨>右龍將軍. 秋七月, <周>后告于上, 曰; 吾父有不臣之志, 不可委以大權." 上曰; "汝父不可信, 卽誰可信乎." <周>氏, 不聽, 命<仙方>歸<馬山>, 盡罷<仙方>所置「五部」內使者十人. <仙方>歎, 曰; "吾爲兒女所窘, 殆天命也."

○ 10년{단기2642년/AD309}기사, 춘정월, 태공 <상보{尚宝}>가 52살에 죽

었다. <상보{宝}>는 <상루{婁}>의 아들로, <초{草}>씨를 낳았더니, 상이 태자시절에 그녀를 아꼈었다. <상보{宝}>는, <재생{再生}> 등을 시켜서 피해나가 떠돌던 제를 보호하게 하여 사직도 다시 세웠지만, 공신 등에게 따돌림을 당하였었다. 제의 즉위 초에, 폐제{=봉상}의 간신으로 지목되어 쫓겨났었으나, 오래지 않아서 상이 <초{草}>후의 연인이었던 까닭에 그를 다시 등용하여 좌보·국구·태공으로 삼았다. 그의 처 <부{芙}>씨 또한 상이 총애하였던지라 태후로 봉함을 받고 금인을 하사받았으나, 궁중에 있는 동안 자못 큰 정사에도 간예하여 여론이 상큼하지는 않았다. 동10월, <두눌원{杜訥原; 達里湖주변평원}>에서 사냥하였다. <주{周}>후와 <면{免}>후가 따라가서 <관나궁{貫那宮}>에 유숙하였고, 태보 <자{柘}>는 <면{免}>후에게 피살되었다. <면>후는 본시 3보의 자리에 있던 <선방{仙方}>의 보처였었으며 <주{周}>후의 어미이다. <선방>을 태보로, <을원{高喜}>을 좌보로, <선옥{仙玉}>을 좌위장군으로, <선술{仙述}>을 우위장군으로, <면성{免城}>을 좌기장군으로, <선방>의 아들 <선곽{槨}>을 우룡장군으로 삼았다. 추7월에 <주{周>후가 상에게 "제 아비는 신하될 뜻이 없으니{=반역할 수도 있으니} 큰 권한을 맡기시면 아니 됩니다."라 고하였고, 상은 "당신 부친을 믿지 못하면, 누구를 믿을 수 있겠소."라 답하였었으나, <주{周>후는 상의 얘기를 들은 체도 아니 하고 <선방>에게 <마산{馬山}>으로 돌아가라 명하였고, <선방>이 배치한 「5부」의 내사자 10인을 모두 파하였다. 이에, <선방>이 한탄하기를; "내가 어린 딸로 인하여 막히다니, 천명인가 보구나."라 하였었다.

● 十一年庚午, 春正月, <草>后難山而崩. <草>氏, 以上結髮之配, 失節於<烽上>, 而復歸寵猶最高. 至是, 寵衰, 而<周>后專房, 故悲愁得疾而崩. 宮人憐其數奇. 五月, <基臨>, 疾彌留, 開獄放囚. 六月, 殂. <奈解>孫<訖解>嗣之. 其父<于老>角干, 伐<加耶>·<浦上六國>有功, 娶<助賁>女<命元>而生<訖解>, 狀皃俊異, 爲事明敏, 異於常流, 故謂諸候, 曰; "興吾家者, 必此兒." 至是, <基臨>無子. 群臣, 以<訖解>有老成之德, 奉而立之. 秋九月, <玄菟>人<參星>率其徒五{十[千]}人降於

<南蘇>. <玄菟>請歸之, 不許. 冬十月, 與<免>后, 往<馬山>宴<乙>太后及<仙方>, 賜<乙>氏·<仙>氏族男女衣帛有差. 時, <周>氏有娠而告于<仙潔>之墓故也. 初, <九牛>之祖在<馬山>畜<九牛>而致貨, 仍以<九牛>爲神而生<九牛>氏. 甚美爲沛者所奪, 尋爲使者所覈轉爲<朱面>妾, 而歸<仙潔>生<仙方>. 夢有神兆, 故<牛>翁奇其夢. 以其家傳于<仙潔>, <潔>遂得其財大昌<馬山>, 神其徒多爲扶杜密贊功臣. <潔>, 常言<九牛>護國, 故至是行<九牛祭>, 以<周>氏爲主. 上, 親行之. <九牛>氏九子, 皆異父. 至是, 皆姓<仙>氏或<牛>氏·<周>氏. 人以爲<棠山>之<雉祠>·<平山>之<㺚祠>與<馬山>之<牛祠>, 爲國<三蘇>. <拓拔猗盧>爲<代公>. 十二月, <漢>太后<單>氏因其子<乂>言而慙死, <聰>妻<呼延>說<聰>除<乂>. 是年七月, <漢>主<劉淵>死, 諸子相伐. <聰>克之而立烝<單>氏, 子<乂>爲皇太弟. 及<單>氏得娠, <乂>心恥之, 至是, 死.

○ 11년{단기2643년/AD310}경오, 춘정월, <초{草}>후가 난산으로 죽었다. <초>씨는, 상과 댕기 머리 시절에 맺어진 짝이었으나, <봉상{烽上}>에게 정조를 잃었고, 다시금 총애를 받게 되더니 오히려 최고에 이르렀었다. 이때에 이르러선 총애가 빛을 잃더니만, <주{周}>후가 총애를 독차지 하였고, 이를 슬퍼하여 근심하다 병들어 죽게 되었다. 궁인들은 그 운명이 기구함을 가련케 여겼다. 5월, <기림{基臨}>은 병이 들어 오래도록 낫지 않자, 옥을 열어 죄수들을 풀어 주었다. 6월에 <기림>이 죽고, <내해{奈解}>의 손자 <흘해{訖解}>가 후사를 이었다. <흘해>의 아비인 <우로{于老}>각간은 <가야{加耶; ≠駕洛}>와 <포상6국{浦上六國}>을 정벌함에 공이 있었고, <조분{助賁}>의 딸 <명원{命元}>과 혼인하여서 <흘해>를 낳았다. 외모가 뛰어나고 정사를 살핌에도 명민하여 보통 사람들과는 남달랐기에, 모든 징후들을 얘기하고 나서 말하길; "우리 가문{=나라}을 홍하게 할 사람은 필시 이 아이일 것이다."라 하였었다. 지금에 이르러 <기림>에게 아들이 없자, 군신들은 <흘해>가 나이가 들어서야 이룰 만한 덕이 있다하며 받들어 세웠다. 추9월, <현도{玄菟}>사람 <삼성{參星}>이 그의 무리 5{십[천?]}인을 데리고 <남소{南蘇}>에 투항하였다. <현도>가 그들을

돌려보내 주길 청하였으나, 들어주지 않았다. 동10월, <면{免}>후와 함께 <마산{馬山}>으로 가서 <을{乙}>태후와 <선방{仙方}>에게 연회를 베풀었고, <을{乙}>씨와 <선{仙}>씨 족당 남녀들에게 옷과 비단을 차등하여 하사하였다. 이때 <주{周}>씨가 회임하였기에 <선결{仙潔}>의 무덤을 찾아보고 이를 고하려던 까닭이었다. 애초, <구우{九牛}>씨 조상은 <마산>에서 살았었고, <구우>를 기르고 나면서부터 재화를 쌓을 수 있었기에 <구우>를 신으로 모셨었다. 이후에 <구우>씨를 낳았더니, 지극히 예뻐서 패자에게 빼앗겼고, 사자에 의해 분별되어 다시금 <주면{朱面}>의 첩이 되었다가는, 또다시 <선결>에게로 오더니만 <선방{仙方}>을 낳았다. 태몽에선 신기한 조짐이 있었기에, <우{牛}>옹이 그 꿈을 이상히 여겼었다. 그 집안이 <선결>에게까지 전하여지자, 이윽고 <선결>이 재산을 얻고 <마산>도 크게 번창하게 되었다. 그 무리들의 여럿이 '부두밀찬공신{扶杜密贊功臣}'이 된 것도 신기한 일이었다. <선결>이 늘상 <구우>가 나라를 구하였다라고 말하여 왔더니, 지금 <구우제{九牛祭}>를 지내게 된 것이었고, <주{周}>씨가 <구우제>의 제주가 되었기에 상께서 친히 거둥한 것이었다. <구우>씨에게는 아들 아홉이 있었는데, 서로의 아버지가 달랐더니, 지금에 이르러서 <선{仙}>씨 혹은 <우{牛}>씨와 <주{周}>씨들이 되었다. <당산{棠山}><치사{雉祠}>와 <평산{平山}><달사{獺祠}>를 <마산{馬山}><우사{牛祠}>와 함께 사람들은 <삼소{三蘇; 신성한 세 곳}>라 불렀다. <탁발의로>가 <대{代}>공이 되었다. 12월, <한{漢; 漢趙=前趙}>의 태후 <선{單}>씨가 자기 아들 <예{乂}>의 말로 인하여 부끄러워하다가 죽자, <유총{聰=前趙烈宗}>의 처 <호연{呼延}>은 <총{聰}>에게 <예{乂}>를 없애라고 설득하였다. 이해 7월에 <한=前趙>주 <유연{劉淵; =高祖}>이 죽자, 여러 아들들이 서로를 죽이게 되었었다. <총>이 이겨서 임금 자리에 오르더니, <선{單}>씨를 처로 삼았으며, <선>씨의 아들을 황태제로 삼았다. 이윽고, <선>씨가 임신하였더니, <예{乂}>가 이를 부끄러워하였고, 이리하여 <선>씨가 지금 죽은 것이었다.

☯ 十二年辛未，春正月，<周>后生太子<斯由>．白牛之義，容皃魁偉，聲音洪亮．上，大喜，曰；"此，眞龍種也．" 賜酺群臣． <訖解>，以<急利>爲阿飡，委以政要兼知內外兵馬事．二月，祠其始祖廟． 三月，<高奴子>使其子<卿>入奏<遼東>可伐之狀． 乃命<方夫>·<仙玉>率步騎五万，與<新城>太守，三路進發．<玄菟>人<{參}星>·<安平>人<賈回>等爲先鋒，又使<封雨>·<溫叔>等往誘其仙·巫之衆． 五月，上，與<周>后及新生太子，如<龍山>「溫湯」而還，立<周>后爲皇后賜玉冊金印． 八月，<方夫>等進攻<西安平>拔之，虜其男女二千口移于「平壤」．[王]受{所俘}，宴群臣．以<仙玉>爲<安平>太守，<仙逑>左衛，<免江>右衛，<槨>左騎，<楷>右騎．是年，六月，<劉曜>入<洛陽>武庫納<惠帝><羊>皇后，遷六璽于<平陽>． 十月，上，與<周>皇后，巡至<安平>勞士卒，以<高卿>爲<安平>小守使理<西安平>． 左輔<乙源>以病免，<祖弗>代之，<蕭友>右輔，<友>弟<密万>「東部」于台． 十二月，<乙源>薨．

○ 12년{단기2644년/AD311}신미, 춘정월, <주{周}>후가 태자<사유{斯由}>를 낳았다. 백우{白牛}의 운세를 타고나서, 용모는 우두머리의 위용이고, 목소리는 크고 맑았다. 상이 매우 기뻐하며 "이 애가 진짜 룡종{龍種}이로구나."라 하였고, 삼보와 군신들에게 술잔치를 하사하였다. <흘해{訖解}>가 <급리{急利}>를 아찬으로 삼아 정사를 맡기고 내외병마사를 겸하게 하더니, 2월엔 자기의 시조사당에 제사를 올렸다. 3월, <고노자{高奴子}>가 아들 <고경{卿}>을 들여보내 <요동{遼東}>이 정벌하기 좋은 상황임을 주청하였다. <방부{方夫}>와 <선옥{仙玉}>에게 명하여 보기 5만을 이끌고 <신성{新城}>태수와 함께 세 길로 나누어 진발하게 하였다. <현도{玄菟}>사람<삼성{參星}>과 <안평{安平}>사람<가회{賈回}>로 선봉을 세웠고, <봉우{封雨}>와 <온숙{溫叔}> 등에게는 돌아가서 그들의 선·무지중{仙·巫之衆}을 달래게 하였다. 5월, 상이 <주{周}>후와 갓 난 태자{=사유}까지 데리고 <룡산{龍山}> 온탕엘 갔다가 돌아와, <주{周}>후를 황후로 세우고 옥책과 금인을 내렸다. 8월, <방부{方夫}> 등이 진공하여 <서안평{西安平}>을 빼앗고, 그곳의 남녀 2천 생구를 붙잡아 「평양{平壤}」으로 옮겨왔다{☞<平壤>은 <西

安平>에서 멀지 않을 것임!}. [왕]은 포로들을 받고나서, 군신들에게 연회를 베풀었다. <선옥{仙玉}>을 <안평{安平}>태수, <선술{仙述}>을 좌위장군, <면강{免江}>을 우위장군, <선곽{槨}>을 좌기장군, <석{楮}>을 우기장군으로 삼았다. 이해 6월에 <유요{劉曜=前趙末帝}>가 <락양{洛陽}>의 무고에서 <혜제{惠帝=西晉2世司馬衷}>의 <양{羊}>황후를 거두고는 옥새 여섯을 「평양{平陽=산서성평양}」으로 넘겨주었다. 10월, 상이 <주{周}>황후와 순행하여 <안평{安平}>으로 가서 사졸들을 위로하고{그림39}, <고경{高卿}>을 <안평>소수로 삼아 <서안평{西安平}>을 다스리게 하였다. 좌보 <을원{乙源}>이 병으로 물러나, <조불{祖弗}>이 대신하게 하였고, <소우{蕭友}>를 우보로, <소우>의 동생 <밀만{密万}>을 「동부」우태로 삼았다. 12월, <을원>이 죽었다.

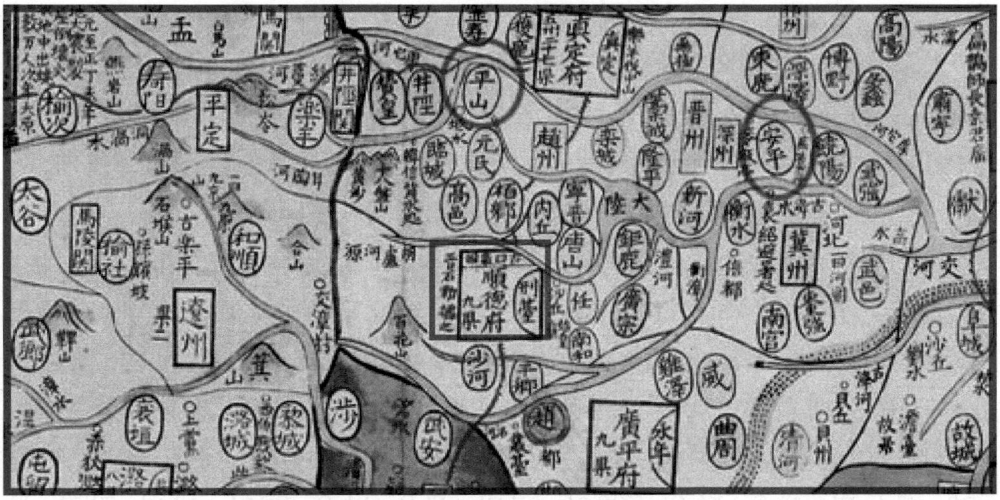

그림39. <안평{安平}>, <평산{平山}>, <양국{襄國; =刑台?=刑臺?}>

● 十三年壬申, 春二月, <南蘇>太守<高奴子>卒, <松巨>代之. <奴子>, 以身先人得士卒之心, 善於守城. <南蘇>·<新城>之人立祠祀之. <羅>, 以<急利>女爲<倭>主之婦. <比流>, 發使問民疾苦, 賑其四窮穀三石. 是年二月, <聰>, 以其妻小<劉>氏妻<懷帝>. 四月, <比流>謁<東明廟>, 以<鮮仇>爲兵官佐平. 其先亦出於<平山>, 云. 五月, 上, 御<吾民殿>,

賞; 國産大夫<孝卿>, 白馬·豹皮. 大醫卿<彦山>, 庄一座. 賜産四男女者七十人, 四女者五人, 三男者五百人, 三男女者八十三人, 三女者五十七人, 男女各雙者二百九十一人, 布帛有差. 自上卽位以來, 民無曠夫寡妻, 人口增加, 四五倍者. 甚多「南部」<黃龍村>·「西部」<加來村>, 皆至十倍. <孝卿>, 曾出豪·民閑妻邊戍貰妻無失産期, 又[派]尼醫護産, 理姤, 民俗淳厚, 男女爱好樂太平而頌帝力. <石勒>據<襄國>.

○ 13년{단기2645년/AD312}임신, 춘2월, <남소{南蘇}>태수 <고노자{高奴子}>가 죽어, <송거{松巨}>가 대신하게 하였다. <고노자{奴子}>는 몸소 다른 이들보다 앞에 나섰기에 사졸들의 마음을 얻었고, 성을 잘 지켜내었더니, <남소{南蘇}>와 <신성{新城}> 사람들이 그의 사당을 세우고 제사를 지냈다{☞<新城>과 <南蘇>는 至近間이다!}. <신라{羅}>가 <급리{急利}>의 딸을 <왜{倭}>주의 며느리로 주었다. <비류{比流}>는 사자를 보내서 백성들의 괴로운 사정을 물었고, 4궁{四窮; 鰥홀아비·寡과부·孤고아·獨독신노인}들에게는 곡식을 석 섬씩 나누어 주었다. 이해 2월에 <유총{聰}>은 자기 처 작은 <유{劉}>씨를 <회제{懷帝=西晉3세司馬熾}>에게 처로 주었다. 4월, <비류>가 <동명{東明}>사당을 배알하고, <해구{解仇}>를 병관좌평으로 삼았다. <해구>의 조상은 <평산{平山; 그림39}> 출신이라는 얘기가 있다. 5월, 상이 <오민전{吾民殿}>에 납시어서 상을 내렸다; 국산대부{國産大夫=출산장려대부}<효경{孝卿}>에게는 백마와 표범피를, 대의경{大醫卿=의약담당중신}<언산{彦山}>에게는 저택 한 채를 내렸다. 아들 딸 합하여 넷을 낳은 사람 70인, 딸만 넷을 낳은 사람 5인, 아들만 셋을 낳은 500인, 딸만 셋을 낳은 83인, 남녀 각각 둘씩 낳은 사람 291인에게 포와 비단을 차등 있게 하사하였다. 상이 즉위한 이래에, 백성들 중에 남편이나 처를 잃은 이들이 없어져서 인구가 4~5배로 늘어났다. 「남부」의 <황룡촌{黃龍村}>과 「서부」의 <가래촌{加來村}>은 매우 많이 늘어서 둘 다 10배나 되었다. <효경>은 일찍이 호족들과 백성들의 찬밥신세인 처들을 변술{변방 수자리가 있는 곳}로 내보내서 처가 없는 이들에게 빌려주어 여자들의 산기{애를 낳을 수 있는 시기}가 헛되지 않도록 하였으며, 또한 니의{尼醫; 출산 등을 돕는 여자 의원?}

를 파견하여 출산을 돕고, 투기하는 이들을 다스렸더니, 민속이 도타워졌고, 이에 남녀들은 사랑하고 즐거워서 태평한 세상이 되었더니 제께서 힘쓰셨음을 칭송하게 되었다. <석륵{石勒=後趙高祖}>이 <양국{襄國=하북 邢台?}>에서 거하였다{그림39}.

☯ 十四年癸酉, 春正月, 受朝于<乙>太后宮. 宴酣, 上, 謂太輔<仙方>, 曰; "<安平>旣定, 可破<樂浪>. 計, 將安出." <仙方>曰; "<子述>勇而無謀, 可以智取, 不宜征伐. 臣請, 以計襲取." 上, 從之, 以<仙方>爲征南大將軍, 與<祖文>·<紐碧>·<長莫思>·<倉覓>等, 便宜行事. <比流>, 親自割牲, 以祀天地, 於南郊. 二月, 左輔<祖弗>薨, 年六十六, <穆平>之外孫也. 以<萧友>代之. <青見>右輔. <青見>, <東川>之外孫也. <烽上>時, 司評, 得宜退爲<東川陵>守, 不肯高官. 至是, 福<斯由>而爲<周>皇后所引. 上曰; "三輔, 非功臣不可." 后曰; "功不如德, 爾勿多言." 遂拜之. 是年二月, <聰>殺<晋>臣<珉>等及<懷帝>年二十. 復以小<劉>爲其妻. 尋其母死, 妻<張>亦死, 以小<劉娥(六劉)>爲后. 四月, <猗盧>使<六脩>伐<段疾陸眷>見敗. <慕容廆>取<段><徒河>而還. <張統>降于<廆>. <廆>, 以<統>爲<樂浪>太守, <王遵>爲{叅}軍事. 此所謂<樂浪郡><廆>置也.

七月, <羅>旱蝗, 民飢.

十月, <仙方>, 與<樂浪王><子述>會, 獵于<薩川原>. <子述>, 見<仙方>之精騎甚多, 欲退之. <仙方>, 追而擒之, 又使<祖文>·<紐碧>等進攻海濱諸邑, 平之. <倉覓>, 破校尉府, 而虜校尉·屬國等七人, 獻之. <長莫思>, 襲破<樂浪城>虜男女二千餘口, 獻之. 以<仙方>爲<樂浪王>, 進爵太公, 以鎭其衆. 是年十月, <代公><猗盧>, 遣其子<六脩>·兄子<普根>等引數萬爲前鋒, 自引二十萬継之, 爲<劉琨>攻<晋陽>. <漢><劉曜>大敗身被七創. <石勒>欺<王[遵]>. <猗盧>, 城<盛樂>爲「北都」, <故平城>爲「南都」. 又作<新平城>於<㶟水>之陽, 使<六脩>鎭之.

○ 14년{단기2646년/AD313}계유, 춘정월, <을{乙}>태후궁에서 조회를 받고는, 연회가 무르익어 술이 얼큰해지자, 상이 태보 <선방{仙方}>에

게 “<안평{安平}>은 이미 평정되었으니, <락랑{樂浪}>을 깨야겠는데, 계책을 장차 어찌 낼 것이오?”라 하였더니, <선방>이 “<자술{子術}>은 용맹하나 지모가 없으니 지략으로 취함이 좋고, 정벌함은 마땅치 않을 것인즉, 신은 계략으로 기습하여 취하시길 청합니다.”라고 아뢰었더니, 상이 그러자고 하였고, <선방>은 정남대장군이 되어서, <조문{祖文}>·<뉴벽{紐碧}>·<장막사{長莫思}>·<창멱{倉覓}> 등을 이끌고, 형편을 살펴서 일을 도모하였다{☞<삼국사기>엔 한4군 <낙랑군>이 아직 살아 있었던 듯이 기록하여 놓았음}. <비류{比流}>가 친히 희생물을 칼질하여 남교{南郊}에서 하늘과 땅에 제사하였다{☞천자국 행세}. 2월, 좌보 <조불{祖弗}>이 66살에 죽었다. <목평{穆平}>의 외손자이다. <소우{蕭友}>가 <조불>을 대신하게 하고, <청견{靑見}>을 우보로 삼았다. <청견>은 <동천{東川}>의 외손으로, <봉상{烽上}>시절엔, 사평{司評}을 지내다가 마땅히 하여 물러나와 <동천릉{東川陵}>을 지키며 높은 자리를 피하였었다. 지금에 이르러 <사유{斯由}>태자가 잘 되길 빌었더니 <주{周}>황후가 불러들였다. 상이 “3보의 자리는 공신이 아니면 아니되오.”라 하였지만, 황후는 “공신들은 덕망 높은 이들만 못합니다. 당신은 여러 말씀 마세요.”라 하고는, <청견>에게 자리를 주었던 것이다. 이해 2월 <유총{聰; =前趙}>이 <진{晉}>의 신하 <민{珉}> 등과 20살 먹은 <회제{懷帝}>까지 죽였고, 작은 <유{劉}>씨를 다시금 자신의 처로 삼았다. 자신의 모친을 찾아보았더니 죽었고, 본처 <장{張}>씨도 역시 죽었던지라, 작은 <유아{劉娥}(육유)>를 비로 삼은 것이었다. 4월, <탁발의로{猗盧; 선비}>가 <육수{六脩}>를 시켜서 <단질륙권{段疾陸眷; 선비}>을 쳤다가 패하였고, <모용외{慕容廆; 선비}>는 <단{段}>씨의 <도하{徒河}> 땅을 취하여 돌아갔다. <장통{張統}>이 <외{廆}>에게 투항하였더니, <모용외{廆}>가 <장등{統}>을 <락랑{樂浪}>태수로 삼고 <왕준{王遵; 或云弓遵}>을 참군사로 삼았다. 이것이 소위 <모용외{廆}>가 설치한 <락랑군{樂浪郡}>이다.

7월, <신라{羅}>는 가뭄이 들고 황충이 일어 백성이 굶주렸다.

10월, <선방{仙方}>이 <락랑{樂浪}>왕 <자술{子術}>과 <살천원{薩川原; =薩水原?}>에서 만나서 사냥하기로 하였는데, <자술>이 <선방>의 정예기병이 심히 많음을 보더니 내빼려 하는지라, <선방>이 따라가 사로잡았고, 또한 <조문{祖文}>·<뉴벽{紐碧}> 등을 시켜서 바닷가의{또는, 물가의} 모든 읍을 평정하였다. <창멱{倉覓}>은 교위부를 깨고 교위와 속국 등의 일곱 사람을 사로잡아 바쳤고, <장막사{長莫思}>는 <락랑성{樂浪城}>을 습격하여 깨고 남녀생구 2천여를 사로잡아서 바쳤다. <선방>으로 <락랑왕{樂浪王}>을 삼고 작위를 태공으로 올려주어서 <락랑>의 무리들을 지키게 하였다. 이해 10월, <대공{代公}> <의로{猗盧}>가 자기 아들 <육수{六脩}>와 형의 아들 <보근{普根}>을 시켜 수만 병을 이끌고 전봉을 서게 하고, 자신은 20만병을 이끌고 뒤따르며, <유곤{劉琨; 東晋 사마예의 신하}>을 위하여, <진양{晉陽}>을 공격하였다. <한{漢; 前趙; 흉노족}>의 <유요{劉曜; 末帝}>가 대패하였고, 몸에 창을 일곱 곳에 맞았다. <석륵{石勒=後趙高祖; 갈족}>이 <왕준{王[遵]}>을 속였다. <탁발의로{猗盧; 선비}>는 <성락{盛樂}>에 성을 쌓아 「북도」로 삼고, <고평성{故平城}>을 「남도」로 삼았다. 또한 <신평성{新平城}>을 <폭수{瀑水; 瀑河?}>북쪽에 쌓고, <육수{六脩}>를 시켜 지키게 하였다.

☯ 十五年甲戌, 春正月, <周>皇后生皇子<武>, 以太子<斯由>封皇子賜玉冊·金印, 以<檀林神宮>爲<周>皇后宮, 宴群臣宗戚于<肖門院>.
<羅>, 以<急利>爲伊飡. 二月, <訖解>, 以旱, 止修闕之役. 秋九月, <方夫>, 與<仙玉>·<休都>·<芙莢>等, 進圍<平郭>下之, 移其民於<新城>東北之地, 以墾耕爲業. <仙方>, 遣<祖文>等, 伐<帶方>取<岑城>·<提奚>二城, 獻俘.「南部」大使者<大玄>從征<樂浪>而卒, 年三十五.

○ 15년{단기2647년/AD314}갑술, 춘정월, <주{周}>황후가 황자 <무{武}>를 낳자, 태자 <사유{斯由}>를 황자로 봉하고 옥책과 금인을 주었으며, <단림신궁{檀林神宮}>을 <주{周}>황후의 궁으로 삼고, 군신과 종척들에게는 <초문원{肖門院}>에서 연회를 베풀었다. <신라{羅}>에선 <급리{急利}>가 이찬이 되었고, 2월엔 <흘해{訖解}>가, 가뭄이 들자, 궁궐 고치는 공역을 중지하였다. 추9월, <방부{方夫}>가 <선옥{仙玉}>·<휴도{休都}>·<부협{芙莢}> 등과 함께 진격하여 <평곽{平郭; 河北廣

平府廣平縣?}>을 포위하여 떨어뜨렸고, 그곳 백성들을 <신성{新城}>동북으로 옮겨서 땅을 개간하며 농사짓고 살게 하였다. <선방{仙方}>이 <조문{祖文}> 등을 보내 <대방{帶方}>을 쳐서 <잠성{岑城}>·<제해{提奚}> 두 성을 빼앗았고, 포로들을 바쳤다. 「남부」대사자 <대현{大玄}>이 <락랑{樂浪}>정벌을 따라나섰다가 35살에 죽었다.

☯ 十六年乙亥, 春二月, <方夫>·<松巨>·<高植>等拔<玄菟城>, 斬其守將<王皚>等三十人, 盡獲其宝貨. 以<方夫>爲鎭西太將軍·<玄菟>太守·<平海公>兼領<最彘>·<陽化(今昆都■北界)>·<鞨>部(安國君移鞨之種)·<長嶺>之地. 五月, <慕容廆>, 遣其從弟<[苟]>, 入朝獻土物·人蔘·甘草·猯鼠皮等五十種. 上, 謂<苟>, 曰; "汝兄, 若知天命, 則宜以<河西>之地來獻互守境界." <[苟]>曰; "小國乃大<晉>之臣. 何敢擅乎." 上, 笑, 曰; "吾欲取者, 大<晉>也. 歸語汝兄, 早速來降. 不然, 未免<王皚>·<耿薈[蒼?]>." <苟>曰; "<最彘>·<陽化>, 亦是<河北>, 而臣祖所起之地. 陛下, 何故取之耶." 上, 曰; "我世祖<琉璃明皇>十一年, <扶芬奴>平此地爲屬領久矣. 汝祖, 亦非我臣乎." <苟>曰; "臣祖之祖始起于<紫蒙川>, 而與<宇文>世讐, 暫移乎此, 而更下<巴東>·<烏林>·<大棘>則<最彘>以南, 皆吾地." 上, 曰; "<河南>之地悉屬于朕, 則<最彘>小壤亦讓于汝可也." <苟>知不可得歸告<廆>. <廆>大怒遂絶和. 秋七月, 上, 與<周>皇后, 巡至<玄菟城>, 勞將士. 八月, 入<南蘇>, 太史奏星. 九月, 畋于<西川之原>而還都. 十一月, <乙>太后行<白龍大祭>于<陽隧>. 孛于東北.

○ 16년{단기2648년/AD315}을해, 춘2월, <방부{方夫}>·<송거{松巨}>·<고식{高植}> 등이 <현도성{玄菟城}>을 빼앗고, 수장 <왕애{王皚}> 등 30인의 목을 베고 보화도 모조리 빼앗았다. <방부>를 진서대장군·<현도>태수·<평해공{平海公}>으로 삼고, <최체{最彘}>·<양화{陽化}(금곤도■북계)>·<갈{鞨}>부(안국군이갈지종)·<장령{長嶺}> 땅도 함께 다스리게 하였다. 5월, <모용외{慕容廆}>가 종제 <모용구{苟}>를 보내서 입조하여 토산물과 인삼·감초·단서피 등 50종을 바쳤다. 상이 <구{苟}>에

게 이르길; “네 형이 천명을 알고 있다면, 곧 <하서{河西}>의 땅을 바치고 서로 간의 경계를 지켜야 할 것이다.”라 하였더니, <구>는 “저희 작은 나라는 큰 <진{晉=西晉}>의 신하입니다. 어찌 저희 맘대로 할 수 있겠습니까?”라 아뢰었다. 이에 상이 웃으면서 “우리가 취하려는 것이 그 큰 <진{晉=西晉}>이다. 돌아가거든 네 형에게 조속히 찾아와서 항복하라고 전하라. 그러지 않으면 <왕애{王皚}>와 <경회{耿薈}>의 꼴을 면치 못할 것이다.”라고 일렀다. 이에 <구>가 “<최체{最彘}>와 <양화{陽化}> 역시 <하북{河北; 河套黃河北? 紫蒙川北?}> 땅이고, 저희 할아버님이 일어서신 곳입니다. 폐하께서는 무슨 연고로 그곳을 가지려 하십니까?”라 여쭈니, 상은 “우리 세조이신 <유리명황{琉璃明皇}> 11년에 <부분노{扶芬奴}>가 그 땅{=자몽}을 평정하여 속령이 된지 오래이다. 너희 할아버지 역시 내 신하가 아니더냐?”라 일렀고, <구>가 아뢰길; “신의 할아버님의 할아버님께서 <자몽천{紫蒙川}>에서 처음 일어나시고 나서 <우문{宇文; 선비}>집안과는 원수가 되어서 잠시 <하서>땅으로 옮겼다가, 다시금 <파동{巴東}>·<오림{烏林}>·<대극{大棘}>의 땅으로 내려왔던 즉 <최체>이남 땅이며, 이들 모두는 저희들 땅입니다.”라 하였더니, 상은 “<하남{河南}>땅 모두가 짐에게 속하지만, <최체>의 작은 땅은 너희에게 내어 줄 수 있겠다.”라 하였다. <모용구{苟}>는 무엇을 얻어서 돌아가 <모용외{廆}>에게 고해야 할지를 몰랐다. <외{廆}>는 단단히 화가 나서 화친하길 그만두었다. 추7월에 상이 <주{周}>황후를 데리고 순시하여 <현도성{玄菟城}>에 이르러 장수와 장사들의 노고를 치하하였고, 8월에는 <남소{南蘇}>에 들렀더니, 태사가 별자리 변동에 대하여 상주하였다. 9월에는 <서천원{西川原; 在河北省? 在山西城? 箕丘以西?}>에서 사냥하고 도성으로 돌아왔다. 11월, <을{乙}>태후가 <양수{陽隧; =산의 남쪽 隧祭터?}>에서 <백룡대제{白龍大祭=高太后大祭}>를 지냈다. 혜성이 동북에서 나타났다.

● 十七年丙子, 春正月, 以<蕭友>爲「南部」大使者, <劉長句>爲<粘蟬(盤山)>太守, <芙昇>爲<馬川>太守, <周淡><樂浪(海城)>太守, <靑見>左輔, <于豊>右輔, <烏陌南>「中部」于臺. <陌南>, 以<烏伊>之冢孫, 密謀暗殺<仙方>, 事敗. 至是, 復起. <百濟>, 有大星墜其西邊, 而大旱. 三月, <代>王<猗盧>, 愛其少子<比延>欲以爲嗣, 使長子<六脩>出居<新平城(建興元年猗盧築新平城,唐謂之新城,在朔州界)>而黜其母. <六脩>有駿馬日行五百里, <猗盧>奪之以與<比延>. <六脩>來朝, <猗盧>, 使拜<比延>, <六脩>不從. <猗盧>, 乃坐<比延>於其步輦(步輦,不駕馬,使人輓之), 使人導從出遊. <六脩>, 望見以爲<猗盧>, 伏謁路左. 至乃<比延>, <六脩>慙怒而去. <猗盧>, 召之, 不至, 大怒帥衆討之, 爲<六脩>所敗. <猗盧>微服逃民間, 有賤婦人識之, 遂爲<六脩>所弑. <拓跋普根>, 先守外境, 聞難, 來赴攻<六脩>滅之. <普根>代立, 國中大亂. 四月, <普根>卒. 其子<始生>, <普根>母<惟>氏立之(惟氏猗㐌妻). <百濟>, 四月, 王都大井溢, 黑龍出于其中, 故以爲北國來呑之兆, 云. 五月, <樂浪王><仙方>入朝告<晉>人因<劉曜>之亂, 降者甚多. 命, 皆厚待之. 十一月, <棠山公><高朴兒>薨, 年六十九. <朴兒>, 以<雉祠>之主, 爲扶杜功臣, 位至一品而未甞立朝爭功, 人以爲難. <普根>子死, 從父<鬱律>立.

○ 17년{단기2649년/AD316}병자, 춘정월, <소우{蕭友}>를 「남부」대사자, <유장구{劉長句}>를 <점선{粘蟬}(반산)>태수, <부승{芙昇}>을 <마천{馬川}>태수, <주담{周淡}>을 <락랑{樂浪}(해성)>태수, <청견{靑見}>을 좌보, <우풍{于豊}>을 우보, <오맥남{烏陌南}>을 「중부」우대로 삼았다. <맥남>은 <오이{烏伊}>의 종손으로, <선방{仙方}> 암살을 밀모하였다가 일이 틀어진 후, 이제야 다시 기용된 것이었다. <백제{百濟}>에서는 큰 별이 서쪽 변방에 떨어지고 큰 가뭄이 있었다. 3월, <대{代=선비왕조}>왕 <탁발의로{猗盧=代穆王}>는 어린 아들 <비연{比延}>을 총애하기에 후사를 삼으려고, 큰 아들 <육수{六脩}>을 <신평성{新平城}(건흥원년의로축신평성,당위지신성,재삭주계)>으로 나가서 살게 하고 그의 어미도 내쳤다. <육수{六脩}>에겐 하루에 5백리를 가는 좋은 말이 있었는데, <의로{猗盧}>가 이것을 빼앗아 <비연{比延}>에게 주어 버렸다. 이에 <육수>가 조정으로 찾아갔더니, <의로>가 <비연>에게 절하라고 시켰고, <육수>는 따르지 않았다. <의로>가 이윽고 <비연>을 보련{步

輦}(보련,불가마,사인만지)에 앉혀서 사람들을 앞세우고 뒤따르게 하여 나다니게 하였더니, <육수>는 멀리서 바라보다가 그것이 <의로>인 줄로 알고 길 좌측에 엎드렸었다. 다다른 것은 <비연>이었고, <육수>는 이에 참담하고 화가 치밀어서 곁을 떠났다. <의로>가 돌아오라고 불렀으나 돌아가지 않았다. 이에 <의로>가 무리를 이끌고 <육수>를 토벌하다가 오히려 <육수>에게 패하였고, <의로>는 미복으로 민간으로 숨어들었으나 비천한 아낙에게 들켜서 <육수>에게 죽임을 당하였다. <탁발보근{拓跋普根=代前廢王}>은 우선하여 외부경계를 서고 있다가, 나라의 꼴이 여의치 않음을 듣더니, <육수>를 찾아가서 쳐서 멸하였다. <보근{普根}>이 대신 서니, 나라 안이 크게 어지러웠다. 4월에 <보근>이 죽어, 그 아들 <시생{始生=代後廢王}>을 <보근>의 어미 <유{惟}>씨가 세웠다(유씨,의이처). <백제{百濟}>에서는 4월에 도성의 큰 우물이 흘러넘쳤고, 흑룡이 그 우물에서 나왔다. 이에 사람들은 북쪽의 나라가 쳐들어와 나라를 빼앗을 징조라 여겼다고 한다. 5월, <락랑왕{樂浪王}><선방{仙方}>이 입조하여서, <유요{劉曜=前趙末帝}>의 난리 중에 찾아와서 투항하는 <진{晉; =西晉}>사람들이 심히 많음을 고하였더니, 그들 모두를 후하게 대하라는 명이 있었다. 11월, <당산공{棠山公}><고박아{高朴兒}>가 69살에 죽었다. <박아{朴兒}>는 <치사{雉祠}>의 주인으로, 부두공신이 되어서 품계가 1품에까지 올랐는데도 조정에서는 공을 다투지 않았더니, 사람들이 어려워하였다. <보근>의 아들{=시생}이 죽어, <보근>의 종부{從父=從叔=三寸}<울률{鬱律=代太祖}>이 섰다.

● 十八年丁丑, 春三月, <周>皇后生子<玟>. <新羅>, 春夏旱, <訖解>錄囚而原之. 五月, 上, 與<周>皇后, 如<卒本>謁<東明廟>, 巡至<柵城>而還. 命<高植>·<梏>·<于京>等, 伐<東海>, 拔之. 以<植>爲太守. 七月, <肖門院>爲<象院>, <免>后主. <芙>氏<菱院>主, <乙>太后<白龍院>主. 是年, <司馬睿>以<廆>爲<昌黎公>, 不受<廆>遣<王濟>浮海詣<建康>勸進. <漢>主<聰>, 信譖, 殺其弟<乂>. <廆>庶兄<吐谷渾>卒. 子<吐延>嗣, 長大有勇力, <羌>·<胡>皆畏之.

○ 18년{단기2650년/AD317}정축, 춘3월, <주{周}>황후가 아들 <민{玟}>을 낳았다. <신라{新羅}>는 봄과 여름이 가물자, <흘해{訖解}>가 죄수들의 기록을 다시금 살펴서 사람들을 풀어주었다. 5월, 상이 <주>황후를 데리고 <졸본{卒本}>에 가서 <동명묘{東明廟}>를 배알하고, 순행하여 <책성{柵城}>에 이르렀다가 돌아왔다. <고식{高植}>·<석{楷}>·<우경{于京}> 등에게 명하여 <동해{東海; 遼河平原?}>땅을 쳐서 빼앗고, <고식>을 태수로 삼았다. 7월, <초문원{肖門院}>을 <상원{象院}>으로 바꾸어서 <면{免}>후가 주관하게 하고, <부{芙}>씨는 <릉원{鬱律}>을, <을{乙}>태후는 <백룡원{鬱律}>을 주관하게 하였다. 이해에 <사마예{司馬睿; 東晋}>가 <모용외{廆; 선비}>를 <창려공{昌黎公}>으로 삼았으나, 이를 거절한 <외{廆}>는 <왕제{王濟}>를 배를 태워서 <건강{建康}>으로 보내 북쪽으로 진격하라 권하였다. <한{漢; 前趙; 흉노, 鮮卑出於匈奴!}>주 <유총{劉聰}>은 참소를 믿고서 자기 동생 <예{乂}>를 죽였다. <외{廆}>의 이복형 <토곡혼{吐谷渾}>이 죽어, 그 아들 <토연{吐延}>이 뒤를 이었다. 몸집이 장대하고 용력이 있어서, <강{羌}>족과 <호{胡}>족 모두가 그를 두려워했다.

● 十九年戊寅，春三月，左輔<靑見>病免，<于豊>代之，<椽方>右輔. 去年，<聰>殺<愍帝>，年十八. 至是，凶問至<建康>，<睿>卽{位皇帝}. <遼西公><段疾陸眷>卒. 其子幼，叔父<涉復辰>自立. <匹磾>自<薊>犇喪至<右北平>，<涉復辰>發兵拒止. <末杯>，乘虛襲<復辰>，自稱單于，迎擊<匹磾>，敗之. <匹磾>走還<薊>. <訖解>，下令國中，無奪農時. 一切官役，命皆停之. 夏五月，遣<玄菟>小守<高卿>，攻拔<河城>. <平州>刺史<崔毖>，聞之，遣使稱臣，請，與<宇文>，共伐<慕容>而分其地. 遣<談河>于<宇文>·<段>氏，而共謀討<廆>. <段匹磾>殺<劉琨>.

秋七月，<乙>太后崩，葬於<咄固大王>陵，春秋五十八. 性聰敏，多權術，顔色佳麗，身長七尺，善歌舞戲. 譸令人喜怒悲懼，且挾媎術，柔權貴如泥. 密贊大業，上卽位，尊爲太后. 參預政事頗多所失，而不能禁之. 多畜私臣，鑄金人，專事荒淫，國人鄙之. 是月，<鬱律>，擊<劉虎>破之，取其部落. 西取<烏孫>，東兼<勿吉>以西. <漢>主<聰>死. 子<粲>立,烝其母. <靳樊>·<武王>等, 皆年二十. 八月, <靳準>殺<漢>主<粲>, 以璽還<晉>, 曰; "自古, 無<胡>人爲天子." <劉曜>·<石勒>共伐<靳準>, <準>爲其下所殺. 十二月, <石勒>攻<平陽>, <靳明>走<曜>, <曜>盡殺<靳>氏.

○ 19년{단기2651년/AD318}무인, 춘3월, 좌보 <청견{靑見}>이 병으로 물러나니, <우풍{于豊}>이 대신하고, <연방{椽方}>이 우보가 되었다. 지난해 <유총{聰}>이 18살인 <민제{愍帝=司馬鄴; 西晉}>를 죽였는데, 지금에서야 그 흉한 소문이 <건강{建康; =東晋}>에 다다랐고, 이에 <사마예{司馬睿; =東晋}>가 황제위에 올랐다. <요서공{遼西公}><단질육권{段疾陸眷}>이 죽자, 아들이 어려서, 숙부 <섭복진{涉復辰}>이 스스로 보위에 올랐다. <필제{匹磾}>가 <계{薊; 山西北部以北?}>에서 허둥지둥 조상하려 <우북평{右北平; 그림25}>으로 다다르자, <섭복진>이 병사를 일으켜서 이를 막아섰다. 이에 <단말배{末柸}>는 허술한 틈을 타서 <복진>을 습격하고 스스로 「선우{單于=선비의 임금}」를 칭하고서 <필제>를 맞아서 깨뜨렸다. <필제>는 달아나서 <계> 땅으로 돌아갔다. <흘해{訖解}>가 명을 내려 농사철엔 시간을 빼앗지 않게 하였고, 모든 관역을 명을 내려서 중지하였다. 하5월, <현도{玄菟}>태수 <고경{高卿}>을 보내 <하성{河城}>을 쳐서 빼앗았다. <진>의 <평주{平州}>자사 <최비{崔毖}>가 이 소릴 듣고 사신을 보내와서 신하를 칭하며, <우문{宇文; 선비}>과 함께 연합하여서 <모용{慕容; 선비}>을 치고, 그 땅을 나누어가지자고 청을 하였다. 이에 <담하{談河}>를 <우문{宇文; 선비}>씨와 <단{段; 선비}>씨에게 보내서 <모용외{廆}>를 치자고 공모하였다. <단필제{段匹磾}>가 <유곤{劉琨}>을 죽였다.

추7월, <을{乙}>태후가 죽어, <돌고대왕{咄固大王}>릉에 장사하였다. 춘추 쉰여덟이었다. <을{乙}>태후는 성품이 총민하고 권모술수가 많았으며, 안색은 예쁘고 고우며 키는 7척이나 되었다. 노래하며 춤추고 놀기를 잘하였고, 망령된 명을 내리는 바람에 사람들을 희{喜}·노{怒}·비{悲}·구{懼}하게 하였을 뿐만 아니라, 사람을 두루 녹여 내는 재주가 있어 권력이 있거나 귀한 이들을 진흙 주무르듯 하였다. 대업을 숨어서 도왔다가, 상이 즉위한 뒤에, 태후의 자리에 올랐더니, 정사에 끼어들어 일을 그르친 것이 많았으며, 이를 말릴 수도 없었다. 사신{私臣=情夫}이 많았고, 금인{金人=金佛像}을 주조하였으며, 황음하기로 일을 삼았으니, 나라사람들은 <을>태후를 천하다 여겼다. 이 달에 <탁발울률{鬱律}>이 <유호{劉虎}>를 쳐서 깨뜨리고, 그 부락을 취하였다. 서쪽으로는 <오손{烏孫}>의 땅을 취하고, 동쪽으로는 <물길{勿吉}>이서{以西}의 땅을 차지하였다. <한{漢=前趙}>주 <유총{劉聰}>이 죽었다. 아들 <유찬{粲=前趙隱帝}>이 보위에 서더니, 어미를 치붙었다. <근번{靳樊}>·<무왕{武王}> 등은 모두 나이가 스물이었다. 8월에 <근준{靳準}>이 <한{漢=前趙}>주 <유찬{粲}>을 죽이고, 새보를 <진{晉=東晋}>에게 돌려주면서 "예로부터 <호{胡}>인이 천자가 된 적은 없었습니다."라 하였다. 이에 <유요{劉曜=前趙末帝}>와 <석륵{石勒=後趙明帝}>이 함께 <근준>을 쳤고, <근준>은 자기의 수하들에게 피살되었다. 12월, <석륵; =後趙>이 「평양{平陽; 在山西省}」을 공격하니, <근명{靳明}>은 <유요{曜=前趙末帝}>에게 도망했으나, <유요>가 <근{靳}>씨들을 모조리 척살하였다.

☯ 二十年己卯, 春正月, <談河>自<遼東>還, 奏; "<段>氏有內亂, <宇文>最强. 而<慕容>新盛其勢不可豫測. 宜觀二氏動靜, 而徐拾吾邊, 不失其機, 乃上策也." 上嘉之. 二月, <石勒>, 遣左長史<王脩>, 獻捷於<漢>. <漢>主<曜>遣兼司徒<郭汜>, 授<勒>太宰領·太將軍, 進爵<趙王>加殊禮, 出警入蹕如<曹公>輔<漢>故事. 拜<王脩>及其副<劉茂>, 皆爲將軍, 封列侯. <脩>舍人<曹平樂>, 從<脩>至<粟邑>, 因留仕<漢>, 言於<曜>, 曰; "大司馬, 遣<脩>等來, 外表至誠內覘大駕疆弱, 俟其復命將襲乘輿." 時, <漢>兵實疲弊, <曜>, 信之, 乃追<汜>還, 斬<脩>於市. <勒>還至<襄國>, <劉茂>逃歸言<脩>死狀. <勒>, 大怒, 曰; "孤事<劉>氏, 於人臣之職, 有加矣. 彼之基業皆孤所爲. 今, 旣得志還欲相圖. <趙>王·<趙>帝, 孤自爲之. 何待於彼邪. 乃誅<曹平樂>三族.
三月, 上, 巡至<新城>及<安平>, 使<芙茇>·<高卿>等, 各引步騎出界.
四月, <漢>主<曜>, 還都<長安>, 立妃<羊>氏爲皇后, 以<羊>氏子<熙>

爲皇太子. <羊>氏卽故<惠帝>后也. <曜>甚寵之, 頗干預國事. <代>王<鬱律>擊<匹磾>. <匹磾>, 棄妻子, 奔<樂陵>, 依<邵續>. 十月, 命<仙玉>引<休都>·<于京>等, 伐<廆>. <廆>欲納女而和親. 上, 問於<談河>, <河>曰; "<廆>娶妻於<段>氏而取其<徒河>. 是, 其外仁而內險也. 不可親." 於是, 與<宇文>·<段>國, 幷進. <廆>, 大懼不能出, 密遣饋酒求和. <仙玉>却之, <宇文>獨受之. 時, 天寒師老, <玉>有憂色. 司馬<玄{膝}>說<玉>, 曰; "聽人之言而深入, 不戰. 今, <宇文>忽變, <段>本<廆>族. 不如退而觀變. 徐圖之, 不失萬全." <仙玉>, 然之, 乃退. <段>氏亦退. <廆>, 與其子<翰>, 襲破<宇文>而進攻<遼東>. <崔毖>, 單身歸我, 而請救. <仙玉>出戰爲<廆>所敗而死. 王, 痛哀之, 命<休都>領其衆. <廆>, 使其子<仁>爲<遼東>太守, 伐<休都>. 我軍連敗, <平郭>失守. 乃以<蕭友>爲<安平>太守率軍二萬往救之. 以<靑見>, 爲「南部」大使者, 葬<仙玉>以右輔禮. 賜<玉>妻<弗>氏年穀. <玉>, <方>之弟也. 有{膂力}善射, 佐其兄<方>以成<候山>之功, 奪<尙宝>妻<弗>氏(<中川>女也). <玉>, 勇敢善戰而有輕敵之氣, 常時好罵幕下, 故單騎深入, 竟敗而死. 其下不力戰而救之, 人多惜之.

○ 20년{단기2652년/AD319}기묘, 춘정월, <담하{談河}>가 <요동{遼東}>에서 돌아와 상주하길; "<단{段}>씨는 내란 중이며, <우문{宇文}>은 가장 강성하여 있고, <모용{慕容}>은 새로이 번성하여 그 위세를 헤아리기 어렵습니다. 마땅히 이 둘{=宇文씨와 慕容씨}의 동정을 지켜보면서, 우리의 변방을 조용히 수습하고, 기회를 놓치지 않는 것이 상책일 것입니다."라 하니, 상이 흡족히 여겼다. 2월, <석륵{石勒; 後趙}>이 좌장사 <왕수{王脩}>를 <한{漢=前趙}>에 보내서 승첩을 바쳤다. <한>주 <유요{曜; 前趙}>가 사도 직분을 겸하는 <곽사{郭汜}>를 보내서, <석륵>에게 태재령·태장군을 제수하고 <조{趙=後趙}>왕으로 작위도 올려주고 수례{각별한 의전예법}도 얹어주었다. 나갈 때는 경호와 의전을 위하여 길거리에서 행인을 없애고 들어올 때는 길을 깨끗이 치우게 하여서 <조공{曹公=曹操}>이 <한{漢=東漢=後漢}>을 섬기던 옛 얘기 같이 하였다. <왕수>와 이의 차석 <유무{劉茂}> 모두를 장군으로 삼아서 열후에

봉하였다. <왕수>의 사인 <조평락{曹平樂}>이 <왕수>를 좇아서 <속읍{粟邑}>으로 갔다가 눌러앉아서 <한{漢=前趙}>을 섬기게 되자, <유요{曜}>에게 “대사마{=석륵}는 <왕수> 등을 보내서, 겉으로는 지성을 다하고 속으로는 큰 가마{임금이 타는 수레; =劉曜의 나라}의 강·약을 살피다가, 재차 명령이 있기를 기다려서 장차 타고 계신 가마를 엄습하려 합니다.”고 언질 하였다. 이때 <한{漢=前趙}>의 군병 실상은 피폐하였던지라, <유요{曜}>는 이 말을 믿어 <곽사{汜}>를 쫓아가서 되돌아오게 하였으며, <왕수>는 저잣거리에서{=보란 듯이 드러내어} 참하였다. <석륵{勒; 갈족}>은 <양국{襄國=後趙都邑}>으로 돌아가 있었는데, <유무{劉茂}>가 도망하여 들어가 <왕수>가 죽은 상황을 보고하였다. <석륵>은 대노하여; “내가 <유{劉; 흉노족}>씨를 섬김에는 신하된 직분 그 이상이었고, 그의 기업은 모두 내가 이루어준 것이었다. 지금 이미 뜻을 이루었다 하여, 도리어 서로를 도모하고자 한다면, <조{趙}>의 왕이든 황제든 내가 스스로 이룰 것이다. 어찌 그놈에게 기대하겠나?”라 하고는, <조평락{曹平樂}>의 3족을 주살하였다.

3월, 상이 순수하여서 <신성{新城}>과 <안평{安平}>에 다다르더니, <부협{芙荚}>과 <고경{高卿}> 등에게 각자 보병과 기병을 이끌고 국경으로 나가게 하였다. 4월, <한{漢=前趙}>주 <유요{曜}>가 <장안{長安}>으로 환도하여, 비로 있던 <양{羊}>씨를 황후로 세우고, <양>씨의 아들 <유희{熙}>를 황태자로 삼았다. <양>씨는 죽은 <혜제{惠帝=西晉司馬衷}>의 후였는데, <유요>가 그녀를 지극히 아꼈더니, 국정에 끼어들어 잘못됨이 많았다. <대{代}>왕 <울률{鬱律}>이 <필제{匹磾}>를 치니, <필제>는 처자식을 버리고 <락릉{樂陵}>으로 도망하여 <소속{邵續}>에게 의지하였다. 10월, <선옥{仙玉}>에게 명하여 <휴도{休都}>와 <우경{于京}>의 군대를 이끌고 나가서 <모용외{廆}>를 쳤더니, <외>는 딸을 바치겠으니 화친하자고 하였다. 이에 상이 <담하{淡河}>에게 물었더니, <담하>는 “<모용외{廆}>는 <단{段}>씨의 집에 장가들고 그 <도하{徒河}>땅을 취하였으며, 겉은 어질지만 속은 험합니다. 화친은 아니 됩니다.”라 하였다. 이리하여, <우문{宇文}>국 및 <단{段}>국과 함께 진공하였더니, <외{廆}>는 크게 두려운 나머지 나오지는 못하고, 몰래 술과 음식을 보내와서 화친을 청하였다. <선옥{仙玉}>은 이를 거절하였고, <우문{宇文}>만이 수락하였다. 이때, 날씨는 춥고 군사들은 지쳐 있었더니 <선옥>도 걱정스런 낯빛이었다. 사마 <현슬{玄膝}>이 <선옥>을 설득하길; "다른 사람의 말을 듣고서 깊숙이 들어는 왔지만, 싸우지는 마시오. 지금 <우문{宇文}>은 갑자기 변심하였고, <단{段}>국은 본래 <외>의 족속이오. 물러나서 변화를 살피는 것만 못할 것 같소. 서서히 도모하여 만전을 기합시다."라 하였다. <선옥>이 그것이 좋겠다고 여겨 물러났더니, <단>국 또한 물러났다. <모용외{廆}>가 아들 <모용한{翰}>과 함께, <우문{宇文}>을 기습하여 깨버리고 <요동{遼東}>으로 진공하니, <최비{崔毖; 晉 平州 刺史}>가 홀몸으로 아군을 찾아와 도움을 청하였다. 이에 <선옥{仙玉}>이 나가서 싸우다 <외>에게 패하여 죽었다. 임금이 이를 애통히 여기고는, <휴도{休都}>에게 <선옥>의 군사를 이끌게 하였다. <외>는 아들 <모용인{仁}>을 <요동{遼東}>태수를 삼아놓고 <휴도>를 쳤고, 우리는 연패하여 <평곽{平郭; 河北 廣平府 廣平縣?}>을 잃었다. 이에 <소우{蕭友}>가 <안평{安平}>태수가 되어 2만군을 이끌고 가서 <휴도>의 군대를 구하였다. <청견{青見}>을 「남부」대사자로 삼아서, <선옥>을 우보의 예로 장사하여 주었고, <선옥{玉}>의 처 <불{弗}>씨에겐 매년 곡식을 주게 하였다. <선옥>은 <선방{方}>의 동생으로, 상대를 겁주는 힘이 있었고 활을 잘 쏘아서 형인 <선방>을 도와 <후산{候山}>의 공을 세웠으며, <상보{尙宝}>의 처 <불{弗}>씨를 빼앗기도 하였다. <선옥{玉}>은 용감하여 싸움은 잘하였으나, 적을 얕잡는 기질이 있었고 평소에 번번이 휘하를 욕하였기에, 혼자서 말을 몰아 적진 깊숙이 들어갔다가 끝내는 패하여 죽은 것이었다. 그의 휘하들은 힘들여 싸워서까지 그를 구하려 하지는 않았으니, 다른 이들은 이를 애석하다 여겼다.

<通鑑>曰;

【★ 十二月, **<平州>**刺史**<崔毖>**, 自以中州人望, 鎭**<遼東>**, 而士民多歸**<慕容廆>**, 心不平. 數遣使招之皆不至, 意**<廆>**拘留之, 乃陰說**<高句

麗>·<段>氏·<宇文>氏, 使共攻之, 約滅<廆>分其地. <毖>所親<勃海><高瞻>力諫, <毖>不從. 三國合兵伐<廆>. 諸將請擊之, <廆>曰; "彼, 爲<崔毖>所誘, 欲邀一切之利. 軍勢, 初合其鋒甚銳, 不可與戰, 當固守以挫之. 彼, 爲烏合而來, 旣無統壹, 莫相歸服, 久必攜貳, 一則疑吾與<毖>詐而覇之, 二則三國自相猜忌. 待其人情離貳, 然後擊之, 破之必矣." 三國進攻<棘城>. <廆>, 閉門自守, 遣使獨以牛酒犒<宇文>氏. 二國, 疑<宇文>氏與<廆>有謀, 各引兵歸. <宇文>大人<悉獨官>曰; "二國雖歸, 吾當獨取之." <宇文>氏士卒數十萬, 連營四十里. <廆>, 使召其子<翰>於<徒河>. <翰>, 遣使白<廆>, 曰; "<悉獨官>擧國爲寇, 彼衆我寡, 易以計破, 難以力勝. 今, 城中之衆, 足以禦寇. <翰>, 請爲奇兵於外, 伺其間而擊之. 內外俱奮, 使彼震駭不知所備, 破之必矣. 今, 并兵爲一, 彼得專意攻城無復它虞, 非策之得者也. 且, 示衆以怯, 恐士氣不戰先沮矣." <廆>猶疑之. <遼東><韓壽>, 言於<廆>, 曰; "<悉獨官>有「憑陵之志」, 將驕卒惰, 軍不堅密. 若奇兵卒起, 掎其無備, 必破之策也." <廆>乃聽<翰>留<徒河>. <悉獨官>, 聞之, 曰; "<翰>, 素名驍, 果今不入城. 或能爲患, 當先取之. 城不足憂." 乃分遣數千騎襲<翰>. <翰>, 知之, 詐爲<段>氏使者, 逆於道, 曰; "<慕容翰>久爲吾患, 聞當擊之, 吾已嚴兵相待, 宜速進也." 使者旣去, <翰>卽出城設伏以待之. <宇文>氏之騎, 見使者, 大喜馳行, 不復設備, 進入伏中. <翰>, 奮擊盡獲之, 乘勝徑進, 遣間使語<廆>出兵大戰. <廆>, 使其子<皝>與長史<裵嶷>, 將精銳爲前鋒, 自將大兵繼之. <悉獨官>, 初, 不設備, 聞<廆>至, 驚, 悉衆出戰. 前鋒始交, <翰>將千騎, 從旁直入其營, 縱火焚之. 衆皆惶擾, 不知所爲, 遂大敗. <悉獨官>僅以身免, <廆>盡俘其衆獲皇帝玉璽三紐. <崔毖>, 聞之, 懼, 使其兄子<燾>詣<棘城>僞賀會, 三國使者亦至, 請和, 曰; "非我本意. <崔><平州>敎我耳." <廆>, 以示<燾>, 臨之以兵, <燾>懼首服. <廆>, 乃遣<燾>歸謂<毖>, 曰; "降者上策, 走者下策也." 引兵隨之. <毖>, 與數十騎, 棄家, 犇<高句麗>, 其衆悉降於<廆>. <廆>, 以其子<仁>爲征虜將軍, 鎭<遼東>, 官府市里案堵如故. <高句麗>將如<奴子>據于<河城>, <廆>遣將軍<張統>掩擊擒之俘其衆千餘家. 以<崔燾>·<高瞻>·<韓恆>·<石琮>歸于<棘城>, 待以客禮.】

<자치통감{弗}>에는;

【☆ 12월, <평주{平州}>자사 <최비{崔毖}>는, 자신은 중주{中州; =中原}에서 인망이 있었음에 <요동{遼東}>에다 진을 쳤는데, 많은 인사들과 백성들이 <모용외{慕容廆}>에게 귀의하니 마음이 편안치 않았다. 여러 번 사신을 보내서 돌아오라고 불렀으나 모두들 돌아오지 않았다. 이에, <외{廆}>가 이들을 붙잡아 두었다고 생각하고는, 몰래 <고구리{高句麗}>·<단{段}>씨·<우문{宇文}>씨를 설득하여, 함께 공격하게 만들고, <외>를 멸하여 그 땅을 나누어 가지자고 약속하였다. <최비{毖}>와 친한 <발해{渤海}>땅의 <고첨{高瞻}>이 힘들여 말렸어도, <최비{毖}>는 따르지 않았던 것이었다. 3국이 군대를 합쳐서 <외{廆}>를 토벌하기에 나섰다. 이에 여러 장수들이 <고구리>·<단>씨·<우문>씨를 치자고 청하였더니, <모용외>는 "저쪽은 <최비{崔毖}>의 꼬임에 빠졌으며, 한데 뭉친 이점을 노리고 있다. 저쪽의 군세는 초기엔 합쳐졌으니 심히 날카로울 것이다. 맞싸워서는 아니 되고, 응당 단단히 지켜서 그 예봉을 꺾어야 한다. 저들은 형편없는 군대들이 합쳐져서 왔으며, 아직 한 사람의 지휘 하에 있지 않으니, 서로가 한 사람 아래로 들어가기는 불가할 것이고, 시일이 지나면 필시 사이가 나빠질 것이다. 그리되면, 한편으로는 우리가 <최비>와 함께 속여서 자기들을 이길 것이라 걱정하기도 할 것이며, 다른 한편으로는 자기들끼리도 시기하게 될 것이다. 우리는, 이 사람들의 마음이 둘로 갈라지기를 기다렸다가, 그들을 공격하면 반드시 저들을 이길 수 있을 것이다."라고 말하였다. 3국이 <극성{棘城}>으로 진공하자 <외{廆}>는 성문을 닫고 지키면서 사람을 보내서 소와 술로 <우문{宇文}>의 군대만을 먹였다. 이에 다른 두 나라는 <우문>이 <외>와 모의한 것으로 의심하여 각자의 군대를 이끌고 돌아갔다. <우문>의 대인 <실독관{悉獨官}>은 "비록 두 나라가 돌아갔어도, 당당하게 나 혼자서라도 {모용의 땅을} 차지하겠다."고 하였다. <우문{宇文}>씨의 사졸 수십만은 40리를 연이어서 병영을 세웠다. <모용외{廆}>가 <도하{徒河}>에 있는 아들 <한{翰}>을 불러들이라 시켰더니, <한>은 "<실독관{悉獨官}>이 거국적으로 쳐들어왔으며, 저쪽은 수가

많고 우리는 수가 적으니, 계책을 써서 파하기가 쉽지 힘으로 이기기는 어려울 것입니다. 지금, 성안의 사람들만으로도 적을 막기에 충분하실 것이니, <한{翰}>은 밖에서 기습 병력이 되어 때를 노리다가 공격하게 해주시길 청합니다. 안팎에서 함께 치면, 저들은 놀라움에 소란스러워져서 대비할 바를 모르게 될 것이니, 저들을 깨는 것은 필연일 것입니다. 지금 우리가 병력을 한데 모으면, 저들은 성을 공격하기에만 몰두하며 다른 것은 걱정하지도 않게 될 것이니, 우리에겐 좋은 계책은 아닐 것입니다. 게다가, 군사의 많음을 시위하게 되면 우리가 겁내고 두려워하는 것이 되어, 사기가 싸워 보기도 전에 먼저 꺾일까 걱정됩니다."라 하였다. <외{廆}>가 그래도 이를 믿지 않으니, <요동{遼東}>의 <한수{韓壽}>가 <외>에게 말하길; "<실독관{悉獨官}>은 큰 것을 믿고 기댈 생각이겠으나, 장차 우쭐한 병졸들이 처연해지면 군대는 엉성하여 질 것입니다. 그때 느닷없는 군병들이 내달으면, 대비가 없었기에 우왕좌왕 할 것이니, 반드시 이길 수 있는 계책인 것입니다."라 하였다. 이에 <외>가 <한{翰}>을 <도하{徒河}>에 머물러 있으라고 허락하였다. <실독관>은 이 소식을 듣고서 말하길; "<한>은 평소에 날래기로 이름이 있더니만, 과연 지금 성으로 들어가지 않고 있다. 혹시라도 골칫거리가 될 수 있을 것이니, 응당 먼저 쳐서 잡아야 할 것이다. 성을 빼앗는 것은 걱정거리도 되지 못한다."라 하고, 수천 기를 나누어 보내서 <한>을 습격하게 하였다. <한>은 이리 될 것을 알고는 가짜 <단{段}>씨 사자를 만들어서 귀로 길에 실독관에게 얘기하길; "<모용한{慕容翰}>은 오래도록 우리에겐 골칫거리였습니다. 소식을 듣는 대로 그를 치십시오. 우리{=段氏}는 이미 엄중한 병력으로 서로 대치하고 있으니, 속히 진격하여야 할 것입니다."라 하게 하였었다. 거짓사자가 이윽고 길을 나서자 곧바로 <한{翰}>은 성 밖으로 나가서 매복을 두어서 <우문{宇文}>씨의 군대를 기다리게 하였다. <우문>씨의 기병들은, 사자를 만나 보더니, 크게 기뻐하면서 내달리며 제대로 대비도 하지 않은 채 복병이 있는 곳으로 들어왔다. 이에, <한>은 두들겨 짓이고 사로잡으며 승승하여 빠르게 진격하였고, 밀정사자를 <외{廆}>에게 보내서 '출병하시어 큰 싸움을 벌이시자.'고 알렸다. <외{廆}>는 자기의 아들 <황{皝}>과 장사 <배억{裵嶷}>을 시켜서 정예병을 이끌려서 전봉을 서게 하고, 자신은 대군을 이끌고 뒤따랐다. <실독관{悉獨官}>은 애당초 대비가 없었기에 <외>가 다가오고 있음을 듣자 놀라면서, 모든 병사를 나아가 싸우게 하였다. 전봉이 서로 부닥치자, <한{翰}>은 1,000기를 거느리고 측면에서 곧바로 영내로 달려들어서 모조리 불 질러 태워댔더니, 실독관의 무리들 모두는 놀랍고 두려움에 어찌할 바를 모르다가 대패하였다. <실독관>은 가까스로 몸을 피하였고, <외{廆}>는 그 무리들을 모조리 사로잡고 황제 옥새 세 개를 노획하였다. <최비{崔毖}>는 이 소식을 듣자 두려워하며 자기 형의 아들인 <도{燾}>를 시켜서 <극성{棘城}>으로 가서 거짓 축하 모임을 하게 하였다. 세 나라의 사신들 역시 도착하여 화친을 청하며 말하길; "우리들 본시의 뜻은 아니었습니다. <최{崔}><평주{平州}>가 우리에게 그리 하라고 하였습니다."라 하였다. 이에 <외{廆}>가 <도{燾}>를 곁에 세워놓고 병사를 시켜 지켜서있게 하였더니, <도>는 두려움에 머리를 숙이고 있었다. <외>가 <도>를 돌려보내어서 <비{毖}>에게 이르길; "항복하면 상책이고, 도망하면 하책이다."라 하였으며, 병사를 이끌고 사자{=<도>}의 뒤를 좇았다. <최비>는 수십 기만을 데리고 가속은 버린 채 <고구리{高句麗}>로 도망하였고, 그의 무리들은 모두 <외>에게 투항하였다. <외>가 아들 <인{仁}>을 정노장군으로 삼아서 <요동{遼東}>에 진을 치니, 관부와 저자 모두는 옛날과 같아졌다. <고노자{奴子}> 같이 생긴 <고구리>의 장수가 <하성{河城}>에 진을 치고 있었더니, <외>는 <장통{張統}>을 보내 엄격하여서 그 장수를 사로잡고 그의 무리 천여 가도 사로잡았다. <최도{崔燾}>·<고첨{高瞻}>·<한긍{韓恆}>·<석종{石琮}>은 <극성{棘城}>으로 귀의하여서 객례로 대하였다.】 라고 쓰여 있다.

☯ 十二月, <高卿>, 與<張統>戰于<河城>, 敗死. 上, 命<方夫>率<玄菟>軍, 往救之. <方夫>, 不向<河城>, 而直指<遼東>. <廆>, 使其子<翰>, 救<仁>. <翰>以善戰, 聞乃命<方夫>互相守界, 以爲持久之計.

<統>率<河城>千余家而歸. <北海><鄭林>歸<廆>. <廆>, 遺以車·牛·粟·帛, 皆不受, 躬耕於野. <廆>獻三璽於<建康>. <高句麗>數侵<遼東>, <廆>遣<翰>·<仁>禦之. 是歲, <蒲洪>降於<趙>主<劉曜>.

○ 12월, <고경{高卿=高奴子子=高句麗將如奴子}>이 <하성{河城}>에서 <장통{張統}>과 싸우다 패하여 죽었다. 상이 <방부{方夫}>에게 <현도{玄菟}>의 군사를 이끌고 가서 <하성>을 구하라 하였더니, <방부>는 <하성>으로 가지 않고 <요동{遼東}>으로 곧바로 달려갔고, <외{廆}>는 아들 <모용한{翰}>을 시켜 <모용인{仁}>을 구하게 하였으며, <한>은 잘도 싸워냈다. 상은 이 소식을 듣고 <방부{方夫}>에게 피아간의 경계를 지키라 하였다. 이는 오래 버티기를 하는 계략이었다. <장통{統}>은 <하성{河城}>에 있던 천여 가를 이끌고 돌아갔다. <북해{北海}>의 <정림{鄭林}>이 <모용외{廆}>에게 귀부하니, <외>는 수레·소·조·비단을 하나도 거두어가지 않았고, 손수 들판에서 경작하였다. <외>는 옥새 3개를 <건강{建康=南京=東晋司馬睿}>에 바쳤다. <고구리{高句麗}>가 여러 번 <요동{遼東}>을 쳤으나, <외{廆}>가 <한{翰}>과 <인{仁}>을 보내서 막아냈다. 이해에 <포홍{蒲洪}>은 <조{趙=前趙=漢趙}>주 <유요{劉曜}>에게 투항하였다.

☯ 二十一年庚辰, 正月, <樂浪王><仙方>薨. 上, 哭哀之, 曰; "昨年<仙玉>戰死. 今春, 三父棄我. 何奪朕股肱之甚乎." 命<椰>返, 葬于<馬山>. 上, 與<周>皇[后], 親臨立祠. <方>, 美風儀, 有權術, 能愛人下士. 中興帝業, 而仍欲簒奪, 爲<周>皇后所沮, 遂知天命所在. 務進南西事未成而薨, 年六十四. 尙多精力, 而惑於<樂浪>少女, 而沈疾遽劇. 人多惜之. <方>, 能知大體而不識禮節, 烝<乙>太后如其妻. 太后, 臨崩, 命<方>殉之. 上, 以其爲重臣, 不可殉於小節而止之. 夢, 太后責其負約, 心常缺然. 至是, 夢見太后怒拔其根, 而病劇. <樂浪>女亦暴死. 人以爲太后靈. <于豊>太輔, <椽方>左輔, <談河>右輔. <豊>·<方>皆外戚大家, <河>寒微功臣, 人以爲狗尾貂. <周>皇后生子<得>. <劉曜>, 攻<陣倉>, 拔<草壁>, 又拔<陰密>, 而還<長安>. <段末柸>, 攻<段匹磾>, 破之. <匹磾>,

謂<邵續>, 曰; "吾, 本夷狄, 以慕義破家. 君不忘久要請相與共擊<末杯>." <續>, 許之, 遂相與追擊<末杯>, 大破之. <匹磾>, 與弟<文鴦>, 攻<薊>. <石勒>知<續>勢孤, 遣<虎>圍<厭次>, <孔萇>攻<續>別營十一下之. <續>, 自出擊<虎>, 爲<虎>所執, 使降其城, <續>不聽.

三月, 幸<新城>, 監軍. 六月, <劉曜>, 作<酆明觀>·<西宮>·<陵霄臺>. 又營壽陵; 周圍四里, 深三十五丈, 以銅爲椁, 飾以黃金. 工費累億萬. 諫者, 以是資軍, 足以<平>·<涼>州兼<吳>·<蜀>及<石勒>·<曹嶷>也. <曜>乃罷其役. <祖逖>攻<石勒>, <勒>患之修<逖>祖墓而返其降者. <逖>, 德之, 緩其侵暴. <勒>, 以奸計, 懈<逖>如此. 七月, -- 이하 28~29자 해독 불가 --. 八月, <比流>築射臺于宮西. 朔·望, 佐平以下皆習射應試. <徐龕>, 爲<虎>所困, 乞降. <勘>許之. 九月, <慕容仁>復襲<休都>. 我軍失利甚多, <休都>·<于京>死之. 十二月, <方夫>·<松巨>伐<仁>, 不克而還.

○ 21년{단기2653년/AD320}경진, 정월, <락랑왕{樂浪王}><선방{仙方}>이 죽으니, 상이 곡하여 슬퍼하며 "작년엔 <선옥{仙玉}>이 전사하더니, 이번 봄에는 부로{父老}들 셋이 나를 버렸소. 어찌하여 짐은 고굉지신{股肱之臣=팔과 다리 같은 신하}을 앗김이 이리 심한 것이오."라 하더니, 명을 내려서 <선곽{槨=仙方子}>을 돌아오게 하고, <마산{馬山}>에 묻어주었다. 상과 <주{周}>황후가 친히 왕림하여 사당을 세웠다. <선방{方}>은 풍채가 멋졌으며, 권모와 술수도 좋았고, 타인과 아랫사람들을 잘 돌보아주었다. 제를 세웠음에도, 찬탈을 꾀하다가 <주{周}>황후에 의해 저지되자 끝내는 천명의 소재를 알았으며, 직무에 임하여서는 남서쪽의 땅을 넓히려 애썼으나 그 일을 이루지 못하고 64살에 죽었다. <선방{方}>은 정력이 좋음을 자랑하다가, <락랑{樂浪}>의 젊은 여인에 미혹되었고, 병이 들더니 갑자기 심해졌었다. 사람들이 이를 애석해 하였다. <선방>은 큰일을 잘도 헤쳐 나아갔으나, 예절을 알지 못하여 <을{乙}>태후를 자기 처에게 하듯이 치붙었다. 태후가 죽음에 임박하여서 <방>에게 따라 죽을 것을 명하자, 상은 그가 중신임을 들어 작은 예절을 따라 죽을 필요는 없다고 하여서

그의 순사를 막아 주었었다. 꿈에 태후가 나타나 약조를 어긴 것을 책망하였기에 마음이 항상 찜찜하였었는데, 근자에는 꿈에 태후가 노한 모습으로 나타나서 그의 뿌리를 뽑아버렸더니 병이 심하여졌었다. <락랑>의 여인 또한 갑자기 죽었으니, 사람들은 태후의 영령이 그리 한 것으로 여겼다. <우풍{于豊}>을 태보로, <연방{椽方}>을 좌보로, <담하{淡河}>를 우보로 삼았다. <우풍>과 <연방>은 모두 외척 대가 집의 사람이었으나, <담하>는 한미한 출신의 공신이어서, 사람들이 그를 구미초{狗尾貂; =개꼬리로 대신한 담비꼬리 관식}로 여겼다. <주{周}>황후가 아들 <득{得}>을 낳았다. <유요{劉曜}>가 <진창{陣倉; 陜西省 寶鷄市?}>을 공격하여 초벽{草壁}을 빼앗고 또한 음밀{陰密}도 빼앗고 나서 <장안{長安}>으로 돌아갔다. <단말배{段末杯}>가 <단필제{段匹磾}>를 공격하여 깨뜨렸더니, <단필제{匹磾}>는 <소속{邵續}>에게 "나는 본시 이적{夷狄=北方夷族}이어서 의를 귀히 여기다가 파가{破家}하였소. 군께서는 서로 힘을 합쳐서 <말배>를 치자고 오랫동안 요청하셨던 것을 잊지 않으셨겠지요?"라 하였고, <소속{續}>이 들어주었다. 이윽고 함께 <말배{末杯}>를 추격하여 대파하였다. <필제>가 아우 <문앙{文鴦}>과 함께 <계{薊}>를 공격하였더니, <석륵{石勒=後趙高祖}>은 <소속{續}>의 군세가 외톨이임을 알고 <석호{虎; =後趙}>를 보내서 <염차{厭次}>를 에워쌌고 <공장{孔萇}>을 보내서 <소속>의 별영 11곳을 쳐서 떨어뜨렸다. <소속>은 친히 성을 나와서 <호>를 치다가 <호>에게 잡혔다. <호>가 성을 항복하게 하라고 시켰으나, <속>은 듣지 않았다.

3월, <신성{新城}>으로 거둥하여 군대를 살폈다. 6월, <유요{劉曜; 前趙末帝}>가 <풍명관{酆明觀}>과 <서궁{西宮}> 및 <릉소대{陵霄臺}>를 만들었다. 또한 수릉{壽陵; 사전에 만드는 무덤}도 쌓고자 하였다; 둘레 4리에 깊이 35장이고, 동{구리}으로 곽{槨}을 만들고 황금으로 치장하는 것으로 하니, 소요되는 비용을 합쳐보니 수억 만금이나 되었다. 이에 간하는 자가 있어, 그 돈으로 군대를 꾸리면 <평{平}>·<량{涼}>주와 <오{吳}>·<촉{蜀}>의 땅은 물론 <석륵{石勒; 後趙}> 및 <조의{曹嶷}>의 땅까지 아우를 수 있겠다 하였더니, <유요{曜}>가 그 공역을 파하였다. <조적{祖逖}>이 <석륵{石勒}>을 치니, <석륵{勒}>은 그것을 골치아파하다가 <조적{逖}>의 조부무덤을 고쳐 쌓아주고 투항하였던 자들도 돌려보냈다. <조적>은, 그가 덕이 있다고 여기어, 침입하여 난폭하게 함이 적어졌다. <석륵>이 간계로써 <조적>을 누그러뜨리려고 함이 이러 하였었다. 7월, -- 이하 28~29자 해독 불가 --. 8월, <비류{比流}>가 궁의 서쪽에 사대{射臺}를 쌓고, 매월 초하루와 보름에 좌평이하 모든 이들을 활쏘기 훈련과 시험에 참여케 하였다. <서감{徐龕}>이 <석호{虎; 後趙}>때문에 곤혹스러워 하다가 투항하겠다고 청하였더니, <석륵{勒}>이 이를 들어주었다. 9월, <모용인{慕容仁}>이 다시 <휴도{休都}>를 습격하여, 아군이 패하고 잃은 것이 심히 많았으며, <휴도{休都}>와 <우경{于京}>이 거기서{싸우다가} 죽었다. 12월에 <방부{方夫}>와 <송거{松巨}>가 <모용인{仁}>을 쳤으나, 이기지 못하고 돌아왔다.

● 二十二年辛巳，春二月，內裏大兄<鮮玄>，以<周>皇后寵，擢爲殿注簿，與后共决政事. 太輔<于豊>諫; “<慕容廆>，爲心腹之患，其諸子皆英勇無比. 陛下，太子皆幼，嬖臣執政. 恐<廆>得知. 上，大慚，命<玄>出居于外. <比流>，以庶弟<優福>爲內臣佐平，乃其嬖臣也，國人不悅. 果有太白昼見，而蝗其國南.

三月，<石勒>攻<幽州>刺史<段匹磾>於<厭次>，<孔萇>攻其統內諸城，悉拔之. <文鴦>力戰死之，<匹磾>爲<石勒>所殺，<幽>·<冀>·<幷>三州皆入於<後趙>. 十二月，<廆>，立子<皝>爲世子，作東横，以<平原><劉讚>爲祭酒使. <皝>，與諸生，同受業. <廆> 得暇，亦親臨，聽之. <皝>，雄毅，多權略，喜經術，國人稱之. <廆>，徙<慕容翰>鎭<遼東>，<慕容仁>鎭<平郭>. <翰>，撫安民·夷，甚有威惠. <仁>亦次之.

<拓跋猗㐌>妻<惟>氏，忌<代>王<鬱律>之疆，恐不利於其子，乃殺<鬱律>而立其子<賀傉>，大人死者數十人. <鬱律>之子<什翼犍>，幼在襁褓，其母<王>氏匿於袴中，祝之，曰; “天苟存汝，則勿啼久之.” 不啼，乃得免. <惟>氏，專制國政，遣使聘<後趙>，<後趙>人謂之女國使. 以<于卓>女<腆>爲東宮妃，<乙>太后出也. 行其遺命.

○ 22년{단기2654년/AD321}신사, 춘2월, 내리대형 <해현{鮮玄}>이 <주{周}>황후의 총애를 받아 전주부{殿注簿}로 발탁되더니, 후와 함께 정사를 처결하였다. 태보 <우풍{于豊}>이 간하길; "<모용외{慕容廆}>는 심복들의 우환을 다스렸으며 그의 모든 아들들은 영특하고 용맹하기가 비할 데 없습니다만, 폐하께서는 태자들 모두가 어리고 폐신{情夫 또는 男色臣}이 집정하고 있습니다. <모용외{廆}>가 이를 알아차릴까 두렵습니다."라 하였더니, 상이 크게 뉘우치고 <해현{玄}>에게 밖으로 나가서 거처하라고 명하였다. <비류{比流}>가 서제인 <우복{優福}>을 내신좌평으로 삼았는데, 이 자가 폐신이어서, 국인들이 흔쾌히 여기지 않았다. 과연 태백성이 낮에 나더니만, 그 나라 남쪽에서는 황충이 일었다{또는, 점괘가 태백성이 낮에 나타나고 남쪽에서는 황충이 일 것이라고 나왔다}.

3월, <석륵{石勒=後趙高祖}>이 <유주{幽州}>자사 <단필제{段匹磾}>를 <염차{厭次}>에서 공격하고, <공장{孔萇}>이 <단필제>의 통치 안에 있던 모든 성을 쳐서 빼앗았다. <문앙{文鴦}>은 힘껏 싸우다 죽었고, <필제>는 <석륵>에게 죽었으며, <유{幽}>·<기{冀}>·<병{幷}> 세 주{대부분太行山脈以西지역}가 모두 <후조{後趙}>의 차지가 되었다. 12월, <모용외{廆}>가 아들 <모용황{皝}>을 세자로 삼고, 동횡{동궁? 궁궐 동쪽 학당?}을 만들었으며, <평원{平原}>의 <유찬{劉讚}>을 제주사{祭酒使}로 삼았다. <황{皝}>은 모든 소생들과 함께 수업하였고, <외{廆}>도 짬을 내어 친히 임석하여 들었다. <황>은 뜻이 크고 굳세었으며, 권략도 풍부하고 경술 배우기를 좋아하였기에, 나라사람들이 그를 칭송하였다. <외>는 <모용한{翰}>을 <요동{遼東}>으로 옮겨서 지키게 하고, <모용인{仁}>은 <평곽{平郭; 河北廣平府廣平縣?}>에서 지키게 하였다. <한>은 백성들과 이인{夷人}들을 다독이고 평안케 함에 위엄과 사랑이 심히 그득하였다. <인> 또한 거의 그러하였다.

<탁발의이{拓跋猗㐌}>의 처 <유{惟}>씨는, <대{代}>왕 <탁발울률{鬱律=代太祖}>이 강성함을 싫어하였으며, 자기의 아들에게 이롭지 않을 것을 두려워하여 끝내 <울률>을 죽이고 자기 아들을 세웠더니, 이때 죽은 대인{大人왕}들이 수십 인이나 되었다. <울률>의 아들 <십익건

{什翼犍=代高祖}>은 어려서 강보에 싸여 있었는데, 그의 어미 <왕{王}>씨가 치마 속에 숨기고 기원하길 "천명이 구차하나마 너에게 있으니, 오래도록 울지 말거라."라고 하였는데, 울지 않아서 죽음을 면하였다. <유>씨가 국정을 움켜쥐고 <후조{後趙}>에 사신을 보내서 예의를 차렸더니, <후조>사람들은 그를 여자가 다스리는 나라의 사신이라 하였다. <우탁{于卓}>의 딸 <전{腆}>을 동궁비로 삼았다. <을{乙}>태후 소생이고, 유명을 따른 것이었다.

● 二十三年壬午, 春正月, 太輔**<**于豊**>**薨, **<**椽方**>**代之, **<**談河**>**左輔, **<**方夫**>**右輔, **<**方象**><**玄菟**>**太守. 二月, **<**後趙**>**王**<**勒**>**, 立子**<**弘**>**爲世子, 遣**<**石虎**>**將精卒四萬擊**<**徐龕**>**, **<**龕**>**堅守不戰, **<**虎**>**築長圍守之. 四月, **<**劉曜**>**妻**<**羊**>**后卒, 謚曰**<**獻文**>**. 七月, **<**石虎**>**, 拔**<**泰山**>**, 執**<**徐龕**>**送**<**襄國**>**. **<**石勒**>**, 盛之以囊於百尺樓上撲殺之. 命**<**王伏都**>**等妻子刳而食之, 阬其降卒三千人. 十二月, **<**劉曜**>**, 葬其父母於**<**粟邑**>**, 大赦. 陵, 下周二里, 上高百尺, 計用六萬夫作之百日乃成. 役者夜作, 繼以脂燭. 民甚苦之, **<**遊**>**子**<**遠**>**諫, 不聽. **<**兟**>**, 伐**<**段末柸**>**于**<**令支**>**, 掠千戶而歸.

○ 23년{단기2655년/AD322}임오, 춘정월, 태보 <우풍{于豊}>이 죽어, <연방{椽方}>이 대신하고, <담하{談河}>가 좌보를, <방부{方夫}>가 우보를 맡고, <방상{方象}>이 <현도{玄菟}>태수가 되었다. 2월, <후조{後趙}>왕 <석륵{勒}>이 아들 <석홍{弘}>을 세자로 세웠고, <석호{石虎}>에게는 정예병졸 4만을 주어서 <서감{徐龕}>을 치게 하였다. <서감{龕}>이 굳게 지키며 싸우려 들지 않으니, <석호{虎}>는 길게 진을 둘러치고 지켰다. 4월, <유요{劉曜}>의 처 <양{羊}>후가 죽었다. 시호를 <헌문{獻文}>으로 하였다. 7월, <석호>가 <태산{泰山; 東泰山? 西泰山?}>을 빼앗고 <서감>을 붙잡아서 <양국{襄國=後趙都邑}>으로 보내니, <석륵{石勒}>은 이를 널리 알리기 위하여, 자루에 처넣어 백 척 루상으로 들어 올려서 두들겨 죽이고, 명을 내려 <왕복도{王伏都}> 등의 처자식이 살점을 도려내어 먹게 하였으며, 항복한 병졸 3천은 땅에

묻어 버렸다. 12월, <유요>가 자신의 부모를 <속읍{粟邑}>에 장사하고, 널리 사면하였다. 무덤은 아래 둘레가 2 리에 높이가 100척이나 되었고, 비용을 합산하면 장정 6만을 써서 100일 걸려 완성한 것이었다. 역부들은 밤이 되면 짐승 기름으로 불을 밝히며 계속하였었고, 민초들이 심히 고통스러웠다. <유{遊}>의 아들{또는, 떠도는 이} <원{遠}>이 간하였으나 듣지 않았다. <모용황{皝}>이 <단말배{段末柸}>를 <령지{令支}>에서 토벌하고 1,000호를 약탈하여 돌아갔다.

● 二十四年癸未, 三月, <高喜>女生<鮮玄>女. 是爲<鮮>太后. <勒>遣使於<慕容廆>, <廆>執送<建康>. 四月, <烽山>后生皇子<羲>. 六月, <周>皇后生皇子<錫>. 七月, 太輔<椽方>薨, <萧友>代之. <楷>, <安平>太守. <趙>主<曜>, 自將圍<隴城>, 別遣兵圍<上邽>陣. <安>, 頻出戰, 輒敗. 右軍將軍<劉幹>攻<平襄>克之, <隴>上諸縣悉降. <安>, 留其將<楊伯支>·<姜冲兒>守<隴城>, 自帥精騎突圍出奔<陝中>. <曜>遣將軍<平先>等追之. <安>, 左揮七尺大刀, 右運丈八蛇矛, 近則刀矛俱發輒殪五六人, 遠則左右馳射而走. <先>, 亦勇捷如飛, 與<安>搏戰, 三交, 遂奪其蛇矛. 會日暮雨甚, <安>, 棄馬, 與左右匿於山中. <趙>兵, 索之, 不知所在. 明日, <安>遣其將<石容>覘<趙>兵, <趙>兵輔威將軍<呼延青人>獲之拷問<安>所在, <容>卒不肯言, <青人>殺之. 雨霽, <青人>, 尋其迹獲<安>於<澗曲>, 斬之. <安>, 善撫將士, 與同甘苦及死, <隴>上人, 思之, 爲作<壯士之歌>. [八月], <石虎>, 圍<曹嶷>於<廣固>, <嶷>出降, 送<襄國>殺之.
九月, 畋于<杜訥原>. 左輔<談河>薨, <方夫>代之. <再生>右輔, <再生>婿<椽檍>代<再生>理「北部」. 以婿代理之風, 始此. <腆>生<完(斯由長子)>.

○ 24년{단기2656년/AD323}계미, 3월, <고희{高喜}>의 딸이 <해현{鮮玄}>의 딸을 낳았다. 이 아이가 자라서 후에 <해{鮮}>태후가 된다. <석륵{勒}>이 <모용외{慕容廆}>에게 사신을 보냈더니, <모용외{廆}>는 이 사신을 붙잡아서 <건강{建康}>으로 보냈다. 4월, <봉산{烽山}>후가 황

자 <희{羲}>를 낳았다. 6월, <주{周}>황후가 황자 <석{錫}>을 낳았다. 7월, 태보 <연방{椽方}>이 죽어, <소우{蕭友}>가 이를 대신하고, <석{楷}>이 <안평{安平}>태수가 되었다. <조{趙=前趙}>주 <유요{曜}>가 친히 장수가 되어 <롱성{隴城}>을 포위하고, 따로 군병을 보내서 <상규{上邽}>를 포위하고 진을 치니, <안{安=後趙將帥}>이 빈번히 나와서 싸웠으나 번번이 패하였다. 우군장군 <유간{劉幹; 前趙}>이 <평양{平襄}>을 쳐서 이겼더니, <롱{隴}>상{=隴北}의 모든 현들이 항복하였다. 이에 <안{安}>은 장수 <양백지{楊伯支}>와 <강충아{姜冲兒}>를 남겨서 <롱성{隴城}>을 지키게 하고, 자신은 정예 기병을 이끌고 포위를 뚫고 도망하여 <섬중{陜中}>으로 숨어들었다. <유요{曜; 前趙}>가 장군 <평선{平先}> 등을 보내 추적하였다. <안{安}>은 왼손으로는 7척 대도{大刀}를 휘두르고 오른손으로는 한 길 길이 팔사모{八蛇矛}를 썼더니, 가까운 적은 한꺼번에 칼과 창으로 대여섯을 베었고, 멀리 있는 적에겐 좌우로 활을 쏘아대며 치달렸다. <평선{平先}> 또한 용맹하고 빠르기가 나르는 것 같았더니, <안>과 맞붙어 3합을 싸워서, 그의 창을 탈취하였다. 저녁이 되고 비가 심하게 내리자, <안>은 말을 버리고 측근과 함께 산중으로 숨어들었다. <전조{趙}>병이 수색하였으나 숨은 곳을 알 수 없었다. 다음날, <안>이 장수 <석용{石容}>을 시켜서 <전조{趙}>의 군병을 살피게 하였더니, <전조{趙}>병의 보위장군 <호연청인{呼延青人}>이 그를 사로잡았고, <안>의 소재를 고문하였으나 <석용{容}>이 죽어도 말하려 하지 않으니 <청인{青人}>이 그를 죽였다. 비가 멎자, <청인>이 흔적을 더듬어서 <간곡{澗曲}>에서 <안>을 붙잡아 죽였다. <안>은 장수와 병사들을 잘 다독거렸고, 그들과 동고동락하다 함께 죽었으니, <롱>상의 사람들은 그를 사모하여 <장사지가{壯士之歌}>를 지었다. <석호{石虎; 後趙}>가 <광고{廣固}>에서 <조억{曹嶷}>을 포위하였더니, <억{嶷}>이 나와서 항복하였으나, <양국{襄國}>으로 보내서 죽였다.

9월, <두눌원{杜訥原; =達里湖주변}>에서 사냥하였다. 좌보 <담하{談河}>가 죽어, <방부{方夫}>가 이를 대신하고, <재생{再生}>이 우보가 되었다. 이에 <재생>의 사위 <연억{椽檍}>이 <재생>을 대신하여 「북부

」를 다스렸으며, 이로써 사위로 하여 대신 다스리는 풍조가 비롯되었다. <전{腆}>이 <완{完}(사유장자)>을 낳았다.

● 二十五年甲申, 二月, 太輔<蕭友>薨, <方夫>代之, <再生>左輔, <烏陌南>右輔, <陌南>婿<極>代<陌南>理「中部」. 是歲, <代>王<賀傉>始親國政. 以諸部多未服, 乃築城於<東木根山>, 徙居之.

○ 25년{단기2657년/AD324}갑신, 2월, 태보 <소우{蕭友}>가 죽어, <방부{方夫}>가 이를 대신하고, <재생{再生}>이 좌보가, <오맥남{烏陌南}>이 우보가 되었다. <맥남>의 사위 <추{極}>가 <맥남>을 대신하여 「중부」를 다스렸다. 이해에, <대{代}>에서는 왕인 <하녹{賀傉=代惠帝}>이 직접 국정을 살피기 시작하였다. 모든 부들 중에 여럿이 아직 복속하지 않고 있어서, <동목근산{東木根山}>에 성을 쌓고 옮겨 살았다.

● 二十六年乙酉, 夏四月, <方夫><樂浪王>, <再生>太輔, <烏陌南>[左]輔, <松巨>右輔, <明臨涉>「西部」于台, <于璘><南蘇>太守. [二月,] <石勒>, 加<宇文乞得歸>官爵使之擊<慕容廆>. <廆>, 遣世子<皝>·<索頭>·<段國>共擊之, 以<遼東>相<裵嶷>爲右翼, <慕容仁>爲左翼. <乞得歸>, 據<澆水>以拒<皝>, 遣兄子<悉拔雄>拒<仁>. <仁>, 擊<悉拔雄>斬之, 乘勝, 與<皝>攻<乞得歸>大破之. <乞得歸>棄軍走. <皝>·<仁>進入其國城, 使輕兵追<乞得歸>, 過其國三百餘里而還, 盡獲其國重器·畜産以百萬計, 民之降附者數萬. [三月,] <段末杯>卒, 弟<牙>立. 五月, <劉曜>與<石虎>戰于<八特阪>. <曜>軍, 無故大驚, 士卒奔潰, 乃歸<長安>, 憤恚成疾. 十月, <百濟>, 天有聲如風浪相激. 十一月, <比流>, 獵于<狗原>北, 手射鹿. 癸巳朔, 日食.
<慕容廆>, 與<段>氏·<方睦>, 爲<段牙>謀, 使之徙都. <牙>從之, 則去<令支>, 國人不樂. <段疾陸眷>之孫<遼>, 欲奪其位, 以徙都爲<牙>罪, 十二月, 帥國人攻<牙>殺之, 自立. <段>氏, 自<務勿塵>以來, 日益彊盛, 其地西接<漁陽>東界<遼水>, 所統<胡>·<晉>三萬餘戶, 控弦四五萬騎. <代>王<賀傉>卒, 弟<紇那>立.

○ 26년{단기2658년/AD325}을유, 하4월, <방부{方夫}>를 <락랑왕{樂浪王}>으로, <재생{再生}>을 태보로, <오맥남{烏陌南}>을 좌보로, <명림섭{明臨涉}>을 우보로, <우린{于璘}>을 <남소{南蘇}>태수로 삼았다. [2월,] <석륵{石勒}>이 <우문걸득귀{宇文乞得歸}>의 관작을 올려 주고 <모용외{慕容廆}>를 치게 하였다. <외{廆}>는 세자인 <황{皝}>·<색두{索頭}>·<단국{段國}>을 함께 보내서 <걸득귀{乞得歸}>를 치게 하고, <요동{遼東}>재상 <배억{裴嶷}>을 우익으로 <모용인{慕容仁}>을 좌익으로 삼았다. <걸득귀{乞得歸}>는 <연수{澆水}>를 거점으로 하여 <황>에게 대적하면서, 형의 아들인 <실발웅{悉拔雄}>을 보내서 <인{仁}>을 대적하게 하였다. <인>은 <실발웅>을 쳐서 목을 베고 승승하였으며, <황>과 합쳐서 <걸득귀>를 공격하여 크게 이겼다. <걸득귀>는 군대를 내팽개치고 도주하였다. <황>과 <인>은 <우문>의 국성{=都城}으로 들어가서는, 가볍게 무장한 군병으로 하여금 <걸득귀>를 뒤쫓게 하였더니 그 나라 땅을 3백여 리나 지났다가 돌아왔다. 중기{重器=무거운 전쟁도구}와 가두어서 기르던 짐승을 모조리 노획하였더니 100만이나 되었으며, 투항하여 귀부한 백성도 수만이나 되었다. [3월,] <단말배{段末柸}>가 죽어, 동생 <단아{牙}>가 섰다. 5월, <유요{劉曜=前趙}>가 <석호{石虎=後趙}>와 <팔특판{八特阪}>에서 싸웠다. <요{曜}>는, 군졸들이 까닭 없이 놀래어 달아나고 무너지자, <장안{長安}>으로 돌아갔으며, 이에 분통이 터지고 화가 치밀어 병이 생겼다. 10월, <백제{百濟}>의 하늘에서는 풍랑이 서로 부딪는 것 같은 소리가 들렸다. 11월, <비류{比流}>가 <구원{狗原}>의 북쪽에서 사냥을 하다가, 손수 사슴을 쏘았다. 계사일 초하루에 일식이 있었다.

<모용외{慕容廆}>가 <단{段}>씨 및 <방목{方睦}>과 더불어 <단아{段牙}>를 위한 모의를 하더니만 그에게 도읍을 옮기라 하였다. <단아{牙}>는 즉각 그 결정을 따라서 <령지{令支}>로 갔고, 나라사람들은 반가워하지 않았다. <단질육권{段疾陸眷}>의 손자 <료{遼}>는, 그의 자리를 빼앗고자, 도읍을 옮긴 것을 <아{牙}>의 죄목{罪目}으로 삼고 12월에 나라사람들을 동원하여 <아>를 죽이고, 자신이 보위에 올랐다. <단{段}>씨는 <무물진{務勿塵}>이래 날이 갈수록 강성하여져서,

그들 땅의 서쪽은 <어양{漁陽; 옛 漁陽은 河套北 九原 북방}>에 접하고 동쪽 경계는 <요수{遼水}>가 되었다. <호{胡}>인과 <진{晉}>인을 합쳐 3만여 호를 통솔하였으며, 공현{控弦=騎射兵}이 4~5만이나 되었다. <대{代}>왕 <하녹{賀傉}>이 죽고, 동생 <흘나{紇那=代煬帝}>가 섰다.

● 二十七年丙戌, 春正月, <周>皇后生女<輝陽>. 三月, 皇后, 與皇太子<斯由>, 如<龍山>「溫湯」. <石勒>夜微行檢察諸營. 五月, <仙發>「中部」沛者. 十月, <石勒>, 用<程遐>之謀, 營<鄴宮>, 使世子<弘>鎭<鄴>. <石虎>, 自以功多, 無去<鄴>之意, 而怨<程遐>.

○ 27년{단기2659년/AD326}병술, 춘정월, <주{周}>황후가 딸 <휘양{輝陽}>을 낳았다. 3월, 황후가 황태자 <사유{斯由}>를 데리고 <룡산{龍山}>온탕{溫湯}엘 갔다. <석륵{石勒}>은 밤이 되면 모든 병영을 미행하여 단속하여 살폈다. 5월, <선발{仙發}>을 「중부」패자로 삼았다. 10월, <석륵>이, <정하{程遐}>의 책략을 좇아 <업궁{鄴宮}>을 짓고, 세자 <홍{弘}>을 시켜 <업{鄴}>을 지켰다. <석호{石虎}>는 자신은 공적이 많아 <업>으로 갈 뜻이 없다하며, <정하>를 원망하였다.

● 二十八年丁亥, 夏五月, 上, 與太子·皇后, 如<西川>, 勸民耕種, 宴民父老. 七月, <濟>有雲如赤烏夾日. 九月, 內臣佐平<優福>據<北漢城>反, <比流>發兵討之. 是歲, <石虎>擊<代>王. <紇那>戰于<句注><陘北>. <紇那>, 兵敗, 徙都<大寗>以避之. <代>王<鬱律>之子<翳槐>居於其舅<賀蘭>部, <紇那>遣使求之, <賀蘭>大人<藹頭>擁護不遣. <紇那>與<宇文>部共擊<藹頭>不克.

○ 28년{단기2660년/AD327}정해, 하5월, 상이 태자와 황후를 데리고 <서천{西川; 西河?}>으로 가서 백성들에게 농사짓기를 권장하고, 민간의 부로들에게 연회를 베풀어주었다. 7월, <백제{濟}>에서는 붉은 까마귀모처럼 생긴 구름이 해를 감쌌다. 9월, 내신좌평 <우복{優福}>이 <북한성{北漢城}>에서 반란하여, <비류{比流}>가 군사를 일으켜 토벌

하였다. 이해에, <석호{石虎; 後趙}>가 <대{代}>왕 <흘나{紇那}>를 공격하였더니, <흘나>가 <구주{句注; =山陰·代間句注山脈}><형북{陘北}> 땅에서 맞아 싸웠다. <흘나>는 싸움에 패하였고, 도읍을 <대녕{大甯}>으로 옮기어 피하였다. <대{代}>왕이었던 <울률{鬱律}>의 아들 <예괴{翳槐=代烈帝}>가 장인의 <하란{賀蘭}>부에 기거하고 있었는데, <흘나>가 사람을 보내 그를 내어 달라 하였더니, <하란>대인 <애두{藹頭}>가 감싸고 보호하며 보내 주지 않았다. <흘나{紇那}>가, <우문{宇文}>부와 함께, <애두>를 공격하였으나 이기지 못하였다.

● 二十九年戊子，春正月，<角>氏生太子女<豆>氏. 太子，與<周>皇后，如「溫湯」. 二月，太輔<再生>死. <烏陌南>代之，以<緣>后爲妾，<烽上帝>皇后也. <松巨>左輔，<仙逑>右輔，<祖文><安平>太守，<楷><新城>太守，<芙莢>大注簿. 寒微功臣連登三輔鼎任，人以爲鰍龍同穴. 五月，<芙>太后崩. <尙宝>妻，生<草>后，得寵封太后，車駕出入依於<乙>太后. <乙>太后崩，獨專太后. 上，聽其所爲<芙>氏大昌，于是時，年六十六. 其父<布>，<沸流>神豪，出於<芙芬奴>，云.

七月，<石虎>，帥衆四萬自<軹關>西入，擊<趙><河東>. 應之者五十餘縣，遂進攻<蒲阪>. <趙>主<曜>，遣<河間>王<述>，發<氐>·<羌>之衆，屯<秦州>，以備<張駿>·<楊難敵>，自將中外精銳水陸諸軍以救<蒲阪>，自<衛關>北濟. <虎>懼引退，<曜>追之. 八月，及於<高候>與<虎>戰，大破之，斬<石瞻>. 枕尸二百餘里，收其資仗億計. <虎>犇<趙歌>. <曜>，濟自<大陽>，攻<石生>于<金墉>，決<千金堨>以灌之，分遣諸將攻<汲郡>·<河內>，<後趙><滎陽>太守<尹矩>·<野王>太守<張進>等皆降之，<襄國>大震. <張駿>，治兵，欲乘虛襲<長安>. 理曹郎中<索詢>，諫，曰; "<劉曜>雖東征，其子<胤>守<長安>，未易輕也. 借使小有所獲，彼若釋東方之圖，還與我校，禍難之期未可量也." <駿>乃止.

十一月，<後趙>王<勒>欲自將救<洛陽>，僚佐<程遐>等固諫曰; "<劉曜>懸軍千里，勢不支久. 大王，不宜親動，動無萬全." <勒>，大怒按劒叱<遐>等出. 乃赦<徐光>，召而謂之，曰; "<劉曜>，乘一戰之勝，圍守<洛陽>. 庸人之情, 皆謂其鋒不可當. <曜>, 帶甲十萬攻一城而百日不克, 師老卒怠. 以我初銳擊之, 可一戰而擒也. 若<洛陽>不守, <曜>必送死<冀州>. 自<河>已北席卷而來, 吾事去矣. <程遐>等不欲吾行. 卿, 以爲何如.” 對曰; “<劉曜>, 乘<高候>之勢不能進臨<襄國>, 更守<金墉>. 此, 其無能爲可知也. 以大王威略臨之, 彼必望旗奔敗. 平定天下在今一擧, 不可失也.” <勒>笑, 曰; “<光>言是也.” 乃使內外戒嚴, 有諫者斬. 命<石堪>·<石聰>及<豫州>刺史<挑豹>等各統見衆會<滎陽>. <石虎>, 進據<石門>. <勒>, 自統步騎四萬, 趣<金墉>濟自<大堨>. <勒>謂<徐光>, 曰; “<曜>, 盛兵<成皐關>上策也, 阻<洛水>其次也, 坐守<洛陽>, 此成擒耳.”

十二月, 乙亥, <後趙>諸軍集于<成皐>, 步卒六萬·騎二萬七千. <勒>, 見<趙>無守兵大喜, 擧手指天, 復加額, 曰; “天也.” 卷甲御枚, 詭道兼行, 出于<鞏>·<訾>之間. <趙>王<曜>, 專[與]嬖臣, 飮[博]不撫士卒. 左右或諫, <曜>怒以爲妖言斬之. 聞<勒>已濟<河>, 始議增<滎陽>戍·杜<黃馬關>. 俄而<洛水><候>者與<後趙>前鋒交戰擒<羯>送之. <曜>問; “大胡自來邪, 其衆幾何.” <羯>曰; “王自來, 軍勢甚盛.” <曜>, 色變, 使攝<金墉>之圍, 陣于<洛>西, 衆十餘萬南, 北十餘里. <勒>, 望見益喜, 謂左右, 曰; “可以賀我矣.” <勒>, 帥步騎四萬, 入<洛陽城>. 己卯, <中山公><虎>, 引步卒三萬, 自城北而西, 攻<趙>中軍. <石堪>·<石聰>等, 各以精騎八千, 自城西而北, 擊<趙>前鋒. 大戰于<西陽門>. <勒>, 躬貫甲胄, 出自<閶闔門>, 夾擊之. <曜>, 少而嗜酒, 末年尤甚, 將戰, 飮酒數斗. 常乘赤馬無故跼頓. 乃乘小馬. 比出, 復飮酒斗餘. 至<西陽門>, 揮陣就平. <石堪>因而乘之, <趙>兵大潰. <曜>, 昏醉退走, 馬陷石渠, 墜于氷上, 被瘡十餘. 通中者三, 爲堪所執. <勒>, 遂大破<趙>兵, 斬首五萬餘級. 下令曰; “所欲擒者一人耳, 今已獲之.” 其敕將士抑鋒止銳, 縱其歸命之路. <曜>, 見<勒>, 曰; “<石>王, 頗憶「重門之盟」, 否.” <勒>, 使<徐光>謂之, 曰; “今日之事, 天使其然, 復云何邪.” 乙酉, <勒>, 班師, 使征東將軍<石邃>將兵衛送<曜>. <邃>, <虎>之子也. ● <曜>瘡甚, 載以馬輿, 使醫<李永>與同載. 己亥, 至<襄國>, 舍<曜>於<永

豐>小城, 給其妓妾, 嚴兵圍守. 遣<劉岳>·<劉震>等從男女盛服以見之. <曜>曰; "吾謂卿等久爲灰土, <石>王仁厚, 乃全宥至今邪. 我殺<石佗>, 愧之多矣. 今日之禍, 自其分耳. 留宴終日而去." <勒>使<曜>與其太子<熙>書, 諭令速降. <曜>但敕<熙>與諸大臣; "匡維社稷, 勿以吾易意也." <勒>, 見而惡之久之, 乃殺<曜>. [明年春正月,] <曜>子<熙>, 聞之, 大惧不能保<長安>, 而與其兄<胤>, 奔<上邽>. 諸征鎭, 皆棄守而從之, <關中>大亂. 將軍<蔣英>·<辛恕>, 擁衆數十萬據<長安>, 遣使降于<勒>. <勒>, 命<石生>帥<洛陽>之衆赴之.

○ 29년{단기2661년/AD328}무자, 춘정월, <각{角}>씨가 태자의 딸 <두{豆}>씨를 낳았다. 태자가 <주{周}>황후를 모시고 온탕에 갔다. 2월, 태보 <재생{再生}>이 죽었다. <오맥남{烏陌南}>이 대신하고, <연{緣}>후를 첩으로 삼았다. <봉상제{烽上帝}>의 황후였었다. <송거{松巨}>를 좌보로, <선술{仙述}>을 우보로, <조문{祖文}>을 <안평{安平}>태수로, <석{楷}>을 <신성{新城}>태수로, <부협{芙莢}>을 대주부로 삼았다. 한미한 출신의 공신들이 연이어 3보의 자리에 올라 세 발 솥 정사를 담당하니, 다른 이들은 미꾸라지가 룡과 한 구멍에 살고 있는 것으로 여겼다. 5월, <부{芙}>태후가 죽었다. <상보{尙宝}>의 처로, <초{草}>후를 낳아서 총애를 받더니, 태후로 봉함을 받았었다. 바퀴달린 가마로 출입하며 <을{乙}>태후를 의지하였었으나, <을>태후가 죽자 혼자서 태후로 있어왔었다. 상이 <부{芙}>씨들이 융성할 수 있도록 지금까지 돌보아준 것이었는데, 올해로 나이가 66살이었다. 아비인 <부포{布}>는 <비류{沸流}>에서 유별난 호걸이었으며, <부분노{芙芬奴}>의 후손이라고 한다.

7월, <석호{石虎}>가 무리 4만을 이끌고 <지관{軹關}>서쪽으로 들어와서 <조{趙=前趙}>의 <하동{河東}>을 쳤다. 50여현이 대응하자 <포판{蒲阪}>으로 진공하였다. <조{趙=前趙}>주 <유요{曜}>는, <하간{河間}>왕 <술{述}>을 보내서 <저{氐}>·<강{羌}>의 무리를 징발하여 <진주{秦州}>에 둔을 쳐서 <장준{張駿}>과 <양난적{楊難敵}>에 대비케 하여 놓고, 자신이 중외의 정예 수·륙군 들을 이끌고

<포판{蒲阪}>을 구원하려 <위관{衛關}>에서 북쪽으로 하{河}를 건넜다. 이에 <석호>는 두려운 나머지 무리를 이끌고 물러났고, <유요>는 그들을 추격하였다. 8월엔 <고후{高候}> 땅에 이르러 <석호>와 싸워서 크게 이기고 <석첨{石瞻}>의 목을 쳤더니, 널려 있는 시체가 200여리에 달하였고, 수거한 물자와 병장기의 숫자가 억에 다다랐다. <석호>는 허둥지둥 <조가{趙歌}>로 도망하였다. <유요>는 <대양{大陽}>에서 <하{河}>를 건너 <석생{石生}>을 <금용{金墉}>에서 공격하고, <천금제{千金堨}>를 터뜨려서 <금용>으로 물이 쏟아져 들어가게 하였으며, 여러 장수들을 나누어 보내서 <급군{汲郡}>과 <하내{河內}>를 쳤더니 <후조{後趙}>의 <형양{滎陽}>태수 <윤구{尹矩}>와 <야왕{野王}>태수 <장진{張進}> 등이 모두 항복하였고, <양국{襄國=後趙都邑}>이 크게 흔들렸다. <후조>의 <장준{張駿}>이 군병을 추슬러 허술함을 틈타서 <장안{長安}>을 공격하려 하였더니, 이조낭중 <색순{索詢}>이 말리길; "<유요{劉曜=前趙}>가 비록 동쪽정벌에 나섰으나, 그 아들 <윤{胤}>이 <장안{長安}>을 지키고 있으니, 가벼이 보아서는 아니 됩니다. 설령 생기는 것이 좀 있다 치더라도, 저들이 동방정벌을 그만두고 돌아와서 우리와 맞붙는다면, 그 화난의 크기는 가늠할 수 없을 것입니다."라 하였다. 이에 <장준{張駿}>은 <장안>탈취를 그만두었다.

11월, <후조{後趙}>왕 <석륵{石勒}>이 친히 군병을 이끌고 <락양{洛陽}>을 구하려 하자, 신하인 <정하{程遐}> 등이 굳게 막아서며 간하길; "<유요{劉曜}>의 군병은 천리를 떠나와 있으니, 그 군세는 오래 가지 못할 것입니다. 대왕께서 몸소 움직이시는 것은 온당치 않으며, 움직이는 것은 만전을 기함이 아닙니다."라 하였다. 이에 <석륵{勒}>이 대노하여 칼을 잡고 <정하{遐}> 등을 질책하여 밖으로 내 쫓았다. 이어서 <서광{徐光}>을 풀어주고 불러들여서 이르길; "<유요{劉曜}>는 한 번을 싸워 이긴 것으로 <락양{洛陽}>을 위수하고 있소. 용렬한 사람들의 정리로는 그의 사기가 예리함을 들어서 당적하기가 불가하다 하겠지만, <유요{曜}>는 십만 갑병을 펼쳤어도 성 하나를 100일이 되도록 떨어뜨리지 못하고

있으니, 장수들도 지쳤을 것이고 병졸들도 나태하여졌을 것이오. 우리가 초기의 예리함으로 그들을 친다면 한 번 싸움으로 그를 잡을 수 있을 것이고, <락양>이 떨어지면 <유요>는 필시 죽기를 무릅쓰고 <기주{冀州}>로 물러날 것이오. 그가 <하{河}>에서부터 북쪽을 석권하여온다면, 내 일은 끝장나오. <정하> 등은 내가 일을 내지 않기를 바라고 있는데, 경의 생각은 어떠한가?"라 하였더니, 대답하여 말하길; "<유요>는, <고후{高候}>땅에서 이기고 나서도 <양국{襄國}>으로 진격하여 차지하지를 못하였고, 다만 <금용{金墉}>을 지키는 신세로 바뀌었습니다. 이로써 그의 무능함을 알 만 한 것입니다. 대왕의 위세 있는 책략으로 맞붙으시면, 그들은 필시 대왕의 깃발을 보기가 무섭게 도망하고 패할 것입니다. 천하를 평정함이 이번 한 번의 거동에 달렸으니, 이 기회를 놓쳐서는 아니 될 것입니다."라 하였다. <석륵>은 웃으면서 "<서광>의 말이 맞다."라 하였고, 내외에게 엄하게 일러서, 말리는 자가 있으면 목을 베겠다고 하였다. <석감{石堪}>과 <석총{石聰}> 및 <예주{豫州}>자사 <도표{挑豹}> 등에게 명하여, 각자는 눈에 보이는 모든 무리들을 통솔하여 <형양{滎陽; 河南}>으로 집결케 하였다. <석호{石虎}>는 진격하여 <석문{石門}>에 거점을 잡았고, <석륵> 자신은 보병과 기병 4만을 통솔하여 <금용>으로 방향을 잡고 <대제{大堨}>에서 물을 건넜다. <석륵>이 <서광>에게 이르길; "<유요>는, 병력을 <성고관{成皐關}>으로 집결시키는 것이 상책이고, <낙수{洛水}>를 막는 것이 차선책이어서, <락양{洛陽}>에 눌러앉아 지킨다면 사로잡힐 것이야."라 하였다.

12월, 을해일, <후조{後趙}>의 모든 군대가 <성고{成皐}>에 집결하였다. 보졸 6만에 기병 2만 7천이었다. <석륵{勒}>은 <조{趙=前趙}>의 군대에 망보는 병사가 없음을 보고는 크게 기뻐하였다. 손을 들어 하늘을 가리키고 상금을 다시 올리면서 "하늘이 돕는다."라 말하고는, 갑옷을 벗어 가볍게 무장하고 말 입에는 재갈을 물려서 적이 알아채지 못하도록 하고 위험한 길을 재촉하여{=보통행군의 배 정도 빠르기로} <공{鞏}>·<자{訾}> 사이로 나갔다. <조{趙}>왕 <유요{曜}>는 오로지 폐신과 함께 술 마시고 노름에만 정신을 팔고 장수와 병졸들을 위무하지는 않았다. 좌우{=신하}가 혹여 말리기라도 하면 <유요>는 화를 내며 요망스런 말이라 하며 목이나 쳤었다. <석륵>이 이미 <하{河}>를 건넜다는 소릴 듣자 <형양{滎陽}>의 수비군을 늘리고 <황마관{黃馬關}>을 막을 논의를 하였다. 잠시 후, <락수{洛水}>의 <후{候}>라는 자가 <후조{後趙}>의 전봉과 교전하여 <갈{羯}>을 사로잡아 보냈다. <유요>가 묻기를; "대호{大胡=석륵} 자신이 왔는가? 무리는 얼마나 되는가?"라 하였더니, <갈>이 답하기를; "왕이 친히 왔으며, 군세는 아주 성하다."고 하였다. 이에 <유요>는 낯빛이 변하였으며, <금용{金墉}>을 둘러싸서 지키던 군대를 끌어와서 <락양{洛}> 서쪽에 진을 치게 하였다. 10만중을 남북으로 10여리를 깔아 놓았다. <석륵>이 건너다보더니 더욱 즐거워하며, 좌우에게 이르길; "나를 축하함이 가할 것이다."라 하였다. <석륵>은 보병과 기병 도합 4만을 이끌고 <락양성{洛陽城}>으로 들어갔다. 기묘일에 <중산공{中山公}><석호{虎}>가 보졸 3만으로 성의 북쪽에서 서쪽으로 <조{=前趙}>의 중군을 공격하고, <석감{石堪}>·<석총{石聰}> 등이 각기 정예 기병 8천씩을 거느리고 성의 서쪽에서 북쪽으로 <조>군의 전봉을 공격하였더니, <서양문{西陽門}>에서 크게 싸움이 벌어졌다.

<석륵{勒}>도 친히 갑옷을 걸치고 <창합문{閶闔門}>을 나서서 협격하였다. <유요{曜}>는 어릴 적부터 술을 좋아하였으며, 말년엔 더욱 심하였었는데, 곧 싸움이 벌어질 판인데도 여러 말의 술을 들이켰다. 늘 붉은 말을 탔었는데 오늘엔 까닭 없이 오그라져서 넘어져 있었다. 이에 작은 말에 올라타고는, 싸우러 나갈 듯하더니, 다시금 한 말 여의 술을 더 마시고서, <서양문{西陽門}>에 다다르더니 진을 지휘하여 평지로 나아갔다. <석감{石堪}>은 이를 기회로 잡았고, <조{=前趙}>병은 와르르 무너졌다. <유요{曜}>는 정신이 오락가락 취하여 뒤로 내달리다가, 말이 돌로 만든 수로에 빠져들자, 빙판으로 나뒹굴었다. 열 군데나 상처를 입었는데, 세 군데가 심하여서 사로잡히게 되었다. 이윽고, <석륵{勒}>은 <조{=前趙}>

병을 크게 쳐부수고 5만 여의 목을 베더니, 하명하여 이르길; "사로잡고 싶은 자는 하나였소! 지금 이미 그 자를 붙잡았소!"라 하고는, 장수와 병사들을 타일러서 예봉을 거두게 하여, 적들이 명령에 귀복할 수 있는 길을 터 주었다. <유요{曜}>가 <석륵{勒}>을 바라다보고 말하길; "<석{石}>왕은 「중문지맹{重門之盟; =때늦게 남몰래 한 맹서}」을 꽤나 생각하고 있음이오. 아니오?"라 하였다. <석륵{勒}>이 <서광{徐光}>을 시켜서 그에게 말을 전하길; "오늘 일은 하늘이 그리 한 것이니, 다시 말해 무엇 하겠소?"라 하였다. 을유일에 <석륵{勒}>은 군대를 돌렸고, 정동장군 <석수{石邃}>에게 명하여, 병사들로 하여금 <유요{曜}>를 에워싸서 호송하게 하였다. <석수{邃}>는 <석호{虎}>의 아들이었다. <유요{曜}>는 상처가 심하여 마차에 태우고, 의원 <이영{李永}>을 함께 타게 하였다. 기해일, <양국{襄國=後趙都城}>에 도착하여서는 <유요{曜}>를 <영풍{永豐}>의 작은 성에 가두어놓고, 그의 기녀와 첩을 넣어주었으며, 군병으로 엄히 지키게 하였다. <유악{劉岳}>·<유진{劉震}> 등의 따르던 남녀를 성장시켜 보내어서 그를 찾아보게 하였더니, <유요>가 말하길; "나는 경들이 회토가 된 지{=죽은 지} 오래인 줄 알았는데, <석{石}>왕이 어질고 후하여서, 온전하게 용서하여 주어 금일에 이른 것이구먼? 나는 <석타{石佗}>를 죽이고 나서 매우 부끄러웠었소. 오늘날 당하고 있는 화는 그 때문이오. 머물면서 종일토록 먹고 마신 연후에 돌아가게나."라 하였다. <석륵{勒}>이 <유요{曜}>에게 시키길 <유희{熙}>에게 속히 투항하라고 글로 써서 명하여 타이르라 하였더니, <유요{曜}>는 단지 <유희{熙}>와 모든 대신들에게 이르길; "사직을 새로이 닦으라. 나 때문에 뜻을 바꾸지 말라."하는 조서를 썼다. <석륵{勒}>이, 그것을 보고나서 그를 오래도록 미워하더니, 끝내는 <유요>를 죽였다. [명년춘정월,] <유요>의 아들 <희>는, 이 소식을 듣고 두려움이 큰 나머지 <장안{長安}>을 지키지 못하고, 자신의 형 <윤{胤}>과 함께 <상규{上邽}>로 도망하였다. 정벌하여 얻었던 모든 진{鎭}들도 지키기를 포기하고 <희>를 따라나서니, <관중{關中}>땅은 크게 어지러워졌다.

장군 <장영{蔣英}>과 <신서{辛恕}>가 무리 수십만을 끌어안고 <장안>에 머무르며, 사람을 보내서 <석륵>에게 항복하였더니, <석륵>이 <석생{石生}>에게 명하여 <장안>의 무리들을 데려 오게 하였다.

● 三十年己丑, 二月, <于>小后(莘妹潛)生<琳>太子. <于卓>子<達>之女也. <達>, <乙>太后出, 故上寵愛之, 納其女<潛>爲宮人, 至是, 生<琳>, 封后. 東宮妃<腆>生子<允>. <腆>, 與其前夫<再逢>密通, 而生, 故皃猶於<逢>. <周>后欲廢<腆>. 上, 以<乙>太后命, 不許. 東宮, 亦庇<腆>, 而諫其母<周>后, 曰; "<允>猶我. 母, 何疑之." 三月, 左輔<松巨>病免. <乙良>代之. <良>, 以<乙>太后弟, 治「北部」二十余年, 德化行焉. 入相百日而薨, 年六十三. 其妻, <于豊>妹也. 以貞潔自守, 見<良>之沒, 而恐失節而殉之. 時俗, 三輔之妻, 以上命, 継爲輔室者多故也. 人言<乙良>之善政, 多由於此夫人, 云. 只有一子一女. 女爲<免柯>妻. 子<恭>, 以爲無才而不仕, 只祀祖神而畜牛馬羊, 見人則恭之而已, 故人不知其賢. <青見>左輔.

<晉><溫嶠>死. <王導>, 爲政, 自<江陵>至<建康>三千里. 流民萬計, 人心洶洶如有外變內患之兆. 八月, <曜>子<胤>, 見<長安>將失, 悔斬<胡勳>, 帥衆數萬, 自<上邽>趣<長安>, <隴東>·<[武都]>·<安定>·<新平>·<北地>·<扶風>·<始平>諸郡<戎>·<夏>皆起兵應之. <胤>軍于<仲橋>, <石生>嬰城自守, <石虎>帥騎二萬救之. 九月, <虎>破<胤>於<義渠>, <胤>奔還<上邽>. <虎>, 乘勝追擊, 枕尸千里, <上邽>潰, 執<熙>·<胤>及[其]將·王·公卿·校以三千余人皆殺之, 進攻<秦>·<隴>悉平. <氐>王<蒲洪>·<羌>酋<姚弋仲>, 俱降于<虎>. <虎>納<劉曜>幼女. 初, <隴西><鮮卑><乞伏逑延>, 居于<苑川>, 侵幷鄰部, 士馬彊盛. 及<曜>亡, <逑延>, 惧, 遷<麥田>而卒, 子<傉大寒>孫<司繁>相継. <賀蘭>部及諸大人共立<翳槐>, <紇那>奔<宇文>部. <翳槐>質弟<什翼健>于<勒>.

<吐延>, 雄勇, 多猜忌, <姜>酋<姜聰>刺之. <吐延>, 不抽釼, 召其將<紇扢埿>, 使輔其子<葉延>, 保于<白蘭>, [抽劍而死]. <葉延>孝而好學, 以爲禮以王父字爲氏, 國號<吐谷渾>.

○ 30년{단기2662년/AD329}기축, 2월, <우{于}>소후(신매잠)가 <림{琳}>태자를 낳았다. <우탁{于卓}>의 아들 <달{達}>의 딸이다. <달>은 <을{乙}>태후의 소생이어서, 상이 그를 총애하였으며 그의 딸 <잠{潛}>을 궁인으로 거두었더니, 이때 <림>을 낳아 후로 봉한 것이었다. 동궁비 <전{腆}>이 아들 <윤{允}>을 낳았다. <전>이 옛 남편 <재봉{再逢}>과 밀통하여서 낳았더니, 용모도 <재봉>을 닮았었다. <주{周}>후가 <전{腆}>을 폐하려 하자, 상은 <을{乙}>태후의 명이라 하며 허락하지 않았다. 동궁 역시 <전>의 잘못을 덮어 주며, 자기의 모후인 <주>후에게 "<윤{允}>은 저를 닮았습니다. 모친께서는 어찌 그리 의심하십니까?"라고 말렸다. 3월, 좌보 <송거{松巨}>가 병으로 자리에서 물러나자, <을량{乙良}>이 대신하게 하였다. <을량>은 태후의 남동생으로 「북부」를 20여 년 동안 다스렸는데, 덕으로 감화시켰다 하였다. 들어와 상{=좌보}의 자리에 100일을 있다가 63살에 죽었다. 그의 처는 <우풍{于豊}>의 여동생으로, 정숙하여 깔끔하게 자신을 지켰으며, <을량>의 죽음을 보더니만 정절을 잃을까를 걱정하여 따라 죽었다. 그 시절 풍속으론, 3보들의 처는 상의 명에 따라 계속하여 3보의 내실이 된 경우가 많았기 때문이었다. 사람들은 <을량>의 선정{善政}은 이 부인에게서 비롯됨이 많았다 하였다. 단지 아들 하나 딸 하나를 남겼다. 딸은 <면가{免柯}>의 처가 되었고, 아들 <공{恭}>은, 재능이 없다 하고는 벼슬살이를 하지 않았으며, 조상신에게 제사나 올리며 소와 말과 양을 쳤으며, 어떤 사람을 만나든 공손하게 대하였던 까닭에, 사람들은 그가 현자임을 몰라보았다. <청견{靑見}>이 좌보가 되었다.

<진{晉=東晋}>에서는 <온교{溫嶠}>가 죽자, <왕도{王導}>가 정사를 위하여 <강릉{江陵}>에서 <건강{建康}>으로 3천리를 왔더니, 떠도는 백성이 만 명에 이르고 인심이 흉흉하였으며, 밖으로는 변란이 안으로는 우환이 있을 조짐 같았다. 8월, <유요{曜}>의 아들 <유윤{胤}>이, <장안{長安}>을 곧 잃을 것을 알고, <호훈{胡勳}>의 목을 벤 것을 후회하였으며, 수만의 무리를 이끌고 <상규{上邽}>를 떠나 <장안> 쪽으로 향하였더니, <롱동{隴東}>·<무도{武都}>·<안정{安定}>·<신평{新

平}>·<북지{北地}>·<부풍{扶風}>·<시평{始平}>군 모두의 <융{戎}>·<하{夏}>사람들이 군병을 일으켜 뜻을 같이하였다. <유윤{胤}>군이 <중교{仲橋}>에 다다랐더니, <석생{石生; 後趙}>이 성을 에워싸고 지키고 있었고, <석호{石虎=後趙太祖}>가 기병 2만을 이끌고 가서 구원하였다. 9월, <석호>가 <유윤>을 <의거{義渠}>에서 깨뜨리니, <유윤>은 <상규>로 도망하여 돌아갔다. <석호>가 승승하여 추격하니, 누운 시체가 천리에 널렸다. <상규>를 궤멸하고, <유희{熙}>와 <유윤{胤}>은 물론 장수들과 왕들 및 공경들과 교위들을 잡아들이니 3천이나 되었다. 모조리 죽이고, <진{秦}>과 <롱{隴}>땅까지 진격하여 모두를 평정하였다. <저{氐}>왕 <포홍{蒲洪}>과 <강{羌}>의 추장 <요익중{姚弋仲}>도 모두 <석호{虎}>에게 투항하였다. <석호>가 <유요{劉曜}>의 어린 딸을 거두었다. 애초에 <롱서{隴西}><선비{鮮卑}>인 <걸복술연{乞伏述延}>은 <원천{苑川}>에서 살면서 인근의 부락들을 쳐서 병합하여 군세가 강성하였는데, <유요{曜}>가 망하게 되자, <술연{述延}>은 두려운 나머지 <맥전{麥田}>으로 옮겨서 살다가 죽었고, 아들 <녹대한{傉大寒}>과 손자 <사번{司繁}>이 서로 대를 이었다. <하란{賀蘭}>부와 여러 대인들이 합심하여 <예괴{翳槐=代烈帝}>를 세우자, <흘나{紇那=代煬帝}>는 <우문{宇文}>부로 달아났고, <예괴>는 동생 <십익건{什翼健}>을 <석륵{勒}>에게 인질로 잡혔다. <토연{吐延}>은 포부는 크고 용맹하였으나 남을 시기하기를 잘하여, <강{姜}>족 추장 <강총{姜聰}>이 칼질하여 죽였다. <토연>은 칼을 뽑아들지 않은 채 그의 장수 <흘골이{紇扢埿}>를 불러서 자기 아들 <엽연{葉延}>을 보좌하면서 <백란{白蘭}>에서 지키라 하였더니, [<흘골이>가 칼을 뽑아 죽인 것이었다]. <엽연>은 효성이 있고 열심히 학문을 하였기에, 왕이었던 아비의 이름{字}를 씨{氏}로 삼는 것을 예의로 여겨서, 나라 이름을 <토곡혼{吐谷渾}>으로 하였다.

☯ 三十一年庚寅, 正月, 皇后·東宮·<發陽>公主如「溫湯」. 上, 命東宮行政事于<溫宮>. 東宮, 以<長莫思>爲右輔, <靑見>太輔以<緣>后妻之. 九月, <石勒>稱帝, 遣使來貢, 請共伐<慕容>. {賜}珠玉三事·經籍·{四假}·藥物百種. 十一月, 遣<尙能>·<龍發>于<勒>, 致貊弓十張而議討<鮮卑>. <勒>, 大喜, 以宝馬一雙·紅玉尺三柄·青錦段七疋答之, 曰; "東方之事, 唯王主之. 西方之事, 唯朕主之." <羅>, 開<碧骨池>, 岸長一千八百步.

○ 31년{단기2663년/AD330}경인, 정월, 황후·동궁·<발양{發陽}>공주가 온탕에 갔다. 상이 동궁에게 명하여 <온궁>에서 정사를 보게 한 것이었다. 동궁은 <장막사{長莫思}>를 우보로 삼았으며, <청견{青見}>을 태보로 삼고 <연{緣}>후를 처로 딸려 주었다. 9월, <석륵{石勒}>이 칭제하고 사신을 보내 공물을 바치면서 <모용{慕容}>집안을 함께 정벌하자고 청하였다. 주옥 셋과 비단 필 및 약물 100종을 하사하였다. 11월, <상능{尙能}>과 <룡발{龍發}>을 <석륵{勒}>에게 보내 맥궁{貊弓} 열 장{자루}을 건네주고 <선비{鮮卑}>토벌을 협의하게 하였다. <석륵{渾}>은, 크게 기뻐하며 보마 한 쌍과 청색 비단 일곱 필로 답례하면서, "동방의 일은 왕께서 도맡으시오. 서방의 일은 짐이 도맡겠소."라 하였다. <신라{羅}>가 <벽골지{碧骨池}>를 개통하였다. 기슭{=둑?}의 길이는 1,800보였다{그림40}.

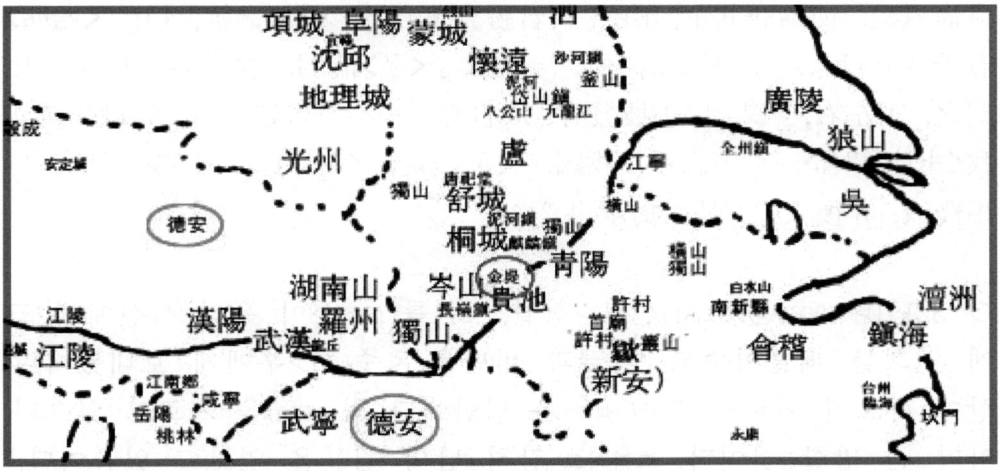

그림40. <신라>의 <벽골지>는 애초부터 그 당시 <신라> 영역에 있었던 것이며, <金堤>에 있던 것이라 한다면 <金堤> 또한 <신라>의 땅일 것임.

☯ 三十二年辛卯, 正月, <石勒>, 大宴我國使, 以黃金·緞, 送于<周>后. 上, 笑, 曰; "奴養虎于家中, 其亡非朝卽夕. 敢窺人家也." 二月, 上, 疾篤, 召太子, 至前授神劒(光明所傳其劒或云最彘宝劒), 曰; "<烽上>無道, 吾以次子得位. 汝, 雖継我, 無道則不徒失國亦難保身. 無失宗戚之望而興軍民之怒. 與汝母幷政, 婦人多偏私易失, 汝宜執中得正. 勿與<慕容>爭利, 固城守界. 勿以土木勞民俾失農時. 簿賦歛, 而勸民以勤儉忠孝, 養老敬賢, 任才使能. 雖或好色節而無過. 以汝父爲鑑可也(上過勞得疾,故其敎如是). 葬, 宜儉實, 無爲玉棺金椁, 埋以珍玩使盜掘之. 汝母鄕之山水, 甚好. 宜葬我於<美川>石窟, 待汝母之從我以合封. 戒畢而崩, 春秋五十四. <周>后, 抱東宮卽位於殯前, 受三輔之朝. 百官山呼於殯宮之庭. 東宮哀號失音, <周>后止之, 而不聽. <周>后命太輔<靑見>諫之. <靑見>奏, 曰; "天子之喪異於庶人. 陛下, 今爲萬民父母, 不可以私毁身忘棄天下. 哀毁小節, 士人之行也. 天子, 當飮酒食肉, 娛以聲色, 涵養浩氣, 然後, 可以臨大政, 決難事." 上, 素重<靑見>, 故乃抑慟, 攝酒, 勉從其請. <周>后命, 進絲竹, 而自與綠眼裸舞呈喜. 諸妃次第如之. 上, 命却之, 放聲大哭, 口吐血淚. <周>皇后, 驚, 救引入其室, 經夜無音. <腆>妃亦不得入焉.

<慕容廆>·<石勒>, 聞大行之崩, 皆遣使來吊, 厚送賻儀. 上, 親接其使, 恪盡賓禮. 使歸語其主, 曰; "新君勝於舊君." <勒>, 歎, 曰; "<乙弗>有子其祚可久. 予於愔愔, 何." 盖其子<弘>懦弱, 故不能安心也. 上, 聞之, 謂左右; "奴, 以小技發身, 敢自尊大, 不思賣奴之時, 敢以其賤比我<東明聖國>. 可不誅乎. 我國, 大位一定, 不復二言. <羯>·<胡>, 自相殘滅, 非復人道. 是固禽獸也."

○ 32년{단기2664년/AD331}신묘, 정월, <석륵{石勒}>이 우리 사신에게 크게 연회를 베풀어주고, 황금과 비단을 <주{周}>후에게 보내왔더니, 상이 웃으며 이르길; "놈{=석륵}은 집안에다 범{=石虎}을 기르고 있으니, 아마 곧 망할 것이다. 그러려고 감히 남의 집들을 엿보고 있음이다." 라 하였다. 2월, 상은 병이 위독해지자, 태자를 불러서 눈앞에 다가서게 하여 신검{=神劒}(광명소전기인.혹운최체보인)을 주고 이르길; "<봉상

{烽上}>이 무도하여, 차자인 내가 보위에 올랐다. 네가 비록 내 뒤를 잇게 되었으나, 무도하면 나라를 잃을 뿐 아니라 네 몸도 보존하기 어려울 것이다. 종척들의 기대를 저버리지 말고, 군대와 백성들의 노여움도 키우지 마라. 네 어미와 더불어 정사를 살필 것인즉, 여인네들은 사사로움에 치우침이 많아 실정하기 쉬우니, 너는 필히 중심을 잡고 올곧게 되도록 해라. <모용{慕容}>집안과는 서로 이익을 다투지 말고, 성을 든든히 하고 경계를 지켜라. 토목노역으로 백성들이 농사지을 시기를 빼앗지 말고, 부렴{賦斂=조세}을 적게 걷고, 백성을 근검과 충효로써 가르치고, 노인을 봉양하고 현자를 공경하고, 재주 있는 이를 임용하여 일을 감당하게 해라. 설사 호색하더라도 조신하여 지나치지 말 것이다. 네 아비가 일찍 죽게 된 것을 거울로 삼아도 될 것이다(상과로득질,고기교여시). 장사{葬事}는 검소하고 실속있게 치를 것이며, 옥으로 만든 관{玉棺}과 금으로 치장한 곽{金槨}을 쓰지 말 것이다. 귀한 물건을 함께 묻으면 도둑들이 파헤치게 된다. 네 어미 고향 동네의 산수가 아주 좋으니, 의당 나를 <미천{美川}>의 석굴에 장사하고, 네 어미가 나를 따라오게 되거든, 함께 묻어다오."라고 하여, 타이르길 마치고 숨을 거뒀다. 춘추 쉰 넷이었다.

이에 <주{周}>황후가 동궁을 안아 일으켜서 시신 앞에서 즉위하여 3보들의 알현을 받게 하였다. 백관들이 빈궁의 뜰에서 새 임금 만세를 불렀다. 동궁이 슬피 울부짖어 목이 가라앉아서, <주>황후가 말렸으나, 듣지 않았다. <주>후가 태보 <청견{靑見}>에게 말리라고 하였더니, <청견{靑見}>이 "천자의 상은 평범한 이들과는 다른 것입니다. 폐하께는 지금 만민의 부모가 되셨으니 사사로이 용체를 훼손하시어서 천하를 저버리시면 아니 됩니다. 부모의 죽음을 슬퍼하며 몸을 함부로 하여서 야위게 하는 것{=哀毁骨立}은 작은 예절이며, 선비{또는, 무사}들의 행실인 것입니다. 천자께서는 응당 술과 고기도 드시고 성색도 취하시어서 호기를 함양하시고, 그런 연후에 큰 정사에 임하시어 어려운 일들을 처결하셔야 할 것입니다."라 상주하니, 상은 평소에 <청견>을 중히 여긴지라, 슬픔을 억누르고 술도 마시면서, 그의 청을 좇으려 애를 썼다. <주{周}>황후가 악기들을 들이고,

스스로 록안{綠眼=碧眼; 西域女人}의 무희들과 함께 라무{裸舞}를 추어서 즐겁게 하여보려고 하였고, 여러 비빈들이 이어서 그 같이 하였더니, 상이 그리하지 못하게 물리고는, 방성통곡하다가 구토하며 피눈물을 흘렸다. 이에 <주>황후가 기겁하여 상을 자기의 방안으로 들였는데, 밤새도록 기척이 없었다. <전{腆}>비 역시도 그 방에 들어갈 수 없었다.

<모용외{慕容廆}>와 <석륵{石勒}>이 대행이 죽었다는 소식을 듣고, 모두가 사신을 보내와서 조문하고, 부의도 후하게 보내왔다. 상이 이 사신들을 친히 맞이하여 삼가하며 빈례를 다하였더니, 사신들은 돌아가서 자기의 임금에게 "새로 선 임금이 먼저 번의 임금을 능가합니다."라 하였다. 이에, <석륵{勒}>은 "<을불{乙弗}>은 사직을 오래도록 할 아들이 있소. 나도 아무 일이 없어 보이긴 하지만, 어찌 할꼬?"라 한탄하였다. 개략 그의 아들 <석홍{弘}>이 나약하여서 안심할 수 없었음이었다. 상은 이 소식을 듣더니, 좌우들에게 이르길; "놈들은 곁가지에 삐져나온 주제에 감히 큰 가지 출신인 양 스스로를 높이면서, 몸 팔던 시절을 잊어버리고, 그 비천 것들이 감히 우리 <동명성국{東明聖國}>에 견주려 하고 있소. 죽여서 없애지 않아도 되겠소? 우리나라는 대위가 한 번 정해지면, 다시는 두 말 한 적이 없는데, <갈{羯=匈奴一族}>과 <호{胡=匈奴一族}>는 서로를 죽이며 멸하며 인간의 도리를 돌이키지 못하고 있소. 이것들은 정말로 금수들이오."라 하였다.

※ 論曰; 『<美川>, 以弱齡出奔, 辛苦八年, 而歸登宝位. 積知于外, 施仁于內, 德化大行, 官民樂焉. 倉廩實羊豕豊, 鍊兵拓地復舊增新, <燕>·<趙>慴服, <濟>·<羅>子來, <晉>·<越>來貢, <索頭>獻誠, 太平無事. 坐享富貴, 黃金滿地, 美女盈, 室家家歌舞, 人人膏粱. 勸桑織絹繡緞萬金, 皇后褒翟価値千萬, 織女爭獻不備一錢. 牛馬滿山自殖自蓄, 取而用之無盡藏焉. 粟麥豆粱肥腴可食, 魚鼈獐鴨亦不可盡.

地廣人少四方歸之, 聚扑于野爱此樂土, 忠君之心油然勃興. 上, 任能使能, 問民疾苦, 病者治之, 愚者敎之. 舟楫之運車馬之載, 萬里相連千里酬應. 有無相換無有不便, 采供雖薄大府盈溢. 上, 雖有<小白>之誚不奪民女, 后妃不多後宮常空, 過愛失攝且喜龍陽. 不無<牛金>·<道兒>之幣, 是乃白玉之瑕而聖德之累. 盖其, 師敎不全, 時俗染汚. 且有, 行樂之性, 豪俠之氣, 往往使帝王致此不亦可惜乎. 若使<美川>能知聖人之道, 而與學敎民, 蔑以加矣. <孟軻>不至<儒>者, 賤焉. 徒事弓馬, 唯知食色而已. 生於是, 長於是, 而能如<美川>則亦不失賢主之名矣. 然, 其功其過, 果何重而何輕乎.』

※ 찬자가 살피길;

○ 『<미천{美川}>은 어린 나이로 피해 나가 매섭게 고생하다, 8년 만에 돌아와서 임금 자리 오르더니, 밖에서 쌓은 배움을 안에서 어질게 베풀었고, 덕이 크게 행하여져 관민이 즐겼더라. 창고는 가득하고 양 돼지도 풍성하여, 군병을 조련하여 땅을 넓혔더니, 옛 것은 되찾았고 새로이 넓혔도다.

<연{燕}>과 <조{趙}>는 두려워서 굴복하고, <백제{濟}>와 <신라{羅}>는 자식들이 찾아왔으며, <진{晉}>과 <월{越}>은 찾아와 조공하고, <색두{索頭}>가 정성을 다하였으니, 태평하고 무사하였어라.

앉아서 부귀를 누렸더니, 누런 금 덩어리 온 누리에 가득하고, 미녀들이 방방에 넘쳐 나니, 집집마다 춤추고 노래하며, 사람마다 고량진미{膏粱珍味} 즐겼더라.

누에치고 비단 짜기 권장하여 만금 비단 쌓여 있어, 황후의 너른 옷이 천만금의 값이 되어도, 직녀들이 다투어 비단을 바쳐 오니, 비단 옷엔 돈 한 푼 들어갈 일 없었다네.

소와 말도 온 산에 가득하며 절로 낳고 길렀으니, 아무리 먹고 써도 다함없이 많았으며, 속{粟}·맥{麥}·두{豆}·량{粱} 살진 고기 먹기에 충분하고, 어{魚}·별{鼈}·장{獐}·압{鴨} 또한 끊이지 않았다네.

땅은 넓고 사람은 적어 사방에서 귀부하고, 벌판에다 마을 이뤄 즐거이 살아가며 이 낙원을 사랑하니, 임금께 충성하는 마음 구름처럼 피어났네.

임금은 좋은 사람 잘도 부려 백성들의 어려움을 알아내어 잘도 살펴 주고, 병든 이는 고쳐 주고 우매한 이는 가르쳐 주었다.
짐 실은 배와 짐마차가 만 리를 서로 잇고, 천리에서 모인 손님 한데 모여 술잔을 돌리면서 있는 것과 없는 것을 서로 간에 바꾸었더니 불편함도 없었으며, 공물은 조금씩을 거두어도 큰 관청 차고도 넘쳐 났다.
임금은 비록 <소백{小白}>이 꾸짖을 일은 있었어도 민간 부녀 빼앗지 않았었고, 후비들도 많지 않아 후궁은 맨 날 비었었지만, 사랑함이 지나쳐서 섭생을 잃었었고, 남색을 즐겼으니 <우금{牛金}>과 <도아{道兒}>의 폐단이 없지는 않았었다. 옥중의 티끌이고 성덕의 허물이었다. 개략, 스승의 가르침이 온전치 않거나, 시속에 물들거나, 행락지성{行樂之性}과 호협지기{豪俠之氣}가 있거나 하여 왕왕 제왕들이 이런 지경에 이르게 되니, 그 또한 애석한 일 아니겠는가? <미천>이 성인 도리를 깨닫게 하고, 학문을 일으켜서 백성들을 가르쳤더라면, 이렇지 는 않았을 것이다. <맹가{孟軻}>도 유학{儒學}하는 이를 만나지 못하여 천하게 살았더라면, 무리 지어 말 타고 활쏘기나 일삼았을 것이고, 오로지 식과 색을 삶의 모두로 알았을 것이다. 그렇게 태어나고 그렇게 자라나서, 능히 <미천{美川}>과 같았었다면, 그 역시 현군{賢君}이란 일컬음을 잃지 않을 것이다. 그러니 그 공적{功績}과 과오{過誤}를, 과연 어느 것이 무겁고 어느 것이 가볍다 할 수 있겠는가?』라 하였다.

역자의 변 : 폭군 <봉상제> 덕택으로 세상을 유랑하며 치세에 대하여 많은 것을 배웠으며, 명재상 <창조리>와 양신{良臣}들 및 백성들의 옹립으로 마땅히 보위에 올랐으며, 진정 성군{聖君}이라는 칭송을 들어 마땅한 조정이었다. 즉위 초에는 자립하지 못하였던 탓에 공신들 중 일부에게 휘둘린 감이 없지는 않았으나 이를 극복하고 태평성대를 열었으며, 욱일승천하듯이 번성하며 집안싸움에 몰두하여 쉴 날이 없었던 <고구리>와는 서족{敍族}인 <선비>족의 나라들인 <모용>·<단>씨·<우문>씨 <선비>들 및 <전조=한조>·<후조>의 <흉노>들과 혈통미상의 <서진>·<동진> 등이 서북방과 서남방에서 <5호16국> 및 <남북조>로 불리는 혼란을 가중하였음에도 당차게 나라의 내외를 정립했었다.
통칭 <삼한>의 후손 나라들과는 이렇다 할 충돌이 없었음이 특이하게 보이나, 자립 천자국 <백제>는 서남방으로 멀리 있었고, 봉작된 황제국 <신라>와는 <중

천제> 이후로 원만하게 지낸 것으로 보인다.
즉위초기에 <위><관구검>을 퇴치하였고, 학원을 두어 인재를 양성하였으며, <낙랑>땅과 <대방>땅을 진무하였고, 군사 부문에서도 인재를 발탁하고 30만 수·륙군을 양성하여 강국의 면모를 되살렸고, 국력의 신장을 위한 인구증가에도 진력하여 <대무신제>치세보다 더 위용 있는 대제국을 만들었음이었고, 죽음에 임하여서는 동궁에게 토목노역으로 농사를 소홀히 하지 말 것과, 가벼운 조세, 효양, 현자등용, 드센 <모용>씨와는 무리한 싸움 회피하고 성곽을 수리하여 수성할 것 등을 부탁 하였고, 종척들과 군부 및 백성들로부터 원성을 사지 말라는 등의 당부와 함께 전위하였으니, 더 이상 무었을 군주에게 바랄 수 있겠는가?
<삼국사기>엔 <미천왕> 즉 <미천대제>의 치세가 그 이전에 비하여 지극히 약술되어 있으나, 멀리는 <토욕혼>까지 주시하였었다. <남당>선생의 강역에 대한 견해{요동고, 평양고 및 제 강역고류 참조}는 <고구리>대제국의 시국처에 대한 오해에서 비롯된 것으로 보인다.
지금껏 제도권 및 강호 사학들 간에 의견이 대립하는 <신라>의 <벽골지>가 이 시절에 수문 여닫기를 시작한 것으로 나온다.
<흉노>집안의 최종 패자인 <후조>의 <석륵>이 스스로 사신을 보내 알현하여 조공하며 <모용>씨를 함께 토벌하고 청함에 푸짐한 선물을 하사하고, 후에 사신을 보내서 답례로써 맥궁 열 자루를 선물하였더니, <후조>가 우리사신에게 큰 연회를 열어서 답례하는 것을{국상이 끝난 다음 새로운 조정 시데}, <三國詐記>는 거두절미하고 마치 엄청 많은 고시{싸리나무 화살?}를 조공한 듯이 삭필·변조하여 놓았음이었다..

17. 第十六世 <故國原帝>紀 제16세 <고국원제>기

원문출처; http://mf.history.go.kr/Pdf/MF0020000/00322342.pdf

帝, 諱<斯由>, 一作<劉>, 又<釗>, 亦云<朱留克>. <美川王>第三子. 母, 太后<周>氏, 太輔<仙方>之女. 其先<吳>人也, <東川>朝來朝, 尙公主居<馬山>, 世守仙人之職. <方>, 以<美川>朝功臣, 納女于後宮而生王. 王, 身長體偉, 美風采, 好學問. 性寬厚, 愛民孝友敦睦. 亦能善騎射好用兵. 以紹述先王之志爲己任. 南征·西伐, 以身先人必立陣前, 竟中流矢而崩. 國人哀之, 以爲<國罡上王>, 亦云<小乙弗>.

제는, 휘가 <사유{斯由}>, 또는 <유{劉}>, 또는 <교{釗} 혹은 쇠{釗}>, 또는 <주유극{朱留克}>이고, <미천왕{美川王}>의 셋째 아들이다. 모친은 태후 <주{周}>씨로, 태보 <선방{仙方}>의 딸이다. 그의 선대는 <오{吳}>땅 사람으로 <동천{東川}>조에 래조하였으며, 공주와 혼인하고 <마산{馬山}>에서 여러 대를 선인{仙人}의 직분을 감당하였다. <선방{方}>은 <미천{美川}>조의 공신으로, 딸을 후궁에 바쳤더니 왕을 낳았던 것이다. 왕은 키가 크고 몸도 우람하였으며, 풍채는 수려하였고, 학문하기를 좋아하였다. 성품이 관후하여 백성을 아끼고 효와 우애로 돈목하였으며, 또한 말 타고 활쏘기를 잘하였고 용병하기를 좋아하였다. 선왕{=美川}의 뜻을 받아 알리는 것을 자신의 일로 여겼으며, 남정·서벌{南征·西伐}에 임하여서는 반드시 다른 이들보다 먼저 군진의 앞에 섰다가, 끝내는 쏟아지는 화살에 맞아 죽었더니, 나라 사람들은 이를 애통히 여기어서 <국강상왕{國罡上王}> 또는 <소을불{小乙弗}>이라 불렀다.

☯ 元年辛卯, 二月, 甲寅, 尊母<周>氏爲太后. <腆>氏爲皇后, <完>爲皇太子, 大赦國中. {七}月, 壬戌朔, 日食. 是年, <百濟>國大旱民饑.

○ 원년{단기2664년/AD331}신묘, 2월 갑술{인}일, 모친 <주{周}>씨를 태후로 올리고, <전{腆}>씨를 황후로, <완{完}>을 황태자로 삼았으며, 나

라 안에는 대사령을 내렸다. {7}월 임술 초하루에 일식이 있었다. 이해에 <백제{百濟}>는 나라에 큰 가뭄이 들어 백성이 굶주렸다.

☯ 二年壬辰, 正月, <石勒>, 大宴我國使, 厚遺而送. 春二月, 如<卒本>祀始祖廟, 巡問百姓, 老病賑給, 三月還都. 七月, 太后瘇生肛門. 上, 吮而治之.

○ 2년{단기2665년/AD332}임진, 정월, <석륵>이 우리나라의 사신에게 크게 잔치를 베풀고, 후하게 음식을 대접하여 돌려보냈다. 춘2월, <졸본{卒本}>에 가서 시조 사당에 제사하였고, 순시하여서 백성들의 안위를 살피고 늙거나 병든 이들에겐 먹을 것을 주었으며, 3월에 도성으로 돌아왔다. 7월, 태후가 항문에 종기가 나서 상이 입으로 빨아내어 치료하였다.

● 三年癸巳, 春, 伐<帶方>「南部」六城, 平之.

正月, <慕容廆>死. 子<皝>嗣之, 年二十七[三十七]. 與其弟<仁>不睦.

五月, <百濟>宮, 中星隕, 火及民戶. 七月, <百濟>, 以<眞義>爲內臣佐平, 修宮室. 是年, <後趙><石勒>死, 年六十. 子<弘>嗣之.

○ 3년{단기2666년/AD333}계사, 봄, <대방{帶方}>「남부」의 성 여섯을 쳐서 평정하였다.{☞<고구리>가 <백제>의 외가를 쳤으니, <삼국사기>에선 삭제대상!}

정월, <모용외{慕容廆}>가 죽고, 그 아들 <황{皝}>이 섰는데, 나이는 27[37]살이었다. 동생 <인{仁}>과는 불목하였다.

5월, <백제{百濟}>의 궁궐이 별똥에 맞아서 불이 났더니, 민가까지 태웠다. 7월, <백제{百濟}>는 <진의{眞義}>를 내신좌평으로 삼았고, 궁실을 수리하였다. 이해에 <후조{後趙}>의 <석륵{石勒=고조}>이 60살에 죽고, 그의 아들 <석홍{弘=해양왕}>이 뒤를 이었다.

☯ 四年甲午, 二月, 巡至<東海>, 五月還都. 秋八月, 增築「平壤城」, 營<丸都>新宮.

是年, 十一月, <後趙><石虎>, 弑其主<石弘>, 而自立, 盡殺<石勒>之種. <慕容皝>奪其庶兄<翰>妻, <翰>奔<段>氏. <慕容仁>, 揚<皝>

之罪, 遣使請婚于我. <皝>, 聞之大怒, 十一月, 自將伐<襄平>拔之, 徙<遼東>大姓於<棘城>, 以<杜羣>爲<遼東>相. <仁>, 襲<新昌>與<王寓>戰, 不利.

冬十二月, 無雪.

○ 4년{단기2667년/AD334}갑오, 2월에 순시하여 <동해{東海; =遼河平原?}>에 다다랐다가, 5월에 환도하였다. 추8월에 「평양성{平壤城}」을 늘려 짓고, <환도{丸都; ≒北都=渦南山城≒牛山城}>에 새 궁전을 지었다{☞<관구검>에게 파괴당한 「북도」 즉 <환도성>을 재건한 것으로 다시금 서진할 발판을 구축함일 것임}.

이해 10월, <후조{後趙}>의 <석호{石虎=太祖}>가 <석홍{石弘=海陽王}>을 죽이고 자신이 임금이 되어 <석륵{石勒=高祖}>의 피붙이를 모조리 척살하였다. <모용황{慕容皝}>이 이복형 <모용한{翰}>의 처를 빼앗자, <한{翰}>은 <단{段}>씨에게로 도망하였고, <모용인{慕容仁}>은 <황{皝}>의 죄를 들먹이며 우리에게 사신을 보내서 청혼하였다. 이 소식에 <황>은 대노하여 11월에 자신이 나서서 <양평{襄平}>을 쳐서 차지하고 <요동{遼東}>의 큰 성씨 집안들을 <극성{棘城}>으로 옮겼으며 <두군{杜羣}>을 <요동{遼東}>상{相}으로 삼았다. 이에 <인{仁}>은 <신창{新昌}>을 습격하여 <왕우{王寓}>와 싸웠으나 이기지 못하였다.

동12월, 눈이 내리지 않았다.

☯ 五年乙未, 春正月, 築「國北新城」. 三月, 葬<乙弗大王>[于]<美川>. 秋七月, 霜殺穀. [九月], 右輔<乙[閔]>薨, <免城>代之.

是年九月, <石虎>都<鄴>. <代>王<紇那>逐<翳槐>于<趙>.

十月, 乙未朔, <百濟>, 日食.

○ 5년{단기2668년/AD335}을미, 춘정월, 「국북신성{國北新城}」을 쌓았다. 3월에 <을불대왕{乙弗大王}>을 <미천{美川}>에 장사하였다. 추7월, 서리가 내려 곡식이 죽었다. [9월], 우보 <을[민]>이 죽어, <면성>이 대신하였다.

이해 9월에 <석호{石虎}>가 <업{鄴}>에 도읍하였다. <대{代}>왕

<흘나{紇那}>가 <예괴{翳槐}>를 <조{趙=後趙?}>로 쫓아 냈다.
10월 을미일 초하루에 <백제{百濟}>에서 일식이 있었다.

☯ 六年丙申, 春正月, 王至<西川>納<于璘>女.
<慕容皝>, 自<黎>東踐氷海而行軍, 襲其弟<仁>于<平郭>殺之. <佟壽>·<郭充>等來奔于<紐碧>. 己卯<崔[毖]>事後, <廆>以<仁>據<遼>爲得策, 必竟自相殘滅. 此所謂「驃猫之夜盲」也.(平郭似在盤山之西北鎭之南.古記,紐碧,時爲平郭太守,與仁共守云).
二月, 大星流西北. 王, 慮<皝>之來侵, 遣<尙道>于<東晉>訴<皝>殺弟·淫嫂之罪, <晋>人畏<皝>不敢問罪. 夏五月, 宴宗室女于<丸都>新宮.

○ 6년{단기2669년/AD336}병신, 춘정월, 왕이 <서천{西川}>에 이르러서 <우린{于璘}>의 딸을 거두었다{☞<箕丘>近地인 <中川>의 西쪽일 것인 <西川>땅은 이미 <고구리>의 안전한 강역에 있었음!}.
<모용황{百濟}>이 <려{黎; 여, 리 ,이; 黎城?}>에서 동쪽으로 얼어붙은 물을 건너고 행군하여 동생 <모용인{仁}>을 습격하여 <평곽{平郭; 河北廣平府廣平縣?}>에서 죽였다. <동수{佟壽}>·<곽충{郭充}> 등이 <뉴벽{紐碧}>에게로 도망하여 왔다. 기묘년{<미천>20년; AD319}에 <최비{崔毖}>의 일이 있었던 이후 <모용외{廆}>는 <모용인{仁}>을 <요{遼}>땅에 두어서 득책을 삼았었으나, 필경엔 서로들 싸우고 죽여서 없앴으니, 이를 두고 「날래고 사나운 고양이가 밤눈 어둡다는 격」이라 함이었다.(평곽사재반산지서북진지남.고기,뉴벽,시위평곽태수,여인공수운).
2월, 큰 별이 서북으로 흘렀다. 왕은 <모용황{皝}>이 쳐들어올 것을 걱정하여 <상도{尙道}>를 <동진{東晉}>으로 보내서 <황{皝}>이 동생을 죽이고 형수와도 놀아난 죄를 송사하였으나, <진{晋}>사람은 <황>을 두려워하여 감히 죄를 논하지 않았다. 하5월, 종실의 여인들에게 <환도{丸都≒北都=창남산성}>의 새 궁궐에서 연회를 베풀었다{☞이미 <환도성>=<우산성>≒<창남산성>=「북도」는 <위> 등의 위협에서 벗어난 지 오래다!}.

● 七年丁酉, 春正月, 「東部」大使者<于德>卒, <方夫>代之.

<石虎>, 自稱<趙>天王, 遣將<李穆>, 納<翳槐>于<代>復其王. <皝>, 自稱<燕王>, 是爲<前燕>. 二月, <羅>使至<濟>. 四月, <濟>, 霜. <皝>與<石虎>修和.

夏五月, <樂浪王><烏陌南>薨. 秋七月, 以右輔<槨>女<周>氏立爲皇后, 賜玉冊. <槨>, <樂浪王><仙方>之子也.

○ 7년{단기2670년/AD337}정유, 춘정월, 「동부」대사자 <우덕{于德}>이 죽어, <방부{方夫}>가 대신하게 하였다.

<석호{石虎}>가 <조{趙}>의 천왕{天王}을 자칭하고, 장수 <이목{李穆}>을 보내서 <예괴{翳槐}>를 <대{代}>로 거둬들이고 그의 왕 자리를 돌려주었다. <모용황{皝}>이 <연{燕=前燕}>왕을 자칭하였다. 이것이 <전연{前燕}>이다. 2월, <신라{羅}> 사신이 <백제{濟}>에 이르렀다. 4월, <백제>에 서리가 내렸다. <모용황{皝}>이 <석호{石虎}>와 화친하였다{☞<고구리>에 대응할 연합세력 형성하여 측후방 안전조치?}.

하5월, <락랑왕{樂浪王}><오맥남{烏陌南}>이 죽었다. 추7월, 우보 <선곽{槨}>의 딸 <주{周}>씨를 황후로 세우고 옥책을 내려주었다. <선곽{槨}>은 <락랑왕>이었던 <선방{仙方}>의 아들이다.

● 八年戊戌, 正月, 太輔·<西川公><于璘>薨, 年七十六. <山上帝><于>太后之弟也. 密贊<乙>太后爲先帝中興功臣. 爲人忠厚謹實知大體, 頗有人望. 以國舅·左輔<周槨>封<馬山公>.

<皝>, 與<石虎>, 伐<段>氏. <段>氏命<翰>敵<皝>. <翰>率其軍降于<皝>而請罪. <皝>, 曰; "使兄至此, 乃孤之過也." 遂用<翰>計, 破<段>氏, 多取其地. <石虎>, 大怒, 遂與<皝>相戰. <樂浪>諸縣多反, 太守<鞠彭>走入<棘城>. <虎>遣<曹伏>請我助戰, 辭以粮盡. <伏>, 發船三百艘, 運穀三十万斛于<占蟬>, 使達<南蘇>. 王, 不得已, 命<紐碧>·<祖文>, 引兵三萬, 出<安平>, 觀望不動. <虎>進圍<棘城>攻之. 甚急, <皝>, 歸<翰>妻, 而收拾民心. <翰>與<輿根>等力戰十餘日, <玄菟>太守<劉佩>敢戰使<趙>軍被靡. <虎>, 見我軍不至, 而退. <皝>子<恪>, 追擊之, 斬獲三万餘級, <翰>及<輿根>等, 分兵, 收復

反城, 拓境至<几城>. <封抽>·<宋晃>·<游泓>等[歸]我, 時五月.

秋八月, 命<東黃城>役卒五千人赴<丸都>修<五龍宮>, 以<樂浪>人二千·<帶方>人一千·<扶余>人二千修<東黃城>, 命<毳芾阿佛和>監之.(東黃城在平壤之南,本百濟之地,近于新羅,故羅·濟連和而欲復此地.王欲以此爲密都,固其城池以爲鎭南之衝).

冬十月, 大豊, 賜宴父老. 以<于覃>爲「西部」于臺.

<代>主<翳槐>, 臨死, 命召其弟<什翼[犍]>于<趙>而嗣之. 其弟<屈遣命>欲自立, 大人<梁盖>等, 忌其剛猛, 而殺之, 欲立其次<孤>. <孤>, 不可, 自詣<趙><鄴>, 請代兄<犍>. <石虎>義而俱送之. 十一月, <什翼犍>爲<代>主, 分國之半以與<孤>, 置百官簡庶政, 百姓安之. 南<陰山>, 北沙漠, 西<破落>, 東<慕容>. 有衆數十万. <索頭>之興始此.

○ 8년{단기2671년/AD338}무술, 정월, 태보·<서천공{西川公}><우린{于璘}>이 76살에 죽었다. <산상제{山上帝}><우{于}>태후의 남동생으로, <을{乙}>태후가 선제의 중흥공신이 되는 것을 뒤에서 도왔으며, 사람됨이 충후근실{忠厚勤實}하고 큰일을 꿰뚫었기에, 자못 사람들의 신망이 있었다. 국구·좌보 <주곽{周槨}>을 <마산공{馬山公}>에 봉하였다.

<모용황{皝}>이 <석호{石虎}>와 함께 <단{段}>씨를 쳤더니, <단>씨가 <모용한{翰}>에게 <황{皝}>과 대적하라 하자, <한{翰}>은 자신의 군사를 이끌고 <황>에게 투항하여 죄를 청하였다. 이에 <황>이 “형을 이렇게 만든 것은 제 잘못입니다.”라 하고는, <한>의 계책을 써서 <단>씨를 깨고 <단>씨의 땅도 많이 빼앗았더니, <석호>가 대노하여 <황>과 맞붙어 싸웠다. 이에 <락랑{樂浪}>의 많은 현들이 돌아섰고, <락랑>태수 <국팽{鞠彭}>은 <극성{棘城; 前燕}>으로 도망쳐 들어갔다. <석호{虎}>가 <조복{曹伏; 渡遼將軍}>을 우리에게 보내와서 싸움을 도와달라고 청하기에, 군량이 떨어져서 그럴 수 없다고 하였더니, <조복>은 300척의 배를 동원하여 {군량 300만석을 <청주>로 보내면서, 그 중} 30만석의 군량을 <점선{占蟬}>으로 날라 왔고 사신은 <남소{南蘇}>로 찾아왔다. 이에 왕도 어쩔 수 없

어서 <뉴벽{紐碧}>과 <조문{祖文}>에게 3만병을 이끌고 <안평{安平}>으로 나가서 관망하고 움직이지는 말라고 하였다. <석호>가 진격하여 <극성>을 포위하고 공격하였더니, 심히 급해진 <황>이 <한>의 처를 돌려보내고 민심을 수습하자, <한>은 <여근{輿根}> 등과 힘을 합쳐서 열흘 여를 힘껏 싸웠고, <현도{玄菟}>태수 <유패{劉佩}>도 용감히 싸워서 <조{趙}>군을 흩어지게 만들었다. <석호>는 우리의 군대가 오지 않음을 알고는 물러났다. 이에 <황>의 아들 <각{恪}>이 추격하여 3만여 급을 베거나 사로잡았으며, <한>과 <여근> 등은 군대를 나누어서 반란하였던 성들을 복구하고 땅을 넓히면서 <범성{凡城}>에 다다랐다. <봉추{封抽}>·<송황{松晃}>·<유홍{游泓}> 등이 우리에게 귀의하였다. 때는 5월이었다{☞<삼국사기>엔 이런 부류의 기사가 모조리 삭필되어 있음!!}.

추8월, <동황성{東黃城}>에 명을 내려 역졸 5천인을 <환도{丸都=北都; =창남산성?}>로 보내서 <오룡궁{五龍宮}>을 수리하게 하였고, <락랑{樂浪}>인 2천·<대방{帶方}>인 1천 및 <부여{扶余}>인 2천에게는 <동황성>을 수리하게 하였으며, <취불아불화{毳芾阿佛和}>를 시켜서 이 공역을 감독하게 하였다(동황성은 평양의 남쪽에 있었으며, 본래 백제의 땅이었고, 신라와는 가까이 있던 까닭에, 신라와 백제가 연이어 화친하면서도 이곳을 가지려 하였었다. 왕은, 이곳을 밀도로 삼고 튼튼히 하여서, 남쪽에 대비할 요충으로 삼고자 하였다.☞<남당>의 견해임)

동10월, 큰 풍년이 들어, 부로{父老; 권세 있는 집안의 노인}들에게 연회를 베풀었다. <우담{于覃}>을 「서부」우대로 삼았다.

<대{代}>주 <예괴{翳槐=烈帝}>가 죽음을 앞두고, <조{趙=後趙}>에 인질로 있는 자신의 동생 <십익건{什翼犍}>을 불러들이며 자신의 뒤를 이으라고 명하였다. 이에 그{=翳槐}의 동생 <굴견명{屈遣命}>도 보위에 오르고자 하였더니, 대인{大人= 자신의 사직신을 모시면서 한 지역을 다스리는 사실상의 왕} <양개{梁蓋}> 등이 그의 강하고 사나움이 싫어서 죽여버리고 그{屈遣命} 그 아래인 <고{孤}>를 <건> 대신에 세우려하였더니, <고>는 그럴 수는 없다하고는 스스로 <조{趙}>의 땅 <업{鄴}>으로 찾아가서 형인 <십익건>을 대신하여 인질로 있겠다고 청하였다.

<석호{石虎}>가 가상히 여겨서 둘 다를 보내 주었다. 11월, <탁발 십익건{什翼犍=高祖}>이 <대{代}>의 임금이 되어서, 나라의 반을 나누어서 <고{孤}>에게 주고는, 백관을 두고 여러 가지의 정사를 간편히 하였더니, 백성들이 이를 좋게 여겼다. 남쪽은 <음산{陰山}>, 북으로는 사막, 서쪽은 <파락{破落}>에 이르렀고, 동쪽에는 <모용{慕容; 棘城鮮卑}>씨들이 있었다. 무리들은 수십만이었다. <색두{索頭; =鮮卑}>의 흥기{=<북위>의 탄생?}가 여기에서 비롯되었다.

☯ 九年己亥, 正月, <皝>大擧入寇, 「新城」城主王子<仁>棄城而退. 命<高喜>引「西部」兵往救, 不克. 夏五月, 遣王弟<玟>于「新城」, 與<皝>約和, 以<平郭>太守<烏忠>[等]爲質. <皝>求<封抽>·<宋晃>甚急, 以爲己逃. 王子<丘夫>生. 母, <鮮>氏. 仙人<玄>之女也. 秋九月, 遣<高穗>于<皝>, 賂豹皮·黃金, 請還<玟>. 冬十月, <方象>守<南蘇>, <牛成>守<新城>. 十一月, <玟>, 娶<皝>寡妹而[歸], 請送王女三人于<皝>. 命<談奇>護送王女<豆>氏·<朔>氏·王妹<折>氏于<皝>. 徙<宋晃>等于<樂浪>·<帶方>, 授「撫夷屬國之職」.

○ 9년{단기2672년/AD339}기해, 정월, <모용황{皝}>이 대거 쳐들어오자, 「신성{新城; 國北新城?}」성주인 왕자 <인{仁}>이 성을 버리고 물러났다. <고희{高喜}>에게 명하여 「서부」의 병력을 이끌고 가서 구원하게 하였으나, 이기지 못하였다. 하5월, 왕의 동생 <민{玟}>을 「신성; 國北新城!」으로 보내서 <황{皝}>과 화친을 약속하고 <평곽{平郭; 河北廣平府廣平縣?}>태수 <오충{烏忠}> [등]을 인질로 삼아주었다{☞<고국원제>의 1차 치욕}. <황>이 <봉추{封抽}>와 <송황{松晃}>을 내어놓으라고 심히 급하게 굴기에, 이들을 도피하게 하였다. 왕자 <구부{丘夫; ☞소수림제}>가 태어났다. 모친은 <해{鮮}>씨로 선인{仙人} <해현{玄}>의 딸이었다. 추9월, <고수{高穗}>를 <황{皝}>에게 보내서 표범 껍질과 황금을 뇌물로 주고 <민{玟}>을 돌려보내 달라고 청하였다. 동10월, <방상{方象}>이 <남소{南蘇}>를 지켜냈고, <우성{牛成}>이 <신성{新城; 國北新城?}>을 지켜냈다. 11월, <민{玟}>이 <황{皝}>의 홀로된 여동생과 혼인하여

돌아와서, <황>에게 왕녀 셋을 보내주길 청하였다. <담기{談奇}>에게 명하여 왕녀 <두{豆}>씨·<삭{朔}>씨 및 왕의 여동생 <절{折}>씨를 <황>에게 데려다주게 하였다. <송황{松晃}> 등을 <락랑{樂浪; =山西·河北南部!}>과 <대방{帶方; 山西南部!}> 땅으로 보내서 「이{夷}족을 위무하여 나라에 속하게 하는 직분」을 주었다.

☯ 十年更子, 春正月, 詔曰; "農者天下之大本也. <伏羲>而衣食, 莫如耕作而衣食. 勸爾大小人民閑散之士, 皆宜務田力蚕." 二月, 遣王弟<玟>及世子<珹>于<皝>, 賂白羊三千匹. <皝>還<烏忠>·<祖文>. 秋七月, <丸都><長安宮>成, 以爲<周>太后行宮.

<皝>, 見黑白二龍交首脫角于<龍山>, 號其新宮曰<和龍>, 立<龍朔佛寺>于山上, 以爲公卿子弟之官學.

<石虎>使越海而至, 迎于<丸都>新宮, 共議討<皝>.

九月, 畋于<蛇川原>.

○ 10년{단기2673년/AD340}경자, 춘정월, 조서로 이르길; "농사는 천하의 큰 근본이오. <복희{伏羲}>씨 시절에 먹고 입던 것은 경작해야만 먹고 입는 시절과는 같지 않았소. 권하노니, 그대들 높고 낮은 사람들과 백성들 및 일없이 놀고먹는 이들 모두는 땅을 일구고 누에치기를 열심히들 하시오."라 하였다. 2월, 왕제 <민{玟}>과 세자 <성{珹}>을 <모용황{皝}>에게 보내서 백양 3천 마리를 뇌물로 주었더니, <황{皝}>이 <오충{烏忠}>과 <조문{祖文}>을 돌려보냈다{☞<삼국사기>에는 단순히 머리를 조아리고 입조하여 인사를 한 듯이 적었다}. 추7월, <환도{丸都≒北都=渦南山城}>의 <장안궁{長安宮}>이 완성되어, <주{周}>태후 행궁을 삼았다.

<황{皝}>이 흑룡과 백룡 두 마리가 서로 머리를 부비며 사귀다가 <룡산{龍山}>에 뿔을 떨어뜨리는 것을 보았더니, 그 새로이 지은 궁을 <화룡{和龍}>이라 이름하고, 그 산 위에다가 <룡삭불사{龍朔佛寺}>를 세워서 공경들의 자제를 가르치는 관학으로 삼았다.

<석호{石虎}>의 사신이 물{海; 바다? 강?}을 건너 다다랐기에 <환도{丸都≒北都=渦南山城}>의 새로 지은 궁으로 맞아들여서 <황{皝}>을 토벌

하는 것을 함께 논의하였다.

9월, <사천원{蛇川原}>에서 사냥하였다{☞<사천운>은 이 당시의 <낙랑>이나 <대방> 땅 근처에 있었을 것!}.

● 十一年辛丑, 正月, 以<解發>爲太后宮衛頭, 賜手卒三百人.

<皝>, 見龍以後, 有遷都之志, 築城於<龍山>之南曰<龍城>. 十月, <皝>, 遣其子<恪>, 奪我<平郭>. 我軍, 不肯與城, 互相交戰, 不克而退. <恪>, 撫其舊吏以爲久居, 備我之計.

○ 11년{단기2674년/AD341}신축, 정월, <해발{解發}>을 태후궁의 위두로 삼고 수졸{=가까이 두고 편히 쓸 수 있는 병졸} 300인을 내려주었다.

<모용황{皝}>은 룡을 본 이후로 도읍을 옮길 뜻이 있어서, <룡산{龍山}> 남쪽에 성을 쌓고 <룡성{龍城}>이라 하였다. 10월, <모용황{皝}>이 자기 아들 <모용각{恪}>을 시켜 우리의 <평곽{平郭; 廣平府廣平縣?}>을 빼앗았다. 아군은 성을 내어줄 수 없어 상호간에 교전하다가 이기지 못하고 물러났다. <모용각{恪}>은 옛 벼슬아치들을 위무하여 오래도록 눌러 살게 하고, 우리의 계책에 대비하였다.

☯ 十二年壬寅, 春正月, <鮮>氏生王子<伊連>, 有五雲之瑞. 王, 大喜, 封<鮮>氏爲小后, 賜<玄>山庄·奴婢. 二月, 命<再逢>修葺<丸都城>, 命<藍國>築<國內城>. 秋八月, 遷都<丸都城>, 盖有西進之志也. <皝>欲東進, 而上欲西進, 其勢必衝乃己.

十月, <皝>, 遷都<龍城>, 自以爲先定<句麗>以後滅<宇文>, 圖中原可也. <翰>曰; "伐<麗>二道. 北平南險, 彼必守北. 陛下, 宜南入而出其不意, <丸都>可取也." <皝>, 然之, 使<王寓>將兵万余而出北聲言大軍在此, 自將勁兵四万而南入.

王, 聞<皝>大軍在北, 命王弟<武>引精兵五万拒之, 自以老弱殘兵守都備南. 十一月, 賊猝至<蛇川>·<泥河>, 大軍継至, <阿旦>·<安平>等城皆陷. 右龍將軍<阿佛和>力戰于<黃山>而死之. 敵衆我寡, 勢不能持. 上, 方知大軍在此墮其術中, 收散卒欲就「平壤」, 賊<韓壽>等進之甚急,欲隱於林中, <**鮮發**>引兵至入<**断熊谷**>. 聞<**丸都**>已陷太后被虜, 痛哭. 左右慰之, 曰; "北軍滅<**王寓**>而來救, 賊不可安. 陛下, 宜自寬, 而存社稷." 敵圍<**断熊谷**>, <**于莘**>伏兵于谷中而破之. 上, 與<**鮮發**>等, 密踰<**断岺**>而至「平壤」. <**皝**>, 孤軍深入不得主上, 深以爲憂, 遣王弟<**玟**>及<**高喜**>·<**鮮玄**>于「平壤」而請相見. 上, 皆留之, 而命總船將軍<**免江**>引水軍三万, 把守<**江口**>, 累破<**皝**>軍. 王弟<**武**>大軍亦將至. <**皝**>, 大怒, 發<**美川陵**>. 初, 上, 以<**周**>太后万歲後, 欲合葬于<**美川陵**>, 而不封羡門, 故賊易取梓宮, 樊宮室, 毁都城, 驅男女万口, 盡財宝而去. 我軍欲遮路, <**皝**>, 以<**周**>太后詔, 禁我軍民來抗. 上, 亦爲母太后及諸后·王子, 而不敢追擊. 賊乃晏然而退. <**皝**>爰<**雲**>父<**[褚裒]**>, 徙其家于<**青山**>.

○ 12년{단기2675년/AD342}임인, 춘정월, <해{鮮}>씨가 왕자 <이련{伊連=고국양제}>을 낳았다. 5색 구름의 서기가 있었더니, 왕이 크게 기뻐하며 <해>씨를 소후로 봉하고, <해현{玄}>에게는 산장과 노비를 하사하였다. 2월, <재봉{再逢}>에게 명하여 <환도성{丸都城; =北都!}>의 지붕을 고쳐 잇고, <람국{藍國}>에게 명하여 <국내성{國內城}>을 쌓았다. 추8월, <환도성>으로 천도하였다. 대략 서진하려는 뜻이었다{☞丸都城=牛山城≒北都=渦南山城=國內尉那岩城은 西都및 平壤城의 北쪽에 있었을 것!}. <모용황{皝}>은 동진{東進}하고자 하였고, 상은 서진{西進}하려 하였으니, 이 세력들은 충돌할 것이었고, 그리 되었다.

10월, <모용황{皝}>이 <룡성{龍城}>으로 천도하였다. 스스로 <고구리{句麗}>를 먼저 평정하고 난 다음에 <우문{宇文}>을 멸하고서야 중원을 도모할 수 있었기 때문이었다.{☞<모용>씨의 후방인 <우문>씨, 중원으로 들어가는 길목에 버티고 있는 <고구리>!} <모용한{翰}>이 말하길; "<고구리{麗}>를 치는 데는 두 길이 있습니다. 북로는 평탄하고 남로는 험하니, 저들은 필시 북쪽을 지킬 것입니다. 폐하께서는 의당 남쪽으로 가셔서 불의에 나아가시면 <환도{丸都}>를 취할 수 있을 것입니다."라 하였다. <황{皝}>은 그렇겠다고 여기어서, <왕우{王寓}>에게 일만 여의 군병을 이끌고 북쪽 길로 나아가서 대군을 끌고 온 듯이 하게 하였고, 자신은 강병 4만을 이끌고 남쪽 길로 들어왔다.

임금은 <황{皝}>의 대군이 북쪽에 있는 것으로 듣고, 동생 <무{武}>에게 정병 5만을 이끌고 나가서 막게 하였으며, 자신은 노약한 나머지 군사로 도읍{=丸都城}을 지켜서 남로침입을 대비하였다. 11월, 적들이 창졸간에 <사천{蛇川}>과 <니하{泥河}>로 몰려왔고{☞ 두 하천은 가까이 있다}, 대군이 꼬리를 물고 밀려왔던지라, <아단{阿旦}>성과 <안평{安平}>성 등이 모두 무너졌다{☞ 두 성은 蛇川과 泥河에 근접했었다!}. 우룡장군 <취불아불화{阿佛和}>가 힘을 다하여 <황산{黃山}>에서 싸우다 죽었다. 적은 수가 많고 우리는 수가 적었으니 지켜낼 수가 없었다. 상은 그때서야 적의 대군이 남쪽에 있으며, 저들의 술수에 빠졌음을 알았다. 상은 흩어진 군사를 모아서 「평양{平壤}」으로 나아가려 하였다가, 적 <한수{漢壽}> 등이 그곳으로 매우 급하게 다가오기에, 산림 속으로 숨으려 하던 차에, <해발{解發}>이 군사를 이끌고 <단웅곡{斷熊谷}>으로 들어왔다. 상은 이미 <환도성{丸都城}>이 함락되고 <주>태후가 붙잡혔다는 소식을 듣더니, 통곡하였다. 이에 측근에 있던 신하들이 위로하며 아뢰길; "북쪽으로 간 <무>의 군대가 <왕우{王寓}>를 깨고 우리를 구원하러 오고 있으니, 적들은 편안치 않을 것입니다. 폐하께서는 응당 느긋이 하시면서 사직을 살피십시오."라 하였다. 적들이 <단웅곡>을 포위하자, <우신{于莘}>이 계곡 속에 깔아놓았던 복병으로 이들을 깼다. 상은 <해발{解發}> 등을 데리고 은밀히 <단령{斷嶺}>을 넘어서 「평양{平壤}」에 다다랐다{☞平壤은 斷嶺 부근에 있었다}. <모용황{皝}>은 고군분투하면서 깊숙이 들어오긴 하였으나 주상을 잡지 못한 것이 심히 걱정되자, 왕제 <민{玟}>과 <고희{高喜}> 및 <해현{解玄}> 등을 「평양{平壤}」으로 보내서 서로 만나자고 청하였다. 이에, 상은 그들 모두를 「평양」에 눌러 있게 하고는, 총선장군 <면강{免江}>에게 명하여 수군 3만을 이끌고 <강구{江口}>를 장악하여 지키게 하였더니, 여러 차례 <황{皝}>의 군대를 깼다. 왕제 <무{武}>의 대군이 또한 곧 도착할 참이었더니, <황{皝}>은 화가 치밀어서 <미천릉{美川陵}>을 파헤쳤다. 애당초 상은 <주{周}>태후가 만수를 누리신 연후에 <미천릉>에 합장하려고 <미천릉>의 큰 문을 봉하지 않았었다. 때문에 적들은 손쉽게 재궁{梓宮=帝王屍身}을 탈취하였고, 궁실을 불태우고 도성{=丸都城}을 훼손하였으며, 남녀 백성 1만을 몰아가고, 모든 재물과 보물도 거두어서 돌아갔다{☞<고국원제>의 2차 치욕!}. 아군이 퇴로를 막으려고 하였더니, <황{皝}>은 <주{周}>태후의 조서로써 아군과 백성들이 막아서지 못하게 하였다. 상 또한 잡혀 있는 모친이신 <주>태후와 여러 후들 및 왕자들의 안위 때문에 감히 추격할 수도 없었고, 이리하여 적들은 아무 탈 없이 돌아갔다. <황{皝}>이 <고운{雲}>의 아비 <저부{褚裒}>를 아껴, 그 집안을 <청산{青山}>으로 옮겨 살게 하였다.{☞<삼국사기>에 기술된 내용은 분위기 가 좀 사뭇 다르다!}

☯ 十三年癸卯, 春二月, 遣王弟<玟>于<皝>, 賜以珍異千數. <皝>, 大喜, 還梓宮及王后, 而猶留<周>太后爲質, 知上孝于太后故也.
秋七月, 移居于<東黃城>. 遣<尙弗>于<東晉>, 訴<皝>無道. 冬十一月, 雪五尺.

○ 13년{단기2676년/AD343}계묘, 춘2월, 왕제 <민{玟}>을 <황{皝}>에게 보내서 진이한 물건 천여 개를 주었더니, <황>은 크게 기뻐하며 재궁{제왕의 시신; =美川大帝屍身}과 왕후들을 돌려보내고 <주{周}>태후만을 인질로 잡았다. 상이 태후께 효성스러웠음을 알았음이었다.
추7월, <동황성{東黃城; ☞8年秋8月紀}>으로 거처를 옮기고{☞<삼국사기>엔 <동황성>은 <고려><인종>조 시절 <서경=서도>의 동쪽 <목멱산; =남산?>이라 하였다.}, <상불{尙弗}>을 <동진{東晉}>으로 보내서 <황>의 무도함을 하소연하였다. 동11월, 눈이 5척이나 내렸다.

● 十四年甲辰, 春二月, <南蘇>太守<祖文>卒, <高喜>代之.
<皝>, 自將伐<宇文國(今達里湖外察哈爾)>, 殺<南羅城>主<涉夜干>, 乘勝進擊其都<紫蒙川(今阿巴哈納爾貝子府錫林郭勒江,紫蒙川也)>, 拔之. 其主<逸頭歸>走死漠北(漠北外蒙古也). <皝>, 收其畜産資貨, 徙其部衆五千餘落於<昌黎>闢地千里, 以<南羅城>爲<威德城(今經棚界)>.

二月, **<**倭**>**請婚於**<**羅**>**, 辭以已嫁. 四月, 暴風拔**<**羅**>**宮南大樹. 十月, **<**濟**><**比流**>**殂, 在位四十一年. **<**汾西王(比流之再從)**>**長子**<**설{契; 계}**>**立, 天姿剛勇善騎射.

○ 14년{단기2677년/AD344}갑진, 춘2월, <남소{南蘇}>태수 <조문{祖文}>이 죽어서, <고희{高喜}>로 대신하였다.

<모용황{皝}>이 손수 장수가 되어 <우문국{宇文國}(금달리호외찰합이)>을 쳐서, <남라성{南羅城}>주 <섭야간{涉夜干}>을 죽이고, 승승 진격하여서 그 도성 <자몽천{紫蒙川}(금아파합납이패자부석림곽륵강,자몽천야)>을 빼앗았더니, 그곳 임금 <우문일두귀{逸頭歸}>는 막북{漠北}(막북,외몽고야)으로 죽기 살기로 도망쳤다. <황{皝}>이 그곳의 가축과 산물 및 자화{資貨}를 거두었고, 그 부의 무리 5천여 마을을 <창려{昌黎; **작금의 하북성 동북 산해관의 창려가 아닐 것임!**}> 벽지 천 리로 옮겨 놓았고, <남라성>을 <위덕성{威德城}(금경봉계)>이라 하였다.

2월, <왜{倭}>가 <신라{羅}>에 청혼하자, 이미 출가했다 하여 물리쳤다. 4월엔 폭풍으로 <신라>의 궁성 남쪽 큰 나무의 뿌리가 뽑혔다. 10월엔 <백제{濟}>의 <비류{比流}>가 재위 41년 만에 죽고, <분서왕{汾西王}(비류지재종)>의 장자 <설{契; =계}>이 섰는데, 드높은 기품에 강직·용감하고 기사{騎射}에도 뛰어났다.

☯ 十五年乙巳, 春正月, 王, 幸**<**龍江**>**行「龍珠戲」,宴「平壤」父老七十人. **<**羅**>**, **<**訖解**>**以**<**康世**>**爲伊伐湌. 二月, **<**羅**>**·**<**倭**>**絶交.

四月, **<**濟**>**, **<**契**>**謁始祖**<**東明**>**廟.

十月, **<**慕容恪**>**入寇. **<**南蘇**>**小守**<**勝戎**>**, 降于**<**燕**>**, 與**<**恪**>**夾攻**<**南蘇**>**, 拔之. 沛者**<**賓兆**>**·司馬**<**牛買**>**等力戰死之.

○ 15년{단기2678년/AD345}을사, 춘정월, 왕이 <룡강{龍江}>으로 가서 <룡주희{龍珠戲}>를 열고 「평양{平壤}」부로들 71인에게 연회를 베풀었다{☞平壤은 龍江 부근에 있었다?}.

<신라{羅}>에서는 <흘해{訖解}>가 <강세{康世}>를 이벌찬으로 삼았

다. 2월엔 <신라{羅}>와 <왜{倭}>가 절교하였다.

4월, <백제{濟}>의 <설{契;계}>이 시조 <동명>사당을 찾아뵈었다. 10월, <모용각{慕容恪}>이 쳐들어와 노략하였더니, <남소{南蘇}>의 소수{小守} <승융{勝戎}>이 <연{燕=前燕}>에 투항하고서 <모용각{恪}>과 더불어 <남소>를 협공하여 빼앗았다. 이에 패자 <빈조{賓兆}>와 사마 <우매{牛買}> 등이 힘껏 싸우다가 죽었다{☞西安平近地?}.

● 十六年丙午, 正月, 禁酒.

<倭**>**, 寇**<**羅**><**風島**>**, 掠邊戶, 進圍**<**金城**>**. **<**康世**>**, 閉門, 待其師老粮盡而退, 出擊大破之. 九月, **<**濟**>**, **<**契**>**殂. **<**比流**>**第二子**<**近肖古**>**嗣之, 體皃奇偉, 有遠識. **<**駕洛國**>**, **<**今勿**>**殂, 是爲**<**德王**>**. 子**<**伊品**>**嗣之, 以母**<**阿志**>**爲太后, 以司農卿**<**克忠**>**女爲妃.

○ 16년{단기2679년/AD346}병오, 정월, 술 마시길 금하였다.

<왜{倭}>가 <신라{羅}>의 <풍도{風島}>에 쳐들어와서 변두리 집들을 노략하고 진격하여 <금성{金城}>을 포위하였더니, <강세{康世}>는 문을 걸어 닫고 쳐들어온 군대가 피로해지고 양식이 떨어져서 돌아갈 때까지 기다렸다가 성 밖으로 나가서 대파하였다. 9월, <백제{濟}>의 <설{契; =계}>이 죽고, <비류{比流}>의 둘째 아들 <근초고{近肖古, ≒肖古}>가 뒤를 이었다. 체격과 용모가 기이하게 크고, 멀리 내다볼 줄 아는 식견도 있었다. <가락국{駕洛國; ≒加耶; =金官國!}>의 <금물{今勿}>이 죽었다. 이가 <덕왕{德王}>이다. 아들 <이품{伊品}>이 뒤를 잇고, 모친 <아지{阿志}>를 태후로, 사농경 <극충{克忠}>의 딸을 비로 삼았다.

● 十七年丁未, 正月, **<**濟**>**, **<**近肖古**>**, 設壇祭天地, 以**<**眞淨**>**爲朝廷佐平, 大革其政. **<**淨**>**, 以**<**肖古**>**妻族, 性狠戾不仁, 臨事苛細, 恃勢自用, 國人疾之. 上, 聞之, 謂左右, 曰; "**<**肖古**>**敢行天子事, 而**<**淨**>**亦如此, 可以伐乎." **<**尙道**>**曰; "國有三宝, 一曰神, 二曰君, 三曰臣. **<**濟**>**, 雖喪君而代新, **<**肖古**>**有遠識而崇神, **<**淨**>**雖無人望能有才幹,

不可猝伐." 乃止.
二月, <新城>太守<牛成>卒, <免江>代之. 三月, 祭鹿于<龍山>. 尊<鮮玄>爲國父·太王. <玄>, 有寵於太后, 而其女爲小后生太子專寵故也.
九月, <北山><熊王殿>成, 極其奢侈. 置仙人, 招隱者. 汰<免江>黨十二沛者. <免江>, 主船二十年, 厚歛致貨, 又奪<淸河>大賈<桓利>之妻, 布置其黨于十二沛邑, 以奪人妻則爲事. 至是, 總船將軍<馬發>奏, 汰之.
十一月, 以太子<武>爲<新城>太守, 置小守二人將軍三人, 以輔之.
<芙平>右輔, <免江><丸都>大加.

○ 17년{단기2680년/AD347}정미, 정월, <백제{濟}>의 <근초고{近肖古}>가 단을 쌓아서 하늘과 땅에 제사하고{☞천자국 표상!}, <진정{眞淨}>을 조정좌평으로 삼아서 정무를 크게 바꾸었다. <진정{淨}>은 <근초고{肖古}>의 처족으로 성품이 삐뚤어져 사납고 어질지 못하며, 정사에 있어서는 가혹하며 자잘하였고, 권세를 믿고 제 멋대로 하여서 나라사람들이 괴로워하였다. 상이 이를 듣고 좌우에게 이르길; "<근초고{肖古=近肖古}>가 감히 천자노릇을 하고 있고, <진정{淨}>의 행실 또한 이러하니, 토벌해야 되지 않겠소?"라 하였더니, <상도{尙道}>가 아뢰길; "나라에는 세 가지 귀한 것이 있는데, 그 하나는 신{神}이요, 그 둘은 임금{君}이며, 그 셋은 신하{臣}입니다. <백제{濟}>는 비록 임금이 죽고 새로운 이가 대신하고 있으나, <근초고>는 멀리 볼 줄 아는 식견이 있고 신{조상; 東明神?}도 숭상하며, <진정>은 인망을 얻지는 못하고 있으나 재간이 능하니, 준비 없이 느닷없이 토벌하는 것은 불가합니다."라 하였더니, 토벌 얘기를 그만두었다.
2월, <신성{新城}>태수 <우성{牛成}>이 죽어 <면강{免江}>이 대신하게 하였다. 3월, <룡산{龍山}>에서 사슴제사를 올렸다. <해현{鮮玄}>을 국부·태왕으로 올렸다. <해현{玄}>은 태후의 총애가 있었고, 그의 딸이 소후가 되어서 태자를 낳고 총애를 독차지하였기 때문이었다.
9월, <북산{北山}><웅왕전{熊王殿; 桓雄聖殿? 檀君聖殿?}>이 완성되었다. 지극히 사치스러웠다. 선인{仙人}들을 두고 운둔한 이들을 불러들였다.

<면강{免江}>의 패거리인 패자 열둘을 모조리 쓸어 냈다. <면강>은, 20년간이나 선군{船軍}을 주관하더니, 많은 조세를 거두어 재산을 쌓았고 <청하{淸河; 山西·河北接境 南邊境?}>의 큰 고인{賈人⇔行商} <환리{桓利}>의 처를 빼앗았으며, 자신의 무리를 열두 패읍에 널리 펼쳐 심어서 다른 사람들의 처를 빼앗는 것을 일삼았었다. 이에 총선장군{總船將軍} <마발{馬發}>이 주청하여, 그들을 모조리 쓸어 낸 것이었다.

11월, 태자 <무{武}>를 <신성{新城}>태수{太守}로 삼고, 소수{小守} 2인과 장군{將軍} 3인을 딸려 주어 보좌케 하였다.

<부평{芙平}>을 우보로, <면강>을 <환도{丸都}>대가로 삼았다.

● 十八年戊申, 正月, 左輔<沸流公><尙道>薨, <尙玄>代之. <道>, 惑好神仙絶俗, 不仕. <芙昇>常薦以當世之一人. <鮮玄>遂擢爲右輔, 以女妾<玄>而輸其珍宝. 外飾淡虗, 內懔奸姣, 附于<鮮玄>·<芙昇>而致位. 上, 亦優待之, 以太輔禮葬之, 爵其五子.

九月, <虓>出獵遇神而暴死. 子<雋{=俊}>代立. 遣弟<玟>吊之, <玟>歸報; "<虓>, 出<遼隧>浴于溫泉(紅湯寺溫泉), 見多獸而射之. 有朱衣白馬之人, 禁之曰; '此非獵地也." <虓>, 不知其爲神, 而怒曰; '誰敢禁吾獵.' 遂策馬渡河大獲. 有一白菟誘入石澗, 墮馬被傷而死, 云."

<訖解>宮中井水暴溢, 宮女多中毒而死. 遣太醫<牛角太>治之.

그림41. 홍탕사{紅湯寺} 온천의 위치. <남당>은 이곳을 <모용황> 강역이라 추정!

○ 18년{단기2681년/AD348}무신, 정월, 좌보 <비류공{沸流公}><상도{尙道}>가 죽어, <상현{尙玄}>이 대신하게 하였다. <상도{道}>는 신선{神仙}에 빠져서 속세와 절연하고 벼슬살이는 하지 않았었다. <부승{芙昇}>이 늘 당세의 한 사람으로 추천하였었고, 이윽고 <해현{解玄}>이 그를 우보로 발탁하자, 딸을 <해현{玄}>에게 첩으로 주고 자신의 진보도 실어다 주었었다. 겉치레는 꾸밈없고 빈듯하였으나 안으로는 간교하여서, <해현>과 <부승>에게 붙어살다가, 한 벼슬 하였던 것이었다. 상도 또한 그를 융숭히 대접하여서 태보의 예로 묻어 주고, 그의 다섯 아들들에게는 작위를 내렸다.

9월, <모용황{皝}>이 사냥을 나가 신{神}을 만나고서 갑자기 죽어, 아들 <준{雋=俊}>이 대신하여 섰다. 동생 <민{玟}>을 보내 문상하였더니, <민>이 돌아와 보고하기를; "<황>이 <요수{遼隧}>로{를} 나가서 온천(홍탕사온천)에서 목욕을 하다가 여러 마리의 짐승들이 보이기에 그들을 쐈더니{그림41?}, 붉은 옷 입고 백마를 탄 사람이 '여기는 사냥터가 아니오!'라 하였다. 이에 <황{皝}>은 그가 신이란 걸 모르고 화를 내며 '누군데 감히 내가 사냥하는 것을 말리느냐?'라 대꾸하고는, 말을 몰아 물을 건너 들어가서 크게 사냥하던 중, 흰 토끼 한 마리에 이끌려서 돌투성이 계곡으로 들어갔다가 말에서 떨어져 다쳐서 죽었다 하였다."고 하였다.

<흘해{訖解}>궁중의 우물이 크게 넘쳐 났고, 궁의 여인들 여럿이 중독되어 죽었다. 태의{太医} <우각태{牛角太}>를 보내서 치료해 주었다.

☯ 十九年乙酉, 正月, <免江><東海>太守. 三月, 送<宋晃>于<雋>. <雋>, 以<晃>女爲妾, 而赦<晃>爲中尉, 更名<活>. 四月, <石虎>死. ... 이하 해독 불능.... 七月, 重建<大菱院>. <平山>人, 以<大菱>爲「陰神」, 而以<縫祠>爲「陽神」. 九月, <樂浪王><高喜>, 率<劉索句>·<紐作>等與<芙軒>, 伐<帶方>(<屯有>, 卽<遼>中以南之地)拔五城. 以<索句>爲<新地>太守, <休折>爲<占蟬>, <柑>爲採供使, <楠>爲後衛將軍以使鎭<帶方>.

○ 19년{단기2682년/AD349}을유, 정월, <면강{免江}>을 <동해{東海; 現今遼河

平原? 山東省南部 古東海郡?}>태수로 내보냈다. 3월, <송황{松晃}>을 <모용준{儁}>에게 보냈다. <준>은 <송황{晃}>의 딸을 첩으로 삼았고, <송황{晃}>의 죄를 면해주고 중위{中尉} 벼슬을 주었으며, 이름을 <활{活}>로 바꿔 주었다. 4월, <석호{石虎}>가 죽었다. ...이하 해독 불능...
7월, <대릉원{大菱院}>을 늘려지었다. <평산{平山}>사람들은 <대릉{大菱}>을 「음신{陰神}」으로 <달사{橽祠}>를 「양신{陽神}」으로 여겼다.
9월, <락랑왕{樂浪王}><고희{高喜}>가 <유색구{劉索句}>와 <뉴작{紐作}> 등을 이끌고 <부헌{芙軒}>과 함께 <대방{帶方; 山西省南部屯留주변!}>을 쳐서 다섯 성을 빼앗았다.{☞<삼국사기>엔 이 중요한 기사가 삭필되었다!} <색구{索句}>를 <신지{新地; 현<西遼河>上流<林西>동남방<新地>?; 19年9月紀: <屯有=屯留>以南<公孫>氏<帶方國>一部?}>태수로, <휴절{休折}>을 <점선{占蟬}>태수로, <감{柑}>을 채공사{採供使}로 삼았으며, <남{楠}>을 후위장군으로 삼아 <대방{帶方}>을 지키게 하였다.

● 二十年庚戌, 二月, 太輔**<芙昇>**薨, 年八十. **<尙玄>**太輔, **<芙平>**左輔, **<免柯>**右輔, **<倉樊>**府庫令, **<長雄>**「南部」于台. 三月, 鸛巢于**<月城>**之隅. **<訖解>**, 以爲瑞, 而與其臣宴飮數日, 而月改大雨浹旬, 平地水三四尺, 漂沒官私屋舍無數, 山崩三十. 所鸛之爲物能知雨, 故移巢于高处者也. 五月, 太輔**<尙玄>**薨, 年六十五. **<芙平>**太輔, **<免柯>**左輔, **<倉樊>**右輔, **<高穗>**府庫令. 九月, 皇弟**<錫>**, 自**<燕>**歸, 獻習陣圖. 十月, 以**<新地>**爲**<平那>**.

○ 20년{단기2683년/AD350}경술, 2월, 태보 <부승{芙昇}>이 80살에 죽어, <상현{尙玄}>을 태보로, <부평{芙平}>을 좌보, <면가{免柯}>를 우보, <창번{倉樊}>을 부고령으로, <장웅{長雄}>을 「남부」우태로 삼았다.
3월, 황새{鸛}가 <월성{月城}> 구석에 집을 짓자, <흘해{訖解}>는 이를 상서로이 여기어서, 여러 신하들과 함께 연회를 열고, 여러 날을 술을 마셨다. 달이 바뀌고 큰비가 열흘쯤 내렸더니, 평지가 서너 자가 되게 물로 덮였고, 백성들의 집과 관사가 무수히 떠내려가고 잠겼으며, 산도 서른 곳이나 무너졌다. 황새는 비가 올 것을 미리 알 수 있는지라 높은 곳으로 집을 옮겼던 것이었다. 5월, 태보 <상현{尙玄}>이 예순다섯에 죽었다. <부평{芙平}>을 태보로, <면가{免柯}>를 좌보로, <창번{倉樊}>을 우보로, <고수{高穗}>를 부고령으로 삼았다. 9월, 황상의 아우 <석{錫}>이 <연{燕}>에서 돌아와 진법훈련도를 바쳤다. 10월, <신지{新地}>를 <평나{平那}>로 이름을 바꿨다.

● 二十一年白豕(辛亥), 九月, <鮮>后生<朋連>太子. 難産, 封時助産, 爲例.

○ 21년{단기2684년/AD351}백시(신해), 9월, <해{鮮}>후가 <붕련{朋連}>태자를 낳았다. 난산이어서 임시로 조산을 두었더니 상례로 되었다.

● 二十二年壬子, 二月, 以<鮮發>爲征南大將軍, 率<方式>·<于莘>·<佟利>等, 伐<帶方>虜其王<張保>, 與<近肖古>戰于<關彌嶺>大破之. 築三城, 虜二國男女一萬人而歸. 七月, <鮮發>鎭南大將軍, <于莘>鎭西大將軍, 各領八万軍. <龍白>鎭北大將軍, 領三万軍. 互相呼應. 十二月, 左輔<免柯>薨, 年七十五. <柯>, 廉謹自重, 不謀功利, 敎子五人不與人爭, 故人稱其賢曰<免>氏之標. <倉樊>左輔, <芙軒>右輔, <張保><帶方>太守.

○ 22년{단기2685년/AD352}임자, 2월, <해발{鮮發}>으로 정남대장군을 삼았더니, <방식{方式}>·<우신{于莘}>·<동리{佟利}> 등을 이끌고 나가서, <대방{帶方}>을 토벌하여 그 왕 <장보{張保}>를 사로잡고, <근초고{近肖古}>와 <관미령{關彌嶺; =關尾嶺?}>에서 싸워 대파하였다. 세 개의 성을 쌓아놓고, 두 나라의 남녀 1만을 잡아서 돌아왔다.{☞<삼국사기>엔 이 중요한 기사가 삭필되었다!} 7월, <해발>을 진남대장군으로, <우신>을 진서대장군으로 삼아서 각기 8만군을 거느리게 하였고, <룡백{龍白}>을 진북대장군으로 삼아 3만군을 거느리게 하였다. 서로 간에 호응{하도록} 하였다. 12월, 좌보 <면가{免柯}>가 75살에 죽었다. <면가{柯}>는 청렴하고 조신하였으며, 공과 이득을 따지지 않았고, 아들

다섯에게는 사람들과 다투지 말라고 가르쳤다. 이에 사람들은 그의 현명함을 칭송하며 <면{免}>씨 집안의 표상이라 일컬었다. <창번{倉樊}>을 좌보로, <부헌{芙軒}>을 우보로, <장보{張保}>를 <대방{帶方}> 태수로 삼았다.

● 二十三年癸丑, 正月, 遣<青發>于<燕>, 賀<雋>登帝位, 獻土物, 辨<帶方>太守事. <雋>, 自去年十一月, 稱帝. 至是, 行大禮, 將入中原, 故不與我爭務, 從寬厚, 曰; "東方之事任汝, 好爲之. 朕將以汝爲吾子." 以其女<好仁>公主妻上, 年才十三, 封上爲駙馬都尉<玄菟郡王>. 上, 出<西河>迎公主入「溫湯」, 宴公主陪臣于<龍山>行宮. 以皇弟<琳>爲<天原公>. 三月, 賞多産女三十二人. 六月, <倉樊>太輔, <芙軒>左輔, <周淡>右輔. 九月, 與<鮮>后, 祭鹿于<蛇川>, 宿于行宮三日大畋, 頒獸于三輔及宗親, 仍幸<平川><獵祠>.

○ 23년{단기2686년/AD353}계축, 정월, <청발{青發}>을 <연{燕=前燕}>으로 보내서 <모용준{雋}>의 등위를 축하하고 토산물을 바쳤으며, <대방{帶方}>태수 사건을 분별하였다. <준>은 지난해 11월 이래로 칭제는 하였으나 지금이 이르러서야 대례를 치렀고, 곧 중원으로 들어갈 것이어서, 우리와는 일을 두고 다투기를 피하고자 내내 너그럽고 후하게 대하면서 말하길; "동방의 일은 그대에게 맡기니 잘 처리하시오. 짐은 장차 그대를 내 아들같이 여길 것이오."라 하였으며, 자신의 딸인 13살 난 <호인{好仁}>공주를 상에게 처로 주었고, 상을 부마도위<현도군왕{玄菟郡王}>으로 봉하였다. 상은 <서하{西河; 북방세력들이 중원으로 들어가기 위한 주요통로!}>로 나가 공주를 맞이하여 온탕으로 들어갔으며, 공주에게 딸린 신하들에게는 <룡산{龍山}>행궁에서 연회를 베풀어주었다. 황상의 동생 <림{琳}>을 <천원공{天原公; =<山西><天池>땅을 封받은 公?}>으로 삼았다. 3월, 자식을 여럿 낳은 여인들 서른둘에게 상을 주었다. 6월, <창번{倉樊}>을 태보로, <부헌{芙軒}>을 좌보로, <주담{周淡}>을 우보로 삼았다. 9월, <해{鮮}>후와 함께 <사천{蛇川}>에서 사슴제를 지냈다. 행궁에 사흘을 머물며 사냥을 크게 하

였고, 사냥한 짐승들은 3보와 종친들에게 나누어 보내고, <평천{平川=平山!}><달사{㺚祠}>로 거둥하였다.

● 二十四年甲寅, 二月, <樂浪王><芙平>薨, <倉樊>代之, <芙軒>太輔, <周淡>左輔, <高穗>右輔, <尙能>府庫令. 四月, <東海>太守<免江>獻白珊瑚·紫玉·蜃, 命玉人造「宝鏡」, 安于<鮮>后宮.
<雋>, 以其弟<軍>爲<襄陽王>, <彭><武昌王>, <恪><太原王>, <評><上庸王>, <覇><吳王>, <友><范陽王>, <厲><下邳王>, <宜><廬江王>, <度><樂浪王>, <桓><宜都王>, <逮><臨賀王>, <徽><河間王>, <龍><歷陽王>, <納><北海王>, <秀><蘭陵王>, <嶽><安豊王>, <德><梁公>, <黙><始安公>, <僂>爲<南康公>, 時年十二. <周>太后出<{式}>云<納>子. <咸><樂安王>, <亮><勃海王>, <溫><帶方王>, <涉><漁陽王>, <暐><中山王>, <陽騖>司空·尙書令. <覇>, 自<冀州>徙<信都>更名<缺>後以讖改<垂>. 遣<玄菟(林西)>太守<乙逸>, 改封帝爲駙馬都尉<梁狛大王>. 時, <雋>遷都于<薊>, <垂>留<臺>収拾人心爲主. 上亦歡待<垂>與<乙逸>.
七月, <周淡>卒, <尙能>左輔, 皇子<津>右輔.
九月, 祭鹿於<龍山>. 閱四衛于<丸都>, 命諸將薦武才授以小幢, 賞良刀匠十二人.

○ 24년{단기2687년/AD354}갑인, 2월, <락랑왕{樂浪王}><부평{芙平}>이 죽어 <창번{倉樊}>이 대신하게 하고, <부헌{芙軒}>을 태보로, <주담{周淡}>을 좌보로, <고수{高穗}>를 우보로, <상능{尙能}>을 부고령으로 삼았다. 4월, <동해{東海}>태수 <면강{免江}>이 백색 산호와 자색 옥 및 신{=거대한 무명조개 또는 대합}을 바쳐왔다. 옥공{玉工}에게 명하여 「보경{宝鏡}」을 만들어서 <해{鮮}>후의 궁에 안치하게 하였다.
<준{雋; =前燕}>은 자신의 동생들인
<군{軍}>을 <양양왕{襄陽王}>으로, <팽{彭}>을 <무창왕{武昌王}>으로,
<각{恪}>을 <태원왕{太原王}>으로, <평{評}>을 <상용왕{上庸王}>으로,
<패{覇}>를 <오왕{吳王}>으로, <우{友}>를 <범양왕{范陽王}>으로,

<려{厲}>를 <하비왕{下伾王}>으로, <의{宜}>를 <려강왕{廬江王}>으로, <탁{度}>을 <락랑왕{樂浪王}>으로, <환{桓}>을 <의도왕{宜都王}>으로, <체{逮}>를 <임하왕{臨賀王}>으로, <휘{徽}>를 <하간왕{河澗王}>으로, <룡{龍}>을 <역양왕{歷陽王}>으로, <납{納}>을 <북해왕{北海王}>으로, <수{秀}>를 <란능왕{蘭陵王}>으로, <악{嶽}>을 <안풍왕{安豊王}>으로, <덕{德}>은 <양공{梁公}>을, <묵{黙}>은 <시안공{始安公}>을 삼았다.
<루{僂}>는 <남강공{南康公}>으로 삼았는데 나이 12살이었다.
<주{周}>태후가 낳은 <식{式}>은 <납{納}>의 아들이라는 말이 있다.
<함{咸}>은 <락안왕{樂安王}>으로, <량{亮}>은 <발해왕{渤海王}>으로, <온{溫}>은 <대방왕{帶方王}>으로, <섭{涉}>은 <어양왕{漁陽王}>으로, <위{暐}>는 <중산왕{中山王}>으로, <양무{陽鶩}>는 사공·상서령으로 삼았다. <모용패{霸}>는 <기주{冀州}>에서 <신도{信都}>로 옮겨와 이름을 <모용결{缺}>로 바꾸었다가 좋지 않다고 하여 다시 <모용수{垂}>로 바꾸었다. <현토{玄菟}(림서)>태수 <을일{乙逸}>을 보내서 제를 부마도위·<양맥대왕{梁貊大王}>으로 바꾸어 봉하였다. 이즈음에, <모용준{儁}>은 <계{薊}>로 천도하였고, <모용수{垂}>는 <대{臺}>에 머물면서 <준>을 위해 인심을 수습하였다. 상 또한 <수{垂}>와 <을일{乙逸}>을 환대하였다.
7월, <주담{周淡}>이 죽어, <상능{尙能}>을 좌보로, 황자 <진{津}>을 우보로 삼았다.
9월, <룡산{龍山}>에서 사슴제사를 올렸다. 4위군{四衛軍}을 <환도{丸都}>에서 사열하고, 모든 장수들에게 명하여 무재{武才}를 천거하게 하여서, 선발된 이들에게는 소당{小幢; =군대편제상 작은 깃발 하나에 해당하는 무리의 우두머리?} 직분을 주고, 좋은 칼을 만드는 장인 열둘에게도 상을 내렸다.

☯ 二十五年乙卯, 正月, 以<丘夫>太子爲正胤, 置東宮官四十五人.
二月, <尙能>薨, <津>左輔, <于覃>右輔. 三月, 立「瓊叢府」主宗室外戚, 「大藥府」主藥飮御饍, 「奉神府」主御宝·神器. 以王弟<仁>爲瓊叢大夫, <松>爲大藥大夫, <錫>奉神大夫. 四月, 以<鮮玄>女<燕>氏爲東宮妃. 九月, 遣<珉>于<燕>請太后, <儁>許之. 太后, 與<玟>, 周觀<燕>

之名山·大院，而十二月歸. <雋>，以殿中將軍<刀龕>護送，而封上爲征東大將軍<營州>刺使<樂浪郡公>，<玄菟大王>如故. 命勿用<永和>年號而私自封王. 上曰; "我國亦有年號，何用<永和>. 宗戚封王已自始祖始，不可猝廢，當徐從大詔."

○ 25년{단기2688년/AD355}을묘, 정월, <구부{丘夫}>태자를 정윤으로 삼고, 동궁 관인 45명을 딸려 주었다. 2월, <상능{尙能}>이 죽어 <진{津}>을 좌보로, <우담{于覃}>을 우보로 하였다. 3월, 「경총부{瓊叢府}」를 두어서 종실과 외척을 일을 주관하게 하였으며, 「대약부{大藥府}」를 두어서 약과 음료 및 어선의 일을 주관하게 하였으며, 「봉신부{奉神府}」를 두어서 어보와 제기를 관리하게 하였다. 왕제 <인{仁}>을 경총대부로, <송{松}>을 대약대부로, <석{錫}>을 봉신대부로 삼았다.
4월, <해현{解玄}>의 딸 <연{燕}>씨를 동궁비로 삼았다.
9월, <민{玟}>을 <연{燕; =前燕}>으로 보내서 태후를 돌려보내 달라 하였더니, <모용준{雋}>이 그리하였다. 태후는 <민>과 함께 <연>의 명산{名山}과 대원{大阮}을 두루 돌아보고 12월에 돌아왔다. <모용준{雋}>이 전중장군 <도감{刀龕}>으로 하여금 호송케 하였으며, 상을 정동대장군·<영주{營州}>자사·<락랑군공{樂浪郡公}>로 봉하고 <현도대왕{玄菟大王}>은 지난날과 같게 하였다. <영화{永和}>라는 연호를 쓰지 말 것이며 사사로이 왕을 봉하지 말라고도 하였다. 이에 상이 이르길; "우리나라 또한 년호가 있는데, 어찌 <영화>를 쓰겠는가? 종척을 봉왕하는 것은 시조 때부터 비롯된 것이니 졸지에 그만둘 수는 없는 일이다. 응당 대조{大詔} 천천히 따를 것이다."라 하였다.

● 二十六年丙辰，正月，<周>太后受朝. 上與<解>后侍于左右，太后具言在<燕>苦役，群臣莫不下淚. 太后，以<免坺>爲左輔，<周椹>右輔. 四月，<訖解>殂. <奈勿>，嗣之，以<味鄒>孫女爲妃. <奈勿>之母<休禮>，<味鄒>女也. <羅>·<濟>以兄·弟·子·姑·姨爲妻，<索頭>·<肅愼>烝母·報子，<紫蒙>·<盖馬>亦多是風. 盖西高東低，水流之勢也. 十一月，<段龕>降于<燕>. <燕>，以<慕容塵>鎭<廣固>.

○ 26년{단기2689년/AD356}병진, 정월, <주{周}>태후가 조례를 받았다. 상과 <해{解}>후가 좌우에 시립하고, 태후가 <연{燕}>에서 겪은 고역을 자세히 얘기하였더니, 군신들은 눈물을 흘리지 않을 수 없었다. 태후가 <면성{免城}>을 좌보로, <주심{周椹}>을 우보로 삼았다.
4월, <흘해{訖解}>가 죽어, <내물{奈勿}>이 대를 이었고, <미추{味鄒}>의 손녀를 비로 삼았다. <내물>의 어미는 <미추>의 딸 <휴례{休禮}>이다. <신라{羅}>와 <백제{濟}>는 누나{兄}나 여동생{弟} 또는 딸{子}과 고모{姑}나 이모{姨}를 처로 삼기도 하였으며, <색두{索頭}>와 <숙신{肅愼}>은 어미와 자식을 치붙고, <자몽{紫蒙}>과 <개마{盖馬}> 역시 이런 풍조가 많았다. 대략 서쪽이 심하고{高} 동쪽이 심하지 않아서{低} 물이 흐르는 형세이었다. 11월, <단감{段龕}>이 <연{燕}>에 항복하였다. <연{燕; =前燕}>은 <모용진{慕容塵}>을 시켜서 <광고{廣固}>를 지켰다.

● 二十七年丁巳, 十月, <鮮發>伐<近肖古>取二城, 獻俘二百人.
<奈勿>, 遣使來獻土物, 云; "<奈勿>, 賑四窮, 而用孝悌異行者." 上, 命左右記. 十二月, <燕><雋>, 入<鄴宮>, 復作<銅雀臺>.

○ 27년{단기2690년/AD357}정사, 10월, <해발{解發}>이 <근초고{近肖古}>를 쳐서 성 두 개를 취하였으며, 포로 200인을 바쳤다.
<내물{奈勿}>이 사자를 보내와서 토산물을 바치며, 말하길; "<내물>은 사궁들{鰥·寡·孤·獨; 늙고 아내 없는 사람, 남편 없는 사람, 부모 없는 아이, 자식 없는 늙은이}을 진휼하고, 효성과 우애가 있고 행적이 남다른 자를 등용한다."고 하였고, 상은 좌우들에게 명하여 받아 적으라 하였다. 12월, <연>의 <준>은 <업궁>으로 들어가더니만 다시금 <동작대>를 만들었다.

● 二十八年戊午, 正月, <鮮發>, 入奏征南方略, 請取<水谷>, 路直到<漢山>·<平那>之路也, 指掌圖解甚明. 上, 大喜, 賜<發>駿馬·宝刀. <陽疇>等蹴雪軍三百人, 踰大岺, 陷<獐塞鎭>.
二月, <大平王>遣子<素已>入朝. <大平>, <最彘>東南<藩鞨>也, 與<北

鞨>相戰, 悉得北地, 自稱<太平國>通<鷄林>及<百濟>. <鷄林>以女妻之. 上, 欲討之, 命<方式>率二千騎出自<最彘>, 命<藍國>率三千騎出<洸南>. <大平>, 惧, 使<素已>入貢. 以<烽火>妻之. 六月, <鮮克>拔<水谷城>, 虜男女二百人來. 九月, <東海>太守<芙軒>, 固其保障而化民以道, 擴道路墾土地, 事多未就而薨. <周日>代之. 十月, 上, 如<天原公>殿, 幸其妃. <發>女也. {十二月}<燕>王<雋>殺<垂>妻<段>氏, <末柸>女也. <垂>, 以<段>氏女弟爲繼...이하 해독 불능...

○ 28년{단기2691년/AD358}무오, 정월, <해발{鮮發}>이 들어와서 남쪽을 정벌할 방략을 상주하며, <한산{漢山}>땅과 <평나{平那}>땅{=山西·河南公孫氏帶方國地域?}에 곧바로 닿는 길목인 <수곡{水谷}>을 취하자고 청하였다. 손바닥에 손가락으로 그려 설명해 보이니 아주 명쾌한지라, 상은 크게 기뻐하며 <해발{發}>에게 준마와 보도를 내려 주었다. <양주{陽疇}> 등 축설군{蹴雪軍} 300인이 큰 고개{大岺}를 넘어서 <장새진{獐塞鎭}>을 함락하였다.
2월, <대평왕{大平王}>이 아들 <소이{素已}>를 보내와서 입조하였다. <대평{大平}>은 <최체{最彘; 山西西北西河地域}> 동남에 있는 <번갈{藩鞨}>인데, <북갈{北鞨}>과 싸워서 북쪽의 땅을 모조리 차지하더니 스스로 <태평국{太平國}>을 칭하였으며, <계림{鷄林=新羅}> 및 <백제{百濟}>와 통교하였다. <계림>은 그에게 딸을 주어 처로 삼게 하였다. 상이 이를 토벌하고자, <방식{方式}>에게는 2천기를 이끌고 <최체{最彘}>에서 출진하게 하고, <람국{藍國}>에게는 3천기를 이끌고 <황남{洸南;광남?}>으로 출진하게 하였더니, <대평{大平}>이 두려워하며 <소이{素已}>를 보내서 입공한 것이었다. <봉화{烽火}>를 처로 삼아 주었다. 6월, <해극{鮮克}>이 <수곡성{水谷城}>을 쳐서 빼앗고 남녀 200인을 잡아서 돌아왔다. 9월, <동해{東海; 遼河平原? 山東南部?}>태수 <부헌{芙軒}>이 방비를 튼튼히 하고 백성들을 도리로써 교화하고, 길을 넓히고 농토를 일구었다. 많은 일을 끝을 보지 못하고 죽었으니, <주일{周日}>이 그 일을 대신하였다. 10월, 상이 <천원공{天原公}>의 궁전으로 갔다가 <천원공>비에게 승은을 입혔다. <해발{發}>의 딸이었다. **{12월}** <연>왕 <준>이 <수>의 처이자 <말배>의 딸인 <단>씨를 죽였다. <수>는 <단>씨의 여동생으로....{이하 해독 불능}...

● 二十九年黃羊(己未), 正月, **<周>**太后崩, 春秋六十九. 后, 聰敏, 有智略, 好神仙, 干預大政而不至大誤. 居**<燕>**媢**<皝>**. 五月, **<鮮玄>**太輔, **<津>**左輔, **<于衡>**右輔. 九月, 與**<鮮>**后, 巡「南部」, 畋于**<平山>**, 祀**<㺚>**神. 太子妃**<燕>**氏生**<平昜[=陽]>**及**<岡>**.
十月, **<濟>**, 獻美女五人·白馬雙匹·明珠十顆·**<帶方>**逃衆, 以請和.

○ 29년{단기2692년/AD359}황양(기미), 정월, <주{周}>태후가 춘추 예순아홉에 죽었다. 후는 총민하고 지략이 있었으며 신선도를 좋아하였다. 큰 정사에 간예하였으나 큰 잘못에 이르지는 않았으며, <연{燕}>에 있을 땐 <모용황{皝}>의 비위를 맞추었었다. 5월, <해현{鮮玄}>을 태보로, <진{津}>을 좌보로, <우형{于衡}>을 우보로 삼았다. 9월, <해{鮮}>후와 함께, 「남부」를 순행하고 <평산{平山; 그림39}>에서 사냥하였으며, <달사{㺚祠}>신위에게 제사하였다. 태자비 <연{燕}>씨가 <평양{平昜=平陽}>과 <평강{岡}>을 낳았다.{☞<平昜>과 <平岡>은 쌍둥이 남매!}
10월, <백제{濟}>가, 미녀 다섯 및 백마 한 쌍과 맑은 구슬 10과 및 <대방{帶方}>에서{으로} 도망 나온 무리를 바치며, 화친을 청하였다.

● 三十年金神(庚申), 正月, 受朝於**<平山>**行宮. 百官一宿値三羊.

<慕容儁>死, 年四十二. 子<暐>卽帝位, 年十一, 母<可足陳>干政, <恪>太宰.

二月, 遣**<淡奇>**于**<燕>**, 賀新帝**<暐>**. 九月, 太輔**<津>**薨, 年六十七. **<于覃>**代之, **<仙發>**左輔. 十一月, **<倉樊>**太輔, **<于覃>**左輔, **<鮮蒙>**仍右輔.

○ 30년{단기2693년/AD360}금신(경신), 정월, <평산{平山; 그림39}>행궁에서 조례를 받았다. 백관들은 하루를 묵는데 양 세 마리를 치렀다.

<모용준>이 나이 42세에 죽고, 아들 <모용위>가 즉위하였다. 나이가 11살이어서, 어미 <가족진>이 국정을 간여하였으며, <각>은 태재가 되었다.

2월, <담기{淡奇}>를 <연{燕=前燕}>에 보내서 새로 즉위한 <모용위{暐}>를 축하하였다. 9월, 태보 <진{津}>이 67살에 죽어, <우담{于覃}>이 대신하게 하고, <선발{仙發}>을 좌보로 삼았다. 11월, <창번{倉樊}>을 태보로, <우담>을 좌보로, <해몽{解蒙}>은 거듭 우보로 삼았다.

● 三十一年辛酉, 正月, 以<于莘>女爲王子<伊[連]>妻, 賜新宮. <伊連>多通公卿妻女, 上命瓊部禁之, 而瓊叢大夫<仁>柔弱不能禁. <于莘>[女]時娠<伊連>子而不得爲妻, <莘>欲焚其女. 上, 聞之, 命納之. 三月, <高成>, 伐<北海>, 拓地千里, 置「撫夷」十二人. 祭鹿於<龍山>, 頒獸於王師<蕭天>·<奉箕>·<封時>·<溫駝>等. 五月, <解蒙>薨, <杣>右輔. 巡「五部」, 勸農牧, 治水路. 十一月, <白龍院><陽隧>成.

○ 31년{단기2694년/AD361}신유, 정월, <우신{于莘}>의 딸을 왕자 <이련{伊連}>의 처로 삼고, 새 궁전을 주었다. <이련>이 공경들의 처나 딸들과 통정하는 일이 많아서, 상이 경부에 명하여 그를 말리라고 하였었으나, 경총대부 <인{仁}>은 유약하여 그를 말리지 못하였다. <우신>의 딸이 이때 <이련>의 자식을 가졌는데도 처로 삼아 주지 않기에 <우신>이 딸을 불태워서 죽이려 하였더니, 상이 이 소식을 듣고는 맞아들이게 한 것이었다{☞<신라>후기의 <김유신>과 <김춘추>간의 일과 유사함!}. 3월, <고성{高成}>이 <북해{北海; 바이칼호? 북쪽의 평원?}>를 정벌하여 천리 땅을 넓히고, 「무이{撫夷}」 열둘을 그 곳에 배치하였다. <룡산{龍山}>에서 사슴제사를 올리고, 고기는 왕사{王師} 들인 <소천{蕭天}>·<봉기{奉箕}>·<봉시{封時}>·<온타{溫駝 }> 등에게 나누어서 보냈다. 5월, <해몽{解蒙}>이 죽어서, <산{杣}>을 우보로 삼았다. 「5부」를 순시하며, 농사와 목축을 권장하였고, 물길{水路; 運河? 農水路?}도 매만졌다{또는, 「5부」를 순시하며 농사와 목축을 권장하였고, 물길을 매만졌다.}. 11월, <백룡원{白龍院}>의 <양수{陽隧; 산 남쪽에 있는 隧祭터?}>가 완성되었다.

● 三十二年玄狗(壬戌), 三月, 以<解發>爲<東海公>, 與<陽疇>·<仙克>·<方式>等, 營南下理東之計. 九月, 祭鹿<平山>, 頒獸<解>氏. 上, 與

<解>后, 放魚千尾. 十月, <倉樊>奏「新律令二十條」, 多叅<燕>制. 兵制<于莘>主之, 財制<于永>主之, 民制<于覃>主[之], 刑制<談奇>主之, 神制<倉樊>主之. 命置「律令所」及「律學」·「祭酒」.

○ 32년{단기2695년/AD362}현구(임술), 3월, <해발{解發}>이 <동해공{東海公; =遼河平原 또는 山東省 南端 東海郡을 封받은 公卿}>이 되어서, <양주{陽疇}>·<선극{仙克}>·<방식{方式}> 등과 함께, 남하하여 동쪽을 다스릴 계책을 세웠다. 9월, <평산{平山}>에서 사슴제사를 올리고, 고기는 <해{解}>씨들에게 나누어서 보냈다. 상이 <해{解}>후와 함께 물고기 천 마리를 방생하였다{☞이미 불법이 들어와 있었다?!}. 10월, <창번{倉樊}>이 「신율령{新律令} 20조」를 상주하였다. <연{燕=前燕}>의 제도를 많이 참조하였으며, 병제{兵制}는 <우신{于莘}>이, 재제{財制}는 <우영{于永}>이, 민제{民制}는 <우담{于覃}>이, 형제{刑制}는 <담기{淡奇}>가, 신제{神制}는 <창번{倉樊}>이 주관하였다. 명을 내려서 「율령소{律令所}」와 「율학{律學所}」 및 「제주{祭酒所}」를 두게 하였다.

● 三十三年黑豕(癸亥), 四月, 左輔<于覃>薨, 年七十一. <杣>代之, <于永>右輔. 置「典農卿」·「大匠卿」. 三月{五}, 以京都人口稠密, 量移諸府于「平壤」. 八月, <北海><水貊>三百人入朝, 賜爵及衣, 妻以京都女以安其居. 九月, 上與巡至<最㿥>還自湯宮. 十月, <杣><東海公>, <于永>左輔, <解發>右輔. 十一月, 幸<白龍院>行<陽隧祭>. 運<東海>巨魚三十尾, 長皆四五十尺, 高皆八九尺, 解頒宗戚大臣及三品公卿, 以爲例.

○ 33년{단기2696년/AD363}흑시(계해), 4월, 좌보 <우담{于覃}>이 71살에 죽어, <산{杣}>이 대신하게 하고, <우영{于永}>을 우보로 삼았다. 「전농경{典農卿}」과 「대장경{大匠卿}」을 두었다. 3{5}월, 경도{京都; 當時都邑인 丸都에서 옮겨간 東黃城}의 인구가 조밀하여, 헤아려서 여러 관부를 「평양{平壤}」으로 옮겼다{☞<東黃城>과 <平壤>은 그리 멀지 않았다!}. 8월, <북해{北海}><수맥{水貊}>사람 300명이 입조하였기에, 작위와 옷을 내려 주

고, 경도의 여인으로 처를 삼아 주어서 편히 살게 하였다. 9월, 상이 <최체{最彘}>에 순행{巡幸}을 베풀고 <탕궁{湯宮; 達里湖東方湯山行宮?{그림42}, 今北京西北小湯山湯宮?}>을 들렀다 돌아왔다. 10월, <산{榊}>을 <동해공{東海公}>, <우영{于永}>을 좌보, <해발{解發}>을 우보로 삼았다. 11월, <백룡원{白龍院}>에 거둥하여 <양수제{陽隧祭}>를 올렸다. <동해{東海}>에서 잡힌 거대한 물고기{=고래} 30마리를 운반하였다. 길이는 모두 40~50척에 체고는 모두 8~9척이나 되었다. 해체하여서 종척들과 대신들 및 3품 공경들에게 나누어 보냈고, 이후에도 그리 하게 되었다.

그림42. <湯山>에 있었던 궁궐{湯宮}의 흔적?; <達里湖>동방 <湯山>

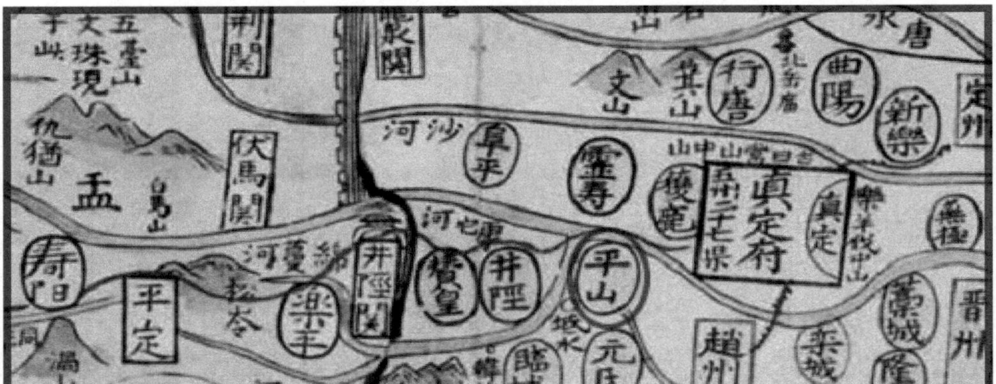

그림43. 환도하여 {행궁이 있는 안방 사냥터인} <평산{平山}>에서 사냥했다.

● 三十四年青鼠(甲子), 正月, 京都大疫, 上, 與太子·后妃, 入<龍山>. 五月, <陽疇>, 伐<那>·<巴>二<羯>, 拔其城, 虜<百済>人男女百人, 獻之. 二<羯>, 居<百濟>之北藩, 反覆無常, 故討滅之. 九月, 上, 還都. 畋<平山>.

○ 34년{단기2697년/AD364}청서(갑자), 정월, 경도{京都}에 돌림병이 크게 돌아서, 상은 태자와 후비들을 데리고 <룡산{龍山}>으로 들어갔다. 5월, <양주{陽疇}>가 <나{那}>와 <파{巴}>에 있는 두 <갈{羯}>족들을 쳐서 그 성을 빼앗고, <백제{百濟}>인 남녀 100인을 잡아다 바쳤다. 이 두 <갈>족들은 <백제>북쪽 변경에 살면서 배반하고 뒤집기가 무상하여 토벌하여 없앤 것이었다{<長江>支流 古代<漢水> 西方의 일?}. 9월, 경도의 돌림병이 진정되어 상이 도성으로 돌아와 <평산{平山}>에서 사냥하였다{그림43}.

● 三十五年青牛(乙丑), 正月, <仙克>, 伐<百濟><伊珍城>, 拔之. 四月, 太輔<倉樊>薨, 年七十一. <助利>子也, 其[母]<陰友>女也, 端嚴有度, 治「南部」有績. 女爲<解發>妻. <玄>亦通之. <樊>, 因以入相, 棄其本妻, 以<克蘭>爲妻, 密結<于玄>妻. 克<燕>, 遂專國政. 有「倉樊律二十條」行于世; 曰龍骨令, 曰仙品令, 曰公兄令, 曰巫品令, 曰香徒令, 曰五豪令, 曰三戶令, 曰工丁[令], 曰軍丁令, 曰驛渡令, 曰奴婢令, 曰田宅令, 曰山庄令, 曰海浦令, 曰収斂令, 曰場院令, 曰施院令, 曰歲時令, 曰産籍令, 曰評臺令.

○ 35년{단기2698년/AD365}청우(을축), 정월, <선극{仙克}>이 <백제{百濟}>의 <이진성{伊珍城}>을 정벌하여 빼앗았다. 4월, 태보 <창번{倉樊}>이 71살에 죽었다. <창조리{助利}>의 아들로, 어미는 <음우{陰友}>의 딸이다. 행실이 바르고 엄정하여 법도가 있었으며, 「남부」를 다스림에 공적이 있었다. 딸은 <해발{解發}>의 처가 되었는데, <우현{玄}>도 그녀와 통정하였었다. <창번{樊}>은 이로 인하여 상부로 들어가더니 본처를 버리고 <극란{克蘭}>을 처로 들였으며, <우현{于玄}>의 처와

도 은밀히 연을 맺었다. <연{燕=前燕}>나라를 물리치더니 국정을 도맡게 되었었다. 「창번율{倉樊律} 20조」가 세간에서 시행되었다. 이름하여 룡골령{龍骨令}, 선품령{仙品令}, 공형령{公兄令}, 무품령{巫品令}, 향도령{香徒令}, 오호령{五豪令}, 삼호령{三戶令}, 공정[령]{工丁令}, 군정령{軍丁令}, 역도령{驛渡令}, 노비령{奴婢令}, 전택령{田宅令}, 산장령{山庄令}, 해포령{海浦令}, 수렴령{收斂令}, 장원령{場院令}, 시원령{施院令}, 세시령{歲時令}, 산적령{産籍令}, 평대령{評臺令}이 그것 들이다.

● 三十六年火虎(丙寅), 八月, <仙克>追<濟>軍於<福水達岺>. 日已昏, <棠山大王>遮路, <克>曰; "必有伏兵." 乃退. 敵果踰岺而來, 相戰于<福水川>大勝, 虜二千人, 獲其將<眞璧>·<沙利>, 兵仗馬匹亦多.

○ 36년{단기2699년/AD366}화호(병인), 8월, <선극{仙克}>이 <백제{濟}>군을 <복수달령{福水達岺; =伏水達岺? =復水達岺?}>에서 추격하고 있었다. 이미 날이 어두워지는데, <당산대왕{棠山大王}>이 길을 막아 나섰다가, <선극{克}>이 "필시 복병이 있을 것이오."라 하였더니, 물러났다. 적들이 과연 고개를 넘어오는지라, <복수천{福水川}>에서 맞싸워 크게 이겼다. 2천인을 포로로 잡고, 적장 <진벽{眞璧}>과 <사리{沙利}>를 사로잡았으며, 노획한 병장기과 마필 또한 많았다.

● 三十七年火兎(丁卯), 八月, 定「奴婢八等例」. 每年, 使奴婢使者, 計功. 至一等者放之, 任便就其安, 然後定年貢, 有功則還良. 曰産奴婢(婢産之子); 忠良才藝者二等或三等, 平几者四等, 不佳者六等. 曰俘奴婢(戰俘); 忠良才藝者三等或四等, 平几者五等, 不生者六等. 曰刑奴婢(犯罪被刑); 忠良才藝者及其連坐者四等或五等, 平几者六等, 不佳者七等, 刑者八等. 神院·宮苑·公堂用二·三等. 皇子女田宅用三·四等. 功臣私宅用五·六等. 公役用七·八等. 自願從軍者, 編補軍, 許其二·三·四等. 婢; 有美色·能歌舞者, 能供使者, 主簿者及有主{廡}者, 公則{榎}, 代私則良之奴婢. 奴者; 屬兵部卿, 奉供使者屬大簿卿, 皆有主簿隨之. <倉樊><奴婢令>只有<産奴>·<俘奴>·<刑奴>之別, <官奴>主官任其生殺, <私

奴>私主任其生殺. 而已至是奴婢亦以功{陀}等而免良, 故賤者大悅.

○ 37년{단기2700년/AD367}화토(정묘), 팔월, 「노비8등례{奴婢八等例}」를 정하였다. 매년 노비를 관리하는 사자가 공을 가늠하게 하였다. 1등된 자는 풀어 주어서 마음대로 안착할 곳을 정하게 한 연후에, 매년 감당할 공물을 정하여 주어 공이 있으면 환량{環良}시켰다. <산노비{産奴婢}(비산지자)>로, 충직·선량하며 재주가 있는 자는 2등이나 3등이고, 평범한 자는 4등이며, 시원찮은 자는 6등이다. <부노비{俘奴婢}(전부)>로, 충직·선량한 자는 3등이나 4등이고, 평범한 자는 5등이며, 시원찮은 자는 6등이다. <형노비{刑奴婢}(범죄피형)>로, 충직·선량한 자로 연좌{連坐}된 자는 4등 혹은 5등이고, 평범한 자는 6등이며, 시원찮은 자는 7등, 형{刑}살이 한 자는 8등이다. 신원·궁원·공당에서는 2·3등을 쓴다. 황자·황녀의 전택에는 3·4등을 쓴다. 공신의 사택에서는 5·6등을 쓴다. 공역에는 7·8등을 쓴다. 스스로 종군하고자 하는 자는 2·3·4등에 한하여 군대에 보충·편성한다. 계집종으로, 예쁘고 가무에 능한 자, 상전을 모시거나 심부름에 능숙한 자, 허드렛일을 잘 하거나 부엌일에 능한 자들은 공적으로는 차를 따르며, 대신에 사적으로는 양인 집의 종으로 쓴다. 사내종은, 병부경에 속하거나 상전을 모시는 자로 대부경에 속한 자들은 모두 주부가 있어 그를 따른다. <창번{倉樊}>의 <노비령{奴婢令}>은 단지 <산노{産奴}>·<부노{俘奴}>·<형노{刑奴}>로 나뉘어져 있었고, <관노{官奴}>는 담당관리가 그를 살리고 죽였으며, <사노{私奴}>는 그의 주인이 그를 살리고 죽였었다. 그런데 이제는 노비{奴婢}들도 공을 세워 등급이 내려가면 양민{良民}으로 될 수 있게 되었으니 천한 이들도 크게 기뻐하였다.

● 三十八年黃龍(戊辰), 三月, 以<天原公><琳>女<天罡>, 封公主爲東宮妃, 如<卒本>成婚. 婚儀之盛, 連亘數里. 四月, 上, 巡至<樂浪>, 與兵部卿<方式>, 勞征南軍士, 曰; "汝等, 久屯境上, 枕戈以眠者, 心在立功也. 如有[功]不報者, [自]言之. [乃賞]其自言其功者, 考責其帥." 全軍大悅, 皆願聖上親征以明賞罰. 上, 謂<陽疇>, 曰; "汝之破<羯>城時, 約以美女與士卒, 而及破而不與, 故士卒反心, 云. 果然邪." <疇>曰; "軍以尙勇爲美. 迷於女色者, 亂軍也. 不可用也. 臣, 豈約與美女乎. 且, <濟>人, 善於防守, 不以美女多畜於「關防」, 豈有美女哉. 恐是讒言也." 上曰; "雖有讒言, 朕豈信之哉. 汝其立功而已, 何其支離不能進乎." <疇>曰; "山地, 多虎, 不能用奇, 故勢有不同也. 且, 此時, 敵之骨門, 鐵關也. 急則易敗. 持久消滅, 安全之計也. 骨門一開, 餘皆破竹也." 上, 善之, 巡自<撫山>而還. 九月, 祭鹿於<蛇川>, 頒獸於諸皇子. 十一月, 幸<白龍院>, 行<陽隧祭>. 以東宮妃<天罡>爲頭龍. 雌龍亡風始於此.

○ 38년{단기2701년/AD368}황룡(무진), 3월, <천원공{天原公}><림{琳}>의 딸 <천강{天罡}>이 공주를 봉 받고 동궁비가 되어 <졸본{卒本}>으로 가서 혼례를 올렸더니, 혼례행렬이 성대하여 수 리를 뻗쳤었다. 4월, 상이 순행하여 <락랑{樂浪; 현금 산동성 북변 주위?}>에 이르러서 병부경 <방식{方式}>과 함께 정남군사들을 위무하며 이르길; "그대들이 오랫동안 국경에 주둔하며 창을 베개 삼아 잠을 잔 것은 필시 마음이 공을 세우는데 있었음이오. 공을 세웠던 것 같은데 보답 받지 못한 자는 나서서 얘기하시오. 자신이 공을 세웠음을 스스로 말하는 이에겐 상을 주고, 그 장수에겐 따져 묻는 것도 생각해 보겠소."라 하였더니, 전군이 크게 기뻐하면서, 모두가 성상께서 친히 함께 원정하여 상과 벌을 명백히 하여 주길 바랐다. 상이 <양주{陽疇}>에게 이르길; "그대는, <갈{羯}>인들의 성을 격파할 당시에, 사졸들에게 미녀들을 나누어 주겠다고 하였었는데, 싸움에 이기고 나서는 미녀들을 나누어 주지 않았기에, 사졸들이 반심 하게 되었다 하는데, 과연 그런 것이오?"라 하였더니, <양주{疇}>가 답하여 아뢰길; "군대는 용맹함을 숭상하는 것이 미덕입니다. 미녀에 미혹되면 군대는 어지러워지게 되니, 그럴 수는 없습니다. 신이 어찌 미녀를 주겠다고 약속하였겠습니까? 게다가 <백제{濟}>사람들은 지키기도 잘 할 뿐만 아니라 「관방」엔 미녀들을 많이 데려다 놓지도 않았는데, 어찌 미

녀들이 있겠습니까. 아마도 참언이 있었나 봅니다."라 하였다. 이에 상이 이르길; "설사 참언이 있었다 하여도 내가 어찌 그 말을 믿겠소! 지난번엔 공을 세웠는데, 이번엔 어찌하여 멀찌감치 있기만 하고 진격하지 못하는 거요?"라 하니, <양주{疇}>가 답하여 아뢰길; "깊은 산 속이어서 범이 많고, 기습하기도 불가하니 지난번과는 형세가 다르옵니다. 게다가 이번엔 적진의 중요한 관문인 철관{鐵関; 철옹성?; 혹시 黃河新三角洲中 鐵門關?}이어 서두르면 패하기 쉬우니, 오래 끌어서 위세를 소멸시켜 안전을 꾀하는 계책입니다. 한 개라도 골문이 열리기만 하면 그 나머지는 파죽일 것입니다."라 하였다. 상도 그것이 좋겠다고 여기고는 <무산{撫山}>에서 도성{東黃城}으로 돌아왔다. 9월, <사천{蛇川}>에서 사슴제사를 지내고, 제수는 모든 황자들에게 나누어 보냈다. 11월, <백룡원{白龍院}>으로 거둥하여 <양수제{陽隧祭}>를 지냈다. 동궁비 <천강{天罡}>을 두룡{頭龍; =우두머리, 맏, 장원 급제자}으로 삼았다. 자룡망풍{雌龍亡風}이 예서 비롯되었다.

☯ 三十九年土蛇(己巳), 正月, <百濟>還奪<伊珍城>, 我軍多傷. <最毳>太守<于訥>以上將, 不能容<仙克>, 失期而敗. 上怒, 召還<于訥>, 以<藍豊>代之. <百濟>, 乘勝, 益軍於岺, 將取<水谷城>. 其將<莫古鮮>, 善用兵, 得士卒之心. 我軍, 勞閒, 無戰意. 二月, <鮮>后生子<胥狗>, 雄壯魁傑, 賜酺羽林·百官三日. 五月, <百濟>進擊<水谷城>破之. 時, <濟>人興奮, 以其太子<大仇首>爲先鋒而當陣, 士卒皆願死戰, 曰; "太子尙如此, 况吾輩乎." 上, 聞之乃决親征. 太輔<于莘>諫之, 不聽. 增發四衛軍二万, 南赴據<大岩山>, 出屯<雉壤>, 進圍<北漢山>. 敵不可敵, 空城而退. 我軍乘勝迢至<伊珍川>. 大暑, 山中多虻·蛇·虎·豹, 兩軍俱疫, 遂屯山下, 抄掠而待秋. 八月, <鮮>后, 與東宮, 如<卒本>福<胥狗>, <天罡>亦隨之. 九月, 敵自海路增軍襲<雉壤>. 時, 我軍大疲, 死者相継, 且多虎侵. 上, 命選精壯, 逐虎于山. 敵知我疲, 以新銳突出, 我軍大潰. 上, 单騎入<撫山>. 天雨不止, 猝寒如冬, 士卒多傷. 上, 顧左右, 曰; "朕, 不聽太輔之言, 而致此敗." 遂命班師. 十月, <樂浪公><周榮>, 從軍于<雉壤>, 得疾而薨. 上, 感其忠, 而厚葬. 其妻<玄

能>尙少, 命改嫁于<秙蟬>太守. <杠烏忠>太輔, <于莘><帶方公>. 十一月, <慕容垂>, 與妻<段>氏及子, 奔于<苻堅>. 十二月, <苻堅>伐<燕><洛陽>.

○ 39년{단기2702년/AD369}토사(기사), 정월, <백제{百濟}>가 <이진성{伊珍城}>을 되찾아 갔고, 우리의 군사들이 많이 상하였다. <최체{最彘}> 태수 <우눌{于訥}>이, 상장으로서 <선극{仙克}>을 감당하지 못하고, 실기하여서 패하였다. 이에 상이 노하여 <우눌{于訥}>을 불러들이고 <람풍{藍豊}>으로 대신하게 하였다. <백제{百濟}>는 승승하면서 고개에다 군사의 수를 늘렸고, 곧 <수곡성{水谷城}>을 탈취할 참이었다. 그들의 장수 <막고해{莫古解}>는 용병을 잘하고 사졸들의 마음도 얻고 있었는데, 아군은 힘씀에 틈이 있고 싸울 뜻도 없었었다. 2월, <해{解}>후가 아들 <서구{胥狗}>를 낳았다. 생김새가 웅장하고 우두머리 감으로 듬직해 보였더니, 우림과 백관들에게 사흘간 술을 내려 주었다. 5월, <백제가 진격하여 <수곡성>을 깨뜨렸다. 당시 <백제>군은 분기탱천하였었다. 저들의 태자 <대구수{大仇首=近仇首}>가 선봉이 되어 진영을 이끌었으니, 사졸들 모두는 죽기로 싸우길 원하면서 "태자께서 항상 이러하시거늘 우리들은 어찌해야 하겠는가?"라고들 말하였었다{☞<백제>는 이미 천자국을 칭하였었다!}. 상이 이 소문을 듣고는 친히 싸움에 나서기로 결심하였다. 태보 <우신{于莘}>이 말려도, 듣지 않았다. 4위군 2만을 추가로 발동하여 남쪽으로 내려가 <대암산{大岩山; 현금 산동성의 泰山?}>을 거점으로 삼아놓고 <치양{雉壤; 濟陽? 淄水주변? 臨淄?}>으로 나가서 진영을 차리고 <북한산{北漢山; 牛山? 長白山?}>을 포위하였더니, 적들은 대적할 수 없어서 성을 비우고 물러갔다{그림11}. 이에 아군은 승승하여 멀리 있는 <이진천{伊珍川}>에 이르렀다. {여름이어서} 날씨는 무덥고, 산 속엔 등에·뱀·호랑이·범 들이 많았으며, 양군 모두에 돌림병이 돌았기에, 할 수 없이 산 밑에 진을 치고는 초략하며 대치하고 가을이 되길 기다렸다. 8월, <해{解}>후가 동궁을 데리고 <졸본{卒本}>으로 가서 <서구{胥狗}>의 복을 빌었다. <천강{天罡}> 역시 그들을 따라갔었다. 9월, 적들이 해로로

군사를 보충하여 <치양{雉壤}>을 습격하였다. 이때 아군은 크게 피로하여서 죽는 이들이 끊이지 않는데다가 호랑이 피해도 많았다. 이에 상은 날래고 건장한 이들을 가려 뽑아서 호랑이를 산으로 쫓아냈다. 적군은 아군이 지친 것을 알아차리고는 새로 도착한 정예군으로 갑자기 쳐나오니, 우리 군대는 크게 무너졌고, 상은 단기로 <무산{撫山}>으로 피해 들어갔다. 날씨까지 비가 그치지 않으며 갑자기 겨울같이 추워졌고 많은 사졸들이 상하였다. 이에 상은 좌우들을 돌아보며; "짐이 태보의 말을 듣지 않았다가 이렇게 패하게 되었소."라 이르고는, 하는 수 없이, 군사를 돌리라 명하였다. 10월, <락랑공{樂浪公}><주영{周榮}>이 <치양{雉壤}>에서 종군하였다가 병이 들어 죽었더니, 상은 그의 충성에 감사하며 후하게 묻어주었다. 그의 처 <현능{玄能}>은 아직 젊어서 <점선{秥蟬}>태수에게 개가하게 하였다. <강오충{杠烏忠}>을 태보로, <우신{于莘}>을 <대방공{帶方公}>으로 삼았다. 11월, <모용수{慕容垂}>가 처 <단{段}>씨와 아들을 데리고 <부견{苻堅; =前秦}>에게 도망해 들어갔다. 12월, <부견>이 <연{燕=前燕}><락양{洛陽}>을 정벌하였다{☞前燕쇠락!}.

☯ 四十年庚午, 正月, <u><燕>使<乙育>至請師. 上, 以新敗於<雉壤>謝之, 宴<育>于<青木宮>, 使妃<天罡>行酌</u>. <育>, 大驚下拜, 曰; "臣久不見<天罡>, 今在此乃陛下之宝也." 上, 大喜, 曰; "朕, 無所可宝, 唯有三宝, 一則吾妻<鮮>后也, 二曰[吾]娣<鮮>妃(天原公妃), 三則吾婦<天>妃(天罡)." 遂召<鮮>后及<天原>妃, 賜酒<乙育>, 皆絶世美色也. <育>, 大驚絶讚, <育>之母本我國人也, 以我爲上國, 有[歸]順之意, 密告<燕>兆不久. 上, 疑其言, 而整西備. *上之爱后及娣·婦至稱三宝, 他無可及云, 則其政可見也. 凡人之福無如夫婦. 上之此言亦人道之至華. 然, 理萬民征四夷者, 當以良將賢相爲宝, 豈可安於枕席之樂哉.* 以<尙椋>爲秘庫令, 主內藏宝玩. <王猛>{奪}<垂>佩刀而至<洛陽>, ...이하 5자 난독...
二月, <u>改修「<倉樊律>二十條」</u>. 三月, 祭鹿於<龍[山]>, 頒獸三輔. 太輔<烏忠>宴國父<鮮玄>, 於其園. 四月, <u>以<黃山>公主爲畏相, 始行龍骨令</u>. 五月, <垂>子<令>取<威德城>爲其下所殺. 七月, 癸酉朔日食. 八月, <白陽宮>

成, 命<折益>壽宮. 十月, 上, 與后, 幸<馬山>, 觀民<東盟>. <秦><王猛>大破<慕容評>於<潞原>. 十一月, <苻堅>入<鄴>, <燕><暐>出奔<高陽>爲<秦>軍所擒, 送于<長安>. <慕容評>自<鄴>逃來于我. 上, 命<楠>·<玟>·<藍國>, 引軍取<平郭>·<安平>. <方式>·<星白>·<于徹>, 取<玄菟>·<南蘇>, 鎭之. 上, 數<評>不忠之罪, 曰; "汝, 以何面目, 來乎." <評>曰; "欲與大王共興<燕國>." 上, 怒叱之, 曰; "天厭汝悪, 汝敢復大言乎." 命斬之. <評>哀乞爲臣妾而事之. 左輔<仁>曰; "我方取<遼東>不若縛送於<秦>而和親也." 乃送<評>于<堅>.

○ 40년{단기2703년/AD370}경오, 정월, <연{燕=前燕}>의 사신 <을육{乙育}>이 와서 출병하여 달라고 청하였더니, 상은 <치양{雉壤}>에서 패한 지 얼마 되지 않은지라, 미안하다고 하고는, <청목궁{青木宮}>에서 <을육{育}>에게 연회를 베풀어 주고, <천강{天罡}>에게는 술을 따라 주게 하였다. 이에 <을육{育}>은 크게 놀라서 엎드려 절하며; "신이 <천강>을 뵌 지가 오래되었는데, 여기서 뵙게 되었고, 폐하의 보배가 되어 계심을 뵙니다."라 아뢰니, 상은 크게 기뻐하며 이르길; "짐에게 보배라 할 만한 것들은 없지만, 그래도 귀한 것 셋을 말한다면, 첫째로는 내 처 <해{解}>후이고, 둘째로는 내 여동생 <해{解}(천원공비)>비이고, 셋째로는 내 며느리 <천{天}>비(천강)가 되겠소."라 하더니만, <해>후와 <천원{天原}>비를 불러서 <을육{乙育}>에게 술을 내리게 하였다. 모두가 절세미색인지라, <을육>은 크게 놀라며 절찬하였다. <육>은 어미가 본래 우리나라 사람인지라, 우리를 상국{上國}으로 여기고, 귀순할 뜻이 있어서, <연{燕=前燕}>이 오래가지 않을 조짐이 있음을 몰래 알려왔다. 허나, 상은 그의 말을 믿을 수 없어서 서쪽의 방비를 새롭게 하였다. *상이 애후 및 여동생과 며느리를 3보로 칭할 정도였으니, 다른 것은 언급할 필요도 없었음이고, 그 정사의 실상은 이로써 충분히 알만한 것이었다. 대저 인간의 복가운데 부부{夫婦}만 한 것이 없다고들 하지만, 상이 이런 말을 한 것은 자신의 인간된 도리도 역시 지극히 아름다웠음이었다. 허나, 만민을 다스리고 사이{四夷; 원래는 南蠻·北狄·東夷·西戎}를 손에 넣은 이이었으*

니, 당연히 훌륭한 장수와 현명한 재상을 보배로 여겼을 것이지, 어찌 잠자리의 쾌락에 안주하였겠는가! <상량{尙椋}>을 비고령으로 삼아서 궁내에 있는 귀한 것들의 관리를 주관하게 하였다. <왕맹>이 <모용수>의 패도를 빼앗아 <락양>에 이르렀다.

2월, 「<창번율{倉樊律}>20조」를 다듬었다. 3월, <룡산{龍山}>에서 사슴제사를 올리고, 고기는 3보들에게 나누어서 보냈다. 태보 <오충{烏忠}>이 자신의 정원에서 국부 <해현{鮮玄}>에게 연회를 베풀었다. 4월, <황산{黃山}>공주를 외상{畏相}으로 삼아서 룡골령{龍骨令; 龍骨들에게 해당되는 律令}을 시행하게 하였다. <모용수>의 아들 <모용령>이 <위덕성>을 취하였다가 자신의 수하에게 죽었다. 7월, 계유일 초하루에 일식이 있었다. 8월, <백양궁{白陽宮}>이 완성되었다. <절익{折益}>에게 명하여 궁이 오래 가길 빌게 하였다. 10월, 상이 후를 데리고 <마산{馬山}>으로 거둥하여 백성들과 <동맹제{東盟祭}>{또는, 백성들의 <동맹제>}를 살펴보았다. <진{秦=前秦}>의 <왕맹{王猛}>이 <로원{潞原}>에서 <모용평{慕容平}>을 대파하였다. 11월에 <부견{苻堅}>이 <업{鄴}>으로 들어갔더니, <연{燕=前燕}>의 <모용위{暐}>는 <고양{高陽}>으로 도망 나가다가 <진{秦=前秦}>군{=苻堅軍}에게 사로잡혀서 <장안{長安}>으로 보내졌다. <모용평{慕容平}>이 <업>에서 우리에게로 도망하여 왔기에, 상은 <남{楠}>과 <민{玟}> 및 <람국{藍國}>에게 명하여 군사를 이끌고 가서 <평곽{平郭; 河北廣平府廣平縣?}>과 <안평{安平}>을 차지하게 하였고, <방식{方式}>·<성백{星白}>·<우철{于徹}>에게는 <현토{玄菟}>와 <남소{南蘇}>를 취하여 지키게 하였다. 상이 <모용평{平}>의 불충하였던 죄를 조목조목 따지더니, "그대는 무슨 면목으로 나를 찾아 왔는가?"라 물었고, <평{平}>은 "나는 대왕과 함께 힘을 합쳐서 <연{燕}>나라를 일으키고 싶소."라 답하였다. 이에 상이 노하여 "하늘도 그대의 악행에 넌더리가 났는데, 그대는 감히 또다시 큰소릴 하는가!"라 질책하고, 그를 참하라 명하였고, <평{平}>은 애걸하길 '신하와 첩이 되어서라도 상을 섬기겠다.'고 하였다. 이에 좌보 <인{仁}>이 "우리 쪽에서 <요동{遼東}>을 취하는 것이 <평>을 죽이지 않고 결박 지어 <진{秦=前秦}>으로 보내 <진{秦}>과 화친함만 같지 못합니다."라 하였고, <모용평>은

<부견{堅}>에게 보내졌다.

☯ 四十一年辛未，正月，以<于莘>，爲征西大將軍，領軍十萬，以爲伐<燕>之計．<松>爲<帶方公>，<仁>爲太輔，<柑>爲左輔，<玟>[爲]<右輔>，<武>爲廟王，<龍白>爲<南蘇>太守，<藍國><新城>太守，<仲室孝><平郭>太守，<高長創><安平>太守，<周日><玄菟>太守，<牛鬲><濱江>太守，<再逢>大府卿，<談活>「北部」大使者． 二月，<天罡>生女<天乙>． 三月，<鮮茁><平山>太守，<方式><樂浪>太守． <代>將<長孫>欲弑<代>王<什翼犍>，世子<寔>格之．<傷脇>{送<就}斤>殺之．而<寔>亦疾卒．<寔>妻<賀{菌}>氏生遺腹子<{洿}圭>，是<{力}珪>也．

五月，上，巡至<新城>，勞軍士而還．

<土浴渾>主<辟{奚}>獻馬于<苻堅>，爲人好學仁厚，...{이하 해독 불능}...

九月，祭鹿于<蛇川>，頒獸三院． <晋>，<奕>使其嬖相<龍計好>·<朱靈宝>等{叅}侍內， 寢使美人<田>氏·<孟>氏生三男， 國人播其言． 將<建儲>·<桓溫>遂廢<奕>立<昱>．

十月，<百濟>，聞我移兵征西，欲勝虛來攻．時，上欲伐<燕>以雪恥故也．<樂浪>又大擧入寇，<陽疇>力戰死之．<大仇首>來攻<北漢城>，我軍伏兵於<漢水>而大破之， 未幾， <大肖古>又引精兵三万自來助其子，<大仇首>士氣大振．我軍欲征西而皆聚<遼東>，故分禦<樂浪>·<肖古>·<仇首>，兵力寡少．上，自將四衛軍，躬詣陳前，督勵將士，故上下[歸]之．至是，大戰于<漢城>西山．上中二流矢，一肩一胷，力拔之而復欲出陣，左右極諫止之．<鮮明>，見創甚而諱之，引軍固守陣地，使<仙克>·<{藍}豊>力戰．當<鮮明>密扈上躬退至<高[相]岺>，痛極而崩．臨崩，呼<解>后·<天罡>不絶於口．左右皆泣下秘不發喪，駆至<王川>，急報于國父<鮮玄>．<玄>，與<解>后來迎，入都發丧．東宮<丘夫>卽位於<天龍宮>．以<解>后爲太后，國父爲祖王，<伊連>爲太弟．新皇欲報仇親征．祖王·太后以西事大，緊力止之．大行，仁孝友爰，恭儉下人．夙興晏眠，練武奨農．欲雪國恥，臨戰必以身先之，洽得士卒之心．內居，爰后·太子等極盡其情，和氣常滿．飮酒不多，手不執蒲樗．畋遊只是祭鹿行隧等事，勤於敬天．務協宗戚公卿，以時親訪慰其妻子如常人，故宗室女莫不迎之如天. 不喜仙巫雜技而信用儒士, 勸民讀書知禮義不近孽陽. 皇弟雖多皆敎之以賢, 常以<劉聰>·<石虎>爲戒, 以骨肉相爭爲莫大之惡. 有時會諸皇弟, 連枕相娛如家人, 爱氣溢面. 故故諸皇弟皆仰之如慈父, 凡所求請率皆許之. 常讀三代鏡爲政鑑, 爱<故國原>山川. 擬作壽陵而思民弊而止. 至是, 權安於殯宮而營陵於<故國原>. 太后欲用玉棺金椁, 祖王亦贊之, 求珊瑚·象牙·宝貝爲之飾. 大行, 甞微行田間儒者, 論道終日忘食, 言尋宜簡略. 至是, 儒生<宋浩>·<孫肯>等上書, 言; "玉棺累於大行儉德, 而停之." 大行以雅德化家, 故<鮮>后·<天罡>亦能勉從陰敎不失內德, 終大行之世, 未甞鮮弛. 及大行崩, 太后始恣行, 亦畏物論, 常戰兢自持, 常慕大行孜孜爲善之日, 而時復{怵}然, 自戒者多矣. 以翌年壬申二月二十五日, 葬于<故國原(湯河原)>, 竟用玉棺金椁(稀以玉棺陵.嬰陽時爲末曷所極), 春秋六十一. 帝, 後宮七百人, 皇子二百五十八人.

○ 41년{단기2704년/AD371}신미, 정월, <우신{于莘}>을 정서장군으로 삼았다. 10만군을 이끌게 하여서 <연>을 치려는 계책을 삼은 것이었다. <송{松}>을 <대방공{帶方公}>으로, <인{仁}>을 태보로, <감{柑}>을 좌보로, <민{玟}>을 우보로, <무{武}>를 묘왕{廟王}으로, <룡백{龍白}>을 <남소{南蘇}>태수로, <람국{藍國}>을 <신성{新城}>태수로, <중실효{仲室孝}>를 <평곽{平郭}>태수로, <고장창{高長創}>을 <안평{安平}>태수로, <주일{周日}>을 <현도{玄菟}>태수로, <우격{于鬲}>을 <빈강{濱江}>태수로, <재봉{再逢}>을 대부경으로, <담활{淡活}>을 「북부」대사자로 삼았다. 2월, <천강{天罡}>이 딸 <천을{天乙}>을 낳았다. 3월, <해줄{解茁}>을 <평산{平山}>태수로, <방식{方式}>을 <락랑{樂浪}>태수로 삼았다.
<대>의 장수 <장손>이 <대>왕 <십익건>을 시해하려 하자, 세자 <식>이 이를 막았다. <상협>이 <취근>을 보내어 <장손>을 죽였다. <식> 또한 병들어 죽었다. <식>의 처 <하{균}>이 유복자 <{잠}규>를 낳았는데, 이가 바로 <{력}규>이다.
5월, 상이 순행하여 <신성{新城}>에 이르러 군사들을 위무하고 돌아왔다. <토욕혼>주 <벽{해}>가 <부견>에게 말을 바쳤다. 사람됨이 학문을 좋아하고 어질고 후하였다. ...{이하 난독}...

9월, <사천{蛇川}>에서 사슴제사를 지내고 고기는 나누어서 3원{院}으로 보냈다. <진{晉=東晋}>의 <사마혁{奕}>이 폐상{嬖相} <룡계호{龍計好}>·<주령보{朱靈宝}> 등을 궁내에서 시중들게 하였었더니, 침소를 거드는 미녀 <전{田}>씨 및 <맹{孟}>씨가 사내 아이 셋을 낳았으며, 나라 사람들이 그 말을 퍼뜨렸더니, 장수 <건저{建儲}>와 <환온{桓溫}>이 <혁{奕}>을 폐하고 <사마욱{昱}>을 세웠다.

10월, <백제{百濟}>가, 우리가 군대를 움직여서 서쪽을 정벌한다는 소식을 듣고 그 틈을 타서, 공격해 왔다. 이때, 상은 <연{燕=前燕}>을 쳐서 지난날을 설욕하고자 한 것이었다. <락랑{樂浪}> 또한 대거 쳐들어와서, <양주{陽疇}>가 힘껏 싸우다 죽었다. <대구수{大仇首=近仇首}>가 <북한성{北漢城}>을 공격해 오자, 우리 군대가 <한수{漢水}>에 복병을 깔았다가 이를 크게 깰 무렵에, <대초고{大肖古}>가 또 손수 3만 정병을 이끌고 와서 아들을 도우니, <대구수>의 군사들은 사기가 크게 진작되었다. 우리의 군대는 서쪽을 정벌할 생각으로 <요동{遼東}>에 집결되어 있었고, <락랑{樂浪}>과 <근초고{肖古}> 및 <근구수{仇首}>를 나머지의 군대로 나누어 막아야 했기에 우리는 병력의 수가 딸렸다. 이에 상이 친히 4위군{=궁궐·도성수비군}을 이끌고 달려가서 군진의 앞에 서서 장수와 병사들을 독려하였더니 상하가 잘 따랐다. 이리되어 <한성{漢城; 山東省중의 漢城? 長江中流漢陽城?}>의 서산{西쪽 山?}에서 큰 싸움이 벌어졌는데, 상이 흐르는 화살 두 대를 맞았다. 하나는 어깨에 다른 하나는 가슴에 맞았다. 힘껏 화살을 뽑아내고 다시금 출진하려 하였더니, 좌우들이 죽기로 말렸다. 이에 <해명{解明}>이, 상의 상처가 심함을 알아 이를 숨기고, 군사들을 불러들여 진지를 굳게 지키게 하였으며, <선극{仙克}>과 <람풍{藍豊}>을 시켜서 힘껏 싸우게 하였다. <해명>은 응당 성상을 철저히 옹호하여서 <고상령{高相岺}>으로 물러났으나, 극심한 고통 끝에 죽었다. 죽음을 앞두고 <해{解}>후와 <천강{天罡}>을 부르심이 입에서 끊이질 않았었다. 좌우가 모두 눈물 흘리며 아랫사람들에겐 비밀로 하여 발상{發喪}하지 않고, 말을 몰아 <왕천{王川}>으로 가서, 급히 국부 <해현{解玄}>에게 알렸다. 이에 <해현{玄}>과 <해{解}>후가 달려 나와 상을 도성으로 모시고 들어가서 발상하였다. 동궁 <구부{丘夫}>가 <천룡궁{天龍宮}>에서 즉위하고, <해{解}>후를 태후로, 국부{=解玄}를 조왕{祖王}으로, <이련{伊連}>을 태제{太弟}로 삼았다. 새로이 선 황상이 원수를 갚고자 친히 정벌하려 하였더니, 조왕과 태후가 서쪽 일{燕을 盡滅하여 前日의 恥辱을 갚는 일}의 중대함을 들어서 힘껏 말렸다. 대행은 어질고 효성과 우애가 있었으며, 아랫사람에게도 공손·검약하였다. 일찍 일어나고 늦게 잠자리에 들었으며, 무예를 조련하고 농사를 장려했다. 국치를 씻고자 전쟁에서는 필히 친히 앞에 섰으니 흠뻑 사졸들의 마음을 얻었었다. 안으로는 후들과 태자들 등을 아낌에 정성이 극진하여 화목함이 항상 충만하였다. 음주가 잦지 않았고, 손으로는 노름이나 쓸모없는 것에 손대지 않았다. 사냥과 유희는 사슴제사나 동굴제사 등의 일이 있을 때만 하였고, 하늘을 우러름에 부지런하였다. 정사를 살핌에는 종척·공경들과 협의하였으며, 때때로 처자를 찾아서 위로할 땐 여느 사람을 대하듯이 하였더니, 종실의 여인들은 상을 하늘같이 맞이하지 않을 수 없었다. 선무{仙巫}와 잡기{雜技}를 즐기지 않았고 유학하는 인사를 등용하였으며, 백성들에겐 책을 읽게 하여 예의를 알고 천한 것과 거짓을 가까이 하지 않도록 하였다. 황상은 동생들이 많았어도 모두를 현명하게 가르쳤으며, 항상 <유총{劉聰}>과 <석호{石虎}>의 행실을 경계하게 하고 골육상쟁을 악행 중에 가장 나쁜 것으로 하였으며, 황상의 모든 동생들과 한 자리에 모이는 때면 여느 집안의 사람들처럼 나란히 누워서 함께 즐겼더니, 아끼는 마음이 얼굴마다 흘러넘쳤다. 짐짓 황상의 모든 동생들은 황상을 자애로운 아비처럼 받들었으며, 황상은 동생들이 얻고자 청하는 바가 있으면 거의 모두를 흔쾌히 들어주었다. 늘 3대경을 읽어서 정사의 거울로 삼았고, <고국원{故國原; 옛 나라의 언덕, 또는 나라의 옛터}>의 산천을 아꼈다. 수릉{壽陵; 죽기 전에 만드는 무덤}을 쌓는 것이 백성들에게 폐해가 됨을 생각하여 그만두게 하였었기에, 지금 대행의 시신을 빈궁에 안치하고서 <고국원>에 무덤을 만들게 되었다. 태후가 옥관{옥으로 만든 관}과 금곽{금으로 치장한 덧관}을 쓰고 싶어 하고, 조왕{祖王=國父解玄} 또한 찬동하는지라, 산호{珊瑚}와 상아{象牙} 및 귀한 조가비{貝}

를 구하고 있었다. 대행께서는 논밭 사이에 살고 있는 유학들을 조용히 찾아가 종일토록 도리{道}를 토론하실 때는 먹기조차 잊었었고, {먹고 싶은 생각이 있어서?} 말을 할 땐 가려서 마땅한 것으로 간략하게 하셨더니 {또는, 말씀하시기는 가려서 마땅하게 하여 간략히 하셨더니?}, 오늘에 이르자 <송호{宋浩}>·<손긍{孫肯}> 등 유생들이 글을 올려서 아뢰길; "옥관을 쓰시면 대행의 검덕에 누가 될 것이오니 그만 두시라."고 하였다. 대행께서는 아름다운 덕행으로 집안을 교화하셨더니, <해{解}>후와 <천강{天罡}> 또한 부지런히 음교{陰敎}를 따라서 아녀자의 덕을 지킬 수 있었고, 대행의 치세 내내 하루도 해이됨이 없었다. 대행이 돌아가시자 태후께서는 시초에는 자행{恣行}하였었으나, 세간의 말이 두려워서 늘 전전긍긍하며 자신을 지켰고, 대행께서 부지런히 선행하시던 나날을 사모하여 다시금 두려운 듯 스스로 지키는 바도 많았다. 다음해 임신년 2월 25일에, <고국원{故國原}(탕하원)>에 장사하였다.{☞현세의 지도 중엔 <탕하>가 두 곳에 있으며, <고국원>은 서쪽의 <탕하>지경일 것임!} 끝내 옥관{玉棺}과 금곽{金槨}(희이옥관릉,영양시위말갈소극)이 사용되었다. 춘추 예순 하나였다. 제는 후궁이 700인이었고 황자는 258인이었다.

역자의 변 : 부황 <미천대제>의 치적에 힘입어서 <환도성>·<평양성>·<동황성>을 복구·증축·수리하고, 나라 북쪽에 새로이 성{국북신성}을 쌓아놓고 <환도성>에 <장안궁>을 신축하고 천도하여 다시금 서진하려고 하다가, 부황께서 언급하신 <모용>씨와는 성을 든든히 쌓고 지키라 하였던 것을 증빙이라도 하듯이, 동진하려고 <룡성>으로 천도한 전술에 출중했던 <선비>족 <모용>씨와 북방·하북·중원 지역의 패권을 가르는 충돌을 야기하여, 갓 복구한 주 도성 <환도>가 폐허로 되었고 부모형제와 처자 및 백성까지 인질과 포로로 빼앗기는 치욕을 당했다. <평양>근처의 <동황성>으로 이도한 후, <저>족 <부진; =부견의 전진>의 발흥에 힘입어 다시금 부활하는 전기를 맞았으나, 궁궐과 도성을 수비하는 4위군 이외의 전군을 <모용>씨 <전연>의 잔존세력을 진멸하는 정벌에 내보냈다가, 천자국을 자칭하며 허를 틈타 중원·하북·산동을 가지려던 <백제><근초고>·<근구수>부자의 침입을 당하여 친히 군진의 선두에서 막아내다 전장에서 화살 두 대를 맞고 운명하게 된다. 그러나 사이{四夷}를 움켜진 형세만은 크게 헝클어지지 않았던 것으로 보인다.

<삼국사기>의 기록은 <고구리>의 명예를 가능한 한 가리는 쪽으로 기술되거나

삭필되어 있음을 알게 됩니다. <신라>와 충돌한 적이 없는 점을 보아서, <백제>를 조상국으로 하는 역사를 꾸며가진 <일제>의 <조선총독부>와 그 주구들에 의해 <백제>와 <모용>씨 및 <부>씨들의 광영스런 모습은 남겨지고 <고구리>의 그런 모습은 아예 편집·재단하여 놓은 것으로 추정되는 곳이 상당히 많습니다. 직접 <三國詐記>와 대조하여 보시길 권합니다..

18. 第十七世<小獸林大帝>紀 제17세<소수림대제>기

원문출처; http://mf.history.go.kr/Pdf0020000/00322322.pdf.

傳曰; 帝, 諱<丘夫>, 亦曰<小解>. 初稱<朱留大王>, 母<解>太后夢見<大武帝>而生故也. 身長大, 有雄略, 而能知政要. 亦善弓馬·用兵之道, 具以孝友仁睦聞.

쓰여 있길, 제는 휘가 <구부{丘夫}> 또는 <소해{小解}>이며, 초기에는 <주유대왕{朱留大王}>으로 불렸었다. 모친 <해{解}>태후가 꿈에 <대무제{大武帝}>를 보고서 낳았기 때문이었다{☞<소수림>이 <고국원>의 친자가 아닌 듯?}. 체격은 장대하였고, 웅대한 계략이 있었으며, 정사의 개요를 능히 꿰뚫었었다. 아울러 궁마와 병법에도 능하였으며, 효성과 우애가 있었고, 어질고 화목하였다는 평을 들었다.

☯ 元年辛未, 十一月, 以<解克>爲中畏大夫·執政, 命三輔佐<克>. <馬發>左輔, <高成>右輔. 太后與<天原公><琳>入山宮. 以<天原公>女<天罡>爲皇后.

○ 원년{단기2704년/AD371}신미, 11월, <해극{解克}>을 중외대부·집정으로 삼고, 3보들에게 명하여 <해극{克}>을 보좌하게 하였다. <마발{馬發}>을 좌보로, <고성{高成}>을 우보로 삼았다. 태후가 <천원공{天原公}><림{琳}>과 함께 산궁으로 들어갔다{☞<소수림>이 <고국원>의 친자가 아닌 듯?}. <천원공>의 딸 <천강{天罡}>을 황후로 삼았다.

☯ 二年壬申, 正月, <烽山>崩. 二月, 葬大行于<故國原>. 三月, 祭鹿于<龍山>, 頒獸于宗戚·公卿. 四月, <折益>大福大師, <桓芝>大壽大師. 六月, <秦>王<苻堅>遣僧<順道>. 上, 迎于郊外, 設舘待之. <順道>曰; "<秦>以佛興, <燕>以仙亡. 陛下, 亦崇信佛法, 則可以王天下." 上曰; "神仙, 祖宗之所尊也. 然, 佛力洪大, 則亦可奉之." 乃以<順道>爲王師, 命宗室子女受經. 時, <堅>, 滅<燕>取<儁>子<清河>及<冲二>

孌, 乃<津>女<草>氏生女也. <堅>, 好色, 聞我國多[美]女, 送佛及經而請婚. 上, 乃以<鮮明>爲賓部大兄, 與<祖背>·<桓芝>, 如<秦>謝之. 九月, <順道>, 說上, 曰; "臣觀陛下之國, 尙武好鬼, 下民多愚, 大夫淫亂. 請立大學以敎文字·禮義." 上, 與太后, 議之, 宗戚多以爲不便. 上, 以<苻堅>之送, 姑試之. <羅>, 以旱·飢, 賑不足, 故民多[歸]我. <近肖古>通<晋>. 西南地震.

○ 2년{단기2705년/AD372}임신, 정월, <봉산>이 무너졌다{지진?}. 2월, 대행을 <고국원{故國原; 옛 나라의 언덕, 또는 나라의 옛터에 있는 언덕}>에 장사하였다. 3월, <룡산{龍山}>에서 사슴제사를 지내고, 고기는 종척들과 공경들에게 나누어 보냈다. 4월, <절익{折益}>을 대복대사{大福大師}로, <환지{桓芝}>를 대수대사{大壽大師}로 삼았다. 6월, <진{秦=前秦}>왕 <부견{苻堅}>이 승려 <순도{順道}>를 보내왔다. 상이 교외에서 맞이하고, 객사를 만들어서 그를 대하였더니, <순도{順道}>가 아뢰길; "<진{秦=前秦}>은 불도{佛道}로 인하여 흥하였고, <연{燕=前燕}>은 선도{仙道}로 인하여 망했습니다. 폐하 또한 불법{佛法}을 받들어 믿고 계신즉 천하의 왕을 하실 것입니다."라 하였다. 이에 상이 이르길; "신선{神仙}은 조종들께서 받드셨던 바이며, 불력{佛力} 역시 넓고 크니 섬길 만한 것이오."라 하고는, <순도>를 왕사{王師}로 삼고, 종실의 자녀들에게는 불경을 받아들이게 하였다. 이 시절, <부견{苻堅}>이 <연{燕}>을 멸하고 <모용준{儁}>의 아들 <청하{淸河}>와 <충이{冲二}>를 취하여 마냥 아껴주었더니 <진{津}>의 딸 <초{草}>씨가 딸을 낳았다. <부견{堅}>은 호색하는지라, 우리나라에 미녀가 많다는 소릴 듣고, 불상{佛像}과 불경{佛經}을 보내며 청혼하였고, 상은 <해명{鮮明}>을 빈부대형{賓部大兄}을 삼아서 <조배{祖背}> 및 <환지{桓芝}>와 함께 <진{秦}>으로 가서 사례하게 하였다{☞<삼국사기>엔 난데없이 <부견>이 불상과 불경을 <순도> 편에 보내주어서, 토산물을 바쳐서 답례한 것으로 써놓아서, 상당히 왜곡되어 있음!}. 9월, <순도{順道}>가 상에게 말씀 올리길; "신이 폐하의 나라를 돌아보았더니, 무{武}를 숭상하고 귀신{鬼} 섬기길 좋아하였으며, 지체 낮은 백성들은 우매하고 대부들은 황음하였습니다. 대학을 세

우시어 문자와 예의를 가르치시길 청합니다."라 하였다. 상이 태후와 이를 상의하였는데, 종척들 대다수는 이를 불편하게 여겼다. 상은 <부견{苻堅}>이 보내온 것을 잠시 시험적으로 따라 보게 하였다. <신라{羅}>는 가뭄이 들어 굶주렸으며, 진휼함이 모자랐더니, 많은 백성들이 우리에게 귀의하였다. <근초고{近肖古}>가 <진{晋=東晋}>과 통교하였다. 서남 땅에 지진이 있었다.

☯ 三年癸酉, 五月, <周原公><武>薨, 年六十. 勇而無謀. 然, 屈己任人. 故, 累建大功, 得士卒之心. 六月, <樂浪公><松>薨, <仁>代之, <馬發>太輔, <方丹>左輔, <龍白>右輔.
十月, 頒新律令. 先是, 國法太嚴, 犯罪者多死. 自<美川>時雜用「新法」, 先帝時用「倉樊律」 而猶未免死. 上, 至仁好生, 使<鮮明>往<秦>及<晋>觀其刑政, 而[歸]定律令, 死·流·杖·奴三百餘罪. 使評人<司>講之, 又禁擅奴婢·淫母·淫妻. 其杖三十以上者, 自官爲之, 而禁擅杖之弊, 民情大洽. <濟><禿山城>主率其衆三百人降于<羅>, 故<濟>責<羅>曰; "修好之道如是乎." <羅>云; "不自反省而反責人歟." 遂相不洽. 是年, <濟>通<晋>而築城於<青木嵜>.

○ 3년{단기2706년/AD373}계유, 5월, <주원공{周原公}><무{武}>가 나이 60에 죽었다. 용기는 있었으나 지모는 없었다. 허나, 자신을 낮추고 사람을 썼더니 누차 큰 공을 세우게 되었고, 병사와 병졸들의 마음도 얻었었다. 6월, <락랑공{樂浪公}><송{松}>이 죽어, <인{仁}>이 대신하였으며, <마발{馬發}>을 태보로, <방단{方丹}>을 좌보로, <룡백{龍白}>을 우보로 삼았다.
10월, 새로운 율령을 반포하였다{☞<삼국사기>엔 역시 이제야 처음으로 율령을 만들어 다스린 것으로 곡필되어 있음}. 이에 앞서서는 국법이 크게 엄하였기에 죄지은 이들의 다수가 죽음에 처하여졌다. <미천{武}>시절부터는 새로운 법령을 섞어서 시행하여 왔었고, 선제께서는 <창번{武}>의 율령을 채택하셨으나 아직도 죽임을 면할 수는 없었다. 상께서는 지극히 어질어서 살리길 좋아하셨기에, <해명{鮮明}>을 시켜서 <진

{秦=前秦}>과 <진{晉=東晉}>으로 가서 그들의 형정{刑政}이 어떠한 지를 보고 와서 죽이거나 귀양 보내거나 곤장 치거나 노비로 삼는 죄 300여 가지의 율령을 다듬게 하였으며, 평인{評人} <사{司}>를 시켜서 그 율령을 가르치게 하였고, 또한 함부로 노비를 삼거나 어미를 탐하거나 남의 처를 탐하지 못하게 하였다. 곤장 30대를 넘는 죄는 관부가 이를 다스리기 시작하여서 함부로 매를 치는 폐단을 없게 하였더니, 백성들은 진정으로 흡족해 하였다. <백제{濟}>의 <독산성{禿山城}>주가 그의 무리 300사람을 이끌고 <신라{羅}>에 투항하였더니, <백제{濟}>는 "서로 간에 잘 지내자는 도리가 이러한 것이더냐!"라 하였고, <신라{羅}>는 "스스로 반성은 아니 하고, 오히려 다른 사람을 탓하는가!"라 하였다. 두 나라 간에 불만이 있게 되었다. 이해에 <백제>는 <진{晉=東晉}>과 통교하였고 <청목령{青木嶺}>에 성을 쌓았다.

☯ 四年甲戌, 正月, <龍白>左輔, <解克>右輔. 二月, 命太弟<伊連>, 巡行國中, 檢新法便否. 六月, <樂浪公><仁>薨, <馬發>代之, <柑>太輔, <玟>左輔. 十一月, <天罡>后生<談德>太子, 容皃奇偉. 上, 大喜, 欲名<福>. 時, <阿道>自<晋>來奏, 曰; "天子, 談德而不談利, 談德則福自降." 上, 嘉其言, 乃名<談德>. 九十二月而生. 是年七月, <苻堅>, 臣<王猛>死, 禁圖讖.

十二月, <苻堅>, 與<垂>毒<段>氏, 同輦…해독불능…

○ 4년{단기2707년/AD374}갑술, 정월, <룡백{龍白}>을 좌보로, <해극{解克}>을 우보로 삼았다. 2월, 태제 <이련{伊連}>에게 명하여 나라 안을 순행하며 새 법령이 편하지 그렇지 않은지를 점검하게 하였다. 6월, <락랑공{樂浪公}><인{仁}>이 죽어, <마발{馬發}>이 대신하게 하고, <감{柑}>을 태보로 <민{玟}>을 좌보로 삼았다. 11월, <천강{天罡}>후가 <담덕{談德}>태자를 낳았는데, 용모가 특이하게도 듬직하였다. 상은 기뻐하며 이름을 <복{福}>이라 하고 싶었었는데, 때마침 <아도{阿道}>가 <진{晉=東晉}>에서 들어와 아뢰길; "천자는 덕{德}을 입

에 담고 사익{利}은 입에 담지 않습니다. 덕을 입에 담으면 복{福}은 저절로 내려집니다."라 하였다. 이에 상은 그 말을 반기며 <담덕{談德}>이라 이름을 지었다. 대략 열두 달을 걸려서 태어났다{☞<소수림>의 친자가 아니라는 얘기??}. 이해 7월에 <부견{苻堅}>은 신하인 <왕맹{王猛}>이 죽자 도참{圖讖}을 금하였다.

12월, <부견>이 <수>와 함께 <단>씨에게 독을 쓰고 같은 수레....이하 해독불능...

☯ 五年乙亥, 二月, 置「施部」, 掌賑貧療恤. 置「籍院」, 掌仙·軍·鄕三籍. 男女十五歲受籍. 先是, 于台主之. 至是, 上, 以庶民多爲豪族, 傷害施恤不公, 命<伊連>巡視而置此部·院.

以<象院>爲<肖門寺>, <順道>法之. <葴胎>爲<伊弗蘭寺>, <阿道>法之. 上, 厭王師<封太>·<折益>等淫亂後宮, 以外來之佛主此大院. 以示淸淨可法, 仙人大駭.

四月, <鮮玄>死, 年七十三. 以祖皇禮, 葬之. <玄>, 以美皃得幸, 納女配后, 位極至尊無所建設. 一生淫穢而已.

七月, 攻<濟><水谷城(臨江鎭)>.

<濟>, 以太史<高興>爲修史恩率, 編<書記>五十卷·<將鏡>十二卷.

九月, <烽山公><羲>薨, 年五十三. <美川>子也. 爲人淸心小慾, 不喜{海}人之在廟王之位, 未常倦. ...이하 해독불능...

○ 5년{단기2708년/AD375}을해, 2월, 「시부{施部}」를 두어서 빈한한 이들에게 먹을 것을 주고 병을 치료하여 구휼하는 일을 맡게 하였으며, 「적원{籍院}」을 두어서 선적{仙籍}·군적{軍籍}·향적{鄕籍} 3적을 관장하게 하였다. 남녀 모두 15세가 되면 적{籍}을 받게 되었다. 이전에는 「우태{于台}」가 관장하였었다. 요즈음 들어, 상은, 많은 서민들이 호족으로 되어서 구휼의 공정성에 차질이 생겼기에, <이련{伊連}>을 시켜서 널리 돌아보며 살피게 하고서, 이러한 부{部}와 원{院}을 둔 것이었다. <상원{象院}>을 <초문사{肖門寺}>로 삼아서 <순도{順道}>가 설법하고, <침태{葴胎}>는 <이불란사{伊弗蘭寺}>로 삼아서 <아도{阿道}>가 설법하

였다.{☞타국 왕실에서 불상과 불경이 황실로 처음 보내진 것이지, 불교가 <고구리>에 처음으로 들어온 것은 아닐 것임; 이미 황실이 물고기를 방생하기도 하였음!} 상은 왕사들인 <봉태{封太}>와 <절익{折益}> 등이 후궁을 음란하게 함에 염증을 느껴서 밖에서 들어온 불법으로 이들 큰 학원들을 주관하게 한 것이었고, 청정함을 법으로 삼을 수 있음을 내보여서 선인{仙人}들을 크게 깨우치려 함이었다.

4월, <해현{解玄}>이 나이 일흔셋에 죽어, 조황{祖皇}의 예로 장사하였다. <해현{玄}>은, 미모로 인하여 총애를 받았고, 딸을 바쳐서 후가 되었더니, 지위는 지극히 높아서 새로 더 만들어 댈 수도 없었으나, 일생을 음란하고 추하게 살았었다.

7월, <백제{濟}>의 <수곡성{水谷城}(임강진)>을 쳤다.

<백제>가 태사 <고흥{高興}>을 사서편찬을 담당하는 은솔로 삼아서 <서기{書記}> 50권과 <장경{將鏡}> 12권을 편찬하였다.

9월, <봉산공><희>가 나이 53살에 죽었다. <미천>의 아들이며, 사람됨은 마음이 맑고 욕심이 적었으며, 이하 해독 불능...{해}인들이 묘왕의 자리에 있는 것을 달갑게 여기지 않았고, 아직 ■함에 게으르지 않았었다.

☯ 六年丙子, 十一月, 伐<百濟>北鄙. 十二月, <代>主<什翼犍>爲其庶子所殺. <苻堅>, 執而裂之, 分<代>爲東·西, 西屬<匈奴><衛辰>, 東屬<庫仁>. <犍>孫<珪>, 與母<賀>氏, 走依<賀訥>. <庫仁>, 尋奉之, 不以廢, 與易意. <平易[=陽]>生<加連>公主.

○ 6년{단기2709년/AD376}병자, 11월, <백제{百濟}>의 북쪽 변경을 쳤다. 12월, <대{代}>주 <십익건{什翼犍}>이 자신의 서자에게 죽음을 당하였다. <부견{苻堅}>이 그 서자를 잡아서 찢어 죽이고, <대{代}> 땅을 동·서로 나누어서 서쪽은 <흉노{匈奴}><위진{衛辰}>에게 속하게 하고 동쪽은 <고인{庫仁}>에게 속하게 하였다. <십익건{什翼犍}>의 손자 <탁발규{珪}>가 어미 <하{賀}>씨와 <하눌{賀訥; 野干之子}>에게로 달아나 의탁하였더니, <고인{庫仁; 衛辰之族, 什翼犍之甥}>이 이들을 찾아 모셨다. 폐하지 않고 더불어서 다스려 보려 했음이었다. <평양{平易=平陽}>이

<가련{加連}>공주를 낳았다.

☯ 七年丁丑, 十月, 雪{雷}疫. <濟>兵三萬來侵「平壤」. 十一月, 伐<濟>. 遣使于<苻堅>. <近仇首>妻父<眞高道>, 以內臣佐平, 擅政荒淫. <罡>后生子<勇德>.

○ 7년{단기2710년/AD377}정축, 10월, 눈{우박?}이 내리고 뇌성이 일었으며, 돌림병이 일었다. <백제{濟}>가 3만병으로 「평양{平壤}」을 침입하였기에, 11월에 <백제>를 정벌하였다. <부견{苻堅}>에게 사자를 보냈다.{☞<삼국사기>엔 까닭 없이 사신을 보내서 조공한 것으로 읽힘!} <근구수{近仇首}>처의 아비 <진고도{眞高道}>가 내신좌평이 되어서 정사를 함부로 주무르고 황음하였다. <천강{罡}>후가 아들 <용덕{勇德; 談德의 同母弟}>을 낳았다.

☯ 八年戊寅, 五月, 大旱不稔. 九月, <契丹>入寇<梁貊谷>八部落. 民飢相食. <苻堅>送<大完馬>二匹, 畜于<龍山>而牸之.

○ 8년{단기2711년/AD378}무인, 5월, 가뭄이 심하여 이삭이 여물지 않았다. 9월, <거란{契丹}>이 <양맥곡{梁貊谷}>의 여덟 부락을 노략하였다.{☞<삼국사기>엔 함락시킨 것으로 적었음} 백성들이 굶주리며 서로를 잡아먹었다. <부견{苻堅}>이 <대완마{大完馬}> 두 필을 보내왔기에, <룡산{龍山}>에서 기르고 씨를 받게 하였다.

● 十年庚辰, 二月, <濟>, 大疫死者相繼, 五月, 地裂五丈而三日合. <羅>使<衛頭>入<秦>納女. <談德>, 曉聞啼鳥, 而問其何鳥. 后曰; "是鳥, 勸布穀, 而早起啼也." <談德>曰; "天下第一好鳥也." 上聞而異之.

○ 10년{단기2713년/AD380}경진, 2월에 <백제{濟}>에 돌림병이 크게 돌아서 죽는 이들이 줄을 이었고, 5월엔 땅이 다섯 길이나 갈라졌다

가 3일이 지나자 붙었다. <신라{羅}>가 <위두{衛頭}>를 시켜서 <진{秦=前秦}>에 들어가 딸을 바쳤다. <담덕{談德}>이 새벽에 새가 우는 소리를 듣고는 어떤 새냐고 물으니, 후가 답하길; “이 새는 곡종{穀種}을 뿌리게 하는{≒농사의 때를 알려서 씨뿌리기를 권하는} 새인데, 일찍 일어나서 우는구나.”라 하였고, <담덕>은 “천하에서 제일 좋은 새입니다.” 라고 말하였다. 상이 이 소릴 듣고는 남다르다고 여겼다.

☯ 十三年癸未, 九月, 星孛西北. 十一月, <謝玄>大破<苻堅>於<肥水>.

○ 13년{단기2716년/AD383}계미, 9월, 살별{혜성}이 서북에서 빛났다.
11월, <사현>이 <비수>에서 <부견>을 대파하였다.

☯ 十四年甲申, 春三月乙酉朔.... 四月, <近仇首>死. 子<枕流>立. 其母<阿爾>迎胡僧于<晋>, <摩羅難陀>九月來, 招佛法.
十一月, 畋于<獸林>而不豫, 入「溫湯」而崩, 春秋四十六. 依遺詔, 葬于<小獸林>. 時, 酪·酒·饘·餠·肉·菜·果·茗八家爭遣其子於<晉>, 以習烹飪敎于道場. 大家廚人, 甚倨且多<朱>·<芙>之裔, 與公卿交婚. 至是, 各以其業爲姓. 隷于中畏仙人, 故奄有不平之志. 以大行不豫之過, 相嫁而不負, 故皀衣得罪遠流者三十餘人.

○ 14년{단기2717년/AD384}갑신, 4월, <근구수{近仇首}>가 죽어, 아들 <침류{沈流}>가 섰다. 그의 어미 <아이{阿爾}>가 <진{晋=東晋}>에 있던 호승{胡僧; 북방의 승려}을 맞아들였다. <마라난타{摩羅難陀}>가 9월에 <백제>로 왔으며, 불법을 불러들인 것이었다.
11월, <수림{獸林}>에서 사냥하다가 갑자기 몸이 위중하여져서, 온탕에 들어가서 붕어하였다. 춘추 마흔 여섯이었다. 유조{유언}를 따라서 <소수림{小獸林}>에 장사하였다. 이 시절, 낙{酪}·주{酒}·전{饘}·병{餠}·육{肉}·채{菜}·과{果}·명{茗} 여덟 집안들이 서로 다투어 <진{晉}>에 자식을 보내서 음식을 삶고 지지는 것을 배워다가 도장에서 가르쳤다. 큰 집안의 요리사들은 심히 거만하였을 뿐만 아니라, 많은 이가

<주{朱}>씨와 <부{芙}>씨의 후예들이어서, 공경들과 서로 혼인하였고, 이때부터 각자 자신의 생업을 성{姓氏}으로 삼았다. 중외선인{中畏仙人}에 예속되어 있어서 속으로 불평하는 마음이 있었고, 대행의 몸이 갑자기 심하게 아프게 된 잘못을 서로가 미루며 책임지지 않았더니{☞독살?}, 조의{皂衣}들이 대신하여 죄를 받았고, 멀리 유배된 자가 30여 사람이나 되었다.

역자의 변 : <소수림대제>는 <부견>의 <전진>과 긴밀한 사이였으며, 멀리 남조의 <동진>과도 교류하였고, 재위기간 중의 외침은 <백제>의 대대적인 <평양>침공이 있었으나 바로 되갚았는데, <삼국사기>엔 <말갈>이 여덟 부락을 약탈 정도를 하였음에도 함락된 것으로 곡필되어? 남아있다.
<三國詐記>를 근거로 하여서 <소수림>조정이 첫 율령을 반포하였다라고 하였던 교육내용은 거짓임이 앞선 <고구리>조정들의 율령관련 기록들을 보아서도 알 수 있을 것이며, 역시 미개한 이들이 처음으로 율령을 만들고 고대국가의 모양을 갖추었다는 교육내용은 의도적인 곡필·조작이었음이 확실하여 보인다.
<삼국사기>엔 불교의 전래라 하였던 것도, 난데없이 <부견>이 불상과 불경을 <순도> 편에 보내주었고, <소수림제>는 황송하여 <전진>에 조공한 듯이 써져 있으나, <부견>이 <소수림>조정에 청혼을 하면서 불승 <순도>편에 황실에 불상과 불경을 보낸 것이었으니, 지금껏 가르쳐진 내용과는 감이 매우 다르게 읽혀지며, 물고기 방생이 불도에 따른 특징적인 것이라면 이미 황실에도 불교가 들어와 있었던 듯하다. 반면, <백제>의 불도 전래는, <근구수>가 죽고 그 아들 <침류>가 선 다음에 <침류>의 모후인 <아이>후가 <동진>에 있던 북방의 불승을 맞아들여서 불승 <마라난타>가 왔으며, 불법을 스스로 불러들인 것으로 읽혀진다.
<백제>는 역사서 편찬에 있어서도 태사 <고흥>에게 사서편찬 담당 은솔의 작위를 주어서 <서기>50권과 <고구리>의 <3대경> 또는 <정경>등에 비견되는 <장경>12권을 편찬하였다고 기록되어 있어서, <고흥>박사가 <서기>를 편찬하였다고 가르침을 받았던 내용과 다소 다르게 여겨진다. 역사서의 찬술과 역사해설 및 교육은 피교육자들의 얼을 좌지우지하는 것이어서 아 다르고 어 다른 것인데도, 이를 역사연구 및 교육을 직업으로 삼은 이들은 어찌 알고 어찌 하여 왔는가?

19. 第十八世<故國襄大帝>紀 제18세<고국양대제>기

원문출처; http://mf.history.go.kr/Pdf0020000/00322322.pdf

傳曰; 帝, 諱<伊連>, 亦曰<於只支>, <獸林>之胞弟也. <解>太后, 夢, 登<龍山>欲見<芻牟>乘龍上天之狀, 忽有大蝶化爲六足烏, 賊受幸而娠. 巫以爲不祥, <周>太后獨以爲不然此兒乃<芻牟>之現也. <皝>賊之亂, 從后至<燕>. <皝>, 每至后宮, 必敬帝而輕后, 曰; "汝以此兒貴." 有人勸<皝>害帝, 則<皝>曰; "天命不可強, 強之則反受殃." 未幾放還. 幼, 好神仙遊山川, 孝事父母及兄帝. 及長, 問民疾苦, 新定律令, 敎誨宗戚子女. 國有大事, 預決其要. <獸林>, 愛之, 曰; "此, 吾身也." 委之而不問者亦多, 故國人號爲副皇. <獸林>, 將崩, 傳釼璽于帝, 曰; "中國多亂, 唯東方稍安, 乃祖蔭也. 汝, 其善守, 以傳<談德>." 上, 涕泣, 受之⊛.

참조;⊛ "...<小獸林>崩. 以<解>太后命, 卽位於「西都」<鸞宮>, 春秋四十三..." 라는 기록이 00322342.pdf의 말미 표지 안쪽에 쓰여 있음.

쓰여 있길; 제는, 휘가 <이련{伊連}> 또는 <어지지{於只支}>이고, <수림{獸林}>의 동복아우이다{☞부친은 모른다?}. <해{解}>태후가 꿈에 <룡산{龍山; 혹시 慕容皝의 龍城?}>에 올라 <추모{芻牟}>가 룡을 타고 상천하는 모습을 보고파 하였더니, 홀연 큰 나비가 나타나서 육족오{六足烏}로 변하였었고, 적{=모용황}이 <해>태후의 승은을 입고 나서 생겼다. 이에 점을 보는 이가 상서롭지 못하다고 하였더니, <주{周}>태후 홀로 그렇지 않다고 하면서 이 아이{=이련}는 <추모{芻牟}>가 현신한 것이라고 하였었다. <모용황{皝}>적의 난리 중에, 제는 <해>태후를 따라서 <연{燕}>으로 끌려갔었다. <모용황{皝}>은, {<해>태}후의 궁으로 올 때마다, 제는 높이 여겼으나 후는 경시하면서 말하길; "당신은 이 아이로 인하여 귀하게 될 것이오."라 하였으며, <연>의 다른 사람들은 <황{皝}>에게 제{=이련}를 해치우라고 하였으나, "천명은 억지로 어찌 할 수 없는 것이고, 그것을 어찌하려다보면 도리어 재앙이 오는 법이오."라 말하더니만, 오래 있지 않아서 돌려보냈다. 어려서는 신선을 즐겨 찾고 산천을 유람하였으며, 부모님과 형인 제{=소수림대제}를 효성으로 섬겼고, 장성하여서는 백성들의 괴로움을 살피고, 새로운 율령을 정하였으며, 종척의 자녀를 교육함에 부지런하였고, 나라에 큰 일이 생기면 앞을 미리 내다보며 그 요체를 결정하였었다. <수림{獸林}>이 그를 아끼며 이르길, "이 사람은 내 분신이오."라 하고는 정사를 맡겨놓고 묻지 않는 적이 많았더니, 나라 사람들은 버금황제라 불렀다. <수림>은 죽음을 앞두고 보검과 옥새를 넘겨주면서 "중원 땅의 나라들은 소란한데, 오직 동방만은 점점 고요해지고 있구먼. 조상님들의 음덕이 있음인 것이야. 자네도 잘 지켜서 <담덕{談德}>에게 물려주게나."라 일렀고, 상은 소리 없이 눈물 흘리며 받았다⊛.

참조;⊛ "...<소수림>이 죽자, <해>태후의 명으로, 「서도」<란궁>에서 즉위하였다. 그때 춘추 마흔 셋이었다..." 라는 기록이 00322342.pdf의 뒷면 표지의 안쪽에 쓰여 있음.

☯ 元年甲申, 十二月, 葬大行于<獸林>. 以<天罡>爲皇后, 乃遺命也. <鮮克>太輔, <椽興>左輔, <朋連>右輔·主兵大加. 尊后父<天原公><琳>爲太上皇, 后兄<韜>爲中畏大夫·都統內外採供事. 以<周德>爲大主簿兼羽林將軍.

○ 원년{단기2717년/AD384}갑신, 12월, 대행을 <수림{獸林}>에 장사하고, <천강{天罡}>을 황후로 삼았다. 이는 유명을 따랐음이었다. <해극{鮮克}>을 태보로, <연흥{椽興}>을 좌보로, <붕련{朋連}>을 우보·주병대가로 삼았다. 후의 부친 <천원공{天原公}><림{琳}>을 태상황{太上皇}으로 높이고, 후의 오빠 <연도{韜}>를 중외대부·도통내외채공사로 삼았으며, <주덕{周德}>이 대주부와 우림장군을 겸하게 하였다.

☯ 二年乙酉, 六月, 聞<苻堅>被殺於<姚萇>, 四十八. 宗戚多以佛不可信, 請廢寺逐僧. 上曰; "先帝, 以僧, 清淨高行爲法. 朕, 亦雖好色, 知清淨之高不與淫穢之仙. 其勿議二寺高僧之存廢." 命皇弟<朋連>, 率<龍厥>·<鮮彦>等, 引四萬兵, 伐<菟城>·<章武>等拔之, 斬其將<郝景>

等十人, 掠<龍城>男女一萬余口而還, 珍寶·器玩無數. 自<苻堅>破<鄴>之後, <遼東>爲與<秦>相持之地而久不用兵, 使<契丹>坐大. 至是, 廷議復發而復此二城.
八月, <慕容垂>, 聞<龍城>之敗, 招其弟<農>於<蠮翁>. 歷<凡城>而入<龍城>. 其行至速, 人不知焉. 密練三万精兵, 外修墳墓而示不戰之意. 十一月, 猝攻<章武>, <紐庳>敗死. 移攻<菟城>, <龍厥>迎擊破之. <農>, 以<龐淵>爲<章武令>, 自稱<遼東>太守, 招誘<幽>·<冀>投民. 民多霑皇化, 不肯歸之. 以<天原公>正妃<鮮>氏爲太上后, 置僚屬. 以其外兄<淵億>爲大夫.
是年, 二月, <枕流>, 創寺于<漢山>, 十月成, 度僧十人, 而死. 其弟<辰斯>継之, 強勇聰慧有智略. <枕流>妻, 悦之, 迎爲継夫而專政, 以其子<莘>爲嗣. 以<天龍>爲<胥狗>妃.

○ 2년{단기2718년/AD385}을유, 6월, <부견{苻堅}>이 48살에 <요장{姚萇}>에게 피살되었다고 들렸다. 종척들 중에서 많은 이들이 불법은 믿을 바가 못 되니, 절들을 폐하고 중들을 내치자고 청하였다. 이에 상이 이르길; "선제께서는 승려들을 써서 청정·고행하는 것을 법으로 삼으셨소. 짐 역시 호색하지만, 그들이 보이는 청정함의 정도가 선도들의 음란·추악함과 같지 않음을 알고 있으니, 두 절과 고승들의 존폐를 의론하지 마시오."라 하였다. 황상의 아우 <붕련{朋連}>에게 명하여, <룡궐{龍厥}>·<해언{解彦}> 등을 데리고, 4만병을 이끌고 나가서, <도성{菟城}>과 <장무{章武}> 등을 빼앗게 하였더니, 그곳의 장수 <학경{郝景}> 등 열 사람의 목을 베고, <룡성{龍城}>을 노략하여 남녀 1만여 명을 붙잡아서 돌아왔다. 노획한 진보와 값진 노리개들도 무수하였다. <부견{苻堅}>이 <업{鄴}>을 깨뜨린 이후로, <요동{遼東}>땅은 <진{秦=前秦}>과 마주하면서 지키기만 하고 군병을 써 본 적이 오래되었더니, 이것이 <거란{契丹}>으로 하여금 그 땅을 넓게 깔고 앉게 만들었기에, 지금에 이르러서 조정이 이 두 성을 되찾기로 하고 군대를 보내서 되찾은 것이었다.
8월, <모용수{慕容垂=後燕世祖}>가 <룡성{龍城}>이 떨어진 것을 듣고서

<열옹{蠮翁}>에 있는 제 동생 <모용농{農}>을 불러들였더니, <범성{凡城}>을 거쳐 <룡성>으로 들어갔는데, 그 행적이 지극히 신속하여서 남들은 눈치도 채지 못하였었다. 3만 정병을 몰래 훈련시키면서도, 겉보기엔 분묘를 손보는 것처럼 하여서 싸울 뜻이 없는 체 하다가, 11월에 돌연 <장무{章武}>를 공격해 왔다. 우리 장수 <뉴비{紐庳}>가 패하여 죽었더니, 군대를 돌려서 <도성{菟城}>으로 쳐들어왔다. <룡궐{龍厥}>이 맞싸워서 깨뜨렸다. 이에 <모용농>은 <방연{龐淵}>을 <장무령{章武令}>으로 삼아 놓고, 자신은 <요동{遼東}>태수를 칭하면서 <유주{幽州}>와 <기주{冀州}>에 있는 투항해 온 백성들을 불러 꼬드겼으나, 많은 이가 황상의 백성이 되기로 하고 그에게로 돌아가지 않았다.{☞<삼국사기>는 이 기사를 약술하였으며 기술취지도 좀 다르다!}
<천원공>의 정비 <해{解}>씨를 태상후{太上后}로 삼아서 관료를 딸려 주었고, 그녀의 외가 오빠 <연억{淵億}>을 대부로 삼았다.
이해 2월에 <침류{沈流}>가 <한산{漢山}>에 절 짓기를 시작하여 10월에 완성하더니, 열 사람을 중이 될 수 있게 허락하고 나서 죽었다. 그의 아우 <진사{辰斯}>가 뒤를 이었는데, 강하고 용맹하고 총기 있고 지혜로웠으며 지략도 있었다. <침류{沈流}>의 처가 <진사{辰斯}>를 매우 좋아하여서 새 남편으로 삼더니 정사를 독차지하였고, 자신의 아들 <아신{莘}>을 후사로 정하였다. <천룡{天龍}>을 <서구{胥狗}>의 비로 삼았다.

☯ 三年丙戌, 正月, 以**<談德>**太子爲正胤, 置東宮僚. 以**<豧>**爲東宮大夫. **<談德>**, 年十三, 力能扛鼎, 善射, 能御衆. 先皇長子**<岡>**亦賢, 以先皇遺詔, 竟立**<談德>**. <拓跋[珪]>爲<代>王, <慕容垂>稱帝. 八月, **<龍厥>**等伐**<濟><関彌城>**, 不克. 十月, 桃李華, 牛生馬八足二尾. 上, 宴群臣, 以娛之. **<辰斯>**, 發丁十五以上, 設**<関防>**. 自**<青木嶺>**北距**<八坤城>**西至於**<海>**, 以備我, 而霜飢.

○ 3년{단기2719년/AD386}병술, 정월, <담덕{談德}>태자를 정윤으로 삼아서 동궁관료를 딸려 주었으며, <비{豧}>를 동궁대부로 삼았다. <담

덕{談德}>은 나이가 열 셋이었는데, 힘은 능히 가마솥을 들어 올렸으며, 활도 잘 쏘고 무리를 능숙하게 이끌었다. 선황{=소수림대제}의 장자 <강{岡}> 또한 현명하였으나, 선황의 유지를 받들며, 끝내 <담덕>을 태자로 세운 것이었다. <탁발규>가 <대>의 왕이 되고, <모용수>가 제를 칭하였다.

8월, <룡궐{龍厥}> 등이 <백제{濟}>의 <관미성{関彌城}>을 쳤으나, 이기지 못하였다. 10월, 복숭아나무와 오얏나무에 꽃이 피고, 소가 발이 여덟에 꼬리가 둘인 말을 낳았더니, 상은 군신들에게 연회를 베풀어서 이를 즐겼다. <진사{辰斯}>가 15살 이상의 장정들을 뽑아서 <관방{関防}>을 설치하였다. <청목령{青木嶺}>에서부터 북쪽으론 <팔곤성{八坤城}>에 이르게 하고 서쪽으론 <해{海; 호수, 강, 바다, 개활지 등}>에 다다르게 하여서 우리 쪽에 대비하게 하였는데, 서리가 내려서 사람들이 굶주렸다.

● 四年丁亥, 九月, 命左將軍<鮮猩>率<鞨>兵攻<関彌城>, <濟>達率<眞嘉謨>·恩率<豆知>等來拒于峇敗入城中不出, 圍之不拔. 以<天乙>爲<春>太子妃. <代>, <珪>稱<魏>.

○ 4년{단기2720년/AD387}정해, 9월, 좌장군 <해성{鮮猩}>에게 명하여서 <말갈{鞨}>군을 이끌고 <관미성{関彌城}>을 치게 하였더니, <백제{濟}> 달솔 <진가모{眞嘉謨}>와 은솔 <두지{豆知}>가 와서 고개에서 막아섰다가 패하여서 성안으로 들어가더니 나오지 않았다. 그 성을 포위는 하였었으나, 빼앗지는 못했다.{☞<삼국사기>에는, <일본>의 고대역가 <백제>를 조상국으로 취하여서인지, <백제>가 <말갈>과 싸워서 이기지 못하였다고는 하였으나 <고구리>와 싸웠다는 기사는 안 보인다} <천을{天乙}>을 <춘{春}>태자비로 삼았다. <대{代}>의 <탁발규{珪=北魏太祖}>가 <위{魏=北魏}>를 칭하였다.

☯ 五年戊子, 四月, 大旱. 上, 與后及太子, 祈雨於<肖門寺>七日, 小雨. 五月, 如「溫湯」. 以旱, 命停伐<濟>. 東宮, 曉聞<布穀>而歎, 曰; "鳥尙如是, 況人乎." 八月, 蝗.

○ 5년{단기2721년/AD388}무자, 4월, 가뭄이 심했다. 상이 후들과 태자들을 데리고 <초문사{肖門寺}>에서 기우제를 올렸더니, 7일 만에 비가 조금 내렸다. 5월, 온탕에 갔다. 가뭄이 계속되어서 명을 내려 <백제{濟}>정벌을 그만두게 하였다. 동궁이 새벽에 <포곡{布穀}>조가 우는 소리를 듣더니만, "새들도 비가 오길 바라기가 이와 같은데, 하물며 사람들이야 오죽하겠는가!"라고 탄식하였다. 8월, 황충이 일었다.

☯ 六年己丑, 二月, 后生<談允>太子, 亦英勇奇偉, 無遜於東宮, 故乃名<談允>. 命東宮賑飢民. 是年, <羅>亦大疫·雨土而不登. <濟>亦不熟而聞我民飢, 使<嘉謨>來侵, 爲<龍能>所敗而去. 九月, 大破<豆知>于<阿旦城>. <周德>右輔·主兵大加.

○ 6년{단기2722년/AD389}기축, 2월, 후{=天罡}가 <담윤{談允}>태자를 낳았다. 역시 뛰어나게 용감하였고 특출하게 몸집이 듬직한 것이 동궁에게도 손색이 없었기에, <담윤{談允}>이라고 이름 지었다. 동궁에게 일러서 굶는 백성을 진휼하게 하였다. 이해엔 <신라{羅}> 역시 병이 크게 돌고 흙이 비처럼 내렸고{화산재? 심한 황사?}, 곡식도 영글지 않았다. <백제{濟}> 또한 곡식이 여물지 않았는데, 우리 백성들이 굶주린다는 소릴 듣고, <진가모{嘉謨}>를 시켜서 쳐들어왔다가 <룡능{龍能}>에게 패하여 돌아갔다.{☞<삼국사기>에는 이 기사도 곡필!} 9월, <아단성{阿旦城}>에서 <두지{豆知}>를 크게 깨뜨렸다. <주덕{周德}>을 우보·주병대가로 삼았다.

☯ 七年庚寅, 九月, <嘉謨>襲<都押城>掠二百人[而]去. <辰斯>大喜, 以<嘉謨>爲兵官佐平, 獵于<狗原>七日以慰<嘉謨>. <嘉謨>, <辰斯>之妻兄也. 初, <高道>得<馬山>女爲妾而生<嘉謨>及<枕流>妾<佳利>. <枕流>死, <佳利>継爲<辰斯>妻專政. <嘉謨>勇而無謀雪使軍士, 故人以爲無謀. 是, <嘉謨>不振乃<辰斯>. <天龍>生子<華德>, 賜<杜訥>鯉宅及庄.

○ 7년{단기2723년/AD390}경인, 9월, <가모{嘉謨}>가 <도압성{都押城}>을 습격하여 2백 사람을 잡아갔다. <진사{辰斯}>가 크게 기뻐하며 <진가모{嘉謨}>를 병관좌평으로 삼았고, <가모>를 위해 <구원{狗原}>에서 7일간이나 사냥을 벌였다. <가모>는 <진사{辰斯}> 처의 오빠이다. 애초에 <진고도{高道}>가 <마산{馬山}>녀를 처로 삼더니 <가모>와 <침류{沈流}>의 첩 <가리{佳利}>를 낳았다. <침류>가 죽으매 <가리>는 계속하여 <진사>의 처가 되어서 정사를 전횡하였다. <가모>는 용감하긴 하였으나 무모하게 설욕하려고 군사를 부렸더니, 사람들이 그를 무모하다고 하였다. 정말로 <가모>는 <진사>까지도 두려워하지 않았다. <천룡{天龍}>이 아들 <화덕{華德}>을 낳았기에, <두눌{杜訥; =達里湖周邊?}>의 리택과 장원을 내려주었다.

● 八年辛卯, 四月, <鮮猩>, 引<鞨>兵二千, 拔<濟><赤峴>·<沙道>二城. 時, <倭>侵<加>·<羅>至<濟>南, <辰斯>與<佳利>奢其宮室, 穿池造山以養奇禽. <異世>卒, 聞此報, 逃入國西大島, 已而<倭>退, 還入<橫岳>. 恐人之笑, 假托射鹿, 其不振甚矣. 以<吐山>爲東宮妃. 五月, 上, 與后如「溫湯」, 飮酒而崩. 時, 東宮, 在西練兵, 聞報而至. 上已不能言命, 后傳璽而崩. 東宮號泣而卽位於溫宮殯殿, 寶算十八. *嗚呼, 上以仁明, 好德之姿, 精通物人之心, 而自幼好色沈酒, 無意於世. 政之大者委於<鮮克>, 細者委於<淵韜>, 而使東宮監之. 至是, 中酒而棄民, 惜哉.* 春秋四十九. 葬于<故國壤(羊角山之東)>.

○ 8년{단기2724년/AD391}신묘, 4월, <해성{鮮猩}>이 <말갈{鞨}>병 2천을 이끌고 <백제{濟}>의 <적현{赤峴}>과 <사도{沙道}> 두 성을 빼앗았다. 이때, <왜{倭}>가 <가야{加}>와 <신라{羅}>에 침입하더니만 <백제{濟}>의 남쪽에까지 이르렀는데도, <진사{辰斯}>는 <가리{佳利}>와 함께 궁실에서 사치하며 연못을 파고 산을 만들어 특이한 새를 기르고 있었다. <이세{異世}>가 죽자, 이 소식을 듣더니, 나라 서쪽에 있는 큰 섬으로 피해 들어갔다가, <왜{倭}>가 물러나자 돌아왔다가 다시금 <횡악{橫岳}>으로 들어갔다. 사람들이 비웃을까를 걱정하여서, 사슴

을 잡는다는 핑계를 댄 것이었으니, 그의 기세 허약함이 이토록 심했었다.{☞<삼국사기>에는 <백제본기>에서 기사 곡필됨!} <토산{吐山}>을 동궁비로 삼았다. 5월, 상이 후와 함께 온탕에 가서 술을 마시다 죽었다. 이때 동궁은 서쪽에서 군병을 조련하다가 소식을 듣고 도착하였으나, 상은 이미 말하여서 명을 내릴 수 없었으며, 후가 옥새를 전하자 죽었다. 이에 동궁은 울부짖으며 「온궁」의 빈전에서 즉위하였다. 보산 18세였다. *슬프다! 상은, 어질고 사리에 밝았으며, 덕행 하기를 좋아하는 성품이었고, 세간의 인심에 정통하였었으나, 어릴 적부터 호색하고 술에 젖어 세상사에 뜻이 없더니만, 정사에 있어서는 큰 일은 <해극{鮮克}>에게 맡기고 작은 일은 <연도{淵韜}>에게 맡겼으며 동궁을 시켜서 이들을 감독하게 하였었다. 이때에 이르러 술 마시다 백성을 저버렸으니 애석하였다 할 것이다.* 춘추 마흔 아홉이었다. <고국양{故國壤; 옛 나라의 <평양> 땅?}(양각산지동)>에 장사하였다.

역자의 변 : <고국양제>는, 재위기간이 8년으로 짧았으나, <모용수>의 <후연>을 정벌하였으며, 남방인 <백제>의 침략을 물리쳤다.
이 시절 <백제>와 관련하여 <삼국사기>는 <백제>를 두둔하고, <고구리>를 깎아내리는 기술을 하였거나, 후세의 손들에 의해 삭필·곡필 된 것으로 여겨진다. 서로 원수가 된 상황의 <고구리>와 <백제>이지만, <고구리>본기임에도 그리 기록될 수는 없음이 인지상정이었을 터인데...
<삼국사기>는 <고국양제>는 9년을 재위하였고, 9년기에 <신라>가 <실성;=보금?>을 볼모로 보냈다는 기록이 있으나, 본 <고구리>사초·사략엔 <영락대제>기 초년에 <신라>가 두 딸과 <보금>을 보냈다고 나오는 것으로 보아서, 편찬자간의 착오?였거나 이명동인이든 또는 다른 사정이 있었을 것으로 본다. 허나, 초기의 편년차이에 비하면 무시할 정도라고 본다.
여하튼, <국강상광개토경평안호태왕> 즉 <영락대제>가 되는 <담덕>은 자신의 조정을 위한 준비를 게을리 하지 않았던 단편이 기록에 보인다.
<백제>의 <진사>와 <진가모>의 추한 모습은 단 한 글자도 <삼국사기>에 남아있지 않은 것은 최소한 <일제총독부>의 <조선사편수회>를 앞세운 걸작 중 하나이었을 것으로 본다..

20. 第十九世<永樂大帝>紀 제19세<영락대제>기

원문출처; http://mf.history.go.kr/Pdf0020000/00322322.pdf

傳曰; 帝, 諱<談德>. 母, 太后<淵>氏, 號曰<天罡>上太后, <天原><琳>女也. 夢與神鹿交好而生帝. 幼而雄偉, 有大武之風. <獸林>命傳國, 故長子<岡>讓爲仙宗. 自幼, 好軍事, 讀兵書, 干預政事, <淵韜>畏之.

쓰여 있길; 제는 휘가 <담덕{談德}>이다. 모친은 <연{淵}>씨로 <천강{天罡}>상태후로 불렸으며, <천원{天原}공><림{琳}>의 딸이고, 꿈속에서 신록과 교호하여 제를 낳았다{☞추정만 할 뿐, 부친이 누구인지 모르겠다!}. 모습은 그윽하면서도 크고 듬직하였으며, 큰 무인의 기풍을 가졌었다. <수림{獸林}>이 나라를 물려주라고 명하였기에, 장자인 <강{岡}>은 물러나서 선종{仙宗}이 되었다. 어릴 적부터 군대의 일을 좋아하고 병서를 읽었으며, 정사에 간예하였었더니, <연도{淵韜}>가 범접하지 못하였다.

☯ 元年辛卯, 六月, 葬大行于<故國壤>, 禁殉葬及珍宝, 只置烟戶, 及碑以記功德. 以<天罡>爲皇太后, <吐山>爲皇后. 以<積>太子爲太輔, <淵億>左輔, <朋連>右輔. <免衡>中畏大夫, <琳>之庶子也. 其母, 以<免柯>女, 以<衡>爲<柯>孫. 上在東宮時, 累以義直諫. 至是, 擢以代<韜>.
七月, <奈密>遣使吊賻, 請獻二女爲侍妾, 許之. 上, 謂群臣, 曰; "今, 四海諸國, 無不建元. 獨我國無此, 久矣. 宜體三代建元之例, 更建新元." 於是命, <春>太子上號, 乃以<永樂>爲年號, <平安>爲徽號. 上, 可之. 上, 謂太后, 曰; "<平陽>, 以伯帝之女, 事朕以貞. 今又生女, 而累勸其弟<岡>讓嗣于朕. 其功不少, 亦立爲后, 何如." <天罡>曰; "天下事, 唯陛下主之. 老妾何知." 上, 乃命<免衡>, 迎<平陽>于新宮, 冊皇后, 一如<吐山>例. <平陽>, <獸林帝>元妃<燕>氏出也. 少好仙藥之事, 有窈窕之德而淨貞自守. 年過二紀, 未嘗斜視一人. 上, 潛邸時, 以<平陽>爲宮人, 尋受幸生女. 至是, 又生女, 陞皇后, 宝算三十三. 后有聖德, 上每有大事必議而行之.

九月, 上, 與太后及二后, 謁<卒本>祖廟告嗣位, 宴宗戚, 赦罪因, 恤四窮賑民褒孝. 十月, 還「西都」亦如之. 十二月, 以<獸林帝>元妃<燕>氏爲<燕>太后, 賜年貢及宮室·車馬·奴婢, 一如太上后<鮮>氏. 以<平陽>弟<岡>爲仙王, 設道場三日. 命<韜>守<柵城>.

○ 원년{단기2724년/AD391}신묘, 6월 대행을 <고국양{故國壤; 옛나라 平壤?}>에 장사하였다. 순장을 금하고, 진귀한 보물도 부장하지 말라 하였으며, 단지 연호{烟戶=守墓人}를 두고 공덕을 기록한 비석{碑}만을 세우게 하였다. <천강{天罡}>을 황태후로, <토산{吐山}>을 황후로, <적{積}>태자를 태보로, <연억{淵億}>을 좌보로, <붕련{朋連}>을 우보로 삼았다. <면형{免衡}>은 중외대부로 삼았는데, <천원공> <림{琳}>의 서자이다. 그의 어미가 <면가{免柯}>의 딸이어서, <형{衡}>은 <면가{柯}>의 손자가 되었다. 상이 동궁에 있을 때 누차 의롭게 직간하더니, 이때에 이르러 발탁되어 <연도{淵韜}>를 대신하게 된 것이었다. 7월, <내밀{奈密=奈勿}>이 사신을 보내서 조문하며 부의하고는, 두 딸을 바칠 터이니 시첩으로 삼아 달라고 청하기에, 이를 허락하였다. 상이 군신들에게 “지금 4해{四海; 나라 밖}의 모든 나라들이 년호{年號}를 세우지 않은 곳이 없는데, 유독 우리나라만이 없는 지가 오래되었소. 3대{=추모·유리·대무}시절에 건원{建元}하던 예를 살펴서 응당 새 년호를 세워야 할 것이오.”라 일렀더니, 이 명을 따라서 <춘{春}>태자가 호{號}를 올리길 ‘<영락{永樂}>을 년호{年號}로, <평안{平安}>을 휘호{徽號}’로 하시자고 하였고, 상이 좋겠다고 하였다. 상이 태후에게 아뢰길; “백제{伯帝; 先帝 故國襄의 형인 獸林}의 딸 <평양{平陽=平昜}>은 짐을 섬김에 정조가 있었으며, 지금 다시 딸을 낳았고, 여러 번 자신의 동생 <강{岡; 平昜의 남매쌍둥이 동생}>에게 일러서 짐에게 사위{嗣位}를 양보하게 하였었습니다. 그 공이 적지 않으니, 역시 후로 삼았으면 합니다. 어떠신지요?”라 하니, <천강{天罡}>은 “천하의 일은 오로지 폐하께서 주관하시는 것인데, 노첩이 어찌 알겠소이까?”라 하였다. 상은, 이에 <면형{免衡}>에게 명하여, <평양{平昜}>을 새 궁전으로 맞아들

여서 황후로 책봉하고 <토산{吐山}>의 경우와 하나같게 하였다. <평양>은 <수림제{獸林帝}> 원비 <연{燕}>씨의 소생으로, 젊어서는 선약{仙藥} 일을 즐겨 하였고, 요조{窈窕}의 덕이 있었다. 행실이 깔끔하였고 정조를 지켜서, 나이가 2기{24살?}가 넘도록 다른 이를 곁눈질 하지 않았었다. 상이 잠저시절에 <평양{平昜}>을 궁인으로 삼았더니, 승은을 입어 딸{=加連}을 낳았고, 이제 다시 딸을 낳고서 황후로 올려진 것이었다. 나이는 서른 셋 이었다. 후는 성덕이 있어서, 상은 큰 일이 있을 때 마다 꼭 의논하고 행하였다.
9월, 상이 태후 및 두 후와 함께 <졸본>의 시조 사당을 찾아 사위하였음을 고하고 종척들에게 연회를 베풀었으며, 죄인들을 풀어 주고 사궁{四窮; 鰥홀아비·寡과부·孤고아·獨무자식노인}들을 구휼하였고, 백성들에겐 재화를 나누어 주고 효행한 이들을 포상하였다. 10월에 「서도{작금北京주변}」로 돌아와서도 역시 그와 같이 하였다. 12월, <수림제{獸林帝}> 원비{元妃} <연{燕}>씨를 <연{燕}>태후로 하고, 년공 및 궁실·거마·노비를 내려주어서 태상후<해{解}>씨와 같게 하였다. <평양{平昜}>의 동생 <강{岡}>을 선왕{仙王}으로 삼고, 3일간 도장을 열어 주었다. <연도{韜}>에게 명하여 <책성{柵城}>을 지키게 하였다.

☯ 二年壬辰, 正月, 遣<胥狗>迎<奈密>女. <雲帽>·<霞帽>爲左·右小妃, 以<宝金>爲妃宮大夫. <宝金>, <奈密>之猶子也. 身長而有識. 以寡公主<天星>妻之. <星>, 太上后<鮮>氏出也. 三月, <吐>后生子<鯨>, 太后生女<天龍>. 立國社·宗廟. 五月, 丁卯朔, 日食. 上, 與太后, 如「溫湯」, 行先帝道場七日, 二后從之. 七月, 上, 引兵四万親征<辰斯>, 斬<嘉謨>於<石峴>, 分作四道, 拔其城柵十二. 九月, 移攻<契丹>, 虜其男女三千五百口及流民沒入者萬余, 而還. 民皆頭揷茱萸而賀之. 是爲「九日之俗」. 十月, 又引水陸軍, 分七道, 攻<関彌城>晝夜不休二十日, 而拔之. 其城, 四面峭絶, 海·水圍繞. 故<辰斯>, 以爲不落, 而與其妻<佳利>獵于<狗原>經旬而待我退. 至是, 聞陷而驚倒仍不起而死. <佳利>, 乃以<枕流>子<莘>, 代之.

○ 2년{단기2725년/AD392}임진, 정월, <서구{胥狗}>를 보내 <내밀{奈密}>의 딸들을 맞아들이게 하여서, <운모{雲帽}>와 <하모{霞帽}>를 좌·우 소비로 삼고 <보금{宝金; =實聖?}>은 비빈들이 있는 궁의 대부로 삼았다. <보금>은 <내밀>의 조카로, 키도 크고 유식하였다. 홀로 된 공주 <천성{天星}>을 처로 주었다. <천성{星}>은 태상후<해{解}>씨 소생이다.

3월, <토산{吐}>후가 아들 <경{鯨}>을 낳고, <천강>태후가 딸 <천룡{天龍}>을 낳았다. 나라의 토지 신과 조종을 모시는 사당을 세웠다. 5월, 초하루 정묘일에 일식이 있었다. 상이 태후와 함께 온탕에 가서 선제{先帝}를 기리는 도장을 7일간을 열었다. 두 후도 상을 따라갔었다. 7월, 상이 4만병을 이끌고 친히 <진사{辰斯}>를 정벌하여서, <석현{石峴}>에서 <진가모{嘉謨}>를 참하고, 네 길로 나누어서 그들의 성과 성채 12개를 빼앗았다. 9월 군대를 옮겨서 <거란{契丹}>을 공격하여, 남녀 3천 5백구를 사로잡았고, 유민과 잡혀갔던 이들 만여 명도 데리고 돌아왔다.{☞<삼국사기>엔 <광개토왕>원년{AD392} 9월조 기사로 되어있다!!} 백성들 모두가 머리에 수유가지를 꽂고 축하하였다. 이것이 「9월 9일」의 풍속으로 되었다. 10월, 또다시 수군과 육군을 이끌고 일곱 길로 나누어서 <관미성{關彌城}>을 주야 20일을 쉼 없이 공격하여 빼앗았다. 그 성은 사면이 가파르고 험하며 해·수{海·水}로 둘러싸여 있었다.{☞<삼국사기>엔 <광개토왕>원년{AD392} 10월 기사로 되어있다!!} <진사{辰斯}>는, 함락되지 않으리라 여기고, 자기 처 <가리{佳利}>와 함께 <구원{狗原}>에서 사냥하며 열흘 여를 지내면서 우리가 물러나길 기다리다가, 이때 함락되었다는 소식에 놀라서 자빠지더니 끝내 일어나지 못하고 죽었다. 이에 <가리>가 <침류{沈流}>의 아들 <아신{莘}>으로 대신하게 하였다.

☯ 三年癸巳, 五月, 上, 與太后, 如「溫湯」道場. 御鳥肉問何鳥曰<布穀>, 命却之. <平陽>曰; "太后嗜也." 上曰; "只獻于太后." 太后曰; "陛下不食, 妾何敢食乎." 自是, 國人不食<布穀>. 七月, 征<契丹>拔<川西>. 上, 命二后, 親選國中壯女爲兵而習騎射. <平易[=陽]>后夢見，佛來授童子，曰；“此，是<無量壽>也.” 上，聞之，命創寺于「平壤」及三都，以洪佛道，是乃「九寺」之始也. 八月，<莘>聞我征<契丹>，以爲虛而使<眞武>侵<石峴>，又侵<關彌>，不克而去. 自夏，<倭>寇<羅>累次，圍<金城>五日而退，追擊於<獨山>夾鏖之. 是謂「獨山斬倭」. <耽羅>主<月孫>來降獻土物.

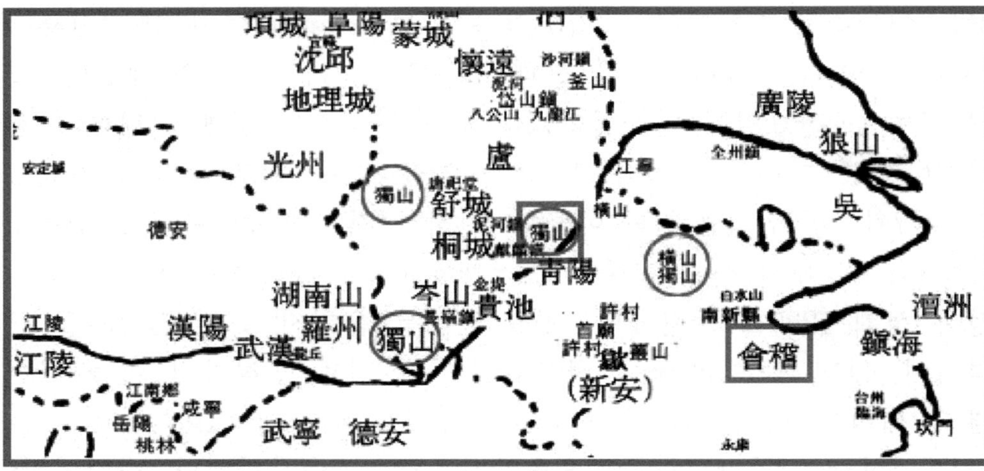

그림44. 이 시절 <倭>는, <會稽>동남 주변에 依山島하던 무리로, <陽子江>과 <獨山>을 거쳐서 <소호{巢湖}>남변의 <金城>?을 자주 침탈하였다.

○ 3년{단기2726년/AD393}계사, 5월, 상이 태후와 함께 온탕 도장엘 갔다. 새고기가 올라온 것을 보고는 무슨 새인가 물었더니, <포곡{布穀}>이라 답하기에, 물리라고 하였다. <평양{平昜}>이 “태후께서 좋아하신다.”고 하였더니, 상은 “태후께만 드리시오.”라 하였다. 이에 태후가 “폐하께서 아니 드시는데 어찌 감히 첩이 먹겠습니까?”라 하였다. 이때부터 나라 사람들은 <포곡>을 먹지 않았다. 7월 <거란{契丹}>을 쳐서 <천서{川西}>를 빼앗았다. 상이 두 후에게 명하여서, 친히 나라 안의 건장한 여인들을 가려 뽑아서 병사로 삼고, 말타기와 활쏘기를 연습시키게 하였다. <평양>후의 꿈에 부처가 오시어 동자를 내려주며 이르길, “이 아이가 <무량수{無量壽}>이니라.”라고 하였다. 상이 이 말을 듣고 「평양{平壤}」과 도성 세 곳{東都·西都·北都=丸都}에 절을 짓게 명하였으며, 불도{佛道}가 널리 퍼졌다. 이것이

「아홉 절」의 유래이다{☞<삼국사기>엔 <광개토왕>2년{AD393}추8월 기사로 되어있다!!}.
8월, <아신{莘}>이 우리가 <거란{契丹}>을 정벌한다는 소리를 듣고, 우리의 나라 안이 비었을 것으로 여기고, <진무{眞武}>로 하여금 <석현{石峴}>성을 치고 또 <관미{関彌}>성을 쳤으나, 이기지 못하고 돌아갔다{☞<삼국사기>엔 <광개토왕>2년{AD393}추8월 기사로 되어있다!!}. 여름부터 <왜{倭}>가 <신라{羅}>를 누차 침략하였다. <금성{金城; 安徽省 巢湖 南邊?}>을 닷새 동안 포위하였다가 물러나니, 추격하여 <독산{獨山}>에서 협공하여 모조리 죽였다{그림44}. 이를 「독산참왜{獨山斬倭}」라 한다.
<탐라{耽羅}>주 <월손{月孫}>이 찾아와 항복하고 토산물을 바쳤다.

● 四年甲午, 二月, <平陽>生子<巨連>. 状皃甚偉, 聲雄壯亮, 開目能坐. 上曰; "此兒乃太祖也." 仍謂后, 曰; "汝好仙而生此佳兒. 仙不下佛也." 命修仙院. 七月, <眞武>又寇. 上, 以五千騎, 迎擊於<水谷城>下, 斬獲殆盡, 餘寇慴伏於谷中而夜遁. 八月, 命修南鄙七城. 以民多勞, 姑停寺院之役. 以<韜>爲右輔.

○ 4년{단기2727년/AD394}갑오, 2월, <평양{平昜}>이 아들 <거련{巨連}>을 낳았다. 생김새가 심히 듬직하고, 목소리도 웅장하였으며, 나면서부터 눈을 뜨고 앉을 수 있었다. 상이 "이 애가 태조{太祖}를 닮았구먼."이라 하고는, 후에게 이르길; "그대가 선{仙}을 좋아하더니만 이렇게 훌륭한 아이를 낳았소. 선{仙}이 불{佛}보다 못한 것은 아닌가 보오."라 하더니, 선원{仙院}들을 수리하라고 명하였다. 7월, <진무{眞武; =백제}>가 또 쳐들어왔기에, 상이 기병 5천으로 <수곡성{水谷城}> 아래에서 맞싸워서 거의 모두를 참살하거나 사로잡았더니, 남은 무리는 골짜기에 숨었다가 야밤에 달아났다. 8월, 남쪽 변방의 일곱 성을 수리하게 하였다.{☞<삼국사기>에는 3년 추7월 및 8월 기사로 되어있음} 백성들의 노고가 심하였기에, 잠시 동안 절과 선원을 짓는 공역은 쉬게 하였다. <연도{韜}>를 우보로 삼았다.

● 五年乙未, 二月, 太后生子<談聰>于「溫湯」. 上, 以<卑離>漸違王化，親征<叵山>·<冨山>·<負山>至<鹽水>，破其部落七百余所，獲牛馬羊豕万數．二后亦騎馬而從上．上，以<吐>后有身止之，而不聽．[歸]生女，名以<三山>． 八月，<眞武>又乘虛入寇．上，以七千騎馳到<浿水>上，虜獲八千余級． <末曷>侵<羅><悉直>． 十一月，<莘>，欲雪<浿水>之恥，將七千人過<漢水>至<靑木岺>，遇大雪多凍死，廻歸<漢城>而勞軍.

○ 5년{단기2728년/AD395}을미, 2월, <천강>태후가 온탕에서 아들 <담총{談聰}>을 낳았다. 상은 <비리{卑離; =弱水以東의 西扶餘?}>가 점차 왕의 가르침을 어기기에, 친히 <파산{叵山}>·<부산{冨山}>·<부산{負山}>을 정벌하고 <염수{鹽水; 甘肅祁連山? 或合黎山附近鹽池? 或蒲昌海?}>까지 이르면서, 그들의 부락 700여 곳을 깨뜨렸고, 소·말·양·돼지를 노획한 것이 만으로 셈이 되었다. 두 후{平易과 吐山} 역시 기마하여 상을 따랐다. 상이 <토{吐}>후는 임신 중이라 말렸어도 듣지 않았고, 돌아와서 딸을 낳았더니, {이 세 산의 이름을 따서?} 이름을 <삼산{三山}>으로 하였다. 8월, <진무{眞武}>가 또 빈틈을 노려 쳐들어오니, 상이 기병 7천을 몰아서 <패수{浿水, 或沮水?, 白河?}>위쪽{북?}에서 8천여 급을 노획하였다.{☞ <삼국사기>에는 4년 기사로 되어있음} <말갈{末曷}>이 <신라{羅}>의 <실직{悉直}>을 침입하였다.
11월, <아신{莘}>이 <패수{浿水}>에서의 수치를 설욕하려고 7천병으로 <한수{漢水; 그림36, 黃河?}>를 건너서 <청목령{靑木岺}>에 이르렀다가, 큰 눈을 만나서 많은 이가 얼어 죽었더니, 군사를 돌려 <한성{漢城; 漢山城? 長江中流 漢陽府漢山城?}>으로 돌아가 군사들을 위로하였다.

● 六年丙申，三月，躬率水軍討<帶方>及<濟>，下十餘城，質其弟而歸．五月，<倭>使來獻土物及美女五人，以求「仙籙」． <雲帽>生子<角彦>．四月，<慕[容]垂>死，子<宝>立.

○ 6년{단기2729년/AD396}병신, 3월, 상이 몸소 수군을 이끌고 <대방{帶方}>과 <백제{濟}>를 토벌하여, 10여 성을 함락시키고, 그 동생을 인

질로 잡아서 돌아왔다. 5월, <왜{倭}>가 사신을 보내서 토산물과 미녀 다섯을 바치면서 「선록{仙籙; 仙道관련 서적}」을 달라고 하였다. <운모{雲帽}>가 아들 <각언{角彦}>을 낳았다. 4월, <모용수{慕容垂; =後燕世祖}>가 죽고, 아들 <모용보{宝=後燕惠愍帝}>가 섰다.

● 七年丁酉, 正月, 大閱于<杜訥原>, 以驍勇爲貴, 不貴宂多. <平易[=陽]>生子<斗連>. <羅>, 旱蝗民饑. <莘>質<腆支>于<倭>, <倭>以女妻之. 七月, 上, 與太后, 如「溫湯」. 太上皇<天原公><琳>薨於山宮, 春秋六十九. 以上皇禮, 葬之. <鮮>太后請居「北都」溫宮, 許之.

○ 7년{단기2730년/AD397}정유, 정월, <두눌원{杜訥原; 達泊湖原?}>에서 크게 군대를 사열하고, 날쌘 말과 용맹한 이를 귀하게 쳤더니 귀하지 않는 자가 지나치게 많았다. <평양{平易=平陽}>이 아들 <두련{斗連}>을 낳았다. <신라{羅}>는 가물고 황충이 일어서 백성들이 굶주렸다. <아신{莘}>은 <전지{腆支}>를 <왜{倭}>에 볼모로 보냈고, <왜>는 딸을 <전지>에게 처로 주었다. 7월, 상이 태후와 함께 온탕에 갔다. 태상황<천원공{天原公}><림{琳}>이 산궁에서 죽었다. 춘추 예순 아홉이었고, 상황{上皇}의 예로 장사하였다. <해{鮮}>태후가 「북도{≒丸都}」의 「온궁」에서 살고자 청하여, 허락하였다.

● 八年戊戌, 三月, 太后生女<喜>. <莘>, 以<沙豆>爲左將, 築<雙峴城>. 遣師<北狛>, 抄<莫斯國>·<加太國>, 男女三百人約修歲貢牛羊. 八月, <莘>, 入寇至<漢山>北柵, 星落營中聲若辟歷, 曰; "侵汝祖國, 必亡." <莘>, 大惧而還, 習射西臺, 曰; "非敢攻人, 聊以自守." 上, 聞而笑之, 曰; "內以惡積, 外以義示者, 此也." 九月, <春>太子上改修<留記>七十卷, 上賜黃金百斤. <春>太子, 孝事<鮮>太后, 而與妃<天乙>沈潛<留記>·<代鏡>十余年, 而改修之. 去國惡, 彰祖烈多好言·達事, 可爲政鏡. 時, 年三十九.

<魏><珪>, 十二月, 稱帝. 遠祖<毛>以下二十七人皆皇帝. 六世祖<力><神元>, 五世<沙■汗><文>, 四世<弗政><思>, 五世<祿官><■>, 四世<鬱律><■■>, 三世<翳槐>

<烈>. <什翼犍><昭成>, 父<寔><獻明>.

○ 8년{단기2731년/AD398}무술, 3월, 태후가 딸 <희{喜}>를 낳았다. <아신{莘}>이 <사두{沙豆}>를 좌장군으로 삼아서 <쌍현성{雙峴城}>을 쌓았다. 군사를 <북맥{北貊}>{땅}으로 보내서 <막사국{莫斯國}>과 <가태국{加太國}>을 초략하였더니, 남녀 300사람이 소와 양으로 세공{歲貢}을 바치기로 약속하였다. 8월, <아신{莘}>이 들어와 노략하며 <한산{漢山}>땅의 북책에 이르자, 별이 군영 안으로 떨어졌고, 벽력같은 소리는 "네가 조상의 나라를 치면 반드시 망할 것이다."라 하는 것 같아서, <아신{莘}>은 크게 두려운 나머지 돌아가더니, 서대{西臺}에서 활쏘기를 연습하면서 말하길; "함부로 다른 사람을 공격하는 것이 아니었구나. 애오라지 지키기나 해야 되겠다."라 하였다. 상은 이를 듣고 그를 비웃으며 말하길; "안으로는 악행을 쌓으면서 밖으로는 의를 내거는 놈은, 이렇게 되는 것이야{또는, 바로 이놈이다}."라 하였다. 9월 <춘{春}>태자가 고쳐 찬수한 <유기{留記}> 70권을 바쳤더니, 상이 황금 100근을 하사하였다. <춘>태자가 효성으로 <해{解}>태후를 섬기면서, 자신의 비인 <천을{天乙}>과 함께 <유기{留記}>와 <대경{代鏡}>을 고쳐 수립하느라 파묻혀서 10여년을 보내면서 개수한 것이었다. 나라 안의 악행과 악습을 없애고 조종 열위 분들께서 하신 여러 훌륭하신 말씀들과 이루신 업적들을 드높이는 일들은 가히 <정경{政鏡; 政事의 표본}>으로 삼을 만한 것이었다. 이때 나이 39살이었다.

<위>의 <탁발규>가 12월에 칭제하였으며, 원조 <모>이하 27인을 모두 황제로 하였다. 6세조<력미>는<신원>황제, 오세<사■한>은 <문>황제, 4세<불정>은 <사>황제, 5세<록관><■>황제, 4세<울률><■■>황제, 3세<예괴>는 <열>황제, <십익건>은 <소성>황제, 아비<식>은 <헌명>황제로 하였다.

● 九年己亥, 五月 <吐>后生子<蟹>. <雲帽>生子<葉彦>. 上, 謂<霞帽>, 曰; "汝兄已生二兒. 汝何不能生乎." <霞>曰; "妾, 受寵多而未能産者, 皇靈未祐也. 諸祈莫如事祖. 願謁<東明神廟>." 上, 乃與<霞

帽>, 如<龍山>禱子, 迴「平壤」謁<玉帽>像. 時, <倭>寇<羅>邊, <霞帽>請發兵救之. 上, 命<胥狗>將五千騎出. <奈密>, 遣使告<倭>已退, 而賀<雲帽>生太子. 上, 喜形于色, 曰; "本是同根生, 又結鴛鴦契. 自此多生子, 共治南北界." 使, 叩頭謝恩, 而去. 上, 自納兩妃, 恩寵頓加, 視<奈密>如一家, 賞賜甚多. 後人, 以聖語簡且香, 爲<樂府詞>. <寶金>亦歸登其詞. 七月, 聞<羅>蝗, 命<濟>輸穀于<羅>. <莘>, 外從而內違, 與<倭>[交]婚而欲生梗. <倭>, 亦知天不敢犯威, 朝貢以誠. <莘>, 自苦其民, 大徵兵馬, 民多持糧而歸<羅>. 上, 欲賑<羅>民, 而運穀于界上. <奈密>告, 曰; "以聖上軫念之澤, 雷雨一夜, 洗蝗穀新." 上大喜曰; "爾國亦宜奉<東明>神也." 以<雲帽>爲<勇德>妻.

○ 9년{단기2732년/AD399}기해, 5월, <토{吐}>후가 아들 <해{蟹}>를 낳았다. <운모{雲帽}>가 아들 <엽언{葉彦}>을 낳았다. 상이 <하모{霞帽}>에게 이르길; "그대의 언니는 벌써 아들 둘을 낳았는데, 그대는 어찌하여 낳지를 못하는가?"라 하였더니, <하모{霞}>가 아뢰길; "소첩이 총애를 많이 받고서도 아직 낳지 못하는 것은 황령{皇靈; 玉皇上帝=하늘님?}께서 살펴 주시지 않으심입니다. 아무리 빌어보아도 조상신을 섬김만 같지 못할 것 같습니다. <동명신묘{東明神廟}>를 알현하였으면 합니다."라 하였다. 이에 상은 <하모>를 데리고 <룡산{龍山}>으로 가서 아들을 빌었고, 「평양{平壤}」으로 돌아와서는 <옥모{玉帽}>상을 배알하였다. 이때 <왜{倭}>가 <신라{羅}>의 변방을 침범하였더니, <하모>가 병사를 내어 구해주시길 청하였다. 상이 <서구{胥狗}>에게 명하여 5천 기병을 내었더니, <내밀{奈密}>이 사신을 보내 <왜>가 이미 물러갔음을 고하고, <운모{雲帽}>의 태자 생산을 경하하였다. 이에 상은 얼굴에 기쁨을 내비치며 이르길; "본시 같은 뿌리로 태어났으며, 또다시 원앙의 인연을 맺은 이래로 이렇게 많은 아들을 낳았으니, 함께 남과 북의 땅을 다스리자."라 하였다. 사신은 머리를 조아려 감사하고 떠나갔다. 상은, 이 두 비를 거둔 이래 은총을 더하여 주었고, <내밀>을 한 집안으로 여겨서 상을 내린 것이 매우 많았다. 훗날에 사람들이 임금께서 남기신 말씀을 글로 쓰고

아름답게 꾸며서 <악부사{樂府詞}>를 지었다. <보금{寶金}>에 관한 일 또한 그 노래에 실려 있다. 7월, <신라{羅}>에 황충이 일었다는 소식에 <백제{濟}>에게 명하여 <신라>에 곡식을 날라다 주라고 하였다. <아신{莘}>은 밖으로는 따르는 척하고 안으로는 어기면서 <왜{倭}>와 교혼하여 근심거리를 만들려 하였으나, <왜{倭}> 또한 천명을 알아서 감히 위엄을 범하지는 못하고 성심으로 공물을 바쳤던지라, <아신{莘}>은 스스로 백성들을 괴롭히고 병마를 대거 징발하였더니, 이에 많은 백성들이 식량을 가지고 <신라{羅}>로 귀부하였다. 상이 <신라> 백성들을 구휼하고자 국경으로 곡식을 운반하게 하였더니, <내밀{奈密}>이 고하여 아뢰길; "성상께서 지극히 걱정하여 주신 덕택에 하루 밤의 뇌우로 황충이 씻겨 나가고 곡식도 살아났습니다."라 하였다. 이에 상이 크게 기뻐하며 말하길; "그대의 나라도 마땅히 <동명{東明}>신을 섬겨야 할 것이오."라고 하였다. <운모{雲帽}>를 <용덕{勇德}>에게 처로 주었다.

☯ 十年庚子, 二月, <慕容盛>引兵三万來侵<新城>, 先鋒<熙>迂入<南蘇>. 上, 引精騎八千, 擊<熙>於<鵠林>, 大破之. <朋連>·<龍臣>, 大戰于<新城>, 追擊于<河>上, 斬獲甚多. 上, 仍擊<章武>以西, 拓地七百余里, 徒戸五千余而還. 聞<倭>入<羅>, 遣<胥狗>·<解猩>等, 將五万往救退<倭>. <任那>·<安羅>·<加洛>等皆遣使來朝. 南方悉平. 六月, 朔, 庚辰, 日食. 上, 與太后, 如「溫湯」, 宴農老百人·孝順三十七人. 上, 謂太后, 曰; "日食雖災人, 君宜行善以悔過, 則天亦感之. 母力尙強, 可爵民而慰之." 太后曰; "雖無陛下之敎, 妾豈不知「三從之義」哉." 乃短裙而行酒, 民皆感泣. 八月, 與太后, 巡視<西川>, 敎民諸院, 賞其秀才. 令「五部」各擧秀才. 詔曰; "國之有人才如屋之有棟梁. 人以母尊, 國以才尊, 其宜尙才無欠尙母有美." <平陽>生<楚連>.

○ 10년{단기2733년/AD400}경자, 2월, <모용성{慕容盛; =後燕}>이 3만병을 이끌고 <신성{新城}>에 침입하고, 선봉 <모용희{熙}>는 <남소{南蘇}>로 돌아서 들어왔다. 이에 상이 정예기병 8천으로 <곡림{鵠林}>에서

<모용희>를 쳐서 대파하였고, <붕련{朋連}>과 <룡신{龍臣}>은 <신성>에서 큰 싸움을 벌였고 <하{河}>의 위{북?}쪽까지 추격하여 목을 베고 붙잡은 것이 심히 많았다. 상은 거듭하여 <장무{章武}>의 서쪽을 쳐서 700여리의 땅을 넓히고, 5천여 호를 옮겨놓고 돌아왔다{☞<삼국사기>엔 9년 기사로 <후연>의 <모용성>이 <고구리>를 징치한 것으로 기록되어 있다. 가소로운 변조를 누가 해놓았나?}.

<왜{倭}>가 <신라{羅}>에 침입했다는 소식에, <서구{胥狗}>와 <해성{解猩}> 등을 보냈더니, 5만병을 이끌고 가서 구원하여 <왜{倭}>를 물러나게 하였다. <임나{任那}가야>·<안라{安羅}가야>·<가락{加洛=駕洛}> 등 모두가 사신을 보내서 입조하였다. 남방이 모두 평정된 것이었다{☞매우 시끄러운 국강상광개토경평안호태왕 비문 해설에 결정적인 자료가 될 것임!}.

6월, 초하루 경진일에 일식이 있었더니, 상이 태후를 모시고 온탕으로 가서 농사짓는 노인 100명과 효자·순손 37명에게 연회를 베풀었다. 상이 태후께 "해가 빛을 잃어 비록 사람들에게 재앙이 되더라도, 임금이 마땅히 선행하며 잘못을 뉘우치면 하늘 역시 마음을 돌릴 것입니다. 어머니께서는 아직 근력이 좋으시니 백성들에게 잔을 돌려서 위로 좀 해주시지요."라 부탁하였고, 태후가 "설사 폐하의 하교가 없으셨더라도, 첩이 어찌 「삼종의 도리」를 모르겠소."라 답하고, 소매를 걷고 술잔을 돌렸더니, 백성들 모두가 감동하여 눈물을 지었다. 8월, 태후를 모시고 <서천{西川}>을 순시하며, 백성들과 여러 선원{仙院}들에 하교하고, 뛰어난 인재들에게 상을 내렸다. 「5부」에 명하여 각기 뛰어난 인재를 천거하게 하였고, 조서로 이르길; "나라에 인재가 있음은 집에 용마루 대들보가 있음과 같은 것이오. 사람들이 어미를 귀히 여기고 나라가 인재를 귀히 여기면, 응당 나라엔 항상 인재가 모자라지 않을 것이고, 어미들은 항상 즐거워 할 것이오."라 하였다. <평양{平昜}>이 <초련{楚連}>을 낳았다.

● 十一年辛丑, 三月, 太后生女**<明>**. **<奈密>**, 遣使朝貢, 而告, 曰; "臣, 今年以來, 老病漸篤. 猶子**<寶金>**, 久在陛下之膝下, 尙公主而生孫, 未得一見不禁泫然. 臣, 老死無日, 所生皆幼. 當以**<寶金>**陪公主君臨, 以陛下之子孫永爲南方之主. [伏]乞陛下使<宝金>·公主歸國. 臣, 一見公主及孫之顔而死, 則無餘恨矣. 上, 聞之, 惻然, 曰; “果哉. 朕不明矣.” 上, 乃召公主, 問曰; “姊, 與<宝金>, 已生三子. 夫婦之義, 當從之國.” <天星>曰; “妾亦願見父王, 久矣. 請送之國.” 上, 命有司, 飾車千輛而送之, 曰; “親則弟姊, 義則父女. 往事爾舅, 無忝朕顔.” <天星>四拜而去. 宝車香馬連亘百里, <羅>人迎之如天. <奈密>甚爱公主而疾愈, 公主喜, 曰; “妾若早來, 則父皇已健矣. 恨其晩矣.” <奈密>, 亦然之, 不使公主離側. 上, 聞之, 大喜, 連賜醫藥·珍味·冠, 盖相連, 倍於<玉帽>之時. 是年, <羅>旱, 及公主入境, 大雨而穀登. <羅>俗號爲<娘主雨>. 是年八月, <慕容盛>爲賊所殺, 年二十九. 或曰<丁>太后立其孌<熙>.

○ 11년{단기2734년/AD401}신축, 3월, 태후가 딸 <명{明}>을 낳았다. <내밀{奈密}>이 사신을 보내 조공하며 “신은 금년이래로 노병이 점차 깊어지고 있습니다. 조카 <보금{實金}>이 폐하의 슬하에서 오래도록 있었사온데, 공주와 혼인하여서 손자{족손}를 낳았다고 들었으나, 한 번도 보지 못하였더니 눈물이 흐르는 것을 금할 수 없습니다. 신은 늙어서 이미 살날이 얼마 남지 않았으나, 제 소생 자식들이 모두 어립니다. 응당 <보금{實金}>이 공주와 짝을 이루어서 임금 자리에 앉게 되면, 당연히 폐하의 자손이 영원토록 남방의 임금이 될 것이옵니다. 폐하께서는 <보금{宝金}>과 공주{=天星}를 보내주시길 엎드려 소원하옵니다. 신은 공주와 손자{족손}의 얼굴을 한번만이라도 보고서 죽는다면 여한이 없을 것입니다.”라 고하였다. 상은 이를 듣더니 측은히 여기어 이르길; “그렇겠다. 짐이 밝게 살피지 못하였음이다.”라 하였다. 상이 곧 공주{=天星}를 불러 묻기를; “누님은 <보금{宝金}>과 함께 이미 아들 셋을 낳았소. 부부라면 마땅히 그 나라로 따라가야 할 것이오”라 하였더니, <천성{天星}>이 아뢰길; “첩 또한 오래도록 부왕{父王}을 뵙고 싶었었습니다. 저희들을 보내주시길 청하옵니다.”라 하였다. 이에 상이, 관리에게 명하여 수레 천량을 잘 꾸며서 딸려 보내게 하고서, 이르길; “사사로이는 나의 누님이나, 도

리를 따지면 부녀가 되오. 가거든 그대의 시아비를 잘 섬겨서, 짐의 얼굴이 욕되게 하지 마시오."라 하였다. <천성>은 네 번을 절하고 떠나갔다. 귀하게 치장한 향기로운 마차 행렬이 백리를 뻗쳤더니, <신라{羅}>사람들은 이들을 맞이하길 하늘같이 하였다. <내밀{奈密}>은 공주를 매우 어여삐 여기더니 병이 나았더니, 공주가 기뻐하며 "첩이 좀 더 일찍 왔었더라면 부황{父皇}께서 병이 일찍 나으셨을 걸 그랬습니다. 늦게 온 것이 한입니다."라 아뢰었다. <내밀> 또한 그렇게 여기어서 공주가 곁을 떠나지 못하게 하였다. 이에 상이 이를 듣고 크게 기뻐하여서, 하사한 의약·진미·관 모두가 줄을 이었더니, <옥모{玉帽}>시절의 배가 되었다. 이해에 <신라{羅}>는 가물었었는데, 공주가 국경으로 들어서자 큰 비가 내리고 곡식들이 살아났었다. <신라>의 세간에서는 이를 <낭주우{娘主雨; 여주인이 내린 비}>라 불렀다. 이해 8월, <모용성{慕容盛}>이 적도에게 피살되었다. 나이 스물아홉이었다. 혹자는 <정>태후가 자신이 아끼는 <희>를 세운 것이라고도 한다.

☯ 十二年壬寅, 二月, 遣<春>太子于<金城>, 吊<奈密>, 冊<宝金><羅>主, <天星>爲<羅>妃. 以<天星>之長女<曉辰>爲<奈密>子<訥祇>之妻. 時, 年十一. 四月, 遣<朋連>·<龍臣>·<胥狗>伐<契丹>, 虜其主<烏貴>, 拔<句麗>·<大棘>等城. 仍擊<慕容歸>于<宿車>, 斬其先鋒. <段開歸>棄城西走, <熙>走保<遼隧>. <遼東>悉平. 上, 奉<鮮>太后于<鸞宮>, 大宴三日. 命<暐>女·<雋>女等, 行酒. <鮮>太后, 言<皝>賊當時之事, 而仍謂於上, 曰; "老妾不死, 目覩陛下之英雄. 死亦何恨哉. 昔, <皝>賊驕傲好色, 中途夭折. <雋>·<暐>, 皆類渠父, 而亡國. 陛下, 宜寬仁·好德, 無雪<慕>女, 亦宜慎色, 節勇偃武修文, 以安百姓." 上曰; "廣開土境, <東明>之志也, <大武>·<太祖>·<美川>未成之業. 朕已述之, 太太勿慮." 仍謂二后, 曰; "女之從人唯有「三從」而己, 雖入水火鼎湯豈可受辱於賊哉. 吾常恥<周>后婿<皝>而生子矣. 汝等, 若有万一, 則有死己." 乃賜宝釼于二后. <鮮>太后, 聞之, 不勝赧然自愧.

五月, 與太后, 如「溫湯」道場, 行周紀祭. 后亦從之. 六月, 又如<故國原>告滅<燕>于<國原陵>, 行周紀祭于<國襄陵>. 上, 謂二后及宗戚,曰; "妻爲夫死, 臣爲君死, 奴爲主死, 道之正也. 然, 從子之妻, 權也. <東明>之禁殉, 亦權也." 二后曰; "妾等亦願從殉." 上, 黙然泫涕, 曰; "人生, 如夫斿{=游}周紀六十, 一夢而己. 何乃逼逼遑遑." 太后, 亦泣, 曰; "妾, 不識正道, 頑命不死, 不勝愧, 慙悔之難及." 上曰; "仙門遺風也. 太后, 何罪哉. <索頭>之立子殺母亦悪風也. <呂雉>之通<噲>·鮮<頔>亦醜矣." <春>太子曰; "人物之差一毛之間也. 死亦難, 生亦難, 故從子之義, 聖人讚之." 上, 命<雲>·<霞>二妃, 奏笳舞, 而罷.
九月, 行<東明大祭>. <倭>·<羅>·<秦>·<燕>·<晉>·<狛>·<濟>·<耶>八國之姬, 呈舞吹歌. 有國以來, 初有之盛典也. 上, 謂<倭>使, 曰; "爾国, 僻在海中, 而誠心朝貢, 百有余年, 未有小變, 可謂忠矣. 今日呈舞, 可見爾國之俗. 歸語爾王, 納女後宮, 遣子來學, 永爲臣民, 遍被皇化, 可也. 且, <宝金>, 朕之股肱, 其妻吾女也. 爾王, 與<莘>相婚而欲圖<宝金>, 决不可矣. 自此, 亦與<宝金>和親而相婚, 可也." <倭>, 乃以<美海>爲婿, 而和親. <美海>年才十歲也.

○ 12년{단기2735년/AD402}임인, 2월, <춘{春}>태자를 <금성{金城}>으로 보내 <내밀{奈密}>을 조상하고, <보금{宝金}>을 <신라{羅}> 임금으로 <천성{天星}>을 <신라>의 비로 책봉하였다.{☞<삼국사기>엔 이 관련 기록 없음.} <천성>의 장녀 <효진{曉辰}>은 <내밀>의 친아들 <눌기{訥祇=訥祗}>의 처로 삼았다. 11살이었다. 4월, <붕련{朋連}>·<룡신{龍臣}>·<서구{胥狗}> 등을 보내 <거란{契丹}>을 정벌하여 그 임금 <오귀{烏貴}>를 사로잡고, <구리성{句麗城}>·<대극성{大棘城}> 등을 빼앗았다. 내친김에 <모용귀{慕容歸}>를 <숙거{宿車; =宿軍?}>에서 쳐서 그 선봉을 참하였다. <단개귀{段開歸}>는 성을 버리고 서쪽으로 도망하였고, <희{熙}>도 도망하여 <요수{遼隧, 或遼隊}>를 지켰다. 이리하여 <요동{遼東}>이 모조리 평정되었다{☞<삼국사기>엔 말 많은 <요동>을 '모조리 평정했다'는 기록 삭필!}. 상이 <해{解}>태후를 모시고 <란궁{鸞宮; 西都}>에서 3일간 큰 연회를 열었다. <모용위{暐}>와 <모용준{儁}>의 딸 등에게 술을 따르라 하였더니, <해>태후가, <모용황{皝}>적에게 당하던 시절의 얘기를 하더니만, 상에게 아뢰길; "노첩이 죽지 않고 살아 있어서 폐하의

영웅하심을 목도하였습니다. 이제 죽는다 한들 어찌 한이 있겠습니까? 지난날, <황{玉帽}>이는 교만·방자하고 호색하여 요절하였고, <준{雋}>이와 <위{暐}>도 제 아비를 닮더니 나라가 망하였습니다. 폐하께서는 의당 너그럽고 인자하시며 즐겨 덕을 베푸셔야 할 것이며, <모{慕}>씨 여자들에게도 보복하지 마시고 아울러서 의당 색사에도 신중하셔야 할 것이며, 용맹함도 절제하시어 무력에만 빠지지도 마시고 글도 닦으시어서, 백성을 편안하게 해주세요."라 하니, 상이 이르길; "나라의 땅을 넓게 여는 것이 <동명{東明}>의 뜻이었음에도 <대무{大武}>·<태조{太祖}>·<미천{美川}>께서도 이를 미처 이루지 못하셨었습니다. 허나, 짐이 이미 그 뜻대로 닦아 놓았으니, 너무 지나친 염려는 없으시길 바랍니다."라 하였다. 두 후에게도 이르길; "아녀자들이 사람을 따름에는 「삼종지도{三從之道}」가 있음인데, 물·불과 끓는 가마솥으로 뛰어들지언정 어찌 적들에게 욕을 당한단 말이오? 나는 늘 <주{周}>태후께서 <황{皝}>이의 비위를 맞추다가 자식{=慕容式}을 낳은 것이 부끄러웠었소. 그대 등은 만일에라도 그런 꼴을 당하게 되거든 자진하시오."라 하고는, 보검을 두 후에게 건네주었다. <해{解}>태후도 이 소리를 듣더니만 무안함을 어쩌지 못하는 듯 스스로를 책망하였다.

5월, 태후를 모시고 「온탕」도장으로 가서 주기제{=故國襄還甲祭祀}를 올렸다. 후들 역시 따라 갔었다. 6월, 또 <고국원{故國原; 옛 나라의 언덕, 또는 나라의 옛터}>으로 가서 <연{燕}>을 멸하였음을 <국원릉{國原陵}>에 고하였고, 또한 <국양릉{國襄陵}>에 주기제를 올렸다. 상이 두 후와 종척들에게 이르길; "처가 남편을 위해 죽고, 신하가 임금을 위해 죽으며, 노비가 주인을 위해 죽는 것은 도리가 바로 선 것이오. 하지만 처가 아들을 따르는 것은 구차한 일이고, <동명{東明}>께서 따라 죽는 것을 금하신 것 또한 구차한 것이었소."라 하였더니, 두 후가 아뢰길; "첩들도 따라 죽길 원하옵니다."라 하였다. 이에 상은 아무 말 없이 눈물 흘리더니, 이르기를; "인생이란, 대저 주기{周紀} 60년으로 떠도는 한바탕의 꿈과 같은 것이거늘, 이 몸은 어찌하여 다급하게 허둥대고만 있을꼬."라 하였더니, 태후 또한 눈물지으면서

“첩이 옳은 도리를 몰랐기에 명줄에 욕심을 내고 죽지 않았었으며, 부끄러움을 어쩔 줄 몰라 하다가 참회하기에 이르기도 어려웠었습니다.”라 하였더니, 상은 “그것은 선문{仙門}의 유풍 때문이었지, 태후께서야 무슨 죄가 있겠습니까! <색두{索頭; 鮮卑}>에서 자식이 서면 어미를 죽게 하는 것도 나쁜 풍습이고, <여치{呂雉}>가 <번쾌{噲}>와 통정하고 <모돈{頓}>에게 옷을 풀어헤친 것도 추한 일이었습니다.”라 하였다. 이에 <춘{春}>태자가 “사람 됨됨이의 차이는 털끝 하나 차이이고, 죽기 또한 어렵지만 살아 있기 역시 어려운 것입니다. 아들을 따르는 것이 옳음을 성인께서도 밝히셨습니다.”라 아뢰었더니, 상은 <운모{雲}>과 <하모{霞}> 두 비에게 명하여 갈잎 피리를 불고 춤을 추게 하고는 자리를 파하였다.

9월, <동명대제{東明大祭}>를 거행하였다. <왜{倭}>·<신라{羅}>·<진{秦}>·<연{燕}>·<진{晉}>·<맥{貊}>·<백제{濟}>·<가야{耶}>의 여덟 나라 여인들이 춤사위를 올리고 곡을 불어 바쳤다. 나라가 있어 온 이래 처음으로 있었던 성대한 의식이었다{☞<삼국사기>엔 사해를 평정한 후에 이러한 대규모 축연을 열었던 기록이 남아있지 않다. 왜?!}. 상이 <왜{倭}>의 사자에게 이르길; “너희 나라는 멀리 물 가운데 있으면서도 {또는, 먼 구석 땅에 있으면서도}, 성심으로 공물을 가져오길 백년이 지났음에도 한 점 변함이 없었으니 충성스럽다 할 것이며, 오늘 춤사위를 밟는 것으로 보아 너희 나라의 풍속도 알 만하다. 돌아가거든 너희 왕에게 일러서, 후궁에 딸을 바치고, 아들을 보내와서 학문하게 하며, 영원한 신민이 되어, 너희 나라에 널리 짐의 교화가 미치게 하라. 뿐만 아니라, <보금{宝金}>은 짐의 고굉지신이고 그의 처가 짐의 딸이거늘, 너희 왕은 <아신{莘}>과 더불어 혼인하고서 <보금>을 도모하려 하였다. 결단코 불가함이다. 이날 이후로는 <보금>과 화친하며 서로 혼인하여도 좋다.”라 하였다. 이에 <왜>는 <미해{美海}>를 사위로 삼고 화친하였다. <미해>는 겨우 10살이었다.

● 十三年癸卯, 正月, <宝金>遣<美品>來朝. <鵲>太子之裔也, 謙恭達識, 嘗從<宝金>而來, 慣於邦禮. 至是, <宝金>, 拜以角干, 委其軍政,云. 三月, <倭>主, 遣其子<麥穗>, 送女納後宮, 曰; "臣<仁德>, 遠在海上, 與日俱存, 未霑皇化, 長心缺然. 仄聞, 皇帝陛下, 德兼「三皇」, 功過「五帝」, 「五部」·「八貊」子來妾, 伏南呑「三韓」·西壓二<晋>, 命臣納女永主臣邦世世作親. 臣, 惧且喜, 不知所措, 謹從<潙>典※, 敢獻二女. 不腆婼儀, 實愧島習, 不棄是幸." 上, 問其誰作. 使曰; "<貊君>·<文藏>作也. 盖吾人之入爲其師者也." 上, 謂<淵韜>, 曰; "<倭>, 學于我不過五十年, 其進與此. 我國, 修文三百年, 反不如是耶." <韜>曰; "主文則武觧, 主武則文觧. 以是兩難. 臣往<幽>·<冀>, <漢>人之觧字者百無一焉. 禽獸之行無有差焉. 百年大計不可草草爲也." <韜>, 以<天罡>之兄, 尙<平山>公主. 先帝卽位八年, 宮相專供而無大故. 上, 以其久任, 代以<免衡>, 出守<柵城>, 尋登右輔. 與太后, 干大政, 務以勤實. 上, 嘉之, 曰; "卿, 以戚胄不驕於民不怠於政, 爲我忠犬二十余年如一日. 雖無<子房>之算, 亦足爲<{篇}>. 何之功, 其不嘉哉." 其妻<平山>, 亦有寵於上, 而畏上英邁之氣, 不敢恣行, 守以淸素. 與二后, 皆有坤德, 國人稱之. 七月, <莘>侵<宝金>. 上, 命罷兵, 不能交戰而止.

○ 13년{단기2736년/AD403}계묘, 정월, <보금{宝金}>이 <미품{美品}>을 보내서 입조하였다. <작{鵲}>태자의 후예로, 자신을 낮추어서 예의를 차릴 줄도 알고 식견에도 뛰어났으며, 일찍이 <보금>을 따라서 들어왔었기에 우리의 예절에도 익숙하여 있었다. 지금에 와서 <보금>이 <미품>에게 각간 자리를 주고 군사에 대한 정사를 맡겼다고 하였다. 3월, <왜{倭}>의 임금이, 아들 <맥수{麥穗}>를 보내서 딸을 호송하여 후궁에 바치며, 아뢰길; "신 <인덕{仁德}>은 먼 해상에서 태양과 함께 있으며 아직 황상의 교화에 젖지 않았더니, 오래도록 마음속엔 모자람이 있었습니다. 언뜻 듣자오니, 황제 폐하께서는 성덕이 「3황{三皇; 태호복희·염제신농·황제헌원}」을 능가하고, 공은 「5제{五帝; 소호금천·전욱고양·제곡고신·요·순}」를 넘어서셨고, 「5부{五部}」·「8맥{八貊}」의 자식들이 첩을 살고 있으며, 남쪽 땅을 복속하시어 「3한{三韓}」 땅을 아우르셨으며, 서쪽으로는 두 <진{東晋, 後晋}>의 땅을 억누르고 계신다 하오시며, 신에게 명하시길 딸을 바치고 신의 땅에서 영원토록 임금을 하

라면서 대대로 가까이 지내자 하셨다니, 신은 두렵기도 하지만 기쁜 마음에 어찌할 바를 모르겠습니다. 삼가 <규{潙=江名규, 溈=水名위}※>의 법도를 따라 감히 두 딸{또는, 여인}을 바치오니, 예의를 차려서 애교를 떨지 못하여도, 실은 부끄러워하는 섬의 습속 탓이오니, 버리지 않으시면 다행이겠습니다."라 하였다.

{☞<삼국사기>에 이런 기록이 없음은 물론이고, 호태왕비 판독해설에 결정적인 자료가 될 것임!}, 아울러서;

※<潙>典이 <高句麗>의 예법이라면 <潙>水=<嬀水河>로 經<懷萊>南西注<永定河>이거나 <山西><永濟縣>發源入<黃河>이어서 <高句麗><都城>의 위치를 묵시함이고,

潙가 溈의 약자로 <潙>典=<溈>典이고 <倭>의 예법이라면, <潙>는 <湖南省><寧鄕縣>發源入<湘水>이니 <倭><都邑> 위치를 묵시함 일수 있으나, 遠在海上與日俱存에는 不合함.

상이 "누가 이 글을 지었느냐."고 물었더니, 사신이 아뢰길; "<맥군{狛君}>과 <문장{文藏}>이 글을 지었습니다. 우리 사람들 모두가 그 밑에 들어가서 스승으로 삼은 자이옵니다."라 하였다. 이에 상이 <연도{淵韜}>에게 "<왜{倭}>는 우리에게서 배운지 50년 불과한데도 그 이룸이 이러하거늘, 우리나라는 글을 익힌 지 300년이 되었는데도 도리어 이만 하지 못하잖소."라 일렀더니, <연도{韜}>가 아뢰길; "문{文}을 중히 여기면 무{武}가 무너지고, 무{武}를 중히 여기면 문{文}이 쇠하여지니, 이 둘 모두가 잘되어지기는 어렵습니다. 신이 <유{幽}>와 <기{冀}>의 땅에 가 보았더니, <한{漢}>인들은 글을 깨우친 자가 백에 하나도 되질 않았고, 금수{禽獸}의 행실과 다름이 없었습니다. 백년대계는 서둘러서 허술하게 할 수는 없을 것입니다."라 하였다. <연도{韜}>는, <천강{天罡}>의 오빠이고 <평산{平山}>공주의 짝으로, 선제 즉위 8년에 궁중의 상{相}이 되어서 웃전을 모시는 일을 도맡았었고, 큰 잘못이 없었다. 상은 그가 그 일을 맡은 지가 오래되었음에, <면형{免衡}>이 대신하게 하고, 외방으로 내보내서 <책성{柵城}>을 지키게 하였다가 우보로 올렸더니, 태후와 함께 큰 정사에 간여하였으며, 일하는 것이 부지런하고 착실하였다. 이에 상이 기뻐하여 이르길; "경은 척족이면서도 마음 씀씀이가 백성들에게 교만하지 않았고, 정사에 있어서도 게으르지 않았으니, 짐에게는 충성스런 신하로서 20여년을 하루같이 한 것이었소. 설사 <장자방{子房=張

良}>의 수{數=꾀}는 없다 할지라도 <방통?{篇?}>이 되기엔 충분하였으니, 누구의 공적인들 기뻐할 일 아니겠소!"라 하였다. 그의 처 <평산{平山}> 역시 상이 어여삐 여겼음에도, 상이 뛰어나게 노력하시는 기풍에 눌려서, 감히 자행하지 않고 맑고 깔끔하게 본분을 지켰더니, 두 후{吐山과 平易}와 함께 곤덕{坤德}이 있다고 국인들이 칭송하였다. 7월, <아신{莘}>이 <보금{宝金}>의 나라를 침입하였기에, 상이 군병을 파{罷}하라고 명하였더니, 능히 교전하지 못하고 그만두었다.

☯ 十四年甲辰, 正月, <鮮>太后崩於「北都」, 葬于<國原陵>, 春秋八十二. 五月, <龍城>反, 命<朋連>討之, <熙>死守, 不拔. 時, <倭>寇<帶方>, 命<朋連>移攻<倭>船斬獲無算. 此皆海賊之徒, <仁德>之所不知者也. <仁德>遣使謝罪. 上, 命<胥狗>如<倭>, 探其眞狀. <天星>, 遣使來言; "是年二月, 謁其祖廟而創<東明>檀像及<中川>·<玉帽>像于宮中, 與<宝金>朝夕拜之以禱聖躬." 云. 太后生女<吉>.

○ 14년{단기2737년/AD404}갑진, 정월, <해{鮮}>태후가 「북도」에서 죽어 <국원릉{國原陵}>에 장사하였다. 춘추 여든 둘이었다. 5월, <룡성{龍城; =後燕}>이 반란하였기, <붕련{朋連}>에게 명하여 토벌하게 하였더니, <희{熙}>가 죽기로 지켜서, 빼앗지는 못하였다{☞<삼국사기>엔 13년기로 나와 있음}. 이때, <왜{倭}>가 <대방{帶方}>으로 쳐들어왔기에, <붕련>에게 군사를 움직여서 <왜>선을 공격하게 하였더니, 목을 베고 사로잡은 수를 헤아릴 수 없었다. 이들은 해적{海賊} 무리로서 <인덕{仁德}>이 알지 못하는 자들이었으나, <인덕>이 사신을 보내어 사죄하였다. 상은 <서구{胥狗}>를 <왜>로 보내서 그 진상을 알아보게 하였다{☞<인덕>의 <왜>가 <고구리>대제국의 속방이 되었으니 가능한 일일 것임!}. <천성{天星}>이 사람을 보내어 아뢰기를; "금년 2월에 <보금{宝金}>의 조상 사당을 배알하였으며, <동명{東明}>단상{檀像} 및 <중천제{中川帝}>와 <옥모{玉帽}>의 상들도 만들어 궁중에 두고서 <보금>과 함께 아침저녁으로 참배하며 성상을 위해 빌고 있습니다."라 하였다. 태후가 딸 <길{吉}>을 낳았다.

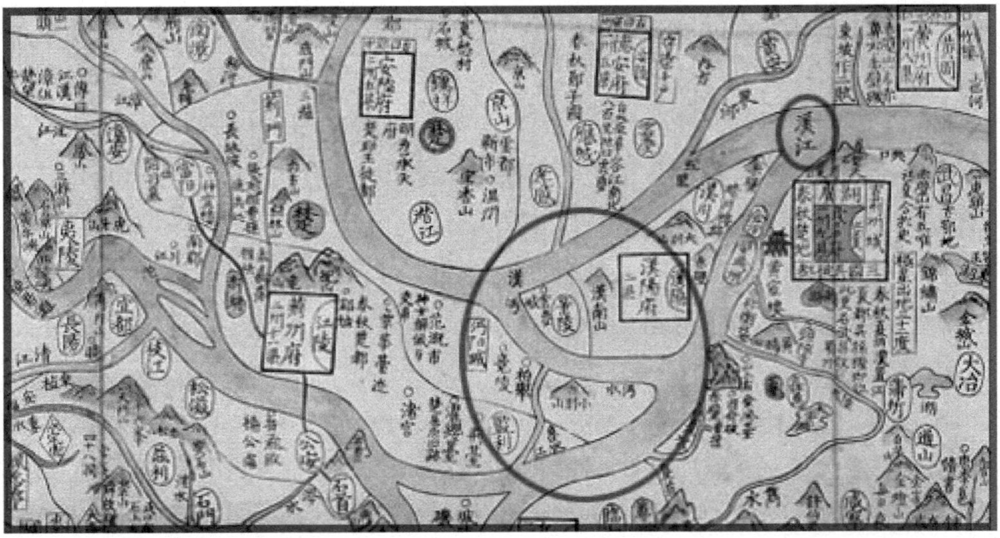

그림45. 이해의 <百濟>관련 기록에 나오는 섬이 옛 <漢江>중에 있었던 일이면, 이 지도상의 큰 섬에서의 일로도 볼 수 있음.<삼국사기><전지왕>원년참조.

☯ 十五年乙巳, 正月, <熙>與其妻來侵<章武城>, 大敗而去. <熙>, 素以無謀, 悍惑於妖女, 殺其侄<盛>而自立, 徒行暴力, 故其衆不服. 二月, <跋珪>, 遣使來獻駱駝, 自言<乙豆智>外裔, 請共建<東明>之業. 四月, <宝金>斬<倭寇>三百於<獨山>, 去年之餘寇也. <倭>地, 多大島異類, <仁德>之化不能盡, 及故如是, 云. 七月, <胥狗>, 自<倭>還, 奏其風俗·山川·水路. 是年九月, <莘>死, 秘不發喪, 迎<腆支>于<倭>. <莘>之季弟<碟禮>, 殺其仲兄<訓解>, 而自立. <腆支>, 與<倭>衛, 入島待之. <解忠>等, 殺<碟>, 而迎立<腆支>. 其妻<八須>, <仁德>女也, 與<胥狗>妾同母, 生子于島中, 乃<久爾辛>也.

○ 15년{단기2738년/AD405}을사, 정월, <모용희{熙}>가 자신의 처와 함께 <장무성{章武城}>으로 침입하여 왔다가 대패하여 물러갔다{☞<삼국사기>엔 14년 기로 나와 있음}. <희{熙}>는, 바탕이 무모하고 사나웠으며, 아리따운 여인에게 빠져서 조카 <성{盛}>을 죽이고 스스로 보위에 올라서 폭력만을 행사하였더니, 무리들이 복종하지 않았다. 2월, <발규{跋珪}>가, 사신을 보내서 낙타를 바치고, 자신은 <을두지{乙豆智}>

의 외예라 하면서, <동명{東明}>이 이루려 했던 바를 함께 이루자고 청하였다. 4월, <보금{宝金}>이 <독산{獨山}>에서 <왜구{倭寇}> 3백의 목을 베었다. 이들은 지난해 쳐들어왔던 <왜>의 잔적{殘賊}들이었다. <왜>의 땅엔 큰 섬이 많고 서로가 다른 무리들이어서 <인덕{仁德}>의 교화가 두루 미치지 못하였음에 이런 일이 있었다고 하였다. 7월, <서구{胥狗}>가 <왜>에서 돌아와 <왜>의 풍습과 산천 및 물길에 대하여 아뢰었다. 이해 9월, <아신{莘}>이 죽자, 이를 숨기고 발상하지 않은 채 <왜{倭}>에 있던 <전지{腆支}>를 맞아들였다. <아신{莘}>의 막내 동생 <설례{碟禮}>가 중형 <훈해{訓解}>를 죽이고 스스로 보위에 오르자, <전지>는 <왜>에서 따라온 지키는 이들과 함께 섬으로 들어가서 기다렸고{그림45}, <해충{解忠}> 등이 <설례{碟}>을 죽이고 <전지>를 맞아들여 보위에 세운 것이었다. <전지{腆支}>의 처 <팔수{八須}>는, <인덕{仁德}>의 딸이고, <서구{胥狗}>의 첩과는 같은 어미를 두었으며, 섬 중에서 자식을 낳았는데, 그 이가 <구이신{久爾辛}>이다{☞<삼국사기>에서는 이 기사는 <백제>전에 나와 있음!}.

☯ 十六年丙午, 正月■■生. 十二月, <慕容熙>, 親{征}<契丹>至<陘北>, 潛軍迂回入寇<木底城>, 大敗而去. 以<胡連>爲<勇德>太子妃.

○ 16년{단기2739년/AD406}병오, 정월, ■■가 태어났다. 12월, <모용희{慕容熙}>가 친히 <거란>을 치려 <형북{陘北}>에 이르렀다가, 군병을 몰래 움직여서 돌아들어와 <목저성{木底城}>을 쳤으나, 크게 패하고 물러갔다{☞<삼국사기> 15년 기!}. <호련{胡連}>을 <용덕{勇德}>태자비로 삼았다.

● 十七年丁未, 正月, 辛丑朔, [<燕>大赦, 改元<建始>]. 二月, 增修宮室. 命<朋連>·<解猩>, 引兵五萬, 伐<慕容熙>, 戰于<章武>之西. 殺蕩盡, 獲鎧甲萬領, 軍資·器械不可勝數. 拔<沙溝>等六城. 四月, <熙>妻<苻>[氏]死. 七月, <慕容雲>殺<熙>爲王, 戊戌朔[日有食之]. <馮跋>·<高雲>等殺<熙>而來謝約貢.

○ 17년{단기2740년/AD407}정미, 정월, 신축일 초하루, [<연>이 대대적으로 사면하고, 년호를 <건시>로 바꿨다.] 2월, 궁실을 늘려지었다{☞<삼국사기> 16년 기사!}. <붕련{朋連}>과 <해성{解猩}>에게 명하여 5만병을 이끌고 나가 <모용희{慕容熙}>를 치게 하였더니, <장무{章武}>의 서쪽에서 싸웠다. 모조리 죽여서 쓸어내고, 개갑{갑옷} 만 벌을 노획하였으며, 군자{=전쟁물자} 및 기계{=무기류}는 그 수를 셀 수도 없었다. <사구{沙溝}> 등 여섯 성을 빼앗았다. 4월, <희>의 처 <부>[씨]가 죽었다. 7월, <모용운>이 <희>를 죽인 후 왕이 되었다. 초하루 무술일에 일식이 있었다. <풍발{馮跋; 北燕太祖文成帝}>과 <고운{高雲; 北燕惠懿帝}>이 <모용희{熙; 後燕昭文帝}>를 죽이고 찾아와서 용서를 빌고 조공하겠다고 약속하였다{☞<삼국사기>엔 이 기록 없음!}.

☯ 十八年戊申, 三月, <高雲>來貢. <雲>, <高婁>之裔也, 以美皃得幸於<宝>及<熙>妻<苻>, 及<苻>死<熙>欲害之. <雲>, 與<跋>, 殺<熙>稱臣來依. 上, 以其爲<東明>之庶流, 故優待之. <腆支>, 以其庶弟<餘信>爲上佐平, 委以軍政. <倭>侵<羅><對馬島>. <胡連>生<勇德>子<胡景>. 或云<長壽帝>子.

○ 18년{단기2741년/AD408}무신, 3월, <고운{高雲; =北燕}>이 찾아와서 공물을 바쳤다. <고운{雲}>은 <고루{高婁}>의 후손으로, 미모로 인하여 <모용보{宝; 後燕惠愍帝}>와 <모용희{熙}>의 처 <부{苻}>씨의 총애를 받았었다. <부>씨가 죽자 <희{熙}>가 해치려 들었더니, <고운{雲}>은 <풍발{跋}>과 함께 <희{熙}>를 죽이고 신하되기를 청하며 찾아와서 의탁한 것이었다. 상은 그가 <동명{東明}>의 서류{庶流}인 까닭에 잘 대하여 주었다. <전지{腆支}>가 자신의 이복동생 <여신{餘信}>을 상좌평으로 삼고 군정을 위임하였다. <왜{倭}>가 <신라{羅}>의 <※대마도{對馬島; 馬島와 마주한 섬? 馬山과 마주한 섬? 현금의 對馬島는 아닐 것임}>를 침범하였다.

※☞역자의 견해로는; <新羅>가 현금의 韓半島 南部를 차지한 것을 <新羅>將軍 <異斯夫>가 <于山國=扶桑國>정벌 사건 이후로 보고 있음.

<호련{胡連}>이 <용덕{勇德}>의 아들 <호경{胡景}>을 낳았다. 혹자는 <장수제{長壽帝}>의 아들이라고도 한다.

● 十九年己酉, 四月, 以<巨連>爲東宮太子, 命長子<鯨>爲仙王. 七月, 築國東<禿山>等六城, 移「平壤」民屯之. 八月, 南巡而視其城民. 十月, <魏>, <珪>子<紹>, 弑<珪>而自立, 爲其嫡兄<嗣>所討而亡. <珪>, 初, 見母妹之<賀蘭>之美而欲通之. 其母, 妬之, 曰; "若通有夫女, 變生, 則奈何." <珪>, 乃殺其姨夫, 而納之生<紹>. 匈狼無道, 竟殺<珪>. <犍>與<珪>, 皆爲妾子之所殺, 雖英何爲. 上, 謂東宮, 曰; "<寔>與<紹>皆爲烝母, 而弑父. 可不戒乎." 是月, <馮跋>殺<高雲>而自立. 上, 又謂東宮, 曰; "<雲>, 以美皃, 事人而貴, 竟殺其主, 又愛美皃而爲<跋>所殺. 人君宜戒男色與美母. 美母弑父之器, 男色絕種之賊." 太后生女<忠>.

○ 19년{단기2742년/AD409}기유, 4월, <거련{巨連}>을 동궁태자로 삼고, 장자인 <경{鯨}>에게는 명하여서 선왕{仙王}이 되라 하였다. 7월, 나라 동쪽에 <독산{禿山}> 등 여섯 성을 쌓고 「평양{平壤; 禿山近地?}」 백성들을 옮겨서 둔을 쳤다. 8월, 남쪽을 순시하고 그곳 성들의 백성을 살폈다.{☞이상 <삼국사기> 18년 기사!} 10월, <위{魏}>에선 <탁발규{珪}>의 아들 <탁발소{紹}>가 아비 <규{珪}>를 죽이고 자신이 보위에 섰다가, 적형{嫡兄} <탁발사{嗣}>에게 토벌당해 죽었다. <규{珪}>가, 애초에, 어미의 여동생 <하란{賀蘭}>의 미모를 보더니만 연통{戀通}하고 싶어 하자, 그 어미가 시샘하며 이르길; "유부녀와 놀아나면 변고가 생기는데, 어찌 할 테냐?"라 하였더니, <규{珪}>가 그녀의 남편{이모부}을 죽이고 그녀{이모}를 거두어서 <소{紹}>를 낳았더니, <소{紹}>가 흉악한 이리같이 무도하더니 필경엔 <규{珪}>를 죽인 것이었다. <탁발십익건{犍}>과 <탁발규{珪}> 모두가 첩의 자식에게 죽임을 당하였으니, 아무리 영특하면 무엇 하겠는가. 상이 동궁에게 이르길; "<탁발식{寔}>과 <탁발소{紹}> 모두는 어미를 치붙고 아비를 죽였다. 경계하지 않아도 되겠느냐?"라 하였다. 이달에 <풍발{馮跋}>이 <고운{高雲}>을 죽이고

자신이 보위에 섰더니, 상이 또 동궁에게 이르길; "<고운{雲}>은 자신의 미모 때문에 사람을 섬기다가 귀하여졌으나, 필경엔 자신의 임금을 죽였고, 또한 미모를 사랑하다가 <풍발{跋}>에게 죽임을 당하였다. 사람들의 임금이 된 자는 남색{미모의 남자}과 예쁜 암컷들을 경계하여야 할 것이다. 예쁜 암컷들은 수컷을 죽이는 흉기이고, 남색은 자손이 끊기게 하는 적이다."라 하였다. 태후가 딸 <충{忠}>을 낳았다.

● 二十年庚戌, 正月, 議伐<馮跋>. <東扶餘>反, 報至, 因伐<餘城>虜其王<恩普処>而還. 六十四城千四百餘村, 皆置新主. 以是, 停攻<跋>之事. 以<天龍>爲東宮上妃, <三山>爲東宮次妃. 上, 與三后, 享東宮及二妃. 而樂甚, 撫東宮, 曰; "汝, 若愛此二女而不貪外色, 則可以勝我. 若好色如我, 則未免<雲>·<珪>矣." 太后曰; "祖宗以來未聞二妻之主. 陛下, 何以<雲>·<珪>戒之乎." 上, 大怒, 投羹于地, 曰; "美母弑父之器." 太后, 下堂請罪. 二后·東宮哀救. 良久而怒息. 自此, 上, 多發暴怒. <奈密>子<宝海>來朝, 以<馬連>妻之.

○ 20년{단기2743년/AD410}경술, 정월, <풍발{馮跋}>정벌을 의논하던 중에, <동부여{東扶餘}>가 반란하여 그 보답으로 <여성{餘城}>을 토벌하고 그 왕 <은보처{恩普処}>를 붙잡아서 돌아왔다. 64성 1,400여 촌락의 우두머리 모두를 다른 이들로 갈아치웠다. 이 일로 <풍발{跋}>을 치는 일은 그만두었다.
<천룡{天龍}>을 동궁 상비로 <삼산{三山}>을 동궁 차비로 삼아 주고는, 상이 후 셋과 함께 동궁 및 두 동궁비를 대접하였다. 흥이 높아지매, 동궁을 달래어 이르길; "네가 이 두 여인을 아끼고 여타의 여인들을 탐하지 않는다면, 가히 나를 능가할 것이다. 허나, 나처럼 호색한다면, <고운{雲}>과 <탁발규{珪}>의 꼴을 면치 못할 것이다."라 하였다. 이에 태후가 "조종{祖宗}이 있어 온 이래에 처를 둘만 두신 주상이 계셨다는 말은 들어보지 못하였소. 폐하께서는 어찌 <운{雲}>과 <규{珪}>를 들어서 훈계하십니까?"라 하였더니, 상이 크게

진노하면서 국그릇을 땅바닥에 내동댕이치며 이르길; "예쁜 암컷들은 사내를 죽이는 흉기란 말입니다!"라 하였다. 이에 태후가 당상에서 내려가 죄를 청하고, 두 동궁 비와 동궁이 슬퍼하며 애원하였더니, 한참이 지나서야 진노가 가라앉았다. 이 일이 있은 다음부터 상은 자주 대노하였다. <내밀{奈密}>의 아들 <보해{宝海}>가 래조하였기에, <마련{馬連}>을 그에게 처로 주었다.

● 二十一年辛亥, 正月, <馮跋>, 遣使來貢, 曰; "臣, 受先臣<高雲>之遺詔而継立, 以<雲>女爲妻. 世爲祖國之臣. 勤修土物以獻, 芹誠." 上, 欲斬使問罪, <淵韜>·<朋連>諫, 止之. 五月, 上, 與三后, 如「溫湯」道場, 過夏而還<鸞宮>. <宝金>請還<宝海>, 使<馬連>從去. <馬連>生子<宝俊>. <吐>后生女<甘山>. 東宮奉禮<芙雲>, 生子<晃>, <淵兢>妻也. 七月, <馮跋>以女<樂浪>妻<柔然><斛律>.

○ 21년{단기2744년/AD411}신해, 정월, <풍발{馮跋}>이 사신을 보내와 아뢰길; "신은, 앞선 신하 <고운{高雲}>이 남긴 조서를 좇아 보위를 잇고, <고운{雲}>의 딸을 처로 삼았습니다. 세세토록 조상 나라의 신하가 되겠습니다. 삼가 저희 땅에서 나는 것들을 챙겨서 바치며 정성을 표시하옵니다."라 하였다. 상이 사신의 목을 베어서 죄를 물으려 하였다가, <연도{淵韜}>와 <붕련{朋連}>이 말려서 그만두었다. 5월, 상이 세 명의 후와 함께 온탕 도장으로 가서 여름을 지내고 <란궁{鸞宮=「서도」}>으로 돌아왔다. <보금{宝金}>이 <보해{宝海}>를 돌려보내 주기를 청하여, <마련{馬連}>을 딸려서 보내주었다. <마련>이 <보준{宝俊}>을 낳았고, <토{吐}>후가 <감산{甘山}>을 낳았다. 동궁 봉례 <부운{芙雲}>이 아들 <황{晃}>을 낳았다. <연긍{淵兢}>의 처였다. 7월, <풍발>이 딸 <락랑{樂浪}>을 <유연{柔然}>의 <곡률{斛律}>에게 처로 주었다.

● 二十二年壬子, 三月, <馮跋>, 納女于後宮, 請得<章武>·<宿車>, 不許. 六月, <國仁>子<九府>殺<乾歸>, <乾歸>子<熾磐>稱<河南王>. 七月, <馬

連>上書請還, 乃召<宝海>并入, 使居<天星>舊宮.

○ 22년{단기2745년/AD412}임자, 3월, <풍발{馮跋}>이 딸을 후궁에 바치면서 <장무{章武}>와 <숙거{宿車}>땅을 떼어주길 청하였으나, 허락하지 않았다. 6월, <{걸복}국인>의 아들 <구부{九府}>가 <건귀{乾歸}>를 죽이자, <건귀>의 아들 <치반{熾磐}>이 <하남왕{河南王}>을 자칭했다. 7월, <마련{馬連}>이 글을 올려 돌아오고 싶다고 청하기에 <보해{宝海}>와 함께 들어오게 하여서, <천성{天星}>의 옛 궁에서 살게 하였다.

● 二十三年癸丑, 二月, 太后生女<瑚太>. 時, 宝筭五十九, 常美服如少婦, 而順産. 人稱<尙>太后之後身. 八月, <宝金>, 與<天星>, 謁<東明>神像于<狼山>, 彩雲回繞自成樓閣, 香氣郁郁不滅. 乃求仙師而欲置道場. 上, 命<鯨>太子往之. <宝金>, 作「平壤」大橋, 而答皇恩.

○ 23년{단기2746년/AD413}계축, 2월, 태후가 딸 <호태{瑚太}>를 낳았다. 이때 보산 쉰아홉이었는데, 젊은 며느리처럼 늘 예쁜 옷을 입었으며 순산하였다. 사람들이 <상{尙}>태후의 후신이라고 여겼다. 8월, <보금{宝金}>이, <천성{天星}>과 함께, <랑산{狼山; 陽子江河口北邊}>에서 <동명{東明}>신상을 배알하였더니, 색색구름이 휘둘러 일어나고 저절로 누각이 만들어졌으며 향내도 자욱하여 사라지지 않았던지라, 선사{仙師}를 보내 달라 하였으며 도장도 열고 싶어 하였다. 이에 상이 <경{鯨}>태자에게 명하여 가 보도록 하였더니, <보금{宝金}>은 「평양대교{平壤大橋}」를 만들어 황은에 답하였다.

☯ 二十四年甲寅, 五月, 上, 與太后, 如溫湯. 六月, 如<國襄陵>, 仍居<沸流>「溫湯宮」. 疾作, 召二后及東宮·二妃, 傳位. 東宮, 固辭不得, 卽位於「北都」<朱留宮>. 七月, 上崩於<朱留宮>, 春秋三十九. <平陽>后殉之. 葬於<黃山>.

○ 24년{단기2747년/AD414}갑인, 5월, 상이 태후를 모시고 온탕에 갔다.

6월엔 <국양릉{國襄陵}>을 찾아뵙고 <비류{沸流}><온탕궁{溫湯宮}>에서 머물다가, 병이 들자 두 후와 동궁 및 두 동궁 비를 불러서 전위하였다. 동궁은, 고사하였으나 하는 수 없어, 「북도」의 <주유궁{朱留宮}>에서 즉위하였다. 7월에 상이 <주유궁>에서 죽었다.{☞<삼국사기>에서는 22년 겨울10월기에!} 춘추 서른아홉이었고, <평양{平陽}>후도 따라 죽었다. <황산{黃山}>에 장사하였다.

역자의 변 : <삼국사기>엔 원년 기사가 빠져있고 <삼국사기>의 9년과 <고구리> 사초·사략의 8년부터 편년만 일치하며, 사초·사략에선 AD414에 <영락대제>가 죽었다.

인간적인 고뇌에 가득차서 살면서 <고구리>대제국을 완성한 군주로, 후세에 추앙받아서 마땅한 치적을 쌓았음을 읽어낼 수 있었다. <대무신제> 이후로 당했던 몇 번의 치욕을 깨끗이 씻어내었고, 더불어서 최소한 현금 <감숙성>이동의 아시아 대륙과 주변 열도까지를 직·간접적으로 통치강역으로 삼았음 느낌으로도 알 수 있는 기록이다.

기껏해야 AD12-13세기 이후에야 지금의 위치에서 왕조를 연 것으로 밝혀지고 있는 <일본>이 그 이전의 <일본>과 <왜>로 기록된 모든 역사를 열도에서 만들어진 역사로 꾸몄고, 이를 계승 발전시키기 위해 <영락대제>의 비문까지 변조하는 이들의 피눈물 나는 역사 조작 노력에 가상하였다고 역설적인 평을 할 수 있는 근거들이 이제야 세상으로 나가서 일반 백성들까지 알 수 있게 되었음에, 허위 지리비정을 하시면서 까지 <일제>사학의 눈을 피하며? <고구리>사초·사략에 담아 오신고 <남당> <박창화>선생께 감사드리는 바입니다. <일제>·<식민>·<반도>사학에 오염되어 <일본>의 역사를 빛내주고, 근본을 잊은 이웃 <중공>의 총체적 역사공정을 물심양면으로 도와주고서 발목 잡힌 모든 분들은 자성하고 우리역사를 광복하는데 동참하여 주기를 풋내기 강호사학은 부탁하고 싶다.

이런 <고구리>와 자웅을 겨루면서 역사를 창조하여 온 <백제>와 <신라> 및 여러 <가야>와 <가락>도 그들의 역사를 광복해야 할 것이며, 현재 우리가 살고 있는 이 땅에서 이미 살고 있었으나 그 역사와 얼이 지워진 신성했던 왕국들의 후손들도 함께 힘을 모아서, 우리에게 도전하는 만방을 아우를 수 있게 되기를 바래본다..

21. 第二十世<長壽大帝>紀 제20세<장수대제>기

원문출처; http://mf.history.go.kr/Pdf0020000/00322322.pdf

傳曰; 帝, 諱<巨連>, 亦曰<璉>. <永樂帝>之次子也. <平陽>后夢見<無量壽佛>而生.　魁傑·弘仁·孝友·愛民·通經史·習禮節·善將兵·有奇略. 至是, 卽位. 時, 年二十一.

쓰여 있길; 제는, 휘가 <거련{巨連}> 또는 <연{璉}>이라 하고, <영락제{永樂帝}>의 둘째 아들로, <평양{平陽}>후가 꿈에 <무량수불{無量壽佛}>을 보고나서 낳았다. 걸출한 우두머리로 모든 이들에게 인자하였고, 효성과 우애가 있었으며 백성을 아꼈고, 경적과 사서에 통달하였으며 예절을 익혔고, 장수와 병사를 아주 적절하게 통솔하였고 기이한 지략도 있었다. 때가 되어 즉위하니 스물 한 살이었다.

☯ 元年甲寅, 八月, 以<吐>后爲太后, 以<天罡>后爲上太后, 以<天龍>妃·<三山>妃爲左·右后. 以太輔<朋連>爲<燕王>使鎭<南蘇>, <淵韜>太輔, <鮮猩>左輔, <春>太子右輔, <淵鞴>中畏大夫, <胥狗>主兵大加, <勇德>左將軍.　九月, 葬大行于<黃山>. <春>太子作碑立之. 上, 與<天罡>·<吐>后入<鸞宮>飼鸞. 自八月, 黃鸞集于<鸞宮>而不去, 乃復居「西都」. 使<天罡>·<天龍>居左宮, <吐山>·<三山>居右宮. 上, 又思念母后, 召<馬>·<胡>二姊于宮中, 迢福無時.　十月, 與二太后, 謁大行陵, 畋于<虵川原(楡河)>獲白獐賜<天龍>后, 是夕<天龍>后受幸得娠.　十二月, 雪深五尺. 上, 謁<天罡>于左宮<乳凰殿>, 負<瑚太>公主以慰之. <天罡>曰; "雪滿壑矣. 何以謁陵." 上曰; "雪滿村矣. 何以賑民." <天罡>, 謝, 曰; "六十老牝未及陛下."

○ 원년{단기2747년/AD414}{갑인}, 8월, <토산{吐}>후를 태후로, <천강{天罡}>을 상태후로, <천룡{天龍}>비와 <삼산{三山}>비를 좌·우 후로 삼았다. 태보 <붕련{朋連}>을 <연왕{燕王; 燕땅을 다스린 高句麗의 行職官爵}>을 삼아서 <남소{南蘇}>를 지키게 하였으며, <연도{淵韜}>를 태보로, <해

성{解猩}>을 좌보로, <춘{春}>태자를 우보로, <연비{淵韛}>를 중외대부로, <서구{胥狗}>를 주병대가로, <용덕{勇德}>을 좌장군으로 삼았다. 9월, 대행을 <황산{黃山}>에 장사하고, <춘{春}>태자가 비석을 만들어 세웠다. 상이 <천강{天罡}>후 및 <토{吐}>후를 모시고 <란궁{鸞宮;=「西都」}>으로 들어가서 란새{방울새?}들을 먹이를 주어서 길렀다. 8월 이래로 누런 란새들이 <란궁>으로 모여들더니 떠나지 않았다. 이에 다시금 「서도」에서 거처하게 되었다. <천강>과 <천룡{天龍}>은 좌궁에 기거하게 하고, <토산{吐山}>과 <삼산{三山}>은 우궁에 기거하게 하였다. 상은, 또한 모후가 생각나면, <마{馬}>·<호{胡}> 두 누나를 궁으로 불러서 아득한 복을 무시로 내렸다.

10월, 두 태후와 모시고 대행의 무덤을 배알하고, <사천{虵川}(유하)원>에서 사냥하여 흰 노루를 잡아 <천룡>후에게 주었다. 이날 저녁 <천룡>후가 승은을 입어 아이가 생겼다. 12월, 눈이 다섯 자나 되게 내리자, 상이 <천강>을 좌궁 <유황전{乳凰殿}>으로 찾아뵙고 <호태{瑚太}>공주를 업어주어서 위로하였다. <천강>이 "산골짝에 눈이 가득한데, 어찌 무덤을 찾으셨습니까?"라 하였더니, 상은 "마을에 눈이 가득한데, 어찌 백성을 구휼하고 계십니까?"라 하였다. 이에 <천강>은, 고맙다고 하면서, "60먹은 늙은 여자는 폐하를 당할 수 없겠소."라 하였다.

{☞<삼국사기>는 어찌 <영락대제>로부터 <고구리>대제국을 물려받은 <장수대제>기의 원년기록을 『元年, 遣長史<高翼>, 入<晉>奉表, 獻赭白馬. <安帝>封王<高句麗>王<樂安郡>公.』 즉, 『원년(AD413)에 장사 <고익>을 <진>에 보내서 표문을 올리고 붉고 흰 말을 바쳤더니, <진>의 <안제>가 왕을 <고구리왕><낙안군공>으로 봉하였다.』라고 시작할 수 있었을까? 이하의 기록에서는 <삼국사기>와의 비교를 생략하고 싶습니다.
<삼국사기>에 남아있는, 거두절미하고, 근세<조선>을 제외한 고대의 우리 쪽 나라들이 [밑도 끝도 없이, 사신을 보내서 조공하였다.]는 기록은 모조리 허구일 것이고, 청혼 등이 있었거나 하여 답례·폐백을 하거나 우호·친선한 것 정도일 것이다.

● 二年乙卯, 正月, <宝金>·<腆支>·<馮跋>等遣使來貢. 上, 接見于<鎭南楼>, 命<春>太子享之以配頒<東明曆>. 上, 與<三山>后, 如「溫湯」禱子而還. 大閱于<汗>濱. 命<春>太子, 發勸農詔, 設「籍蚕司」而示民. 二月, 與四后, 謁廟告卽位, 大赦國中及<猸>·<余>·<羅>·<濟>·<倭>·

<耶>等國. 三月, <魏><嗣>遣使來朝. <宝金>, 與<倭>, 戰于<風島>, 克之. 七月, 上, 如<朱留宮>道場, 與<春>太子, 論時事, [曰]; "<慕>·<超>·<涼>·<檀>皆淫逸亡." <春>太子曰; "淫者逸之始, 逸者虛之始, 虛者襲之始." 上, 嘉之, 賜<春>太子妃<天乙>綵段五十匹·黃金百兩, 曰; "朕, 自東宮時, 見卿貞潔合於仙王之妃. 國之興亡係于宗女之貞與不貞耳." <天乙>曰; "妾, 自幼受夫王之訓, 未嘗邪念. <吐>皇后亦然. 陛下, 鑑之." 上曰; "知之." 乃命<吐>后「乞巧」. <吐>后曰; "妾才鈍質薄. 雖乞, 何益." 上笑, 曰; "汝, 以主絲之婦, 不乞. 何[女+丂{=巧}]. <天乙>謬矣." <吐>后乃伏, 上抱入「溫湯」. <龍>后生子<獐>.

十月, <秦><姚興>送女<西平>于<魏><嗣>. [<魏>主<嗣>, 以後禮, 納之. 鑄金人不成, 乃以爲夫人, 而寵甚.]

○ 2년{단기2748년/AD415}을묘, 정월, <보금{宝金}>·<전지{腆支}>·<풍발{馮跋}> 등이 사신을 보내와서 공물을 바쳤다. 상이 <진남루{鎭南樓}>에서 접견하였으며, <춘{春}>태자에게 명하여서 즐겁게 해주고 <동명력{東明曆}>을 나누어 주게 하였다. 상이 <삼산{三山}>후를 데리고 온탕으로 가서 아들 낳기를 빌고 돌아왔다. <한{汗}>수가에서 크게 군사를 사열하였다. <춘>태자에게 명하여 권농조서를 내리고 「적잠사{籍蚕司}」를 두어서 백성들에게 시범을 보이게 하였다. 2월, 네 명의 후들과 함께 묘당을 찾아 즉위하였음을 고하고, 나라 안{직할지}과 <맥{貊}>·<부여{余}>·<신라{羅}>·<백제{濟}>·<왜{倭}>·<가야{耶}> 등의 나라{제후국·속국들}들에까지 크게 사면하였다. 3월, <위{魏=北魏}>의 <탁발사{嗣}>가 사신을 보내서 입조하였다. <보금{宝金}>이 <왜{倭}>와 <풍도{風島}>에서 싸워 이겼다.

7월, 상이, <주유궁{朱留宮; =北都}> 도장으로 가서 <춘{春}>태자와 당면한 정사를 논의하며, 이르길; "<모{慕=後燕}>·<초{超=南燕}>·<량{凉=後涼}>·<단{檀=南涼}> 모두 음란하고 방종하다가 망하였습니다."라 하였더니, <춘>태자가 아뢰길; "음란하면 방종하게 되고, 방종하면 빈틈이 있게 되며, 빈틈이 있으면 적의 기습을 불러들입니다."라 하였다. 이 말에 상은 기뻐하며 <춘>태자비 <천을{天乙}>에게 채단 50필과 황금 100량을 하사하고는, "짐이 동궁시절부터 지켜보았더니 경은 정결하시기가 선왕{仙王}의 왕비로 합당하셨습니다. 나라의 흥망은 종실여인들의 마음이 정결한지 그렇지 않은지{또는, 곧은 지 곧지 않는지}에 달려있습니다."라 일렀더니, <천을>이 아뢰길; "첩은 젊을 적부터 남편이신 왕의 가르침을 따르면서 삿된 마음을 가져 본 적이 없었습니다. <토{吐}>황후께서도 또한 그러 하실 것입니다. 폐하께서 <토>후를 시험해 보세요."라 하였다. 이에 상은 "알고 있습니다."라 답하고는, <토>황후에게 「걸교{乞巧; 칠석날 저녁에 부녀자들이 바느질과 길쌈을 잘하게 하여 달라고 견우와 직녀 두 별에게 비는 일; 혹은 대형의 柵이나 절벽에서 예쁘고 날렵한 여인들이 만국공통 부호를 줄로 엮어가며 대화하는 행위}」를 해보이라 명하였더니, <토{吐}>후는 "첩은 재주도 둔하고 본디 천박한데, 걸교해 본들 무슨 득이 있겠습니까?"라 하였다. 이에 상은 웃으면서 "그대는 실 바느질{또는, 줄 엮기}을 주관하는 아낙임에도 「걸교」를 해보이지 않으니, 어찌 요염하다 하겠소? <천을{天乙}>께서 잘 못 본 것이오."라 하였더니, <토>황후가 승복하였고, 상은 <토>후를 품에 안고 온탕으로 들어갔다. <천룡{天龍}>후가 아들 <장{獐}>을 낳았다.

10월, <진{後秦}>의 <요흥>이 딸 <서평>을 <위{魏}>의 <탁발사>에게 보냈다. [<위>의 <사>는 후에 예를 치르기로 하고 맞아들였다.] 금부처{金人}를 만들다가 이루지 못하였고, <서평>을 부인으로 삼아서 심히 아꼈다.

● 三年丙辰, 四月, **<**吐**>**后生女**<**織**>**. 以**<**華德**>**妻**<**好山**>**爲**<**獐**>**太子乳母, **<**華德**>**爲**<**獐**>**太子育成大夫. **<**宝金**>**得盈車之魚而獻, 其角如玉, 味美如蝦. **<**吐含山**>**崩, 水湧三丈二尺. 以**<**談喜**>**·**<**談明**>**爲太后宮宮人.

○ 3년{단기2749년/AD416}병진, 4월, <토{吐}>후가 딸 <직{織}>을 낳았다. <화덕{華德}>의 처 <호산{好山}>을 <장{獐}>태자 유모로, <화덕>을 <장>태자 육성대부로 삼았다. <보금{宝金}>이 수레에 넘치도록 물고기를 잡아서 바쳐 왔다. 그 촉각{또는, 껍질}은 옥 같았으며, 맛은 좋아서 새우 같았다{☞바다가재?}. <토함산{吐含山; 安徽省 巢湖 東方部 含山山脈 중의 活火山!}>이 무너지더니 물이 3장 2척을 끓어올랐다{또는, 뿜어져 올랐다}. <담희{談喜}>와 <담명{談明}>을 태후궁의 궁인으로 삼았다.

● 四年丁巳, 五月, <訥祇>殺<宝金>而自立. 正月, <宝金>, 使<訥祇>·<曉辰>入朝, 賂于邊將而害之. 邊將, 恐朝廷, 而不敢害之, 事遂發. 上, 命評部·賓部, 治其罪. <訥祇>, 含而歸之, 與<天星>共謀而鴆<金>. 時, <宝金>, 有寵姬, 生子故也, 上欲治<訥祇>, <春>太子諫止之. <訥祇>, 嘗以<天星>女三人爲室, 而私<天星>, 云. <腆支>徵東北人十五以上築<沙口城>. 兵平<鮮丘>監之. 八月, <三山>后生子<獜>, 以<談允>妻<春風>爲乳母, <談允>育成大夫. 潤十二月, <勃勃>伐<長安>.

○ 4년{단기2750년/AD417}정사, 5월, <눌기{訥祇=訥祗}>가 <보금{宝金=實聖}>을 죽이고 자신이 보위에 섰다. 정월에 <보금>이 <눌기>와 <효진{曉辰}>을 입조하라 해놓고 변방 장수를 시켜서 이들을 해치우라고 시켰는데, 그 변방 장수가 우리의 조정을 두려워하여 감히 그들을 해치지 못하였더니, 그 일이 드러나게 되었다. 이에 상은 평부{評部}와 빈부{賓部}에 명하여 그 죄를 다스리라 하였고, <눌기>는 입 다물고 돌아가더니 <천성{天星}>과 공모하여 <보금>에게 짐독{鴆毒}을 쓴 것이었다. 그 시절 <보금>은 총희와의 사이에 아들을 낳았었고, 그런 까닭에 상은 <눌기>를 다스리려 하였다가, <춘{春}>태자가 말려서 그만두었었다. <눌기>는, 이미 <천성>의 딸 셋을 들여앉히고서도, <천성>과 사통하고 있었다 한다. <전지{腆支}>가 동북지방의 15세 이상의 사람들을 징발하여 <사구성{沙口城}>을 쌓았다. 병관좌평 <해구{解丘}>가 그 일을 감독하였다. 8월, <삼산{三山}>후가 아들 <린{獜}>을 낳았기에, <담윤{談允}>의 처 <춘풍{春風}>을 유모로, <담윤>을 육성대부로 삼았다. 윤12월, <하{夏}>왕 <혁연발발>이 <장안>을 쳤다.

● 五年戊午, 正月, <訥祇>請還<宝海>, 許之. <馬連>, 與<宝海>, 生二女一子而不從去. 上, 不得已, 命爲<角彦>妻.
二月, 改官等; 三輔, 二品, 金花. 畏·刑·兵·民·穀, 二品下, 銀花. 神·賓·藥·農·畜, 三品, 銀花. 衛·施·供·評·訓, 三品下, 雉花. 籍·廚·船·冶·匠·織·酒·七院, 四品, 雉花. 他皆從前. 上, 問於<春>太子, 曰; "先帝戒我, 以終身二后. 我已不能守矣. 天子之宮道, 果何如乎."

<春>太子曰; “天子, 異於臣民, 廣嗣養氣, 以萬民爲臣妾. 昔, 聖採供, 以次算以三千飛蝶, 而當夕短氣之. 主過勞而損祖宗. 宮制不一正, 后以下, 多則七八十人, 少不下三十余人矣.” 上曰; “無乃太過乎.” <春>太子曰; “專房則過矣, 補則無多數也.” 上曰; “<東明>三后, <光明>七后, <大武>五后. 朕欲取其中, 何如.” <春>太子曰; “聖矣.” 上曰; “補則幾人最可乎.” <春>曰; “七妃十六嬪二十八宮應天之宿矣.” 上曰; “好矣.” 上, 又問, 曰; “祖宗之法, 以龍交龍, 不取雜色. 近者頗多異議. 卿, 以爲何如.” 春曰; “<[伏]羲>以女<禍>爲后而生子二十人, <齊><桓>·<晉><文>皆用姊妹姑姪, 已有聖人之通法.” 上曰; “善. 朕亦以骨爲貴, 五后當用龍骨, 七妃龍四仙三, 十六嬪雜用, 何如.” <春>曰; “聖哉.” 上又問曰; “祖宗之法, 禁殉, 年少更復承寵. 情則然矣, 道似缺然, 奈何.” <春>太子曰; “聖主好生, 故天子無母. 況其餘乎.” 上, 黙然良久, 曰; “决矣.” 遂定五后七妃之制. 命中畏大夫<淵韛>定其節次. 命瓊叢大夫<龍莖>選宗室女堪爲后妃者, 琳叢大夫<岡>選外戚女堪妃嬪者, 薦之. <龍>后生女<牝>.

四月, 上, 親選後宮三十人於瓊·琳薦姬中, 納于後宮, 定殿房僚屬. 上所選, 多是腴厚豊秀之嬪, 而巧娟者少矣. 上, 謂<春>太子, 曰; “人所難行在乎克己. 朕, 年方壯, 易於使氣, 自可難制國之大事. 唯信於叔父三人. 朕若犯過, 無憚直諫可也. 叔妻<天乙>·<胥>妻<天龍>, 皆非薦中而自願當之, 非敢選也. 有欲接乎, 至人求其方弗也, 抑亦不能克己之慾歟.” <春>太子曰; “臣與<胥狗>爲陛下之股肱, 安得不供乎. 實是率先垂範也.” 上, 嘉其言, 遂后二妃. 太后生子<談太>. 以<龍德>妻<胡連>爲乳母, <龍德>爲育成大夫.

十月, <訥祇>遣<宝海>入貢言; <美海>亦自<倭>歸, <羅>亦大豊, 云.

○ 5년{단기2751년/AD418}무오, 정월, <눌기{訥祇}>가 <보해{宝海}>를 보내 달라고 청하여, 허락하였다. <마련{馬連}>이 <보해>와 2녀 1남을 낳고도 <보해>를 따라가지 않자, 상은 부득이 <각언{角彦}>의 처가 되라 명하였다.

2월, 관등을 고쳤다; 3보는 2품으로 금화관을 쓰게 하고, 외·형·병·

민·곡을 주관하는 2품 하{下}는 은화관을 쓰게 하고, 신·빈·약·농·축을 관장하는 3품은 은화관을 쓰게 하고, 위·시·공·평·훈을 관장하는 3품 하는 치화관{꿩깃털관}을 쓰게 하고, 적·주·선·야·장·직·주·7원을 주관하는 4품은 치화관을 쓰게 하였으며, 나머지는 모두 종전과 같게 하였다. 상이 <춘{春}>태자에게 이르길; "선제께서 저에게 이르시길 평생 동안 후를 둘만 두고 살라고 하셨는데, 저는 이미 그것을 지킬 수 없게 되었습니다. 과연 천자의 궁중 도리는 어떤 것입니까?"라 하니, <춘>태자가 아뢰길; "천자는 신하나 백성과 달라서, 널리 후사를 두며, 기운을 돋아서 만민을 신하나 첩으로 둘 수 있습니다. 옛날의 성인들이 시중드는 이들을 뽑아서 씀을, 헤아려 보니 3천 비접이 되었었고, 저녁 일에 있어서는 짧게 냄새만 맡았습니다. 주상들께서 과로하면 조종이 상하기 때문이었습니다. 궁궐예법엔 정도가 하나만은 아니어서, 후 밑으로는 많으면 칠팔십 인이었고 적어도 삼십 인은 되었습니다."라 하였다. 이에 상이 이르길; "하나도 두지 않으면 큰 잘못이 되나요?{또는, 너무 지나친 것 아니었나요?}"라 하니, <춘{春}>태자가 아뢰길; "한 방에만 가는 것은 잘못이어서, 보조하는 이들을 두었지만 그리 많지는 않았습니다."라 하였다. 이에 상이 "<동명{東明}>께선 후 셋을 두셨고, <광명{光明}>께서는 일곱 후를 두셨으며, <대무{大武}>께서는 다섯 후를 두셨었습니다. 짐도 이 들 숫자 중에서 택하려 하는데, 어찌함이 좋겠습니까?"라 물었더니, <춘>태자가 아뢰길; "훌륭한 생각이십니다."라 하였다. 상이 묻기를; "보조하는 이는 얼마까지 둘 수 있는 것인가요?"라 하니, <춘>이 아뢰길; "{5후와 더불어서} 7비·16빈으로 하셔서 28궁을 두시면 하늘의 성수에도 맞을 것입니다."라 하였다. 상은 "좋아 보입니다."라 하였다. 상이 또 묻기를 "조종{祖宗}법도엔 룡골{龍骨}은 룡골과 교접하고 잡색{雜色}은 취하지 않는다 하나, 근자엔 다른 의견들도 파다한데, 경의 의견은 어떠하신가요?"라 하니, <춘>이 아뢰길; "<복희{伏羲}>는 자신의 딸 <화{禍}>를 후로 삼아서 자식을 스물이나 두었으며, <제{齊}><환{桓}>공과 <진{晉}><문{文}>공 모두 자매나 고모{또는, 이모} 또는 조카와 혼인하였으며, 이미 성인들의 통상적인 법도가 되었습니다."라 하였다. 이에 상은 "옳거니! 짐 또한 골육을 귀히 되게 할 것입니다. 다섯 후는 룡골{龍骨}로 하고, 일곱 비는 네 명의 룡골과 세 명의 선골{仙骨}로 하며, 열여섯 빈을 잡색{雜色}으로 하였으면 합니다. 어찌 생각하십니까?"라 하니, <춘>은 "훌륭하신 생각이십니다."라 하였다. 상이 또한 묻기를; "조종법도가 순사{殉死}를 금하고 나이 젊은이는 다시금 이어서 총애를 받게 하였는바, 인정으로선 그럴지라도 법도로는 흠결이 있어 보이는데, 어찌 생각하십니까?"라 하니, <춘>태자가 아뢰길; "지존이신 주상들께서는 살리시길 좋아하시며, 천자는 어미도 따지지 않는 바인데, 항차 그 나머지야 어찌하여야 하겠습니까?"라 하였다. 상은 잠시 말없이 있다가는 "결정하였습니다."라고 하더니, 5후·7비를 제도로 정하였다. 중외대부 <연비{淵鱗}>에게 명하여 그 절차를 정하게 하였으며, 경총대부{瓊叢大夫} <룡경{龍莖}>은 후·비로 합당한 종실여인들을 선발하고 림총대부{琳叢大夫罔} <강{罔}>은 외척들 중에서 비빈으로 합당한 여인들을 천거하라 명하였다. <천룡{天龍}>후가 딸 <빈{牝}>을 낳았다.

4월, 상이 친히 후궁 30인을 경·림{부의 대부들}이 천거한 여인들 중에서 선택하여 후궁으로 들이고, 전{殿}과 방{房}을 정하여 주고 각자에 딸리는 관원도 정하여 주었다. 상이 친히 골랐더니, 착하고 후덕하며 훤칠하고 고상해 보이는 빈들이 많았고, 교태 있고 예쁜이는 적었다. 상이 <춘{春}>태자에게 이르길; "사람들에게 있어서 해내기 어려운 것이 극기{克己}라 합니다. 짐은 나이가 이제 막 장년{壯年}이 되었으니 기운만 믿기 쉬운지라, 나라의 큰일들을 스스로 다스리기는 어려울 것입니다. 오로지 숙부 세 분만을 믿을 것입니다. 짐이 잘못을 범하거든 기탄없이 직간하여 주셔야 할 것입니다. 숙부{=춘태자}의 처 <천을{天乙}>과 <서구{胥狗}>의 처 <천룡{天龍}>은 모두 천거된 이들 명단에 들어있지 않았음에도 스스로들 감당하길 원한 것입니다. 감히 {제가} 뽑아 들이지는 않았습니다만, 접해 보고자 하는 욕망이 생기면, 지인{至人; =眞人; 지극한 사람}들이야 방도를 구하여 떨어내겠지만, 아무리 애써 보아도 역시 어쩔 수 없는 욕정도 있는 것 아닌가요?"라 하였다. 이에 <춘{春}>태자가 아뢰길; "신과 <서구{胥狗}>

는 폐하의 고굉지신입니다. 감히 이바지하지 않을 수 있겠습니까? 기실 그리하여야만 솔선수범하는 것이 되옵니다."라 하였다. 상은 그 말이 가상하여, 이윽고 두 비{=춘태자의 천을 비와 서구의 천룡 비}를 보후로 삼았다. 태후가 아들 <담태{談太}>를 낳았다. <용덕{勇德}>의 처 <호련{胡連}>을 유모로, <용덕>을 육성대부로 삼았다.
10월, <눌기{訥祇}>가 <보해{宝海}>를 보내어 들어와 공물을 바치면서 말하길, <미해{美海}> 또한 <왜{倭}>에서 돌아왔으며, <신라{羅}> 또한 대풍이 들었다고 하였다.

● 六年己未，正月，<胥狗>妻<天龍>生子<好太>. 以<淵兢>妻<芙雲>爲乳母如例. 選后之日，上，以<天龍>年最高，先當. 上曰; "侄以少艾，敢勞大姑如是." <天龍>[曰]; "妾榮極矣. 願生好太，故名之也." 戊戌，星孛<太微>.
四月，<訥祇>，以水湧，移<牛谷城>. <倭>遣子來學，命置<伊弗蘭寺>. 上，如<元殿>，謁太后而抱<談太>慰之. 太后曰; "妾聞仙·佛皆非正道. 儒以忠孝貞信爲教，云. 果然耶." 上曰; "儒者，行也." 太后曰; "妾，自幼徒染仙教，歷事五朝以供爲忠. 故，天不厭之，尙無疾病，堪擧螽慶，感泣不已. 若有正道，願與同叅." 上，乃命「五部」各薦高儒，至者八人皆峩冠博帶威儀齊齊. 上，與太后，酙酒勸之，聞其昌言. 太后，感喜，曰; "如此好道，今始聞矣. 願爲師傳，加以爵祿." 皆不受而去. <黃山>人<王文>，以高行，聞招而不至.
九月，上，與<岡>太子妃<加連>，設<黃山>道場七日而爲<平易[=陽]>后祀祭. 招仙·釋高行. <文>又不至. 上，乃與太后，親訪之. <文>，命其妻<侏>獻酒，以壽，曰; "短者長之，長者短之." 上請出山，<文>指浮雲而笑. 太后問克己之道，<文>曰; "自然協洽，可也. 不必克念也." 上，尤嘉之，曰; "菊耶人耶，人耶菊耶. 盖黃菊滿庭與人，俱香." 上，不覺怃然，而歸.
十一月，丁亥朔，日食. <春>太子妻<天乙>生子<鉀>太子. 以<龍莖>妻<華丸>爲乳母如例. 以選嬪<談喜>·<談明>·<斗蓮>·<楚連>，順次當夕于<元殿>，<椽花>·<免完>·<鮮凰>·<白莖>等當夕于<善殿>. <吐山>后生子<元>, 以<蟹>妻<春鸞>爲乳母如例.

○ 6년{단기2752년/AD419}기미, 정월, <서구{胥狗}>의 처 <천룡{天龍}>이 아들 <호태{好太}>를 낳았기에, <연궁{淵兢}>의 처 <부운{芙雲}>을 전례와 같이 유모로 삼아 주었다. 후들을 선발하던 날, 상은 <천룡>의 나이가 가장 높아서 맨 먼저 맞이하였었다. 상이 이르길; "조카가 나이가 어린데도 감히 대고모를 이렇듯 수고하시게 하였습니다." 라 말하였더니, <천룡>이 아뢰길; "첩에겐 광영이 지극한 일이었습니다. 좋고 큰 일이 생겼으면 싶어서 이름을 <호태>라고 지었습니다."라 하였다. 무술일에 살별이 <태미좌{太微座}>로 흘렀다.

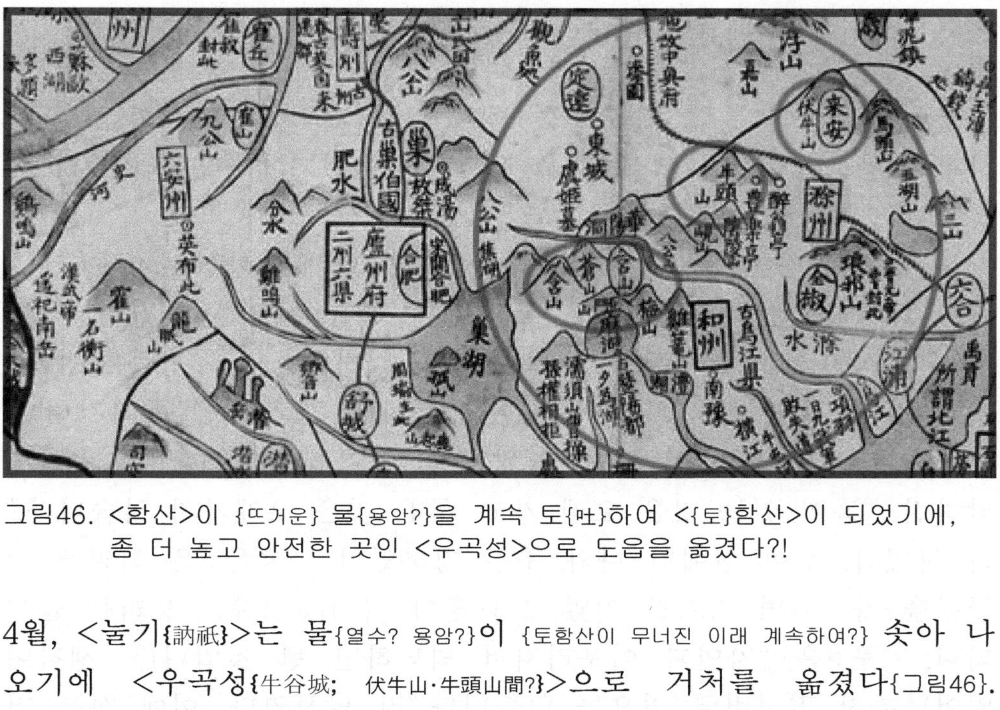

그림46. <함산>이 {뜨거운} 물{용암?}을 계속 토{吐}하여 <{토}함산>이 되었기에, 좀 더 높고 안전한 곳인 <우곡성>으로 도읍을 옮겼다?!

4월, <눌기{訥祇}>는 물{열수? 용암?}이 {토함산이 무너진 이래 계속하여?} 솟아 나오기에 <우곡성{牛谷城; 伏牛山·牛頭山間?}>으로 거처를 옮겼다{그림46}. <왜{倭}>가 아들을 학문하러 보내왔기에, <이불란사{伊弗蘭寺}>에 머물게 하였다. 상이 원전{元殿}으로 가서 태후를 찾아뵙고는 <담태{談太}>를 안아주어 위로하였더니, 태후가 아뢰길; "첩이 듣기엔, 선도{仙道}와 불도{佛道} 모두 정도{正道}가 아닌 듯합니다. 유도{儒道}가 충

{忠}·효{孝}·정{貞}·신{信}을 가르침으로 하고 있다는데, 과연 그런가요?" 라 하였더니, 상은 "유도는 행하여 지키는 것입니다."라 하였다. 태후가 아뢰길; "첩은, 어릴 적부터 선도에 젖어 있으면서도, 다섯 조정을 섬기길 충성으로 하였습니다. 그랬더니, 하늘도 그것이 싫지는 않았는지, 오래도록 질병도 없었으며 자식 많이 낳는 경사도 감당하였었으니, 기뻐서 감읍함이 그치지 않았었습니다. 바로 된 도리가 있다면, 바라건대 함께 살폈으면 합니다."라 하였다. 이에 상은 「5부」에게 명하여서 유도가 높은 자를 천거하게 하였더니, 여덟 사람이 들어왔고, 그들 모두는 높은 모자를 쓰고 넓은 허리띠를 하고 있었으며, 위엄 있는 모습에 흐트러짐이 없었다. 상이, 태후와 함께, 술을 따르고 마시라 권하였다. 그들의 훌륭한 말을 듣더니만, 태후가 즐거워하며, "이런 훌륭한 도리가 있었음을 지금 처음 듣습니다. 원컨대 스승이 되어서 도리를 전하여 준다면, 작위와 봉록을 얹어 주겠소."라 하였더니, 그들 모두는 받지 않고 가 버렸다. <황산{黃山}> 사람 <왕문{王文}>의 행실이 고매하다고 들었기에, 불렀더니, 오지 않았다.

9월, 상이, <강{岡}>태자비 <가련{加連}>과 함께 <황산{黃山}>에서 7일간 도장을 열고, <평양{平易=平陽}>후를 위한 제사를 올렸다. 선가{仙家}와 석가{釋家}에 행실이 높은 이들을 청하였으나, <왕문{王文}>은 또 오지 않았다. 이윽고 상이 태후를 모시고 친히 그를 찾아갔더니, <왕문{文}>은 자신의 처 <주{侏}>에게 술을 올리게 하고서, 축수하며 말하길; "흠이 있는 것은 오래 가고, 좋은 것은 오래가지 않습니다." 라 하였다. 상이 산에서 나와 주길 청하였더니, <문>은 허공에 뜬 구름을 가리키며 미소를 지었고, 태후가 극기{克己}하는 도리를 물었더니, <문>은 "자연과 어우러져서 넉넉하면 될 것입니다. 생각이 일어남까지 떨쳐버릴 필요는 없습니다."라 답하였다. 이에 상은 더욱 즐거워하더니만, "국화인가 사람인가? 사람인가 국화인가? 뜰에 가득한 노란 국화 속에 사람이 함께 있으니, 모두에서 향내가 나는구나!"라 하였다. 상은 {즐거움에?} 취하여 아연{愕然}한 채로 돌아왔다.

11월, 초하루 정해일에 일식이 있었다. <춘{春}>태자의 처 <천을{天

乙}>이 아들 <갑{鉀}>태자를 낳았다. <룡경{龍莖}>의 처 <화환{華丸}>을 전례에 따라 유모로 삼았다. 빈으로 뽑힌 <담희{談喜}>·<담명{談明}>·<두련{斗蓮}>·<초련{楚連}>이 순차로 원전{元殿}에서 저녁을 감당하고, <연화{椽花}>·<면완{免完}>·<해황{解凰}>·<백경{白莖}> 등은 선전{善殿}에서 저녁을 감당하였다. <토산{吐山}>후가 아들 <원{元}>을 낳았다. <해{蟹}>의 처 <춘란{春鸞}>을 전례에 따라 유모로 삼았다.

● 七年甲寅, 二月, 上親耤, 太后與<吐>后親蚕. 三月, 太后行求仙道場三日. 上, 謂太后, 曰; "<秦皇>·<漢武>皆不得焉. 節食服藥, 可也." 太后, 笑, 曰; "妾, 春氣方壯爽然無病, 何用藥乎. 所求者, 在乎眞氣也." 上曰; "眞氣, 亦在乎自身也." 三月, <腆支>死, <久爾辛>立. 遣<淵息>吊之. <華德>妻<好山>生女<藍>, 補妃也. 四月, 立「四學」于「五部」. 敎學者, 仙佛儒也. 軍學者, 騎射用兵也. 藝學者, 曆星數醫也. 政學者, 史辯農工也. 又立技院. 使民皆得一技以傳家. 上, 與五后·妃·嬪, 宴于百花丹園. 公卿妻女之能歌舞美娟者亦多會焉. 亦與太后, 親缶而挑興妃·嬪之姑, 未當夕者呈技較婼. 而至昏乃罷, 諸嬪待命. 上抱<馬連>而入寢, <馬>曰; "何棄娟而取妾耶." 上曰; "姊猶母后故不禁愛矣." 遂與之纏話到晨, 竟未合而天白. 上驚起, <馬>哀求, 曰; "未得受身, 則何以娠乎." 上, 笑, 曰; "姊, 何急乎. 明日來無盡矣." <馬>乃泣而出. 上之寡念等慾如是, 宮人徃徃有如例而自傷, 宮詞有曰; "<無量壽佛>淡於水, 嬌鸎妖鸎謾自啼."

五月, <馮跋>獻人蔘百斤·虎[皮]二十張·白綿布十五匹. 上命求棉種. 七月, <魏>使來, 獻土物, 議伐<燕>分之. 上曰; "<燕>·<魏>皆出於<鮮卑>, 宜相和睦, 何相伐之. 若使<賀蘭>鮮于<平城>, 則事可諧矣." 使, 黙然良久, 曰; "老后已衰, 不可與陛下見." 上, 笑, 曰; "汝, 何緊於弄乎." 上, 聞<劉裕>簒<晋>, 謂<春>太子, 曰; "<牛金>, 以陰穢之人, 竊<晋>百余年, 賢於<馬懿遠>矣." <春>太子, 曰; "<呂不韋>·<李園>·<董賢>·<王莽>等, 皆以淫穢, 奏功盖天不禍, 淫者生之理也. 人君宜戒之, 國朝亦有例焉." 上, 頷之, 曰; "善." <羅>, 早飢, 民多賣子.

○ 7년{단기2753년/AD420}갑인, 2월, 상이 친히 땅을 갈고, 태후가 <토{吐}>후와 함께 친히 누에치기를 하였다. 3월, 태후가 사흘간 신선되는 방도를 구하는 도장을 열었더니, 상이 태후께 "<진{秦}><시황{始皇}>과 <한{漢}><무제{武帝}> 모두가 얻지 못한 것입니다. 음식 먹기를 줄이고 약을 복용하면 될 것입니다."라 하였다. 이에 태후가 웃으며 말하길; "첩은 춘기{春氣} 왕성하고 마음도 상긋하며 병도 없는데, 무슨 소용으로 약을 먹겠습니까? 구하고자 하는 것은 진기{眞氣}입니다."라 하였다. 이에 상이 이르길; "진기 또한 있을 곳이 자산의 몸 아니든가요?"라 하였다. 3월, <전지{腆支}>가 죽고 <구이신{久爾辛}>이 섰다. <연식{淵息}>을 보내서 조문하였다. <화덕{華德}>의 처 <호산{好山}>이 딸 <람{藍}>을 낳았다. 보비였다. 4월,「5부」에「4학」을 세웠다; 교학{敎學}은 선{仙}·불{佛}·유{儒}를, 군학{軍學}은 기사{騎射}와 용병{用兵}을, 예학{藝學}은 역{曆}·성{星}·수{數}·의{醫}를, 정학{政學}은 사{史}·변{辯}·농{農}·공{工}을 가르쳤다. 또한 기원{技院}을 세워서, 백성들 모두가 기술 한 가지씩을 배워서 가내에서 물려지도록 하였다.

상이 다섯 후 및 비빈들과 함께 온갖 꽃이 붉게 핀 동산에서 연회를 열었다. 가무에 능하거나 예쁜 공경들의 처와 딸들 역시 많이 모였다. {상} 또한 태후와 함께 친히 장구를 쳐서{또는, 장군으로 술을 돌려서} 비·빈인 여인들의 흥을 돋우었더니, 아직 밤을 함께 하지 못한 비·빈들이 재주를 뽐내고 교태를 겨루었다. 날이 저물어 파하니, 여러 빈들이 명을 기다렸고, 상이 <마련{馬連}>을 품에 안고 침소로 들었다. 이에, <마련{馬}>이 "어찌 예쁜이들을 마다하시고 첩을 취하셨는지요?"라 물었더니, 상은 웃으면서; "누이가 모후를 닮은지라 아끼지 않을 수 없었소."라 답하고는, 몸을 끌어안고 얘기하다가 새벽이 되었다. 끝내 합환하기 전에 날이 밝았고, 상이 갑자기 일어나니, <마련>이 갈구하며 아뢰길; "아직 씨를 받지 못하였사온데, 어찌 아이를 가질 수 있겠사옵니까?"라 하였다. 이에 상이 "누이는 무얼 그리 급하게 생각하시오? 내일은 끝없이 많잖소."라 하였더니, <마련>은 눈물 흘리며 나갔다. 상이 돌아보며 삼가고 욕정을 다스림이 이러하였더니, 궁인들은 왕왕 모두 그런 일이 있었던지라 스스로 상심하였으며, 궁 안에서는 "<무량수불{無量壽佛}>이 물보다도 덤덤하니, 아리따운 꾀꼬리와 요염한 제비들은 스스로를 업신여기며 눈물만 흘린다네."라는 노래가 돌았다.
5월, <풍발{馮跋}>이 인삼 100근, 호[피] 20장, 면포 50필을 바쳐 왔다. 상은 목화씨가 필요하다고 명하였다.
7월, <위{魏}>의 사자가 와서, 토산물을 바치고, <연{燕}>을 토벌하여 그 땅을 나누어 가지자고 의론하였다. 이에 상이 "<연{燕}>과 <위{魏}>는 모두 <선비{鮮卑}>에서 나왔으니, 마땅히 서로 화목해야 하거늘, 어찌 서로를 토벌하려 하는가? <하란{賀蘭}>이 <평성{平城; 大同東 白登山?}>에서 벗도록 하여준다면야, 그 일도 함께 해 볼 만하겠소."라 일렀더니, 사신은 입 다문 채로 한참을 있더니만, "나이 드신 후께서는 몸이 쇠하시어 폐하를 만나 뵐 수 없으십니다."라 아뢰었다. 이에 상이 웃으며 이르길 "그대는 농담 한 마디에 무얼 그리 긴장하는가?"라 하였다. 상이 <유유{劉裕; 宋高祖武帝}>가 <진{晉}>을 찬탈하였음을 듣고, <춘{春}>태자에게 이르길; "<우금{牛金}>은 음흉하고 더러운 인간이긴 하지만, 100여년 된 <진{晋}>을 훔친 것을 보면, <마의원{馬懿遠}>보다는 똑똑해 보입니다."라 일렀더니, <춘>태자가 아뢰길; "<여불위{呂不韋}>·<이원{李園}>·<동현{董賢}>·<왕망{王莽}> 등은 모두 음흉하여서 더러운 방법으로 공적을 상주하여 하늘을 가리고 화{禍}를 입지 않았었습니다. 그것이 바로 간사한 놈들이 살아가는 방법입니다. 인군{人君}된 자는 마땅히 그것을 조심하고 주의하여야 할 것입니다. 우리나라 조정 중에서도 그러한 예는 있었습니다."라 하였다. 상도 고개를 끄덕이며, "그랬었지요."라 하였다.
<신라{羅}>는 가물어서 굶주리더니 많은 백성들이 자식을 팔았다.

● 八年辛酉, 正月, 上, 如元殿, 謁太后. 二月, 與<春>太子, 如<西河>, 練兵. <加洛><吹希>遣使來告立. 四月, <魏><嗣>獻<賀蘭>女<拓跋>氏. 使<鯨>太子, 率仙師<折雨>·<封蟻>, 而去苔<賀蘭>. <賀蘭>, 似有鮮帶之意, 願與帝會于<海漠>. 上欲許, <春>太子諫之. 上曰; "<周><穆>, 以單騎, 會<王母>於<崑崙>. 以此觀之, <海漠>, 門前

也. 約以八月相逢." 群臣危之, 上獨晏然. 五月, <胥狗>, 引軍三萬南下, 大閱于<川西>, 招<契丹>十二部落·<奚>五部落, 徵其牛馬軍丁. 封<胥狗>爲<梁王>·鎭北大將軍, 以<華德>爲扈衛將軍.

八月, 上, 與<華德>, 自<盖馬>入<勾麗>會<賀蘭>於<月海>而還, 謂<春>太子, 曰; "<嗣>有心疾不久. 若與<賀蘭>表裡, 可以伐之." <春>曰; "不然. <嗣>雖不爽, 其子<稍>可洗. <索頭>愛族耿耿不滅, 難可猝圖. 且使得之, 外受多敵, 難可守矣. 况<羅>·<濟>·<馮拔>面從內違, 不知變生何日. 不可生梗于外而與機于內也. 政經不云乎. 遠者交之, 近者攻之. 接者割之, 離者近之. 以守繼征, 以化繼守. 故<東明>征伐, <光明>守之. 陛下, 亦宜守先帝之域, 消化南方然後, 可以西進." 上曰; "叔父之言, 善." 起如<天乙>殿, 抱<春羊>而御餐, 曰; "吾欲以一妹賜汝夫. 誰可乎." <乙>曰; "彼欲辟穀, 賜之何益." 上, 怒, 曰; "汝爲吾妻, 而尙妬舊夫乎." 乃<斗蓮>爲<春>太子妃, 卽命合巹. 九月, 如<元殿>, 賞菊聞篇絃, 賜<王文>·<朱義>·<鄭蒙>等爵大夫·年穀·綵段. 皆儒士也.

十月, 上, 與<春>太子, 座<鸞宮>南堂, 論國事. 上曰; "守成之道, 當以富國強兵爲主. 計將安出." <春>曰; "上好勤則富, 上好勇則強, 未若儉而蓄, 義而忠." 上, 喜形于色, 曰; "叔父之言, 善." 因命<天乙>勸酒, 曰; "吾女皆幼, 故以妹妻卿. 想不如<乙>矣." <春>曰; "<乙>后雖美少淫, <斗>妻敬執婦道而不淫." <天乙>謂<春>太子曰; "吾爲汝少時之妻, 故婼汝以淫. 今汝已老矣, <斗>只勉強事汝者, 畏聖上之命也, 豈有婼汝之意哉." 上與<春>太子豪笑而罷.

<馬連>生女. 上, 往洗之, 曰; "汝母好泣, 可名<泣>." <馬>妃, 打上, 曰; "汝, 何弄我耶. 我, 以奇數越夫幾人, 而才生汝女, 不亦憐乎. 此女, 不可不受福." 仍下淚. 上, 抱妃拭淚而慰之, 曰; "思念母后, 吾豈棄汝哉. 天下事汝, 皆爲之." <馬>妃, 乃喜, 使其女<宝易>薦枕, 時年十五, <夏>太子女也. <馬連>, 十四爲<夏>太子妃, 生子<夏陽>及<宝易>. 而<夏>太子遊<海山>不返, 爲<宝海>妻如<羅>. <宝金>強通之欲納後宮, 與<天星>相妬而歸<宝海>. 歸爲<角彥>妻生子<胡彥>. 上旣定宮制, <馬連>自願受幸. 上, 亦以其酷似<平易[=陽]>, 寵愛殊常, 而未嘗狎之.

<馬>，以爲美不足，以無寵常泣．旣承寵又洽以泣，故曰<泣>公主． 十二月，上，與太后，大宴宗室外戚於<鸞宮>，封<春>太子爲<齊王>，<斗蓮>爲<齊王>妃賜翟服．以<王文>爲主賓大夫．

○ 8년{단기2754년/AD421}신유, 정월, 상이 원전{元殿}으로 태후를 찾아뵈었다. 2월, <춘{春}>태자가 <서하{西河}>로 가서 병사를 훈련하였다. <가락{加洛=駕洛}>의 <취희{吹希}>가 사자를 보내와서 즉위하였음을 고하였다. 4월에 <위{魏}>의 <탁발사{嗣}>가 <하란{賀蘭}>의 딸 <탁발{拓跋}>씨를 바쳐왔다. <경{鯨}>태자로 하여금 선사 <절우{折雨}>와 <봉의{封蟻}>를 데리고 가서 <하란>을 답방하도록 하였다. <하란>은 해대{解帶; 허리띠를 풀, 또는 冠帶관계를 풀}할 의향이 있었고, <해막{海漠}>에서 제와 만나기를 바랐다. 이에 상이 허락하고자 하였고, <춘{春}>태자가 말렸더니, 상은 "<주{周}><목{穆}>왕은 단기{單騎=혼자서}로 가서 <곤륜{崑崙}>에서 <왕모{王母=할미}>를 만났소. 그것에 비하면, <해막>은 바로 문 앞입니다. 8월에 만나자고 약속하시오."라 하였다. 많은 신하들은 위험하다 여겼고, 상 혼자만 느긋해하였다. 5월, <서구{胥狗}>가 3만군을 이끌고 {나라의 북방에 있다가} 남하하여 <천서{川西}>에서 크게 사열하고, <거란{契丹}> 12부락과 <해{奚}> 5부락에게 요구하여 그들의 우마{牛馬}와 군정{軍丁}을 징발하였다. <서구>를 <양왕{梁王; 梁땅을 다스린 高句麗의 行職官爵}>·진북대장군으로 봉하고, <화덕{華德}>을 호위장군으로 봉하였다.

8월, 상이 <화덕{華德}>과 함께 <개마{盖馬}>에서 <구리{勾麗}>로 들어가 <하란{賀蘭}>을 <월해{月海}>에서 만나고 돌아왔다. <춘{春}>태자에게 이르길; "<탁발사{嗣}>가 마음에 병이 있어서 오래 살지 못할 것이오. <하란{賀蘭}>과 표리{表裏}를 이룬다면 칠 수 있을 것이오."라 하였더니, <춘>태자가 아뢰길; "그렇지 않습니다. <사{嗣}>가 비록 쾌차하지는 않아도, 그의 아들 <초{梢}>가 치욕을 씻으려 할 것입니다. <색두{索頭}>는 족속 아끼기를 명확히 하여서 멸망하지 않아왔으니, 섣불리 도모하긴 어렵습니다. 뿐만 아니라 빼앗았다하여도 밖으로부터의 많은 적을 마주해야 할 것이니 지켜내기도 어렵습니다.

게다가 <신라{羅}>와 <백제{濟}> 및 <풍발{馮跋}>도 면전에서는 따르면서도 속으로는 따르지 않고 있으니, 어느 날에 변고가 생길지를 모르고 있습니다. 밖으로 골칫거리를 만들어서는 아니 될 것이며, 안에서도 그런 틈을 주어서는 아니 될 것입니다. 정경{政經}도 말하지 않습니까? 멀리 있는 이들과는 교류하고 가까이 있는 이들은 쳐야하며, 붙어있는 이들은 떼어놓고 떨어져있는 자들과는 가까이 지내야하며, 잘 지키고 나서 정벌하고, 잘 타일러서 지키라 하였습니다. 그런 까닭에, <동명{東明}>께서는 정벌하셨고, <광명{光明}>께서는 지켜내신 것입니다. 폐하 역시 응당 선제께서 이루신 땅을 지켜내시면서, 남방을 소화하신 후에, 서쪽으로 가심이 옳을 것입니다."라 하였다. 이에 상은 "숙부의 말씀이 옳으십니다."라 하고는 일어나 <천을{天乙}>전으로 가서 <춘양{春羊}>을 품에 안고 수랏상을 대하며, 이르길; "내가 여동생 하나를 그대의 지아비에게 주고 싶은데, 누가 좋겠소?"라 물었더니, <천을{天乙}>이 아뢰길; "그이는 곡식도 멀리하려는데, 더 주신들 무슨 이득이 있겠습니까?"라 답하였다. 이에 상은 화를 내며 이르길; "당신은 내 처가 되어서도 오히려 옛 남편을 투기하는 것이오?"라 하고는 <두련{斗蓮}>을 <춘{春}>태자에게 비로 주었으며, 즉시 명하여 합근하게 하였다. 9월, 원전{元殿}으로 가서 국화꽃을 감상하고 퉁소{簫}와 거문고{絃} 소리를 들었으며, <왕문{王文}>·<주희{朱羲}>·<정몽{鄭蒙}> 등에게 대부의 작위와 매년 먹을 곡식과 채단을 하사하였다. 이들 모두 유사{儒士}들이었다.

10월, 상이, <춘{春}>태자와 함께, <란궁{鸞宮; =「西都」}> 남당{南堂}에 앉아서 국사를 논의하였다. 상이 이르길; "지키는 방도로는 응당 부국강병{富國强兵} 위주로 해야 할 것입니다만, 계책을 장차 어찌 내놓으시겠습니까?"라 하였더니, <춘>태자가; "상께서는 근면하시니 부국을 이루실 것이며, 용감하시니 강국도 될 것이고, 검소하지 않으셨다면 모으면 되실 것이고, 의로우시니 충성이 있을 것입니다."라 답하였다. 상은 얼굴을 싱글벙글하며, 이르길; "숙부 말씀이 옳습니다."라 하였다. 이런 전차로 <천을{天乙}>에게 명하여 술을 권하게 하고는, 이르길; "내 딸들이 모두 어려서 누이동생을 경에게 처로 드렸습니다. <천을>보다는 못할 것이란 생각입니다.”라 하였더니, <춘>태자가 아뢰길; “<천을{乙}>후는 예쁘긴 하나 약간 밝히는 정도였으며, <두련{斗}>은 부인의 도리는 잘 지키지만 전혀 밝히질 않습니다.”라 답하였다. 이에 <천을{天乙}>이 <춘{春}>태자에게 말하길; “나야 당신의 젊은 시절 처였었기에 당신에게 교태부리고 밝혔었지만, 지금 당신은 이미 늙으셨고, <두련>이 억지로 당신을 섬기고 있는 것은 성상의 명이 무서움이지 어찌 당신에게 교태를 부릴 마음이 있어서이겠습니까!”라 하자, 상과 <춘>태자는 호탕하게 웃으며 자리를 파하였다.

<마련{馬連}>이 딸을 낳았다. 상이 찾아가 물로 닦아주며 “너의 어미가 잘 울었으니, 이름을 <읍{泣}>이라 하면 되겠다.”라 하였더니, <마{馬}>비가 상을 툭 치면서 말하길; “당신이 어찌 저를 가지고 농을 하십니까? 저는 운수가 기구하여 남편과 어긋나고 이런 저런 다른 이들과 가까이 지내다가, 겨우 당신의 딸을 낳았으니, 가련하지 않습니까? 이 딸아이는 복 받지 못하여서는 아니 될 것입니다.”라 하면서 눈물을 흘렸다. 이에 상은 비를 끌어안고 눈물을 닦아주며 위안하며, 이르길; “모후를 생각해서라도 내가 어찌 그대를 버릴 수 있겠소. 천하가 그대를 섬길 것이며, 모두가 그리하게 할 것이오.”라 하였더니, <마>비가 비로소 즐거워하면서 자기의 딸 <보양{宝易}>을 시켜서 잠자리를 펴게 하였다. 이때 나이 열다섯인 <하{夏}>태자의 딸이었다. <마련{馬連}>은 나이 열넷에 <하>태자의 비가 되어서 아들 <하양{夏陽}>과 {딸} <보양>을 낳았지만 <하>태자가 <해산{海山}>을 유랑하며 돌아오지 않기에, <보해{宝海}>의 처가 되어서 <신라{羅}>로 갔었더니, <보금{宝金}>이 억지로 상통하고 후궁으로 들이려 하매 <천성{天星}>과 서로 다투게 되었고, 다시금 <보해>에게 돌아갔었다가, <신라>에서 돌아와서는 <각언{角彦}>의 처가 되어 아들 <호언{胡彦}>을 낳았다. 상이 궁내의 제도를 정하자, <마련>은 자원하여 승은을 입으려 하였었으나, 상 역시 그녀가 너무나도 <평양{平易=平陽}>을 닮았기에 총애하기는 보통과는 남달랐었으나 동침하지는 않았더니, <마련>은 자신이 예쁘지 않아서 승은을 입지 못한다고

여기며 매일 눈물짓고 살았었고, 승은을 입고서도 또한 흡족함에 울었었다. 그리하여 <읍{泣}>공주라 불리게 되었던 것이었다. 12월, 상이 태후와 모시고 <란궁{鸞宮}>에서 종실들과 외척들에게 크게 연회를 베풀었으며, <춘{春}>태자를 <제왕{齊王; 齊땅을 다스린 高句麗의 行職官爵}>으로 봉하고, <두련{斗連}>을 <제왕>비로 삼아주고 적복을 하사하였다. <왕문{王文}>을 주빈대부로 삼았다.

● 九年壬戌, 正月, <燕王><朋連>入朝. 上, 賜酒慰之, 曰; "祖王勞矣." <朋連>曰; "臣年七十二, 尙不遺矢勝於廉, 頗唯願盡瘁而死." 上, 命<談喜>薦枕. <朋連>, 却之, 曰; "臣, 少好色而今則傷矣. 不敢奉命." 上曰; "七十不能子, 非吾家風也." 又命<霞帽>侍之. <霞>, 謂<朋連>, 曰; "老賊陰匈兼此衰牝, 何以堪汝耶." <朋連>, 笑, 曰; "天子有命, 汝何多言." 遂與<喜>·<霞>留連七日, 二嬪皆得娠矣. 上, 大喜賜<喜>·<霞>彩段, 曰; "<燕王>尙壯與此, 吾無憂矣." 乃命<喜>·<霞>從<朋連>歸<南蘇>. <楚連>生子<楚>, <鮮凰>生子<鮮狗>. 上, 命<淵岳>爲<楚>大夫, <鮮庚>爲<狗>大夫, 各以其妻乳之.

<賀蘭>, 遣使, 獻不死藥. 上, 笑, 曰; "吾妻多誠." <天龍>后, 怒, 曰; "汝爱狗<蘭>如此, 吾等恥之." 上, 亦怒, 曰; "吾爱汝最甚, 房亦多矣. 汝反拂我耶." 太后, 謝, 曰; "吾兒, 年少, 恃寵而如此. 願, 陛下恕之." 上, 乃抱<天龍>, 而謝之. 太后, 下帳而出, 曰; "<龍兒>去夜夢龍盤. 願, 陛下幸之." 上, 遂與<龍>后, 終日不起. 翌日, 遂與太后·<天龍>, 如「溫湯」五日而還, 又如<鯉宅><鵞場>.

二月, 上, 與<天龍>后, 親耤而宴國中老農五十人, 巡視「四學」. 改築「平壤城」修宮室. 補后<天龍>生<梁太>.

四月, <魏>, 以<鯨>太子爲天師, 開道場, 遣使來問其先. 盖<犍>·<珪>之時略有所修, 而因亂又失也. 初, <涉臣>, 以其女<皐頭>妻<乙豆智>, 旣而又娶<皐頭>女<乙蒸>生<涉得>. <涉得>生<射滿>, <射滿>生<應點>. <應點>, 生<樹健>, 尙<神明>女<荻>公主生<荻仁>. <荻仁>生<樹山>, <樹山>尙<太祖>女<裶>公主生<樹眞>. <樹眞>生<涉仁>, <涉仁>生<涉眞>, <涉眞>生<應勃>, <應勃>生<伊鹿肥>, <伊鹿肥>生<奴律>,

<奴律>生<倚乇>·<倚盧>. <伊鹿肥>, 又尚<中川>女<雲>公主生<悉祿官>, 與<奴律>妻生<弗>. <弗>生<鬱律>, <鬱律>生<犍>, <犍>生<寔>, <寔>生<珪>矣. <涉臣>, 歸化以來受朝延恩, 遇次於<濟>而等於<羅>, 世作舅甥如此. 故自<涉得>時已奉仙師, 至是大昌. 五月, <劉裕>死, 南人之來投者日加, 命皆賜宅安之. <嗣>以其子<燾>監國.

○ 9년{단기2755년/AD422}임술, 정월, <연왕{燕王; 燕땅을 다스린 高句麗의 行職官爵}><붕련{朋連}>이 입조하였다. 상이 술을 내리고 위로하며, 이르길; "조왕{祖王}께서 노고가 많으셨습니다."라 하였더니, <붕련{朋連}>이 아뢰길; "신은 나이가 일흔 둘이오나 지저분한 것을 남기지 않고 깔끔하게 살기를 바라왔고, 자못 오로지 바라기는 심신이 지칠 만큼 열심히 일하다가 죽기를 원합니다."라 하였다. 상이 <담희{談喜}>에게 명하여 잠자리를 깔아드리라 하였더니, <붕련>이 물리치면서 아뢰길; "신은 색을 좀 즐겼더니, 지금은 좀 몸이 이지러졌습니다. 감히 명을 받들 수 없겠습니다."라 하였고, 이에 상이 이르길; "나이 70에 아들을 만들 수 없음은 우리 가풍이 아닙니다."라 하면서 <하모{霞帽}>에게 시중들라 명하였다. <하모>가 <붕련>에게 "늙는다는 적은 음흉하여서 이 쇠한 여인도 해치고 있으니, 어찌 당신을 감당할 수 있겠습니까?"라 하였더니, <붕련>은 빙긋이 웃으면서 "천자의 명이 떨어졌는데, 그대는 무슨 말이 많소?"라 하고는 <담희{喜}> 및 <하모{霞}>와 함께 연 이레를 묵더니만, 두 번 모두 아이가 생겼다. 이에 상이 크게 기뻐하면서, <희>와 <하>에게 채단을 하사하고는, "<연왕{燕王}>께서 이리 건장하시니 나는 걱정이 없습니다."라 하였으며, <희>와 <하>에게 명하여서 <붕련>을 따라 <남소{南蘇}>로 가게 하였다. <초련{楚連}>이 아들 <초{楚}>를 낳았고, <해황{解凰}>이 아들 <해구{解狗}>를 낳았다. 이에 상은 <연악{淵岳}>을 <초{楚}>대부로, <해경{解庚}>을 <구{狗}>대부로 삼고, 각각의 처는 유모가 되게 하였다.

<하란{賀蘭}>이 사신을 보내 불사약을 바쳐왔기에, 상이 웃으면서 이르길; "내 처의 정성이 가득함이다."라 하였더니, <천룡{天龍}>황후

가 화를 내면서 "당신이 개 같은 <란{蘭}>이를 그리도 좋아하시니, 우리들은 치욕스럽습니다."라 하였고, 이에 상 또한 노하여 이르길; "나는 그대를 가장 아껴왔고 또한 자주 방으로도 찾아갔었는데, 그대는 오히려 나를 거스르는 것이오?"라 하였다. 이에 태후가 사과하며 아뢰길; "내 <룡{龍}>이가 나이가 적어서 총애만 믿고 이러는 것이니, 원컨대 폐하께서 용서하여 주세요."라 하였다. 상이 마침내 <천룡>을 끌어안고 사과하였더니, 태후가 장막에서 내려와 밖으로 나오며, 아뢰길; "<룡{龍}>이가 지난밤에 꿈속에서 똬리 튼 룡을 보았다고 합니다. 폐하께서는 이 아이의 거소를 찾아 주셨으면 합니다."라 하였고, 상은 이에 <천룡>후와 하루 종일 잠자리를 같이 하면서 기침하지 않았다. 다음날엔 태후 및 <천룡>과 온탕으로 가더니 닷새를 지내고 돌아왔으며, 또다시 <리택{鯉宅}> 아장{鵞場}으로 갔다.

2월, 상이 <천룡>후와 함께 친히 땅을 일구고, 나라{도성} 안의 나이든 농부 50인에게 연회를 베풀었으며, 4학{教學, 軍學, 藝學, 政學}을 순시하였다. 「평양성{平壤城}」을 고쳐쌓고 궁실도 수리하였다. 보후 <천룡>이 <양태{梁太}>를 낳았다.

4월, <위{魏}>가 <경{鯨}>태자를 천사{天師}로 삼고 도장을 열었으며, 사신을 보내서 자기들의 선대에 대하여 물었다. 개략 <탁발십익건{犍}>과 <탁발규{珪}>시절 동안에는 대충 꾸며서 가진 바 있었으나, 난리로 인하여 또다시 잃었음이었다. 애초에, <섭신{涉臣}>은 딸 <고두{皐頭}>를 <을두지{乙豆智}>에게 처로 주었으며, 나중에 <고두>가 낳은 딸 <을증{乙蒸}>을 취하여 <섭득{涉得}>을 낳았다. <섭득>이 <사만{射滿}>을 낳았고, <사만>이 <응점{應點}>을 낳았다. <응점>은 <수건{樹健}>을 낳았으며, <신명제{神明帝}>의 딸 <적{荻}>공주를 취하여 <적인{荻仁}>도 낳았다. <적인>은 <수산{樹山}>을 낳았고, <수산>은 <태조{太祖}>의 딸 <비{裶}>공주를 취하여 <수진{樹眞}>을 낳았으며, <수진>은 <섭인{涉仁}>을 낳았다. <섭인>은 <섭진{涉眞}>을 낳았고, <섭진>은 <응발{應勃}>을 낳았으며, <응발>은 <이록비{伊鹿肥}>를 낳았다. <이록비>는 <노율{奴律}>을 낳았고, <노율>은 <의이{倚佹}>와 <의로{倚盧}>를 낳았다. <이록비>는 또 <중천{中川}>

의 딸 <운{雲}>공주를 취하여 <실록관{悉祿官}>을 낳았고, <노율>의 처와의 사이에서는 <불{弗}>을 낳았다. <불>은 <울률{鬱律}>을 낳았고, <울률>은 <건{犍}>을 낳았으며, <건>은 <식{寔}>을 낳았고, <식>이 <규{珪}>를 낳았던 것이다. <섭신{涉臣}>이 귀화한 이래 조정의 은혜를 받아왔는데, 한 자리에서 만나면 서열로는 <백제{濟}>의 다음이었고 <신라{羅}>와는 동등하였다. 세세토록 장인과 사위{또는, 외삼촌과 조카}의 사이로 있었던 것이 이와 같았다. 이러한 까닭에 <섭득{涉得}>시절부터 이미 선사{仙師}를 받들어 오더니, 지금에 와서 크게 번창한 것이었다. 5월, <유유{劉裕; 宋高祖, 都「建康」}>가 죽자, 남쪽 사람들이 찾아와서 항복하는 일이 날이 갈수록 늘어났다. 명을 내려서 모두에게 집을 주고 편안히 살 수 있게 하였다. <탁발사{嗣}>는 아들 <탁발도{燾}>로 하여금 나라의 정사를 살피게 하였다.

● 十年癸亥, 四月, **<**訥祇**>**養老于南堂, 與其妻**<**曉辰**>**行酒·賜穀帛, 以悅之. 七月, 招內外儒者, 講**<**孝經**>**及天文. 十一月, 遣**<**蟹**>**太子于**<**魏**>**, 叅其道場.

○ 10년{단기2756년/AD423}계해, 4월, <눌기{訥祇}>는 남당{南堂}에 노인들을 모시어서 그의 처 <효진{曉辰}>과 함께 술을 따라 권하고 곡식과 비단을 하사하며 크게 즐거워하였다. 7월, 나라 안팎의 유학하는 이들을 초치하여 <효경{孝經}>과 천문{天文}을 강설하게 하였다.
11월, <해{蟹}>태자를 <위{魏}>로 보내서 도장을 참관케 하였다.

☯ 十一年甲子, 正月, 如「溫湯」. 時, 溫泉有九. 「北都」有東·西溫泉, **<**中川**><**獸林**>**有**<**獸林**>**溫泉, 「東都」有溫泉·冷泉, **<**汗南**>**亦二溫泉, **<**勾茶**>**亦有二溫泉. **<**魏**>**, **<**燾**>**立. 二月, **<**訥祇**>**來朝, 設宴七日. 九月, 大豊, 宴父老于**<**西河**>**. **<**魏**>**與**<**柔然**>**相戰. 是年, 鑄**<**貝葉錢**>**, 行之.

○ 11년{단기2757년/AD424}갑자, 정월, 온탕에 갔다. 이 시절에 온천은

아홉 곳이 있었다. 「북도{北都=國內尉那岩城=渦南山城≒牛山城=丸都}」엔 동쪽 온천과 서쪽 온천이, <중천{中川}><수림{獸林; =箕丘近處}>엔 <수림>온천이, 「동도{東都=初都}」엔 온천과 냉천이, <한남{汗南}>에도 두 곳의 온천이, <구다{勾茶}>에도 두 곳의 온천이 있었다. <위{魏}>에서는 <탁발도{燾=北魏世祖}>가 보위에 섰다. 2월, <눌기{訥祇}>가 래조하였기에 7일간 연회를 열었다. 9월, 큰 풍년이 들어서 <서하{西河}>에서 부로들에게 연회를 베풀었다. <위{魏}>와 <유연{柔然}>이 서로 싸웠다. 이해에 <패엽전{貝葉錢}>을 주조하여 유통되게 하였다.

☯ 十二年乙丑, 正月, <魏>使<乙苾>·<崔元>來朝獻土物. 三月, 如<西河>大閱. 上, 謂<西河>守<穆彦>, 曰; "自汝守<西河>, 民安其業, 而願留者三[倍]. 何以治乎." <彦>對, 曰; "臣, 素無學術, 聰明不及於人, 故未有才幹. 故只以誠心治之, 發奮忘食而已." 上, 叩勝而歎, 曰; "誠哉. 昔, <東明>之聖猶問畜於<馬黎>, <黎>曰 '無誠無成, 誠而後成者.' 此之謂也. 兵者曰兵者詐也. 朕以爲兵亦誠而已. 豈可曰詐乎." <春>太子曰; "聖哉言也." 記之于笏. 命沿路連抱之木至於自朽而勿伐. <東明>之時, 木朽而革陳矣. 人口漸繁, 木不待抱, 故有是命也. 五月, <夏>主<勃勃>, 遣使來貢, 尋死. 補后<天龍>生女<節>亦曰<叔太>.

○ 12년{단기2758년/AD425}을축, 정월, <위{魏}>가 <을필{乙苾}>과 <최원{崔元}>을 시켜서 입조하여 토산물을 헌상하였다.{☞<삼국사기>엔 거꾸로 적혀있음.} 3월, <서하{西河}>로 가서 크게 사열하였다. 상이 <서하>[태]수 <목언{穆彦}>에게 "그대가 <서하>를 지켜 온 이래, 백성들은 안심하고 생업에 종사하며 눌러 살기를 원하는 이가 세 배가 되었는데, 어찌 다스렸던 것이오?"라 물었더니, <목언>은 "신은 본래 학문과 기술을 배운 것이 없어서 남들 같이 총명하지도 못하옵니다. 따라서 재간도 없었고, 그리하여 단지 정성으로 다스리면서 분발하여 먹는 것을 잊었더니 그리 되었습니다."라 답하였다. 이에 상은 머리를 끄덕이며 감탄하여 이르길; "정성이라! 옛적의 <동명{東明}> 성인조차 <마려{馬黎}>에게 짐승 기르기를 물으셨더니, <마려>가

대답하기를 '정성이 없으면 되는 것이 없고, 정성을 다하고 나면 이루어진다.'라고 하였었는데, 바로 이를 두고 하는 말이었소. 병법가는 병법을 속임수라 하지만, 짐은 군병 움직이길 역시 정성으로 하였더니, 이리 되었소. 어찌 속임수라고 말할 수 있겠소."라 하였다. 이에 <춘{春}>태자가 "성스러운 말씀이십니다."라 하고는 홀{笏}에다가 그 말을 기록하였다. 길을 따라 늘어선 아름드리나무들을, 저절로 죽어서 썩어질 때까지, 캐거나 자르지 말라고 명하였다. <동명> 시절엔 나무가 죽어서 썩어야만 진{陳=陣地}을 새로이 하였었는데, 인구가 점차로 번성하여서 나무들이 아름드리가 되어지길 기대할 수 없게 되었기에, 이런 명령을 내린 것이었다. 5월, <하{夏}>주 <혁연발발{勃勃=赫然勃發}>이 사신을 보내와서 공물을 바치더니, 얼마 후에 죽었다. 보후 <천룡{天龍}>이 딸 <공{笻}>을 낳았다. <숙태{叔太}>라고도 하였다.

☯ 十四年丁卯, 二月, 移居于「平壤」新宮. 宮殿·府司之規模雄壯, 有國以來初有也. 上, 顧, 謂左右, 曰; "昔, 我<東明>, 居於茅茨, 而能成大業. 朕, 以不爽居此金殿, 將何以報答<東明>耶. 宜爾百僚, 各以其技誠心事君, 以光<東明>之國." 群臣拜伏. 十二月, <久爾辛>殂. 長子<毗有>立, 美皃有口辯.

○ 14년{단기2760년/AD427}정묘, 2월, 「평양{平壤}」의 새 궁으로 이거하였다. 궁전과 관사 규모의 웅장함이 나라가 있어 온 이래로 처음 있는 것이었더니, 상이 돌아 본 후에 좌우들에게 이르길; "옛날 우리 <동명{東明}>께서는 띠 풀 지붕에 사시면서도 대업을 잘도 이루셨소. 짐은 이렇게 금으로 지은 궁전에 머물기가 마음이 개운하지 않소. 장차 <동명>께 어떻게 보답한단 말이오. 그대 백료들 각자는 가진 재주와 성심을 다하여 임금을 섬기어서 <동명>의 나라를 빛내 주어야 할 것이오."라 하였더니, 군신들이 절하며 엎드렸다.
12월, <구이신{久爾辛}>이 죽고, 그의 장자 <비유{毗有}>가 섰는데, 미모인데다 구변도 있었다.

● 十五年戊辰，三月，與太后，如<獸林>仍幸「溫湯」，宴<天原公>子女及<鮮發>子女及<獸林>·<國壤>子女列王公主．時，太后，與<獸林>，婚日也． <毗有>，巡國賑民，與<倭>使五十人，宴飮而納<倭>女，云．<魏>虜<勃勃>子<昌>． <吳>人<謝萬義>來朝，使主賓大夫<王文>待之．七月，如<胥狗宮>，宴<胥狗>子女．<胥狗>妃<天龍>，年過一紀無復産子之望，請退補后，故慰之也．<天龍>，以太后之胞妹，持身貞重，黃馬改宮之時，選爲補皇后生二太子，而姅収退還，以<角彦>妻<馬連>爲補皇后． 以<蟹>太子爲中畏大夫．

○ 15년{단기2761년/AD428}무진, 3월, 태후를 모시고 <수림{獸林}>으로 갔다가 온탕으로 거둥하여 <천원공{天原公}>의 자녀들 및 <해발{解發}>의 자녀들과 <수림{獸林}> 및 <국양{國壤}>의 자녀인 왕과 공주들에게 연회를 베풀었다. 시일로는 태후와 <수림>의 혼인날이었다. <비유{毗有}>가 나라를 순시하며 백성을 진휼하고, <왜{倭}>의 사신 50명과 연회를 열어 술을 마셨다. <왜>의 딸을 맞아들인 것이었다고 한다. <위{魏}>가 <혁연발발{勃勃}>의 아들 <창{昌}>을 사로잡았다. <오{吳}>땅 사람 <사만의{謝萬義}>가 찾아와서 입조하였기에, 주빈대부 <왕문{王文}>으로 하여금 접대하였다. 7월, <서구궁{胥狗宮=梁王宮}>으로 가서 <서구{胥狗}>의 자녀들에게 연회를 베풀었다. <서구>비 <천룡{天龍}>이 나이가 들더니, 한 기가 지나도록 아들 낳을 가망이 없자 자청하여 보후자리를 물러났기에, 그를 위로함이었다. <천룡>은 태후와는 동복자매간으로 몸가짐이 정숙하고 무거웠기에, 황마{=무오/AD418}년 개궁{=궁인을 바꾸던}시절에 보황후로 뽑혀서 태자 둘을 낳았으며, 경도가 쇠하여 물러나 돌아갔더니, <각언{角彦}>의 처 <마련{馬連}>이 보황후가 되었다. <해{蟹}>태자를 중외대부로 삼았다.

● 十六年己巳，正月，上，如<卒本>，尊<東明聖皇>爲<芻牟大帝>，<琉璃明皇>爲<光明大帝>，<朱留神皇>爲<大武神帝>，<國祖仙皇>爲<神明仙帝>，<太祖上皇>爲<太祖皇帝>．

三月, 上, 如<于愼>墓, 納<于勤>妻<陰>氏爲宮人. 四月, <魏>用<崔浩>伐<柔然>. <訥祇>築失堤, 岸長二千百七十步. <宋>使, 入貢, 往<濟>. 十月, <毗有>, 以<解須>爲上佐平. <餘信>死.

○ 16년{단기2762년/AD429}기사, 정월, 상이, <졸본{卒本}>으로 거둥하여, <동명성황{東明聖皇}>을 <추모대제{芻牟大帝}>로, <유리명황{琉璃明皇}>을 <광명대제{光明大帝}>로, <주유신황{朱留神皇}>을 <대무신제{大武神帝}>로, <국조선황{國祖仙皇}>을 <신명선제{神明仙帝}>로, <태조상황{太祖上皇}>을 <태조황제{太祖皇帝}>로 높였다.
3월, 상이 <우신{于愼}>의 무덤엘 갔다가, <우근{于勤}>의 처 <음{陰}>씨를 거두어서 궁인으로 삼았다. 4월, <위{魏}>가 <최호{崔浩}>를 시켜서 <유연{柔然}>을 쳤다. <눌기{訥祇}>가 유실된 제방을 쌓았다. 호안의 길이가 2,710보였다. <송{宋}>의 사신이 들어와서 공물을 바치고는 <백제{濟}>로 갔다. 10월, <비유{毗有}>가 <해수{解須}>를 상좌평으로 삼았다. <여신{餘信}>이 죽었다.

● 十七年庚午, 九月, <馮跋>死. 弟<弘>立, 遣使來朝. 十月, <燕王><朋連>薨, 年八十. 以<朋連>子<多連>襲封<燕王>, 使鎭<南蘇>. <多連>妻<春鸞>, <春>太子女也, 從母<天乙>出入宮中, 頗有上寵. <多連>, 有勇力能騎射, 從其父守<南蘇>十八年, 能知守略, 故任之. <于勤>妻<陰>氏生上<陰>公[主].

○ 17년{단기2763년/AD430}경오, 9월, <풍발{馮跋; =北燕}>이 죽었다. 동생인 <풍홍{弘}>이 보위에 오르고, 사신을 보내 입조하였다. 10월, <연왕{燕王; 燕땅을 다스린 高句麗의 行職官爵}><붕련{朋連}>이 나이 여든에 죽었다. <붕련>의 아들 <다련{多連}>에게 <연왕>을 세습하여 봉하고 <남소{南蘇}>를 지키게 하였다. <다련>의 처 <춘란{春鸞}>은 <춘{春}>태자의 딸이며, 그 어미 <천을{天乙}>을 따라서 궁중을 출입하더니만, 상의 총애를 자못 받았었다. <다련>은 용력이 있고 기사에도 능하였으며, 자신의 부친을 따라서 <남소>를 18년이나 지켰고,

지키는 방략도 알고 있었다. 그리하여 그 자리에 보임된 것이었다. <우근{于勤}>의 처 <음{陰}>씨가 <음{陰}>공[주]를 낳아서 바쳤다.

● 十八年辛未，二月，<談明>生女<明眞>. 四月，如山宮. <倭>，侵<羅>東，圍<明活城>，無功而去. 八月，始行「月歌會」. 召博士<胡筧>等，講<春秋>·<史記>，以爲常例. 十月，行<故國原大祭>.

○ 18년{단기2764년/AD431}신미, 2월, <담명{談明}>이 딸 <명진{明眞}>을 낳았다. 4월, 산궁에 갔다. <왜{倭}>가 <신라{羅}>의 동쪽을 침입하여 <명활성{明活城}>을 포위하였다가, 아무런 공도 없이 물러갔다. 8월, 바야흐로 「월가회{月歌會}」를 거행하였다.{<월정>이 와서 <월가회>를 열었다가 <신라>계 인맥이 제거된 후로 중단되었던 듯!} 박사 <호견{胡筧}> 등을 불러서 <춘추{春秋}>와 <사기{史記}>를 강설하도록 하였더니, 상례화 되었다. 10월, <고국원{故國原}>큰제사를 거행하였다.

● 十九年壬申，三月，<羅>人無穀食松皮，賜粟二千斛. 四月，以<王文>爲主刑大加，<胡筧>爲大評者，<陰時>爲採供使. <時>，<于勤>之妻父. <勤>妻有寵而生女. <時>，亦以儒者，能詩語淸談. 上，喜聞漢文之文詞，雅行與此徒或圍碁談詩. 使<天龍>·<三山>二后享之，以爲方外之友. 種菊·牧丹·白蓮于御園及殿庭，而賞之.

○ 19년{단기2765년/AD432}임신, 3월, <신라{羅}>사람들이 곡식이 없어서 소나무껍질을 먹기에, 조{좁쌀} 2천 곡{斛=10斗=석=섬}을 하사했다. 4월, <왕문{王文}>을 주형대가로, <호견{胡筧}>을 대평자로, <음시{陰時}>를 채공사로 삼았다. <음시{時}>는 <우근{于勤}> 처의 아비였다. <우근{勤}>의 처는 승은을 입고 딸을 낳았으며, <음시{時}> 또한 맑고 깔끔한 시어{詩語}와 청담{淸談}에 능한 유자{儒者}였다. 상은 한문자로 쓰인 글귀와 가사를 즐겨 듣고 멋진 풍류를 하거나, 혹은 이 무리들과 함께 바둑을 두거나 시어{詩語}를 주고받기도 하였다. <천룡{天龍}>과 <삼산{三山}> 두 후를 시켜서 이들을 대접하였으며, 세속{世俗}

밖의 친구로 여겼다. 국화와 모란 및 흰 연꽃을 어원과 궁전 뜰에 심고 감상하였다.

● <長壽>元年癸酉, 正月, 命<春>太子, 與<王文>·<朱羲>·<鄭蒙>·<謝萬義>·<胡筧>·<陰時>等, 斟酌<晉>律[令]作新法. 天旱, 上, 與二后, 如<西河>雩而大雨, 民情恊洽. 五月, <宝海>弟<美海>死. <訥祇>與<毗有>復和. 奸輩之反復無常, 自作其孽也. <胥狗>子<發>以其庄人妻<齊>氏爲補宮, 瓊府不通. 上, 因退后<天龍>之請, 而許之. <發>, 上之私子, 云. 上, 謂<蟹>太子, [曰]; "退后<天龍>, 雖非當夕之友, 朕之毫姑也. 事供宜如補后時無減一生." <蟹>曰; "退后之號如坤宮同名, 臣下往往見錯退后宮. 請, 以<狗龍宮>, 名之. 何如." 許之.
七月, <齊王><春>太子薨, 年七十四. 王, 好學尊賢, 執國以道, 天下賴以安, 爲宗室之標, 垂[範]百世, 賢哉. 上, 如失左右, 啞然失聲. 以太王禮, 葬之<國內>. 仙·佛·儒者之遠來, 縞素者十萬計焉. 以其子<春鹿>爲瓊叢大夫, 女婿<談胤>爲<齊王>以嗣之. 八月, 上, 如山宮, 謁夢見<無量壽佛>. 卽是槐王也. <謝萬義>請改元<長壽>, 許之.

○ <장수{長壽}>원년{단기2766년/AD433}계유, 정월에, <춘{春}>태자에게 명하여 <왕문{王文}>·<주희{朱喜}>·<정몽{鄭蒙}>·<사만의{謝萬義}>·<호견{胡筧}>·<음시{陰時}> 등과 함께 <진{晉=東晉?}>의 율령을 참조하여 새로운 법령을 만들게 하였다. 날씨가 가물어서, 상이 두 후와 함께 <서하{西河}>로 가서 기우제를 지냈더니, 큰 비가 내렸고 백성들 모두가 흡족해 하였다. 5월, <보해{宝海}>의 동생 <미해{美海}>가 죽었다. <눌기{訥祇}>가 <비유{毗有}>와 다시 화친하였다. 간사한 무리들이 이랬다저랬다 하기 무상하다가, 스스로 재앙을 만든 것이었다. <서구{胥狗}>의 아들 <발{發}>이 자기 전장{田庄} 사람의 처 <제{齊}>씨를 보궁으로 삼았더니, 경부{瓊府}가 들어주지 않았으나, 상이 퇴후{退后}인 <천룡{天龍}>의 청이 있자 허락하였다. <발{發}>은 상의 혼외자식이라는 말도 있었다. 상이 <해{蟹}>태자에게 [이르길]; "퇴후 <천룡>은 비록 요즈음 저녁을 감당하는 가까운 사이는 아니지만, 짐이

내 몸의 잔털같이 여기는 여인이오. 받들고 섬기길 보후시절과 같도록 하여서 일생동안 하나도 덜함이 없도록 하게나."라 하였더니, <해>태자가 아뢰길; "퇴후{退后}의 호칭이 곤궁{坤宮}과 똑같아서 신하들이 왕왕 퇴후궁과 착오를 일으킵니다. 청하옵건대 <구룡궁{狗龍宮; =艮方則東北方龍宮?}>으로 이름 하였으면 하는데, 어떠하신지요?"라 물었고, 허락되었다.

7월, <제왕{齊王; 齊땅을 다스린 高句麗의 行職官爵}><춘{春}>태자가 74살에 죽었다. 제왕{=春태자}은 학문을 좋아하고 현인을 존경하였으며, 나라를 다스림엔 도리를 따랐더니, 천하가 그에 힘입어 편안하였고, 종실사람들의 표상이 되어서 세세토록 모범이 되었으니 현명하였음이다. 상은 좌우를 모두 잃은 듯이 벙어리처럼 아무런 말도 하지 못하였다. 태왕{太王}의 예로 <국내{國內}>{국내성 또는, 도성 안}에 장사하였다. 선{仙}·불{佛}·유{儒}자들이 멀리에서 찾아왔으며, 흰 옷 입은 이가 10만이나 되었었다. 왕{=春태자}의 아들 <춘록{春鹿}>을 경총대부로 삼고, 사위 <담윤{談允}>이 <제왕>의 자리를 잇게 하였다. 8월, 상이 산궁으로 가서 꿈속에서 뵈었던 <무량수불{無量壽佛}>을 배알하였다. 즉, 괴왕{槐王}을 찾아뵌 것이었다. <사만의{謝萬義}>가 년호를 <장수{長壽}>로 고치자 청하여, 허락하였다.

● [長壽]二年甲戌, 二月, <梁王><胥狗>入朝, 請與其妻<天龍>偕歸, 許之. 補后<天乙>, 姅雖未退年老難産, 請退, 許之. 以<談允>妻<春風>代之. 上, 謂<談允>, 曰; "汝, 雖好文而下士, 無征伐之功. 故人以汝爲母妻之功. 宜以暇日業武, 無使介冑輩侮之." <毗有>, 送良馬於<訥祇>, 自<宋>得種而牸之, 云. 上, 謂司畜卿<鮮大>, 曰; "近日神馬不如舊日, 抑亦衰殘耶. 宜以<勃勃>所送爲種." <大>曰; "臣, 聞<魏>多完種, 可貿而牸之." 許之.

上, 如<胥狗宮>, 宴<胥狗>·<天龍>之歸<盖馬>. <狗>曰; "<魏>, 自去來, 勞耒邊民賑恤超等, 蠶食<馮>西<弘>將亡矣. 且與<毗有>私通遠至<訥祇>, 其心不可測也. 朝廷, 平和日久, 似有修文, 偃武之漸, 果則狼貝也." 上曰; "朕, 亦知之. 卿, 宜善備以安朕心. 朝廷, 亦當以卿爲準.” 乃命仙·佛·儒者亦使習武, 莫不騎射. 以後, 從公從私. 四月, 上, 如<南蘇>, 閱武. <馮弘>遣使稱臣請救, 上曰; “<魏><燾>約我以不侵汝境, 而暗自侵蝕, 是何異於鼠猫哉. <遼隧>以西, 朕所不知. 若入於<龍城>, 朕當伐之.”

七月, <鐥善>使來朝獻馬及駝·孔雀, 厚慰以送之. <魏>有侵意, 故聞我爲<魏>之兄, 而來求救援也. 八月, <魏>來獻不老酒. 西域葡萄水也. 千年而熟, 云. 上, 見<崔浩>律令, 曰; “苛矣, <浩>其難久.” 又聞<宋>殺<謝霊運>·<陶潛>, 嗟歎良久, 曰; “<陶潛>之無慾, 亦未免誅耶. 必無是理.” 後果知其誤報矣. 九月, <馮弘>獻二女, 曰; “此是<高>氏之裔. 宜納于上國.” 上欲却之, 主賓大夫<謝萬義>曰; “兩國和親, 却婚非禮. 請置離宮而御之.” 上曰; “<魏>亦欲[納]女而來議. 若受<弘>則亦當受<魏>, 受<魏>亦當. 答送是, 非兩難哉.” 命三輔十加議之, 累日不決, 女遂入內. 十月, <魏>使來請納女. 上, 以神馬五十四·羊千頭, 送之. <訥[祇]>, 以黃金·明珠, {迎}<毗有>女. <毗有>, 以<白鷹>, 送之. 是年, <鄯善>·<北涼>亦欲納女. 婚和之風漸滋.

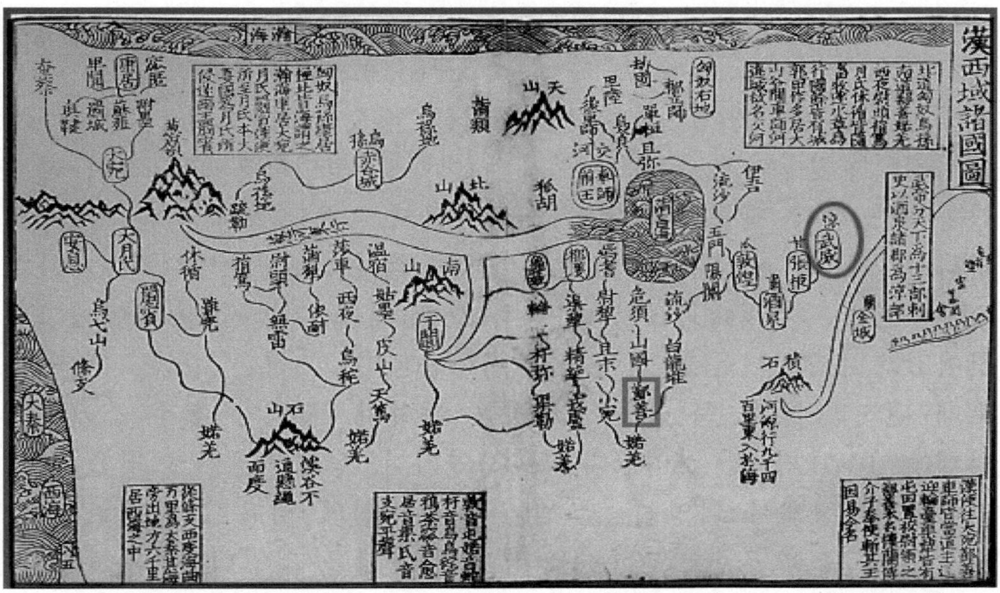

그림47. <선선>은 <포창해>남<적석산>서, <량{涼}>은 서역의 <포창해>동쪽에 있었음{☞<영락제>시절에 이 지역을 정벌하였음을 암시하는 것일 것임!}

○ <장수{長壽}>2년{단기2767년/AD434}갑술, 2월, <양왕{梁王; 梁땅을 다스린 高句麗의 行職官爵}><서구{胥狗}>가 입조하여 자신의 처 <천룡{天龍}>과 함께 해로{偕老}하다 돌아가겠다고{죽겠다고} 청하였고, 허락되었다. 이에, 보후 <천을{天乙}>도 경도는 쇠하지 않았어도 나이가 많아서 아이 낳기가 어렵다며 물러나길 청하였더니, 허락되었다. <담윤{談允}>의 처 <춘풍{春風}>이 대신하게 하였다. 상이 <담윤>에게 이르길; "그대는 글을 좋아하고 아랫사람들과 잘 지내시기는 하나, 정벌하여 쌓은 공이 없소. 그런 전차로 사람들이 그대를 어미와 처의 공으로 산다고들 합니다. 마땅히 틈을 내어 무예에 힘써서, 개주배{介胄輩=武人}들이 업신여기는 일이 없도록 하시오."라 하였다. <비유{毗有}>가 <눌기{訥祇}>에게 좋은 말을 보내 주었다. <송{宋}>에서 얻어서 씨를 받은 것이라 하였다. 이에 상이 사축경{司畜卿} <해대{解大}>에게 이르길; "요사이 신마{神馬=種牡馬}가 옛날과 같지 못하오. 아무래도 역시 쇠잔한 것 아니겠소? <혁연발발{勃勃=赫然勃發; 大夏, 在陝西北西河套·甘肅北東}>이 보내 온 것으로 종마를 삼는 것이 좋겠소."라 하였더니, <해대>가 아뢰길; "신이 들은 바로는 <위{魏}>에 완전한 종자가 많다고 합니다. 사다가 새끼를 냈으면 합니다."라 하였고, 허락되었다.

상이 <서구궁{胥狗宮}>으로 가서 <서구{胥狗}>와 <천룡{天龍}>이 <개마{盖馬}>땅으로 돌아가게 됨에 연회를 베풀어주었더니, <구{狗}>가 아뢰길; "<위{魏}>가 우리에게 오가던 이래로 변민들을 위안하며 따비질을 해오더니 진휼함이 정도를 넘어섰고, <풍{馮}>의 서쪽 땅을 잠식하고 있으니 <풍홍{弘; =北燕}>이 곧 망할 것으로 보입니다. 게다가 <위{魏}>는 <비유{毗有}>와 사통하고 멀리는 <눌기{訥祇}>에게까지 찾아갔으니 그 마음을 헤아리기 어렵습니다. 조정은 평화로운 날이 오래 된지라 마치 문{文}을 중시하는 듯하며 무{武}가 점점 스러지면 낭패{狼貝[狼狽]}가 될 것입니다."라 하였더니, 상은 "짐도 그것을 알고 있습니다. 경께서 마땅히 잘 방비하셔서 짐의 마음이 편안토록 하여주시오. 조정 또한 응당 경을 본보기로 삼을 것입니다."라 하였다. 이에 명을 내려서 선{仙}·불{佛}·유{儒}자들 역시 무예{武藝}를 익혀서 기사{騎射}를 하지 못하는 이가 없게 하였더니, 이후로 공적{公的}이든 사적{私的}이든 간에 널리 이행되었다. 4월, 상이 <남소{南蘇}>로 가서 무술을 검열하였다. <풍홍{馮弘=北燕}>이 사자를 보내 칭신하고 구원을 청하였더니, 상은 "<위{魏=北魏}>의 <탁발도{燾}>가 내게는 그대의 땅을 침입하지 않겠다고 약속하고서, 몰래 자신은 침식하고 있다니, 그렇다면 쥐새끼나 고양이와 무엇이 다르다 하겠소. <요수{遼隧; =遼隊?}>의 서쪽은 짐이 알아야 할 바 아니겠으나, 만약 <룡성{龍城=北燕都邑}>을 침입하면 짐이 맡아서 토벌할 것이오."라 일렀다.{☞ <북연>도 <고구리>의 속방이라는 말!}

7월, <선선{鄯善}>의 사신이 래조하여 말·낙타·공작을 바쳤기에{그림 47}, 후하게 위로하여 돌려보냈다. <위{魏=北魏}>가 침입할 뜻이 있음에, 우리가 <위>에게 형이 됨을 알고, 찾아와서 구원하여 주기를 청하였던 것이었다. 8월, <위>가 찾아와서 불로주를 바쳤다. 서역{西域}의 포도즙을 천년 동안이나 익힌 것이라 하였다. 상이 <최호{崔浩}>의 율령을 보더니만; "가혹하다. <최호> 그자도 오래살긴 어렵겠다."라고 하였다. 또한 <송{宋}>이 <사령운{謝靈運}>과 <도잠{陶潛}>을 죽였다는 소식을 듣더니 한탄하고 한동안 말이 없다가, 이르길; "<도잠>은 탐내지도 않았는데 주살됨을 면치 못하였단 말인가? 필시 이런 다스림{또는, 도리}은 없었을 것이야."라 하였다. 후에 과연 잘못된 보고였음이 밝혀졌다. 9월, <풍발{馮跋; =北燕}>이 여인 둘을 바쳐오면서 아뢰길; "이 여인들은 <고{高}>씨의 후예입니다. 마땅히 상국에 바칩니다."라고 하였다. 상이 이를 물리치려 하였더니, 주빈대가 <사만의{謝萬義}>가 아뢰길; "두 나라는 화친하고 있는 사이인데 혼인하기를 물리치시면 예의가 아닙니다. 청컨대 떨어진 궁에다 두시고 찾아보시지요."라 하였더니, 상은 "<위{魏}> 또한 딸을 바치면서 찾아와 의논하려 할 것이오. <풍홍{弘}>의 청을 받아주면 <위{魏}>의 청도 받아주어야 할 것이고, <위>의 청을 받아줌도 당연할 것이니, 이 여인들을 돌려보내서 답하는 것이 양쪽에게서 곤란함을 당하지 않게 함일 것이오."라 이르고는, 3보들과 10 대가들에게 어찌해야 할지를 의론하라 명하였더니, 여러 날이 지나도록 결론이 나지 않았고, 여인은 끝내 안으로 들어왔다. 10월에 <위{魏}>가 찾아와서 여인을 바치겠다고 청하였더니, 상은 신마 50필과 양 천 마리를 주어서 돌려보냈다. <눌[기]{訥祇}>가 황금과 맑은 구슬을 보내주고 <비유{毗有}>의 딸을 맞았더니, <비유>는 흰 매{해동청 또는 보라매}를 보내주었다. 이해에 <선선{鄯善; 蒲昌海·大雪山間樓蘭地域 즉타림분지 남동지경에 있던 나라}>과 <북량{北凉; 甘肅 張液·敦煌·高昌 부근의 鮮卑族}> 또한 여인을 바치겠다고 하였다. 혼인하여 화친하는 풍속이 차츰 잦아졌다.

☯ [長壽]三年乙亥, 正月, <魏>, 欲修其先世史, 問其來朝史實, 又問諱名. 答, 以國朝不諱御名, 汝國之事, 非我可知. <魏>乃諱其先世, 擅自改易其名者多矣. 上笑, 曰; "昔, 有人富而養母於車中, 其不便甚於貧時. <索頭><[梪]犍>等如有知必以爲車中之母, 「金勒之雉」矣." 六月, <魏>[使]散騎侍郎<李敖>等送<嗣>女<嘉蘭>來. 乃<賀蘭>之出, 云. 上, 以<談允>爲迎接大使者, 出<西河>迎之, 入<淌水宮>行巹禮. 宴<敖>等于<獸林><溫宮>. <敖>等獻駙馬大王金印·大單于玉璽等. 上, 笑謂<敖>等, [曰]; "汝國, 累遣不死藥·不老酒, 而祝朕長壽, 又以<淸平>公主事我. 百年兩國之情如山若海者, 此之謂也." <敖>曰; "小國, 誠事陛下未有一欠, 近聞<馮>賊潛通上國遣使來探臣等之所爲. 聞甚驚駭." 上曰; "離間之言也. <弘>累遣使來請救, 朕不許矣. 汝等安心." <敖>等皆叩頭而去. 未幾, <弘>果遣其尙書<陽伊>來探李. 來情且請萬一之援, 甚悬. 是年, <訥祇>修其先墓. <春風>后生子<{凬}玉>.

○ <장수{長壽}>3년{단기2768년/AD435}을해, 정월, <위{魏=北魏}>가 자기들 선대의 역사를 꾸미고자 그들이 우리 조정에 래조하였던 사실{歷史的 事實}을 물어왔고, 휘명{諱名; 임금의 이름글자를 다른 사람 이름에 쓰지 않는 것}에 대하여도 물었다{☞<삼국사기>엔 거꾸로 적혀있음!}. 답하기를, 나라의 조정이 임금의 이름을 피하지 않은 것은 그대 나라의 일이니, 우리가 알 바 아니라 하였다. 그랬더니, <위{魏}>가 자기들 선대의 이름을 피하긴 하였으나, 제멋대로 이름을 고치거나 바꾼 것들이 많았다. 이에 상이 웃으며 이르길; "옛적에 어떤 사람이 부유해져서 어미를 수레 안에 모셨더니, 그 불편함이 빈한하였던 때 보다 더 심하였다

한다. <색두{索頭}>의 <두건{桓犍}> 등도 필시 어미를 수레 안에 모시는 것이 「금륵지치{金勒之雉; 금으로 만든 새장 안의 꿩; 호화로운 곳에 가두어 모시어서 오히려 불편한 것}」임을 알았을 것이다.”라 하였다. 6월, <위>가 산기시랑 <이오{魏}> 등을 시켜서 <탁발사{嗣}>의 딸 <가란{嘉蘭}>을 보내왔더니, <하란{賀蘭}>의 딸이었다. 상이 <담윤{談允}>을 영접대사자로 삼아서 <서하{西河}>로 나가 맞이하게 하였고, <창수궁{淌水宮=湯水宮?}>으로 들여서 근례를 행하였다. <이오{敖}> 등에게는 <수림{獸林}>「온궁」에서 연회를 베풀어주었다. <이오>가 부마대왕 금인과 대선우의 옥새 등을 바쳤다. 상이 웃으며 <이오> 등에게 이르길; “그대의 나라는 여러 차례 불사약과 불로주를 보내어 짐의 장수하기를 축원하였으며, <청평{淸平}>공주{=賀蘭}를 시켜서 나를 섬기게 하였소. 평생을 같이 할 양국 간의 우의가 산과 같고 바다와 같다 함은 이를 두고 하는 말일 것이오.”라 하였더니, <이오>는 “소국은 폐하를 성심으로 섬기고 있음에 흠결 하나 없어 왔사옵니다만, 근자에 들으니, <풍{馮}>적{=北燕}이 상국과 밀통하고 사신을 보내어 신 등이 어찌 하였는지를 염탐하였다는 말을 들었습니다. 소문을 듣고 심히 놀랐습니다.”라 아뢰었다. 이에 상은; “이간하려는 말일 것이오. <풍홍{弘}>이 여러 번 사람을 보내와서 구원을 청하긴 하였으나, 짐이 허락하지 않았으니, 그대들은 마음을 놓으시오.”라 하였다. 이에 <이오{魏}> 등이 머리를 조아리고 떠나갔다. 얼마 있지 않아서, <풍홍>이 과연 상서 <양이{陽伊}>를 보내 와서 오얏을 따고{또는, 오해살 짓을 하고} 있었다. 찾아와서 정탐할 뿐만 아니라, 만일의 경우에 대한 구원을 청하기도 하였는바, 심히 간절하였다{☞<삼국사기>엔 이 내용도 거꾸로 된 듯한 상황임}. 이해에 <눌[기{訥祇}]>가 자기 선대의 무덤을 손질하였다. <춘풍{春風}>후가 아들 <풍옥{風玉}>을 낳았다.

☯ [長壽]四年丙子，四月，<魏>伐<弘><白狼城>拔之，<龍城>大亂，擔荷走東者連亘數十里，<陽伊>又來乞救. <陽伊>之先本我國人也. 上，遣<葛盧>·<孟光>引兵二万入<龍城>. 命軍，脫弊褐，取其武庫精仗以給之，大掠城中. 五月，<弘>，聞<魏>漸迫，焚其宮殿火一旬不滅，令婦人被甲居中, <陽伊>勒精兵居外. <葛>·<孟>帥騎殿後方, 軌而進, 前後八十餘里. 置<弘>于<平郭>. <魏>使散騎常侍<封撥>來. <撥>, <時>子也. 請得<弘>. 上曰; "<弘>雖得罪於<魏>, 歸我沾化, 不可殺之." <魏>, 乃失和, 欲發<隴右>騎卒以侵入. <樂平王><丕>諫止之, 云. <劉絜>, 以爲<隴>民新附, 不可猝驅. <丕>則以爲祖國, 雖二不可力爭, 宜修農桑而安民, 以待豊足然後再圖. 冬, 移<弘>于<北豊>.

○ <장수{長壽}>4년{단기2769년/AD436}병자, 4월, <위{魏}>가 <풍홍{弘=北燕}>의 <백랑성{白狼城}>을 쳐서 빼앗았다. 이에 <룡성{龍城=北燕都邑}>은 큰 혼란에 빠졌고, 짐을 꾸려 지고서 동쪽{=高句麗}으로 내빼는 이가 수십 리를 연이었으며, <양이{陽伊}>가 또 찾아와서 구원해 주기를 애걸하였다. <양이>는 선대가 우리나라 사람이었다. 상이 <갈로{葛盧}>와 <맹광{孟光}>이 2만병을 이끌고 가서 <룡성{龍城; =和龍에 있는 성?}>으로 들어가게 하였더니, 군사들에게 명을 내려서 낡은 털옷{=겨울군복?}을 벗고 그곳의 무고에 있는 좋은 병장을 취하여 군사들에게 나누어 주어서 성 안을 대대적으로 초략하였다{=아무것도 남겨놓지 않았다}. 5월, <풍홍{弘}>이 <위{魏}>가 점점 압박하여 옴을 듣더니만, 궁전에 불을 지르고- 그 불은 열흘이 되어도 꺼지질 않았음, 영을 내려서 부인들은 갑옷을 입혀 {피난행렬의} 가운데에 서게 하고, <양이{陽伊}>는 정병을 거느리고 그 밖에 서게 하였다. 이에 <갈로{陽伊}>와 <맹광{陽伊}>이 기병을 후방에다 펼쳐서, 방궤를 이루어 나아갔더니, 그 전후가 80여 리가 되었다. <홍{弘}>을 <평곽{平郭}>에 있게 하였다. <위{魏}>의 사자인 산기상시 <봉발{封撥}>이 찾아왔다. <봉발{撥}>이, <봉시{時}>의 아들이었는데, <풍홍{弘}>을 내어달라고 청하였더니, 이에 상이 이르길; "<홍{弘}>이 비록 <위{魏}>에게는 죄를 지었다 하여도, 나의 신민이 되어 있으니, 그를 죽게 할 수는 없다."고 하였다. 이에 <위{魏}>가 마침내 화평을 깨고서라도 <롱우{隴右=隴西}>의 기졸{騎卒}을 발병하여 침입하려 하였는데, <낙평왕{樂平王}><비{丕}>가 간하여 그만두었다 한다. <유혈{劉絜}>은 <롱{隴; 陝西南部}>땅의 백성들은 새로이 찾아온 이들이어서 졸지에 싸움터로 몰아넣을 수는 없다 하였고, <비{丕}>

는 <고구리>가 조상의 나라여서, 설사 속마음은 다르다 하여도, 힘들여서 싸움은 불가하며, 싸우더라도 농경과 잠사를 진작하고 백성을 편안케 하여 풍족해지길 기다린 연후에 다시 도모함이 마땅하다고 하였음이었다. 겨울에 <풍홍{弘}>을 <북풍{北豊}>으로 옮겼다{☞<삼국사기>중의 이 기사는 이들 3국의 세력균형을 완전히 무시한 조작!}.

☯ [長壽]五年丁丑, 正月, <封撥>復來. <風丁>妃生子<鳳德>. 三月, 上, 微行至<狐川>, 見菜女, 美而問之. 古太輔<好万>之宗女. 訪其家見其貧窮, 命<春鹿>厚施宗胄, 納<好>氏爲宮人. 年十七. 五月, <魏>使<乙松>來. 亦邦人也, 來傳<嘉蘭>妃翟服·玩·味. 時, <蘭>妃生<賀>公主故也. 七月, 上, 與<三山>后, 如<西河>「溫湯」, 見一農夫. 夫婦, 饁于田中, 石上讀書. 上, 命下車, 問之, 曰; "昔, <大武帝>得<位公>於<沙勿>石上. <周><文>得<呂尙>於<渭>濱磯上. 從古, 石上多君子, <傅岩>·<黃石>皆其類也. 卿, 亦然乎." 農夫[曰]; "臣無所知, 但以種瓜爲業而已." 上, 御其瓜, 甘之, 命爲「瓜師」. 是爲「瓜師」<眞瓜母>, [云]. <義隆>請以絹緞{換}馬, 命換於<平郭>前海狗五百匹.

○ <장수{長壽}>5년{단기2770년/AD437}정축, 정월, <봉발{封撥}>이 다시 찾아왔다. <풍정{風丁}>비가 아들 <봉덕{鳳德}>을 낳았다. 3월, 상이 미행하다 <호천{狐川}>에 이르러서 나물 캐는 여인을 보았는데, 예쁘기도 하여서 누구냐고 물었더니, 옛적 태보 <호만{好万}>집안 종실여인이었다. 그 집을 가보니 빈궁하게 살고 있어서, <춘록{春鹿}>에게 명하여 살붙이들에게 후하게 해주게 하였으며, <호{好}>씨는 맞아들여서 궁인으로 삼았다. 나이 열일곱이었다. 5월, <위{魏}>의 사자 <을송{乙松}>이 왔다. 역시 우리나라 사람이었고, 와서는 <가란{嘉蘭}>비에게 적복과 노리개 및 진미를 전해주었다. 이때 <가란{蘭}>비가 <하{賀}>공주를 낳았던 때문이었다{☞<삼국사기><장수왕>26년기를 읽어보세요. 이런 종류의 기록들이 모조리 그렇게 된 것입니다}. 7월, 상이 <삼산{三山}>후와 함께 <서하{西河}>의 온탕으로 가다가 한 농부를 보게 되었다. 부부는 밭고랑에서 점심을 먹고 나더니 돌 위에서 글을 읽었

다. 상이, 수레를 멎게 하고, 물으며 이르길; “옛날에 <대무제{大武帝}>께서는 <사물{沙勿}>의 바위 위에서 <위공{位公}>을 얻었었고, <주{周}><문{文}>{공}은 <위{渭}>수 곁의 자갈밭에서 <여상{呂尙}>을 얻었었소. 옛적부터 바위 위엔 군자가 많았으며, <부암{傅岩}>과 <황석{黃石}> 모두가 그랬었소. 경 또한 그런 사람인 것이오?”라 하였더니, 농부는 “신은 모르는 일입니다. 그저 외{오이} 심는 것을 생업으로 하고 있을 뿐입니다.”라 아뢰었다. 상이 그 외를 맛보았더니 그 맛이 좋았던지라, 명을 내려서 「과사{瓜師; 오이농사 담당관리}」로 삼았다. 이 이가 「과사」 <진과모{眞瓜母}>가 되었다 한다.

<의륭{義隆=宋太祖}>이 비단과 채단으로 말을 교역하자 청을 하였더니, <평곽{平郭; 대청광여도/廣平府廣平縣?}>앞 바다{물; 舊黃河}에서 잡히는 물개 500필로 바꾸라고 명하였다.

☯ [長壽]六年戊寅，三月，<弘>與<義隆>相通．<義隆>，遣<白駒>·<次興>·<具義>等，引衆數千人，船于<平郭>前海．命<龍具義>·<孫人漱>等擊殺之，奪其船七十八艘． 五月，上，欲與<魏>共伐<義隆>，<胥狗>諫止之． <訥祇>，始用牛車．去月，大風雨傷麥，<牛頭郡>山水暴至，漂流五十餘家，云．

○ <장수{長壽}>6년{단기2771년/AD438}무인, 3월, <풍홍{弘=北燕}>과 <유의륭{義隆=宋太祖文帝}>이 상통하였다. <의륭>이 <백구{白駒}>·<차흥{次興}>·<구의{具義}> 등을 보내 무리 수천을 이끌고 <평곽{平郭; 廣平府廣平縣?}>앞바다{또는, 너른 물}에 큰 배를 정박하였기에, <룡기{龍杞}>와 <손인수{孫人漱}> 등에게 명하여, 그들을 격살하고 그들의 배 78소{=척}를 빼앗았다. 5월, 상은 <위{魏}>와 함께 <의륭>을 정벌하려 하였다가, <서구{胥狗}>가 말려서 그만두었다. <눌기{訥祇}>가 소가 끄는 수레를 이용하기 시작하였다. 지난달엔 큰 바람과 비로 보리가 상하였고, <우두군{牛頭郡}{그림46}>에서는 산에서 물이 쏟아져 내려와서 50여 가옥이 물에 뜨거나 쓸려나갔다 하였다{☞지진으로 언색호가 터졌다?}.

☯ [長壽]七年己卯, 正月, 宮人<好>氏生子<勖多>, 陞爲妃. <宋>人<陶堧>·<孫介万>來投. <訥祇>遣使獻方物. <盖馬>人<布得>來獻黃金三層盃三個, <袁尙>持來者也. 自數年以來, 雀多食穀, 命設雀羅于田圃.

○ <장수{長壽}>7년{단기2772년/AD439}기묘, 정월, 궁인 <호{好}>씨가 아들 <욱다{勖多}>를 낳더니, 비로 승차되었다. <송{宋}>사람 <도연{陶堧}>과 <손개만{孫介万}>이 찾아와 투항하였다. <눌기{訥祇}>가 사신을 보내서 방물을 바쳤다. <개마{盖馬}>사람 <포득{布得}>이 3층으로 만들어진 황금 잔 세 개를 바쳐왔다. <원상{袁尙}>이 가지고 있었던 것이었다. 수년 이래로부터 참새들이 많은 곡식을 먹어치우기에 전포{田圃}에다가 새그물을 치게 하였다.

☯ [長壽]八年庚辰, 四月, 戊午朔, 日食. <倭>, 寇<羅>南, 掠口而去. 六月, 又寇其東. 芋栗橡薯, 不下於菽粱. 命作栗橡之林·芋薯之園, 善者奬之. 八月, <義隆>, 來獻藥材及醫, 請和, 而向<濟>. <濟>亦送使于<義隆>. 上, 謂<淵晃>·<申旨>·<王文>·<謝万義>·<陶堧>等, 曰; "<魏>人多父子相殺, <宋>人多君臣相殺. 其故何也." <申旨>曰; "<魏>主愛子而不敎." <陶堧>曰; "<宋>主以奸敎民." <王文>曰; "聖人之法, 淡而無色, 眞而不變. 願, 陛下富意." 上曰; "善. 欺民者欺於臣, 亂子者亂於子. 人君之一動一靜不亦難乎. 朕, 賴卿等之輔佐, 漸知人君之難矣." <王文>曰; "陛下, 天姿高明, 遠見百代, 但有血氣之過." 上曰; "朕, 亦知之, 改之難矣." <晃>曰; "宮道不正, 他何可言. 道之要在乎, 淨其源." 上, 黙然良久, 而罷. 上, 在東宮時, 通<淵兢>妻而生<晃>, <晃>不得爲上子, 故有此怨言也. 九月, 如<黃山>觀菊. 命封<淵晃>爲庶長子, 其母<芙雲>爲補妃. 以慰<晃>, 曰; "怨父之心至於弑父, <魏>君不知其子之怨." <晃>曰; "赦臣不道之罪而反賜發蒙之榮. 臣, 當隕首, 恐傷孝養敢存喘息." 上曰; "露色不如暗香, 汝其知之." 以<泣>公主妻之. <嘉蘭>妃, 生女<拓>公主, 陞爲皇后.

○ <장수{長壽}>8년{단기2773년/AD440}경진, 4월, 무오일 초하루에 일식이

있었다. <왜{倭}>가 <신라{羅}>의 남쪽에서 사람들을 잡아갔고, 6월에는 그 동쪽을 약탈하였다. 토란·밤·상수리·마가 농사를 지어서 식량으로 삼기에 콩과 조보다 못하지 않았다. 명을 내려 율{=밤}·상{=상수리} 숲과 우{=토란}·서{=참마} 밭을 만들게 하고 잘 하는 이들에게는 상을 주어 장려하게 하였다. 8월, <유의륭{義隆=宋太祖}>이 찾아와서 약재와 의원을 바치며 화의를 청하고 나더니, <백제{濟}>로 향하였다. <백제> 또한 <의륭>에게 사신을 보냈다{☞사신이 아닌 郡國정도의 <송> 태조 자신이 <고구리>와 <백제>를 찾아다니며 무언가를 도모한 것이다!, 앞부분의 <북연> 역시 비슷한 사정의 郡國정도!}. 상이 <연황{淵晃}>·<신지{申旨}>·<왕문{王文}>·<사만의{謝万義}>·<도연{陶堧}> 등에게 "<위{魏}>에서는 사람들이 부자간에 서로 죽이는 일이 많고, <송{宋}>에서는 군신 간에 서로 죽이는 일이 많은데, 무슨 까닭이오?"라 일렀더니, <신지{申旨}>는 "<위{魏}>의 임금은 자식을 아끼기는 하나 가르치질 않았습니다."라 아뢰었고, <도연{陶堧}>은 "<송{宋}>의 임금은 백성을 간사하게 가르칩니다."라 아뢰었으며, <왕문{王文}>은 "성인이 갖추어야 할 법도로는 담담하고 표정이 없어야 하며, 참되고 변함이 없어야 할 것입니다. 원컨대 폐하께서는 넉넉한 마음을 가지십시오."라 아뢰었다. 이에 상이 이르길 "옳은 말이오! 백성을 속이는 이는 신하에게 속임을 당하고, 아들을 함부로 대하는 이는 아들에게 함부로 당하는 법이오. 임금 된 자의 동정 하나하나는 그래서 어려운 것 아니겠소? 짐은 경들의 보좌를 받으면서 임금 하기 어려움을 점차 알게 되었소."라 하였더니, <왕문{王文}>이 "폐하께서는 하늘같은 자태로 높고 밝으시어서 멀리 백 대를 내다보시지만, 혈기는 지나치십니다."라 아뢰었고, 상은 "짐 역시 알고 있지만, 고치기가 어렵소."라 하였다. 이에 <연황{晃}>이 "궁중의 도리가 바르지 않은데, 다른 것들을 어찌 말 할 수 있겠습니까? 도리의 요체는 그 근원을 맑게 함에 있음입니다."라 하자, 상은 아무런 말없이 있다가 자리를 파하였다. 상이 동궁시절에 <연긍{淵兢}>의 처와 통정하여 <황{晃}>을 낳았으나, <황{晃}>을 상의 아들로 하지 않았었더니, 이 같은 원망어린 말을 한 것이었다. 9월, <황산{黃山}>으로 가서 국화를 감상하면서, 명을 내려서 <연황{淵晃}>을 서장자로 봉하고 그 어미 <부운{芙雲}>을 보비로 삼아서 <황{晃}>을 위로 하며, 이르길; "아비를 원망하는 마음이 아비를 죽이기에 이르도록, <위{魏}>주는 제 아들이 원망하고 있음을 알지 못하였더구나."라 하였더니, <황{晃}>은 "신의 부도한 죄를 사하여 주시고, 도리어 어둠에서 깨어나게 하는 광영을 주셨으니, 신은 제대로 고개를 들 수 없습니다. 효도는 하지 않으면서 감히 식식거리며 지낼까 봐 두려웠었습니다."라 아뢰었다. 이에 상은 "영롱한 이슬 빛깔이 은은한 향기보다 못함을 너도 알 것이다{또는, 속내를 얼굴에 나타내는 것이 은근하게 향내를 내는 것보다는 못함을 너도 알 것이다}."라 이르고는, <읍{泣}>공주를 <황{晃}>에게 처로 주었다. <가란{嘉蘭}>비가, <탁{拓}>공주를 낳고, 황후로 승차되었다.

● [長壽]九年辛巳, 二月, <訥祇>獻<史勿縣>長尾白雉. 三月, 徵<坐原>道士, <駁>敬至. 上問<駁居位>; 何代十世·有古玩耶. 曰唯食器耳. 汝鄕有連抱木乎. 有多乎. 有盈尺(魚)乎. 有多乎. 多有射者乎. 無不射. 有善射者乎. 間間有之. 飮酒者乎有多乎. 不多. 有博奕者乎, 有多乎. 禁之. 有能文者乎. 間間有之. 汝以何道治鄕乎. 曰「無爲」. 汝以何道敎我耶. 曰「無爲」. 上, 大笑, 命賜酒而還. 六月, <梁王><胥狗>薨, 年七十三. 子<華德>代之. 十月, 上, 大閱于<汗>濱, 謂主兵大加<龍莖>, 曰; "<魏>, 年年征伐而師銳. 我國不戰久矣, 師將欲老, 非強兵之策. 伐<吡有>振士氣, 何如." <莖>曰; "臣, 亦願之." <勇德>, 諫, 曰; "戰而不滅, 禍之始也. 強因勝弱, 而有所難滅者在乎, 道矣. <吡有>, 雖弱, 非無道之主, 則伐之難滅. 且攻伐之道, 豫爲之謀, 謀熟而擧, 猶有失者. 況未有謀者乎." 上曰; "善." 乃止之.

○ <장수{長壽}>9년{단기2774년/AD441}신사, 2월, <눌기{訥祇}>가 <사물현{史勿縣}>의 꼬리 긴 흰 꿩을 바쳐왔다. 3월, <좌원{坐原}>의 도사를 불렀더니, <박{駁}>이 조심스레 하면서 도착하였다. 상이 <박거위{駁居位}>에게 묻고 답하길; 어떤 대{왕조}의 10세이고, 오래된 물건이 있는가? 식기만 있습니다. 그대 고향엔 아름되는 나무들이 줄지어 있

는가? 많습니다. 한 자 넘는 물고기는 많은가? 많습니다. 활 쏘는 이는 많은가? 쏘지 않는 이가 없습니다. 잘 쏘는 이는 있는가? 간간이 있습니다. 술 마시는 이는 있으며, 많은가? 많지 않습니다. 노름하거나 바둑 두는 이는 있으며, 많은가? 금하고 있습니다. 글 잘하는 이가 있는가? 간간이 있습니다. 그대는 무슨 도리로 향리를 다스리는가? 「무위{無爲; 타인의 간섭 없이 자신의 직분을 도리에 맞게 행하는 것}」입니다. 그대는 어떤 도리로 나를 가르칠 수 있겠는가? 「무위」입니다. 이에 상은, 크게 웃으며, 명을 내려 술을 내려 주어서 돌려보내게 하였다. 6월, <양왕{梁王; 梁땅을 다스린 高句麗의 行職官爵}><서구{胥狗}>가 나이 일흔셋에 죽어, 그의 아들 <화덕{華德}>이 대신하게 하였다. 10월, 상이 <한{汗}>수가에서 크게 사열하고는 주병대가 <룡경{龍莖}>에게 이르길; "<위{魏}>는 매년 정벌하여서 군세가 날카롭소. 허나, 우리는 싸워 본 지가 오래되어 군세가 곧 노쇠하여 질 것이고, 이는 강병책이랄 수 없소. <비유{毗有}>를 쳐서 사기를 진작시킴이 어떻겠소?"라 하였더니, <룡경{莖}>이 "신도 그리 하였으면 합니다."라 답하자, <용덕{勇德}>이 나서서 간하길; "싸움을 걸고서 멸하지 못하면 화를 초래합니다. 강한 이가 약한 이를 이길 수는 있으나 멸하기 어려운 까닭은 바로 도리가 있기 때문입니다. <비유{毗有}>는 비록 약하긴 하나 무도한 임금은 아닌즉 멸하기 어렵습니다. 뿐만 아니라 공벌{攻伐}의 도리를 살펴보면, 책략을 준비하고 그 책략이 무르익어서 거사하는 것이고, 그리하여도 패할 때가 있습니다. 하물며 방도를 모색하지 않은 이는 어떻겠습니까?"라 하였더니, 상은 "합당한 말이요."라고 하고는, 그만두었다.

● [長壽]十年壬午, 二月, 以**<鯨>**太子女**<拓跋>**氏爲第五皇后, 迎來于**<魏>**都. 四月, **<鄯善>**使來獻駱駝·孔雀·駝鳥等, 優待送之. 命禁「袴男」. 宗室妻, 更衣時, 皆用美童曰袴男, 跑多奸通之. 故禁之也.

○ <장수{長壽}>10년{단기2775년/AD442}임오, 2월, <경{鯨}>태자의 딸 <탁발{拓跋; 賀蘭所生}>씨를 제5황후를 삼아서 <위{魏}>의 도성으로부터 맞

아 들였다. 4월, <선선{鄯善}>의 사신이 낙타와 공작 및 타조 등을 바쳐왔다. 융숭히 대접하여 돌려보냈다. 「고남{袴男}」을 금하였다. 종실의 처들이 옷을 갈아입을 때에 대개 예쁜 사내아이를 부렸고, 「고남」이라 불렀는데, 난쟁이들이 간통하는 일이 잦아서 금한 것이었다.

● [長壽]十一年癸未, 正月, <鯨>太子, 遣使密告, 曰; "<魏>, 欲以我爲主而有入侵之慮,긔宜嚴備境上. 我決不爲<駁居位>失, 且善待<嘉蘭>. <拓跋>使<渠輩>善言, <魏>主可也." 上, 笑, 曰; "兄是愚仙矣. 豈有兄不爱弟, 而妻不爱夫, 君不愛國者乎. <燾>, 雖虐勞, 不自殺身則幸矣. 何暇, 圖我乎." 盖指<燾>不得於妻子也. 上之兄弟皆友爱盡忠, 后妃皆心悅誠服, 皇子無一人不孝者, 故上自信如此矣.
三月, <拓跋>后生<跋>太子, 遣使告<魏>. <鯨>太子, 謂<魏>主, 曰; "我雖不王, <跋>當王之, 世與陛下舅甥矣. 且仙緣已自天上定矣, 人不可強." <燾>然之, 入寇之計寢焉. 上, 撫<跋>后, 曰; "汝之生子, 實爲國宝矣." 乃命曰<宝宮>太子. 七月, <魏>使, 來傳<跋>后翟服, 及上不老酒·駝·塩, 命上與<嘉蘭>·<拓跋>二后入朝. 上曰; "<嘉蘭>后方在娠娠, 何可遠行. 待其生子, 而朕欲西笑計矣." 使大喜而去. 九月, 如<黃山>觀菊, 賞<陶淵明><三笑圖>. <蟹>太子·<晃>太子·<王文>等修<留記>七十卷. 上曰; "我國之史皆是宝鏡也. 何必讀<春秋>·<史記>哉."

○ <장수{長壽}>11년{단기2776년/AD443}계미, 정월, <경{鯨}>태자가 사람을 보내 은밀히 알려오길; "<위{魏}>가 저를 왕으로 내세우고 침입하려는 생각을 가지고 있사오니, 국경을 튼튼히 방비하심이 마땅하실 것입니다. 우리는 결단코 <박거위{駁居位; =坐原}>를 잃지 말아야 할 것이오며, 더하여서 <가란{嘉蘭}>에게도 잘 대하여 주십시오. <탁발{拓跋=賀蘭所生鯨太子女=第五皇后}>이 <거배{渠輩}>를 시켜서 선처하게 말하였더니, <위{魏}>주가 그리하겠다고 하였습니다."라 하였다. 이에 상이 웃으며 이르길; "형님은 참말로 나의 우직한 신선이시오. 어찌 형님이 동생을 아끼지 않으실 것이며, 처가 지아비를 아끼지 않고, 임금

이 나라를 아끼지 않겠소? <탁발도{燾}>가 비록 허황된 수고를 하다가 자신이나 죽지 않으면 곧 다행일 것이오. 어느 겨를에 우리를 도모하겠소?"라 하였다. 개략 <도{燾}>가 처자식들의 뜻도 얻지 못하고 있음을 지칭함이었다. 상의 형제들 모두가 우애 있고 충성을 다하며, 후와 비 모두가 마음으로 정성을 다하여 따르고 있고, 황상의 자식 중에 효도하지 않는 이가 하나도 없었으니, 상은 이리도 자신만만하였던 것이었다.

3월, <탁발{拓跋}>후가 <발{跋}>태자를 낳자, 사람을 보내서 <위{魏}>에 알려주었다. 이에 <경{鯨}>태자가 <위{魏}>주에게 말하길; "제가 왕을 하지 않더라도, <발{跋}>은 응당 왕을 할 것이고, 그 세상은 폐하와는 장인과 사위{또는, 외삼촌과 생질이}가 될 것입니다. 뿐만 아니라 선계{仙界}에서는 이미 천상{天上}께서 정하셨으니, 인간들이 어찌 할 수는 없음입니다."라 하였더니, <도{燾}>도 그렇겠다고 여기고 쳐들어갈 계획을 잠재웠다. 이에 상은 <탁발>후를 위무하며 "그대가 낳은 아들은 실로 나라의 보배요."라 하면서, <보궁{宝宮}>태자로 부르게 명하였다. 7월, <위{魏}>의 사신이 와서 <탁발>후에게 적복을 전해주고, 상에게는 불로주 및 낙타와 소금을 전하였는데, 상에게 명하길 <가란{嘉蘭; =拓拔嗣의 딸}>과 <탁발{拓跋> 두 후와 함께 입조하라 하였다. 이에 상이 이르길; "<가란{嘉蘭}>후가 지금 임신 중인데 어찌 먼 길을 갈 수 있겠소? 아들 낳기를 기다렸다가, 짐이 서쪽 집안을 웃게 해 줄 계획이오."라 하였더니, 사신은 몹시 즐거워하며 떠나갔다. 9월, <황산{黃山}>에 가서 국화를 즐기고 <도연명{陶淵明}>의 <삼소도{三笑圖; =虎溪三笑圖}>를 감상하였다. <해{蟹}>태자·<황{晃}>태자·<왕문{王文}> 등이 <유기{留記}> 70권을 수찬하였더니, 상이 이르길; "우리의 역사{歷史} 모두가 이처럼 보경{宝鏡}이거늘, 하필이면 <춘추{春秋}>와 <사기{史記}>를 읽는 것이오!"라 하였다.

● [長壽]十二年甲申, 二月, 率后妃及諸王子, 如<卒本>西<城山>, 行<東明大祭>. 上, 謂諸王子, 曰; "爾曹, 宜知<東明>之茅茨·櫛風, 友爱而孝祖, 國源長久矣." 封<勇德>爲<越王>. 四月, 分送<東明>神像于

<魏>·<羅>及<濟>. <倭>, 入來囲<金城>十日, 糧盡而去. <訥祇>追擊. 左右有曰窮狗勿追, 是兵法也. <訥祇>, 不聽, 親率數千騎, 追及於<獨山>之東, 爲賊所敗. 將士死者過半, <訥祇>蒼黃棄馬上山, <倭>囲之數重. 命在頃刻, 忽然昏霧蔽山, 不辨咫尺. <倭>, 不得<訥祇>而以爲有神助, 而退. 上曰; "<訥祇>之處事輕措, 非人君之所可法也." <勇德>曰; "<訥祇>好勇而殺其舅, 其本亂矣. 然, 謹於事大, 而敏於交隣, 而能保其身, 不無其奸矣." 上曰; "奸之爲用亦能救人, 兵不厭詐者, 此也." <王文>曰; "聖人, 以奸濟奸, 以正濟正, 不偏不倚通見內外, 理不单行." 上曰; "善." 請益, <文>曰; "小者小而有分, 大者大而有分, 安於分而行有餘, 則奸不能入, 而正不能出." 上, 叩膝歎之, 曰; "是哉, 是哉." 上, 謂<王文>, 曰; "卿, 以五十之年, 喪賢妻而無配, 可乎." 命以<勇德>女妻之. <嘉蘭>后生子<助多>. 上, 以<蘭>后未健, 不如<魏>.

그림48. 이 시절 <倭>는, <會稽> 東·南에 依山島한 무리로서, 陽子江{大海}을 경유하여 <新羅> 邊境에서 가까운 <金城>을 침입한 것으로 보임.

○ <장수{長壽}>12년{단기2777년/AD444}갑신, 2월, 후와 비 및 여러 왕자와 함께 <졸본{卒本}>서쪽 <성산{城山; =始國處!}>으로 가서 <동명{東明}>큰

제사를 지내고, 상이 여러 왕자들에게 이르길; “너희들 모두는 <동명>께서 검소하시고 먼 곳을 바쁘게 돌며 고생하셨음{櫛風沐雨; 바람으로 머리 빗고 빗물로 목욕함}과 우애 있게 지내고 조상에게 효도할 것과 나라의 근원이 오래되었음을 마땅히 알아야 할 것이다.”라 하였다. <용덕{勇德}>을 <월왕{越王; 越땅을 다스린 高句麗의 行職官爵}>으로 봉하였다. 4월, <동명{東明}>신상을 <위{魏}>·<신라{羅}>·<백제{濟}>에 나누어 보냈다. <왜{倭}>가 들어와 <금성{金城}>을 열흘 동안을 포위하고 있다가 먹을 것이 떨어져 물러나자, <눌기{訥祇}>가 추격하였다. 좌우들이 궁한 개는 뒤쫓지 않는 것이 병법의 도리라고 말하였어도, <눌기>는 듣지 않고 친히 수천 기병을 이끌고 추격하여 <독산{獨山; =蜀山?}> 동쪽에 이르렀다가, 적에게 패하였다{그림40, 49}. 장수와 군사들을 절반을 넘게 잃더니 <눌기>는 정신이 아득해져서 말을 버리고 산으로 올라갔고, <왜>인들은 이를 여러 겹으로 둘러쌌다. 목숨이 경각이었는데, 홀연 어지러운 안개가 산을 덮어 지척을 구분할 수 없게 되었다. 이에 <왜>인들은 <눌기>를 잡지 못하였으며, 신이 돕고 있다고 여기고 물러갔다. 상이 “<눌기{訥祇}>의 처사는 경박하였던 것이어서 사람들의 군왕 된 자들이 따를 바가 되지는 못하였었소.”라 하였더니, <용덕{勇德}>이 “<눌기>는 용감하기는 하나 장인을 죽였으니 바탕도 어지럽지만, 조심성은 있어서 큰 나라를 섬기고 교린하기도 민첩하여 제 목숨을 지키기엔 능란하니 간교함이 없다고 할 수는 없습니다.”라 아뢰었고, 이에 상은 “간교함으로도 역시 사람의 목숨을 능히 구할 수 있으니, 병법에서도 사술을 꺼려하지 않음은 이를 두고 하는 말이오.”라 일렀다. <왕문{王文}>이 아뢰길; “성인들은 간교함에는 간교함으로 정도에는 정도로써 다스렸고, 한쪽으로 치우치거나 기울지 않고 안팎을 두루 살폈으며, 다스림에는 한 가지만을 쓰지는 않았습니다.”라 하였고, 상은 “옳거니!”라 하면서 더 듣기를 청하였더니, <왕문>은 “작은이는 작은 대로 분수가 있고, 큰 이는 큰 대로 분수가 있으니, 분수를 지키면서 여유 있게 행하면 간교한 자가 쳐들어올 수는 없지만, 정도만을 지키면 밖으로 쳐나갈 수도 없음입니다.”라 하였다. 이에 상은 무릎을 치면서 감탄하여 이르길; "맞소! 맞아!"라 하였다. 상이 <왕문>에게 "경은 나이가 50밖에 아니 되었는데 현처를 여의고 홀로 지내고 있으니, 가당키나 한 일이요!"라 이르고, 명을 내려 <용덕{勇德}>의 딸을 처로 주었다. <가란{嘉蘭; =拓拔司의 딸}>후가 아들 <조다{助多}>를 낳았다. 상은 <가란{蘭}>후가 쾌차하지 않다하여 <위{魏}>에 가지 않았다.

● [長壽]十三年乙酉, 正月, **<倭>**使來, 獻珍珠·魚皮·珊瑚等物, 請婚. 上曰; "汝國, 王子來學而去仍無消息, 且與**<濟>**·**<羅>**爭和反復無常, 安可信哉. 朕, 欲一旅之師壓如累卵, 不忍其無咎之民也. 往戒爾主." 三月, **<鄯善>**使, 去, 曾來獻駱駝·完馬五十疋, 請婚. 命以**<解橽>**女送之, 曰; "爾王, 誠心事大, 遠來朝貢. 朕, 何爱一女哉." 六月, 以**<王文>**爲琳叢大夫·駙馬都尉, 兼太學師. 上, 傾于修文, 重用**<王文>**·**<胡覓>**·**<謝萬義>**·**<陶堧>**等. **<魏>**併**<鄯善>**.

○ <장수{長壽}>13년{단기2778년/AD445}을유, 정월, <왜{倭}>의 사신이 찾아와서 진주와 어피{=물개 등의 가죽} 및 산호 등을 바치면서 청혼하였다. 이에 상은 "당신네 나라의 왕자는 찾아와서 공부하고 돌아가더니만 영영 소식도 없었고, 게다가 <백제{濟}> 및 <신라{羅}>와는 싸우고 화친하길 무상케도 되풀이 하니, 어찌 믿을 수 있겠소? 짐은 한 무리의 군대를 보내서 누란{累卵} 밟듯이 하고 싶었으나, 허물없는 백성들에게 잔인하게 할 수는 없었소. 돌아가거든 당신 임금이 알아듣게 하시오."라 하였다. 3월, <선선{鄯善}>의 사신이 돌아가더니, 다시금 찾아와서 낙타와 좋은 말 50필을 바치면서 청혼하였다. <해달{解橽}>의 딸을 딸려 보내라고 명하면서, 이르길; "그대의 왕은 성심으로 사대하며 멀리에서 찾아와 조공하니, 짐이 어찌 한 여인만을 아낄 수 있겠소?"라 하였다. 6월, <왕문{王文}>을 림총대부·부마도위를 삼고 태학사를 겸하게 하였다. 상의 마음이 문{文}을 장려하기로 쏠리더니, <왕문{王文}>·<호견{胡覓}>·<사만의{謝萬義}>·<도연{陶堧}> 등을 중용하였다. <위{魏}>가 <선선{鄯善}>을 병합하였다.

● [長壽]十四年丙戌, 二月, <晃>太子, 如<魏>, 與<燾>子<晃>同遊. <燾>子, 以同名而實不同, 至於暗澹. 蓋<燾>昏於嬖倖而不歡其子. 上曰; "<燾>好勇而用嬖, 豈能安乎." 三月, <解橽>女自<鄯善>還. 上, 聞<燾>雪殺僧侶, 謂<王文>, 曰; "佛, 自西來誇張甚矣, 至於雪殺則亦甚矣." <王文>曰; "仙·佛皆以欺人爲方便, 不亦罪乎. 儒, 亦無行, 則一也." 上, 默然良久, 歎, 曰; "行實難矣. 朕, 欲廢補妃而不能, 況他事乎." <王文>曰; "漸而成之, 亦入道之方也. 陛下, 天姿高明, 雖有血氣之過, 漸當如意. 過慮反有害於勇進矣." 四月, <天罡>太后崩, 春秋九十二. 命勿以農時遊幸.

○ <장수{長壽}>14년{단기2779년/AD446}병술, 2월, <황{晃}>태자가 <위{魏}>로 가서 <탁발도{燾}>의 아들 <탁발황{晃}>과 함께 유람하였다. <도{燾}>의 아들은 이름은 같았으나 본바탕은 그렇지 못하여서 암담한 지경에 이르게 되었다. 개략 <도>가 폐신{嬖臣}의 아첨에 빠져서 자기 아들을 반기지 않았던 때문이었다. 상이 이르길; "<도>는 결단력은 좋으나 폐신을 등용하고 있으니, 어찌 능히 안전할 수 있겠는가?"라 하였다. 3월, <해달{解橽}>의 딸이 <선선{鄯善}>에서 돌아왔다. 상이 <도>가 보복으로 승려들을 죽였다는 소식을 듣더니, <왕문{王文}>에게 이르길; "불법{佛法}이란 것이 서쪽에서 온 이래로 과장이 심하긴 하였지만, 보복으로 죽인 것 또한 심한 처사였소."라 하였더니, <왕문>이 아뢰길; "선도{仙道}와 불도{佛道} 모두는 사람 속이는 것을 방편으로 삼았으니, 그 또한 죄가 아니겠습니까? 유도{儒道} 역시 실행하지 않으면 마찬가지입니다."라 하였다. 이에 상은 한동안 말이 없더니만, 탄식하며 이르길; "행한다는 것이 실은 어렵긴 하오. 짐은 보비{補卑; 타인의 처이면서 비의 역할을 한 여인}를 폐하려 하면서도 능히 그리하지 못하고 있는데, 하물며 다른 일이야 어떻겠소!" <왕문>이 아뢰길; "천천히 하여 이루셔도 역시 도의 경지에 들어가는 방편입니다. 폐하께서는 천자고명{天姿高明}하시니, 비록 혈기가 넘치시는 흠이 있으시지만, 차차로 뜻하시는 바와 같아질 것이옵니다. 지나치게 걱정이 많으시면 도리어 용단 있게 나아가심에 해로울 것

입니다."라 하였다. 4월, <천강{天罡}>태후가 춘추 아흔 둘에 죽었다. 농사철이어서 궁 밖 거둥을 아니 하겠다고 명하였다.

● [長壽]十五年丁亥, 正月, 如<杜訥原>, 弋鵝釣鯉. 二月, 親耕籍田, 祀<孔子>. 四月, 如<黃山>行<天罡>太后祭. 上, 謂<天乙>·<談明>, 曰; "人生百年如夫斿{=游}, 生之爲意, 以生爲貴·以殺爲生者, 非生之意也. 三十而恐廢, 弑其夫者, <張>貴人是也. 爲子而殺侄者, <倚佂>妻<芾加知>是也. <犍>與<珪>皆爲爱妾所殺, <庫知>·<賀蘭>是也. 必竟至有立子, 殺母之議, 非生之意也. 汝等, 夙習坤儀, 皆{晥}陰■能美事於夫生子女, 宮道如花. 朕之宝也太后, 九十二年, 不亦少乎." <乙>·<明>等皆淚下而咽. 五月, 自<黃山>還「西都」. <毗有>居池, 鬼火如輪終夜不滅矣. 以旱, 饑民多入<羅>. 十月, 畋于<蛇川>. 以<晃>太子爲中畏大夫, <京朱>·<溫達>爲大評者. <京朱>·<溫達>, <王文>之高弟也. 久居岩穴, 能察民苦矣.

○ <장수{長壽}>15년{단기2780년/AD447}정해, 정월, <두눌원{杜訥原}>으로 가서 거위 목에 줄을 둘러매어 잉어를 잡았다. 2월, 몸소 적전{籍田}을 일구고, <공자{孔子}>에게 제사하였다. 4월, <황산{黃山}>으로 가서 <천강{天罡}>태후에게 제사를 올렸다. 상이 <천을{天乙}>과 <담명{談明}>에게 이르길; "인생 100년은 대저 펄럭이는 깃발{또는, 떠돌다 가는 것}과 같아서, 살아가는 뜻을 삼음에 있어, 귀하게 되고자 살거나 살기 위하여 죽이는 것은 삶이 뜻하는 바는 아닐 것이오. 나이 30에 폐출 당할까 두려워 남편을 죽인 이로는 <장{張}>귀인이 그랬고, 아들을 위해서 조카를 죽인 이로는 <의이{倚佂}>의 처 <불가지{芾加知}>가 그랬소. <탁발십익건{犍}>과 <탁발규{珪}>는 모두 애첩에게 죽임을 당했던바 <고지{庫知}>와 <하란{賀蘭}>이 그랬으며, 필경에는 아들을 세우게 되었으나 어미를 죽이는 것을 논의하였으니, 이도 삶이 뜻하던 바는 아닐 것이오. 그대들은, 일찍 곤위{坤位}법도를 배워서 모두가 ■■■하며 능히 지아비를 올바로 섬기고 아들과 딸을 낳았으니 궁중의 법도는 활짝 핀 꽃과 같으며, 짐의 보배이신 태후께서

92년을 사셨으니 그 또한 짧지는 않았소!"라 하였다. <천을{乙}>과 <담명{明}> 모두 눈물을 흘리며 울음을 삼키었다. 5월, <황산{黃山}>에서 「서도」로 환궁하였다. <비유{毗有}>가 물가에 기거하였었는데, 수레바퀴 모양의 귀신불이 밤새도록 꺼지지 않았다. 가뭄이 들었으며, 굶주리던 많은 백성들은 <신라{羅}>로 들어갔다. 10월, <사천{蛇川}>에서 사냥하였다. <황{晃}>태자를 중외대부로 삼고, <경주{京朱}>와 <온달{溫達}>을 대평자로 삼았다. <경주>와 <온달>은 학식과 품행이 훌륭하였으며, <왕문{王文}>의 제자로 오랫동안 바위굴에 살았던지라, 능히 백성들의 고초{苦楚}를 살필 수 있었다.

● [長壽]十六年戊子, 正月, **<**吐山**>**皇后崩, 春秋七十六. **<**天原公**><**琳**>**女也. 溫仁腆麗, 歷事二帝. 生**<**三山**>**·**<**蟹**>**太子·**<**纖元**>**太子, 皆賢而善御衆, 有學識. 后以飼鸞, 有名一號**<**鸞**>**太后. 四月, 如**<**黃山**>**. 命罷金錢, 禁採金·採銅·金銀器亂用. 擧茂才, 得**<**淵吉**>**·**<**宣合**>**等七人. **<**吉**>**, 時年二十. **<**崔浩**>**上書**<**賀蘭**><**月海**>**事而要巾. 上曰; "復自露其■而已於我, 何哉."

○ <장수{苦楚}>16년{단기2781년/AD448}무자, 정월, <토산{吐山}>황후가 춘추 일흔여섯에 죽었다. <천원공{天原公}><림{琳}>의 딸로, 온화하고 어질었으며 도탑고 고왔으며, 두 명의 제를 섬겼다. <삼산{三山}>·<해{蟹}>태자·<섬원{纖元}>태자를 낳았는데, 모두들 현명하여 무리를 잘 이끌었으며 학식도 있었다. 후는 란새를 기른지라 <란{鸞}>태후라고도 불렸다. 4월, <황산{黃山}>에 갔다. 명을 내리길 금전{金錢}을 쓰지 못하게 하였으며, 금{金}과 구리{銅}를 캐지 말고, 금{金}과 은{銀}으로 만든 그릇을 함부로 쓰지 말라 하였다. 훌륭한 인재를 천거 받아서, <연길{淵吉}>과 <선합{宣合}> 등 일곱 사람을 얻었다. 이때 <연길{吉}>은 20살이었다. <최호{崔浩}>가 <하란{賀蘭}>의 <월해{月海}>에서의 일을 글로 올려 ......이하 독해 불능......

● [長壽]十七年己丑, 五月, 上, 馳入**<**南口**>**·**<**盖馬**>**, 檢軍視戍, 賜其夏衣, 仍奬績痲.　九月, <魏>大破<柔然>而氣焔益熾. 上, 謂諸太子, 曰; "勇者易傷, 弱者愛身, 武不可瀆, 文不可淨. 汝等, 勿貪勿暴, 孝友相扶, 護此祖業. 彼如泡花, 則我待万年, 悠悠踐實, 則天必成大." 仍命試射論文.

○ <장수{長壽}>17년{단기2782년/AD449}기축, 5월, 상이 <남구{南口}>와 <개마{蓋馬}>로 달려 들어가서 군대를 검열하고 수자리를 시찰하였으며, 여름옷을 하사하고 마{삼베}로 실잣기를 권장하였다. 9월, <위{魏}>가 <유연{柔然; 在庫車東至高句麗西至Irtish江}>을 디파하고 기세가 오르더니 점점 기고만장하였다. 이에 상은 여러 태자들에게 "용맹한 이는 상하기 쉽고 약한 이는 몸을 아끼며, 무{武}를 더럽다 할 수도 없고 글{文}을 한다 하여 맑다 할 수도 없다. 너희들은 탐하지도 말고 남을 해치지도 말 것이며, 효성과 우애로 서르 도와서 사직을 지킬 것이다. 저들은 금방 사그라질 물거품이나 꽃잎과 같은즉, 우리는 만년을 내다보며 유유히 옹골차게 나아가면 하늘이 크게 이루어 줄 것이다."라 이르고 나서, 명을 내려 활쏘기를 겨루고 학문을 논하라 하였다.

● [長壽]十八年庚寅, 正月, 如籍田巡視盆苗.　五月, <魏>使來獻駱駝·葡萄·不老酒·仙人草等. 上, 聞<崔浩>汚史之罪, 而歎, 曰; "蘖孕于史, 禍發<崔浩>耶. 人君可不戒哉." 未幾, 六月, <魏>果殺<浩>. <浩>, 以<漢>人, 恃才擅行大失<魏>人之心, 以致慘禍者也.　七月, <訥祇>上書言; "上國獵騎, 多入臣境, 擅殺養鹿. 故<阿瑟羅>城主<三直>禁之, 相格于<悉直原>, 誤傷一人. 邊將互相交戰, 以至不忠不敬. 故檻送<三直>, 其當伏誅."　上曰; "豈爲一家兒輩所爲, 何可盡誅耶. <三直>爲其主而守境以誠, 可賜衣酒." 而送之. <羅>人, 大喜, 曰; "天上有聖皇, 人間憂自息, 乃作憂息楽, 云."　時, <義隆>伐<燾>取<河南>. 上曰; "<燾>必報矣."　冬, 果南下所過, 無不殘滅, 血骨滿地, 腥風酸鼻. 上曰; "快於人者, 快於己矣. <燾>亦純久乎."　<泣>公主生<晃>女<淵洽>. 或云上女.

○ <장수{長壽}>18년{단기2783년/AD450}경인, 정월, 적전{籍田}으로 가서 분재{盆栽}하여 기르는 어린 싹을 돌아보았다. 5월, <위{魏}>의 사신이 와서 낙타·포도·불로주·선인초 등을 바쳤다. 상은, <최호{崔浩}>가 역사를 더럽힌 죄를 받았다는 소식을 듣고, 탄식하며 이르길; "역사를 기록함에 재앙을 잉태하더니, 화가 <최호>에게 떨어지잖느냐?! 인군들이 이를 경계치 않을 수 있겠는가!"라 하였다. 오래지 않아서 6월에 <위{魏}>가 끝내 <최호>를 죽였다. <최호{浩}>는 <한{漢}>인으로, 재주만을 믿고 함부로 처신하다가 <위{魏}>나라 사람의 믿음을 잃음이 크더니만, 참화를 당한 것이었다. 7월, <눌기{訥祇}>가 글을 올려서 "상국{上國}의 사냥 말 여럿이 신의 경내에 들어와서 기르고 있는 사슴을 함부로 죽이기에, <아슬라{阿瑟羅}>성주 <삼직{三直}>이 그를 말리다가 <실직원{悉直原}>에서 맞붙게 되었고 실수하여서 한 사람을 상하게 하였고, 이에 변경의 장수들이 호상 간에 교전하여 불충·불경함을 저질렀습니다. <삼직{三直}>을 함거에 실어 보내옵니다. 응당 주살 감이옵니다."라 하였다{☞ 이 기사가 <삼국사기><장수왕>28년조로 둔갑한 듯한 느낌입니다}. 이에 상은 "한 집안 애들끼리 벌인 일을 가지고 어찌 주살할 수 있겠나? <삼직{三直}>은 제 임금을 위하여 성심껏 경계를 지킨 것이니, 옷과 술을 내릴 일이다."라 하고는, 그를 돌려보냈다. 이에 <신라{羅}> 사람들은 크게 기뻐하면서 "하늘에 성스런 황상이 계시어서, 사람들 세상에 근심이 저절로 사라지고, 근심거리를 만들어도 옻칠 할 일{=시신을 담는 관을 준비·치장하는 일}을 사라지게 하셨다!"라 하였다. 이때 <의륭{義隆=宋太祖文帝}>이 <탁발도{燾=北魏世祖太武帝}>를 쳐서 <하남{河南}>땅을 취하였더니, 상은 "<도{燾}>가 꼭 되갚을 것이다."라 하였다. 겨울이 되자, 결국 <도>가 남쪽으로 내려왔고, 지나는 곳마다 모조리 쓸어버리지 않은 것이 없었으며, 핏자국과 시신이 온 땅에 널려 있었고, 비릿하고 역겨운 냄새가 코를 찔렀다. 이에 상은 "남을 함부로 하면 자신도 함부로 되어지는 것이다. <도> 또한 당하고 나서도 오래도록 순박하기만 하겠는가?"라 하였다{☞이 당시 <북위>·<고구리>·<송>·<백제>는 <황하>주변에서 서로 접하여 있어서 이런 일이 있었을 것이다}. <읍{泣}>공주가 <황{晃}>의 딸 <연흡{淵洽}>

을 낳았다. 더러는 상의 딸이라고도 하였다.

● [長壽]十九年辛卯, 二月, 如<西河>耕籍田. 三月, 如<黃山>. <宋>人<董騰>等百余戶來投. 上, 聞<宋>人慘狀, 謂左右, 曰; "汝等, 謂<魏>之強而不見其弱也. 豈有貫兒舞槊者乎. <燕>無之处, 則人將何之." 是年, 始食春莀, 培於雪中者也. 上曰; "物亦如此, 人不可不型耶. 自棄者, 殆天之誅也." <加洛>, <吹希>殂. 子<銍知>立. 其后<德>有德, 云.

○ <장수{長壽}>19년{단기2784년/AD451}신묘, 2월, <서하{西河}>로 가서 적전{籍田}을 일구었다. 3월에 <황산{黃山}>엘 갔더니, <송{宋}> 사람 <동등{董騰}> 등 100여 호가 투항하여 왔다. 상은 <송>에 사는 사람들의 참상을 듣고, 좌우들에게 이르길; "그대들은 <위{魏=北魏}>의 강성함만을 얘기하고 그들의 취약함은 보지 못하고 있소. 어찌 아이를 꿰뚫은 창이 춤을 춘단 말이오. <연{燕=北燕}>이 오갈 곳이 없으니, 다른 사람들은 장차 어디로 가야 한단 말인고?>"라 하였다. 이해에 봄 줄{春莀=봄부추} 먹기가 비롯되었다. 겨울철 눈 속에서 키운 것이었더니, 상이 이르길; "사물 역시 이러할진대, 사람들은 본보기도 해보질 않고 불가하다고 하는가? 스스로 포기하는 자는 자못 하늘의 벌이 있을 것이오."라 하였다. <가락{加洛=駕洛}>의 <취희{吹希}>가 죽고, 아들 <질지{銍知}>가 섰다. 그의 후인 <덕{德}>은 덕{德}이 있다 하였다.

● [長壽]二十年壬辰, 三月, <魏>中常侍<宗爱>弑<燾>. <晃>子<濬>立討<爱>誅之. <晃>與<爱>相忌, <爱>譖<晃>官屬抵罪多死, <晃>憂而死. <燾>, 始知見欺, 追悼不正. <爱>惧而殺<燾>而被誅, <燾>好勇而不慈竟自被弑. 是, 強中多弱者也, 必爲人虜. <䠷>·<堅>·<熙>·<燾>皆此類也. 七月, <訥祇>獻<太山郡>穀禾. 禾, 自<吳>入<加耶>及<羅>, 而未及我邦者, 地味有所不合者也. <銍至>創<王后寺>·<婆娑塔>. 後稱<虎溪寺>, 云.

○ <장수{長壽}>20년{단기2785년/AD452}임진, 3월, <위{魏=北魏}>의 중상시 <종애{宗爱}>가 <탁발도{燾}>를 죽이니, <탁발황{晃}>의 아들 <준{濬}>이 보위에 올라서 <종애>를 토벌하여 죽였다. <황>과 <종애>는 서로를 싫어하였었다. 이에 <종애>가 <황>의 관속들을 모함하고 죄를 덮어씌워 여럿을 죽였더니, <황>은 이를 걱정하다 죽었다. <도>는 비로소 속을 것을 알았으나 곧 바로잡지 않았었고, 이에 <종애>는 후환이 두려워서 <도>를 죽이고 자신도 죽인 셈이었다. <도>는 용맹함만을 좋아하고 자애롭지는 않았기에, 필경엔 스스로 피살된 셈이었다. 이를 일러서 강하면서도 허약한 점이 많으면, 다른 이들에게 잡혀 죽는다는 것이고, <모용황{皝}>·<부견{堅}>·<모용희{熙}>·<탁발도{燾}>는 바로 이런 부류들이었다. 7월, <눌기{訥祇}>가 <태산군{太山郡}>의 볍씨를 보내왔다. 벼는 <오{吳}>에서 <가야{加耶}>와 <신라{羅}>로는 전해 들어갔는데, 우리나라엔 들어오지 않았던 것은 토질이 맞지 않은 탓이었었다. {<駕洛>의} <질지{銍知}>가 <왕후사{王后寺}>와 <파사탑{婆娑塔}>을 세웠다. 후에는 <호계사{虎溪寺}>로 불렀다고 한다.

● [長壽]二十一年癸巳, 正月, 納<松江>沛者<守山>妻<架>氏爲宮人. 二月, <義隆>子<劭>, 以過受責, 呪其父, 事發. 恐廢而弑父自立. 上曰; "<義隆>, 義不隆, 反不如<義符>. 盖謂, 被殺於子, 反不如被殺於臣也. <劉裕>弑其主而爲國, 其臣<徐謝>亦弑其君. 是, <裕>之敎也. <隆>, 以爲有令望, 而代<符>. 是兄弟爭立而殺也. 其子<劭>欲立而殺<隆>, 兄弟相殺爲父子相殺也. 是, <隆>之敎也. <裕>敎臣以弑君. <隆>敎子以弑父. <裕>, 但知爲國之好, 而不知殆將自滅者乎. <慕容>, 然, 而不序屠相殺. <馮>, 亦然, 勇而無義臣弑君, 淫而無秩妻弑夫, ■■不理, 子弑父立. 可不畏乎. <宋>之禍, <炎將>不知至於何境矣." 果然, 五月, <駿>殺<劭>而立. 父子相殺轉爲兄弟相殺也.

<羅>, 大旱, 而七月群狼入其<始林>, 人畜被害, 云. 上, 謂<晃>太子, 曰; "權者, 人之所欲也. 與其相殺, 不如不爲. <東明>傳國以仁化, <光明>抱柔<溫祚>, 故父子兄弟無一人相忌, 唯<遂成>·<相夫>見黜.」 汝,

爲瓊府, 宜以<宋>·<魏>·<燕>等爲鑑, 以敎宗戚. <訥祇>之弑<宝金>亦是子殺父, 妻父非其父乎, 況其君者歟. 其禍如彼, 可以戒輩." <晃>, 曰; "戒慾爲本, 雅道爲上, 尊崇高仙·碩儒, 勿以物華爲重." 上曰; "吾亦悟之矣. 其, 勿治宮室車馬, 放後宮雜女歸家."

○ <장수{長壽}>21년{단기2786년/AD453}계사, 정월, <송강{松江; 松花江? 太行山脈中松岺側水流?}>의 패자 <수산{守山}>의 처 <가{架}>씨를 거두어서 궁인으로 삼았다. 2월, <의륭{義隆=宋太祖}>의 아들 <소{劭}>가 잘못하여 질책을 듣더니, 아비를 저주하고 일을 벌였다. 폐위될까 두려워서 아비를 시해하고 자신이 선 것이었다. 상이 이르길; "<의륭{義隆}>은 이름답지 않게 의롭기가 융성하지 못하여, 도리어 <의부{義符=宋少帝}>만도 못하였고, 개략 아들에게 죽었으니 오히려 신하들에게 죽었음만도 못하였소. <유유{劉裕=宋高祖}>는 자신의 주군을 죽이고 나라를 다스리더니만, 그의 신하 <종사{徐謝}>가 또한 그 주군을 죽였소. 이것이 <유유>사건의 가르침이었소. <의륭{隆}>은 자신의 인망이 좋다고 생각하고 <의부{符}>를 대신하였지만, 이는 형제간의 보위 쟁탈에 따른 죽임이었고, 그의 아들 <소{劭}>도 보위에 오르고자 <의륭{隆}>을 죽였으니, 형제간의 죽임이 부자간의 죽임을 낳은 것이었소. 이것이 <의륭>의 사건의 교훈인 것이오. <유유{裕}>는 신하들에게 군주를 시해하라고 가르친 것이고, <의륭{隆}>은 아들에게 아비를 죽이라고 가르친 것이었었소. <유유{裕}>는 단지 나라를 다스린다는 것만 좋아하였었지, 장차 자신이 죽게 될 위험은 깨닫지 못하였던 것이었소. <모용{慕容}>{씨 집안}도 그러하였기에 앞뒤를 가리지 않고 도륙하여 서로를 죽였었고, <풍{馮=北燕}> 역시 그러하였기에 용감하기는 하였으나 의롭지 아니하여, 신하가 군주를 죽였고, 어지럽고 질서가 없어서 처가 지아비를 죽였으며, ...하여 아들이 아비를 죽이고 자리에 올랐소. 두려워할 일 아니겠소! <송{宋}>의 화{禍}는 <염장{炎將}>이 어느 지경에 이를지를 몰랐다는 것이오."라 하였다. 과연 5월이 되자 <유준{駿; =宋世祖孝武帝}>이 <유소{劭}>를 죽이고 보위에 올랐다. 부자간의 죽임이 형제간의 죽임을 낳은 것이었다.

<신라{羅}>가 크게 가물더니, 7월에는 이리떼가 그들의 <시림>{始林}에 들어와서 사람들과 가축들이 해를 입었다 한다. 상이 <황{晃}>태자에게 이르길; "권세란 것은 사람들이 욕망하는 바이나, 그것 때문에 서로를 죽인다면 가지지 않았음만 못한 것이 된다. <동명{東明}>께서는 나라를 물려주고 어짊으로 가르쳤더니, <광명{光明}>은 <온조{溫祚}>를 끌어안아 달래게 되었고, 그리하여 부자간에 그리고 형제간에 서로를 꺼리지 않게 되었으며, 오직 <수성{遂成}>과 <상부{相夫}>만이 쫓겨났을 뿐이었다. 너는 경부{瓊府}를 맡아서{위하여} 마땅히 <송{宋}>·<위{魏}>·<연{燕}> 등을 거울삼아서 종척들을 가르쳐야 할 것이다. <눌기{訥祇}>가 <보금{宝金}>을 죽인 것 역시 아들이 아비를 죽인 것이다. 처의 아비는 제 아비가 아니란 말이냐? 하물며 그 군주를 죽이다니! 그 화는 저들과 마찬가지일 것이니, 무리들을 깨우치게 해야 할 것이다."라 하였다. 이에 <황{晃}>이 아뢰길; "욕망을 다스리는 것을 근본으로 하고, 아름다운 도리를 따르게 하며, 고명한 선인{仙人}과 훌륭한 유사{儒士}를 존숭케 하고, 세속적인 영화로움을 중히 여기지 않게 할 것입니다."라 하였더니, 상이 이르길; "나 역시 그래야 함을 깨달았음이다. 그러니, 궁실과 거마를 수리하지 말고, 후궁의 잡녀{雜女; 骨品이 없는 여인}들은 내보내서 친정으로 돌아가게 하자꾸나."라 하였다.

☯ [長壽]二十二年甲午, 二月, 上, 如<黃山>, 謁<平易陵>取象而還. <王文>, 諫曰; "重母而不重父, 胡風也. 况取象之, 非禮乎." 乃止. 時, <文>, 以老歸臥而不輟耕, 疏食自樂. 上曰; "朕羡卿矣. 雖欲爲其, 能得乎. 天子之不得爲庶人, 尤有甚於庶人之不得爲天子者. 騎虎之勢也."
七月, <阿瑟羅>戍卒再犯境. <訥祇>, 自<天星>·<曉辰>死後, 與<毗有>相婚而陰養不測之心, 至是露骨. <灌奴>小兄<朱虔>討<長嶺>三柵拔之, <訥祇>遣使來乞, 乃止. 時, <新羅>有雹■, <濟>有蝗災, 星變皆飢而窮. 國人歌之, 曰; "彼不道兮, 非雹則蝗. 我事以道, 天不乏粮滿家, 穰穰千万其羊."
九月, 如<黃山>, 召<王文>, 賞菊. <天龍>后崩於「溫湯」, 亦葬于<黃

山>, 春秋六十三. 上, 謂<三山>后, 曰; "<龍>, 與汝, 事我四十五年如一日, 未嘗少弛. 豈意一朝如是耶." <三山>曰; "妾, 雖蒲柳, 節食而無病. <龍>, 身強倍妾, 日食豚肉七斤而肥胖要寵. 雖曰事夫盡誠, 非爲身之道, 身不存, 則安能事夫乎. 盖其誤也." 上曰; "汝, 何言兄之過乎. 吾亦死則當從<龍>穴矣. 汝, 亦死, 則宜從<龍>穴. <龍>之過卽汝之過, 汝之過卽我之過." <三山>黙然. <天龍>, 久掌宮權頗違<三山>之志, 故其言如是. 自是<三山>主之, <談明>副之.

○ <장수{長壽}>22년{단기2787년/AD454}갑오, 2월, 상이 <황산{黃山}>으로 가서 <평양릉{平易陵=平陽陵}>을 찾아뵙고는 <평양릉>의 그림을 그려 가지고 돌아왔더니, <왕문{王文}>이 간하여 아뢰길; "어머니를 중히 여기고 아버지를 중히 여기지 않는 것은 호풍{=야만스런 풍속}입니다. 그런데도 그림을 취하시고 예{禮}를 저버리시겠습니까?"라 하였더니, 그림을 가까이에 두기를 그만두었다. 이때 <왕문{文}>은 늙어서 정사에서는 물러나 있었으나, 쉬지 않고 논밭을 일궈서 거친 음식으로 스스로 즐기고 있었더니, 상이 이르길; "짐은 경이 부럽소. 그리하고 싶다 하여도 그리 할 수나 있겠소? 천자가 서인이 될 수 없는 것은 서인이 천자가 되지 못하는 것보다 더욱 어려우니, 기호지세{騎虎之勢; 범을 타고 달리다가 중도에 내리지 못하는 형세, 즉 뜻대로 할 수 없는 지경}입니다 그려."라 하였다. 7월, <아슬라{阿瑟羅}>의 수졸이 또다시 경계를 범하였다. <눌기{訥祇}>는, <천성{天星}>과 <효진{曉辰}>이 죽은 후에, <비유{毗有}>와 서로 통혼하면서 속으로는 불측한 마음을 키우더니만, 이때에 이르러 그 속셈을 드러낸 것이었다. <관노{灌奴}>소형 <주건{朱虔}>이 <장령{長嶺}>을 쳐서 목책{또는, 작은 성채} 세 개를 빼앗았더니, <눌기>가 사신을 보내 애걸하였고, 이에 그만하고 멈추었다. 이때 <신라{新羅}>엔 우박이 내렸고, <백제{濟}>엔 황충 재앙이 일었으며, 별자리가 움직이고 모두들 배곯고 궁색하여 졌더니, 우리나라 사람들은 "저들은 부도{不道}하여 우박이 내리고 황충 재앙이 일었음이고, 우리는 도리를 지키고 섬겼더니 하늘이 양식이 모자랄까 온 집집을 가득 채워주고 풍족한 풀로 천만의 양들도 살지게 하는구나."

라 노래하였다.
9월, <황산{黃山}>으로 가서 <왕문{王文}>을 불러내 국화를 즐겼다. <천룡{天龍}>후가 온탕에서 죽었고, 역시 <황산>에 장사하였더니, 춘추 예순 셋이었다. 상이 <삼산{三山}>후에게 이르길; "<천룡{龍}>은 그대와 함께 나를 섬기길 45년을 하루같이 하면서 흐트러짐이 적었었소. 어찌 하루아침에 이런 일이 있으리라고 생각이나 할 수 있었겠나?!"라 하였더니, <삼산{三山}>이 아뢰길; "첩은 약한 체질이나 먹기를 삼갔더니 병이 없었습니다. <천룡{龍}>은 튼튼하기가 첩의 배는 되었으나 하루에 돼지고기를 일곱 근씩이나 먹어대어 살이 찐 채로 총애를 바랐었습니다. 설사 말로는 성의를 다하여 지아비를 섬긴다고 하면서도, 몸을 가다듬는 도리를 다하지 않아서, 몸이 살아남지 못하였으니, 어찌 능히 지아비를 섬길 수 있겠습니까? 이 모두 <천룡{龍}>의 탓입니다."라 하였다. 이에 상이 이르길; "자네는 어찌 윗사람의 잘못을 입에 담고 있는가? 나도 죽으면 응당 <천룡{龍}>의 릉혈{陵穴}에 따라 묻힐 것이야. 자네도 죽거든 마땅히 <천룡{龍}>의 릉혈로 오게나. <천룡{龍}>의 잘못은 즉 자네의 잘못이고, 자네의 잘못은 곧 내 잘못이었네."라 하였다. 이에 <삼산{三山}>은 아무런 말도 하지 못했다. <천룡{天龍}>이 오랫동안 궁 안을 장악하고 분별함에 있어서 <삼산{三山}>의 뜻을 거슬렀었기에 그런 말을 한 것이었다. 이때부터는 <삼산{三山}>이 궁 안의 주인이 되었고, <담명{談明}>이 보좌하였다.

☯ [長壽]二十三年乙未，二月，<宋><駿>來告喪獻方物，遣長史<董騰>徃吊之. <騰>，來投<宋>人也. <駿>，秘其喪，而今才告訃，飛報渡海如矢. 彼之暗昏如是，妄自尊大，可笑者也. 然，來者不拒，故酬應之耳. 三月，如<美川陵>，聞<毗有>獵于<漢山>，將軍<風豚>請襲而檎之. 上曰; "出其不意雖似好策，安知其非無備乎. 凡事，皆先計而行則雖敗不至大損，無究而臨發雖成而不利. 况<毗[有]>之爲人，辯而輕人，淫而好遊，其能久乎. 久則蠹國而己，置亦自傷，何費虛力哉." 果然，是年九月，<毗有>暴殂，子<慶司>立. <毗有>者，<腆支>之通其婦而生者也.

<慶司>者, <毗有>之通<鮮須>妻而生者也. <毗有>之妻無子而養之. <毗有>, 又通<餘蠆>之妻而生子<餘殷>, 通<燕吉>之妻而生子<餘杞>. 皆有寵而爭嗣. <毗有>妻, 遂害<毗有>, 立<慶司>, 云.

○ <장수{長壽}>23년{단기2788년/AD455}을미, 2월, <송{宋}>의 <유준{駿=宋世祖孝武帝}>이 찾아와서 상{喪}이 났음을 알리고 방물을 바치기에, 장사{長史} <동등{董騰}>을 보내어 가서 조문하게 하였다{☞이 내용도 <삼국사기>엔 거두절미하고, "<송>에 사신을 보내 조공하였다."라고 삭필·곡필되어 있다}. <동등{騰}>은 찾아와서 투항하여 살고 있는 <송{宋}> 사람이었다. <준{駿}>은 상이 났어도 숨기고 있다가, 이제 겨우 부음을 고하면서도, 알리기에는 서둘러서 살같이 해{海; 넓거나 큰 물? 황하 하류정도일 것!}를 건넜다. 그들은 어둡고 혼미함이 이러하였음에도, 망령되이 스스로를 높이고 크게 여기고 있었으니, 가소로운 것들이었다. 하지만 찾아오는 것은 막지 않았었고, 그렇기에 답례할 뿐이었었다. 3월, <미천릉{美川陵}>에 갔다가, <비유{毗有}>가 <한산{漢山}>땅에서 사냥하고 있다는 소식을 들었다. 장군 <풍돈{風豚}>이 기습하여 사로잡자고 청하였더니, 상이 이르길; "불의에 나가는 것이 비록 좋은 계책 같기는 하나, 그들도 대비함이 없지 않다는 것은 누구나 아는 것이잖소? 대저 일을 함에는 항상 먼저 계획을 세운 연후에 행하여야만 뜻을 이루지 못하더라도 손실이 크지 않은 것이거늘, 철저함 없이 임의로 일을 벌여서는 설혹 성사하여도 이롭지 않게 될 것이오. 더구나 <비유{毗有}>는 사람됨이 말이 많고 사람들을 가벼이 여기며 도리에 어긋나고 놀기를 좋아하니, 능히 오래가기나 하겠소? 기다리기만 해도 나라와 제 몸을 좀먹을 것이고, 그대로 놔두어도 저절로 상할 것인데, 무엇하러 쓸데없이 힘을 들인단 말이요?"라 하였다. 과연 이해 9월에 <비유{毗有}>가 갑자기 죽었고, 그 아들 <경사{慶司=夫餘慶=盖鹵王}>가 섰다. <비유{毗有}>라는 놈은 <전지{腆支}>가 제 며느리와 내리붙어서 낳은 녀석이었고, <경사{慶司}>는 <비유{毗有}>가 <해수{鮮須}>의 처와 붙어서 낳은 녀석이었는데, <비유{毗有}>의 처는 아들을 낳지 못하여서 <경사>를 길렀었다. <비유>는 또 <여채{餘蠆}>

의 처와 붙어서 아들 <여은{餘殷}>을 보았고, <연길{燕吉}>의 처와 붙어서는 아들 <여기{餘杞}>를 보았다. 모두가 귀여움을 받더니만 후사자리를 놓고 다투었다. 이에 <비유{毗有}>의 처가 <비유>를 해치우고 <경사{慶司}>를 세운 것이었다 한다.

● [長壽]二十四年丙申，二月，右輔・太師<王文>薨，年七十．<文>，以<黃山>田夫之子，好學篤行爲國儒宗．雖貴尙公主而不忘在野，勤儉自守，戒子女無得濫越過分．人以爲仙之仙． 九月，<三山>后崩，春秋六十一．葬于<龍>陵之側．

○ <장수{長壽}>24년{단기2789년/AD456}병신, 2월, 우보이며 태사인 <왕문{王文}>이 나이 70에 죽었다. <왕문{文}>은 <황산{黃山}>에서 농사짓는 필부의 아들로, 학문하기 좋아하고 행실이 도탑더니 나라의 유종{儒宗; 유학하는 이들의 우두머리}이 되었으며, 비록 귀하게 되어서 공주와 살면서도 논밭 매던 시절을 잊지 않았고, 근검하고 자신의 직분을 지켰으며, 자식들에게도 참람하지 않고 분수를 넘지 않게끔 가르쳤더니, 사람들은 그를 선인{仙人} 중의 선인이라 칭송하였다. 9월, <삼산{三山}>후가 춘추 예순하나에 죽어 <천룡{龍}>의 무덤 곁에 장사하였다.

● [長壽]二十五年丁酉，二月，大風拔木．四月，<羅>，以霜，殺麥． <勖多>女<齊雲>生． <越王><勇德>薨，年八十一．賜其妻<胡連>年穀． 八月，<蟹>太子右輔，<葉彦>瓊叢大夫． 九月，如<三山>陵． 以<淵吉>爲<荊>王相．

○ <장수{長壽}>25년{단기2790년/AD457}정유, 2월, 큰 바람으로 나무가 뽑혔고, 4월엔 <신라{羅}>에 서리가 내려 보리가 죽었다. <욱다{勖多}>의 딸 <제운{齊雲}>이 태어났다. <월왕{越王; 越땅을 다스린 高句麗의 行職官爵}><용덕{勇德}>이 나이 여든하나에 죽었다. 그의 처 <호련{胡連}>에게는 매년 곡식을 내려주도록 하였다. 8월, <해{蟹}>태자를 우보로 <섭언{葉彦}>을 경총대부로 삼았다. 9월, <삼산{三山}>의 무덤에 갔

었다. <연길{淵吉}>이 <형{荊}>땅의 왕상{王相}이 되었다.

● [長壽]二十六年戊戌, 三月, 大閱<黃山>. 命<丸都>大加<青彦>修<仙記>百二十卷. 四月, 乏民四秩. 豪族·圡族·寓族·賤族. 賤族之子, 才質可者許入國學, 而得士則使之免賤爲圡. 宗室·外戚與豪族相婚者, 必經瓊·琳之許, 然後落豪而入戶籍. 七月, 定<長夏>道場, 奏議月評之例. 八月, <訥祇>殂. 子<慈悲>立, <曉辰>之出也. <訥祇>, 有反骨弑<宝金>, 而終亦背反朝廷, 與<毗有>私通, 灾異不絶, 必竟自滅. 春, 有地震, <金城>南門自毁. 是乃示兆而不察, 云.

○ <장수{長壽}>26년{단기2791년/AD458}무술, 3월, <황산{黃山}>에서 크게 사열을 하였다. <환도{丸都}>대가 <청언{青彦}>에게 명하여 <선기{仙記}> 120권을 수찬하게 하였다. 4월, 백성을 4등급으로 하였다. 호족{豪族=세력자}·토족{圡族=토박이}·우족{寓族=임시거처족}·천족{賤族=천민}으로 하였다. 천족{賤族}의 자식도, 재질이 좋으면 국학{國學}에 들어갈 수 있게 하였으며, 재능{才能}이 인정되어 출사{出仕}하게 되면, 천족을 면하고 토족{圡族}으로 되게 하였다. 종실{宗室}과 외척{外戚}이 호족{豪族}과 혼인하면, 반드시 경부{瓊府}와 림부{林府}의 허락을 얻고 난 연후에 호족으로 내려가서, 호적{戶籍}에 들어가게 하였다. 7월, <장하{長夏}>도장을 세워 논의할 것을 모아 올려서 매월 평가함을 규범으로 하였다.

8월, <눌기{訥祇}>가 죽다. 그의 아들 <자비{慈悲}>가 섰는데, <효진{曉辰}>이 낳았다. <눌기>는 골육{골품?}에 반감이 있어 <보금{宝金}>을 죽였고, 종당에는 또한 조정{=고구리}을 배반하고 <비유{毗有}>와 사통하였다. 재해와 이변이 끊이질 않았으니, 필경 자멸한 것이었다. 봄엔 지진이 일어 <금성{金城}>의 남문이 저절로 무너졌었고, 이것이 나쁜 조짐이었는데도 살피지 않았다고 한다.

● [長壽]二十七年己亥, 二月, 親耤于<西河>而饗父老, 曰; "近來以來, 林木鬱密成抱, 豚羊彌滿, 五穀豐登, 太倉之粟, 久不賑矣. 此, 皆汝等各守. 以敎子女之致, 朕深嘉之." 仍賞篤農·特農·藥農等百十二人. 四月, 如<越王>宮, 慰<胡連>后, 因謂<蟹>太子, 曰; "<宋><駿>, 猜忌骨肉, 誅殺相反. 此, 是一念之差也. 骨肉之間, 宜相損而相供, 何自主而自厚. 務人而不務己者自成, 務己而不務人者自敗. 況骨肉乎. 卿, 其曉諸瓊琳歟." <蟹>曰; "欽哉. 加勅必使體聖." <倭>船百余, 襲<羅>囲<月城>, 無功而退. <羅>兵, 追擊<北豆海口>, 而鏖之.

○ <장수{長壽}>27년{단기2792년/AD459}기해, 2월, 친히 <서하{西河}>에서 땅을 일구고, 부로들을 대접하면서, 이르길; "얼마 전 이후로는 숲과 나무가 울밀하고 아름드리가 되었으며, 돼지와 양도 널리 가득하고, 오곡도 풍성하게 잘 여물어서 양곡창고도 크게 지었으며, 오래도록 구휼하지 않아 왔소. 이것은 모두 그대들 각자가 지켜서 이룬 것이오. 자녀들을 잘 가르쳐서 이룬 것이니, 짐은 매우 흐뭇하오."라 하고는, 착실하게 농사짓거나 특별한 작물을 기르거나 약재 기르기 등을 한 112 사람에게 상을 주었다. 4월, <월왕{越王; 越땅을 다스린 高句麗의 行職封爵}>의 궁으로 가서 <호련{胡連}>후를 위로하는 일로, <해{蟹}>태자에게 이르길; "<송{宋}>의 <유준{駿}>은 골육을 시기하다가 주살하거나 서로 반목하였는데, 그것은 생각 하나의 차이였던 것이라네. 골육 간에는 마땅히 서로들 어려움을 나누고 서로를 이바지해주어야 함이거늘, 어찌 자신만을 위하고 자신만의 이익을 탐할 수 있단 말인가. 남을 위해 애쓰면서 자신을 위해 애쓰지 않으면 저절로 성사하게 되고, 자신을 돌보면서 남을 돌보지 않으면 저절로 망하는 법이야. 하물며 골육 간에는 어떠하겠나? 경은 이를 모든 경림{瓊林} 들이 깨닫게 하겠는가?"라 하였더니, <해{蟹}>가 아뢰길; "받잡겠습니다. 더욱 부지런히 하여서 성상의 뜻하심을 이루도록 하겠습니다."라 하였다.

<왜{倭}>선 100여척이 <신라{羅}>를 습격하여 <월성{月城}>을 포위하였다가 아무런 공도 없이 물러났다. <신라{羅}> 군병이 이들을 <북두해구{北斗海口}>에까지 추격하여 모조리 죽였다{☞<삼국사기>는 이 기사도 생략되었다}.

● [長壽]二十八年庚子, 正月, 始用政曆按事. 二月, 命修<檀林神宮>·<祖環廟>·<達賈祠>. 三月, 褒國中孝子順孫三百二十人. 八月, 與<楚連>后如<平易[=陽]陵>, 仍訪<王文>故宅賜其弟子未得士者蔭職. 九月, <柔然>遣使來獻駱駝. <好>妃生<好賢>公主.

○ <장수{長壽}>28년{단기2793년/AD460}경자, 정월, 정사용 책력을 써서 정사를 보살피기 시작하였다. 2월, <단림신궁{檀林神宮}>과 <조환묘{祖環廟=宗廟}> 및 <달가{達賈; 安國君=玉帽所生中川子}>의 사당을 고쳐짓게 하였다. 3월, 나라 안의 효자·순손 320인을 포상하였다. 8월, <초련{楚連}>후와 함께 <평양릉{平易陵=平陽陵, 在黃山}>에 갔다가, <왕문{王文}>의 옛집을 들러서 벼슬 없는 아우와 자식들에게 음직{蔭職; 과거 등을 거치지 않고 하사한 벼슬}을 내렸다. 9월, <유연{柔然}>이 사신을 보내 낙타를 바쳐왔다. <호{好}>비가 <호현{好賢}>공주를 낳았다.

● [長壽]二十九年辛丑, 三月, 與皇后<談明>, 如<天罡陵>, 仍如<平易[=陽]陵>. 皇后, 入宮四十六年, 雅貞溫仁, 事帝以誠而生八子七女, 而猶且剛壯可產. 上, 寵爱之, 委以宮中之事. 亦預大政頗有善决. 人稱稀有之聖后. 盖天姿英明, 禀質亦好, 可謂龍中之龍, 鳳中之鳳也. 上, 謂后, 曰; "歲月如流, 汝年又過一紀如是, 又幾年而汝與我皆故矣. 生前, 修身積善, 以爲子孫, 何如." 后曰; "妾, 以不似厚蒙聖恤, 多産子女, 而未嘗有苦. 此乃陛下大慈之蔭也. 妾, 以爲人之修善, 不必高擧. 始於易行宜如前而無墜, 不必架空而做事也." 上頷之. <慈悲>以<美海>女爲妻. <曉辰>欲得公主以爲其婦. 至是, <訥祇>得罪而不許下降, 故自相婚嫁. <羅>之背國, 自此益甚.

○ <장수{長壽}>29년{단기2794년/AD461}신축, 3월, 황후 <담명{談明}>과 함께 <천강릉{天罡陵; 在黃山}>을 찾았다가 <평양릉{平易陵=平陽陵}>에도 갔었다. 황후는 입궁한지 46년을 우아하고 정숙하였으며 따사롭고 어질었고, 정성으로 제를 섬겼으며, 8남 7녀를 낳았음에도 오히려 몸이 야물고 건장하여 아이를 더 낳을 수 있을 것 같았다. 상이 총애

하여 궁중의 일을 맡겼더니, 역시 큰 정사에 간섭하였으며 꽤나 잘 처결하였기에, 사람들은 보기 드문 훌륭한 황후라 칭송하였다. 대략 자태가 출중하고 영명하며 성품 또한 좋았더니, 룡 중의 룡이고 봉새 중의 봉새라 할 만하였다. 상이 후에게 이르길; “세월이 유수와 같더니 그대의 나이 역시 환갑을 이리도 지났소. 이제 몇 년 있으면, 그대와 나 모두 돌아가게 되었소. 살아생전에 몸이나 돌보고 선행을 쌓아서 자손들을 위함이 어떻겠소?”라 하였더니, 후는 답하길; “첩은 성총을 두터이 받은 것 같지 않은데도, 많은 아들과 딸을 낳았으며, 아직 애 낳는 어려움은 모르고 있습니다. 이는 폐하께서 큰 자비로움을 베풀어 주셨음입니다. 첩은 사람들이 선행을 닦음에 있어 필히 높은 지경에 이르지는 않아도 된다고 생각합니다. 쉬운 일로 하여서 의당 이전과 같기만 하고 나빠지지만 않으면 되옵니다. 높이려 하여도 헛될 뿐이고, 새로이 일을 이루기도 필시 어려울 것입니다.”라 하였고, 이에 상은 고개를 끄덕였다. <자비{慈悲}>가 <미해{美海}>의 딸을 처로 삼았다. <효진{曉辰}>이 공주를 얻어서 자신의 며느리를 삼고자 하였지만, 지금에 이르러 <눌기{訥祇}>가 죄를 얻자, 신분이 낮은 이에게 출가함이 허락되지 않아왔다. 그런 까닭에 스스로 서로 간에 혼인하게 된 것이었다. <신라{羅}>가 나라{고구리}를 등짐이 이때부터 더욱 심하여졌다.

☯ [長壽]三十年壬寅, 三月, <魏>使<敦益>, 來獻駱駝, 言; “<鯨>太子薨于<鄯善>.” 上廢朝擧哀. 太子以玉葉之親, 爲道遠征, 殞身絶域, 平生不御肉饌錦衣. 在國及<魏>, 皆尙公主而又有侍妾, 生子女十五人. 在<魏>者七人·<鄯善>者二人. 朝廷遠送費資爲[幣]不少. 上, 以<鯨>太子有讓國大義, 追尊爲<崇德仙帝>, 立其廟, 使其長子<懷祖>主之. 五月, <倭>破<羅><活開城>虜千人去. <助多>子<羅雲>生, 或云上子. 九月, 如<龍山>, 行<東明大祭>上<芻牟大帝>之號. 命天師<晃>太子爲<東盟>主. 以「五斗米」爲贄, 故曰<五斗米教>, 亦曰<米道>.

○ <장수{長壽}>30년{단기2795년/AD462}임인, 3월, <위{魏=北魏}>의 사신

<돈익{敦益}>이 와서 낙타를 바치며 말하길; "<경{鯨}>태자가 <선선{鄯善}>땅에서 죽었다."고 하였다. 상은 조정을 폐하고 거애하였다. 태자는 옥엽친족으로, 도{仙道}를 위해서 멀리 나가있다가 외딴 곳에서 죽었으며, 평생토록 고기반찬을 입에 대거나 비단옷을 입지도 않았었다. 나라 안에서 있거나 <위>의 땅에 머물 때, 공주와의 사이에서 그리고 시첩들과의 사이에서 열다섯의 자녀를 두었다. <위>에서 살고 있는 자녀가 일곱이고, <선선>땅에 살고 있는 자녀가 둘이 있다. 조정이 비용과 물자를 멀리에서 보내주어 폐백 물자가 모자라지 않게 하였다. 상은 <경{鯨}>태자가 나라{=임금자리}를 양보한 큰 의로움이 있었기에 <숭덕선제{崇德仙帝}>로 추존하였으며, 그의 사당을 세우고 그 장자 <회일{懷袓}>이 맡아서 돌보게 하였다. 5월, <왜{倭}>가 <신라{羅}>의 <활개성{活開城}>을 깨뜨리고 천 명을 잡아갔다. <조다{助多}>의 아들 <라운{羅雲}>이 태어났다. 혹자는 상의 아들이라고도 한다. 9월, <룡산{龍山}>으로 가서 <동명{東明}>큰제사를 지내고 <추모대제{芻牟大帝}>란 시호를 올렸다. 명을 내려 천사{天師} <황{晃}>태자가 <동맹{東盟}>주를 하고 정곡 닷 말로 폐백을 삼았더니, <오두미교{五斗米教}>라 일컬었고 <미도{米道}>라고도 하였다.

☯ [長壽]三十一年癸卯, 正月, <越王>宮<胡連>后崩, 春秋七十三. 上之胞姊也. 戊午入後宮補妃, 後生<袓>太子陞爲皇后. 至是, 崩. 性嚴謹, 善教子, 故久掌瓊府育院, 多治績. 上, 哀慟之, 命權葬于<平易[=陽]陵>側, 使<袓>主其祀. <勇德>子<胡景>亦別祀. 二月, <倭>, 侵<羅><揷良>, 大敗而去. <羅>, 築二城於海邊, 而備<倭>. 四月, <宋>, 使<藩雲>來, 獻玉器·藥材七十事. 如<崇德祠>納<懷袓>女爲妃. 是爲<鯨>皇后. 其母, <{鯨}>女<丙連>也. 九月, 如<西河>宴豊, 置<奉天臺>·<人濟院>.

○ <장수{長壽}>31년{단기2796년/AD463}계묘, 정월, <월왕{越王; 越땅을 다스린 高句麗의 行職官爵; 여기서는 勇德}>궁 <호련{胡連}>후가 춘추 일흔셋에 죽었다. 상의 동복누님이다. 무오년{改宮時 즉 AD418}에 후궁으로 들어와서 보비

가 되었으며, 후에 <창{昶}>태자를 낳고 황후로 승차하였다가, 이때에 와서 죽은 것이다. 매우 삼가는 성품으로 자식들을 잘 가르쳤기에, 오랫동안 경부{瓊府}의 육원{育院}을 관장하였으며 치적도 많았다. 상이 애통히 여겼으며, 명령하여서 권도로 <평양릉{平易陵}>곁에 장사하고 <창{昶}>태자가 제사를 주관하게 하였다. <용덕{勇德}>의 아들 <호경{胡景; 호련이 낳은 용덕의 아들}>도 별도로 제사를 모시게 하였다. 2월, <왜{倭}>가 <신라{羅}>의 <삽량{挿良}>성을 침입하였다가 크게 패하여 물러갔다. 이에 <신라{羅}>는 해변{=물가, 변경}에 성 두 개를 쌓아서 <왜{倭}>에 대비하였다. 4월, <송{宋}>이 <번운{藩雲}>을 시켜 찾아와서 옥기와 약재 70 가지를 바쳤다{☞<三國詐記>엔, 이해에 <송><세조>가 <장수대제>를 "車騎大將軍開府儀同三司"로 봉했다라고 써있음}. <숭덕사{崇德祠}>로 가서 <회일{懷祖; 鯨태자 아들}>의 딸을 거두어서 비로 삼았다. 이 이가 <경{鯨; 懷祖女}>황후가 된다. 모친은 <경>의 딸 <병련>이었다. 9월, <서하{西河}>로 가서 풍년 축하연회를 베풀고, <봉천대{奉天臺}>와 <인제원{人濟院}>을 설치하였다.

● [長壽]三十二年甲辰, 三月, 鑄<楡葉錢>禁<貝錢>·雜銀. 新妃<鯨>氏新宮成, 宴<懷祖>兄弟姊妹及<內連>, 親賜綵段·馬匹以差. <懷祖>母<龍彦>年高八耋, 賜御廚供饌, 秩依后禮. 遣<董泗>·<許引>等于<宋>, 貿彩段而歸. 五月, <宋>, <駿>死, 云. <駿>, 殺其兄弟, 奪其妻女, 猶懷疑忌, 每多悪夢. 至是, 入其宗廟, 梁折而碎頭, 醫不得活之. 或云, <{証}>妻嚙勢而殺之. 亦云, <劭>妻淨, 說未可的之. 上, 如<勇德祀>, 惻然良久,방命改<勇德陵>, 以<胡景>爲<越王>. 上, 漸老, 容皃聲音益肖<勇德>, 寬勤腆實之性亦似<勇德>, 食性亦頗相似<龍彦>. 以爲癸巳五月, <勇德>因驟雨躍入<平易{=陽}宮>, 因宮之午睡而潛烝而生帝. <平易{=陽}>, 畏<永樂>之怒, 而諱之, 云. <馬連>·<胡連>亦嘗有聞, 云. 上, 常疑其眞假, 至是, 遂有尊<勇德>之意. 四月, <鯨>妃生女<鯨>公主. 五月, 命<晃>太子, 追尊<勇德>爲帝. <晃>, 以爲密事不可發, 而諫之. 送<道琳>于<濟>採其虛實.

○ <장수{長壽}>32년{단기2797년/AD464}갑진, 3월, <유엽전{柳葉箭}>을 주조하고 <패전{貝錢}>과 잡은{雜銀}의 사용을 금하였다. 새로 맞이한 비 <경{鯨=懷祖女}>씨의 새 궁이 완성되어서 <회일{懷祖}>의 형제자매와 <병련{丙連}>에게 연회를 베풀고, 친히 채단과 마필을 차등 있게 하사하였다. <회일>의 어미 <룡언{龍彦}>은 나이가 80줄로 높았기에, 수랏상 차리는 부엌이 음식을 이바지하게 하고, 서열로는 후의 예를 따르게 하였다. <동사{董泗}>와 <허인{許引}> 등을 <송{宋}>에 보냈더니, 채단을 무역하여 돌아왔다. 5월에 <송>의 <유준{駿}>이 죽었다 한다. <준>은 형제를 죽이고, 그들의 처와 딸을 빼앗았으나 오히려 의심하는 마음에 꺼려하였고, 매일 수많은 악몽에 시달렸다. 이즈음에 종묘에 들어갔다가 들보가 부러져 내려서 머리가 부서졌는데, 의술로는 살릴 수 없었다. <증{証}>의 처가 불알을 물어뜯어 죽였다는 말도 있고, 또한 <소{劭}>의 처는 정숙하여 그랬을 리 없다는 얘기도 있다. 상이 <용덕{勇德}>의 사당엘 가서 처연하여 말없이 있더니만, 명을 내려서 <용덕{勇德}>의 무덤을 고치게 하고 <호경{胡景}>을 <월왕{越王; 越땅을 다스린 高句麗의 行職官爵}>으로 삼았다. 상은 점차 늙어 가면서, 용모와 목소리는 점점 <용덕>을 닮아갔고, 너그럽고 부지런하며 후하고 꽉 찬 성품 또한 <용덕>과 비슷하였으며, 식성 또한 꽤나 <룡언{龍彦}>과 서로 비슷하였다. 계사년{=영락3년/단기2726년/AD393} 5월에 <용덕>은 내리는 비를 피하여 종종 <평양{平易=平陽}>후의 궁으로 뛰어들었었으며, 그리하여 궁에서 낮잠을 자기도 하였었고, 몰래 증하였다가 제를 낳았는데, <평양{平易=平陽}>이 <영락{永樂}>의 노여움을 겁내서 이를 숨겼으며, <마련{馬連}>과 <호련{胡連}> 또한 일찍이 들어서 알고 있었다고도 한다. 상은 늘 이것이 진실인지를 의심하여 오다가, 이때에 이르러서 결국 <용덕>을 존숭하려는 뜻을 가지게 된 것이었다. 4월, <경>비가 <경>공주를 낳았다. 5월, <황{晃}>태자에게 <용덕{勇德}>을 제{帝}로 올리라 명하였더니, <황>은 숨겨진 일이었었으니 드러냄은 불가하다고 여기어서 이를 말렸다. <도림{道琳}>을 <백제{濟}>로 보내서 그들의 허와 실을 염탐하게 하였다{☞<백제>토벌 준비는 잘 되어가고 심층첩보수집 개시!}.

☯ [長壽]三十三年乙巳, 二月, <青彦>自<魏>還, 曰; "<濬>, 夢見悪鬼, 禱之." 上, 使太卜<義元>, 卜之, 不吉. 卜<宋>, 亦然. 未幾, <濬>殂. <宋>亦被殺於其臣, 猪<彧而>立, 云. 上, 謂左右, 曰; "自余卽位以來, 東西人主之被弑者, 不少. 此, 不徒其主之不仁而已, 其臣亦無敎訓之故也. 卿等之敎子女, 果何如哉." 群臣曰; "臣等, 落地以來, 知天之高. 臣等子女, 亦如之. 至於愚婦愚夫, 皆然. 此乃<東明>聖德之所照. 何可, 與<裕>·<魹>·<珪>等之國, 同日而論哉." 上曰; "善矣. 益勉加誠, 必入<東盟>而朝夕誦講, 然後可識皇恩矣. 汝等夫妻, 必先之, 以導汝子孫百代, 爲朕, 忠犬可也." 群臣, 皆俯伏, 致辭. 上曰; "器有大小而合, 天高然後覆地, 物皆然. 臣民自主, 則其國不久." 五月, <濬>殂. 子<弘>立, 年十二. 時, <羅>, 有火水, 山崩十七所, 而且有蝗災. 七月, 上, 與<鯨>妃, 與「溫湯」. 以妃有娠故也. 進封<懷祖>爲<楚王>, 賜<楚王>妃<丙連>翟服.

○ <장수{長壽}>33년{단기2798년/AD465}을사, 2월, <청언{青彦}>이 <위{魏=北魏}>에서 돌아와 아뢰길; "<탁발준{濬}>이 꿈에 악귀를 보고나서 신명에게 빌었습니다."라 하였다{☞<백제>토벌을 위한 이간·첩보수집 차였을 것임!}. 상이 태복 <희원{義元}>에게 점을 쳐보라 하였더니, 불길하였다. <송{宋}> 또한 점괘가 그와 같았다. 얼마 있지 않아서 <탁발준{濬}>이 죽었다. <송{宋; 前廢帝劉子業}>도 신하에게 피살되었고, 그 돼지새끼 <욱이{彧而}>가 보위에 올랐다는 말이 들렸다. 이에 상은 좌우들에게 이르길; "내가 즉위한 이래 동쪽과 서쪽 사람들의 임금들이 적잖게 시해되었소. 이것은 그 임금들이 어질지 않았기 때문만이 아니고, 그 신하들 역시 가르침을 받지 못하였기 때문이오. 경들의 자녀 교육은 과연 어떠하시오?"라 하였더니, 신하 무리들이 아뢰길; "신들은 세상에 떨어진 이래 하늘의 높으심을 알고 있사오며, 신들의 아들딸들 역시 그러합니다. 우매한 여인네나 우매한 사내들에 이르기까지 그러하옵니다. 이는 <동명{東明}>성덕{聖德}의 돌보심이 있으시기 때문입니다. 어찌 <유유{裕}>나 <모용황{魹}> 또는 <탁발규{珪}>의 나라와 똑같은 햇살{=임금}로 비견할 수 있겠습니까?"라 하였

다. 상은 “옳은 말이오. 더한층 힘쓰고 정성을 배가하여, 반드시 <동맹>에 들어가서 조석으로 의론하고 배우게 되면 가히 황은을 알게 될 것이오. 그대 내외들이 반드시 먼저 실행하고 나서, 그대들의 자손들도 세세토록 짐을 위한 충복이 되게 이끌어야 할 것이오.” 라 하였다. 이에 군신들 모두가 부복하여 치사하였다. 상이 이르길; “그릇은 큰 것과 작은 것이 있어야 합쳐지고, 하늘은 높고 나서야 땅을 덮을 수 있소. 만물 만사 모두가 그러한 것이오. 신하들과 백성들이 각자 임금이 되려한다면, 나라는 오래 갈 수 없을 것이오.” 라 하였다. 5월, <탁발준{濬}>이 죽었다. 그 아들 <홍{弘}>이 섰으며, 나이는 열둘이었다. 이 시절, <신라{羅}>에서는 불이 나고 물난리가 났으며, 산이 열일곱 곳에서 무너졌고, 게다가 황충 재앙도 있었다. 7월, 상이 <경{鯨=懷祖女}>비를 데리고 온탕엘 갔다. 비가 임신하였기 때문이었다. <회일{懷祖}>을 <초왕{楚王; 楚땅을 다스린 高句麗의 行職官爵}>으로 작위를 올리고, <초왕>비 <병련{丙連}>에게 적복을 하사했다.

☯ [長壽]三十四年丙午, 正月, <再曾桀婁>自<濟>來降. <濬>妻<馮>氏, 爲其子<弘>, 請婚以備六宮, 云辭以已婚者非其正后故也. 二月, <鯨>妃生<瓘>太子. 七月, <馮>氏, 又令<程駿>來請宗室女, 乃送以<皐連>女<元>氏. <拓跋>氏生<跋>公主.

○ <장수{長壽}>34년{단기2799년/AD466}병오, 정월, <재증걸루{再曾桀婁}>가 <백제{濟}>에서 항복하여 왔다. <탁발준{濬=北魏}>의 처 <풍{馮}>씨가 자신의 아들 <탁발홍{弘}>을 위하여 청혼하여 6궁을 갖추고자 하면서도, 이미 혼인하였던 이는 정후가 될 수 없음에 사양한다고 알려왔다. 2월, <경{鯨=鯨太子子懷祖女}>비가 <관{瓘}>태자를 낳았다. 7월, <풍{馮}>씨가 또 <정준{程駿}>에게 령을 내려서 종실의 딸을{딸이라도} 달라고 청하기에, <고련{皐連}>의 딸 <원{元}>씨를 보내주었다.{☞<삼국사기>의 기사는 可觀이다!} <탁발{拓跋}>씨{=賀蘭女}가 <발{跋}>공주를 낳았다.

☯ [長壽]三十五年丁未, 二月(閏正月), <程駿>來獻綵段百疋, <皐連>妻<宝

仁>受之. 四月, <古爾萬年>來謁. <慈悲>, 修戰艦, 以備<倭>. 七月, 以<元>氏娠, <宝仁>·<皐連>往<魏>. 生女<{马}宝>.
九月, <魏>, <李>后生子<宏>, <馮>太后頃之, <魏><弘>親政. <魏><天宮寺>{鑄}像, 高四十三尺, 銅十萬斤, 金六百斤.

○ <장수{長壽}>35년{단기2800년/AD467}정미, 2월(윤정월), <정준{程駿}>이 찾아와서 채단 100필을 바쳤고, <고련{皐連}>의 처 <보인{宝仁}>이 이를 받았다. 4월, <고이만년{古爾萬年}>이 찾아와 배알하였다. <자비{慈悲}>가 전함을 수리하여 <왜{倭}>에 대비하였다. 7월, <원{元}>씨{=皐連女}가 아이가 생겨서, <보인{宝仁}>과 <고련{皐連}>이 <위{魏}>로 갔더니, 딸 <마보{馬宝}>를 낳았다{☞<삼국사기>의 이것도 사신 편으로 朝貢!}.
9월, <위>의 <이>후가 아들 <굉>을 낳자, <풍>태후는 <굉>에 정신을 쏟았다. <위>에서는 <홍>의 친정이 {시작}되었다. <위>의 <천궁사>가 불상을 {주조}하였는데, 높이가 43척이었고, 구리 십만 근과 금 육백 근이 들었다.

☯ [長壽]三十六年戊申, 二月, 以<末曷>兵一万, 攻<悉直城>, 拔之. 四月, <魏>又請他女, 上, 笑, 曰; "<馮>女欲自嫁, 則朕當納之." 又曰; "<呂雉>鮮袴<平城>, <賀蘭>奔歡<月海>, 千古之勝事. <馮>家殘物, 何可比於此哉." 九月, 如<黃山>賞菊. 十月, 癸酉朔, 日食. <魏>又請婚. <宝仁>亦生<弘>女. 是, <宝萬>公主.

○ <장수{長壽}>36년{단기2801년/AD468}무신, 2월, <말갈{末曷}>병 1만으로 <실직성{悉直城}>을 빼앗았다. 4월, <위{魏}>가 또 다른 딸을 달라고 청하였더니, 이에 상이 웃으면서 이르길; "<풍{馮}>녀 자신이 출가하고 싶다면, 짐이 응당 맞아들이겠소."라 하였고, 또한 이르길; "<여치{呂雉}>가 속곳을 벗었던 <평성{平城}>의 일과 <하란{賀蘭}>이 달려와서 <월해{月海}>에서 합환한 일들은, 천년에 한 번 있을 훌륭했던 일이었소. <풍{馮}>씨 집안 찌꺼기가 어찌 이들과 견줄 수나 있겠소."라 하였다{☞<삼국사기>는 이것도 사신 편으로 朝貢!}. 9월, <황산{黃山}>으로 가서 국화를 즐겼다. 10월 계유일 초하루에 일식이 있었다.

<위{魏}>가 또 청혼을 해 왔다. <보인{宝仁=皇連妻}> 역시 <탁발홍{弘}>의 딸을 낳았으니, <보만{宝萬}>공주이다.

☯ [長壽]三十七年己酉, 二月, <魏>又請婚. <安樂王><眞>·尙書<李敦>等來, 獻彩段, 辭以年幼. 八月, <慶司>, 來侵<帶方>, 敗去. 十月, <慶司>, 葺<雙峴>. 又設大柵於<青木嶺(松岺山脈)>, 分<北漢山>戍卒而, 守之. 上, 命勿禁而觀其動靜.

○ <장수{長壽}>37년{단기2802년/AD469}기유, 2월, <위{魏}>가 또 청혼을 하였다. <안락왕{安樂王}> <진{眞}>과 상서 <이돈{李敦}> 등이 찾아와서 채단을 바치면서, 나이가 어리면 사양한다고 하였다{☞<삼국사기>의 이것도 사신 편으로 朝貢!}. 8월, <경사{慶司=蓋鹵王}>가 <대방{帶方}>에 쳐들어갔다가 패하여 물러갔다. 10월, <경사>가 <쌍현{雙峴}>성을 고쳤고, 또한 <청목령{青木嶺}(송령산맥){太行山脈中?}>에 큰 목책을 설치하고는 <북한산{北漢山}>수졸들을 나누어다 지키게 하였다. 이에, 상은 내버려두면서 그 동정을 살피라고 명하였다.

☯ [長壽]三十八年, 二月, <魏>, 婚, 又來促婚, 納幣及黃金千兩·白馬五十匹. 上, 與<晃>太子等儒臣及仙臣, 議立郡學·頒士大夫婚制. 仙儒異見, 數月不決. 時, <慈悲>築<三牟城>. <晃>, 恭勤·好學·淸儉而不至陋, 介士多歸之.

○ <장수{長壽}>38년{단기2803년/AD470}, 2월, <위{魏=北魏}>가 혼인하고 나서, 또 찾아와서 혼인을 재촉하며 예물을 바치고, 황금 천 냥 및 백마 50필도 바쳤다{☞<삼국사기>; 이것도 거꾸로 朝貢했다고!}. 상이 <황{晃}>태자 등의 유신{儒臣}들은 물론 선신{仙臣}들과도 함께 군학{郡學; 國學 다음 등급의 學院}을 세우는 것과 사대부{또는, 선비·무사 및 대부}들의 혼례제도 반포를 의론하였으나, 선신{仙臣}과 유신{儒臣}들 간의 이견으로 여러 달이 되도록 결론을 내지 못하였다. 이즈음, <자비{慈悲}>가 <삼모성{三牟城}>을 쌓았다. <황{晃=長壽帝庶長子}>이 공손하며 부지런하고 학

문하길 좋아하며, 청렴·검소하여 천박한 지경에 이르지 않았더니, 많은 개사{介士; =갑병 또는 지조가 굳은 사람}들이 그에게 찾아들었었다.

☯ [長壽]三十九年辛亥, 正月, 擧茂才, 得<烏鱗>等八人.　二月, 如<西河>祭農壇, 親耕.　遣將軍<淵吉>·<胡海>等, 將兵三萬與<肅愼>軍三千, 伐<室韋>至<北海>. 拓地二千餘里, 獲其金人十二而還.　二月, <慈悲>築<笔{芼?}老城>.　疫疾流入自<帶方>, 命飭救療.　<羅>京, 地裂二丈.　九月, <奴久>等入<魏>得田地.　上, 聞<羅>有琴師居<狼山>下東里. 家貧, 懸鶉而樂道自若, 聞舂杵而作<碓樂>. 欲聘之, <晃>太子, 諫, 曰; "國中之賢有未盡用, 况外人乎."　上曰; "朕, 以天下爲一家, 豈有內外哉."　<晃>曰; "<黃龍>·<加耶>好樂而亡.　聖人不務聲色." 乃止. <魏>, <弘>傳位于子<宏>. <弘>有遺世意, 而子幼母頑. 可謂不幸.

○ <장수{長壽}>39년{단기2804년/AD471}신해, 정월, 재능 있는 인재를 천거받아 <오린{烏鱗}> 등 여덟 사람을 뽑아 들였다. 2월, <서하{西河}>로 가서 농단{農壇}에 제사하고, 친히 땅을 일구었다. 장군 <연길{淵吉}>과 <호해{胡海}> 등을 보내서 3만 장병과 함께 <숙신{肅愼}>군 3천을 거느리고 <실위{實韋}>를 쳐서 <북해{北海; =바이칼호?}>에 이르렀다. 2천여 리의 땅을 넓히고 금인{金人像?} 12개를 노획하여 돌아왔다 {☞추가적인 북방의 영토 확장!}. 2월, <자비{慈悲}>가 <필로성{笔老城, 또는 모로성芼老城}>을 쌓았다. 역질이 <대방{帶方}>에서 흘러들었다. 경계하여 병이 퍼짐을 막고 치료하라 명하였다. <신라{羅}>의 도읍에서는 땅이 두 길이나 되게 갈라졌다{지진?}. 9월, <노구{奴久}> 등이 <위{魏}>로 들어가서 경작지{또는, 사냥터}를 얻었다. 상이 <신라{羅}>의 <랑산{狼山; 장강하구 북변?}>아래 동쪽 마을에 거문고{琴=가야금}를 잘 타는 이가 있다는 소식을 들었다. 가세가 빈한하였고, 헤어진 옷을 걸치고도 도를 즐기면서 태연자약하였고, 절구 찧는 소릴 듣고 <최요{碓樂}>를 지었다. 이를 듣더니, 예를 차려 불러들이고 싶어 하자, <황{晃}>태자가 간하여 아뢰길; "나라 안의 현자들도 아직 다 쓰지 못하고 있사온데, 나라 바깥의 사람을 찾으십니까?"라 하였다. 이에, 상

이 "짐은 천하를 한 집안으로 하고자 하는데, 어찌 안과 밖을 따진단 말이냐!"라 답하자, <황{晃}>은 "<황룡{黃龍}>과 <가야{加耶}>는 풍류를 즐기다가 망하였습니다. 성인{聖人}은 성색{聲色; 歌舞·女色}에 힘쓰지 않는다 하였습니다."라 아뢰었고, 그러자 그만두었다. <위{魏=北魏}>의 <탁발홍{弘}>이 아들 <원굉{宏; =北魏高祖; 皐連女所生弘子; 氏拓拔改姓元}>에게 보위를 물려주었다. <홍{弘}>은 세상일을 잊으려는 뜻이었으나, 아들은 어리고 어미는 재주가 없었으니, 불행한 일이었다 할 만하다.

☯ [長壽]四十年壬子, 正月, <柔然>遣使來獻土物. 四月, 如<黃山>, 聞<宋><彧>死, 其嬖臣<李道兒>之子<昱>立. <魏>使來, 獻藥材, 言<慶司>誣告殺使投海之事, 以離間請援. 上, 笑, 曰; "奴將自盡矣." 果然, <慶司>, 怒<魏>不聽其讒, 而絶之. 時, <道琳>已與<慶司>相親俱言. 帝喜安逸不肯征伐, 天下可得稍安. 勸修宮室·城郭·陵墓之役, 用其所畜.

○ <장수{長壽}>40년{단기2805년/AD472}임자, 정월, <유연{柔然}>이 사람을 보내 토산물을 바쳐왔다. 4월, <황산{黃山}>에 갔다가, <송{宋}>의 <유욱{彧}>이 죽고 그의 폐신{嬖臣=男色臣} <이도아{李道兒; 이도성이 녀석}>의 아들 <유욱{昱}>이 섰다는 소릴 들었다. <위{魏}>의 사신이 찾아와서 약재를 바치며, <경사{慶司=餘慶=蓋鹵王}>가 사신을 무고하고 죽여서 물에 버린 일을 얘기하여서 이간하면서, 도움을 청하였다. 이에 상이 웃으며 이르길; "그 놈은 곧 저절로 지칠 것이다."라 하였다. 과연 <경사{慶司}>는 <위{魏}>가 그의 참언을 들어주지 않음에 노하여 <위{魏}>와 절연하였다. 이즈음 <도림{道琳; 8년 전에 파견된 高句麗의 間者}>은 이미 <경사{慶司}>와 서로 친하여져서 함께 화기애애하였다. 이에 제{帝}가 안일하여짐을 반기고 정벌을 수긍하지 않았더니, 천하는 점차 편안하여 졌다. 궁실{宮室}·성곽{城郭}·릉묘{陵墓}를 두루 고치게 하였으며, 그간 모아 놓은 것{=재물}을 쓰도록 하였다.

☯ [長壽]四十一年癸丑, 二月, <晃>太子妃<瑚太>公主, 以周紀, 享上及五后. 上, 以<晃>多文功, 封爲<吳王>, 曰; "汝, 是<吳>太伯也." 賜<瑚太>妃及<泣>妃翟服. <慈悲>, 以<伐智>·<德智>爲左·右將軍而葺<明活城>, 欲遷都, 又築<一牟>·<沙尸>·<廣石>等等城. <伐智>·<德智>, 曾來「西都」留學者也, 多與<西都>人及<漢>人等相通, 漏聞<伯濟>必亡之說, 而自備也. <魏>使來朝而去, <柔然>繼至獻玉盃·玉馬而請婚. 八月, 遣使于<魏>及<柔然>. 是年, <統坤堂>成.

○ <장수{長壽}>41년{단기2806년/AD473}계축, 2월, <황{晃}>태자비 <호태{瑚太}>공주가 환갑을 맞이하여 상과 다섯 후들에게 향연을 베풀어 바쳤다. 상은 <황{晃}>이 문공{文功}을 많이 세웠음에 <오왕{吳王; 吳땅을 다스린 高句麗의 行職官爵}>을 봉하면서 "너는 이제 <오{吳}>에서는 최고의 우두머리다."라 일렀으며, <호태{胡太}비와 <읍{泣}>비에게는 적복을 내려주었다.
<자비{慈悲}>가 <벌지{伐智}>·<덕지{德智}>를 좌·우 장군으로 삼아서 <명활성{明活城}>을 고치더니, 천도하고자 하였으며, 또한 <일모{一牟}>·<사시{沙尸}>·<광석{廣石}> 등등의 성을 쌓았다. <벌지>와 <덕지>는 일찍이 「서도」로 와서 머물며 공부한 자들이어서 많은 「서도」사람들과 그리고 <한{漢}>인들과도 자주 교통하여 <백제{伯濟}>가 필경 망할 것이라는 흘러나온 소문을 들었기에, 자신들을 지키고자 한 것이었다. <위{魏}>의 사신이 찾아와 입조하였다가 떠나가자{☞<삼국사기>; 이것도 거꾸로 朝貢했다고!}, 이어서 <유연{柔然}> 사람들이 찾아와 옥배와 옥마를 바치고 청혼하였다. 8월, <위{魏}>와 <유연{柔然}>에 사신을 보냈다{☞<삼국사기>; 이런 답방도 朝貢했다고!}. 이해에 <통곤당{統坤堂}>이 완성되었다.

☯ [長壽]四十二年甲寅, 二月, 大閱于<黃山>, 以<梁王><華德>爲征南大將軍, 以<桀>·<萬>等爲鄕導·先鋒. 七月, 上, 如<朱留宮>, 而還至<黃山>行<永樂>大祭, 謂宗室·三輔, 曰; "先帝, 欲雪<國罡>之恥, 而天不假壽. 朕, 養兵待機, 已久. 今, 其期已熟. 兒童皆唱, <伯濟>骸骨南渡水, <慈悲>爲之警界, 云. 人心, 察天心于黙黙之中, 此乃<慶>奴必亡之

秋也.” 諸臣異口同讚. 上, 命<華德>引兵三万, 先發.

時, <新羅>築<一牟>·<沙尸>·<廣石>·<沓達>·<仇禮>·<坐羅>等城, 以備<濟>. <濟>民, 日三驚以爲北兵大至, 抑宸如穴居, 知兩而預感矣. <宋>人<稽沖>等來, 言; “<休範>, 擧兵入<建康>討<李昱>, 爲<蕭道成>所殺.” <彧>, 嬖<道兒>, 而與<陳>妃生<昱>, 殺其弟十五人. 獨<休範>, 守愚供其妻子, 而得免. 至是, 不得少忍而被殺. *『<道成>, 以武夫, 自稱帝, 使黃金同土價, 而外飾畏者, 內欺孤寡, 亦<馬懿>·<劉裕>之類也. 上曰; “<懿>生<裕>, <裕>生<道成>, 理也. <{餘}令>生<{胥}>而易馬, <道兒>生<昱>而稱<劉>, 亦理歟. <昱>, 以十二, 輕恣無憚, <陳>事淫穢, 賜以欺孤之好機, <道成>之簒奪不久矣.” 時, <魏><馮>女亦與嬖臣<李奕>淫穢. <宋>·<魏>自稱修文好道, 其穢行如是.』* 上曰; “朕之後宮, 雖曠百日, 而無怨. <陳>·<馮>輩淫獸中淫獸也.” <晃>太子, 曰; “上好禮下自正, 乃陛下之謂也. 如<馮>·<陳>者非徒淫, 產而已. <濬>·<彧>畜之如是.” 上曰; “畏哉. 汝言朕不敢不戒, 可書諸鑑以戒後帝.” 遣長史<箊眞>于<宋>, <乙荘>于<魏>. 上將狀<慶>奴, 觀此二國動靜.

八月, <華德>, 連戰連勝, 圍其都城. <慶>奴, 知不能久守, 先使妻子脫圍南奔, 將軍<風玉>獲而獻之. <慶奴>妻<阿吾知>·<加馬只>, <文周>妻<吾魯知>, <昆支>妻<紫旒>等, 画眉行酒無悲哀之相. 上, 謂<阿吾知>, 曰; “若使<肖>·<須>等守其先規, 則汝等豈至如此.” <阿吾知>曰; “妾等久慕上國風化. 今, 見之, 果知<東明>聖祖之尊如天日下臨, 不勝憙幸.” 上, 笑謂中畏, 曰; “此輩, 何罪. 賜之肥肉.” 命待, 清而受幸, 皆踊舞呈歌, 旣而四女皆受幸. <加馬>·<紫旒>尤有寵焉.

九月, 上, 聞北城拔, 引<加>·<紫>而將入其城, 命先淸路. <濟>民達夜掃灑. 匈漢<困得>大醉來糞, 巡軍<巨末>見而斬之, 頭落路上. 邏騎捕之欲置於法. 法, 汚{驛}者誅, <困得>·<巨末>同罪. 上命赦<巨末>, 曰; “<巨末>激於忠憤, 不辨自諫. 過也, 非罪也. <困得>之妻子財産與之<巨末>.” <困得>果豪族也. 憤之亡憑醉汚驛, 其族皆坐. <巨末>以小卒, 猝富豪, 得美妻妾以娛之. 人皆羨其. 犯科而蒙宥, 轉禍爲福. <巨末>曰; “若非聖上之明, 吾亦已塵矣.” 遂築壇禱皇. 群臣以汚驛之故諫上入北城. 遂御<阿旦城>受俘. <慈悲>, 引兵出境, 觀望, 不敢來其所,爲甚可痛. <文周>等, 可謂懸狗也. 九月五日, <桀婁>檻<慶>而至. 上欲活之, 群臣請斬乃獻首級于<國罡陵>. 以其生口八千爲「五部」奴婢, <慶司>妻妾及宮人賜公卿及有功諸將爲婢妾. 以<跋>太子妃<淵洽>爲皇孫<羅雲>宮人.

○ <장수{長壽}>42년{단기2807년/AD474}갑인, 2월, <황산{黃山}>에서 크게 사열하고, <양왕{梁王; 梁땅을 다스린 高句麗의 行職官爵}><화덕{華德}>을 정남대장군으로 삼고, <걸{桀=再曾桀婁}>과 <만{萬=古爾萬年}> 등을 향도로 삼아 선봉을 세웠다. 7월, 상이 <주유궁{朱留宮; 在北都}>엘 갔다가 <황산>으로 돌아와 <영락{永樂}>큰제사를 지내고서, 종실과 3보들에게 이르길; "선제{=영락대제}께서는 <국강{國罡=國罡上王=故國原帝}>의 치욕{백제군에게 화살을 맞고 죽은 것}을 씻고자 하셨으나, 하늘이 목숨에 짬을 주시지 않았었소. 이에 짐이 병력을 양성하여 그 기회를 기다린 지 오래되었고, 지금 때가 이미 무르익었소. 아이들 모두가 <백제{伯濟}>해골들은 남쪽으로 물을 건너 도망갔고, <자비{慈悲}>는 몸을 사리고 경계를 지킨다는 말을 하고들 있소. 인심은 암암리에 천심을 살피는 것이니, 이제는 <경{慶=慶司=夫餘慶}>이 그놈이 기필코 망할 때가 된 것이오."라 하였다. 모든 신하들이 이구동성으로 찬동하였고, 상은 <화덕{華德}>에게 명하여 3만병을 이끌고서 먼저 떠나라 하였다.
이때, <신라{新羅}>는 <일모{一牟}>·<사시{沙尸}>·<광석{廣石}>·<답달{沓達}>·<구례{仇禮}>·<좌라{坐羅}> 등에 성을 쌓아서 <백제{濟}>를 대비하고 있었다. <백제{濟}> 백성들은 북쪽의 군병이 크게 몰려 온 줄로 알고 하루에도 세 번씩이나 놀라서 집을 버리고 토굴거처로 달려갔으니, 양 편을 잘 알아서 미리 감을 잡고 있었던 것이었다.
<송{宋}>사람 <계충{稽冲}>이 찾아와서 고하길; "<휴범{休範}>이 거병하여 <건강{建康}>으로 가서 <이욱{李昱=劉昱=宋後廢帝}>을 토벌하려 하였다가, <소도성{蕭道成=齊太祖}>에게 피살되었습니다."라 하였다. <욱{彧}>은 <도아{道兒; =도성이 그 자식}>와 남색{男色}하면서 <진{陳}>비와 붙어서 <욱{昱=宋後廢帝}>을 낳았으며, 자신의 동생 열다섯을 죽였었다. <휴범{休範}>이만은 홀로 어리석은 체하면서 <욱{彧=宋太宗}>의 처자

를 받들어 모시면서 죽음을 면하였었다. 지금에 이르러 조금을 더 참지 못하였다가 피살된 것이었다. *『<도성{道成}>이는 무부{武夫}로 황제를 자칭하였다. 황금 보기를 흙같이 하며 겉치레를 꺼려하는 자였으나, 속으로는 임금{또는, 외로운 과부}을 속였으니, 역시 <마의{馬懿=司馬懿}>나 <유유{劉裕=宋高祖}>와 같은 부류였음이다. 상이 이르길; "<사마의{懿}>가 <유유{裕}> 같은 이를 생기게 하고, <유>가 <도성{道成=南齊太祖}>같은 이를 생기게 한 것이 제대로 된 일이라면, <여령{餘令}>이 <제{霽}>를 낳고 말을 바꾸어 탄 것과 <도성{道成}>이 녀석이 <욱{昱}>을 낳고 <유{劉}>씨로 姓氏를 바꿔 칭한 것 역시 제대로 된 일이잖은가?"라 하였다. <욱{昱}>은 나이가 열둘로 어려서 경솔하고 방자하였으며, <진{陳}>비는 음란하고 추접한 짓을 일삼았으니, 임금을 기만할 호기를 준 것이었고, <도성>이 보위를 찬탈한 것도 오래가지를 못하였다. 이 시절 <위{魏}>의 <풍{馮}>녀 또한 폐신 <이혁{李奕}>과 음란하고 추접하게 놀아났었다. <송{宋}>과 <위{魏=北魏}> 스스로는 문{文}을 세우고 도{道}를 좇는다고는 하였지만 그들의 더러운 행실이 이와 같았었다.{☞<남당>의 소견일 것임!}』* 이에 상이 이르길; "짐의 후궁들은 설사 100날을 홀로 두어도 원망함이 없소. <진{陳}>후와 <풍{馮}>녀 무리들은 추접스런 짐승 중에서도 추접스런 짐승이오."라 하였다. 이에 <황{晃}>태자가 "상전이 예의를 따르면 아랫사람들은 저절로 바르게 된다고 하니, 곧 폐하를 두고 하는 말이옵니다. <풍{馮}>녀와 <진{陳}>녀가 설사 음란하지 않았다 하더라도, 자식이라고 낳아 놓기만 하면 그리 되었으니, <탁발준{濬}>과 <유욱{彧}>이 그리 되도록 키워냈던 것입니다."라 아뢰었더니, 상은 "두려운 일이로고! 너는 짐이 감히 삼가지 않을 수 없게 하는구나. 살펴야 할 모든 것들을 글로 써서 후세의 황제들이 조심하게 하여라."라고 일렀다. 장사 <어진{菸眞}>을 <송{宋}>으로, 장사 <을장{乙莊}>을 <위{魏}>로 보냈다{☞이런 때에는 朝貢性 賂物을 먹여도 수치가 아닐 것!}. 상이 <경{慶=慶司=餘慶=蓋鹵王}>이 놈에게 곧 베풀 생각이 있어서, 이 두 나라를 살핀 것이었다.

8월, <화덕{華德}>이 연전연승하여 <백제>의 도성을 포위하였고, <경

{慶}>이 놈은 오래도록 지켜 낼 수 없음을 알았던지라, 먼저 처자들에게는 포위를 뚫고 남쪽으로 도망치게 하였더니, 장군 <풍옥{風玉}>이 이들을 잡아서 바쳤다. <경{慶}>이 놈의 처인 <아오지{阿吾知}>와 <가마지{加馬只}>, <문주{文周}>의 처 <오로지{吾魯知}>, <곤지{昆支}>의 처 <자마{紫麻}> 등은 곱게 차리고 술을 따르면서도 슬프고 애통한 기색이 없었다. 상이 <아오지{阿吾知}>에게 이르길; "<초고{肖=近肖古}>와 <구수{須=近仇首}> 등이 앞 사람들의 본을 따랐던들 너희들이 이리 되었겠느냐?"라 하였더니, <아오지>가 아뢰길; "첩 등은 오래도록 상국의 기풍을 따르고자 하여 왔었고, 지금에 와서야 그를 보게 되었습니다. 알고 보니 <동명{東明}>성조의 높으심은 하늘의 해가 땅에 내려와 계심과 같습니다. 모시게 되어 그 기쁨을 어쩌지 못하겠습니다."라 하였다. 이에 상은 중외대부에게 "이들이 무슨 죄란 말이오! 기름진 고기를 내어 주시오!"라 이르고는, 깨끗이 하고서 성총 받기를 기다리라고 명하였더니, 모두가 춤사위를 밟고 노래를 불러 바쳤으며, 이윽고 모두가 승은을 입었다. <가마지{加馬}>와 <자마{紫麻}>가 더욱 귀여움을 받았다.

9월, 상은 북쪽의 성을 차지하였다는 얘길 들었기에, <가마지{加}>와 <자마{紫}>를 데리고 그 성중으로 들어가려고, 먼저 길을 깔끔히 정리하게 명하였고, <백제{濟}> 백성들은 밤늦도록 쓸고 물을 뿌렸다. 흉측한 불한당 <곤득{困得}>이 대취하여 오다가 그 길바닥에 똥을 쌌고, 순군 <거말{巨末}>이 이를 발견하고 목을 베었더니, 그 머리가 길바닥 위로 떨어졌다. 이에 순라기병이 <거말>을 잡아 의법처리하려 하였다. 법을 따르면 거둥길을 더럽힌 자는 주살 감이었고, <곤득>과 <거말>은 같은 죄를 지은 것이었다. 상이 명하여 <거말>의 죄를 면하여 주고, 이르길; "<거말>은 충정에 못 이겨 격분한 것이고, 스스로 입을 열어 변명하지도 않았다. 실수한 것이지, 죄지은 것이 아니다. <곤득>의 처자와 재산을 <거말>의 것이 되게 하라."고 하였다. <곤득>은, 알아보니 호족이었으며, 분한 마음에 취하였음을 빙자하여 거둥길을 더럽혔기에, 그 가족 모두를 연좌시켰다. <거말>은 지체 낮은 병졸이었는데 졸지에 부호가 되고 예쁜 처첩까지 얻게 되어 즐거웠고, 사람들 모두는 그를 부러워하였다. 법을 어겼어도 용서를 받았으니, 전화위복이었다. 이에 <거말>은 "성상의 밝으심이 없었더라면 나는 이미 흙먼지가 되었을 것이오." 라 하고는, 단을 쌓고 황상을 위하여 빌었다. 군신들은 거둥길이 더렵혀졌기에 상께 간하길 북쪽 성으로 들어가시라 하였더니, <아단성{阿旦城}>으로 들어가 포로들을 접수하였다. <자비{慈悲}>는 군병을 이끌고 국경으로 나와서 관망만 할 뿐 가까이 오지는 못하였으니 마음이 매우 아팠을 것이고, <문주{文周}> 등은 목줄 매인 강아지 꼴이었다. 9월 5일에 <재증걸루{桀婁}>가 <경{慶=蓋鹵王}>을 함거에 싣고 도착하였다. 상이 <경>을 살려주려 하였더니, 군신들은 목을 베어 머리를 <국강릉{國罡陵}>에 바치길 청하였다. 사로잡은 8천 명을 「5부」에 나누어주어서 노비로 삼았으며, <경사{慶司}>의 처첩과 궁인들은 공경들과 공을 세운 여러 장수들에게 비첩을 삼아서 하사하였다.

<발{跋}>태자비<연흡{淵洽}>을 황손<라운{羅雲}>의 궁인으로 삼았다.

☯ [長壽]四十三年乙卯, 正月, <慈悲>, 恐禍, 及已移居<明活城>. 宴<華德>夫妻于<溫水宮>. <德>年八十六, <好山>年九十, 皆健壯能視事. <好山>, 上之胞妹, 嘗以補妃生<藍山>公主, 亦爲<華德>妻. <德>子<好德>, 亦年六十七, 而英勇能立陣頭, 亦娶上女. <織>公主生<好德>子<陽德>, 亦有渠父之風. 一門三世, 皆從南征之役. 上, 以<好贤>公主又妻<陽德>, 命世爲駙馬.

三月, <楚>太子自<魏>還告; "<李奕>, 與<馮>太后, 恣淫益甚, 爲<弘>所疾." 上曰; "<弘>無謀, 必爲<馮>擒矣."

五月, <好德>下<濟>五十余城, <文周>逃于<慈悲>. 上, 怒<慈悲>逆天, 欲伐之. <晃>太子諫, 曰; "貴在知止, 不可逐二鹿矣." 乃止之.

六月, 遣<風玉>太子于<慈悲>, 議分<濟>地. <慈悲>, 以其女二人獻于太子, 侍枕. 太子, 以<慈悲>不奉詔, 責之. <慈悲>, 疑貳不斷.

十月, <慈悲>, 以<熊津>之地, 借<文周>使拾殘衆. 上曰; "<劉備>, 借<荊州>, 而與<吳>相爭. <慈悲>, 必爲<文周>所蠶矣."

○ <장수{長壽}>43년{단기2808년/AD475}을묘, 정월, <자비{慈悲}>는 화가 미칠까 두려워서 이미 <명활성{明活城}>으로 거처를 옮겼다. <화덕{華德}> 내외에게 <온수궁{溫水宮}>에서 연회를 베풀었다. <화덕{德}>은 86살이고 <호산{好山}>은 90살이었는데, 둘 다 건장하여 능히 일을 맡아볼 수 있었다. <호산>은 상의 동복여동생으로 일찍이 보비가 되어서 <람산{藍山}>공주를 낳았었다. <람산>공주 또한 <화덕>의 처가 되었다. <화덕>의 아들 <호덕{好德}> 역시 67살인데도{=늙었는데도} 뛰어나게 용맹하여 군진의 머리에 능히 설 수 있었으며, 역시 상의 딸을 취하였다. <직{織}>공주가 <호덕>의 아들 <양덕{陽德}>을 낳았더니, 그 또한 도량이 큰 아비의 기풍이 있었고, 한 집안 3대 모두가 남쪽 정벌 군역에 참여하였었다. 상이 <호현{好賢}>공주를 또 <양덕>에게 처로 주고 대대로 부마가 되라고 명하였다.

3월, <초{楚}>태자가 <위{魏}>에서 돌아와서 고하길; "<이혁{李奕}>이 <풍{馮}>태후와 함부로 놀아남이 날로 심하여지더니, <탁발홍{弘}>이에게 질시 당하고 있다."고 하였더니, 상이 이르길; "<홍>이는 꾀가 없어서 필시 <풍{馮}>이에게 잡힐 것이야."라 하였다.

5월, <호덕{好德}>이 <백제{濟}>의 50여 성을 점령하였더니, <문주{文周}>는 <자비{慈悲}>에게로 도망쳤다.{☞고구리에 의한 백제 1차 멸망?} 이에 상은 <자비>가 천조{天朝=고구리}를 거역함에 노하여 정벌하려다가, <황{晃}>태자가 간하길; "멈출 줄 아는 것도 귀중한 것입니다. 두 마리의 사슴을 좇아서는 아니 됩니다."라 하기에, 그만두었다

6월, <풍옥{風玉}>태자를 <자비>에게 보내서 <백제{濟}> 땅을 나누는 문제를 의논케 하였다. <자비>는 자신의 딸 둘을 태자에게 바쳐서 시침 들게 하였다. 태자는 <자비>가 조서를 봉행하지 않기에 책망하였고, <자비>는 오락가락 단안을 내리지 못하였다.

10월, <자비>가 <웅진{熊津}>땅을 <문주{文周}>에게 빌려주어 남은 무리를 수습하게 하였다. 이에 상이 이르길; "<유비{劉備}>가 <형주{荊州}>를 빌리더니만 <오{吳}>와 서로 다투었었소. <자비>는 필시 <문주>에게 잠식당할 것이야."라 하였다.

☯ [長壽]四十四年丙辰, 二月, 徵「無爲」居士<梁貂>, 來言; "六月, <馮>女, 以<弘>殺<奕>爲恨, 而鴆<弘>殺之, 臨朝稱制." 上曰; "<馮>女, 亡<魏>之鬼也, 豈有好淫而殺子者邪. 牛馬尙不可殺, 而子可殺乎."
<倭>伐<羅>東, <德智>與戰殺獲二百余人. 七月, <馮>女使, 來獻土物而報<弘>病死. 上問其病由, 曰暑滯. 上, 笑, 曰; "陰盛則陽滯. 無乃爾國陰氣太盛者歟." 命<助多>太子如<魏>吊<弘>, 曰; "鍊丹·黃老, 總萬法以歸眞, 禁殺牛馬恣一塵之不仁." 或告于<馮>女, 曰; "牛馬者, <馮>牝也." <馮>, 不敢問之, 厚待<助多>, 曰; "叔皇春秋己高, 文辭如是好矣." <助多>曰; "父皇願與姊后會于<月海>." <馮>女, 老身, 已乏解裙之慾, 且無<賀蘭>之力, 焉能飛到<廣寒殿>乎. 然, 老欲尙熾與<助多>相通, 云矣. <助多>, 方年三十三. 以<嘉蘭>之出, 與<馮>女情密. <馮>累遣使請封正嗣, 乃置東宮府僚屬, 而<助多>因<馮>女之挽, 留在<魏>未歸. 故送其東宮印冊于<魏>. <魏>亦別行冊封之禮, 云.
<文周>, 以<解仇>爲兵官佐平而修<大豆山城>, 移<漢>北民戶. <耽羅>使, 來朝途中, 爲<文周>所遮而慰諭相通, 封其主爲佐平, 使爲恩率. <耽羅>, 自先帝時, 來降歲修貢, 新至是杜絶. 時, <好德>, 擒<文周>通<宋>使于海, 而禁其入<宋>. 故<文周>亦遮<耽羅>使者也. 十月, <沱城>, 以其妻<淵濤>與<漢>人<晋福>, 以<晋福>妻<段丈>爲其妻. 時, 換妻之風盛行. <沱城>換妻而暴富.

○ <장수{長壽}>44년{단기2809년/AD476}병진, 2월, 「무위{無爲}」거사<양초{梁貂}>를 불렀더니, 와서 말하길; "6월에 <풍{馮}>녀는, <홍{弘}>이 <이혁{奕}>을 죽인 것에 한이 맺혀, 짐독으로 <홍{弘}>을 죽이고 조정으로 나가서 나라를 다스리고 있다."고 하였다. 이에 상이 이르길; "<풍>녀는 <위{魏=北魏}>를 망하게 할 악귀요. 어찌 음란함을 즐기다가 자식을 죽였단 말인가! 소나 말도 오히려 죽여서는 아니 되거늘, 자식을 죽일 수 있었단 말인가!"라 하였다.
<왜{倭}>가 <신라{羅}>의 동쪽을 치자, <덕지{德智}>가 맞싸워서 2백여 인을 죽이거나 사로잡았다. 7월, <풍{馮}>녀의 사신이 찾아와서 토산물을 바치며, <홍{弘}>이 병으로 죽었다고 고하였다. 이에 상이

병의 곡절을 물었더니, 더위로 기가 막혔었다고 하였다. 상이 웃으며 이르길; "음기가 성하면 양기가 막히는 법이오. 그대의 나라엔 음기가 크게 번창하고 있는 것 아닌가?"라 하였다. <조다{助多}>태자에게 명하여 <위{魏}>로 가서 <홍{弘}>을 조상하여서 이르길; "연단{鍊丹; =道家에서 不老不死하는 藥을 만드는 재주. 여기에선 道家}과 황로{黃老; =仙家의 기술. 여기에선 仙家}에서는 만법이 모두 진{眞}으로 귀일하여, 우마{牛馬; 짐승}를 살생하는 것 같은 티끌만한 어질지 못함도 함부로 하는 것을 금하고 있소."라 하였더니, 누군가가 <풍{馮}>녀에게 고하길; "우마{牛馬}라 함은 <풍>씨 집안의 여인을 가리키는 것입니다."라 하였다. 허나, <풍>녀는 감히 그게 누구냐고 되묻지도 못하고, <조다>를 후하게 대접하면서 "숙부이신 황상께서는 춘추가 높아지시더니 글로 써서 하시는 말씀도 이렇게도 멋지십니다."라 하였고, <조다>는 "부황께서는 누님이신 후와 <월해{月海}>에서 만나시길 바라십니다."라 하였다. <풍>녀는 몸이 늙어 이미 속곳을 풀어헤칠 욕정도 적을 뿐만 아니라 <하란{賀蘭}>같은 근력도 없을 것인데, 어찌 능히 <광한전{廣寒殿}>으로 날아갈 수나 있었겠는가! 그런데도 늙은이가 오히려 달아오르더니 <조다>와 상통하고자 하였다고 한다. <조다>는 바야흐로 나이가 서른셋이었다. <가란{嘉蘭}>의 소생으로, <풍>녀와는 정이 깊었었다. <풍>녀가 여러 번 사신을 보내서 정식 후사로 삼아 주길 청하더니, 결국 동궁부를 설치하고 관료들도 딸려 주었다. 그랬더니 <조다{助多}>는 <풍>녀가 붙잡는 바람에 <위{魏}>에서 눌러앉아 돌아오지 않았다. 이에 동궁의 인장과 책봉서를 <위>로 보내 주었더니, <위>가 별도로 책봉의식을 해주었다 한다.{☞<삼국사기>는 이해에 무소불위할 <고구리>가 <북위>에게 2·7·9월에 사신을 보내서 조공했다고 적고 있다. 이 정도는 애교?}.

<문주{文周}>가 <해구{解仇}>를 병관좌평으로 삼아서 <대두산성{大豆山城}>을 고쳐쌓고, <한{漢}>수{또는, 산} 북쪽의 백성들을 옮겼다. <탐라{耽羅}>의 사신이 래조하는 도중에 <문주>에게 가로막혀 위로받고 설득당하여 상통하더니, <탐라>임금은 좌평으로 봉함을 받고, 사신 자신은 은솔이 되었다. <탐라>는 선제시절에 찾아와서 항복

하고 매년 공물을 바쳐왔었는데, 다시금 지금에 이르러 두절된 것이었다. 이즈음에, <호덕{好德}>이 <송{宋}>을 왕래하는 <문주>의 사신을 해{海}에서 붙잡아서 그 사신이 <송>으로 들어가는 것을 막았더니, <문주> 또한 <탐라>의 사신을 가로막았던 것이었다. 10월, <타성{沱城}>이 자신의 처 <연도{淵濤}>를 <한{漢}>인 <진복{晋福}>에게 주고, <진복>의 처 <단장{段丈}>을 자신의 처로 삼았다. 이 시절, 처를 서로 바꾸는 풍습이 성행하였다. <타성{沱城}>은 처를 바꾸더니 갑자기 부유해졌다.

☯ [長壽]四十五年丁巳, 正月, <淵洽>生皇曾孫<興安>. 初, <淵洽>生時, 上夢見白熊而爱之如上女. 皇孫, 旣加元服, 命<淵洽>爲宮. <山上>時<于術>爲東宮大夫補<東川>以來, 以一紀以上瓊琳[者]爲補妃之風, 成習. <洽>, 爲皇孫{紀}補久爲皇孫[所]寵爱, 至是遂生皇曾孫及封爲皇孫正妃. 以其殿爲<白熊殿>. 補妃爲正之風自<淵>氏始. <跋>太子, 時, 在<魏>爲<馮>女之婿, 未歸補. <文周>重修宮室, 其妻<鮮>氏與兵官<鮮仇>相通而擅政. <文周>, 知勢孤, 而以<昆支>爲內臣, <三斤>爲嫡胤以慰<鮮>氏. <鮮>之與<仇>相通已自未嫁時, 故不可猝拒. <仇>乃其從兄也. 或云異胞. 七月, <昆支>暴死. <鮮>氏鴆之, 云.

<李昱>, 年才十五, 淫逸驕恣射<道成>臍, 又淫<道成>妻女, <道成>怒殺之. 上曰; "<道兒>, 以穢醜, 立國旋滅. 凢爲孽臣, 可戒之鑑也."

<倭>, 以五道侵<羅>, 不克而去. 上, 詔<倭>以平<羅>, 則爵之, 故其誠如是. 九月, <文周>出獵<西原>, <鮮仇>使其腹臣作盜而殺之, 猶不能自立, 立<三斤>. 年雖十三, 有膂力能服人, 以<鮮仇>女爲妻. <鮮仇>妻<眞>氏, 惡<仇>, 與<鮮>氏相通, 告于<三斤>, 曰; "母后, 與妾夫相通, 欲危陛下. 陛下, 當與妾兄<眞男>, 共謀伐之, 可也." <三斤>, 然之, 乃以<眞男>爲衛士佐平, 增募衛卒二千余人, 鎭之. <鮮仇>, 命<鮮>氏殺<三斤>, 以其己出故不能. <眞>氏母女, 亦居中用事, 保護萬全. 上, 聞之, 戒皇孫, 曰; "<文周>之優柔, 必竟自殺. <鮮仇>之殺君, 亦必竟以虎易獐也. 用權推勢之難如是. 異日, 汝爲君, 當三思此言." 上, 以爱女<鯨>公主爲皇孫妃, 而有傳國之意, 故其言如此.

十一月, <宋><袁粲>, 欲殺<道成>, 敗滅. 父子就戮於<石頭城>. 先是, <道成>妻女·<袁粲>妻女, 皆被<昱>奸, 及殺<昱>而立<準>. <道成>女爲<準>妻, <粲>女不得. 以是, <粲>欲, 與<楮淵>, 共謀殺<道成>而分<宋>. 適<淵>密聞其謨, <淵>恐謨洩先詣告之. <道成>, 誅<粲>, 以<粲>妻女賜<淵>, 自娶<淵>子<最>妻爲妾, 盡収<袁>氏貨色一洗. <晋>人, 以<粲>爲忠孝, 而<楮淵>爲奸. 上, 笑, 曰; "<蕭>·<袁>·<楮>, 皆是謀利之輩, 豈有忠孝哉. 何使<石頭城>不作<楮淵>生乎." 皇孫[曰]; "弑<昱>之事, 廢嬖種, 故不以爲逆, 而至於惻<準>則不臣, 故, 是<袁>非<蕭>爲體統矣." 上, 善之, 曰; "吾兒, 十六, 辨理如是. 可勝於我矣." <u>命往<鯨>后宮飮酪, 后知上意. 留而通焉. 時, <鯨>皇后春秋三十一, 色道方壯. 上, 以八十老齡, 倦於斯道, 委於皇孫者也</u>.

○ <장수{長壽}>45년{단기2810년/AD477}정사, 정월, <연흡{淵洽}>이 황증손{皇曾孫} <흥안{興安}>을 낳았다. 애초 <연흡>이 태어날 적에, 상이 꿈속에서 흰 곰을 보았던지라 <연흡>을 상의 딸처럼 사랑하였으며, 황손{皇孫=羅雲}이 이미 원복{=성년이 되면 입는 옷}을 입었기에{즉, 성인이 되었기에}, 명을 내려서 <연흡>을 궁{宮人이 아닌 정식 妃嬪}으로 삼게 하였다. <산상{山上}>시절에 <우술{于術}>이 동궁대부가 되어서 <동천{東川}>을 보좌한 이래로, 1기{1년?, 12년?} 이상을 경림{瓊琳}으로 있던 이를 보비{補妃}로 삼는 풍조가 관습으로 되었었다. <연흡>은 황손의 벼리{=따르는 이, 즉 宮人}가 되어 오래도록 황손에게 총애를 받더니만, 이윽고 황증손을 낳기에 이르렀고, 황손의 정비로 봉함을 받은 것이었다. 전각은 <백웅전{白熊殿}>으로 불리게 되었다. 보비를 정비로 삼는 풍조는 <연{淵; =晃母?}>씨로부터 비롯된 것이었다. <발{跋}>태자는 이때 <위{魏}>에 머물고 있으면서 <풍{馮}>녀의 서방이{또는, 사위가} 되어서 돌아오지 않고 있었다. <문주{文周}>는 궁실을 중수하였고, 그의 처 <해{解}>씨는 병관좌평 <해구{仇}>와 상통하면서 정사를 함부로 주물렀다. <문주>는 자신의 세력이 외톨임을 알아서, <곤지{昆支}>를 내신좌평으로 삼고 <삼근{三斤}>을 적윤으로 삼아서 <해>씨를 위안하였으며, <해{解}>씨가 <해구{仇}>와 상통한 것은 혼인하기

이전부터였던지라 졸지에 막을 수도 없었다. <해구>가 자신의 종형이기 때문이기도 하였다. 혹 이복형라고도 한다. 7월, <곤지{昆支}>가 갑자기 죽었다. <해>씨가 짐독{鴆毒}으로 죽였다고 한다.

<이욱{李昱=劉昱=宋後廢帝}>이, 나이 겨우 열다섯에 음란하기로도 빼어나고 교만·방자하여, <도성{道成}>의 배에다 사정{射精}하였고, 게다가 <도성>의 처 및 딸과도 놀아났더니, <도성>이 노하여 <이욱>을 죽였다. 이에 상이 이르길; "<도아{도성이 그 녀석}>은 인간이 더럽고 추하더니만 나라를 세우자마자 망해 가고 있다. 누구든 폐신을 두려거든 거울로 삼아서 경계해야 할 것이다."라 하였다{☞<소도성>이 <이욱>을 <이준>으로 갈아치운 것을 나라를 세운 것으로 본 것이다}. <왜{倭}>가 다섯 길로 <신라{羅}>에 쳐들어왔다가 이기지 못하고 물러갔다. 상이 <왜>에게 조서를 내려서 <신라>를 평정하면 작위를 내리겠다고 하였더니, 그들의 성의가 이러하였던 것이었다. 9월, <문주{文周}>가 <서원{西原}>으로 사냥을 나가자, <해구{解仇}>가 자신의 심복 신하를 시켜서 몰래 엿보아 죽였으나 자신이 보위에 오르지는 못하고 <삼근{三斤}>을 세웠다. 삼근은 겨우 열 세 살이었으나 남을 으르는 힘이 있고 능히 복속시킬 수도 있더니, <허구{解仇}>의 딸을 처로 삼았다. <해구>의 처 <진{眞}>씨는, <해구{仇}>가 <해{解}>씨와 서로 놀아나는 것이 싫어서, <삼근>에게 고하길; "모후가 첩의 지아비와 상통하여 폐하를 위해하려고 합니다. 폐하께서는 응당 첩의 오빠 <진남{眞南}>과 함께 계획을 세우셔서 그들을 쳐버려야 하실 것입니다."라 하였더니, <삼근{三斤}>은 그래야 하겠다고 여기어 <진남>을 위사좌평으로 삼고 위졸{衛卒} 2천여 명을 늘려 모아 훈련을 시켰다. <해구{解仇}>가 <해{解}>씨에게 명하여 <삼근>을 죽이라 하였으나, 자신이 그를 낳은지라 죽일 수 없었고, <진{眞}>씨 모녀 또한 등용되어 출사하고 있는지라 보호하기에 만전을 기하였다. 상이 이 소식을 듣고 황손에게 가르쳐 이르길; "<문주{文周}>는 얌전하고 유약하여 끝내 자신을 죽게 하였고, <해구>가 임금을 죽이는 것 또한 필경 호랑이로 노루를 잡듯 쉬울 것이다. 사람을 등용하여 권한을 주고 세력을 옮기는 것이 이렇게 어려운 것이니, 훗날에 네가 임금

이 되거든, 꼭 이 말을 세 번씩 떠올려라."라고 하였다. 상이 아끼는 딸 <경{鯨}>공주를 황손에게 비로 삼아주고 나라를 물려 줄 뜻을 가지고 있었음이고, 그렇기에 이런 말을 한 것이었다.

11월, <송{宋}>의 <원찬{袁粲}>이 <소도성{道成}>을 죽이려다 일이 틀어져서 죽었다. 아비와 아들{들}이 <석두성{石頭城>에게 끌려가서 찢겨져 죽은 것이었다. 이 일에 앞서 <소도성>의 처와 딸 그리고 <원찬>의 처와 딸 모두가 <유욱{昱}>에게 간음을 당하였던지라, <유욱>을 죽이고 <유준{準}>을 세우게 되었었고, <도성>의 딸은 <준>의 처가 되었으나 <원찬>의 딸은 그러하지 못하였었다. 그리하여 <찬>은 <저연{楮淵}>과 함께 모의하여 <도성>을 죽이고 <송{宋}>을 나누어 갖고자 하였었다. 그때 마침 <저연>은 은밀하게 그런 모의가 있었음을 듣게 되자, <연>은 모의한 것이 새어나갔음이 두려워서 먼저 찾아가서 고하였다. 이에 <도성{道成}>이 <원찬{粲}>을 주살하고 <원찬>의 처와 딸은 <저연{淵}>에게 주었으며, 자신은 <저연> 아들의 처를 첩으로 삼았다. <원{袁}>씨의 재물과 여자들을 모조리 빼앗아서 한꺼번에 쓸어 낸 것이었다. <진{晋}>땅 사람들은 <원찬>을 충효한 자라고 하고 <저연>을 간악한 자라 하였다. 이에 상이 웃으며 이르길; "<소{蕭}>·<원{袁}>·<저{楮}>씨들 모두는 모리배가 분명한데, 어찌 그들에게 충과 효가 있단 말이냐! 그럼, 왜 <석두성{石頭城}>에게 <저연>을 살려주라고 시키지 않았단 말이냐?"라 하였더니, 황손이 [아뢰길]; "<욱>을 죽인 일은 폐신{嬖臣=男色臣} 종자들을 없앤 것이니 반역한 것이 아니었고, <준{準}>을 겁박하기에 다다랐던 것은 신하이길 뿌리쳤던 것입니다. <원찬>이를 옳다 하고 <소도성{蕭}>이를 비난하였다면 사리에 맞을 듯합니다."라 하였더니, 상은 "그렇다!"라고 하고는 "내 아이가 나이 열여섯에 사리를 분별함이 이러하니 나보다 낫겠구나."라 하였다. 황손에게 명을 내려 <경{鯨}>후의 궁으로 가서 술을 마시라 하였더니, <경>후가 상의 뜻을 알아챘다. 머물게 하여서 잠자리를 함께 하였던 것이다. 이때 <경>황후는 춘추가 서른하나여서 색도가 펄펄 끓고 있었고, 상은 팔십줄의 노령이어서 그런 도{=색도}엔 힘이 부쳤더니, 황손에게 맡겼던 것이었다.

☯ [長壽]四十六年戊午，二月，己亥，以<鯨>公主爲皇孫<羅雲>妃，名其殿曰<青龍殿>. 三月，己酉朔，日食. <鮮仇>，與恩率<燕信>，據<大豆城>. <眞南>率衛卒二千五百伐之. <男>從子<老>，簡其精銳五，從水路，破城突入，捕<仇>斬. <燕信>逃走入[訴]于上，上命收之. <三斤>收<信>妻子戮于<熊津>市. <仇>妻，則爲內應，故叙功爲國大夫人. <三斤>通之有娠，云. 以<風玉>太子女<賀風>爲<瓘>太子宮人，補妃也. <賀風>，<楚>太子<懷寧>之妃，與<瓘>爲紀甲而有二子一女. 初，<瓘>太子之生，<賀>公主乳之. 至是，又以<賀風>之受<瓘>太子之寵，賞賜甚多. <懷寧>，<鯨>后之胞弟，<瓘>太子之舅也.
<宋>使<猪玉>來獻香物·絹紙·法酒. 十月，<慈悲>都城大震. <慈悲>{震壓}其地，壓死者數百人，背皇之罰也.

○ <장수{長壽}>46년{단기2811년/AD478}무오, 2월, 기해일에 <경{鯨}>공주를 황손 <라운{羅雲}>의 비로 삼고, 그 전각의 이름은 <청룡전{青龍殿}>으로 하였다. 3월, 기유일 초하루에 일식이 있었다. <해구{鮮仇}>가 은솔 <연신{燕信}>과 함께 <대두성{大豆城}>에 의거하고 있었고, <진남{眞南}>이 위졸 2천 5백을 이끌고 이를 쳤다. <진남{南}>의 조카 <진로{老}>가 날쌘 자 다섯을 추려서 수로{水路}로 성을 깨고 돌입하여 <해구{仇}>를 사로잡아 베어버렸더니, <연신{燕信}>은 도주하여 들어와서 상에게 하소연 하였고, 상은 이를 받아주라 명하였다. <삼근{三斤}>은 <연신{信}>의 처자식을 <웅진{熊津}>저자에서 찢어 죽였고, <해구{仇}>의 처는 내응해서 공을 세웠다하여 국대부인을 삼았다. <삼근{三斤}>이 그녀와 상통하여 아이가 생겼다는 말이 있다. <풍옥{風玉}>태자의 딸 <하풍{賀風}>을 <관{瓘}>태자의 궁인으로 삼았다. 보비를 삼은 것이었다. <하풍>은 <초{楚}>의 태자 <회녕{懷寧}>의 비였는데, <관>태자와 기갑{紀甲}의 연을 맺어 아들 둘과 딸 하나를 두었다. 애초에, <관>태자가 태어났을 때 <하{賀}>공주가 젖을 먹였고, 지금에 이르러선 또 <하풍>이 <관>태자의 총애를 받

고 상을 받음도 심히 많았다. <회녕{懷寧}>은 <경{鯨}>후의 동복남동생인 <관>태자의 외삼촌이었다.
<송{宋}>의 사신 <저옥{猪玉}>이 찾아와서 향물{香物}·견지{絹紙}·법주{法酒}를 바쳤다. 10월, <자비{慈悲}>의 도성에 큰 지진이 있었다. <자비>도 그 곳에서 흙에 깔렸으며, 압사한 사람이 수백 인이나 되었다. 황상을 배반한 벌을 받은 것이었다.

☯ [長壽]四十七年己未, 二月朔, <鯨>皇后生子<宝延>. 命皇孫洗之. <慈悲>因去年震壓以來疾劇, 是月三日歿, 子<毗処>立. <毗處>母, <美海>女也. 或云<美海>爱妾<倭>女通<慈悲>而生, 云. <毗>妻<善兮>, <乃宿>伊湌女, 嬌姦好淫. 然, <毗>則有孝行謙恭下人, <善兮>專政, 云.

四月, <道成>, 殺<準>, 自立爲<齊>王, <宋>亡. <道成>之殺<準>也. 使其腹臣<王敬>則執<準>, <準>泣乞命, <敬>則曰; "慜則慜矣. 君之祖簒<司馬>氏也, 亦如是. 不須泣." <準>, 號哭, 願後身勿生王家. 聞者鼻酸. <道成>, 盡滅<宋>族, 唯女類赦, 命散作公卿婢妾. 上曰; "勿以帝王喜, 修德係子孫." <瓘>曰; "修德, 何如." 上曰; "兄弟勿爭. 汝, 以<羅雲>爲兄, 則聽其節制, 而勿爭." <瓘>曰; "唯." <魏>與<契丹>相通. <契丹>, 歲修朝貢而獻女色, 至是, 納女於<魏>而怠其臣道. 遣長史<賀世>責之.

九月, <三斤>移<大豆山城>於<斗谷>而避去. 朝廷使<燕信>收<仇>殘衆, 以討<三斤>故也. <三斤>, 以十五幼年, 妻<解仇>妻<眞>氏及其女, 又取<昆支>妻<眞鮮>爲妾, 日事淫亂. 以<昆支>子<牟大>爲子, 年才少一歲. 而<牟大>, 能事<三斤>以父, 且有膽力善射, 容儀甚麗. <三斤>置之左右, 委以政事. <牟大>母<眞鮮>, 寵最高, 浸臥成疾而死. 或云<眞鮮>爲<牟大>而鴆之, 此乃<解仇>妻所布也. 十一月, <牟大>卽位而發<三斤>喪. <解仇>妻·女皆不知<三斤>之死日及由. <牟大>, 欲收<解仇>妻心, 仍以<解仇>女事<三斤>者爲妻, 以其舅<眞老>爲衛士佐平. 上, 率皇孫·<鯨>后, 如溫泉, 聞<馮>女生<助多>太子子. <卑離><疊實>與<契丹>謀反, 事發. 命謫<海山>, 使其<帶山>理之.

○ <장수{長壽}>47년{단기2812년/AD479}기미, 2월 초하루, <경{鯨}>황후가 아들 <보연{宝延}>을 낳았더니, 황손에게 명하여 씻어 주게 하였다. <자비{慈悲}>가 지난해 지진으로 무너진 흙에 깔렸던 이래로 극심하게 앓다가 이달 3일에 죽고, 아들 <비처{毗処=炤知麻立干}>가 섰다. <비처>의 어미는 <미해{美海}>의 딸이었다. 혹간엔 <미해>의 애첩인 <왜{倭}>녀가 <자비{慈悲}>와 통하여 낳았다고도 한다. <비처{毗}>의 처인 <선혜{善兮}>는 이찬 <내숙{乃宿}>의 딸로 아리땁고 간교하며 음란하였다. 하지만 <비처>는 효행하고 아랫사람들에게도 겸양하고 공손하였더니, <선혜>가 정사를 주물렀다고 한다.
4월, <소도성{道成}>이 <유준{準}>을 죽이고 보위에 올라 <제{齊}>의 왕을 칭하니, <송{宋}>이 망하였다. <소도성>이 <유준>을 죽인 것을 보면, 자신의 심복신하 <왕경{王敬}>에게 명을 내리자 즉각 <유준{準}>을 사로잡았고, <유준>은 훌쩍이며 목숨을 구걸하였던 즉, <왕경>이 말하길; "불쌍하게 된 것은 불쌍하나, 그대의 할아비가 <사마{司馬}>씨에게서 찬탈한 것도 이와 같았었으니, 훌쩍이지 마시오." 라 하였다. 이에 <유준>은 소리 내어 곡하면서, 죽은 후에는 다시는 왕을 하는 집안에서 태어나지 않기를 바랐다. 이 얘기를 들은 이들은 코끝이 시큰하였다. <도성{道成}>은 <송>의 족당들을 모조리 죽였으며, 여인네들만은 살려서 뿔뿔이 흩어지게 하여서 공경들의 비첩이 되게 하였다. 이에 상이 이르길; "제왕이 된 이들은 좋아만 할 것이 아니고, 덕을 닦아서 자손들이 이어지게 하여야 할 것이다."라 하였더니, <관{瓘}>이 "덕을 닦는다는 것은 어찌 하는 것입니까?"라 물었고, 상이 이르길; "형제간에 다투지 말아야 한다. 너는 <라운{羅雲}>을 형으로 받들고 말 잘 듣고 따르며 다투지 말거라."라 하였다. <관{瓘}>은 "예!"라 하였다. <위{魏}>가 <거란{契丹}>과 상통하였다. <거란{契丹}>은 매년 조공을 하면서 여색을 바쳐왔었는데, 요사이에 이르러서는 <위{魏}>에게 딸을 바치더니, 신하의 도리를 게을리 하고 있어서, 장사 <하세{賀世}>를 보내서 꾸짖었다.
9월, <삼근{三斤}>은 <대두산성{大豆山城}>을 <두곡{斗谷}>으로 옮기고 {또는, <두곡>에 있는 <대두산성>으로} 피하여 갔다. 조정{高句麗}은 <연신{燕信}>

에게 <해구{仇}>의 남은 무리들을 거두게 하였다. <삼근{三斤}>을 토벌하려 함이었다. <삼근>은 열다섯 살 어린 나이에 <해구{解仇}>의 처 <진{眞}>씨와 그의 딸을 처로 삼았으며, 또한 <곤지{昆支}>의 처 <진선{眞鮮}>을 첩으로 삼고 나날을 음란하기로 지새웠고, <곤지{昆支}>의 아들 <모대{牟大}>를 아들로 삼았다. 겨우 한 살 아래인 <모대>는 능숙하게 <삼근{三斤}>을 아비로 받들었고, 게다가 담력도 있고 활도 잘 쏘았으며, 몸가짐과 범절이 매우 고왔더니, <삼근>은 그를 곁에 가까이 두고 정사를 맡겼다. <모대>의 어미 <진선{眞鮮}>은 총애를 받음이 최고였는데도, 슬그머니 자리에 눕더니만 병으로 죽었다. 혹간 <모대>를 위하여 스스로 짐독을 먹었다고도 하였는데, 이는 <해구>의 처가 유포한 것이었다. 11월, <모대{牟大=東城大王}>가 즉위하고 나서 <삼근{三斤}>이 죽었음을 세상에 알렸다. <해구{解仇}>의 처와 딸 모두는 <삼근>이 언제 무슨 까닭으로 죽었는지를 몰랐다. <모대>는 <해구> 처의 마음을 얻으려고 <삼근>을 섬겼던 <해구>의 딸을 처로 삼았고, 자신의 외삼촌 <진로{眞老}>를 위사좌평으로 삼았다. 상은 황손과 <경{鯨}>후를 데리고 온천엘 갔다. <풍{馮}>녀가 <조다{助多}>태자의 아들을 낳았다는 소식을 들었다. <비리{卑離}>의 <첩실{壘實}>이 <거란{契丹}>과 함께 모반한 일이 발각되어, 명을 내려서 <해산{海山}>으로 귀양 보내고, <대산{帶山}>을 시켜서 <비리>를 다스리게 하였다.

☯ [長壽]四十八年庚申, 二月, <助多>太子喪來自<魏>. <李奕>, 以後, 太子與<馮>后媾好生産, 妬者不少使刺客累伺, 至是, 爲怪賊所射, 中毒而薨. 上, 哭, 曰; “父爲東皇, 汝爲西皇, 福已溢矣. 汝何不勅, 遂至此狀邪.” <助多>妃, 哭, 曰; “父皇雪待<馮弘>·<馮>女之殺吾夫. 安知不爲報讐乎.” 上曰; “汝, 爲曠夫, 而怨父. 吾豈發明哉. 但, 汝, 子已長, 不須改嫁也.” 命皇孫, 引其母而去, 葬于<黃山>. 四月, 旱甚, 祈雨. <道成>遣使來貢綾羅錦繡·孔雀等物. 命長史<王晉>答使送逢, <魏>船執留. <魏>主曰; “弑君之賊, 叔皇何以通之.” 上曰; “來者, 不拒故也.” 十一月, 命<末曷>伐<羅><比列忽>.

○ <장수{長壽}>48년{단기2813년/AD480}경신, 2월, <조다{助多}>태자의 시신이 <위{魏}>에서 도착하였다. <이혁{李奕}>이 <풍>태후와 좋아지냈던 이후에 태자{=助多}가 <풍{馮}>후와 좋아지내면서 애를 낳음에, 시새움이 적지 않더니만 자객을 시켜서 여러 번을 엿보았었고, 이때에 이르러 괴이한 도적의 화살을 맞아 독으로 죽은 것이었다. 이에 상이 소리 내어 울면서, 이르길; "아비는 동쪽의 황제이고, 너는 서쪽의 황제이어서 복이 이미 넘쳤었거늘, 너는 왜 조심하지 않았다가 이런 꼴이 되었느냐?"라 하였다. <조다>비가 울면서 아뢰길; "황상이신 아버님께서 설욕해 주시길 원합니다. <풍홍{馮弘}>과 <풍{馮}>년이 죽인 것입니다. 어찌 알고서도 복수하지 않을 수 있습니까?"라 하니, 상이 이르길; "네가 오래도록 지아비 없는 홀몸으로 있더니, 아비를 원망하는구나. 내가 어찌 내 잘못이 없었다고 할 수 있겠느냐? 다만 너는 아들이 이미 장성하였으니, 개가는 아니 된다."라 하였다. 황손에게 명하여, 어미와 함께 가서, <황산{黃山}>에 묻어 주라고 하였다. 4월, 가뭄이 심하여 기우제를 지냈다. <소도성{道成}>이 사신을 보내와서 능라금수{綾羅錦繡; =명주로 짜서 수를 놓은 비단} 및 공작 등의 물건을 바쳤다{☞<삼국사기> 이 상황에서 조그만 <남제>를 세운 <소도성>이 <장수대제>를 표기대장군으로 봉했다고만 적혀있다!}. 장사 <왕진{王晉}>에게 명하여 답방사신을 보내서 만나보게 하였더니, <위{魏}>의 수군에 붙잡혀 억류되었다. <위>의 임금{=元宏}이 말하길; "<도성>이 녀석은 임금을 죽인 도적놈인데, 숙황께서는 어찌 오고가게 하십니까?"라 하였다. 이에 상이 이르길; "찾아오는 자는 적대하는 것이 아니기 때문이다."라 하였다{☞<삼국사기>는 이 상황에서 <백제>와도 힘이 남지 않는 <북위>가 <장수대제>에게 조서를 내려 꾸짖는 것으로 적혀 있습니다. 이 당시 <북위>는 대략 산서성 일부와 <하투> 및 <감숙>의 일부 정도를 가진 나라였었습니다}.

11월, <말갈{末曷}>에 명하여 <신라{羅}>의 <비열홀{比列忽}>을 쳤다.

☯ [長壽]四十九年辛酉, 正月, 上, 與<鬲好>, 幸<龍山>「溫湯」. 自去年春, 上與<鬲好>續好, 至是有身, 眷爱日甚. 二月, <毗处>, 至<比列忽>, 問其軍士賜袍. <陽德>, 率<末曷>兵二千, 與<祀>太子, 伐<狐

鳴>等七城取進軍<彌秩夫>, <羅>·<濟>·<加耶>等軍來禦<泥河>, 相戰于其西, 斬獲千余級. <德智>遣使請和, 不許. <道成>使又至. 五月, 以<淵淨>妻<齊雲>爲<琓>太子補妃, 上賜<齊雲>榴花·宝簪. 六月, <勖好>生<曇>.

○ <장수{長壽}>49년{단기2814년/AD481}신유, 정월, 상이 <욱호{勖好}>와 함께 <룡산{龍山}>의 온탕으로 거둥하였다. 지난해 봄부터 상은 <욱호>와 좋아지내길 지속하더니만 지금에 이르러 아이가 생기자, 젊은 여인을 사랑함이 날이 갈수록 더하여졌다. 2월, <비처{毗处}>가 <비열홀{比列忽}>로 가서 군사들의 안부를 살피고 군포도 하사하였다. <양덕{陽德}>이 <말갈{末曷}>병 2천을 이끌고 <창{昶}>태자와 함께 <호명{狐鳴}> 등 일곱 성을 쳐서 취하고 <미질부{彌秩夫}>로 진군하였더니, <신라{羅}>·<백제{濟}>·<가야{加耶}> 등의 군대가 와서 <니하{泥河}>를 막아섰다. <니하>의 서쪽에서 싸워 천여 급을 베거나 사로잡았더니, <덕지{德智}>가 사신을 보내 화친을 청하였으나, 물리쳤다. <도성{道成}>의 사자가 또 찾아왔다{☞<삼국사기>는 이해에 <장수대제>가 밑도 끝도 없이 <남제>에 사신을 보내 조공했다고만 적혀있습니다}. 5월, <연정{淵淨}>의 처 <제운{齊雲}>을 <완{琓}>태자의 보비로 삼아주고, 상이 <제운>에게 석류꽃과 보배로운 비녀를 주었다. 6월, <욱호{勖好}>가 <담{曇}>을 낳았다.

● [長壽]五十年壬戌, 正月, <鯨>后生子<宝器>, 亦皇孫出也. 二月, <羅>, 大風拔木, <金城>南門火. <牟大>, 以<眞老>爲兵官佐平, 委以兵馬事, 納其女爲副妻. 九月, <陽德>, 引<末曷>兵, 攻破<漢山城>, 虜三百余人. 十月, 大雪丈餘. <淵洽>生皇孫女<合>氏. 上, 自<白熊宮>至<靑龍殿>撫<鯨>公主, 召<賀風>, 幷幸之. 是年初春<道成>死, 子<賾>立.

○ <장수{長壽}>50년{단기2815년/AD482}임술, 정월, <경{鯨}>후가 아들 <보기{宝器}>를 낳았다. 역시 황손의 자식이었다. 2월, <신라{羅}>에서는

큰바람에 나무가 뽑혔고, <금성{金城}> 남문이 불탔다. <모대{牟大=東城大王}>가 <진로{眞老}>를 병관좌평으로 삼아서 병마의 일을 맡기고, 그의 딸을 둘째 처로 삼았다. 9월, <양덕{陽德}>이 <말갈{末曷}>병을 이끌고 <한산성{漢山城}>을 쳐서 깨뜨리고 3백여 사람을 사로잡았다. 10월, 큰 눈이 내려서 한 길 정도 쌓였다. <연흡{淵洽}>이 황손의 딸 <합{合}>을 낳았다. 상이 <백웅궁{白熊宮}>에서 <청룡전{青龍殿}>으로 가서 <경{鯨}>공주를 위무하고, <하풍{賀風}>도 불러서, 모두에게 승은을 내렸다. 이해의 초봄에 <소도성{道成}>이 죽고, 그 아들 <소색{賾}>이 섰다.

● [長壽]五十一年癸亥，正月，上，登楼聞民謠．天下太平已久，民思「無爲」不喜「法治」．正月·八月間，放民爲犯夜，無禁男女相奔不恥竊取，故桑詞祖詒有不可言者．上，與<賀風>，笑，曰；“人禽一也．道何進乎.” 二月，聞<牟大>至<漢山>撫軍民浹旬，壯士自願往刺者七人．上曰；“聖人行事當泵泵落落，何行刺之爲乎.” 四月，<羅>大水漂流家屋，<牟大>獵于<熊津>北獲神鹿．上曰；“<牟大>，依於<毗处>，而不顧<毗>禍，自爲行樂．二者不久相離矣.” 七月，又大水，<毗处>至<一善>賑民．<牟大>在邇不問.

八月，上，與<勗好>，如<黃山>巡諸陵，召儒講<孝經>·<論語>，仍入<龍山>「溫湯」．時，<勗好>又娠上子故也． 九月，重修<朱根>太子祠，納其宗女<朱萱>氏，年十四． 十一月，雷．大疫，自<羅>都蔓延至<濟>及國南，飭民備藥禁遠行． 十二月，<勗好>生<稛>太子．上，與<好>后，洗之，曰；“<勗>爲我多勞，可封后.” 其令有司定節次，<晃>太子諫之，不聽．<勗>，自幼受上寵，至是尤甚，又生三子，故傾寵後宮．其母<好>后，亦以<勗>故，復寵． <乙支蕃>往<魏>娶<宝国>公主．修宗室籙，受牒者五十二人.

○ <장수{長壽}>51년{단기2816년/AD483}계해, 정월, 상이 루대에 올라 백성들의 노래 소리를 들었다. 천하가 태평한지 오래인지라, 백성들은 「무위{無爲}」를 생각하고 「법치{法治}」를 반기지 않았다{백성들은 모든 것을 자

기들이 알아서 할 터이니 권력이 간섭하지 말기를 바라게 되었다}. 정월과 8월엔 백성들이 밤새 쏘아 다닐 수 있게 하고, 남녀가 서로 마음껏 희롱하며 후미진 곳으로 가는 것을 금하지 않았더니, 뽕밭 애기와 웃통 벗고 화합함이 말로는 헤아릴 수 없었다. 이에 상은 <하풍{賀風}>과 함께 웃으며 말하길; "사람이나 짐승이나 하나같으니, 도리는 어찌 되어갈 꺼나!"라 하였다. 2월, <모대{牟大}>가 <한산{漢山; 山東省 지역일 것!}> 땅으로 가서 군사들과 백성들을 10여일이나 위무한다는 소식이 들렸더니, '찾아가 죽이겠다.'고 자원한 장사들 일곱 사람이 있었다. 이에 상이 이르길; "성인{임금}이라면 일을 함에는 응당 확실히 드러내어서 해야 할 것이야. 어찌 자객을 풀어 해치운단 말인가?"라 하였다. 4월, <신라{羅}>에서는 큰물로 가옥들이 쓸려 나갔는데, <모대>는 <웅진{熊津}> 북쪽에서 사냥하며 신록을 잡았다. 이에 상이 이르길; "<모대>는 <비처{毗处}>에게 의지하고 있으면서도, <비처{毗}>가 화를 당하였는데 찾아보기는커녕, 자신의 행락만을 탐하고 있으니, 둘은 오래지 않아서 서로 갈라 설 것이다."라 하였다. 7월, 또 큰물이 들자 <비처>는 <일선{一善}>땅으로 나가서 백성을 구휼하였고, <모대>는 가까이 있으면서 안부도 묻지 않았다.

8월, 상이 <욱호{勗好}>와 함께 <황산{黃山}>으로 가서 여러 무덤을 돌아보고, 유사를 불러서 <효경{孝經}>과 <논어{論語}>를 강설하게 한 다음, <룡산{龍山}>의 온탕으로 들어갔다. 이때, <욱호>가 또 상의 자식 가진 때문이었다. 9월, <주근{朱根}>태자의 사당을 늘려 짓고, 그 집안의 종실녀 <주훤{朱萱}>씨를 거두었다. 14살이었다.

11월, 우레가 일었고, 큰 돌림병이 <신라{羅}>의 도성에서부터 만연하여 <백제{濟}>에 이르더니만, 급기야는 나라의 남쪽에까지 다다랐다{☞한겨울에 역병이 생길 곳은 한겨울에도 따듯한 곳에 <신라>가 있었음이다}. 백성들을 조심시키길, 약을 비치하고 멀리 나다니지 말라 일렀다. 12월, <욱호>가 <균{稛}>태자를 낳았다. 상이 <호{好}>후와 함께 씻어주고, 이르길; "<욱{勗}>이가 나 때문에 수고가 많았으니 후로 봉해야 하겠다."라 하였다. 그 령에 따라 관리가 절차를 정하니, <황{晃}>태자가 나서서 말렸으나, 물리쳤다. <욱>은 어린 시절부터 상의 총애를 받았으며, 요사이에 와서는 그 정도가 더욱 깊어지더니, 또 셋째 아들을 낳았다. 그리하여, 총애가 후궁으로 기울었다. 그녀의 어미 <호{好}>후 또한 <욱{勖}>으로 인하여 총애를 회복하였다. <을지번{乙支蕃}>이 <위{魏=北魏}>로 가서 <보국{宝國}>공주에게 장가를 들었다. 종실록{宗室錄}을 고쳐 만들었다. 이름이 오른 이는 52인이었다.

☯ [長壽]五十二年甲子, 正月, 上, 聞<魏>禁同姓婚, 笑, 曰; "烝報無規者, 亦能諮語邪." <風玉>曰; "名實不相副者, 人慾人心之差也. 實雖烝報, 名禁同婚, 則久必成風. 不可以實輕名." 上, 悚然, 良久, 曰; "去冬, 朕以<勖好>立后. 至今思之不如<索頭>, 不勝羞愧其去之." <勖好>, 聞之大怒, 批上之頰而泣, 曰; "汝, 何輕負「比翼」之大約乎." 上, 不能制伏, 伏謝之, 命<勖>后宮宝殿飾以金玉, 以慰<勖>心. <陽德>入奏; "<羅>, 以<烏含>伊伐飡, 立備<濟>之計. 二賊將自亂. 請秉機討之." 上, 乃命<風玉>·<好勇>, 與<陽德>, 合力討之.

三月, 土星犯月而雹. 上, 謂<羅雲>, 曰; "吾於汝年時雖日御衆妃而無難, 年過九十食色皆不如前. 人生誠夢場耳, 吾何苟苟爲政邪. 汝與<晃>等好自爲之. 吾, 將與汝母, 行樂而送餘年矣." 乃命皇孫監國. 與<勖好>議而決之, <晃>太子諫, 不聽. 上, 如<鯨>后宮, 幸<鯨>氏·<秋雲>等, 日以歌舞爲樂. 四月, 如<好賢宮>·<齊雲宮>.

七月, <陽德>拔<毌山城(毌山乃娃山)>, <羅>·<濟>合兵來侵, 大破之.

十月, <懷寧>, 自<魏>歸, 言; "<魏>, 以我使爲首. 盖, 我強, 爲叔故也." 上, 笑, 曰; "以祖爲叔者, 安能知禮." 水師指揮<芙信>擒<牟大>送<齊>使<沙若思>來. 上問; "<牟大>治國何如." <若思>曰; "雖賢無威, 權臣輕之." 上曰; "以<三斤>妻爲妻, 云. 果然耶." 曰; "卽位之初, 爲之. 國人, 以<解仇>之女, 請廢之. 今則, 以<眞老>女爲上妃, <燕突>女爲副妃." <燕信>曰; "<突>女, 臣嘗爲妾者也. <眞老>女亦<三斤>之所幸也." 上曰; "<牟大>何忌貞女如是乎." <若思>曰; "因巫言也." 上曰; "<牟大>, 不自信而無威. 必爲人擒矣." 以<陽德>妻<好賢>爲<珱>太子補妃. <湖雲>生皇孫舍人<谷瑃>子<珠>.

○ <장수{長壽}>52년{단기2817년/AD484}갑자, 정월, 상이 <위{魏}>가 동성혼{同姓婚}을 금한다는 소식을 듣고, 웃으며 이르길; "아래위로 치붙기를 가리지 않는 놈이 다른 사람들을 훈계하겠다고?!"라 하였더니, <풍옥{風玉}>이 "명분과 실제가 서로 부합하지 않는 것은 사람들의 욕정과 사람들 마음의 차이일 것입니다. 실상은 위와 아래를 가리지 않을지라도, 명분이 동혼{同婚=同姓婚=同氏婚=族內婚=家內婚}을 금한다면, 오랜 세월이 지나면 필시 명분이 풍속으로 될 것이니, 실상 때문에 명분을 가벼이 하기는 불가한 것입니다."라 아뢰었다. 이에 상은 당황한 듯 아무 말도 없다가는 "지난겨울에 짐이 <욱호{勗好}>를 후로 세운 것을 지금 돌이켜 생각해보니, <색두{索頭}>만도 못하였었구만. 지난 처사가 부끄럽네."라 하였다. 이를 들은 <욱호>는 화가 치밀어 상의 뺨을 밀치고 훌쩍이며 말하길; "당신께서는 어찌하여 「비익조{比翼鳥; 암수 한 쌍이 한 몸이 되어 난다는 새}」가 되자고 하시던 큰 약속의 책임을 가벼이 여기십니까?"라 하였다. 이에 상은 능히 제압할 도리가 없음에 엎드려 사과하고, 명을 내려서 <욱{勗}>후 궁의 보전을 금과 옥으로 치장하게 하여서 <욱>의 마음을 달랬다. <양덕{陽德}>이 들어와서 상주하길; "<신라{羅}>가 <오함{烏含}>이벌찬을 시켜서 <백제{濟}>를 대비할 계책을 세웠습니다. 두 적들은 곧 저절로 어지러워 질 것입니다. 청컨대 기회를 잡아서 그들을 토벌하소서."라 하였다. 이에 상은 <풍옥{風玉}>과 <호용{好勇}>에게 명을 내려, <양덕{陽德}>과 함께, 그들을 토벌하게 하였다.

3월, 토성이 달을 범하였고, 우박이 내렸다. 상이 <라운{羅雲}>에게 이르길; "내가 네 나이 땐 여러 비{妃}들과 어울리고서도 멀쩡하였었는데, 나이가 90을 지나고나니 먹고 즐기는 것이 이전 같지 않구나. 인생이란 참말로 한바탕의 꿈이거늘, 내가 어찌 이리 구구하게 정사에 매달려야만 하겠느냐? 네가 <황{晃}> 등과 더불어서 몸소 정사 돌보길 즐겨하니, 나는 장차 네 어미와 함께 행락이나 하면서 남은 세월을 보내야 하겠다."라 하고는, 황손에게 명하여 감국 하라고 하였다. <욱호{勗好}>와 더불어 의론하여 그리 결정한 것이었으며, <황{晃}>태자가 말려도 듣지 않았다. 상은 <경{鯨}>후의 궁으로 가서, <경{鯨}>씨 및 <추운{秋雲}> 등에게 승은을 내렸으며, 나날을 노래하고 춤추기로 즐거움을 삼았다. 4월에는 <호현궁{好賢宮}>과 <제운궁{齊雲宮}>으로 들었다.

7월, <양덕{陽德}>이 <관산성{毌山城}(관산내왜산)>을 빼앗았더니, <신라{羅}>와 <백제{濟}>가 병력을 합쳐서 쳐들어오기에, 그들을 크게 깨뜨렸다.{또는, <양덕>이 <관산성>을 빼앗았더니, <신라>와 <백제>가 병력을 합쳐 쳐들어와서 <관산성>을 크게 깨뜨렸다}.

10월, <회녕{懷寧}>이 <위{魏}>에서 돌아와 얘기하길; "<위{魏}>가 우리의 사신을 맨 앞자리로 하였습니다. 우리가 강하고 숙부의 나라였기 때문이었습니다."라 하였더니{☞<삼국사기><장수왕>72년기를 참조해보세요!}, 상은 웃으며 이르길; "할아비를 숙부로 여기는 놈이 어찌 능히 예법을 알겠느냐!"라 하였다. 수사{水師=수군장수}가 <부신{芙信}>을 지휘하여 <모대{牟大=東城大王}>가 <제{齊=蕭賾南齊}>로 보낸 사신 <사약사{沙若思}>를 붙잡아 왔다. 상이 <모대>의 나라 다스림이 어떠하였었느냐고 물었더니, <사약사{若思}>가 아뢰길; "똑똑해 보이긴 하나 위세가 없어서 권신들이 그를 업신여깁니다."라 하였다. 이에 상이 "<삼근{三斤}>의 처를 처로 들였다는 얘기가 있는데, 과연 그리하였는가?"라 하였더니, 계속하여 아뢰길; "즉위 초에는 그리하였었으나, 나라 사람들이 <해구{解仇}>의 딸임을 들어서 그녀를 폐하라 청하였습니다. 지금은 <진로{眞老}>의 딸이 상비{上妃}이고, <연돌{燕突}>의 딸이 부비{副妃}로 있습니다."라 하였다. 이에 <연신{燕信}>이 아뢰길; "<연돌{突}>의 딸은 신이 일찍이 첩을 삼았던 적이 있고, <진로>의 딸은 역시 <삼근>의 여자였었습니다."라 하였더니, 상이 이르길; "<모대{牟大}>는 어찌 이리도 숫처녀를 피하였는가?"라 하였고, <사약사>가 아뢰길; "무당의 얘기 때문이었습니다."라 하였다. 이에 상은 "<모대>는 자신하질 못하니 위세가 없는 것이다. 반드시 다른 사람에게 잡히겠구나."라 하였다. <호현{好賢=陽德妻}>을 <강{玒}>태자의 보비로 삼았다. <호운{湖雲}>이 황손 집사 <곡춘{谷瑃}>의 아들 <주{珠}>를 낳았다.

☯ [長壽]五十三年己丑, 二月, <羅>築<仇伐城>. 三月, <朱萱>氏生上子<萱>公. 或云, 皇孫之子. 五月, 送天師<談太>于<魏>, <魏>以<正信>公主妻之. <談太>, <天罡>后所生上子, 年六十八. <正信>, <弘>女, 年十七. <牟大>, 遣<苩加>于<毗処>, 議備北之計.

○ <장수{長壽}>53년{단기2818년/AD485}기축, 2월, <신라{羅}>가 <구벌성{仇伐城; 達丘伐城?}>을 쌓았다. 3월, <주훤{朱萱}>씨가 상의 아들 <훤{萱}>공을 낳았다. 혹간 황손{=羅雲}의 아들이라고도 한다. 5월, 천사{天師}<담태{談太}>를 <위{魏}>로 보내 주었더니, <위>가 <정신{正信}>공주를 그에게 처로 주었다. <담태>는 <천강{天罡}>후가 낳은 상의 아들로 68살이었으며, <정신>은 <홍{弘}>의 딸로 열일곱 살이었다. <모대{牟大}>가 <백가{苩加}>를 <비처{毗処=炤知}>에게 보내서 북쪽의 계책에 대한 대비책을 논의하였다.

☯ [長壽]五十四年丙寅, 正月, <毗処>, 以<實竹>爲將軍, 徵<一善>丁夫三千, 改築<三年(三牟,三角)>·<屈山>二城, 以<善兮>父<乃宿>爲伊伐湌·叅國政. 上曰; "<善兮>, 以狐淫之女, 專政, 雖築城何益." 皇孫曰; "女雖狐淫, 君王爲柱, 則何敢害國. 若父皇少撓, 宮中皆<善兮>." 上, 大笑, 是之. <淵洽>奏; 其父<晃>, 以皇孫監國, 不悅. 將有異謀, 宜備之. 上曰; "<晃>有孝心, 我生之時必不動. 我若死則他亦已老矣, 何得反乎. 但<晃>久執國政, 其手下腹心, 滿布天下, 恐一朝勢去一網而盡. 汝, 以<淵洽>爲正妃, 尊<晃>爲父, 百事議之, 他自安心矣." 皇孫, 乃以<晃>太子爲父, 尊爲柱國·上老, <晃>稍有安心之色.
四月, <魏>使來獻土物. <倭>侵<羅>. <牟大>, 以<苩加>爲衛士佐平, 通于<隤>. 七月, 上, 與<昜好>, 如「溫湯」, 以<風玉>女<瑚國>妻<賀田>爲<莨>太子補妃. <牟大>, 修宮室, 築<牛頭山城>. 九月, 上, 大閱<黃山>, 而與<昜好>·<賀>公主·<賀風>·<齊雲>·<鯨>氏等, 開賞菊宴. <牟大>·<毗処>等亦皆鍊兵, 云. 皇孫舍人<谷琫>尙<瑚雲>公主.

○ <장수{長壽}>54년{단기2819년/AD486}병인, 정월, <비처{毗処}>가 <실

죽{實竹}>을 장군으로 삼고 <일선{一善}>의 장정 3천을 징발하여서 <삼년{三年}(삼모,삼각)>과 <굴산{屈山}> 두 성을 고쳐 쌓았으며, <선혜{善兮}>의 아비 <내숙{乃宿}>을 이벌찬·참국정으로 삼았다. 이에 상이 "<선혜>가 여우같이 음탕한 계집으로 정권을 틀어쥐었으니, 비록 성을 쌓았다고는 하나 무슨 소용이 있겠는가?"라 일렀더니, 황손이 "계집이 비록 여우같이 음탕하여도, 군왕이 곧게 서 있다면야, 어찌 감히 나라를 해칠 수 있겠습니까? 부황께서도 조금만 흔들리셨더라면 궁중은 <선혜>로 가득했을 것입니다."라고 아뢰었고, 상은 크게 웃으며 '그 말이 옳다.'고 하였다. <연흡{淵洽}>이 주청하길, 자신의 아비 <황{晃}>이 황손이 감국 한다는 말에 마음 내키지 않아 합니다. 장차 이상한 일이 있을 수 있으니, 마땅히 대비하시라고 하였더니, 상은 "<황{晃}>은 효심이 있으니, 내가 살아 있는 동안은 기필코 그런 움직임은 없을 것이고, 설사 내가 죽더라도, 저 또한 이미 나이가 들었는데, 어찌 모반할 수 있겠느냐? 다만 <황>이 오래도록 국정을 틀어잡고 있었으니, 천하에 두루 퍼져 있는 그의 수하나 심복들이 하루아침에 자신들의 세력을 한꺼번에 모조리 잃을까 봐 걱정하기는 할 것이다. 네가 <연흡{淵洽}>을 정비로 삼고 <황>을 아비처럼 생각하여, 모든 일을 그와 의논한다면, 그도 안심할 것이다."라고 일렀다. 황손{羅雲}이 <황{晃}>태자를 아비로 여기고 주국·상노{柱國·上老}로 높였더니, <황>은 점차 안심하는 안색이었다.

4월, <위{魏}>의 사신이 와서 토산물을 바쳤다{☞이런 기록이 <삼국사기>엔 거꾸로 되어 남아있다!}. <왜{倭}>가 <신라{羅}>를 침범하였다. <모대{牟大}>는 <백가{苩加}>를 위사좌평으로 삼아서 <소색{蹟; =南齊}>과 연통하였다. 7월, 상이 <욱호{勗好}>와 온탕으로 갔으며, <풍옥{風玉}>의 딸인 <하전{賀田=瑚國妻}>을 <장{萇}>태자의 보비로 삼았다. <모대>가 궁실을 고치고 <우두산성{牛頭山城; 山東省 泰山동쪽 牛山정도?}>을 쌓았다. 9월, 상이 <황산{黃山}>에서 크게 사열하고, <욱호{勗好}>·<하{賀}>공주·<하풍{賀風}>·<제운{齊雲}>·<경{鯨}>씨 등과 함께 국화를 즐기는 연회를 벌였다. <모대>와 <비처{毗処}> 등도 역시 모두 군병을 조련하였다 한다. 황손의 집사 <곡춘{谷瑃}>이 <호운{瑚雲}>

공주와 혼인하였다.

☯ [長壽]五十五年丁卯, 二月, 上, 與<鯨>后·<鯨>氏, 如溫湯. <毗处>立<奈乙神宮>. 三月, 修理官道·郵驛·宿場. 五月, <鯨>后生子<琚>太子. 命, 皇孫爲監國小皇, <鯨>后爲監國皇后, <勗好>爲執政皇后, 起居出入, 皆準上位. 遣<淵淨>如<魏>納幣, <葨>太子將尙<魏>公主故也. 七月, <羅>葺<月城>. 十月, 雷. 置<卑離>王<疊實>于「平壤」.

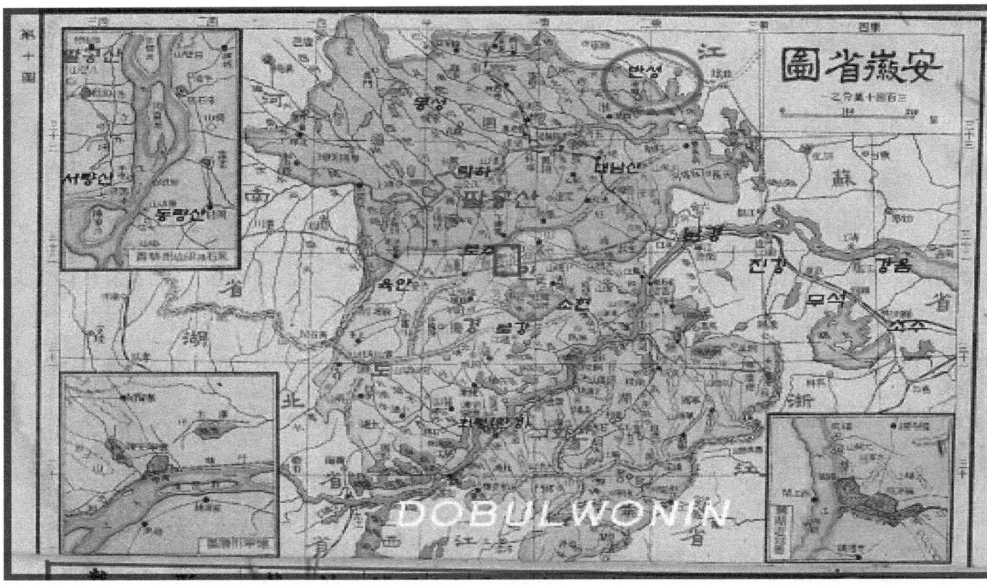

그림49. 강단사학들이 속칭 <半月城>이 <경주>의 <계림>근처에 있었다고 하였는데, 현금 <안휘성> <八公山脈> 북동부 <半城>이 <月城>이거나, <半城>근처에 <月城>이 있었을 수 있으며, <半城>과 <月城>을 합쳐서 <半月城>이 될 수는 있겠다.

○ <장수{長壽}>55년{단기2820년/AD487}정묘, 2월, 상이 <경{鯨}>후와 <경{鯨}>씨와 함께 온탕으로 갔다. <비처{毗处=炤知}>가 <나을신궁{奈乙神宮}>을 세웠다. 3월, 관도{官道; 관용도로}와 우역{郵驛; 파발마교체장소} 및 숙장{宿場; 관용여인숙}을 수리하였다. 5월, <경{鯨}>후가 아들 <거{琚}>태자를 낳았다. 황손{=羅雲}을 감국소황{監國小皇}으로, <경{鯨}>후를 감국황후{監國皇后}로, <욱호{勗好}>를 집정황후{執政皇后}로 삼고, 기거하고

출입하는 것을 모두 상{=長壽大帝}의 지위에 준하게 하였다. <연정{淵淨}>을 <위{魏}>로 보내서 예물을 냈다{☞<삼국사기>에서 희귀하게 비슷한 기록을 발견했음이다}. <장{萇}>태자가 곧 <위>의 공주와 혼인하기 때문이었다. 7월, <신라{羅}>가 <월성{月城}>을 수리하였다{그림49}. 10월, 우레가 쳤다. <비리{卑離}>왕 <첩실{疊實}>을 「평양{平壤}」에 머물게 하였다.

☯ [長壽]五十六年戊辰, 正月, 上誅羽林衛頭<鮮達>. <達>, 踰垣潛入<鯨>氏宮, 通枕婢<葮山>故也. 時, <善兮>亦與穰仙<妙心>相通而見誅, 人以爲運氣. 二月, 監國皇帝行崇老宴于<白熊宮>. 九十以上十二人, 百五歲以上十人, 百二十歲以上七人. <灌奴部>女子, 年百二歲, 而生女者. 賜牛羊二十四, 曰; "吾, 食不老草·不死酒者, 而近來頗失色, 雖旬月不近后妃, 而無求念. 汝, 以何術至此." 對曰; "五年而一産, 非産期則不近夫. 所食, 則只是川魚·山栗而已. 所飮, 山羊乳也." 上乃御山羊乳, 曰; "如此好味, 今始甞之. 醫者, 何爲." 乃名其女曰<羊乳>. <桂婁部>男子<溫達>, 百二十八歲, 頗有肉膈, 曰; "以臣所見, 平生不以克己爲念, 縱情安神而已. 食色, 亦只是任其自然而已." <盖馬>人<壽千>, 百十二者, 曰; "早眠晏起, 不寒不熱. 踈食淡色, 好矣." <黃山>人<五得>, 百七歲者, 曰; "都在天稟, 不必營他." 皆, 癡騃不能言, 不洗其面者亦多. 然, 皆有子女能孝養故也. 上曰; "人之壽夭亦在于孝養, 孝不可不勉." 命, 立<孝院>, 錄天下孝子女孫, 而授官賜穀. 其<坊曲>村長之類, 皆用孝子. 上, 又謂監國皇帝, 曰; "汝, 實吾子. 汝母知之. 吾年至此者亦是汝等孝養之力也. 吾, 自今以後, 不復自束而妨天壽矣. 汝亦勿過勞自制." 監國曰; "臣, 上奉父皇母后, 下恤万民, 安可不勞乎. 但, 心自悅之, 不知其勞矣." 上, 大喜抱撫, 曰; "眞吾子也." 命<勗好>; "乳之而注爱, 如小兒, 而爲樂日, 以爲常, 曰撫子樂."
<毗处>, 移居<月城>, 而賑四窮, 放獄囚, 得六眼亀, 有腹文難解, 求其解者, 云. <牟大>, 與<魏>相絶, 而彰<魏>惡于<南齊>. 故<登州>守將<李延>, 潛師島中, 聞<牟大>來獵而欲擒之. <牟大>, 探知之, 遣兵相戰. <延>失利而歸, <牟大>漸復北進. 監國皇帝, 恐上勞心, 而不聞.

<牟大>, 上書自訴, 曰; "臣祖<溫祖>, <東明>之親子而<琉璃>之義子也, 故封以<汗南>之地·<勾茶>之國. 後世, 稍遠, 不思二帝之志, 分爭境土. <浿河>慘事, 實所愰惧. 先臣<盖鹵>獻首消雪, 則兄弟之國不可久缺恭. 惟監國皇帝陛下, 至仁弘義, 上念祖宗一視之恩, 下視大國子育之澤, 還付<汗南>之地, 使此骨肉得以容足報本, 則臣當羽翼, 得遂<東明>大計, 西入中原, 誅斬諸蘖樹. 此天孫之裔, 幸甚幸甚." 監國, 笑, 曰; "<毗處>修<三牟>移<月城>, 虜不得安居<熊津>. 權且誘引擒之未晩, 姑任其爲." 七月, <毗处>築<刀那城(都羅山在開城)>. 是年, 監國皇帝欲慰上志, 召中外樂工, 日事宴奏, 殆不理政.

○ <장수{長壽}>56년{단기2821년/AD488}무진, 정월, 상이 우림위두 <해달{解達}>을 주살하였다. <해달{達}>은 <경{鯨}>씨의 궁으로 몰래 담을 넘어 들어가서 침비였던 <단산{葮山}>과 놀아났었다. 이즈음에 <선혜{善兮}> 또한 푸닥거리 선인 <묘심{妙心}>과 상통하다 주살되었으니, 사람들은 이런 일들이 일어난 것은 운기 탓이라 여겼다. 2월, 감국황제가 <백웅궁{白熊宮}>에서 숭로연{崇老宴}을 베풀었다. 90살 넘는 이가 12명, 105살 넘는 이가 10명, 120살 넘는 이는 7명이 참석하였다. <관노부{灌奴部}>의 여자가 102살에 딸을 낳았기에, 소와 양 20마리를 하사하며 이르길; "나는 불로초와 불사주라는 것을 먹었는데도 근래에 들어서는 좀처럼 색을 즐길 수 없게 되었고, 열흘 또는 한 달이 지나도록 후·비를 가까이 하지 못하고 있고, 또한 그럴 생각도 들지 않소. 그대는 무슨 묘술이 있어 그리 될 수 있었는고?"라고 물었더니, 답하여 아뢰길; "5년에 한 번 출산하였으며, 애 낳을 때가 아니면 남정네를 가까이 하지 않았습니다. 먹는 것 때문이라면 단지 물속에 사는 생선과 산에서 나는 조 뿐이었으며, 마시는 것 때문이라면 산양 젖이었습니다."라 하였다. 이윽고 상이 산양 젖을 맛을 보더니; "이렇게 맛이 좋은 것을 이제야 맛을 보다니, 의원들은 무엇 했단 말인가!"라 하였다. 이어서 그녀의 이름을 <양유{羊乳=양젖}>라 하였다. <계루부{桂婁部}>의 <온달{溫達}>이라는 128살인데도 꽤나 힘살이 돋은 남자가 아뢰길 "신의 소견으로는, 평생을

극기할 생각 없이, 내키는 대로 몸과 마음을 편안히 하였고, 식색 또한 단지 자연에 맡겼을 뿐이었습니다."라 아뢰었고, <개마{盖馬}>의 112살 먹은 <수천{壽千}>은 "일찍 자고 늦게 일어났으며, 몸이 춥거나 덥지 않게 하였고, 거칠게 먹고 색은 덜 밝혔더니, 좋았던 것으로 보입니다."라 아뢰었다. <황산{黃山}>의 107살 먹은 <오득{五得}>은 "모두 타고난 것이었지, 달리 애쓴 것은 없었습니다."라 하였다. 모두들 어리석고 어리석어서 말도 잘 하지 못하였으며, 얼굴조차 닦지 않는 이도 많았으나, 모두들 능히 효성으로 봉양하는 자녀가 있기 때문이었다. 이에, 상이 말하길; "사람 수명의 길고 짧음도 역시 효양에 달렸으니, 효에 힘쓰지 않으면 아니 되겠다."라 하였다. 명을 내려 <효원{孝院}>을 세우고, 천하의 효성스런 아들과 딸 그리고 손자와 손녀를 살펴 찾아서, 관직을 주고 곡식을 하사하였다. <방곡{坊曲}>촌장 같은 이들은 모두 효자만 임용하였다. 상은 또 감국 황제에게 이르길; "너는 실상 내 아들이다. 네 어미가 그것을 알고 있다{☞<羅雲>은 <助多>태자가 아닌 <장수대제>의 아들이다!}. 내 나이가 이 만큼 된 것도 역시 너희들의 효양 덕분이다. 나도 오늘 이후부터는 스스로를 속박하여서 천수{天壽}를 누리지 못하게 하는 일을 다시는 하지 않을 것이다. 너 또한 과로를 자제해라."라고 하니, 감국이 아뢰길; "신은 위로는 부황과 모후를 받들고 아래로는 만백성을 보살펴야 하는데, 어찌 힘쓰지 않을 수 있겠습니까? 단지 마음속에서 스스로 그 일을 기뻐하면, 수고로운 줄 모를 것입니다."라 하였더니, 상은 크게 기뻐하며 끌어안아 위무하며 이르길; "진정 내 아들이로구나."라 하였다. <욱호{勗好}>에게 명하길; "어린애에게 하듯이 젖을 물리고 애정을 쏟아 붇는 것을 즐거움으로 삼고, 날마다 그리하여 일상이 되면, 바로 그것을 아이 돌보는 즐거움이라 한다네."라 하였다.

<비처{毗处=炤知}>가 거처를 <월성{月城}>으로 옮기고 나서, 사궁{四窮; 鰥寡孤獨}들을 진휼하고 옥에 갇힌 이들을 풀어 주었더니, 눈이 여섯인 거북을 얻게 되었는데 복부{腹部}에 해득하기 어려운 문양이 있어 그것을 풀어줄 사람을 찾는다 하였다. <모대{牟大}>는 <위{魏}>와 단교하고 <위>의 악행을 <남제{南齊}>에 까발렸다. 그리하여, <등주

{登州}>를 지키던 장수 <이연{李延}>이 몰래 군사를 이끌고 섬 중에 있다가 <모대>가 사냥하러 왔음을 듣게 되었더니 그를 사로잡고자 하였고, <모대>는 이를 알아차리고 군병을 보내서 맞싸웠다. <이연{延}>은 이기지 못하여 군사를 되돌렸고, <모대>는 점차로 땅을 되찾으며 북진하였다. 감국 황제는 상이 노심할까를 걱정하여서, 이를 불문에 부쳤다. <모대>는 글을 올려 스스로 하소연하길; "신의 조상 <온조{溫祚}>는, <동명{東明}>의 친아들이고 <유리{琉璃}>의 의붓아들이며, 그리하여 <한남{汗南}>땅과 <구다국{勾茶國}>을 봉 받았었습니다. 세월이 흐르자 점점 사이가 벌어졌고, 두 분 황제{=東明·琉璃}께서 뜻하신 바는 생각지도 아니하고, 나뉘어져서 땅과 경계를 다투게 되었습니다. <패하{浿河}>참사{故國原中矢死}는 실로 황구할 따름으로, 이전의 신하 <개로{盖鹵=慶=慶司=餘慶}>가 머리를 바쳐 더러움을 씻었음인즉, 형제 나라들이 오래도록 서로의 직분에 흠결이 있어서는 아니 될 것입니다. 생각건대 감국황제 폐하께서는 지극히 어지시며 널리 의로우시니, 위로는 조종들께서 베푸신 은덕을 한번 생각하여 주시고, 아래로는 큰 나라가 자식을 기르는 은택을 베풀어 <한남{汗南}>땅을 돌려주시어서 이 골육이 그 땅에 발붙이고 근본께 보답할 수 있게 하여주신다면, 신은 우익{羽翼=輔佐}이 되어서 <동명{東明}>의 큰 꿈을 좇아 서쪽 중원으로 들어가 버릇없는 싹수들{魏등}을 주살하고 참할 것입니다. 이리 할 수 있다면, 천손의 후예는 크나큰 행운일 것입니다."라 하였다. 이에 감국이 웃으며, 이르길; "<비처{毗處}>가 <삼모성{三牟城}>을 고치고 <월성{月星}>으로 이사하였으니, 놈{=牟大}은 <웅진{熊津}>에 편안히 있을 수는 없을 것이오. 기회를 살피다가 꼬여내어서 그놈들을 사로잡아도 늦지 않을 것이니, 잠시 그놈들이 하는 대로 두고 봅시다."라 하였다. 7월, <비처{毗處}>가 <도나성{刀那城}(도라산재개성){開城=開封?}>을 쌓았다. 이해에 감국황제는 상의 마음을 위안하려고, 안팎의 악공들을 불러들여서 매일 연회를 열고 연주하기에 진력하더니만, 거의 정사를 살피지 못하였다.{☞<삼국사기>엔 이 해에도 <장수대제>가 <북위>에게 춘2·하4·추윤8월에 사신편으로 조공했다고 적혀서 남아있다}.

☯ [長壽]五十七年己巳, 正月, 詔曰; "近來, 遊食之民漸多. 窮則入山爲盜, 非聖世之化. 其錄遊民, 使之歸農. 其無田具者, 自官給之. 才可任職者, 職之. 遊女, 無節者, 不得生子, 老而無依, 爲官所恤. 自今, 遊女, 使各定夫. 不能定夫者, 沒入官家, 命官奴娶之生子. 凡女不能生子者, 命醫治之. 如其不宜其夫者, 命改嫁生子, 爲國生民. 不顧私身也." <毗処>, 聞之, 亦效之. 三月, <牟大>獻其妹<眞花>于監國皇帝, 監國獻于上皇爲枕碑. <萇>太子娶<魏><萇>公主還. 上, 爱<魏>公主, 置之膝上而哺之. 公主亦孝于父皇·母后及監國, 無倦色. 宮中, 相賀得人.
七月, <好勇>拔<七重城>. 九月, <陽德>陷<狐山城>與<實竹>軍相持. <毗処>, 遣使來獻宝玉, 請修舊貢永爲甥子. 監國, 奏於上, 曰; "<毗処>始覺, 姑聽其請, 使國安逸, 欲安父皇之心, 何如." 上曰; "天下事, 已委於汝. 何必問我. 吾欲, 與汝母, 相抱而死矣." 監國曰; "生弟輩無數, 願享萬年. 何云死乎." 上曰; "汝父垂百之年, 方知死安而生苦, 開目則万匪來陳, 冥目則一空而晏然." 監國, 黙然而退, 涕淚如雨, 曰; "父皇不久. 吾何以爲心." 命求神醫·不死草於天下.
是年, 大豊, 禾{秀}滿場. 監國巡問農民而歸. 與妃<淵洽>, 問<晃>太子病, 曰; "父皇, 雖疾病, 常言死安之說, 不禁下淚. 岳父, 又如是, 小子無以爲心." <晃>曰; "生者必死, 少者必老. 願, 陛下, 無以老死爲慮而弛治國. 飾身之功, 朝聞道則夕死, 可也." 監國曰; "岳父之言, 小子終身佩之." 後數日<晃>薨, 葬以大王禮, 年七十九. <晃>好學不倦爲政, 以仁佐上三十余年, 致天下太平. 妃<春豚>·<泣>公主皆賢, 而敎子以方宗室之標, 云. 監國以上驚愕, 不聞<晃>喪. 上不知其薨, 與<楚雲>習舞. 因<獶舞>之章, 召<淵洽>. <洽>方在丧, 收淚以諱其父丧, 上不知. 而舞罷抱入床見其淚痕, 曰; "汝恶吾老耶." <洽>曰; "烏, 感喜, 而淚自湧然." 上, 莖萎不起, 抱臥終日, 連飮湯珍, 至夜而始通. 以此, <洽>不能更赴其丧. 十一月, <牟大>又遣使<燕喜>來貢. 其國亦大豊, <牟大>始得放心, 宴于南堂飮酒放歌, 任情無滯. 以<鯨>氏爲<興安>補妃.

○ <장수{長壽}>57년{단기2822년/AD489}기사, 정월, 조서를 내려 이르길; " 근래에 유리걸식하는 백성이 자꾸 많아지고 있소. 궁핍하게 되면

산속으로 들어가 도적이 될 것이니, 성상{=長壽帝}의 치세에 이런 일은 있을 수 없소. 떠도는 이들을 살펴서 농사짓고 살게 하고, 농토와 농기구가 없는 이에게는 관에서 나누어 주고, 관리의 일을 볼 수 있는 이들에겐 직무를 주시오. 떠도는 여인들은 유랑을 매듭짓지 않으면, 자식을 얻지 못하여 늙어서 의지할 곳이 없게 되니, 관가에서 살펴주게 하시오. 차후로 떠도는 여인들은 각자가 남정네를 정하게 하시오. 남정네를 정하지 못하는 이는 모조리 관가로 불러들이고, 관노들에게 명하여서, 혼인하여 자식을 낳게 하시오. 애를 낳지 못하는 여인들은 모두 의술로 고쳐주고, 남정네가 마땅치 못한 이는 개가시켜서 자식을 낳게 하여서, 나라를 위할 백성을 만들게 하시오. 집안과 신분은 살피지 마시오."라 하였다. <비처{毗處}>가 이를 듣더니 역시 따라하였다. 3월, <모대{牟大}>가 자신의 여동생 <진화{眞花}>를 감국황제에게 바쳐왔더니, 감국은 상황에게 바쳐서 침비로 삼게 하였다. <장{萇}>태자가 <위{魏}>의 <장{萇}>공주와 혼인하여 돌아왔다. 상은 <위{魏}>의 공주를 아껴서 무릎 위에 앉히고 음식을 먹였다. 공주 또한 부황과 모후 및 감국에게 효성을 다하였으며, 얼굴에 싫어하는 모습을 보이지 않았다. 궁중에서는 서로들 좋은 사람을 얻었다고 축하하였다.

7월에 <호용{好勇}>이 <백제>의 <칠중성{七重城}>을 빼앗았다. 9월엔 <양덕{陽德}>이 <신라>의 <호산성{狐山城}>을 함락시키고는 <실죽{實竹}>의 군대와 서로 대치하였다. <비처{毗處}>가 사신을 보내어 보옥을 바치고, 옛날과 같이 공물을 바치며 영원토록 사위나 아들로 돌아가게 하여주길 청하였다. 이에 감국이 상에게 주청하여 아뢰길; "<비처>가 비로소 알아들었으니, 잠시 그 청을 들어주어서, 나라를 안일하게 하고 부황의 마음을 편안케 해 드렸으면 합니다. 어찌 생각하시는지요?"라 하였더니, 상이 답하길; "세상사 모두를 일찍이 너에게 맡겼거늘, 하필이면 내게 묻느냐? 나는 네 어미와 서로를 끌어안은 채 죽고만 싶구나."라 하였고, 감국은 "아우들을 무수히 낳아 주시면서 천년만년 누리시길 원하옵니다. 어찌 죽겠다는 말씀을 하시옵니까?"라 아뢰었다. 이에 상은; "네 아비의 나이가 100살이 넘었더니, 이제는 죽는 것이 편안하고 사는 것이 고역임을 알게 되었다. 눈만 뜨면 온갖 대나무 상자들{=음식}이 들어와서 늘어서 있는데, 눈을 감으면 한꺼번에 사라지니 편안한 듯하구나."라 하였다. 감국은, 아무런 말도 못하고 물러 나와 눈물을 비 내리듯 흘리면서, 이르길; "부황께서 오래 사시지 못하겠으니, 나는 이 마음을 어찌해야 할꼬?"라 하고는, '세상천지 어디에서든 신의{神醫}와 불사초를 구해 오라.'고 명을 내렸다.

이해엔 대풍으로 벼이삭이 마당에 그득하였다. 감국이 순방하며 농민들을 살피고 돌아왔다. 비인 <연흡{淵洽}>과 함께 <황{晃}>태자의 병을 살피면서 "부황께서는 병으로 고생하시면서 늘 죽는 것이 편하겠다는 말씀을 하시어서, 눈물 흐르는 것을 금할 수 없었는데, 장인께서도 또한 그러하시니, 이 자식들은 마음을 어찌할 수 없습니다."라 하였더니, <황{晃}>이 말하길; "살아 있는 이는 죽기 마련이고, 젊은이는 늙기 마련인 것입니다. 원하건대, 폐하께서는 늙어서 죽어가는 이들에게 마음을 쓰시다가 나라 다스림에 소홀함이 없으시길 바랍니다. 평생에 이룬 공을 가지런히 할 수 있는 도리를 아침에 듣는다면 저녁에 죽어도 괜찮습니다."라 하였다. 이에 감국은 "장인의 말씀을 소자는 종신토록 마음에 새겨 두겠습니다."라 하였다. 며칠 후에 <황>이 죽어 대왕의 예로 장사하였다. 나이 일흔 아홉이었다. <황>은 학문하기를 즐겼으며, 정사에 게으르지 않았고, 어짊으로써 상을 보좌하기 30여년에 천하를 태평하게 만들었다. 비인 <춘돈{春豚}>과 <읍{泣}>공주는 모두 현명하여 자식들을 가지런하게 가르쳤음에 종실의 표상이 되었다 한다. 감국은 상께서 경악할까 겁내어, <황{晃}>의 죽음을 불문에 부쳤더니, 상은 그가 죽은 것을 알지 못한 채 <초운{楚雲}>과 춤사위를 익혔다. <달무{獵舞=수달춤}> 차례가 되자 <연흡{淵洽}>을 불렀다. <연흡{洽}>이 이제껏 시신곁에 있었으나 눈물을 거두어 그의 아비가 죽었음을 숨겼더니, 상은 그의 아비가 죽은 줄을 몰랐다. 춤사위가 끝나자 품에 안고 침상으로 들었다가, 눈물 자국을 알아보고는 이르길; "너는 내가 늙는 것이 싫은가 보구나?"라 하자, <연흡{洽}>은 아뢰길; "까마귀는 기쁠

때면 저절로 눈물이 솟는다 합니다."라 하였다. 상은 음경이 수그러져 일어나지 않아서 종일토록 품에 안고 누워 있으면서 연거푸 귀한 것을 마시더니, 밤이 되어서야 비로소 통하였다. 이리하여 <흡>은 다시는 부친의 시신 곁으로 갈 수 없었다. 11월, <모대{牟大}>가 또 사신으로 <연희{燕喜}>를 보내 공물을 바쳤다. 그 나라 역시 대풍이 들어서, <모대>가 비로소 마음을 놓았으며, 남당에서 잔치를 벌여서 술 마시고 노래하며 마음 내키는 대로 거리낌이 없었다. <경{鯨}>씨를 <흥안{興安}>의 보비로 삼아 주었다.

{☞<삼국사기>엔 이해에도 <장수대제>가 <북위>에게 춘2·하6·추9월에 사신 편으로 조공했다고 적혀서 남아있습니다. ☞전년과 보낸 시기가 똑같음!}

☯ [長壽]五十八年庚午, 二月, 又設崇老宴, 加<海山>老三人, 五日而罷. 以<跋>氏爲<隆>太子補妃. 上, 與<淵洽>, 如<朱留宮>, 巡遊<太伯山>. <楚雲>從之. <毗処>, 重築<都羅城>, *乃<刀那>也*, 開<月城>市納<齊>·<魏>之貨. 七月, <萇>太子與<萇>公主如<魏>. <牟大>, 徵「北部」民十五以上, 築<沙峴>·<耳山>二城. 九月, 監國, 與<昜好>·<鯨>后, 如「北都」陪上而還. <牟大>以女獻于監國, 年十二. 聞<牟大>以<燕突>爲達率而委鍊兵之事. <突>, 觀我軍之術, 欲備之也. 是月, <牟大>獵<泗沘原>. 八月, 監國如<魏>尙<河陽>公主. <馮>太后女也. 九月, <馮>太后崩, 監國與<河陽>發喪而歸. 十月, 桃李華, 冬暖無氷雪. 上, 命置<河陽>公主·<萇>公主于上殿, 朝暮注爱. 東宮, 如<烏鱗>家, 濡<鱗>妻<陰>氏.

○ <장수{長壽}>58년{단기2823년/AD490}경오, 2월, 또 숭로연을 열었다. <해산{海山}> 노인 셋이 늘었고, 닷새를 계속하다가 파하였다. <발{跋}>씨를 <륭{隆}>태자의 보비로 삼았다. 상이 <연흡{淵洽}>과 함께 <주유궁{朱留宮; 在「北都」}>으로 가서 <태백산{太白山}>을 돌아보며 즐겼다{☞<태백산>은 현금 내몽고 중부 정도일 것!, 허나 <산서><태백산>이 언뜻언뜻 떠오르기도 하는 이유는?}. <초운{楚雲}>도 이들을 따라다녔다. <비처{毗処}>가 <도라성{都羅城}>을 중수하였고*-<도나{刀那}>이며-*<월성{月城}>에

서 저자를 열어 <제{齊=南齊}>와 <위{魏=北魏}>의 화폐를 받았다. 7월, <장{萇}>태자가 <장{萇}>공주와 함께 <위>로 갔다. <모대{牟大}>가 「북부」의 15살 이상 백성을 징발하여 <사현{沙峴}>과 <이산{耳山}>의 두 성을 쌓았다. 9월, 감국이 <욱호{勗好}> 및 <경{鯨}>후와 함께 「북도」로 가서 황상을 모시고 돌아왔다{☞<태백산>은 「북도」 근처이다?}. <모대{牟大}>가 딸을 감국에게 바쳤다. 12살이었다. {☞감국황제가 표문상소를 일단 들어준 듯!} <모대>가 <연돌{燕突}>을 달솔로 삼고 군병훈련을 맡겼다는 애기가 들렸다. <연돌{突}>이 우리 군대의 병술을 살펴보았었기에, 이에 대비코자 함이었다. 이달에 <모대>가 <사차원{泗泚原;사자원,사체원. =泗沘原사비원=泗水原+沘水原?}>에서 사냥하였다. 8월, 감국이 <위{魏}>로 가서 <하양{河陽}>공주와 혼인하였다. <풍{馮}>태후의 딸이었다. 9월, <풍{馮}>태후가 죽어서, 감국은 <하양{河陽}>공주와 함께 발상하고서 돌아왔다. 10월, 복숭아나무와 배나무가 꽃을 피웠다. 겨울이 따듯하여 물이 얼거나 눈이 내리지 않았다. 상이 <하양{河陽}>공주와 <장{萇}>공주를 상의 전각에 머물게 하고, 아침저녁으로 애정을 쏟았다. 동궁이 <오린{烏鱗}>의 집으로 가서 <린{鱗}>의 처 <음{陰}>씨에게 은혜를 입혔다.

☯ [長壽]五十九年辛未，正月，「平壤大宮」正殿大石柱自折，中有大蜈蚣三首死，二雌一雄. 雌黃頭雄綠. 上，命硏而服之以鷄，精力稍佳，日與<河陽>·<萇>·<楚雲>及<牟大>妹女等，弄琴·下酒爲樂. <魏>帝，聞之，送不老酒四缸，曰;“採神山之靈藥，浸蒼鰲之長足，摘瑤池之仙桃，釀王母之高手，一飮而万事如雲，二飮而千年一朝.” 上，笑謂<河陽>，曰;“汝父孝我如此，雖知虛言，不可不飮.” 遂抱<河陽>而臥，命哺之. 其味甘香淸洌，<河陽>多自飮，而授上者少. 監國，見其自醉，責之，曰;“汝今少矣，何飮不老乎.” 公主，媚監國，曰;“吾欲與汝長生也.” 上，笑撫<河陽>之腕，曰;“此腕甚好，必生吾好孫. 雖盡飮不老，少無可惜.” 監國亦笑. 上乃命<河陽>與監國入帳，上與<勗好>望而爱之. 上，召內外仙人儒者之女，能善讀經者，于檻外而誦經蹈舞日，飮不老酒·霞仙湯，而醉臥. 監國亦在傍. 使令不能理政. <鯨>后·<勗好>·<淵洽>等遞代爲政事, 多沈滯.
夏六月, 大雨水. 上, 與<河陽>·<葨>及<牟>妹, 入<龍山>「溫湯」, 滯雨. 監國, 與<勗好>, 冒雨而來路, 入村舍, 小歇. 有大蝦負小蛙而呼鳴, 小蛙聲大, 大蝦聲微. 及至溫舍, 有大蟒與小虬交. 虬, 食蟒殆盡, 而不動. [監國], 謂<勗好>, 曰; "俄者, 大聲微. 今者, 大爲小食. 然則, 大不如小也." <勗好>, 笑, 曰; "俄大·今小, 皆雌也. 雄以身食雌者, 多其聲, 雖微, 能令雄喜, 盖淫聲也." 監國, 入宮, 奏其言于上. 上曰; "吾將不起." 監國不知其意. 盖, 上, 與<河陽>相通, 溺爱損精, 故其言如此. <牟大>使至, 言; "<熊川>大漲, 漂流二百餘家, 田穀不熟, <牟大>之民流入<月城>者六百餘家, <牟大>不能推還."
九月, 上, 與<河陽>·<勗好>, 如<黃山>哭<平陽陵>, 曰; "吾死, 可葬於此, 與母合骨." 是年, 菊華無色, 上, 仍留<黃山>行宮, 日與<河陽>耽樂. <勗好>諫之, 不聽, 十二月七日, 崩于<河陽>寢. 時, 大雪五日, 道路皆塞. <河陽>, 不知上崩, 睡熟. <勗好>, 曉至始見, 召監國發喪. 乃以梓宮, 入<平陽>壙穴, 待脫肉, 而合骨. 監國卽位於<黃山>行宮, 十二月十五日也. 公卿, 因雪, 未叅者太半.

○ <장수{長壽}>59년{단기2824년/AD491}신미, 정월, 「평양대궁{平壤大宮}」정전의 큰 돌기둥이 저절로 부러지더니, 그 속에 큰 지네 세 마리가 죽어 있었다. 두 마리는 암컷이고 한 마리는 수컷이었으며, 암컷의 머리는 누렇고 수컷은 푸른빛{綠色}이었다. 상이 명하여 그것을 갈아서 닭으로 하여 먹고서 정력이 점점 좋아졌더니, 나날을 <하양{河陽}>·<장{葨}>·<초운{楚雲}> 및 <모대{牟大}>의 여동생 등과 함께 거문고{琴}를 마음껏 타면서 술을 내려주길 즐거움으로 삼았다. <위{魏=北魏}>제가 이 소식을 듣고 불로주 네 항아리를 보내며 말하길; "신산{神山}의 신령스런 약초를 캐고 푸른 자라{鰲}의 긴 발을 담그고 요지{瑤池=西王母연못}의 선도{仙桃}를 따 넣어서 서왕모{王母; =삼신할미?}의 높은 솜씨로 빚었더니, 한 잔을 마시면 만사{萬事}가 구름처럼 보이고, 두 잔을 마시면 천년이 하루아침 같아집니다."라 하였더니, 상이 웃으며 <하양{河陽}>에게 이르길; "너의 아비가 나에 대한 효성이 이와

같으니, 비록 허언인 줄은 알지만 아니 마실 수 없구나."라 하고는, <하양>을 품고 누워서 입에 따라 넣게 하였다. 맛도 좋고 향은 청렬하였더니, <하양>은 자신은 많이 마시고 상에게는 조금만을 주었다. 감국은 <하양> 자신이 취하는 것을 보더니만, 꾸짖어 이르길; "그대는 나이도 젊은데 무엇 하려 불로주를 마시는가?"라 하였더니, <하양>공주가 감국에게 교태 지어 아뢰길; "저는 당신과 함께 오래도록 살았으면 합니다."라 하였다. 이에 상은 웃으면서 <하양>의 아랫볼을 매만지며, 이르길; "이 볼이 이렇게 예쁘니, 필시 내게 잘생긴 손자를 낳아 주겠구나. 설사 불로주를 다 마셔 버렸어도, 조금도 서운할 것 없다."라 하였더니, 감국도 따라 웃었다. 이윽고 상은 <하양>에게 명하여 감국과 함께 장막으로 들어가라 하였으며, 상은 <욱호{勗好}>와 함께 그들을 바라보면서 사랑을 나눴다. 상이 내외의 선인과 유자들의 독경 잘하는 딸들을 욕탕 밖으로 불러서 경을 외고 해{=日}춤을 추게 하고는, 불로주와 하선탕{霞仙湯}을 마시고 취하여 누워 있었다. 감국 또한 곁에 있었더니, 사령들은 정사를 살필 수 없었다. <경{鯨}>후와 <욱호{勗好}> 및 <연흡{淵洽}> 등이 갈마들며 대신하여 정사를 살폈지만, 막히는 것이 많았던 것이었다.

하6월, 큰비로 물이 넘쳤다. 상이 <하양{河陽}>과 <장{萇}> 및 <모대{牟大}>의 여동생과 <룡산{龍山}> 온탕으로 들어갔다가 비에 갇혀있었고, 감국은 <욱호{勗好}>와 함께 비를 무릅쓰고 온탕으로 오는 길에 잠시 시골 관사로 들어가서 머물렀더니, 큰 두꺼비가 작은 개구리를 업고서 소리 내어 울고 있었다. 작은 개구리의 소리는 크고, 큰 두꺼비의 소리는 작았다. 이윽고 온탕 관사에 다다랐더니만, 큰 이무기가 작은 규룡들과 포개져 있었다. 규룡들은 이무기를 거의 다 먹어 치우고서 움직이지 않고 있었다. [감국]이 <욱호>에게 이르길; "아까는 큰 놈의 울음소리가 작더니만, 지금은 큰 놈이 작은 놈들에게 먹히고 있소. 그러한즉 큰 것이 작은 것 만 못합니다."라 하였더니, <욱호{勗好}>가 말하길; "아까의 큰 놈과 지금의 작은 놈들은 모두 암컷이네요. 수컷이 몸을 바쳐서 암컷들을 먹이는 것은, 여러 개가 겹쳐지면 비록 작은 소리일지라도 능히 수컷을 즐겁게 할 수 있고, 개략 음란한 소리이기 때문인가 봅니다."라 하였다. 감국이 입궁하여 상에게 이 얘길 해 드렸더니, 상은 "내가 곧 일어날 수 없을 것 같구나."라 일렀고, 감국은 그 뜻을 알아채지 못하였다. 개략하면, 상이 <하양>과 상통하여 짙은 사랑을 나누다가 정기가 손상되었음이었고, 그리하여 그런 말을 한 것이었다. <모대{牟大}>의 사신이 도착하여 아뢰길; "<웅천{熊川}>이 크게 넘쳐서 2백여 가{家}가 떠내려갔으며, 농사지은 곡식이 여물지 않아서 <모대>의 백성으로 <월성{月城; =新羅}>으로 흘러 들어간 자들이 6백여 가나 되며, <모대>는 그들을 돌아오게 할 수 없었다."고 하였다.

9월, 상은 <하양{河陽}>과 <욱호{勗好}>를 데리고 <황산{黃山}>으로 가서, <평양릉{平陽陵}>에 곡을 하고 이르길; "내가 죽거든 여기에다 장사하여 어머니와 합골하여 주게나."라 하였다. 이해엔 국화도 색을 잃고 피었는데, 상은 <황산>행궁에 머물며 나날을 <하양{河陽}>과 함께 즐거움을 탐하였다. <욱호>가 말려도 듣지 않더니, 12월 7일에 <하양>의 침소에서 죽었다. 이즈음, 큰 눈이 닷새나 내려서 길은 모두 끊겨 있었고, <하양>은 상이 돌아가신 것도 모른 채 깊은 잠에 빠져 있었다. <욱호>가 일찍 일어나서 가보았다가 처음으로 발견하여서, 감국을 불러 발상하였다. 재궁은 <평양{平陽}>릉의 광혈로 들여서 육탈을 기다렸다가 합골되었다. 감국이 <황산>행궁에서 즉위하였다{☞明治大帝=文咨明王}. 12월 15일이었다. 공경들은 큰 눈으로 인하여 {길이 끊겨} 참석하지 못한 이들이 태반이었다.

역자의 변 : <장수대제>의 초기강역은 <狛>·<余>·<羅>·<濟>·<倭>·<耶>이었으나, 중기로 접어들어 서쪽 <선선>과 서북 <유연>의 지배권을 <북위>에게 내어주고, 말기엔 <북해;바이칼해>지역으로 2천리 늘어났고 <유연>이 재입조하나 남쪽으론 <백제><동성대왕>에게 <산동>·<산서>·<하남>·<하북>을 거의 내어준 듯하다. 재위말기에 <백제>제 다시 강성하여 짐은, <장수>42년에 <경사=개로왕>가 <장수대제>토벌군에게 잡히고 2차 토벌에 <문주왕>이 모든 땅과 백성을 잃고 <신라><자비왕>에게 의탁한 이후로 내외로 모든 역량을 경주하였고 <동성대왕>이 <북위>를 깨뜨리면서 <고구리>조정에 <온조>가 <추모>친자이고 <광명>의자임을 들어 읍소까지 하면서 <하북>을 차지한 결과라 볼 수 있겠다.

<영락대제>의 치적을 강역의 확장으로 본다면, <장수대제>시절의 치적은 다소 덜 공격적이긴 하였으나 백성들이 무위{無爲}를 바랄단큼 태평성대를 구가하면서 살 수 있는 틀을 다듬었던 기간으로 보인다. 재위 초기에, 관제를 고치고, <梁王>·<齊王>·<燕王>·<越王>·<楚王>·<吳王>을 두어 직할지를 나누어 통치하였으며, 다양한 출신의 백성들을 4등급으로 구분하여 관리의 효율을 추구하면서도 신분이 고착되어 인재를 놓치는 우를 피하는 방안도 강구하였고, <패엽전>을 주조·유통하고 금전의 사용들을 금하여 검소한 씀씀이를 유도하였으며, 재위14년엔 개국 이래 처음으로 대제국의 위상에 어울리는 <평양대궁>으로 거처를 옮겼다. <평양대궁>으로 이거한 후의 행적에 다소 아쉬움이 있다.

<장수>2년{재위21년}엔 <선선>이 입조하였음을 보아 <영락대제>의 원정이 미친 <염수{鹽水}>의 위치를 추정할 수 있는 근거도 보인다.

11년기엔 <고구리>의 도성들 주변엔 온천이 있었다는 기록이 있고, 3년과 <장수>6년기 등엔 <토함산> 등과 관련한 당시 <신라>의 도성위치를 추정하는데 도움이 되는 정보들이 보인다. 지진이 많고 화산이 근처에 있었음을 추정할 수도 있게 한다. <장수>18년엔 기술농업의 시초로 보이는 기록이 있고, <명치대제=문자명왕=羅雲}이 <장수제>의 손자가 아닌 친자이며, <장수대제>는 <영락대제;談德>가 아닌 <월왕;越王><용덕;龍德>의 친자임을 밝히고 있다.

재위 중기엔 죽기 살기로 <고구리>를 넘보던 <북위>가 <백제> 등에 덜미를 잡혔는지 <고구리>와 화친을 하고, <백제>가 <온조>고토를 회복하였으며, 안정을 되찾은 <장수대제>는 친자인 <라운=명치대제=문자명왕>을 감국으로 삼고 물러나 노년 여생을 보내다가 <영락대제>의 무덤이 있는 <황산>행궁에서 많은 눈이 내리는 섣달 이레 밤에 생을 마친다. <명치대제>기를 볼 수 없어 <장수대제>기를 이해함에 다소 아쉬움이 남는다.

<삼국사기>에 나타난 <북연>·<북위>·<전진>·<송>·<남제> 등이 <장수대제>에게 무슨 작위를 봉했다는 얘기와, <장수대제>가 사신을 부지런히 이들 나라에 보내서 조공했다는 얘기는 어쩌면 근세<조선>의 소중화 유학과 정권, 그리고 고대<왜>·<일본>역사와 현 열도<일본>역사의 연결을 위한 지난 세기 일제총독부와 그 부용·부역 사학들에 의한 절체절명의 삭필 및 곡필로 볼 수 있겠다. 냄새가 너무나 진하게 남을 어찌 막을 수 있겠나? 역시 얼빠져서 소중화로 안주하며 사해의 변화에 귀 막고 눈감았던 근세<조선>과 해방이후 사학을 맡았던 이들이 바로잡지 않은 책임을 져야 하겠으나, 역사는 그 후손이 영광과 부담을 누리고 지는 것임이니, 엉망으로 만든 저들이 아닌 우리의 책무라 하겠다.

<신라>와 <백제>에서 정적제거법 등으로 짐독{鴆毒}을 썼던 것으로 나오며, 충남 공주의 옛 <백마강> 또는 옛 <백강>으로 비정된 옛 <금천{錦川}>인 현 <금강{錦江}>변 무덤 3 개를 근거로 한 <백제>의 위치비정에 백가가 쟁명하는, 후세의 <백제><무녕대왕><사마>도 처에게 짐독을 당하였음을 먼저 알려드립니다..

22. 第二十二世<安藏大帝>紀 제22세 <안장대제>기

원문출처; http://mf.history.go.kr/Pdf0020000/00322323.pdf

帝, 諱<興安>, 字<崇賢>, <明治大帝>之長子也. 母, <淵>太后, <晃>太子之女也. 聰明好學且善繪画, 以母后嚴敎, 習禮儀孝友勤儉. 故<昜好>太后, 累欲以己子易東宮, 而不得. 至是, 卽位. 春秋四十三. 改元<安藏>.

제는, 휘가 <홍안{興安}>, 자는 <숭현{崇賢}>이며, <명치대제{明治大帝=文咨明王=羅雲}>의 큰 아들이고, 모친은 <연{淵}>태후로 <황{晃}>태자의 딸이었다. 총명하고 학문을 좋아하였을 뿐만 아니라 그림도 잘 그렸고, 모친이 엄하게 교육한지라 예의를 익혔으며, 효성과 우애가 있고 근검하였다. 그런 까닭에 <욱호{昜好}>태후가 여러 번 자기 아들로 동궁 자리를 바꾸려 하였었지만 이루지 못하였다. 이제 즉위하였더니, 춘추 마흔 셋이었다. 년호를 <안장{安藏}>으로 바꾸었다.

☯ 己亥<安藏>元年, 春正月, 壬午朔, 以上不豫, 廢內外進賀. 皇太[子]<興安>, 親禱于<龍山>, 願以身代. 壬辰, 大革, 命傳位於皇太子. 癸巳, 淸晨, 皇太子卽位於「平壤」<白熊宮><神檀之樓>. <淵>皇后 跪進璽宝, 曰; "紹祖業安國民, 無違<壽皇>政目." 上拜受誓天, 曰; "謹當如敎." 尊父皇爲太上皇帝, 母后<淵>氏爲太上皇后. 封弟<宝延>爲皇太子, <德陽>公主爲皇太子妃.

二月, 辛亥朔, 上皇崩於<皇極殿>之西寢, 春秋五十八. 上, 肉袒披髮, 哀號不已, 水醬不入口, 侍中<賀田>侍側不離. 以<晋冠>爲山陵大使者, 爵三品. <魏>使<劉永>來獻儀賻. 時, <魏>主<詡>年才十歲, 其母<胡>太后淫亂失政, 羽林作亂殺其高官<張彝>父子, 轉首於路, 人莫能止之. 月子仙人<高歡>, 見而歎, 曰; "爲政如此, 他事可知." 與其徒<司馬子如>·<孫騰>·<候景>等會于<扶桑館>共謀擧事, 散財結交, 任俠其鄉.

○ 기해{단기2852/AD519}<안장{安藏}>원년, 춘정월, 임오일 초하루에 상

{=明治大帝=文咨明王=羅雲}이 위중하여 내외로부터의 하례를 폐하였다. 황태자 <홍안{興安}>이 <룡산{龍山}>에서 친히 신명께 빌면서 자신의 목숨으로 대신하길 바랐다. 임진일{=11일}에 크게 위중하여졌고, 황태자에게 전위한다는 명이 있었다. 계사일{=12일} 첫새벽에 황태자가 「평양{平壤; 현금 河北省 盧龍則旧永平? 또는 遷安?, 또는 遼寧省 朝陽?}」의 <백웅궁{白龍宮}><신단루{神檀之樓}>에서 즉위하였다. <연{淵}>황후가 무릎 꿇어 새보를 바치며 이르길; "조종의 대업을 이어서 나라와 백성들을 편안케 하고, <수황{壽皇=長壽皇帝}>의 정목들{정사 등에 대한 가르침; 예, 八政目=食·貨·祀·司空·司徒·司寇·賓·師 관련사항 등}을 어기지 마시오."라 하였더니, 상은 엎드려서 받았고, 하늘에 맹서하여 아뢰길; "삼가 마땅히 가르치심과 같이 따르겠습니다."라 하였다. 부황을 태상황으로, 모후 <연{淵}>씨를 태상황후로 높였으며, 동생 <보연{宝延}>을 황태자로 삼고, <덕양{德陽}>공주를 황태자비로 삼았다.

2월, 신해일 초하루, 상황{=明治大帝=文咨明王=羅雲}이 <황극전{皇極殿}> 서쪽 침소에서 춘추 쉰여덟에 죽었다. 이에 상은 윗몸을 드러낸 채 머리를 풀어헤치고 애통히 호곡하니, 말릴 수도 없었고, 물 한 모금 장국 한 술도 입에 넣지 않았더니 시중 <하전{賀田}>이 곁을 지키며 떠나지 않았다. <진관{晉冠}>을 산릉 대사자로 삼아서 3품 작위를 내렸다. <위{魏}>의 사신 <유영{劉永}>이 와서 예를 올리고 부의를 바쳤다. 이때, <위{魏}>주 <원후{詡}>는 겨우 10살이었고, 그의 어미 <호{胡}>태후가 음란하다 실정하였더니, 우림들{=황실친위군대}이 난리를 일으키고 그녀의 벼슬 높은 관리인 <장이{張彝}> 부자를 죽여서 그 머리를 길거리에 버렸고, 아무도 그것을 말릴 수도 없었다. 월자선인{月子仙人} <고환{高歡}>이 이를 보고 한탄하며 "정사가 이 꼴로 돌아가는데 다른 일이야 알만하겠다."라 말하고는, 자신의 무리 <사마자여{司馬子如}>·<손등{孫騰}>·<후경{候景}> 등과 <부상관{扶桑館}>에서 만나 거사하기를 공모하였고, 재물을 풀어서 교분을 맺었으며, 자신의 향리는 협객에게 맡겼다.

☯ 三月，辛巳朔，放後宮二十八人爲先帝侍臣，孝登以下[爲]宗戚公卿之妻. 上如<河陽宮>. 宮, 與上, 長一年. 上慕之久矣. 至是, 遂洽. 癸未, 葬大行, 于<黃山><長陵>之側. <淵>太后絶食下殉. 上諫之, 太后怒, 曰; "汝欲揚母之惡乎." 上曰; "禁殉, 祖法也. 母后違之下, 必成風." 太后曰; "妻從夫死, 美風也. 何妨成風. <東明>之不許<召>后, 盖爲<光明>而鎭定之策也. 豈可墨守乎. <魏>之<馮>·<胡>, 汝不知之邪. 后·妃須儉其衣食而勤其行職, 不可恣慾亂國. 勿以幼子爲帝使盜竊簒, 可也." 丙申, <淵>太后崩, 葬于大行壙中, 春秋七十. 性寬厚, 能文章, 明於宮中故事. 凡有大事, 諸王皆仰而行之. 后, 初爲<跋>太子妃, 生<跋元公>·<跋仁主>·<跋興公>. 而爲大行補妃, 生聖上, 尋登后位. 事大行四十六年, 極盡忠誠, 衣不解帶. 生子十四人, 皆賢. 上, 親製碑文以頌其德, 使之爲鑑.

四月, 上, 御<皇極殿>東楼, 試士百五人, 選其學行俱佳者十八人爲殿中舍人, 賜上東宮時宮人爲妻, 給其田宅奴婢. <宝君>太子如<魏>答吊問. 追尊, <長壽皇帝>爲<高祖孝武皇帝>, <明治皇帝>爲<太宗孝文皇帝>, <助多>太子爲<仁宗孝肅皇帝>, <鯨>太子爲<仙宗孝讓皇帝>. 皆行大祭. 以<婁師德>爲禮部尙書.

○ 3월, 신사일 초하루, 후궁들 28인은 내보내서 선제의 곁을 지키게 하였으며, 효등{孝登; 喪事 때 喪服을 입는 가까운 血族} 이하의 여인들은 종척과 공경들에게 처로 내주었다. 상이 <하양궁{河陽宮}>에게로 갔다. <하양궁>은 상보다 한 살이 많았으며, 상이 그녀를 애모한 지는 오래되었으나, 이제야 마음껏 함께 할 수 있었던 것이었다. 계미일, 대행{明治大帝}을 <황산{黃山}><장릉{長陵=長壽大帝陵?}> 곁에 장사하였다. <연{淵}>태후가 뒤따라 죽으려고 음식을 끊었다. 상이 말렸더니, 태후가 화를 내며 이르길; "너는 어미가 추악하다고 온 세상에 퍼뜨리려 하려는 것이냐?"라 하였고, 이에 상이 "따라 죽는 것을 금한 것은 조상님들이 만든 법도입니다. 모후께서 그 법도를 어기시고 하직하시면, 필시 그런 풍조가 생길 것입니다."라 하였더니, 태후가 이르길; "아내가 지아비를 따라 죽는 것은 미풍{美風}이거늘 어찌하여 못하게 하느냐? <동명{東明}>께서 따라죽지 못하게 하신 것은 아

마도 <광명{光明}>을 위한 진정책이었던 것이다{또는, <광명>의 짝이 되어서 <광명>을 진정하게 하는 책략이었다}. 어찌 말없이 따라야만 하겠느냐! <위{魏}>의 <풍{馮}>녀와 <호{胡}>녀를 너는 모른단 말이냐? 후와 비가 된 이들은 오롯이, 입고 먹는 것을 아끼며 자신의 직분에 부지런해야 하고, 욕망을 내뿜어서 나라를 어지럽혀서도 아니 될 것이며, 어린 아들을 제위에 올려서 도적놈{들}이 그 자리를 빼앗게 하여서도 아니 될 것이다."라 하였다. 병신일에 <연{淵}>태후가 죽어, 대행의 광혈에 장사하였다. 춘추 일흔이었다. 성품은 관후하고, 문장에 능숙하였으며, 궁중의 옛일{들}에도 밝았기에, 큰 일이 있게 되면 언제나 여러 왕{=황자 및 황손들?}들이 받들어서 행하였다. 태후는 애초에 <발{跋}>태자비가 되어서 <발원공{跋元公}>·<발인주{跋仁主}>·<발흥공{跋興公}>을 낳았으며, 대행의 보비가 되어서는 성상을 낳고 후의 반열에 올랐었다. 대행을 46년을 섬겼으며 극진하게 충성하였고, 옷매무새{=행동거지}에 있어선 허리띠를 느슨히 하지 않았었다. 아들 14명을 낳았으며, 모두들 현명하였다. 상이 친히 비문을 지어서 그 덕을 기렸으며 귀감을 삼도록 하였다.

4월, 상이, <황극전{皇極殿}>의 동쪽 누각으로 납시어서, 백 다섯 선비들을 시험하고, 학문과 행실이 두루 훌륭한 이 열여덟을 택하여서 전중사인{殿中舍人; 궁전 내의 관리}을 삼았으며, 상의 동궁시절 궁인들을 처로 삼아주어 하사하고, 그들에게 전택과 노비도 주었다. <보군{宝君}>태자가 <위{魏}>로 가서 조문하여 주었음에 답례하였다. <장수황제{長壽皇帝}>를 <고조효무황제{高祖孝武皇帝}>로, <명치황제{明治皇帝}>를 <태종효문황제{太宗孝文皇帝}>로, <조다{助多}>태자를 <인종효숙황제{仁宗孝肅皇帝}>로, <경{鯨}>태자를 <선종효양황제{仙宗孝讓皇帝}>로 추존하고, 모두에게 큰제사를 올렸다. <루사덕{婁師德}>을 예부상서로 삼았다.

☯ 五月, 大赦大逆以下諸囚. 秩邊將一級, 嚴其防戍. 羽林近侍, 賞賜有差. 置<修鏡院>太學士, 纂修<代鏡>·<留記>·碑銘, 以彰先德聖勳. 上, 親繪<芻牟鏡>聖. 以妃<楚雲>公主爲皇后, 皇子<恪>爲<漢王>. 以<銀>

公主爲妃, 上親繡其裳. <銀>公主, <勗好>太后所生<宝延>女也. 左輔<好勇>, 與主宮尙書<謝玉>, 請; “備三后·五妃之禮, 以答祖宗朝廣嗣之計.” 上曰; “朕, 稟質脆弱, 少多疾病, 不喜女色. 雖有后妃, 何能堪之邪. 姑待數年向康而備之未晩.” 以東宮大夫<桂春娘>爲右侍中. <春娘>, 粗解文字, 未能詩文, 徒奉巾枕, 故人稱色侍中.

七月, <蕭衍>遣使來獻賻儀及醫藥·卜筮·樂器. 上曰; “卜筮·樂器, 非吾所知, 唯醫藥下「藥院」考其効否.”

八月, 遣<隆>太子及<烏門>于<梁>, 答其賻儀, 求名醫. <張彦秀>·<蕭衡器>等來, <簫衍>所送. <江法盛>爲<魏>船所執送至<洛陽>, 上命<詡>釋還, 曰; “哀慶, 相問, 禮也. 何疑而捉之留之哉.” 以<朱金鈴>爲內舍人, 其夫<芙星>爲御鹿監. 如<河陽宮>, 驟雨終日, 翌日還宮. 輔國將軍<谷瑃>妻<瑚雲>公主薨, 年六十八. 以先帝寵妾之故, 葬以貴嬪禮, 賜<瑃>以先帝後宮<玉蜻院>妃<宣>氏爲妻, 年十九.

十二月, <河陽宮>生上女<江陰>公主, 後歸<楊義德>.

○ 5월, 대역죄보다 가벼운 모든 죄수를 사면하고, 변방장수들의 품계를 한 급씩 올려주어서 수자리 방비를 엄히 하도록 하였으며, 가까이에서 입시하여 지키는 우림들에게는 차등을 두어서 상을 내렸다. <수경원{修鏡院}>에 태학사{太學士}를 두어서 <대경{代鏡}>과 <유기{留記}> 및 비명{碑銘}을 찬수케 하고, 이로써 선제들의 덕과 성훈을 널리 드러내게 하였다. 상이 친히 <추모경{芻牟鏡}>을 그렸더니 훌륭하였다. 비였던 <초운{楚雲}>공주를 황후로 삼고, 황자 <각{恪}>은 <한왕{漢王; 漢땅을 다스린 高句麗의 行職官爵}>을 삼았다. <은{銀}>공주를 비로 삼고, 상이 친히 그녀의 치마에 수를 놓아주었다. <은{銀}>공주는 <욱호{勗好}>태후 소생인 <보연{宝延}>의 딸이다. 좌보 <호용{好勇}>이, 주궁상서 <사옥{謝玉}>과 함께, “3후·5비의 예를 갖추시어서, 조종조{祖宗朝}의 광사지계{廣嗣之計; 자손을 널리 퍼뜨리는 일}을 따르십시오.”라 청하였더니, 상은 “짐은 타고난 체질이 좀 약하고 어렸을 때 질병이 많았더니 여색이 반갑지 않소. 설사 후{后}와 비{妃}가 있다한들 어찌 능히 감당한단 말이오? 잠시 수년을 기다렸다가 편안하여지거든 갖

추어도 늦지 않을 것이오."라 답하였다. 동궁대부 <계춘낭{桂春娘}>을 우시중으로 삼았다. <계춘낭{春娘}>은 문자 해독이 서툴고 능히 시문{詩文}을 하지 못하였으나 두건{또는, 수건}과 베개{=잠자리}를 챙겨 주기는 잘하여, 사람들이 그를 색시중{色侍中}이라 일컬었다.

7월, <소연{蕭衍=梁太祖; 蕭道成의 齊를 梁으로 국명을 바꾸었음}>이 사신을 보내와서 부의와 의약{醫藥}·복서{卜筮}·악기{樂器}를 바쳤더니, 상이 이르길; "복서와 악기는 내가 알아야 할 바 아니며, 오직 의약만은 「약원{藥院}」으로 내려 보내서 그 효험 여부를 가리시오."라 하였다.

8월, <륭{隆}>태자와 <오문{烏門}>을 <양{梁}>에 보내서, 부의하여 주었음에 답례하고 명의{名醫}를 구해오게 하였더니, <장언수{張彦秀}>와 <소형기{蕭衡器}> 등이 왔다. <소연{蕭衍}>이 보내왔음이었다. <강법성{江法盛}>이 <위{魏}>의 수군에게 붙잡혀서 <락양{洛陽}>으로 보내졌기에, 상이 <탁발후{詡=北魏肅宗}>에게 풀어주어 돌려보내라고 명하며, 이르길; "애사{哀事}와 경사{慶事}는 서로 찾아보는 것이 예의인데, 어찌 의심하여 붙잡아 가둔단 말인가!"라 하였다{☞비슷한 기사가 <삼국사기>엔 2년의 춘정월에 보임; 내용은 엉뚱함!}. <주금령{朱金鈴}>을 내사인{內舍人}으로 삼았으며, 그의 지아비 <부성{芙星}>은 어록감{御鹿監}을 삼았다. <하양궁{河陽宮}>으로 납시었다가, 종일토록 비가 내려서, 다음 날 환궁하였다. 보국장군<곡춘{谷瑃}>의 처 <호운{瑚雲}>공주가 68살에 죽었다. 선제의 총첩이었던 까닭에 귀빈의 예로 장사하였으며, <곡춘{瑃}>에게는 선제{=明治大帝}의 후궁이었던 <옥정원{玉蜻院}>비 <선{宣}>씨를 하사하였다. 나이 열아홉이었다. 12월, <하양궁>이 상의 딸 <강음{江陰}>공주를 낳았다. 후에 <양의덕{楊義德}>에게 출가했다.

☯ 庚子<安藏>二年, 春正月, 丙子朔, 日食. 上不豫, <楚>皇后與太子<宝延>受朝於<皇極殿>.

二月, 行大行大祭, 命先帝宮人歸家. <原宗>, 頒律令, 製公服.

三月, <宝君>, 自<魏>還, 言; "<詡>母<胡>太后, 與<懌>, 相通. <胡>之妹夫<元乂{=義}>, 惡之, 與母<福>, 欲殺<懌>." 上曰; "<福>窃人主之母而生女, <乂{=義}>欲弄人之國乎.” 命召之, 不來. <宝君>, 亦與<胡>, 烝報, 云.

四月, 上, 如<卒本>親祀祖廟, 命皇太子代行政事. 皇太子, 以<彤管宮>學士<梁>氏, 爲東宮舍人, 叅決政事. <梁>氏, <修鏡院>學士<淵學>之妻也. 美皃而敏, 善文章, 能算數. 東宮, 愛其才, 累召幸之. 至是, 自以爲得娠, 東宮乃納之. <梁>, 遂專事東宮, 而不顧其夫. <朱金鈴>生上子<鈴>太子, 封<金鈴>爲貴嬪, 賜五品, 年十八. 其父<况>爲羽林尉. 皇太子, 擇三品朝官之女十人于<百丹院>, 賜宗室爲妾以廣瓊孫. 盖此三品官者, 富豪出身也. 氏系未詳, 故勳舊之臣, 不悅而諫之. 皇太子曰; “骨肉相婚已甚, 元氣凋殘, 不可無生新之道也.” 定皇子秩二品·一品·無品, 皇孫秩三品·二品·一品, 皇曾孫四品·三品·二品·一品, 皇玄孫五品·四品·三品·二品·一品. 皇女亦然. 母微者隨骨降等. 皇子正妻位如其夫, 副妻以下降. 殺公主下嫁者, 位高於夫則夫亦陞其等. 三品女爲宗室妾者, 隨其夫位降等待以公卿妻例, 生子則陞等以正妻例待以宗室. 當夕承寵者待以妃嬪例.

○ 경자{단기2853/AD520}<안장{安藏}>2년, 춘정월, 병자일 초하루에 일식이 있었다. 상이 위중하여, <초{楚=楚}>황후와 태자 <보연{宝延}>이 <황극전{皇極殿}>에서 조례를 받았다.

2월, 대행의 큰제사를 지내고, 선제{=文咨} 궁인들에겐 귀가하라 명하였다. <원종{原宗}>이 율령을 반포하고 공복{=관복}을 짓게 했다.

3월, <보군{宝君}>이 <위{魏=北魏}>에서 돌아와 아뢰길; “<원후{詡=北魏肅宗}>의 어미 <호{胡}>태후가 <역{懌}>과 상통하였으며, <호{胡}>태후 여동생의 지아비 <원의{元乂}>는 그 꼴이 싫어서 자신의 어미 <복{福}>과 함께 <역{懌}>을 죽이려 하였습니다.”라 하였더니, 상은 “<복{福}>이 임금의 어미 자리를 훔쳐서 딸을 낳더니, <원의{乂}>는 딴 사람의 나라를 희롱하려 하는구먼!”이라 하였다. 명을 내려서 <의{乂}>를 불렀지만 오지 않았다. <보군{宝君}> 또한 <호{胡}>와 치붙었다는 말이 있다.

4월, 상이 <졸본{卒本}>에 가서 친히 조상사당에 제사를 올리고{☞

<삼국사기>에서는 3년 하4월 기사로 나온다}, 황태자{=보연}에게 명하여 정사를 대행하게 하였다. 황태자는 <동관궁{彤管宮}>학사 <양{梁}>씨를 동궁 사인을 삼아서 정사처결에 참여하게 하였다. <양>씨는 <수경원{修鏡院}>학사 <연학{淵學}>의 처로, 미모인데다가 총민하고, 문장을 잘 하며 셈법에도 능하여서, 동궁이 그 재능을 아끼고 누차 불러들여 즐겼었다. 지금에 이르러 자연히 아이를 가지게 되었더니, 동궁이 마침내 거두어들인 것이었다. <양{梁}>은 동궁의 총애를 독차지하더니만 자신의 지아비는 거들떠보지도 않았다. <주금령{朱金鈴}>이 상의 아들 <령{鈴}>태자를 낳았기에, <주금령{金鈴}>을 귀빈으로 봉하고 5품 작위를 내렸다. 18살이었다. 그의 아비 <황{況}>은 우림위가 되었다. 황태자가 3품 조정 관료들의 딸 10인을 <백단원{百丹院}>에서 가려내어 종실들에게 첩으로 주어서 귀한 자손들을 늘리게 하였다. 이들 3품 관료들은 모두 부유한 호족 출신이어서 씨{氏}들의 계보가 자세하지 않았더니, 훈구지신{勳舊之臣}들이 내키지 않아하며 말렸더니, 황태자{皇太子=宝延}가 이르길; "골육들 서로간의 혼인은 이미 심하여서 원기가 시들고 쇠잔하였으니, 새로운 제도를 만들지 않을 수 없게 되었소."라 하였다. 황자{皇子}는 2품·1품·무품으로 차등을 두고, 황손은 3품·2품·1품으로 차등을 두었으며, 황증손은 4품·3품·2품·1품으로 차등을 두고, 황현손{皇玄孫}은 5품·4품·3품·2품·1품으로 차등을 두었다. 황녀{皇女}도 마찬가지로 하였다. 어미가 한미{寒微}한 때는 골품{骨品} 등위를 낮추게 하였다. 황자의 정실 처 품위는 자신의 지아비와 같게 하고, 부실 처 이하는 품위를 낮게 하였다. 공주{公主}가 자리를 버리고 하가하여 그 품위가 지아비보다 높으면, 지아비 또한 그 품계가 되게 하였다. 3품의 딸이 종실의 첩이 되면, 지아비의 등위를 따라 강등하여 공경 처의 예로 대우하였다가, 아들을 낳으면 등위를 올려 정실 처의 예에 따라 종실로 대우하게 하였다. 저녁에 승은을 입은 이는 비빈{妃嬪}의 예로 대우하게 하였다.

☯ 五月, 上, 自<卒本>還所經州郡, 貧乏者賜穀一人一斛, 父老帛段酒肉. 以<晋錦>爲東宮貴嬪, 命當夕. <錦>, 富商<晋冠>女也, 十六入<宝

延>爲寵姬, 有寵而無子, 至是生子<錦>公, 賜爵二品. 産淸, 上召入臥內通之. <錦>, 有婟術, 能快上旨. 上曰; “婟術, 雖快於行<雲>, 有妨於産子. 吾妻當愼之.” <錦>, 著之, 自是, 與上同枕, 不能行婟術. 以是, 漸生子, 時年二十七.

六月, 上, 如<黃山>宴宗室公卿, 嗚咽, 謂左右, 曰; “吾祖吾考何等聖君. 而不肖継之如臨深淵. 卿等, 以世祿姻親之臣, 與朕一身, 共治天下, 無至有失.” 又謂皇太子以下諸弟諸叔, 曰; “汝等, 與我, 同母同父骨肉之親也. 宜皆孝友勤儉爲祖爲國無恣己慾.” 皇太子<宝延>曰; “臣等罪重, 先皇棄之, 忽爲無父之子. 聖上子之, 深蒙再生之恩. 誓以忠孝事之.” 宗室皆俯伏一聲. 上, 撫之, 曰; “汝等之一癢一痛, 朕當思之. 宜朝夕訴求, 如父皇生時, 可也.” 群臣與其妻及公主, 請復當夕. 上曰; “當夕, 雖是祖宗古禮, 亦夷禮也, 當廢. 況予蒲柳之質, 安能濫色乎. 非予不愛汝等, 奈無餘力何.”

○ 5월, 상이 <졸본{卒本}>에서 돌아오는 길에 주{州}와 군{郡}들을 지나면서, 빈한하고 궁핍한 이들에게는 한 사람에게 한 섬씩의 곡식을 내려주었으며, 부로{권세가의 노인}들에게는 백단{비단} 및 술과 고기를 내려주었다{☞<삼국사기>에서는 3년조 5월 기사로 나온다}. <진금{晋錦}>을 동궁귀빈으로 삼아서 저녁시중을 들라 명하였다. <진금{錦}>은 부유한 상인 <진관{晋冠}>의 딸로, 16살에 <보연{宝延}>에게 들어가서 총희가 되었으며, 총애는 받았으나 아들을 낳지 못하고 있다가, 지금에 이르러 아들 <금{錦}>공을 낳았더니 2품 작위를 내렸으며, 아이 낳은 뒤가 말끔하여, 상이 불러들여 눕게 하고 내통하였다. <금{錦}>은 남자를 녹이는 재주가 있어서 상의 구미를 능히 즐겁게 하였기에, 상이 아르길; “남자를 녹이는 재주는 <운{雲}>과 할 때보다 즐겁지만 아들 낳기엔 거리낌이 있구나. 나의 처는 응당 아들을 낳을 수 있어야 한다.”라 하였다. 이에 <금{錦}>은 이 말을 글로 써놓았으며 그 이후로는 상과 동침하여도 그 재주를 부리지 못하였다. 그러더니 차차로 아들을 낳게 되었고, 이때의 나이 스물일곱이었다.

6월, 상이 <황산{黃山}>으로 가서 종실과 공경들에게 연회를 베풀고, 울음을 삼키며 이르길; "내 할아버지{=長壽大帝}와 내 아버지{=明治大帝}는 얼마나 성군이셨소! 불초가 그분들을 이었더니 마치 깊은 물가에 서있는 듯합니다. 경들은 세록인친{世祿姻親=벼슬과 혼인으로 맺어진}의 신하들이시니, 짐과 더불어서 천하를 함께 다스림에 잘못이 생기지 않도록 해야 할 것이오."라 하였고, 또한 황태자{=보연} 이하 여러 동생들과 숙부들에게도 이르길; "그대들은 나와는 같은 어머니와 같은 아버지를 둔 골육지친들이오. 마땅히 모두는 효성과 우애가 있어야 하고, 근검하여서 조상님들과 나라를 위하여야 할 것이며, 방자하게 자신의 욕망을 따르지는 말아야 할 것이오."라 하였다. 이에 황태자 <보연{宝延}>이 아뢰길; "신 등의 죄가 무거워서 선황께서 저희를 버리셨더니, 별안간 아버지 없는 자식들이 되었었습니다. 성상께서 저희들을 자식으로 거두어 주시고 깊게 감싸주시니 두 번 사는 은혜를 내리신 것입니다. 맹세컨대 충성과 효심으로 받들겠습니다."라 하였다. 종실들 모두가 부복하여 한 목소리가 되었다. 이에 상이 위무하여 이르길; "그대들의 가려운 곳 하나하나 아픈 곳 하나하나를 짐은 응당 살필 것이오. 부황께서 살아계셨던 때와 같이 마땅히 조석으로 흔쾌한 마음으로 달라고 하시오."라 하였다. 많은 신하들 및 그들의 처와 공주들까지 저녁에 모시는 일을 되살려주시라고 청하였더니, 이에 상이 이르길; "저녁을 감당하게 하는 것은 비록 조종이 이루신 오랜 예법이나, 역시 야만스런{☞ 이미 儒道 昌盛?} 예법이니, 마땅히 폐할 것이오. 하물며 나는 체질이 연약하거늘 어찌 능히 넘치도록 호색할 수 있겠소? 내가 그대들을 아끼지 않는 것이 아니고, 그럴 여력이 없으니 어쩌겠소."라 하였다.

☯ 七月, 命<瓘>太子, 修<長壽>·<明治>兩代「聖鏡」七百卷. 上, 親繪卷首, 昼夜不撤. 命宗室無子者, 擇瓊林貞女以妻之. 又擇公卿之賢妻所生女子妾之期其生子, 以廣宗室之繁茂. 上曰; "聖骨相婚, 雖是古風, 相愛之通, 然若不生子, 宜擇良妻. 百官三品以上有賢行者, 皆可納女爲朕." 故九官三品以上之女無得擅自婚嫁, 皆詣<內翰院>, 習宗室儀, 習陰禮胎敎. <魏><元乂>, 殺<懌>而幽<胡>太后, 杖<懌>子<亶>一百幾死.

八月, 以<鯨>公主爲第二皇后, <平陽>公主爲第三皇后, <河陽>公主爲太后. <銀>公主生太孫<奭>. 擧茂才, <李義臣>·<楊岐叔>·工藝士<元德成>等三十人, 授職.

九月, 拜三品女五人爲七品尚儀, 賜宗室無子者妾之, 待其生子而許爲正妻. 禁下嫁. 公主袴用君生子之風.

○ 7월, <관{琯}>태자에게 명을 내려서 <장수{長壽}>와 <명치{明治}> 양 대의 「성경{聖鏡}」 7백 권을 찬수케 하였다. 상도 친히 권두{卷頭}를 그리시기에 밤낮을 가리지 않았다. 종실 중에 아들이 없는 이들에게 명을 내려서, 경림{瓊林}의 정숙한 여인을 택하여 처를 삼고 또한 공경들의 현처 소생 딸자식을 첩으로 들여서, 자식들을 낳아 종실을 번성하여 무성하게 하라고 하였다. 상이 이르길; "성골{聖骨}들은 서로 간에만 혼인하는 것이 비록 오랜 된 풍속이라 하여도, 상통하여서 아들을 낳지 못한다면 응당 좋은 처를 {더} 맞아들여야 할 것이오. 백관들 중 3품 이상으로 뛰어난 행적이 있는 이들 모두는 짐을 위해서 딸을 내놓아야 할 것이오."라 하였더니, 모든 3품 이상 관료들의 딸들은 제 맘대로 혼인하지 않고, 모두 <내한원{內翰院}>에 들어가서 종실의 예법을 배우고 여인의 예법과 태교를 익혔다. <위{魏}>의 <원의{元乂}>가 <역{懌}>을 죽이고 <호{胡}>태후를 가두었으며, <역>의 아들 <단{亶}>은 곤장 100대를 맞아서 거의 주검이 다되었었다.

8월, <경{鯨}>공주를 둘째 황후로, <평양{平陽}>공주를 셋째 황후로, <하양{河陽}>공주를 태후로 삼았다. <은{銀}>공주가 태손{太孫} <석{奭}>을 낳았다. 재능이 많은 이들을 천거 받았으며, <이의신{李義臣}>·<양기숙{楊岐叔}> 및 공예사 <원덕성{元德成}> 등 30인에게 직무를 주었다.

9월, 3품들의 딸 다섯을 7품 상의로 삼아서 종실들 중에 아들 없는 이들에게 내려주어 첩을 삼게 하였으며, 아들을 낳으면 정실 처로 삼게 하였다. 하가{下嫁=종실의 딸이 지체가 낮은 집안으로 출가하는 것}를 금하였다. 공주의 아랫도리는 군{君; 임금이나 황자 또는 왕자}들만을 용납하여 자식을 낳게 하는 풍습이었다.

☯ 十月, 置九卿五館. 先皇之遺命也. 曰「大府卿」掌御藏及泉貨, 卿<爾朱彦>, 小卿二人<吳進>·<芙星>. 曰「小府卿」掌御供營繕, 卿<谷玵>, 小卿<徐文>·<粟秩>. 曰「秘府卿」掌璽宝·玉冊, 卿<王衡>, 小卿<賀萇>·<鵞憲太>. 曰「太常卿」掌祭享吊慰, 卿<琚>太子, 小卿<琚>太子妃<晋嬙>·<王衡>妻<晋華>. 曰「司宰卿」掌宴親御廚, 卿<晋德>, 小卿<桂溫門>·<王義人>. 曰「衛尉卿」掌羽林·鹵·簿, 卿<晋晁>, 小卿<谷瑨>·<乙支祥>. 曰「太僕卿」掌車馬曰獵, 卿<華日>, 小卿<華日>妻<晋昌>女與<義>太子妃<華蜃>. 曰「鴻臚卿」掌禮賓使行, 卿<梱>太子, 小卿<梱>太子妃·<王姬>妾<鄭婐>. 曰「司農卿」掌勸農恤民, 卿<欒鬲>, 小卿<燕信>·<魚春>. 曰「孝賢館」養孝子賢人, 大夫<呂崇>, 郎中二人<山箕>·<齒鱗>. 曰「翰林館」養文章才士, 大夫<賀國>, 郎中<李勳>·<大房滬>. 曰「國射館」養弓釼武勇, 大夫<齊連>, 郎中<通成>·<牛中>. 曰「司譯館」養譯語外事, 大夫<梁吉>, 郎中<元敏>·<乙中>. 曰「軍器館」掌造兵造船, 大夫<鄭儉>, 郎中<桂長>·<朱越>.

十一月, 上, 與三后, 如「溫湯」. 指連抱之木戴雪而擴路, 曰; "祖皇種德至今彰矣. 樹尙如彼, 况人乎哉. 吾, 與汝等, 當爲祖皇祝福." 三后乃{繡}福衣以獻于樹王, 上爲之親繪. <柔然>王<阿那瓌>, 爲<示發>所敗, 輕騎入<魏>. <魏>, 以二千騎護之, 發兵万五千而送其境上.

○ 10월, 9경{卿} 5관{館}을 두었다. 선황{=明治大帝卽文咨明王}의 명이었다. 「대부경{大府卿}」은 궁궐 내의 창고와 돈 및 재물을 관장하며, 경{卿}은 <이주언{爾朱彦}>, 소경{小卿} 2인은 <오진{吳進}>과 <부성{芙星}>으로 하였다. 「소부경{小府卿}」은 궁궐 내의 이바지와 영선을 관장하며, 경은 <곡감{谷玵}>, 소경은 <서문{徐文}>과 <속질{粟秩}>로 하였다. 「비부경{秘府卿}」은 새보와 옥책을 관장하며, 경은 <왕형{王衡}>, 소경은 <하장{賀萇}>과 <아헌태{鵞憲太}>로 하였다. 「태상경{太常卿}」은 제향과 상사를 관장하며, 경은 <거{琚}>태자, 소경은 <거{琚}>태자비 <진장{晋嬙}>과

<왕형{王衡}>처 <진화{晋華}>로 하였다. 「사재경{司宰卿}」은 어친 들에 대한 연회와 주방을 관장하며, 경은 <진덕{晋德}>, 소경은 <계온문{桂溫門}>과 <왕희인{王羲人}>으로 하였다. 「위위경{衛尉卿}」은 우림{羽林}과 소금{鹵} 및 장부{簿}를 관장하며, 경은 <진면{晋冕}>, 소경은 <곡진{谷瑨}>과 <을지상{乙支祥}>으로 하였다. 「태복경{太僕卿}」은 거마 즉 사냥을 관장하며, 경은 <화일{華日}>, 소경은 <화일{華日}>의 처 <진창{晋昌}>의 딸과 <의{義}>태자비 <화신{華蜃}>으로 하였다. 「홍로경{鴻臚卿}」은 예빈과 사행을 관장하며, 경은 <균{稛}>태자, 소경은 <균{稛}>태자비와 <왕희{王姬}>의 첩 <정와{鄭婐}>로 하였다. 「사농경{司農卿}」은 권농과 백성의 구휼을 관장하며, 경은 <란격{欒鬲}>, 소경은 <연신{燕信}>과 <어춘{魚春}>으로 하였다. 「효현관{孝賢館}」은 효자와 현인을 양성하며, 대부{大夫}는 <여숭{呂崇}>, 랑중{郎中}은 <산기{山箕}>와 <치린{齒鱗}>으로 하였다. 「한림관{翰林館}」은 문장재사를 양성하며, 대부는 <하국{賀國}>, 랑중은 <이훈{李勳}>과 <대방호{大房滬}>로 하였다. 「국사관{國射館}」은 활과 칼을 쓰는 무사를 용감하게 키워내며, 대부는 <제연{齊連}>, 랑중은 <통성{通成}>과 <우중{牛中}>으로 하였다. 「사역관{司譯館}」은 통역과 외사를 양성하며, 대부는 <양길{梁吉}>, 랑중은 <원민{元敏}>과 <을중{乙中}>으로 하였다. 「군기관{軍器館}」은 병장기와 전선을 만들며, 대부는 <정검{鄭儉}>, 랑중은 <계장{桂長}>과 <주월{朱越}>로 하였다.

11월, 상이 후 셋과 함께 온탕으로 갔다. 나란히 붙어 서서 눈을 이고 있으면서 길을 트고 있는 아름드리나무들을 가리키며, 이르길; "조황{祖皇}들께서 심어놓으신 덕이 오늘날이 되어서야 빛나고 있음이오. 나무들도 오히려 저러할진대, 항차 사람들은 어떠하겠소. 나와 그대들은 응당 조황님들을 축복하여야 할 것이오"라 하였다. 3명의 후들은 이에 수를 놓아 축복한 옷을 수왕{樹王; 가장 큰 나무}에게 바쳤고, 상은 그들을 위해 친히 그림을 그렸다. <유연{柔然}>왕 <아나괴{阿那瓌}>가 <시발{示發}>에게 패하여 날랜 말을 타고 <위{魏}>로 도망하여 들어갔고, <위>는 2천기로 그를 보호하였으며 1만 5천의 군병을 일으켜서 그를 그의 국경으로 보내 주었다.

☯ 辛丑<安藏>三年, 春正月, 庚午朔, <奚>王<[桓]出>, 遣使, 獻土物請婚. <[桓]出>, 本<宇文>氏<廣>公之裔也. 上, 命瓊叢大夫<瓘>太子, 會宗室議之. 以<跋元公>女<好竹>爲上女封公主, 而送之. <跋元公>, 上之異父兄也. <跋>太子之子也. <淵>太后出也. <柔然><[婆]羅門(阿那瓌之從兄)>討<示發>破之而自立, <阿羅瓌>不得入國.

<蕭衍>使<江法盛>之持書, 有封上爲<營>·<平>都督之句, 故囚於<洛陽>而不放. 上, 笑, 曰; "<衍>, 以小奴, 敢驕如此. 其能久乎." 上女<寧陽>公主爲<陰>太子妃. <陰>太子, <勗好>太后出<明治>子也. 時年二十五. 自幼學画, 於上時爲<修鏡院>學士. <寧陽>者, <德陽>胞妹, 時年十九, 亦能書画琴碁. 上, 爱之, 欲爲皇太子副妃. <寧陽>, 不肯之, 奔于<陰>太子而孕, 故乃爲其妃.

○ 신축{단기2854/AD521}<안장{安藏}>3년, 춘정월, 경오일 초하루에 <해{奚}>왕 <두출{桓出}>이 사신을 보내와 토산물을 바치고 청혼하였다. <두출>은 본디 <우문{宇文}>씨 <광{廣}>공의 후예이다. 상이 경총대부 <관{瓘}>태자에게 명하여 종실들과 협의하라 하였더니, <발원공{跋元公}>의 딸 <호죽{好竹}>을 상의 딸로 삼고 공주로 봉하여서 보내주었다. <발원공>은 상의 동복이부인 형이며, <발{跋}>태자의 아들로 <연{淵}>태후 소생이다. <유연{柔然}>의 <파라문{婆羅門}(아나괴지종형)>이 <시발{示發}>을 토벌하여 깨뜨리고 스스로 보위에 올랐기에, <아나괴{阿羅瓌}>는 나라 안으로 들어갈 수 없게 되었다.

<소연{蕭衍=梁太祖武帝}>의 사신 <강법성{江法盛}>이 몸에 지녔던 글에 '상을 <영{營}>·<평{平}>도독으로 봉한다.'는 구절이 문제가 되어, <락양{洛陽}>에 갇혀서 풀려나질 못하였었더니, 상이 웃으며 이르길; "<소연{衍}>은 조그마한 놈 주제에 감히 건방지기가 이러하니 오래 갈 수 있겠나?"라 하였다.

{☞<삼국사기>엔 『2년(AD520) 춘정월에 <양>에 사신을 보내 조공하였다. 2월에 <양>의 고조가 왕을 영동장군도독<영><평>2주제군사<고구리>왕"으로 봉하고 사신 <강주성>을 보내거 의관·칼·패물 등을 전하게 하였더니 <위>의 군사가 물 가운데서 붙잡아 <낙양>으로 보냈다. <위>에서 왕을 "안동장군영호동이교위<요동군>개국공<고구리>왕"으로 책봉하였다. 추9월, {왕이} <양>으로 들어가서 조공하였다.』라고 기록되어 현전하고 있으

니… 허참!}.

상의 딸 <녕양{寧陽}>공주를 <음{陰}>태자비로 삼았다. <음>태자는 <욱호{勗好}>태후가 낳은 <명치{明治}>의 아들로, 이때 25살이었다. 어릴 적부터 그림을 배웠으며, 상의 치세에 <수경원{修鏡院}>학사가 되었다. <녕양{寧陽}>은 <덕양{德陽}>의 동복 여동생으로 19살이었는데, 역시 글씨·그림·거문고 및 바둑에 능하였다. 상이 그녀를 아꼈기에 황태자의 부비로 삼아주려 하였었더니, <녕양>은 이를 수긍하지 않고 <음>태자에게로 도망하였었고, 아이가 생기자 그의 비가 되었었다.

☯ 四月, 如<卒本>告<宝延>爲東宮. 時, 東宮妃<德陽>生<平山>公主, <桂>侍中生上子<師亮>太子.

五月, <伯濟>, 大水漂屋. 是秋, 又以蝗害, 民飢流入<新羅>者千余戶. 以此二國不睦. <駕洛>君<鉗知>殂, 子<仇衡>立.

七月, 東宮舍人<梁>氏爲東宮大夫, 賜名<義臣>, 陞階四品. <義臣>, 以<內翰院>提敎, 得寵於東宮爲舍人. 至是, 又得寵於上, 以陞大夫. 上, 謂東宮, 曰; "如此之人後日可作女侍中, 汝宜大用."

○ 4월, <졸본{卒本}>으로 가서 <보연{宝延}>을 동궁으로 삼았음을 고하였다. 이때, 동궁비 <덕양{德陽}>은 <평산{平山}>공주를 낳았고, <계{桂}>시중은 상의 아들 <사량{師亮}>태자를 낳았다.

5월, <백제{伯濟}>에 큰물이 져서 집들이 떠내려갔고, 가을엔 또 황충이 일어서 굶주리다가 <신라{新羅}>로 들어간 백성들이 천여 호가 되었다. 이 일로 두 나라는 화목하지 않게 되었다. <가락{駕洛}>의 임금 <겸지{鉗知}>가 죽어, 아들 <구형{仇衡}>이 섰다.

7월, 동궁의 사인 <양{梁}>씨를 동궁대부로 삼고, 이름을 <의신{義臣}>이라 내려주었으며, 품계는 4품으로 올려주었다. <의신>은 <내한원{內翰院}>제교{提敎}로 있다가 동궁의 총애를 받아 사인이 되더니, 이때에 이르러서는 상의 총애를 받아 대부로 올려진 것이었다. 상이 동궁에게 이르길; "이와 같은 이는 후일에 여자 시중으로 삼을 수 있을 것이고, 자네는 마땅히 크게 써야 할 것이야."라 하였다.

☯ 八月, <高車>與<柔然>相戰. <阿那瓌>居<磧>東, <[婆]羅門>居<西海>, <高車>居<金山>. <阿那瓌>兄<俟匿伐>, 詣<懷朔鎭>請兵於<魏>, 而迎<阿那瓌>使居<無結山>下<吐若><奚泉>. <紅院>生上子<仡>太子.

九月, 右輔<乙支蕃>母<淵嬙>薨, 年七十五. <晃>太子女也. 能文章·善歌詞. <淵>太后之胞兄, 故於上爲伯姨. 然, 好淫無行, 通富商<晋福>而生<冠華>·<冕嬙>, 其夫<乙支拓>棄之. 上, 東宮時, 亦通好生二女. 卽位以太后禮待之, 聞其丧而廢朝, 親製吊文而祭之. <乙支蕃>以丧辭右輔, 以侍中<賀田>之夫<瑚國>爲右輔, 皆年六十. <賀田>者, <壽皇>女<賀>公主之出也, 善<契丹>語<胡>語, 通文章, 美而善媎. 上, 亦自東宮時, 爱之, 寵未衰焉.

○ 8월, <고차{高車}>와 <유연{柔然}>이 서로 싸웠다. <아나괴{阿那瓌}>는 <적석산{磧=磧石山}>동쪽, <파라문{婆羅門}>은 <서해{西海=靑海}>, <고차{高車}>는 <금산{金山=알타이산?}>에 자리하고 있었다. <아나괴>의 형 <준닉벌{俊匿伐; 柔軟의 可汗}>은 <회삭진{懷朔鎭}>으로 찾아가 <위{魏}>에게 군병을 청하여서 <아니괴>를 맞아들여 <무결산{無結山}>아래 <토약{吐若}>의 <해천{奚川}>땅에 자리를 잡게 해주었다. <홍원{紅院}>이 상의 아들 <흘{仡}>태자를 낳았다.

9월, 우보 <을지번{乙支蕃}>의 어미 <연장{淵嬙}>이 75살에 죽었다. <황{晃}>태자의 딸로 문장과 가사에 능하였으며, <연{淵}>태후의 동복언니로 상에겐 큰 이모이었다. 허나, 음행을 빼놓고는 하는 일이 없었으며, 부유한 상인 <진복{晋福}>과 통정하여 <관화{冠華}>와 <면장{冕嬙}>를 낳았더니, 그녀의 지아비가 그녀를 버렸다. 상도 동궁시절에 역시 통정하여 딸 둘을 낳았었다. 즉위한 이래 태후의 예로 대하였으며, 그녀가 죽었다는 말에 조회를 파하고 친히 조문을 지어 제사를 지냈다. <을지번{乙支蕃}>이 복상 중임을 들어 우보자리를 고사하자, 시중 <하전{賀田}>의 지아비 <호국{瑚國}>이 우보가 되었다. 둘 다 나이 예순이었다. <하전>은 <수황{壽皇=장수대제}>의 딸

<하{賀}>공주 소생으로, <거란{契丹}>과 <호{胡}>의 말에 능하고 문장에도 달통하였으며 예쁘고 교태도 있었더니, 상 역시 동궁시절부터 그녀를 좋아하였고 총애함이 아직 식지 않았었다.

● 壬寅<安藏>四年, 春正月, 甲午朔, <河陽>太后生上女<河濱>公主. 上, 命<紅院>, 取之爲<忔>太子妃.

二月, 第二皇后<鯨>公主崩, 春秋五十八. 后, <鯨>太后出<壽皇>女也. 性淸儉, 少言語. 初爲<文咨>宮人, 後爲上補妃. 雖無殊寵, 以持大體爲副后, 常與皇太子相通, 於上無育. 以<平陽>爲第二皇后. 「紅院」<婁>氏爲第三皇后, <師德>女也. 三品女皇后之始.

三月, <原宗>, 以其從弟<比助夫>之女, 妻<仇衡>而結親. <婁師弘>爲殿中舍人. <鯖>公主袴君, <紅>皇后弟也. 時年十四, 每直與其母<桂>侍中同裯. 上, 不禁之. <鯖>公主, 皇太子女, 初爲<滄>太子妃, 至是爲上後宮. <鯨>副后出也.

四月, <高車>君<伊匐>爲<柔然>所敗, 其弟<越居>殺<伊匐>而自立. <桂>侍中, 爲其子<師弘>, 享<滄>太子及<鯖>公主. <滄>太子, 遂通<桂>侍中, 而誓翊.

○ 임인{단기2855/AD522}<안장{安藏}>4년, 춘정월, 갑오일 초하루에 <하양{河陽}>태후가 상의 딸 <하빈{河濱}>공주를 낳았다{☞<河陽>태후의 고향이 <九原>동부 <黑河>유역 <河濱關> 즉 <托克托>지경?}. 상이 <홍원{紅院}>에게 명하길, 데려다가 훗날 성장하거든 <흘{忔}>태자비로 삼으라 하였다.

2월, 둘째 2황후 <경{鯨}>공주가 죽었다. 춘추 쉰여덟이었다. 후는 <경{鯨}>태후가 낳은 <수황{壽皇}>의 딸로, 맑고 검소한 성품에 말수가 적었다. 애초엔 <문자{文咨=明治}>의 궁인이었다가, 후에 상의 보비가 되었다. 비록 특별한 총애를 받지는 않았어도, 두루 격을 잃지 않아 부후가 되었었으나, 평소 황태자{=보연}와 상통하여 상과의 사이엔 자식이 없었다. <평양{平陽}>을 둘째 황후로 삼았으며, 「홍원{紅院}」 <루{婁}>씨를 셋째 3황후로 삼았는데 <루사덕{師德}>의 딸이었다. 이로 인하여 3품의 딸에서 황후가 나오는 것이 비롯되었다.

3월, <원종{原宗}>이 자기 종제 <비조부{比助夫}>의 딸을 <구형{仇衡=駕洛末王}>에게 처로 주고 결친하였다. <루사홍{屢師弘}>이 전중사인이 되었다. <청{鯖}>공주의 고군{袴君=情夫}으로 <홍{紅}>황후 남동생이었다. 이때, 나이 열 넷이었으며, 매번 곧바로 그 어미 <계{桂}>시중과 함께 같은 이불을 덮었고, 상은 이를 금하지 않았다. <청{鯖}>공주는 황태자{=보연}의 딸로, 애초에 <창{滄}>태자비가 되었다가, 지금에 와서 상의 후궁이 되었다. <경{耿}>부후 소생이었다.

4월, <고차{高車}>의 임금 <이복{伊匐}>이 <유연{柔然}>에게 패하자, 그의 동생 <휼거{遹居}>가 <이복>을 죽이고 자신이 보위에 올랐다. <계{桂}>시중이 자신의 아들 <사홍{師弘}>을 위해, <창{滄}>태자와 <청{鯖}>공주에게 향연을 바쳤더니, <창>태자가 <계{桂}>시중과 통정하고는 돕겠노라고 맹세하였다.

● 五月, 壬辰朔, 日食. <寧陽宮>生上女<遯>公主. 上, 命皇太子, 取之, 曰; "烝·報雖云古例, 君子恥之. 古多烝禮, 而近多報禮, 亦一變也. 不可使外人知之."

九月, 行<東明大祭>于<龍山>. <斯摩>畋于<狐山之原>. 上, 怒, 曰; "<溫祚>之業, 墮矣. 豈以大祭之日獵乎. <斯摩>之無道如此, 能得其死乎."

十月, 地震, 西南尤甚, 有破屋壓畜, 而死者亦不少. [左]輔<好勇>, 以震, 薨於「海庄」, 年六十六. 右輔<瑚國>, 左輔<謝玉>, 右輔<婁師德>吏部尙書, <汾原公><陰萱>禮部尙書, <宣彦>「京兆尹」.

十二月, <婆羅門>, 與<魏>戰敗, 被擒至<洛陽>. <福>太子妃<山陽>公主, 與<內翰院>提敎<陽岐[叔]>相通而生子<羲叔>, 請改嫁于<岐叔>, 不許. <山陽>, <河陽>太后出上女也. 以是爲疾, 上, 命<福>太子與<岐叔>, 共妻<山陽>.

○ 5월, 임진일 초하루에 일식이 있었다. <녕양궁{寧陽宮}>이 상의 딸 <돈{遯}>공주를 낳았다. 상이 황태자에게 명하여 <녕양{寧陽}>을 취하게 하고, 이르길; "증{烝; 손윗사람과 통정함}·보{報; 손아랫사람과 통정함}함은

비록 옛 풍습이라 하지만, 군자들은 그것을 부끄러운 일로 여긴다네. 옛적엔 증례{烝禮}가 많았으나 근래엔 보례{報禮}가 많으니, 그 또한 변한 것의 하나이네. 바깥사람들이 알아서는 아니 되네."라고 하였다.

9월, <룡산{龍山}>에서 <동명{東明}>큰제사를 올렸다. <사마{斯摩=武寧王, =斯麻?}>가 <호산원{狐山之原}>에서 사냥하였더니, 상이 노하여 이르길; "<온조{溫祚}>의 대업이 타락했음이다. 어찌 큰 제사를 올리는 날에 사냥한단 말이냐! <사마{斯摩}>의 무도함이 이러하니, 어찌 제명에 죽기나 하겠나!"라 하였다.

10월, 지진이 일었다. {<평양>으로부터} 서남쪽이 더욱 심하였으며, 집들도 부서지고 가축들도 깔려죽었으며, 죽은 사람들의 수도 적지 않았다. 좌보 <호용{好勇}>이 지진으로 「해장{海庄; 현금 唐山·天津附近 발해만 연안? 或은 秦皇島 附近 海陽?}」에서 66살에 죽었다. 우보로 <호국{瑚國}>을, 좌보로 <사옥{謝玉}>을 들였다. 우보<루사덕{婁師德}>은 리부상서로, <분원공{汾原公; 汾水벌판을 다스린 高句麗의 行職官爵?}><음훤{陰萱}>은 례부상서로, <선언{宣彦}>은 「경조윤{京兆尹; 西安 즉 長安의 수령? 平壤 관리 수령?}」으로 삼았다.

12월, <파라문{婆羅門}>이 <위{魏}>와의 싸움에 패하고 잡혀서 <락양{洛陽}>으로 보내졌다. <복{福}>태자비 <산양{山陽}>공주가 <내한원{內翰院}>제교 <양기숙{陽岐叔}>과 상통하여 아들 <희숙{羲叔}>을 낳고는, <양기숙>에게 개가하겠다고 청하였으나, 허락되지 않았다. <산양>은 <하양{河陽}>태후가 낳은 상의 딸인지라, 이 일이 골칫거리가 되자, 상은 <복{福}>태자와 <기숙>에게 명하여 <산양>을 공동의 처로 삼으라 하였다.

☯ 癸卯<安藏>五年, 春正月, 戊子朔, 上, 與<紅>皇后·<桂>侍中, 如<桂房路>行宮, 釣鯉, 弋鶩. <朱>貴嬪亦隨之. 以上女<正陽>公主爲<鯉>太子妃.

二月, <斯摩>, 至<漢城>, 命佐平<國友>·達率<沙烏>等, 發<漢>北州郡民十五以上築<雙城>, 納<沙烏>妻<苩>氏爲其妻, 三月還都.

三月，旱，祈雨. <銀>公主生上女<蒨>公主. 設養老宴於<國老院>，試射取士.

五月，<柔然>，大飢. 去年得<魏>粟万石，今年又求万石，使<俟匿伐>入<魏>. <元乂>幽<胡>太后而用事. <阿那瓌>，自稱討<乂>，而與<魏>使<元孚>引兵三十万，而南下至<平城>掠民牛羊數十万. <李崇>追至三千余里不及而還. 惟<于謹>之<郁對原>，十七戰僅得小勝，云. <斯摩>妻<燕>氏，妬<沙烏>妻<苩>氏，毒殺<斯摩>. <斯摩>庶子<明禯>秘其喪而自立. 上悪<斯摩>祭日出獵，<明禯>果秘其殺父. 乃命<高老>·<卜正>問罪，渡<漢水>壊<雙峴>，大破<志忠>於<金川>，虜獲男女万余口. <明禯>，遣<燕喜>獻名馬·美女，以謝失臣之禮，乃命<明禯>入朝.

○ 계묘{단기2856/AD523}<안장{安藏}>5년, 춘정월, 무자일 초하루에 상이 <홍{紅}>황후 및 <계{桂}>시중과 함께 <계방로{桂房路}> 행궁으로 가서 잉어를 낚았다. 목줄 맨 거위를 썼다. <주{朱}>귀빈 또한 따라 갔었다. 상의 딸 <정양{正陽}>공주를 <리{鯉}>태자비로 삼았다.

2월, <사마{斯摩}>가 <한성{漢城}>으로 가더니 좌평 <국우{國友}>와 달솔 <사오{沙烏}> 등에게 명하여, <한{漢}>수 이북 주·군의 15살 이상인 백성을 징발하여 <쌍성{雙城=雙峴城?}>을 쌓았고, <사오>의 처 <백{苩}>씨를 거두어들여 처로 삼고는, 3월에 환도하였다.

3월, 가뭄이 들어 기우제를 올렸다{☞<삼국사기>엔 5년 봄에 가뭄 기록}. <은{銀}>공주가 상의 딸 <천{蒨}>공주를 낳았다. <국로원{國老院}>에서 양로연을 베풀고, 활쏘기를 시험하여 출사할 이를 가렸다.

5월, <유연{柔然}>에 큰 기근이 들었다. 지난해엔 <위{魏=北魏}>에서 좁쌀 1만석을 가져오더니, 금년엔 또 1만석을 구하려고 <사닉벌{俟匿伐}>을 <위>로 들여보냈다. <원의{元乂}>가 <호{胡}>태후를 가두어서 정사{政事}에 써먹고 있었더니, <아나괴{阿那瓌; =柔軟}>는 자신이 <원의{乂=義}>를 토벌하여 주겠다면서 <위{魏}>의 사자 <원부{元孚}>와 함께 30만병을 이끌고 남하하여 <평성{平城}>에 다다라서 백성 및 소와 양을 약탈하였으니 수십만이 되었다. 이에 <이숭{李崇}>은 3천리를 추적하였다가 따라잡지 못하고 환군하였고, 오직 <우근{于

謹}>만이 <욱대원{郁對原}>으로 가서 열일곱 번을 싸운 끝에 가까스로 작은 승리를 챙겼다고 한다. <사마{斯摩}>의 처 <연{燕}>씨가 <사오{沙烏}>의 처 <백{苩}>씨를 투기하다가 <사마>를 독살하였고, <사마>의 서자 <명농{明穠=聖王}>은 상을 당한 것을 숨기고 보위에 올랐다. 상이 <사마>가 제삿날에 사냥한 것을 미워하였었는데, <명농>이 과연 아비 죽인 것을 숨겼다. 이에 <고노{高老}>와 <복정{卜正}>에게 명을 내려 죄를 묻게 하였더니, <한수{漢水}>를 건너 <쌍현{雙峴=雙城}>을 무너뜨리고, <지충{志忠}>을 <금천{金川}>에서 대파하였으며, 남녀 1만여 구를 사로잡았다. <명농>이 <연희{燕喜}>를 보내서, 명마와 미녀를 바치며 신하의 도리를 저버렸던 것을 사죄하기에, <명농>에게 명하여 입조하라 하였다.

☯ 六月, 大旱, 祈雨, 乃罷問罪之役. 以虜獲女口賜軍士作妾, 男丁皆移置<盖馬>以配于諸戍.

十月, 以穀不登, 遣有司發倉賑民之無畜者.

十一月, 癸未朔, 日食. 送良馬十匹于<魏>爲<恂>太子之將尙<魏>公主故也. 東宮大夫<梁義臣>兼大府卿, 陞三品, 命採銅山鑄錢. 其父<梁博>拜大匠卿爵四品, 命修道路橋梁川澤堤築. <博>, 少時入<魏>仕於<高肇>久爲<扶桑館省事>, <高歡>·<候景>·<司馬子如>等與之友. 至是, 以女故榮貴. 其先, 古賢相<大房良>之裔, 云. 以<談福>子<談緯>, 爲上假子, 娶<魏><金陽>公主, <恪>女而<胡>出也. <福>, 與<元乂>善時, 有權於<魏>, 與<胡>太后相通者也. 上, 與<紅>皇后, 如<獸林>溫宮卒歲. 時, <紅>皇后最有寵而善生子, 大政多歸於<婁師德>. <桂>侍中·<楚>皇后常與皇太子相通, 而上不禁之.

○ 6월, 크게 가물어서, 기우제를 올렸으며, 죄를 묻는 전쟁을 파하였다. 노획한 여인들은 군사들에게 나누어주어 첩을 삼게 하였고, 남정네들은 <개마{盖馬}>로 옮겨서 여러 수{守}자리에 배치하였다.

10월, 곡물이 영글지 않아, 관리를 내보내서 창고를 열어 가축이 없는 백성들을 구휼하게 하였다.{☞<삼국사기>엔 5년 동10월 기사와 유사!}

11월, 계미일 초하루에 일식이 있었다. 좋은 말 10필을 <위{魏=北魏}>로 보냈다{☞<삼국사기>의 5년 11월 기사엔 거두절미하고 좋은 말 10필을 바쳤다라고!}. 곧 <위{魏}>의 공주와 혼인하게 된 <순{恂}>태자를 위함이었다. 동궁대부 <양의신{梁義臣}>에게 대부경{大府卿}을 겸직시켜 3품으로 올려주었으며, 명을 내려 동산{銅山=구리산}을 채굴하여 동전을 주조케 하였다. 이의 아비 <양박{梁博}>에게는 대장경{大匠卿}의 직분과 4품의 작위를 주었으며, 명을 내려서 도로와 교량을 고치고 냇물과 늪지엔 둑을 쌓게 하였다. <양박{博}>은 젊은 시절에 <위{魏}>로 들어가서, <고조{高肇}> 밑에서 벼슬살이를 하면서 오랫동안 <부상관성사{扶桑館省事}>로 있었고, <고환{高歡}>·<후경{候景}>·<사마자여{司馬子如}> 등과는 친구로 지냈었다. 지금에 이르자 딸로 인하여 영화롭고 귀하게 되었다. 그의 선대{先代=아비}는 옛적의 현상{賢相}였던 <대방량{大房良}>의 후예라 한다. <담복{談福}>의 아들 <담위{談緯}>를 상의 양자로 삼아서 <위{魏}>의 <금양{金陽}>공주와 혼인하게 하였다. <원각{恪}>의 딸로 <호{胡}>가 낳았다. <담복{福}>은 <원의{元乂}>와 잘 지내던 시절에 <위{魏}>에서는 권세도 있었으며, <호{胡}>태후와도 상통하고 지냈었다. 상은 <홍{紅}>황후와 <수림{獸林}>「온궁」으로 가서 세모를 지냈다. 이때, <홍>황후는 총애받기가 최고조이었더니 아들을 잘도 낳았다. 많은 굵직한 정사가 <루사덕{婁師德}>에게서 처결되었다. <계{桂}>시중과 <초{楚}>황후가 평소 황태자와 서로 통정하고 있었으나, 상은 이를 말리지 않았다.

● 甲辰<安藏>六年, 春正月, 壬子朔, 上, 與<紅>皇后, 受朝於<獸林>溫宮. 丙辰, <紅>皇后生<忭>太子. <桂>侍中, 與其妹<大房淸>妻<桂春卿>及其次女<金蘭院>, 遆番侍上枕以待<紅>皇后產, <淸>人以爲甚. 輔國將軍<谷瑃>, 見<婁>氏執權, 乞骸欲歸. 上, 不許, 曰; "卿, 先朝舊臣也. 不可棄也." 加封<淸河公>, <瑃>乃安.

二月, <恂>太子如<魏>尙<恪>女<華陽>公主而來, 亦<胡>出也. <恂>謁<胡>氏於幽宮. <胡>, 不能通我語, 吻恂而叩胷以書投袖. "請送十万兵殺<乂>更立我" 十細字如秋毫. 上聞之欲伐<魏>, <師德>諫止之.

命修賑倉而治其贓吏. <明穠>與<蕭衍>相通. 其使船爲海司所拿, 而其經籍醫藥屬有司, 采段美女賜海司, 賞其拿將. <桂>侍中生<滄>太子子<師平公>而以爲上子, 上, 信之, 謂<師德>, 曰; "卿妻連生朕子, 欲封皇后, 恐卿失妻而不能." <師德>曰; "臣妻, 雖有皇后之德, 本非室女, 而且臣所汚, 年且四十. 不可封后以招外論也. 請上思之." 上默然.

三月, 選三品女五人, 以<淵學>女<華>爲宮人, 尋陞爲妃. 群臣諫請黜之, 不聽. 時年十四, <梁義臣>出也. <華>, 夙成, 而遊<內翰>, 與<文藏>太子, 和得有私. 上不知而惑於其媎術. 識者鄙之以爲妖女, <和得>力贊以爲女聖. 故<翰院>亦有二黨. 贊<華>者爲之「滑徒」, 討<華>者爲之「澁徒」. 皇太子妃<德陽>生上女<湯山>于<獸林>溫宮. 上, 與<楚>皇后, 賜衣, 受賀. 上, 與皇太子, 素有友愛, 聚麀爲樂如是, 可愧.

<魏>, 自幽<胡>以來, 盜賊蜂起. <六韓>·<拔陵>·<高平>·<胡琛>等各自僭王, 賊勢日威. <詡>, 年幼, 不知所爲. <高歡>, 說<秀容>酋長<爾朱榮>散其畜牧資財, 招合驍勇結納豪傑, <候景>·<司馬子如>·<賈顯>·<度叚榮>·<憲泰>等依之. <榮>, 神機明決御衆嚴整, 遣<高歡>來獻虎貂皮·水晶·玉石等, 請爲藩臣. 上, 許之. 命頒曆律.

○ 갑진{단기2857/AD524}<안장{安藏}>6년, 춘정월, 임자일 초하루에 상은 <홍{紅}>황후와 함께 <수림{獸林}>「온궁{溫宮}」에서 조례를 받았다. 병진일에 <홍>황후가 <변{忭}>태자를 낳았다. <계{桂}>시중이 자신의 여동생이자 <대방청{大房淸}>의 처인 <계춘경{桂春卿}> 및 자신의 둘째 딸 <금란원{金蘭院}>과 함께 번갈아서 상을 시침하면서, <홍>황후가 아이 낳기를 기다려 주었더니, <대방청{淸}>의 사람들은 지나친 일이라고 하였다. 보국장군 <곡춘{谷瑃}>은 <루{婁}>씨가 권력을 틀어짐을 보더니만 나이를 핑계로 사직하고 고향으로 돌아가고 싶어 하였다. 이에 상이 허락하지 않으면서 "경은 선제님들의 조정 때부터 이어 내려온 구신{舊臣}이라 저버릴 수 없소."라 이르고, <청하공{淸河公}>을 얹어 봉하였더니, <곡춘{瑃}>은 잠잠해졌다.

2월, <순{恂}>태자가 <위{魏}>로 가서 <각{恪}>의 딸 <화양{華陽}>공주와 혼인하여 돌아왔다. 역시 <호{胡}>의 소생이었다. <순{恂}>이

<호{胡}>씨가 유폐된 궁을 찾았더니, <호{胡}>는 우리의 말로 소통하기가 불가능한지라 입술을 들썩거리더니 품속에서 끄집어낸 글을 {순의} 옷소매 속에 던져 넣었다. "請送十萬兵殺<乂>更立我{십만 군병을 보내서 의를 쳐 죽이고, 다시금 저를 세워 주시오}."라는 열 글자가 추호{秋毫; 느깨알}같이 작았었다. 이를 듣고, 상이 <위{魏}>를 치려하였다가, <사덕{師德}>이 간하여 그만두었다. 진휼곡 창고들을 고치고, 뇌물 먹은 관리들을 다스리라 명하였다. <명농{明穠=聖王}>이 <소연{蕭衍}>과 상통하였다. 그의 사신이 탄 큰 배가 해사{海司}에게 나포되었다. 그 배에 실려 있던 경적과 의약품은 유사{有司}에게 주었으며, 채단과 미녀는 해사에게 주었고, 나포한 장수에게는 상을 내렸다. <계{桂}> 시중이 <창{滄}>태자의 아들 <사평공{師平公}>을 낳아서 상의 아들인 것으로 하였더니, 상은 그것을 믿고서 <사덕{師德}>에게 이르길; "경의 처가 연달아 짐의 아들을 낳아주어서 황후로 봉하고 싶은데, 경이 처를 아주 잃는 것이 걱정스러워 그리하지 못하고 있소."라 하였다. 이에 <사덕{師德}>이 아뢰길; "신의 처가 비록 황후의 덕목이 있다 하여도, 본래 종실의 딸도 아닐뿐더러, 신에 의해 더렵혀졌고, 게다가 나이도 마흔입니다. 후로 봉하여서 바깥의 의론을 부르는 것은 아니 될 것입니다. 상께서는 이를 살피시길 청하옵니다."라 하였다. 이에 상은 아무런 말이 없었다.

3월, 3품들의 딸 다섯을 뽑았다. <연학{淵學}>의 딸 <연화{<華>}>를 궁인으로 삼고, 이어서 품계를 비로 하였다. 군신들이 간하며 그녀를 내치라 청하였으나, 물리쳤다. 이때 14살로, <양의신{梁義臣}>의 소생이었다. <연화>는 조숙하였으며, <내한{內翰}>에서 유학하다가 <문장{文藏}>태자와 사이가 좋아서 사통하고 있었는데, 상은 이 사실을 모르는 채 여인다움에 빠졌었다. 식자들은 그녀를 비천하게 여기고 요녀{妖女}라 하였으나, <화득{和得}>은 그녀를 훌륭하다고 하면서 힘써 도왔다. <내한{內翰}>에는 두 부류의 무리가 있었기 때문이었다. <연화{華}>를 칭찬하는 자들을 「활도{滑徒=좋게만 지내는 무리}」라 하고, <연화>를 성토하는 자들을 「삽도{澁徒=시비를 가리며 지내는 무리}」라 하였다. 황태자비 <덕양{德陽}>이 <수림{獸林}>「온궁{溫宮}」에서 상의

딸 <탕산{湯山}>을 낳았다{그림42, 그림50}{☞<수림>「온궁」은 <달리호>동방 의 <림서> 인근 <탕산>지역이라는 얘기이거나, 그림9에 보이는 <북경> 서북의 <소탕산>일 것임!}. 상이, <초{楚}>황후와 함께, 옷을 내려주었고 축하를 받았다. 상은 황태자{=宝延}와 평소에 우애가 있어서 귀한 여인들을 불러 모으고 즐김이 이와 같았으니, 부끄러운 일이었다 할 것이었다.

<위{魏=北魏}>에서는 <호{胡}태후>를 유폐한 이래로 도적들이 봉기하였다. <육한{六韓}>·<발릉{拔陵}>·<고평{高平}>·<호침{胡琛}>등이 각자 임금을 참칭하였더니, 적도들의 위세는 날로 더하여졌다. <원후{詡}>는 나이가 어려서 어찌 할 바를 몰랐다. <고환{高歡}>이 <수용{秀容}>추장 <이주영{爾朱榮}>을 설득하고, 그의 가축과 재물을 풀어서 날래고 용감한 이들을 불러 모으고 호걸들과 결납하였더니, <후경{候景}>·<사마자여{司馬子如}>·<가현{賈顯}>·<도가영{度叚榮}>·<헌태{憲泰}>등이 그에게 의탁하였다. <이주영{榮}>은 신묘한 계략으로 결단이 분명하고, 무리를 엄하고 정연하게 이끌었으며, <고환{高歡}>을 보내서 호초피·수정·옥석 등을 바쳐오고 번신이 되겠다고 청하였다. 상은 이를 허락하였으며, 명을 내려 책력{曆}과 율령{律}을 나눠주었다.

그림50. 서토 <북경{北京}> 북서변 <고리영{高麗營}> 인근의 <소탕산{小湯山}>을 제외한 유일한 북녘 <탕산{湯山}>에 궁성 흔적이 함께 있음{그림42참조}. 이 <탕산> 동북방 <고리성{高麗城}>은 <고구리성{高句麗城}>일 것임.

● 九月, <談緯>來言; "<談福>, 與<胡>氏密通惡<乂>, 陰欲除之, 緩其防衛而與<詡>往來. <胡>, 對<詡>謂群臣, 曰; '母子隔絶, 我當爲尼, 願居<崇山><閑居寺>.' <詡>力止之." 上, 如<黃山>, 觀菊於<交龜殿>, 試士百二十人, 選其優者. <王胥>·<婁君弼>·<朱喜一>·<睦彦>·<李禹>·<燕祥>·<喬台巒>·<好雲>等八人, 賜花·酒·金銀佩·圭. 命<安陽>·<德陽>·<寧陽>·<銀>公主等勸酒歌舞而娛之. <王胥>者, 賢相<王文>之曾孫也. 其父, 秘府卿<王衡>. 母, <晋冠>女<晋華>也. 俊美善文詞. 上, 爱其才, 且與<晋冠>爲方外友, 欲以公主妻<胥>. 時, <鯉>太子妃<正陽>公主, 與其夫不睦, 而歸, 上欲賜<胥>. <胥>, 以已娶<宣彦>女<婉>, 言不敢復尙公主. 上, 怒黜<胥>於<太伯山>, 中路召還. <營州>人<劉安定>, 就<德興>等, 殺其刺使<李仲遵>而據城反, <王安>悪兒殺<安定>而自立. <德興>, 率其衆二千余人, 詣<月海>, 欲建<慕容>氏舊國, 自稱<燕>王遣使稱臣. 上, 責其無道, 而欲伐之. 其衆來降者千余人. 能營農工商藥者, 置於<南口>·<西河>之間. 浮浪多詐者放于<月海>之外, 不許入國. <德興>, 率其餘中, 走保<磧>東之<赤極原>.

○ 9월, <담위{談緯}>가 찾아와 말하길; "<담복{談福}>은 <호{胡}>씨와 밀통하고, <의{乂}>를 싫어하여서 몰래 <의>를 제거하려고, 방위를 느슨하게 하여놓고 <후{詡}>와 왕래하고 있으며, <호{胡}>는 <후{詡}>를 면대하면서 군신들에게 이르길 '어미와 자식이 갈라져있으니 나는 응당 비구니가 되어 <숭산{崇山}>의 <한거사{閑居寺}>에서 살고 싶소.'라 하였더니, <후{詡}>가 이를 극력 말렸다."고 하였다.
상이 <황산{黃山}>으로 가서 <교구전{交龜殿}>에서 국화를 즐겼으며, 선비 120인을 시험하여 뛰어난 이를 선별하여 <왕서{王胥}>·<루군필{婁君弼}>·<주희일{朱喜一}>·<목언{睦彦}>·<리우{李禹}>·<연상{燕祥}>·<궉태만{喬台巒}>·<호운{好雲}> 등 여덟 사람에게 화관과 술 및 금·은으로 만든 패와 규를 내렸으며, <안양{安陽}>·<덕양{德陽}>·<녕양{寧陽}>·<은{銀}>공주 등에게 명하여 술을 권하고 노래하며 춤추게 하여서 이들을 기쁘게 하였다. <왕서{王胥}>는 현상{賢相} <왕문{王文}>의 증손으로 아비는 비부경 <왕형{王衡}>이고 어미는 <진관{晋冠}>의 딸인 <진화{晋華}>이며, 외모가 뛰어나게 아름답고 문장과 가사를 잘 하였다. 상은 <왕서>의 재능을 좋아하였을 뿐만 아니라 <진관{晋冠}>과는 방외{方外; ①세속 밖의, ②儒家에서 道家나 佛家를 일컫는 말}의 친구로 지내고 있어서, 공주를 <왕서{胥}>에게 처를 삼아주고자 하였다. 이때, <리{鯉}>태자비 <정양{正陽}>공주가 지아비와 불목하여 돌아와 있었기에, 상은 <왕서{胥}>에게 주고 싶어 하였다. 이에 <왕서{胥}>가 이미 <선언{宣彦}>의 딸 <완{婉}>과 혼인하였던지라 또다시 공주와 혼인할 수는 없겠다고 하였더니, 상은 화가 나서 <서{胥}>를 <태백산{太伯山}>으로 내쫓았다가 도중에 불러들였다. <영주{營州}>사람 <유안정{劉安定}>이 <덕흥{德興}> 등에게 들러붙어서 그곳의 자사 <이중준{李仲遵}>을 죽이고 그 성을 거점으로 하여 반란하니, <왕안{王安}>이 그놈{<덕흥>?}을 미워하며 <유안정{安定}>을 죽이고 자신이 그 자리에 올랐다. 이에 <덕흥{德興}>은 자신의 무리 2천여를 이끌고 <월해{月海}>에 이르더니, <모용{慕容}>씨의 옛 나라를 세우고자 <연{燕}>왕을 자칭하고, 사신을 보내와서 칭신하였다. 이에 상이 그의 무도함을 질책하고 토벌하려 하였더니, 그 무리 중에서 찾아와 항복한 이들이 천여 인이 되었다. 농·공·상·약에 능한 이들은 <남구{南口}>와 <서하{西河}> 땅 사이에 살게 하였고, 부랑하며 거짓됨이 많은 이들은 <월해{月海; 達泊湖=達里湖? 다른 곳?}>의 밖으로 내쳐서 다시는 들어오지 못하게 하였다. <덕흥{德興}>은 남은 무리를 이끌고 <적{磧=磧石山; 옛臨洮西方洮河下流}>의 동쪽 <적극원{赤極原}>으로 도망하여서 지켰다.

● 十月, 上, 以**<**王胥**>**妻**<**宣婉**>**爲**<**漢王**><**恪**>**枕婢, 以**<**正陽**>**公主爲**<**王胥**>**妻, 賜田宅奴婢. 初, **<**銀**>**公主之生**<**奭**>**也. 上, 過爱公主, 抱置膝上而注爱, 不已竟報生**<**蒨**>**, 因入宮中, 累促歸**<**恪**>**而不肯出. **<**銀**>**公主, 嘗見**<**恪**>**嘗戲**<**宣婉**>**於**<**內翰**>**, 勸上賜**<**恪**>**爲婢. 上, 外雖鴻壯, 內實虛弱不能貪色, 受損, 故爲**<**銀**>**公主所困而不起者多. 然, 間發穢慾汚及**<**德陽**>**, 群臣無敢諫者. *當時之所謂碩儒大賢者亦不知閨禮如此.* **<**奚**>**王**<**桓出**>**, 妻**<**好竹**>**生子**<**好豆歸**>**, 遣使來獻土物, 言; "**<**懷**>**·**<**朔**>**之北大亂. **<**桓出**>**之從姪**<**宇文肱**>**, 亦起兵與**<**賀拔**>**等, 共襲**<**衛可

孤>殺之." <肱>, <逸豆歸>之玄孫<泰>之父也.

○ 10월, 상이 <왕서{王胥}>의 처 <선완{宣婉}>을 <한왕{漢王; 漢땅을 다스린 高句麗의 行職官爵}> <각{恪}>의 침비로 삼고 <정양{正陽}>공주를 <왕서>의 처로 삼아서 땅과 집 및 노비를 딸려주었다. 애초 <은{銀}>공주는 <석{奭}>을 낳았는데, 상이 공주를 예뻐함이 지나쳐서 무릎 위에 올려놓고 껴안고 예뻐하다가 자신을 다스리지 못하여 끝내는 손아래 여인과 통정하게 되어 <천{僢}>을 낳게 되었고 이로 인하여 궁중으로 들어갔었으며, 여러 번 <각{恪}>에게 돌아가라고 하였어도 듣지 않으며 나가지 않았다. <은>공주는 일찍이 <각>이 <선완>과 <내한{內翰}>에서 즐기고 노는 것을 보았던지라, 상에게 권하길 <각>에게 침비로 주어 버리라고 하였었다. 상은 외모는 비록 크고 힘 있게 생겼지만 내실은 허약하여서 색을 탐할 수 없을 만큼 몸이 상하여 있었기에, <은>공주에게 시달리다 일어나지 못한 적도 많았었다. 그런데도 간간이 추한 욕망이 일어서 <덕양{德陽}>의 몸을 더럽히기까지 하였는데도, 군신들은 감히 간하지 않았었다. *당시 소위 석유{碩儒} 및 대현{大賢}이라는 자들도 규방예절에 대해 알고 있음이 이러하였었다.* <해{奚}>왕 <두출{桓出}>이 처 <호죽{好竹=발원공의 딸이며 상의 수양딸}>이 아들 <호두귀{好豆歸}>를 낳자, 사신을 보내 토산물을 바치며 아뢰길; "<회{懷}>와 <삭{朔; =古朔方?}>의 북쪽 땅이 크게 어지럽습니다. <두출{桓出}>의 종질 <우문굉{宇文宏}> 또한 군사를 일으켜 <하발{賀拔}> 등과 함께 <위가고{衛可孤}>를 습격하여 죽였습니다."라 하였다. <우문굉{宏}>은 <일두귀{逸豆歸}>의 현손 <우문태{泰}>의 아비이다.

● 乙巳<安藏>七年, 春正月, 丙午朔, 上, 與<楚>皇后, 受朝于<皇極殿>.

二月, 大閱于<黃山>歸耤田, 命三后親蚕·痲·毛. <契丹>, 來獻土物, <烏桓>之別種也, 居<月海>之西. 至是, 稍大, 因<懷>·<朔>之亂而得牛馬及生口. <推都干>爲主而請爲臣屏. <原宗>以大阿飡<居登>爲<沙

伐>軍主, <明穠>送女于<原宗>.

三月, <魏><元乂>黨<法僧>叛降于<蕭衍>. <乂>以嫌解領軍. <胡>太后, 與<詡>復和而赦, 遣使來獻土物. 戊午, 上, 以宮人<淵華>爲<和得>妻, 而出之. 上, 知其有私, 而勇断之也.

四月, <恂>太子妃<華陽>公主生上女<丹陽>公主. 時, 年十五, 遂入後宮. 有私者出而有夫者, 倒錯之甚也. <玿德>妻<魴>公主妬其[夫]之多美妾, 請改嫁. 上, 如<弁>公主宮, 命[其]子<謝應>娶<魴>公主, <應>年十五. <柔然>王<阿那瓌>, 爲<魏>, 討<六韓>·<拔陵>. 引衆十万, 自<武川>西向沃野, 累破<拔陵>. <詡>遣使勞慰{犒}之. 自是, 其部落浸彊, 自稱<頭兵可汗>, 揔攬之意也. <魏><胡>太后殺<元乂>而奸通<鄭儼>·<李神軌>等. 美粧而出遊, 諫臣曰; "夫沒, 稱未亡, 去珠不文采. 如何垂四十修粧如是過." <胡>曰; "衆人面辱我邪." 曰; "當畏天下笑, 何恥臣一言." 雖有如此諫, 臣奈老狐荒淫何. 時, <高平>賊<胡琛>寇<魏><涇州>. <魏>軍, 大敗, 求婼者, 諱其敗於<胡>如<越><高>之欺二世."

六月, <頭兵>大破<六韓>·<拔陵>, 斬其將<孔雀>等, <拔陵>南走. <頭兵>乃通<奚>·<霫>又<柔玄鎭>叛將<杜洛周>. <蕭衍>, 初, 淫<東昏>之妾<吳淑媛>生子<綜>. <綜>, 後聞於其母而知爲<東昏>子, 發<東昏>之骨, 殺其子而滲血而證之, 出<彭城>降于<魏>, 至<洛陽>服<東昏>斬衰三年. <詡>·<胡>, 禮遇之, 封<高平公>, 更名曰<贊>.

○ 을사{단기2858/AD525}<안장{安藏}>7년, 춘정월, 병오일 초하루, 상이 <초{楚}>황후와 함께 <황극전{皇極殿}>에서 조례를 받았다.

2월, <황산{黃山}>에서 크게 사열을 하였고, 돌아와서는 친히 땅을 갈았으며, 세 명의 후에게 명하길 친히 누에를 치고 삼베와 양털로 실을 삼으라 하였다. <거란{契丹}>이 찾아와서 토산물을 바쳤다. <오환{烏桓}>의 별종{別種: 갈라져 나온 종}으로 <월해{月海}> 서쪽에서 살았었는데, 요즈음 들어서는 점점 커져서 <회{懷}>·<삭{朔}>지역{山西省 山陰 西部}을 어지럽히고 우마와 생구를 얻었다. <추도간{推都干}>이 임금이 되더니, 신하가 되어 변방을 지키겠노라고 청하였다. <원

종{原宗}>이 대아찬 <거등{居登}>을 <사벌{沙伐}>군주로 삼았고, <명농{明穠}>은 <원종>에게 딸을 보내주었다.

3월, <위{魏}>에서는 <원의{元乂}>의 족당 <원법승{法僧=北魏徐州刺史}>이 모반하여 <소연{蕭衍=梁太祖武帝}>에게 투항하였고, <원의{乂}>는 령군을 의심하여 해체하였다. <호{胡}>태후가 <후{詡}>와 화해하고 사면을 행하더니, 사신을 보내서 토산물을 바쳐왔다. 무오일에 상이 궁인 <연화{淵華}>를 <화득{和得}>의 처로 삼아주어 내보냈다. 상이 그들이 사통하고 있음을 알아서 결단한 것이었다.

4월, <순{恂}>태자비 <화양{華陽}>공주가 상의 딸 <단양{丹陽}>공주를 낳았다. 이때 나이가 열다섯이었고, 뒤이어서 후궁으로 들어왔다. 사통{私通}한 이는 궁궐{宮闕}을 나가도 지아비가 있었으니, 도착됨이 심하였다. <소덕{昭德}>의 처 <방{魴}>공주가 자신의 지아비가 예쁜 첩이 많음을 투기하여, 개가하겠다고 청하였더니, 상이 <엄{弇}>공주 궁으로 가서 그녀의 아들 <사응{謝應}>에게 명하여 <방>공주와 혼인하게 하였다. <사응>은 15살이었다. <유연{柔然}>왕 <아나괴{阿那瓌}>가 <위{魏}>를 위하여 <육한{六韓}>과 <발릉{拔陵}>을 토벌하였는데, 무리 10만을 거느리고 <무천{武川; 九原北方으로 歸綏西北50여Km境?}>의 서쪽에서부터 옥야{沃野}를 향하며 누차 <발릉>을 파하였다. 이에 <후{詡}>는 사람을 보내서 이들의 노고를 위로하고 배불리 먹였다. 이때부터 <아나괴>의 부락은 슬며시 강성하여졌고 스스로 <두병가한{頭兵可汗}>을 칭하였다. 모두를 틀어질 뜻이 있었음이었다. <위{魏}>에서는 <호{胡}>태후가 <원의{元乂}>룰 죽이고 <정엄{鄭儼}> 및 <이신궤{李神軌}> 등과 간통하고 있었다. 예쁘게 치장하고 놀이를 나갔더니, 간하는 신하가 아뢰길; "남편이 죽은 이는 아직 죽지 못하였다 하여 옥구슬도 떼어버리고, 옷도 문양과 화려한 색이 없게 합니다. 무슨 연유로 나이 마흔이 다되어서 단장 고치길 이리 과하게 하십니까?"라 하였다. 이에 <호{胡}>가 "많은 이들이 마주치면 나를 욕하겠는가?"라 물었고, 간하는 신하가 아뢰길; "천하가 비웃는 것을 두려워하셔야 합니다. 어찌 저의 말 한 마디를 부끄러워하십니까?"라 하였다. 이렇게 간함이 있기는 하였지만, 신하가 늙은 여우의 황음함을 어쩔 수 있겠는가? 이때, <고평{高平}>적도 <호제{胡琛}>가 <위{魏}>의 <경주{涇州}>를 노략하였다. <위{魏}>군은 크게 패하고서도 변명거리를 찾았으며, <호{胡}>에게는 패한 일을 숨겼으니, <월{越}>의 <고{高}>가 두 임금을 속였던 것과 같았다.

6월, <두병{頭兵}>이 <육한{六韓}>과 <발릉{拔陵}>을 크게 깨뜨리고 그들의 장수 <공작{孔雀}> 등을 참하였더니, <발릉>은 남쪽으로 도망하였다. <두병>은 마침내 <해{奚}>와 <습{霫}> 및 <유현진{柔玄鎭}>의 반란 수장 <두락주{杜洛周}>와 통하게 되었다. <소연{蕭衍=梁太祖}>은 애초에 <동혼{東昏=齊東昏侯蕭寶卷}>의 첩 <오숙원{吳淑媛}>과 놀아나다가 아들 <종{綜}>을 낳았었다. <종{綜}>은 후에 어미에게 들어서 자신이 <동혼>의 자식임을 알게 되자, <동혼>의 유골을 찾아내었고, 자기 아들을 죽여서 피를 스며들게 하여 父子사이임을 입증하고는, <팽성{彭城}>으로 가서 <위{魏}>에 항복하였으며, <락양{洛陽}>으로 가서 <동혼>의 상복을 입고 3년을 지냈다. 이에 <후{詡}>와 <호{胡}>는 <종{綜}>을 예우하여 <고평공{高平公=高平郡公丹陽王}>을 봉하고 <찬{贊}>으로 이름을 바꿔주었다.

● 八月, **<杜洛周>**聚衆於**<上谷>**迎**<高歡>**爲謀主. **<蔡儁>**·**<尉景>**·**<段榮>**·**<彭樂>**等從之, 圍**<燕州>**刺使**<崔秉>**. **<詡>**, 以**<幽州>**刺使**<常景>**爲行臺, 與**<幽州>**都督**<元譚>**, 討**<洛周>**. **<譚>**, 屯**<居庸関>**, 自**<盧龍塞>**至**<軍都関>**, 皆置兵守險. **<鯖>**公主生**<婁師弘>**子**<弘文>**, 上取之爲假子. **<師德>**以錦七十匹獻于公主, **<紅>**皇后賜黃金百兩于公主. 公主, 東宮女也. **<婁師德>**有疾, 以**<大房淸>**爲吏部尙書. **<淸>**擧**<于暖>**爲**<司農卿>**, **<檀牧卿>**爲「京兆」尹, **<欒鬲>**爲「東都」尹.

十月, 上如**<龍山>**溫泉, 視**<婁師德>**疾, 加爵爲大丞相·**<渭原公>**. **<師德>**泣, 曰; "臣, 以無狀, 蒙陛下厚恩. 無所仰答而至此, 死當結艸." 上曰; "卿之淸德, 宜享遐壽, 當與朕共治天下, 何謂恩乎." 十二日甲寅薨, 年四十二. 上, 哀慟之, 贈太輔·**<渭國公>**, 葬于**<珠山之原>**. 命**<師弘>**襲其爵爲羽林尉, 賜田宅奴婢. **<鯉>**太子, 改過, 請復**<正陽>**公主. 上, 命**<王胥>**同婿公主.

十一月，壬寅朔，以上女<寅陽>公主爲<晋>太子妃. <杜洛周>破<斛律金>. <金>，<勅勒>酋長也. 行兵以<胡>法，望塵知馬步多少，嗅地知遠近者也. 歸<爾朱榮>而爲別將. <山胡><劉蠡升>，亦稱帝置百官，遣使來朝.

○ 8월, <두락주{杜洛周}>가 무리를 모아서 <상곡{上谷}>에서 <고환{高歡}>을 맞아들여 모주{謀主; 음모주체}로 삼았더니, <채준{蔡儁}>·<위경{尉景}>·<단영{段榮}>·<팽락{彭樂}> 등이 그를 따라서 <연주{燕州}>자사 <최병{崔秉}>을 포위하였고, <후{詡}>는 <유주{幽州; 古幽州?}>자사 <상경{常景}>을 행대{行臺; 어사 또는 감찰}로 삼았으며, <유주>도독 <원담{元譚}>과 함께 <두락주>를 토벌하였다. <원담{譚}>은 <거용관{居庸關}>에 둔을 치고, <노룡새{盧龍塞}>에서부터 <군도관{軍都關}>에 이르기까지 모두에 병사를 깔아서 험한 곳을 지켰다. <청{鯖}>공주가 <루사홍{婁師弘}>의 아들 <홍문{弘文}>을 낳자, 상이 그 아이를 자신의 양아들로 삼았다. <루사덕{師德}>은 비단 70필을 공주에게 바쳤고, <홍{紅}>황후는 황금 100냥을 공주에게 내렸다. 공주는 동궁의 딸이었다. <루사덕>이 병이 들어, <대방청{大房淸}>을 리부상서로 삼았더니, <대방청{淸}>은 <우난{于暖}>을 <사농경{司農卿}>으로, <단목경{檀牧卿}>을 「경조윤{京兆尹; 西安=長安수령?, 平壤城수령?}」으로, <란격{欒鬲}>을 「동도윤{東都尹; 東都수령?}」으로 천거하였다.

10월, 상이 <룡산{龍山; =今北京東龍山庄?}>의 온천으로 가서 <루사덕{婁師德}>의 병을 살피고는, 작위를 더해주어 대승상·<위원공{渭原公}>으로 하여주었다. 이에 <루사덕{師德}>은 눈물 흘리며 아뢰길; “신은 성치 못한 몸으로 폐하의 두터운 은혜를 입었사옵니다. 우러러 보답할 수 없는 이런 꼴이 되었으니, 죽어서라도 응당 결초보은 할 것입니다.”라 하였고, 상은 “경은 탐욕 없이 덕행을 하였으니 마땅히 오래도록 수명을 누릴 것이오. 응당 짐과 함께 천하를 다스려야 할 것인데, 어찌 은혜라는 말을 하는 것이오?”라 일렀다. 12일 갑인일 나이 마흔 둘에 죽었다. 상은 이를 애통해하면서, 태보·<위국공{渭國公}>을 추봉하고 <주산원{珠山之原}>에 묻어주었으며, <사홍{師

弘}>에게 명하여 그의 작위를 세습시켰고 우림위의 직분과 땅 및 집과 노비를 내려주었다. <리{鯉}>태자가 개과하고 <정양{正陽}>공주와 다시금 살겠노라 청하였고, 상은 <왕서{王胥}>에게 명하여 공주를 공동의 처로 하라고 하였다.

11월, 임인일 초하루에 상의 딸 <인양{寅陽}>공주를 <진{晋}>태자비로 삼았다. <두락주{杜洛周}>가 <곡율금{斛律金}>을 껐다. <곡률금{金}>은 <칙륵{勅勒=鐵勒}>의 추장으로, 병력을 움직임에는 <호{胡=匈奴}>의 방식을 따랐으며, 먼지가 이는 것을 바라보고 기병과 보병의 많고 적음을 알아내고, 흙냄새를 맡아 멀고 가까움을 알아내는 자인데, <이주영{爾朱榮}>에게 귀의하여 별장이 되었다. <산호{山胡}>인 <유이승{劉蠡升}> 역시 칭제하고 백관을 두었으며, 사신을 보내 입조하였다.

● 丙寅<安藏>八年, 春正月, 辛丑朔, <霫>王<巨敏>, 引<柔然><頭兵>·<吳利>, 東來謁獻歲幣. <杜洛周>, 拔<穴山>·<石峴>, 而自<松陘>引衆二万而下伐<居庸関>. <元譚>, 敗走, 斬行臺別將<崔忠哲>, 而據<軍都関>. <常景>, 以別將<李琚>爲都督. 北道大都督<深>常通<徽>之妻, <徽>之因<胡>太后勢召還<深>以<楊津>代之. 時, <鮮于修禮>·<斛律>·<洛陽>·<牧子>等起兵, <爾朱榮>破<洛陽>·<牧子>.

○ 병인{단기2859/AD526}<안장{安藏}>8년, 춘정월, <습{霫}>왕 <거민{巨敏}>이 <유연{柔然}>의 <두병{頭兵}>과 <오리{吳利}>와 더불어 동쪽으로 찾아와서 배알하고 세폐{歲幣=신년하례선물}를 바쳤다. <두락주{杜洛周}>가 <혈산{穴山}>과 <석현{石峴}>을 쳐서 빼앗고 <송형{松陘}>에서부터 2만의 무리를 이끌고 내려와 <거용관{居庸關}>을 쳤다. <원담{元譚}>은 패주하여 행대별장 <최충철{崔忠哲}>의 목을 치고 <군도관{軍都關}>에 의지하였더니, <상경{常景}>은 별장 <이거{李琚}>를 도독으로 삼았다. 북도대도독{北道大都督} <심{深=魏廣陽王}>은 <휘{徽=魏城陽王}>의 처와 평소에 통정하였던지라, <휘>의 근본인 <호{胡}>태후 세력이 <심>을 불러들이고 <양진{楊津}>이 대신하게 하였다. 이때, <선

우수례{鮮于修禮}>·<곡률{斛律}>·<락양{洛陽}>·<목자{牧子}> 등이 군병을 일으켰더니, <이주영{爾朱榮}>이 <락양>과 <목자>를 깨뜨렸다.
{☞<삼국사기>의 8년조 "春三月, 遣使入<梁>朝貢" 가 여기에선 보이지 않음}

● 四月, <琓>太子, 自<魏>還, 言; "<鄭儼>·<徐紇>, 與<胡>太后, 作奸盜賊蠭起, 其亡可. 必<杜洛周>·<爾朱榮>·<葛榮>之徒漸盛." 上曰; "<高歡>, 何如." 曰; "<歡>, 間於<杜>·<朱>, 而未展者. 財不足也." 上命送黃金千斤於<高歡>, <歡>大喜入朝. 時, <冠>, 富甲於「西都」. 有女甚美, 飾以七宝, 藏之高峰之上. 設八壇<桓王><九曲江亭>而白沙·青松·奇花·瑤草達逸至頂. 使令盡是美女男裝, 無一男子出入. 其間, 欲得天神之下降授寵. 上, 夜望, 燈燭之輝煌粲爛而知之, 微行而訪之, 見其雅素閑靜弄琴舞鶴有神仙之趣, 而幸之, 名曰<峰姬>. 時, 富戶之欲納女者, 皆不得, 而<晋冠>知上之趣, 設此計, 使得上寵, 且厚遺宗戚以結義作親, 又與<杜洛周>·<高歡>等相通往來不絶. <元乂>妻, 與<談福>, 相通, 事發. <福>, 逃歸, 言; "<盧僖>女將嫁之夕, <神軌>使<胡>太后停其婚, 而奪之. 故與<神軌>作梗而歸." 云. 上, 不信, 命幽<福>琳府. <肱>戰死.

○ 4월, <완{琓}>태자가 <위{魏}>에서 돌아와 말하길; "<정엄{鄭儼}>과 <서흘{徐紇}>이 <호{胡}>태후와 더불어서 간교한 도적들이 벌떼같이 일어나게 만들었으니, 아마도 망할 것이며, 필시 <두락주{杜洛周}>·<이주영{爾朱榮}>·<갈영{葛榮}>의 무리가 점차 흥성할 것입니다."라 하였더니, 상이 이르길; "<고환{高歡}>은 어떠하오?"라 물으니, 답하길; "<고환{歡}>이 <두락주{杜}>와 <이주영{朱}>의 사이에 끼어서 힘을 펴지 못하고 있으며, 재력이 부족하기 때문입니다."라 하였다. 상이 명하여 황금 천근을 <고환>에게 보내 주었더니, <고환>은 크게 기뻐하며 입조하였다. 이때, <진관{冠}>은 「서도{西都}」에서 부유하기로 으뜸이었다. 엄청 예쁜 딸이 있었는데 칠보로 단장하여 높은 봉우리에 데려다놓았다. 8층으로 <두왕{桓王}><구곡강정{九曲江亭}>을 지어서 흰 모래와 푸른 솔 그리고 기이한 꽃과 아름다운 풀

로 정상까지를 꾸며 놓았으며, 사람을 시켜 이 예쁜 딸을 틀림없어 보이는 남장을 시켰고, 어떠한 남자도 출입하지 못하게 하였다. 그러는 중에 천신이 하강하여 총애를 내려주길 바랐던 것이었다. 상이 한밤에 쳐다보았더니 등촉이 찬란한지라, 알아차리고 미행하여 찾아갔더니, 정말로 우아하고 소박하며 여유롭고 고요하였으며, 거문고를 타서 학이 춤을 추게 하고 있었으니, 그야말로 신선 취향이었다. 승은을 베풀고는 그녀를 <봉희{峰姬}>라 이름 하였다. 그 시절에 부호들은 딸을 바치고 싶어도 어찌 할 줄을 몰랐었는데, <진관{晋冠}>은 상의 취향을 알고 있어서 이러한 수를 써서 상의 승은을 입게 하였고, 종척들에게도 후하게 실어 보내서 친밀하여지기도 하였고, 아울러서 <두락주{杜洛周}> 및 <고환{高歡}> 등과도 상통하며 오가기를 끊이지 않게 하였던 것이었다.
<원의{元乂}>의 처가 <담복{談福}>과 상통하다가 들통이 났다. 이에 <담복{福}>이 우리에게로 도망하여 와서 말하길; "<로희{盧僖}>의 딸이 곧 혼인초야를 맞이할 지경이었는데, <신궤{神軌}>가 <호{胡}>태후를 시켜서 그 혼인을 중지시키고 그녀를 탈취하였습니다. 그리하여 <신궤>와는 편하지 않게 되어서 귀의하였습니다."라고 하였다. 상은 이 말을 믿을 수 없어, <복{福}>을 림부에 가두라고 명하였다. <우문굉{宏}>이 전사하였다.

● 十月, <明穠>修葺<熊津城>立<沙井柵>而侵入<加耶>掠, 與<羅>大膈. <元洪業>殺<修禮>而降<魏>, <宇文泰>從<葛榮>斬<洪業>.

十一月, <德陽>生上子<平國>, 命東宮取之爲子而賜衣酒慰之, 曰; "汝子, 則吾子."

○ 10월, <명농{明穠}>이 <웅진성{熊津城}>을 고치더니, <사정책{沙井柵}>을 세우고 <가야{加耶}>를 침입·약탈하였다. 이에 <신라{羅}>와는 사이가 크게 벌어졌다. <원홍업{元洪業}>이 <수례{修禮}>를 죽이고 <위{魏}>에 투항하였더니, <우문태{宇文泰}>는 <갈영{葛榮}>을 좇아 들어가서 <홍업{洪業}>을 참하였다.

11월, <덕양{德陽}>이 상의 아들 <평국{平國}>을 낳았는데, 동궁{=<보연>}에게 명하여 <평국>을 데려다가 아들로 삼게 하였으며, 옷과 술을 내려주어 동궁을 위안하며, 이르길; “자네 아들이 곧 내 아들이다.”라 하였다.

☯ 丁未**<**安藏**>**九年, 春正月, 乙丑朔, 受朝於「西都」之**<**鸞坮**><**溫殿**>**. **<**霫**>**·**<**奚**>**·**<**柔然**>**·**<**山胡**>**·**<**杜洛周**>**·**<**爾朱榮**>**·**<**高歡**>**等, 皆獻貢帛·馬, 受曆.
宝戚宝籙成, 受牒者二百十五人, 封王者三十人. 置宗田戚田以周其給. 皇子婢**<**宣婉**>**生**<**恪**>**子**<**穆**>**. 上, 大喜, 卽封爲**<**恪**>**夫人, 授五品尙禮之職. 二月 **<**淵華**>**生上女**<**魚水**>**公主. 上, 疑之, 使**<**和得**>**取之爲女, 遂還其母女于**<**和得**>**. 以宗室二十九家定爲宗主. 凡爲宗室者, 皆隷于此, 結假子女兄弟而重親之.

○ 정미{단기2860/AD527}<안장{安藏}>9년, 춘정월, 을축일 초하루, 「서도{西都}」<란대{鸞臺}>의 <온전{溫殿}>에서 조회를 받았다. <습{霫}>·<해{奚}>·<유연{柔然}>·<산호{山胡}>·<두락주{杜洛周}>·<이주영{爾朱榮}>·<고환{高歡}> 등 모두 비단과 말을 공물로 바치고 책력을 받아갔다. 보척보록{宝戚宝籙}이 완성되었다. 수첩된 자는 215인이며 왕으로 봉받은 자가 30인이었다. 종친과 척족들의 땅을 두었으며, 모두에게 골고루 나누어 주었다. 황자의 비첩{婢妾} <선완{宣婉}>이 <각{恪}>의 아들 <목{穆}>을 낳았더니, 상이 크게 기뻐하며 즉각 <각{恪}>부인을 봉하고 5품인 상례의 직분을 주었다. 2월, <연화{淵華}>가 상의 딸 <어수{魚水}>공주를 낳았는데, 상은 믿음이 가지 않아서 <화득{和得}>에게 <어수>를 데려다 딸로 삼으라 하였으며, 이어서 그 모녀도 <화득>에게 딸려 주었다. 종실의 스물아홉 집안을 종주로 삼았다. 모든 종실 사람들은 종주들에게 소속되어 수양 자녀·형제의 연을 맺고 이를 중시하게 되었다.

{다음의 宝戚宝籙 내용은 번역을 생략합니다.}

<璀>太子<鯨>太后産<壽皇>子	丙午 六二	妃 <秋雲>公主<助多>女 乙巳
<夏>太子<勗>産<助多>子	戊申 六十	妃 <宝堂>公主 庚寅
<琓>太子<璀>同母弟	乙酉 五九	妃 <谷瑃>妹<谷灿> 庚戌
<玿>太子同	壬子 五六	妃 <陽德>女<好仁> 己卯
<萇>太子<勗>産<壽皇>子	甲寅 五四	妃 <魏><弘>女<萇>公主 癸丑 子<萇玉>
		次子<賀回> 女<賀芪>
<隆>太子<勗>産<明治>子	戊午 五十	妃 <魏><宏>女<太平>公主 乙丑 子<杞>
<曇>太子<勗>産<壽皇>子	辛酉 四七	妃 <洽>公主<明治>女 庚申 子<日合>
<棡>太子<曇>同母弟	癸亥 四五	妃 <王勳>女<王姬> 戊辰 子<菌>
<福>太子<牟>産<明治>子	甲子 四四	妃 上女<山陽>公主 辛未 子<福山>
<琚>太子<璀>同母弟	丁卯 四一	妃 <晋福>女<晋嬙> 丙寅 子<璟>
		小妃<晋華> 子<珏>
<興德>太子上母弟	戊辰 四十	妃 <壽皇>女<延>公主 戊辰 子<大德公>
<陲>太子<隆>母弟	壬申 三六	妃 <蓁>公主 甲戌 <鮮>公
<興孝>太子上同母弟	癸酉 三五	妃 <魏><恪>女<平原>公主 子<樂平公>
<珹>太子<晋君>産<明治>子	甲戌 三四	妃 <合>皇后 壬戌 子<晋合>庚寅
<宝君>太子<河陽>産<明治>太子	乙亥 五三	妃 <魏><恰>女<太原>公主 子<宝太公>
<滄>太子<隆>母弟	丙子 三二	妃 <鯖>公主 丁丑 子<滄魚公>
<陰>太子<勗>産上子	丁丑 三一	妃 <寧陽>公主 子<陰信公>
<恪>太子<楚>産上子	同	妃 <銀>公主 子<奭>王
<興義>太子上同母弟	戊寅 三十	妃 <華■>公主 子<■■公>
<松>太子<鯨>公主産<明治>子	庚辰 二八	妃 <明治>女<河原>公主 辛巳 <松原公>
<忨>太子<楚>産<宝延>子		妃 <山陰>公主<明治>女 壬午 二六
<鯉>太子<鯨>公主産<宝延>子		妃 <正陽>公主 庚辰 二八
<陸>太子<勗>産<宝延>子		妃 <藡>公主 癸未 二五
<鯪>太子<勗>産上子		妃 <談經>公主 同
<興善>太子上同母弟		妃 <孔陽>公主 同
<恂>太子<楚>産<明治>子		妃 <華陽>公主 乙酉 二三
<興文>太子<淵>産上子		妃 <■■>女<青海>公主 同
<晉>太子<王>産<明治>子		妃 上女<寅陽>公主 己丑 十五
<文藏>太子<烏>山<明治>子		妃 <淵擧>女<華> 庚寅 十八

☯ 三月, <紅>皇后生<桂陽>公主. <桂>侍中生上子<師孔>太子, 上欲封<桂>侍中爲皇后, <大房淸>諫止之, <桂>侍中不悅, 曰; "生雖同枕而生子, 死不得同壙而受享, 豈可曰夫婦." 上乃命<桂>侍中死後取骨納上壙. 命司農卿<于晙>測定公田牧地以新賦稅. 上曰; "昔者, 百一而有余. 今者, 倍之而不足, 其命內外節約." 右輔<謝玉>薨, 年六十七. 清

儉, 能進賢, 稱爲賢相. <清河公><谷瑃>進右輔, 其妻<宣>氏得上寵爲侍中. <桂>侍中爲女丞相.

十一月, <蕭衍>使, 來獻土物, 而請婚. 上, 聞<衍>好佛而多變德, 不許之.

○ 3월, <홍{紅}>황후가 <계양{桂陽}>공주를 낳았다. <계{桂}>시중이 상의 아들 <사공{師孔}>태자를 낳으니, 상은 <계>시중을 황후로 봉하려 하였었고, 이에 <대방청{大房淸}>이 간하여 말렸다. <계>시중이 마음이 내키지 않아하며, 아뢰길; "살아서는 비록 동침하여 아들을 낳았어도, 죽어서는 한데 묻혀 제사를 받아먹지 못한다면, 어찌 부부였다 할 수 있겠습니까?"라 하였더니, 상은 명을 내리길 <계>시중이 죽거든 유골을 거두어서 상의 구덩이로 들이라고 하였다. 사농경 <우준{于晙}>에게 명하여 공전{公田}과 목야지{牧野地}를 측정하여서 새로이 세금을 매기라 하면서, 이르길; "지난날에는 백에 하나를 매겨도 여유가 있었는데, 요사이는 그 두 배를 매겨도 부족하오. 그대는 내외에 명을 내려서 절약하게 하시오."라 하였다. 우보 <사옥{謝玉}>이 67살에 죽었다. 청렴하고 검소하였으며, 능히 진현{進賢; 재능 있는 문신들이 임금을 시종하여 자문하는 것} 하였음에, 현명한 재상이었다고 칭송하였다. <청하공{淸河公}><곡춘{谷瑃}>을 우보로 삼고, 그의 처 <선{宣}>씨는 상의 총애를 받아 시중이 되었으며, 이에 <계{桂}>시중은 여승상{女丞相}이 되었다.

11월, <소연{蕭衍=梁太祖}>의 사신이 와서 토산물을 바치고 청혼하였으나, 상은 <소연>은 불법{佛法}은 좋아하나 변덕스러움이 많다고 들었기에, 허락하지 않았다{☞<삼국사기>엔 <양>에 사신을 보내서 조공한 것으로 기록!}.

● 戊申<安藏>十年, 春正月, 己未朔, 上不豫, <紅>皇后以股血注口. <魏>, <宝寅>, 殺<酈道元>而稱帝於<関中>, 爲其將<候終德>反戈而敗, 擭其妻<南陽>公主及小子, 自後門出奔<万俟醜奴>. <醜奴>, 以<宝寅>爲太傅, 而厚遇之. 然, <南陽>爲所汚未免, 「雀雲之歎」.

二月下, 勸農, 詔修堤防, 濬運溝. 命郡學, 試士而進其優秀者. 使吏部考而授職. <原宗>迎<我道>爲其大師. <高歡>勸<爾朱榮>引兵南下. <胡>太后, 恐禍, 與<儼>及<紇>密謀, 殺<詡>而立<詡>女. <榮>, 謂<元天穆>, 曰; "十九之帝安在, 而未言之兒臨天下邪." 乃立<子攸>爲帝, 沈<胡>太后及幼主於<河>."

四月, 以<繭>公主爲<陸>太子妃. 以帝妹<溫>公主妻<婁師弘>, [公]主年十六, <和得>之同母妹也.

五月, 上如<晋>太子宮. 時, 上女<寅陽>公主生<晋>太子子<仁成公>, 故賜衣慰之. 以下七張破損. <葛榮>亡, <宇文泰>歸<爾朱榮>.

○ 무신{단기2861/AD528}<안장{安藏}>10년, 춘정월, 기미일 초하루, 상의 용태가 심히 어렵게 되자, <홍{紅}>황후가 넓적다리의 피를 입에 흘려 넣었다. <위{魏}>에서는 <보인{宝寅}>이 <력도원{酈道元}>을 죽이고 <관중{關中}>에서 칭제하였으나, 그의 장수 <후종덕{候終德}>이 창을 거꾸로 들어서 패하였고, 그의 처 <남양{南陽}>공주와 어린 아들까지 붙잡혔더니, 뒷문으로 나가서 <만사추노{万俟醜奴}>에게로 도망하였다. <추노{醜奴}>는 <보인>을 태부{太傅; 큰 스승}로 삼아 후하게 대우하였다. 허나, <남양>이 몸을 지킬 수 없었으니, 「작운지탄{雀雲之歎}」이었다.

2월 하순, 농사에 부지런 하라 하였으며, 조서를 내려서 제방을 고치고 운구{運溝=運河}를 준설하였다. 군학{郡學}에 명하여 선비들을 시험하고 우수한 이들을 올려 보내게 하였으며, 리부로 하여금 이들을 살펴서 직분을 주게 하였다. <원종{原宗}>이 <아도{我道}>를 맞이하여 큰 스승으로 삼았다. <고환{高歡}>이 <이주영{爾朱榮}>에게 군병을 이끌고 남하하라고 권유하였더니, <호{胡}>태후는 화를 당할까 걱정스러워 <정엄{儼}> 및 <서흘{紇}>과 밀모하여 <후{詡}>를 죽이고 <후>의 딸을 세웠다. 이에 <이주영{榮}>은 <원천목{元天穆}>에게 말하길; "19살 된 임금도 안전한 곳에 틀어박혀있었는데, 아직 말도 못하는 아이에게 천하를 맡기다니요!"라 하고는, <자유{子攸}>를 임금으로 세우고 <호{胡}>태후와 어린 임금을 <하{河}>수에 빠뜨렸다.

4월, <견{繭}>공주를 <륙{陸}>태자비로 삼고, 제의 여동생 <온{溫}>공주를 <루사홍{婁師弘}>의 처로 삼았다. 공주는 16살이었으며, <화득{和得}>의 동복여동생이었다.

5월, 상이 <진{晋}>태자궁으로 갔다. 이때, 상의 딸 <인양{寅陽}>공주가 <진>태자의 아들 <인성공{仁成公}>을 낳았기에 옷을 내려주어서 위로한 것이었다. 이하 7장{=일곱 쪽} 파손되어 있음. <갈영{葛榮}>이 망하고, <우문태{宇文泰}>는 <이주영{爾朱榮}>에게 귀부하였다.

☯ 己酉<安藏>十一年, 春正月, 癸丑朔, 上, 與<紅>皇后·<朱>貴嬪, 在<獸林>溫宮, 聞<爾朱榮>殺<高歡>, 而謝<淘渚>之過. 命大仙人<白翔>·<米錢>等設追<歡>道場, 尋聞誤傳而罷之.

三月, 畋于<黃山>之東. <高歡>, 遣其妻弟, 來告; "無事脫禍. <元顥方>入寇亦自稱帝, 云. 皆<蕭衍>煽之也." 上, 命東宮與<紅>皇后, 巡幸「五部」, 視民察情, 褒其勤勵善産. 而至閏六月始還宮. 上, 聞后有娠, 大喜, 宴宗戚及<桂>·<婁>兩氏於<紅院宮>之<牧丹殿>. 盖上爱<紅>皇后爲其後日之地也.

八月, 七日丙辰, 五雲自天而下, 香滿于地. 時, <淵華>生<和得>女<善屛>. 上奇而洗之, <華>以爲上女泣求封爵. 上感魚水事, 皆封爲公主. <華>, 美而端正故常被帝幸, 然與<和得>情好, 故人莫知其誰所出. <元顥>敗爲<臨潁縣>卒所斬, <蕭綜>亦欲歸而不得.

九月, 上, 親率精騎二万自<黃山>出<水谷城>, 命<福>太子引兵一万拔<穴城>. <明穠>, 與<燕謨>, 引軍三万, 迎戰于<五谷>而敗. 生擒男女二千余人而歸. <明穠>, 自<金川>敗後, 日夜練兵以圖報. 以<莒>氏之事, <謝烏>來降, <燕>·<莒>相爭. 上, 因此, 而懲之. <溫>公主生<師弘>子<溫弘>, 上賜衣.

○ 기유{단기2862/AD529}<안장{安藏}>11년, 춘정월, 계축일 초하루, 상이 <홍{紅}>황후 및 <주{朱}>귀빈과 함께 <수림{獸林}>「온궁{溫宮}」에 머물다가, <이주영{爾朱榮}>이 <고환{高歡}>을 죽였다는 소식을 듣고는, <도저{淘渚}>에서의 잘못을 사과하였다. 대선인 <백상{白翔}>과 <미

전{米錢}> 등을 시켜서 <고환{歡}>을 추도하는 도장을 열게 하였다가, 잘못 전하여 진 것임을 듣고는 파하였다.

3월, <황산{黃山}> 동쪽에서 사냥하였다{☞<삼국사기>11년 3월기록과 유사함!}. <고환>이 자기 처의 남동생을 보내 찾아와서 고하길; “무사히 화를 면하였습니다. <원호방{元顥方}>이 쳐들어와 노략질하더니만 황제임을 자칭하였다 합니다만, 모든 것이 <소연{蕭衍}>의 부추김 때문이었습니다.”라 하였다. 상이 동궁과 <홍{紅}>황후에게 명하여, 「5부」를 순행하면서 백성들을 돌아보고 민심을 살피면서, 부지런히 노력하여 아이를 많이 낳은 이들을 포상하게 하였더니, 윤6월이 되어서야 비로소 환궁하였다. 상은 <홍>황후가 아이를 가졌음을 알고는 크게 기뻐하여, 종척들과 <계{桂}>·<루{婁}>씨 두 집안사람들에게 <홍원궁{紅院宮><모란전{牧丹殿}>에서 연회를 베풀었다. 대략 상이 <홍{紅}>황후를 아끼기에 그녀의 훗날의 처지를 위함이었다.

8월, 7일 병진일에 오색구름이 하늘에서 내려오더니 향기가 땅위에 그득하였다. 이때, <연화{淵華}>가 <화득{和得}>의 딸 <선병{善屛}>을 낳았다. 상은 이상하다 여기고 그 아이를 닦아주었더니, <연화{華}>는 상의 딸로 삼아서 작위를 봉하여 주길 울면서 바랐고, 상은 가까이에서 섬겼음이 고마워서 모녀를 모두를 공주로 봉하였다. <연화>는 예쁘기도 하거니와 단정하였었기에 늘 제의 승은은 입었었다. 그러나 <화득{和得}>과도 정을 나누고 좋아하였었기에, 사람들은 누구의 자식인지 알지 못하였다. <원호{元顥}>가 패하더니 <임영현{臨潁縣}>의 군졸에게 목이 잘렸고, <소종{蕭綜}> 또한 돌아가고자 하였으나 그럴 수 없었다.

9월, 상이 몸소 정예기병 20만을 이끌고 <황산{黃山}>에서 <수곡성{水谷城}>으로 나가고, <복{福}>태자에게도 명하여 1만의 군병을 이끌게 하여서, <혈성{穴城}>을 빼앗았다. <명농{明穠}>은 <연모{燕謨}>와 3만군을 끌고 와서 <오곡{五谷}>에서 맞싸우다 패하였다. 남녀 2천여 명을 산채로 잡아서 돌아왔다{☞<삼국사기>11년 동10월 기사와 같은 내용인 듯!}. <명농>은 <금천{金川}>에서 패한 이후, 밤낮으로 군병을 훈련하고 보복을 도모했던 것이었다. <백{苩}>씨와의 일로 인하여

<사오{沙烏}>가 찾아와 항복하였더니, <연{燕}>씨와 <백{苩}>씨가 서로 다투었다. 상은 이일이 있게도 하였고 그들을 응징도 하였던 것이었다. <온{溫}>공주가 <사홍{師弘}>의 아들 <온홍{溫弘}>을 낳았더니, 상이 옷을 하사했다.

● 庚戌<安藏>十二年, 春正月, 戊寅朔, 上, 與<楚>后·皇太子·<紅>皇后, 受朝於<皇極殿>.

二月, <紅>皇后生東宮子<忱>太子. <万俟醜奴>入據<関中>. <賀拔岳>, 連戰得勝生擒<醜奴>而執<蕭宝寅>, 至<洛陽>斬<醜奴>而欲宥宅<宝寅>. <王道習>不可之, 乃賜死於<駝牛署>, 人皆惜之. 上曰; "<宝寅>二心而汚妻, 死亦宜矣. <賀拔岳>之戰術, 可記而敎吾軍."

三月, 禁行<魏><五銖錢>. 上鑄<安藏元宝>, 而以其銅大而不便於用, 民皆易<五銖錢>用之, 其爲損不少. 東宮子<平成>, 烝<楚>皇后, 生女<苽花>公主. 時, 后年六十. 上曰; "<姬昌>十三生子<發>, 吾子亦然. 殆天之賜邪." 上, 命東宮, 與<紅>皇后, 監政. 上, 如右輔<谷瑃>家, 洗<谷瑃>子<瓊>. 先是, <瑃>妻<玉蜻院>妃<宣>氏受幸, 至是生<瓊>以爲上子. 上, 以其皃類於<瑃>, 命爲<瑃>子.

○ 경술{단기2863/AD530}<안장{安藏}>12년, 춘정월, 무인일 초하루, 상이 <초{楚}>후와 황태자 및 <홍{紅}>황후를 데리고 <황극전{皇極殿}>에서 조례를 받았다.

2월, <홍{紅}>황후가 동궁의 아들 <침{忱}>태자를 낳았다. <만사추노{万俟醜奴}>가 <관중{關中}>으로 들어가 의거하였다. <하발악{賀拔岳}>이 연거푸 싸워서 이기더니 <추노{醜奴}>를 산채로 사로잡고 <소보인{蕭宝寅}>도 붙잡았다. <락양{洛陽}>에 다다라서 <추노{醜奴}>를 참하였으며, <보인{宝寅}>에게는 용서하고 집을 주려고 하였다가, <왕도습{王道習}>이 그럴 수는 없다고 하여서, <타우서{駝牛署}>에서 죽게 하였더니, 사람들이 애석해하였다. 상이 이르길; "<보인{宝寅}>은 두 마음을 가지고 있었고, 처의 몸도 더럽혔으니, 죽어 마땅하였소. <하발악{賀拔岳}>의 전술은 기록을 남겨서 우리의 군대를 가르쳐야 할 것이오."라고 하였다.

3월, <위{魏}>의 <오수전{五銖錢}> 사용을 금하였다. 상이 <안장원보{安藏元宝}>를 주조하였으나, 구리로 만든 데다 크기도하여서 사용하기 불편하였더니, 백성들 모두는 <오수전>으로 바꾸어서 사용하였으니, 그 손해가 적지 않았다. 동궁의 아들 <평성{平成}>이 <초{楚}>황후와 올려 붙어 딸 <고화{苽花}>공주를 낳았다. 이때, 황후의 나이는 육십이었다. 상이 이르길; "<희창{姬昌}>이 13살에 아들 <발{發}>을 낳았는데, 내 자식 또한 그러하니, 아마도 하늘의 은덕인가 보구먼!"이라 하였다. 상이 동궁에게 명하여, <홍{紅}>황후와 함께, 국정을 살피라 하였다. 상이 우보 <곡춘{谷瑃}>의 집으로 가서 <곡춘{瑃}>의 아들 <경{瓊}>을 닦아주었다. <곡춘>의 처 <옥정원{玉蜻院}>비 <선{宣}>씨가 이에 앞서 승은을 입었더니, 지금 <경{瓊}>을 낳아놓고는 상의 아들이라 하였다. 이에 상이 그 아이의 모습을 살폈더니 <곡춘>의 모습을 닮은지라, 명을 내려 <곡춘>의 아들로 하게 하였다.

● 九月, <爾朱榮>, 至<洛陽>, 欲見其女之生子. <子攸>, 欺以爲生子, 請<榮>入內. 二十五日, 伏兵於<明光殿>, 導<榮>入謁<子攸>. 手刃之從者亂斫殺<榮>. <榮>妻, 逃走<高歡>, 使人勸<子攸>, 云.

十月, 癸卯朔, <榮>從弟<世隆>, 使<佛律>索<榮>尸, 稱復讎. <子攸>使<李叔仁>討<世隆>, <李苗>戰敗死, <世隆>亦北遁至長子, 與<兆>等立<曄>爲帝而討<子攸>.

十二月, 壬寅朔, <榮>從子<兆>拔<丹谷>, 甲辰渡<河>入京執<子攸>囚於<永寧寺>樓上, 殺<子攸>子·<榮>外孫, 汚辱妃嬪. 甲寅遷<子攸>於<晉陽>, 甲子殺之, 年二十四. <高歡>與<兆>, 斬<步蕃>於<石鼓山>, 結爲兄弟統六鎭. 恐<兆>變心, 分兵出<山東>請就食, <兆>許之.

○ 9월, <이주영{爾朱榮}>이 <락양{洛陽}>으로 와서 그의 딸이 낳은 아들을 보고자 하였다. <자유{子攸}>가 거짓으로 아들을 낳았다고 하여서 <이주영{榮}>에게 들어오라 청하였고, 25일에는 <명광전{明光

殿}>에 복병을 깔아 두고, <영{榮}>을 안내하여 들어와서 <자유>를 만나보게 하였더니, 손에 칼을 든 종자들이 <영>을 어지러이 찔러서 죽였다. <영>의 처는 <고환{高歡}>에게로 도주하였으며, 다른 사람을 시켜서 <자유>가 그렇게 하게끔 권유하였다고도 한다.

10월, 계묘일 초하루, <이주영{榮}>의 종제 <세륭{世隆}>이 <불률{佛律}>을 시켜서 <영{榮}>의 시신을 찾게 하였으며, 복수하겠다고 하였다. <자유>가 <이숙인{李叔仁}>에게 <세륭>을 토벌하게 하였더니, <이묘{李苗}>는 싸우다 패하여 죽었고, <세륭> 또한 패하고 도망하여 큰 아들에게로 가더니, <이주조{兆; 爾朱榮의 조카}> 등과 함께 <원엽{曄}>을 제위에 세우고 <자유{子攸}>를 토벌하였다.

12월, 임인일 초하루에 <이주영{榮}>의 조카 <이주조{兆}>가 <단곡{丹谷}>을 빼앗았으며, 갑진일에는 <하{河}>를 건너 도읍으로 들어가서 <자유{子攸}>를 붙잡아서 <영녕사{永寧寺}>의 루대 꼭대기에 가두고는, <자유>의 아들과 <이주영{榮}>의 외손을 죽였으며, 비빈들을 더럽히고 능욕하였다. 갑인일엔 <자유>를 <진양{晋陽}>으로 옮겼다가, 갑자일에 그를 죽여 버렸더니, 24살이었다. <고환{高歡}>은 <이주조{兆}>와 함께 <석고산{石鼓山}>에서 <보번{步蕃}>을 죽였으며, 형제가 되기로 약속하고 여섯 진을 다스렸으나, <이주조{兆}>가 변심할까 두려워서 군병을 나누어 <산동{山東}>으로 나가서, 취식하길 청하였더니, <이주조{兆}>가 들어주었다.

☯ 辛亥<安藏>十三年, 春正月, 壬申朔, 受朝於<牛頭殿>. 命皇太子將兵十万出陣<盖馬>, 以備<遼東>, 遙援<高歡>. <平成>, 與<德昜[陽]>, 如<龍宮>烝之.

二月, 二十九日, <世隆>, 廢<曄>而立<恭>. 是曰<節閔>. <兆>, 不預, 故欲攻<世隆>. 二人万隔. <恭>, 放<波斯國>獅子·使, 還其國. 使, 苦其路遠, 而中途殺之. 此乃<醜奴>改元<神獸>之獅也. 得於<奴>而失於<恭>.

三月, 上, 如<黃山>, 閱軍伏. <高歡>, 掠<相州>糧, 而入<信都>封<隆>之<等閒門>納之. <恭>, 封<歡>爲<渤海王>, 命入朝. <桂>丞相

<春娘>生上子. <師孟>公[主]薨, 宝齡四十四. 上, 哀慟之, 以皇后禮葬之. 取其皮爲薦, 待万歲後合骨於上.

○ 신해{단기2864/AD531}<안장{安藏}>13년, 춘정월, 임신일 초하루, <우두전{牛頭殿}>에서 조례를 받았다. 황태자에게 명하여, 10만병을 이끌고 나가서 <개마{盖馬}>에 진을 치고 <요동{遼東}>을 대비하며, 멀리에서 <고환{高歡}>을 돕게 하였다. <평성{平成}>이 <덕양{德陽}>을 데리고 <룡궁{龍宮}>으로 가서 증{烝=손윗사람에게 치붙음}하였다.

2월, 29일에 <세릉{世隆}>이 <원엽{曄=北魏孝敬帝}>을 폐위하고 <공{恭}>을 세웠다. 이 이가 <절민[제]>이다. <이주조{兆}>는 이 일이 마음에 들지 않아서 <세릉>을 치려하였더니, 두 사람은 아주 먼 사이가 되었다. <공{恭=北魏節閔帝}>이 <파사국{波斯國=페르시아?}>의 사자{獅子}와 사신을 풀어주어서 자신의 나라로 돌아가게 하였더니, 사신은 그 길이 멀고 힘이 들어서 중도에 그 사자를 죽였다. 이것은 <만사추노{醜奴; 北鮮卑契胡部落}>가 년호를 고쳐 <신수{神獸}>라 하였던 그 사자{獅子}이었다. <추노{醜奴}>에겐 득이었고 <공{恭}>에겐 실이었다.

3월, 상이 <황산{黃山}>으로 가서 복병 상황을 점검하였다{☞<개마>로 가서 복병하고 있는 상황 점검!}. <고환{高歡}>이 <상주{相州}>의 군량을 빼앗고 <신도{信都}>로 들어가서 <세릉{隆}>의 <등한문{等閒門}>을 봉인하여 바쳤더니, <원공{恭}>은 <고환{歡}>을 <발해왕{渤海王}>으로 봉하고, 입조하라 명하였다. <계{桂}>승상 <춘낭{春娘}>이 상의 아들을 낳았다. <사맹{師孟}>공주가 보령 마흔넷에 죽었더니, 상이 이를 애통히 여기고, 황후의 예로 장사하였다. 무덤의 겉을 거적으로 하고 있다가, 상이 죽거든 그 유골을 상에게 합치라 하였다.

☯ 四月, 上, 如<江陰>公主宮, 過勞, 夢見<桂>丞相而不豫. 命禱山川而少差. <原宗>以<哲夫>爲相, 加爵上大等. <蕭衍>子<統>, 憂其母墓埋鵞之事, 而自殺. 盖<衍>薄於子也.

五月, 上崩於<黃山>行宮, 春秋五十五. 葬於<牛山><葬玉之原>, 名曰<安藏陵>, 追尊爲<安宗和皇帝>.

○ 4월, 상이 <강음{江陰}>공주 궁으로 가서 과로하였다가, 꿈속에서 <계{桂}>승상을 만나고는 몸이 위중하여졌다. 명을 내려 산천에 빌었어도 차도가 없었다. <원종{原宗}>이 <철부{哲夫}>를 재상으로 삼고 작위를 올려주어 상대등으로 하였다. <소연{衍=梁太祖}>의 아들 <통{統}>이 제 어미의 무덤에 거위{=夫婦의 상징?}를 묻은 일을 걱정하다가 자살하였다. 대략 <소연{衍}>이 아들을 구박하였음이었다.

5월, 상이 <황산{黃山}>행궁에서 춘추 쉰다섯에 죽었다. <우산{牛山; 北都근처?}><장옥원{葬玉之原; 귀한 이들의 무덤 터}>에 장사하고 <안장릉{安藏陵}>이라 이름 지었으며, <안종화황제{安宗和皇帝}>로 추존하였다.

역자의 변 : 황실의 혼인이 족내혼 즉 <용골>간의 혼인을 하여서 몸이 부실하다고 알아서인지(우생학을 이때도 알았다?) 호족출신 3품 이상의 관료들 집안과 혼인하는 일을 제도적으로 보완하였으며, 9경{九卿}·5관{五館}을 두어서 내치를 보완하는 등 외세의 위협에서 벗어난 연후에나 가능한 치적이 있음.

<소>황후{=소서노}가 순사하지 않은 이유가 다시금 언급되어 있음.

<안장대제>기 중에 아주 중요한 <백제>관련 기사가 나온다.

계묘<안장>5년{AD523}, 2월에 <사마{斯摩=武寧大王}>가 <한성{漢城}>으로 가더니......<사오>의 처 <백{苩}>씨를 거두어 처로 삼아서 3월에 환도하였더니, 5월에 『<사마>의 처 <연{燕}>씨가 <사오>의 처 <백>씨를 투기하여 <사마>를 독살하고, <사마>의 서자 <명농{明穠=聖王}>은 아비의 죽음{崩}을 숨기고 보위에 올랐다.』라는 기록이다. 지금까지 충남 공주의 <錦川 즉 작금의 錦江>변에 자칭 천자국 <백제>전성시대 <무녕대왕{武寧大王}>의 릉으로 보기엔 너무나 초라한, 그리고 릉 자락에 연이어 무덤 두 개가 엉켜있다시피 한 것은 상식적으로도 설명이 궁하다. 릉의 내부에서 나왔다는 지석명문 내용도, 사서들에 나오는 시호{諡號}도 아닌 휘{諱}자인 "斯摩"와도 다른 "斯麻"로 나와서 <무녕대왕>의 사후로부터 두 세기 정도가 지난 후에 편찬된 심히 정상으로 보기 힘든 <일본>의 사서라는 것들에 나오는 글자와 같고, <백제>의 한 <담로{또는, 첨로}>왕의 무덤이라면 수긍할 정도로 아주 빈약하며, <백제>의 대왕이 자신의 영토 안에 있는 자신의 땅을 사서 묻힐 수는 없는 것이다. 또한, 짐독으로 독살을 당하였고, 서자인 <명농> 즉 <성왕>은 선친의 죽음을 숨기고 즉위한 사연도 꺼림칙하다. 진정 <무녕대왕>의 릉이라 한다면, 어쩌면, 보위를 둘러싼 세력 간의 알력에 의해 독살 당하고, 아끼던 여인{들}이나 신하{들} 또는 적자{들}이 함께 죽임을 당한 연후에, 우리가 알고 있는 <부여>계열보다도 먼저 이 땅으로 들어왔거나 하였을 그리고 <고구리>의 관작 명칭과 유사한 관작들이 있었던 <부상국> 등의 천변 땅을 한 조각 구입하여서 겨우 유배무덤을 썼을 것이란 추정도 가능할 것으로도 보인다..

23. 二十三世<安原大帝>紀 제23세<안원대제>기

원문출처; http://mf.history.go.kr/Pdf0020000/00322323.pdf

帝, 諱<宝延>, 字<興壽>, <明治帝>之第二子也. 母, 曰<鯨>太后也. 美容儀善騎射, 身長七尺五寸. 有大量通武術, 亦能逢迎上意. <明治>, 常謂帝及大行, 曰; "汝兄弟互相傳位. 一心而分體, 非兩人也." 以是, 大行起居常與帝, 同飮食衣服, 一如孿出. 大行有疾, 帝常侍側極盡無所不至. 臨崩, 命<楚雲>皇后跪上璽宝. 乃登祚. 改元<大藏>. 後, 尊爲<世宗景皇帝>.

제는, 휘가 <보연{宝延}> 자는 <흥수{興壽}>이고, <명치제{明治帝}>의 둘째 아들로 모친은 <경{鯨}>태후이다. 용모와 예의범절이 아름답고 기사{騎射}도 잘하였으며, 신장은 7척 5촌이었다. 도량이 크고 무술에 통달하였으며, 또한 능히 윗사람의 뜻을 받들어 모실 줄도 알았다. <명치{明治大帝=文咨明王=羅雲}>는 평소에 제{=宝延}와 대행{=興安}에게 "너희들은 형제간에 전위해라. 한 마음이면 몸이 나뉘었어도 두 사람이 아닌 것이다."라 일렀다. 그랬다. 대행은 항상 제와 함께 기거하고 같은 것을 먹고 마셨으며 의복도 같았더니, 쌍둥이로 태어난 것 같았다. 대행{=興安}이 병을 앓을 땐, 제{=宝延}가 항상 곁을 지켰으며 그 극진함이 이를 데 없었다. 죽음에 임박하자 <초운{楚雲}>황후에게 명하여 무릎 꿇고 상에게 새보{璽宝=玉璽·宝鈒}를 바치게 하였고, 이에 천자의 자리에 올랐다. 년호를 <대장{大藏}>으로 바꿨다. 후에 <세종경황제{世宗景皇帝}>로 존호 되었다.

☯ 辛亥<大藏>元年, 五月七日, 上, 與<楚雲>皇后, 卽位於<黃山>行宮之殯殿, 春秋五十三.

上欲以<楚雲>更爲皇后, <楚雲>以年老固辭之. 乃以<德陽>公主爲皇后, 乃<楚雲>所生大行女也. 春秋三十二. <楚雲>爲太后, 春秋六十一. 以皇姪<恪>太子爲東宮, <楚雲>所生大行子, <德陽>之胞兄也. 宝齡三十五. <銀>公主爲東宮正妃, 宝齡三十二, <昜>太后所生上女也. <慶

安>公主爲東宮次妃，宝齡二十三．<安陽>公主所生上女也．<正陽>公主爲東宮補妃，宝齡二十四，<楚雲>所生大行女，<鯉>太子正妃也． <寅陽>公主生上子<義成>太子． 以<梁義臣>爲中畏大夫，<淵学>爲司農卿，<梁博>爲民部尙書，<朱金鈴>爲右侍中，<桂春[娘]>爲左侍中，<宣蜓>爲女丞相．

以<恂>太子妃<華陽>公主爲副皇后，春秋二十一，<魏>主<恪>女<胡>太后出也． 以<平陽宮(宏女四三)>·<紅院宮(婁氏三一)>爲別宮皇后， 以<錦院><晋>貴嬪(冠女三九)爲小后，巡幸慰之．上，少時，不晲粉黛所幸者數人，而及壯以後漸內．卽位之初，命宗室女當夕，又數微幸公卿家，如有美妻女則引幸，無遺女謁漸盛．<楚雲>諫之，不聽，又數如<楚雲宮>毁其尼道．

○ 신해{단기2864/AD531}<대장{大藏}>원년, 5월 7일, 상이 <초운{楚雲}> 황후와 함께 <황산{黃山}>행궁의 빈전{殯殿=喪廳}에서 즉위하였다. 춘추 쉰셋이었다.

상이 <초운>을 다시금 황후로 삼으려 하였더니, <초운>이 나이가 들었음을 들어 고사하였다. 이에 <덕양{德陽}>공주를 황후로 삼았다. <초운>이 낳은 대행의 딸이며, 춘추 서른둘이었다. <초운>은 태후가 되었고, 춘추 예순 하나이었다. 황상의 조카 <각{恪}>태자를 동궁으로 삼았다. <초운>이 낳은 대행{=興安}의 아들로, <덕양>의 동복 오빠이며, 보령 서른다섯이었다. <은{銀}>공주를 동궁정비로 삼았다. 보령 서른둘로 <욱{勗}>태후 소생인 상의 딸이다. <경안{慶安}>공주를 동궁차비로 삼았다. 보령 스물둘이고 <안양{安安}>공주 소생인 상의 딸이다. <정양{正陽}>공주를 동궁보비로 삼았다. 보령 스물넷으로 <초운> 소생인 대행의 딸이며 <리{鯉}>태자의 정비였다. <인양{寅陽}>공주가 상의 아들 <의성{義成}>태자를 낳았다.

<양의신{梁義臣}>을 중외대부로, <연학{淵學}>을 사농경으로, <양박{梁博}>을 민부상서로, <주금령{朱金鈴}>을 우시중으로, <계춘낭{桂春娘}>을 좌시중으로, <선전{宣蜓}>을 여승상으로 삼았다.

<순{恂}>태자비 <화양{華陽}>공주를 부황후로 삼았다. 춘추 스물

하나였으며, <위{魏}>주 <모용각{恪}>의 딸 <호{胡}>태후 태생이다. <평양궁{平陽宮}(굉녀43)>과 <홍원궁{紅院宮}(루씨31)>을 별궁 황후로 삼았고, <금원{錦院}><진{晋}>귀비(관녀39)를 소후로 삼고는, 두루 돌아서 승은을 내리고 위무하였다. 상이 젊었을 땐 해가 기울지 않았어도 분 바르고 눈썹 그리는 찾아가서 함께 하던 이들이 여럿이었고, 장성한 이후론 점차 궐내로 불러들이더니만, 즉위 초엔 종실의 딸들에게도 저녁을 감당하라 명하였으며, 아울러 공경들의 집으로 미행하여서 예쁜 처나 딸들이 있기만 하면 데려다 승은을 입혔더니, 찾아서 고할 남아난 여인 없음이 점차 심하여졌다. <초운{楚雲}>이 말려도 듣지 않았고, <초운궁{楚雲宮}>에도 여러 번 드나들어서 니도{尼道≒수절함=비구니의 도리}가 훼손되게 하였다.

☯ 六月, <魏>主<恭>遣使獻賻, 上, 與<華陽>后接使于西殿, 聞; "<爾朱世隆>執政, <仲遠>鎭<徐>, <兆>在<幷>·<汾>, <天光>在<長安>, 各自貪暴掠奪, 政令不行, 租稅不入, 天下思亂. <爾朱>之失人心, 可知也. <高歡>, 自<兆>得兵出<信都>而立<元朗>爲帝, 聲討<爾朱>. 十月, 大破<兆>於<廣阿>而進攻<鄴>, 其勢大振."

以司農卿<淵学>, 爲刑部尙書. 以侍御史·駙馬都尉<王胥>, 爲司農卿. <晋冠>, 禮部尙書. <晋德>, 「京兆」尹. <安易{=陽}>公主, 爲琳叢大夫. <于建忠>, 大府卿.

十一月, 皇后, 與<平成>太子, 如<龍山>行宮. 烝報益甚, 上不禁之. 上, 亦與<楚>太后, 如溫宮, 爰<平成>聚麀, 無所不至. 上, 以朱木別建新宮, 欲爲壯觀, 募匠于內外.

○ 6월, <위{魏}>의 임금 <원공{恭=北魏節閔帝}>이 사신을 보내 부의를 바쳐왔더니, 상이 <화양{華陽}>후를 데리고 서쪽의 전각에서 그 사신을 만나보고, "<이주세륭{爾朱世隆}>이 정사를 틀어쥐었고, <중원{仲遠}>은 <서{徐}>주 땅에 진을 쳤으며, <이주조{兆}>는 <병{幷}>주와 <분{汾}>주에 머무르고 있고, <천광{天光}>은 <장안{長安}>에 머무르고 있었는데, 각자가 탐욕스럽고 포악하여 약탈하고 있어서, 정령이

통하지 않고 조세도 걷히질 않으며, 천하는 난리를 생각하고 있었으니, <이주{爾朱=爾朱世隆}>가 세인의 마음을 잃었음을 알 만하다. <고환{高歡}>이 <이주조{兆}>에게 군병을 빌어 <신도{信都}>로 나가서 <원랑{元朗=北魏安定王後廢帝}>을 임금으로 세우고 <이주{=이주세룽}>를 성토하더니만, 10월엔 <이주조{兆}>를 <광아{廣阿}>에서 크게 깨뜨리고 <업{鄴}> 땅으로 진격하여서 세력을 크게 떨치고 있다."는 애기를 들었다.

사농경 <연학{淵學}>을 형부상서로, 시어사·부마도위 <왕서{王胥}>를 사농경으로, <진관{晋冠}>을 례부상서로, <진덕{晋德}>을 「경조윤{京兆尹; 西安즉長安수령? 都城수령?}」으로, <안양{安陽}>공주를 림총대부로, <우건충{于建忠}>을 대부경으로 삼았다.

11월, 황후가 <평성{平成}>태자와 <룡산{龍山}>행궁으로 갔다. 증{烝; 손아랫사람이 손윗사람과 통정하는 것}·보{報; 손윗사람이 손아랫사람과 통정하는 것}함이 날로 심하여져도 상은 이를 금하지 않았으며, 상 또한 <초{楚}>태후와 함께 「온궁」으로 가서 <평성>이 모아놓은 여인들을 탐하였으며 이르지 못할 것이 없었다. 상은 별도의 새 궁전을 주목{朱木}으로 웅장하게 지으려고, 안팎의 장인{匠人}을 불러 모았다.

● 壬子<大藏>二年, 春正月, 丙寅朔, 上, 與<楚>太后受朝於<龍山>溫宮.

<原宗>, 廢<仇衡>而立<衡>弟<仇亥>, 尋奪之以其國爲郡縣. 然, <加耶>諸族不服, 禍不絶焉.

<德陽>皇后生<平安>公主於<龍山>溫宮. 上, 命<平成>洗之, 喜不自勝, 曰; "生子之樂, 未有如今日." 賜皇后珠裙霓裳, <平成>錦冕一襲而愛之. 東宮, 欲以其女<淑>公主爲<平成>妃而傳國, 命<銀>公主爲<平成>補妃, 納<淑>公主於御寢. 上許之.

<高歡>攻<鄴>, 爲地道施柱而焚之, 城陷入地. 十七日, 拔<鄴>擒<劉誕>, 移<元朗>于<鄴>. <歡>自爲丞相·柱國·大將軍. 子<澄>爲驃騎大將軍, 年才十一歲, 能臨戰. <歡>, 時, 年三十七. 其妻<婁>氏, <師德>之族, 亦有巨力, 能助<歡>, 爲軍事馳騁如飛.

<恭>, 以<兆>女<梅>爲妻. <世隆>, 與<兆>·<天光>·<度律>等, 更立, 誓約, 以圖相親. <斛斯椿>·<賀拔勝>, 欲圖之, 勸<世隆>召<兆>·<天光>等, 皆詣<洛陽>共討<高歡>. <天光>欲出<長安>, <賀拔岳>諫曰; "莫若且鎭<関中>以固根本, 分遣銳師, 與衆合勢. 進可以克, 退可以保." <天光>, 不從, 自<長安>至<鄴>. <兆>自<晋陽>, <度律>自<洛陽>, <仲遠>自「東都」. 皆會于<鄴>, 衆號二十万, 來<洹水>而軍. <歡>, 與<高敖曹>, 出擊大破之. <兆>奔<晋陽>, <仲遠>奔「東都」.

○ 임자{단기2865/AD532}<대장{大藏}>2년, 춘정월, 병인일 초하루에 상이 <초{楚}>태후와 함께 <룡산{龍山}>「온궁」에서 조례를 받았다.

<원종{原宗=法興王}>이 <구형{仇衡; 駕洛末王}>을 폐하고 그의 동생 <구해{仇亥}>를 세우더니만, 종당에는 그 나라를 빼앗아서 자기 나라의 군과 현으로 만들었다. 그러나, <가야{加耶}>의 제 족속들이 불복하였으니, 화가 그칠 날이 없었다.

<덕양{德陽}>황후가 <룡산{龍山}>「온궁」에서 <평안{平安}>공주를 낳았더니, 상은 <평성{平成}>에게 명하여 씻어주게 하고는 기쁨을 감추지 못하며 이르길; "자식 낳는 즐거움이 오늘 같은 적이 없었다." 라 하였으며, 황후에게는 붉은 속옷과 화려한 치마를 내려주었고, <평성>에게는 비단면류관 일습을 내려주고 친밀하게 대하여주었다. 동궁{=恪太子}은 자신의 딸 <숙{淑}>공주를 <평성>의 비로 삼아 나라를 물려주고 싶어서, <은{銀}>공주에게는 <평성>의 보비가 되라 명을 내렸고, <숙{淑}>공주를 주상의 침전에 바쳤다. 상이 허락하였다.

<고환{高歡}>이 <업{鄴}>을 공격하였는데, 땅굴을 파고 나무기둥을 박아서 그 기둥에 불을 질렀더니 성이 무너져 땅속으로 꺼져 내렸다. 17일에 <업>을 빼앗고 <유탄{劉誕}>을 사로잡았으며, <원랑{元朗=北魏安定王後廢帝}>을 <업{鄴}>으로 옮겼다. <고환{歡}>은 스스로 승상·주국·대장군이 되었고, 아들 <징{澄}>을 표기대장군으로 삼았더니, 열한 살에 능히 싸움에 임하였다. 이때 <환{歡}>은 나이 서른일곱이었다. 그의 처 <루{婁}>씨는 <루사덕{師德}>의 피붙이로, 근력이 엄청

좋아서 능히 <환>을 도왔고, 진을 치거나 말 타고 달리는 것이 나르는 것 같았다.

<원공{恭=北魏節閔帝}>은 <이주조{兆}>의 딸 <매{梅}>를 처로 삼았으며, <세륭{世隆}>은 <조{兆}>·<천광{天光}>·<탁률{度律}> 등과 함께 임금을 바꿔 세우고 서약하여서 서로 간에 친목을 도모하였다. <곡사춘{斛斯椿}>과 <하발승{賀拔勝}>은 이들을 도모하고자, <세륭>에게 <조>와 <천광> 등 모두를 <락양{洛陽}>으로 불러 모아서 함께 <고환{高歡}>을 토벌하자고 권유하였다. 이에 <천광>이 <장안{長安}>을 나서려하자, <하발악{賀拔岳}>이 간하길; "<관중{關中}>에 지켜서 근본을 굳건히 하면서 날랜 군대를 나누어 보내어 다른 무리들과 합세하는 것보다 좋은 방법은 없습니다. 나아가면 이길 수 있고, 물러나더라도 지켜낼 수 있습니다."라 하였다. <천광>은 이 말을 따르지 않고 <장안>을 출발하여 <업{鄴}>에 다다랐으며, <이주조{兆}>는 <진양{晋陽}>에서, <탁률{度律}>은 <락양{洛陽}>에서, <중원{仲遠}>은 「동도{東都; =北魏의 東都}」에서 모두들 <업{鄴}>으로 모여들어 만났더니, 20만군이 되었다. <원수{洹水}>에 다다라서 군진을 쳤더니, <고환{高歡}>이 <고오조{高敖曹}>와 함께 출격하여서 이들을 대파하였다. 이에 <이주조{兆}>는 <진양{晋陽}>으로 달아났고, <중원>은 「동도」로 달아났다.

● 四月, <斛斯椿>等, 殺<世隆>·<天光>·<度律>等, 傳首於<歡>. <歡>, 入<洛陽>, 幽<恭>而立<脩>. 左輔<淸河公><谷琫>進爵太輔·上柱國.

五月, 以<俶>公主妻<平成>. 公主, 宝齡十六. <平成>, 十五, 身長於公主. 公主臀大於<平成>. 相誇其長大而不下. 上, 笑, 曰; "大亦好, 長亦好. 吾孫必長且大矣." <俶>, 東宮<愘>女, <銀>公主出也. <愘>, 以<平成>爲嗣, 將傳大位計耳.

<高歡>鴆殺<恭>於門下外省, 年三十五. 是, 稱<節閔帝>, <宏>之姪也. 百司會葬用殊禮.

<平成>, 如<紅院>, 假稱帝, 命而通之. 他日, 上如<紅院>, <院>問其眞假. 上曰; "彼則我也. 何有眞假." <院>曰; "吾, 亦知之, 故不敢拂

矣." 自後, <平成>數往<紅院>專其房. <院>曰; "殿下爱妾如是, 白日無情, 恐妾老而爲弊履." <平成>, 見其泣下, 而刺臂誓不相棄.

○ 4월, <곡사춘{斛斯椿}> 등이 <세륭{世隆}>·<천광{天光}>·<탁률{度律}> 등을 죽여서 그 목을 <고환{歡}>에게 보냈더니, <고환>은 <락양{洛陽}>으로 들어가서 <원공{恭=節閔帝=前廢帝}>을 유폐하고 <원수{脩=孝武帝}>를 세웠다. 좌보 <청하공{淸河公}><곡춘{谷瑃}>이 작위가 올라서 태보·상주국이 되었다.

5월, <숙{淑}>공주를 <평성{平成}>의 처로 삼았는데, 공주는 16살이었다. <평성>은 열다섯 살로 키가 공주보다 컸고, 공주는 <평성>보다 볼기가 컸다. 서로가 자신의 키가 크거나 볼기가 큰 것을 자랑하며 지려들지 않았다. 이에 상이 웃으며 이르길; "볼기가 커도 좋고 키가 커도 좋다. 내 자손은 필시 키도 크고 볼기도 크겠구나."라 하였다. <숙{淑}>은 동궁 <각{恪}>의 딸로 <은{銀}>공주 낳았다. <각>은 <평성>을 후사로 삼아서 장차 보위를 물려주고자 함이었다.

<고환{高歡}>이 문하외성에서 <원공{恭}>을 짐독{鴆毒}으로 죽였다. 서른다섯 살이었고, 이 이를 <절민제{節閔帝=北魏前廢帝}>라 하며, <원굉{宏}>의 조카이다. 모든 벼슬아치들이 모여서 각별한 예의로 묻어주었다.

<평성{平成}>이 <홍원{紅院}>에게로 가서 거짓으로 제를 칭하고 명하여서 통정하였다. 훗날 상이 <홍원>에게 갔더니, <홍원{院}>은 진정으로 상이 왔었는지 아니었는지를 물었고, 상은 "그가 즉 나인데, 어찌 진짜와 거짓을 따진단 말이오."라 답하였더니, <원>이 아뢰길; "저 역시 그리 알고 감히 거스르진 않았었습니다."라 하였다. 이 이후로 <평성>이 수차 <홍원>을 찾아가 독차지하였더니, <원>이 말하길; "전하께서 첩을 사랑하심이 이와 같으시나, 세월은 무정하니, 첩이 나이가 들면 헌신짝 같아질까 두렵습니다."라 하였다. <평성>은 그녀가 눈물 흘리는 것을 보더니만, 팔뚝을 칼로 베어서 서로 저버리지 말자고 맹서하였다.

● 六月, 上, 命<紅>皇后, 與<平成>如<獸林>溫宮. 太輔·上柱國·<淸原公><谷瑃>薨, 年六十九. <瑃>, 以美皃事<太宗>, 爲龍陽臣久居宮中, 掌大府財宝. 又以泉府令, 多鑄金·銀·銅錢. 妻·女·妹皆得上寵, 列居後宮. 權傾內外. 而爲人恭謹端潔·愛人下士. 有急人恤窮之行, 戒子孫以孝友盡忠. 人稱其賢. 然, 閨門無檢, 烝報無常, 而晏然無恥. 畜財累巨万, 埋黃金爲子孫, 計者百万. 計宮中, 珍宝之亦歸於<瑃>者甚多. 其先, <屛>太子之裔<張>, 皇后金尺·大綬章·七十斤金魚·玉馬等, 尙傳于家累世, 落魄貧寒而守之不賣.

<瑃>父<蒹>, 得尼女爲妻而生<瑃>, 夢<芻牟>來言; "吾, 以<鄭共>賜汝爲子." 故初名<共太守>, 賜姓名<谷瑃>. 自是, <谷>氏大興. <瑃>, 外儉內奢, 多藏美女, 畜子女數百人, 皆美麗明敏. 兄弟叔侄相婚, 不肯流美種於外. 唯入後宮者誕龍孫而已. 女<霏>, 以上命, 下嫁<王勳>. <勳>雖通而<霏>不送精使不能娠. 上, 聞之, 責<霏>不生<勳>子, <霏>曰; "妾家女不誕<王>子, 但生<谷>氏兒, 不生他人兒. 然, 上命如此當生子." 遂與<瑃>合而生子<彪>, 皃不類<勳>而容皃言語行動一如<瑃>. <勳>, 心知之, 曰; "此兒, 吾妻弟也." 及<王>皇后崩, <勳>寵衰, 復入後宮與諸王子相通而娠, 不肯爲<勳>妻. <勳>, 以<霏>爲宮人而不能制, 但受節制而已.

○ 6월, 상이 <홍{紅}>황후에게 명하여 <평성{平成}>과 함께 <수림{獸林}>「온궁」으로 가게 하였다. 태보·상주국·<청원공{淸原公}><곡춘{谷瑃}>이 예순아홉 살에 죽었다. <곡춘{瑃}>은 용모가 예뻐서 <태종{太宗=明治帝}>을 섬기게 되더니, 룡양신{龍陽臣=男色重臣}이 되어서 오랫동안 궁중에 있으면서 대부의 재물과 보화를 관리하였다. 또한, 천부령{泉府令}으로 있으면서 여러 번 금·은·동전을 주조하기도 하였다. 처와 딸 및 여동생도 상의 총애를 받아 후궁에 줄줄이 머물렀다. 권력이 <곡춘> 집안의 내외{=남자와 여자들}에게 쏠렸었다. 사람됨이 공손하며 조신하였고, 단정하고 깔끔하였으며, 다른 사람들과 아랫사람들을 아꼈고, 사정이 급한 이가 있으면 그 곤궁함을 구휼하기도 하였으며, 자손을 가르침에 있어서는 효도하고 우애로 지내고 충성을

다하라고 하였더니, 사람들이 그를 현명하다고 칭송하였었다. 하지만, 규방 문을 단속하지 않아서 아래 위를 가리지 않고 치붙음이 무상하였으나, 마음 편히 먹고 부끄러워하지 않았었다. 모은 재물도 많아서 수만금이 되었고, 황금을 땅속에 묻어두어 자손을 위한 것도 백만금이 되었다. 따져보면, 궁중의 진보들도 <춘{瑃}>에게 돌아간 것이 심히 많았었다. 그의 조상은 <병{屛}>태자의 후예 <장{張}>이어서, 황후금척{皇后金尺} 및 대수장{大綬章}과 70근 금어{金魚} 및 옥마{玉馬} 등을 집안에서 여러 대를 전하였고, 혼백이 쇠락하고 빈한해졌어도 그것들을 지켜내며 팔지 않았었다.

<춘{瑃}>의 아비 <겸{瑃}>이 비구녀를 처로 얻어서 <춘>을 낳았더니, 꿈에 <추모{芻牟}>가 찾아와 이르길; “내가 <정공{鄭公}>을 너에게 주어 아들이 되게 하겠노라.”라 하였기에, 초명은 <공태수{共太守}>이었고, 하사받은 성과 이름이 <곡춘{谷瑃}>이었다. 이런 일이 있은 후부터 <곡{瑃}>씨는 크게 일어났다. <춘{瑃}>은 겉은 검소하였어도 안으로는 호사로웠다. 집안에는 많은 미녀를 모아두어서 낳아 놓은 자녀가 수백 인이 되었으며, 모두들 미려하고 명민하였다. 형제숙질 간에 서로 혼인하여 좋은 씨앗이 밖으로 흘러 나가는 것을 허용하지 않았으며, 오로지 후궁으로 들어간 이들만 황상들의 자손을 낳아 줄 뿐이었다. 딸 <비{霏}>가 상의 명으로 <왕훈{王勳}>에게 하가하였는데, 비록 <왕훈{勳}>이 통정하여도 그의 정기가 이르지 못하게 하여서 아이가 생기지 않도록 하였다. 상이 이 말을 듣고 <비>가 <훈>의 자식을 낳지 않음을 책망하였더니, <비>가 아뢰길; “첩의 집안 딸들은 <왕{王}>씨의 자식은 낳지 않습니다. 단지 <곡{谷}>씨의 아이를 낳을 뿐 다른 사람들의 아이는 낳지 않습니다. 그런데도 상께서 이리 명령하시니 아이를 낳겠습니다.”라 하고는, 궁리 끝에 <춘>과 합방하여 아들 <표{彪}>를 낳았다. 그 아이의 외모가 <훈>을 닮지 않았고, 그 용모와 말하는 품새나 행동거지가 <춘>과 여일하였더니, <훈>이 이를 심증으로 알아차리고 말하길; “이 아이는 내 처의 동생이오.”라 하였다. <왕{王}>황후가 죽고 <왕훈{勳}>이 받는 총애가 쇠하여지매, 다시금 후궁으로 들어

가서 여러 왕자들과 상통하여 아이를 낳았으니, <왕훈>의 처가 되는 것을 용납하지 않았던 것이었다. <왕훈>은 <비{霏}>가 궁인이 되자 <비>를 절제할 수 없고, 다만 <비>에게서 절제를 받을 뿐이었었다.

● 七月, <高歡>擊<兆>取<晋陽>爲大丞相府, <兆>北走<秀容>求救於<奚>王<[桓]出>. <歡>, 遣子<澄>來獻錦·絹·宝玩·馬脳·赤玉等, 自稱<高婁>太子之裔, 請爲臣屛. 上, 厚待, 而送之.

<文[藏]>妻<淵華>生女<成>氏. 先是, 上, 詣<文藏>家謁<孔子>象, 而通<淵華>, 曰; "<孔>聖有知, 必賜我一子." 至是, 生女. 上取之爲公主. <華>, <義臣>所生<淵学>女也. 柔娟能文章, 與<文藏>相爱爲夫婦, 先帝不能禁之. 至是, 又得上寵, 母女皆爲<內翰>之重鎭. 時, 年二十二.

十一月, <魏>葬<胡>太后. <恂>太子往會之. 上, 與<華陽>皇后, 露袒於西殿而飮酒食肉, 曰; "吾欲生一女, 才色如汝母." <華陽>曰; "陛下, 何言才色乎. 母, 無行, 而爲衆奴輪辱終投水, 死亦被汚. 此, 豈可效也. 妾不願之. 且以悲餘, 娠子不吉." 上, 不從, 竟抱后入帳盡日爲歡, 后不敢不順. <胡>太后沈水, 爲槍手輩所輪奸而救命, 終不得, 棄尸於水濱. 面目如生, 漁人納于舟中, 又淫之而取其翠山及髮. 故其言如是.

<高歡>以女妻<脩>. 上曰; "<爾朱榮>以女妻<子攸>而見誅. <歡>, 亦學<榮>而欲見誅乎." <隆>太子, 奏, 曰; "臣知<高歡>之爲人. 不爲人所圖者也. 似踈而密, 大而小."

<楚雲>太后生上子<拎>太子. 上, 親洗, 慰之, 曰; "周紀之年, 生此佳兒, 雖喜而不敢言喜." 太后, 抱帝而吻, 曰; "夫婦之樂有在於此. 汝, 何言也." 上遂宿於太后之産側.

○ 7월, <고환{高歡}>이 <이주조{兆}>를 치고 <진양{晋陽}>을 빼앗아서 대승상부{大丞相府}를 삼았고, <조>는 <수용{秀容; 在山西省北部}> 땅으로 패주하여 <해{奚}>왕 <두출{桓出}>에게 도움을 청하였다. <고환{歡}>이, 아들 <징{澄}>을 시켜서 비단과 명주 및 귀한 노리개와 마름질한 말가죽 그리고 붉은 옥 등을 바치며, 자기는 <고루{高婁}>태자의 후예라고 하면서, 주변을 지키는 신하가 되겠다고 청하였다. 이에

상이 후하게 대접하여 돌려보냈다.

<문장{文藏}>처 <연화{淵華}>가 딸 <성{成}>씨를 낳았다. 이전에, 상이 <문장>의 집을 찾아갔다가 <공자{孔子}>의 초상을 찾아본 연후에 <연화>와 함께 잠자리를 하며 이르길; “<공자{孔}>성인도 아실 것이니, 필시 내게 아들 하나를 주실 것이야.”라 하였었는데, 지금 딸을 낳았더니, 상이 그 딸을 취하여 공주로 삼았다. <연화>는 <양의신{義臣}>소생인 <연학{淵學}>의 딸로, 온유하고 아리따웠으며 문장에도 능하였다. <문장>과 서로를 아끼다가 부부가 되었더니, 선제{=安藏大帝}께서도 말릴 수 없었었다. 이때에 이르러서는 또 상의 총애도 받게 되었으니, 모녀 모두가 <내한{內翰}>의 중진이 된 것이었다. 이때 나이 스물 둘이었다.

11월, <위{魏}>가 <호{胡}>태후를 장사하였다. <순{恂}>태자가 가서 그들과 함께하였다. 상이 <화양{華陽}>황후와 함께 서쪽 전각에서 어깨를 드러낸 채로{=弔儀를 표하면서} 술 마시고 고기를 뜯으며 이르길; “나는 재색이 그대의 모친과 같은 딸을 하나 낳았으면 하오.”라 하였더니, <화양>이 “폐하, 어찌 재색을 말씀하십니까? 어머니는 아무런 일도 하지 않았는데, 떼거리 놈들에게 내돌려 능욕을 당하고 나서 물속에 던져졌으며, 죽어서도 몸이 더럽혀졌었습니다. 이러할진대, 어찌 닮을 일이겠습니까? 첩은 그리되기를 바라지도 않을뿐더러, 슬픔이 남아있는 채로 자식을 잉태하면 상서롭지도 않을 것입니다.”라 아뢰었다. 상은 듣지 않고 후를 품어 안고 장막으로 들어가서 하루가 다하도록 합환하였다. 후는 감히 순종하지 않을 수도 없었다. <호>태후가 물에 던져졌음은 창을 꼬나든 무리들에게 내돌려 간음을 당하면서도 목숨은 건지고자 하였었으나 끝내 그리 되지 못하고 시신으로 물가에 버려진 것이었음이고, 얼굴과 눈이 살아있는 것 같아서 어부가 거룻배 안으로 들여서 또한 음행하고는 궁둥이 살과 머리 터럭을 베어 갔다. 이런 일이 있었기에 그런 말을 한 것이었다.

<고환{高歡}>이 딸을 <원수{脩=北魏出帝}>에게 처로 주었다. 이에 상이 이르길; “<이주영{爾朱榮}>이가 딸을 <원자유{子攸=北魏孝莊帝}>에게

주고 나서 죽음을 당하였는데, <환{歡}>이 또한 <이주영{榮}>이를 배워서 죽음을 당하고 싶단 말인가!"라 하였다. 이에 <륭{隆}>태자가 아뢰길; "신이 알기에는 <고환>이는 사람됨이 다른 사람들에게 도모 당하지는 않을 것입니다. 허술한 듯하지만, 치밀{密}하고 능대능소{能大能小=能小能大; 두루두루 능란함}하기 때문입니다."라 하였다.

<초운{楚雲}>태후가 상의 아들 <금{拎}>태자를 낳았다. 상이 친히 씻어주고 위로하면서 "환갑이 된 나이에 이리도 훌륭한 아이를 낳았으니, 비록 기쁜 일이지만 감히 기쁘다는 말을 못하겠소."라 일렀더니, 태후가 제를 껴안아 입을 맞추면서 "부부의 즐거움이 이런 것인데, 당신은 무슨 말씀이신지요?"라 하였다. 상은 못이기는 듯 태후가 아이를 낳은 곁에서 밤을 지냈다.

{☞<삼국사기>2년조의 『二年, 春三月, <魏>帝詔策使持節散騎常侍領護東夷校尉<遼東郡>開國公<高句麗>王, 賜衣冠·車旗之飾. 夏四月, 遣使入<梁>朝貢. 六月, 遣使入<魏>朝貢. 冬十一月, 遣使入<梁>朝貢』: 『2년(AD532) 춘3월, <위>의 황제가 왕을 "사지절산기상시영호동이교위<요동군>개국공<고구리>왕"으로 책봉하고, 의·관과 수레깃발 등의 장식품을 주었다. 하4월, <양>에 사신을 보내 조공하였다. 6월, <위>에 사신을 보내 조공하였다. 겨울11월, <양>에 사신을 보내 조공하였다.』 라는 기사를 <남당>이 고의로 옮기지 않았을까? 아니면, 정해진 공식을 따라 일괄적으로 조작·삽입하였을까? 꼭 검토해야 할 것이다! 책 뒤의 부록을 참조해보세요! 그리고, <고구리>의 역사와는 관련이 없을 것이라 여기기 쉬운 기사들까지 왜 <남당>은 <고구리>사초/사략에 담아왔을까? 龍族이 아닌 敍族의 얘기를 담아야 했을까? 이것도 반드시 검토해보아야 할 것으로 보인다!}

☯ 癸丑<大藏>三年, 春正月, 庚寅朔, 受朝於<抱眞宮>. 宗室女十人當夕, 五人被幸. <宝君>太子妃<太原>公主(二九)·叔<平公>妃<謝婉(二一)>·<陸>太子妃<繭>公主(十九)·<興孝>太子妃<平原>公主(三五)·<平成>太子妃<俶>公主(十七). 上, 命<俶>公主, 終夜侍枕. 上, 親爲受便, 愛之如珠.

<恪>太子, 上書自辭東宮, 曰; "臣, 性懶散好遊, 不宜. 有爲志在江湖. 臣子<平成>好學守禮. 請, 以東宮之位傳之. 而臣, 欲晏居養疾, 逍遙雲外." 上, 知其有淸寒之僻, 而不可力止, 乃以<平成>爲東宮. 改封<恪>爲<漢王>, 位在東宮上. 以<銀>公主爲東宮正妃, <慶安>公主爲<漢王>正妃, <宣婉>爲<漢王>貴嬪. <正陽>公主爲<王胥>妻, 爵二品.

二月, 東宮, 如<鄴>, 尙<玉陵>公主[而]來. 亦<胡>太后女也. 其父,

<談福>云. 或云<懌>出.

<高歡>, 歲首, 襲<兆>大破於<赤洪嶺>. <兆>, 入<窮山>, 自縊於桱. <歡>臨視而厚葬之. <慕容紹宗>, 携<榮>妻子及<兆>餘衆, 而來降<歡>, 皆厚待之, 見<榮>女<子攸>妻之美, 入其帳而通之, 曰; "臣, 蒙皇后厚恩, 當以赤忠事之." 后曰; "未亾人, 流落至此, 願丞相憐之." 自是, 爲<歡>寵妾生子<瀓>. 是爲<竹>妃. 與<恭>妻<梅>妃, 皆入<歡>之後宮.

○ 계축{단기2866/AD533}<대장{大藏}>3년, 춘정월, 경인일 초하루, <포진궁{抱眞宮}>에서 조례를 받았다. 종실 여인들 10인이 저녁을 감당하였는데, 5인이 승은을 입었다. <보군{宝君}>태자비<태원{太原}>공주(29세)·숙<평공{平公}>비<사완{謝婉}(21세)>·<육{陸}>태자비<견{繭}>공주(19세)·<흥효{興孝}>태자비<평원{平原}>공주(35세)·<평성{平成}>태자비<숙{俶}>공주(17세)였다. 상이 <숙{俶}>공주에게 명하여 밤새도록 시침을 들라 하였다. 상은 손수 변도 받아내면서 옥구슬인 양 그녀를 아꼈다.

<각{恪}>태자가 글을 올려 스스로 동궁자리를 내어놓으며 아뢰길; "신은 성품이 나태하고 돌아다니며 놀기를 좋아하니 마땅치도 않습니다. 뜻으로 삼을 것을 강호에서 찾았습니다. 신의 자식 <평성{平成}>이 학문을 좋아하고 예의를 알고 있습니다. 동궁자리를 그 아이에게 물려주게 하여주시길 청하옵니다. 그리되면 신은 마음 편히 살면서 병을 돌보며 구름 밖을 소요하고자 하옵니다."라 하였더니, 상은 그의 성품이 지나치게 깔끔하고 차가움을 아는지라 애써서 말릴 수도 없었다. <평성{平成}>을 동궁으로 삼고, <각{恪}>을 <한왕{漢王; 漢땅을 다스린 高句麗의 行職官爵}>으로 고쳐 봉하여 그 지위를 동궁보다 높게 하였으며, <은{銀}>공주는 동궁정비로, <경안{慶安}>공주는 <한왕>정비로, <선완{宣婉}>은 <한왕>귀빈으로 삼았다. <정양{正陽}>공주는 <왕서{王胥}>의 처로 삼고 작위를 2품으로 하였다{☞<삼국사기>엔 <평성>을 동궁인 <각>태자의 아들이 아닌 <안원제>의 아들로 적었으며, <한왕>이니 하는 것은 아예 어느 조정에서도 언급되지 않고 있다}.

2월, 동궁{=平成}이 <업{鄴}>으로 가서 <옥릉{玉陵}>공주와 혼인하고

돌아왔다. 역시 <호{胡}>태후의 딸이고, 부친은 <담복{談福}>이다. 혹 <역{懌}>의 소생이라고도 한다{☞<삼국사기>엔 새 동궁이 <북위>로 혼인하러 다녀 온 것을 <북위>에 사신을 보내 조공하였다고만 거두절미하고 있다}.

<고환{高歡}>이 세수{歲首=년초}에 <이주조{兆}>를 습격하여 <적홍령{赤谼岺}>에서 크게 이겼더니, <조{兆}>는 <궁산{窮山}>으로 들어가서 독두나무에 목매어 죽었다. <고환{歡}>은 그가 죽는 것을 곁에서 보았으며 후하게 묻어주었다. <모용소종{慕容紹宗}>이 <이주영{榮}>의 처자와 <이주조{兆}>의 남은 무리를 데리고 <고환{歡}>에게 찾아가서 항복하였더니, 모두를 후하게 대하여주었다. <고환>은 <이주영>의 딸인 <자유{子攸}>의 처가 미모임을 보더니만 장막으로 들여서 통정하고 말하길; "신은 황후의 두터운 은혜를 입었으니, 응당 황후를 충심을 다하여 보살펴드릴 것입니다."라 하였더니, 후{=子攸의 처}가 말하길; "따라죽지 못한 사람으로 떠돌다가 이 지경에까지 떨어졌습니다. 승상께서는 가련하게 여겨주시길 바랍니다."라 하였다. 이때부터 <환{歡}>의 총첩이 되어서 아들 <유{潊}>를 낳았다. 이 여인이 <죽{竹}>비이며, <공{恭=北魏節閔帝前廢帝}>의 처였던 <매{梅}>비와 함께 둘 다 <환>의 후궁으로 들어갔다.

☯ 三月, 中畏大夫<梁義臣>, 兼吏部尚書, 掌銓選任用, 常在帝寢同起居注狐婼, 權傾內外. 時, 人言, 管當天下.

上, 微行至<峰姬>庄留歡, 而歸過<鴿山>, 見山水明婼茵草而坐, 問前村大庄乃<幸州>刺使<李義臣>家也. <義臣>, 以茂才, 得先帝寵姬<賀仙>爲妻. 上, 亦甞愛<仙>, 而未及一席而離別已十余年矣, 忽思舊事, 命<龍郎>持節徃召之. 時, <仙>, 寡居, 與其子<義卿>守丧. 日暖好, 天氣春心方濃, 忽報<龍郎>持節書來. 授<仙>, 四拜伏讀, 書曰; "偶到此中, 聞卿守寡. 思念舊懐, 願與相逢一氣宿, 雲則幸何如也." 輕裙楚服勿嫌隨來. <仙>, 見書恍惚, 顚倒而來. 上, 抱濡於林間盡歡, 曰; "起." 曰; "吾將擇汝好夫矣." <仙>曰; "妾子<義卿>, 年十三, 可以代其父. 妾豈生他人之子哉. 妾之夫唯, 聖上與<義卿>而已." 上曰; "財, 可以食歟." <仙>曰; "水耕山樵, 可免飢寒. 何求冨貴." 上乃以

<義卿>爲籍園郎, <仙>爲蚕室夫人賜宅園中, 昊徃幸之. <仙>, 年三十, <賀國>之女也.

○ 3월, 중외대부 <양의신{梁義臣}>이 리부상서를 겸하게 되어 사람을 뽑아 임용하는 일을 담당하더니, 항상 제의 침소에서 함께 기거하며 여우같이 아양을 펴부었더니, 권력이 내외함에 기울게 되었다. 그 시절, 사람들은 <양의신>이 천하를 감당해서 다스린다고 하였다.
상이 미행하여 <봉희{峰姬}>의 장원에 머물러 즐기다가 돌아오는 길에 <령산{鴒山}>을 지나게 되었다. 산수{山水}가 밝고 지초{茵草}가 하늘거림을 보더니 풀밭에 앉았고, 그 앞마을 큰 농막에 대해 물었더니, <행주{幸州}>자사 <이의신{李義臣}>의 집이었다. <이의신{義臣}>은 재주가 많아서 선제의 총희 <하선{賀仙}>을 처로 삼게 되었었다. 상 또한 일찍이 <하선{仙}>을 애모하였었으나, 자리를 함께 하기도 전에 헤어졌고 이미 10여년이 지났던 터였다. 홀연 옛 일이 생각나서, <룡랑{龍朗}>에게 명하여, 서찰을 지니고 가서 불러오라 하였다. 이때, <하선>은 홀로되어 살면서 자신의 아들 <의경{義卿}>과 함께 상청{喪廳}을 지키고 있었다. 햇볕은 따듯하고 날씨도 좋아서 춘심{春心}이 사방에 짙었는데, 갑자기 <룡랑>이 서간을 지니고 찾아왔다는 소식을 들었다. <하선>에게 전해주자, 4배 한 후 엎드려 읽었고, 쓰여 있길; "우연히 이곳에 이르렀다가, 경이 홀로되어 있음을 들었소. 옛 정이 생각나서 서로 만나 잠시 머물고 싶소." 얘기인즉 "회포를 풀고 싶은데, 어찌 생각하시오?"라 되었더니, 속옷을 가뿐히 하고 고운 옷차림으로, 싫은 기색 없이 따라나섰다. <하선>은 서간을 보았더니만 정신이 아뜩하여져서 엎어지고 넘어지며 찾아왔고, 상은 부둥켜안고 숲 속에서 흥건하게 즐겼으며, 몹시 기뻐하면서 "일어나 보게나."라 하였고, 또 이르길; "내가 곧 자네에게 좋은 지아비를 골라 주겠네."라 하였더니, <하선>이 아뢰길; "첩의 아들 <의경>이 나이가 열 셋이어, 가히 아비를 대신할 만합니다. 첩이 어찌 다른 사람의 자식을 낳겠습니까? 첩의 지아비로는 오로지 성상과 <의경>뿐입니다."라 하였다. 이에 상이 "재물은 먹고 살만은 하였

는가?"라 물었더니, <하선{仙}>이 "무논에다 농사짓고 산에서 땔나무하였더니, 배고픔과 추위는 면할 수 있었습니다. 어찌 부귀를 구하였겠습니까?"라 답하였다. 이윽고 <의경>을 적어랑{籍圄郞}으로 삼았고, <선{仙}>을 잠실부인{蠶室夫人}으로 삼아서 동산 가운데에 집과 마른 땅을 주었고, 누차 오가면서 승은을 내렸다. <선{仙}>의 나이는 서른으로, <하국{賀國}>의 딸이었다.

☯ 四月, 東宮, 與<玉陵>, 來, 言; "<脩>欲制<歡>遠結<関中>." 上, 慮<脩>有失, 與<華陽>·<玉陵>·<平陽>等, 禱<魏>祚.

<梁義臣>兼東宮大夫. 東宮, 爱<義臣>, 請爲大夫. 上, 爱東宮, 而許之. <義臣>遂與東宮相通. 時, 朝廷, 昇平日久, 上下奢侈. 徒尚飮食, 淫亂爲樂, 坐談虛. 誕惰氣彌滿, 一人作之十人食之. <太宗>之治漸衰, 識者憂之.

<紅>皇后生<平成>女<桂雲>公主, <德陽>皇后與<平成>徃慰之. <紅>后妹<金蘭>始被<平成>幸. <藹>公主娠上女<蛾>, 上, 賜衣, 頻召入寢.

<契丹>王<加尸突>, 出獵, 爲虎所噉而死. 其妻<酢彦>欲立其子<娱尸突>, 其弟<好頓>, 爲<北丹>王, 引<霫>兵來襲, 擒<酢彦>爲妻, 以<娱尸突>爲子. 時, <契丹>多虎傷人. 俗稱; "虎興, 則國興而不剪."

司農卿<王胥>進量田張八千五百卷于大府. 上與<德陽>后, 受之, 賜宴群臣, 賞量田寺技工五千余人. 凡九年而成. 命頒新税天下均賦. 比前三倍.

○ 4월, 동궁이 <옥릉{玉陵}>과 함께 찾아와서 아뢰길; "<원수{脩=北魏孝武帝}>가 <고환{歡}>을 제압하려고 멀리 있는 <관중{關中}>과 결연하였습니다."라 하였더니, 상은 <원수>가 잘못하였음을 염려하며 <화양{華陽; 魏愔女}>·<옥릉{玉陵; 胡女}>·<평양{平陽; 宏女}> 등을 데리고 <위{魏=북위}>의 천자자리가 잘 되어지길 신명에게 빌었다.

<양의신{梁義臣}>이 동궁대부를 겸하게 되었다. 동궁이 <의신{義臣}>을 좋아하여 대부로 삼아달라고 청을 하였고, 상은 동궁을 아끼어 허락하였던 것이었으며, 이윽고 <의신>은 동궁과 상통하게 된

것이었다. 이 시절 조정은, 조용하고 평안한 나날이 오래도록 유지되었더니, 상하가 사치하였으니, 단지 먹고 마시기를 밝히고, 음란하기를 즐거움으로 삼았으며, 앉아서 얘기를 나누면 헛된 것이었고, 게으른 풍조가 일고 널리 퍼져서 한 사람이 거둔 것을 열 사람이 먹어 대는 격이었다. <태종{太宗=明治大帝}>의 다스림이 점차 쇠락하고 있음이었으니, 식자{識者}들은 이를 걱정하였다.

<홍{紅}>황후가 <평성{平城}>의 딸 <계운{桂雲}>공주를 낳았더니, <덕양{德陽}>황후가 <평성>과 함께 찾아가서 위안하였다. <홍>후의 여동생 <금란{金蘭}>이 <평성>의 승은을 입기 시작하였다. <견{繭}>공주가 상의 딸 <아{蛾}>를 임신하자, 상이 옷을 내려주었으며 빈번히 잠자리로 불러들였다.

<거란{契丹}>왕 <가시돌{加尸突}>이 사냥을 나갔다가 호랑이에게 먹혀서 죽어서, 그의 처 <초언{酢彦}>이 자신의 아들 <오시돌{娛尸突}>을 세우려 하였더니, <가시돌{加尸突}>의 동생 <호돈{好頓}>이 <북단{北丹=北契丹}>왕이 되어 <습{霫}>의 군병을 이끌고 기습하여서 <초언{酢彦}>을 사로잡아서 처로 삼고 <오시돌>은 아들로 삼았다. 이 시절, <거란>에서는 호랑이가 사람을 상하게 하는 일이 잦았으며, 세간에서는 "호랑이가 흥하여도, 나라는 흥할 뿐 갈라지지 않는다."고 하였다.

사농경 <왕서{王胥}>가 좋은 밭{量田=良田}을 기록한 장부 8,500권을 대부에 바쳤다. 상은 <덕양{德陽}>후와 함께 이를 받고나서 군신들에게 잔치를 베풀었으며, 양전시{德陽寺=좋은 밭을 만든 관청}의 기공{技工=技能工}들 5천여 사람에게는 상을 내렸다. 장장 9년을 걸려서 이룩한 것이었다. 명을 내려 새로운 조세법을 반포하고 고르게 조세를 매겼더니, 이전에 비교하니 3배가 걷혔다.

☯ 八月，上，微行，至刑部尙書<于建忠>家，觀稼，對酒，曰；"昔，兄皇，至<大房淸>家，觀耕而賛之，曰；'不意，今日，復見<安國公>.' 朕，於此日，又見<安國公>."　<[建]忠>曰；"臣，本農夫，故容易爲此. <淸>則作之也."　盖<淸>與<[建]忠>友好然. <建忠>質慤無文，故其言如此，其妻, 觧之, 曰; "<淸>之作, 藝也. 雖少而精. <建忠>之作, 力也. 雖多而麤." <建忠>, 怒, 叱其妻, 曰; "汝, 爲三子而庇<淸>邪." 其妻, 與<淸>相通, 而生三子, 故言也. <淸>, 美容儀, 有伺意阿諛之態, 然內實剛直. <建忠>, 外朴內實, 然少有妬猜之之病. <淸>, 輒贊揚而悅其意, 以觧其惱. <建忠>, 視事不知日昃. 儉勤太過, 人皆嗤之. 不以爲意公, 退私, 稼如未官. 時, 妻<觧淑>, 皃美而敏, 年四十六尙如少婦, 事先帝及上皆得幸, 至是又娠上子. 上, 累至其家, 寵賜不絶. 人以爲妻陰.

○ 8월, 상이 미행을 나가더니, 형부상서 <우건충{于建忠}>의 집으로 가서 농경을 돌아보았으며, 술상을 대하고 이르길; "지난날 형황{安藏大帝}께서는 <대방청{大房淸}>의 집으로 가시어서 농경을 살피고 칭찬하여 이르시길 '뜻하지 않게 오늘 <안국공{安國公; 나라를 평안케 한 公}>을 다시 뵙습니다.'라 하셨는데, 짐도 오늘 또한 <안국공>을 뵙습니다."라 하였더니, <우건충{建忠}>이 아뢰길; "신은 본디 농부였기에 이 일 하기가 용이합니다. <대방청{淸}>이 농사일을 쉽게 만들어 놓았음입니다."라 하였다. 개략 <청{淸}>은 <건충>과 우호 하였던 듯하였고, <건충>은 바탕이 성실하고 때 묻지 않아서 이리 말하였음이었다. 그런데, 그의 처가 끼어들어 아뢰길; "<청>은 재주로 이룬 것이어서 비록 조금을 하였어도 면밀하였지만, <건충>이 해 놓은 것은 힘으로 밀어 댄 것이어서 설사 많은 것을 해 놓았어도 거칠기만 합니다."라 하였다. 이에 <건충>은 화가 나서 자신의 처를 질책하며 말하길; "당신은 아들 셋 때문에 <청>이를 비호하는 거요?"라 하였다. 그의 처가 <청>과 상통하여 세 아들을 낳았었기에 이런 말을 한 것이었다. <청>은 얼굴과 행동거지가 멋있고 다른 이의 속내를 들여다보면서 비위를 맞추긴 하였어도 속으론 실속 있고 강직하였으며, <건충>은 겉도 소박하고 속으로도 실속 있어 보였으나 <건충>을 시샘하는 병이 좀 있었더니, <청>은 번번이 <건충>을 칭찬해 띄워주어서 그의 마음을 즐겁게 만들어 노여움을 풀어주었었다. <건충>은 일을 보면 해가 저무는 것도 몰랐다. 근검하기가 크게 지나쳐서 다른 이들 모두가 그를 비웃었다. 공무에는 뜻

이 없어 자기 집으로 퇴청하면 농사를 하였는데, 관직에 나아가지 않았던 듯하였다. 이즈음, 처 <해숙{解淑}>은 얼굴도 예쁘고 영리하며 나이가 마흔여섯 임에도 불구하고 젊은 며느리 같았다. 선제와 상을 모시면서 모두에게서 승은을 입었고, 지금에 이르러선 상의 자식을 가지게 되었더니, 상이 누차 그의 집으로 발걸음 하여서 총애하길 끊지 않았다. 사람들은 처의 음덕을 애기하였다.

☯ 甲寅<大藏>四年, 春正月, 甲午朔, 受朝於<獸林>溫宮. 上, 與<俶>公主·<玉陵>公主, 賭碁而裸舞, 親自割肉而食兩[公]主. 命東宮, 如<楚雲宮>. 上, 又如<河陽宮>, 禱<魏>祚宮, 歌之, 曰; "我年五十九, 猶喜鳳輩來, 春到花心坼, 蟻驚戶自開."

二月十日, <魏>, <永寧寺>大火, <百丈塔>灰, 觀者皆哭, 聲震城闕. <胡>太后丙申所建, 十八年而亡. 九層浮屠, 每十丈, 上有刹十丈, 又有丈八金像. 上, 聞其災, 與<華陽>·<玉陵>·<太原>·<金陽>等, 設<胡>太后道場七日, 飯僧千人, 佛敎復興.

三月, 東宮, 與<玉陵>, 如<魏>. 叙族<脩>欲得我援而累請相逢故也. 東宮, 見<脩>, 稱阿兄, 情意繆密. <宇文泰>自<夏州>入<平凉>統<賀拔岳>之衆. <脩>, 以<泰>爲大都督, 送<李虎>於<洛陽>.

○ 갑인{단기2867/AD534}<대장{大藏}>4년, 춘정월, 갑오일 초하루, <수림{獸林}>의 「온궁」에서 조례를 받았다. 상은 <숙{俶}>공주 및 <옥릉{玉陵}>공주와 내기바둑을 하고 벌거숭이 춤을 추었으며 손수 칼로 고기를 끊어서 두 공주를 먹였고, <동궁>에게는 <초운궁{楚雲宮}>으로 가보라고 명하였다. 상은 또 <하양궁{河陽宮}>으로 가서 <위{魏}>의 황궁이 복 받길 기원하고는, 읊조려 이르길; "내 나이 쉰아홉이 되니 오직 반가운 것은 봉새 무리{꼬리 긴 옷을 입은 귀한 여인들?}가 찾아오는 것뿐이고, 봄이 되어 {모란}꽃이 가슴을 활짝 여니 개미도 놀라서 문을 활짝 여는구나."라 하였다.

2월 10일, <위{魏}>의 <영녕사{永寧寺}>에 큰 불이 나서 <백장탑{百丈塔}>이 재가 되니, 보는 이들 모두 통곡하여서 울음소리가 성궐을 흔들었다. <호{胡}>태후가 병신년에 세운 것으로, 18년을 서 있다가 사라진 것이었다. 9층 불탑으로, 층마다 열 길이었고, 꼭대기엔 열 길 크기의 절과 여덟 길 크기의 금불상이 있었다. 상은 이 화재 소식을 듣더니, <화양{華陽}>·<옥릉{玉陵}>·<태원{太原}>·<금양{金陽}>공주들과 함께, <호>태후를 기리는 7일 도장을 열고 승려 천 명을 먹였다. 불교가 부흥하였다.

3월, 동궁이 <옥릉{玉陵}>을 데리고 <위{魏}>에 갔다. 서족{叙族=敍族; 貴한 血族}인 <원수{脩=北魏孝武帝}>가 우리의 도움을 받고자 누차 만나길 부탁하였던 때문이었다. 동궁이 <수{脩}>를 만나서 친근하게도 아형{阿兄; 또래끼리의 존칭}이라고 불렀더니, 정의가 한데 묶인 삼단처럼{=매우 가까운 사이처럼} 친밀하였다. <우문태{宇文泰}>가 <하주{夏州}>에서 <평량{平凉}>으로 들어가서 <하발악{賀拔岳}>의 무리를 통솔하게 되었더니, <수{脩}>가 <우문태{泰}>를 대도독으로 삼아서 <이호{李虎}>를 <락양{洛陽}>으로 보냈다.

☯ 四月, 癸丑朔, 日食. 上, 與<德陽>, 如<楚雲宮>. 甲寅, 先帝第二皇后<鯨>公主崩, 春秋七十. 后, <鯨>后所生<壽皇>女也. 事<太宗>及先帝, 飭身甚正, 自先帝末剃髮爲尼, 至是, 崩. 與上同母而情愛心篤. 生上子<鯉>·<陵>兩太子. 葬于<鯨>太后陵側, 命<鯉>太子主之.

<宇文泰>伐<侯莫陳悅>, <悅>縊于野. <泰>乃定<秦>·<隴>而入都<關中>. <高歡>欲結<泰>而遣使厚禮, <泰>不受送其書於<脩>. 於是, <脩>·<泰>相結, 而<歡>·<脩>相隔.

五月, <脩>, 徵<河南>兵, 大閱於<洛陽>, 南臨<洛水>北際<邙山>. 以我東宮, 爲<晋陽王>·左驃騎大將軍同閱其軍, 而外稱伐<梁>, 內實討<歡>之計也.

<羅>, <哲夫>死. 能文字有雄略, 云. <淵華>生東宮子<喜>.

六月, <高歡>, 稱除君側之惡, 而勒兵南出. 勢不可當, <脩>臣各自圖生而觀望無敢拒<歡>者. <脩>, 計窮, 欲奔于<宇文泰>, <裴俠>曰; "圖<歡>有立至之憂, 奔<泰>有將來之慮. <泰>, 爲三軍之推, 據百二之地, 已操其矛, 豈肯受柄. 恐是避湯而入火也."

○ 4월, 계축일 초하루에 일식이 있었다. 상이 <덕양{德陽}>을 데리고 <초운궁{楚雲宮}>으로 갔다. 갑인일에 선제의 둘째 황후였던 <경{鯨}>공주가 춘추 일흔에 죽었다. 후는 <경{鯨}>후 소생 <수황{壽皇=長壽大帝}>의 딸이며, <태종{太宗=明治大帝}>과 선제{=安藏大帝}를 섬겼었으며, 몸을 삼가길 매우 바르게 하더니, 선제 말년부터는 머리 깎고 비구니가 되었다가 지금 죽은 것이었다. 상과는 같은 어머니 소생이어서 보살피고 아끼는 마음들이 도타웠었고, 상의 아들인 <리{鯉}>·<릉{陵}> 두 태자를 낳았다. <경{鯨}>태후의 무덤 옆에 장사하고, <리>태자가 맡아서 모시라고 명하였다.

<우문태{宇文泰}>가 <후막진열{侯莫陳悅}>을 쳤더니, <열{悅}>이 들판에서 목을 매어 죽었다. <우문태{泰}>가 이윽고 <진{秦}>과 <롱{隴}>땅을 평정하고 <관중{關中}>으로 들어가 도읍하였다. <고환{高歡}>이 <우문태{泰}>와 화친하고자 후하게 예를 갖추어 사신을 보냈지만, <태>는 받아들이지 않았으며 그 문서를 <원수{脩=北魏孝武帝}>에게 보냈다. 이로 인해 <수>와 <태>는 서로 결친{結親}하게 되고, <고환{歡}>과 <수>는 서로 멀어지게 되었다.{☞북위세력의 양분 가시화!}

5월, <원수{脩}>가 <하남{河南}>군병을 불러 모아 <락양{洛陽}>에서 크게 사열하였다. 남으로는 <락수{洛水}>를 북쪽으로는 <망산{邙山}>을 경계로 하였다. 우리 동궁을 <진양왕{晋陽王}>·좌표기대장군을 삼아서 함께 자신의 군대를 사열하고, 겉으론 <양{梁; 南朝梁}>을 치겠다고 하였으나, 속으로는 실제 <고환{歡}>을 토벌할 셈이었다.
{☞<삼국사기>엔 동궁 <평성>이 아닌 <안원제>를 표기대장군으로 삼았다고 변조되어 있음!}

<신라{羅}>의 <철부{哲夫}>가 죽었다. 글과 글자에 능하였으며 웅장한 지략도 있었다고 한다. <연화{淵華}>가 동궁의 아들 <희{喜}>를 낳았다.

6월, <고환{高歡}>이 주군{主君=脩} 곁의 악한{惡漢}들을 제거하겠다면서 군사를 이끌고 남쪽으로 나갔더니, 그 군세를 감당할 수 없는 <원수{脩}>의 신하들은 각자가 살아남기를 도모하며 관망할 뿐 감히 <고환{歡}>을 적대하지는 못하였다. 이에 <원수{脩}>가 계략이 궁해서

<우문태{宇文泰}>에게로 달아나려 하였더니, <배협{裴俠}>이 아뢰길; “<환{歡}>을 도모하면 곧 죽으려 다가서는 것이 되고, <우문태{宇文泰}>에게로 도망하면 곧 걱정거리가 생길 것입니다. <태{泰}>는 3군이 받드는 이가 되어서 102곳의 땅을 의거하고 이미 창{矛}자루를 잡고 있는 것이니, 어찌 달래서 그 창의 손잡이를 돌려받을 수 있겠습니까? 아마도 이러다가는 끓는 물을 피하려다 타는 불 속으로 들어가는 셈이 될 것입니다.”라 하였다.

☯ 七月, <熒惑>入<南斗>. <脩>, 屯兵十余万於<河橋>, 聞<高歡>數日行九百余里已至<河>北十余里. 人心洶洶, 軍失戰意. <脩>, 將棄<洛陽>而西奔, 勸我東宮歸國. 東宮, 不得已, 與公主并馬而行, 使<芬長>·<華栢>立戟而出. 夜, 已初鼓城中, 聞<脩>西奔, 亡者過半. 宗室大亂, 暴民因亂强辱宗室婦女, 哭聲振天. 宗室之來歸於東宮者漸多, 不得遠行. <高歡>, 聞之, 慮有變, 遣兵護我東宮還國. 諸公主, 聞變號哭, 不知誰爲元匈. 上, 謂公主子女, 曰; “<脩>之殺<恭>以至於此. 唯我國, 祖宗以來, 孝友爲本, 兄弟不相殘. 天下万古之所, 可法也. 此法若絶則何異於<魏>. 汝等戒之, 苟非其位之人, 勿妄爭而相殘.”

八月, <脩>, 入<長安>, 以其妹<馮翊>公主妻<宇文泰>. <高歡>, 追<脩>不及, 攻<潼関>拔之, 進屯<華陰>, 使<候景>伐<荊州>拔之.

十月, <歡>, 以<善見>爲帝. <玉陵>之侄也. 時, 年十一. <善見>父<亶>, 不得立而子爲君, 遂成心疾. <亶>, <懌>之子也. <玉陵>之異母兄也.

<宇文泰>, 攻還<潼関>, 獲其戍七千而<脩>. <泰>以爲大丞相. <歡>, 以<洛陽>, 西逼于<泰>, 南近於<梁>, 遷都于<鄴>. 三日之內移其戶四十万, 狼狼之状, 蔑有紀極.

○ 7월, <형혹{熒惑}>성이 <남두{南斗}>성으로 들어갔다. <원수{脩}>는 <하교{河橋}>에 10여만의 병력을 둔치고 있었는데, <고환{高歡}>이 수일 동안에 900여리를 행군하여서 이미 <하{河}>북변 10여리에 다다랐다는 소식을 들었다. 인심은 흉흉해지고 군병들은 싸울 뜻을

잃었다. <수{脩}>는 곧 <락양{洛陽}>을 버리고 서쪽으로 도망할 심산이어서, 우리 동궁에게는 귀국하라고 권하였다. 동궁은 부득이하여서 공주를 데리고 말과 나란히 걸었으며, <분장{芬長}>과 <화백{華栢}>을 시켜 미륵창을 세우고 길을 나섰다. 밤이 되자 이미 성중에선 북소리가 시작되었고, <원수{脩}>는 서쪽으로 도망쳤지만 죽은 이가 반을 넘었다고 들렸다. 이에 종실은 크게 어지러워졌고, 성난 백성들은 난리를 피우며 종실들의 부녀를 억지로 능욕하였더니, 곡소리가 하늘을 울렸다. 종실들 중에서 동궁에게로 찾아와 의지하려는 이들이 점점 많아지니, 먼 길을 떠날 수도 없어졌다. <고환{高歡}>은 이 소식을 듣고서, 변고가 생길 것을 걱정하여, 병사를 보내서 우리 동궁을 호위하여 환국하게 하였다. 여러 공주들은 변고가 생겼음을 듣고 울부짖을 뿐 누가 원흉인지는 모르고 있었다. 이에 상이 여러 공주들과 그 아들딸들에게 이르길; "<원수{脩=北魏後廢帝}>가 <원공{恭=北魏前廢帝}>을 죽인 일로 이런 일이 벌어졌다. 오직 우리 나라만이, 조종{祖宗}이 계신 이래로 효도와 우애를 근본으로 삼았기에, 형제간에 서로 잔혹함이 없었다. 천하 만고 어느 곳에서나 법으로 삼을 만한 것이다. 이런 법도가 끊겼더라면 어찌 <위{魏=北魏}>와 다름이 있었겠느냐? 너희들은 망령되게 싸우거나 서로를 잔혹하게 하지 말아야 할 것이다."라 하였다.

8월, <원수{脩}>는 <장안{長安}>으로 들어가서 제 여동생 <풍익{馮翊}>공주를 <우문태{宇文泰}>에게 처로 주었다. <고환{高歡}>은 <수{脩}>를 추격하였으나 잡지 못하자 <동관{潼關}>을 쳐서 빼앗고 전진하여 <화음{華陰=華山북쪽}>에 주둔하고는 <후경{候景}>을 보내서 <형주{荊州}>를 쳐서 빼앗았다.

10월, <환{歡}>이 <원선견{善見}>을 제로 삼았다{☞東魏성립}. <옥릉{玉陵}>의 조카로, 열 한 살이었다. <선견>의 아비 <단{亶}>은 자신이 제위에 오르지 못하고 아들이 임금이 되자 이에 마음의 병이 생겼다. <원단{亶}>은 <원역{懌}>의 아들로, <옥릉{玉陵}>의 이복오빠이다.

<우문태{宇文泰}>가 <동관{潼關}>을 쳐서 되찾고 지키던 병사 7천과 <원수{脩}>를 사로잡았다. <우문태{泰}>가 대승상이 되었다. <환

{歡}>은 <락양{洛陽}>이 서쪽으로는 <태{泰}>에게 압박을 받고 남쪽으로는 <양{梁}>과 가까이 있게 되어서 <업{鄴}>으로 천도하였다. 사흘 이내에 40여만 호를 옮겼더니, 어지러운 이리떼 같은 모습이 한도 끝도 없이 줄을 이었었다.

☯ 閏十二月, <宇文泰>鴆殺<脩>, 年二十五, 殯于佛寺. 是稱<孝武帝>. 諫議大夫<宋球>慟哭歐血數日. <泰>, 以其名儒, 不敢罪之. 立<脩>之從兄<宝炬>爲帝. 先是, <宝炬>妹<平原>有美色, <脩>納後宮, <泰>亦密通. <脩>怒[欲]殺<泰>, 與<宝炬>議之. <宝炬>惧禍乃告于<泰>. <泰>, 以<脩>奸從妹三人而又奸其妻<馮翊>, 不可爲帝, 幽于佛寺, 尋殺之. <脩>, 才不足而氣有餘, 圖<歡>而奔, 圖<泰>而死, 不知命者也. 奸妹三人之說不過是<泰>之所唱也.

賜, 孝子·孝孫, 養親錢百兩及衣·酒. 良妻·賢夫·慈父·慈母·爱父·爱母·義兄·義弟等, 衣·酒·米·肉. 百官讀書者, 大燭各二百柄. 義父·義子之賢者, 亦皆褒賞.

<宇文泰>, 使<獨孤信>·<楊忠>攻<荊州>, 爲<侯景>所逐而奔于<梁>.

○ 윤12월, <우문태{宇文泰}>가 <원수{脩=北魏孝武帝}>를 짐독{鴆毒}으로 죽였다. 나이 스물다섯이었으며, 시신은 불사{佛寺}로 옮겨졌다. 이 이가 <효무제{孝武帝}>이다. 간의대부 <송구{宋球}>가 통곡하며 피를 토하기 수일이 되어도, <태{泰}>는 그가 유명한 유학{儒學}이어서 감히 죄를 줄 수도 없었다. <원수{脩}>의 종형{=4촌형}인 <원보거{宝炬=西魏文帝}>를 임금 자리에 앉혔다{☞西魏성립}. 이에 앞서서, <보거>의 여동생 <평원{平原}>이 미색이어 <원수{脩}>가 후궁으로 들였는데, <우문태{泰}>가 또한 몰래 통정하였더니, 이에 <수>가 노하여 <태>를 죽이려고 <보거>와 상의 하였었고, <보거>는 화를 당할까 겁이 나서 <태>에게 알렸었다. <태>는 <수>가 종매 세 명을 간음하고 또한 자기 처 <풍익{馮翊}>을 간음하였기에 제로 삼을 만하지 못하다고 여기어, 불사{佛寺}에 가두었다가 끝내 죽인 것이었다. <원수{脩}>는 재질은 미치지 못하면서도 기백은 남아돌아서, <고환{歡}>을 도

모하려다가 도망하였고, <우문태{泰}>를 도모하려다가 죽었으니, 자신의 목숨이 어찌 될지를 몰랐던 자이었다. 세 자매를 간음했다는 얘기는 <태{泰}>가 떠든 말에 불과 한 것이었다.

효자와 효손에게 양친전{養親錢; 부모를 공양하라고 주는 돈} 100냥 및 옷과 술을 하사하였으며, 양처{良妻}·현부{賢夫}·자부{慈父}·자모{慈母} 및 애부{愛父}·애모{愛母}하는 이들과 의형{義兄}·의제{義弟}하는 이들에게는 옷과 술 및 쌀과 고기를 하사하였고, 백관{=모든 관리}으로 글을 읽는 이들에게는 큰 초를 각자에게 200자루씩 하사하였으며, 의부{義父}·의자{義子} 하는 착한 이들에게도 상을 내렸다.

<우문태{宇文泰}>는 <독고신{獨孤信}>과 <양충{楊忠}>을 시켜서 <형주{荊州}>를 공격하다가, <후경{候景}>에게 쫓겨서 <양{梁; =蕭衍}>으로 도망하였다.

{이런 상황인 <동위>에서 <삼국사기>에 적힌 바, 즉 『四年, <東魏>詔加王驃騎大將軍, 餘悉如故. 遣使入<魏>朝貢』: 『4년(AD534), <동위>에서 조서를 보내 왕에게 "표기대장군"의 작위를 얹어주고, 나머지는 모두 종전과 같게 하였다. <위>에 사신을 보내 조공하였다.』라는 현전기록을 얼마나 신뢰할 수 있을까?}

☯ 乙卯<大藏>五年, 春正月, 戊申朔, 上, 與東宮<埜雲>·<德陽>·<俶>·<玉陵>受朝於大宮, 接藩使七人.

<高歡>, 擊<稽胡><劉蠡升>破之, 而還其子<澄>. 時, 年十四, 常烝其母<婁>氏, 因<歡>之不在十五夜, 犯其父妾<鄭>氏. <鄭>恐<歡>罪之哀乞, <澄>不勝獸慾而强奸之, 連歡數夜. <鄭>嘗叱其婢, 有含毒者知其陰事, 欲殺<鄭>而待<歡>歸而告之. <歡>, 恐爲人所嘲, 杖<澄>一百而幽之, 又絶<婁>氏. <司馬子如>入見<歡>, 曰; "吾子亦奸吾妾. 子發則犯母, 女發則犯父, 人之常情也. 此等事正可掩之, 何信奸婢之言而危其大本耶. <澄>是大柱也." <歡>, 然之, 殺其告婢, 復爱<婁>·<澄>如故, 曰; "全吾妻子者, <子如>也." 乃賜金三十斤, 任<澄>恣<鄭>·<婁>, 無忌憚. 皆<歡>之杖<澄>非眞意也. 徒爲人耳目者也. <歡>, 使<子如>, 攻<潼関>, 襲<華州>乘梯, 而刺使<王態>驚起以梃却之. <宝炬>以<乙弗>氏爲妻.

二月, <蕭衍>, 因<晋冠>使, 獻金佛·檀香·鳳茶·橘糖等. 時, <冠>與

<梁>交易物貨, 船舶往來不絶.

三月, <高歡>, 與<蠡升>約和, 許以女妻之, 見其不備而襲之, 其<北部王>斬<蠡升>而降. 餘衆復立其子<南海王>, <歡>進擊檎之, 其皇后·諸王·公卿以下四百余人及華·夷五万余戶歸之.

卄六日, <歡>以<脩>妻[妻]<彭城王><韶>. <韶>, <子攸>兄<劭>之子也. 與<脩>爲再從兄弟. <韶>, 皃美, 柔如婦女. 故<脩>妻, 往來通之者久矣, 聞<脩>被殺, 遂爲<韶>妻. 乃<歡>長女也.

<宇文泰>以<蘇綽>爲左丞. <綽>, 以<宋>出墨, 入之帳, 得名. <泰>, 與語於觀漁<倉池>, 忘罟而還.

○ 을묘{단기2868/AD535}을묘<대장{大藏}>5년, 춘정월, 무신일 초하루, 상이 동궁·<초운{楚雲}>·<덕양{德陽}>·<숙{俶}>·<옥릉{玉陵}>과 함께 대궁{大宮=平壤大宮}에서 조례를 받고, 번국{藩國; 강국의 세력권 변방에 있는 나라들} 사신 일곱을 접대하였다.

<고환{高歡=東魏丞相}>이 <계호{稽胡; 山戎, 奚族}>인 <류이승{劉蠡升}>을 쳐서 깨뜨리고 자기 아들 <징{澄}>을 되찾아왔다. <징>은 당시 나이 열 넷이었는데, 끄떡하면 제 어미 <루{婁}>씨를 치붙었고, 아비가 밖으로 나가 있었던 보름동안엔 밤마다 아비의 첩 <정{鄭}>씨를 범하였다. <정>은 <환>에게 죄를 받을까 무서워서 애걸하였지만, <징>은 짐승 같은 욕정을 이기지 못하고 억지로 그녀를 통음하였으며, 연거푸 여러 날을 즐겼다. <정>은 일찍이 자신의 여종들을 꾸짖었던지라, 마음에 독기를 품은 이가 이 음탕한 일을 알았기에 <정>을 죽이고 싶어서 <환>이가 돌아오기를 기다렸다가 일러바쳤다. <환>은 세인들이 조롱할 것을 두려워한 나머지, <징>을 곤장 100대를 쳐서 가두었으며, <루>씨와도 끊고 지냈다. <사마자여{司馬子如}>가 들어와서 <환>을 찾아보고 말하길; "제 아들도 제 첩을 통음하였습니다. 아들이 커서 어미를 범하고, 딸이 커서 아비를 범하는 것은 인간의 본성입니다. 이런 일들은 덮어두는 것이 좋을 것입니다. 어찌 간악한 비첩의 말을 믿어 대본{大本; 보위 후계자}을 위험하게 하십니까? <징>은 바로 큰 기둥{大柱; 보위 후계자}입니다."라 하

였더니, <환>도 그리 여겨서 고변한 여종을 죽이고 <루>와 <징>을 이전과 같이 아끼게 되었으며, 이르길; "<자여{子如}>가 내 처와 아들을 온전하게 하였다."라 하면서, 금 서른 근을 하사하였으며, <징>이 <정>과 <루>를 자행하여도 내버려두었고 미워하거나 화를 내지도 않았다. 모두들 <환>이 <징>에게 곤장 친 것은 그러고 싶어서가 아니었고, 다만 다른 사람들의 눈과 귀 때문이었다고 여겼다. <환>이 <사마자여{子如; 東魏大行台·尚書}>를 시켜서, <동관{潼關}>을 공격하고 <화주{華州}>를 습격하여 사다릴 타고 올라갔더니, 자사{刺使} <왕웅{王熊}>이 놀라서 잠에서 깨어나더니 몽둥이로 이들을 물리쳤다. <보거{宝炬}>가 <을불{乙弗}>씨를 처로 삼았다.

2월, <소연{蕭衍}>이 <진관{晋冠}>의 사신을 통하여 금불상과 단향{檀香} 및 용봉차{龍鳳茶}와 귤당{橘糖} 등을 바쳐왔다. 이 시절, <진관{冠}>은 <양{梁; 南朝梁}>과 토산물 및 재화를 교역하여서, 왕래하는 선박이 끊이지 않았었다{☞<삼국사기>에는 이 부분을 도리어 <소연>의 <양>에 사신을 보내서 조공한 것으로 되어있다!}.

3월, <고환{歡}>이 <류이승{蠡升}>에게 화친을 약속하고 딸을 처로 주기로 하였더니, 그가 방비를 하지 않기에 그를 습격하였더니, 그{稽胡=山戎=奚族}의 <북부왕{北部王}>이 <류이승>의 목을 베어서 투항하였다. 남은 무리들이 <류이승>의 아들 <남해왕{南海王}>을 다시 세웠기에 <환{歡}>이 진격하여 그를 사로잡았더니, 그의 황후 및 여러 왕들과 공경들 이하 400여명과 화족{華族} 및 이족{夷族} 5만여 호가 <환>에게 귀부하였다.

26일, <고환{歡}>이 <원수{脩}>의 처를 <팽성왕{彭城王}><원소{韶}>에게 처로 주었다. <소{韶}>는 <원자유{子攸}>의 형 <원소{劭}>의 아들이었으며, <수{脩}>와는 재종{=6촌}형제간이었다. <소{韶}>는 용모가 예쁘고 부녀자 같이 여렸었다. <수{脩}>의 처가 그에게 오가면서 상통한지 오래였으나, <수>가 피살되었단 소리를 듣더니, <소{韶}>의 처가 되기에 이르렀다. <수>의 처는 <환>의 장녀이다.

<우문태{宇文泰}>가 <소작{蘇綽}>을 좌승으로 삼았다. <소작{綽}>은 <송{宋; 南朝宋}>에서 묵형{墨刑=刺字刑}을 받고 쫓겨나자 <우문태{泰}>의

휘하로 들어갔으며, 새 이름도 얻었다. <우둔태{泰}>는 <창지{倉池}>로 물고기 잡이를 나가서 함께 얘기를 나누다가, 그물을 잊어버리고 돌아갔었다.

☯ 四月, <高歡>使<高敖曹>·<候景>等伐<梁>一進一退. <宇文泰>數<歡>二十罪. <歡>, 亦以<泰>爲逆徒, 而發兵百万以期西討.

五月, <安平>·<章武>諸郡, 大雨, 洪水大漲, 漂沒民屋, 甚多. 死者二百余人, 命皆賑恤. <寅陽>公主生上子<孝成>太子. <寅陽>, <德陽>之胞妹也. 時, 年二十四. 初, 爲<晋>太子妃. 至是, 上寵漸隆, 生上子二子<義成>·<孝成>. 上, 爱之, 欲封皇后. <德陽>止之, 不可奪<晋>之妻. 上, 乃以<平山>公主妻<晋>太子. <德陽>后所生上女也. 時, 年十五. <晋>太子, 喜甚, 遂以其妻<寅陽>獻于上. <平山>, 明美伶俐, 上爱之, 不肯下嫁, 特賜于<晋>. 賞賜珍宝甚多.

七月, <義臣>生東宮子<春成>, 以其母微, 不得爲太子, 只稱小公, 賜衣如太子例.

八月, <高歡>, 自春, 發民十万, 撤<洛陽>宮殿, 運材入<鄴>. 又發七万六千人作新宮於<鄴>.

<宇文泰>, 使<趙剛>, 誘<高歡>之臣<李愍>, 以<東荊州>投于<泰>. 又徃<蕭衍>, 說勸令送<賀拔勝>·<獨孤信>等. <泰>母侄<王超世>, 爲<秦州>刺使, 驕而贖貨. <泰>加法殺之, 人稱寒毒及內兄.

十月, <東都>地震. 上, 命修歷代帝·后山陵, 而嚴其守護. 適有夢兆, 而地且震故也.

○ 4월, <고환{高歡}>이 <고오조{高敖曹}>와 <후경{候景}> 등을 시켜서 <양{梁; 南朝梁}>을 토벌하며 일진일퇴하였다. <우문태{宇文泰; 西魏}>가 <환{歡; 東魏}>의 죄 스무 가지를 주워섬겼더니, <환{歡}> 또한 <태{泰}>를 역도{逆徒}라 하면서 백만 군병을 일으켜서 서쪽{=西魏}을 토벌하겠다고 기약하였다.

5월, <안평{安平}>과 <장무{章武}>군 모두 큰 비가 내려 홍수가 크게 났더니, 심히 많은 백성들의 집이 물에 뜨거나 잠겼으며 죽은 이들이 200여 인이 되었다. 명을 내려서 모두를 진휼하였다. <인양{寅陽}>공주가 상의 아들 <효성{孝成}>태자를 낳았다. <인양>은 <덕양{德陽}>의 동복여동생으로, 이때 나이 스물넷이었다. 애초엔 <진{晉}>태자비였는데, 요즈음 들어 상의 총애함이 점차 극진하여지더니 상의 아들 <의성{義成}>과 <효성{孝成}> 둘을 낳은 것이었다. 이에 상이 그녀를 아껴서 황후로 봉하고자 하였더니, <덕양>이 <진>의 처를 빼앗는 것은 할 일이 아니라며 말렸다. 그러자 상은 <평산{平山}>공주를 <진>태자에게 처로 주었다. <덕양>후 소생인 상의 딸로, 당시 나이 열다섯이었다. <진>태자는 심히 기뻐하였고, 이에 자신의 처 <인양>을 헌상하였다. <평산>은 명랑하고 예뻤으며 영리하였더니, 상이 그녀를 아껴서 하가{下嫁; 신분이 낮은 즉 골품이 없는 집안으로 출가함}하는 것을 용납하지 않았다가, <진>에게 특별히 내린 것이었고, 상으로 내린 진기한 보물도 엄청 많았다.

7월, <양의신{義臣}>이 동궁의 아들 <춘성{春成}>을 낳았다. 그녀의 어미가 한미{寒微}한지라 태자가 되지는 못하였으며, 다만 소공{小公}이라고 부르게 하였고, 옷은 태자의 예와 같게 하여 하사하였다.

8월, <고환{高歡}>이 봄부터 백성 10만을 징발하여 <락양{洛陽}>의 궁전을 헐어서 그 자재를 <업{鄴}>으로 실어 들였으며, 또한 7만 6천인을 징발하여서 <업>에 새로운 궁전을 지었다.

<우문태{宇文泰}>가, <조강{趙剛}>을 시켜서, <고환{高歡}>의 신하인 <이민{李愍}>을 유혹하길 '<동형주{東荊州}>를 가지고 <태{泰}>에게 투항하라.' 하였고, 또한 <소연{蕭衍}>에게로 가서 설득하여 부추기길 '<하발승{賀拔勝}>과 <독고신{獨孤信}> 등을 보내라.'고 령을 내리라 하였다. <태{泰}> 어미의 조카 <왕초세{王超世}>가 <진주{秦州}>자사가 되더니 교만하여져서 재물을 상{賞}으로 나누어주자, <태>가 법령을 가중하여 그를 죽였더니, 사람들은 차가운 독기가 내종형{외4촌}에게 미쳤음이라고 하였다.

10월, <동도{東都=初都}>에 지진이 일었다. 상은 역대의 제{帝}와 후{后}들의 산릉{山陵}을 수리하고 엄히 수호하라 명하였다. 마침 꿈에 조짐을 보았었고, 땅 또한 흔들렸기 때문이었다.

☯ 十一月, <高歡> 以其次子<洋>爲驃騎大將, 儀同<太原公>. 時, 年才八歲, 其志可知也. <洋>, 嘗治亂絲以刀断之, 曰; "亂絲唯断之耳." <歡>, 稱其賢, 曰; "勝於我." <歡>以断爲治歟. <洋>之暴惡, 皆<歡>所養者也. <桀>·<紂>之罪亦在乎, 其父之不敎子也. 人主之敎子, 不可如<歡>之放<洋>也. <楊愔>爲<洋>司馬.

十二月, 雷, 大疫. 上命, 送醫藥于民, 愼色減饌而禱, 悤疫救民, 設道場. <玉陵>生女<靑陵>公主. 上撫爱<玉陵>過度, <玉陵>常入帝寢受幸者久矣.

<宝炬>, 遣使來獻駿馬·玉·帛, 曰; "臣是陛下之外裔, 而臣妻<乙弗>系<吐谷>亦出於<乙弗大帝>. 是臣夫妻, 俱以陛下家人. 遭時, 不休, 爲<高歡>所迫, 不能東歸. 願, 陛下矜憐臣請. 若借一臂之力, 回復七廟, 永保舅甥之義, 云. 上, 厚遺, 而送之. 時, <歡>·<泰>交婿來棹, 而上堅守不偏不入其渦. <柔然>王<頭兵>請婚於<高歡>, <歡>, 以<常山王>妹爲<蘭陵>公主以妻<頭兵>, 使之伐<泰>. <泰>亦婚於<柔然>, 其媸態莫甚, 可謂陋矣.

○ 11월, <고환{高歡}>이 둘째 아들 <고양{洋}>을 표기대장으로 삼았고, 의전은 <태원공{太原公}>과 같게 하였다. 이때 나이 여덟 살이었으니, 그 속뜻이야 알 만하였다. 일찍이 <양>은 헝클어진 실을 다스림에 칼로 잘라 놓고, 말하길; "헝클어진 실은 잘라버리는 것입니다."라 하였더니, <환>은 <양>을 현명하다고 추켜세워서 칭찬하며 이르길; "나보다 낫구나!"라 하였다. <환>이는 잘라버림으로 다스리겠단 말인가? <양>의 포악함은 모두 <환>이가 그리 만들었기 때문이었던 것이다. <걸{桀; 夏의 暴君}>과 <주{紂; 殷의 暴君}>의 죄 또한 살펴보면 그 아비가 아들을 가르치지 않았기 때문이었다. 사람들의 임금 된 자의 아들 교육은 <환>이 <양>을 내버려 둔 것 같아서는 아니 될 것이다. <양음{楊愔}>이 <양>의 사마{司馬}가 되었다.

12월, 우레가 일었고, 돌림병이 크게 돌았다. 상이 명하여 의원과 약재를 백성들에게 보내게 하였으며, 색사를 삼가고 음식을 줄였으며 신명에게 빌었다. 빨리 질병을 멎게 하여서 백성을 구하고자, 도장을 열었다. <옥릉{玉陵}>이 딸 <청릉{靑陵}>공주를 낳았다. 상이 <옥릉>을 위무하고 아끼는 것이 지나쳤더니, <옥릉>이 날마다 제의 침소로 들어가 총애를 받아내는 것이 오래도록 이어졌다.

<보거{宝炬=西魏文帝}>가 사신을 보내서 준마와 옥 및 비단을 바치며 아뢰길; "신은 폐하의 외가 자손이오며, 신의 처 <을불{乙弗}>은 <토곡{吐谷}>을 잇고 있으며 또한 <을불대제{乙弗大帝}>로부터 나왔습니다. 그러한즉, 신의 부처 모두는 폐하 집안의 사람이옵니다. 지난번 서로 만나 뵈었을 땐 쉴 겨를도 없었고, <고환{高歡}>에게 핍박을 당하느라 동쪽으로 찾아 뵐 수도 없었습니다. 폐하께서는 신의 청을 불쌍하고 가엽게 여겨주시길 바라옵니다. 팔 한 쪽의 힘을 빌려주시면, 7묘{七廟; 黃帝國의 초기 7대조의 사당}를 회복하고 영원토록 구생{외삼촌과 생질 또는 장인과 사위}간의 예의를 지키겠습니다."라 하였다. 상은 후하게 음식을 먹여서 돌려보냈다. 이 시절, <환{歡}>과 <태{泰}>는 여색외교{女色外交}로 노를 저어 다가왔으나, 상은 든든히 지키면서 어느 쪽을 편들지 않아서 그 와류에 빠져들지 않았다. <유연{柔然}>왕 <두병{頭兵}>이 <고환{高歡}>에게 청혼하였다. <환>은 <상산왕{常山王}>의 여동생을 <란릉{蘭陵}>공주로 삼아서 <두병>에게 처로 주고서, <두병>을 시켜 <태>를 치게 하였다. <태> 또한 <유연>과 혼인하였으니, 그 추한 작태가 막심하여, 천박하다 할 만하였다.

☯ 丙辰<大藏>六年，春正月，壬寅朔，受朝[於]<龍山><溫宮>. <奚>王<[桓]出>，入朝，言，其從弟<劉蠡升>之寃. 上曰; "<蠡>，妄自尊大，以致滅亡. 汝，宜謹守封域，愼勿妄動."

上，與<華陽>·<玉陵>，如<河陽宮>設宴獻壽. 后，以故國之難，辭之. 上曰; "女子當從夫家享樂，何憂親家也." <河陽>，十五，歸<太宗>，生五子七女，爲<魏>公主之宗. 時，當紀甲，內外進賀之節，燦然備矣. 是夜，上親擧「燈戲」.

<蕭衍>，爲其父作<皇基寺>. 誣<弘>氏爲劫而殺之，歿其巨材爲寺. <衍>其孝乎.

二月，<高歡>，以其子<澄>爲<幷州>刺使，年十五，尋加尙書令·領

軍·「京畿」大都督. 用法嚴峻, 事無凝滯, 中外震慄. <幷州>別駕<崔暹>爲左丞. 丙子, <紅>皇后生<桂陰>公主.

三月, 八日, <齊>, <陶弘景>沒于<丹陽>之<茅山>. 有詩, 曰; "<夷甫>任散誕, <平叔>坐論空, 豈悟<昭陽殿>遂作<单于宮>." <齊>, 人不習武事, 競談云理. <王衍>·<何晏>等是也. <昭陽>, 後爲<后景>所據.

○ 병진{단기2869/AD536}<대장{大藏}>6년, 춘정월, 임인일 초하루, <룡산{龍山}>의 「온궁」에서 조례를 받았다. <해{奚}>왕 <두출{梪出}>이 입조하여 자신의 종제{4촌동생}인 <류이승{劉蠡升}>의 원통함을 털어놓자, 상이 이르길; "<류이승{蠡}>이는 망령되게도 스스로 존대{尊大}하려 하였다가{稱帝하였다가} 멸망한 것이오. 그대는 의당 삼가 봉역을 지키고 신중히 처신하며, 허튼 움직임을 하지 마시오."라 하였다.

상이 <화양{華陽}>과 <옥릉{玉陵}>을 데리고 <하양궁{河陽宮}>으로 가서 연회를 열어 오래 사시라고 술을 올렸다. 후가 고국{故國; 친정 나라}의 어려움을 들어 사양하였더니, 상이 이르길; "아녀자는 응당 지아비 집안을 좇아서 향락하는 것인데, 어찌 친정집을 걱정하십니까?"라 하였다. <하양{河陽}>은 나이 열다섯에 <태종{太宗=明治帝}>에게로 와서 5남 7녀를 낳았으며, <위{魏}>의 공주 출신 가운데 우두머리였다. 이때 환갑을 맞이하였더니, 내외의 사람들이 축하하는 때인지라 빛나게끔 준비하였었고, 이날 밤엔 상이 친히 「등희{燈戲; 등불놀이? 등을 켜고 하는 인형극?, 연등놀이? }」를 거행하였다.

<소연{蕭衍; 南朝의 宋을 멸한 齊를 멸하고 선 梁의 太祖武帝}>이 자신의 아비를 위해 <황기사{皇基寺}>를 지었다. <홍{弘}>씨를 무고하여 겁박하고 죽였으며, 그녀 집의 거대한 목재를 몰수하여 절을 지은 것이었다. <소연{衍}>은 그것을 효행이라 여겼단 말인가!

2월, <고환{高歡}>이 자기 아들 <징{澄}>을 <병주{幷州}>자사로 삼았다. 나이 열다섯이었으며, 좀 있다가 상서령·령군·「경기」대도독을 얹어주었다. 사람의 임용과 법을 집행함이 엄준하고, 정사처결에 엉거주춤함이 없었더니, 안팎이 놀라서 움직임이 빨라졌다. <병주{幷州}>별가 <최섬{崔暹}>이 좌승이 되었다. 병자일에 <홍{紅}>황후가

<계음{桂陰}>공주를 낳았다.

3월, 8일, <제{齊=南齊}>땅의 <도홍경{陶弘景; 梁武帝의 신하}>이 <단양{丹陽}>땅의 <모산{茅山=三茅山=句曲山}>에서 죽었다. 시 한 수를 남겼는데; "<이보{夷甫}>는 사람쓰기가 흩어져 산만하고, <평숙{平叔}>은 앉아서 말만하여 공허하니, 세월이 지나면 <소양전{昭陽殿}>이 <선우궁{単于宮}> 되는 것을 어찌 알 수 있겠는가!"라 하였다. <제{齊}>사람들은 무사{武事}는 익히지 않고 다투어 도리{道理}만을 따졌고, 이전 사람들인 <왕연{王衍}>과 <하안{何晏}> 등도 그러하였었다. <소양{昭陽}>전은 이후에 <후경{候景=南朝梁漢南王}>의 의거처가 되었다.

☯ 五月, 上, 以春夏旱, 祈雨, 曰; "朕無德, 去年大水, 今年旱魃." 命皇太子監國, 而出居行宮減饍自責. 東宮, 年雖十九, 能决大事. 况有**<義臣>**之補佐, 故事無狼狽. 上, 遂委政於東宮及**<義臣>**, 日與后妃以詩酒, 自娛往來於山宮·水樓·溫水·茂林. **<義臣>**, 雖是淫穢之女, 能任賢使, 能不失時政, 故百僚安之.

八月, 大蝗. 東宮, 與**<義臣>**, 出郊, 捕蝗而食, 發倉賑民, 放官牛賜民無食者. **<高歡>**, 使其次子**<洋>**, 來獻宝器·法酒·駿馬·明珠等, 請獻其女. **<洋>**, 時年九歲, 夙成如成人. 上, 厚待, 送之. **<俶>**公主生東宮女**<俊>**公主. **<繭>**公主生上女**<蝴>**氏.

○ 5월, 상은 봄·여름이 내내 가물었더니 기우제를 올리고, 이르길; "짐이 덕이 없어서, 지난해엔 물난리가 나더니만, 올해엔 가뭄이 들었다."라 하였다. 황태자에게 명하여 감국 하게하고, 밖으로 나가 행궁에 머물면서 감선{減膳}하고 자책{自責}하였다. 동궁은 나이는 비록 열아홉이었으나, 큰 정사를 능히 처결하였고, 아울러서 <양의신{義臣}>의 보좌함이 있었더니, 낭패 된 일이 없었다. 이에 상은 동궁과 <의신>에게 정사를 맡기고는, 날마다 후비들과 더불어서 시나 읊고 술 마시면서 산궁{山宮} 및 수루{水樓}와 온수{溫水} 및 무림{茂林} 간을 오가며 스스로 즐거이 지냈다. <의신>은 음탕하고 추접한 여인이긴 하였으나, 능히 현명한 이에게 일을 주어서 시시때때로 생겨

나는 정사에 잘못됨이 없었으니, 백료들이 그녀를 좋아하였다.

8월, 황충이 크게 일어, 동궁은 <의신{義臣}>과 함께 교외로 나가서 황충을 잡아서 먹었으며, 창고를 열어 백성을 진휼하고 관청의 소를 풀어서 먹을 것이 없는 백성에게 하사하였다. <고환{高歡}>이 둘째 아들 <양{洋}>을 시켜서 옥기·법주·준마·명주 등을 바쳐 왔으며, 딸을 바치겠다고 청하였다. <양>은 당시 나이 아홉이었으나, 조숙하여 성인 같아 보였다. 상이 후하게 대접하여 돌려보냈다.

{☞<삼국사기>의 추8월 <東魏>관련 기사; 아직도 강성하고 내분도 없는 <고구리>가, 내분이 격화되어 <동위>와 <서위>로 갈라지는 <북위>시절에 정립되지도 않은 허약한 <동위>에 사신을 보내서 조공하는 어리석음을 범하였겠나!! 조공할 정도라면 후환을 두려워했어야 할 것이었다!}

<숙{俶}>공주가 동궁의 딸 <준{俊}>공주를 낳았고, <견{繭}>공주가 상의 딸 <호{蝴}>씨를 낳았다.

☯ 九月, <頭兵>使<宇古晋>, 來獻不老酒及黃駝三十四. 來言; "<天山>之北, 有仙人, 能使冬不寒夏不暑. 神兵護之, 雖<突厥>之槍不得貫通."

<原宗>, 僭稱帝, 改元曰<建元>. 上, 怒欲伐之, 曰; "<太宗>以來修文之弊至於此, 不伐無以懲." <義臣>, 諫, 曰; "今若伐之, 必有備, 墮其術中, 不如且驕其志以待天誅." 時, <明穠>亦僭號, 然遣使來稱臣而獻如故, 不伐.

<賀拔勝>等自<梁>歸<長安>. <蕭衍>餞于南苑. <勝>, 感恩, 途見禽獸南向者, 不射. <候景>逼之, 棄舟山行, 凍餒道死者太半. 得歸者亦曰;"[心已奪而徒身歸, 可也]."

<関中>大飢, 人相食, 死者十之七八. 上, 聞之, 歎, 曰; "飢之甚至於斯邪. 我國, 從古, 無相食之变. <芻牟>之德, 豈不大乎." <高歡>, 其仍飢, 而欲伐<泰>, 與<梁>約和, 進至<潼関>. <善見>父<亶>訃至. 上, 與<玉陵>擧哀于<檀宮>, 命<隆>太子如<鄴>吊賻如例.

○ 9월, <두병{頭兵; 柔然可汗}>의 사신 <우고진{宇古晋}>이 와서 불로주

와 누런 낙타 30필을 바쳤다. 와서 아뢰길; "<천산{天山}> 북쪽에 선인{仙人}이 있는데, 겨울을 춥지 않게 여름을 덥지 않게 할 수 있고, 신병{神兵}들이 그를 호위하고 있어서 <돌궐{突厥}>의 창으로도 그를 관통할 수 없습니다."라고 하였다.

<원종{原宗}>이 황제{帝}를 참칭하고 년호를 <건원{建元}>으로 고쳤더니, 상이 노하여 <원종>을 정벌하고자 하며 이르길; "<태종{太宗}>이래로 글을 중시하여 왔던 폐단이 이 지경에 다다랐소. 정벌하지 않으면 징계할 수 없을 것이오."라 하였더니, <의신{義臣}>이 말리며 아뢰길; "지금 그를 정벌한다면, 필시 대비하고 있을 것이어서 그의 술수에 빠질 수 있을 것이니, 잠시 그의 뜻이 교만하도록 놓아두어서 하늘이 벌하기를 기다림만 같지 못할 것입니다."라 하였다. 이때, <명농{明穠}>도 역시 함부로 황제{帝}를 참칭하긴 하였었으나 사신을 보내와서 신하를 칭하며 바치기가 지난날과 같아서, 정벌하지 않았다.

<하발승{賀拔勝}> 등이 <양{梁}>땅에서 <장안{長安}>으로 돌아갔다. <소연{蕭衍}>이 남쪽 동산에서 연회를 열어 전송하였더니, <하발승{勝}>은, 은혜가 고마워서, 도중에 금수{禽獸}를 만났어도 남쪽으로 내려가고 있는 것은 쏘지 않았다. <후경{候景}>이 <승{勝}>을 협박하자 <승>은 배를 버리고 산으로 도망하였으며, 얼고 굶주려 길에서 죽은 자가 태반이었다. 살아 돌아간 자들 역시 말하길; "{얼은 이미 빠졌지만, 몸뚱이만 돌아오는 것도 가하구나.}?" 라 하였다.

<관중{關中}>에 큰 기근이 들어 사람들이 서로를 뜯어먹었더니, 죽은 이가 열에 일곱 여덟이나 되었다. 상은 이 소식을 듣더니 탄식하며 이르길; "기근이 심하기가 그 같은 지경에 다다랐단 말인가? 우리나라는 예로부터 서로를 뜯어먹는 변란은 없었소. <추모{芻牟}>의 덕이 어찌 크지 않았겠소?" <고환{高歡}>이 기근으로 인하여 <태{泰}>를 치고자, <양{梁}>과는 화친을 약조하여 놓고, <동관{潼關}>으로 진격하였다. <선견{善見}>의 아비 <단{亶}>의 부음이 다다랐다. 상은 <옥릉{玉陵}>과 함께 <단궁{檀宮}>에서 애도하고, <륭{隆}>태자에게 명하여 <업{鄴}>으로 가서 조상{弔喪}하고 법식에 맞게

부의{賻儀}하게 하였다.

☯ 丁巳<大藏>七年, 春正月, 丁酉朔, <文藏>妻<淵華>生上女<唐>公主, 停朝. 上, 如<牛山陵>, 行<安藏>大祭, 以慰<漢王>夫妻. <高歡>軍至<蒲坂>. <宇文泰>, 不與<歡>戰, 潛出小関, 擊<竇泰>殺之. <歡>, 以<河>氷薄, 不能救而退. <高敖曹>, 獨所向無前, 攻<上洛>拔之. 被矢通三, 創甚而還<洛州>, 遂潰而歸<泰>. <泰>得神璽于<槐里>而大赦.

三月, 東宮, 與<銀>公主, 巡行郡邑, 賑民加療. 時, 倉有十年之糧, 醫有十分之藥, 雖有旱蝗, 民無飢者, 病亦多救焉. 立<安藏搭>五層于<牛山>.

六月, <高歡>至<汾陽>之<天池>, 奇石隐起文, 曰; "六王三川以爲奄, 有関<洛>之兆. 郎中<杜弼>勸<歡>受禅, <歡>擧杖以走之."

七月, <高歡>遣<李諧>於<蕭衍>. <衍>, 與語大驚, 曰; "<鄴>亦有人. 自是, 南北, 通好, 必以才地禮贈甚崇. 以舌戰制勝, 爲一時勝事." <獨孤信>·<楊忠>自<梁>歸<泰>, <信>棄父母於<山東>而不顧, 曰; "事君, 不可懷二心." <衍>, 使<泰>·<歡>相爭, 而觀其微处乃其所長也.

八月, <泰>歸<歡>. 恒農<于謹>爲前鋒, 又使<柔然>侵<歡>.

<蕭衍>, 出<阿育塔>, 爪髪而設「無礙會」, 大赦. <宇文泰>之<槐里>神璽, <高歡>之六王三川, <頭兵>之<天山>仙人, <衍>之塔髪, 皆, 是不經之事, 而迷於此, 可謂豚犬輩也. <江陰>公主下嫁<楊義德>.

○ 정사{단기2870/AD537}<대장{大藏}>7년, 춘정월, 정유일 초하루, <문장{文藏}>의 처 <연화{淵華}>가 상의 딸 <당{唐}>공주를 낳아서, 조례를 미루었다. 상이 <우산릉{牛山陵}>으로 가서 <안장{安藏}>큰제사를 올려서 <한왕{漢王; 漢땅을 다스린 高句麗 行職官爵}> 부처를 위안하였다.

<고환{高歡}>의 군병이 <포판{蒲坂}>에 다다랐더니, <우문태{宇文泰}>는 <고환>과 맞싸우지 않고 작은 관문을 몰래 빠져나가서 <두태{竇泰}>를 공격하여 죽였다. <환{歡}>은 <하{河}>가 얇게 얼어서 구원하지 못하고 물러났다. <고오조{高敖曹}>는 혼자서, 앞으로는 향할 곳이 없었기에, <상락{上洛}>을 공격하여 빼앗았다가, 화살을 세 곳이

나 맞아서 상처가 심하였기에 <락주{洛州}>로 돌아갔으며, 끝내는 무너지더니 <우문태{泰}>에게 귀의하였다. <우문태{泰}>는 <괴리{槐里}>에서 신성한 옥새를 얻더니만 크게 사면하였다.

3월, 동궁이 <은{銀}>공주와 함께 군과 읍을 순행하여 백성을 진휼하고 치료하였다{☞<삼국사기>엔 <안원제>가 이 일을 한 것으로 적혀있음!}. 이 시절, 창고엔 10년 치의 양식이 있었고, 의원에는 10번을 쓸 약재가 있었으니, 설사 가물고 황충이 일었어도 백성들은 아무도 굶지 않았으며, 병이 들어도 많은 이를 구할 수 있었다. <우산{牛山}>에다가 <안장탑{安藏塔}>을 5층으로 세웠다.

6월, <고환{高歡}>이 <분양{汾陽; 汾水北}><천지{天池; 在汾水源北燕京山}>에 이르렀더니 기이하게도 돌들이 점괘문양을 숨기어 솟아나 있었는데, 여섯 왕과 물귀신 셋을 숨기고 있는 것이 락서{洛書}와 관련한 조짐{兆朕}이었다. 랑중 <두필{杜弼}>이 <고환{歡}>에게 선위{禪位} 받으라고 꼬였더니, <고환>은 지팡이 높이 쳐들어서 그를 쫓아버렸다.

7월, <고환{高歡; 東魏}>이 <이해{李諧}>를 <소연{蕭衍; 梁}>에게 보냈다. <소연{衍}>이 함께 얘기를 나누고 나서 크게 놀라며 말하길; "<업{鄴}>에도 뛰어난 인재가 있으니, 이제부터는 남과 북이 좋게 지내면서, 반드시 재주{才}와 지위{地位}에 맞게 예{禮}를 표하고 선물{贈}도 하면서 지극히 존중합시다. 말만으로 잘 된 것은 잘 되었다 하여도 잠시만의 잘 됨 뿐인 것이오."라 하였다. <독고신{獨孤信}>과 <양충{楊忠}>이 <양{梁}>에서 나와 <우문태{泰}>에게 귀의하였다. <독고신{信}>은 부모를 <산동{山東}>땅에 내버려두고 마음에 두지도 않은 채 말하길; "주군을 섬기면서 두 마음{=효도하는 마음}을 품을 수는 없습니다."라 하였다. <소연{衍}>은 <우문태{泰}>와 <고환{歡}>이 서로 다투게 하여 놓고, 그들의 후미진 곳과 그들의 뛰어난 점을 살폈다.

8월, <우문태{泰; 西魏}>가 <고환{歡; 東魏}>에게 귀의하였기에, 항시 농사짓던 <우근{于謹}>을 전봉으로 삼고 또한 <유연{柔然}>을 시켜서 합쳐져 힘이 커진 <고환{歡}>을 치게 하였다.

<소연{蕭衍; =梁}>이 <아육탑{阿育塔}>으로 나가서 삭발하고 「무애회{無礙會; 모든 것을 털어버리는 모임}」를 열어 서로를 크게 용서하였다. <우문태

{宇文泰}>가 <괴리{槐里}>의 신새{神璽}를 취한 일, <고환{高歡}>의 6왕3천{六王三川} 건, <두병{頭兵}>의 <천산선인{天山仙人}> 건, <소연{衍}>이 탑을 짓고{황기사와 아육탑을 짓고} 삭발한 건, 이 모두는 불경스러운 일이었고, 그것들에 미혹되었으니, 개돼지{=미련한} 무리이었다고 할 만하였음이다. <강음{江陰}>공주가 <양의덕{楊義德}>에게 하가{下嫁}하였다.

☯ 九月, <泰>與<柔然>約婚. <柔然>, 娶<蘭陵>而背信, 侵<歡>之<汾陽>·<三堆>. <歡>, 出擊走之, 與其左右議其鎭柔之策. 皆曰; "<柔然>服於東皇. 若得東皇之詔, 則可不戰而鎭之." <歡>, 深然之, 乃使<李挺>來獻宝·馬·香·藥, 復請納女. 上, 辭, 以老不能娶. <挺>曰; "陛下, 春秋尙富, 龍躬豊壯. 何憂一媵, 而負臣之孤忠歟. 是, 無異於拒來, 而與人也. 竊, 不取也." 上, 乃與宗室議之, 遂送皮·幣于<歡>. <歡>, 大悅, 與妻, 相議, 曰; "東帝, 七尺五寸, 鴻壯大力, 女可堪乎." <婁>, 笑, 曰; "<虞美>雖孱能銷<項王>, 況君之女乎." <歡>戒女; "幸, 善事夫帝, 勿以老嫌." 女曰; "臣死於君, 妻死於夫, 豈敢曰老乎. 唯父所命, 女當甘從." <歡>, 喜, 撫之. <眞賀>, <六渾>之女也, 乃以爲<善見>之假妹, 封<淸河>公主, 以香車百兩馬車千乘送之, 威儀之盛曠古未有. 上, 遣畏部尙書<松>太子·鴻臚卿<談緯>, 往迎于境上. 時, <泰>使, 亦至, 請與<柔然>合兵以伐<歡>, 共分其地. 上曰; "<柔然>, 娶<蘭陵>而背<歡>, 不可信也." 遂不許.

○ 9월, <우문태{泰}>가 <유연{柔然}>과 혼인을 약속하였다. <유연>은 <란릉{蘭陵}>과 혼인하고서도 배신하며 <고환{歡}>의 <분양{汾陽}>·<삼퇴{三堆}>를 침략하였다. 이에 <고환>이 출격하여 쫓아내고, 측근들을 불러서 그를 진정시키고 말 잘 듣게 할 방도를 상의하였더니, 모두들 "<유연>은 동쪽{=고구려}의 황상에게는 복종하고 있으니 동쪽 황상의 조서를 얻을 수 있다면 싸우지 않고도 진압할 수 있을 것입니다."라 하였다. <고환>은 정말로 그렇겠다고 여기어, <이정{李挺}>을 시켜 찾아와서 보물 및 말과 향 및 약재를 바치고, 다시금 딸을 바치겠다고 청하였다. 이에 상이 이제는 늙어서 장가들 수 없다

고 사양하였더니, <이정{挺}>이 아뢰길; “폐하께서는 춘추가 오히려 넉넉하시고 용체는 건장하시며 여유로우신데, 어찌 잉첩 하나를 걱정하시어서 신의 외로운 충정을 짐스러워 하십니까? 그리하시면, 알아서 찾아오는 것을 거절하시는 것과 다름이 없고, 남들과는 빼앗기만 하시고 받지는 않으심이 됩니다.”라 하였다. 이에 상이 종실들과 의논하여 피륙과 비단을 <고환{歡}>에게 보냈더니, <환{歡}>은 크게 들떠서 처와 상의하며 말하길; “동쪽의 황제께서는 7척 5촌의 키에 엄청나게 건장하고 힘도 세신데, 우리 딸이 감당이나 하겠소?”라 하였더니, <루{婁}>가 웃으며 말하길; “<우미{虞美; 項羽愛妻}>는 연약하였어도 능히 <항왕{項王=楚霸王項羽}>을 녹였는데, 항차 임금의 딸이야 어떠하겠습니까?”라 하였다. <환>이 딸에게 훈계하길; “승은을 입을 때는, 지아비이신 황제를 잘 받들 것이며, 나이 드셨음을 싫어하지 말거라.”라 하였더니, 딸이 아뢰길; “신하는 주군을 위해 죽고, 처는 지아비를 위하여 죽습니다. 어찌 감히 늙었다고 마다하겠습니까? 오로지 아버님이 명을 내리시면, 딸은 응당 즐거이 따를 것입니다.”라 하였다. <환>은 기뻐서 딸을 어루만져 주었다. <진하{眞賀}>는 <육혼{六渾}>의 딸이었는데, <선견{善見}>의 수양누이동생으로 삼아서 <청하{清河}>공주로 봉하고, 꽃수레 백대에 마차 천대를 딸려서 보냈더니, 그 위풍 성대함이 아직까지 들어본 적 없었다. 상이 외부상서 <송{松}>태자와 홍로경 <담위{談緯}>를 보내 국경 언저리로 가서 맞이하게 하였다. 이때, <우문태{泰}>의 사신 또한 찾아와서 <유연{柔然}>과 군병을 합쳐서 <환>을 토벌하고 그 땅을 함께 나누어 가지겠다고 청하였더니, 상은 “<유연>은 <란릉{蘭陵}>과 혼인하고서도 <환{歡}>을 배반하였으니, 믿을 수 없겠다.”고 이르고, 끝내 들어주지 않았다.

☯ 閏九月, 壬戌朔, 上, 與**<寧陽>**公主·**<陰>**太子, 迎**<清河>**公主于**<南口>**. 時, **<歡>**引兵二十万攻**<泰>**之**<蒲津>**. **<泰>**飢將士不過万人, 皆以爲難保. 八日, 上, 與**<清河>**公主, 過於**<白岩>**. 公主, 見上風神灑落皓鬚下, 復不覺欣喜, 曰; “吾夫來, 何遲乎. 離家以來, 夜夜夢之.” 上,大喜，曰;"眞吾妻也." 抱入帳中. 群臣山呼，聲動天地. 上，遂與公主，合歡于行宮之神殿. 公主，宝齡十三，<高歡>之第三女也. 其母<婁>氏，<師德>之族也. 賜陪臣酒食. 翌日，上與公主受朝於神殿，曰;"新皇后，爲朕遠來. 爾等可禱壽福多男子." 十一日，發<白岩>至<內市>. 與同輦而起卧，公卿以下扶輦者七十人，選貞男女盛装而曳之. 所過州郡，皆免今年租稅.

○ 윤9월, 임술일 초하루, 상이 <녕양{寧陽}>공주와 <음{陰}>태자를 대동하고 <남구{南口; 그림9}>에서 <청하{清河}>공주를 맞아들였다. 이때, <고환{歡}>은 20만병을 이끌고 <우문태{泰}>의 <포진{蒲津}>을 공격하였으며, <태>는 기근으로 인하여서 장수와 사졸이 만 명을 넘지 못하였으니 모두가 나서도 막아내기가 어려웠다. 8일, 상이 <청하>공주를 데리고 <백암{白岩}>을 지나는데, 공주는 상의 풍채가 영묘하게도 흰 수염을 시원스레 드리우고 있음을 보고서도 아직도 알아채지 못한 채로 기쁨에 들떠서 말하길; "내 지아비께서는 오시는 것이 왜 이리 더디시나요? 집을 떠나온 내내 밤마다 꿈을 꾸었습니다."라 하였다. 상은 크게 기쁜 나머지 "진정 내 처로구나."라고 하면서 품에 안고 장막으로 들어갔다. 군신들이 만세를 부르니 천지가 진동하였다. 이윽고 상이 공주와 함께 행궁{行宮}의 신전{神殿}에서 합환하였다. 공주는 보령 열 셋으로, <고환>의 셋째 딸이고, 그 어미 <루{婁}>씨는 <루사덕{師德}>의 혈족이었다. 배신{陪臣; 딸려온 신하}들에게는 술과 먹을 것을 주었다. 다음날, 상은 공주를 데리고 신전에서 조례를 받으며 이르길; "새 황후는 나를 위해 멀리에서 찾아왔소. 그대들은 수복{壽福}과 아들 많이 낳길 빌어주어야 할 것이오."라 하였다. 11일, <백암{白岩; 행궁이 있었던 백암}>을 떠나 <내시{內市; 황성 내의 저자거리?}>에 이르렀다{☞<평양대궁>이 있는 <평양성>이 <백암>에서 하루 이내의 거리이다!}. 함께 같은 련{輦; 가마를 얹은 바퀴달린 수레}에서 눕고 일어났었으며, 공경 이하 련{輦} 곁을 따르는 이가 70인이었고, 정결한 남녀를 가려 뽑아 성장시켜서 수레를 끌게 하였었다. 행렬이 지나간 주{州}와 군{郡}은 금년 조세를 면하여 주었다.

☯ 十月, 封<清河>公主爲第三皇后, 而如<卒本>, 宴宗室及<魏>公主等.

<歡>, 與<泰>戰於<沙苑>, 大敗而歸. 上, 恐新后悲之, 不告以實. 后日望吉報, 上曰; "汝爲吾妻, 唯以事夫爲務, 何苦念親家事乎. 生子生女以悅其夫, 妻之道也. 盡思夜度, 只可在於我, 何暇于他. 親父亦外人, 勿深慮之." 后, 乃謝之, 不復問戰, 晝則冶容禱子, 夜則獻婼枕席爲務.

十一月, 以<梁義臣>爲右侍中, <文藏>太子爲吏部尙書. <義臣>頤使<文藏>如小兒.

<華陽>生上女<紅陽>公主. 新后爲之製衣, <華陽>曰; "妹, 與我, 同事一夫. 豈意万里復見骨肉. 但, 恐<高>丞相不保吾." 侄后曰; "兄, 勿疑之. 他眞忠臣也. 況使我結爲兄妹者乎."

○ 10월, <청하{清河}>공주를 셋째 황후로 봉하고, <졸본{卒本}>으로 가서 종실과 <위{魏}>의 공주들 등에게 연회를 베풀었다.

<고환{歡}>이 <우문태{泰}>와 <사원{沙苑}>에서 싸우다가 크게 지고서 돌아갔다. 상은 새 황후가 슬퍼할까 걱정되어서 사실을 알려주지 않았으며, 황후는 날마다 좋은 소식을 기다렸었다. 이에 상이 "자네는 나의 처가 되었으니, 오로지 지아비 섬기기를 힘써야 하거늘, 어찌하여 친정집 일을 골똘히 생각하는가? 아들 낳고 딸을 낳아 지아비를 즐겁게 하는 것이 처 된 자의 도리일 것이니, 정성을 다하여 밤의 법도를 생각하며 단지 나만을 생각하여야 할 것이야. 얼마나 한가하면 남을 생각한 단 말인고? 친정 아비 또한 남이니 깊게 걱정하지 말 것이야."라 하였다. 그랬더니, 후는 사죄하고 나서 다시는 싸움에 대하여 묻지 않았으며, 낮이면 용모를 다듬고 아들 낳기를 기원하고 밤이면 잠자리를 교태로써 모시기에 힘썼다.

11월, <양의신{梁義臣}>을 우시중으로, <문장{文藏}>태자를 리부상서로 삼았더니, <의신{義臣}>은 <문장>을 작은 아이를 부리듯 쉽게 부렸다.

<화양{華陽}>이 상의 딸 <홍양{紅陽}>공주를 낳았다. 새 황후{=清河}가 <홍양>을 입힐 옷을 만들었더니, <화양>이 말하길; "동생{☞高句麗궁실기준}은 나와 함께 한 지아비를 모시고 있네. 어찌 만 리 먼 곳

에서 골육을 다시 만날 줄을 생각이나 하였겠는가. 부질없겠지만, <고{高}>승상이 우리를 돌봐 주지 않을까 봐 걱정되네."라 하였더니, 조카{☞東魏궁실기준}인 후가 답하길; "형님{☞高句麗궁실기준}께서는 그를 의심하지 마세요. 그는 진정 충신입니다. 더군다나, 저를 형님의 동생이 되게 맺어 준 사람이잖습니까."라 하였다.

{☞<삼국사기>엔 동12월에 <동위>에 사신을 보내 조공하였다고 적혀 있는데 혼인 후에 처가로 보내는 선물이 아니었다면, 이는 <고구리>제국을 신생 <동위>의 후국 정도로 끌어내리려는 후세에 삽입한 문구가 아니겠는가?}

● 戊午<大藏>八年, 春正月, 辛酉朔, 日食, 停朝, 與<高>皇后但饋<婁>氏使于內殿. <柔然><宇古晋>來言; "途逸貢象, 爲<高歡>軍所奪." 上, 方寵<高>皇后, 故以爲離間而不問. 後聞, <善見>跨其象而改元<元象>, 不悅, 曰; "不意<高>丞相奪我巨象." 后密使于<婁>氏, 納巨象三頭, 二雌一雄. 上, 與王后, 騎之, 曰; '吾妻象'. <玉陵>妃生上女<紅陵>公主.

二月, 大閱于<黃山>, <契丹>王<好頓>獻其盖室·虎皮三百張·羊千匹·牛百匹. 盖效<高歡>之送女也. 上, 嘉納之, 封<好頓>爲右大將·<燕山公>.

三月, <宇文泰>, 以舍人<元翌>女爲<化政>公主妻<頭兵>弟<塔寒>, 又使<宝炬>廢<乙弗>氏爲尼, 使<扶風>王<孚>迎<頭兵>[女<郁久閭>]. <頭兵>, 以車七百乘·馬万匹·駝二千匹送至<黑鹽池>遇<泰>所遣<鹵薄儀衛>. <孚>請<郁>南面, <郁>曰; "我未見<魏>主, 姑<柔然>女也." 東面立, 而<魏>使南面. 十七日, <宝炬>, 與<郁久閭>含졸而陰陽不合, 頗思<乙弗>.

<明穠>, 移都於<所夫里(豊德)>, 以舟艦通于<蕭衍>, 自稱<南夫餘>, 欲得其利器而不軌.

五月, <宝炬>, 又上書, 言; "臣, 娶<柔然><頭兵>可汗之女爲妻. 妻母<才治>后, 乃<鄯善>公主所生<原同>可汗之女也. <原同>可汗之父, 乃<廣開土皇>之子<鯨>太子也. 伏聞, <鯨>太子亦陛下外曾祖, 云. 臣妻, 亦<鯨>太子之曾孫也. 臣夫妻, 俱以陛下之族, 永爲臣屛. 故正月,

與臣，妻父<頭兵>可汗，獻象于陛下，<高歡>掠奪於<碭山>，心甚缺然. 陛下，幸勿以<歡>女之致見踈於臣，臣亦欲納女盡忠.” 云云. 上，厚待其使，曰; “爾主爲外裔，而我妻亦<魏>公主. <善見>乃我從姪，而汝主乃我從弟也. 何爲而何薄耶. 互守封疆而勿侵. 自有公論之歸正，不使兄弟相殘，可也. 至於象之得失，非吾所意也. <高>丞相豈掠象者哉.”

○ 무오{단기2871/AD538}<대장{大藏}>8년, 춘정월, 신유일 초하루, 일식이 있어 조례를 미루고, <고{高}>황후{=淸河}와 함께 다만 내전에서 <루{婁}>씨의 사신에게 음식을 대접하였다. <유연{柔然}>의 <우고진{宇古晋}>이 찾아와서 아뢰길; “오는 도중에 공물로 바칠 코끼리를 잃었습니다. <고환{高歡}>의 군대에게 털렸습니다.”라 하였다. 상은 때마침 <고>황후와 정을 나눴던지라 이간으로 여기어서, 그 정황을 묻지 않았다. 나중에 듣기를, <선견{善見}>이 그 코끼리를 타고 다니고 있으며 연호도 <원상{元象}>으로 바꾸었다 하니, 마음이 상하여서 이르길; “그럴 줄 몰랐는데, <고{高}>승상이 내 코끼리를 빼앗아 갔구먼.”라 하였다. 그러자, 후{=淸河}가 몰래 <루{婁}>씨에게 사람을 보내서 코끼리 세 마리를 바치게 하였다. 암컷 두 마리와 수컷 한 마리였다. 상은 황후{=淸河}와 함께 그 코끼리를 올라타고 달리면서, 이름을 지어주길 ‘오처상{吾妻象; =내 처의 코끼리}’이라 하였다. <옥릉{玉陵}>비가 상의 딸 <홍릉{紅陵}>공주를 낳았다.

2월, <황산{黃山}>에서 크게 사열하였더니, <거란{契丹}>왕 <호돈{好頓}>이 그들의 개실{盖室=게르=천막집}과 호피 300장 및 양 1,000필과 소 100필을 바쳐왔다. 대략 <고환>이 딸을 보낸 것을 본뜸이었다. 상은 기꺼이 받았고, <호돈>을 우대장·<연산공{燕山公; 거란이 연산 지역에 있었음?}>에 봉하였다{☞이 기록은 <고환> 즉 <동위>도 이와 비슷한 일을 하였음을 말하는 것이다!}.

3월, <우문태{宇文泰}>가 사인 <원익{元翊}>의 딸을 <화정{化政}>공주를 삼아서 <두병{頭兵; 柔然}>의 동생 <탑한{塔寒}>에게 처로 주었으며, 또한 <원보거{宝炬=西魏文帝}>로 하여금 <을불{乙弗}>씨를 폐하게 하여 비구니로 만들고, <부풍{扶風}>왕 <부{孚}>를 시켜서 <두병>의 딸 <욱구려{郁久閭}>를 마중하게 하였다. <두병>은 수레 700대와 말 만 필 및 낙타 2천 필을 <흑염지{黑鹽池; 合黎山西黑水側鹽池?}> 부근으로 보내서 <태{泰}>가 보낸 <로박의위{鹵薄儀衛}>를 만나게 하였다. <부{孚}>가 <욱{郁}>에게 남쪽으로 향하길 청하였더니, <욱>이 말하길; "나는 아직 <위{魏}>의 임금을 뵌 적이 없으니, 이 아녀자는 <유연{柔然}>의 딸이오."라 말하고는 동쪽{=고구리쪽}을 향하여 섰고, <위>의 사신은 남쪽{=西魏}을 향하여 섰다. 17일에 <보거>는 <욱구려>와 합근{含巹=合歡=合房}하였으나 음양이 맞질 않았더니, 자못 <을불{乙弗}>을 그리워하였다.

<명농{明穠=聖王}>이 <소부리{所夫里}>로 도읍을 옮기고, 거룻배와 큰 배편으로 <소연{蕭衍; =梁}>과 내통하고, 스스로 <남부여{南夫餘}>를 칭하였다. 그들의 날카로운 무기를 얻어서 불궤를 도모하려 함이었다{☞강단사학에서는 이 소부리를 <충남><부여>정도로 볼 것임! <명농>과 <소연>은 큰 강물이나 호수 또는 황해의 연안항로를 통해 내통하였을 것임!}.

5월, <원보거{宝炬=西魏文帝}>가 또 글을 올려 말하길; "신은 <유연{柔然}><두병{頭兵}>가한{可汗}의 딸을 처로 들였습니다. 처의 어미는 <재치{才治}>후로 <선선{鄯善}>공주 소생인 <원동{原同}>가한의 딸이고, <원동>가한의 아비는 <광개토황{廣開土皇}>의 아들 <경{鯨}>태자이십니다. 엎드려 듣잡건대, <경>태자께선 또한 폐하의 외증조이시고, 신의 처는 <경>태자의 증손이어서, 신 부처 모두는 폐하의 혈족이오니, 영원히 변방의 병풍이 되겠습니다. 지난 정월에 신과 함께 처의 아비 <두병>가한이 폐하께 코끼리를 바쳤었는데, <고환{高歡}>이 <탕산{湯山}>에서 약탈하였기에 심경이 매우 편치 않았었습니다. 폐하, <고환{歡}>이 딸을 바친 것으로 인하여 저에게 소원함을 보이지 마시길 원하옵니다. 신 또한 딸을 바치고 충성을 다할 것입니다."라는 등등이 쓰여 있었다. 상이 그 사신을 후하게 대접하며 이르길; "자네의 임금은 외가의 후예이고, 내 처 또한 <위{魏}>의 공주이오. <선견{善見=東魏孝靜帝}>은 나의 종질이고, 그대의 임금 또한 내 종제가 되니, 누구의 말은 들어주고 누구에겐 야박할 수 있겠소? 서로들 봉하여진 땅을 지키고 침입하여서는 아니 될 것이오.

스스로 공론하여 보면 바른 길을 걷게 될 것이고, 형제들 간에 서로 잔혹하지 않을 수 있을 것이오. 코끼리가 내게 왔고 못 왔음에 이르러서는 내가 뜻한 바는 아니었으니, 내가 어찌 <고{高}>승상을 코끼리를 약탈한 자라고 할 수 있겠소."라 하였다{☞<서위>가 <고구리>대제국을 뒷배로 하여서 살아남으려고, 혈족임을 들어서 애걸한 정황을 살피기 좋은 사료임!}.

● 七月，<歡>，使<候景>·<高敖曹>，圍<獨孤信>於<金墉>．<景>燒<洛陽>內外官寺·民居，存者什之二三． 八月，<宇文泰>救<獨孤>而至<穀城>，<歡>將<貸文>·<道元>以千騎恃勇前進，夜遇<泰>將<李弼>於<孝水>．<弼>命軍士鼓噪曳柴揚塵，<貸文>走，<弼>追斬之．<道元>单騎獲免，千騎盡沒．<泰>軍漸前，<候景>夜解圍而歸．<泰>以輕騎追<景>至<河>上．<景>，陳於<河橋>·<邙山>之下，與<泰>合戰．<泰>馬中矢驚逸，<泰>落馬．<歡>兵追至，左右皆散．都督<李穆>，下馬以策打<泰>背，曰; "籠東軍士，爾主何在，而獨留此." 追者，不疑其貴人，捨之而過．<穆>以馬授<泰>而俱逸．<泰>兵復振，蓋大軍至也．<高敖曹>[輕]<泰>建旗，<泰>軍盡銳攻之．故一軍皆沒，<敖曹>單騎走<河陽><南城>，守<高永樂>有怨不入．<敖曹>拔刀穿闔未徹，追兵至，<敖曹>伏橋下．追者見其從奴持金帶，問奴而知．<敖曹>，知不免，奮頭，曰; "來．與汝開國公." 追者斬其首，而去．<歡>，哀痛，杖<永樂>二百而不殺，蓋其從祖兄子也． 上，聞之歎，曰; "<泰>，甘籠軍而受策，免死．<敖曹>建旗陷陳，奴帶而豪語無敵，進之．勇而驕傲，使人有怨，非名將也．宜其死也." 時，<泰>軍，又殺<歡><兗州>刺使，虜其甲士万五千人，赴<河>死萬數矣． <邙山>之戰，諸軍皆共度<河橋>，獨<万俟洛>勒兵不動，曰; "<万俟洛>在此，能來可來." <泰>軍畏之而去．<高歡>，嘗敬<洛>父，以殊禮親扶上馬，故<洛>感其恩而決死戰也．決死之色見於外，故<泰>軍畏之也．戰之勝敗，不在於軍之多少，在於決死之固與不固也．<泰>以小軍常勝者，蓋其決死故也．<邙山>之戰，<歡>，失<高敖曹>而始決死戰，故得勝也．自旦至未，戰數十合，氣霧四塞莫能相知．而<歡>軍不退者有所激也，<泰>軍自滿者有所得也．<泰>，安得自彊，而不從衆哉．<泰>，歸<長安>，所俘<歡>軍據<長安>作亂，尋潰． 右侍中<梁

義臣>生東宮子<夏成>. 上, 不選三品女者, 欲得聖骨. 東宮如是爱<義臣>, 故宗室多不悅. 十月, <泰>, 送<高敖曹>·<竇泰>·<貸文>之首於<歡>而欲休戰, 築<玉壁城>爲界, 險要也. <高歡>, 禁立寺爲僧, 盖民避賦役僧尼二百万寺至三万故也. 上亦不禁佛, 故民爲僧尼者漸多, 太安之世所不見也.

<高澄>, 爲吏部尙書, 収拾人物, 與之遊宴, 講論詩賦. 文人多從之.

○ 7월, <고환{歡}>이 <후경{候景}>과 <고오조{高敖曹}>를 시켜서 <독고신{獨孤信}>을 <금용{金墉}>에서 포위하였고, <후경{景}>이 <락양{洛陽}> 안팎의 관사와 민가에 불을 질렀더니 타지 않고 남은 것은 열에 두셋 정도였다. 8월, <우문태{宇文泰}>가 <독고{獨孤}>를 막아내고 <곡성{穀城}>에 다다랐었더니, <환{歡}>의 장수 <대문{貸文}>과 <도원{道元}>이 1천 기병으로 용맹함만을 믿고 앞으로 나아갔다가 밤중에 <우문태{泰}>의 장수 <이필{李弼}>과 <효수{孝水}>에서 맞닥뜨렸다. <이필{弼}>이 군사들에게 명하여 북을 두드려 소란하게 하고 섶을 끌어서 먼지가 일게 하였더니, <대문>은 도주하기에, <필{弼}>이 쫓아가 참하였다. <도원> 또한 단기로 잡힘을 면하긴 하였으나, 1천 기병을 모조리 잃었다. <우문태{泰}>의 군대가 조금씩 앞으로 나아갔더니, <후경{候景}>은 밤중에 포위를 풀고 돌아갔다. 이에 <태{泰}>가 날랜 기병으로 <후경{景}>을 뒤쫓아서 <하{河}>상{북변}에까지 다다랐더니, <경{景}>이 <하교{河橋}>와 <망산{邙山}> 아래에 진을 치고 <태>와 맞붙어서 싸웠다. <태>의 말이 화살을 맞고 놀라서 달아났고, <태>는 말에서 떨어졌다. <환>의 군병은 쫓아오고 좌우가 모두 흩어졌더니, 도독 <이목{李穆}>이 말에서 내려 <태>의 등줄기를 채찍으로 내리치면서 "이 패잔 군사야! 네 주인은 어디 가고 너 혼자만 여기 남았느냐?"라고 말하였더니, 추적하여 온 자들은 그가 귀인임을 의심해보지도 않고 내버려두고 지나쳤다. 이에 <이목{穆}>이 <우문태{泰}>에게 말을 주어서 함께 달아났다. <우문태{泰}>의 군병들이 다시 떨쳐 일어났다. 개략 대군이 답지하였음이었다. <고오조{高敖曹}>가 <태{泰}>를 우습게 여기고 깃발을 세우자,

<태>의 군병들이 날램을 다하여 그들을 공격하였다. 일군이 모조리 무너져 <오조{敖曹}>가 단기로 <하양{河陽}><남성{南城}>으로 달아났더니, 그곳을 지키던 <고영락{高永樂}>은 원한이 있었던지라 들여주지 않았다. <오조>가 칼을 뽑아 성문에 구멍을 내고 있었는데, 뚫리기도 전에 추병이 다가오자 <오조>는 다리 밑으로 숨었고, 추병들은 그의 하인이 금대를 가지고 있음을 발견하고는 물어서 알아냈다. <오조>가 목이 떨어짐을 면할 수 없음을 알았는지라, 머리를 불쑥 내밀며 말하길; "와라! 너를 개국공{開國公}으로 만들어 주겠다!"라 하였더니, 추병이 그의 머리를 잘라서 돌아갔다. <환{歡}>은 이것이 애통하였으나, <고영락{永樂}>을 곤장 200대를 치고 죽이지는 않았다. 대략 자기 종조부 형님의 아들이었음이라. 상이 이 소식을 듣고 이르길; "<태>는 패잔군 신세를 감내하며 채찍을 맞고 죽음을 면하였소. <오조>는 깃발을 세웠다가 진을 무너뜨려먹고서도, 놈은 허리띠를 차고 무적을 호언하며 내달았었소. 용맹하긴 하였으나 교만 방자하여 다른 이의 원한을 샀었으니, 명장도 아니었고, 죽어도 쌌었소."라 하였다. 이 시절, <우문태{泰}>의 군대가 또 <고환{歡}>의 <연주{兗州}>자사를 죽이고 그의 정예군사 1만 5천을 사로잡아서 <하{河}>수에 다다랐더니 죽은 이가 만 명을 넘었다. <망산{邙山}>싸움에서 <고환>의 여러 군대 모두가 <하교{河橋}>를 건넜는데, 유독 <만사락{万俟洛}>이 병졸들을 다잡아놓고 움직이지 않으면서 말하길; "<만사락>이 여기 있다! 올 수 있으면 와봐라!"라 하였더니, <태{泰}>의 군대는 그 남은 군대가 두려워서 물러났다. <고환{高歡}>은 일찍이 <고영락{樂}>의 아비를 존경하여 각별한 예로써 손수 말위에 오르는 것을 도왔었더니, <락>은 그 은혜에 감복하여 죽기로 싸웠던 것이었고, 죽기로 싸우겠다는 표정이 밖으로도 내비쳐졌더니, <태>의 군대가 두려워하였던 것이었다. 전쟁에서의 승패는 군사의 많고 적음에 달린 것이 아니고, 죽기로 싸우겠다는 의지가 굳세고 굳세지 않음에 달린 것이었다. <태{泰}>가 적은 수의 군대로 매번 이길 수 있었던 것은 모두 그들이 죽기로 싸웠기 때문이었다. <환{歡}>은 <망산{邙山}>싸움에서 <고오조{高敖曹}>를 잃고서야 비로

소 결사적으로 싸우게 되었고, 그리되어 승리를 챙길 수 있었던 것이었다. 동이 틀 무렵부터 미시{未時; 오후3시경}까지 싸우길 수십 합이 되었고, 날씨가 구름으로 사방이 가려져서 서로를 알아볼 수도 없었다. 그런데도 <환>의 군대가 물러나지 않은 것은 싸우고자 하였음이었고, <태>의 군대가 자만하여 얻은 것이라고는 <태>가 자신의 강함만을 믿어 무리의 말을 따르지 않은 것이었었다. <태>는 <장안{長安}>으로 돌아갔다가, 잡혀 온 <환>군들이 <장안>을 거점으로 하여 난리를 일으킨 바람에, 결국 무너지고 말았다. 우시중 <양의신{梁義臣}>이 동궁의 아들 <하성{夏成}>을 낳았다. 상은 3품들의 딸을 택하지 않고 성골을 취하고자 하였으나, 동궁이 <의신{義臣}>을 아끼기가 이러하였더니, 많은 종실들이 달가워하지 않았다.

10월, <우문태{泰=西魏}>는 <고오조{高敖曹}>·<두태{竇泰}>·<대문{貸文}>의 머리를 <환{歡; 東魏}>에게 보내서 휴전하고자 하였으며, <옥벽성{玉壁城}>을 쌓아서 경계로 하였더니, 험한 요새였었다. <고환{高歡}>은 절을 짓거나 중이 되는 것을 금하였다. 대략 백성들이 부역을 피하고자 하여서 비구승이 200만이 되고 절의 수도 3만이나 되기 때문이었다. 상 또한 불교를 금하지 않았었더니, 백성이 비구승으로 되는 일이 점차 많아졌다. 지극히 평안한 세상이라면 나타나지 않아야 할 일들이었다. <고징{高澄=高歡子}>이 리부상서가 되자, 인물들을 거두어들여서 그들과 함께 연회를 열고 즐기며 시부{詩賦}를 강론하였더니, 많은 문인들이 그를 따랐다.

☯ 己未<大藏>九年, 春正月, 乙卯朔, 上, 與<高>皇后, 受朝於<獸林>溫宮. 戊辰, <紅>皇后生上子<{岬}>太子, 命爲東宮子.

二月, 上, 如<鯨>太后陵, 宴宗室于<黃山>別宮, 立<鯨>太子讓德碑于陵側.

立<宗女院>, 以<梁義臣>提擧, <谷晨>提敎. <晨>, <瑃>之女也. 時, 年十九. <義臣>之出<■>弟也. <內翰>, 只<容>公主故別立此, 以敎宗女也.

<宇文泰>置行臺. 學生, 旦治吏事, 晚復就講. 盖取我「武藏之制」也.

<泰>之爲人細密, 聞人之善則必效之. 其使往來必有所見而去.

○ 기미{단기2872/AD539}<대장{大藏}>9년, 춘정월, 을묘일 초하루, 상이 <고{高}>황후와 함께 <수림{獸林}>의 「온궁」에서 조례를 받았다. 무진일, <홍{紅}>황후가 상의 아들 <갑{岬}>태자를 낳았더니, 명을 내려 동궁{=平成}의 아들로 하였다.

2월, 상이 <경{鯨}>태후릉으로 가서, 종실들에게 <황산{黃山}>별궁에서 연회를 베풀고, <경{鯨}>태자 양덕비{讓德碑}를 능 곁에 세웠다.

<종녀원{宗女院}>을 세우고 <양의신{梁義臣}>을 제거{提擧}로 <곡신{谷晨}>을 제교{提敎}로 삼았다. <곡신{晨}>은 <곡춘{瑃}>의 딸로, 이때 나이 열아홉이었다. <의신{義臣}>이 낳은 <■>의 동생이다. <내한{內翰}>은 단지 <용{容}>공주의 연고이어서, 이{=종녀원}를 별도로 세워서 종실 여인들을 가르친 것이었다.

<우문태{宇文泰}>가 행대를 두었다. 학생들은 해가 뜨면 다스리는 관리로 일하고 해가 저물면 돌아와 강론에 참석하였다. 대략 우리의 「무장지제{武藏之制}」를 취한 것이었다. <태{泰}>는 사람됨이 세밀하여, 다른 이들이 잘 하는 것이 있으면 필히 그것을 본 땄다. 그의 사신이 오갔었으니 필시 살피고 돌아갔을 것이었다.

☯ 三月, 上, 如<宗女院>, 幸<谷晨>. 初, <義臣>因<晨>父<瑃>而登用驟貴, 欲報其恩, 敎<晨>以誠. <晨>美而有才. <義臣>, 爱之, 戒勿嫁人, 曰; "吾輩, 當生聖上之子." 至是春, 深思應聖上而悲歌. 上聞之, 遂如「院殿」而通, 宗女山呼相慶, 賀物山積. <俶>公主生上女<偃>公主.

五月, <善見>以<歡>女爲妻, 年二十. <高>后之姊也. 初, <善見>立, 年才十一, <歡>女年十五, 日侍于左右而相通. 至是, <善見>年己十六, 得娠乃立爲后. <善見>, 雖忌<歡>, 爱其妻而忌憂. 上, 遣東宮如<鄴>, 賀其婚而贈其翟. <高>后亦送幣物.

<宝炬>使, 來獻黃駝二十四·<長安>美女二十人·葡萄酒万盆, 請討<高歡>. 上慰諭送之. <高>皇后, 以不絶<泰>使, 怒不食. 上, 以大義, 曉其難絶.

○ 3월, 상이 <종녀원{宗女院}>으로 가서 <곡신{谷晨}>에게 승은을 내렸다. 애초에 <양의신{義臣}>은 <곡신{晨}>의 아비 <곡춘{谷瑃}>으로 인해 등용되어 빠르게 높은 자리로 올랐기에, 그 은혜를 보답하고자 성의를 가지고 <곡신{晨}>을 가르쳤다. <신{晨}>은 예쁘기도 하고 재주도 있었다. <의신>은 그녀를 아껴서, 다른 사람에게 출가하지 말라 하면서 "우리들은 성상의 아들 낳기를 맡아야 한다."라고 하였었다. 이번 봄엔, 성상의 부름에 따르겠노라 깊이 되 뇌이며, 슬픈 노래를 불렀다. 상이 이를 듣자, 이윽고 「원전{院殿=宗女院殿}」으로 가서 정을 나누었더니, 종녀{宗女}들은 만세를 부르며 서로를 경하하였고, 축하선물도 산같이 쌓였다. <숙{俶}>공주가 상의 딸 <언{偃}>공주를 낳았다.

5월, <선견{善見}>이 <고환{歡}>의 딸을 처로 삼았다. 나이 스물이었고, <고{高}>후{=淸河}의 언니였다. 애초에, <선견>은 11살에 보위에 섰고, <환>의 딸은 15살이었는데, 하루는 좌우에서 시립하였다가 상통하게 되었었다. 이때에 이르자, <선견>은 16살이 되었고, 임신하게 되었더니 후로 세운 것이었다. <선견>은 비록 <환>은 싫어하였었지만, 자신의 처를 아끼더니 걱정하기도 싫어하였다. 상이 동궁{=平成}을 <업{鄴}>으로 보내서, 그들의 혼인을 축하하고 꿩 깃으로 꾸민 수레를 그녀에게 선물하였다. <고>후{=淸河} 역시 폐물{幣物=선물}을 보냈다{☞<삼국사기>엔 <동위>에 사신을 보내 조공한 것으로 되어있음!}.

<보거{宝炬=西魏文帝}>의 사신이 와서 누런 낙타 20필 및 <장안{長安}> 미녀 20명과 포도주 만 동이를 바치고 <고환{高歡; 東魏}>을 토벌하여 주길 청하기에, 상이 위무하고 타일러서 돌려보냈다. <고>황후{=淸河}가 <태{泰; 西魏}>의 사신을 물리치지 않음에 화를 내고 음식을 먹지 않기에, 상은 대의를 들어서 끊어내기 어려웠음을 그녀에게 깨우쳐주었다.

☯ [六]月, <歡>發丁四十万, 城<鄴>. 四十日, 新宮亦成, 大赦, 改元曰<興和>. <善見>夫妻, 入新宮, 宴百僚.

<蕭衍>, 善善, 不用惡, 惡不去. <朱异>, 阿諛用事三十年, 庶納貨賂

欺罔, 視聽園宅, 玩好飮食聲色, 窮一時之盛, 沐浴之日車馬填門.

以<竹內>令<陰震>爲「褒孝大夫」. <震>, 以<竹內>令, 治一不孝, 問其不孝, 曰; "子之不孝由父之不慈, 莫問我. 而先審父, 可也." <震>, 黙然起入內. 吏, 問何以処之. <震>, 怒, 曰; "彼之不孝, 皆汝等之罪也. 豈有謂父不慈而不孝者乎. 汝等以此爲無罪邪. 謂父不慈, 賊之賊也. 養賊之村, 不可不滅." 遂盡捕其村又執問吏, 吏隸乃惧, 曳出其賊, 而斬之於市. 自是, <竹內>之民, 相戒爲孝. 上, 聞之, 曰; "<震>乃治孝之才也. 不使此人褒孝, [孰]能褒孝." 遂擢大夫.

八月, 上始幸<淵華>女<善屛>, 年才十一. 賜公主號以爲假女, 才色當世第一.

設養老宴, 賜國老<馮信>等衣酒, 試才取士, 以「褒孝大夫」<陰震>主其事. 東宮舍人<陰昌>又淫穢事東宮, 又薦民間女三人于東宮, 事發, 下瓊府抵罪. 上, 以至親免, 爲<眞珠陵>守. <昌>, 皇弟<陰>太子之子也. 其母<寧陽>, <德陽>后之胞妹也. 人以爲<陰>則一也. <震>則善, <昌>則悪.

○ [6]월, <고환{歡}>이 장정 40만을 징발하여 <업{鄴}>에 성을 쌓았다. 40일이 걸렸다. 새 궁전 또한 완성되었더니, 크게 사면하고 년호도 <흥화{興和}>로 고쳤으며, <선견{善見}>부처는 새로운 궁으로 들어가서 백료들에게 연회를 베풀었다.

<소연{蕭衍=梁高祖武帝}>은 선행을 잘하여서 악한 이를 중용하지는 않았지만, 악한 이를 없애지도 않았었다. 이에 <주이{朱异}>가 아부하는 이를 정사에 등용하길 30년이 되었더니, 많은 이가 뇌물을 바치며 속이고 숨겼으며, 보고 듣는 것은 동산{정원}과 집 얘기뿐이었고, 희롱하고 좋아하는 것은 음식과 성색뿐이었더니, 끝내는 잠시간의 홍청거림이거늘, 목욕하는 날엔 수레와 말들이 문전에 가득하였었다.

<죽내{竹內}>령 <음진{陰震}>을 「포효대부{효자·순손을 포상하는 대부}」로 삼았다. <음진{震}>은 <죽내>의 수령이어서, 한 불효자를 다스리려고 불효하게 된 연유를 물었더니, "자식의 불효는 아비의 자애롭지

못함에서 연유하는 것이니, 내게 묻지 말고 먼저 아비를 따져 봄이 옳을 것입니다."라 답하였다. 이에 <진>은 아무 말 없이 자리에서 일어나 안으로 들어갔고, 아전이 그 자를 어찌 처결해야 하냐고 물었더니, <진>은 노하여 이르길; "저 놈의 불효는 모두 그대들의 죄이다. 어찌 아비가 자애롭지 않았다 하여 불효하였노라 할 수 있나? 그대들은 이 자가 무죄라 여기는가? 아비가 자애롭지 못함을 말하는 것은 역적 중의 역적인 것이다. 역적을 길러 내는 마을은 없애 버리지 않을 수 없겠다."라 하였다. 이윽고, 그 마을 사람들과 죄를 묻는 아전들도 모조리 잡아들였더니, 아전들은 따르긴 하였기만 두렵기도 하여서 그 불효한 이를 끌어내어 저자에서 목을 베었다. 이때부터 <죽내{竹內}>사람들은 서로서로 깨우쳐주어서 효도하게 되었다. 상이 이 소식을 듣고서 이르길; "<진{震}>은 효를 다스리는데 귀재요. 이 사람을 「포효대부」로 하지 않는다면, 누구를 능히 「포효대부」로 삼을 수 있겠소?"라 하고는, 그를 대부 자리에 발탁하였다.

8월, 상이 비로소 <연화{淵華}>의 딸 <선병{善屛}>에게 승은을 내렸다. 나이 열 하나였다. 공주의 호칭을 내려서 수양딸로 삼았었는데, 재색이 당대의 제일이었다.

양로연을 열고, 국로인 <풍신{馮信}> 등에게 옷과 술을 내렸으며, 재능을 시험하여 출사할 이를 골랐다. 이 일은 「포효대부」 <음진{陰震}>이 주관하였다. 동궁사인 <음창{陰昌}>이 또 음란하고 추잡하게 동궁을 섬겼다. 또다시 민간의 딸 셋을 동궁에게 천거하였다가 일이 발각되었기에, 경부{瓊府}로 하옥되어 죄를 받게 되었다. 상은 지친{至親}인지라 죄를 면하여 주고, <진주릉{眞珠陵}>을 지키게 하였다. <음창{昌}>은 황상의 동생 <음{陰}>태자의 아들로, 그의 어미 <녕양{寧陽}>은 <덕양{德陽}>후의 동복 여동생이었다. 사람들은 <음{陰}>{씨}가 제일인 것으론, <진{震}>은 선하기로, <창{昌}>은 악하기로 그렇다 하였다.

☯ 庚申<大藏>十年，春正月，乙酉朔，受朝於<抱眞宮>. 上，以朱木宮役巨創未成, 汰其匠監五人.

二月, <宝炬>, 思慕<乙弗>, 密令養髮而還. <郁久閭>, 聞之怒, 告于<頭兵>. <頭兵>, 怒, 曰; "見欺亍, <黑獺>也." 遂引兵而下. <宝炬>, 聞之歎, 曰; "豈有爲一女而興兵百万者邪." <泰>促<宝炬>殺<乙弗>. <宝炬>, 不得, 泣而賜死. <乙弗>, 泣, 曰; "妾知此事非陛下意, 雖死無恨. 願, 至尊千万歲, 天下康寧." 乃自縊而死. 鑿<麥積崖>葬之, 號曰<寂陵>. 或云, <宝炬>與<乙弗>密通於外殿, <郁久閭>馳往殺之. <宝炬>抱<乙弗>而痛哭. <郁久閭>, 欲奪其尸, 觸毒氣而倒疾作而死. 兩妻一時俱沒. 身爲萬乘, 與妻密通, 可謂悽也. 諡<乙>曰<文后>, 諡<郁>曰<悼后>. <頭兵>, 聞<乙弗>之死而回軍, 不知其女之死. <高歡>, 因此, 復與<頭兵>約和, <頭兵>之反復如是.

○ 경신{단기2873/AD540}<대장{大藏}>10년, 춘정월, 을묘일 초하루, <포진궁{抱眞宮}>에서 조례를 받았다. 상은 주목으로 궁을 짓는 일이 거창하여서 아직 마치지 못하고 있는데도, 장인들과 감독하는 이 다섯을 내쳤다.

2월, <보거{宝炬; 西魏}>가 <을불{乙弗}>이 그리워서 은밀히 령을 내려 머리를 기르고 돌아오라 하였더니, <욱구려{郁久閭}>가 이를 듣고 노하여 <두병{頭兵; 柔然}>에게 일러바쳤더니, <두병>은 화가 나서 "거짓으로 멈칫멈칫 한 것을 보니 시커먼 족제비였구나."라 말하고는 군병을 이끌고 남하하였다. 이 소리를 들은 <보거{宝炬}>는 탄식하면서 "어찌 딸 하나를 위하여 백만 군병을 일으킨단 말인고?"라 말하였다. <우문태{泰}>가 <보거>에게 <을불{乙弗}>을 죽이라고 채근하였더니, <보거>는 하는 수 없어 울면서 죽으라 하였다. <을불>은 울면서 "첩은 이 일이 폐하의 뜻이 아님을 알기에 비록 죽더라도 여한은 없습니다. 원컨대 지존께서는 천만세 하시고 천하는 강녕하길 바랍니다."라 말하고는 스스로 목매 죽었다. <맥적애{麥積崖; 甘肅天水市東南, 故名麥積山}>에 굴을 뚫어 장사하고 <적릉{寂陵}>이라 하였다. 혹자는 <보거>가 <을불>과 바깥 전각에서 몰래 정을 통하자 <욱구려>가 밀고 들어가서 죽였으며, <보거>가 죽은 <을불>을 껴

안고 통곡하자, <욱구려>가 그 시신을 탈취하려다가 독 기운이 묻어서 넘어지더니 병들어 죽었다고 한다. 양 처가 둘 다 일시에 죽었다. 몸은 만승지존이 이었으나, 처와는 몰래 정을 나눠야 하였었으니, 처량하였다 할 만 하였다. <을{乙}>의 시호는 <문후{文后}>로, <욱{郁}>의 시호는 <도후{悼后}>로 하였다. <두병>은 <을불>이 죽었다는 소리에 회군하였더니, 자기의 딸이 죽은 것은 알지 못하였다. <고환{高歡}>은 이 일로 다시금 <두병>과 화친을 약속하였다. <두병>의 변덕스럽기가 이러하였다.

☯ 閏五月, 丁丑朔, 日食. 上, 飮茶潔身, 不御聲色三日, 命放<賊子村>人之在囚者. 時, 以不孝之賊煮面, 以賊子兼治其村人, 怨聲達于上故也.

東宮, 如<晋陽宮>, 逼<高>皇后, 通之. <高>, 避, 不得, 而泣告于上. 上曰; "彼爲天子. 汝將何之, 而不欲相悅邪." <高>, 乃知上意, 而遂與東宮洽好.

<柔然>獻獅子二頭, 雌大雄小. 命樂官作歌而舞, 曰<子母曲>·<月面曲>.

七月, <原宗>死. 女<只召>稱制. 其子<深麥>年七歲, <只召>不自立而立<深麥>, 抱而決政事. <原宗>好佛, <只召>好仙. <只召>有夫三人, 曰; <立宗>·<苔宗>·<荒宗>, 遞月, 入侍. <深麥>, <立宗>出. 或云, <原宗>之出也. 上, 以其僭王, 不問.

○ 윤5월, 정축일 초하루, 일식이 있었다. 상은 차를 마시고 몸을 정결히 하면서 사흘간 성색을 접하지 않더니, 명을 내려 <적자촌{賊子村; 역적 자식 마을}> 사람으로 간혀있는 자들을 풀어주라고 하였다. 이 시절, 불효한 역적들은 얼굴을 지졌으며, 그 역적들의 아들이 관리들과 아울려 그 마을 사람들을 다스리게 하였더니, 원망하는 소리가 상에게 들렸기 때문이었다.

동궁이 <진양궁{晋陽宮}>으로 가서 <고{高; 淸河}>황후를 을러서 통정하였다. <고>후는 피하려 하였으나 어쩔 수 없었고, 그리하여 울면서 상에게 고하였더니, 상이 이르길; "그는 천자가 될 것이야. 자네는 장차 그를 어쩌려고, 함께 즐기지 않겠다는 것인가?"이라 하였다. 이에 <고>후는 상의 속뜻을 알게 되었고, 이후 동궁과 함께 흠뻑 좋아지냈다.

<유연{柔然}>이 사자 두 마리를 바쳐왔는데, 암컷은 크고 수컷은 작았다. 악관{樂官}에게 명하여 노래를 짓고 춤을 추었으니, <자모곡{子母曲}>과 <월면곡{月面曲}>이었다.

7월, <원종{原宗=法興王}>이 죽었다. 딸 <지소{只召, 一名息道夫人}>가 다스리게 되었다. 그{녀}의 아들 <심맥{沈麥, 一名三麥宗=眞興王}>은 나이 일곱이었는데도, <지소>는 스스로 보위에 서지 않고 <심맥>을 세워서 품에 안고 정사를 처결하였다. <원종>은 불도{佛道}를 좋아하였으나, <지소>는 선도{仙道}를 좋아하였기에 <지소>에게는 지아비가 셋이 있었다. <입종{立宗}>·<태종{苔宗; ☞이사부}>·<황종{荒宗}>이 그들이며, 달마다 번갈아서 입시하였다. <심맥>은 <입종>의 아들이다. 더러는 <원종>의 아들이라고도 한다. 상은 그들이 천자를 참칭하여도 불문에 붙였다.

☯ 九月, **<**燕會**>**, 與**<**牛山城**>**主爭界, 將兵一万來侵. **<**牛山城**>**主**<**王息**>**以五千騎迎擊大破之. **<**明穠**>**遣使來謝罪, 械**<**燕會**>**去.

十一月, 上, 遣使如**<**鄴**>**, 祭**<**淸河**><**文宣王**><**亶**>**. **<**亶**>**, **<**高**>**皇后假父而**<**玉陵**>**之兄也. **<**高**>**皇后欲見母而歸, 不許. **<**華陽**>**生上女**<**白陵**>**公主.

十二月, **<**泰**>**, 與**<**吐谷渾**>**通, 而欲制**<**柔然**>**使之討**<**歡**>**. 其計可謂窮矣. 上納**<**善屛**>**爲三品茶儀. 時, 年十二. 寵傾後宮. **<**高**>**皇后生女**<**汾陽**>**公主, **<**歡**>**使來賀進貢. 東宮如**<**楚雲宮**>**又如**<**晋陽宮**>**.

<柔然**>**, 與**<**吐谷渾**>**, 不睦. **<**吐**>**王**<**夸呂**>**居**<**靑河**>**之西**<**伏俟城**>**, 其官「僕射」·「尙書」等如**<**漢**>**制.

○ 9월, <연회{燕會; 百濟}>가 <우산성{牛山城}>주와 경계를 다투다가 일 만병을 이끌고 침입하였다. 이에 <우산성>주 <왕식{王息}>이 5천

기병으로 맞닥뜨려 대파하였다{☞<삼국사기>엔 <안원왕>이 손수 물리친 것으로 적혀있다. 글자 하나 빼내서 <고구리>를 쫀쫀하게 만들기?}. <명농{明穠=聖王}>이 사신을 보내 사죄하기에, <연회>는 차꼬를 채워서 보내 주었다.

11월, 상이 사신을 <업{鄴}>으로 보내서 <청하{淸河}>땅 <문의왕{文宜王}><단{亶}>을 제사하였다. <단>은 <고{高}>황후{=淸河}의 수양아비로 <옥릉{玉陵}>의 오빠이다. <고>황후가 어미가 보고 싶어서 돌아가고자 하였었으나 허락하지 않았다. <화양{華陽}>이 상의 딸 <백릉{白陵}>공주를 낳았다.

12월, <우문태{泰; 西魏}>가 <토곡혼{吐谷渾; 在鄯善東靑海大積石周邊?}>과 상통하더니 <유연{柔然}>을 조정하여서 그들이 <고환{歡}>을 토벌하게 하고자 하였으니, 그 계책이라는 것이 정말로 궁색한 것이었다. 상이 <선병{善屛=淵華女}>을 거두어서 3품 다의를 삼았다. 이때 나이는 열둘이었다. 총애가 후궁으로 기울었다. <고>황후가 딸 <분양{汾陽}>공주를 낳자, <환>의 사신이 와서 축하하고 공물을 바쳤다{☞<삼국사기>엔 <동위>로 사신을 보내서 조공하였다고 한 기록으로 남아있다!}. 동궁이 <초운궁{楚雲宮}>을 들렀고, 또 <진양궁{晋陽宮}>도 들렀다.

<유연>이 <토곡혼>과 사이가 나빠졌다. <토곡혼{吐}>왕 <과려{夸呂}>는 <청하{淸河; 靑水? 靑海?}>의 서쪽 <복사성{伏俟城}>에 있었으며, 그의 관리 「복야{僕射}」와 「상서{尙書}」 등은 <한{漢}>의 제도 같았다.

☯ 辛酉<大藏>十一年, 春正月, 癸酉朔, 上, 與<紅>皇后·東宮, 受朝於<牛頭殿>. <吐谷渾>王<夸呂>, 遣其禮部尙書<乙弗熙>, 入貢汗血馬三十匹·黃駝五十匹·<西王母>「碧海裙」及不老酒等, 自稱<美川>之裔, 請叙族相婚. 上, 遣<興文>太子, 皇弟, 如其國.

二月, <高歡>使來獻絹紬·藥材·玉器等. <明穠>, 得<梁>人画工·樂器, 與<深麥>更和. <深麥>, 以<異斯夫>爲兵部令, 委以兵事. 乃<只召>之情夫<苔宗>也.

<淵華>生上女<京>公主. 或云, <文藏>女也. 其母<義臣>生東宮女<白鸞>公主.

<柔然>來請獻女爲臣國. 上, 以路遠難救, 辭之. <柔然>, 以其秘圖,

指其間道, 可以往來. 是爲<北漢路>.

○ 신유{단기2874/AD541}<대장{大藏}>11년, 춘정월, 계유일 초하루, 상이 <홍{紅}>황후와 동궁을 데리고 <우두전{牛頭殿}>에서 조례를 받았다. <토곡혼{吐谷渾}>왕 <과려{夸呂}>가 그의 례부상서 <을불희{乙弗熙}>를 보내어 입조하여 한혈마 30필, 누런 낙타 50필, <서왕모{西王母}>의 「벽해군{碧海裙; 바다같이 넓고 푸른 치마}」 및 불로주 등을 공물로 바치면서, <미천{美川}>의 후예임을 자칭하였으며, 귀한 혈족 간에 서로 혼인하기를 청하였다. 상은 황상의 동생인 <흥문{興文}>태자를 보내서 그 나라로 가게 하였다.

2월, <고환{高歡}>의 사신이 와서 명주실과 약재 및 옥기 등을 바쳐 왔다. <명농{明穠=聖王}>이 <양{梁}>땅 사람인 화공{畵工}과 악기{樂器}를 얻었으며, <심맥{沈麥=眞興王}>과는 다시금 화친하였더니, <심맥>은 <이사부{異斯夫}>를 병부령으로 삼아서 병사{兵事=軍政}를 맡겼다. <이사부>는 <지소{只召}>의 정부{情夫}로 <태종{苔宗}>이다.

<연화{淵華}>가 상의 딸 <경{京}>공주를 낳았다. <문장{文藏}>의 딸이라 하기도 한다. 그 어미 <양의신{義臣}>은 동궁의 딸 <백란{白鸞}>공주를 낳았다.

<유연{柔然}>이 찾아와서, 딸을 바치고 신하의 나라가 되겠다고 청하였다. 상은 길이 멀어서 구원하여 주지 못하니 사양한다고 하였더니, <유연>사신은 비밀지도를 내어놓고 손으로 샛길을 짚어 보이며 왕래가 가능하다고 하였다. 바로 <북한로{北漢路}>이었다.

☯ 三月, 遣太僕卿<芙星>於<柔然>, 以白馬爲幣, 以聖上「金溺盆」賜<柔然>公主. <谷晨>生上子<昷>.

五月, 命<陰震>褒「五部」孝子·烈女·忠奴·義友等四十八人. 加爵, 賜衣·酒·車馬及譽傘.

十月, 幸<西河>, 賜酒父老, 以慰勤農. 賞農技之士二十人爲「農師」.

十二月, <高歡>子<澄>妻<馮翊>生子<孝琬>, 遣鴻臚卿<高銀>往賜衣及<高>皇后私贈衣饌.

○ 3월, 태복경 <부성{芙星}>을 <유연{柔然}>으로 보내서 백마를 예물로 주고, 성상의 금뇨분{金溺盆; 금으로 만든 뇨강}을 <유연{柔然}>의 공주에게 하사하였다{☞<三國詐記>엔 이 기사가 『十一年, 春三月, 遣使入<梁>朝貢: 즉, 11년(AD541) 춘3월, <양>에 사신을 보내서 조공하였다.』로 둔갑되어진 듯!}.

<곡신{谷晨}>이 상의 아들 <온{昷}>을 낳았다.

5월, <음진{陰震}>에게 명하여서 「5부」의 효자{孝子}·열녀{烈女}·충노{忠奴}·의우{義友} 등 48인을 포상하였다. 작위를 더해주고 옷과 술 및 거마와 영예로운 일산{=양산}을 주었다.

10월, <서하{西河}>로 거둥하여서 부로{父老}들에게 술을 내리고 농사에 부지런하였음을 위로하였다. 농사기술이 좋은 20인에게 상을 내리고 「농사{農師}」로 삼았다.

12월, <고환{高歡}>의 아들 <징{澄}>의 처 <풍익{馮翊}>이 아들 <효완{孝琓}>을 낳았다기에, 홍로경 <고은{高銀}>을 보내서 옷을 하사하고 <홍{紅}>황후가 사사로이 보낸 옷과 음식도 선물하였다.

☯ 壬戌<大藏>十二年, 春正月, 丁卯朔, <齊雲>公主薨. <仁宗>女也. 享年八十五. 廢朝臨丧. 其子<雲連>, <連>氏之主也.

<紅>皇后生東宮女<白雉>公主. 鴻臚卿, 自<鄴>還, 言, <山東>大豊, 斛至九錢. 上, 命<爾朱彦>貿<山東>穀舟運<南口>.

三月, 東宮如<善屛>宮. 大風拔木飛瓦. <俶>公主生東宮女<仙>公主.

四月, 雹. 上, 減饍, 求言, 自禱于天. <南越>人<趙信>等五十七人漂來歸化.

五月, <興文>太子, 尙<夸呂>女<乙弗>氏, [而]來. 是爲<青海>公主. <吐>國, 東西四千里南北二千里, 有鹽池·沃野, 牧畜盛行. 其<伏俟城>多<漢>人, 文物完備, 冠爵一依<漢>制, 勝於<柔然>. 其王·公, 皆<慕容廆>之兄後. 而今王<夸呂>, <美川帝>之十世孫, 云.

<芙星>, 與<柔然>王子<宇雷近>, 陪<聂>公主來. 上, 迎于<西河>行宮合巹. 公主, 年十二, 容色絶美·善歌舞. 黃駝千頭·白象雌雄·馬万匹·香車七百乘·侍臣三百人, 置之公主宮外新起邸宅. <宇雷近>說上曰; "<夸呂>多詐, 不可信. 請却其婚." 上曰; "旣娶之女, 何可棄乎. 且非

吾妻, 勿慮之.” 自是, 上, 如<淸海宮>, 不使<蠕蠕宮>人知之.

十一月, 以<談緯>子<藴>, 爲上假子, 如<魏>娶<詡>女<橾陽>公主. 年十五. 聞 “<高歡>圍<玉壁>九日, 遇大雪而還.” <高歡>, 以<李元忠>欲爲僕射. <澄>曰; “<元忠>, 飮酒過度, 不可爲僕射.” <元忠>之子諫其父, 曰; “節酒何如.” <元忠>曰; “吾見僕射不如酒. 汝若愛僕射, 其勿飮酒.” 人稱酒僕射.

○ 임술{단기2875/AD542}<대장{大藏}>12년, 춘정월, 정묘일 초하루, <제운{齊雲}>공주가 죽었다. <인종{仁宗=仁宗孝肅皇帝=助多太子}>의 딸로, 향년 여든 다섯이었다. 조례를 폐하고 상청을 지켰다. 그녀의 아들 <운연{雲連}>은 <연{連}>씨의 주인{대부}이었다.

<홍{紅}>황후가 동궁의 딸 <백치{白雉}>공주를 낳았다. 홍로경이 <업{鄴}>에서 돌아와서 아뢰길; “<산동{山東; 太行山東方의 어디?}>땅에 큰 풍년이 들어 한 가마니의 값이 9전이었다.”고 하였다. 상이 <이주언{爾朱彦}>에게 명하여 <산동>땅의 곡물을 사들여서 거룻배로 <남구{南口}>로 실어 나르게 하였다.

3월, 동궁이 <선병{善屛}>의 궁으로 갔다. 큰바람으로 나무가 뽑히고 기와가 날렸다. <숙{俶}>공주가 동궁 딸 <선{仙}>공주를 낳았다.

4월에 우박이 내렸다. 상이 음식을 줄이고 조언을 구하기도 하였으며, 스스로 하늘에도 빌었다. <남월{南越; 廣東}>사람 <조신{趙信}> 등 57인이 표류하여 왔다가 귀화하였다.

5월, <흥문{興文}>태자가 <토곡혼> <과려{夸呂}>의 딸 <을불{乙弗}>씨와 혼인하여 돌아왔다. 이 이가 <청해{淸海}>공주이다. <토곡혼{吐}>국은 동서가 4천 리에 남북으로 2천 리였다. 염지{鹽池=소금물 호수 또는 습지}와 기름진 벌판이 있으며, 목축이 성행하였다. 그들의 <복사성{伏俟城}>은 <한{漢}>인들이 많았으며, 문물을 완전히 갖추고 있었고, 관작은 <한{漢}>의 제도 하나에 의존하고 있었으나 <유연{柔然}>보다는 나았다. 그 곳의 왕과 공경 들은 모두 <모용외{慕容廆}> 형의 후예들인데, 지금의 왕 <과려{夸呂}>는 <미천제{美川帝}>의 10세손이라 하였다.

<부성{芙星}>이 <유연{柔然}>왕자 <우뢰근{宇雷近}>과 더불어 <섭{涉}>공주를 배종하여 왔다. 상이 <서하{西河}>의 행궁에서 맞아들여 합근{=합환=합방}하였다. 공주는 12살이었으며, 얼굴과 모습이 절세미인이었고 가무도 잘하였다. 누런 낙타 천 두, 흰 코끼리 암·수, 말 만 필, 꽃마차와 7백 대의 수레, 시신 3백 인이 딸려왔다. 이들을 공주의 궁 밖에다 새로 지은 저택에 머무르게 하였다. <우뢰근{宇雷近}>이 상께 아뢰길; "<과려{夸呂; =토곡혼}>는 속임수가 많아 믿어서는 아니 됩니다. 청컨대 혼인을 물리시지요."라 하였더니, 상이 이르길; "이미 혼인한 여인인데, 어찌 저버릴 수 있겠나? 게다가 <을불>은 나의 처도 아니니{<과려>의 딸 <을불>씨는 <흥문>태자와 혼인했음}, 염려하지 말게나."라 하였다. 이 이후 상이 <청해궁{淸海宮; 乙弗씨의 궁}>엘 갈 땐 <연연궁{蠕蠕宮=柔然宮; 涉공주의 궁}>의 사람들이 눈치 채지 못하게 하였다.

11월, <담위{談緯}>의 아들 <온{薀}>이 상의 양아들이 되어 <위{魏}>로 가서 <원후{詡=北魏孝明帝}>의 딸 <수양{橾陽}>공주와 혼인하였는데, 나이는 열다섯이었다. <고환{高歡}>이 <옥벽{玉璧}>을 포위하길 9일 만에 큰 눈을 만나서 돌아갔다는 소식을 들었다. <고환>이 <이원충{李元忠}>을 복야{僕射}로 삼고자 하였더니, <징{澄}>은 "<원충{元忠}>은 술을 지나치게 마시니 복야로 삼지 않았으면 좋겠습니다."라 하였고, <원충>의 아들은 자신의 아비에게 간하기를 "술을 삼가는 게 어떠신가요?"고 하였더니, <원충>은; "내가 보기엔 복야가 술만 못하다. 네가 만약 복야가 되고 싶다면, 너나 술을 마시지 말거라."라고 하였다. 사람들은 그를 주복야{酒僕射}라고 불렀다.

{☞<삼국사기>엔 12월에 <동위>로 사신을 보내서 조공하였다고 적혀서 남아있다! <수양>공주를 데려 온 뒤로 폐백을 보낸 것이었거나, 어쩌면 11년 12월 기사를 잘 못 편년한 것일 수도!}

☯ 癸亥<大藏>十三年, 春正月, 辛酉朔, 受朝於<大宮>, 有鳳凰來鳴于<朱木宮>. 上, 乃與 <聂>公主, 入其殿, 名曰<鳳凰宮>.

以左侍中<桂春娘>爲左丞相, 以其夫<婁師德>爲右丞相. <桂春卿>爲左侍中. <朱金鈴>右侍中. <高>皇后生<布德>太子. <高歡>, 使其子,來獻錦絹万匹·皇后翟服七函. 上, 送螺鈿金碗一襲于<歡>妻<婁>氏.

<宇文泰>使, 來獻土物, 告其妻<馮翊>去冬生子<覺>. 上, 賜衣于<馮翊>. *<馮翊>生殺兄之仇子, 其情慘矣.*

<高澄>强奸御史中尉<高仲密>之妻<李>氏. <仲密>, 怒, 殺<虎牢>守將<奚壽興>, 以城降于<泰>. 上, 謂<高>皇后, 曰; "我國之臣, 其妻得寵於君, 則喜. 爾國之臣, 怒. 是, 不忠也." 后曰; "汝乃万年天子, 而吾父乃汝家之月子奴也. 安得不然." 上, 笑, 曰; "汝知其本, 則不敢侮我也." 后曰; "本則雖然, 今爲汝妻, 汝乃我身也. 豈有不能任意其身者乎. 可速拜我." 上乃拜於后, 后抱上而喜, 曰; "汝, 吾夫也." 上, 倦于政事, 日與<高>皇后·<聂>公主等, 戲謔如是, 淫湎無時, 遂致疝氣陰萎, 湯劑不絶.

二月, 命以<善屏>爲東宮補妃. <善屏>, 能文章·色且壯. 上, 累敢不嫡, 遂賜東宮.

○ 계해{단기2876/AD543}<대장{大藏}>13년, 춘정월, 신유일 초하루, <대궁{大宮; 平壤大宮}>에서 조례를 받았는데, 봉황이 <주목궁{朱木宮}>으로 날아와서 울었다. 이에 상은 이윽고 <섭{聂}>공주와 함께 <주목궁> 전각으로 들어갔으며, <봉황궁{鳳凰宮}>이라 이름을 붙였다.

좌시중 <계춘낭{桂春娘}>을 좌승상으로 삼고, 그녀의 지아비 <루사덕{婁師德}>은 우승상으로, <계춘경{桂春卿}>은 좌시중으로, <주금령{朱金鈴}>은 우시중으로 삼았다. <고{高}>황후가 <포덕{布德}>태자를 낳았더니, <고환{高歡}>이 자기 아들을 시켜 찾아와서 비단과 명주 만 필 및 황후 적복 일곱 상자를 바쳤다. 이에 상은 소라나전과 금으로 된 주발{食器} 일습을 <환{歡}>의 처 <루{婁}>씨에게 보내주었다.

<우문태{宇文泰}>의 사신이 찾아와서 토산물을 바치고 그의 처 <풍익{馮翊}>이 지난겨울에 아들 <각{覺}>을 낳았음을 고하였다. 이에 상은 <풍익>에게 옷을 하사하였다. *<풍익>은 오빠를 죽인 원수의 자식을 낳았으니, 그 심정은 참담하였을 것이다.*

<고징{高澄}>이 어사중위 <고중밀{高仲密}>의 처 <이{李}>씨를 억지로 간음했다. 이에, <중밀{仲密}>은 노하여 <호뢰{虎牢}>를 지키는 장

수 <해수홍{奚壽興}>을 죽이고 그 성을 들어서 <우문태{泰}>에게 투항하였다. 이 소식을 들은 상이 <고{高}>황후에게 이르길; “우리나라의 신하들은 자기의 처가 임금의 승은을 입게 되면 즐거워하는데, 그대 나라의 신하들은 노여워하고 있소. 그것은 불충이오.”라 하였더니, 고후가 아뢰길; “당신은 만년천자{萬年天子}이시지만, 제 아비는 당신 집안 여자의 자식 놈{=月子仙人=高歡}인데 어찌 그러하지 않을 수 있겠습니까?”라 하였다. 이에 상은 웃으며 이르길; “자네는 자신의 본바탕을 알고 있은 즉 감히 나를 업신여기지 말아야 할 것이야.”라 하였더니, 후가 아뢰길; “저의 근본은 비록 그러하여도, 지금은 당신의 처이오니, 당신이 바로 제 몸이십니다. 어찌 제 몸을 마음대로 할 수 없겠습니까? 어서 저에게 절 해보세요.”라 하였다. 이에, 상은 후에게 절을 하였고, 후는 상을 품에 안고 즐거워하며 말하길; “당신은 제 지아비이십니다.”라 하였다. 상은 정사{政事}에 권태를 느끼더니, 날마다 <고{高}>황후 및 <섭{聶}>공주 등과 희롱하여 망측하기가 이러하였고, 아무 때나 음사{淫事}에 빠지더니, 끝내는 허리아래가 습하고 시들하기에 이르렀고 탕약이 끊이지 않게 되었다.

2월, <선병{善屛}>을 동궁의 보비로 삼는다는 명을 내렸다. <선병>은 문장{文章}과 색사{色事}에 능하고 젊기도 하여서, 상이 여러 번을 당해내기 어려워하더니, 마침내 동궁에게 내려 준 것이다.

☯ 三月, <歡>, 與<泰>戰于<邙山>, 大捷, <陳元康>請追<泰>入<長安>, 不從. <仲密>之獻<虎牢>[故]也. <泰>, 引軍, 以應攻拔<栢谷>, 而圍<河橋><南城>. <歡>, 以十万軍, 至<河>北. <泰>, 退軍<瀍>, 縱火船於上流以燒<河橋>. <斛律金>等, 以小艇百余載長鎖, 伺火船至以釘釘之, 引鎖向岸, 橋得不燒. <歡>渡<河>據<邙山>爲陳留數日. <泰>夜登<邙山>以襲<歡>. 候騎告; “<泰>自四十里蓐食乾飯而來.” <歡>曰; “自當渴死. 正陣待之.” 黎明, 兩軍相遇. <彭樂>, 以數千騎衝<泰>軍之北垂, 所向奔潰, 馳入<泰>營, <歡>疑<樂>叛, 忽西北塵起, <樂>使告捷; 虜<泰>大都督<臨洮王><東>等僚佐四十八人. 諸將乘勝擊<泰>, 大破之, 斬首三万余級.

<歡>命<樂>追<泰>, 甚窘<泰>曰; "癡男子. 今日無我, 明日豈有汝邪. 何不急還營収汝金宝." <樂>, 從其言, 獲<泰>金帶一囊以歸, <[歡]>, 怒其失<泰>, 欲斬之, 擧刃將下者三, <樂>乞五千騎復[爲王取之]. <歡>曰; "縱之, 何意. 而復取邪." 以絹三千匹, 壓<樂>背, 賜之. 明日復戰. <泰>中軍·右軍合擊<歡>破之, 俘其步卒. <歡>, 失馬, 取從者馬走. 步騎七人從之. 追兵至, 都督<尉興慶>, 腰有百箭, 拒之, 矢盡而死. <賀拔勝>追<歡>甚急, <劉洪徽>射<勝>二中, <段韶>又射斃<勝>馬, <歡>逸去. <勝>, 歎其不執弓矢, 曰; "天也." 時, <泰>左軍<趙貴>等五將不利, <歡>軍復振, <泰>與戰又不利. 會日夻{=昃}, <泰>遁, <歡>軍追之. <獨孤>·<于勒>等収散卒, 自後擊之, 追兵驚擾, <泰>得全其右軍. 若<于惠>夜引去, <歡>軍追之. <惠>曰; "<長安>死, 此中死, 有異乎." 營食而畢, 乃建旗鳴角収卒, 徐還. 追者, 疑有伏, 而不能逼. <泰>, 遂入関, 使<達奚武>拒之. <封子繪>·<陳元康>, 以爲天授之時, 而請追擊. 諸將皆以爲野無靑草, 人馬疲困, 不可遠追, 乃止.]

○ 3월, <고환{歡}>이 <우문태{泰}>와 <망산{邙山}>에서 싸워 크게 이겼다. <진원강{陳元康}>이 <태>를 추격하여 <장안{長安}>으로 쳐들어가자고 청하였으나, 따르지 않았다. <중밀{仲密}>이 <호뢰{虎牢}>를 <태>에게 바친 때문이었다. <태{泰}>가 군대를 이끌어 응징하며 <백곡{栢谷}>을 쳐서 빼앗고 <하교{河橋}>의 <남성{南城}>을 포위하였더니, <환>은 십만 군으로 <하{河}>의 북변에 다다랐다. <태{泰}>가 군대를 <전수{瀍水=河南에서 洛水로 들어가는 물줄기}>로 물리고, 큰 배들에 불을 붙여 상류에서 풀어놓아서 <하교>를 불태우려 하였더니, <곡률금{斛律金}> 등이 작은 거룻배 100여척에 기다란 쇠사슬을 싣고서 불붙은 큰 배가 다가오기를 기다렸다가 {그 불붙은 배에 사슬 끝에 달린} 쇠갈고리가 박히게 하고 쇠사슬을 물가로 당겨서 다리가 불태워짐을 막을 수 있었다. <환{歡}>이 <하{河}>를 건너서 <망산{邙山}>에 의거하여 진을 치고 여러 날을 머무르자, <태{泰}>는 야밤에 <망산>을 기어올라서 <환>을 기습하였다. 척후기병이 고하길; "<태>가 손수 40리를 급히 서둘러서 {이른 새벽에 잠자리에 앉아서 마른 밥을 먹고} 오고 있습니

다."라고 하였다. 이에 <환>이 말하길; "그 놈 자신도 목말라 죽을 지경일 것이다. 진영을 바로하고 그놈들을 기다리자."라 하였다. 동틀 무렵, 양 군이 서로 조우하였다. <팽락{彭樂}>이 수천 기를 이끌고, <태{泰}>군의 북쪽 끝을 쳤더니, 도망치고 무너져 내리기에 <태>의 군영으로 내달려 들어갔다. <환>은 <팽락{樂}>이 배반한 줄로 의심하였었는데, 홀연 서북쪽에 먼지가 일더니, <팽락>의 사자가 승첩을 알려왔다. <태>의 대도독인 <림조왕{臨洮王}><동{東}> 등의 동료{=지위가 동등한 벼슬아치}와 속료{=벼슬아치 밑에 딸린 부하} 48명을 사로 잡은 것이다. 여러 장수들이 승승하며 <우문태{泰}>를 공격하여 크게 이겼더니, 목을 벤 것이 3만여 급이었다.

<고환{歡}>은 <팽락{樂}>에게 <우문태{泰}>를 추격하라 명하였고, 심히 궁색하여진 <태{泰}>는 말하길; "어리석은 사내자식아! 오늘 내가 없어지면, 내일 어찌 너는 살아있겠냐? 어찌하여 군영으로 돌아가 네{네 것이 된} 금보{황금과 보물들}를 서둘러 챙기지 않느냐?"라 하였다. <락{樂}>은 그의 말을 좇아서 <태{泰}>의 금대{金帶}와 한 자루를 챙겨 돌아왔다. <고환{歡}>이 <팽락{樂}>이 <우문태{泰}>를 놓아준 것에 노하여 참살하려고 칼날을 들었다 내렸다 하기를 세 차례에, <락>은 애걸하며 5천기를 주시면 [다시금 왕을 위해 그놈을 붙잡겠노라] 하였다. 이에 <환>이 이르길; "그 놈을 놓아줄 땐 무슨 속셈이었고? 그런데 다시 잡겠다고?"라 하면서, 명주 3천 필을 <락>의 등짝에다 꾹꾹 눌러서 하사하였다. 다음 날 다시 싸움이 붙었다. <태{泰}>의 중군과 우군이 합세하여 <환{歡}>을 쳐부수고 그의 보졸들을 포로로 잡았다. <환{歡}>은 말을 잃어버려서 따르는 이의 말을 얻어 타고 달아났으며, 보병과 기병 일곱이 그를 따르고 있었다. 추격병이 다가오자, 도독 <위흥경{尉興慶}>은 허리춤에 화살 100개가 있어서 그것으로 항전하다가 화살이 떨어지자 죽었고, <하발승{賀拔勝}>이 <환{歡}>을 매우 급하게 추격하자, <류홍휘{劉洪徽}>가 <하발승{勝}>에게 화살을 쏘아서 두 발을 적중시켰고 <단소{段韶}> 또한 활을 쏘아 <승>의 말을 맞혀서 쓰러뜨렸다. 이에 <환>은 잽싸게 피하여 도망하였고, <승>은 궁시{=활과 화살}를 지니지 않았음을 한탄하며 말하길;

“하늘의 뜻이구나.”라 하였다. 이때, <태{泰}>의 좌군인 <조귀{趙貴}> 등 다섯 장수가 밀리게 되고, <환>의 군대가 다시금 떨쳐 일어났더니, <태>가 맞붙어 싸웠으나 역시 불리하였다. 해가 저물자 <태>는 도망하고, <환>은 <태>를 쫓았다. <독고{獨孤}>와 <우륵{于勒}> 등이 흩어진 군졸을 모아가지고 후방에서 <환>의 추격 군병들을 쳤더니, 그 추격 군병들은 놀라서 어지러워져서, <태>는 온전하게 우군을 만났다. <우혜{于惠}>가 야밤에 군대를 물리는 것 같아서, <환>의 군병이 그들을 추격하였더니, <혜{惠}>가 말하길; “<장안{長安}>에서 죽으나 이곳에서 죽으나, 차이가 있겠는가?!”라 하고는, 군영을 차리고 먹기를 마치더니 깃발을 세우고 뿔피리를 불어서 흩어진 군졸들을 불러 모아서 천천히 회군하였다. 뒤쫓는 이들도 복병이 있을까를 의심하여 바짝 따라붙지도 못하였다. <태>가 이윽고 관문을 들어서더니, <달해무{達奚武}>를 시켜서 추격군을 막게 하였다. <봉자회{封子繪}>와 <진원강{陳元康}>은 하늘이 내린 때라는 생각이어 추격하려 하였다가, 여러 장수들 모두가 벌판엔 푸른 풀도 없고 사람들과 말들도 피곤하니 멀리까지 추격하는 것은 옳지 않겠다고 하여서, 그만두었다.

☯ <突厥>者, <柔然>之屬國也. 至是, 漸强踰<西陘>, 與<奚>王<桓出>爭界. <桓出>親征爲<土門>. <突厥>, <土門>所殺<好竹>, 遣使告急. <突厥>移攻<霫>部, <柔然>來救爲<土門>所困. 上, 遣郎將<夏乾>率勁騎五千往破<突厥>. <突厥>, 自是怨我.

五月, <候景>, 破<虎牢>, 送<高仲密>妻子于<鄴>. <澄>, 以袨服見之, 曰; “何如今日, 亦可以裂裙而死.” <李>, 乃媚, 曰; “天命有定, 願爲枕妾.” <澄>, 乃洗<李>, 而淫之. <李>, 以淫女妖姿, 後結<洋>妻<李>氏, 起揚<燕>之禍, 殄滅<歡>族, 亦報復之. 命邪. <俶>公主生上子<任>太子.

<歡>妻, 累欲來朝, 至是爲<布德>而來. 上, 與[<高>后], 出迎于<南口>, 賜<婁>氏皇后翟服. 上, 先拜<婁>氏, 呼爲母后. <婁>氏, 呼上以夫皇, 万歲. 群臣皆稱<婁>太后陛下. 時, 年四十四, 肥壯尙少. 與上戲

謣如夫婦, 夜則與<高>皇后联枕而受幸. 泣, 謂<高>后, 曰; “我夫皇眞天子中天子也. 何苦爲中原天子邪. 中原天子乃蘡乞耳.”

十一月, 命<文藏>太子, 與右丞相<婁師德>, 陪<婁>太后歸<晋陽>, 見<高歡>獻幣甚盛.

○ <돌궐{突厥}>은 <유연{柔然}>의 속국으로 요사이 들어서 점차 강성하여지고 <서형{西陘}>으로 뻗어 나아가더니, <해{奚}>왕 <두출{柦出}>과 경계를 다투었다. <두출>이 <토문{土門}>을 위해 친히 정벌을 나갔고, <돌궐>은 <토문>때문에 <호죽{好竹}>이 죽은지라 사신을 보내 급한 사정을 <유연>에게 알렸다. 이에 <돌궐>은 공격하기를 <습{霫}>부로 돌렸고, <유연>은 <돌궐>을 구원하려 왔다가 <토문>에 의해 곤란한 지경에 이르렀다. 이러함에 상은 랑장 <하건{夏乾}>을 보냈더니 굳센 기병 5천을 끌고 가서 <돌궐>을 격파하였다. <돌궐>은 이 이후로 우리를 원망하게 되었다.

5월, <후경{候景}>이 <호뢰{虎牢}>를 깨고 <고중밀{高仲密}>의 처자식을 <업{鄴}>으로 보냈다. <고징{澄}>이 검은 속옷 바람에 이들을 만나보고 나서 말하길; “오늘이 어떻소? 치마를 찢어 죽는 것도 또한 괜찮소만.”이라 하였더니, 이에 <이{李}>씨가 교태지어 말하길; “천명이 정해졌으니, 침첩이 되겠습니다.”라 하였다. 이에 <징>은 <이>씨를 씻겨서 음욕을 채웠다. <이>씨는 음란한 여인으로 요염한 자태를 가졌더니, 후에 <양{洋=高歡次子}>의 처 <이{李}>씨와 결연하여서 <연{燕}>의 화를 불러 키우고 <환{歡}>의 혈족도 모조리 죽여 버렸으니, 또한 보복한 것이었다. 이게 운명이런가? <숙{俶}>공주가 상의 아들 <임{任}>태자를 낳았다.

<환{歡}>의 처{婁氏}가 누차 조정으로 찾아오길 원하더니, <포덕{布德; 高后出上子}>의 일로 찾아왔다. 상이 <고{高}>후와 함께 <남구{南口}>로 맞으러 나갔으며, <루{婁}>씨에게 황후 적복을 하사하고는, 상이 <루>씨에게 먼저 절하고 모후라 불렀더니, <루>씨는 상을 부황{夫皇; 사위 황상?; 夫는 며느리婦 짝}이라 칭하면서 만세를 불렀고, 군신들 모두는 <루>씨를 태후폐하라고 불렀다. 이때 그녀는 나이가 마흔 넷

이었어도 통통하고 건장하며 아직 젊어보였다. 상과 희롱하는 것이 부부 같았고, 밤에는 <고{高}>황후와 잇달아 잠자리를 하며 승은을 입더니, 울면서 <고{高=河陽}>후에게 이르길; “내 사위이신 황상은 천자 중의 천자이시다. 어찌 중원천자를 위해서 고생한단 말이냐? 중원천자는 {살아남기 위해} 항상 조심하고 애걸할 뿐인데!”라 하였다.

11월, <문장{文藏}>태자에게 명을 하여, 우승상 <루사덕{婁師德}>과 함께, <루{婁}>태후를 배종하여 <진양{晋陽}>으로 데려다주고, <고환{高歡}>을 찾아보고 {장인에게} 예물을 아주 성대하게 드리라고 하였다 {☞<三國詐記>에는 이것도 <동위>로 사신을 보내서 조공하였다고 적혀있다!}.

☯ 甲子<大藏>十四年, 春正月, 上, 與<高>皇后, 受朝于<抱眞宮><牛頭殿>. <善屛>公主生<湯宮>太子于<湯宮>, 仍名<陽成>. <玉陵>妃生女<黃陵>公主. <婁師德>等率北醫<薛俊>等五人而來. 上, 問<師德>, 曰; “無異聞邪.” <師德>曰; “<宇文泰>近行「六條之治」; 一曰淸心, 二曰敦敎, 三曰盡地, 四曰擢賢, 五曰恤獄, 六曰均役. 此乃我國舊制, 而流入<奚>·<霫>, 至於<泰>而緊用爲富强之術. 以此觀之, 設之非難而行之難, 行之非難而守之難也. 自今守令, 請復行「六條之治」.” 上曰; “善.”

三月, 甲申朔, <柔然>使<五皐式>, 與<霫>王使<寒疾>·<室韋>使<彦再>等, 來獻土物. 皆賜妓饌于賓館.

七月, 癸未朔, 上, 與<德陽>后, 入<獸林><溫宮>, 命皇太子<平成>監國, 而治疝.

<泰>, 用<蘇綽>「加減律」, 制新其量衡. <澄>, 用<崔暹>, 彈壓權貴, 収<司馬子如>于獄. <歡>, 命放之, 見其憔悴, 承首擇蝨, 賜酒百缾·羊五百頭·米五百石. <消難>, 謂其父, 曰; “救其烝母之犢而如此受辱. 非<暹>之奸而乃<澄>之惡. 非<澄>之惡而乃<歡>之匈.” <子如>, 掩其口, 曰; “汝父, 依人而至此. 汝, 當自立, 而無受辱於小子.” 以此, <歡>漸失豪傑, <子如>·<候景>等皆有叛心.

<歡>, 以<邙山>之憤, 盡殺<賀拔勝>之諸子. 在東者<勝>, 聞之, 憤恨

疾作而死. <歡>喜快之. <泰>, 常言諸將, 對敵神色皆動. <勝>, 獨臨陣如平時, 然其痛子如是.

十月, <滄>太子如<鄴>. 時, <歡>擊<汾州>山中之<稽胡>, 俘其百余戶, 分配諸州. <滄>太子, 亦得其奴婢, 使于<鄴>邸. 上, 聞之, 命放之. 而奴不去.

<深麥>, 作<興輪寺>迎僧于外國, 僧之奸者密通而越去, 乃布禁令. 上, 如<謝應>家哭<魴>公主. 以<平川>公主妻<應>.

○ 갑자{단기2877/AD544}<대장{大藏}>14년, 춘정월, 상이 <고{高}>황후와 함께 <포진궁{抱眞宮}><우두전{牛頭殿}>에서 조례를 받았다. <선병{善屛}>공주가 <탕궁{湯宮}>태자를 <탕궁{湯宮}>에서 낳았다. 후에 이름을 <양성{陽成}>이라 하였다. <옥릉{玉陵}>비가 딸 <황릉{黃陵}>을 낳았다. <루사덕{婁師德}> 등이 북녘의 의원 <설준{薛俊}> 등 다섯을 데리고 돌아왔다. 상이 <사덕{師德}>에게 이르길; “별다른 얘기를 들은 것은 없었소?”라 하였더니, <사덕>이 아뢰길; “<우문태{宇文泰}>가 근자에 「육조지치{六條之治}」를 행하고 있습니다. 그 하나는 마음을 맑게 하는 것이고, 둘은 도탑도록 가르치는 것이고, 셋은 땅에 정성을 다하는 것이며, 넷은 현자를 발탁하는 것이고, 다섯은 구휼함과 옥사를 옳게 함이고, 그 여섯은 균등한 조세와 부역이었습니다. 이것은 우리나라의 옛 제도였으며, <해{奚}>와 <습{霫}>으로 흘러들어 갔더니만, <태{泰}>의 땅에 이르러서 부국강병의 방편으로 긴요하게 쓰이고 있었습니다. 그들이 쓰고 있는 것을 들여다보면, 이 제도는 도입하기가 어렵지 않으면 시행하기가 어렵고, 시행하기가 어렵지 않으면 꾸준하기가 어려워 보입니다. 지금 이후로 그 령을 지키며 다시금 「육조지치」를 시행하셨으면 하고 청하옵니다.”라 하였다. 이에 상은 “좋은 말이오.”라 답하였다.

3월, 갑신일 초하루에 <유연{柔然}> 사신 <오고식{五皐式}>이 <해{奚}>왕 사신 <한질{寒疾}> 및 <실위{室韋}> 사신 <언재{彦再}>와 함께 찾아와서 토산물을 바쳤다. 모두를 빈관에 머물게 하고 기녀와 음식을 내려주었다.

7월, 계미일 초하루, 상이 <덕양{德陽}>후를 데리고 <수림{獸林}>의 「온궁」으로 들어가더니, 황태자 <평성{平成}>에게 명을 내려 국정을 살피게 하고는, 산증{疝症; 허리나 아랫배가 아픈 병}을 다스렸다.

<태{泰}>가 <소작{蘇綽}>의 「가감률{加減律}」을 도입하고 새로운 량형{量衡; 부피와 무게}제도를 만들었다. <징{澄}>이 <최섬{崔暹}>을 등용하여 권세가와 귀족들을 탄압하더니, <사마자여{司馬子如}>를 옥중으로 잡아넣었다. <환{歡}>이 명하여 그를 풀어주게 하였으며, 그 몰골이 초췌하고 머리칼이 희끗희끗하여졌음을 보더니만, 술 100통과 양 5백 마리 및 쌀 5백 석을 하사하였다. 이에 <소난{消難}>이 아비에게 말하길; "어미를 치붙었던 송아지를 구해주었다가 이런 모욕을 당하셨습니다. <섬{暹}>의 간교함 때문이 아니었으면 <징>의 악행이었을 것이고, <징>의 악행이 아니었다면 <환{歡}>의 흉계였겠습니다."라 하였다. 이에 <자여{子如}>는 손으로 입을 가리고서 말하길; "네 아비가 엉뚱한 놈을 의지하다가 이런 일이 생긴 것이다. 너는 당당하게 자립하여서 조잔한 것들한테 모욕을 당하지 말거라."라 하였다. 이로 인하여 <환>은 점차로 호걸들을 잃게 되었었고, <자여>와 <후경{侯景}> 등도 모두가 반역할 마음을 가지게 되었다.

<환{歡}>이 <망산{邙山}>에서 당한 것이 분하여 <하발승{賀拔勝}>의 자식들을 모조리 죽였다. 동쪽에 있던 <승{勝}>은 이 소식을 듣고 분하고 한이 넘쳐 병들어 죽었고, <환>은 쾌재를 불렀다. <태{泰}>는 늘 여러 장수들에게 말하길, 모든 장수가 적을 대하게 되면 얼굴색이 동요하는데, <하발승{勝}>만은 유독 싸움에 임하여도 평상시 같았다고 하였지만, 자식들의 죽음을 애통히 여김은 이와 같았다.

10월, <창{滄}>태자가 <업{鄴}>으로 갔다. 이때 <고환{歡}>은 <분주{汾州}> 산간 속 <계호{稽胡}>를 공격하여서 그곳의 100여 가를 포로로 잡아다 여러 주{州}들로 나눠보냈다. <창>태자 또한 그 노비를 받아서 <업>에 있는 저택으로 보냈더니, 상이 이 소식을 듣고 명을 내려서 그들을 풀어주게 하였지만, 노비들이 떠나지 않았다.

<심맥{沈麥=眞興王}>이 <흥륜사{興輪寺}>를 짓고 외국 승려를 맞아들였는데, 승려들 중에서 간교한 이{들}이 몰래 상통하여 도망하기에,

그러지 못하도록 령을 반포하였다. 상이 <사응{謝應}>의 집으로 가서 <방{魴}>공주의 주검에 곡을 하였다. <평천{平川}>공주를 <사응{應}>에게 처로 주었다{☞<三國詐記>에는 이해에도 동11월에 <동위>로 사신을 보내 조공했다고 적혀있다!}.

☯ 乙丑<大藏>十五年, 春正月, 庚辰朔, 上, 命東宮, 與<德陽>后, 受朝於<牛頭殿>. <澄>使來言<婁>氏有疾, <高>后欲歸. 上, 命東宮, 與<高>后如<晋陽>. 至<月海>聞<爾朱文>暢作亂, 而還. 上, 命<高>后爲東宮妃, 稱小后. <梁義臣>大丞相, <文藏>·<淵華>爲左·右侍中.

二月, <善見>納<夸呂>從妹爲妻曰<容華>. 上, 遣<興文>·<淸海>於<鄴>, 叅其婚儀.

<宇文泰>失<柔然>及<吐谷渾>專事<突厥>. 其主<土門狼>子<伊質>, <泥師都>之裔也, 世居<突厥山>, 作<柔然>之兵, 伏而致富·繁殖, 呑併鄰<胡>. 而至是, 爲<泰>所奪.

三月, 乙卯朔, 上疾彌篤. 庚辰崩, 東宮以指血注口, 回生, 命<德陽>后傳璽宝, 而戒勿嗜色·善政·儉葬而崩. 東宮, 卽位於<牛頭殿>, <白檀門>上受百官山呼, 擧「月煌之儀」. 春秋六十七.

[南堂 朴昌和 先生 遺稿 高句麗史抄·略終]

○ 을축{단기2878/AD545}<대장{大藏}>15년, 춘정월, 경진일 초하루, 상이 동궁에게 명하여 <덕양{德陽}>후와 함께 <우두전{牛頭殿}>에서 조례를 받게 하였다. <고징{澄}>의 사신이 와서 <루{婁}>씨가 아프다고 하였더니, <고{高}>후가 돌아가고파 하였고, 이에 상이 동궁에게 명하여 <고>후를 데리고 <진양{晋陽}>으로 가보게 하였는데, <월해{月海}>에 이르러 '<이주문{爾朱文}>의 세력이 불어나서 반란하였다.'는 소식을 듣고는 되돌아왔다. 상이 <고>후에게 명하여 동궁의 비가 되게 하고 소후라 칭하였으며, <양의신{梁義臣}>을 대승상, <문장{文藏}>과 <연화{淵華}>를 각각 좌·우시중으로 삼았다.

2월, <선견{善見}>이 <과려{夸呂}>의 종매를 처로 삼았다. 이름은 <용화{容華}>이었다. 상은 <홍문{興文}>과 <청해{淸海}>를 <업{鄴}>으로 보내서 그들의 혼례에 참관케 하였다.
<우문태{宇文泰}>가 <유연{柔然}>을 잃고 <토곡혼{吐谷渾}>마저 잃더니만 <돌궐{突厥}>에 전념하였다. <돌궐>주 <토문랑{土門狼}>의 아들 <이질{伊質}>은 <니사도{泥師都}>의 후예로 <돌궐산{突厥山}>에서 여러 대를 거쳐 살았으며, <유연>의 용병으로 숨죽이고 살면서 부를 모으고 번창하여서 인접한 호족들을 집어삼키거나 아울렀다가, 지금 <태{泰}>에게 탈취 당한 것이었다.
{☞隋書卷84列傳第49突厥를 보면, 초기 돌궐이 고산지대의 平壤茂草한 地方二百余裡로 피해들어간 후 힘들게 성장하던 모습이 「평양」의 모습과 함께 눈에 선하게 그려진다.}.

3월, 을묘일 초하루에 상이, 병이 두루 깊어졌다. 경진일에 죽어서, 동궁이 손가락의 피를 내어 입에 흘려 넣었더니, 회생하여서 <덕양{伊質}>후에게 명하여 옥새와 어보를 전하게 하고, '색을 밝히지 말고 선정을 베풀고 장례는 검소하게 하라.'고 전하라 하고 죽었다. 동궁이 <우두전{牛頭殿}>에서 즉위하고, <백단문{白檀門}> 위에서 백관들의 산호를 받고, 「월황지의{月煌之儀}」도 거행하였다. 춘추 예순일곱이었다..

[남당 박창화 선생 유고 고구려사초·략중]

역자의 변 : <안원대제>조정 때에도 <고구리>대제국은 동아시아에서 건재하였으며, 집안싸움으로 <북위>는 <동위>와 <서위>로 갈라서서 더 이상 적장자 집안 <고구리>를 성가시게 하지 못하였으며, 서토의 <황하> 북방과 서방에 있었다는 지금 알고 있기엔 엄청난 강대국이었던 모든 나라들 즉 <동위>·<서위>·<유연>·<토욕혼> 등과 남조 <양>이 <고구리>를 뒷배로 삼아서 안전함을 구하려고 노력하였음이 흥건하게 이 사초/략에 배어있음을 느끼셨을 것입니다.
<고구리>대제국의 남쪽에서는 오로지 <백제>만이 좀 여유 있는 세력으로 살고 있었음도 느끼셨을 것입니다.

☯ 거칠고 긴 번역서를 읽어 주셔서 고맙습니다. 금후 제21세와 제24세 이후의 자료가 나타나서 추가번역이 이루어질 수 있기를 희망하며, 훌륭하고 적확한 해설서가 역자가 아닌 이에 의하여 이어지길 기대합니다. ☯

역자의 넋두리

근세의 조선과 일제의 손을 탄 속칭 <삼국사기{구명 삼국사}>에는 올려지지 않았거나 남겨지지 않은 내용들이 상당하고, 그 모습 또한 지금껏 가르쳐지고 배워서 알고 있던 <고구리>의 역사가 얼마나 쪼그라져 있었는지를 느끼셨다면, 우리들의 역사에 덧씌워진 소위 근세 조선조의 소중화와 일제의 망령된 시각의 역사를 걷어내어 원래의 자리로 되돌리고, 좁아져 있는 가슴을 털어버리시어서, 우리들과 우리들의 후세들이 원대한 내일을 꿈 꿀 수 있도록 하여 주시길 간청합니다. <고구리>는 옛<조선>의 강역을 모두 다물 하였었고, 거슬러 올라가면 <한인{=환인}>의 나라 <한국{=환국}>과 <배달>나라를 거치면서 우리들 옛 조상님들이 최소한 동아시아의 적통 주인이었던 것도 깨달아 주시길 앙망합니다.

<고구리>와 같은 말로 뜻을 전하고 살았던 <백제{=맥제}>·<위>·<연>·<선비>·<선선>·<토욕혼>·<유연>·<돌궐>·<부여>·<락랑>·<옥저>·<동예>·<숙신>등과 <신라> 및 <가락{=가야}>들과 <왜>까지도 완전한 남이 아니고, 명분{=누가 적통이냐}과 재산{=영토, 가축 및 백성 등}을 둘러싼 경쟁이 있었음을 느끼셨을 것입니다.
아울러서, 우리 겨레의 고대역사 강역은 지금껏 반복적으로 가르쳐져서 기억하고 있는 작금의 <한반도>와 현 <만주>의 일부가 아니고, 저 서역 먼 곳과 저 북녘 먼 곳들이 모두 우리 겨레 역사의 고대강역이었음을 알아채셨을 것입니다.
또한 이보다 앞선 시절인 상고대엔 우리 선조들의 원래의 <조선>인 옛<조선>과 그 앞의 <배달{=신시}>과 그 앞의 <한{환}> 시절의 역사가 대략 현금의 <우랄산맥> 이동의 모든 <아시아> 대륙에 우리 조상님들의 체취로 남아있음을 차차 깨닫게 되실 것입니다.

<달라이라마>의 <티벳>은 대략 5천 년 전쯤에서부터 갈라지기 시작한 우리의 핏줄들이고, <한족{漢族}>을 자처하는 <장안> 5백 리 이내의 지나족 모든 사람들도 자신의 혈통{3황5제가 모두 九黎 또는 九夷의 한 갈래인 東夷의 곁가지이거나 후손들이라는 기록과 현금의 DNA조사결과 마저}을 덮거나 잊으려 하는 우리의 형제들인 것입니다. 품에 안으면 우리가 되지만 허물을 탓하여

배척하면 지금까지와 같이 남이 되고 적이 되는 것입니다.
<몽골>과 <터키>는 물론이고, 중앙아시아 서쪽에 있는 <키르키즈스탄> 등 여러 나라들에서는 지금까지도 자신들은 <고구리>의 후손들이라는 교육이 되어지고 있음을 숨기지 않고 있고, 오로지 근세<조선>과 일제가 장악했던 이 한반도에 갇혀있는 우리들만 아직까지 이러한 얘기를 모르고 있음이니 답답한 것입니다.

혈통의 생명력·기억력이 인위적인 정권·국가보다는 질긴 것을 누구나 잘 알고 계실 것입니다만, 우리의 옛 정권 중 가장 얼빠진 정권이었을 근세 <유명조선>의 성군과 저명한 유학이라는 자들의 손에 의해 <고리>의 역사가 재단·윤색되었고 옛<조선>과 그 이전의 역사가 잘려 나갔었습니다 {조선왕조실록 세조·예종·성종 부분 등 근거}. 게다가 부실하게 남은 뿌리마저 일제와 그에 부역한 이들에 의해 신화로 둔갑되었고{조선총독부 조선사편수위회의록}, 일제로부터 해방 된 이후에도, 소중화와 문약에 흘렀던 근세<조선>과 일제 및 그 부역자들이 잘라내고 뒤집고 하여서 조작한 우리 역사 아닌 얼빠진 우리 역사를, 소위 <대한민국>의 정통사학이란 자들이 계승하고 있으니, 무구한 백성 즉 국민들은 지금까지도 부지불식간에 그 잘못된 우리 역사가 아닌 허위 날조된 우리 역사를 세대를 연하여 반복적으로 주입 당하고 있음입니다.

오늘도 근세의 <조선>과 <일제총독부><조선사편수회>가 편집하고 검열을 필한 역사를 계승하는 이들이 백주대낮에 목청을 높이고 있으니, 바로 이들이 동북공정 즉 역사공정을 배태한 것입니다. 그리하여 우리들의 역사와 역사 강역은 물론 우리들의 조상까지도 저네들의 조상이 되도록 방치하는 결과를 초래한 것이니, 강호사학의 울분에 찬 목소리는 처절한 것입니다.

우리겨레 선조님들이 중앙아시아와 우랄 이동을 웅혼 화백하고 홍익 인간하시던 얼과 기상은 언제나 광복하고 부활 될 것인가?
나라의 오늘과 내일을 책임지고 있는 모든 이들은 눈을 크게 뜨고 진실된 우리 겨레의 옛 역사를 찾고 앞날을 내다보아야 할 것 아니겠는가?!

모든 국민들은 더 이상 믿지 못할 자칭 정통사학자라는 이들을 의존하지 말고 이 책의 초두에 인용하여 옮겨놓은 내용들을 꼭 알아두어야 할 것으로 봅니다. 얼빠진 채 먹기만을 탐하는 짐승 같은 일상을 반복한다면, 곧 겨레와 나라를 다시금 도살당하게 하는 것임을 잊지 말아야 할 것으로 봅니다.

부록-1 이하에서는 근세<조선>의 성군의 <세종>의 아들과 손자라는 이들에 의해 저지러진 일과 일제 조선총독부 <조선사편수회>가 역사를 어찌 분탕질 하였는지를, 그리고 그것이 맞는 것이라고 온 국민들을 세뇌하여 온 자들이 누구였는지를 알게 하는 것입니다.

부록-6은 생물학적 혈통 한족{漢族}은 애당초 없었음을 밝히는 선언적인 글입니다. 그나마 선비족{鮮卑}을 한족{漢族}으로 포함시킨 정도가 이러합니다. 한마디로 말하면 한족{漢族}의 역사는 없었고 없을 것이라는 얘기에 다름 아닌 것입니다.{원문의 출처를 밝혀놓았으니, 글자폰트가 없어 생긴 결자{缺字}는 확인하시길 바랍니다. 번역 글은 인터넷상에서 찾으시면 됩니다.}

부록-7은 지금껏 우리 겨레의 역사를 구천에서 헤매게 한 대한민국 역사권력들이 소중화·반도·식민사학을 계승하고 있음을 투명하게 내비치는 강연 내용이었습니다.

이제는 사처{私處}에 비전{秘傳}되어오던 우리 겨레의 옛 역사를 말하고 있는 모든 문헌과 자료들이 관부의 창과 칼이 아닌 민초들의 괭이와 낫을 들고 세상 밖으로 나와야 할 것입니다!!......

Les murs de Péking.

상; AD20C초의 자금성 성벽과 해자
하; AD20C초 이후 개조된 자금성 성벽과 해자

서토인들의 역사는 이렇게 그 강역을 개조 확장하였고,
이 역사 강역에서 근세<조선>과 <일제>는 우리겨레의 역사를 축소 왜곡하였다.

제2판
고구려의 숨겨진 역사를 찾아서
高句麗史抄··略(고구리사초··략)

2008년 9월 9일 인쇄
2008년 9월 12일 발행

찬 술 / 박창화 찬술
번 역 / 김성겸
발행자 / 김종호
발행처 / 도서출판 지샘
서울특별시 성동구 성수2가 279-39
TEL : 02 - 461 - 5858
FAX : 02 - 461 - 4700
출판등록 / 제4-339호

ISBN : 978-89-88462-93-5
정가 : 45,000원

인용승인 신청은 ksk0304@chollian.net
혹은 feedtech@hananet.net 으로 하시면 됩니다.

역자 학력 및 이력

학력 ;

1956.10.10(음) 충청남도 예산군 덕산면 광천리 출생
1963-68; 삽교국민학교(현 삽교초등학교)
1969-71; 예산동중학교
1973-75; 서울고등학교
1976-79; 서울대학교 농과대학 축산학과
1980-82; 서울대학교 대학원 석사과정(가축영양학전공)
1984-84; 서울대학교 대학원 박사과정(가축영양학전공)

이력 ;

1985-85; 서울대학교 농과대학 조교
1983-85; 아세아태평양축산학회연합회
제3차 서울대회 조직위원회 사무장
1985-98; 제일사료주식회사(가축사료 제조판매 업종)
연구개발·품질보증·품질경영 업무
1999- ; 자영업(가축영양사료관련 연구개발)